네트워크 2/e

네트워크 2/e

김희태 · 손승우 · 윤진혁 · 조항현
이 은 · 이상훈 · 이미진 옮김

마크 뉴만 지음

i!i
에이콘

 에이콘출판의 기틀을 마련하신 故 정완재 선생님 (1935-2004)

옮긴이 소개

김희태(hkim@kentech.ac.kr)

고려대학교 유전공학과를 졸업하고, 성균관대학교 에너지과학과에서 네트워크 과학으로 박사 학위를 받았다. 전력망을 복잡계 네트워크적인 관점으로 분석하는 연구를 수행해왔으며, 특히 동기화 안정성과 지속 가능성에 관심이 많다. 아시아태평양이론물리센터에서 박사후연구원을 마치고 칠레 Universidad de Talca와 Universidad del Desarrollo를 거쳐 현재 한국에너지공과대학교 에너지공학부 교수로 재직 중이다.

손승우(sonswoo@hanyang.ac.kr)

포스텍POSTECH 물리학과를 졸업하고, 카이스트KAIST에서 물리학으로 석·박사 학위를 받았다. 복잡계 네트워크를 포함한 복잡계 연구를 진행 중으로 집단 거동, 동기화 현상에 관심이 많다. 캐나다 캘거리대학교에서 박사후연구원 과정을 마친 후, 한양대학교 ERICA 캠퍼스 응용물리학과 교수로 재직 중이다. 현재 APCTP 과학문화위원, 한국복잡계학회와 한국데이터사이언스학회의 운영이사로 활동하고 있다.

윤진혁(jinhyuk.yun@ssu.ac.kr)

카이스트 물리학과를 졸업하고 동 대학에서 복잡계 네트워크 및 데이터 과학으로 물리학 박사 학위를 받았다. 통계물리 및 네트워크 방법론과 데이터 과학을 결합해 대용량 데이터에서 사회의 보편적 패턴과 편향성에 대한 연구를 주로 수행 중이며, 특히나 물리학적 관점에서 AI를 이해하려는 시도를 하고 있다. 네이버 데이터사이언티스트, 한국과학기술정보연구원KISTI 선임연구원을 거쳐 현재 숭실대학교 AI융합학부의 교수로 재직 중이다.

조항현(h2jo@catholic.ac.kr)

카이스트 물리학과에서 학·석·박사 학위를 받았다. 통계물리학과 복잡계 연구의 다양한 주제들, 특히 자기조직화임계성SOC, 네트워크 과학, 시계열분석, 사회물리학 등에 관심을 갖고 연구하고 있다. 한국고등과학원[KIAS] 연구원, 핀란드 알토대학교 박사후연구원, 포스텍 연구교수, 아시아태평양이론물리센터[APCTP] 그룹장을 거친 후 현재 가톨릭대학교 물리학과 교수로 재직 중이다.

이 은(eunlee@pknu.ac.kr)
이화여자대학교 정보통신학과를 졸업하고, 성균관대학교에서 복잡계 및 네트워크과학으로 박사 학위를 받았다. 사회연결망과 그 연결망 내에서의 집단적 의견 형성 및 인지 편향에 대한 연구를 수행해왔고, 특별히 불균등하게 분포된 자원, 특성, 연결망의 구조가 사회에 미치는 영향에 큰 관심을 갖고 있다. 현재 부경대학교 과학컴퓨팅학과 교수로 재직 중이며, 학벌 등의 개별 학자의 특성이 진로 선택에 미치는 영향과 사회에서의 집단적 의견 형성 과정 등을 연구하고 있다.

이상훈(lshlj82@gnu.ac.kr)
카이스트 물리학과를 졸업하고, 동 대학에서 통계물리학 관점으로 바라본 네트워크 과학에 대한 연구들로 물리학 박사 학위를 받았다. 학부 연구생 시절부터 자연계와 사회의 상호작용 양상에 대한 네트워크 과학 연구를 해오고 있으며, 특히 최근에는 군집 구조와 같은 네트워크의 중간 크기 성질과 그것의 머신러닝에 많이 쓰이는 인공신경망으로의 응용 가능성에 대한 연구를 수행 중이다. 현재 진주에 있는 경상국립대학교 교수로 근무하며 네트워크 과학, 사회물리학 과목 등을 가르치고 있다.

이미진(mijinlee@hanyang.ac.kr)
성균관대학교 물리학과에서 물리학으로 학·박사 학위를 받았다. 네트워크 과학과 데이터를 활용해 복잡계를 이해하는 연구에 관심이 많다. 전염병 확산, 시설 배치 등 우리 주변에서 일어나는 현상을 관찰하고 분석하는 것이 주된 관심사다. 인하대학교 박사후연구원을 거쳐 현재 한양대학교 ERICA 캠퍼스 응용물리학과 교수로 재직 중이다.

네트워크가 궁금한 당신은 이 책을 펼쳤습니다. 이 글을 읽는 순간, 종이에 인쇄된 글자를 만나 반사된 빛은 당신의 눈으로 들어갑니다. 망막에 맺힌 상(像)은 아직은 그저 빛에서 출발한 신호, 시신경이 받은 자극에 불과합니다. 이 신호는 뇌 속에서 촘촘하게 얽혀 있는 뇌세포를 따라 시각 자극을 처리하는 부위로 전달되면서 비로소 정보로 처리됩니다. 그래서 우리는 지금 이 글을 이해할 수 있습니다. 뇌세포는 이렇게 시각 정보를 처리하는 것을 포함해 미각, 촉각, 후각, 청각 등 우리 몸을 구성하는 모든 신체 기관과 관련된 정보를 일시에 조절하고 통제하는 데 기여합니다. 그 복잡한 신호 처리를 순식간에 체계적으로 해낸다는 것은 정말 대단한 일입니다. 두뇌처럼 매우 복잡하지만 정교하게 통제되어 주어진 기능을 성공적으로 수행해내는 고도화된 체계가 작동하는 기반에는 바로 네트워크가 있습니다.

이런 복잡한 네트워크는 우리 주변에 매우 다양하게 존재합니다. 예를 들면, 수많은 컴퓨터와 서버 사이에서 정보를 전달하는 인터넷, 소식을 전하고 '좋아요'로 답할 수 있는 사회연결망 서비스, 발전소에서 만든 전기를 소비자가 사용할 수 있게 연결해주는 전력망, 자연계에서 서로 먹고 먹히는 관계로 이어진 먹이 그물, 인체 내에서 영양소가 분해되어 세포 소기관이 사용할 때까지 일련의 화학반응으로 진행되는 물질대사 등, 사회학, 물리학, 생물학, 공학 같은 실로 매우 다양한 분야에서 네트워크를 찾아볼 수 있고 활용하고 있습니다.

이러한 네트워크를 분석할 수 있는 이론적인 기반을 제공하고, 궁극적으로는 복잡한 세상을 이해할 수 있는 새로운 관점을 제시하는 것이 네트워크 과학입니다. 그런데 네트워크 과학이 매우 활발하게 활용되고 있음에도 정작 네트워크 과학을 체계적으로 배울 수 있는 한국어 자료는 그리 많지 않은 상황입니다. 그래서 네트워크 과학 서적 번역의 두 번째 프로젝트로, 기본서라 할 수 있는 서적인 이 책을 번역했습니다.

원서의 저자인 마크 뉴만은 2002년부터 현재까지 미시간대학교 물리학과에서 교수로 재직 중이며, 네트워크 과학을 이론적으로 정립하는 데 기여한 공로로

2021년 네트워크학회에서 수여하는 오일러 상을 수상한 명실상부한 네트워크 과학 분야의 최고 권위자 중 한 명입니다. 연구뿐만이 아니라 교육에서도 탁월한 역량을 발휘해, 2012년에는 미시간대학교 우수교육상을 받았으며, 2015년에 해당 대학에서 수여하는 최고 권위의 교수직인 아나톨 라포포트 석학교수^{Anatol Rapoport} Distinguished University Professor로 임명됐고, 지금까지 총 여섯 편의 서적을 출판했습니다. 이 책은 그중에서도 네트워크 이론을 체계적으로 설명하고 다양한 네트워크 응용 사례를 충실하게 소개하는 입문서로서, 네트워크를 진지하게 공부하려는 사람들에게 필독서로 여겨질 만큼 매우 훌륭한 안내서입니다. 2010년에 출판된 초판이 2018년 개정되면서 방대한 내용이 추가됐고, 지금 읽어도 부족함이 없을 만큼 네트워크 과학 분야의 최신 지식을 망라하고 있습니다.

다양한 분야를 다루는 이 책을 온전히 번역하기 위해, 역시 다양한 분야에서 네트워크 과학을 연구하고 적용하고 있는 한국의 네트워크 과학자들이 모였습니다. 공동 번역자 대부분이 최근 『네트워크 분석』(에이콘, 2022)를 함께 번역 및 출판하면서, 독자들이 받아들이기 편하고 이해하기 쉬운 표현에 대해 고민을 함께 한 바 있습니다. 그 경험을 바탕으로, 이 책을 번역하면서 일관된 표현을 사용하는 데 힘쓰고 한국어 네트워크 용어를 정립하고자 노력했습니다. 네트워크 과학 분야의 한국어 번역서 보급을 위해 애써주시고 이번 번역 프로젝트에서도 번역자의 입장을 배려해주신 에이콘출판사의 권성준 사장님 및 편집 팀 여러분께도 감사의 말씀을 전합니다. 이 책이 한국어로 편안하고 쉽게 읽을 수 있는 또 하나의 지침서가 되어, 네트워크 과학을 배우고 싶어 하는 독자들의 필요를 채워주는 역할을 할 수 있기를 바랍니다.

오탈자

한국어판의 정오표는 에이콘출판사의 도서정보 페이지 http://www.acornpub.co.kr/book/networks-2e에서 볼 수 있다.

문의사항

한국어판에 관한 질문은 에이콘출판사 편집 팀(editor@acornpub.co.kr)이나 옮긴이의 이메일로 문의하길 바란다.

| 지은이 소개 |

마크 뉴만 Mark Newman

1991년에 옥스퍼드대학교에서 물리학 박사 학위를 받았다. 뉴멕시코주에 위치한 복잡계 연구에 전념하며 싱크 탱크 역할을 하는 산타페 연구소Santa Fe Institute의 일원으로 합류하기 전까지는 코넬대학교에서 박사후연구를 수행했다. 2002년에 산타페를 떠나 미시간대학교로 이직했다. 현재 그곳에서 아나톨 라포포트 석좌 교수Anatol Rapoport Distinguished University Professor이자 대학의 복잡계 연구 센터 교수로 재직 중이다.

| 차례 |

08   컴퓨터 알고리듬   249

09   네트워크 통계와 측정 오류   309

컴퓨터 네트워크나 생물학적인 네트워크, 사회연결망 같은 네트워크를 과학적으로 연구하는 것은 수학, 물리학, 생물학, 컴퓨터 과학, 통계학, 사회과학 등 다양한 분야의 아이디어를 융합하는 학제간 활동이다. 이 분야는 매우 다양한 분야의 사람들이 바라보는 광범위한 시선으로부터 막대한 이점을 얻었다. 그러나 한편으로는 네트워크에 대한 인류의 지식이 과학계에 뿔뿔이 흩어져 있다는 것과, 보통 한 분야의 연구자는 다른 분야에서 밝혀낸 지식을 빠르게 접할 수 없다는 점 때문에 어려움을 겪기도 했다. 이 책의 목적은 네트워크에 대한 지식을 한데 모아 일관된 언어와 표기법으로 나타내고 각 지식 요소를 서로 보완해 논리 정연한 전체 지식 체계를 만들어, 단편적인 지식 요소에서 배울 수 있는 것보다 더 많은 것을 가르쳐줄 수 있도록 하는 데 있다.

이 책은 네 부분으로 구성되어 있다. 머리말에 해당하는 짧은 장에 이어, 1부에서는 현시대 과학이 연구하는 기본적인 네트워크의 유형과 그 구조를 결정하는 데 사용하는 테크닉을 설명한다. 2부에서는 네트워크의 구조를 나타내는 데 사용하는 수학적 방법, 네트워크의 구조를 정량적으로 측정하는 측도와 통계량들, 그리고 그러한 측도와 통계량을 계산하는 컴퓨터 알고리듬을 포함해, 네트워크 학문에서 사용하는 핵심적인 도구를 소개한다. 3부에서는 네트워크화된 시스템의 행동을 예측하고 그 형성과 성장을 이해하는 데 도움을 줄 수 있는 네트워크 구조의 수학적 모델을 설명한다. 4부에서는 네트워크 회복력에 대한 모델, 네트워크에서 일어나는 전염병, 네트워크 탐색 과정 등 네트워크 이론의 응용 사례를 살펴본다.

언급하는 내용에 대한 기술적인 수준은 각 부마다 다르다. 1부를 이해하는 데는 어떠한 수학적 지식도 필요하지 않지만, 2부는 대학교 학부 수준의 미적분학과 일련의 선형대수학 지식이 필요하다. 3부와 4부는 수학적으로 더 심화되며 우수한 학부생이나 대학원생, 해당 분야에서 활동하고 있는 연구원에게 적합하다. 그래서 이 책은 다양한 수준의 수업에서 기본으로 활용할 수 있다. 수학 지식이 중간 수준인 학생에게 적합한 조금 덜 기술적인 수업에서는 1~10장에 해당하는 내용을 다룰 수 있고, 심화 과정 학생을 위한 수업에서는 6~13장과 이후의 장에서 내용을 선택적으로 골라서 활용할 수 있다. 2부부터 각 장의 마지막에는 독자가 이해했는지 테스트해볼 수 있는 연습문제를 함께 마련해뒀다.

네트워크 학문은 빠르게 발전하는 분야다. 그에 따라 이 두 번째 판에서는 다층 네트워크, 네트워크 통계, 커뮤니티 찾기, 복잡한 전염 현상, 네트워크 동기화 등 방대한 분량의 새로운 내용을 추가했다. 책 전체가 해당 분야의 최신 발전사항을 반영하도록 철저하게 갱신했으며 새로운 연습문제도 추가했다.

두 판에 걸쳐 이 책을 쓰는 동안 많은 이들이 나를 도와주었다. 인내심이 대단한 편집자 손크 아들룽Sonke Adlung에게 감사를 표한다. 손크 아들룽과 벌써 25년간 다양한 책을 발간했다. 그의 일관된 격려와 현명한 조언 덕분에, 옥스퍼드 대학 출판부Oxford University Press와 일하는 것이 즐거웠다. 이 책을 인쇄하는 마지막 단계에 함께해준 멜라니 존스톤Melanie Johnstone, 비키 카푸르Viki Kapur, 샤를 라우더Charles Lauder, 알리슨 리스Alison Lees, 엠마 로니Emma Lonie, 에이프릴 워만April Warman, 아니아 론스키Ania Wronski에게도 감사를 표한다.

이 책을 집필하는 동안 많은 동료 및 친구들과 나눈 대화, 그들의 조언, 제안, 그리고 격려에서 큰 도움을 받았다. 슬프게도 모두 하나하나 언급하기에는 너무 많지만, 그래도 특히 에도아르도 아이롤디Edoardo Airoldi, 로버트 엑셀로드Robert Axelrod, 스티브 보르가띠Steve Borgatti, 엘리자베스 브러치Elizabeth Bruch, 던컨 켈러웨이Duncan Callaway, 프랑코이스 카론François Caron, 아론 클로젯Aaron Clauset, 로버트 데간Robert Deegan, 제니퍼 듄Jennifer Dunne, 벳시 폭스만Betsy Foxman, 린톤 프리만Linton Freeman, 미셸 거번Michelle Girvan, 마크 핸드콕Mark Handcock, 페터 홀메Petter Holme, 존 클라인버그Jon Kleinberg, 알덴 클로발Alden Klovdahl, 리자 레비나Liza Levina, 로렌 메이어스Lauren Meyers, 크리스 무어Cris Moore, 루 페코라Lou Pecora, 메이슨 포터Mason Porter, 시드니 레드너Sidney Redner, 게지네 라이네르트Gesine Reinert, 마틴 로스발Martin Rosvall, 코스마 샬리지Cosma Shalizi, 스티브 스트로가츠Steve Strogatz, 던컨 와츠Duncan Watts, 도우 화이트Doug White, 렌카 즈데보로바Lenka Zdeborová, 밥 지프Bob Ziff에게 특별한 감사를 전하며, 또한 거친 부분을 다듬는 데 도움이 된 피드백을 전해준 학생들과 독자들, 특히 미셸 아단Michelle Adan, 알레한드로 발빈Alejandro Balbin, 켄 브라운Ken Brown, 조지 칸트웰George Cantwell, 저드슨 카스키Judson Caskey, 라첼 첸Rachel Chen, 크리스 핑크Chris Fink, 마시모 프란세스쳇Massimo Franceschet, 밀톤 프리슨Milton Friesen, 마이클 가스트너Michael Gastner, 마틴 굴드Martin Gould, 티모시 그리핀Timothy Griffin, 루시 홀트시Ruthi Hortsch, 시 시앙 람Shi Xiang Lam, 샤오닝 챤

Xiaoning Qian, 해리 리치맨Harry Richman, 퍽 롬바크Puck Rombach, 타일러 러시Tyler Rush, 스네할 세카트카Snehal Shekatkar, 웨이징 탕Weijing Tang, 롭 토마스Robb Thomas, 제인 왕Jane Wang, 폴 웰린Paul Wellin, 다니엘 윌콕Daniel Wilcox, 용수 양Yongsoo Yang, 동 주Dong Zhou에게 또한 큰 감사를 전한다. 또한 책의 초안을 모두 읽은 후, 사려 깊고 시사하는 바가 많은 견해를 전하며 수많은 실수와 오기를 발견해준 브라이언 카러Brian Karrer에게 특별한 감사를 보내고 싶다. 물론 이 책에 남은 실수는 어떠한 것이든 나의 책임이며 독자의 교정을 환영한다.

마지막으로, 이 책을 집필하는 동안 끊임없는 격려와 지원을 아끼지 않은 아내 캐리Carrie에게 가슴 깊은 감사를 전한다. 그녀 없이도 이 책은 출간됐을지 모르지만, 난 훨씬 덜 웃었으리라.

마크 뉴만
미시간 앤아버
2018년 6월 12일

도입

네트워크란 무엇이며, 왜 네트워크를 공부해야 하는가

네트워크^{network}란, 가장 간단한 형태를 기준으로 보자면 짝지어 선으로 연결된 점들의 모음이다. 해당 분야의 명명법에 따르면, 점은 노드^{node}나 버텍스^{vertex1}라 하고 선은 에지^{edge2}라 한다. 물리, 생물, 그리고 사회과학 분야의 여러 가지 흥미로운 시스템을 네트워크로 간주할 수 있으며, 이렇게 생각해보는 것은 새롭고 유용한 통찰력을 제공한다. 이 책을 통해 보여주고 싶은 것이 바로 이런 것이다.

첫 장은 가장 공통적으로 연구된 유형의 네트워크와 그 특성을 간단히 소개하는 것으로 시작한다. 1장에서 다루는 모든 주제는 책의 나머지 부분에서 더 깊이 있게 다룬다.

8개의 노드와 10개의 에지로 만든 작은 네트워크

네트워크의 예

네트워크는 거의 모든 과학 기술 분야에서 마주칠 수 있다. 이 책에서 다양하고 흥미로운 예들을 보게 될 것이다. 순전히 조직적으로 설명하려는 목적으로 네트

---

1 복수형은 'vertices'이다.

2 링크(link)라고도 한다. 이 책에서는 에지와 링크를 구분 없이 혼용한다. - 옮긴이

워크의 예를 네 가지 유형으로 구분하자면, 기술 분야 네트워크, 정보 네트워크, 사회연결망(소셜 네트워크), 생물학적 네트워크로 나눌 수 있다.

기술 분야 네트워크의 좋은 예는 인터넷이다. 인터넷은 노드가 컴퓨터를 나타내고, 에지가 광케이블이나 전화선 같은 컴퓨터 사이의 데이터 연결을 나타내는 컴퓨터 데이터 네트워크다. 그림 1.1은 방대한 인터넷 데이터 패킷이 네트워크에서 취한 경로를 관찰해서 만든 2003년 인터넷 구조의 네트워크 스냅샷을 보여준다. 인터넷은 사람이 만들고 세심하게 설계한 네트워크임에도 불구하고 인터넷이 어떤 구조인지 아무도 모른다는 것은 매우 흥미로운 사실이다. 이것은 각기 다른 다양한 그룹의 사용자들이 인터넷을 만들고, 서로의 행동에 대한 지식이 거의 없으며, 중앙 통제 또한 거의 없기 때문이다. 인터넷의 구조에 대한 최선의 데이터는 결국 어떠한 중앙 기관이 보유한 지도나 지식 저장소가 아니라 그림 1.1에 나온 것처럼 측정 실험을 통해 얻을 수밖에 없다.

인터넷의 구체적인 내용은 2.1절에서 살펴본다.

인터넷의 네트워크 구조를 연구하려는 데는 수많은 실용적인 이유가 있다. 인터넷의 기능은 전 세계 다양한 곳에 있는 컴퓨터들(그리고 다른 장치들) 사이에서, 데이터를 여러 패킷으로 나누어 목적한 곳에 도달할 때까지 네트워크의 노드에서 다른 노드로 운송하는 것이다. 인터넷의 네트워크 구조는 이 기능이 얼마나 효율적으로 수행될 것인지에 영향을 준다. 만약 네트워크 구조를 알 수 있다면 연관된 다양한 실용적인 질문을 해볼 수 있을 것이다. 데이터를 운송하는 경로는 어떻게 골라야 하는가? 공간적으로 가장 짧은 경로가 항상 필연적으로 가장 빠른가? 만약 아니라면, 무엇을 어떻게 찾아야 하는가? 흐름이 정체되어 모든 것을 느리게 하는 병목현상을 어떻게 방지할 수 있을까? 노드나 에지가 고장 나면 무슨 일이 발생하는가? 고장 난 곳 근처에서 경로를 결정하는 방법은 어떻게 만들 수 있을까? 네트워크에 새로운 용량을 추가할 수 있다면 어느 곳에 추가해야 하는가?

기술 분야 네트워크의 다른 예는 전화 네트워크, 도로 네트워크, 철도, 항공망, 그리고 전력망, 상수도, 송유관, 가스관, 하수도 같은 분배 네트워크가 있다. 이런 네트워크들은 저마다 각자의 질문을 던진다. 구조는 어떤가? 구조가 시스템의 기능에 어떤 영향을 주고, 성능을 최적화하려면 구조를 어떻게 바꾸거나 설계해야 하는가? 항공망처럼 네트워크가 이미 매우 최적화된 사례도 있지만, 도로망처럼 시간이 지나면서 역사의 우연 속에 만들어져서 최적의 형태와는 거리가 먼 경우도 있다.

네트워크의 두 번째 유형은 좀 더 추상적인 유형으로, 정보 집합체의 구조를 나

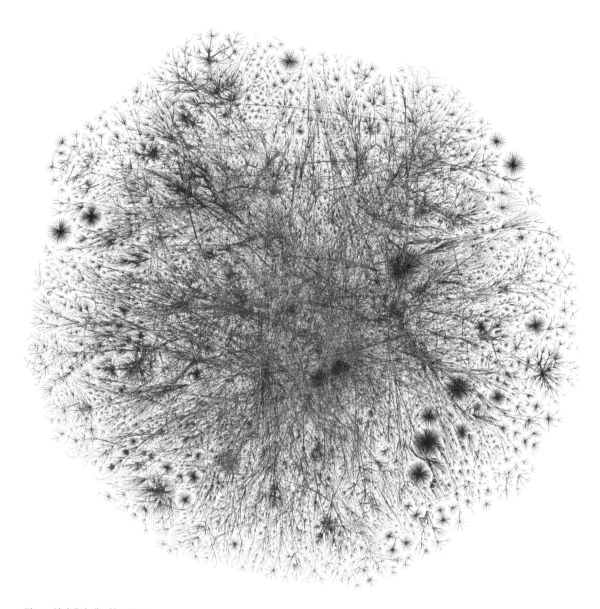

그림 1.1 인터넷의 네트워크 구조

이 인터넷 일러스트에 표현한 노드는 '클래스 C 서브넷(대개 동일한 조직에서 관리하는 인터넷 주소가 유사한 컴퓨터 그룹)'들이고, 연결선은 서브넷 사이를 오가는 인터넷 데이터 패킷을 다루는 라우터를 나타낸다. 그림 속에서 노드의 기하학적 위치는 특별한 의미 없이 보기 좋게 놓았을 뿐이며, 노드의 실제 위치 등과 관련이 없다. 인터넷 구조의 구체적인 내용은 2.1절에서 논의한다. 그림은 Opte Project(http://www.opte.org)로 그렸다. 허가하에 게재함(해당 그림은 847페이지에서 컬러로 확인할 수 있다.)

정보 네트워크는 3장에서 자세히 살펴본다.

타내는 정보 네트워크다. 고전적인 예는 월드와이드웹World Wide Web이다. 앞에서 인 터넷을 이야기했는데, 웹Web은 인터넷과 다른 것임에도 불구하고 평상시 대화에 서는 대개 둘을 혼용한다. 인터넷은 컴퓨터 사이를 케이블로(또는 때때로 무선으로) 실제로 연결한 물리적인 네트워크다. 반면에 웹은 웹 페이지들과 그 사이를 연결 하는 링크로 구성된 네트워크다. 월드와이드웹의 노드는 웹 페이지에 해당하고, 에지는 '하이퍼링크hyperlink'인데, 하이퍼링크는 웹 페이지에서 누르면 다른 웹 페 이지로 넘어갈 수 있는 강조된 텍스트나 버튼을 말한다. 하이퍼링크는 순전히 소 프트웨어 구조다. 내 웹 페이지에서 지구 반대편에 있는 컴퓨터에 만들어진 다른 웹 페이지로 링크를 거는 것도, 마치 복도 아래에 있는 친구에게 연결하는 것만큼 이나 쉽게 걸 수 있다. 새로운 링크를 연결할 때 만들어야 하는 광섬유 같은 물리 적인 구조는 없다. 링크는 단순히 내가 클릭했을 때 컴퓨터에게 어디를 참조할지 말해주는 주소일 뿐이다. 그러므로 웹과 인터넷의 네트워크 구조는 완전히 상이 하다.

월드와이드웹은 3.1절에서 더 자 세히 논의한다.

추상적인 이야기이긴 하겠지만, 월드와이드웹은 수십억 개의 페이지와 링크로 구성되어 대단히 유용한 것으로 밝혀졌고, 수익성에 대해서는 두말할 필요도 없 으며, 그 구조는 상당히 흥미롭다. 사람들은 서로 관계있는 페이지끼리 링크를 거 는 경향이 있기 때문에, 웹의 링크 구조는 콘텐츠와 주제 사이의 관계를 드러낸 다. 주장컨대, 웹의 구조는 인류 지식의 구조를 반영한다고 할 수 있을 것이다. 더 욱이 사람들은 스스로 생각하기에 더 유용하다고 생각하는 페이지에 그렇지 않은 페이지보다 더 많은 링크를 연결하기 때문에, 특정 페이지를 향하는 링크의 수는 유용성을 측정하는 지표가 될 수 있다. 이 아이디어를 더 복잡하게 구현한 것이 유명한 웹 검색 엔진 구글Google이며 그 외에도 여럿 있다.

웹 검색 방법은 18.1절에서 다 룬다.

웹은 네트워크 이론의 또 다른 개념인 방향성 네트워크directed network도 투영한다. 웹의 하이퍼링크는 한 웹 페이지에서 다른 웹 페이지로 특정한 방향으로만 동작 한다. 웹 페이지 A에서 링크를 클릭해서 웹 페이지 B로 옮겨가는 것이 가능하다 고 해서, 웹 페이지 B도 웹 페이지 A로 가는 링크를 반드시 제공해야 하는 것은 아니다(되돌아가는 링크가 있을 수는 있겠지만 꼭 그럴 필요는 없다). 혹자는 월드와이드 웹의 에지는 연결한 페이지에서 연결된 페이지로 작동하는 방향성이 있다directed고 말할 수 있을 것이다.

많이 연구된 또 다른 종류의 정보 네트워크 예로는 학술지 논문들 사이의 참고 문헌 인용 관계를 나타낸 인용 네트워크가 있다. 학술 논문은 보통 논문에서 참고한 이전에 출판된 다른 논문들을 참고문헌으로 소개한다. 이 참고문헌 인용 관계로 네트워크를 만든다고 생각할 수 있는데, 논문이 노드가 되고, 만약 A 논문의 참고문헌에서 B 논문을 소개한다면 A에서 B로 방향성 에지를 연결할 수 있다. 월드와이드웹과 같이, 혹자는 인용 네트워크가 최소한 부분적으로라도 논문에 담긴 지식들 사이의 구조를 나타낸다고 할 수 있을 것이다. 사실 웹과 인용 네트워크 사이에는 많은 유사성이 있다. 웹을 이해하고 검색하려고 개발된 테크닉들이, 쏟아지는 연구 출판물과 데이터 중에서 유용한 논문을 찾는 데 도움을 주고자 최근 수년간 인용 네트워크에서도 사용됐다.

세 번째 네트워크 유형은 사회연결망이다. 오늘날 '사회연결망'을 이야기하면 대부분 페이스북^{Facebook}이나 트위터^{Twitter} 같은 온라인 서비스를 떠올리지만, 과학 문헌에서는 사회연결망이 노드가 사람(또는 회사나 팀 같은 사람들의 모임)을 나타내고, 에지가 친구 관계나 의사소통, 협력 같은 사회적 연결을 나타내는 모든 네트워크를 아우르는 훨씬 더 광범위한 의미로 사용된다. 아마도 네트워크를 실증적으로 연구하는 가장 오래되고 잘 발달된 전통은 실제로 발생하는 일을 다루는 사회학에서 찾을 수 있을 것이다. 실제로, 네트워크 연구에 사용하는 다양한 수학적, 통계적 도구도 사회학에서 직간접적으로 차용한 것이다.

<aside>사회연결망은 4장에서 더 자세히 다룬다.</aside>

그림 1.2는 사회학 문헌에서 유명한 사회연결망 예시인 웨인 재커리^{Wayne Zachary}의 '가라테 클럽^{karate club}' 네트워크를 보여준다. 재커리 가라테 클럽 네트워크는 미국 북부 지역에 있는 한 대학교의 가라테 클럽 멤버들이 사회적으로 교류하는 것을 관찰하여 재구성한 멤버들 사이의 친분을 나타낸다. 사회학자들은 회사 대표, 의사, 수도승, 학생, 학회 참석자 사이의 친분 관계 연구나 누가 누구와 일하는지, 누가 누구와 사업을 하는지, 누가 누구의 조언을 구하는지, 누가 누구와 사교활동을 하는지, 또는 누가 누구와 성관계를 맺는지를 나타내는 네트워크 등을 포함해 수 세기 동안 이러한 연구를 수도 없이 수행했다. 이런 연구에서는 대개 몹시 고된 과정을 거치며 데이터를 손으로 직접 수집했기 때

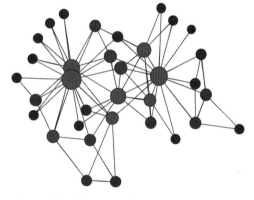

그림 1.2 클럽 멤버들 사이의 친구 관계 네트워크

1970년대에 수행한 연구에 등장한 사회연결망이 미국 대학교에 있는 가라테 클럽 멤버들 간의 친구 관계를 보여준다. 데이터는 재커리가 출판한 논문[479]에서 가져왔다.

문에, 네트워크는 보통 그림 1.2에 있는 34개의 노드만 있는 네트워크처럼 크기가 작았다. 그러나 최근에는 페이스북이나 유사한 서비스에서 온라인으로 수집한 데이터 등을 활용해서 훨씬 더 큰 사회연결망을 구축했다. 이 책을 집필하는 시점을

기준으로 페이스북은 전 세계적으로 20억을 넘는 사용자와 이들 사이의 연결 관계를 보유하고 있는데, 이는 전 세계 인구의 사분의 일이 넘는 수치다. 페이스북을 포함한 많은 온라인 소셜미디어 회사들은 거대한 데이터를 활용해 학계와 협업하여 사회연결망을 연구하는 별도의 연구 부서가 있다.

마지막 네 번째 유형은 생물학적 네트워크다. 네트워크는 생물학의 다양한 범위에 존재한다. 두뇌의 뉴런 사이를 연결하는 물리적인 네트워크인 뉴런 네트워크가 있는 한편 추상적인 네트워크도 있다. 그림 1.3에서는 노드가 생태계의 생물종을 나타내고 에지가 종 사이의 포식자-먹이 관계를 나타내는 '먹이 그물' 그림을 볼 수 있다. 즉, 한 종이 다른 종을 잡아먹는 경우 이 네트워크에서 한 쌍으로 연결된다. 먹이 그물을 연구하는 것은 에너지와 탄소 흐름 같은 생태학적인 현상과 종 간 의존성 문제를 이해하고 정량화하는 데 도움을 준다. 먹이 그물은 이전에 논의한 월드와이드웹이나 인용 네트워크처럼 방향성 네트워크의 또 다른 예다. 만약 A종이 B종을 잡아먹는다면 아마도 B는 A를 잡아먹지 않을 것이고, 그렇기 때문에 그들의 관계는 방향성이 있다.

생물학적 네트워크의 또 다른 예는 생화학 네트워크다. 이 유형에는 물질대사 네트워크, 단백질-단백질 상호작용 네트워크, 유전자 조절 네트워크가 포함된다. 예를 들어, 물질대사 네트워크는 생물체의 세포에게 연료가 되는 화학반응들의

뉴런 네트워크는 5.2절, 먹이 그물은 5.3절에서 논의한다.

생화학 네트워크는 5.1절에서 자세히 논의한다.

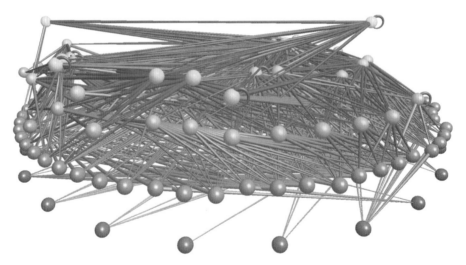

그림 1.3 위스콘신 리틀록 호수(Little Rock Lake)의 먹이 그물

이 우아한 그림은 미국 북부에 있는 한 민물 호수에 사는 생물종 간의 포식자 관계를 요약해서 보여준다. 노드는 생물종이고, 에지는 포식자-먹이 쌍을 나타낸다. 노드의 수직 방향 위치는 해당 종의 영양 단계를 대략적으로 나타낸다. 출처: Richard Williams and Neo Martinez[321](해당 그림은 848페이지에서 컬러로 확인할 수 있다.)

패턴을 나타낸다. 혹시 생화학자의 사무실 벽에 꾸며진 대사 반응으로 가득 찬 벽보를 본 적이 있는 독자가 있을지도 모르겠다. 수백 개의 글씨와 미로처럼 연결된 화살표로 가득한 믿기 어려울 정도로 자세한 지도다. 글씨는(이 경우에는 네트워크의 노드에 해당함) 대사 과정에 화학적으로 관여하는 대사물질이고, 화살표는 방향성 에지로서 하나의 대사물질을 다른 물질로 바꾸는 반응을 나타낸다. 이렇게 반응들을 네트워크로 나타내는 것은 분자 유전학자와 생화학자들이 실험을 통해 만들어낸, 해석의 갈피를 잡을 수 없는 생화학 데이터를 이해하려는 첫걸음 중 하나다.

5장의 그림 5.2에서 물질대사 네트워크 지도의 예를 보여준다.

이러한 네트워크는 이 책에서 우리가 둘러볼 네트워크 유형들의 예 중 일부일 뿐이다. 이를 포함해 더 많은 것을 이후의 장들에서 더 상세하게 다룬다.

네트워크에서 무엇을 배울 수 있을까?

네트워크는 시스템의 부분에서 일어나는 상호작용의 양상을 포착한다. 상호작용의 양상이 시스템의 거동에 큰 영향을 줄 수 있다는 것이 (어떤 분야에서는 상대적으로 최근에 인식된 내용임에도 불구하고) 그리 놀랍지는 않다. 예를 들어 인터넷에서 컴퓨터가 연결된 형태는 통신망에서 데이터가 지나는 경로에 영향을 주고, 따라서 데이터를 전송하는 효율에 영향을 준다. 친분 관계 네트워크는 사람들이 배우고, 의견을 형성하고, 뉴스를 모으며, 질병 전파 같은 덜 알려진 현상에 영향을 준다. 이러한 네트워크 구조에 대해 아는 것이 없다면, 해당 시스템이 어떻게 작동하는지 완벽히 이해하기를 바랄 수는 없을 것이다.

네트워크란 시스템을 오직 연결 패턴의 기본적인 사항과 약간의 추가 정보만 남기며 추상적인 구조 또는 토폴로지topology로 간소화한 표현이다. 시스템에는 네트워크로 표현되지 않은 다른 흥미로운 특징이 있을 수 있으며, 실제로 자주 그러하다. 예를 들면, 컴퓨터나 사람 등 개별 노드의 자세한 행동이나 그 사이 상호작용의 명확한 본성이 그렇다. 이런 미묘한 특징들은 네트워크의 노드나 에지에 이름이나 상호작용의 강도 같은 이름표를 함께 두면 파악할 수 있다. 하지만 그렇게 하더라도 대부분의 정보는 전체 시스템을 네트워크로 표현하는 과정에서 유실된다. 이런 특징은 단점이 되기도 하지만, 장점이 되기도 한다.

일반적인 네트워크 확장과 변형은 6장에서 논의한다.

다양한 분야의 과학자들은 지난 수년간 네트워크를 분석하고 모델링하고 이해하고자 컴퓨터를 사용한 수학적 도구들을 광범위하게 개발했다. 이 도구들은 노드나 에지 집합 같은 간단한 네트워크 토폴로지부터 시작해서, 가장 잘 연결된 노드가 무엇인지 혹은 두 노드가 서로 얼마나 유사한지 등 네트워크를 이해하는 데 잠재적으로 유용한 것들을 알려주는 계산들까지 다룬다. 다른 도구들은 인터넷에서 전송 부하가 전해지는 방법이나 공동체에서 병이 확산되는 방법처럼, 네트워크에서 발생하는 과정을 수학적으로 예측할 수 있게 해주는 네트워크 모델의 형태를 띠기도 한다. 이런 도구들은 추상적인 형태의 네트워크에 사용하는 것이라서 네트워크 형태로 표현할 수 있는 거의 모든 시스템에 활용할 수 있다. 그러므로 만약 흥미로운 시스템이 있고 그 시스템이 네트워크로 표현될 수 있다면, 이미 개발이 완료되고 잘 이해할 수 있는 수백 가지의 도구들이 즐비하기에 해당 시스템에 즉시 적용해볼 수 있다. 모든 도구가 반드시 유용한 결과를 내어주지는 않을 것이다. 도구의 측정값과 계산값은 그 시스템이 무엇이고 어떤 역할을 하는지, 그리고 무슨 질문에 답하려는지에 따라 특정 시스템에 유용하다. 하지만 네트워크에 대해 질문을 잘 던진다면, 많은 경우 그 답을 찾아가는 데 도움을 줄 수 있는 도구들이 이미 존재할 것이다.

그러므로 네트워크는 시스템의 구조를 표현하는 일반적인 방법으로서, 실증적인 데이터와 강력한 분석 테크닉 도구상자 사이를 연결하는 다리를 만든다. 이 책에서는 수학, 물리학, 컴퓨터 및 정보과학, 사회과학, 생물학 등에서 차용한 분석 방법과 함께 다양한 분야의 특정 네트워크 예들을 다룬다. 그럼으로써 필요한 넓은 범위의 아이디어와 다양한 분야의 전문성을 한데 모아 네트워크 과학을 총체적으로 이해하고자 한다.

네트워크의 특징들

아마도 네트워크에 던질 수 있는 가장 근본적인 질문은 다음과 같을 것이다. 만약 우리가 네트워크의 구조를 알고 있다면 시스템의 기능과 본성에 대해 어떤 것을 배울 수 있을까? 다시 말해, 네트워크의 구조 특성이 우리가 살피는 실용적인 문제에 어떻게 연관되어 있는가? 이 질문은 이 책의 핵심적인 주제이고 이 장에서만 답을 찾지는 않을 것이다. 그렇지만 몇 가지 대표적인 개념을 살펴보고 우리가 다루게 될 아이디어에 대한 느낌을 가져보자.

네트워크의 구조를 분석하는 첫걸음은 보통 그림을 그려보는 것이다. 그림 1.1, 1.2, 1.3이 전형적인 예다. 각 그림은 네트워크를 시각화하고자 특별히 고안된 컴퓨터 프로그램으로 만들었으며, 이런 그림을 직접 그려볼 수 있는 유료, 무료 프로그램이 시중에 많이 나와 있다. 시각화는 네트워크 데이터 분석을 할 때 원본 데이터에서 발견하기 어려운 중요한 구조적인 특성을 즉각적으로 발견할 수 있게 해주는 매우 유용한 도구다. 사람의 눈은 패턴을 분간해내는 데 엄청난 재능이 있어서 시각화는 이런 재능을 네트워크 문제를 푸는 데 활용할 수 있다.

반면에, 네트워크를 직접 시각적으로 분석하는 것은 노드가 수백에서 수천에 이르는 네트워크나 상대적으로 성긴, 즉 에지가 적은 네트워크에만 유용하다. 만약 네트워크에 노드나 에지가 너무 많다면 눈으로 보기에 너무 복잡해서 통찰력 있게 읽어내기 어렵고, 시각화의 유용성이 제한된다. 오늘날 과학자들이 관심 있어 하는 많은 네트워크는 노드가 수십만에서 심지어 수백만 개에 이르는데, 이것은 네트워크의 시각화만으로는 그다지 도움이 되지 않고, 네트워크를 이해하려면 다른 방법을 도입해야 한다는 것을 의미한다. 더욱이, 눈이 데이터를 분석하는 데 굉장히 강력한 도구임은 분명하지만 그렇다고 전적으로 믿을 수 있는 것은 아니다. 경우에 따라 데이터에 있는 패턴을 뽑아내는 데 실패하는 경우도 있으며, 심지어 실제로 존재하지 않는 패턴을 보는 경우도 있다. 이런 문제를 해결하고자, 네트워크 이론은 시각화를 할 수 없거나 믿을 수 없을 때 네트워크가 말하고자 하는 바를 이해할 수 있도록 도와주는 측정과 계량의 도구상자를 개발해왔다.

유용하고 광범위하게 사용된 네트워크 측정량의 예가 **중심도**centrality 측정량이다. 중심도는 네트워크에서 노드가 얼마나 중요한지를 정량화하는데, 사회연결망 분석에서 특히 심혈을 기울여 연구해왔다. 물론 노드가 네트워크에서 중심적이라는 의미가 무엇인지에 대한 개념과 정의는 매우 다양하며, 수많은 중심도 측정량이 존재한다. 아마도 그중 가장 간단한 측정량은 **링크수**degree일 것이다. 네트워크에서 노드의 링크수란 연결된 에지(링크)의 개수를 말한다. 예를 들어, 그림 1.2와 같은 사회연결망에서 각 개인의 링크수는 각자가 가진 친구의 수에 해당한다. 인터넷에서 링크수는 하나의 컴퓨터가 가진 데이터 연결망의 개수가 될 것이다. 많은 경우 네트워크에서 가장 링크수가 큰 노드는 가장 연결이 많은 노드이며, 시스템의 기능에 주요한 역할을 하기 때문에, 링크수는 시스템에서 가장 중요한 요소가 무엇인지 집중하는 데 훌륭한 가이드가 되어준다.

방향성 없는 네트워크에서 링크수는 한 가지 숫자만 존재하지만, 방향성 네트

중심도에 대한 추가 논의는 7장을 참고하라.

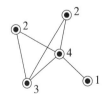

작은 네트워크의 각 노드 옆에 있는 숫자는 노드의 링크수를 나타낸다.

워크에서는 노드 쪽으로 들어오는 방향인 들어오는 링크수$^{in\text{-}degree}$와 노드에서 나가는 방향에 해당하는 나가는 링크수$^{out\text{-}degree}$라는 두 가지 링크수가 존재한다. 예를 들어 웹 페이지의 들어오는 링크수는 그 페이지로 링크를 건 다른 페이지들의 개수이고, 나가는 링크수는 그 웹 페이지에 링크가 걸린 웹 페이지의 개수다. 우린 이미 실용적으로 중요한 질문에 답하기 위해 중심도를 어떻게 사용할 수 있는지의 예를 웹에서 살펴봤다. 웹 페이지가 받는 링크의 수, 즉 들어오는 링크수를 셈하면, 검색 엔진이 가장 유용한 정보를 가진 페이지를 판별할 수 있다.

허브는 10.3절에서 더 논의한다.

링크수와 관련해 추가적으로 관찰할 수 있는 점은 많은 네트워크에서 링크수가 특이하게 많은 '허브^{hub}'가 적지만 의미 있는 만큼 발견된다는 것이다. 예를 들어, 사회연결망에는 종종 특이하게 발이 넓은 사람들이 있다. 웹에는 굉장히 많은 링크를 가진 적은 비율의 웹사이트들이 있다. 소수의 대사물질이 광범위한 대사 과정에 참여하기도 한다. 수년간 주요 연구 주제는 허브 효과가 시스템의 성능과 행동에 미치는 영향을 연구하는 것이었다. 이론적인 것과 실증적인 것을 모두 포함한 넓은 범위의 결과들을 보면 허브는 개수가 적음에도 불구하고 네트워크 회복력과 수송 현상에 불균형한 영향을 준다.

좁은 세상 효과는 4.6절과 10.2절에서 더 논의한다.

반복해서 떠오르는 네트워크 개념으로, 실제로 실용적인 영향을 미치는 예가 좁은 세상 효과$^{small\text{-}world\ effect}$다. 주어진 네트워크에서 특정 노드 쌍을 연결하는 가장 짧은 거리를 물어볼 수 있다. 즉, 한 노드에서 다른 노드에 다다르려면 거쳐야 하는 에지의 최소 개수는 몇인가? 예를 들어, 친구 관계 네트워크에서 내 친구는 나로부터 거리가 1이고 친구의 친구까지는 2다. 대부분의 네트워크에서 노드 쌍 사이의 거리는 매우 좁다는 것이 실증적으로(그리고 몇몇 경우에는 수학적으로) 밝혀졌는데, 심지어 수백 개 혹은 그보다 많은 노드가 있는 네트워크에서도 대부분 12 걸음을 넘지 않았다. 첫 연구는 친구 관계 네트워크 사례였음에도 불구하고, 좁은 세상 효과는 필연적으로 모든 유형의 네트워크에서 광범위하게 발견된다. 대중문화에서는 좁은 세상 효과를 '여섯 단계의 분리$^{six\text{-}degree\ of\ separation}$'라고 부르는데, 같은 이름의 유명한 희곡과 영화에서 좁은 세상 효과를 다룬 후 그렇게 부르게 되었다. (어느 정도 신화적인 이야기이긴 하지만) 세계의 그 누구에게라도 다섯 사람만 거치면, 즉 여섯 다리만 건너면 모두 닿을 수 있다는 말이다.

좁은 세상 효과는 상당한 반향을 갖는다. 예를 들어, 뉴스와 가십은 사회연결망을 따라 퍼진다. 내가 친구에게 흥미로운 루머를 들으면 이를 다시 다른 친구들에게 전할 것이고 그들은 또 다른 친구들에게 퍼뜨릴 것이다. 루머가 온 세계에 모두 전달되기까지 여섯 다리만 건너면 된다면, 백 개 혹은 백만 개의 다리를 거쳐야 하는 경우보다 훨씬 빠를 것임은 당연하다. 수치스러운 루머가 눈 깜짝할 사이에 모든 커뮤니티의 귀에 들어가는 일은 실제로 흔히 일어난다.

아니면 인터넷을 생각해보자. 인터넷이 어쨌든 작동하는 이유 중 하나는 어떤 컴퓨터든 몇 단계만 건너면 네트워크의 다른 컴퓨터에 도달할 수 있기 때문이다. 일반적으로 데이터 패킷이 인터넷에서 전송될 때는 보통 스무 번을 넘지 않는다. 만약 수천 번을 건너야 한다면 인터넷의 성능은 필시 훨씬 더 떨어졌을 것이다. 사실상, 우리가 세상 어디서든 데이터를 거의 순간적으로 즉시 받아볼 수 있는 것은 좁은 세상 효과의 직접적인 결과다.

네트워크 현상의 실용적인 중요성에 대한 세 번째 예는 네트워크의 클러스터 또는 커뮤니티다. 대부분 우리는 사회연결망이 더 작은 커뮤니티로 쪼개진다는 것에 익숙하다. 친구 관계 네트워크를 예로 들면, 그저 스쳐가는 사람들까지 포함한 더 큰 성긴 네트워크 안에서 가까운 친구들끼리 작은 그룹을 형성하는 모습을 공통적으로 관찰할 수 있다. 비슷한 클러스터가 다른 유형의 네트워크에서도 발생한다. 웹에서는 서로 링크를 주고받는 웹 페이지들이 뭉쳐 있는데, 이 웹 페이지들은 아마도 같은 주제를 다루거나 같은 회사에 속해 있을 것이다. 물질대사 네트워크는 서로 상호작용해서 특정한 생화학 작용을 하는 대사물질 그룹이 있다. 만약 이런 클러스터 혹은 그룹이 기능적인 구분에 연계되는 경우라면, 네트워크를 구성요소 클러스터로 나누면서 무언가 배울 수 있을지도 모른다. 다른 방법으로는 볼 수 없는 세포 기관의 개념과 등급을 네트워크가 쪼개져 분해되는 과정이 밝혀낼 수도 있다.

네트워크의 클러스터를 탐지하고 분석하는 것은 현재 네트워크 연구의 최전선에서 활발히 연구되고 있으며, 향후 흥미로운 사례에 활용하기 좋은 유망한 주제다.

네트워크의 커뮤니티 구조는 14장에서 자세히 다룬다.

이 책의 개요

이 책은 네 부분으로 구성되어 있다. 1부는 2~5장으로 구성되며 실제 세계에서 마주칠 수 있는 기술 분야 네트워크, 사회연결망, 생물학적 네트워크를 포함해 다양한 유형의 네트워크와 그 구조를 찾는 데 사용하는 실제 테크닉을 소개한다. 특정 네트워크 하나를 매우 자세히 설명하는 것이 이 책의 목적은 아니지만, 네트워크를 공부할 때는 실례를 살펴보는 것이 든든한 기반이 되며, 어떤 데이터가 사용 가능하고 어떻게 얻을 수 있는지를 이해하면 (오늘 살펴봤듯이) 네트워크의 과학을 이해하는 데 굉장히 큰 도움이 된다.

2부인 6~10장에서는 현재 네트워크를 이해하는 방법의 바탕이 되는 이론적인 아이디어와 방법을 소개한다. 6장에서는 네트워크 아이디어를 이해하는 데 사용하는 기본 수학을 설명하고, 7장에서는 네트워크 구조를 측정하는 방법을 살펴본다. 8장에서는 오늘날의 거대 네트워크를 컴퓨터로 계산하는 데 필수적인 방법을 설명하고, 9장에서는 네트워크 통계량을 위한 방법과 네트워크 연구에 있어 에러와 불확실성의 역할을 기술한다. 그리고 10장에서는 이 모든 아이디어를 실제 세계 네트워크 데이터에 적용했을 때 나타나는 매력적인 패턴과 법칙을 살펴본다.

이 책의 3부인 11~13장에서는 수학적인 네트워크 모델을 살펴보는데, 여기서는 무작위 그래프와 확장 모델을 포함한 전통적인 네트워크 모델과 성장하는 네트워크나 커뮤니티 구조 같은 새로운 모델을 모두 알아본다. 3부에서 다루는 내용은 네트워크 정경의 중심을 형성하고 있으며 수많은 과학 연구 논문의 주제가 됐다.

마지막으로 이 책의 마지막인 4부는 14~18장에 해당하는데, 커뮤니티 찾기, 네트워크 역학, 동역학 시스템, 네트워크 탐색 과정 등 실용적인 질문에 응용할 수 있는 네트워크 이론의 사례를 살펴본다. 이 주제에 대한 연구는 네트워크 과학의 다른 분야에 비해 아직 덜 발달했으며, 우리가 모르는 것이 아직 많다. 4부에서는 아마도 대답을 제시하는 것만큼 많은 질문을 던질 텐데, 물론 이것은 좋은 것이다. 이 분야에 뛰어들고 싶은 자들이여, 아직 탐구할 수 있는 수많은 매력적인 열린 문제들이 기다리고 있다.

Part 1

실증적인 네트워크 연구

CHAPTER

02

기술 분야 네트워크

인터넷과 전력망 같은 공학 분야 네트워크 및 그 구조를 결정하는 방법

다음 4개 장을 거치면서 가장 공통적으로 연구된 네트워크를 기술 분야 네트워크, 정보 네트워크, 사회연결망, 생물학적 네트워크의 네 가지 유형으로 크게 나누어 설명하고 논의해본다. 각 유형마다 중요한 예를 나열하고, 그 구조를 탐색하는 데 사용한 기법을 설명한다.

이 책의 의도는 어떤 네트워크 하나를 깊게 공부하려는 것이 아니다. 이미 수많은 책이 그렇게 하고 있다. 그럼에도 불구하고 네트워크 과학은 실제 세계의 시스템을 이해하고 모델링하는 데 관련된 것이며, 실증 데이터는 본질적으로 이 분야의 모든 발전의 시작점이다. 따라서 빈번하게 연구되는 네트워크 유형과 이를 기술하는 데이터를 훑어보는 것은 매우 유용하다. 이 장에서는 기술 분야 네트워크, 즉 현대 과학기술 사회의 뼈대를 형성하는 물리적인 기반시설 네트워크를 살펴보려 한다. 가장 유명한 기술 분야 네트워크로서 상대적으로 최근에 이 분야에 포함된 것이 바로 컴퓨터와 다른 정보 시스템을 서로 연결하는 세계 데이터 연결 네트워크인 인터넷이다. 2.1절은 인터넷을 기술하는 데 할애한다. 기술 분야 네트워크의 또 다른 예로서 전력망, 교통망, 배송 및 분배 네트워크, 그리고 전화망을 이어지는 절에서 다룬다.

네 가지 유형은 엄밀하게 정의한 것이 아니며, (이제 살펴볼 것처럼) 유형 간에 중첩되는 부분도 있고 어떤 네트워크는 2개 이상의 유형에 해당하기도 한다. 그럼에도 불구하고 이렇게 유형을 나누는 것은 유용한데, 같은 유형에 속한 네트워크는 대개 비슷한 기법과 아이디어로 다룰 수 있기 때문이다.

2.1 인터넷

인터넷을 웹 페이지와 하이퍼링크로 이뤄진 가상의 네트워크인 월드와이드웹과 혼동해선 안 된다. 월드와이드웹은 3.1절에서 따로 논의한다.

인터넷은 컴퓨터, 전화, 태블릿, 그 외 기기들 사이에 물리적으로 데이터를 연결하는 전 세계적인 네트워크다. 인터넷은 패킷 교환$^{packet-switched}$ 네트워크로서, 여기로 보낸 메시지는 작은 데이터 뭉치인 패킷^{packet}으로 쪼개져 네트워크 너머로 따로 전송된 후 다른 쪽 끝에서 다시 완전한 메시지로 조립된다. 패킷이 따르는 표준 양식을 인터넷 프로토콜$^{IP, Internet Protocol}$이라고 하며 각 패킷은 목적지를 특정하는 IP 주소$^{IP\ address}$를 포함하기 때문에 네트워크에서 정확히 경로를 찾아갈 수 있다.

인터넷의 가장 간단한 네트워크 시각화는 (조만간 다른 식의 표현 방식도 살펴보겠지만) 네트워크의 노드가 컴퓨터나 기기를 나타내고 에지가 광섬유나 무선 연결 등 노드 사이의 데이터 연결을 나타내도록 하는 것이다. 사실, 일상적인 컴퓨터나 전자기기는 대부분 네트워크 '외부'에 있는 노드나 데이터 흐름의 종료점(혹은 시작점)을 점유하고 있을 뿐, 다른 노드 사이의 중간 지점으로 역할을 하지는 않는다 (실제로 대부분의 사용자 기기는 인터넷에 단일 연결만 형성하고 있기 때문에, 다른 기기들 사이의 경로상에 존재하는 것조차 불가능하다). 인터넷의 '내부' 노드는 일차적으로 라우터^{router}다. 라우터(필시 집에 있는 네트워크 라우터의 대형 버전)는 데이터 라인 교차로에 위치해서 데이터가 의도된 목적지로 향하도록 들어온 데이터 패킷을 특정 방향으로 전달하는 역할을 한다.

그림 2.1은 인터넷의 일반적인 전체 형태를 도식으로 보여준다. 네트워크는 세 단계 혹은 세 원형 구조의 노드로 구성되어 있다. 가장 안쪽 원형은 네트워크의 중심으로서 백본^{backbone}이라 부르는데, 전 세계에서 데이터를 전송하는 장거리 광대역폭 간선$^{trunk\ line}$과 간선들을 연결하는 고성능 라우터와 스위칭 센터로 구성되어 있다. 간선은 인터넷의 고속도로로, 가용한 가장 빠른(그리고 항상 향상되는) 성능의 광섬유를 연결해서 만든다. 백본은 일차적으로 국가 정부와 레벨 3 커뮤니케이션스$^{Level\ 3\ Communications}$, 코젠트^{Cogent}, NTT 같은 주요 전화회사들이 네트워크 백본 공급자$^{NBP, Network Backbone Provider}$로서 소유하고 운영한다.

인터넷의 두 번째 원형은 상업적인 회사, 정부, 대학 등 최종 사용자가 백본에 연결할 수 있게 하는 연결을 제공하는 인터넷 서비스 공급자$^{ISP, Internet Service Provider}$에 해당한다. 최종 사용자는 세 번째 원형에 해당하는 인터넷 대역폭의 궁극적인 소비자로서, 정부 사무실, 학계 연구소, 가정의 사람들 등이 여기에 속한다. 그림 2.1이 보여주듯이, ISP는 지역 ISP$^{regional\ ISP}$와 로컬 ISP$^{local\ ISP}$ 또는 소비자 ISP$^{consumer\ ISP}$

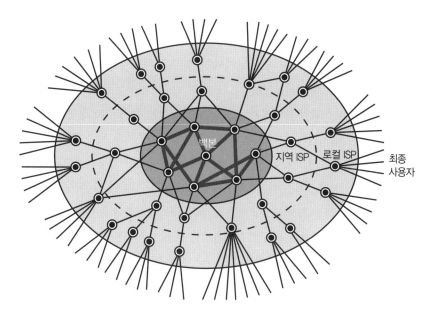

그림 2.1 인터넷 구조의 도식

인터넷의 노드와 에지는 여러 가지 유형으로 나뉜다. 광대역 장거리 연결인 백본, 대략 (더 큰) 지역과 (더 작은) 로컬로 구분되어 백본과 연결된 ISP들, ISP에 연결하는 일반 가정 사용자나 회사 같은 최종 사용자의 유형이 있다.

로 세분화된다. 지역 ISP는 더 큰 조직으로서, 네트워크 연결을 최종 사용자에게 판매하는 로컬 ISP가 주요 고객이다. AT&T나 브리티시 텔레콤British Telecom 같은 대형 소비자 ISP가 그 자체로 지역 ISP로 (그리고 일부는 심지어 백본 공급자로서도) 역할을 하기 때문에, 이러한 구분이 모호한 면이 있긴 하다.

어떠한 중앙 기관도 인터넷의 네트워크 구조를 독점 관리하지 않는다. 비공식적인 자발적 조직인 국제 인터넷 표준화 기구Internet Engineering Task Force가 프로토콜과 가이드라인을 개발했지만, 누군가가 새로운 인터넷 지선을 만들거나 서비스에서 받아올 때 중앙 인터넷 기관에서 허가를 받아야 하는 것은 아니다.

인터넷의 놀라운 특징들 중 하나는 네트워크에서 데이터가 경로를 결정하는 방법이다. 패킷이 취하는 경로는 경계 경로 프로토콜BGP, Border Gateway Protocol이라 부르는 시스템에 있는 인터넷 라우터들 사이에서 자동으로 협상을 거쳐 결정된다. BGP는 네트워크에 새로운 노드나 에지가 추가되거나, 영구적으로든 일시적으로든 사라지는 경우, 라우터가 이를 알아차리고 경로 결정 정책을 적절하게 조절할 수 있도록 설계됐다. 시스템이 부드럽게 작동을 지속하려면 특정한 부분에서 사람의 감시가 개입되기는 하지만, 높은 곳에서 '인터넷 정부'가 모든 걸 조종할 필요는 없으며, 전체 시스템은 기본적으로 지역의 수많은 자율적인 컴퓨터 시스템들의 동작이 합쳐져 스스로 체계를 잡는다.

이런 특성은 시스템의 유연성과 견고함 측면에서는 아주 뛰어난 부분이기는 하지만, 인터넷의 구조를 연구하고자 하는 이들에게는 문제가 된다. 만약 인터넷의 전체 지도를 가진 중앙 기구가 있었다면, 네트워크 구조를 결정하는 것은 단지 지도를 관찰하면 끝나는 매우 쉬운 일이 되었을 것이다. 그러나 그런 기관도 지도도 없다. 대신 인터넷의 네트워크 구조는 실험적으로 측정해야만 한다. 이를 해결하려는 두 가지 주요 방법이 있는데, 한 가지는 트레이스라우트traceroute를 사용하고 다른 한 가지는 BGP를 사용한다.

2.1.1 트레이스라우트를 사용한 인터넷 구조 측정

현재 인터넷의 네트워크 구조를 직접적으로 살필 수 있는 간단한 방법은 존재하지 않는다. 그러나 인터넷의 한 컴퓨터에서 데이터 패킷이 다른 컴퓨터로 전해지는 특정 경로는 상당히 쉽게 발견할 수 있다. 이를 위한 표준 도구를 트레이스라우트traceroute라 부른다.

인터넷 데이터 패킷은 어디로 향하는지를 말해주는 목적지 주소destination address, 어디에서 출발했는지를 알려주는 출발지 주소source address, TTLTime-To-Live 등 여러 가지를 포함한다. TTL이란 패킷이 목적지에 도착하기까지 넘을 수 있는 홉hop 수를 특정하는 숫자인데, 여기서 홉은 네트워크에서 에지 하나를 넘어가는 것을 의미한다. 모든 홉마다 TTL이 하나씩 줄어들고 0이 되면 패킷은 폐기된다. 즉, 삭제돼서 네트워크에서 더 이상 전달되지 않는다는 뜻이다. 이때 메시지는 다시 발신자에게 회송되고 패킷이 폐기됐다는 사실과 어디까지 도달했는지가 통보된다. 이런 식으로 데이터가 손실됐다는 사실을 발신자가 알 수 있고, 필요한 경우 패킷의 내용을 재전송할 수 있다. TTL은 주로 패킷이 인터넷에서 길을 잃고 영원히 헤매는 것을 막는 보호장치로 존재하지만, 패킷의 진척 상황을 추적하는 데도 사용할 수 있다. 그 아이디어는 다음과 같다.

첫째, 네트워크에서 관심 있는 노드를 목적지 주소로 삼고 TTL을 1로 해서 패킷을 보낸다. 패킷이 경로상의 첫 번째 라우터까지 한 홉 건너가면, TTL은 0으로 줄어들고 라우터가 패킷을 폐기하면서 라우터의 IP 주소를 포함한 메시지가 되돌아온다. 이 주소를 기록하고 TTL을 2로 해서 같은 과정을 반복한다. 이번에는 패킷이 죽기 전 두 홉을 전진하고, 경로상에 도달한 두 번째 라우터의 IP 주소를 알리는 메시지가 돌아온다. 이 과정을 최종 목적지에 도달할 때까지 더 큰 TTL을 사용해가면서 반복하면, 그 결과로 수신된 IP 주소 집합은 목적지까지 거치는 모든 라우터를 알려준다.[1] 전체 과정을 자동으로 수행하고 IP 주소 목록을 출력하는 표준 소프트웨어 도구도 존재한다. 이런 작업을 하는 도구를 많은 운영체제에서 '트레이스라우트'라고 부른다.[2]

트레이스라우트(또는 유사한 도구)를 인터넷의 네트워크 구조를 조사하고자 사용할 수 있다. 인터넷에서 다양한 쌍의 두 지점 사이를 경로를 트레이스라우트해서 모은 거대한 데이터를 조립하는 것이 아이디어다. 운이 좋다면 이 경로 목록에 네트워크의 (보통 모든 에지는 아니지만) 에지 대부분이 등장하며, 이를 종합하면 네트워크의 전체 그림을 타당하게 그릴 수 있다. 초기 연구에서는 편의를 위해 몇 개의 컴퓨터에서만 출발하도록 경로를 제한했지만, 최근 연구는 매우 완성도 높은 네트워크 그림을 완성하고자 분산된 수천 개의 컴퓨터를 사용한다.

특정한 출발지에서 일련의 목적지로 향하는 경로들을 모으면 그림 2.2(a), (b), (c)에 도식된 것과 같이 나뭇가지 구조를 형성한다.[3] 이상적으로는 출발지 컴퓨터는 네트워크에 잘 퍼져 있어야 한다. 만약 출발지 컴퓨터가 너무 가까이 있으면 멀리 있는 노드를 향하는 경로 중 상당 부분이 겹칠 텐데, 이는 각자 독립적인 측량 결과를 내놓기보다는 불필요하게 중복된 일에 노력을 쏟는다는 것을 의미한다.

일단 추적한 경로를 적절하게 모으면 단순히 그 경로들의 합집합에서도 네트워크 구조를 얻을 수 있다(그림 2.2(d) 참고). 즉, 경로상에 단 한 번이라도 등장했던 개별적인 IP 주소로부터 네트워크에 존재하는 노드를 만들 수 있고, 걸어간 경로에서 인접했던 IP 주소를 에지로 연결할 수 있다. 하지만 상술한 바와 같이, 이 과정을 통해 네트워크에 존재하는 모든 에지를 찾을 개연성은 높지 않고(그림 2.2(d)를

---

1 각 패킷이 목적지까지 같은 경로를 취한다고 가정한다. 희소한 경우이긴 하지만 서로 다른 패킷이 각기 다른 경로를 취하는 때가 있는데, 이런 경우에 트레이스라우트 과정은 네트워크의 정확한 경로를 구성하지 못할 것이다. 이런 사례가 발생할 수 있는데, 예를 들어 트레이스라우트 과정 중에 라우터의 혼잡 패턴이 상당히 달라지면 네트워크가 패킷을 덜 혼잡한 새로운 경로로 보낼 수 있다. 인터넷 지도를 작성하는 본격적인 실험에서는 트레이스라우트를 반복해서 이런 오류를 최소화한다.

2 윈도우 운영체제에서는 'tracert'라고 하고, 몇몇 리눅스 시스템에서는 'tracepath'라고 부른다.

3 만약 모든 노드에 특정한 최선의 경로가 있다면, 모아놓았을 때 '트리' 형태를 만들게 되는데 이는 고리(loop) 형태가 없다는 뜻이다(트리 형태에 대한 논의는 6.8절에 있다). 그러나 경로를 찾는 알고리듬이 작동하는 방식 때문에, 실제로 항상 그렇지는 않다. 같은 출발지에서 시작해서 목적지 노드까지 동일한 노드들을 통과하는 두 가지 경로가 있다고 할 때, 두 경로는 여전히 서로 다를 수 있으며 모아놓으면 고리를 형성할 수 있다.

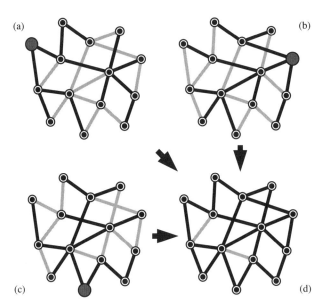

그림 2.2 트레이스라우트 데이터에서 인터넷의 토폴로지를 재건함

(a), (b), (c)에서는 크게 강조된 3개의 출발지 노드에서 각각 트레이스라우트 경로를 따라 추적한 에지를 굵게
나타냈다. (d)에서는 전체 인터넷 네트워크 토폴로지의 그림을 만들고자 에지들의 합집합을 만들었다. 마지
막 그림에는 세 가지 트레이스라우트 데이터 중 어디에서도 나타나지 않아서 아직 미처 파악하지 못한 에지
((d)에서 회색으로 표시함)가 포함되어 있음을 눈여겨보라.

다시 보라), 적은 수의 출발지를 바탕으로 연구를 하면 에지 샘플링에 심각한 편향
을 야기할 수 있다[3, 284]. 하지만 시간이 지나면서 점점 더 나은 데이터 세트가
사용 가능해졌고, 지금은 인터넷 형태에 대한 상당히 완전한 그림을 갖고 있다.

사실, 여기서 기술한 것 같은 종류의 완전한(혹은 거의 완전한) 인터넷 묘사체는
작업하기 성가실 뿐만 아니라, 일반적으로 네트워크 연구에 직접 사용하지는 않
는다. 매 순간 인터넷에서는 수십억 개의 IP 주소가 사용되고 있고, 이 중 상당수
가 수시로 켜지고 꺼지거나 인터넷 연결이 됐다가 끊기기를 반복하는 최종 사용
자 기기에 해당한다. 대부분의 인터넷 연구는 최종 사용자를 무시하고 라우터에
만 한정해, 사실상 그림 2.1의 내부 영역에만 집중하고 가장 바깥 부분은 무시한
다. 이제부터 이런 인터넷 지도를 라우터 수준$^{router\ level}$의 묘사라고 하겠다. 라우터
수준의 네트워크에서 노드는 라우터이고 에지는 라우터 사이의 네트워크 연결을
나타낸다.

궁극적으로는 최종 사용자들이야말로 애초에 인터넷이 존재하는 이유였기 때
문에, 최종 사용자를 무시하는 것이 이상하게 보일 수 있다. 그러나 라우터 수준

의 네트워크 구조가 네트워크의 성능, 견고함, 효율성의 주된 원인이 되며, 네트워크에서 데이터 전송 흐름의 패턴을 결정하고, 인터넷 구조와 설계에 관련된 작업들 대부분의 초점이 된다. 이런 정도까지가 과학적으로 흥미로운 이슈이므로, 우리의 노력을 라우터 수준의 구조에 집중하는 것은 타당하다.

라우터 수준에서의 인터넷 토폴로지에 대한 연구 중 한 예가 팔로웃소스^{Faloutsos} 등[168]이 네트워크의 '링크수 분포'를 살펴보고 대략 거듭제곱 법칙을 따른다는 사실을 밝혀낸 연구다. 네트워크의 링크수 분포와 거듭제곱 법칙에 대해서는 10.4절에서 더 논의한다.

네트워크에서 모든 또는 대부분의 최종 사용자를 제거한 후라고 해도, 라우터 수준의 인터넷 구조도 여전히 연구의 목적에 비하면 너무 자세한 수준이다. 그래서 종종 네트워크를 거칠게 뭉뚱그려 묘사해서 네트워크 구조의 대략적인 전체 그림을 파악하고는 한다. 이러한 네트워크 묘사는 여러 IP 주소들을 하나의 노드로 그룹을 지어서 만들 수 있다. 서브넷, 도메인, 자율 시스템의 세 가지 수준에서 주소를 그룹 짓는 것이 일반적으로 사용하는 방법이고, 네트워크를 세 가지 종류로 거칠게 뭉뚱그려 묘사할 수 있다.

서브넷^{subnet}이란 다음과 같이 정의되는 IP 주소의 그룹이다. IP 주소는 네 가지 숫자로 구성되어 있는데, 각 숫자는 0에서 255(이진법으로 8비트) 사이의 값이고 일반적으로 마침표나 점으로 구분한 문자열로 적는다.[4] 예를 들어, 필자가 소속된 연구소인 미시간대학교의 주 웹 서버 IP 주소는 141.211.243.44다. IP 주소는 기관별로 덩어리로 할당된다. 예를 들어 미시간대학교는 141.211.243.xxx로 시작하는 모든 주소를 소유하고 있으며, 'xxx'는 0과 255 사이의 어떤 숫자든 될 수 있다. 세 가지 위치의 숫자는 고정되어 있고, 마지막 위치의 숫자만 아무 값이나 올 수 있는 이 단위를 C 클래스 서브넷^{class C subnet}이라고 한다. 141.211.xxx.yyy인 B 클래스 서브넷과 141.xxx.yyy.zzz로 형성되는 A 클래스 서브넷도 있다.

C 클래스 서브넷에 속한 주소는 보통 모두 같은 기관에 할당되기 때문에, 노드를 C 클래스 서브넷 수준으로 그룹 짓는 것은 인터넷의 네트워크 구조를 거칠게 뭉뚱그리는 합리적인 방법이라고 할 수 있다. 대부분의 경우 이 방법은 같은 기관에 있는 노드들을 하나로 묶을 것이고, 미시간대학교 같은 큰 기관은 하나 이상의

---

4 이 설명은 가장 광범위하게 사용되는 IP 주소 버전 4에 적용되는 프로토콜을 기준으로 한다. 새 버전인 버전 6은 더 긴 주소를 사용하고 서서히 받아들여지고 있으나 그 이전 세대만큼 대중적으로 사용되기에는 아직 갈 길이 멀다(IP 버전 1, 2, 3, 5는 실험용이고 광범위하게 사용된 적이 전혀 없다. 버전 4와 버전 6이 유일하게 널리 사용되는 버전이다).

C 클래스 서브넷을 가질 수 있기 때문에 거칠게 뭉뚱그렸어도 하나 이상의 노드를 갖고 있을 수 있다.

일반적으로 인터넷 네트워크를 거칠게 뭉뚱그리는 두 번째 방법은 도메인 수준에서 하는 것이다. 도메인domain은 대개 하나의 단일 기관이 통제하는 라우터나 컴퓨터 그룹을 나타내는데, 도메인 이름domain name으로 구분할 수 있다. 도메인 이름은 컴퓨터 주소를 (위에서 살펴본 IP 주소와는 반대로) 사람이 읽을 수 있는 문자 형태로 적었을 때 가장 끝에 있는 두세 부분에 해당한다. 예를 들면, 'umich.edu'는 미시간대학교의 도메인 이름이고 'oup.com'은 옥스퍼드대학교 출판부의 도메인 이름이다. 컴퓨터가 속한 도메인의 이름은 바로 그 정보를 제공하려고 만들어진 네트워크 서비스인 '역방향 DNS 조회reverse DNS lookup'를 활용하여 컴퓨터의 IP 주소로부터 결정할 수 있다. 그래서 IP 주소를 바탕으로 네트워크 연결 구조가 주어지면 각각의 IP 주소가 속한 도메인을 파악하고 도메인에 따라 노드를 그룹 짓는 것은 꽤나 간단한 일이다. 만약 한 노드에 속한 IP 주소에서 다른 노드에 속한 IP 주소로 직접 연결되는 경우, 두 노드 사이를 에지로 연결한다. 이전에 언급한 팔로웃소스 등[168]의 연구에서 이렇게 만든 도메인 수준의 인터넷 구조를 라우터 수준의 구조와 함께 살펴본 바 있다.

세 번째로 네트워크를 거칠게 뭉뚱그리는 방법은 자율 시스템 수준에서 뭉뚱그리는 것이다. 그러나 이런 유형의 뭉뚱그리기 방법에는 대개 트레이스라우트 데이터를 사용하지 않고, 대체 방법으로서 가장 자연스러운 표현 단위를 형성하는 BGP 라우팅 테이블을 사용한다. BGP 방법과 자율 시스템은 다음 절에서 논의한다.

2.1.2 라우팅 테이블을 사용한 인터넷 구조 측정

인터넷 라우터는 들어온 패킷이 목적지에 가장 잘 도착하려면 어디로 다시 가야 하는지를 결정하게 하는 라우팅 테이블routing table을 갖고 있다. 라우팅 테이블은 BGP를 사용하는 라우터들이 공유하는 정보를 바탕으로 만든다. 라우팅 테이블은 특정 라우터부터 인터넷상의 목적지까지 이르는 완전한 경로들로 구성된다. 패킷이 한 라우터에 도착하면 라우터는 목적지를 결정하고자 그 패킷을 살펴보고 라우팅 테이블에서 목적지를 살펴본다. 적절한 테이블 항목에 있는 경로의 첫 번째 홉은 라우터에게 패킷이 어디로 가야 하는지를 말해준다.

이론상, 라우터가 패킷을 올바르게 전달하려면 각 경로의 첫 홉만 저장하면 된다. 그러나 BGP를 사용한 경로 계산을 효과적으로 하려면 각 목적지에 이르는 경로 전체를 라우터가 파악하고 있어야 하고, 또 초기의 인터넷은 이런 식으로 운영되기도 했다. 이런 사실을 인터넷의 구조를 측정하는 데 사용할 수 있다.

라우터에 있는 라우팅 테이블은 자율 시스템^{AS, Autonomous System} 수준에서 표현된다. 자율 시스템은 라우터, 컴퓨터, 그리고 대개 단일 관리 통제하에 있는 다른 기기들의 집합체로, 그 안에서 데이터 라우팅은 광역 인터넷과는 독립적으로 다뤄진다(그래서 이름이 '자율 시스템'이다). 즉, 데이터가 한 자율 시스템에 속한 라우터에 도착했는데 같은 자율 시스템에 속한 사용자나 기기가 목적지라면, 마지막 몇 홉을 인도해서 그 패킷이 최종 목적지에 도달하게 하는 것이 자율 시스템의 책임이다. 하지만 자율 시스템 사이에서 데이터를 전달하는 일을 관장하는 것은 인터넷 전역에 걸친 메커니즘인 BGP다. 그러므로 BGP로서는 라우팅에 대해 자율 시스템 수준까지만 알면 충분하고, 따라서 BGP 테이블은 가장 편리한 형태인 자율 시스템 용어로 표현된다. 실제로, (글을 쓰는 현 시점 기준) 인터넷에는 5만여 개의 자율 시스템이 인터넷에 존재하고, 자주 도메인과 겹치곤 한다.

자율 시스템은 독자적으로 부여된 식별 번호다. 일련의 AS 번호들이 모이면 하나의 라우팅 경로를 구성하는데, 라우팅 테이블에는 수많은 목적지에 대한 경로가 있기 때문에 이를 자율 시스템 수준에서 조사하면 전체 인터넷 그림을 만들 수 있다. 그 과정은 이전 절과 그림 2.2에서 보여준 트레이스라우트 방법과 유사하다. 일단 라우팅 테이블들을 반드시 확보해야 하는데, 이것은 보통 간단히 라우터 운영자에게 테이블에 대한 접근 권한을 요청하는 것으로 해결할 수 있다. 각 라우팅 테이블은 개별 출발지(라우터)에서 출발하는 수많은 경로들을 포함한다. 다양한 라우터에서 얻은 결과의 합집합은 완벽하지는 않더라도 훌륭하게 네트워크를 순간 포착하는데, 여기서 노드는 자율 시스템이고 에지는 자율 시스템 사이의 연결을 나타낸다. 트레이스라우트 방법과 마찬가지로, 라우터가 네트워크 전체에 골고루 퍼져서 결과가 지나치게 중복되지 않고 라우터의 수도 충분히 많아서 네트워크 에지의 표본을 가능한 한 완벽하게 추출하는 것이 매우 중요하다. 예를 들어, 오리건대학교를 주축으로 거대한 BGP 기반 인터넷 지도를 만들기 위해 노력했던 라우터뷰 프로젝트^{Routeviews Project5}에서는 두 시간마다 전체 네트워크의 구조

---

5 http://www.routeviews.org 참고

를 측정하고자 전 세계적으로(다시 말하지만 이 책을 집필하는 시점을 기준으로) 총 340개의 자율 시스템이 501대의 출발지 컴퓨터를 사용한다.

그림 2.3은 라우팅 테이블에서 파악한 자율 시스템 수준에서의 인터넷 모습을 보여준다. 이 그림은 그림 1.1에 있는 C 클래스 서브넷 구조와 질적으로 비슷해 보이지만 C 클래스 서브넷은 자율 시스템보다 작은 개체이며, 따라서 실제적으로 그림 1.1이 그림 2.3보다 잘고 세밀하게 그려진 묘사다.

인터넷의 라우터, 서브넷, 도메인, 또는 자율 시스템 수준에서의 데이터를 사

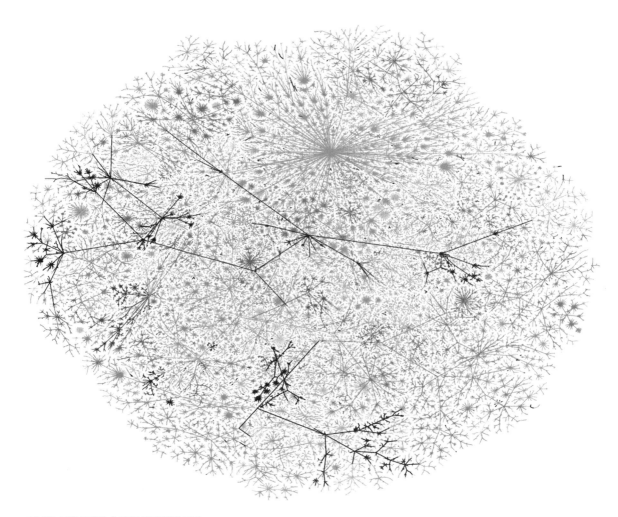

그림 2.3 자율 시스템 수준에서의 인터넷 구조
인터넷 구조를 나타낸 이 네트워크 그림에서 노드는 자율 시스템이고, 에지는 전송되는 데이터가 택하는 라우터다. 이 그림은 그림 1.1과 다른데, 그림 1.1은 C 클래스 서브넷 수준의 네트워크를 보여준다. 할 버치(Hal Burch)와 빌 체스윅(Bill Cheswick)이 만든 그림이다. 특허는 대기 중이다. © Lumeta Corporation, 2009. 허가하에 게재함(해당 그림은 849페이지에서 컬러로 확인할 수 있다.)

용해서 네트워크 구조에 대한 흥미로운 사실을 최근 몇 년간 발견했다[85, 102, 168, 323, 381, 384]. 그중 일부는 이 책의 후반부에서 논의한다.

인터넷에 대한 관점 중 여기서 추가로 언급할 가치가 있는 것은 지표면에 위치한 노드의 지리적 위치에 대한 것이다. 이 책에서 살펴볼 많은 네트워크에서 노드는 실제 공간상의 특정 위치에 존재하지는 않는다. 예를 들면, 인용 네트워크의 노드가 특정 대륙이나 마을에 있지는 않다. 그러나 인터넷의 노드는 공간상에 꽤나 잘 위치시킬 수 있다. 컴퓨터는 책장 위에 있고 라우터는 사무실 건물 지하에 있는 등 위치를 특정할 수 있다. 휴대전화처럼 어떤 노드는 움직이기도 하는데, 이러한 경우라도 특정 순간에는 잘 정의된 지리적 위치를 차지한다. 이런 문제는 네트워크를 거칠게 뭉뚱그리면 좀 더 흐릿해진다. 인터넷 도메인 중 umich.edu는 미시간주의 넓은 지역을 포괄한다. 또 다른 도메인 aol.com은 북미 대부분 지역을 담당한다. 이런 것들은 도메인이 어떤 의미에서는 비정상적으로 특별히 거대한 경우다. 절대 다수의 도메인은 적어도 수 킬로미터 이내의 수준으로 위치가 잘 정해져 있다. 심지어, 주어진 IP 주소, 도메인, 자율 시스템의 위치를 적어도 대략적으로 알려주는 도구들도 존재한다. 그 예로는 NetAcuity, IP2Location, MaxMind 등이 있다. 지리적 위치는 우선적으로 IP 주소나 도메인, 또는 자율 시스템 소유자의 공식적인 주소가 기록된 저장소를 살펴보고 결정한다. 저장소에 있는 주소가 실제 해당 컴퓨터 하드웨어가 설치된 장소와 모든 경우에 일치하는 것은 아니다. 실례로, 도메인 ibm.com은 뉴욕시에 등록됐지만 IBM의 주 운영자는 캘리포니아에 있다. 그럼에도 불구하고 이 방법을 사용하면 인터넷의 지리적 위치를 추정해낼 수 있으며, 그 결과도 여러 가지 흥미를 자아냈다[477].

노드에게 지리적인 위치가 있는 것은 인터넷이 다른 기술 분야 네트워크와 함께 공유하는 특성이지만, (다음 절에서 살펴볼) 다른 종류의 네트워크에서는 매우 드문 특성이다.[6]

다양한 종류의 지리적인 네트워크에 대한 연구는 Barthélemy[46]에서 검토할 수 있다.

2.2 전화망

인터넷은 최소한 최근 학계 연구의 양적인 측면으로는 가장 많이 연구된 기술 분

---

6 사회연결망이 아마도 대표적인 예외일 것이다. 많은 경우에 사람이나 집단에는 합리적으로 명확하게 구분된 지리적 위치가 있으며, 지리와 네트워크 구조가 어떻게 상호작용하는지를 다룬 연구가 많다[285, 300, 374, 439].

야 네트워크다. 이는 부분적으로는 인터넷 구조 데이터가 상대적으로 얻기 쉽다는 점과 또 일부분 공학자, 컴퓨터 과학자, 그리고 대중들이 대체적으로 흥미로워한다는 점 때문이다. 마찬가지로 흥미로운 또 다른 기술 분야 네트워크로는 전화망과 다양한 유통망, 교통망 등이 있는데, 이 중 일부를 이 장에서 살펴보려 한다. 소프트웨어 호출 그래프나 전기 회로도 기술 분야 네트워크로 여기고 때때로 연구되지만[174, 199, 334, 343, 485], 이 책이 다루는 범주 밖에 있다.

통화를 전송하는 일반 전화와 무선 연결[7]을 뜻하는 전화망은 가장 오래된 전기 통신 네트워크 중 하나로 지금도 여전히 사용하지만, 구조에 대한 좋은 데이터가 부족하기 때문에 네트워크 연구에서는 거의 다루지 않았다. 원칙적으로 전화망의 구조는 이미 파악되어 있으나 그 데이터는 망을 운영하는 전화 회사의 소유이고, 그 자체가 비밀은 아니지만 인터넷 데이터처럼 연구 커뮤니티에 공개되지 않았다. 전화 회사가 점점 더 많은 음성 신호를 전용 전화선보다 인터넷을 통해 보내고 있고, 두 네트워크가 하나로 합쳐지기까지 오래 남지 않았기 때문에 더 이상 고려할 문제가 안 될 테지만, 앞으로 이런 전화 데이터 확보 문제는 상황이 나아지기를 바란다.

전화망을 운영하는 일반적인 원칙은 명확하다. 전통적인 전화망은 인터넷과는 다르게 2.1절에 소개한 패킷 교환 네트워크의 종류가 아니다. 전화망을 넘어가는 신호는 인터넷에서처럼 (예외는 있지만) 분절된 여러 개의 패킷으로 쪼개져서 가지 않는다. 전화망은 회선 교환$^{circuit-switched}$ 네트워크다. 즉, 전화회사들은 각기 다른 지점 사이에서 통화를 전달할 수 있는 전화선 또는 회선을 많이 보유하고, 발신자가 전화를 걸었을 때 이를 발신자에게 할당한다. 미국과 유럽의 초창기 전화망에서 '전화선'은 정말로 전화 회사가 통화를 전송하는 개별 전선이었다. 통화를 더 감당할 수 있도록 용량을 늘린다는 것은 더 많은 전선을 설치한다는 것을 의미했다. 하지만 20세기 초기부터 전화 회사들은 다중화^{multiplexing} 전화 신호 기법을 사용하기 시작했고, 하나의 전선으로 동시에 여러 통화를 보낼 수 있었다. 단, 개별 사용자에게 연결된 최종 단계만 예외다. 최근 수년간 새로운 기술이 개발되어 하나 이상의 전화번호와 여러 전화를 동시에 하나의 회선으로 보내는 게 가능해졌지만,

---

7 전화망은 존재 이래 대부분 보통 집이나 사무실처럼 고정된 장소에 유선으로 연결되어 위치가 고정된 전화들을 연결했다. 1980년대가 시작되면서 고정된 전화는 무선 전화(또는 '휴대전화')로 대체됐으나, 중요한 것은 무선 전화로 건 통화조차도 주로 전통적인 유선 전화망을 통해 전송됐다는 사실이다. 무선 전화로 건 신호는 여정의 첫걸음으로 주변에 위치한 가까운 송신탑을 향하지만, 거기서부터는 기존 전화선을 통해 여행을 이어나간다. 그러므로 무선 전화의 등장은 사회에는 유례없는 영향을 주었지만, 전화망의 본성에는 영향을 많이 주지 못했다.

일반적으로 가정에 들어가는 전화선은 한 번에 단 하나의 통화만 다루곤 했다.

전화망의 기본적인 내용은 상대적으로 간단하다. 대부분의 성숙된 유선 전화망을 사용하는 나라들은 그림 2.4와 같은 세 단계 설계를 사용한다. 개별 전화 가입자는 지역 전화선을 통해 지역 전화 교환국에 연결되고, 지역 전화 교환국은 직통 간선을 통해 장거리 전화 교환국(시외 중계국이라고도 부른다)에 연결된다. 전화망과 인터넷이 작동하는 근본 원리가 다르기는 하지만, 전화망의 구조는 여러 측면에서 인터넷(그림 2.1)과 오히려 비슷한 편이다.

3단계 구조의 전화망은 대부분의 국가에서 전화 통화는 대개 동일한 도시 또는 지역 내 가입자를 연결하는 지역 내 통화라는 사실을 이용하도록 설계됐다. 같은 지역 내에 있는 가입자끼리의 통화는 지역 전화 교환국에서 직접 다룰 수 있고 간선을 사용할 필요가 전혀 없다. 이런 통화는 보통 시내전화라 부르며, 간선을 사용해 이뤄지는 통화는 시외전화라고 한다. 많은 경우 인근 지역 전화 교환국끼리도 서로 직접 연결되어, 가입자들이 기술적으로는 같은 지역 전화 교환국 아래에 있지 않더라도 서로 통화할 수 있게 하기도 한다.

전화망은 지난 백여 년간 그리고 지금도 여전히 이런 구조이지만, 네트워크가

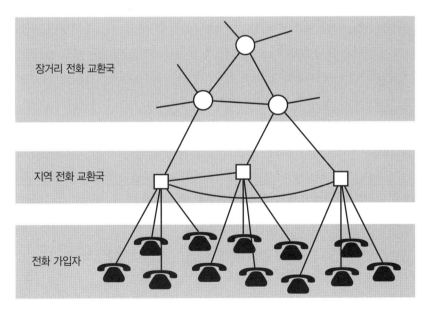

그림 2.4 전통적인 전화망의 세 단계 구조 그림
개별 전화 가입자는 지역 전화 교환국에 연결되고, 지역 전화 교환국은 장거리 전화 교환국에 연결되어 있다. 장거리 전화 교환국들끼리는 장거리 직통 간선으로 연결됐고, 몇몇의 지역 교환국들도 서로 직접 연결됐을 수 있다.

작동하는 자세한 방법은 변해왔다. 특히, 대부분의 간선 수준 전화망은 더 이상 패킷 교환 방식이 아니다. 전화망은 이제 인터넷과 동일한 방식으로 작동하는 디지털 패킷 교환 네트워크이며, 음성 통화는 디지털화되고 패킷으로 쪼개져서 광섬유 연결망을 따라 전해진다. 실제로, 전화 회사들이 새로운 전화선을 설치하기보다는 이미 구축된 인터넷 기반 시설을 사용하면서 많은 통화가 디지털로 인터넷을 통해 전달된다. 많은 경우 오직 가입자의 전화에 연결되는 '마지막 구간'만 구식 전용 회로를 통하고 있는데, 이것마저도 디지털 인터넷 전화 서비스와 이동 전화의 등장으로 변했다. 그럼에도 불구하고 전화망의 구조는 사람들이 멀리 떨어진 경우보다는 인근에 있는 사람들과 더 많이 이야기한다는 성향에 영향을 받고 또 지형에 많은 부분 제약을 받기 때문에, 기하학적이고 구조적인 관점에서는 지금까지 있던 모습과 여전히 동일하게 남아 있다.

2.3 전력망

전력망은 국내외로 전력을 장거리 전송하는 고전압 송전선 네트워크다. 노드는 발전소와 변전소에 해당하고 에지는 고전압 송전선에 해당한다(최소한 전력망 연구에 있어서는 일반적으로 저전압 배전망을 전력망에 포함시키지 않는다). 전력망의 구조는 결정하기 어렵지 않다. 네트워크는 보통 하나의 관리 기관이 감독하고 전체 전력망 지도도 이미 사용 가능하다. 전력망에 대한(또는 오일이나 가스 같은 에너지 관련 네트워크의 경우에도) 매우 총체적인 데이터도 만약 비용을 지불할 의사만 있다면 전문 출판사로부터 인쇄판 혹은 전자문서 형식으로 얻을 수 있다.

전력망의 구조를 들여다보면 배울 수 있는 흥미로운 점들이 즐비하다[13, 20, 31, 125, 263, 378, 415, 466]. 인터넷처럼 전력망도 특별한 요소를 갖고 있다. 개별적인 노드들은 지표면 어딘가에 위치해 있고, 노드들의 공간상 분포는 지리적, 사회적, 경제적 관점에서 흥미로운 부분이다. 전력망의 지리적인 네트워크 통계와 구조의 네트워크 통계 모두 전력망의 형태와 성장에 영향을 주는 지구적인 제한사항을 이해하는 데 통찰력을 제공할 것이다. 전력망은 또한 연쇄적인 기능 이상 같은 특이한 반응을 보여주기도 하는데, 이로 인해 정전의 규모가 거듭제곱 분포를 보인다는 놀라운 결과를 야기하기도 한다[140, 263].

이 책에서 설명하는 네트워크 모델들을 적용해서 전력망의 행동 양상을 설명하고 싶겠지만, 주의를 기울이는 것이 현명하다. 전력망은 매우 까다로운 시스템이다. 전력의 흐름은 간단한 물리법칙과 기하학으로만 결정되는 것이 아니다. 송전선에 걸쳐 섬세하게 위상과 전압을 조절하고, 매우 **빠른** 시간 안에 컴퓨터 시스템으로, 비교적 느린 시간 뒤에는 작업자에 의해 감시 및 조절되며 제어되기도 한다. 네트워크 구조 하나만으로는 전력망 기능 이상과 여러 전력 현상에 미치는 영향이 약하다는 것과, 전력 시스템을 잘 예측하고 모델링하여 대충 긁어 모은 네트워크 그림 하나보다는 더 자세한 정보가 요구된다는 것을 주장하는 증거들이 있다[234, 378].

2.4 교통망

기술 분야에서 중요한 또 다른 네트워크가 철도나 도로 같은 교통망이다. 이런 네트워크의 구조는 보통 결정하기 어렵지 않다. 항공망은 공개된 항공사 시간표에서 재구축할 수 있고, 도로망과 철도망은 지도에서 찾을 수 있다. 지리정보시스템 GIS, Geographic Information Systems 소프트웨어는 데이터의 지형적 측면을 분석하는 데 매우 유용할 수 있고, 온라인에도 공항의 위치 같은 유용한 정보를 제공하는 자료가 많이 있다.

교통망에 대한 초기 연구 사례 중 하나가 중세 러시아 강을 오가던 수송선에 대한 1965년 피츠Pitts[387]의 연구다. 1960년대와 1970년대에는 지리학자들 사이에 도로망과 철도망에 대한 연구 움직임이 있었는데, 특히 물리적 구조와 경제 사이의 상호작용에 집중했다. 이런 움직임 중 가장 두드러진 사람이 카렐 칸스키 Karel Kansky인데, 교통망에 대한 관련 문헌을 접하려면 그의 책이 좋은 시작점이다 [254].

더 최근에는 많은 저자가 새로운 네트워크 분석 아이디어를 도로, 철도, 항공, 선박 교통망에 적용한 연구들을 발표했다[20, 34, 95, 198, 202, 224, 243, 290, 293, 324, 425, 426, 474]. 이러한 연구의 대부분에서 네트워크의 노드는 지리적인 위치를 나타내고 에지는 경로를 나타낸다. 예를 들어, 도로망 연구에서는 노드가 보통 교차로를 나타내고 에지는 도로를 의미한다. 센sen 등[425]의 인도 철도망 연구는 흥미로운 반례를 제공한다. 센 등은 철도 여행자에게 있어 중요한 것은 목적지까지 직행 열차가 있는지 여부이고, 없다면 몇 번 열차를 갈아타야 하는지가 중요한 문제라고 주장한다. 사람들은 열차를 갈아탈 일이 없는 한, 보통 경로 상에 몇 개의 정거장이 있는지는 별로 개의치 않는다. 그래서 센 등의 주장에 따르면, 철도 여행에 있어 유용한 네트워크 표현은 노드가 장소를 나타내고 두 노드 사이를 환승 없이 오갈 수 있다면 에지로 연결하는 것이라고 한다. 그러므로 두 노드 사이의 거리(A부터 B로 여행할 때 건너가야 하는 에지의 수)는 환승 횟수와 같다. 더 나은 표현은 (센 등은 고려하지 않았지만) 하나는 위치를 나타내고 다른 하나는 철도 노선을 나타내는 두 가지 유형의 노드로 구성된 '이분 네트워크^{bipartite network}'일 것이다. 네트워크의 에지는 위치와 그 위치를 통과하는 노선을 연결한다. 더 간단한 표현인 센 등의 사례는 이분 네트워크를 위치만 보여주도록 '투영^{projection}'하면 만들 수 있다. 이분 네트워크와 그 투영 방법은 6.6절에서 논의한다.

2.5 배송 및 분배 네트워크

교통망과 전력망 사이 어디쯤에 있으면서, 현재까지 네트워크 연구에서 거의 다뤄지지 않은 분야가 분배 네트워크다. 분배 네트워크는 송유관이나 가스관, 상수도와 하수도, 그리고 우체부나 택배 업체가 사용하는 배달 경로 등을 포함한다. 그림 2.5는 하나의 예로서, 카르발류^{Carvalho} 등[96]이 산업계에서 구매한 데이터로 만든 유럽의 가스관을 보여준다. 이 네트워크에서 에지는 가스관이고 노드는 가스관들의 교차점으로 펌프, 개폐기, 저장소와 정유시설 등에 해당한다.

'분배^{distribution}'를 조금 느슨하게 해석하자면, 분배 네트워크의 한 유형으로서 상대적으로 잘 연구된 것이 하천 네트워크다. 하천 네트워크는 정확히 말하자면 분배 네트워크라기보다는 네트워크 모음에 가깝다. 하천 네트워크에서 에지는 강이나 개울이고, 노드는 지류가 하나로 모이는 합류점이다. 도로망과 마찬가지로, 하천 네트워크의 구조에 대한 데이터를 얻는 데 특별한 기법이 필요하지는 않다. 지도 제작자들이 토지 이용에 대한 면밀한 조사를 이미 마쳤고, 우리가 해야 할 일은 지도에서 결과를 복사하는 것뿐이다. 예로는 그림 2.6을 참고하라.

하천 네트워크의 구조적 그리고 지형적 특성이 자세하게 연구돼왔다[143, 319, 407, 412]. 특별히 눈여겨볼 사항은 하천 네트워크는 나무의 형태와 유사하다는 것이다. 즉, (하천 중류에 때때로 존재하는 섬을 무시한다면) 고리 구조가 없으며, 이는 나중에 6.8절에서 살펴본다.

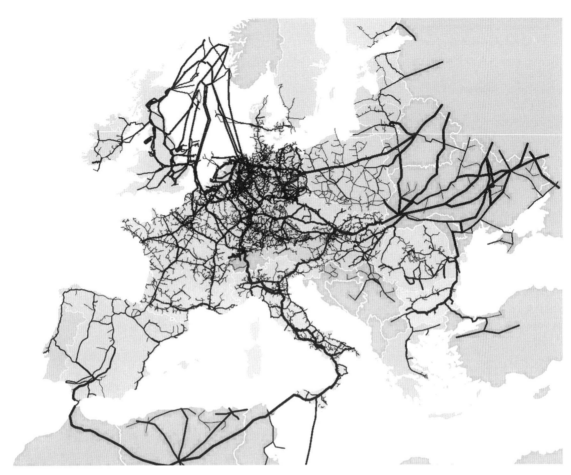

그림 2.5 유럽의 천연가스 파이프 네트워크

선의 두께는 파이프의 크기를 나타낸다. 출처: R. Carvalho, L. Buzna, F. Bono, E. Gutierrez, W. Just, D. Arrowsmith, Robustness of trans-European gas networks, *Phys. Rev. E* **80**, 016106 (2009). © American Physical Society, 2009

하천 네트워크와 몇 가지 관점에서 유사한 것이 동물에서는 혈관 네트워크이고 식물에서 대응되는 것은 뿌리 네트워크다. 이 분야에서 초기에 얻었던 수학적 결과의 예는 네트워크에서 직선의 규칙적인 배열과 교차하는 횟수를 관찰하여 모든 모서리의 전체 기하학적 길이를 추정하는 공식이다[345]. 이 공식의 유도 과정은 π의 값을 결정한 것으로 잘 알려진 '부폰의 바늘^{Buffon's needle}' 실험과 관련이 있는데, 공식이 가장 자주 활용되는 곳은 뿌리 시스템이지만, 적절한 변형을 거쳐 하천 네트워크나 다른 유형의 지리적 네트워크에 사용하지 못할 이유는 없다.

이 분야에서 또 중요한 것이 생체 내 혈관 네트워크가 갈라지는 구조와 대사 과

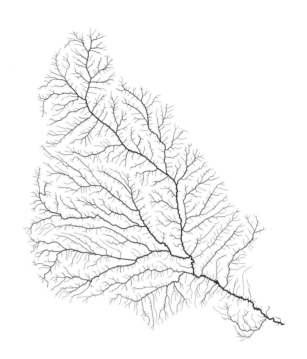

그림 2.6 황토 고원의 배수 유역

중국 산시성에 있는 황토 고원의 강과 개울 네트워크. 나무를 닮은 네트워크 구조가 뚜렷하게 관찰된다. 네트워크에 고리 구조가 없기 때문에 네트워크의 어느 지점에서든 하나의 경로를 통해 고원에서 물이 빠질 수 있다. 출처: Pelletier[386]. AGU(American Geophysical Union)의 허가하에 게재함

정 사이의 관계에 대한 연구다[39, 468, 469]. 이는 네트워크의 구조를 이해하는 것이 네트워크가 표현하는 시스템의 기능을 이해하는 것으로 연결될 수 있음을 보여주는 인상적인 예다. 앞으로 이 책에서 더 많은 예를 살펴볼 것이다.

03

정보 네트워크

월드와이드웹과 인용 네트워크를 중심으로 한 정보 네트워크

3장에서는 어떤 식으로든 서로 연결된 데이터 항목들로 구성된 정보의 네트워크에 집중해본다. 정보 네트워크는 지금까지 우리가 아는 한 모두 사람이 만든 네트워크다. 아마도 가장 잘 알려진 예가 월드와이드웹일 텐데, 물론 다양한 종류의 인용 네트워크처럼 연구할 가치가 있는 다른 종류의 정보 네트워크도 많다.

게다가 정보 네트워크로 여겨질 만한데 사회연결망 측면도 있는 네트워크도 많다. 그 예로는 이메일 교환 네트워크, 페이스북Facebook이나 링크드인LinkedIn 같은 사회 교류용 웹사이트 네트워크, 웹 블로그나 온라인 언론 같은 네트워크 등이 있다. 이러한 네트워크들은 4.4절에서 다루겠지만, 지금 이 장에서 다뤄도 잘 어울린다. 정보 네트워크, 사회연결망 등 여러 네트워크를 구분하는 기준은 모호하고, 그경계에 있는 네트워크도 굉장히 많다.

3.1 월드와이드웹

월드와이드웹은 최초에 만들어진 정보 네트워크는 결코 아니겠지만, 대중에게 잘알려져 있으며 이 장의 논의를 시작하기에 가장 좋은 예일 것이다.

1장에서 기술했듯이 웹은 노드가 문자, 그림, 기타 정보를 갖고 있는 웹 페이지이고, 에지는 페이지 사이를 이동할 수 있게 하는 하이퍼링크인 네트워크다. 웹을 인터넷(2.1절)과 혼동하면 안 된다. 인터넷은 컴퓨터 사이의 정보를 전송하는 물리적인 연결망이고, 웹은 정보가 담긴 웹 페이지 사이의 링크 네트워크다.

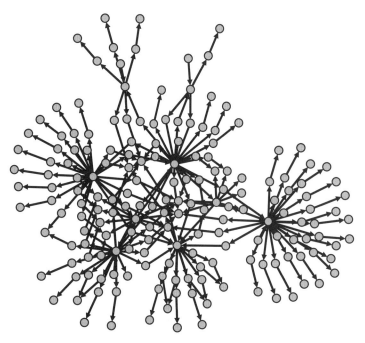

하이퍼링크는 오직 한 방향으로만 작동하기 때문에 웹은 방향성 네트워크다. 화살표로 방향을 표시하면 웹을 네트워크 그림으로 그릴 수 있다. 어떤 웹 페이지 쌍에게 서로에게 연결되는 하이퍼링크가 있는데, 이런 경우에는 각 방향을 향하는 2개의 방향성 에지로 연결할 수 있다. 그림 3.1은 한 웹사이트 안의 페이지 간 연결을 보여주는 웹 네트워크의 일부분이다.

월드와이드웹은 1980년대 제네바에 있는 CERN 고에너지 물리학 연구소에서 연구원들과 공동 연구자들 사이에 정보를 주고받을 목적으로 발명했는데, 그 잠재력이 훨씬 크다는 사실이 곧바로 명확해졌다[244]. 그 당시 유사한 여러 가지 정보 시스템

그림 3.1 한 회사 웹사이트의 페이지 네트워크

네트워크에서 노드는 웹사이트의 페이지를 나타내고, 노드 사이에 있는 방향성 에지는 하이퍼링크를 의미한다.

이 빠르게 성장하는 인터넷을 선점하려고 서로 경쟁했는데, 웹이 그 전쟁에서 승리했다. 이는 웹이 기반으로 하고 있는 소프트웨어 기술로서 페이지의 외형을 특정하는 HTML^Hypertext Markup Language과 인터넷에서 페이지들을 전송하는 규약인 HTTP^Hypertext Transport Protocol를 개발자들이 무료로 공개했기 때문이다. 웹의 놀라운 성장은 이제는 익숙한 역사적 사실이 되었고, 우리는 인터넷 시설을 대부분 매일 (최소한 가끔씩이라도) 사용하고 있다. 이 책을 쓰고 있는 시점을 기준으로 웹 페이지는 약 500억 개[1]가 있는데, 이 규모는 지금까지 네트워크 과학자들이 정량적으로 연구한 가장 큰 네트워크임이 거의 확실하다.

---

1 이는 단지 접속 가능한 정적 페이지만을 대상으로 한다. 접속이 불가능한 페이지는 추산하기 어렵고, 요청을 받아 생성기 전에는 존재하지 않는 동적인 페이지(뒤에 살펴본다)는 크게 의미가 있는 것은 아니지만 개수에 제한이 없다.

웹의 구조는 자동으로 웹을 서핑하며 페이지를 찾아다니는 컴퓨터 프로그램인 크롤러crawler로 측정할 수 있다. 가장 간단한 형태의 크롤러는 그림 3.2에 도식된 것처럼 웹 네트워크에서 이른바 너비 우선 탐색breadth-first search을 수행한다. 아무 웹 페이지에서 시작해, 인터넷에서 해당 페이지의 문자열을 내려받고, 문자열 중에서 하이퍼링크(링크)를 모두 찾는다. 기능적으로 보면, 링크는 링크를 링크라고 표시하는 짧은 조각 문자인 식별 '태그tag'와 표준화된 컴퓨터 주소로서 링크된 페이지를 어디에서 어떻게 찾을 수 있는지를 알려주는 URLUniform Resource Locator로 구성되어 있다. 웹 크롤러는 태그를 탐색하고 인접한 URL을 복사하면서 모든 링크의 URL을 빠르게 추출할 수 있고, 이를 메모리나 디스크 드라이브에 저장한다. 한 페이지에서 작업을 마치면 저장한 URL 중 하나를 골라서 새 웹 페이지로 건너가고, 그 페이지의 문자열을 내려받고, 같은 과정을 반복한다. 과정 중에서 크롤러가 이전에 찾았던 URL을 다시 찾으면, 그 URL은 무시하여 저장소에 추가하지 않고 불필요한 중복을 방지한다. 이전에 찾은 것과 다른 URL만 저장소에 추가한다.

너비 우선 탐색은 8.5절에서 자세히 논의한다.

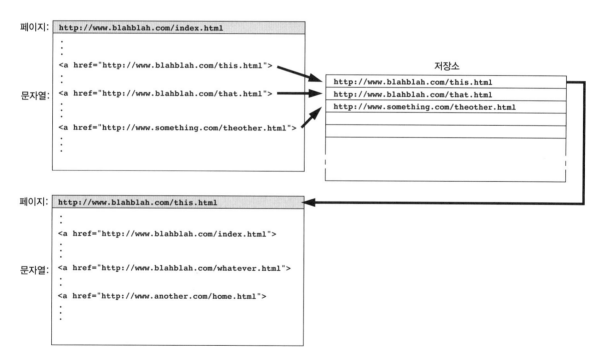

그림 3.2 웹 크롤러의 전략

웹 크롤러는 처음에 주어진 페이지를 시작으로 웹에서 페이지들을 내려받는다. 시작 페이지에 있는 태그에서 뽑아낸 URL을 저장소에 복사한다. 일단 시작 페이지에서 모든 링크를 복사하면, 크롤러는 저장소에서 URL을 하나 골라 해당 주소에 있는 페이지를 내려받고, 링크를 복사한 후 계속 그렇게 이어나간다.

내려받기와 URL 추출 과정을 충분히 긴 시간 동안 반복하면 전체 웹에서 상당한 분량의 페이지를 찾을 수 있다. 그러나 여러 가지 이유로 그 어떤 크롤러도 웹에 있는 모든 페이지를 찾을 수는 없다. 첫째, 어떤 웹사이트는 크롤러의 접근을 금지한다. 웹사이트의 최상위 디렉토리에 robots.txt라는 파일을 둘 수 있는데, 이 파일은 크롤러가 해당 웹사이트에서 살펴볼 수 있는 파일을 특정하고, 선택사항으로 특정 크롤러에만 웹사이트를 살펴보는 것을 허용하는 역할을 한다. robots.txt 파일이 특정한 제한사항을 따르는 것은 자발적이지만, 많은 크롤러가 이를 준수한다.

둘째, 웹에 있는 많은 페이지가 동적으로 생성된다. 이런 페이지는 데이터베이스에서 가져온 데이터를 사용해서 특별한 소프트웨어로 그때그때 생성된다. 뉴스, 소셜 미디어, 소매, 회사 웹사이트, 검색 엔진에서 만든 웹 페이지를 포함해서 오늘날 대부분의 대형 웹사이트는 이런 유형에 해당한다. 예를 들어, 구글 검색 엔진에서 '네트워크'를 검색한다고 해보자. 구글은 네트워크에 대한(또는 그 어떤 것에 대해서도) 검색 결과를 컴퓨터에 그저 보관하고 누군가가 찾아주기를 기다리지 않는다. 그와 반대로, 검색을 수행하면 (사전에 웹 크롤러로 찾아놓은) 방대한 웹 콘텐츠 데이터베이스를 뒤져서 유용할 것이라고 믿는 것들의 내역을 생성한다. 그 뒤, 그 내역을 탑재한 새로운 웹 페이지를 만들어 우리의 컴퓨터로 보내준다. 구글에서 무언가를 검색할 때 보게 되는 페이지는 동적인 페이지로서, 나만을 위해 몇 분의 1초 전에 자동적으로 생성된다.

그 결과, 웹 검색의 결과로 볼 수 있는 가능한 웹 페이지들의 수는 검색 엔진에 입력할 수 있는 각기 다른 검색어의 수만큼이나 많고, 사실상 무한에 가깝게 크다. 웹을 크롤러로 탐색할 때, 크롤러로 하여금 모든 웹 페이지를 방문하게 하는 것은 전혀 실용적이지 않다. 그래서 크롤러는 어떤 웹 페이지는 들여다보고 어떤 페이지는 안 볼지를 결정해야만 한다. 한 가지 방법은 요청으로 생성되지 않는, 즉 정적인 페이지에 한정하는 것이다. 그러나 어떤 웹 페이지가 정적인 페이지인지를 분간하는 문제가 언제나 간단하지는 않으며, 실은 동적인 페이지에 훨씬 유용한 정보가 담겨 있다. 실제로는 크롤러가 어떤 웹 페이지를 선택할지는 꽤나 임의적이며, 어떤 페이지가 포함될지 여부를 추측하는 것도 쉽지 않다. 그러나 수많은 페이지가 포함되지 않을 것이라는 점은 분명히 말할 수 있고, 그런 면에서 크롤러는 항상 불완전하다.

그러나 웹 크롤러가 웹에 있는 모든 페이지에 도달하지 않는 가장 중요한 이유는 아마도 웹의 구조가 그것을 허용하지 않기 때문일 것이다. 웹은 방향성 네트워크이기 때문에 특정 시작 페이지에서 모든 페이지에 도달할 수 있는 것은 아니다. 실제로, 들어오는 하이퍼링크가 전혀 없는 페이지(아무하고도 링크를 걸지 않은 페이지들)는 링크를 따라다니는 크롤러에게 절대로 발견될 수 없다. 이 생각에서 한 걸음 더 나아가보자면, 들어오는 하이퍼링크가 없는 페이지들에만 링크가 걸린 어떤 페이지가 있다면 이 역시 절대로 발견될 수 없을 것이다. 그리고 계속해서 이런 식이 될 것이다. 실제로 웹에서는, 그리고 일반적으로 방향성 네트워크에서는 이런 양상의 특별한 '덩어리component' 구조가 있다. 6.12.1절에서 상세하게 살펴보겠지만 대부분의 크롤러가 구조의 한 부분만 찾게 되는 '거대한 나가는 덩어리giant out-component' 부분이 있다. 월드와이드웹의 경우 거대한 나가는 덩어리는 전체 웹페이지의 절반만 차지하는 것으로 측정됐고, 나머지 절반은 닿을 수 없는 부분이다[84].[2]

웹의 구조를 밝혀내서 네트워크 특성을 분석할 수 있게 하는 도구로서 웹 크롤러를 흥미롭게 살펴보고 있지만, 그게 웹 크롤러의 주요 목적은 아니다. 웹 크롤러의 주된 용도는 검색을 위해 웹 페이지의 디렉토리를 구축하는 것이다. 구글 같은 웹 검색 엔진은 웹 페이지를 찾아서, 포함된 단어와 그림의 색인을 구축하고자 웹 크롤링을 엄청난 규모로 수행하며, 이것을 나중에 검색자들이 페이지를 찾는데 활용한다. 검색 서비스 사업자들의 주요 관심사는 웹의 구조를 재구축하는 것이라기보다는 색인 작업이기 때문에, 검색 엔진 회사들은 웹에 대한 좋은 통계적 표본을 확보할 이렇다 할 이유가 없고, 네트워크 관점에서 볼 때 크롤러는 꽤나 편향됐을 것이다. 그럼에도 불구하고 검색 엔진 회사들은 자비롭게도 웹의 구조에 흥미가 있는 학술 연구자들이 사용할 수 있는 데이터를 많이 만들어주고 있고, 이러한 데이터는 웹이 어떻게 돌아가는지에 대한 대략적인 그림을 보여주기에 충분히 좋다. 이어지는 장에서는 웹 네트워크의 다양한 특성을 공부할 것이다.

웹의 구조에 대한 데이터를 확보하고자 검색 엔진 회사나 다른 웹 기업에 반드시 의존해야 하는 것은 아니다. 직접 자신만의 웹 크롤러를 사용할 수도 있다. 인터넷에는 개인이 사용할 수 있는 wget, Nutch, GRUB, Sphinx 같은 무료 웹 크롤러 프로그램이 많다. 대부분의 경우 수십억의 웹 페이지를 크롤링하기 위한 시간이

웹 검색은 그 자체로 흥미로운 네트워크 질문들을 제시하는데, 이는 18.1절에서 논의한다.

---

2 크롤러가 어떤 웹 페이지를 찾는지는 크롤러가 어디서 시작하는지에 달렸다. 크롤러가 들어오는 링크가 없는 웹 페이지를 찾을 수 있는데, 예를 들면 그 해당 페이지에서 시작하는 경우에만 그렇다. 그러나 실제로 시작점은 놀라울 정도로 크롤러가 찾는 것에 거의 영향을 미치지 않는데, 이는 찾게 되는 페이지의 대부분이 시작점에 의존하지 않는, 위에서 언급한 거대한 나가는 덩어리에 있는 페이지들이기 때문이다.

나 시설이 부족하지만, 직접 크롤링을 시도해 훨씬 유용한 영감이나 정보를 획득할 수 있다.

3.2 인용 네트워크

웹보다 덜 알려졌지만 훨씬 오래된 정보 네트워크는 학술 논문들 사이의 인용 관계를 나타낸 네트워크다. 대부분의 논문은 하나 이상의 이전 연구를 인용하는데, 대개 논문 마지막에 있는 참고문헌 목록에 나열한다. 논문 A가 참고문헌에 논문 B를 인용하고 기록했다면 논문 A에서 논문 B로 가는 방향성 에지로 연결하고 논문은 노드로 표현해서 인용 네트워크를 만들 수 있다. 다른 논문을 인용하는 데는 여러 이유가 있을 수 있다. 독자에게 유용한 정보를 알려줄 수도 있고, 이전 연구의 공로를 인정하기 위해서일 수도 있으며, 연구의 영향력을 강조할 수도 있고, 어떤 논문의 내용에 반대하기 위해서일 수도 있다. 그러나 일반적으로는 어떤 논문이 다른 논문을 인용했다고 하면 나중 연구가 어떤 방식으로든 이전 연구와 연관이 있다는 뜻이기 때문에, 인용 네트워크는 주제의 연관성을 나타낸 네트워크가 된다.

프라이스의 연구는 또한 네트워크의 거듭제곱 링크수 분포를 다룬 최초의 연구이기도 하다. 중요한 현상에 대한 더 자세한 논의는 10.4절을 참고하라.

인용 네트워크에 대한 정량적인 연구는 1960년대로 되돌아간다. 아마도 가장 최초의 연구는 1965년 프라이스[Price][393]의 연구일 것이다. 인용 네트워크 연구는 정보과학의 영역에 속하는데, 더 구체적으로는 출판의 패턴을 통계적으로 연구하는 정보과학의 한 분야인 계량서지학[bibliometrics]에 속한다. 인용 네트워크를 만드는 가장 흔한 방법은 손으로 직접 만드는 것이다. 논문의 참고문헌을 데이터베이스에 옮겨 적고 여기서 네트워크를 조립하는 방법이다. 1960년대에 프라이스가 연구를 수행했을 때는 이러한 데이터베이스가 막 만들어졌고[200], 프라이스는 나중에 과학 인용 색인[Science Citation Index]이 되는 이 데이터베이스의 초기 버전을 활용했다. 50년 후, 과학 인용 색인은 (그 형제 지표인 사회 과학 인용 색인과 예술 및 인문 과학 인용 색인과 함께) 가장 광범위하게 활용되는 주요 인용 데이터 소스 중 하나가 됐다. 최근에는 수기로 참고문헌을 입력하는 것에서 직접 전자적으로 저널의 투고 데이터를 변환하는 방식으로 변했고, 더 빠르고 정확한 데이터베이스 구축이 가능해졌다. 또 다른 데이터베이스인 스코푸스[Scopus]는 과학 인용 색인의 경쟁상대로서 매우 비슷한 서비스를 제공하고 있다. 데이터가 상당히 고가이긴 하지만 두 가지 모두 전문적으로 유지관리되고, 포함하는 문헌의 규모가 충분히 넓고 정확하다. 만약 비용이 충분하다면 인용 네트워크를 생성하는 것은 단지 어떤 논문을 포함할지 정한 다음, 논문들 간의 인용 관계를 찾기 위해 데이터베이스를 사용하고, 네트워크에 에지를 적절한 방향으로 완성할 때까지 추가해주면 끝나는 문제다.

더 최근에는 사람의 감독 없이도 자동으로 인용 색인을 만들어내는 소프트웨어 시스템이 등장하기 시작했다. 가장 잘 알려진 것이 **구글 스칼라**$^{Google\ Scholar}$로, 구글 검색의 학술용 버전이다. 구글 스칼라는 웹에서 전자문서 형식의 논문을 찾아서 논문들의 인용 관계를 분석한다. 이런 방법은 어떤 면에서는 운에 맡기는 방법이다. 왜냐하면 많은 논문이 웹에 있지 않거나 무료로 사용할 수 없고, 논문의 인용 형식은 광범위하며 오류를 포함할 수도 있고, 어떤 논문은 웹에 한 군데 이상 존재하거나 여러 버전이 존재할 수 있기 때문이다. 그럼에도 불구하고 구글 스칼라는 충분히 발달했고 학계 공동체에 유용한 도구가 됐다. 또 다른 자동화된 인용 색인 프로젝트로는 물리학 논문들을 색인하는 Citebase와 컴퓨터 과학 논문들을 색인하는 CiteseerX가 있다.

웹 크롤러에 대해서는 3.1절을 참고하라.

웹 크롤러가 그랬듯이 인용 색인도 원래 목적이 네트워크 구조를 측정하는 것은 아니었다. 인용 색인은 원래 연구자들로 하여금 논문을 누가 인용했는지 알 수 있게 해서, 관심 연구 분야에 관련된 연구자들을 찾을 수 있도록 하고자 만들어졌다. 그럼에도 불구하고 인용 색인에서 뽑아낸 데이터는 네트워크 구조를 구축하고 특성을 분석하는 데 넓게 활용됐으며, 인용 네트워크에 대한 대규모 연구가 최근 많이 출판됐다[101, 242, 294, 396-398, 404, 405].

인용 네트워크는 많은 측면에서 월드와이드웹과 유사하다. 인용 네트워크의 노드에는 웹 페이지처럼 문자나 그림 형태의 정보가 있다. 그리고 한 논문을 다른 논문으로 연결하는 링크는 웹 페이지들 사이의 하이퍼링크와 유사한 역할을 수행해서, 해당 논문의 주제와 연관된 정보를 다른 논문에서도 찾을 수 있으면 이를 독자에게 알리는 역할을 한다. 웹 페이지처럼, 인용이 많이 된 논문은 덜 인용된 논문보다 영향력이 더 크고 많이 읽힌다. 그리고 컴퓨터 사용자가 웹에서 서핑하듯이, 논문의 인용을 계속 따라가며 인용 네트워크를 서핑할 수도 있다.

정보과학에서 웹에 대한 연구를 할 때는 웹과 인용 네트워크 사이의 가까운 유사성을 강조하고자, 하이퍼링크를 종종 '인용'이라 칭하는 경우가 있다.

그러나 인용 네트워크와 웹 사이에는 최소한 한 가지 중요한 차이가 존재한다. 인용 네트워크는 비순환^{acyclic}하는 데 반해 웹은 그렇지 않다는 것이다. 비순환 네트워크에서는 방향성 에지의 닫힌 고리가 존재하지 않는다. 월드와이드웹에서는 이어지는 하이퍼링크를 따라가서 최초에 시작했던 페이지로 돌아오는 것이 가능

비순환 네트워크는 6.4.1절에서 논의한다.

작은 비순환 네트워크의 그림은
그림 6.3에 있다.

하다. 반면 인용 네트워크에서는 이것이 절대적으로 불가능하다. 논문을 인용하려면 그 논문은 반드시 이미 작성되어 있어야만 하기 때문이다. 누구도 아직 존재하지 않는 논문을 인용할 수는 없다. 그래서 인용 네트워크에서 모든 방향성 에지는 더 최근 논문에서 이전 논문을 향해 과거의 시점을 가리킨다. 이렇게 한 논문에서 다른 논문으로 향하는 경로를 따라간다면, 점점 과거를 향해 가고 있는 스스로를 발견하게 될 것이고, 다시 시간을 거슬러 올라올 방법이 없기 때문에 인용의 고리를 닫지 못하고, 시작한 곳으로 돌아오지도 못한다.[3]

인용 네트워크에서는 흥미로운 통계를 볼 수 있다. 예를 들면, 전체 중에서 47%에 해당하는 논문은 전혀 인용되지 않았다고 한다[404]. 인용이 됐다고 해도 9%는 한 번, 6%는 두 번 인용됐으며, 이후 점점 급격히 줄어든다. 오직 21%의 논문만이 10번 이상 인용됐고 단 1%의 논문만이 100번 이상 인용됐다. 이 수치들은 네트워크의 거듭제곱 링크수 분포 때문에 발생한다(10.4절 참고).

과학 인용 색인에 따르면 가장 많이 인용된 논문은 로우리Lowry 등이 1951년에 발표한 논문[311]으로 30만 번 이상 인용됐다.[4] 이 논문은 많이 인용된 대부분의 논문들처럼 분자생물학 분야의 방법론에 대한 논문이다.

지금까지 설명한 인용 네트워크는 간단하기는 하지만 인용 패턴을 나타낼 수 있는 유일한 네트워크는 아니다. 다른 형태의 인용 네트워크는 공동인용 네트워크cocitation network다. 공동인용은 논문이 연관된 주제를 다루는지를 나타내는 지표로 자주 사용되는데, 이것이 다양한 경우에 합리적인 가정임을 보여주는 좋은 증거가 있다. 공동인용 네트워크는 노드가 논문을 나타내고 에지가 쌍을 이룬 논문의 인용 관계를 나타낸다. 일반적인 인용 네트워크와 다르게, 공동인용은 대칭적이므로 공동인용 네트워크의 에지는 방향성이 없는 것으로 간주한다. 물론 가중치가 있는 공동인용 네트워크를 만들 수도 있는데, 여기서 에지는 다양한 강도를 나타내게 할 수 있다. 예를 들어, 두 논문을 잇는 에지의 강도를 해당 논문들을 함께 인용하는 논문들의 수에 따라 매길 수도 있다.

상대적으로 덜 사용되기는 하지만 또 다른 관련 있는 개념이 서지정보 연결bibliographic coupling이다. 만약 두 논문이 (함께 인용되는 것이 아니라) 동일한 제3의 논문을 인용한다면 그 두 논문은 서지적으로 연결됐다고 말할 수 있다. 공동인용처럼

---

3 매우 드물기는 하지만 한 저자가 같은 저널 같은 호에 두 논문을 동시에 출판하는 경우가 있다. 이때 각각의 논문이 서로를 인용하면, 길이 2의 경로를 갖는 순환이 형성된다. 그러므로 적은 수의 매우 짧은 순환 고리를 갖고 있는 인용 네트워크는 엄격하게 보자면 비순환하는 것은 아니다.

4 지금 이 순간 한 번 더 인용됐다.

서지정보 연결도 논문들이 얼마나 연관된 주제를 다루는지를 나타내는 지표로 사용될 수 있으며, 함께 인용하는 논문의 수에 따라 강도나 가중치를 줄 수 있다. 서지정보 연결로부터 가중치가 있는 혹은 가중치가 없는 서지정보 연결 네트워크를 만들 수 있는데, 여기서 노드는 논문을 나타내고 방향성 없는 에지는 서지정보 연결 관계를 나타낸다.

3.2.1 특허와 법률 인용

이전 절에서 논의한 인용 네트워크는 학술 논문 사이의 인용 관계에 주로 집중했다. 그러나 다른 형태의 인용도 물론 존재한다. 두 가지 흥미로운 사례가 특허 사이의 인용과 법률 사이의 인용이다.

특허는 발명품의 소유권자에게 주는 일시적 권한으로, 특허로 보호받는 발명품을 통제하고 그로 인한 이윤을 얻을 수 있는 배타적인 권리를 한정된 기간 동안 보장한다. 일반적으로 특허는 이전에 다른 이로부터 만들어지지는 않았는지, 독창적인 내용인지에 대한 심사를 거친 후에, 국가 기관이 개인이나 법인에게 발행한다. 특허를 출원할 때, 발명자는 반드시 심사에 필요한 구체적인 정보를 충분히 제공하고 발명품이 특허로 보호받아야 할 만큼 가치 있음을 제시해야 한다. 이런 경우 일반적으로, 새로 출원하는 발명과 이전에 특허를 취득한 발명들이 어떤 관계인지를 설명하는 구체적인 정보를 다루게 되는데, 이 과정에서 발명자는 보통 하나 이상의 이전 특허를 인용한다. 이러한 특허 인용이 한 기술을 운용하는 데 다른 기술이 필요하다는 등 기술 사이의 의존 관계를 나타낼 수도 있으나, 대부분의 경우 특허 인용은 '방어적인' 목적을 갖는다. 예를 들어, 발명자가 다른 특허를 언급하면서 본인의 발명이 이전 특허와 어떻게 다른지를 설명하고 특허로 보장하는 것이 왜 중요한지를 주장하는 데 다른 특허를 인용하는 것이다. 출원한 특허의 심사 과정에서 정부는 주기적으로 이전 발명과의 유사성을 확인하는데, 이러한 방어적인 인용은 제시될 수 있는 반려 의견을 사전에 막아내는 역할을 한다. 일반적으로 특허가 최종적으로 인정되거나 반려되기까지 심사관과 신청자 사이에 여러 번의 의견 교환이 오고 간다. 이런 과정에서 둘 사이에 논의했던 사항들을 반영하여 심사관이나 신청자가 인용을 추가하기도 한다.

특허가 최종적으로 승인되고 공개되면 대중은 어떤 기술이 특허를 취득했는지 알 수 있다. 공개된 특허는 논문 사이의 인용 네트워크와 유사한 네트워크를 만들 수 있는, 인용 데이터의 원천 정보를 제공한다. 특허 네트워크에서 노드는 특허를 나타내고 각각이 고유의 특허 번호로 구별된다. 방향성 에지는 특허들 사이의 인용 관계를 나타낸다. 가끔 한 발명자가 상호 간에 서로 인용하는 기술들을 특허로 출원하는 경우는 있지만, 대부분 특허는 이전 특허를 향해서 인용을 하기 때문에 특허 네트워크도 학술 인용 네트워크와 같이 비순환적 혹은 거의 비순환적이다.

학술 인용 네트워크가 연구 지식의 구조를 드러내듯 특허 네트워크는 인간의 기술 사이의 구조를 반영한다. 특허 네트워크는 학술 인용 네트워크에 비해 상대적으로 덜 연구됐지만, 전미경제연구소[5]의 특허 데이터베이스나 전 세계 특허 검색이 가능한 구글 특허 검색[6] 등 고품질 데이터베이스의 등장으로 인해 최근 특허 네트워크 관련 연구의 수가 증가했다. 특허로 보호된 발명품의 독창성, 떠오르는 기술 탐색, 독점 방지 정책 등 기술 및 법률에 관련된 흥미로운 주제들을 특허 네트워크를 통해 살펴볼 수 있다[106, 161, 216, 247].

다른 형태의 인용 네트워크로서 최근 관심을 받고 있는 것이 법률 인용 네트워크다. 탄원서나 민사 사건의 경우 판결이 배심원이 아니라 판사의 판단에 따라 내려지는 유럽이나 미국에서는 판사가 판결을 내린 뒤에 판단의 근거와 결론을 설명하는 의견서를 덧붙이는 경우가 흔하다. 의견서를 작성할 때는 판단의 근거를 위한 전례로 삼거나 혹은 이전 판단을 반박하기 위해 다른 사건에서 작성했던 의견서를 인용하는 것이 보통이다. 그래서 학술 논문의 인용 네트워크처럼 의견서 사이의 인용도 의견서가 노드가 되고 인용 관계가 방향성 에지가 되는 비순환적인 네트워크를 형성한다. 법조계는 의견서 사이의 인용 색인을 변호사, 판사, 학자 등이 사용하도록 오랫동안 관리했는데, 최근 수년간 이 의견서 인용 색인은 전자 문서 형식으로 전환됐고 지금은 온라인에서 사용 가능하다. 예를 들어, 미국에는 LexisNexis와 Westlaw[7]라는 두 상업 서비스가 법률 의견서와 인용 관계에 대한 자세한 데이터를 제공한다. 이러한 서비스에서 얻은 데이터를 사용해 법률 인용 네트워크의 구조를 분석한 많은 연구가 발표됐다[186, 187, 295, 314].

이론적으로는 특허 네트워크나 법률 인용 네트워크 사이의 공동인용 또는 참고 문헌 관계를 바탕으로 네트워크를 만드는 것도 가능하나, 지금까지 이런 내용으로 발표된 네트워크 연구는 발견하지 못했다.

---

5 http://www.nber.org

6 http://patents.google.com

7 Westlaw는 과학 인용 색인(Science Citation Index)을 운영하고 있는 톰슨 로이터(Thomson Reuters)가 소유하고 있으며, LexisNeixs는 스코푸스(Scopus)를 소유하고 있는 엘스비어(Elsevier)가 소유하고 있다.

3.3 그 외 정보 네트워크

비록 웹이나 인용 네트워크만큼 관심을 끌지는 못했지만 다른 종류의 정보 네트워크도 있다. 지금부터 몇 가지 사례를 살펴보자.

3.3.1 P2P 네트워크

피어투피어 파일 공유 네트워크^{peer-to-peer file-sharing network}는 컴퓨터 네트워크에서 광범위하게 사용하는 형태로서, 정보 네트워크와 기술 네트워크의 관점이 모두 섞였다. P2P^{Peer-To-Peer} 네트워크에서 노드는 쪼개진 파일 형태의 정보이고 이는 컴퓨터를 나타낸다. 파일 공유를 목적으로 컴퓨터 사이에 형성된 가상의 링크가 에지를 나타낸다. 링크는 단지 소프트웨어상에서만 존재하며, 필요할 때 컴퓨터가 다른 컴퓨터와 소통할 의향이 있음을 의미한다.

P2P 네트워크는 보통 분산된 데이터베이스의 매개체로서 사용되는데, 회사 네트워크나 분배 소프트웨어를 통해 회사 안에서 파일을 공유하는 등 합법적으로 사용하는 사례도 있으나, 음악과 영화를 저장하고 배포하는 데 불법적으로 사용되기도 한다(2.1절에서 언급했던 경계 경로 프로토콜을 사용하는 라우터 간의 네트워크도 합법적이고 유용한 P2P 네트워크의 예다).

P2P 네트워크의 핵심은 네트워크 안에 있는 두 명의 최종 사용자, 즉 두 '피어'의 컴퓨터들 사이의 직접적인 데이터 전송을 촉진하는 것이다. 이러한 방식은 월드와이드웹처럼 중앙의 서버가 요청받은 데이터를 수많은 클라이언트 컴퓨터에 전송하는 일반적인 서버-클라이언트 모델과 대조된다. 그래서 P2P 모델은 저작권이 있는 자료를 불법적으로 공유할 때 특히 선호된다. 중앙 집중형 서버의 운영자는 법적 조치로 인해 서버를 비활성화해야 하는 책임이 있지만, 중앙 서버가 존재하지 않으면 이러한 조치를 취하기가 매우 어렵기 때문이다. 중앙 서버가 필요 없고 서버에 필요한 광대역폭 연결도 필요하지 않다는 점도 소프트웨어 배포용 앱 같은 애플리케이션에도 P2P 네트워크가 비용적으로 매력적인 이유다.

대부분의 P2P 네트워크에서 모든 컴퓨터는 정보의 일부를 각자 보관하지만, 어떤 컴퓨터도 네트워크의 모든 정보를 모두 다 갖지는 않는다. 만약 한 컴퓨터의 사용자가 다른 컴퓨터에 저장된 정보를 필요로 하면, 해당 정보는 간단히 인터넷이나 근거리 통신 네트워크로 직접 전달된다. 이것이 P2P 전송이다. 이런 과정을 수행하고자 특별한 인프라가 필요한 것이 아니며, 정보를 전달하는 이런 작업은 표준 인터넷 프로토콜로도 완벽히 수행 가능하다. 그러나 누군가가 원하는 정보가 어떤 컴퓨터에 있는지 찾고자 한다면 문제는 흥미로워진다. 한 가지 방법은 어떤 정보가 어느 컴퓨터에 있는지에 해당하는 색인을 저장한 중앙 서버를 두는 것이다. 이런 방법은 초기의 파일 공유 네트워크였던 냅스터[Napster]에서 채택한 방법이었으나, 중앙 서버의 존재로 인해 냅스터는 법적인 부분을 포함한 많은 문제에 취약했고, 이로 인해 결국 냅스터는 문을 닫아야만 했다.[8]

이 문제를 피하기 위해 개발자들은 분산 검색 체계로 전환했고, 여기에 네트워크의 개념이 개입한다. 그 아이디어를 구현하는 가장 간단한 방법은 컴퓨터와 동료 컴퓨터 간에 링크를 형성해서 전체 컴퓨터가 하나의 연결된 네트워크를 형성하게 하는 것이다. 다시 말하지만 여기서 링크는 순수하게 소프트웨어로 구현된 연결이고, 컴퓨터 네트워크에서 P2P 관점의 이웃이란 단지 요청이 있을 경우에 정보를 주고받겠다고 동의한 관계일 뿐이다.

사용자가 본인의 컴퓨터로 특정 파일을 네트워크에서 검색하도록 지시하면, 그 컴퓨터는 네트워크 이웃들에게 해당 파일을 갖고 있는지를 묻는 메시지를 발송한다. 만약 이웃에게 그 파일이 있다면 해당 파일을 요청한 컴퓨터로 전송하는 과정을 진행한다. 반대로 만약 이웃들에게 그 파일이 없다면, 받은 메시지를 그들의 이웃에게 다시 넘겨주고, 파일을 찾을 때까지 계속 이런 과정을 이어나간다. 18.2절에서 보겠지만 어느 정도의 거리에 달하는 P2P 네트워크에서는 이런 알고리듬이 유효하게 작동하는데, 상대적으로 작은 규모의 네트워크에서만 그러하다. 이런 방법은 모든 검색에 대해 수많은 컴퓨터들 사이에 메시지를 주고받게 하므로, 네트워크가 커지면 알고리듬이 잘 작동하지 않고 결국에는 검색 때문에 발생한 메시지 전송이 가용한 데이터 전송 대역폭을 넘어선다. 이런 문제를 해결하려고 현대적인 P2P 네트워크는 일반 노드와 '슈퍼노드'의 두 단계로 네트워크를 구성한다. 일반 노드는 슈퍼노드에게 원하는 검색을 직접 요청하기만 하고, 검색은 오직 슈퍼노드 사이에서만 수행된다. 더 자세한 내용은 18.2절에 있다.

그렇다면 P2P 네트워크의 구조는 어떤 모습일까? 안타깝게도, 대부분의 경우 소프트웨어가 지적재산이고 소유자들은 세부 운영사항을 공유하기 꺼려하기 때문에 그 구조는 잘 알려져 있지 않다. 초기 P2P 네트워크인 그누텔라[Gnutella]는 소프트웨어의 소스 코드와 프로토콜을 자유롭게 사용할 수 있는 오픈소스를 바탕으

---

8 냅스터의 이름은 이후 음악 산업계에 팔렸고, 지금은 P2P 기술을 사용하지는 않는 합법적인 온라인 음악 서비스의 이름으로 사용되고 있다.

로 개발됐으며, 이를 다룬 많은 연구가 출판됐다. 그누텔라 네트워크에서 한 컴퓨터가 다른 컴퓨터에 'ping'(서로 상대 컴퓨터를 식별하는 것)을 할 때 쓰는 프로토콜을 살펴보고 연구자들은 그누텔라 네트워크의 구조를 발견해서 분석할 수 있었다 [409, 442]. 그누텔라 네트워크는 대략 거듭제곱 분포(10.4절 참고)를 보이며, 이 특성을 사용하면 검색 성능을 개선할 수 있다고 제안했다[6].

3.3.2 추천 네트워크

추천 네트워크recommender network는 소매점에서 판매되는 특정 상품 등 다양한 아이템에 대한 사람들의 선호도를 나타낸다. 예를 들어 온라인 판매자는 어떤 고객이 어떤 상품을 구매했는지 기록을 보유할 수 있고, 때로는 고객에게 해당 상품에 만족하는지 설문조사를 할 수도 있다. 대부분의 대형 슈퍼마켓 체인은 자주 방문하는 고객들의 구매 이력을 (대개 상품을 구매할 때 바코드가 기입된 작은 카드를 스캔하면서) 기록하고, 고객이 어떤 제품을 자주 구입하는지를 파악할 수도 있다.

추천 네트워크의 기초 형태는 '이분 네트워크bipartite network'다. 이분 네트워크에는 두 종류의 노드가 있는데, 한쪽의 노드는 상품이나 물건이고 또 다른 쪽의 노드는 사람이며, 사람들이 구매하거나 선호하는 상품을 에지로 연결해 나타낸다. 에지에 강도나 가중치를 더해서 특정 고객이 어떤 상품을 얼마나 구매하는지나 특정 물건을 얼마나 좋아하는지 등을 표시할 수도 있다. 좋아하는 것이 아니라 싫어하는 것을 나타내고자 강도를 음수로도 매길 수도 있다.

추천 네트워크는 책, 음악, 영화 등을 포함한 다양한 유형의 물건과 상품에 대해 연구됐다. 추천 네트워크에서는 주로 협력적 필터링 시스템collaborative filtering system에 관심을 집중하는데, 이를 추천 시스템recommender system이라고도 한다. 이 시스템은 특정 사람의 과거 선호도를 다른 사람들의 선호도와 비교하여 그 사람이 좋아할 것이라고 여겨지는 새로운 항목 추측하는 컴퓨터 알고리듬이다. 예를 들어 A라는 사람이 B와 동일한 품목을 많이 좋아하는데, B가 A가 아직 아무 의견도 표현한 적이 없는 어떤 상품을 좋아한다면 A도 아마 그 상품을 좋아할 것이다. 추천 네트워크에서 이런 결론을 추출하기 위해 다양한 컴퓨터 알고리듬이 개발됐으며 [406], 소매업체가 판매를 촉진하려고 고객이 구매할 것 같은 제품을 제안하는 데 광범위하게 사용한다. 예를 들어, 온라인 상점인 아마존닷컴Amazon.com의 웹사이트에는 고객이 이전에 표현한 선호도와 구매 이력을 기반으로 상품을 추천하는 기

앞서 2.4절에서 이분 네트워크를 언급했다. 4.5절과 6.6절에서 더 자세히 다룬다.

능이 있다. 그리고 많은 슈퍼마켓에서는 이제 고객이 과거에 구매하지는 않았지만 관심을 가질 만한 제품에 대해 계산대에서 개인화된 할인 쿠폰을 인쇄하기도 한다.

이런 종류의 상품 추천은 규모가 큰 사업이다. 고객이 무엇을 좋아할지 정확하게 예측할 수 있다는 것은 대형 소매점에게는 수백만 달러의 추가 판매를 할 수 있다거나 또는 충성도가 높은 고객과 경쟁업체로 떠나버리는 고객 간의 차이가 무엇인지 파악한다는 의미일 수도 있다. 2006년 엔터테인먼트 회사인 넷플릭스^{Netflix}는 영화 및 TV 프로그램에 대한 시청자의 의견을 넷플릭스의 기존 시스템보다 10% 더 정확하게 예측할 수 있는 추천 시스템을 만드는 사람에게 백만 달러의 상금을 제공했다. 10%는 그다지 큰 개선이 아닌 것처럼 보일 수 있다. 하지만 수백만 명이 사용하는 넷플릭스 같은 기업은 이것이 상당한 수익 증가로 이어질 수 있기 때문에 상금을 충분히 만회할 수 있다. 사실, 10% 기준을 돌파하는 것도 쉽지 않은 것으로 밝혀졌다. 2009년에 미국과 유럽의 대규모 공동 연구팀이 마침내 상을 받기까지 거의 3년이 걸렸다.

추천 네트워크의 연구는 대부분 협력적 필터링 시스템의 알고리듬을 더 우수하게 개발하는 데 집중됐다. 이러한 알고리듬의 성공 여부는 추천 네트워크 자체의 구조에 어느 정도 달려 있다고 보는 것은 합리적이고, 이는 추천 네트워크의 구조를 연구하는 좋은 이유다. 몇 가지 연구가 학계에 발표됐으나[94, 220], 아직 후속 연구의 여지는 분명히 있다.

3.3.3 핵심어 색인

이분 네트워크의 형태를 가진 또 다른 유형의 정보 네트워크는 핵심어 색인^{keyword index}이다. 한 예로 이 책의 끝에 있는 '찾아보기'를 들 수 있다. 단어나 어구 목록이 나열됐고 해당 정보를 찾을 수 있는 쪽번호가 함께 표시됐다. 이런 유형의 색인은 단어와 쪽번호를 나타내는 두 가지 유형의 노드와 각각의 단어를 그 단어가 수록된 페이지에 연결하는 에지를 사용해 이분 네트워크로 표현할 수 있다. 핵심어 색인은 책뿐만이 아니라, 학술 논문이나 월드와이드웹 같은 여러 가지 정보 꾸러미에 대한 안내자의 역할로서도 일상적으로 만들어진다. 3.1절에서 알아본 웹 검색 엔진이 만든 색인도 핵심어 색인의 한 예다. 웹 검색 엔진이 만든 색인에는 단어나 구와 함께 그 단어나 구가 등장하는 웹 페이지 목록 대한 정보가 최소한 한 세트는 담겨 있다.

색인은 거대한 양의 정보를 검색하는 방법으로서 실용적으로 중요하다. 예를 들어, 웹 검색 엔진은 특정한 쿼리^{query}에 해당하는 웹 페이지를 빠르게 찾고자 색인에 크게 의존한다. 색인을 더 정교하게 활용한 응용 사례도 있다. 예를 들면, 색인을 서로 유사한 페이지나 문서를 찾는 기술의 기초 요소로 활용하는 것이다. 일련의 문서들과 이 문서들에서 등장한 단어들로 구성된 핵심어 색인이 있다고 가정하자. 만약 어떤 두 문서에 많은 수의 동일한 핵심어가 공통으로 있다면, 이는 아마도 두 문서가 유사한 주제를 다룬다는 지표가 될 것이다. 이러한 유사 관계를 찾아낼 수 있는 수많은 컴퓨터 알고리듬이 개발됐으며, 일반적으로 3.3.2절에서 다룬 추천 시스템과 매우 유사한 아이디어를 활용한다. 비슷한 핵심어를 가진 문서들을 찾아내는 문제는 여러 측면에서 비슷한 상품을 좋아하는 소비자를 찾아내는 문제와 유사하기 때문이다.

유사한 문서들을 판별할 수 있다는 것은 매우 유용하다. 일례로 지식을 검색하려고 검색 엔진을 만드는 경우에도 그렇다. 일반적인 색인 검색 방법에서는 특정 핵심어나 일련의 핵심어 세트를 찾고, 단순히 이들을 포함한 문서 목록을 얻는다. 그러나 문서 사이의 유사성을 판단하는 검색 엔진은 실제로 검색하려는 핵심어를 포함하지는 않는 문서일지라도 핵심어를 직접 포함하는 다른 문서들과 유사하다고 판단되는 문서 목록까지 함께 제시할 수 있기 때문에 정보 검색에 훨씬 더 유용할 수 있다. 특히, 특정 개념을 부르는 용어가 하나 이상일 경우에 검색어와 관련된 모든 문서를 찾기 위한 매우 효과적인 전략이 될 수 있다.

문서 검색 시 위에서 말한 방식으로 문서 사이의 유사성을 결정하고 일반적인 검색 과정을 수행하는 고전적인 방법을 잠재 의미 분석^{latent semantic analysis}이라고 한다. 잠재 의미 분석은 핵심어와 문서로 구성된 이분 네트워크에 특이점 분해^{singular value decomposition}로 알려진 행렬 계산을 적용하는 방법이다[288]. 최근에는 비음수 행렬 인수분해^{non-negative matrix factorization}[291, 292], 잠재 디리클레 할당^{latent Dirichlet allocation}[63], 확률 기반 접근[236] 같은 기술을 활용한 다양한 방법이 개발됐다.

추천 시스템과 마찬가지로, 문서들의 유사성을 찾고 이를 활용해 검색 결과를 향상하는 방법의 성패가 핵심어 색인 네트워크의 구조에 달려 있다고 생각하는 것은 합리적인 판단이다. 그러므로 핵심어 색인 네트워크의 구조를 연구하면 유용한 영감을 받을 수 있을 것으로 생각된다. 그러나 지금까지는 네트워크 학계에서 이 문제를 많이 다루지 않았고, 그렇기 때문에 아직 더 개발될 여지가 많이 남아 있다.

사회연결망

사회연결망에 대한 논의와 그 구조를 밝히기 위한 실증적인 기술들

'사회연결망'에 어떤 의미가 있다고 한다면 보통 대부분의 사람들은 페이스북이나 트위터 같은 온라인 소셜 미디어를 떠올릴 것이다. 그러나 네트워크를 다루는 과학적 연구 맥락에서 '사회연결망'의 의미는 좀 더 광범위한데, 친구 관계처럼 노드가 사람을 나타내고 에지가 사람 사이의 관계를 드러내는 네트워크를 의미한다. 4장에서는 사회연결망 연구의 기원과 주제를 알아보고, 사회연결망의 구조를 결정하려고 사용된 기법과 연구들을 살펴본다. 사회학자들은 사회연결망을 논의하고자 그들만의 언어를 개발했다. 노드, 즉 사람을 행위자[actor]라 하고 에지를 연결[tie]이라 부른다. 사회연결망을 논의하면서 가끔 이런 용어도 사용할 것이다.

4.1 사회연결망의 실증 연구

사회연결망에 대한 관심은 수세기 이전으로 거슬러 올라간다. 실제로 사회학자들은 네트워크를 연구하는 연구자들 중에서도 아마도 가장 오래되고 잘 확립된 정량적, 실증적 연구의 전통을 닦았을 것이다. 문헌에서 발견할 수 있는 사회연결망 분석의 선행 연구는 19세기 말까지 거슬러 올라간다. 그중 이 분야를 처음 개척한

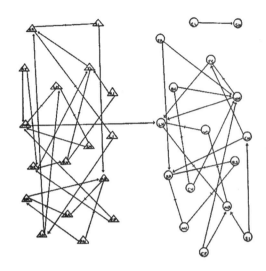

그림 4.1 초등학생들의 친구 관계

정신과 의사 제이콥 모레노의 연구에 담긴, 손으로 그린 초기 사회연결망 그림은 1930년대 초등학교 교실 안의 남학생(삼각형)과 여학생(원형) 사이의 친구 관계 패턴을 보여준다. 출처: [341]. 미국 그룹 심리치료 및 심리극 학회(American Society of Group Psychotherapy and Psychodrama)의 승인하에 게재함

사람으로는 보통 1930년대 미국에서 정신과 의사로 활동하면서 사람들 사이에서 일어나는 사회적 상호작용의 동역학에 관심을 뒀던 루마니아 이민자 제이콥 모레노^Jacob Moreno를 꼽는다. 그는 1933년 3월 뉴욕에서 열린 의학회에서 진정한 의미에서 첫 사회연결망 연구라고 여길 만한 일련의 연구 결과를 발표했다. 그 발표는 며칠 후 『뉴욕타임스^New York Times』가 칼럼으로 다룰 만큼 큰 관심을 끌어모았다. 이듬해 모레노는 『Who Shall Survive?』[341]라는 제목의 책을 출판했는데, 현대 기준으로 보기에는 충분히 엄밀하지 않지만 그래도 훗날 사회연결망 분석으로 거듭나는 계량사회학^sociometry의 시초가 되는 내용을 담았다.

모레노의 연구에서 가장 놀랄 만한 면모는 다양한 그룹의 사람들 간 상호작용 패턴을 나타냈던 손그림들이다. 모레노는 이런 그림을 (20년 뒤에나 만들어진 용어인) 사회연결망이 아니라 소시오그램^sociogram1이라고 불렀는데, 이름만 제외하면 모든 면에서 명확하게 우리가 현재 네트워크라고 알고 있는 것과 동일하다. 예를 들어 그림 4.1은 모레노의 책에 담긴 그림을 보여준다. 이는 초등학교 학생 그룹 사이의 친구 관계를 나타낸다. 삼각형과 원형은 각각 남학생과 여학생을 나타내며, 무엇보다 남학생들끼리나 여학생들끼리는 친구 사이가 많지만 남학생과 여학생 사이에는 단 한 쌍만 친구 관계임을 보여준다. 이렇게 일단 그림으로 그리면 사회학적으로 흥미로운 점을 쉽게 확인할 수 있다는 점 때문에 모레노의 방법이 유용하다는 사실을 사회학자들이 빠르게 납득했다.

사회연결망을 이해하는 데 가장 중요한 것 중 하나는 네트워크의 에지를 서로 다른 수많은 방법으로 정의할 수 있으며 실제로 사용하는 특정한 정의는 답하고자 하는 흥미로운 질문에 따라 결정된다는 점이다. 에지는 개인 사이의 친구 관계를 나타낼 수도 있지만 전문적인 관계나 상품 또는 돈의 교환, 의사소통 패턴, 연애 관계나 성적 관계 등 다양한 형태의 연결을 의미할 수도 있다. 예를 들어, 주요 기업 이사회 구성원 사이의 전문적 관계에 관심 있는 사람이라면 누가 누구의 페

---

1 한국어로는 사회도, 소시오그램, 교우도 등 다양한 이름으로 불린다. – 옮긴이

이스북 페이지를 보는지를 나타내는 네트워크는 그다지 사용하지 않을 것이다. 더욱이 각기 다른 유형의 사회적 상호작용을 밝히는 데 필요한 방법도 상당히 다를 수 있기 때문에, 다양한 종류의 질문을 탐구하려면 역시 다양한 종류의 연구가 필요할 것이다. 실험 대상에게 직접 질문하는 것은 사회연결망의 구조를 결정하는 가장 일반적인 방법이다. 이에 대한 자세한 논의는 4.2절에서 나눈다.

초기 사회연결망 연구에 나타난 또 다른 중요한 기법은 기록물의 활용이다. 1939년, 미국 남부에서 사회 계급과 계층화가 미치는 영향을 연구하는 민속학자 ethnographer 그룹이 미시시피주의 작은 마을에서 18명의 여성이 9개월 동안 사회 행사에 참석한 데이터를 수집했다. 이를 위해 학자들은 인터뷰나 설문조사에 의존하기보다는 행사의 참석자 명단과 신문의 사회면에 실린 기사를 조합해 데이터를 모았다.[2] '남부 여성 연구Southern Women Study'로 자주 불리는 이 연구는 최초의 출판물이었기 때문에 네트워크 문헌에서 수 세기 동안 논의되고 분석됐다. 이 데이터는 네트워크로 나타낼 수 있는데, 여기서 노드는 각각의 여성을 의미하고 두 사람이 공통의 행사에 참석하면 둘을 선으로 연결한다. 좀 더 온전하게 데이터를 드러내는 또 다른 방법으로는 '소속 네트워크affiliation network' 또는 '이분 네트워크'가 있다. 여기서는 여성과 행사에 해당하는 두 가지 유형의 노드가 있고, 에지로 각 여성들을 참석한 행사에 연결한다. 남부 여성 연구의 소속 네트워크를 시각화한 그림은 그림 4.2에 있다.

오래전에 있었던 연구라는 점에 더해서 이 연구가 잘 알려지게 된 한 가지 이유는 여성들이 2개의 하위 그룹으로 나뉜 것을 연구자들이 발견했기 때문이다. 그룹 안에서는 친밀한 사람들이 밀접하게 덩어리를 이루고, 두 덩어리 사이에는 느슨한 교류가 있다는 것이다. 사회연결망 분석에 있어 고전적인 문제가 바로 원시 데이터에서 덩어리 구조를 발견하거나 추출해낼 수 있는 알고리듬이나 방법을 고안하는 것이었다. 그래서 수많은 연구자들이 알고리듬을 개발하려고 남부 여성 데이터를 시험 사례로 사용했다.

모레노와 데이비스 등 이래로, 분석 방법들이 굉장히 다양한 분야와 이슈, 문제를 망라해서 응용됐다는 것이 사회연결망 분석의 힘이다[79]. 대표적인 예로, 지역 사회와 대규모 인구[54, 55, 261, 333, 447, 452]에서나 대학 학생들[446, 479] 사이, 또는 초등학생들[169, 338, 400]의 우정과 친밀 관계의 패턴, 사업가들과 전

사회연결망을 재구축하기 위해 기록물이나 제3자 기록을 사용하는 것은 4.4절과 4.5절에서 상세하게 논의한다.

이분 네트워크는 2.4절과 3.3.2절에서 살펴봤고, 4.5절과 6.6절에서 더 자세히 다룰 것이다.

---

2 학자들은 몇 건의 인터뷰도 수행하고 참석자들이 목격한 사실을 직접 사용하기도 했다. 자세한 사항은 Freeman[190]을 참고하라.

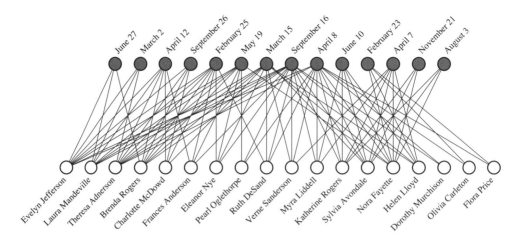

그림 4.2 '남부 여성 연구'의 소속 네트워크

다른 모든 소속 네트워크처럼 이 네트워크의 노드도 두 가지 유형이다. 아래쪽의 열린 원형 노드는 연구 대상이었던 18명의 여성을 나타내고, 위쪽의 어두운 원형 노드는 그들이 참석한 행사를 나타낸다. 에지는 각각의 여성들이 참석했던 행사에 연결됐다. 데이비스(Davis) 등[129]의 원작에서 프리만의 호의로 사용함

문가들 사이의 교류[117, 197], 기업 이사회[130, 131, 318], 과학자들 사이의 협업[218, 219, 349], 영화배우[20, 466], 음악가[206], 성관계 네트워크[271, 305, 392, 411, 417]와 데이트 패턴[52, 238], 마약 사용자[421]나 테러리스트[282] 네트워크 같은 은신처와 범죄자 네트워크, 역사적인 네트워크[51, 377], 유즈넷 Usenet[313, 431, 449]이나 페이스북[278, 298, 446, 452] 같은 온라인 커뮤니케이션, 동물들의 사회연결망[180, 315, 418, 419] 등이 있다.

이 책을 통해 앞으로 위에 소개한 것과 더불어 다양한 네트워크 예들을 살펴볼 것이며, 흐름을 따라가며 필요한 때에 자세한 내용도 알아볼 것이다. 이 장의 나머지 부분은 사회연결망을 측정하는 데 사용된 다양한 실용적 방법들을 논의하는 데 할애하겠다. 앞서 살펴본 연구 대상에게 직접 질문하는 것과 기록된 데이터를 사용하는 기법은 가장 중요한 두 가지 방법이지만, 보통 여러 가지 다른 방법들도 사용한다. 이 장에서는 사회연결망 연구의 모든 방법을 완전히 검토하는 것을 목표로 하지는 않는다. 하지만 여기서 소개한 자료는 책의 남은 부분을 공부하는 데 좋은 기반을 제공할 것이다. 사회연결망 연구 방법론에 대한 전체적인 검토는 바서맨Wasserman과 파우스트Faust[462] 그리고 스콧Scott[424]의 책을 참고하기를 권한다.

4.2 인터뷰와 설문조사

사회연결망 데이터를 수집하는 가장 일반적인 방법은 사람들에게 직접 질문하는 것이다. 친구 관계 네트워크를 알아보고 싶다면 사람들에게 친구가 누구인지 물어보면 된다. 사업 관계에 흥미가 있다면 사람들에게 누구와 사업을 하는지 물어보는 식이다. 질문은 참석자와 인터뷰를 통해 직접 물어보는 형식일 수도 있고, 종이나 전자 형식의 설문조사를 완성하는 방식으로 진행할 수도 있다. 실제로 많은 현대 연구에서는, 특히 전화 조사에서 인터뷰와 설문조사의 방식을 모두 결합해 사용한다. 전문적인 인터뷰어가 설문조사 질문을 참석자에게 읽어주는 방식이다. 설문조사를 사용하면 연구 설계자는 일관된 순서와 단어 선택을 통해 좋은 조사 결과를 얻고자 질문하는 것을 보장할 수 있다. 질문을 위해 인터뷰어를 고용하면 연구의 유연성과 신뢰성을 얻을 수 있다. 인터뷰 응답자는 실제로 사람이 던진 질문에 답할 때 연구를 더 진지하게 받아들인다. 인터뷰어는 어느 정도의 관용성을 부여받아서 응답자의 반응이 없거나 또는 응답자가 헷갈려 하거나 답변이 명확하지 않을 때 응답자를 면밀히 조사할 수 있다. 이러한 점은 매우 중요한 고려사항이다. 왜냐하면 설문조사의 답변을 오해하거나 일관되지 않은 응답은 실제로 오류의 실질적인 원인이기 때문이다[320]. 질문을 가능한 한 일관적으로 만들고 응답자들이 질문을 이해하는 데 도움을 주면 이런 오류를 줄일 수 있다. 사회 설문 설계와 구현에 대한 소개는 레아[Rea]와 파커[Parker]의 책[403]을 참고하자.

사회연결망을 측정하려고 설문조사를 할 때는 일반적으로 응답자와 특정 유형의 접촉이 있는 사람들의 이름을 제시하도록 요청하는 질문이나 일련의 질문들로 구성된 이름 생성기[name generator]를 활용한다. 예를 들면, 학생들의 친구 관계 네트워크를 다룬 고전적인 연구에서 라포포트[Rapoport]와 홀바스[Horvath][400]는 학생들에게 다음과 같이 표현된 목록에 답하도록 요청했다.

_____학교에서 가장 친한 친구는:

_____학교에서 두 번째로 친한 친구는:

_____학교에서 세 번째로 친한 친구는:

...

_____학교에서 여덟 번째로 친한 친구는:

설문지에서 빈칸 '_____'에는 해당 학교 이름을 채워 넣었다.[3] 목록은 여덟 번째에서 끝나며 많은 응답자가 여덟 명을 모두 채우지는 못했다.

라포포트와 홀바스는 설문조사가 있던 날 몇 명이 결석했다고 보고했는데, 이상적으로는 학교의 모든 학생을 설문조사할 수 있을 것이다. 설문조사에서는 학생들에게 특별히 같은 학교 안에 있는 친구들의 이름만 적도록 요청했다는 사실을 기억하자. 그러므로 결과로 얻은 네트워크는 같은 학교 안에 있는 학생들 사이의 관계는 나타내지만 다른 학교 친구들은 보여주지 않는다. 이런 문제는 일반적으로 발생하는 부분이다. 설문에 참여한 응답자 그룹 중 어떤 사람은 해당 그룹 외부와 관계를 맺고 있을 공산이 매우 큰데, 그룹 외부로 이어지는 관계를 어떻게 해야 할지 결정해야 한다. 때로는 그룹 밖의 관계도 함께 기록하기도 한다. 그러나 라포포트와 홀바스의 연구처럼, 많은 경우에는 그룹 외부의 관계는 포함하지 않는다. 이러한 세부 사항을 결정하는 것은 종종 설문조사 결과로 얻은 통계 수치에 영향을 주기 때문에 매우 중요하다.

이름 생성기로 만든 데이터에는 주의할 사항이 많다. 먼저 네트워크 연결이다. 위에서 살펴본 사례에서는 친구 관계가 한 응답자가 다른 사람을 지명하면서 형성된다. 이것은 근본적으로 비대칭적인 과정이다. A라는 사람이 B라는 사람을 친구로 대답했을 때, 대부분은 B도 A를 자신의 친구로 꼽는다. 그러나 이런 관계가 반드시 보장되진 않으며, 실제로 한 방향으로만 관계가 형성되는 경우도 드물지 않다. 일반적으로 친구 관계란 양방향 관계라고 생각하나, 실제로 설문조사에 따르면 항상 그런 것은 아니다. 그래서 이름 생성기에서 뽑은 데이터는 방향성 네트워크로 가장 잘 표현할 수 있고, 에지는 한 노드에서 다른 노드로의 특정한 방향으로 만들어진다. 이 경우 네트워크의 노드는 두 가지의 링크수를 갖게 되는데, 내가 친구라고 꼽은 사람의 수인 나가는 링크수와, 나를 친구라고 꼽은 사람의 수인 들어오는 링크수로 구분할 수 있다.

이런 점은 우리를 이름 생성기에 대한 또 다른 중요한 점으로 이끈다. 일반적으로 위의 사례처럼 응답자가 답할 수 있는 이름의 개수를 제한하는 것이 일반적이다. 라포포트와 홀바스의 연구에서 이 제한 수치는 여덟 명이다. 이렇게 한계를 제한하는 연구를 고정 선택fixed choice 연구라고 한다. 다른 경우로는 선택에 제한이 없는 자유 선택free choice 연구가 있다.

<aside>1장에서 월드와이드웹을 논의하면서 방향성 네트워크를 살펴본 바 있다. 6.4절에서 더 상세하게 다룬다.

노드의 링크수는 노드가 가진 연결의 개수임을 떠올리자. 6.10절에서 더 자세히 논의한다.</aside>

---

3 실제 연구에서는 'junior high school'이 적혔으며, 이는 미국에서 대략 12~14세에 해당하는 학생들이 다니는 학교다.

이름의 개수를 제한하는 것은 순전히 실용적인 목적으로 실험을 수행하는 사람의 작업량을 줄이고자 하는 경우가 많다. 반면, 제한을 둔다는 것은 응답자로 하여금 답변을 하는 데 필요한 것이 무엇인지를 이해하는 데 도움을 주기도 한다. 예를 들면, 학생들의 설문조사에서 친구의 이름을 적으라는 요청을 받았을 때 학교에 있는 수백 명에 이르는 전체 학생의 이름을 참을성 있게 모두 적어 내려가는 학생들도 있다. 이렇게 작성된 설문 응답지는 딱히 도움이 되지 않는다. 해당 학생들이 정의한 친구 관계라는 것은 아마도 연구자가 생각했던 것과는 다를 것이다.

그러나 응답의 개수를 제한하는 것은 대부분의 목적에서 바람직하지 않다. 특히, 답변의 개수를 제한하는 것은 명확하게 네트워크의 나가는 링크수를 제한하여 인위적이고 비현실적인 절단을 야기한다. 1장에서 논의했듯이, 많은 네트워크에서 발견할 수 있는 흥미로운 특성은 바로 허브의 존재다. 허브는 비록 수적인 면에서는 소수이지만 링크수가 현저하게 높고 때때로 전체 네트워크에 지배적인 영향력을 발휘한다. 이름 생성기를 사용해서 나가는 링크수를 절단하면 허브의 존재에 대한 정보는 모두 사라져버린다.

한편, 고정 선택 연구에서도 노드의 들어오는 링크수에는 제한이 없다는 점은 주목할 만하다. 한 사람이 다른 사람에게 지명될 수 있는 횟수에는 제한이 없다. 실제로, 많은 네트워크에서 소수의 개인이 이례적으로 높은 횟수로 지명을 받는다. 라포포트와 홀바스[400]는 그들이 만든 친구 관계 네트워크에서도 이것을 발견했다. 한 학교의 학생들 대부분은 몇 번만 친구로 지명된 것에 반해, 소수의 학생이 매우 많이 지명됐다. 라포포트와 홀바스는 분야를 막론하고 네트워크의 링크수 분포를 정량적으로 분석한 최초의 과학자들 중 일부였으며, 그들의 친구 관계 네트워크의 들어오는 링크수를 광범위하게 보고하고 논평했다.

이름 생성기를 사용한 모든 설문조사가 방향성 네트워크만 만드는 것은 아니다. 경우에 따라서는 관여된 두 이해당사자 사이의 본질적으로 대칭적인 연결에 관심이 있을 수 있는데, 이 경우 네트워크의 에지는 방향성이 없다. 한 예로 성적인 접촉을 들 수 있는데, 이는 성관계로 퍼지는 질병을 연구하려고 광범위하게 연구됐다[271, 305, 392, 417]. 이런 네트워크에서 A와 B 사이의 연결은 A와 B가 성관계를 가졌음을 나타낸다. 연구에 참여하는 사람이 때로는 누구와 성관계를 가졌는지 기억하지 못하거나, 이에 대해 이야기하기를 꺼릴 수도 있다. 그러나 최소한 이 문제는 두 사람이 성관계를 가졌는가를 '예/아니요'로 답할 수 있는 매우 응답자들의 반응이 너무 자주 다르다면 데이터를 신뢰할 수 없다는 신호다. 그래서 데이터에서 응답을 비교해 측정 오류의 수준을 산정할 수도 있다.

단순 명료한 질문이며, 답변은 기본적으로 둘 중 누구에게 질문하든 상관없을 것이다. 그러므로 이런 네트워크에서는 방향성이 없는 연결이 나타난다.

설문조사는 종종 응답자에게 단지 연결된 사람의 이름만 묻는 것이 아니라 그 연결의 속성을 기술하게 하기도 한다. 예를 들어 좋아하는 사람과 싫어하는 사람을 모두 물어보거나, 어울리는 사이, 일을 같이 하는 사이, 자문을 구하는 사이 등 특정 유형의 관계를 맺은 사람을 대답하도록 물어볼 수도 있다. 일례로, 의사 그룹의 사회연결망에 대한 콜먼^{Coleman} 등[117]의 연구는 응답자에게 다음과 같은 질문을 했다.

동료들 중 가장 조언을 많이 구하는 사람은 누구인가?
일상적인 업무 중 당신의 진료 사례들을 누구와 가장 많이 논의하는가?
동료들 중 여가 시간에 가장 자주 보는 친구들은 누구인가?

각각의 질문에 대해 최대 3명의 의사 이름만 답할 수 있다. 여러 유형의 상호 관계를 묻는 이러한 설문조사는 조언 네트워크, 논의 네트워크 등 다양한 네트워크들을 한 번에 효과적으로 동일한 노드 위에 생성할 수 있다. 이러한 유형의 네트워크를 종종 '다층 네트워크$^{multilayer\ network}$' 또는 '멀티플렉스 네트워크$^{multiplex\ network}$'라고 부른다.

다층 네트워크는 6.7절에서 더 논의한다.

설문조사는 연결의 강도를 측정하려고 질문을 던질 수도 있다. 예를 들면, 얼마나 자주 또는 얼마나 오래 교류하는지를 물어보고, 나이, 소득, 교육 수준 등 응답자 자신의 기본적인 정보를 함께 부탁할 수 있다. 사회연결망 연구 결과의 가장 흥미로운 점 중 하나는 응답자들이 교류한다고 답한 사람들의 범위가 응답자들과 동료의 배경을 반영한다는 점이다. 예를 들면 사회활동을 위해서는 자신과 비슷한 나이의 사람들을 우선 고를 테지만, 조언을 청하는 사람으로는 본인보다 나이가 많은 사람을 고를 수 있다.

사람들이 공통적으로 본인과 어떤 식으로든 유사한 사람들과 어울려 지내는 경향을 '동종선호(homophily)' 또는 '동류성 혼합(assortative mixing)'이라고 한다. 이에 대해서는 7.7절과 10.7절에서 자세히 논의한다.

참가자에게 직접 질문하는 것을 기반으로 한 네트워크 연구의 주요 단점은 첫 번째는 힘들고 두 번째는 부정확하다는 점이다. 인터뷰나 질문지를 관리하고 응답을 수집하는 것은 매우 고된 일이며, 컴퓨터나 온라인 설문조사 도구를 활용해야만 일부 업무가 경감될 수 있다. 그 결과, 대부분의 연구는 응답자 규모가 수십 혹은 많아야 수백 명인 연구로 제한된다. 그림 1.2에 나와 있는 노드 34개를 가진 사회연결망이 전형적인 예다. 천 명이 넘는 사람을 아우르는 연구는 매우 희귀하며, 전국사춘기건강종단연구^{National Longitudinal Study of Adolescent Health}[4]와 같이 9만 명이 넘는 응답자를 처리한 연구는 굉장히 드물고 엄청난 비용이 소요된다. 질병 통제처럼 대중이 대단히 흥미를 갖는 경우에만 이러한 대규모 연구에 지출되는 비용을 정당화할 수 있다.

직접 질문해서 만든 데이터도 다양한 원인으로 영향을 받을 수 있다. 응답자의 대답은 항상 어느 정도는 주관적이다. 예를 들어 누군가에게 친구를 묻는다면, 연구자들이 일관된 형식으로 질문을 고안하고 답변을 기록하는 데 최고의 노력을 기울일지라도 응답자는 저마다 '친구'를 다양하게 해석하여 여러 종류의 답을 줄 것이다. 이 문제는 네트워크 연구에만 특별히 존재하는 것은 아니다. 사실상 모든 사회학 설문조사가 이런 문제를 겪고 있으며, 이런 문제를 처리하는 전문적인 기술이 많이 개발됐다[320, 403]. 그럼에도 불구하고 인터뷰나 질문지로 구성한 사회연결망을 다룰 때는 데이터에 존재하는 실험적인 편향을 염두에 둬야 한다.

> 네트워크 측정의 실험적인 오류는 9장에서 자세하게 논의한다.

4.2.1 자기 주변 네트워크

앞 절에서 살펴본 연구와 같이 커뮤니티 구성원 모두, 또는 거의 모두를 설문조사하는 연구를 사회계량^{sociometric} 연구라고 부르는데, 제이콥 모레노가 처음 만든 용어다(이 장 앞부분의 내용을 보라). 사회계량 연구는 네트워크 구조를 결정하는 표준적인 방법이지만, 앞 절의 마지막에서 살펴본 바와 같이 매우 노동 집약적이고 인구가 많으면 적용하기 어렵다.

사회계량 연구 스펙트럼의 또 다른 끝에는 개인 네트워크^{personal network} 또는 자기 주변 네트워크^{ego-centered network} 연구가 있다.[5] 자기 주변 네트워크는 특정 개인과 주변을 나타낸 네트워크다. 즉, 한 개인과 그의 직접적인 지인만 포함한다. 탐구하고자 하는 개인을 자기 자신^{ego}[6]이라고 하며, 지인을 주변 사람들^{alters}이라 한다.

자기 주변 네트워크는 일반적으로 직접 질문을 하는 인터뷰, 설문조사 또는 이 두 가지의 조합을 도구로 사용해 연구한다(4.2절 참고). 보통 단 하나의 자기 주변 네트워크를 만들지는 않고, 대상 집단 내 여러 사람들의 네트워크를 만든다. 예를 들어 전화 설문을 할 때는 대상 지역 안에서 무작위로 전화를 걸어서, 전화를 받

자기 자신과 다섯 명의 주변 사람들로 구성된 자기 주변 네트워크

---

4 http://www.cpc.unc.edu/projects/addhealth
5 사회과학과 심리학을 기원으로 하는 'egocentric network'라는 이름으로 부르기도 하지만, 여기서는 혼동을 막고자 사용하지 않는다.
6 'ego'는 심리학에서 보통 '자아'로 번역하나, 여기서는 네트워크의 형태를 직접적으로 드러내는 '자기', '자기 주변' 등으로 번역한다. - 옮긴이

은 사람이 맺고 있는 특정한 유형의 주변 관계를 질문할 수 있다. 응답자는 본인과 주변 사람들의 특성을 설명하도록 요청받을 수 있고, 주변 사람들 중 누가 서로 연락을 하는지 등의 간단한 추가 질문을 받을 수도 있다.

이런 유형의 설문조사와 일반적인 자기 주변 네트워크 연구로 전체 네트워크의 구조를 밝힐 수는 없음은 명백하다. 보통 네트워크 내 작은 지역의 모습들을 볼 수는 있지만, 그 조각들을 다 모은다고 해도 완전한 전체 사회연결망을 형성하지는 않는다. 하지만 때로는 일차적으로 지역적인 네트워크 특성에 관심을 두는 경우가 많고, 이럴 때 자기 주변 네트워크는 좋은 데이터를 제공한다. 예를 들어 네트워크에서 노드들의 링크수(관계 맺어진 사람의 수)를 알고 싶은 경우, 무작위로 사람들에게 연락하는 사람들을 나열해달라고 하면 필요한 모든 것을 얻을 수 있다(노드의 링크수를 다루는 연구는 아래에서 더 논의한다). 만약 주변 사람들 사이의 연결 관계까지 데이터를 모은다면, 뭉침 계수(7.3절 참고)도 측정할 수 있다. 자기와 주변인의 특성을 담은 데이터가 있다면 끼리끼리 섞이는 정도(7.7절과 10.7절 참고)도 측정할 수 있다.

자기 주변 네트워크 데이터를 모으는 연구의 예로 일반 사회 설문조사[GSS, General Social Survey]를 들 수 있다. 일반 사회 설문조사는 미국에서 시행하는 설문조사로, 1972년에 시작한 후 매년 실시하다가 1994년부터 격년마다 시행한다[88]. GSS는 원래 사회연결망 연구는 아니다. GSS의 질문 목록은 인구통계적인 질문부터 최근 있었던 특정한 일에 대한 응답자의 태도, 정치적 주제, 삶의 질 같은 매우 다양한 종류의 질문을 포괄한다. 그런데 매회 사회연결망과 관련된 내용이 질문 항목에 포함된다. 정확한 질문의 개수나 표현은 매해 달라지지만, 1998년의 설문조사에서 가져온 다음 질문들은 꽤나 전형적인 내용이다.

때때로 사람들은 중요한 문제를 다른 사람들과 의논한다. 지난 6개월을 돌아볼 때, 중요한 일을 함께 논의했던 사람들은 누구인가? 그 사람들에 대해 동등하게 가깝다고 느끼는가?

남편이나 아내, 애인 또는 가족이 아니면서 많이 친하다고 느끼는 가까운 친구에 대해 생각해보자. 본인은 가까운 친구가 몇 명이나 있다고 말할 수 있을까? 가까운 친구들 중 지금 함께 일하는 사람은 몇 명인가? 가까운 친구들 중 이웃은 몇 명인가?

질문의 특성상 이런 질문은 '자유 선택' 유형이다. 응답자조차도 친구의 정의에 대해 상당히 모호해서 사람들은 굉장히 다양한 종류의 답을 할 수 있음에도 불구하고(이 점을 비판하기도 한다) 응답자가 이야기할 수 있는 친구의 수에 제한이 없다.

자기 주변 네트워크 연구의 또 다른 예는 버나드Bernard 등[54, 55, 261, 326]이 수행한 지인 네트워크에서 개인들의 링크수(즉, 사람들이 알고 있는 다른 사람들의 수)에 대한 연구다. 대부분의 사람은 알고 있는 사람들을 모두 떠올리기가 어렵고, '아는 사이'에 대한 주관적인 정의도 매우 다양하기 때문에, 아는 사람의 수를 셈하는 것은 매우 어렵다. 버나드와 공동 연구자들은 이러한 문제를 빠져나갈 훌륭한 기법을 도입했다. 그들은 응답자에게 전화번호부에서 무작위로 골라서 만든 수백 명의 성이 적힌 목록을 보고, 그중에 아는 이름이 몇 개인지 세어보게 했다. 목록에 적힌 각 사람은 별개로 세었고, 그래서 스미스라고 부르는 두 명의 지인은 두 사람으로 집계됐다. 응답자에게는 지인에 대한 다음의 정의를 엄밀히 따르도록 요구했다.

당신이 아는 사람이며 그들도 당신의 얼굴을 알거나 이름을 안다. 개인적으로 전화나 편지를 통해 연락할 수 있다. 지난 2년 내에 연락한 적이 있다.

(물론 다른 여러 가지 정의가 가능하다. 다양한 정의를 제시하여 다른 사회연결망을 연구할 수도 있다). 버나드와 공동 연구자들은 응답자들이 답한 수에 계수 인자scaling factor를 곱해서 각 응답자들의 총 지인 수를 구했다. 예를 들어, 연구에서 사용한 무작위 이름이 전체 인구의 1%라면 전체 지인 수를 구하기 위해 100을 곱할 수 있을 것이다.

버나드와 공동 연구자들은 미국의 여러 도시에서 이 연구를 반복했고 그 결과는 도시마다 다르기는 했지만, 연구자들은 2000년 즈음 평균적인 미국 사람들에게 위에서 본 정의에 부합하는 지인이 몇 명 있는지 분석했다. 예를 들면 잭슨빌, 플로리다는 1700명이지만 오렌지 카운티와 캘리포니아는 2025명이었다. 우리가 아는 모든 사람을 정확하게 떠올리기란 쉽지 않기 때문에, 이 숫자를 처음 봤을 때 놀라울 만큼 많다고 생각하는 사람들이 많다. 그러나 반복된 연구를 거쳐, 최소한 미국에서는 이 정도 규모의 수가 옳다는 사실이 확인됐다. 다른 나라에서는 이 수도 다를 수 있다. 일례로, 버나드와 공동 연구자들이 멕시코시티에서 같은 연구를 반복했는데 일반적인 사람의 지인은 570명이었다.

이름의 분포는 지역과 문화마다 다르기 때문에, 설문조사를 하는 공동체에 적절한 이름 목록을 고르려면 특별히 신경 써야 한다.

4.3 직접 관찰

사회연결망을 만드는 명확한 방법은 직접 관찰하는 것이다. 일정 기간 동안 사람들 사이의 상호작용을 살펴보고서 사람 사이에 존재하지만 보이지 않는 연결의 네트워크를 만들 수 있다. 예를 들어, 대부분의 경우 우리는 친구들이나 동료들 사이의 우정이나 원한 관계를 어느 정도 인식하고 있다. 직접 관찰하는 연구에서는 연구자들이 관심 있는 인구 집단에서 이와 비슷한 영감을 개발하고자 노력한다.

직접 관찰하는 방법은 노동 집약적인 연구 방법이기 때문에 대개는 소규모 그룹 연구와 공공 영역에서 면대면 상호작용이 많은 경우에 사용한다. 1장에서 그 한 예로 재커리[479]의 가라테 클럽 연구를 본 바 있다(1장의 그림 1.2 참고). 또 다른 예로는 프리만 등[193, 193]이 수행한 윈드서퍼 그룹의 사회적 상호작용에 대한 연구가 있다. 연구자들은 캘리포니아 오렌지 카운티에 있는 해변에서 윈드서퍼들을 살펴보고, 각 쌍의 상호작용 지속 시간을 분 단위로 기록했다. 1970년대와 1980년대에 버나드와 공동 연구자들은 개인이 처한 사회적 상황에서의 인지 정확성에 대해 수행한 연구[56, 58, 59, 259]의 일환으로 직접 관찰한 네트워크 데이터 세트를 많이 구축했다. 이 데이터는 한 대학교 학과의 학생들, 교수들, 직원들, 학생 사교 단체fraternity[7], 청각 장애인을 위한 텔레타이프 서비스 사용자 등의 상호작용을 포함한다.

직접 관찰하는 것이 유일하게 수행 가능한 실험 방법인 경우가 바로 인터뷰나 설문조사를 할 수 없는 동물들의 사회연결망 연구다. 모든 동물 종이 흥미로운 사회연결망을 형성하지는 않지만, 원숭이[180, 418, 419], 캥거루[214], 돌고래[121, 315] 사이의 유익한 연구가 수행됐다. 서로 그루밍을 해주거나 짝짓기, 또는 가까운 군집을 형성하는 것처럼, 인식할 수 있는 사회 행동에 관여하는 동물 상을 기록하는 것이 공통된 접근법이다. 서로 간의 연결이 적대적인 관계를 나타내는 경우도 보고됐다. 예를 들어 비비[328], 들소[310], 사슴[27], 늑대[249, 455], 개미[116]에 대한 연구가 있다. 적대적인 관계가 보통 한 동물이 다른 동물에 대해 우월한 지배력을 형성하는 것을 의미하는 경우, 결과로 얻은 네트워크는 방향성이 있는 것으로 간주할 수 있고 때때로 지배 위계dominance hierarchy[136, 137, 150]라 부른다.

---

7 미국 대학에서 'fraternity'는 기숙사와 결합된 남학생들의 사교 조직이다.

4.4 기록 보관소 또는 제3자 기록물에서 얻은 데이터

점점 더 중요해지고, 방대하며, 종종 매우 신뢰할 수 있는 사회연결망 데이터 소스는 기록 보관소다. 이러한 기록은 사람 기억의 왜곡에서 비교적 자유롭고, 그 규모 면에서도 상당해서 다른 방법으로는 도달할 수 없을 크기의 네트워크도 만들 수 있다. 기록 보관소는 또한 과거의 역사로 만든 네트워크처럼 현재는 존재하지 않는 네트워크를 재구성하게 할 수도 있다.

기록 보관소 데이터를 기반으로 한 연구 중 비교적 잘 알려진 작은 규모의 연구는 패젯^{Padgett}과 안셀^{Ansell}이 15세기 피렌체의 지배 가문에 대해 수행한 연구다 [377]. 이 연구에서 연구자들은 피렌체 가문들 사이의 무역 관계, 혼인 관계, 그리고 다른 형태의 사회적 교류를 결정하기 위해 동시대의 역사 기록을 살펴봤다. 결과 네트워크 중 하나인 가문 내 15명 사이의 근친 관계가 그림 4.3에 있다. 메디치 가문이 최소 여섯 가문과 혼인 관계를 맺고 네트워크의 중심에 위치한 것이 눈에 띈다. 패젯과 안셀은 메디치 가문이 피렌체 사회에서 지배적인 위치에 오른 것이 이처럼 사회적 연결을 영민하게 활용했기 때문이라고 추정했다.

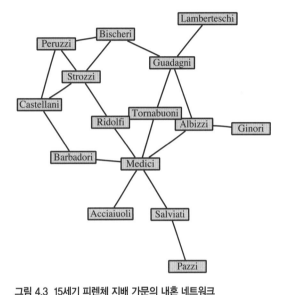

그림 4.3 15세기 피렌체 지배 가문의 내혼 네트워크
네트워크에서 노드는 가문을 나타내고 에지는 가문 사이 혼인 관계를 의미한다. 출처: Padgett and Ansell[377]

최근 연구자들은 기록 보관소 데이터를 다양한 네트워크를 구성하는 데 사용하며, 그중에는 매우 큰 네트워크도 있다. 예를 들면, 이메일 네트워크를 살펴본 연구[156, 277, 450]가 있다. 자동으로 이메일 서버에 기록되는 편지 수발신 내역으로 노드가 사람(더 정확히는 이메일 주소)을 나타내고 방향성 에지로 편지 전송을 표현하는 네트워크를 만들 수 있다. 이 네트워크에서 편지를 주고받은 것을 개인의 지인 관계 대용으로 사용할 수 있고, 아니면 공동체에서 의견이 어떻게 확산되는지를 이해하는 등 여러 흥미로운 이유로 편지를 주고받는 패턴에 관심을 가질 수도 있다. 휴대전화로 보낸 문자 메시지의 패턴에서도 비슷한 네트워크를 만들어볼 수 있다[374, 439].

이메일 네트워크와 어떤 면에서 비슷한 네트워크는 노드가 전화번호를 나타내고 방향성 에지가 한 번호에서 다른 번호로 전화를 건 것을 나타내는 전화 통화 그

전화 통화 그래프는 2.2절에서 소개한 전화망과는 완전히 다르므로 둘을 혼동해선 안 된다. 실제로 전화 통화 그래프가 물리적인 전화망 위에 있는 것은 대충 보면 이메일 네트워크가 인터넷에 있는 것과 같다.

래프$^{telephone\ call\ graph}$다. 전화 통화 그래프는 전화 회사가 보관하고 있는 전화 기록으로 만들 수 있으며, 최근 백만이 넘는 전화번호를 다루는 대규모 네트워크를 포함해 많은 연구가 수행됐다[1, 10, 64, 233, 375, 410]. 휴대전화 연구는 휴대전화가 단지 누가 누구에게 전화를 했는지뿐만 아니라, 잠재적으로 사용자의 지리적 위치까지 알 수 있기 때문에 상세한 연락 패턴과 높은 공간 해상도 또한 알 수 있다는 점에서 특별히 큰 관심을 불러모았다[285, 374, 439]. 휴대전화 연구는 대면 사회 교류 연구에서도 역할을 했다. 두 대의 휴대전화가 같은 장소에 동시에 있다고 기록되면 아마도 두 휴대전화의 소유자들은 대면 접촉을 하고 있었을 공산이 크다. 이런 가정을 바탕으로 많은 연구가 수행됐다[91, 154, 155, 439].

이메일 네트워크와 전화 통화 그래프는 또 하나의 특별한 특징이 있다. 둘 모두 시간분해적$^{time-resolved}$이라 원칙적으로 매 상호작용의 날짜와 시간이 알려져 있고, 적절한 데이터에 접근할 수 있다면 개인의 접속 시기와 기간을 재구성할 수 있다. 이 책에서 다룬 대부분의 네트워크 데이터 소스는 시간분해적이지 않지만, 그럼에도 불구하고 많은 네트워크가 시간에 따라 변한다. 시간 변동적인$^{time-varying}$ 네트워크는 최근 들어 관심이 집중되고 있는 연구 주제다. 이 부분은 6.7절에서 논의한다.

사회학에서 시간 변동적인 네트워크는 때때로 **종적 연구**(longitudinal study)라고 부른다. 아마 문헌에서 가끔 마주쳤을 것이다.

최근 몇 년 동안 페이스북이나 링크드인 같은 온라인 사회연결망 서비스의 급작스런 출현을 봤다. 이런 서비스들은 운영상 서비스 참여자 사이의 연결을 기록하기 때문에 풍성한 네트워크 데이터의 기록을 제공한다. 트위터처럼 가끔 자신들의 데이터(또는 그중 일부)를 대중에게 공개하고 연구자들로 하여금 연관된 네트워크를 연구하도록 허용하는 경우도 있다[141, 208, 212]. 대중적으로 데이터를 사용할 수 없는 경우에는 페이스북처럼 내부적으로 대대적인 연구 부서를 운영하거나 학계 연구자들을 초대해 협업을 진행하기도 한다[28, 74, 278, 542]. 어떤 온라인 커뮤니티는 명시적으로 네트워크나 네트워킹을 지향하지는 않는다고 해도, 네트워크 기법들을 사용해 연구할 수 있다. 예를 들어, 많은 연구자가 온라인 데이트 사이트 사용자들 사이의 네트워크를 연구했다[238, 297].

최근 인기가 기울고는 있지만, 웹블로그나 온라인 일기, 글쓰기 또는 다른 종류의 개인적인 웹사이트도 온라인 사회연결망 데이터의 또 다른 소스다. 이런 사이트에서 개인이나 그룹은 관심 있는 주제를 다루는 글을 올리고, 대개 다른 사이트의 링크를 함께 첨부한다. 사이트와 첨부된 링크는 글의 의미를 기반으로 방향성 네트워크를 형성하고 이 네트워크는 사회연결망과 월드와이드웹 사이에 있다. 링크는 자주 정보를 내포한다. 링크를 건 사람은 사이트 방문자가 링크된 사이트의 내용에 관심을 갖기를 바란다. 물론 강력한 사회적 요소도 존재하는데, 사람들은 보통 친구나 지인이 운영하는 사이트로 링크를 많이 연결하기 때문이다. 이런 링크들의 네트워크 구조는 웹을 검색하는 데 사용했던 것과 비슷한 크롤러로 추출할 수 있다(3.1절 참고). 예를 들어, 웹블로그나 일기에 대한 연구는 아다믹[Adamic]과 글랜스[Glance][4], 맥키논[MacKinnon]과 워런[Warren][317]이 수행했다.

4.5 소속 네트워크

기록물에서 구축한 네트워크로 중요하고 특별한 사례가 소속 네트워크[affiliation network]다. 소속 네트워크는 어떠한 그룹에서 행위자[actor]들 사이를 연결한 네트워크다. 이 장을 시작하면서 봤던 데이비스[Davis] 등[129]이 수행한 남부 여성 연구가 하나의 예다. 남부 여성 연구에서는 같은 사교 행사에 공통으로 참석한 여성들을 연결했다. 이미 살펴봤듯이 소속 네트워크를 가장 완전하게 나타내는 방법은 두 가지 종류의 노드로 행위자와 그룹을 나타내고, 특정 그룹에 소속되는 행위자들을 에지로 연결하는 것이다(그림 4.2 참고). 이런 시각화는 '이분 네트워크[bipartite network]' 또는 '2 모드 네트워크[two-mode network]'라고 하는데, 여기에는 행위자와 행위자를 직접 연결하거나 그룹과 그룹을 직접 연결하는 에지가 없다.

이분 네트워크는 6.6절에서 더 자세히 살펴본다.

문헌에서 소속 네트워크의 많은 예를 찾아볼 수 있다. 그중 유명한 사례로는 갈라스키비츠[Galaskiewicz][197]가 1970년대 시카고의 회사 CEO들이 참여한 클럽을 통해 사교 관계를 분석한 연구가 있다. 여기서 CEO들은 행위자이고 클럽은 그룹이다. 사업 분야에는 회사의 이사회 구성을 분석한 많은 연구들이 있다[130, 131, 318]. 여기서 행위자는 회사의 이사들이고, 그룹은 그들이 소속된 이사회를 나타낸다. 이런 네트워크에서 이사들 사이의 연결을 보는 것에 더하여, 공통된 이사들(이른바 '연동자[interlock]')을 살펴 분석한 이사회 사이의 연결(즉, 회사 사이의 연결)도 많은 관심을 받았다.

더 최근에는 수학과 물리학 문헌에서 크기가 매우 큰 소속 네트워크가 연구됐다. 아마도 가장 잘 알려진 예는 영화배우들의 공동 출연 네트워크일 것이다. 여기서 네트워크의 '행위자'는 드라마 속 배우이고 그룹은 개별 작품을 나타낸다. 여러 가지 네트워크 중에서도 영화배우 네트워크는 '케빈 베이컨[Kevin Bacon]'의 여섯 링크수'라는 이름으로 불리는 유명한 게임의 토대가 된다. 케빈 베이컨 게임에서는 한 쌍의 배우를 공동 출연자들을 통해 4.6절에서 논의할 스탠리 밀그램^{Stanley Milgram}의 좁은 세상 실험을 연상케 하는 방법으로 연결한다. 영화배우 네트워크는 인터넷의 출현과 함께 속속들이 문서화됐고, 연구에 진짜 과학적인 결론이 있는지는 분명하지 않지만 최근 네트워크 연구자들의 관심을 끌었다[20, 40, 466].

또 다른 대규모 소속 네트워크의 예로서, 훨씬 유용한 결과를 담보로 하는 것이 학계의 공동 저자 네트워크다. 공동 저자 네트워크에서 행위자는 논문의 저자에 해당하고, 그룹은 함께 논문을 출판한 저자 그룹을 의미한다. 영화배우 네트워크처럼 이 네트워크도 출판된 논문에 대한 온라인 서지 데이터베이스 등을 통해 문서로 잘 정리됐다. 학술지나 아니면 온라인 인쇄본 공유 서버처럼 좀 더 비공식적인 포럼에 출판된 논문에 흥미가 있다면, 대부분의 학문 분야마다 저자와 그들이 작성한 논문에 대한 훌륭한 기록이 존재하고, 이에 대한 수많은 소속 네트워크 연구가 출판됐으니 참고하자[43, 133, 196, 218, 219, 241, 347~349, 460].

4.6 좁은 세상 실험

사회연결망 문헌에 주목할 만한 기여를 한 이는 '좁은 세상^{small-world}' 실험[333, 447]으로 유명해진 1960년대 심리학자 스탠리 밀그램이다. 밀그램은 사회연결망에서 행위자들 사이의 일반적인 거리를 측정하는 데 흥미가 있었다. 1장에서 논의한 바와 같이, 네트워크에서 두 노드 사이의 거리는 한 노드에서 다른 노드에 이르기까지 반드시 건너야만 하는 에지의 개수로 정의할 수 있다. 대부분의 네트워크에서 대부분의 노드 쌍 사이의 거리는 가까워야 한다는 수학적인 주장도 있고(11.7절 참고), 이는 밀그램의 시대에는 잘 알려진 사실이었다.[8] 밀그램은 이 추측을 현실에서 시험해보고 싶었고, 이를 위해 다음과 같은 실험을 꾀했다.

밀그램은 신문 광고를 통해 모집한 미국 네브래스카주 오마하에 사는 자발적인 실험 참여자들에게 총 96개의 패키지를 보냈다. 패키지에는 밀그램이 소속된 연구소인 하버드대학교의 이름이 금색으로 인쇄되어 공무용 책자인 '여권'이 일련의 안내문과 함께 들어 있었다. 안내문은 참여자에게 여권을 천 마일이 넘는 곳인

밀그램은 좁은 세상 실험을 여럿 수행했다. 여기서 기술한 실험은 그중 가장 첫 번째이자 가장 유명한 실험이지만, 그 외의 실험들도 있다([275, 447] 참고).

---

8 밀그램이 이 문제를 생각하기 시작했을 때, 좁은 세상 현상을 다룬 풀(Pool)과 코헨(Kochen)의 수학 논문[389]이 견본 인쇄된 형태로 사회과학 커뮤니티에서 회자됐고, 밀그램도 특히 이 연구 논문에 영향을 받았다. 풀과 코헨의 논문은 몇 해 이후에야 공식적으로 출판됐다.

매사추세츠 보스턴에 살고 있는 밀그램의 친구인 특정한 사람에게 전하라고 지시했다. 주어진 정보는 단지 그 사람의 이름(그래서 간접적으로 대상자가 남자임을 알 수 있다)과 주소, 그리고 그 사람의 직업이 증권중개인이라는 것뿐이었다. 여권을 가진 사람이 그 특정인에게 직접 여권을 가져다주는 것은 허용하지 않았다. 대신, 그저 이름을 아는 지인에게만 여권을 전해줄 수 있었고, 특히 목적지인 특정인에게 전달할 수 있을 확률이 가장 높아 보이는 유형의 사람에게 전달해야 했다. 그래서 여권을 받은 사람은 매사추세츠에 사는 사람이나 금융권에서 일하는 누군가에게 여권을 전달했을 것이다. 선택은 온전히 참여자들의 몫이었다. 실험 참여자들이 여권을 누구에게 전달하든 이 과정은 반복됐고, 각자 자신의 지인에게 전달하면서 이어졌다. 행운이 따른다면 몇 번의 반복 뒤에 최종적으로 의도했던 수신자에게 여권이 전해졌을 것이다. 여권이 전달되어간 모든 단계가 이름을 아는 지인 관계를 기반으로 했기 때문에, 전체 여정은 전체 지인들로 이어진 에지를 따라 사회연결망을 형성하고, 여정의 길이는 이 네트워크에서 연결을 시작한 사람과 종료한 사람 간 거리의 상한선을 제시했다.

발송된 96개의 여권 중 18개가 목적했던 보스턴에 있는 증권중개인에게 도달하는 길을 찾았다(처음에는 이 숫자가 낮은 수치로 들릴 수 있으나, 실제로는 꽤 높은 수치다. 최근 밀그램의 실험을 재현했던 연구[142]에서는 응답률 자릿수가 더 낮았다). 밀그램이 실험 참여자들에게 매번 여권 안에 여정을 기록하도록 요구했기 때문에 각 단계가 얼마나 길었는지 알 수 있었고, 오마하에서 목적지인 보스턴까지 완료된 여정의 평균 거리는 5.9단계임을 발견했다. 이 연구 결과가 세상 누구든 두 사람 사이는 단지 여섯 사람만 건너면 연결된다는 유명한 믿음인 '여섯 단계의 분리'six-degree of separation'라는 생각의 기원이 됐다.

여러 가지 이유로 이 결과는 필시 아주 정확한 것은 아닐 것이다. 연구에서 최초로 패키지를 받은 사람은 무작위로 선택된 것이 아니고 신문광고를 보고 자원한 사람들이기 때문에, 보편적인 인구를 대변하지는 않을 것이다. 적어도 그들은 한 나라의 동일한 도시에 거주했기 때문에 연구 결과를 세계 인구나 심지어 미국 전체에 적용하는 것에도 의문을 제기할 수 있다. 더욱이, 밀그램은 보스턴에 있는 단 한 명의 특정인에 대해서만 실험했고, 이 대상자도 보편적인 인구를 대변한다고 보장할 수 없다. 또한 전달된 연결고리가 최단 거리를 통해 전해진 것인지도 알 수 없다. 필시 최소한 몇 사례는 그렇지 않았을 것이고, 측정된 거리는 노드 사이 거리의 상한선만 제시하는 역할을 할 뿐이다. 많은 여권이 분실되거나 버려졌

'six-degree of separation'이라는 표현은 밀그램의 글에는 나오지 않는다. 이 표현은 더 최근에 흥행했고 나중에 영화로도 만들어진 존 구아레(John Guare)[221]의 브로드웨이 연극 제목에서 나왔다. 연극 안에서 주인공이 밀그램의 연구에 대해 이야기한다.

고 목적지까지 길을 이어가지 못했다. 그런 면에서, 더 긴 여정을 밟을수록 여권이 분실될 확률이 높다고 가정하는 편이 합리적이기 때문에, 여정을 완료한 여권은 실제 평균보다 짧은 거리로 도달한 편향된 표본이었다.

이런 이유들로 인해 밀그램의 실험은 적당히 감안해서 받아들여야 한다. 그렇다 할지라도 사회연결망에서는 두 노드 사이의 거리가 평균적으로 짧다는 근본적인 결론을 광범위하게 받아들인다. 이는 페이스북 친구 관계 네트워크 전체[452] 같은 매우 큰 사회연결망을 포함해서 다양한 경우에 확인되고, 사회연결망이 아닌 다른 종류의 네트워크에도 확장된다. 충분히 많은 실험이 충분히 다양한 네트워크에서 '좁은 세상 효과'를 관찰했고, 밀그램의 실험 기법에 어떤 우려가 있을지라도, 실험을 통해 얻은 일반적인 결론에 심각한 의문이 제기되지는 않는다.

밀그램은 지인 네트워크의 다른 흥미로운 점도 보너스처럼 밝혀냈다. 예를 들어, 밀그램은 최종 목적지인 증권중개인에게 도달한 여권들이 단지 그 증권중개인의 세 친구를 통해서만 전달됐음을 발견했다. 즉, 종착지인 증권중개인에게서 바깥 세상으로 향하는 연결의 많은 비율이 지인 몇 명을 통해 연결된다는 것이다. 이런 현상은 때때로 '깔때기^{funneling}' 현상이라 불린다. 밀그램은 이렇게 잘 연결된 지인을 '사회계량 슈퍼스타$^{sociometric\ superstar}$'라고 불렀다. 사회계량 슈퍼스타의 존재는 협업 네트워크[347] 등 다른 네트워크에서도 존재하는 경우가 종종 발견됐고, 물론 존재하지 않는 경우도 있었다[142].

결코 밀그램이 직접 언급한 적은 없지만, 밀그램의 실험 결과에서 얻을 수 있는 또 다른 흥미로운 결론을 수년 뒤 클라인버그^{Kleinberg}[266, 267]가 조명했다. 적당한 수량의 여권이 목적했던 최종 도착지에 이르렀다는 사실은 단지 지인 네트워크에 짧은 경로가 존재한다는 사실만 보여주는 것이 아니라, 사람들이 이 경로를 잘 찾는다는 사실 또한 보여준다는 것이다. 이는 생각해보면 상당히 놀라운 결과다. 클라인버그가 보여줬듯이, 네트워크 안에 노드들을 잇는 짧은 경로가 존재한다는 것은 가능하고 또 실제로 흔하다. 그러나 개별 노드들이 네트워크 전체에 대한 정보를 갖고 있지 않다면 노드 입장에서 이런 짧은 경로를 찾기란 매우 어렵다. 밀그램 실험의 참여자들이 바로 이런 경우였다. 클라인버그는 실험 참여자들이 네트워크에 대한 제한된 정보를 바탕으로 그들이 사용했던 경로를 찾기 위해서는 특별한 유형의 구조가 필요하다고 추정했다. 클라인버그의 아이디어는 18.3절에서 구체적으로 살펴본다.

최근에 도드^{Dodds} 등[142]이 좁은 세상 실험을 현대적인 수단인 이메일을 활용해서 재현했다. 이 버전의 실험에서 참가자들은 최소한의 기본 정보만 제공된 최종 목적인에게 메일을 전달하기 위해 이메일 메시지를 재전송했다. 이 실험은 밀그램의 실험을 규모 면에서 향상시켰다. 훨씬 많은 다양한 최종 목적인을 활용했고 메시지 전송 시작점도 훨씬 많았다. 24,000개의 연결 (전부는 아니지만) 대부분이 각기 다른 사람에게서 시작됐으며, 13개국에 사는 18명의 최종 목적인에게 전달됐다. 반면, 이 실험에서는 밀그램의 경우보다 훨씬 낮은 응답률을 기록했다. 아마도 지금 시대의 대중들은 요청하지 않은 메일에 대응하는 것을 매우 피곤해하기 때문일 것이다. 24,000개의 연결고리 중 단지 1.5%인 384개가 목적했던 곳에 도착했는데, 밀그램의 경우는 19%였다. 기본적인 결과는 여전히 밀그램의 것과 유사했다. 성공적으로 도착한 연결의 경우 평균적으로 4단계를 조금 넘었다. 더 좋은 데이터와 신중한 통계 분석 덕분에, 도즈 등은 종료하지 못한 전달로 인한 표본 편향을 상쇄할 수 있었다. 최종적으로 측정한 평균적인 경로의 길이는 5단계와 7단계 사이로 결론지었고, 이는 밀그램의 결과와 매우 유사하다. 그러나 도즈 등은 밀그램 실험에서의 '사회계량 슈퍼스타'는 관찰하지 못했고, 밀그램의 사례에 존재하는 사회계량 슈퍼스타는 사회연결망의 일반적인 특성이라기보다는 특정했던 최종 목적인 때문에 생긴 뜻밖의 결과라는 의문을 제기했다.

사회연결망에서 사람들이 어떻게 '나아가는지^{navigate}'에 흥미를 가졌던 킬워스^{Killworth}와 버나드^{Bernard}[57, 260]가 좁은 세상 실험의 흥미로운 변형을 제안했다. 그들은 특히 좁은 세상 실험에 참여한 사람들이 특정 목적지에 전해주려고 메시지를 누구에게 전달할지를 어떻게 결정하는지 궁금해했다. '역 좁은 세상^{reverse} $^{small-world}$'이라고 부르는 실험[9]을 수행했다. 이 실험에서는 참여자들에게 본인이 좁은 세상 실험을 한다고 상상하도록 요구했다. 그리고 (가상의) 메시지를 다음 순서에 누구에게 전송할지 결정하기 위해 최종 목적인에 대해 어떤 정보를 알고 싶은지 물었다. 실제 메시지의 전달은 일어나지 않았다. 킬워스와 버나드는 참여자들이 어떤 질문을 했는지만 기록했다. 그 결과 세 가지 특성이 다른 것보다 압도적으로 많이 조사됐음을 발견했다. 그 특성들은 최종 목적인의 이름, 지리적 위치, 직업이었는데, 이는 밀그램이 원작 실험에서 제공했던 것과 동일한 정보였다. 그 밖의 특성들도 준수한 수준으로 등장했는데, 특히 비서양 문화권이나 소수자들에게 실험을 수행한 경우 도드라졌다. 예를 들면, 어떤 문화권은 가문이나 종교가

네트워크 찾기와 메시지 전달의 기작은 18.3절에서 훨씬 깊게 다룬다.

---

9 INDEX(informant-defined experiment) 실험이라고도 한다.

최종 목적인을 식별하는 중요한 특성으로 간주했다.

역 좁은 세상 실험이 사회연결망의 구조를 직접적으로 말해주는 것은 아니지만, 사람들이 어떻게 사회연결망을 인식하고 다루는지에 대한 정보를 전해줬다.

4.7 눈덩이 표본추출, 접촉자 추적, 마구걷기

사회연결망에 대해 이 장에서 마지막으로 살펴볼 내용은 숨겨진 인구집단에서 표본을 추출하려는 네트워크 기반 기법들이다.

마약 사용자나 불법 이민자 같은 일부 인구집단에 대한 연구는 조사관에게 특별한 문제를 보인다. 이런 인구집단의 사람들은 대개 발견되기를 원하지 않고 인터뷰에 응하는 것도 경계하기 때문이다. 그러나 이런 인구집단에서 사람들을 서로 연결하는 사회연결망을 사용해 표본을 추출하는 기법이 개발됐다. 가장 광범위하게 사용하는 방법이 눈덩이 표본추출$^{snowball\ sampling}$[162, 188, 445]이다.

이 장에서 논의한 여타 실험 기법들과 다르게, 눈덩이 표본추출은 사회연결망의 구조를 밝히는 것을 목적으로 하지 않는다는 점에 유의하자. 오히려 눈덩이 표본추출은 사회연결망에 의존하여 운영되는 숨겨진 인구집단을 연구하려는 기법이다. 이 구분을 명확히 기억하는 것이 중요하다. 문헌을 보고 판단해보면, 어떤 네트워크 과학자들은 그렇지 않다. 이를 혼동하면 왜곡된 결론과 나쁜 과학을 낳게 된다.

숨겨진 인구집단에서 표본을 추출할 때는 전화 조사 같은 표준적인 기법은 종종 잘 작동하지 않는다. 조사관이 무작위 번호로 전화를 걸어서 전화선 반대편에 있는 사람에게 마약을 하는지 물어본다면 유용한 답변은 거의 받을 수 없다. 이런 경우 대상 인구집단은 크기가 작기 때문에 무작위로 그중 한 사람을 찾을 확률은 매우 낮다. 또 찾는다고 해도, 일면식도 없고 믿을 이유도 없는 조사관에게 지극히 개인적이고 불법일 수도 있는 주제에 대해 이야기할 의향은 거의 없을 것이다.

그래서 조사관들은 대상 인구집단을 찾기 위해 그중 다른 구성원과의 접촉 정보를 제공해줄 수 있는 사람을 활용한다. 전형적인 설문은 보통 표준적인 자기 주변 네트워크 연구처럼(4.2.1절 참고) 시작한다. 관심 있는 인구집단에서 조사를 시작할 구성원 한 명을 찾아서 그 자신에 대해 인터뷰를 한다. 그리고 신뢰를 쌓은 후, 해당 인구집단 내에 있는 다른 지인들의 이름을 얻는다. 그 후 새로 얻은 지인들을 차례로 찾아서 인터뷰를 하고 그들의 지인들을 물어본다. 이런 과정을 통해 표본을 추출하는 '파도wave'를 성공적으로 이어간다. 얼마 뒤, 이 과정은 눈덩이처럼 불어나고 연구를 수행할 인구집단의 거대 표본을 얻는다.

이름이 호명된 개인은 같은 인구집단에 속한 사람들일 공산이 크기 때문에, 이런 방법은 숨겨진 인구집단을 찾을 때 무작위로 조사하는 것보다 더 나은 방법이다. 또한 그들의 지인 중 한 명이 조사관을 소개하는 장점도 누릴 수 있다. 이 점 때문에 조사 대상자들은 조사관과 대화를 나눌 확률이 커진다. 특히, 눈덩이 표본추출은 매우 편향된 표준을 만들어낸다. 파도의 한계치에 달하는 반복을 거치면 눈덩이 표본추출은 행위자들을 표본을 불균일하게, '고유벡터 중심도eigenvector centrality'(7.1.2절 참고)에 비례해 추출한다. 이를 감안하면, 이론적으로는 결과에 적절한 가중치를 주면 표본의 불균일성을 상쇄할 수 있다. 그러나 실제로 한계치에 달하는 만큼 파도가 반복되는 경우는 극히 드물고, 어떤 경우든 전체 네트워크를 알고 있는 상태가 아니라면 고유벡터 중심도를 계산하는 것은 불가능하다. 원칙적으로 네트워크 구조를 모르는 상태이기 때문에 정확한 가중치를 계산하는 것은 불가능하다. 짧게 말해, 눈덩이 표본추출은 모집단에서 편향된 표본을 추출하는데 이를 완화하기 위해 더 할 수 있는 일이 없다. 그럼에도 불구하고 눈덩이 표본추출은 다른 방법으로는 찾기 어려운 인구집단을 찾는 데 충분히 유용한 기법이기 때문에 지난 수십 년 동안 광범위하게 사용됐다.

가끔 작은 인구집단을 대상으로 할 때 몇 단계의 파도만으로도 사실상 지역 인구집단의 모든 사람을 찾을 수 있는데, 이 경우 눈덩이 표본추출은 사회연결망의 구조에 대한 데이터를 결과물로 내어주는 방법으로 간주할 수 있다. 연구에서 인터뷰한 참여자들을 기록한다면, 조사가 끝났을 때는 주변인 네트워크를 만들 수 있을 것이다. 가끔 이런 연구를 수행하는데, 위에서 언급했듯이 사회연결망을 탐색하는 목적이 네트워크 자체를 연구하기 위해서라기보다는 인구집단을 찾기 위해서인 경우가 더 빈번하다.

눈덩이 표본추출과 밀접하게 연관된 기법인 접촉자 추적contact tracing은 본질적으로는 질병 발생 사례에 적용한 눈덩이 표본추출의 형태다. 결핵이나 에이즈 같은 질병은 많은 국가에서 매우 심각하게 여기고, 누군가에게서 이런 질병이 발견되면 반드시 함께 감염된 모든 사람을 추적하는 노력을 쏟는다. 예를 들어 어떤 환자가 에이즈 검사에 양성이면 그 환자는 최근 성적으로 접촉한 사람들에 관한 질문을 받고, 만약 그 환자가 주사로 투입하는 약물을 사용한다면 바늘을 공유하는 등 잠재적으로 질병을 유발할 수 있는 다른 유형의 접촉이 있었던 사람에 관한 질문도 받는다. 그리고 보건 당국은 그렇게 판별된 사람들을 추적해 에이즈 검사를 수행한다. 이런 과정은 양성 결과를 보인 사람들을 대상으로 반복하며 더 이상 감염자가 안 나올 때까지 접촉을 추적해나간다. 접촉자 추적의 주목적은 질병 창궐을 종식시키고 사람들의 건강을 지키는 것이지만, 조사 과정은 질병이 퍼져간 네트워크에 대한 데이터를 제공할 수 있고 이러한 데이터는 때로는 성적 접촉으로 전파되는 질병 연구처럼 데이터를 얻기 어려운 과학적인 연구에 사용됐다. 접촉자 추적으로 얻은 데이터는 눈덩이 표본추출에서 봤던 것과 유사한 유형의 편향이 비슷한 정도로 나타나므로 동일하게 주의해야 한다. 사실, 접촉자 추적은 문제의 질병 조사에 음성인 사람은 추적하지 않기 때문에 추가적인 편향을 가질 것이다. 표본은 질병이 있는 사람들로 주로 구성되는데, 이들 자체가 보통 전체 인구집단의 편향된 일부다.

눈덩이 표본추출의 변형으로, 표본의 편향 문제를 어느 정도 해결하는 방법이 마구걷기 표본추출random-walk sampling[270, 445]이다. 이 방법에서도 역시 관심 있는 커뮤니티에 속한 한 사람부터 시작해서 주변인들을 결정하고자 인터뷰를 한다. 그러나 그 사람이 접촉한 모든 사람을 추적하는 대신, 무작위로 고른 한 사람만 인터뷰하고 다음 단계를 진행한다. 만약 고른 사람을 실제로 찾을 수 없거나 인터뷰를 거부하는 경우에는 이전 사람이 접촉한 다른 사람을 골라서 과정을 반복한다. 처음 보기에는 마구걷기 표본추출 방법이 아무도 인터뷰하지 않았던 사람을 고르는 과정에 많은 시간을 들여야 하기 때문에 눈덩이 표본추출보다 힘든 과정으로 보이지만, 이것은 경우가 다르다. 눈덩이 표본추출이나 마구걷기 표본추출 두 방법 모두 인터뷰를 한 모든 사람의 접촉자를 알아야 하기 때문에, 주어진 크기의 표본에 들이는 전체 시간은 동일하다. 마구걷기 표본추출에서는 대부분의 경우 각 개인이 접촉했던 사람들 중 단 한 명만을 추적함에도 불구하고 접촉했던 모두를 조사하는 것은 매우 중요하다. 마구걷기 표본추출 방법이 제대로 작동하려면, 접촉했던 모든 사람 중에서 추적할 다음 사람을 주사위를 굴리거나 하는 방법(또는 다른 현대적인 전자식 방법)으로 정말 무작위로 골라야 하기 때문이다.

6.14.3절에서 살펴보겠지만, 마구걷기 표본추출의 장점은 마구잡이로 걷기에서 노드가 추출될 확률은 단순히 노드의 링크수에 비례해서 접근한다는 것이다(식 (6.44) 참고). 더욱이 이런 연구에서 접근 영역은 눈덩이 표본추출과 다르게 상대적

으로 작은 크기에서 빠르게 도달한다.[10]

이것을 염두에 둘 때, 인터뷰 과정의 일환으로 링크수(즉, 각 개인이 가진 접촉자의 수)를 결정했다고 한다면 결과에 적절한 가중치를 부여해서 쉽게 표본추출 편향을 보정할 수 있을 것이다. 인구집단에 대한 측정치 역시, 최소한 이론적으로는 편향 없이 구할 수 있을 것이다. 그러나 실제로는 응답자의 주관성, 접촉자 기억 불능, 이름이 조사된 응답자의 미참여 등과 관련된 다양한 원천의 편향이 여전히 남는다. 그렇지만 여전히 마구걷기 표본추출은 표준 눈덩이 표본추출을 현저하게 개량했다고 할 수 있다. 마구걷기 표본추출의 가장 큰 단점은 상대적으로 느리다는 것이다. 참여자들을 병렬 파도가 아니라 연결고리를 따라서 직렬로 순차적으로 인터뷰해야 하기 때문에, 이 방법을 엄밀하게 적용한다면 큰 표본을 만드는 데 오랜 시간이 걸릴 수 있다. 하나의 긴 마구걷기 표본추출 대신 짧은 마구걷기 표본추출을 여러 개 동시에 적용해 어느 정도 이 장애를 해결할 수 있겠으나, 마구걷기가 너무 짧거나 표본이 링크수에 비례하는 접근 영역에 도달하지 않으면 안 되기 때문에 한계가 있다. 더욱이, 마구걷기 표본추출은 네트워크 자신의 구조를 밝히는 데는 좋은 기법이 못 된다. 이 방법은 네트워크 전체 그림을 참고하는 게 아니라, 네트워크를 걸으면서 길게 연결된 접촉자 명단을 내어준다. 마구걷기 표본추출은 뭉침 계수(7.3절)나 링크수 분포(10.3절) 같은 몇 가지 네트워크 양을 측정하는 데 사용될 수 있으나, 보통 전체 네트워크에 대한 양을 측정하지는 않는다.

연구 참여자를 등록하는 데 당면하는 또 다른 문제를 처리하고자 마구걷기 표본추출의 또 다른 변형을 사용한다. 어떤 경우에는, 특히 합법성이 불확실한 연구 주제를 다룰 때는 참여자에게 지인의 이름을 요구하는 것이 비도덕적으로 여겨지고, 당국에 의해 연구 수행이 보류될 수도 있다. 이 문제를 극복하기 위해서는 응답자 주도 표본추출respondent-driven sampling[421]을 할 수 있다. 응답자 주도 표본추출에서 참여자들은 참가비를 지불받고, 인터뷰 대상자에게 티켓을 나눠주면서 등록이 이뤄진다. 사람들에게 주변 지인의 이름을 묻는 대신, 단지 인터뷰 참가자들에게 그들의 지인에게 티켓을 나눠주도록 요청하고, 만약 그 지인이 티켓을 들고 조사관에게 가져와서 연구에 참여하면 본인과 그 지인 모두 돈을 받는다는 이야기를 해

---

10 눈덩이 표본추출에서는 표본 크기가 추출 횟수에 대해 기하급수적으로 증가하기 때문에, 일반적으로 대수적인 횟수의 파도를 반복하는데 이는 충분한 평형에 도달하기에는 충분하지 않다. 마구걷기 표본추출에서는 표본 크기가 선형으로 증가하기 때문에 선형 수로 마구걷기 반복을 수행해야 한다.

준다. 이런 식으로 누구에게도 이름을 적으라고 요청하지 않으며 모든 응답자는 자발적으로 참여하게 된다. 모든 참석자에게 티켓을 한 장만 주면 이 방법은 마구 걷기 표본추출과 대략 동일하며, 이론적으로는 동일한 이유로 눈덩이 표본추출보다 편향이 적다. 그러나 실제로는 지인 중에서 티켓을 줄 사람을 무작위로 고른다는 보장이 없기 때문에 새로운 편향이 생기게 된다. 또한 보상을 지급함에도 불구하고 일반적으로 빈번하게 티켓을 잃어버리거나 수령인이 참여를 거부하기 때문에 보통 하나보다 많은 티켓을 나눠주는데, 이것이 표본추출 과정을 복잡하게 하고 또 다른 편향을 야기할 수 있다[413]. 그럼에도 불구하고 응답자 주도 표본추출은 눈덩이 표본추출보다 우월한 방법이고, 사람들에게 접촉한 지인의 이름을 물어볼 수 없는 연구를 수행할 때 고를 수 있는 방법이다.

CHAPTER

05

생물학적 네트워크

물질대사 네트워크, 신경망, 먹이 그물을 포함한 생물학 분야의 흥미로운 네트워크

네트워크는 생물학적인 성분들 사이에서 일어나는 상호작용의 패턴을 보여주는 편리한 방법으로 생물학 분야에서 많이 등장한다. 예를 들어 분자생물학자들은 세포 안의 화학물질 사이의 화학반응 패턴을 보여주는 방식으로 네트워크를 사용하고, 뇌과학자들은 뇌세포 사이의 연결을 보여주는 데 네트워크를 사용한다. 5장에서는 가장 일반적인 유형의 생물학적 네트워크를 살펴보고 그 구조를 결정하는 방법들을 논의한다.

5.1   생화학적 네트워크

생화학적 네트워크는 생물학적 세포에서 분자 수준의 상호작용 패턴과 조절을 보여주며 최근 많은 관심을 받아왔다. 가장 잘 연구된 예는 물질대사 네트워크, 단백질-단백질 상호작용 네트워크, 유전자 조절 네트워크다.

5.1.1   물질대사 네트워크

물질대사^{metabolism}는 세포가 음식이나 영양소를 사용 가능한 조각으로 자르고 다시 세포가 살기 위해 필요로 하는 생물학적 분자로 재결합해가는 화학적 과정을 말한다. 일반적으로, 이런 분해와 재결합은 투입한 물질을 연쇄적인 과정을 거쳐 유용한 최종 물질로 변환하는 일련의 화학반응의 조합인 사슬^{chain}이나 경로^{pathway}를 수반한다. 모든 경로와 모든 반응의 완전한 세트가 물질대사 네트워크$^{metabolic\ network}$

를 형성한다. 물질대사 네트워크에서 노드는 일반적으로 대사물질metabolite이라 불리는 화학물질이며 화학반응으로 생산되거나 소비된다. 에지는 반응을 나타낸다. 편의상 대사물질의 정의는 당 같은 탄수화물이나 지방 같은 지질, 아미노산, 핵산 등의 작은 분자들로 제한한다. 아미노산과 핵산은 이들 자체가 더 큰 DNA나 RNA, 단백질 같은 고분자 중합체를 만드는 구성요소다. 고분자들은 간단한 화학반응이 아니라 세포 안에서 더 복잡한 분자 기계로 생산되기 때문에 별도로 다루고 대사물질로 간주하지 않는다(고분자 물질이 만들어지는 과정의 일부를 5.1.3절에서 논의한다).

물질대사의 근본적인 목적은 음식을 유용한 생체 분자로 바꾸는 것이지만, 이를 단순히 조립 라인으로 생각하는 것은 조심해야 한다. 심지어 매우 복잡한 조립 라인이라고 해도 그렇다. 물질대사는 산출물이 나올 때까지 다음 단계로 무언가를 계속 공급해주기만 하는 단순한 컨베이어 벨트 네트워크가 아니다. 오히려 대사물질의 농도가 광범위하고 빠르게 변할 수 있는 동적인 과정이며, 세포에는 특정 대사물질을 생산하거나 심지어 전체 반응 네트워크를 켜고 끌 수 있는 기작이 있다. 물질대사는 세포 안팎의 조건에 반응하며, 광범위한 화학반응을 발생시키는 복잡한 기계다. 물질대사 네트워크에 높은 수준의 과학적 흥미를 두는 주된 동기는 그 네트워크가 이 복잡한 기계를 이해하려는 디딤돌이 되기 때문이다.

일반적으로 세포 안에서 일어나는 개별적인 화학반응은 하나 이상의 대사물질을 사용하고, 여기서 대사물질은 쪼개지거나 서로 합쳐져서 하나 이상의 다른 산출물을 만들어낸다. 사용된 대사물질은 반응의 기질substrate이라 부르며, 산출물은 대사산물product이라 한다. 그러나 대부분의 물질대사 반응은 자연적으로 발생하지 않거나, 설사 그렇다 할지라도 매우 느리게 일어나기 때문에, 세포는 일련의 화학적 촉매인 효소enzyme를 활용해서 반응을 활용 가능한 속도로 일어나게 만든다. 대사물질과는 다르게 효소는 대부분 거대분자로서, 대개는 단백질이지만 가끔 RNA인 경우도 있다. 모든 촉매가 그렇듯이, 효소는 반응 과정에서 소비되지 않지만 대사 과정에서 중요한 역할을 수행한다. 효소는 열역학적으로 불리하거나 매우 느린 반응이 일어나도록 하는 것뿐 아니라, 세포가 물질대사를 조절하는 방법 중 하나를 제공한다. 특정한 촉매 반응을 야기하는 효소의 농도를 높이거나 낮춤으로써, 세포는 반응을 켜거나 끌 수 있고 속도를 적절히 유지할 수도 있다. 효소는 특정 반응을 촉발하는 경향이 크고, 한 효소는 단 하나 또는 매우 소수의 반응에만 영향을 준다. 수천 가지의 효소가 알려져 있고, 의심할 여지 없이 또 다른 수천 가지의 효소가 더 발견되기를 기다리고 있다. 이렇게 다양한 특정 촉매들로 세포 과정을 세심하게 조절할 수가 있다.

물질대사 네트워크의 세부 사항은 유기체의 종에 따라 다르지만, 최소한 동물들끼리는 많은 부분이 모든 종 또는 대부분의 종에 공통적이다. 중요한 여러 경로, 순환, 또는 물질대사 네트워크의 부분 과정들은 근본적으로 전체 동물 왕국을 통틀어 변하지 않는다. 이런 이유로 특정한 종을 언급하는 일 없이 단순히 그냥 '물질대사'라 말하는 경우가 많다. 한 종에서 발견한 것은 약간만 변형해도 다른 종에 자주 적용된다.

물질대사 반응은 이분 네트워크로 표현하는 것이 가장 자연스럽다. 3.3.2절에서 추천 네트워크를 다뤘을 때와 4.5절에서 소속 네트워크를 이야기했을 때 이분 네트워크를 언급한 적이 있다. 이분 네트워크는 두 가지 유형의 노드와 각기 다른 유형의 노드들만 연결하는 에지로 구성된다. 물질대사 네트워크의 경우 두 가지 유형의 노드는 각각 대사물질과 반응을 나타내고 에지는 각 대사물질이 참여하는 반응을 연결한다. 사실, 물질대사 네트워크에는 반응의 재료로 사용되는 대사물질(기질)과 반응의 결과로 나오는 대사물질(대사산물)이 있기 때문에 물질대사 네트워크는 방향성 이분 네트워크다. 에지 위에 화살표를 더하면 들어가는 대사물질과 나오는 대사물질을 구분할 수 있다.[1] 그림 5.1(a)에 한 예가 나타나 있다.

효소는 그 자체가 대사물질은 아니지만 여전히 대사 과정에서 중요한 역할을 담당한다. 그러나 물질대사 네트워크를 이분 네트워크 표현할 때는 효소를 나타내지 않는다. 자주는 아니지만, 효소를 또 다른 종류의 세 번째 노드 유형으로 도입하고 참여하는 반응에 에지로 연결하는 경우도 있기는 하다. 효소는 반응에서 소비되거나 만들어지지 않기 때문에, 여기에는 방향성이 없다. 그 한 예를 그림 5.1(b)에 그렸다. 기술적으로 보자면 그림 5.1(b)는 일부는 방향성이 있고 일부는 방향성이 없는 삼분 네트워크tripartite network다.[2]

정확하고 잠재적으로 유용하지만 물질대사 네트워크를 표현하는 이러한 방법 중 어느 것도 많이 사용하지는 않는다. 대신 가장 흔하게 물질대사 네트워크를 나타내는 방법은 네트워크를 대사물질이든 반응이든 한 가지 노드 유형에 '투영'하는 것이다. 그중 대사물질에 투영하는 것이 더 흔하다. 노드가 대사물질을 나타내

이분 네트워크를 투영하는 것은 6.6절에서 더 논의할 정보의 소실과 연관된다.

---

1 이 책에서 보여주는 방향성 이분 네트워크의 한 예로서 우리가 인지하는 것 중 자연적으로 발생하는 유일한 방향성 이분 네트워크가 물질대사 네트워크다. 그러나 잘 찾아본다면 다른 종류의 방향성 이분 네트워크를 발견할 것이라는 데는 의심의 여지가 없다.

2 이 책에서 이런 형태의 네트워크는 이 그림이 유일하다.

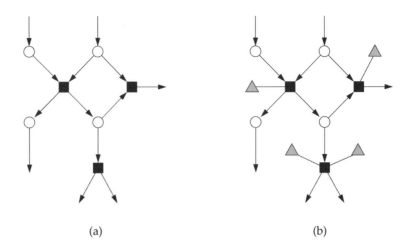

(a)   (b)

그림 5.1 물질대사 네트워크의 일부분을 표현한 이분 네트워크와 삼분 네트워크

(a) 물질대사 네트워크는 방향성 이분 네트워크로 표현할 수 있다. 노드를 대사물질(원형)과 반응(사각형)으로 그리고 각 반응에서 어떤 대사물질이 기질(투입물)이나 대사산물(산출물)인지를 방향성 에지로 나타낸다. (b) 세 번째 유형의 노드(삼각형)로 효소를 나타낼 수 있다. 방향성 없는 에지로 효소를 그들이 촉진하는 반응에 연결한다. 그 결과로 네트워크는 방향성이 있는 것과 없는 것이 섞인 삼분 네트워크가 된다.

는 방식에서는, 같은 반응에 참여하는 두 노드를 그 노드가 기질이든 대사산물이든 방향성 없는 에지로 연결한다. 이런 식으로 표현하는 것을 광범위하게 사용하기는 하지만, 전체 이분 네트워크에서 얻을 수 있는 정보의 많은 부분을 잃어버린다는 것은 명확하다. 또 다른 방식으로서, 아마도 가장 흔한 방법은 노드로 대사물질을 나타내고 방향성 에지로 기질에서 대사산물 쪽으로 연결하는 것이다. 이런 표현 방법으로는 전체 네트워크로부터 좀 더 많은 정보를 담을 수 있다. 하지만 여전히 수많은 기질과 대사산물을 수많은 에지로 표현하기 때문에 완전히 만족스럽지는 않다. 동일한 반응 하나에 해당하는 에지를 쉽게 나타낼 수도 없다. 이렇게 표현하는 방식이 큰 인기를 끌게 된 것은 많은 물질대사 반응에 기질과 대사산물이 하나씩 알려졌거나 중요하다고 간주된다는 사실에 기인한다. 그래서 각 반응을 하나의 방향성 에지로 표현해도 혼동을 야기하지 않는다. 많은 회사가 이런 방식으로 물질대사 네트워크의 가장 중요한 부분을 표현한 대형 그림을 제작한다. 그 한 예가 그림 5.2다. 이런 그림은 분자생물학자나 생화학자들의 사무실 벽을 장식하는 용도로 인기가 높다. 비록 그들에게 실제로 유용한지는 불분명하지만 말이다.

실험으로 물질대사 네트워크를 측정하는 것은 비록 최근에 분자유전학 분야에

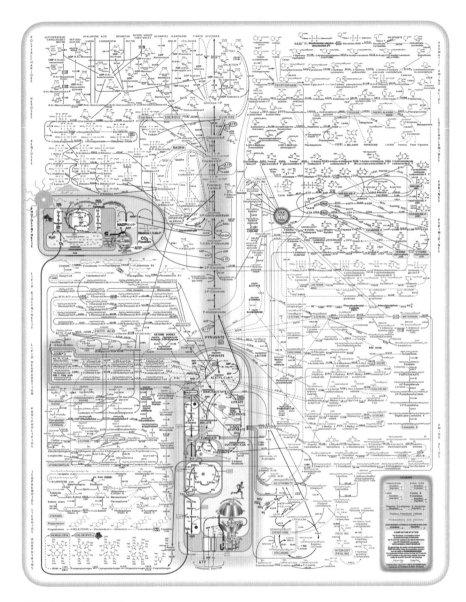

그림 5.2 물질대사 네트워크

그림은 주요 물질대사 경로가 형성한 네트워크를 보여주고 있다. 도널드 니컬슨(Donald Nicholson)이 제작했다. © International Union of Biochemistry and Molecular Biology 허가하에 게재함(해당 그림은 850페이지에서 컬러로 확인할 수 있다.)

서 비교적 손쉬운 기법을 개발했음에도 불구하고 매우 복잡하고 작업을 많이 요하는 과정이다. 실험은 전체 네트워크도 아니고 개별 반응도 아닌 물질대사 경로에 집중하는 경향이 있다. 개별 물질대사 경로를 구체적으로 밝히는 도구들은 많다. 아마도 가장 흔한 방법은 경로를 따라 방사성 동위원소를 활용해 중간 산물을 추적하는 기법일 것이다. 이 기법에서는 관심 있는 대사 경로에 관여하는 기질을 구성하는 원소 중 하나보다 많은 원소를 방사성 동위원소로 대체해서 세포나 기관에 주입한다. 일반적으로 이런 방식은 물질대사 화학반응에는 아무런 영향을 미치지 않거나 거의 영향을 주지 않고, 반응이 진행되면서 방사성 원소가 대사물질 사이를 이동한다. 이후 대사물질을 질량 분광학이나 크로마토그래피 등으로 정제하여 방사성을 검사한다. 방사성을 보이는 대사물질은 최초에 투입한 방사성 기질을 사용하는 경로상에서 만들어진 것이라고 추정할 수 있다.

이 방법은 우리에게 물질대사 경로를 따라 발생하는 대사산물을 알려주기는 하지만, 그 물질대사가 일어나는 순서를 알려주지는 않는다. 관련된 생화학 지식(어떤 대사물질이 어떤 반응으로 어떤 대사물질로 바뀔 수 있는지)을 안다면 순서를 판별하거나 최소한 확률을 높일 수 있다. 각기 다른 대사물질에서 방사성의 강도를 세심하게 측정하고 사용한 방사성 동위원소의 반감기를 연계하면 반응 경로뿐만 아니라 반응 속도의 정보도 일부 얻을 수 있다.

하지만 발견된 반응이 방사성 동위원소로 표시하지 않은 다른 기질을 필요로 하는지 알 방법은 없다는 점을 유의하자. 만약 새로운 기질이 경로 중간에 개입된다면(즉, 경로상 이전 단계에서 생산되지 않는다), 그 기질은 방사성이 없고 그렇기 때문에 검출되지도 않을 것이다.

물질대사 경로를 밝히는 또 다른 방법은 단순히 특정한 반응에 관련된 기질과 효소의 세포 내 농도를 증가시키는 것이다. 그러면 그 반응의 대사산물이 증가할 것이고, 반응과 관련된 이후의 물질대사 경로도 더 많이 진행되어, 결과적으로 대사 경로를 결정하는 데 필요한 구성요소가 증가할 것이다. 이 기법은 기질에 심어진 특정 방사성 표지를 사용할 필요 없이 대사산물을 특정할 수 있다는 장점이 있다. 그러나 여전히 경로상 대사산물로 생산되지 않는 기질들을 판별하는 것은 불가하다.

반응의 기질을 탐지할 수 있는 보충적인 실험 기법이 반응 억제다. 여기서는 어떤 반응 경로상의 화학반응이 일어나지 않거나 속도가 줄어든다. 반응에 사용되는 기질을 더 이상 사용하지 않기 때문에, 시간이 흐르면 세포 안에서 그 반응에 관련된 기질이 쌓여간다. 쌓이는 기질을 관찰하면 기질을 판별해낼 수 있다. 이론적으로는 같은 방법을 반응의 대사산물을 결정하는 데도 사용할 수 있다. 왜냐하면 대사산물은 더 이상 만들어지지 않으므로 농도가 줄어들 것이기 때문이다. 그러나 실제로는 농도가 줄어든 대사산물의 측정이 어렵기 때문에 거의 사용하지 않는다.

반응 억제는 보통 반응에 필요한 효소를 없애거나 불능으로 만들어서 달성한다. 이 과정은 다양한 방법으로 할 수 있다. 누군가는 효소에 결합하여 정상적인 촉매 기능을 수행하는 것을 막는 화학물인 효소억제제$^{enzyme\ inhibitor}$를 사용할 수 있을 것이다. 아니면 연구하는 기관을 유전적으로 조작하여 효소를 제거하거나 손상시키는 녹아웃^{knockout} 실험도 할 수 있다. 같은 실험 기법을 어떤 효소가 어떤 반응을 처음 촉진하는지 결정하는 데 사용할 수도 있고, 그림 5.1(b)에 표시한 삼분 물질대사 네트워크의 세 번째인 효소 부분의 구조를 발견할 수 있다.

물질대사 네트워크의 전체 혹은 일부를 구성하는 데는 다양한 경로의 데이터와 여러 실험 기법을 활용한 수많은 실험에서 얻은 데이터의 조합이 필요하다. 지금은 네트워크를 그릴 수 있는 수많은 물질대사 네트워크 데이터가 공공 데이터베이스로 공개됐고, 그중 가장 잘 알려진 것은 KEGG와 MetaCyc다. 네트워크를 조립하는 것 자체도 쉽지 않은 과제다. 데이터가 다양한 곳에서 수집됐기 때문에, 사용할 입력 데이터가 일관되고 신뢰할 수 있는지를 보장하려면 실험 논문을 주의 깊게 검토해야 한다. 또한 물질대사 경로상의 빈 곳은 생화학과 유전학 지식을 기반으로 추측해서 채워 넣어야 한다. 원본 물질대사 데이터로부터 네트워크를 자동으로 재구성할 수 있는 컴퓨터 소프트웨어도 많이 개발됐다. 그러나 (컴퓨터가 훨씬 빠름에도 불구하고) 이런 소프트웨어가 만들어낼 수 있는 네트워크의 질은 일반적으로 지식이 있는 인간 과학자가 만들 수 있는 네트워크보다 떨어진다.

5.1.2 단백질-단백질 상호작용 네트워크

앞서 살펴본 물질대사 네트워크는 세포에서 한 화학물질을 다른 것으로 바꾸는 화학반응의 과정을 묘사한다. 이미 알고 있듯이 물질대사의 전통적인 정의는 작은 분자들에 제한적으로 적용되고, (물질대사 반응에 촉매로 작용할 뿐 그 자체가 반응물로 개입하지는 않는) 효소의 역할을 제외하면 단백질이나 더 큰 분자는 포함하지 않는다.

단백질은 단백질끼리도 반응하고 다른 크고 작은 생체분자와도 반응하지만, 그 반응이 오직 화학적인 것만은 아니다. 단백질은 종종 인산화로 알려진 과정에서 인산염 그룹을 교환하는 것처럼 작은 소집단을 교환하면서 다른 분자들과 화학적으로 반응한다. 다른 분자들과 화학적으로 반응할 때 작은 소집단을 교환한다.

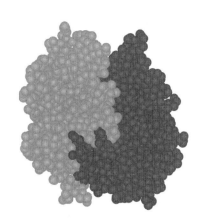

그림 5.3 단백질 복합체를 형성한 두 단백질
단백질 분자들은 서로 맞물려 단백질 복합체를 형성할 수 있도록 복잡한 형태를 가질 수 있다.

그러나 단백질-단백질 상호작용(단백질이 다른 단백질과 상호작용하는 것)의 주요 형태는 물리적이다. 화학반응을 정의하는 입자^{particle}나 소단위체^{subunit}의 교환 없이, 복잡하게 접혀서 서로 맞물려 있는 단백질 복합체$^{protein\ complex}$(그림 5.3 참고)를 형성하는 과정이 그것이다.

모든 단백질-단백질 상호작용 조합은 노드가 단백질이고, 해당 단백질들이 상호작용하는 경우 두 노드가 방향성 없는 에지로 연결된 단백질-단백질 상호작용 네트워크$^{protein-protein\ interaction\ network}$를 형성한다. 이런 방식의 네트워크 표현이 공통적으로 사용되는 방법이기는 하나, 상호작용에 관한 훨씬 중요한 정보들이 무시된다. 예를 들어 셋 이상의 단백질이 관여하는 상호작용의 경우 종종 다수의 에지로 표현되는데, 네트워크 자체로 이들 에지가 동일한 상호작용에 관련됐다는 것을 나타낼 방법이 없다. 이 문제는 그림 5.1의 물질대사 네트워크를 그릴 때 했던 것과 비슷하게 이분 네트워크를 적용하면 해결할 수 있다. 두 가지 종류의 노드로 단백질과 상호작용을 표현하고, 방향성 없는 에지로 단백질이 참여하는 상호작용에 연결하는 것이다. 하지만 이런 표현 방식은 거의 사용하지 않는다.

단백질 사이의 상호작용을 밝힐 수 있는 실험적인 기법들은 많다. 가장 믿을 수 있고 신뢰받는 방법 중 하나가 공면역침전$^{co-immunoprecipitation}$이다. (공('co-')이 없는) 면역침전은 하나보다 많은 단백질이 있는 표본에서 단 한 가지 종류의 단백질만 추출해내는 기법이다. 이 기법은 항체를 생성하는 면역 시스템에서 서로 만났을 때 특정한 단백질에만 붙거나 결합^{bind}하는 특별한 단백질을 빌려온다. 면역 시스템은 인체에 유해한 단백질이나 복합체 또는 큰 구조들을 중화시키려고 항체를 사용했으나, 실험자들은 실험실에서 사용하고자 항체를 이용했다. 면역침전 실험에서는 유리 구슬 표면 같은 고체 표면에 항체를 부착한 뒤, 항체를 부착한 고체를 목적 단백질(보통 다른 것들도)이 담긴 용액을 위로 흘려보낸다. 항체와 목적 단백질이 서로 결합하고, 그 결과 단백질이 항체 덕분에 표면에 붙는다. 나머지 용액을 씻어내면, 발견될 목적 단백질이 표면에 남는다.

과학적으로 흥미로운 많은 단백질에 결합하는 자연적으로 발생하는 항체들이 많이 알려져 있다. 하지만 연구자들은 보통 특정 단백질에 맞는 항체를 발생시키는 면역 시스템을 자극하려고 해당 단백질을(또는 단백질의 일부를) 동물에 주사하여 그에 맞는 항체를 생성하기도 한다.

공면역침전은 단백질의 상호작용을 판별하려는 면역침전 방법의 확장이다. 역시 항체는 적절한 고체 표면에 부착되고 표본 안에 있는 알려진 단백질에 결합한다. 만약 그 단백질이 단백질 복합체를 형성하면서 다른 것들과 결합한다면, 그 복합체 전체가 표면에 결합하고 용액이 씻겨나간 후에 남게 될 것이다. 그 후 복합체는 표면에서 복구될 수 있으며, 이를 구성하는 개별 단백질이 다른 알려진 항체에 결합했는지를 관찰하면서(웨스턴 블랏$^{Western\ blot}$이라고 알려진 기술) 판별한다.

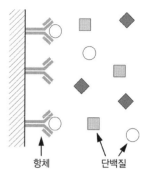

면역침전에서 항체들은 고체 표면에 붙고, 여기서 원형으로 그려진 특정 단백질을 용액에서 끌어당겨 결합한다.

공면역침전은 비록 잘 개발됐고 신뢰할 만하지만, 식별한 모든 상호작용과 관련된 개별 실험을 며칠씩 수행해야 하므로, 거대한 상호작용 네트워크를 재구축하려면 비실용적인 방법이다. 만약 실험 때문에 항체 역시 만들어야 한다면, 하나의 항체를 만드는 데도 수 주에서 몇 달의 시간이 걸리므로 실험 과정은 훨씬 더 오래 걸릴 것이고 막대한 비용 역시 각오해야 한다. 그 결과, 단백질-단백질 상호작용 네트워크에서 규모가 큰 연구는 1990년대와 2000대 초반에 상호작용을 반자동으로 빠르게 판별할 수 있는 고속탐색$^{high-throughput}$이라 부르는 방법을 도입하기 전까지는 많이 수행하지 않았다.

단백질 상호작용을 판별하는 고속탐색 방법 중 가장 오래되고 잘 확립된 것은 필즈^{Fields}와 송^{Song}[178]이 1989년에 제안한 단백질잡종법$^{two-hybrid\ screen}$이다.[3] 이 방법은 전사 인자$^{transcription\ factor}$로 알려진 특별한 단백질의 작용에 의존하는데, 만일 그 단백질이 세포 안에 존재하면 리포터^{reporter}라 부르는 또 다른 단백질의 생산을 개시한다. 리포터의 존재는 상대적으로 간단한 다양한 방법으로 실험자가 탐지할 수 있다. 단백질잡종법의 아이디어는 관심 있는 두 단백질이 상호작용할 때 전사 인자가 생성되도록 하여 리포터를 생산하고 이로 인해 상호작용이 일어났음을 알게 되는 것이다.

전사 인자는 5.1.3절에서 더 자세히 논의한다.

단백질잡종법은 결합 영역$^{binding\ domain}$과 활성화 영역$^{activation\ domain}$의 두 가지 부분이 전사 인자를 구성한다는 사실에 기인한다. 대부분의 전사 인자가 작동하려면 결합 영역과 활성화 영역이 실제로 결합하지 않아도 된다는 사실이 알려져 있다. 충분히 가까이 있기만 하면 리포터 생산이 시작된다.

단백질잡종법에서 세포(대개는 효모 세포)는 전사 인자의 영역이 하나씩 각각 결합된 두 단백질을 생산하도록 유도한다. 이것은 단백질과 영역을 코딩하는[4] DNA 조각인 플라스미드^{plasmid}를 세포에 도입하면 가능하다. 이후, 관심 대상인 두 단백

DNA로 나타내는 단백질에 대한 논의는 5.1.3절을 참고하라.

---

3 나중에 살펴보겠지만, 이 기법은 대부분 효모 세포 안에 활용한다는 사실을 감안하여 효모단백질잡종법(yeast two-hybrid screen), 즉 Y2HS라고도 부른다.

4 해당 단백질과 영역을 생성하도록 DNA 코드가 배열됐다는 뜻이다. – 옮긴이

질이 상호작용하여 복합체를 형성한다면 전사 인자의 두 영역이 가까이 이동할 테고 운이 좋다면 리포터 생산을 개시할 것이다.

일반적인 단백질잡종법 실험에서 전사 인자의 결합 영역에는 이미 알려진 단백질(미끼 단백질^bait protein이라 부른다)이 붙어 있고, 이것이 실험자가 상호작용을 밝히길 원하는 단백질이다. 활성화 영역에 부착되는 수많은 다른 단백질(먹이^prey라고 부른다)들을 코딩하는 플라스미드가 생성되면, 미끼와 상호작용이 가능한 이른바 도서관^library이 만들어진다. 미끼와 먹이 도서관을 코딩하는 플라스미드는 대부분의 경우 효모 세포 배지에 투입되는데, 이 배지는 최대 하나의 먹이 플라스미드가 각 세포에 들어가도록 농도를 조정했다. 세포가 리포터를 생산하는 것이 관찰되면 이 세포에는 미끼와 상호작용하는 먹이 단백질을 코딩하는 플라스미드가 존재하는 것으로 가정하고, 해당 세포에서 플라스미드를 회수하여 해당 단백질을 결정하고자 분석한다.

단백질잡종법은 공면역침전 같은 더 오래된 방법에 비해 두 가지 중요한 장점이 있다. 첫째, 대량의 미끼 도서관을 사용해 단 한 번의 실험으로 다양한 단백질과의 상호작용을 시험할 수 있다. 둘째, 단백질잡종법은 검출된 상호작용당 공면역침전보다 현저하게 저렴하고 빠르다. 공면역침전에서는 모든 시험 대상 단백질의 항체를 생성하거나 얻어야 하는 데 반해, 단백질잡종법에서는 현대 유전 공학 기기만 갖췄다면 상대적으로 단순히 수행할 수 있는 DNA 플라스미드 합성과 이후 염기서열 분석만 하면 된다.

단백질잡종법의 한 가지 단점은 미끼 단백질과 먹이 단백질에 부착된 전사 인자의 두 가지 영역이 상호작용하는 단백질을 방해하고 단백질 복합체의 형성을 막을 수 있다는 것이다. 즉, 일부 단백질-단백질 상호작용이 실험 조건하에서 발생하지 않을 수 있다.

그러나 단백질잡종법의 가장 주요한 단점은 신뢰할 수 없다는 것이다. 이 실험 방법은 위양성^false positive(실제로는 상호작용하지 않지만 하는 것처럼 보이는 것)과 위음성 ^false negative(실제 상호작용의 검출에 실패한 것)이 모두 높은 수준으로 나타난다는 것이다. 어떤 측정에서는 위양성이 50%에 이를 만큼 높은데, 이는 상호작용하지 않는 전체 단백질 중 절반이 상호작용한다고 보고한다는 뜻이다. 이런 단점이 있음에도 단백질잡종법 데이터에서 상호작용 네트워크를 재구성하여 분석하는 것을 멈추지는 못했으나, 결과는 주의해서 살펴야 한다. 이러한 연구의 상당수가, 아니 심지어 대부분이 상당히 부정확할 수 있다.

단백질 상호작용을 분석하는 고속탐색 방법보다 더 정확한 대안이 친화성정제 affinity purification 방법(또는 친화성침전affinity precipitation 방법이라고도 함)이다. 이 방법은 어떤 면에서는 이전에 기술한 공면역침전과 비슷하나, 각 단백질별로 항체를 만들 필요가 없다. 친화성정제법에서는 다른 일련의 단백질을 추가하여 관심 있는 단백질에 꼬리표를 단다('태그tag'한다). 추가하는 단백질과 꼬리표는 단백질잡종법에서 전사 인자 영역을 도입하는 것과 비슷하게, 일반적으로 이들을 코딩하는 플라스미드를 도입하는 방식으로 이뤄진다. 그러면 관심 단백질이 다른 단백질 도서관과 상호작용할 수 있는 기회가 생기는데, (만약 있다면) 반응 결과인 단백질 복합체가 담긴 용액을 꼬리표와 결합하는 항체가 붙은 표면에 붓는다. 그 결과, 꼬리표, 결합된 단백질, 그리고 그들의 상호작용 파트너는 표면에 붙고, 나머지는 씻겨 내려간다. 이후에 공면역침전에서처럼, 상호작용 파트너를 판별하고자 남은 복합체를 분석한다.

이 방법의 장점은 알려진 꼬리표에 결합하는 한 가지 항체만 있으면 된다는 것이다. 동일한 꼬리표-항체 쌍을 다른 단백질과 결합시키려고 또 다른 실험에 사용할 수도 있다. 그래서 단백질잡종법처럼 만들기 어렵고 오래 걸리는 항체를 새로 만드는 대신 매 실험을 하려면 상대적으로 만들기 쉬운 새로운 플라스미드만 합성하면 된다. 직렬친화성정제tandem affinity purification로 알려진 또 다른 방법은 분리된 두 가지 정제 단계를 결합했고 고품질의 결과를 낸다. 직렬친화성정제는 현재 가장 신뢰할 수 있는 단백질-단백질 네트워크 데이터 소스를 만드는 방법 중 하나다.

물질대사 반응처럼 BioGRID, STRING, IntAct 등 굉장히 많은 단백질 상호작용에 대한 온라인 데이터가 사용 가능하다. 이런 데이터를 바탕으로 상호작용 네트워크를 구축해 분석할 수 있다. 그 한 예가 그림 5.4에 있다.

5.1.3 유전자 조절 네트워크

5.1.1절에서 논의했듯이, 당이나 지방처럼 생물 유기체에 필요한 작은 분자들은 세포 안에서 물질대사의 화학반응으로 만들어진다. 그러나 훨씬 큰 분자인 단백질은 다른 방식으로 세포 내 유전 물질인 DNA에 기록된 설명서를 따라 만들어진다.

단백질은 생물학적인 중합체로서, 아미노산amino acid이라 불리는 기본 단위가 연결된 긴 사슬 형태의 분자다. 개별 아미노산은 물질대사 과정으로 생성되지만, 유

그림 5.4 효모의 단백질-단백질 상호작용 네트워크

주로 단백질잡종법으로 결정한 단세포 유기체 출아형 효모(빵 효모)의 단백질들 간 상호작용 네트워크. 출처: 정하웅 등[250]. © Macmillan Publishers Ltd., 2001. 허가하에 게재함

전자 기계 아미노산을 완전한 단백질로 조립한다. 모든 생명체에는 단백질을 만드는 데 사용하는 20가지의 아미노산이 존재한다. 각기 다른 종의 단백질은 개별 단백질을 구성하는 아미노산의 특이적인 서열로 구별할 수 있다. 단백질이 만들어지면 느슨한 사슬 형태로 머무르지 않는다. 열역학적인 힘과 기계적인 제한 때문에 특정한 모습으로 접힌 형태^{conformation}를 만드는데, 이 형태는 아미노산 서열에 따라 결정된다(그림 5.5 참고). 단백질의 형태는 다른 분자와의 물리적인 상호작용을 결정하고, 유기체 안의 생물학적인 기능에 기여하는 단백질 표면의 특정 화학 그룹이나 활성 부위를 노출시킬 수 있다.

단백질의 아미노산 서열은 그 단백질을 합성하는 세포의 DNA에 저장된 해당 서열이 결정한다. 세포에 필요한 단백질의 서열을 담는 정보 저장 매체로서의 기능이 생물체 DNA의 주요 기능이다. DNA 자체는 핵산^{nucleotide}이라 부르는 단위체

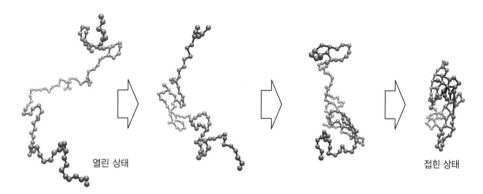

열린 상태   접힌 상태

그림 5.5 단백질 접힘

기다란 아미노산 사슬 중합체인 단백질은 열린 상태(왼쪽)로 머무르지 않고, 스스로 중첩되어 더 촘촘하게 접힌 상태(오른쪽)를 형성한다.

로 구성된 긴 사슬 형태의 복합체다. 핵산은 아데닌^{adenine}, 사이토신^{cytosine}, 구아닌 ^{guanine}, 티민^{thymine}의 네 가지 종류가 있으며, 줄여서 각각 A, C, G, T로 쓴다.[5] 단백질의 아미노산은 ACG나 TTT처럼 연속된 3개의 핵산 트리오인 코돈^{codon}으로 암호화됐고, 연속된 코돈이 모여서 단백질의 아미노산 서열을 완성한다. 단일 DNA 가닥으로 수백 또는 수천의 다양한 단백질을 만들 수 있으며, 긴 DNA 가닥 안에서 하나의 단백질을 코딩하는 시작하고 끝나는 곳을 알리고자 시작 코돈과 종료 코돈이라고 하는 특별한 두 가지 코돈을 사용한다. DNA에서 하나의 단백질을 만드는 (시작 코돈에서 종료 코돈까지) 부분을 유전자^{gene}라 한다.

단백질은 세포 안에서 두 단계로 작동하는 방식으로 만든다. 전사^{transcription}라고 알려진 첫 번째 단계에서는 RNA 중합효소$^{RNA\ polymerase}$라는 효소가 단일 유전자의 코딩 서열을 복사한다. 복사본은 DNA와 화학적으로는 유사하지만 동일하지는 않은 RNA로 만든다. RNA는 정보가 있는 또 다른 생체고분자이며, 이러한 유형의 RNA 사본을 메신저 RNA$^{messenger\ RNA}$라고 한다. 번역^{translation}이라고 부르는 두 번째 단계에서는, 상호작용하는 단백질과 RNA의 복합체인 리보솜^{ribosome}으로 알려진 정교한 분자 기계가 RNA 서열로부터 단백질을 단계적으로 조립한다. 최종적으로 해당 유전자에 명시된 정확한 지침을 따라 조립된 단백질을 얻는다. 분자생물학 용어로는 유전자가 발현됐다^{expressed}고 말한다.

---

5 기술적으로, DNA는 평행한 두 핵산 사슬이 그 유명한 이중 나선을 형성하는 이중 가닥 복합체다. 그러나 두 가닥에는 같은 서열의 핵산이 있고, (세포 분열과 손상 DNA의 복구 같은 상황에서는 매우 중요하겠지만) 우리의 목적을 감안하면 두 가닥이 있다는 것은 중요하지 않다.

일반적으로 세포에 포함된 유전자로 만들 수 있는 모든 단백질을 항상 만들 필요는 없다. 개별 단백질은 물질대사 촉매 반응 등 특정 목적을 수행하고, 세포 입장에서는 환경과 상황에 따라 개별 단백질 발현을 켜고 끄는 것이 매우 중요하다. 이 과정에는 DNA 서열을 RNA로 복사하는 전사 과정을 조절하는 단백질인 전사 인자^{transcription factor}를 사용한다.

전사는 DNA 가닥에 붙어서 따라 움직이면서 핵산을 하나하나 복사하는 RNA 중합효소가 담당한다. RNA 중합효소는 DNA에 자발적으로 붙지 않으며, 전사 인자의 도움을 받는다. 전사 인자는 특정 유전자나 유전자 세트에 특이적으로 반응하며 전사 과정을 다양한 방식으로 조절하지만, 가장 일반적으로는 유전자가 시작하는 위치에 인접한 DNA 서열인 프로모터 부위^{promoter region}에 결합하는 방식으로 조절한다. 전사 인자가 DNA의 프로모터 부위에 결합하면 RNA 중합효소가 그 부위에 붙는 것이 열역학적으로 유리해서 유전자의 전사 과정을 시작한다. 그래서 세포에 특정 유전자의 전사 인자가 존재하면 그 유전자의 발현이 개시되거나 강화된다. 5.1.2절에서 단백질잡종법을 논의하면서 전사 인자의 예를 살펴본 바 있다.

물론 유전자 발현을 방해하는 전사 인자도 있는데, DNA 가닥에 붙어서 RNA 중합효소가 붙는 것을 방해하고 그에 따라 유전자 전사를 제한하여 관련된 단백질 생산을 저해한다.

이제 원래의 관심사로 돌아가 보자. 전사 인자는 그 스스로도 단백질이기 때문에 유전자의 전사로 만든다. 그래서 주어진 유전자에 암호화된 단백질은 하나보다 많은 단백질 생산을 촉진하거나 저해하는 전사 인자로서 역할을 할 수 있으며, 그렇게 만든 단백질도 다시 전사 인자로서 다른 단백질을 위해 역할을 할 수 있고, 이런 관계가 계속 이어질 수 있다. 이런 상호작용의 조합을 모두 모으면 유전자 조절 네트워크^{genetic regulatory network}를 형성할 수 있다. 이 네트워크에서 노드는 단백질이나 그 단백질을 암호화하는 유전자를 나타내고, 유전자 A에서 유전자 B 방향으로 연결한 에지는 A가 B의 발현을 조절한다는 것을 나타낸다. 촉진하는 것과 저해하는 전사 인자를 구별해서 좀 더 복잡한 네트워크로 만들면 두 가지 형태의 에지를 가진 네트워크로 만들 수도 있다.

5.1.1절의 물질대사 네트워크와 같이 유전자 조절 네트워크는 세포 기계의 필수적인 부분이며, 세포 안팎에서 세포 행동의 여러 측면을 조절하고 환경 변화에 대한 다양한 반응을 조정하는 능력이 있는 복잡한 분자 기계다. 현재 이 기계에

대한 지식은 불완전하나, 조절 네트워크의 형태와 기능을 상세하게 분석하면 유기체가 어떻게 작동하는지를 분자 수준에서 더 자세히 이해할 수 있을 것이다.

유전자 조절 네트워크를 실험으로 결정하려면 전사 인자와 그 전사 인자가 조절하는 유전자를 판별해야 한다. 여기에는 여러 단계가 관여한다. 우선, 주어진 후보 단백질이 관심 있는 유전자 지역 근방에 결합한다는 것을 확인해야 한다. 이를 위해 가장 일반적으로 사용하는 기술이 전기영동 이동성 변화 분석electrophoretic mobility shift assay이다. 시험할 염기서열을 포함한 DNA 가닥을 만들고 후보 단백질과 함께 용액에 섞는다. 만약 둘이 실제로 결합하면, 결합한 DNA-단백질 복합체를 겔전기영동gel electrophoresis으로 탐지할 수 있다. 이는 전하를 띤 분자나 복합체가 전기장이 걸린 아가로스agarose나 폴리아크릴아마이드polyacrylamide 겔에서 이동하는 속도를 측정하는 기법이다. DNA와 단백질이 결합하면, 겔 속에서 움직이는 속도가 결합하지 않은 DNA에 비해 측정할 수 있을 만큼 느려진다. 보통 두 실험을 옆에 두고 함께 수행하는데, 하나는 단백질을 넣지 않고 다른 하나는 넣어서 이동 속도를 비교해 DNA가 단백질에 결합하는지를 비교한다. 물론 각기 다른 다양한 DNA 서열을 사용해 (만약 있다면) 어느 것이 단백질에 결합하는지 병렬로 실험을 수행할 수도 있다.

덜 민감하기는 하지만 결합을 검사할 수 있는 또 다른 대안이 DNA 분해효소 발자국 분석deoxyribonuclease footprinting assay이다. DNases라고도 부르는 DNA 분해효소는 DNA 가닥을 만나면 작은 조각으로 자르는 효소다. DNA 분해효소는 특정 핵산 서열만 자르는 것을 포함해 매우 다양한 종류가 있으나, DNA 분해효소 발자국 분석에는 아무 곳이나 자르는 상대적으로 무작위적인 것을 사용한다. 만약 어떤 단백질이 DNA 사슬의 특정한 자리에 결합하면, DNA 분해효소가 그 위치나 주변을 자르는 것을 방해한다. 발자국 분석 방법은 이런 특성을 활용하여, 시험하고자 하는 염기서열을 포함한 DNA를 DNA 분해효소와 함께 사용하고, DNA 분해효소가 DNA 표본을 자른 후 나타나는 길이가 다양한 결과물을 관찰한다. 단백질이 존재할 때 이 실험을 반복하면, 단백질이 DNA에 결합하여 특정한 위치가 잘리는 것을 막았을 때 그 결과 길이가 다른 사슬이 섞인 혼합물을 얻는다. 보통 이 혼합물을 겔전기영동(자기장의 영향으로 다른 길이의 사슬은 다른 속도로 움직인다)으로 다시 측정하고, 단백질이 있는 경우와 없는 경우를 나란히 놓고 단백질의 결합 여부를 확인하기도 한다.

이동성 변화와 발자국 분석 모두 주어진 DNA 서열 어딘가에 단백질이 결합한다는 것을 알려준다. 정확하게 어디에 결합하는지를 찍으려면 일반적으로 추가적인 작업을 수행해야 한다. 예를 들어, 단백질이 결합할 것으로 보이는 서열을 가진 올리고핵산염^{oligonucleotide}이라 부르는 짧은 DNA 가닥을 만들어 혼합물에 추가할 수 있다. 단백질이 여기에 결합하면 더 긴 DNA에 결합하는 정도가 줄어들고, 실험 결과에도 가시적인 영향을 미친다. 이런 실험을 조합하고, 어느 올리고핵산염이 가장 잘 역할을 수행할 것인지를 예측하는 컴퓨터와 함께 사용하면, 단백질이 결합하는 정확한 염기서열을 결정할 수 있다.

이런 기술들이 단백질이 결합하는 DNA 서열을 알려줄 수 있는 반면, 그 염기서열이 속한 유전자 프로모터 부위를 (있을 경우) 알려주지는 못한다. 단백질이 실제로 유전자의 전사에 영향을 주는지, 만약 그렇다면 전사를 촉진하는지 저해하는지를 알 수 없다. 이런 문제를 알려면 추가적인 조사가 필요하다.

유전자를 판별하는 것은 일반적으로 실험보다는 컴퓨터를 활용한 방법을 사용하고, 단백질이 결합하는 부분의 DNA 염기서열에 대한 지식이 필요하다. DNA 염기서열을 안다면 그중에 단백질이 결합하는 부분이 존재하는지 검색하고, 그 주변에 어떤 유전자가 있는지를, 예를 들면 시작 코돈과 종료 코돈을 찾은 뒤 그 사이에 있는 코돈들을 기록하여 결정할 수 있다. 1990년대 말에 시작된 서열 분석 실험의 결과, 인간을 포함해 많은 생물의 DNA 염기서열이 완전히 알려졌고, 그 결과 유전자를 판별하는 것은 상대적으로 수월한 작업이 됐다.

마지막으로 단백질이 실제로 전사 인자로 역할을 하는지 밝힐 필요가 있으며, 이를 위해 컴퓨터나 실험 모두 사용할 수 있다. 컴퓨터를 사용하는 접근법은 단백질이 결합하는 서열이 실제로 알려진 유전자의 프로모터 부위인지 결정하는 과정을 수반한다(단백질이 유전자 근처에 결합하지만 결합하는 부위가 전사에 영향을 주지 않아서 실제로는 전사 인자로서 역할을 하지 않을 수 있다). 이것은 단순히 인근 유전자를 판별하는 것보다 훨씬 어려운 작업이다. 프로모터 부위는 불행하게도 매우 복잡하고 광범위하며 다양하지만, 이를 일부 식별할 수 있는 컴퓨터 알고리듬이 개발됐다.

대안으로, 유전자가 전사됐을 때 생산된 메신저 RNA의 농도를 직접 측정하는 실험을 할 수도 있다. 예를 들면, 작은 점 모양으로 DNA 가닥이 격자 형태로 고체 표면에 붙은 ('DNA 칩$^{DNA chip}$'이라고도 알려진) 마이크로어레이^{microarray}를 사용할 수 있다. 만약 RNA 서열 중 일부가 DNA 점의 염기서열과 맞는다면 여기에 결합할 것이고, 이 결합은 형광 분석법으로 측정할 수 있다. 마이크로어레이의 모든 점에 대한 결합과 그로 인한 변화를 동시에 관찰하여 특정 RNA의 농도 변화를 어느 정도 정확하게 결정할 수 있고, 따라서 전사 인자의 효과를 정량화할 수 있다. 이 기법은 또한 전사 인자가 촉진제인지 억제제인지 여부를 결정하는 데 사용할 수 있다. 이는 현재 컴퓨터를 사용한 방법으로는 쉽게 알기 어렵다.

물질대사 경로와 단백질-단백질 상호작용처럼 유전자와 전사 인자를 담은 전자 데이터베이스가 존재하고, 여기서 유전자 조절 네트워크를 조립할 수 있다. 현재 유전자 조절에 대한 데이터는 완전하지 않으므로 그렇게 만들어진 네트워크도 마찬가지다. 그러나 계속해서 더 많은 데이터가 계속 추가되고 있다.

5.1.4 그 밖의 생화학적 네트워크

물질대사, 단백질 상호작용, 유전자 조절 네트워크는 생화학적인 네트워크 중 가장 잘 연구된 사례들이다. 그러나 그보다는 덜 연구된 다른 주제들도 많다. 의학적으로 잠재적인 중요성을 가진 예가 약물 상호작용 네트워크drug interaction network다. 의약품은 우리에게 영향을 미치는 대부분의 질병을 치료하려는 첫 번째 선택이다. 예를 들어, 여러 가지 질환이 있거나 하나의 질병에 두 가지 이상의 약을 섞어 쓰는 '병용 요법combination therapy'의 경우라면 동시에 하나 이상의 약을 한 번에 복용하는 것은 드문 일이 아니다. 이런 경우에는 약 사이의 잠재적인 상호작용을 유의해야만 한다. 예를 들면, 복용한 약이 다른 약의 작용을 방해하고 효과를 감소시킬 수도 있다. 또는 각각의 약 자체로는 무해하더라도 두 가지 약을 섞었을 때 심각한 부작용을 일으킬 수도 있다.

의료계 전문가들이 약물 상호작용에 대한 인상적인 데이터베이스를 만들었다. 여기에서 특정한 약을 찾으면 함께 복용해서는 안 되는 약들의 목록을 얻을 수 있다. 이런 데이터베이스를 약물 상호작용 네트워크로 변환할 수 있는데, 여기서 노드는 약물을 나타내고 서로 해로운 영향을 미치는 약물들을 에지로 연결한다[53]. 네트워크로 더 복잡하게 묘사하는 방식은 아마도 에지에 이름표와 가중치, 또는 강도를 포함해서 상호작용의 유형이나 심각성을 나타내는 방식일 것이다. 약물 상호작용 네트워크 분석은 약물이 상호작용하는 패턴이나 규칙을 말해 줄 수 있거나, 심지어 이전까지 알려지지 않던 상호작용을 예측할 수 있게도 한다[226].

약물 상호작용 네트워크의 한 변형이 약물-표적 네트워크drug-target network다. 약은 일반적으로 보통 몸 안에 있는 화학적인 수용체나 특정 단백질 같은 어떤 화학적 표적을 대상으로 결합하거나 활성화하거나 제거하거나 강화하거나 저해하는 방식으로 작용한다. 약물이 어떤 표적에 영향을 주는지 알면 기능과 치료 효능을 이해하는 것을 도울 뿐만 아니라, 상호작용은 대개 두 약물이 동일한 표적에 작용할 때 발생하기 때문에 약물의 가능한 상호작용도 알 수 있다. 약물과 표적을 두 가지 유형의 노드로 각각 나타내고 에지로 약물이 영향을 주는 표적을 연결하면 이분 네트워크로 표현할 수 있다[53, 240]. 약물, 표적, 상호작용으로 이뤄진 네트워크는 지금까지 네트워크 문헌에서 상대적으로 거의 관심을 받지 못했으나, 건강과 약에 큰 영향을 미치는 유망한 미래 연구 주제다.

약에 대한 또 다른 네트워크 아이디어는 유전적 요소를 가진 인간 질병을 나타내는 바라바시Barabási 등[42]의 질병 네트워크disease network다. 질병 네트워크에서 노드는 질병을 의미하고, 같은 유전자가 관련된 두 질병을 에지로 연결한다. 그 결과, 여러 형태의 암 질환처럼 서로 관련된 질병들이 네트워크에서 서로 뭉친다. 약물 상호작용 네트워크처럼 질병 네트워크를 변형하여 이분 네트워크로 만들 수 있다. 여기에는 질병과 유전자를 나타내는 두 가지 유형의 노드가 있으며, 에지는 질병과 관련 있는 유전자를 서로 연결한다.

네트워크는 생체 분자의 구조를 나타내는 데도 사용했다. 그림 5.5에 나온 것처럼, 단백질 사슬은 자연적으로 접혀서 촘촘한 구조를 생성한다. 이 과정에서 사슬 안의 특정 링크가 서로 가깝게 위치하며 화학적인 연결을 형성한다. 단백질의 서로 다른 부위가 함께 작용하는 이러한 연결이 존재하면, 접힌 구조를 안정화하고 특정한 형태를 만들어 생화학적인 기능을 발휘하게 한다. 화학적 결합의 패턴은 노드가 (단백질 사슬의 링크인) 아미노산을 나타내고, 근본적으로(또는 일차적으로) 사슬 자체를 따라 만들어지는 연결이든 추가적으로(또는 이차적으로) 사슬이 접힐 때 발생되는 결합이든[83] 아미노산 쌍 사이의 결합을 에지로 나타낸 네트워크로 묘사할 수 있다. 실제로, 정확히 어떤 아미노산이 누구와 상호작용하는지 이야기하기가 어려울 때는 단순히 공간적 거리를 상호작용의 대용으로 쓸 수 있다[35]. RNA로도 비슷한 네트워크를 만들 수 있다.

5.2 두뇌 속의 네트워크

생물학에서 네트워크를 완전히 다른 방식으로 사용한 경우가 동물의 두뇌 연구와 중추신경계 연구다. 두 가지 유형으로 두뇌가 연구됐는데, (1) 미시적인 관점에서 본 개별 두뇌 세포 사이의 세세한 연결 네트워크와 (2) 거시적으로 전체 두뇌 지역 사이의 기능적인 연결을 본 네트워크다.

5.2.1 뉴런 네트워크

두뇌의 주요 기능 중 하나는 정보를 처리하는 것이다. 정보 처리의 주 요소는 (보통) 여러 입력에서 하나의 출력을 만들어내는 특별한 뇌세포인 뉴런^{neuron}이다. 동물의 종에 따라 전체 뇌에는 소수의 뉴런에서 천억 개 이상의 뉴런이 연결됐고, 한 세포의 출력을 다른 세포의 입력으로 공급하면서 계산과 의사결정에 뛰어난 능력을 보이는 뉴런 네트워크$^{neural\ network}$를 만든다.

그림 5.6에 전형적인 뉴런의 모습이 있다. 소마^{soma}라 부르는 세포체에는 세포에 입출력되는 신호를 전달하는 촉수가 여럿 돌출되어 붙어 있다. 대부분의 촉수는 입력을 담당하는 수상돌기^{dendrite}인데, 하나의 뉴런에 단 1개 또는 2개만 있거나 수천 개 이상 존재할 수도 있다. 대부분의 뉴런에는 보통 **축색돌기**^{axon}라 부르는 단 하나의 출력 촉수가 있는데, 일반적으로 수상돌기보다 길고 어떤 경우에는 매우 긴 거리를 뻗어나가 다른 곳으로 연결되기도 한다. 매 뉴런 가닥의 끝은 다른 뉴런의 입력 수상돌기 끝으로 연결된 축색돌기 말단$^{axon\ terminal}$에서 끝난다. 축색돌기 말단

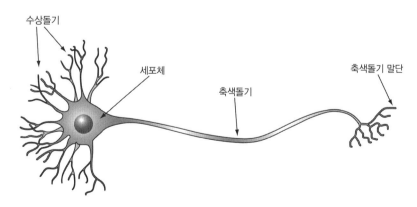

그림 5.6 뉴런의 구조
일반적인 뉴런의 세포체는 많은 입력으로 작동하는 수상돌기와 출력으로 작동하는 하나의 축색돌기로 구성된다. 끝으로 가면 축색돌기 가지가 갈라져 다른 여러 뉴런에 연결될 수도 있다.

과 수상돌기를 연결한 곳에는 시냅스synapse라 부르는 작은 틈이 있는데, 앞 뉴런의 출력 신호는 이 사이를 통해 다음 뉴런으로 옮겨가야 한다. 시냅스는 한 세포에서 다른 세포로 이어지는 연결의 특징을 바꾸면서 연결 강도를 조절하기 때문에, 두뇌 기능에 중요한 역할을 담당한다.[6]

뉴런 내에서 이동하는 실제 신호는 본질적으로 전기화학적이다. 신호는 양전하를 띤 나트륨, 칼슘 또는 칼륨 이온이 세포 안팎으로 이동하여 생성된 전압의 파동으로 구성된다. 이러한 파동을 활동 전위action potential라고 하며, 초당 수십 미터로 이동하는 수십 밀리볼트 정도의 전압 변화를 일으킨다. 시냅스에 도달한 활동 전위는 그 자체로 축색돌기 말단과 반대쪽 수상돌기 사이의 간격을 가로지를 수 없고, 그 대신 화학적으로 신호를 전달한다. 활동 전위에 도달하면 화학적 신경전달물질의 방출을 자극하고, 방출된 신경전달물질은 간격을 가로질러 확산되어 반대편에 있는 수용체 분자를 활성화한다. 이 과정에서 수상돌기 안팎으로 이온이 이동하여 전압이 바뀐다.

그러나 이 전압 변화는 아직 다른 파동을 야기하지는 않는다. 뉴런의 세포체에는 여러 수상돌기에서 온 입력들이 섞여 있고, 그 결과로 (있다면) 출력 신호를 축색돌기로 보낼 것이다. 뉴런은 보통 적은 수의 입력에서 발생된 전압 변화에는 안정하지만, 만약 입력이 충분히 크다면 집단적으로 뉴런을 통제가 안 되는 상태로 이끌며 신호를 '터뜨려fire' 새 활동 전위를 세포의 축색돌기로 전달하고, 그렇게 신호는 다음 뉴런으로 네트워크에서 이어간다. 그래서 뉴런은 입력 신호들을 통합하는 스위치나 통로로서의 역할을 수행하고 오직 충분한 입력이 있을 때만 신호를 터뜨린다.

설명된 것과 같이, 뉴런의 입력 신호는 뉴런이 발화하는 확률을 증가시키는 자극제다. 그러나 입력 신호가 제한하는 역할을 할 수도 있다. 제한하는 입력 부위에 신호가 들어오면 뉴런이 덜 발화한다. 자극하는 입력과 제한하는 입력은 하나의 뉴런에 함께 있을 수 있고, 이 혼합 덕분에 뉴런이 스스로 매우 복잡한 정보 처리 임무를 할 수 있으며, 많은 뉴런으로 구성된 두뇌 전체 또는 뇌의 한 부분은 엄청나게 복잡한 임무도 수행할 수 있다. 현재 수준의 과학은 아직 두뇌가 어떻게 동물이 생존하고 번성하게끔 더 복잡한 인지적 활동을 수행하게 하는지 정확하게

---

6 가끔 뉴런이 시냅스 없이 직접 연결된 경우도 있다. 이런 직접 연결은 **갭결합**(gap junction)이라고 부르는데, 시냅스를 설명하는 표현으로 들리지만 실제로는 완전히 다르다. 여기서 뉴런 네트워크를 간결하게 다룰 때는 갭결합을 무시한다.

알려주지는 못한다. 그러나 두뇌가 입력 신호와 경험에 대한 반응으로 뉴런 사이의 연결 패턴과 강도를 끊임없이 바꾼다는 사실이 알려졌고, 뉴런 네트워크의 자세한 연결에는 많은 비밀이 숨어 있을 것이라고 여긴다. 그래서 두뇌의 더 높은 수준의 기능을 설명하려면, 뉴런 네트워크의 구조를 이해하는 것이 결정적이다.

가장 간단한 수준에서는 자극하든 제한하든 여러 가지 입력을 받아들여 혼합하고, 다음 뉴런으로 하나 또는 그 이상의 출력을 보내는 단위가 하나의 뉴런이라고 간주할 수 있다. 그래서 네트워크 관점에서 보자면, 뉴런 네트워크는 자극하거나 억제하는 두 가지 유형의 방향성 에지가 뉴런을 나타내는 노드를 연결한다(이런 관점에서 뉴런 네트워크는 마찬가지로 자극하거나 제한하는 연결로 구성한 5.1.3절의 유전자 조절 네트워크와 비슷하다). 관습을 따라, 자극하는 연결은 화살표로 끝나는 선 '——▶'으로 표시하고 제한하는 연결은 막대로 끝나는 선 '——|'으로 표시한다.

작은 뉴런 네트워크의 연결 도해

뉴런이 모두 동일하지는 않다. 여러 가지 유형이 있으며, 심지어 상대적으로 두뇌의 작은 지역이나 회로에도 다양한 유형이 섞여 있을 수 있다. 이런 다양성은 네트워크를 묘사할 때 다양한 형태의 노드로 표현할 수 있다. 시각적으로는 각기 다른 노드 모양이나 이름표로 노드의 유형을 자주 표시한다. 기능적인 관점에서는 입력과 출력의 개수와 형식, 입력에 대한 반응의 속도와 특성, 들어온 입력 없이 자발적으로 어느 정도나 터질 수 있는지 등 그 외 많은 부분에 대해 다양한 방식으로 뉴런들이 서로 다를 수 있다.

뉴런 네트워크의 구조를 실험적으로 결정하는 것은 어렵고, 네트워크 구조를 밝힐 수 있는 간단한 실험 방법이 없다는 것이 현재 뇌과학 발달의 주요 난관이다. 일부 유용한 기술이 존재하지만, 실제로 적용하는 것은 매우 고된 기술들이다.

구조를 결정하는 가장 기본적인 도구는 광학이든 전자식이든, 현미경이다. 상대적으로 간단한 방법에서는 평평한 접시에서 배양된 뉴런을 사용한다. 배아 발달의 초기 단계에 동물의 뇌에서 얻은 뉴런을 적절한 영양액 안에서 배양하면, (유도 과정 없이) 네트워크를 형성하고자 시냅스 연결을 형성한다. 평평한 표면에서 성장한다면, 네트워크는 대략 이차원으로 성장하고 그 구조를 간단한 광학 현미경으로 합리적이고 신뢰성 있게 결정할 수 있다. 이 방법의 장점은 빠르고 저렴하다는 것이나, 연구하는 네트워크가 살아있는 동물의 두뇌 속에 있는 것과는 현격하게 다른 형태라는 단점이 있다.

이런 관점에서 실제 두뇌 연구가 더 만족스럽고 더 훌륭한 영감을 이끌 가능성이 높지만, 실제 두뇌는 삼차원이며 삼차원 구조의 시각화 기술은 이차원용에 비해 덜 발달했기 때문에 이 역시도 매우 어렵다. 가장 오래되고 잘 발달된 접근은 적절하게 보관된 두뇌나 두뇌 부위를 얇은 절편으로 잘라서, 여기에 나타난 구조를 일반적인 이차원 전자 현미경으로 결정하는 방법이다. 적어도 이론적으로는 연속된 절편들에서 얻어낸 구조로 삼차원 구조를 재구성할 수 있고, 가능한 곳에서는 뉴런의 형태를 바탕으로 각기 다른 유형의 뉴런을 판별할 수도 있다. 이런 연구 초기에는 재구성 과정을 손으로 했으나, 최근에는 연구자들이 이 과정을 현격하게 빠르게 할 수 있는 컴퓨터 프로그램을 개발했다[231]. 그럼에도 불구하고 이런 종류의 연구는 매우 힘들고, 연구하는 네트워크의 크기와 복잡성에 따라 완료까지 수개월에서 수년까지도 걸린다.

그림 5.7은 이런 유형의 전자 현미경 연구[470]를 통해 손으로 그린 뉴런 네트워크 '연결 도해^{wiring diagram}'의 한 예를 보여준다. 문제의 네트워크는 생물학에서 가장 많이 연구된 생물체 중 하나인 예쁜꼬마선충^{Caenorhabditis elegans}의 뉴런 네트워크

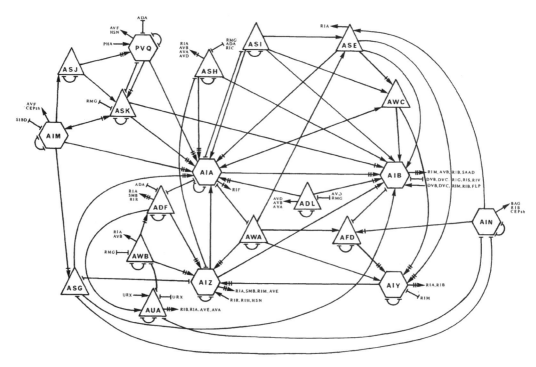

그림 5.7 벌레의 두뇌 회로

예쁜꼬마선충 뉴런 회로의 일부. 벌레의 두뇌[470] 절편을 전자 현미경으로 관찰한 것을 손으로 그림. 출처: J. G. White, E. Southgate, J. N. Thomson, S. Brenner, The structure of the nervous system of the nematode *Caenorhabditis elegans, Phil. Trans. R. Soc. B* **314**(1165), 1–340, 1986. 왕립학회(Royal Society)의 허가하에 게재함

다. 예쁜꼬마선충의 두뇌는 간단하다. 300개 이내의 뉴런이 있으며 본질적으로 모든 표본이 동일한 연결 패턴을 보인다. 그림상에는 모양과 이름표로 표시된 여러 유형의 뉴런들이 자극하거나 제한하는 여러 다양한 연결 유형으로 나타난다. 몇몇 에지는 페이지를 넘어서 그림으로 표현하지 않은 다른 뉴런으로 이어진다. 실험에서는 전체 네트워크의 구조를 결정했고 이처럼 서로 이어진 연결 도해로 그려냈다.

이런 방식으로 절편에서 뉴런 네트워크를 재구성하는 것은 현재 이 분야의 세계 표준이지만, 방법상 매우 고된 특성이 있어서 연구자들로 하여금 더 간단하게 직접 측정할 수 있는 방법이 있는지 고민하게 했다. 지난 수년간 더 빠르고 정확하게 네트워크 구조를 결정할 수 있는 많은 방법이 출현했다. 대부분의 방법들은 (전자적인) 광학 현미경을 사용하는데 어떤 면에서는 이전 세대로의 역행과도 같다. 노벨상 수상자인 병리학자 산티아고 라몬이카할^{Santiago Ramón y Cajal}은 신경과학자의 아버지로 여겨지는데, 염료로 뇌 조직 절편을 염색하고 광학 현미경으로 관찰한 뒤 직접 손으로 그린 아름다운 뇌세포 그림으로 신경해부학의 현대적 연구를 개척했다(그림 5.8 참고). 현재 광학 기술은 기술적으로 복잡하지만 본질적으로는 동일하다.

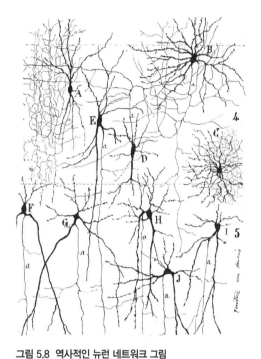

그림 5.8 역사적인 뉴런 네트워크 그림
뉴런 집합의 초기 그림. 라몬이카할이 광학 현미경으로 관찰하여 손으로 그렸다. 스페인 마드리드 카할 연구소의 허가하에 게재함

뇌 조직을 염색하는 것은 뇌세포를 광학 파장으로 관찰하는 데 필수적이다. 염색을 하지 않으면 뉴런과 주변 조직을 선명하게 구분해 그릴 수 있는 대조를 충분히 확보하기 어렵다. 라몬이카할의 연구 같은 초기 연구들은 간단히 주입한 염료를 사용했으나 현대 연구는 일련의 더 진귀한 기법들을 사용한다. 특히 스스로 염료를 만들도록 유전공학적으로 조작된 실험 동물(대개는 실험용 쥐)도 사용한다. 이를 위해 보통 뇌세포 안에서 녹색형광단백질^{GFP,} ^{Green Fluorescent Protein}이라고 부르는 형광 물질을 만드는 유전자를 쥐에 넣는다. GFP는 특정 해파리 종에서 발견되는, 자연적으로 발생하는 가장 광범위하게 사용되는 표지다. 형광단백질은 자외선을 쏘이면 가시광선을 방출하고, 이 빛을 사진으로 찍어 뉴런의 그림을 만들 수 있다.

그러나 뇌 조직의 광학 영상화에 있어 가장 결정적인 문제는 뉴런의 밀도다. 뉴런은 세제곱밀리미터마다 수만 혹은 그 이상으로 굉장히 밀접하게 뭉쳐 있고, 보통은 뉴런을 다른 뉴런들과 따로 떼어놓고 이야기하기가 매우 어렵다. 이 문제를 우회하고자, 연구자들은 원조 해파리 GFP를 포함해 각각 다른 색의 빛을 내는 다양한 변형과 대안적인 서로 다른 형광단백질을 골라서 사용한다. 이 아이디어에서 특히 우아한 방법이 브레인보우Brainbow[302]라고 하는 기술이다. 각 뉴런은 서로 다른 형광단백질의 무작위 조합을 생성하고, 각 조합은 독특하고 식별할 수 있는 색을 내뿜는다. 충분한 조색 단백질이 있다면 백여 가지의 다양한 색깔을 만들 수 있다. 실험자는 각 뉴런의 색깔마다 별도로 영상을 만들고, 여기서 뉴런은 이상적으로 적게 나타나 각자의 모양과 위치를 명확하게 시각화할 수 있기 때문에, 나중에 이 영상들을 모아 전체 네트워크 그림을 만든다.

우아한 방법이긴 하지만, 이 방법으로도 두뇌를 촬영하려면 절편으로 잘라야 한다는 근본적인 문제를 해결하지는 못한다. 브레인보우 및 이와 유사한 다른 방법들도 여전히 (최소한 지금은) 절편에 대부분 사용한다. 그러나 누군가가 (전자 현미경으로는 본질적으로 볼 수 없는) 전체 두뇌 또는 두뇌 일부 영역을 광학 현미경으로 검사하는 방법을 찾을 수 있다면, 새로 발견된 광학 기술로 뇌세포를 명확하게 구별하는 능력은 진정한 3D 영상화의 가능성을 열어줄 것이다. 이를 위한 기본 도구는, 삼차원 공간의 이차원 절편에서 나오는 빛을 촬영하고자 특별한 광학 도구를 사용하고 컴퓨터로 후처리하는 공초점 현미경confocal microscope이다. 표본에서 추출한 영상 절편들을 스캔하면서 전체 삼차원 구조를 만들 수 있다. 그러나 두뇌의 내부에 있는 영역에서 나오는 빛에 초점을 맞추려면 먼저 빛이 두뇌 밖으로 나와야 하는데, 나머지 두뇌 영역이 가리고 있기 때문에 불가능하다. 이 문제를 해결하는 한 가지 유망한 방법이 클라리티Clarity[105]라는 방법이다. 클라리티는 하이드로겔hydrogel을 침투시켜 뇌조직을 투명하게 본뜨는 기술이다. 조직이 투명해지면 절편을 자를 필요 없이 전체 삼차원 구조를 공초점 현미경으로 촬영할 수 있다.

이런 방법들은 두뇌나 두뇌 일부 영역의 모양과 위치를 시각화할 수 있게 해주지만, 해당 뉴런 네트워크의 형태를 직접 알려주지는 않는다. 이를 위해, 촬영된 영상에서 각 축색돌기나 수상돌기를 따라가며 어느 뉴런이 어느 것과 연결되는지 주의 깊게 분석해야 한다. 그리고 분명 이런 분석이 가능하다 해도 지금의 기술로는 매우 고된 작업이며 오류를 발생시킬 여지가 많다. 매우 다른 접근 방법으로서, 뉴런 사이의 연결을 직접 측정하는 방법인 시냅스 추적transsynaptic tracing이 있다. 이 방법은 보통 맥아응집소WGA, Wheat Germ Agglutinin를 추적 분자로 두뇌에 주입한다. 추적 분자가 인근 뉴런에 흡수되면 뉴런의 축색돌기를 따라 이동하고 시냅스를 건너 다른 이웃 세포로 전달된다. 이 방법의 독창적인 버전에서는 WGA가 녹색형광단백질로 태그되어 최종 분포를 직접 촬영하여 뉴런의 출력이 어느 이웃으로 전달되어 역할을 하는지 분석할 수 있다. 같은 아이디어의 변형으로서, **역행 추적**retrograde tracing이라 부르는 방법은 자연적으로 시냅스를 반대로 거슬러 전달되는 추적자를 사용해 입력을 결정하게 한다. 이 접근법의 최근 버전에서는 WGA 같은 추적자를 뉴런을 감염시켜 하나에서 다른 뉴런으로 퍼뜨려 나가는 바이러스를 사용해 어느 세포가 어디에 연결됐는지를 알게 해준다.

광학 영상화와 시냅스 추적 기법은 유망하지만 아직 초창기 단계. (글을 쓰는 시점에는) 이런 기술을 사용해 그림 5.7처럼 큰 규모의 네트워크를 재구성한 예가 아직 없다. 하지만 지금은 여전히 뇌영상 기술이 급격히 발달하는 시대이며, 수년 이내에 이런 방법들이 발전하여 우리에게 뉴런 네트워크의 구조에 대해 상당한 영감을 줄 수 있는 순간이 다가올 것이다.

5.2.2 두뇌의 기능적 연결 네트워크

또 다른 유형의 두뇌 네트워크는 두뇌의 커다란 부분 사이의 기능적인 연결을 거시적으로 본 네트워크다. 이 네트워크에서 노드는 보통 시각, 운동 제어, 학습과 기억 등 특정 기능을 수행하는 것으로 이미 알려진 두뇌의 일정 지역 전체를 나타내고, 에지는 대개는 느슨하게 정의된 한 지역에서 다른 지역으로 정보를 전달하는 특정한 기능적 연결을 나타낸다. 이런 거시적인 네트워크의 구조는 개별 뇌세포 사이의 미시적인 연결 정보를 사용하지 않으면서, 정보 처리 과정이 어떻게 일어나고 각기 다른 과정이 어떻게 연결됐는지 등 두뇌의 논리적 구조를 밝힐 수 있게 해준다. 거시적 두뇌 네트워크는 여전히 복잡하긴 하지만 일반적으로 노드가 수십 개에서 수백 개가 있기 때문에, 원칙적으로 수십억 개의 노드를 가질 수 있는 뉴런 네트워크보다는 훨씬 단순하다. 거시적인 네트워크는 인간을 포함해 살아있는 두뇌에서 관찰할 수 있다는 장점이 있고, 아직 미시적인 경우에는 그렇지 못하다.

두뇌의 거시적인 네트워크 구조를 관찰하는 일차적인 방법은 자기공명영상MRI, Magnetic Resonanace Imaging, 특히 확산 MRI와 기능 MRI로 알려진 기술들이다. 이들은 두개골 외부에서 살아있는 뇌의 영상을 만들 수 있는 비침습적 촬영법이다. 아마도 TV나 인터넷에서 뇌의 MRI 이미지를 본 적이 있거나 자신의 뇌를 MRI 촬영 해봤을 수도 있을 것이다. MRI의 근본적인 단점은 공간 해상도가 부족하다는 것 이다. 일반적으로 수 밀리미터나 그 이상의 규모로만 찍을 수 있는데, 이는 실제 뉴런의 크기인 마이크로미터나 나노미터보다 훨씬 큰 규모다. 그럼에도 불구하고 전체 두뇌의 구조를 확보하고 그 연결 패턴을 큰 규모에서 분석하는 데 MRI는 매 우 유용한 도구다.

확산 MRI$^{diffusion MRI}$는 확산추적법$^{diffusion tractography}$이나 확산강조 MRI$^{DW-MRI, Diffusion-Weighted MRI}$로 불리기도 한다. 이 방법은 MRI 연구로도 충분히 볼 수 있을 만큼 길 게 뻗어나간 축색돌기 뭉치가 두뇌 안에 길게 연결선을 형성한, 뇌 영역 사이의 물리적인 연결을 찾아내는 것을 목표로 한다. 확산 MRI는 물 분자의 확산에서 발 생하는 이방성^{anisotropy}을 감지한다. 축색돌기와 같이 기다란 구조에서는 축색돌기 를 따라가는 방향이 수직 방향보다 확산이 빠르고, MRI는 이런 차이를 감지하여 축색돌기의 위치를 정할 수 있다. 그래서 확산 MRI로는 거시적인 두뇌 네트워크 에지를 직접 찾아낼 수 있고, 네트워크 형태를 구축할 수 있다.

반면에 기능 MRI$^{fMRI, functional MRI}$는 살아있는 뇌조직 안에서 실제 두뇌의 활성을 실시간으로 알아낼 수 있는 시간분해 촬영 기법이다. 일반적으로 fMRI는 혈액 내 의 산소 농도에 민감한데, 활성화된 영역의 두뇌에서 증가하고 MRI 영상을 '환하 게' 한다. fMRI는 확산 MRI가 하듯이 네트워크의 구조를 직접 측정하지는 못한다. 그 대신, 각기 다른 부위에서 나타나는 활성도 사이의 상관관계를 관찰해서 해석해 야 한다. 같은 시간에 동시에 환해지는 지역은 동일한 작업에 가담하고 서로 연결되 기 쉽다. 최근에는 연구자들이 확산 MRI와 fMRI를 함께 사용해서 인간과 동물 모 두의 두뇌 속 거대 규모 네트워크의 복잡한 지도를 개발한다[86, 436, 454].

5.3 생태계 네트워크

이 장에서 살펴볼 생물학적 네트워크의 마지막 유형은 생물종 사이의 상호작용 에 대한 생태계 네트워크다. 생태계 안에서 생물종은 다양한 방식으로 상호작용 할 수 있다. 서로 잡아먹을 수도 있고, 기생할 수도 있으며, 자원을 두고 경쟁하거 나, 식물의 수분이나 씨앗 확산처럼 상호 간에 이득을 얻는 관계를 맺을 수도 있 다. 원칙적으로, 이런 모든 유형의 상호작용을 하나의 혼합된 상호작용 네트워크

(다층 네트워크, 6.7절 참고)에 동시에 표현할 수 있다. 그러나 전통적으로 생태학자들은 상호작용을 다른 네트워크로 분리했다. 특히 포식자-먹이 상호작용 네트워크(즉, 누가 누구를 먹는지) 연구는 오랜 역사가 있다. 숙주와 기생충 또는 서로 간의 상호작용 네트워크는 덜 연구됐지만, 최근 많은 관심을 받았다.

5.3.1 먹이 그물

우리 행성에 있는 생물학적인 유기체를 생태계 안에서 분류할 수 있다. 생태계는 미네랄, 영양소, 그리고 에너지를 얻는 원천 같은 주변 환경이나 서로 간에 상호작용하는 생물 집단이다. 산, 계곡, 호수, 섬, 거대한 토양이나 물은 모두 많은 유기체로 구성된 생태계의 집이 될 수 있다. 생태계가 실제로 완벽히 고립되는 경우는 거의 없고, 많은 생태계가 대략적으로 자립한다고 간주한다. 그렇지만 생태학적 이론에서 생태계는 외부와 상호작용하지 않고 스스로 모든 것을 갖춘 자립 단위로 여긴다. 그럼에도 불구하고 생태계 개념은 생태 역학을 이해하는 데 중요한 실용적인 도구 중 하나다.

먹이 그물$^{food\ web}$은 주어진 생태계 안에서 어떤 종이 어떤 종을 포식하는지를 나타낸 방향성 네트워크다.[7] 네트워크의 노드는 생물종에 해당하고 방향성 에지는 포식자-먹이의 상호작용을 나타낸다. 그림 5.9는 작은 예로서, 남극의 생물종 사이의 먹이 관계를 나타내고 있다. 이 그림에는 주의할 점이 몇 가지 있다. 첫째, 모든 노드가 실제 단일 종을 나타내는 것은 아님을 유의하자. 향유 고래와 인간처럼 일부의 경우는 실제로 단일 종을 나타낸다. 그러나 일부는 새나 물고기 같은 종의 집합을 나타내기도 한다. 이는 먹이 그물 연구의 일반적인 관행이다. 새처럼 그룹에 포함된 모든 종이 또 다른 종을 모두 먹거나 모두에게 먹힌다면, 어떠한 정보도 잃지 않고 먹고 먹히는 관계를 하나의 노드로 더 간단히 나타낼 수 있다. 사실, 심지어 그룹으로 표현한 모든 종이 아니라 대부분만 해당되는 경우라 할지라도 단순화의 결과가 정확성을 조금 잃는 것보다 더 많은 이득을 준다면 대부분 하나의 그룹으로 간주한다. 같거나 비슷한 포식자와 먹이 종의 집합은 영양종$^{trophic\ species}$이라고도 한다.

둘째, 네트워크의 에지 방향을 유의하라. 어떤 이는 에지의 방향이 포식자에서

---

7 일반적으로 **먹이 사슬**(food chain)로 칭하여 어떤 미생물 같은 사슬의 하위 단계 유기체로 시작해서 사자나 인간 같은 가장 위의 궁극적인 포식자로 이어지는 포식자–먹이 관계의 사슬을 나타내는 경우가 있다. 그러나 잠깐만 생각해봐도 실제 생태계는 단일 사슬이 아니라 완전한 상호작용 네트워크임을 이해할 수 있다.

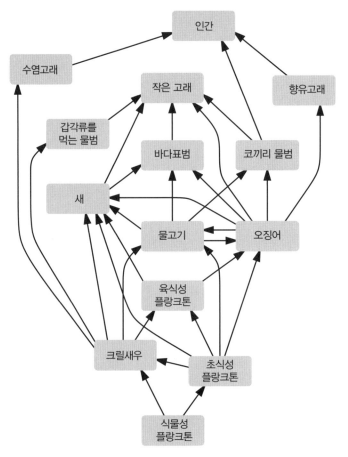

그림 5.9 남극의 먹이 그물

이 그림에서도 일부 드러나 있듯이, 먹이 그물의 노드는 종을 의미하거나 물고기나 새처럼 관련 있는 종들의 집합을 나타낸다. 방향성 에지는 포식자–먹이의 상호작용을 나타내고 에너지 흐름을 따라, 즉 먹이에서 포식자 방향으로 뻗어간다.

먹이로 향한다고 생각할 수 있으나, 생태학자들은 편의상 반대 방향으로 먹이에서 포식자 방향으로 그린다. 그래서 새가 물고기를 먹는 것은 물고기에서 새를 향하는 방향의 에지로 표현한다. 이렇게 어색해 보이는 선택을 한 이유는 생태학자들은 먹이 그물을 생태계 안에서 에너지(때로는 탄소)의 흐름으로 보기 때문이다. 화살표가 물고기에서 새를 향하는 것은 새가 물고기를 먹었을 때 새가 물고기로부터 에너지를 얻는다는 것을 나타낸다.

셋째, 그림상 거의 대부분의 화살표는 화면 위를 향한다. 에지가 모두 한 방향으로 향하는 것으로 그려지는 성질을 지닌 방향성 네트워크를 비순환 네트워크[acyclic]

network라고 한다. 3.2절에서 인용 네트워크에 대해 논의할 때 비순환 네트워크를 본 적이 있다. 먹이 그물은 보통 대략적으로만 비순환한다. 보통은 옳은 방향으로 향하지 않는 에지가 몇 개 있으나,[8] 많은 경우 네트워크가 비순환한다고 가정하는 것이 유용하다.[9]

비순환 네트워크는 6.4.1절에서 더 자세하게 논의한다.

먹이 그물의 비순환적인 특성은 생태계에서 생물종끼리 먹히는 순서가 있음을 의미한다. 순서의 위(그림 5.9에서 위 방향)에 있는 생물은 아래에 있는 생물을 먹지만, 그 반대로는 아니다. 이런 먹이 순서상의 생물종의 위치를 생태학자들은 영양단계trophic level라 부른다. 우리의 예에서는 1 영양단계인 종은 먹이 그물의 아래에 있는 식물성 플랑크톤 단 하나다. 식물성 플랑크톤을 먹는 크릴새우와 초식성 플랑크톤은 2 영양단계이고, 포식자가 전혀 없는 그물의 맨 위까지 이런 방식으로 이어진다. 남극의 예에서는 포식자가 없는 종은 인간과 작은 고래 둘이다(그 둘이 전부이긴 하지만, 어떤 면에서는 '먹이 그물의 가장 위'에 있는 생물종이 같은 영양단계를 가질 필요는 없음을 유의하자).

영양단계는 생태계에서 생물종이 하는 역할을 보여주는 유용한 일반적인 길잡이다. 영양단계가 낮은 종은 크기가 작은 경향이 있고, 먹이 그물의 위에 있는 다른 종들에게 먹히는 수량이 풍부한 종이며, 반면에 영양단계가 높은 종은 상위 포식자로서 몸이 크고 덜 풍부하다. 그러나 생물종의 영양단계를 계산하는 것이 항상 쉽지는 않다. 이론적으로 규칙은 간단하다. 한 생물의 영양단계는 그 먹이의 영양단계보다 1이 높다. 그래서 우리의 예에서 초식성 플랑크톤과 크릴새우는 그들의 먹이가 1 영양단계이기 때문에 2 영양단계다. 육식성 플랑크톤은 3 영양단계다. 하지만 먹이들이 모두 같은 영양단계가 아니라면 어떻게 될까? 예를 들어, 오징어는 2 영양단계와 3 영양단계를 먹이로 먹기 때문에, 오징어가 어느 영양단계에 속해야 하는지가 명확하지 않다. 이 문제를 해결하려고 다양한 수학적 정의를 제안했다. 한 전략은 영양단계를 먹이들의 평균 영양단계보다 1을 높여 정의하는 것이다. 그러나 표준으로 받아들이는 정의는 아직 없으며, 확실하게 말할 수 있는 것은 대부분의 먹이 그물에서 어떤 생물종은 애매하게 정의되거나 영양단계가 뒤섞였다는 것이다.

---

8 예를 들면, 그림 5.9에서 물고기와 오징어 노드 사이에는 양방향의 에지가 있기 때문에 모든 에지가 한 방향으로 향하는 것은 불가능하다.

9 먹이 그물에서는 죽은 동물과 식물을 분해하고 그 영양소를 다시 토양과 대양에 공급하는 박테리아와 그 외 미생물은 보통 무시된다. 만약 이런 종을 포함한다면, 먹이 사슬의 가장 위에서 아래로 향하는 에너지 흐름을 추가하면서 닫힌 순환을 만들어야 한다. 이 경우 네트워크는 더 이상 비순환이 아니다.

생태학 문헌에 나오는 먹이 그물은 보통 두 가지 유형이다. 커뮤니티 먹이 그물 community food web은 그림 5.9와 같이 전체 생태계에 대한 완전한 그물이다. 최소한 이론적으로는, 커뮤니티 먹이 그물은 생태계의 모든 포식자-먹이 상호작용을 나타낸다. 공급자 먹이 그물source food web[10]이나 수혜자 먹이 그물sink food web[11]은 완전한 먹이 그물의 일부분으로, 특정한 포식자나 먹이에 직접 또는 간접적으로 연결된 종만 보여준다. 예를 들면, 공급자 먹이 그물에는 잡초 같은 특정 원천 생물종에서 에너지를 전달받는 모든 종을 기록할 수 있다. 우리가 본 남극 먹이 그물은 궁극적으로 네트워크의 모든 생물종이 식물성 플랑크톤에서 에너지를 받기 때문에 실제로 커뮤니티 먹이 그물임과 동시에 공급자 먹이 그물이다. 이 예에서 식물성 플랑크톤은 에너지 공급자이고 그 위의 생물종들(이 경우 모두)은 관련된 공급 그물을 형성한다. 수혜자 먹이 그물은 네트워크의 상위 포식자를 위한 동등한 구조다. 남극의 사례에서 예를 들면 인간은 향유고래, 수염고래, 코끼리 물범을 소비하는데, 이들은 다시 물고기, 오징어, 플랑크톤, 크릴새우, 그리고 궁극적으로 식물성 플랑크톤에서 에너지를 얻는다. 그러므로 이들 부분집합은 인간이 소비하는 에너지가 어떤 종을 통해 전달되는지를 특정하는 인간의 수혜자 먹이 그물을 구성한다.

먹이 그물의 구조를 실험적으로 결정하는 것은 보통 둘 중 한 가지 또는 가끔은 둘의 혼합으로 수행한다. 첫 번째 방법이자 가장 확실한 방법은 직접 측량하는 것이다. 연구할 생태계를 정하면, 그 생태계 안에 포함되는 생물종 목록을 작성하고 그들 사이의 포식자-먹이 관계를 결정한다. 포유류나 새, 또는 커다란 물고기 같은 몸이 큰 동물들의 경우 일부는 야생에서 직접 관찰하는 것으로도 간단히 파악할 수 있다. 새가 물고기를 잡아먹는 것을 관찰하면 여기에 해당하는 에지를 만들 수 있다. 그러나 더 빈번하게는, 특히 몸집이 작은 동물의 경우에는 궁금한 동물을 잡아서 해부하고 내장의 내용물을 조사해서 무엇을 먹는지를 결정한다.

먹이 그물을 만드는 두 번째 주된 방법은 이미 존재하는 문헌에서 편찬하는 것이다. 많은 포식자-먹이 상호작용이 이미 알려져 있고 먹이 그물의 맥락은 아닌 과학 문헌에 기록됐다. 이런 문헌을 조사해서 먹이 그물 전체 또는 일부 그림을 재구성하곤 한다. 현재 가용한 많은 먹이 그물 데이터가 이런 식으로 조립됐고, 일부는 이런 재구성 방식과 실험 방식을 혼합해 만들어졌다. 출판된 기록을 사용한 특별히 흥미로운 경우가 고생물 먹이 그물 구축 사례다. 사실, 오늘날 가장 잘

---

10 의미를 드러내기 위해 의역함 – 옮긴이
11 의미를 드러내기 위해 의역함 – 옮긴이

문서화된 먹이 그물은 현 시대의 생태계가 아닌 수백 년 전 죽은 생태계의 경우다. 그 생태계는 화석종[152]을 세심하게 연구한 결과에서 구축한다.

일부의 경우 단지 생태계 종들 사이에 상호작용 존재(혹은 부재) 여부만 밝히는 것이 아니라, 그 강도도 측정하려고 시도했다. 한 생물종이 각각의 먹이에서 얻을 수 있는 에너지의 비율에서 상호작용 강도를 정량화하거나 포식자와 먹이 종 사이의 전체 에너지 전달 속도를 정량화할 수도 있다. 그 결과로 얻은 방향성 가중치 네트워크는 가중치가 없는 전통적인 먹이 그물보다 생태계의 에너지 흐름을 보는 데 훨씬 더 큰 기여를 한다. 그러나 상호작용의 강도를 측정하는 데는 시간이 많이 소요되고 어려우며 불확실한 결과를 도출하기 때문에, 가중치가 있는 먹이 그물 네트워크는 반드시 주의해서 다뤄야 한다.

1980년 후반부터 다양한 출처의 먹이 그물 데이터가 조합된 데이터베이스가 Ecoweb[112]처럼 대중에게 공개됐다.

5.3.2 그 밖의 생태계 네트워크

또 다른 두 가지 유형의 생태계 네트워크가 과학 문헌에서 (비록 먹이 그물보다는 덜 했음에도) 관심을 받아왔다. 숙주-기생충 네트워크host-parasite network는 몸집이 큰 동물과 그 위나 내부에서 사는 곤충과 미생물 같은 생물체 사이의 기생 관계를 나타내는 네트워크다. 어떤 의미에서 기생 관계는 (한 종이 다른 종을 먹는) 포식의 한 형태이지만, 실제로는 전통적인 포식자-먹이의 상호 관계와는 꽤나 거리가 있다. 예를 들어, 기생충은 보통 자신의 숙주보다 몸이 작은 경향이 있는데, 숙주의 포식자는 일반적으로 숙주보다 더 크다. 또 포식자는 대개 먹이를 죽이는 데 반해 기생충은 그들의 숙주를 오래, 경우에 따라서는 무기한 살려둔다.

그러나 기생충 상호작용은 전통적인 먹이 그물과 비슷한 네트워크를 형성한다. 기생충은 종종 더 작은 기생충의 숙주가 되고, 작은 기생충은 그보다 더 작은 기생충을 가질 수 있으며, 그런 방식으로 몇 단계가 이어진다.[12] 숙주-기생충 네트워크에 대한 문헌은 많지는 않지만 점점 늘어나고 있으며, 많은 문헌이 농업 커뮤니티의 연구에 기반한다. 기생충에 관심을 두는 주요 이유는 가축 및 작물 종에 대한 영향과 유병률 때문이다.

---

12 오거스터스 드모르간(Augustus de Morgan)의 학교 동요를 연상하게 한다.

큰 벼룩은 등을 무는 더 작은 벼룩이 등에 있고, 더 작은 벼룩은 그보다 더 작은 벼룩이 등에 있고, 그렇게 무한히 있다.

이분 네트워크에 대한 논의는 6.6 절을 참고하라.

생태계 네트워크의 또 다른 주된 유형은 생물종 상호 간에 이득이 되는 관계를 뜻하는 공생 네트워크mutualistic network다. 생태학 문헌에서 관심을 받아온 세 가지 유형의 공생 네트워크는 식물과 수분을 해주는 동물(주로 곤충)의 네트워크, 식물과 (새처럼) 씨앗을 퍼뜨려주는 동물의 네트워크, 서로 지켜주고 먹이가 되는 개미 종과 식물의 네트워크다. 정의에 따라 한 쌍의 생물종 상호 간에 이득이 양쪽 방향으로 향하기 때문에, 먹이 그물 네트워크의 방향성 있는 상호 관계와는 다르게 공생 네트워크는 방향성 없는(또는 원한다면 양방향인) 네트워크다. 또한 대부분 공생 네트워크는 (적어도 연구된 대부분은) 서로 다른 두 가지 중복되지 않는 종(예: 식물과 개미)으로 구성되고 오직 서로 다른 종류의 멤버들만 상호작용하는 이분 네트워크다. 그러나 실제로 이분 네트워크가 아닌 공생 네트워크도 역시 가능하다. 미국 국립 생태 분석 및 합성 센터US National Center for Ecological Analysis and Synthesis가 상호 관계 웹 데이터베이스에 공생 네트워크 데이터를 구축했고, http://www.nceas.ucsb.edu/interactionweb에서 찾을 수 있다.

Part 2

네트워크 이론의 기초

CHAPTER
06

네트워크의 수학 표현

네트워크 연구에 사용하는 수학적 도구와 향후 이어지는 여러 전개에 중요하게 사용될 도구

다음 몇 장에서는 네트워크 연구의 기본적인 정량적 분석의 토대가 되고 이 책의 후반부 내용을 이해하는 데 중요한 개념을 소개한다. 6장에서는 네트워크를 설명하고 분석하는 데 사용되는 이론적인 기본 도구에 대해 논의한다. 그중 대부분은 원래 네트워크를 다루는 수학의 한 분야인 그래프 이론에서 비롯된 것이다. 그래프 이론은 많은 수학적 결과를 포함하는 큰 분야다. 여기서는 이 책의 목표와 가장 관련이 깊은 것에 초점을 맞춰 그중 일부만을 설명한다. 그래프 이론 연구에 좀 더 관심 있는 독자는 하라리[Harary][230]나 웨스트[West][467]의 책을 읽으면 좋을 것이다.

이 장 이후의 3개 장에서는 네트워크 구조를 정량화하기 위한 측정량 및 측정법(7장), 네트워크 데이터 분석을 위한 컴퓨터 알고리듬(8장), 네트워크에 대한 통계적 방법(9장)을 살펴본다. 그런 다음 개발한 방법과 측정법을 분석에 적용할 때 실제 네트워크에서 드러나는 놀라운 패턴을 10장에서 살펴본다.

6.1 네트워크와 그 표현

시작하기에 앞서, 수학 문헌에서 그래프[graph]라고도 부르는 네트워크[network]는 앞서 말했듯이 에지로 연결된 노드(혹은 버텍스)의 모음이다.[1] 노드와 에지는 물리학에

---

1 여기서 '에지'로 옮긴 'edge'를 그래프 이론에서는 '모서리'로 번역하기도 한다. 여기서는 링크와 구분하지 않고 사용한다. 버텍스도 에지와 마찬가지로 'vertex'를 '꼭짓점'으로 옮기지 않고 그대로 사용했다. - 옮긴이

표 6.1 네트워크의 노드와 에지의 예

네트워크	노드	에지
인터넷	컴퓨터 혹은 라우터	케이블 혹은 무선 데이터 연결
월드와이드웹	웹 페이지	하이퍼링크
인용 네트워크	논문, 특허 혹은 법률사건	인용
전력망	발전소 혹은 변전소	송전선
친구 관계 네트워크	사람	친구 관계
물질대사 네트워크	대사물질	대사 반응
신경망	뉴런	시냅스
먹이 그물	종	포식 관계

서는 격자점^{site}과 결합선^{bond}으로, 사회학에서는 행위자^{actor}와 유대 관계^{tie}로도 불린다.[2] 에지는 맥락에 따라 링크나 연결 또는 상호작용으로 다양하게 불릴 수 있다. 표 6.1은 특정 네트워크의 노드와 에지의 몇 가지 예를 보여준다.

이 책에서는 일반적으로 네트워크의 노드 수를 n으로 표시하고, 에지 수를 m으로 표시한다. 이는 수학 문헌에서 흔히 볼 수 있는 표기법이다. 연구 대상인 대부분의 네트워크는 노드 쌍 사이에 기껏해야 하나의 에지를 갖는다. 드문 경우로 동일한 노드 사이에 둘 이상의 에지가 있을 수 있는데 총괄하여 다중 에지^{multiedge}라고 한다. 대부분의 네트워크에는 자기 자신을 연결하는 에지가 없다. 간혹 이런 에지가 있을 수 있는데 이를 셀프 에지$^{self-edge}$ 또는 셀프 루프$^{self-loop}$라 한다.[3]

셀프 에지도 다중 에지도 없는 네트워크를 단순 네트워크$^{simple\ network}$ 또는 단순 그래프$^{simple\ graph}$라 한다. 다중 에지가 있는 네트워크를 다중 그래프^{multigraph}라고 한다. 그림 6.1은 (a) 단순 그래프와 (b) 다중 에지 및 셀프 에지가 모두 있는 단순하지 않은 그래프의 예를 보여준다.

자기 자신을 연결하는 셀프 에지가 있는 네트워크를 부르는 이름은 별달리 없는 듯하다. 그냥 '셀프 에지가 있는 네트워크'라고 불린다.

6.2   인접 행렬

네트워크의 기본적인 수학 표현은 인접 행렬$^{adjacency\ matrix}$이다. 예를 들어, 그림 6.1(a)에서와 같은 n개의 노드가 있는 방향성 없는 단순 네트워크를 고려하고 노드에 1에서 n까지 정수 이름표를 붙여보자. 어떤 노드가 어떤 이름표를 갖는지는

---

2 '행위자'라는 단어를 사용하는 것은 때로는 혼란을 야기한다. 배우처럼 연기하는 사람일 필요도 없고, 사실 사람일 필요도 없다. 예를 들어, 회사 사이의 비즈니스 관계 사회연결망의 경우 행위자는 회사이고 연결은 비즈니스 관계다.

3 '셀프 에지', '셀프 루프'는 영어를 그대로 읽은 것으로 '자기 연결', '자기 고리'와 같이 번역하여 쓰기도 한다. – 옮긴이

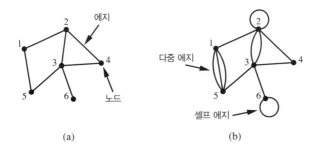

그림 6.1 2개의 작은 네트워크

(a) 단순 그래프, 즉 다중 에지도 셀프 에지도 없다. (b) 다중 에지와 셀프 에지가 모두 있는 네트워크

중요하지 않고, 이름표를 사용해 노드를 명확하게 참조할 수 있도록 각 이름표가 고유하면 된다.

이제 네트워크의 인접 행렬 $\mathbf{A}$는 A_{ij} 요소를 갖는 $n \times n$ 행렬로 정의된다.

$$A_{ij} = \begin{cases} 1 & \text{노드 } i \text{와 } j \text{ 사이에 에지가 있는 경우} \\ 0 & \text{그 외} \end{cases} \tag{6.1}$$

예를 들어, 그림 6.1(a) 네트워크의 인접 행렬은 다음과 같다.

$$\mathbf{A} = \begin{pmatrix} 0 & 1 & 0 & 0 & 1 & 0 \\ 1 & 0 & 1 & 1 & 0 & 0 \\ 0 & 1 & 0 & 1 & 1 & 1 \\ 0 & 1 & 1 & 0 & 0 & 0 \\ 1 & 0 & 1 & 0 & 0 & 0 \\ 0 & 0 & 1 & 0 & 0 & 0 \end{pmatrix} \tag{6.2}$$

인접 행렬에 대해 주의해야 하는 두 가지 사항은 첫째로 셀프 에지가 없는 네트워크의 대각 행렬 요소는 모두 0이라는 것과, 둘째로 i와 j 사이에 에지가 있으면 반드시 j와 i 사이에도 에지가 있으므로 행렬이 대칭이라는 것이다.

인접 행렬을 사용해 다중 에지와 셀프 에지를 나타내는 것 또한 가능하다. 다중 에지는 행렬 요소 A_{ij}를 에지의 다중도^{multiplicity}와 같게 설정하여 표현한다. 예를 들어, 노드 i와 j 사이의 이중 에지는 $A_{ij} = A_{ji} = 2$로 표현한다.

셀프 에지는 좀 더 복잡하다. 노드 i에서 자신에게 연결된 하나의 셀프 에지는 인접 행렬의 해당 대각 요소 A_{ii}를 2로 설정하여 표현한다. 왜 1이 아닌 2일까? 본질적으로 i에서 i로 연결된 셀프 에지가 모두 노드 i에 연결된 2개의 끝을 갖고 있기 때문이다. 나중에 살펴보겠지만, 인접 행렬에 관한 많은 수학적 결과가 이런 식으로 정의했을 때 더 깔끔하게 맞기에 이렇게 정의됐다.[4] 이것을 생각하는 또 다른 방법은 셀프 에지가 아닌 에지는 인접 행렬에 두 번 나타난다는 점을 떠올리는 것이다. i에서 j를 연결하는 하나의 에지는 A_{ij}와 A_{ji} 모두 1임을 의미한다. 에지를 동등하게 계산하려면 셀프 에지도 두 번 나타나야 하는데, 대각 행렬 요소 A_{ii}는 하나뿐이므로 두 표시를 모두 한 곳에 기록해야 한다.

예를 하나 더 들자면 그림 6.1(b)의 다중 그래프의 인접 행렬은 다음과 같다.

$$\mathbf{A} = \begin{pmatrix} 0 & 1 & 0 & 0 & 3 & 0 \\ 1 & 2 & 2 & 1 & 0 & 0 \\ 0 & 2 & 0 & 1 & 1 & 1 \\ 0 & 1 & 1 & 0 & 0 & 0 \\ 3 & 0 & 1 & 0 & 0 & 0 \\ 0 & 0 & 1 & 0 & 0 & 2 \end{pmatrix} \tag{6.3}$$

다중 셀프 에지를 가질 수도 있다. 이런 에지는 인접 행렬의 해당 대각 행렬 요소를 에지 다중도의 두 배와 같도록 설정하여 표현한다. 이중 셀프 에지는 $A_{ii} = 4$, 삼중인 경우는 6, 이런 식이다.

6.3 가중치 네트워크

연구하게 될 다수의 네트워크는 노드 사이를 단순히 양쪽으로 연결하는 것만 표현하는 에지를 갖고 있다. 그런 에지가 있든지 없든지 둘 중 하나다. 하지만 어떤 상황에서는 에지가 보통 실숫값으로 표현되는 강도를 갖거나 가중치 혹은 에지에 주어진 값을 갖는 것이 유용하다. 인터넷의 에지는 이동하는 데이터의 양이나 대역폭을 나타내는 가중치를 가질 수 있다. 먹이 그물에서 포식자-먹이 관계는 먹이와 포식자 사이의 총 에너지 흐름을 측정하는 가중치를 가질 수 있다. 사회연결망에서 연결은 행위자 사이의 접촉 빈도를 나타내는 가중치를 가질 수 있다. 이러한 가중치 네트워크$^{weighted\ network}$ 또는 값이 부여된 네트워크$^{valued\ network}$는 해당 연결의 가중치와 같은 값을 A_{ij} 요소로 갖는 인접 행렬을 이용해 수학적으로 나타낼 수 있다. 따라서 다음 인접 행렬 $\mathbf{A}$는 노드 1과 2 사이의 연결이 노드 1과 3 사이의 연

---

4 6.4절에서 논의하듯이, 방향성 네트워크는 다르다. 방향성 네트워크에서 셀프 에지는 인접 행렬의 대각 요소를 1로 표시한다.

결보다 두 배 강하고, 노드 2와 3 사이의 연결은 노드 1과 3 사이 연결의 절반인 가중치 네트워크를 나타낸다.

$$\mathbf{A} = \begin{pmatrix} 0 & 2 & 1 \\ 2 & 0 & 0.5 \\ 1 & 0.5 & 0 \end{pmatrix} \tag{6.4}$$

에지의 값은 어떤 종류의 길이를 나타낼 수도 있다. 예를 들어, 도로나 항공망에서 에지값은 킬로미터나 마일로 에지가 놓인 거리를 나타낸다. 또는 에지를 따라 이동하는 데 걸린 시간을 나타낼 수 있는데, 이는 거리는 아니지만 시간의 단위로 표시된 일종의 길이로 볼 수 있다. 어떤 의미에서 에지의 길이는 에지의 가중치의 역수다. 두 노드가 강하게 연결되어 있다면 서로 '가깝다'고 할 수 있고, 약하게 연결된 두 개의 노드는 멀리 떨어져 있는 것으로 간주할 수 있기 때문이다. 따라서 길이의 역수를 취하여 가중치로 변환한 다음 해당 값을 인접 행렬의 요소로 사용할 수 있지만, 이는 대략적인 해석으로 간주돼야 한다. 대부분의 경우 에지 가중치와 길이 사이의 공식적인 수학적 관계는 없다.

이제 인접 행렬이 0과 1이 아닌 값의 비대각$^{off\text{-}diagonal}$ 요소를 가질 수 있는 두 가지 유형의 네트워크를 보았다. 가중치가 있는 에지를 갖는 네트워크와 다중 에지가 있는 네트워크다. 사실 가중치 네트워크의 가중치가 모두 정수인 경우 이와 동일한 다중 에지의 다중도를 선택하여 정확히 같은 인접 행렬을 갖는 다중 에지가 있는 네트워크를 만들 수 있다. 이런 연관은 종종 유용하다. 어떤 상황에서는 가중치 네트워크보다 다중 그래프의 양상을 추론하는 편이 더 쉬우며, 그 반대의 경우도 있다. 둘 사이의 전환이 분석에 유용할 수 있다[355].

가중치 네트워크의 가중치는 일반적으로 양수이지만, 이론적으로는 음수가 되지 못할 이유가 없다. 예를 들어 사람들 사이의 사회적 관계 네트워크의 경우 종종 양수 에지 가중치는 친구 관계 또는 다른 우호적인 관계를 나타내고, 음수 가중치는 적대감을 나타내는 방식으로 만들어진다.

에지가 가중치를 가질 수 있다면 노드에도 가중치를 고려하는 것이 큰 비약은 아니다. 또는 벡터나 색깔 같은 범주형 변수처럼 특이한 유형의 값을 에지와 노드에 줄 수 있다. 이러한 많은 변형이 네트워크 문헌에서 고려됐으며 이 책의 뒷부분에서 일부를 논의할 것이다. 하지만 에지에 변수가 있는 또 다른 경우가 있는데 이는 네트워크 연구의 핵심이므로 바로 논의한다.

양과 음의 에지를 모두 갖는 네트워크는 구조적 균형의 개념을 고려할 때로 7.5절에서 자세히 설명한다.

6.4 방향성 네트워크

줄여서 디그래프^{digraph}라고도 하는 방향성 네트워크$^{directed\ network}$와 방향성 그래프^{directed}
^{graph}는 각 에지가 한 노드에서 다른 노드를 가리키는 방향이 있는 네트워크다. 이러한 에지는 방향성 에지$^{directed\ edge}$ 혹은 아크^{arc}라고 하며, 그림 6.2의 예에서와 같이 화살표가 있는 선으로 나타낼 수 있다.

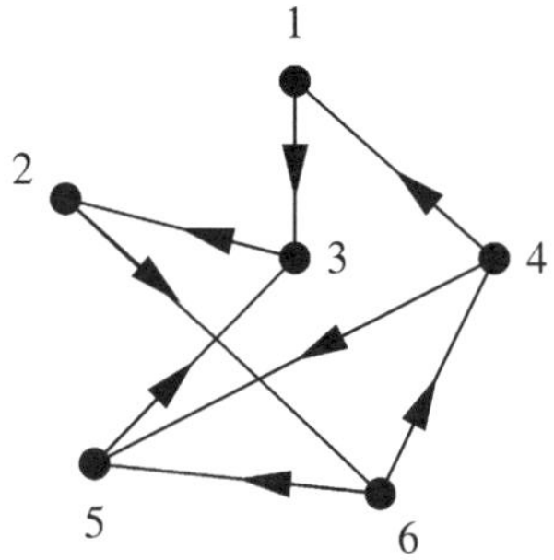

이전 장에서 방향성 네트워크의 여러 예를 살펴봤다. 하이퍼링크가 한 웹 페이지에서 다른 웹 페이지로 이동하게 하는 월드와이드웹, 먹이로부터 포식자로의 에너지 흐름을 보여주는 먹이 그물, 한 논문에서 다른 논문의 인용을 표현하는 논문 인용 네트워크가 있었다.

방향성 네트워크의 인접 행렬은 다음과 같은 행렬 요소를 갖고 있다.

$$A_{ij} = \begin{cases} 1 & j\text{로부터 } i\text{로 에지가 있는 경우} \\ 0 & \text{그 외} \end{cases} \tag{6.5}$$

그림 6.2 방향성 네트워크
에지의 방향을 표시하는 화살표로 그려진 작은 방향성 네트워크

여기서 에지의 방향이 두 번째 첨자에서 첫 번째 첨자의 노드를 향하고 있음을 유의하자. 조금 비직관적이지만 수학적으로 편리하다고 밝혀져 이 책에서 채택한 규칙이다.[5]

예로서 그림 6.2의 작은 네트워크의 인접 행렬은 다음과 같다.

$$\mathbf{A} = \begin{pmatrix} 0 & 0 & 0 & 1 & 0 & 0 \\ 0 & 0 & 1 & 0 & 0 & 0 \\ 1 & 0 & 0 & 0 & 1 & 0 \\ 0 & 0 & 0 & 0 & 0 & 1 \\ 0 & 0 & 0 & 1 & 0 & 1 \\ 0 & 1 & 0 & 0 & 0 & 0 \end{pmatrix} \tag{6.6}$$

행렬이 대칭적이지 않음에 유의하라. 일반적으로 방향성 네트워크의 인접 행렬은 비대칭적인데, i에서 j로 에지가 있다는 것이 반드시 j에서 i로도 에지가 있음을 뜻하지는 않기 때문이다.

방향성 없는 네트워크에서와 같이 방향성 네트워크도 인접 행렬 요소에 1보다 큰 값을 갖거나 대각 요소에 0이 아닌 값을 부여해 각기 다중 에지와 셀프 에지를 표현할 수 있다. 하지만 여기서 중요한 차이는 방향성 네트워크의 셀프 에지는

---

5 일반적이기는 하지만 이 규칙이 보편적인 것은 아니다. 때때로 반대로 쓰인 경우도 볼 수 있다. 그러므로 방향성 네트워크에 관한 글을 읽거나 쓸 때는 어떤 표기법이 사용되는지 명확히 해야 한다.

해당 대각 요소에 방향성 없는 그래프에서의 2가 아닌 1을 주어 표현한다는 점이다. 이렇게 선택함으로써 인접 행렬이 연관된 공식과 그 결과가 가장 깔끔하게 풀린다.

6.4.1 비순환 네트워크

방향성 네트워크에서 순환 구조^{cycle}란 각 에지에 있는 화살표가 같은 방향을 가리키며 줄줄이 이어져 만든 닫힌 고리^{loop}다. 월드와이드웹과 같은 네트워크에 순환 구조가 많다. 그러나 일부 방향성 네트워크에는 순환 구조가 없고, 이를 비순환 네트워크^{acyclic network}라고 한다.[6, 7] 자기 자신을 가리키는 셀프 에지도 순환 구조로 간주되므로 비순환 네트워크에는 셀프 에지가 없다.

방향성 네트워크의 순환 구조

방향성 비순환 네트워크의 전형적인 예는 3.2절에서 논의한 논문 인용 네트워크다. 논문을 작성할 때는 이미 작성된 다른 논문만 인용할 수 있다. 즉, 인용 네트워크의 모든 에지는 나중 논문에서 이전 논문으로 시간 흐름의 반대 방향을 가리킨다. 그림 6.3의 네트워크와 같이 그림의 아래에서 위로 시간 순서로 놓인 노드로 표시할 수 있다. 그래서 모든 에지가 그림의 아래를 가리킨다.[8] 이런 네트워크에서는 닫힌 순환 구조가 있을 수 없다. 어떤 순환 구조이든 그림 아래로 내려갔다가 다시 시작 위치로 돌아오기 위해 올라와야 하는데 이를 위한 위쪽을 향한 에지가 없기 때문이다.

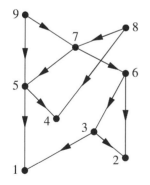

그림 6.3 방향성 비순환 네트워크
이 네트워크에서는 에지가 모두 아래를 향하도록 노드가 배치됐다. 이렇게 배치할 수 있는 네트워크에서는 에지의 닫힌 순환 구조를 가질 수 없으므로 비순환이라 한다. 비순환 네트워크의 일상 예는 논문 사이의 인용 네트워크다. 그림의 세로축은 위쪽을 따라 논문의 출간일을 나타낸다. 모든 인용은 나중 논문에서 이전 논문으로 향해야 한다.

---

6 수학 참고문헌에서 종종 방향성 비순환 그래프(Directed Acyclic Graph)를 뜻하는 DAG라는 약자가 보인다.

7 방향성 네트워크는 별도의 언급이 없는 한 보통 순환 구조를 갖는 것으로 가정되기에 별로 쓰일 일은 없지만, 순환 구조가 있는 네트워크는 순환 네트워크(cyclic network)라 한다.

8 3.2절에서 논의한 대로 실제 인용 네트워크에는 두 논문이 모두 서로를 인용하여 네트워크에서 길이 2의 순환 구조를 만드는 드문 경우가 있다. 따라서 실제 인용 네트워크는 대략적으로만 비순환적이다.

네트워크가 비순환적이라면 모든 에지가 아래쪽을 가리키는 그림 6.3과 같은 방식으로 그릴 수 있다는 것이 덜 분명하지만 여전히 사실이다. 이렇게 된다는 증명은 주어진 네트워크가 비순환적인지 여부를 결정하는 방법을 제공하기에 유용한 것으로 판명됐다.

n개의 노드로 구성된 방향성 비순환 네트워크가 있다고 가정해보자. 그러면 네트워크 어딘가에 들어오는 에지만 있고 나가는 에지가 없는 노드가 적어도 하나는 있어야 한다. 이를 보이기 위해 모든 노드에 하나 이상의 나가는 에지가 있다고 가정해보자. 그런 다음 끝없이 네트워크를 따라 걷는 경로나 '걸음^{walk}'을 만들 수 있다. 임의의 노드에서 시작하여 나가는 에지 중 하나를 따라 이동하는 것을 무한히 반복한다. 그러나 전체 n개의 노드만 있으므로 이런 걷기에서는 최대 n단계 후에는 이전에 방문한 노드를 방문해야 한다. 이렇게 함으로써 네트워크에서 순환 구조를 완성한다. 그러나 비순환 네트워크에서는 이것이 일어날 수 없다. 따라서 모순이 있고 적어도 한 노드에서는 나가는 에지가 없어야 한다.

이 결과를 감안할 때 다음은 그림 6.3과 같이 순서에 따라 네트워크를 그리는 방식이다. 먼저 네트워크를 통해 나가는 에지가 없는 노드를 검색한다. 그런 노드가 2개 이상 있을 수 있으며 이 경우 원하는 노드를 선택한다. 이 노드를 1이라고 하자. 이제 네트워크에서 노드 1과 연결된 에지를 함께 제거한 다음 이 과정을 반복하여 나머지 네트워크에서 나가는 에지가 없는 다른 노드를 찾는다. 이를 2라고 하고 네트워크에서 에지와 함께 없애는 식으로 진행한다.

모든 노드가 번호가 매겨지고 제거된 다음, 페이지의 아래에서 위쪽으로 숫자의 순서대로 노드를 배치한다. 노드 사이의 적절한 위치에 방향성 에지를 그려 넣어 네트워크를 다시 되돌려 이와 같은 그림을 그린다. 모든 노드는 네트워크에서 제거될 때 나가는 에지가 없기 때문에, 그림에서 그 아래에 그려진 더 낮은 번호의 노드로만 나가는 에지가 있으므로, 원래 나가는 에지가 있었더라면 모두 이전에 제거된 노드에 연결됐어야만 한다. 따라서 최종 그림의 모든 에지는 아래를 향해야 하고 그림 6.3과 같은 그림을 만들 수 있다.[9]

이 과정은 비순환 네트워크를 시각화하는 데 유용하다. 이러한 네트워크를 그리기 위한 대부분의 컴퓨터 알고리듬은 이러한 방식으로 한 축을 따라 노드를 순서대로 배열하고 다른 방향으로 노드를 움직여서 에지가 교차되는 횟수가 적어지

---

9 노드를 그리는 특정 순서와 그로 인해 만들어지는 그림이 반드시 유일한 것은 아니다. 과정 중 어떤 단계에서 나가는 에지가 없는 노드가 2개 이상인 경우 제거할 노드를 고를 수 있어 전체 노드 순서 사이에 선택의 여지가 있다.

도록 네트워크 구조를 가능한 한 명확하고 시각적으로 보기 좋게 만든다.

이러한 과정은 다른 이유로도 유용하다. 네트워크에 순환 구조가 있다면 과정이 중단되므로 주어진 네트워크가 비순환적인지 테스트하는 방법을 제공할 수 있다. 네트워크에 순환 구조가 있으면 해당 순환 구조의 노드 중 어떤 것도 과정 중에 제거되지 않는다. 순환 구조의 다른 노드 중 최소 하나가 제거될 때까지 모두가 나가는 에지를 갖고 있으므로 어느 노드도 제거할 수 없다. 따라서 네트워크에 순환 구조가 포함되어 있으면 네트워크에 여전히 노드가 남아 있지만 그 모두가 나가는 에지가 있는 시점이 도래한다. 따라서 비순환 네트워크인지를 판단하는 간단한 알고리듬은 다음과 같다.

1. 나가는 에지가 없는 노드를 찾아라.

2. 만일 그런 노드가 없다면 네트워크에는 순환 구조가 있다. 그렇지 않고 나가는 에지가 없는 노드가 있다면, 이를 모든 들어오는 에지와 함께 네트워크에서 제거한다.

3. 모든 노드가 제거됐다면 네트워크가 비순환적이다. 그렇지 않으면, 1단계로 돌아가라.

방향성 비순환 네트워크의 인접 행렬은 흥미로운 특징이 있다. 비순환 네트워크의 노드들을 앞서 설명한 대로 번호를 매겨 모든 에지가 더 높은 번호의 노드에서 더 낮은 번호의 노드를 가리키게 한다고 가정하자. 그런 다음 인접 행렬 $\mathbf{A}$의 요소 A_{ij}가 j로부터 i로 향하는 에지를 표현할 때, 0이 아닌 모든 요소는 대각선 위에 있다. 상삼각 행렬$^{\text{upper triangle matrix}}$이 된다. 예를 들어, 그림 6.3에 있는 네트워크의 인접 행렬은 다음과 같다.

$$\mathbf{A} = \begin{pmatrix} 0 & 0 & 1 & 0 & 1 & 0 & 0 & 0 & 0 \\ 0 & 0 & 1 & 0 & 0 & 1 & 0 & 0 & 0 \\ 0 & 0 & 0 & 0 & 0 & 1 & 0 & 0 & 0 \\ 0 & 0 & 0 & 0 & 1 & 0 & 0 & 1 & 0 \\ 0 & 0 & 0 & 0 & 0 & 0 & 1 & 0 & 1 \\ 0 & 0 & 0 & 0 & 0 & 0 & 1 & 0 & 0 \\ 0 & 0 & 0 & 0 & 0 & 0 & 0 & 1 & 1 \\ 0 & 0 & 0 & 0 & 0 & 0 & 0 & 0 & 0 \\ 0 & 0 & 0 & 0 & 0 & 0 & 0 & 0 & 0 \end{pmatrix} \tag{6.7}$$

비순환 네트워크는 셀프 에지를 가질 수 없으므로 인접 행렬의 대각 요소는 반드시 0이다. 대각선에 0이 있는 삼각 행렬을 완전 삼각 행렬^{strictly triangular}이라 한다.

비순환 네트워크의 노드가 앞서 설명한 대로 올바른 순서로 번호가 매겨지지 않은 경우 인접 행렬은 삼각형이 아니다(예를 들어, 식 (6.7) 행렬의 행과 열을 교환하는 것을 상상해보라). 그러나 모든 방향성 비순환 네트워크에 대해 인접 행렬이 완전 삼각 행렬이 되도록 노드에 번호를 매기는 방법이 하나 이상 존재한다. 앞에서 설명한 알고리듬이 이를 찾는 데 사용될 수 있다.

6.5 하이퍼그래프

어떤 종류의 네트워크에서는 에지가 한 번에 2개 이상의 노드를 연결한다. 예를 들어, 사람들이 모인 더 큰 커뮤니티 내에서 가족 관계를 나타내는 사회연결망을 만들 수 있다. 가족은 두 명 이상일 수 있으며 이러한 가족을 나타내는 한 방법은 2개 이상의 노드를 연결하는 일반화된 유형의 에지를 사용하는 것이다. 이러한 에지를 하이퍼에지^{hyperedge}라 하고, 하이퍼에지가 있는 네트워크를 하이퍼그래프^{hypergraph}라고 한다.[10] 그림 6.4(a)는 하이퍼에지를 고리로 표시한 작은 하이퍼그래프의 예를 보여준다.

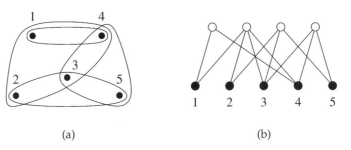

(a)   (b)

그림 6.4 하이퍼그래프와 이에 대응하는 이분 그래프

이 두 네트워크는 4개의 그룹에 있는 5개의 노드 구성원이라는 동일한 정보를 전달한다. (a) 노드 집합을 감싸는 고리로 나타낸 하이퍼에지로 그룹을 표시하는 하이퍼그래프 표현, (b) 4개의 그룹을 나타내는 상단의 열린 원 4개를 새로운 노드로 도입하고 하단의 원래 노드 5개 각각을 속하는 그룹에 연결하는 에지가 있는 이분 표현

---

10 가족 관계를 나타내기 위해 노드 쌍을 연결하는 일반적인 에지를 사용해 한 가족의 개인에 해당하는 두 노드 사이에 에지를 배치할 수 있다. 그러나 이는 2개의 에지가 동일한 가족 내의 연결에 해당하는지를 알려주지 않으며, 하이퍼에지가 하이퍼그래프에서 하는 것처럼 한 가족에 해당하는 단일 객체가 네트워크에 없다. 따라서 여러 면에서 하이퍼그래프는 가족 관계를 좀 더 완벽하게 표현한다.

표 6.2 하이퍼그래프와 이분 그래프

하이퍼그래프 또는 동등하게 이분 그래프로 표현할 수 있는 네트워크의 예. 마지막 열은 이 책에서 각각을 논의한 절을 표시한다.

네트워크	노드	그룹	절
영화 배우들	배우	한 영화에 캐스팅	4.5절
공동 저자	저자	한 논문의 저자	4.5절
이사회	이사	한 회사의 이사회	4.5절
소셜 이벤트	사람	한 소셜 이벤트의 참가자	4.1절
추천 시스템	사람	같은 책, 영화 등을 좋아하는 사람들	3.3.2절
키워드 인덱스	키워드	단어들이 나오는 페이지	3.3.3절
철도 연결	기차역	기차 노선	2.4절
물질대사 반응	대사물질	한 반응에 관여하는 물질	5.1.1절

이 책에서 마주하게 될 많은 네트워크는 하이퍼그래프로 나타낼 수 있다. 특히, 가족과 같은 일종의 그룹 공통 구성원에 의해 노드가 함께 연결되는 모든 네트워크는 이런 방식으로 나타낼 수 있다. 사회학에서는 이러한 네트워크를 '소속 네트워크affiliation network'라고 하며, 4.5절에서 몇 가지 예를 살펴봤다. 기업 이사회에 앉아 있는 이사들, 논문을 공동 집필하는 과학자들, 영화에 함께 출연하는 영화 배우들이 모두 소속 네트워크의 예다. 좀 더 많은 예를 표 6.2에서 보자.

하지만 이 책에서는 하이퍼그래프에 대해 거의 이야기하지 않을 것이다. 동일한 정보를 우리의 목적에 더 편리하게 나타내는 또 다른 방법이 있다. 바로 이분 네트워크다.

6.6 이분 네트워크

사회학 문헌에서 두 상태 네트워크two-mode network라고도 하는 이분 네트워크bipartite network는 두 가지 종류의 노드와 각기 다른 종류의 노드 사이에만 연결되는 에지가 있는 네트워크다(그림 6.5 참고). 이분 네트워크는 어떤 종류의 그룹에 속한 사람 또는 개체의 집합 구성원을 나타내는 데 가장 일반적으로 사용된다. 사람들은 한 세트의 노드로 표시되고, 그룹은 다른 세트로 표시되며, 에지는 사람들을 그들이 속한 그룹에 연결한다. 이런 방식으로 이분 네트워크는 6.5절(그림 6.4 참고)의 하이퍼그래프와 정확히 동일한 정보를 표현하고, 대부분의 경우 이분 그래프가 더 편리하고 더 널리 사용된다. 이 책 전체에서 이분 그래프를 자주 사용할 것이다.

이전에 3.3.2절의 추천 네트워크, 4.5절의 소속 네트워크, 5.1.1절의 물질대사 네트워크 맥락에서 이분 네트워크를 논의했다.

그림 6.5 작은 이분 네트워크

열린 원과 닫힌 원은 두 가지 유형의 노드를 나타내며, 에지는 다른 유형의 노드 사이만 연결한다. 이분 구조를 더 명확하게 하기 위해 이와 같이 2개의 노드 집합이 나란히 배열된 이분 네트워크를 그리는 것이 일반적이다. 또 다른 예는 4장의 그림 4.2를 참고하라.

예를 들어 4.5절에 논의된 영화 배우 네트워크에서 두 가지 유형의 노드는 각각 배우와 영화를 나타내고, 에지는 배우가 출연한 영화를 서로 연결하는 이분 네트워크로 표현할 수 있다. 배우를 다른 배우와 직접 연결하거나 영화를 다른 영화와 직접 연결하는 에지는 없다. 이분 네트워크의 에지는 종류가 다른 노드만 연결한다. 또 다른 예로, 누가 어떤 책을 좋아하는지를 나타내는 네트워크와 같은 추천 네트워크를 고려해보자(3.3.2절 참고). 두 가지 유형의 노드는 사람과 책을 나타내며, 에지는 사람들을 그들이 좋아하는 책에 연결한다. 표 6.2에 더 많은 예가 있다.

이분 네트워크는 그룹의 구성원 표현이 아닌 상황에서도 가끔 나타난다. 예를 들어, 성적 접촉 네트워크에 대한 공중 보건 문헌의 연구가 있다[271, 305, 392, 417]. 이성애 인구에 해당하는 이런 네트워크를 구성한다면 이분 네트워크가 될 것이다. 두 종류의 노드는 남성과 여성에 해당하고 에지는 성적 접촉에 해당한다(반면 게이 남성과 여성 또는 이성애자와 게이가 합쳐진 네트워크는 아마도 이분 네트워크가 아닐 것이다).

때때로 방향이 있는 이분 네트워크 또한 마주할 수 있다. 예를 들어, 5.1.1절에서 논의한 물질대사 네트워크는 방향성 이분 네트워크로 나타낼 수 있다(그림 5.1(a) 참고). 가중치가 있는 이분 네트워크도 원칙적으로 가능하지만 이 책에서는 예제로 나오지 않는다.

6.6.1 접속 행렬과 네트워크 투영

(방향성과 가중치가 없는) 이분 네트워크에 대한 인접 행렬에 해당하는 것은 접속 행렬 incidence matrix이라는 직사각행렬이다. 네트워크에 있는 항목 또는 사람의 수가 n이고, 소속 그룹의 수가 g인 경우, 접속 행렬 **B**는 $g \times n$ 행렬로 다음과 같은 B_{ij} 요소를 갖고 있다.

$$B_{ij} = \begin{cases} 1 & \text{항목 } j \text{가 그룹 } i \text{에 속하는 경우} \\ 0 & \text{그 외} \end{cases} \tag{6.8}$$

예를 들어, 그림 6.4(b)에서 보인 네트워크의 4 × 5 접속 행렬은 다음과 같다.

$$\mathbf{B} = \begin{pmatrix} 1 & 0 & 0 & 1 & 0 \\ 1 & 1 & 1 & 1 & 0 \\ 0 & 1 & 1 & 0 & 1 \\ 0 & 0 & 1 & 1 & 1 \end{pmatrix} \tag{6.9}$$

이분 네트워크가 특정 시스템을 가장 완벽히 표현할 수는 있지만 항상 가장 편리한 것은 아니다. 어떤 경우에는 한 가지 유형의 노드만 있는 네트워크로 작업하는 편이 더 좋다. 예를 들어, 소속 그룹 노드 없이 사람 노드만 있는 네트워크 말이다. 이러한 네트워크를 만드는 한 가지 방법은 그룹 노드를 제거하고 동일한 그룹에 속한 두 사람을 직접 연결하여, 두 상태 이분 형식을 단일 모드 투영one-mode projection으로 만드는 것이다.

예를 들어 영화와 배우의 경우를 다시 생각해보자. 배우에 대한 단일 모드 투영은 배우를 나타내는 n개의 노드가 있는 네트워크이며, 하나 이상의 영화에 함께 출연한 두 배우를 방향성 없는 에지로 연결한다. 또한 영화에 대한 단일 모드 투영을 만들 수도 있다. 여기서는 노드가 영화를 나타내고, 두 영화가 한 명 이상의 출연 배우를 공유하는 경우 서로 연결되는 g개의 노드 네트워크다. 모든 이분 네트워크에 이러한 방식으로 노드의 각 유형마다 하나씩 두 개의 단일 모드 투영이 있다. 그림 6.6은 작은 이분 네트워크의 두 가지 단일 모드 투영을 보여준다.

단일 모드 투영을 만들 때 이분 네트워크의 각 그룹은 투영 네트워크에서 노드가 모두 서로 연결된 클러스터를 만드는데, 이를 네트워크 용어로 '클리크clique'라 한다(7.2.1절 참고). 예를 들어, 이분 네트워크의 한 그룹에 4명의 구성원이 포함되어 있는 경우 투영 네트워크에서 해당 4명 각각은 그룹의 공통 구성원이므로 서로 연결된다(그림 6.6의 아래쪽 투영의 중앙에서 이런 4개의 노드로 구성된 클리크를 볼 수 있다). 따라서 일반적으로 단일 모드 투영은 원본 이분 네트워크에 있는 각 그룹이 하나씩 만든 여러 개의 클리크가 결합된 것이다.

투영은 유용하고 널리 사용되지만, 그 과정에서 원래 이분 네트워크에 있는 많은 정보를 버리므로 어떤 의미에서는 덜 강력한 데이터 표현 방법이다. 예를 들어, 투영은 두 노드가 공유하는 그룹 수에 대한 정보를 잃는다. 배우와 영화의 경우에 있어 프레드 아스테어Fred Astaire와 진저 로저스Ginger Rogers, 또는 윌리엄 샤트너William Shatner와 레너드 니모이Leonard Nimoy처럼 많은 영화에 함께 출연한 몇 쌍의 배우가 있다. 이런 경우 한 번만 출연한 배우들보다 더 끈끈한 유대감이 형성됐다고 보는 것이 타당하다.

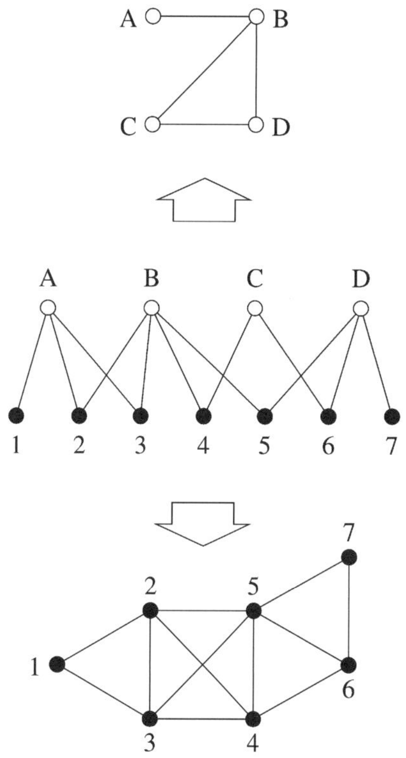

그림 6.6 이분 네트워크의 두 가지 단일 모드 투영

그림의 중앙에 한 종류(A~D로 표시된 열린 원)의 노드 4개와 다른 종류의 노드(1~7의 닫힌 원) 7개로 구성된 이분 네트워크가 있다. 그 위, 아래에 2개의 노드 집합에 대한 네트워크의 단일 모드 투영을 보여준다.

투영된 네트워크에 가중치를 부여하여 이런 종류의 정보를 투영에 추가할 수 있다. 투영된 네트워크의 두 노드 사이에 있는 에지에 그 노드들이 공유하는 공통 그룹의 수와 동일한 가중치를 부여한다. 이 가중치 네트워크는 여전히 이분 네트워크 원본의 모든 정보를 담지는 않는다. 예를 들어, 총 그룹 수 또는 각 그룹의 정확한 구성원을 기록하지 않는다. 하지만 가중치가 없는 투영된 네트워크를 개선한 버전으로 상당히 널리 사용된다.

수학적으로 단일 모드 투영은 다음과 같이 원본 이분 네트워크의 접속 행렬 **B**로 작성할 수 있다. B_{ki}와 B_{kj}의 곱은 i와 j가 둘 다 이분 네트워크에서 같은 그룹 k에 속할 때에만 1일 것이다. 그러므로 i와 j 둘 다 속하는 총 그룹의 수 P_{ij}는 다음과 같다.

$$P_{ij} = \sum_{k=1}^{g} B_{ki}B_{kj} = \sum_{k=1}^{g} B_{ik}^T B_{kj} \tag{6.10}$$

여기서 B_{ik}^T는 접속 행렬의 전치 행렬$^{\text{transposed matrix}}$ $\mathbf{B}^T$의 요소다. 식 (6.10)을 $\mathbf{P} = \mathbf{B}^T\mathbf{B}$와 같이 행렬 표현으로 쓸 수 있고, $n \times n$ 행렬인 $\mathbf{P}$는 n개의 노드에 가중치를 고려하여 단일 모드 투영의 인접 행렬과 비슷한 역할을 한다. 대각선에서 벗어난 요소들은 투영 네트워크의 가중치인 각 노드 쌍을 공유하는 공통 그룹의 수와 같다. 하지만 단일 모드 네트워크 자체는 정의상 셀프 에지가 없음에도 대각 요소들이 0이 아니므로 $\mathbf{P}$는 인접 행렬은 아니다. 대각 요소는 다음의 값을 갖는다.

$$P_{ii} = \sum_{k=1}^{g} B_{ki}^2 = \sum_{k=1}^{g} B_{ki} \tag{6.11}$$

여기서 B_{ki}는 0 아니면 1뿐이라는 사실을 이용했다. 그래서 $B_{ki}^2 = B_{ki}$이다. 이에 P_{ii}는 노드 i가 속한 그룹의 수와 같다.

그러므로 가중치가 있는 단일 모드 투영의 인접 행렬을 유도하기 위해 $\mathbf{P} = \mathbf{B}^T\mathbf{B}$ 행렬을 계산하고 대각 요소를 0으로 조정해야 한다. 가중치가 없는 투영의 인접 행렬은 가중치가 있는 경우의 행렬을 구한 뒤 모든 0이 아닌 행렬 요소를 1로 바꾸면 된다.

비슷한 유도 방법으로 그룹에 투영하는 또 다른 단일 모드는 $g \times g$ 행렬인 $\mathbf{P}' = \mathbf{B}\mathbf{B}^T$로 표현됨을 쉽게 알 수 있다. 비대각 요소 P'_{ij}는 그룹 i와 j의 공통 구성원 수를 나타내고, 대각 요소 P'_{ii}는 그룹 i의 구성원 수를 나타낸다.

6.7 다층 네트워크와 동적 네트워크

네트워크의 노드와 에지가 모두 같은 종류일 필요는 없다. 예를 들어 노드가 공항, 기차역, 버스 정류장 등을 나타내고 에지가 항공편, 기차 노선 등을 나타내는 국가 또는 지역의 운송 네트워크를 생각해보자. 이러한 구조는 노드와 에지의 유형을 설명하는 주석을 사용해 표현할 수 있지만, 일반적이고 강력한 대안은 다층 네트워크$^{multilayer\ network}$를 사용하는 것이다.

다층 네트워크는 개별 네트워크의 집합에 각 네트워크 사이를 상호 연결하는 에지를 더한 것으로, 각 네트워크는 특정 유형의 노드와 해당 연결을 나타낸다(그림 6.7(a) 참고). 개별 네트워크를 레이어^{layer} 또는 계층이라고 한다. 따라서 우리의 운송 예제에는 공항과 항공편을 나타내는 레이어, 기차역과 기차 경로를 나타내는 레이어 등이 있을 수 있다. 그럼 레이어 사이의 연결을 사용해 동일한 지리적 위치에 있거나 적어도 충분히 걸을 만한 거리의 노드를 연결할 수 있다. 예를 들어, 많은 공항에는 기차역이 있고 또 많은 기차역에는 버스 정류장이 있다. 결과적으로 만들어진 다층 운송 네트워크를 통한 경로는 승객의 가능한 여정을 나타낸다. 예를 들어, 승객이 기차역까지 버스를 타고(버스 경로를 나타내는 레이어의 에지

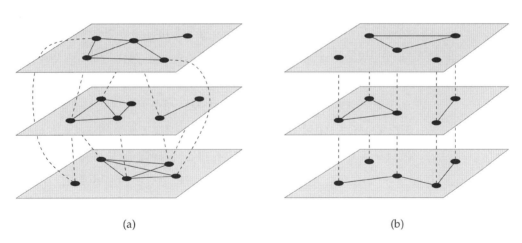

(a)   (b)

그림 6.7 다층 네트워크와 멀티플렉스 네트워크

(a) 다층 네트워크는 각각 자체 네트워크를 포함하는 일련의 레이어(계층)와 다른 층의 노드를 연결하는 (점선으로 표현된) 층간 에지로 구성된다. (b) 멀티플렉스 네트워크는 다층 네트워크의 특수한 경우로서 노드가 각 계층에서 동일한 개체 또는 사람 집합을 나타낸다. 예를 들어, 여러 유형의 연결이 있는 사회연결망은 각 유형에 대해 하나의 레이어가 있는 멀티플렉스 네트워크로 표시될 수 있다. 동적 또는 시간적 네트워크는 시간에 따라 변하는 단일 네트워크 구조의 시간에 따른 스냅샷을 계층으로 나타낸 또 다른 예다. 원칙적으로 여기서와 같이 멀티플렉스 네트워크에 층간 에지를 포함하여 다른 계층에 있는 노드들이 서로 같다는 것을 나타낼 수 있지만 실제로는 대개 생략한다.

로 표시), 버스 정류장에서 역으로 걸어가고(층간 에지로 표시), 그런 다음 기차로 목적지까지 이동한다(기차 경로를 나타내는 레이어의 에지로 표시).

다층 네트워크에서 중요한 특별한 경우는 각 레이어의 노드가 동일한 점, 개체 또는 개인의 집합을 나타낼 때 발생한다. 멀티플렉스 네트워크$^{multiplex\ network}$라고 하는 이러한 네트워크는 노드의 유형은 오직 하나이지만 에지의 유형은 두 가지 이상인 시스템을 나타낸다. 전형적인 예는 노드가 사람을 나타내는 사회연결망이다. 노드 사이에는 친구 사이 연결, 가족 사이 연결, 사업상의 연결 등 다양한 종류의 연결이 있으며 각각 별도의 레이어로 표시된다. 노드가 모든 레이어에서 동일한 사람을 나타낸다는 사실은 각 노드를 다른 레이어의 복사본에 연결하는 층간 에지로 표현할 수 있지만, 실제로는 단순함을 위해 이런 층간 에지를 종종 생략한다.

다층 네트워크의 또 다른 특별한 경우는 시간이 지남에 따라 구조가 변하는 동적 네트워크$^{dynamic\ network}$ 또는 시간적 네트워크$^{temporal\ network}$다. 인터넷, 웹, 사회연결망, 신경망, 생태 네트워크 등 대부분의 네트워크는 실제로 시간이 지남에 따라 다양한 시간 규모에서 변한다. 대부분의 네트워크 연구는 이 사실을 무시하고 네트워크를 정적인 것으로 취급한다. 이는 어떤 경우에는 합리적인 근사일 수 있지만, 경우에 따라서는 시간 변화를 관찰, 분석 및 모델링하여 배울 수 있는 것이 많다. 네트워크가 시간이 지남에 따라 변하는 방식에 대해 많은 실증적인 연구가 수행됐다. 일반적인 접근 방식은 네트워크의 구조를 다른 시간 간격으로 반복적으로 측정하여 시스템의 일련의 스냅샷을 생성하는 것이다. 개별 네트워크를 집합적으로 보면 각 레이어가 특정 시간 순서를 갖는 다층 네트워크로 생각할 수 있다. 일부 예에서는 시간이 지남에 따라 에지만 바뀌고 노드는 바뀌지 않는다. 이런 경우에는 멀티플렉스 네트워크가 있다. 다른 경우에는 노드가 나타나거나 사라질 수도 있다. 이런 경우, 구조를 표현하기 위해 완전한 다층 네트워크가 필요하다. 각기 다른 레이어의 각기 다른 노드 집합과 동일한 노드를 표시하기 위한 연속된 레이어 사이의 층간 에지가 있어야 한다. 어떤 경우에는 층간 에지가 시간적으로 앞선 일을 나타내기 위해 방향성을 가지면 유용할 수 있다. 예를 들어 개인 사이의 시간에 따라 변하는 접촉 네트워크를 통한 질병의 확산을 고려할 때, 질병이 퍼져나갈 수 있는 가능한 경로는 해당 다층 네트워크를 따라 이동하는 경로로 표시되지만 레이어 사이의 층간 에지는 시간적으로 흐르는 방향으로만 이동할 수 있다. 오늘 독감에 걸리면 내일 아플 수 있지만 어제의 당신을 아프게 할 수는 없다.

수학적으로 멀티플렉스 네트워크는 각 레이어 α(동적 네트워크의 경우는 각 시점) 당 하나씩 표현한 $n \times n$ 인접 행렬 $\mathbf{A}^\alpha$의 집합으로 나타낼 수 있다. 마찬가지로 이러한 행렬 요소 A^α_{ij}는 3차원 텐서를 형성하는 것으로 생각할 수 있으며, 텐서 분석 방법은 멀티플렉스 네트워크에 유용하게 적용될 수 있다[264].

다층 네트워크는 더 복잡하다. 다층 네트워크의 경우 각 레이어에서 잠재적으로 다양한 수의 노드를 사용해 레이어 내부 에지와 층간 에지 모두를 나타내야 한다. 이제 행렬이 모두 같은 크기일 필요는 없지만, 레이어 안의 에지는 일련의 인접 행렬 $\mathbf{A}^\alpha$로 다시 나타낼 수 있다. 레이어 α에 n_α 노드가 있는 경우 해당 인접 행렬의 크기는 $n_\alpha \times n_\alpha$이다. 층간 에지는 추가 층간 인접 행렬interlayer adjacency matrix들로 나타낼 수 있다. 층간 인접 행렬 $\mathbf{B}^{\alpha\beta}$는 레이어 α의 노드 i와 레이어 β의 노드 j 사이에 에지가 있는 경우 그 요소 $B^{\alpha\beta}_{ij} = 1$을 갖는 $n_\alpha \times n_\beta$ 직사각행렬이다.

실증적 네트워크 연구에 다층 네트워크의 많은 예가 있다. 언급했듯이 대부분의 실제 네트워크는 시간에 따라 변하므로 멀티플렉스 또는 동적 네트워크로 생각할 수 있다[239]. 많은 사회연결망은 한 유형 이상의 사람 간 상호작용을 포함하므로 멀티플렉스 네트워크로 나타낼 수 있다. 앞서 논의한 유형의 운송 네트워크에 대한 많은 연구가 있었는데, 이는 진정한 다층 네트워크[135, 198]이며 문헌에서 다양한 예를 찾을 수 있다. 관심 있는 독자는 보칼레티Boccaletti 등[67], 드 도메니코De Domenico 등[134], 키벨레Kivelä 등[264]의 리뷰 논문과 비안코니Bianconi의 책[60]을 참고하기 바란다.

6.8 트리

트리tree는 고리loop 구조 없이 방향성이 없게 연결된 네트워크다(그림 6.8 (a) 참고).[11] '연결된'이란 네트워크의 모든 노드가 네트워크 안의 어떤 경로를 통해 서로 도달 가능함을 의미한다. 네트워크는 또한 서로 연결이 끊어진 둘 이상의 부분으로 구성될 수도 있으며 개별 부분에 고리가 없는 경우도 트리라고 한다. 네트워크의 모

네트워크의 연결이 끊긴 부분을 '덩어리(component)'라고 한다(6.12절 참고).

---

11 원칙적으로는 방향성 트리도 있을 수 있지만 고리가 없는 네트워크로 트리를 정의하면 에지의 방향이 있더라도 무시한다. 이것은 트리가 (6.4.1절의) 방향성 비순환 그래프와 같은 것이 아님을 의미한다. 방향성 비순환 그래프에서 고리의 정의는 에지의 방향을 고려한다. 방향을 무시하면 방향성 비순환 그래프에 고리가 있을 수 있다(그림 6.3의 예를 참고하라).

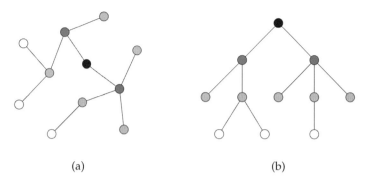

(a)　　　　　　　　　　　　　　　　　(b)

그림 6.8 같은 트리에 대한 2개의 스케치

여기에 있는 두 그림은 닫힌 고리가 없는 네트워크인 트리에 대한 두 가지 다른 묘사를 보여준다. (a)에서 노드는 페이지에 편의에 따라 배치됐다. (b)에서 트리는 '뿌리내림' 방식으로 배치되어 있으며 상단에 루트 노드가 있고 하단에는 '리프'로 이어지는 가지가 있다.

든 부분이 트리인 경우 전체 네트워크를 포레스트^{forest}라고 한다.

모든 트리는 다중 에지 또는 셀프 에지가 없는 단순한 네트워크일 수밖에 없다. 둘 중 하나가 포함되어 있으면 네트워크에 (트리에 허용되지 않는) 고리가 있게 되기 때문이다.

트리는 종종 그림 6.8(b)와 같이 루트^{root} 노드가 상단에 있고 분기 구조가 아래로 내려가는 뿌리내림 방식$^{rooted\ manner}$으로 그린다. 하나의 다른 노드에만 연결된 맨 아래의 노드를 리프^{leaf}라고 한다.[12, 13] 구조적으로 트리에는 특정 루트가 없다. 동일한 트리는 리프를 포함한 모든 노드를 루트 노드로 사용해 그릴 수 있지만, 일부 애플리케이션에서 특정 루트를 지정하는 데는 이유가 있다. 계통도^{dendrogram}가 한 예다(아래를 보자).

이 책에서 접하는 실제 네트워크 중 트리는 많지 않지만 일부는 트리다. 하천 네트워크는 자연적으로 발생하는 트리의 한 예다(2장의 그림 2.6 참고). 그럼에도 불구하고 트리는 네트워크 연구에서 몇 가지 중요한 역할을 한다. 예를 들어 11장에서는 '무작위 그래프$^{random\ graph}$'로 알려진 네트워크 모델을 연구한다. 이 모델에서 노드의 지엽적인 그룹은 트리를 형성하고 이 속성을 활용하여 무작위 그래프에 대한 다양한 수학적 결과를 도출할 수 있다. 14.5.1절에서는 네트워크의 계층적

12　뿌리(root)가 위쪽에 있고 잎(leaf)이 아래쪽에 있는 나무를 그리는 것이 약간 이상하게 보일 수 있다. 물론 목재로 쓰는 전통적인 나무는 그 반대다. 하지만 이런 거꾸로 된 방향은 수학과 컴퓨터 과학에서 관례가 되었고 여기서는 그 관례를 따를 뿐이다.

13　'root'를 뿌리, 뿌리 노드로, 'leaf'를 잎, 잎 구조, 단말 노드로 번역하기도 한다. - 옮긴이

분해를 트리로 묘사하는 유용한 도구인 '계통도'를 소개한다. 트리는 또한 컴퓨터 과학에서 흔히 나온다. AVL 트리와 힙^{heap}[9, 122]과 같이 데이터 구조$^{data\ structure}$의 기본 빌딩 블록으로, 또는 최소 신장 트리$^{minimum\ spanning\ tree}$[122], 케일리 트리$^{Cayley\ tree}$, 베테 격자$^{Bethe\ lattice}$[388]와 같은 이론적 맥락에서, 그리고 계층적 네트워크 모델(14.7.2절과 18.3.2절, 그리고 [109, 268, 465]를 참고하라)에서 사용된다.

우리 목적을 위한 트리의 가장 중요한 속성은 아마도 닫힌 고리 구조가 없기 때문에 노드 쌍 사이에 정확히 하나의 경로가 있다는 점일 것이다(포레스트에는 최대 하나의 경로가 있거나 없을 것이다). 한 쌍의 노드 A와 B 사이에 2개의 경로가 있는 경우 한 경로를 따라 A에서 B로 이동하고 다른 경로를 따라 돌아올 수 있어 고리를 만드는데, 이는 트리에서 불가능하다.

트리의 이러한 속성은 특정 종류의 계산을 특별히 간단하게 만들고 이러한 이유로 트리는 때때로 네트워크의 기본 모델로 사용된다. 예를 들어 네트워크의 지름 계산(6.11.1절), 노드의 사이 중심도(7.1.7절), 최단 경로에 기반한 기타 속성의 계산은 모두 트리를 사용하면 비교적 쉽다.

트리의 또 다른 중요한 속성은 n개의 노드로 구성된 트리가 항상 정확히 $n-1$개의 에지를 갖는다는 점이다. 이를 확인하려면 단일 노드로 에지 없이 시작해 노드를 하나씩 추가하여 트리를 만들어나가는 것을 생각해보라. 모든 노드에서 네트워크가 연결되어 있도록 최소한 하나의 에지를 추가해야 한다. 하지만 다른 한편으로 하나 이상의 에지를 추가하면 고리 구조를 만들기 때문에 그렇게 할 수 없다. 추가하는 첫 에지는 새 노드를 네트워크의 다른 부분에 연결하지만, 두 번째 에지는 이미 네트워크의 일부이고 따라서 이미 서로 연결된 두 노드를 결합한다. 이미 연결된 두 노드 사이에 에지를 추가하면 반드시 고리 구조(그림 참고)가 만들어지는데 이는 금지되어 있다. 따라서 추가하는 모든 노드에 대해 네트워크에 정확히 하나의 에지를 추가해야 한다. 그리고 단일 노드로 에지 없이 시작했기 때문에 트리는 항상 노드 수보다 하나 적은 에지를 갖게 된다.

'n개의 노드와 $n-1$개의 에지가 있는 연결된 네트워크는 트리다'라는 역 명제 또한 참이다. 그런 네트워크가 트리가 아닌 경우 네트워크 어딘가에 고리 구조가 있어야 하고, 이는 네트워크의 어떤 부분도 떨어뜨리지 않고 에지를 제거할 수 있다는 뜻이다. 고리가 남지 않을 때까지 이 과정을 반복적으로 수행하면 트리가 생성되지만 에지가 $n-1$개 미만인 트리로 끝난다. 하지만 위에서 보였듯이 n개의 노드가 있는 모든 트리는 $n-1$개의 에지를 가져야 하므로 모순이다. 따라서 처음

이미 트리의 일부인 두 노드 사이에 에지(점선)를 추가하면 고리 구조가 만들어진다.

부터 트리가 있었어야 한다. 따름정리로 이는 최소한의 에지를 가지고 n개의 노드가 연결된 네트워크는 항상 트리임을 의미한다. 이는 위의 논의에 따라 $n-1$개 미만으로 연결되는 네트워크는 없고, $n-1$개의 에지로 연결된 네트워크는 트리이기 때문이다.

6.9 평면 네트워크

평면 네트워크$^{planar\ network}$는 에지를 교차하지 않고 평면에 그릴 수 있는 네트워크다.[14] 그림 6.9(a)는 작은 평면 네트워크를 보여준다. 대부분의 경우 일부 에지가 교차하도록 평면 네트워크를 그리는 것도 가능하다(그림 6.9(b)). 평면성^{planarity}의 정의는 에지가 교차하지 않는 노드 배열이 하나 이상 존재하는 것만 명시한다.

이 책에서 접하게 될 네트워크의 대부분은 평면 네트워크가 아니지만 몇 가지 중요한 예가 있다. 우선 모든 트리는 평면 네트워크다. 하천 네트워크와 같은 일부 트리의 경우 이는 명확하다. 하천은 결코 서로 교차하지 않고 함께 흐른다. 컴퓨터 데이터 구조에서 사용되는 트리와 같은 경우에는 네트워크가 놓인 명확한 2차원 표면이 없지만 그럼에도 불구하고 평면 네트워크다.

트리가 아닌 네트워크 중 일부는 물리적인 이유로 평면 네트워크다. 좋은 예가

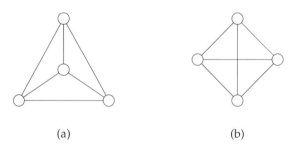

(a)   (b)

그림 6.9 평면 네트워크의 두 도안

(a) 4개의 노드와 6개의 에지가 있는 작은 평면 네트워크. 이 그림에서 교차하는 에지가 없기 때문에 평면 네트워크인 것이 자명하다. (b) 2개의 에지가 교차하도록 다시 그린 동일한 네트워크. 에지가 교차하더라도 여전히 평면 네트워크다. 에지를 교차하지 않도록 그릴 수 있으면 평면 네트워크다. 실제로 그리는 방법은 사용자에게 달려 있다.

---

14 평면은 열린 경계의 평평한 표면이다. 두루마리처럼 감싸여 말린 토러스(torus)와 같은 유형의 2차원 표면에 대한 평면 네트워크의 일반화를 정의할 수 있다. 그러나 표준적인 평면 네트워크는 말려 있지 않다.

도로망이다. 도로는 지표면에 국한되어 있기 때문에 대략 평면 네트워크를 만든다. 때때로 도로가 교차하지 않고, 하나 도로가 다리에서 다른 도로를 지나쳐 만나는 경우가 있다. 그래서 정확히 말하면 실제로 도로 네트워크는 평면 네트워크가 아니다. 그러나 그런 경우는 드물고 평면 네트워크는 좋은 근사다.

또 다른 예는 다른 국가, 주 또는 지방이 인접해 있는 네트워크다(그림 6.10 참고). 인접한 지리적 영역 집합을 각각 노드로 표시하여 그린 지도를 만들고, 경계를 공유하는 두 영역 사이에 에지를 그릴 수 있다. 문제의 영역이 인접한 육지로 구성된 경우 항상 에지를 교차하지 않고 결과 네트워크를 그릴 수 있다는 사실은 쉽게 알 수 있다.[15]

지도에서 지역을 나타내는 이러한 유형의 네트워크는 수학에서 4색 정리four-color theorem를 증명하는 데 중요한 역할을 했다. 이는 실제 또는 상상의 2차원 지도에서 모든 영역 집합을 영역의 수나 크기, 모양에 관계없이 인접한 두 영역이 동일한 색상을 갖지 않도록 최대 4개의 색상으로 색칠할 수 있음을 뜻한다.[16] 문제의 지도에 해당하는 네트워크를 구성하면 이 문제를 에지로 연결된 두 노드가 동일

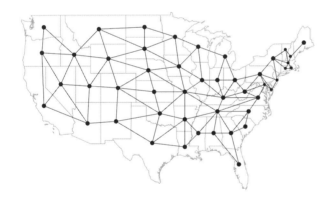

그림 6.10 하와이주와 알래스카주를 제외한 미국의 48개 주의 인접 지역 그래프
이 네트워크에서 미국의 48개 주는 각각 노드로 표시되고 해당 주가 경계를 공유하는 경우 두 노드 사이에 에지가 있다. 결과 그래프는 평면 그래프이고 실제로 2차원 지도의 모든 주, 국가 또는 기타 지역 집합은 이런 방식으로 평면 그래프로 변환할 수 있다.

---

15 기술적으로, 그림 6.10에 나타나 있는 미국의 하와이주와 알래스카주를 제외한 48개 주에 대한 지도는 미시간주가 2개의 땅덩어리로 구성되어 있어 마지막 조건을 완전히 만족시키지 못한다(몇몇 다른 주에는 근해 섬이 포함되어 있지만 대부분 너무 작아서 지도에 표시할 수 없다). 미시간의 위쪽 반도와 아래쪽 반도의 두 노드가 이 문제를 해결할 수 있다. 이 경우에는 더 이상 주당 정확히 하나의 노드를 갖지 않게 된다. 그림 6.10에서는 아래쪽 반도의 미시간에 대해 단 하나의 노드를 사용했지만 위스콘신과 국경을 공유하는 위쪽 반도가 아니라면 존재하지 않을 미시간과 위스콘신 사이의 에지를 포함하고 있다.

16 이 정리는 평면이나 구와 같이 위상기하학적 종수(genus)가 0인 표면의 지도에만 적용된다. 종수가 1인 토러스 위 지도에는 최대 7개의 색상이 필요할 수 있다.

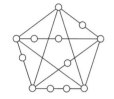

기술적으로 쿠라토프스키의 정리에 따르면 비평면 네트워크는 K_5 또는 UG의 확장(expansion)을 포함한다. 여기에 표시된 K_5의 확장과 같이 에지를 따라 더해진 추가 노드가(0개 포함) 있는 네트워크가 확장이다.

한 색상을 갖지 않도록 평면 네트워크의 노드를 색칠하는 문제로 변환할 수 있다. 이런 방식으로 네트워크를 색칠하는 데 필요한 색상의 수를 네트워크의 채색 수 chromatic number라고 하며, 채색 수에 대해 많은 수학적 결과가 알려져 있다. 평면 네트워크의 채색 수가 항상 4 이하라는 4색 정리의 증명은 전통적인 그래프 이론의 승리 중 하나로, 수학 커뮤니티에서 100년 이상의 단호한 노력 끝에 1976년 이후 아펠Appel과 하켄Haken[24-26]에 의해 처음 제시됐다.[17]

그래프 이론에서 중요한 질문은 주어진 특정 네트워크가 평면 네트워크인지 여부를 어떻게 결정하는가이다. 작은 네트워크의 경우 그림을 그리고 노드의 위치를 가지고 놀면서 에지가 교차하지 않는 배열을 찾을 수 있는지 확인하는 것은 간단한 문제이지만, 큰 네트워크의 경우 이것은 실용적이지 않고 좀 더 일반적인 방법이 필요하다. 이러한 방법 중 하나는 모든 비평면 네트워크의 내부 어딘가에 비평면 그래프인 K_5와 UG라는 2개의 고유한 더 작은 네트워크 또는 서브그래프 중 적어도 하나를 포함해야 한다는 쿠라토프스키의 정리Kuratowski's theorem를 사용한다. 네트워크가 이러한 서브그래프 중 어느 것도 포함하지 않는 경우에만 평면 네트워크라는 결론이 바로 나온다.

그러나 이런 접근 방식은 실제 네트워크 분석에 특별히 유용하지는 않다. 이런 네트워크는 거의 정확히는 평면 네트워크가 아니기 때문이다(그리고 만약 국가 또는 주의 공유 경계 네트워크의 경우와 같이 평면적이라면, 다른 이유로 보통 자명하고 쿠라토프스키의 정리가 불필요하다). 종종, 도로 네트워크와 같이 매우 평면 네트워크에 가깝지만 네트워크 어딘가에 몇 개의 에지 교차점을 갖고 있다. 이러한 네트워크의 경우 쿠라토프스키의 정리는 네트워크가 평면이 아니라고 정확히 알려주지만, 요점을 놓칠 것이다. 정말로 원하는 것은 네트워크의 평면성 정도를 측정하는 것이다. 예를 들어, 여기저기에 약간의 다리나 터널이 있지만 도로 네트워크가 99% 평면적임을 알 수 있는 측정이다. 그러한 측정 중 하나는 네트워크를 그릴 수 있는 최소 에지 교차 수다. 그러나 최소 가장 간단한 접근 방식에서도 네트워크를 그리는 모든 가능한 방법을 시도해야 하는데, 가장 작은 네트워크를 제외하고는 모두 불가능할 정도로 많은 수가 있기에 이는 계산하기 어려운 양이 될 것이다. 또 다른 접근 방식은 네트워크에서 K_5 또는 UG의 발생 횟수를 살펴보는 것이다. 그러나 아

---

17 아펠과 하켄의 증명은 수많은 특수 사례를 확인하기 위해 컴퓨터를 광범위하게 사용했기 때문에 출판 당시 논란이 있었다. 하지만 이러한 방식으로 컴퓨터로 생성하여 해결한 주요 수학적 결과의 첫 번째 증명이라 혁명적이었다. 한편, 인간이 손으로 그 정확성을 확인하기에는 너무 큰 규모라는 점을 감안할 때 과연 증명이라 할 수 있을지 의문을 제기하는 사람도 많았다.

직까지 평면성의 정도에 대해 널리 받아들여지는 측정 방법이 등장하지 않았다. 이러한 측정이 통용되기 위한 것이었다면 실제 네트워크 연구에서 가끔 사용됐을 것이다.

6.10 링크수

방향성 없는 네트워크에서 노드의 링크수^{degree}[18]는 연결된 에지의 수다(그림 6.11 참고). 예를 들어, 개인 간 친구 관계의 사회연결망에서 개인의 링크수는 그들이 가진 친구의 수다. 링크수의 정의는 이웃 노드의 수가 아니라 에지 수로 정의되는 것에 주의하자. 차이점은 다중 그래프에서 중요하다. 노드가 동일한 이웃에 2개의 동일한 에지를 갖고 있으면 둘 다 링크수에 기여한다(그림 6.11(b) 참고).

링크수는 단순하지만 가장 유용하고 가장 널리 사용되는 네트워크 개념 중 하나다. 이 책에서 많은 개념을 발전시켜나가는 데 큰 역할을 할 것이다. 책 전체에서 노드 i의 링크수를 k_i로 표시한다. n개의 노드로 구성된 네트워크의 경우 링크수는 인접 행렬의 관점에서 다음과 같이 쓸 수 있다.[19]

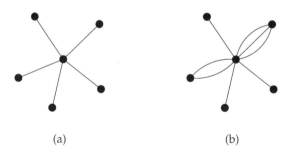

(a)   (b)

그림 6.11 노드의 링크수

(a) 중심 노드에 연결된 에지가 5개이므로 링크수는 5다. (b) 중심 노드에 5개의 이웃이 있지만 연결된 에지가 8개 있으므로 링크수는 8이다.

---

18 여기서 링크수로 번역한 'degree'는 '연결선 수'나 '이웃수'라고 번역하기도 하는데, 이 책에서는 이웃수(number of neighbors)를 구분하고 있으니 주의하자. 종종 수학 문헌에서는 사전 그대로 '차수'라고 부르기도 한다. – 옮긴이

19 이 표현식은 6.2절에서와 같이 인접 행렬이 정의되어 있는 한 네트워크에서 다중 에지가 있더라도 올바른 결과를 준다. 6.2절에서 논의한 대로 셀프 에지의 인접 행렬 대각 요소 A_{ii}를 1이 아닌 2로 표시한다면 셀프 에지가 있는 경우에도 제대로 작동한다.

$$k_i = \sum_{j=1}^{n} A_{ij} \qquad (6.12)$$

방향성 없는 네트워크의 모든 에지는 2개의 끝이 있으며 총 m개의 에지가 있는 경우 에지의 끝은 $2m$개 있다. 에지의 끝은 모든 노드의 링크수의 합과 같으므로 다음과 같다.

$$2m = \sum_{i=1}^{n} k_i = \sum_{ij} A_{ij} \qquad (6.13)$$

위의 결과는 이 책 전체에서 여러 번 사용할 것이다.

방향성 없는 네트워크에서 평균 링크수$^{\text{mean degree}}$ c는 다음과 같다.

$$c = \frac{1}{n} \sum_{i=1}^{n} k_i \qquad (6.14)$$

식 (6.13)과 결합하여 다음의 결과를 얻는다.

$$c = \frac{2m}{n} \qquad (6.15)$$

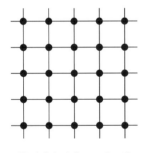

무한 정사각 격자는 4–정규 네트워크의 예다.

이 관계 또한 책 전체에 반복해서 나올 것이다.

종종 모든 노드가 동일한 링크수를 갖는 네트워크를 마주하게 된다. 그래프 이론에서는 이러한 네트워크를 정규 그래프$^{\text{regular graph}}$ 또는 정규 네트워크$^{\text{regular network}}$라고 한다. 모든 노드의 링크수가 k인 정규 그래프를 k–정규$^{k\text{-regular}}$라고 한다. 정규 네트워크의 예는 정사각 또는 사각 격자와 같은 주기적인 격자다. 예를 들어, 정사각 격자에서 모든 노드는 링크수가 4다.

6.10.1 조밀도와 듬성도

다중 에지나 셀프 에지가 없는 단순 네트워크$^{\text{simple network}}$에서 가능한 최대 에지의 수는 $\binom{n}{2} = \frac{1}{2}n(n-1)$이다. 네트워크의 연결도^{connectance}나 조밀도^{density} ρ는 전체 가능한 에지 수에 대한 실재하는 에지 수의 비율이다.

$$\rho = \frac{m}{\binom{n}{2}} = \frac{2m}{n(n-1)} = \frac{c}{n-1} \tag{6.16}$$

여기서 마지막 등식에 식 (6.15)를 사용했다. 관심 있는 대부분의 네트워크는 충분히 커서 식 (6.16)은 다음과 같이 안전하게 근사할 수 있다.

$$\rho = \frac{c}{n} \tag{6.17}$$

조밀도는 엄격하게 $0 \le \rho \le 1$ 범위에 있다. 전체 네트워크에서 무작위로 고르게 뽑힌 한 쌍의 노드가 에지로 연결될 확률로 생각할 수 있다. 이 확률은 11장에서 논의할 무작위 그래프 모델에서 중요한 역할을 한다.

이제 크기 n이 증가하는 일련의 네트워크를 생각해보자. n이 커질 때 조밀도 ρ가 0이 아닌 상태로 유지되면, 네트워크가 조밀하다^{dense}고 한다. 조밀한 네트워크에서 인접 행렬의 0이 아닌 요소의 비율이 n이 큰 극한에서도 없어지지 않는다. n이 큰 극한에서 $\rho \to 0$인 네트워크는 듬성하다^{sparse}고 하며, 인접 행렬에서 0이 아닌 요소의 비율은 0으로 가는 경향이 있다.[20]

이러한 정의는 실제로 $n \to \infty$인 극한을 취하거나 다른 크기를 갖는 일련의 네트워크에서 극한으로 가며 보이는 경향을 외삽할 수 있는 경우에만 적용된다. 이론적인 모델로 네트워크를 다룰 때 이 책의 뒷부분에서 다루게 되는 것과 같이 형식적으로 이러한 극한을 취하고 네트워크가 듬성한지 조밀한지 기술할 수 있다. 하지만 관찰된 네트워크에 대한 실질적인 상황에서는 그렇게 할 수 없다. 실험에서 얻은 물질대사 네트워크나 먹이 그물이 커질 때의 극한을 취할 수는 없다. 우리는 자연이 허락한 네트워크에 갇혀 있다. 그런 네트워크에서는 듬성하다든가 조밀하다는 공식적인 의미가 없다.

반면, 비공식적으로 네트워크가 듬성하다고 기술되는 경우가 종종 있다. 일반적으로 이것은 ρ 값이 작음을 의미한다. 이런 정성적 의미에서 '듬성함'은 네트워크에 존재할 수 있는 가능한 에지의 대부분이 실재하지 않는다는 뜻이다.

어떤 경우에는 실제 네트워크의 크기가 변하고 다른 크기에 대한 측정을 통해 네트워크가 듬성하다고 간주하는 것이 좋을지, 조밀하다고 하는 것이 최선일지 추측할 수 있다. 인터넷과 월드와이드웹은 시간이 지남에 따라 성장하는 네트워

---

20 '듬성하다' 혹은 '성기다'로 번역하곤 한다. 듬성도, 성김도를 종종 함께 사용한다. - 옮긴이

크의 두 예다. 이러한 네트워크는 듬성하다고 간주하는 것이 최선이라고 확신을 가지고 말할 수 있다.

사실 이 책에서 다루는 대부분의 네트워크는 보통 듬성한 네트워크로 간주된다. 위의 수학적 의미와 같이 또는 좀 덜 엄밀하게 단지 많은 에지를 갖고 있어 실제로 조밀하다고 말할 수 있는 네트워크의 예는 거의 없다.[21] 특별히 모델 네트워크를 연구하는 경우 우리의 목적을 위해서는 듬성한지 조밀한지의 차이보다 평균 링크수가 일정한지 발산하는지 구별하는 것이 더 중요하다.

식 (6.17)은 네트워크의 평균 링크수 c가 $c = \rho n$으로 조밀도와 관련되어 있음을 말해준다. 조밀한 네트워크에서 ρ가 일정하고 $n \rightarrow \infty$이면, 네트워크의 평균 링크수는 n에 대해 선형으로 증가한다. 반면, 듬성한 네트워크의 평균 링크수는 선형보다 느리게 증가한다. 그리고 일부 네트워크의 경우 평균이 전혀 증가하지 않는다. 즉, 큰 n에 대해 ρ가 $1/n$이 되고 c가 일정하게 유지된다. 이런 네트워크가 이 책의 전개에서 중요한 역할을 할 것이다. 때때로 이런 네트워크는 아주 듬성하다extremely sparse고 말하지만 보편적으로 받아들여지는 이름은 없는 것 같다[71].

예를 들어, 친구 관계 네트워크는 사람의 친구 수가 전 세계 인구에 의해 결정될 가능성은 거의 없기 때문에 평균 링크수가 일정할 것 같다. 친구가 몇 명인지는 세계 인구와 무관하고 친구 관계를 유지하는 데 얼마나 많은 시간을 할애하는지에 달려 있다. 따라서 친구 관계 네트워크는 '아주 듬성할' 것으로 간주할 수 있다.

사실 거의 틀림없이 이 책에 나오는 대부분의 네트워크는 아주 듬성한 범주에 속한다. 노드의 평균 링크수가 n에 대해 증가하면 일반적으로 $\log n$과 같이 천천히 증가한다. 이러한 듬성도는 많은 의미가 있다. 다른 방법으로는 어려울 수 있는 여러 유형의 계산을 가능하게 한다. 비록 동시에 다른 부분이 어려워지기는 하지만 말이다. 듬성도는 8장에서 컴퓨터 알고리듬을 볼 때와 11~13장에서 네트워크의 수학적 모델을 만들 때 특히 중요하다.

6.10.2 방향성 네트워크

방향성 네트워크에서 노드의 링크수는 좀 더 복잡하다. 방향성 네트워크에서 각 노드는 2개의 링크수를 갖는다. 들어오는 링크수in-degree는 노드에 연결된 들어오는

---

21 이런 경향의 가능한 예외는 먹이 그물이다. 다양한 크기의 생태계를 비교한 연구에 따르면 먹이 그물의 조밀도는 크기에 관계없이 거의 일정하며 먹이 그물이 조밀한 네트워크일 수 있음을 나타낸다[153, 322].

에지의 수이고, 나가는 링크수$^{\text{out-degree}}$는 나가는 에지의 수다. 방향성 네트워크의 인접 행렬 요소에서 노드 j에서 i로 에지가 있을 때 $A_{ij} = 1$임을 염두에 두고, 노드 i의 들어오는 링크수와 나가는 링크수는 다음과 같이 쓸 수 있다.

$$k_i^{\text{in}} = \sum_{j=1}^{n} A_{ij}, \qquad k_j^{\text{out}} = \sum_{i=1}^{n} A_{ij} \tag{6.18}$$

이 표현식은 다중 에지가 있는 네트워크에서 성립하고, 6.4절에서 논의한 대로 인접 행렬의 대각 요소 $A_{ii} = 1$로 셀프 에지를 표시하면 셀프 에지가 있는 네트워크에서도 작동한다.

방향성 네트워크에서 에지의 수 m은 모든 노드에서 에지의 들어오는 끝 개수의 합, 또는 마찬가지로 에지의 나가는 끝 개수의 합과 같다.

$$m = \sum_{i=1}^{n} k_i^{\text{in}} = \sum_{j=1}^{n} k_j^{\text{out}} = \sum_{ij} A_{ij} \tag{6.19}$$

그러므로 모든 방향성 네트워크의 평균 들어오는 링크수 c_{in}과 평균 나가는 링크수 c_{out}은 같다.

$$c_{\text{in}} = \frac{1}{n} \sum_{i=1}^{n} k_i^{\text{in}} = \frac{1}{n} \sum_{j=1}^{n} k_j^{\text{out}} = c_{\text{out}} \tag{6.20}$$

단순하게 하기 위해 둘 다 그냥 c로 표시하고, 식 (6.19)와 식 (6.20)을 결합하여 다음을 얻는다.

$$c = \frac{m}{n} \tag{6.21}$$

이 값이 방향성 없는 네트워크의 결과인 식 (6.15)와 2배 차이가 나는 것에 주목하라.

6.11 걷기와 경로

방향성 없는 네트워크에서 길이가 3인 걷기

네트워크에서 걷기^{walk} 혹은 걸음은 노드들의 배열로 그 안의 모든 연속된 노드 쌍이 에지로 연결된 경우다. 다시 말해, 노드에서 에지를 따라 노드로 움직이는 모든 경로다. 걸음은 방향성 네트워크나 방향성 없는 네트워크 모두에 대해 정의할 수 있다. 방향성 네트워크에서는 걸음의 지나가는 방향이 에지의 방향과 일치해야 한다. 방향성 없는 네트워크에서 에지는 어느 방향으로든 지나갈 수 있다.

일반적으로 걸음은 이전에 방문한 노드를 다시 방문하거나 한 에지 또는 여러 에지를 따라 두 번 이상 지나 스스로 교차할 수 있다. 스스로 교차하지 않는 걷기는 경로^{path} 혹은 자기 회피 걷기$^{self\text{-}avoiding\ walk}$[22]라고 하고, 네트워크 이론의 많은 영역에서 중요하다. 최단 경로$^{shortest\ path}$와 독립 경로$^{independent\ path}$는 나중에 살펴볼 자기 회피 걷기의 두 가지 특수한 예다.

네트워크에서 걷기의 길이^{length}는 걸음을 따라 지나는 (노드의 수가 아닌) 에지의 수다. 주어진 에지는 한 번 이상 지나갈 수 있고, 지날 때마다 별도로 계산한다. 비전문가의 용어로 말하자면, 걷기의 길이는 노드에서 인접 노드로 걷는 '깡총 뛰기^{hop}'의 수다.

네트워크에서 주어진 길이 r의 걷기 수를 계산하는 것은 간단하다. 방향성이 있는 또는 방향성 없는 단순 네트워크에서 노드 j에서 노드 i로 에지가 있으면 인접 행렬 요소 A_{ij}는 1이고, 그렇지 않으면 0이다(지금은 단순 네트워크만 고려한다. 단순하지 않은 네트워크로 쉽게 일반화하여 발전시킬 수 있다). 그러면 노드 j에서 k를 거쳐 노드 i로 길이 2인 걷기가 가능하면 $A_{ik}A_{kj}$ 곱은 1이고, 그렇지 않은 경우는 0이다. 모든 노드를 거쳐 노드 j에서 노드 i로 갈 수 있는 길이 2인 걷기의 총 가짓수 $N_{ij}^{(2)}$는 다음과 같다.

$$N_{ij}^{(2)} = \sum_{k=1}^{n} A_{ik}A_{kj} = \left[\mathbf{A}^2\right]_{ij} \qquad (6.22)$$

여기서 $[...]_{ij}$는 행렬의 ij번째 요소를 뜻한다.

비슷하게 노드 j에서 l과 k를 거쳐 노드 i로 가는 길이 3인 걷기가 가능하면 $A_{ik}A_{kl}A_{lj}$ 곱이 1이고, 그렇지 않으면 0이다. 그래서 길이 3인 전체 걷기의 수는 다

---

22 'self-avoiding walk'는 '자기 회피 걷기', '자기 길 비켜 걷기', '제 길 비켜 걷기' 등으로 번역하여 사용된다. – 옮긴이

음과 같다.

$$N_{ij}^{(3)} = \sum_{k,l=1}^{n} A_{ik}A_{kl}A_{lj} = \left[\mathbf{A}^3\right]_{ij} \tag{6.23}$$

임의의 길이 r의 걷기로 일반화하면 다음이 자명하다.[23]

$$N_{ij}^{(r)} = \left[\mathbf{A}^r\right]_{ij} \tag{6.24}$$

이 결과의 특별한 경우로 한 노드 i에서 출발하여 같은 노드 i에서 끝나는 길이 r인 걷기의 수는 $[\mathbf{A}^r]_{ii}$다. 이런 걷기는 네트워크에서 고리 구조이고, 길이 r인 고리의 수 L_r은 모든 가능한 출발점 i에 대해 위의 양을 더한 것이다.

$$L_r = \sum_{i=1}^{n} \left[\mathbf{A}^r\right]_{ii} = \mathrm{Tr}\,\mathbf{A}^r \tag{6.25}$$

이 표현식은 같은 순서의 같은 노드로 구성되지만 시작점은 다른 고리 구조를 따로 계산한다. 따라서 $1 \to 2 \to 3 \to 1$인 고리 구조는 $2 \to 3 \to 1 \to 2$ 고리와 다른 것으로 간주된다. 이 표현식은 또한 동일한 노드로 구성되지만 반대 방향으로 걷는 고리 구조도 따로 계산하므로 $1 \to 2 \to 3 \to 1$과 $1 \to 3 \to 2 \to 1$은 구별된다.[24]

6.11.1 최단 경로

지름 경로$^{geodesic\ path}$라고도 하는 네트워크의 최단 경로$^{shortest\ path}$는 주어진 노드 쌍 사이의 가장 짧은 걷기, 즉 가장 적은 수의 에지를 지나는 걷기다. 두 노드 사이의 최단 거리 또는 지름 거리는 종종 엄밀하지 않게 '거리^{distance}'라고 불리며, 에지의 수로 최단 경로의 길이를 말한다. 수학적으로 노드 i와 j 사이의 최단 거리는 $[\mathbf{A}^r]_{ij} > 0$이 되도록 하는 가장 작은 r 값이다(그러나 실제로는 이 공식보다 훨씬 더 좋은 계산 방법

두 노드 사이의 길이 2인 최단 경로

---

23 좀 더 엄밀한 증명은 귀납법을 이용할 수 있다. 노드 k에서 i로 길이 $r-1$인 걷기 $N_{ik}^{(r-1)}$가지가 가능하다면, 위와 비슷한 논증으로 노드 j에서 i로 길이 r인 걷기가 $N_{ij}^{(r)} = \sum_k N_{ik}^{(r-1)}A_{kj}$가지 가능하다. 행렬 표기법으로는 $\mathbf{N}^{(r)} = \mathbf{N}^{(r-1)}\mathbf{A}$로 여기서 $\mathbf{N}^{(r)}$은 $N_{ij}^{(r)}$를 요소로 갖는 행렬이다. 이는 $\mathbf{N}^{(r-1)} = \mathbf{A}^{r-1}$이라면 $\mathbf{N}^{(r)} = \mathbf{A}^r$임을 의미한다. 기본적인 경우인 $\mathbf{N}^{(1)} = \mathbf{A}$에서 시작하여 모든 r에 대해 귀납법으로 $\mathbf{N}^{(r)} = \mathbf{A}^r$임을 얻을 수 있다. 행렬의 양쪽에서 ij번째 요소를 취하면 식 (6.24)를 얻는다.

24 각 고리를 한 번만 계산하려면 대략적으로 r로 나누어야 하지만 반복적으로 지나는 동일한 하위 고리(subloop)로 이뤄진 걷기와 같이 시작점을 바꾸어 만들어지는 대칭(symmetry)을 갖는 걷기에는 적용되지 않는다. 이러한 대칭 걷기를 정확하게 셈하는 것은 몇몇 경우에만 정확히 계산할 수 있는 복잡한 문제다.

이 있다. 8.5절에서 그중 일부를 배울 것이다).

최단 경로와 최단 거리는 여러 네트워크 현상에서 중요한 역할을 한다. 예를 들어, 4.6절에서 논의한 좁은 세상 효과는 사실상 가장 큰 네트워크에서조차 놀라울 정도로 짧은 최단 거리에 대한 설명이다. 그리고 최단 거리는 인터넷과 같은 통신 네트워크에서 한 노드가 다른 노드에서 데이터를 얼마나 빨리 얻을 수 있는지에 영향을 미치기에 중요하며, 항공망 네트워크와 같은 운송 네트워크에서 특정 여정을 위해 얼마나 많이 경유해야 하는지 결정하기에 중요하다.

노드가 네트워크를 통해 어떤 경로로도 함께 연결되지 않는 경우, 즉 각기 다른 '덩어리'에 있으면(6.12절 참고), 두 노드 사이에 최단 경로가 없을 수 있다. 이 경우 노드 사이의 거리가 무한하다고 말하는 경우가 있지만 이는 관계에 불과하며 노드가 연결되어 있지 않다는 사실 그 이상을 의미하지는 않는다.

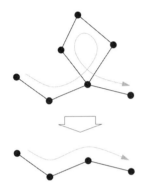

최단 경로는 필연적으로 자기 회피 걷기이므로 경로라고 한다(경로는 자기 회피 걷기를 의미함을 기억하라). 걷기가 스스로 교차하는 경우에는 고리 구조를 포함하게 되며 동일한 시작점과 끝점을 여전히 연결하면서 그 고리를 제거하여 경로의 길이를 단축할 수 있다(왼쪽 그림 참고). 따라서 스스로 교차하는 걷기는 두 노드 사이의 최단 경로가 아니다.

스스로 교차하는 걷기는 반드시 최소 하나 이상의 고리를 포함하고 있다(위쪽). 그래서 고리를 없애서 경로를 줄일 수 있다 (아래쪽).

그러나 최단 경로가 반드시 유일한 것은 아니다. 주어진 노드 쌍 사이에 길이가 동일한 2개 이상의 경로를 갖는 것은 완전히 가능하다. 경로는 길이의 일부 구간에서 겹칠 수도 있다(그림 6.12 참고).

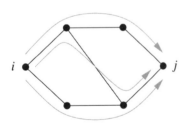

그림 6.12
이 네트워크에서 노드 i와 j 사이에는 3개의 최단 거리가 있고, 모두 길이가 3이다.

네트워크의 지름diameter은 '가장 긴 최단 경로'의 길이를 나타낸다. 즉, 경로가 실제 존재하는 네트워크의 모든 노드 쌍 사이의 모든 최단 경로 중 가장 긴 경로의 길이가 바로 지름이다.[25] 예를 들어, 그림 6.12에서 네트워크의 지름은 3이다. 11.7절에서 무작위 그래프 모델에 대한 좁은 세상 효과를 증명하는 데 지름이 한몫한다. 네트워크의 지름이 어떤 의미에서 작다는 것인지 보여줄 것이며, 그 결과 모든 노드 쌍 사이의 최단 거리도 (노드가 연결된 경우) 작다는 것을 알 수 있다.

---

25 지름이 단지 가장 긴 최단 경로의 길이라면, 경로가 없는 노드에 무한한 거리가 있다고 한 위의 관례를 따라 둘 이상의 덩어리로 된 네트워크에서는 지름이 형식상으로 무한대가 된다. 그러나 개별 덩어리의 지름에 대해 별도로 이야기할 수 있으며, 이렇게 하면 연결되지 않은 노드에 대해 어떤 관례를 따르든 완벽하게 잘 정의된 개념이다.

6.12 덩어리

네트워크가 연결된 단일 노드 집합으로 구성될 필요는 없다. 많은 네트워크에서 서로 연결이 끊긴 2개 이상의 따로 떨어진 부분이 있다. 예를 들어, 그림 6.13에 표시된 네트워크는 두 부분으로 나뉜다. 왼쪽에는 3개의 노드가 있고, 오른쪽에는 4개의 노드가 있다. 이러한 부분을 덩어리component[26]라고 한다. 정의상 각기 다른 덩어리의 노드 쌍 사이에는 경로가 없다. 예를 들어, 그림 6.13에서 A로 표시된 노드에서 B로 표시된 노드까지의 경로가 없다.

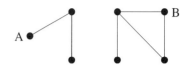

그림 6.13 2개의 덩어리로 된 네트워크

각기 다른 덩어리에 있는 A, B와 같은 노드 사이에는 경로가 없다.

기술적으로 덩어리는 해당 하위 집합의 각 구성원에서 각기 다른 구성원으로 적어도 하나의 경로가 존재하고, 네트워크의 다른 노드가 이런 성질을 유지하며 하위 집합에 추가될 수 없도록 하는 네트워크 노드의 하위 집합이다. 이와 같이 주어진 속성을 유지하며 다른 노드를 추가할 수 없는 하위 집합을 최대 하위 집합maximal subset이라 한다. 다른 노드에 연결되지 않은 싱글톤singleton 노드는 크기 1인 덩어리로 간주되며, 모든 노드는 정확히 하나의 덩어리에 속한다. 네트워크의 모든 노드가 동일한 단일 덩어리에 속하는 경우 연결됐다connected고 한다. 반대로 2개 이상의 덩어리가 있는 네트워크는 끊어져disconnected 있다.

하나 이상의 덩어리가 있는 네트워크의 인접 행렬은 블록 대각block diagonal 형식으로 쓰일 수 있다. 즉, 행렬의 0이 아닌 요소가 행렬의 대각선을 따라 정사각형 블록으로 놓이고 다른 모든 요소는 0이 된다.

$$\mathbf{A} = \begin{pmatrix} \boxed{} & 0 & \cdots \\ 0 & \boxed{} & \cdots \\ \vdots & \vdots & \ddots \end{pmatrix} \qquad (6.26)$$

그러나 노드 이름표를 올바르게 선택해야만 이런 형식이 된다. 인접 행렬의 블록 모양은 행렬의 축을 따라 함께 모이도록 순차적으로 이름표가 주어진 각 덩어리의 노드에 의존한다. 이런 방식으로 노드가 모이지 않으면 행렬은 블록 대각선이

---

26 이번 절에서 설명하는 'component'는 에지로 연결된 네트워크의 부분으로, 덩어리라고 번역했다. 보통 그래프 이론에서 'connected component'로 쓰고 '연결 성분', '연결 요소'로 번역하곤 하지만 '연결된 덩어리'라고 번역하는 편이 뜻을 더 잘 전달한다. – 옮긴이

아니며, 네트워크에 따로 떨어진 덩어리가 있다고 말하기 어려울 것이다. 8.5절에서 설명할 너비 우선 탐색 알고리듬과 같은 컴퓨터 알고리듬이 있어, 임의의 노드 이름표가 있는 네트워크에서 덩어리를 빠르게 결정할 수 있다.

6.12.1 방향성 네트워크에서의 덩어리

방향성 네트워크의 경우 덩어리의 정의가 좀 더 복잡하다. 월드와이드웹과 같은 네트워크에서 실질적으로 중요하기 때문에 상황을 좀 더 자세히 살펴볼 가치가

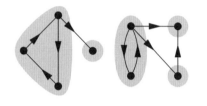

그림 6.14 방향성 네트워크에서의 덩어리
이 네트워크는 각각 4개의 노드로 구성된 2개의 약하게 연결된 덩어리와 5개의 강하게 연결된 덩어리(음영 처리)를 갖고 있다.

있다. 그림 6.14의 방향성 네트워크를 생각해보자. 에지의 방향성을 무시하고 방향이 없는 것으로 생각하면 네트워크에는 각각 4개의 노드로 구성된 2개의 덩어리가 있다. 그래프 이론의 전문 용어로 이것을 약하게 연결된 덩어리weakly connected component라 한다. 경로가 모든 에지의 어느 방향으로든 따라갈 수 있을 때 두 노드가 네트워크를 통해 하나 이상의 경로로 연결된다면, 두 노드는 약하게 연결된 같은 덩어리 안에 있다.

그러나 많은 실제 상황에서는 이것을 신경 쓰지 않는다. 예를 들어, 월드와이드웹의 에지는 웹 사용자가 한 페이지에서 다른 페이지로 이동할 수 있지만 한 방향으로만 이동할 수 있게 하는 방향이 있는 하이퍼링크hyperlink다. 이것은 웹 페이지들 사이에 방향이 있는 경로, 즉 정방향으로 에지를 따라가는 경로가 있는 경우에만 한 웹 페이지에서 다른 웹 페이지에 도달할 수 있음을 의미한다. 이런 방향성 경로directed path를 기반으로 방향성 네트워크의 덩어리를 정의하는 것이 유용하겠지만, 이는 몇 가지 문제를 일으킨다. 노드 A에서 노드 B로 향하는 경로가 있을 수 있지만, B에서 A로 다시 돌아가는 경로가 없을 수 있다. 그러면 A와 B가 연결된 것으로 생각해야 할까? 같은 덩어리 안에 있는가?

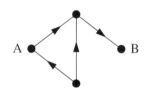

이 네트워크에는 A에서 B로 향하는 경로가 있지만, B에서 A로 가는 경로는 없다.

이러한 질문에 다양한 답을 할 수 있다. 한 가지 가능성은 A에서 B로, 그리고 B에서 A로 방향성 경로가 있는 경우에는 A와 B가 연결됐다고 정의하는 것이다. 이 경우 A와 B는 강하게 연결됐다strongly connected고 한다. 연결에 대한 이 정의를 사용해 방향성 네트워크에 대한 덩어리를 정의할 수 있으며, 이를 강하게 연결된 덩어리strongly connected component라 한다. 기술적으로, 강하게 연결된 덩어리는 하위 집합의 모든 노드 쌍 사이에 양방향으로 방향성 경로가 있는 노드의 최대 하위 집합이다. 그림 6.14의 네트워크에서 강하게 연결된 덩어리는 음영으로 표시했다.

강하게 연결된 덩어리는 단일 노드로 구성될 수 있으며(그림 6.14에는 이런 덩어리가 3개 있다), 모든 노드는 정확히 하나의 강하게 연결된 덩어리에 속한다. 하나 이상의 노드가 있는 모든 강하게 연결된 덩어리에는 적어도 하나의 순환 구조가 있어야 한다. 실제로 강하게 연결된 덩어리의 모든 노드는 적어도 하나의 순환 구조에 속해야 한다. 정의에 따라 그 노드에서 덩어리 안의 다른 모든 노드로 가는 방향성 경로가 있고, 다시 돌아오는 방향성 경로가 있는데, 이 두 경로가 함께 순환 구조를 만들기 때문이다(이의 따름정리는 방향성 비순환 그래프^{directed acyclic graph}에는 노드가 2개 이상인 강하게 연결된 덩어리가 없다는 것이다).

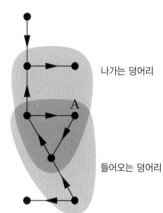

그림 6.15 들어오는 덩어리와 나가는 덩어리

2개의 음영 부분은 이 작은 방향성 네트워크의 노드 A에서 들어오는 덩어리와 나가는 덩어리를 나타낸다. 두 영역 사이의 겹치는 부분은 A의 강하게 연결된 덩어리다.

강하게 연결된 덩어리와 약하게 연결된 덩어리가 방향성 네트워크에서 덩어리에 대한 유용하고 유일한 정의는 아니다. 웹에서는 주어진 출발점에서 웹 서핑을 하여 어떤 페이지에 도달할 수 있는지 아는 것이 유용할 수 있지만, 그 반대로 다시 갈 수 있는지 여부는 그다지 신경 쓰지 않을 수도 있다. 이런 것들을 고려했을 때 나가는 덩어리^{out-component}를 생각할 수 있다. 나가는 덩어리는 한 특정 노드 A에서 시작하여 A 자체를 포함하는 방향성 경로를 통해 도달할 수 있는 노드들의 집합이다(그림 6.15 참고).

나가는 덩어리의 구성원은 시작 노드의 선택에 따라 다르다. 다른 시작 노드를 선택하면 도달 가능한 노드 집합이 바뀔 수 있다. 따라서 나가는 덩어리는 네트워크 구조와 시작 노드 모두와 관련된 속성이며, (강하게 연결된 덩어리와 약하게 연결된 덩어리처럼) 네트워크 구조만의 속성은 아니다. 이는 무엇보다 노드가 둘 이상의 나가는 덩어리에 속할 수 있음을 의미한다. 예를 들어, 그림 6.16에서 2개의 각기 다른 시작 노드 A와 B의 나가는 덩어리를 보여준다. 노드 X와 Y는 둘 다에 속한다.

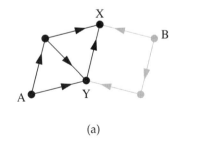

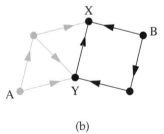

(a)   (b)

그림 6.16 방향성 네트워크에서의 나가는 덩어리

(a) 노드 A에서 방향성 경로를 따라 도달할 수 있는 노드의 집합인 노드 A에서 나가는 덩어리, (b) 노드 B에서 나가는 덩어리. 노드 X와 Y는 나가는 덩어리 둘 다에 속한다.

몇 가지 주목할 점이 있다. 먼저, 노드 A가 속한 강하게 연결된 덩어리의 모든 구성원이 A에서 나가는 덩어리의 구성원이라는 것이 자명하다. 또한 A에서 도달할 수 있는 모든 노드는 강하게 연결된 덩어리의 다른 모든 노드에서도 반드시 도달할 수 있다. 따라서 강하게 연결된 덩어리의 모든 구성원의 나가는 덩어리는 동일하다. 그러므로 나가는 덩어리는 개별 노드가 아니라 실제로는 강하게 연결된 덩어리에 '속한다belong'고 말하는 것이 타당하다.

또한 나가는 덩어리는 나가는 덩어리 안에 있지 않은 다른 노드에 대한 에지를 가질 수 있지만, 이 에지는 덩어리에 안쪽으로만 향하고 바깥쪽으로 향하지는 않는다(예를 들어, 그림 6.16을 다시 보라). 에지가 바깥쪽을 가리키는 연결된 노드는 정의상 나가는 덩어리의 구성원이 된다.

유사한 아이디어가 한 특정 노드에 도달할 수 있는 노드에도 적용된다. 지정된 노드 A의 들어오는 덩어리는 A 자체를 포함하여 A로 방향성 경로가 있는 모든 집합이다(그림 6.15 참고). 들어오는 덩어리는 지정된 노드의 선택에 따라 달라지며 노드는 둘 이상의 들어오는 덩어리에 속할 수 있다. 그러나 강하게 연결된 동일한 덩어리의 모든 노드는 동일한 들어오는 덩어리를 가지며 노드가 속한 강하게 연결된 덩어리는 해당 들어오는 덩어리의 하위 집합이다. 실제로 A의 들어오는 덩어리와 나가는 덩어리 모두에 있는 노드는 (경로가 양방향으로 존재하기 때문에) 반드시 강하게 연결된 덩어리에도 포함되며, A의 강하게 연결된 덩어리는 들어오는 덩어리와 나가는 덩어리의 교집합과 같다(그림 6.15를 다시 보라).

6.13 독립 경로, 연결성, 컷 집합

일반적으로 네트워크의 한 노드에서 다른 노드로 이동하는 방법에는 여러 가지가 있다. 동일한 노드를 두 번 방문하지 않는 자기 회피 걷기와 같은 경로로 제한하더라도 여전히 다양한 길이의 경로가 많이 있을 것이다. 그러나 이러한 경로는 보통 독립적이지 않을 것이다. 예를 들어, 그림 6.12에서와 같이 경로는 일부 노드 또는 에지를 공유한다. 독립 경로independent path로 제한하면 주어진 노드 쌍 사이의 경로 수는 일반적으로 훨씬 적다. 이 절에서 설명하듯이 독립 경로는 네트워크 이론에서 중요한 역할을 한다.

독립 경로에는 에지 독립edge-independent과 노드 독립node-independent 두 가지가 있다. 주어진 노드 쌍을 연결하는 두 경로가 에지를 공유하지 않으면 에지 독립이다. 두 경로가 시작 및 끝 노드 외에 노드를 공유하지 않으면 노드 독립이다. 두 경로가 노드 독립이면, 또한 에지 독립이다. 하지만 그 반대는 참이 아니다. 에지 독립이지만 노드 독립이 아닐 수 있다. 예를 들어, 그림 6.17(a)에 표시된 네트워크에는 화살표로 표시된 것처럼 A에서 B로 가는 2개의 에지 독립 경로가 있지만 노드 독립 경로는 단 하나다. 두 에지 독립 경로는 중간 노드 C를 공유하기 때문에 노드 독립이 아니다.

두 노드 사이에 에지 또는 노드 독립 경로가 반드시 유일한 것은 아니다. 독립 경로 집합을 선택하는 방법은 여러 가지가 있을 수 있다. 예를 들어, 그림 6.17(b)는 그림 6.17(a)와 동일한 네트워크를 보여주지만 2개의 에지 독립 경로가 다른 방식으로 선택되어 중심 노드 C를 통과하며 교차한다.

네트워크의 두 노드 사이에 유한한 수의 독립 경로만 있을 수 있다는 사실을 확신하는 데 잠시 생각이 필요하다. A에서 B로 가는 (에지 또는 노드 독립인) 독립 경로의 수는 A의 링크수를 초과할 수 없다. 모든 경로는 다른 에지를 따라 노드 A를 떠나야 하기 때문이다. 마찬가지로 경로의 수는 B의 링크수 또한 초과할 수 없다. 따라서 두 노드의 링크수 중 작은 쪽이 독립 경로 수의 상한을 정한다. 예를 들어, 그림 6.17에서 A와 B 사이에는 3개 이상의 에지 또는 노드 독립 경로가 있을 수 없다. 두 노드 모두 링크수가 2이기 때문이다.

한 쌍의 노드 간 독립 경로의 수를 노드의 연결성^{connectivity}이라고 한다.[27] 에지 또는 노드 독립성을 고려하고 있는지 명확히 하려면 에지 또는 노드 연결성을 참조

독립 경로는 주로 수학 문헌에서 **서로소인 경로**(disjoint path)라고도 한다. 또한 에지 및 노드 독립성을 설명하는 **에지-서로소**(edge-disjoint) 및 **노드-서로소**(node-disjoint)라는 용어도 볼 수 있다.

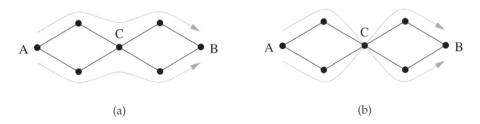

(a)   (b)

그림 6.17 에지 독립 경로

(a) 화살표로 표시된 것처럼 이 그림에는 A에서 B로 가는 에지 독립 경로가 2개 있지만 모든 경로가 중심 노드 C를 통과해야 하기 때문에 노드 독립 경로는 하나만 있다. (b) 에지 독립 경로는 유일하지 않다. 이 경우 A에서 B로의 경로를 선택하는 두 가지 방법이 있다.

---

27 '연결성'이라는 단어는 네트워크 문헌에서 링크수(degree)의 동의어로 사용되기도 하지만, 명확성을 위해 이 책에서는 사용하지 않는다.

할 수 있다. 그림 6.17의 노드 A와 B는 에지 연결성 2를 갖지만 노드 연결성 1을 갖는다(2개의 에지 독립 경로가 있지만 노드 독립 경로는 하나뿐이기 때문이다).

노드 쌍의 연결성은 해당 노드가 얼마나 강하게 연결되어 있는지 측정하는 것으로 생각할 수 있다. 단 하나의 독립 경로만 있는 쌍은 틀림없이 많은 경로가 있는 쌍보다 약하게 연결된다. 이 아이디어는 네트워크 분석, 예를 들어 강하게 연결된 노드의 클러스터 또는 커뮤니티를 발견하기 위한 알고리듬적 방법에서 가끔 이용된다[181].

연결성은 노드 사이의 '병목현상bottleneck' 관점에서 생각해볼 수 있다. 예를 들어, 그림 6.17의 노드 A와 B는 노드 C가 하나의 경로만 통과할 수 있는 병목현상을 만들기 때문에 하나의 노드 독립 경로만 연결된다. 이런 병목현상 개념은 다음과 같은 컷 집합의 개념으로 공식화한다.

방향성 없는 네트워크를 생각해보자(사실 여기서의 전개는 방향성 네트워크에도 똑같이 적용되지만, 단순함을 위해 지금은 방향이 없는 경우로 한정하자). 컷 집합cut set 또는 더 적절하게 노드 컷 집합node cut set은 해당 노드를 (인접한 에지들과 함께) 제거하면 특정 노드 쌍의 연결이 끊어지는 노드의 집합이다. 예를 들어, 그림 6.17의 중심 노드 C는 노드 A와 B에 대해 크기 1인 컷 집합을 이룬다. 이것이 제거되면 A에서 B로 가는 경로가 없을 것이다. 이 네트워크에는 A와 B에 대한 다른 컷 집합도 있지만, 다른 모든 컷 집합은 크기가 1보다 크다.

에지 컷 집합edge cut set은 해당 에지를 제거하면 특정 노드 쌍의 연결이 끊어지는 에지의 집합이다.

최소 컷 집합minimum cut set은 특정 노드 쌍의 연결을 끊는 가장 작은 컷 집합이다. 그림 6.17에서 단일 노드 C는 노드 A와 B에 대한 최소 컷 집합이다. 최소 컷 집합이 유일하지는 않다. 예를 들어, 아래 네트워크의 노드 A와 B 사이에는 (모두 크기가 2인) 다양한 최소 컷 집합이 있다.

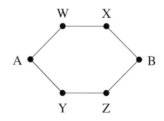

{W, Y}, {W, Z}, {X, Y}, {X, Z} 모두 이 네트워크에 대한 최소 컷 집합들이다(또한

다양한 최소 에지 컷 집합이 있다).

컷 집합은 그래프 이론에서 집중한 중요한 초기 결과다. 멩거의 정리^{Menger's theorem}에 따르면 네트워크의 노드 쌍 사이의 최소 컷 집합의 크기는 동일한 노드 사이의 독립 경로의 수와 같다. 즉, 노드 쌍의 연결성과 노드 사이의 병목 구간 수가 동일하다. 이 정리는 노드 및 에지 컷 집합 모두에 적용되며, 네트워크 분석을 위한 컴퓨터 알고리듬을 연구할 때 중요한 역할을 할 것이다. 독립 경로를 세는 대신 컷 집합의 크기를 계산하면 되기 때문이다. 곧 보겠지만 후자가 전자보다 간단한 작업이다.

정리는 언뜻 보면 사소해 보일 수 있다.

멩거의 정리는 언뜻 보면 사소해 보일 수 있다. 예를 들어 한 쌍의 노드 사이에 2개의 노드 독립 경로가 있다면, 연결을 끊기 위해 당연히 각 경로에서 한 노드를 제거하면 될까? 그러나 더 깊이 생각해보면 이것이 항상 작동하는 것은 아님을 알 수 있다. 경로에서 잘못된 노드를 제거하면 끝을 분리하지 못한다(예를 들어, 그림 6.18을 참고하라). 멩거의 정리는 제거하면 끊어지는 어떤 노드 집합이 항상 존재함을 말해주지만, 그것은 올바른 노드들이어야 한다. 멩거의 정리에 대한 엄격한 증명은 사실 사소하지 않다. 노드에 대해서는 카를 멩거^{Karl Menger}[330]가 처음으로 증명했지만, 그 이후로 다른 많은 증명이 나왔다. 비교적 간단한 증명은 참고 문헌 [467]에서 찾아볼 수 있다.

멩거 정리의 에지 버전은 최대 흐름^{maximum flow}의 아이디어와 관련된 추가 따름 정리가 있다. 관심 있는 네트워크와 같은 모양의 수도관을 상상해보자. 네트워크의 에지는 수도관에 해당하고, 노드는 수도관 사이의 접합부에 해당한다. 그리고 단위 시간당 부피로 표현했을 때 물이 모든 수도관에 동일한 최댓값으로 모든 수도관을 통해 흐를 수 있는 최대 시간당 유량도 가정한다. 그러면 전체 네트워크를 통해 노드 A에서 노드 B로의 최대 흐름 속도는 얼마인가? 답은 최대 흐름이 단일 파이프를 따라 흐르는 최대 흐름에 에지 독립 경로의 수를 곱한 것과 같다는 것이다.

이 결과를 최대 흐름/최소 컷 정리^{max-flow/min-cut theorem}라고 하며, 각 수도관이 동일한 고정 유량을 전달할 수 있는 특별한 경우다(파이프의 용량이 다를 때 적용되는 좀 더 일반적인 형식이 있는데, 이에 대해서는 다음 절에서 살펴본다). 이 정리는 멩거의 정리를 그대로 따른다. 최대 흐름은 각 경로를 따라 한 단위의 흐름을 단순히 보낼 수 있기 때문에 최소한 에지 독립 경로의 수만큼 커야 한다. 그러나 동시에 최소 에지 컷 집합의 크기보다 클 수 없다. 컷 집합의 에지를 제거하면 모든 흐름이 차단되

독립 경로를 찾기 위한 알고리듬은 8.7절에서 논의한다.

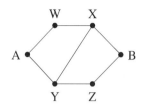

그림 6.18 독립 경로 및 컷 집합

이 그림에는 A와 B를 연결하는 2개의 노드 독립 경로가 있지만, 각 경로에서 하나씩 노드 W와 Z를 제거해도 연결이 끊어지지 않는다. 반면 노드 X와 Y를 제거하면 연결이 끊어진다.

고 컷 집합의 각 에지는 한 단위의 흐름을 전달하기 때문이다. 독립 경로의 수와 컷 집합의 크기가 같기 때문에 결과는 따라온다.

따라서 멩거의 정리와 최대 흐름/최소 컷 정리는 방향성 없는 네트워크의 한 쌍의 노드에 대해 다음 세 가지 양이 모두 수치적으로 서로 같음을 말해준다. 노드 한 쌍에 대한 에지 연결성(즉, 노드 쌍을 연결하는 에지 독립 경로의 수), 최소 에지 컷 집합의 크기(즉, 연결을 끊기 위해 제거해야 하는 에지의 수), 각 개별 에지를 따라 흐르는 최대 흐름의 배수로 표현되는 노드 쌍 사이의 최대 흐름. 비록 방향성 없는 네트워크에 대해 이런 결과를 언급했지만 어떤 증명에서도 방향성 없는 네트워크를 필요로 하지 않으며, 이 세 가지 양은 방향성 네트워크에서도 동일하다.

6.13.1 가중치 네트워크의 최대 흐름과 컷 집합

6.3절에서 논의했듯이 네트워크에서는 일부 에지가 다른 에지보다 더 강하거나 더 두드러짐을 나타내는 에지 가중치를 가질 수 있다. 때에 따라 이런 가중치가 어떤 종류의 흐름을 전달할 수 있는 용량을 나타낸다. 예를 들어, 도로 네트워크에서 도로의 교통 통행 가능 용량이나 인터넷 회선의 데이터 허용량을 나타낼 수 있다. 이전 절에서 질문한 것과 유사하게 네트워크에서의 네트워크 전체 흐름에 대해 질문할 수 있지만, 이제 각기 다른 에지가 다른 용량을 가질 수 있다고 한 번 더 꼬았다. 예를 들어, 지정된 노드 쌍 사이에 가능한 최대 흐름이 얼마인지 물을 수 있다. 컷 집합에 대해서도 물어볼 수 있다. 가중치 네트워크에 대한 에지 컷 집합은 가중치가 없는 경우와 마찬가지로 제거했을 때 특정 노드 쌍의 연결이 끊어지는 에지 집합으로 정의한다. 최소 에지 컷 집합은 집합의 에지 가중치의 합이 가능한 최솟값을 갖는 집합으로 정의된다.

가중치 네트워크에서 최대 흐름과 최소 컷 집합은 네트워크의 주어진 노드 쌍 사이의 최대 흐름이 동일한 노드 쌍을 끊는 최소 에지 컷 집합의 가중치 합과 같다고 설명하는 최대 흐름/최소 컷 정리의 일반적인 형식과 관련이 있다.

이것이 사실인 이유를 확인하는 한 가지 방법은 6.3절에서 언급한 가중치 네트워크와 다중 그래프 사이의 동등성이라는 측면에서 살펴보는 것이다. 네트워크의 모든 에지의 용량이 정수인 특별한 경우를 고려하자. 다음과 같이 정수 용량 k의 각 에지를 용량 1인 k개의 나란한 에지로 바꾸어 네트워크를 변환할 수 있다.

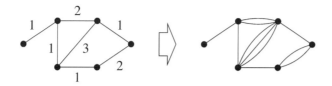

변환된 네트워크의 두 노드 사이의 최대 흐름은 원래 네트워크의 해당 노드 사이의 최대 흐름과 분명히 동일하다. 그와 동시에, 변환된 네트워크는 이제 6.13절에서 고려한 유형의 가중치 없는 네트워크 형태를 가지므로 원래 네트워크의 최대 흐름은 변환된 네트워크에서 최소 에지 컷 집합의 크기와 같다.

또한 변환된 네트워크의 최소 컷 집합은 인접한 노드 쌍 사이의 나란한 에지를 모두 포함하거나 하나도 포함하지 않거나 해야 한다. 모든 에지를 자르지 않고 하나를 자르는 것은 의미가 없다. 이 제약 조건으로부터 원래 네트워크의 컷 집합과 변환된 네트워크의 컷 집합 사이에 일대일 대응이 있게 되고, 해당 컷 집합은 반드시 동일한 가중치 합을 갖는다. 따라서 가중치 네트워크의 최소 컷 집합은 변환된 네트워크의 최소 컷 집합과 동일한 가중치를 가지므로 최소 컷과 최대 흐름은 원래 네트워크에서 동일하다.

이는 정수인 에지 가중치를 갖는 경우에 대한 정리를 보여준다. 가중치를 측정하는 단위를 더 작게 하여 정수가 아닌 경우로 확장할 수 있다. 단위가 임의로 작아지는 한계에서는 어떤 가중치라도 단위의 정수로 나타낼 수 있어 위의 논의를 그대로 적용할 수 있다. 따라서 최대 흐름/최소 컷 정리는 일반적으로 모든 가중치 집합에 대해 반드시 참이다.

가중치 네트워크에서 최대 흐름을 계산하기 위한 효율적인 컴퓨터 알고리듬이 있어 최대 흐름/최소 컷 정리를 통해 최소 컷도 효율적으로 계산할 수 있으며, 이제는 이러한 계산을 하는 표준적인 방법이다.[28]

정수 에지 가중치를 사용하지 않는 대안인 제1원리 증명으로는 예를 들어 아후자(Ahuja) 등[9]의 증명이 있다.

6.14 그래프 라플라시안

6.2절에서는 네트워크의 전체 구조를 반영하는 인접 행렬과 그 인접 행렬의 속성이 다양하고 유용한 정보를 알려줄 수 있음을 소개했다. 그러나 인접 행렬이 네트

---

28 최대 흐름/최소 컷 정리의 (약간 놀라운) 또 다른 활용은 네트워크 이론과 물리학이 서로 도움을 주는 흥미로운 사례인 무작위장 이징 모델(random field Ising model)의 바닥 상태(ground state)를 찾는 것이다. 물리학 아이디어의 네트워크 이론 적용 사례를 찾는 것은 비교적 흔하지만 그 반대는 드물다.

워크의 유일한 행렬 표현은 아니다. 그 외에도 모듈 행렬^{modularity matrix}, 비역추적 행렬^{non-backtracking matrix}, 그래프 라플라시안^{graph Laplacian} 등이 있다. 이 중 그래프 라플라시안은 확실히 가장 잘 알려져 있고 가장 널리 사용된다.

방향성과 가중치가 없는 간단한 네트워크의 그래프 라플라시안은 다음의 요소를 갖는 $n \times n$ 대칭 행렬 $\mathbf{L}$이다.

$$L_{ij} = \begin{cases} k_i & i = j\text{인 경우} \\ -1 & i \neq j\text{이고, 노드 } i\text{와 } j \text{ 사이에 에지가 있는 경우} \\ 0 & \text{그 외} \end{cases} \tag{6.27}$$

여기서 k_i는 이전과 같이 노드 i의 링크수다. 같은 것을 적는 또 다른 방법은 다음과 같다.

$$L_{ij} = k_i \delta_{ij} - A_{ij} \tag{6.28}$$

여기서 A_{ij}는 인접 행렬의 요소이고, δ_{ij}는 $i = j$이면 1, 그 외에는 0인 크로네커 델타^{Kronecker delta} 표현이다. 다른 방법으로 행렬 형식으로 적을 수도 있다.

$$\mathbf{L} = \mathbf{D} - \mathbf{A} \tag{6.29}$$

여기서 $\mathbf{D}$는 대각 요소에 노드의 링크수를 적은 대각 행렬이다.

$$\mathbf{D} = \begin{pmatrix} k_1 & 0 & 0 & \cdots \\ 0 & k_2 & 0 & \cdots \\ 0 & 0 & k_3 & \cdots \\ \vdots & \vdots & \vdots & \ddots \end{pmatrix} \tag{6.30}$$

위 모두가 그래프 라플라시안의 동등한 정의다.

가중치 네트워크에 대한 그래프 라플라시안을 적을 수도 있다. 인접 행렬을 6.3절의 (행렬 요소에 가중치를 갖는) 가중치 인접 행렬로 대체하고, 노드의 링크수 k_i를 연관 행렬 요소의 합인 $\sum_j A_{ij}$로 대체한다. 다중 그래프도 같은 방식으로 처리할 수 있다. 그러나 그래프 라플라시안이 셀프 에지가 있는 네트워크, 더 중요하게는 방향성 네트워크로 자연스럽게 확장되지는 않는다. 라플라시안은 방향이 없는 경우에만 유용하다. 그래프 라플라시안은 네트워크에서의 마구걷기, 동적 시스템, 확산, 저항 네트워크, 그래프 시각화, 그래프 분할 이론을 포함한 놀랍도록 다양한 상황에서 발생한다. 다음 절에서는 이러한 응용 중 일부를 간략히 살펴본다.

6.14.1 그래프 분할

그래프 분할은 네트워크의 노드를 주어진 크기의 그룹 집합으로 나누어 그룹 사이를 지나가는 에지의 수를 최소로 하는 작업이다. 예를 들어, 병렬 컴퓨팅에서 여러 다른 컴퓨터나 CPU에 할당할 수 있는 더 작은 하위 계산으로 계산을 나누고 서로 간에 주고받아야 하는 데이터의 양을 최소화하려는 경우에(데이터 전송은 일반적으로 전체 계산 속도를 떨어뜨릴 수 있는 비교적 번거로운 과정이기 때문에) 발생한다.

그래프 분할의 가장 간단한 버전인 네트워크 노드를 그룹 1과 그룹 2라는 2개의 그룹으로 나누는 것을 생각해보자. 두 그룹 사이를 지나가는 에지의 수, 컷의 크기$^{\text{cut size}}$라고도 하는 R은 다음과 같다.

$$R = \tfrac{1}{2} \sum_{\substack{i,j\text{가 각기 다른} \\ \text{그룹에 속한 경우}}} A_{ij} \tag{6.31}$$

여기서 인수 $\frac{1}{2}$은 더하는 과정에서 모든 노드 쌍을 두 번 셈하게 되는 것을 보상하는 것이다(예를 들어, 노드 2와 1을 세는 것과 별개로 노드 1과 2를 또 센다).

네트워크 분할을 나타내는 각 노드 i에 대해 하나씩 다음과 같은 s_i라는 값의 집합을 정의하자.[29]

$$s_i = \begin{cases} +1 & \text{노드 } i\text{가 그룹 1에 속하는 경우} \\ -1 & \text{노드 } i\text{가 그룹 2에 속하는 경우} \end{cases} \tag{6.32}$$

그러면 다음과 같다.

$$\tfrac{1}{2}(1 - s_i s_j) = \begin{cases} 1 & i\text{와 } j\text{가 다른 그룹인 경우} \\ 0 & i\text{와 } j\text{가 같은 그룹인 경우} \end{cases} \tag{6.33}$$

이는 식 (6.31)을 다음과 같이 다시 쓸 수 있게 한다.

$$R = \tfrac{1}{4} \sum_{ij} A_{ij}(1 - s_i s_j) \tag{6.34}$$

이제 시그마 합은 모든 i와 j에 대해서 합한다. 첫 항은 다음과 같다.

---

29 물리학자는 이 변수 s_i를 '이징 스핀(Ising spin)'이라고 부르며, 실제로 그래프 분할 문제는 스핀이 네트워크의 노드에 존재하는 특정 유형의 이징 모델 바닥 상태를 찾는 것과 같다.

$$\sum_{ij} A_{ij} = \sum_i k_i = \sum_i k_i s_i^2 = \sum_{ij} k_i \delta_{ij} s_i s_j \qquad (6.35)$$

여기서 k_i는 이전처럼 노드 i의 링크수이고, δ_{ij}는 크로네커 델타다. 그리고 $\sum_j A_{ij} = k_i$(식 (6.12) 참고)와 $s_i^2 = 1$($s_i = \pm 1$이므로)이라는 사실을 사용했다. 이를 식 (6.34)에 다시 대입하면 다음을 얻는다.

$$R = \tfrac{1}{4} \sum_{ij} (k_i \delta_{ij} - A_{ij}) s_i s_j = \tfrac{1}{4} \sum_{ij} L_{ij} s_i s_j \qquad (6.36)$$

여기서 $L_{ij} = k_i \delta_{ij} - A_{ij}$는 그래프 라플라시안 행렬의 ij번째 요소다(식 (6.28) 참고).

식 (6.36)은 다음 행렬 형식으로 쓸 수 있다.

$$R = \tfrac{1}{4} \mathbf{s}^T \mathbf{L} \mathbf{s} \qquad (6.37)$$

여기서 $\mathbf{s}$는 s_i를 요소로 갖는 벡터다. 이 표현식은 그래프 분할 문제의 행렬 공식을 준다. 행렬 $\mathbf{L}$은 네트워크의 구조를 명시하고, 벡터 $\mathbf{s}$는 해당 네트워크를 그룹으로 나눈 것을 정의한다. 목표는 주어진 $\mathbf{L}$에 대해 컷의 크기 식 (6.37)을 최소화하는 벡터 $\mathbf{s}$를 찾는 것이다. 이 행렬 공식은 그래프 분할 문제를 해결하기 위한 표준 계산 방법 중 하나인 스펙트럼 분할^{spectral partitioning}로 직접 이어진다. 이는 그래프 라플라시안의 고유벡터^{eigenvector}를 사용해 양호한 네트워크의 분할을 빠르게 찾는다[177, 391].

6.14.2 네트워크 시각화

이 책에서 많은 네트워크 그림을 보았다. 1장의 인터넷 그림(그림 1.1)이나 먹이 그물 그림(그림 1.3) 같은 경우는 네트워크 구조를 되도록 명확하게 하기 위해 그림을 주의 깊게 배치하지 않으면 이해하기 어려운 크고 복잡한 네트워크다. 이와 같은 네트워크 시각화 생성은 이 책의 범위를 벗어나는 작업을 수행하는 특별한 소프트웨어 패키지의 영역이다. 그러나 무엇이 좋은 네트워크 시각화를 특징짓는지 폭넓게 묻는 것은 흥미로운 일이다.

한 가지 대답은 좋은 시각화는 페이지에 그려진 네트워크의 에지 대부분이 길이가 짧은 경우라는 것이다. 예를 들어, 동일한 네트워크의 두 가지 다른 그림을 보여주는 그림 6.19를 보자. 그림 6.19(a)에서 노드는 페이지에 무작위로 배치되

네트워크 시각화 및 분석을 위한 소프트웨어 패키지는 8장에서 자세히 설명한다.

어 있다. 이는 일부 에지는 짧지만 많은 에지가 상대적으로 길어, 한쪽에서 다른 쪽으로 그림을 가로질러 지나가는 에지가 분명히 많이 있다는 뜻이다. 최종 결과는 에지가 엉망이 되어 서로 교차하고 방해하며 일반적으로 어떤 노드가 어떤 노드에 연결되어 있는지 보기 어렵게 만든다. 반면 그림 6.19(b)에서는 연결된 노드 쌍이 (대체로) 서로 가깝게 놓여 에지의 길이가 짧도록 네트워크가 배치됐다. 그 결과 네트워크 구조를 더 쉽게 볼 수 있는 훨씬 더 선명한 그림을 얻을 수 있다.

방향성과 가중치가 없는 네트워크를 한 페이지에 배치하려 한다고 가정해보자. 실제 네트워크 이미지는 2차원이지만 단순성을 위해 지금은 1차원인 경우를 고려하여 레이아웃에서 노드 i의 위치가 단순히 스칼라 x_i가 되도록 하자. 목표는 에지의 길이를 최소화하도록 위치를 선택하는 것인데, 이는 다양한 방법으로 수행할 수 있지만 표준적인 접근 방식은 다음과 같이 길이 제곱의 합을 최소로 하는 것이다.

단순한 1차원 모델에서 노드 i와 j 사이의 거리는 $|x_i - x_j|$이고, 그 거리 제곱은 $(x_i - x_j)^2$이다. 에지의 거리 제곱을 모든 연결된 노드 쌍에 대해 합한 Δ^2은 다음과 같다.

좋은 네트워크 시각화 문제는 14.7.4절에서 검토하는 그래프 임베딩 및 잠재 공간 이론과 밀접하게 관련되어 있다.

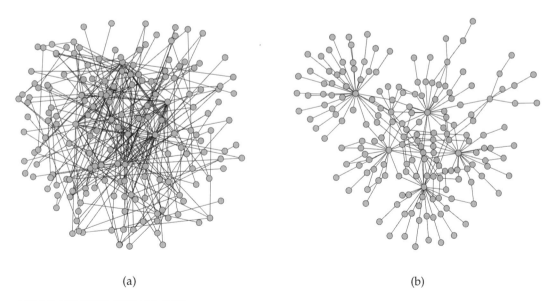

(a)   (b)

그림 6.19 같은 네트워크의 두 가지 시각화

(a)에서는 노드들이 마구잡이로 놓여 있다. 반면, (b)에서는 연결된 노드를 서로 가까이 두려는 네트워크 레이아웃 알고리즘에 따라 놓여 있다. 따라서 대부분의 에지가 짧다.

$$\Delta^2 = \frac{1}{2} \sum_{ij} A_{ij}(x_i - x_j)^2 \tag{6.38}$$

여기서 행렬 요소 A_{ij}는 연결된 쌍에 대해서만 셈하도록 해주고, 여분의 인수 $\frac{1}{2}$은 모든 노드 쌍이 합에 두 번 나오는 것을 보상한다.

이 표현식을 풀어서 다음을 얻는다.

$$\Delta^2 = \frac{1}{2} \sum_{ij} A_{ij}\left(x_i^2 - 2x_i x_j + x_j^2\right) = \frac{1}{2}\left[\sum_i k_i x_i^2 - 2\sum_{ij} A_{ij}x_i x_j + \sum_j k_j x_j^2\right]$$

$$= \sum_{ij}\left(k_i \delta_{ij} - A_{ij}\right)x_i x_j = \sum_{ij} L_{ij}x_i x_j \tag{6.39}$$

여기서 L_{ij}는 또 다시 그래프 라플라시안의 요소이고, 위 식의 두 번째 등식에서 $\sum_j A_{ij} = k_i$라는 사실을 이용했다(식 (6.12) 참고).

식 (6.39)는 행렬 표현으로 다음과 같이 쓸 수 있다.

$$\Delta^2 = \mathbf{x}^T \mathbf{L} \mathbf{x} \tag{6.40}$$

여기서 $\mathbf{x}$는 x_i를 요소로 갖는 벡터다. 이 표현식은 식 (6.37)과 유사하고, 그 방정식처럼 새로운 컴퓨터 알고리듬의 기초를 만들 수 있다. 이 경우에는 그래프 라플라시안의 고유벡터를 사용해 깔끔한 네트워크 시각화를 만들기 위한 알고리듬이다[274]. 이는 또한 모든 네트워크가 동일하게 깔끔히 시각화될 수는 없음을 알려준다. 식 (6.40)에서 시작해서 에지의 평균제곱$^{mean-square}$ 길이에 대한 하한을 얻을 수 있고, 따라서 네트워크가 대부분의 에지가 짧은 좋은 시각화를 갖기 위해서는 낮은 '대수적 연결성$^{algebraic\ connectivity}$'이 있어야 함을 보여줄 수 있다. 이는 그래프 라플라시안의 가장 작은 고윳값^{eigenvalue}과 두 번째로 작은 고윳값 사이의 간격이 작아야 함을 의미한다(6.14.5절 참고). 따라서 특정 네트워크에 대한 라플라시안의 속성을 조사하는 것만으로도 좋은 시각화를 만드는 것이 가능한지 여부를 말할 수 있다. 일부 네트워크의 경우 평균 에지 길이가 작은 레이아웃이 없기 때문에 아무리 노력해도 깔끔한 그림을 만들 수 없다.

6.14.3 마구걷기

그래프 라플라시안이 나오는 또 다른 맥락은 네트워크에서의 마구걷기$^{random\ walk}$ 연구다. 마구걷기는 마구잡이 걸음$^{\text{random step}}$을 반복하여 네트워크를 가로지르는 걷기^{walk}다. 임의의 초기 노드에서 시작하여 해당 노드에 연결된 에지 중 무작위로 균등하게 선택하고 선택한 에지를 따라 다른 쪽 끝의 노드로 이동하는 과정을 반복한다. 마구걷기는 같은 노드를 두 번 이상 방문하거나, 같은 에지를 두 번 이상 따라가는 것, 또는 방금 지난 에지를 다시 돌아가는 것이 가능하다(자기 회피 마구걷기 $^{\text{self-avoiding random walk}}$는 방금 말한 어떤 것도 하지 않고, 종종 연구되고 있으나 여기서는 논의하지 않을 것이다). 마구걷기는 예를 들면 4.7절에서 논의한 사회연결망에 대한 마구걷기 표본추출$^{\text{random-walk sampling30}}$ 방법에서, 그리고 7.1.7절의 마구걷기 사이도$^{\text{random-walk betweenness}}$ 측정에서 나타난다.

지정된 노드에서 시작하여 t 걸음을 수행하는 마구걷기를 고려하자. $p_i(t)$를 시간 t에서 노드 i에 있을 확률이라 하자. 시간 $t-1$에 노드 j에 있다면, j에 붙어 있는 k_j개 에지 중 어떤 특정 하나를 따라 걸음을 옮길 확률은 $1/k_j$다. 그래서 방향성 없는 네트워크에서 다음 단계에 노드 i에 있을 확률은 다음과 같다.

$$p_i(t) = \sum_j \frac{A_{ij}}{k_j} p_j(t-1) \tag{6.41}$$

또는 행렬 형식으로 $\mathbf{p}(t) = \mathbf{AD}^{-1}\mathbf{p}(t-1)$이다. 여기서 $\mathbf{p}$는 p_i를 요소로 하는 벡터이고, (예전과 같이) $\mathbf{D}$는 대각 요소에 노드의 링크수가 있는 대각 행렬로 식 (6.30)에서 정의됐다.

긴 시간이 지나는 극한에서 노드에 대한 확률 분포는 식 (6.41)의 t에 무한대를 넣어 얻을 수 있다. $p_i(\infty) = \sum_j A_{ij}p_j(\infty)/k_j$, 또는 행렬식으로 다음과 같다.

$$\mathbf{p} = \mathbf{AD}^{-1}\mathbf{p} \tag{6.42}$$

여기서 $\mathbf{p}$는 $\mathbf{p}(\infty)$를 간단히 쓴 것이다. 재배열하여 다음과 같이 다시 쓸 수 있다.

$$(\mathbf{I} - \mathbf{AD}^{-1})\mathbf{p} = (\mathbf{D} - \mathbf{A})\mathbf{D}^{-1}\mathbf{p} = \mathbf{LD}^{-1}\mathbf{p} = 0 \tag{6.43}$$

그러므로 $\mathbf{D}^{-1}\mathbf{p}$는 라플라시안의 고윳값이 0인 (어떤 수가 곱해진) 고유벡터다.

단 하나의 덩어리로 연결된 네트워크에서 고윳값이 0인 라플라시안의 고유벡터는 모든 요소가 1인 벡터 $\mathbf{1} = (1, 1, 1, ...)$ 단 하나뿐임을 6.14.5절에서 볼 것이다.

---

30 사회연결망의 한 노드에서 출발하여 링크를 따라 무작위로 방문한 노드를 표본으로 추출하는 과정 – 옮긴이

따라서 $\mathbf{D}^{-1}\mathbf{p} = a\mathbf{1}$로 a는 상수이고, $\mathbf{p} = a\mathbf{D1}$과 동일하여 $p_i = ak_i$다. 그러므로 하나로 연결된 네트워크에서는 마구걷기가 노드 i에서 발견될 확률은 긴 시간의 극한에서 단순히 그 노드의 링크수에 비례한다. 확률 p_i의 합이 1이 되도록 상수 a를 결정하면 다음을 얻는다.

$$p_i = \frac{k_i}{\sum_j k_j} = \frac{k_i}{2m} \tag{6.44}$$

여기서 식 (6.13)을 사용했다.

앞서 4.7절에서 사회연결망에 대한 마구걷기 표본추출 방법을 분석하며 이 결과를 사용했다. 결과 이면의 기본적인 직관으로 노드에 도달하는 더 많은 방법이 있기 때문에 큰 링크수를 가진 노드에 마구걷기로 방문할 가능성이 더 크다는 것이다.

추가 따름정리는 긴 시간의 극한에서 마구걷기의 임의의 특정 시점에 노드 i에서 j로 에지를 따라 걸을 확률 $P(i \to j)$는 처음에 노드 i에 있을 확률 p_i에 특정 에지를 따라 걸을 확률 $1/k_i$를 곱한 것과 같다.

$$P(i \to j) = \frac{k_i}{2m} \times \frac{1}{k_i} = \frac{1}{2m} \tag{6.45}$$

즉, 어느 주어진 시점에서든지 마구걷기는 모든 에지를 동등하게 지나갈 것이다.

6.14.4 저항 네트워크

그래프 라플라시안을 적용한 또 다른 예로서, 전기 네트워크의 가장 간단한 예 중 하나인 저항 네트워크^{resistor network}를 고려해보자. 그림 6.20과 같이 에지가 저항 R의 동일한 저항이고 노드가 저항 사이의 접합인 네트워크가 있다고 가정하고 두 노드 s와 t 사이에 전압을 걸어 총 전류 I가 네트워크를 통해 s에서 t로 흐른다.

이런 네트워크에 대해 물을 수 있는 한 가지 기본적인 질문은 주어진 노드에서 전압이 얼마인지다. 네트워크의 전류 흐름은 키르히호프^{Kirchhoff}의 전류 법칙을 따른다. 이 법칙은 본질적으로 전기가 보존되어 모든 노드로 유입되거나 유출되는 순 전류가 0이라는 것이다. V_i를 임의의 편리한 기준 전위에 상대적으로 측정된 노드 i의 전압이라 하자. 그러면 키르히호프의 법칙은 다음과 같다.

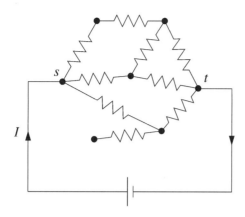

그림 6.20 전압이 걸린 저항 네트워크

이 네트워크에서 에지는 저항이고 노드는 저항들 사이의 전기적 접합점이다. 전압이 노드 s와 t 사이에 걸려, 총 전류 I가 흐른다.

$$\sum_j A_{ij} \frac{V_i - V_j}{R} - I_i = 0 \qquad (6.46)$$

여기서 I_i는 외부 전류원으로부터 노드 i에 주입된 모든 전류를 나타낸다. 이 경우 외부 전류는 외부 전압에 연결된 두 노드 s와 t에 대해서만 0이 아니다.

$$I_i = \begin{cases} +I & i = s\text{인 경우} \\ -I & i = t\text{인 경우} \\ 0 & \text{그 외} \end{cases} \qquad (6.47)$$

(이론적으로 네트워크에 추가 전압을 적용하고 더 많은 I_i 요소를 0이 아닌 것으로 만들어 더 복잡한 전류원 배열을 부과하지 못할 이유는 없지만, 이 논의에서는 간단한 사례를 고수하자.)

$\sum_j A_{ij} = k_i$를 써서, 식 (6.46)을 $k_i V_i - \sum_j A_{ij} V_j = R I_i$로 적을 수도 있다.

$$\sum_j (\delta_{ij} k_i - A_{ij}) V_j = R I_i \qquad (6.48)$$

행렬 형식으로는 다음과 같다.

$$\mathbf{L V} = R \mathbf{I} \qquad (6.49)$$

여기서 $\mathbf{L}$은 그래프 라플라시안이다. 이 방정식은 단일 저항에 대한 표준 옴^{ohm}의 법칙 $V = RI$에 대한 일종의 행렬 버전이며, $\mathbf{V}$에 대해 풀면 네트워크의 모든 노드에서 전압을 계산할 수 있다.

저항 네트워크의 동작을 계산하는 것은 다소 좁은 영역의 문제처럼 보일 수 있지만 사실 라플라시안과 저항 네트워크 사이의 연결은 중요하며 놀라운 실용적인 응용을 갖고 있다. 이는 네트워크의 다른 속성을 동일하게 유지하면서 네트워크에서 에지를 제거하는 것을 목표로 하는 그래프 희소화^{graph sparsification}에 가장 널리 사용되는 기술의 기초다[49, 435]. 그래프 희소화는 대규모 선형 연립 방정식 시스템을 풀기 위한 다양한 현대 수치해석 방법의 기초를 형성한다. 저항 네트워크의 형태로 방정식을 표현하고(사실상 위에서 저항 네트워크를 얻고 이를 방정식 집합으로 표현한 것의 역순으로) 전기적 특성을 동일하게 유지하면서 네트워크를 희소화함으로써, 문제의 복잡성을 크게 줄여 이전에는 몇 시간이 걸렸을 수 있는 연립 방정식을 몇 초 만에 해결할 수 있다. 그래프 희소화와 방정식 풀이에 적용하는 것은 네트워크 이론의 많은 중요한 기술적 사용의 한 예일 뿐이다.

6.14.5 그래프 라플라시안의 속성

그래프 라플라시안은 많은 계산에서 중요한 여러 속성이 있다. 예를 들어, 행렬의 모든 행의 합은 0이 되는 속성이 있다.

$$\sum_j L_{ij} = \sum_j (k_i \delta_{ij} - A_{ij}) = k_i - k_i = 0 \tag{6.50}$$

여기서는 $\sum_j A_{ij} = k_i$라는 사실을 이용했다(식 (6.12) 참고). 마찬가지로 행렬의 모든 열도 합이 0이다.

특히 흥미로운 것은 그래프 라플라시안의 고윳값이다. 라플라시안은 실수 대칭 행렬^{real symmetric matrix}이므로 반드시 실수 고윳값을 갖는다. 그러나 좀 더 이야기하자면, 라플라시안의 모든 고윳값은 또한 음수가 아니다.

λ를 그래프 라플라시안의 한 고윳값이라 하고, $\mathbf{v}$를 해당 고유벡터라 하자. 정규화된 단위로 $\mathbf{v}^T\mathbf{v} = 1$이다. 그럼 $\mathbf{L}\mathbf{v} = \lambda\mathbf{v}$이고 다음과 같은 관계가 성립한다.

$$\mathbf{v}^T\mathbf{L}\mathbf{v} = \lambda\mathbf{v}^T\mathbf{v} = \lambda \tag{6.51}$$

식 (6.38) ~ 식 (6.40)에서 사용한 같은 맥락의 논거로 다음과 같이 쓸 수 있다.

$$\sum_{ij} A_{ij}(v_i - v_j)^2 = \sum_{ij} A_{ij}(v_i^2 - 2v_iv_j + v_j^2)$$

$$= \sum_i k_iv_i^2 - 2\sum_{ij} A_{ij}v_iv_j + \sum_j k_jv_j^2$$

$$= 2\sum_{ij}(k_i\delta_{ij} - A_{ij})v_iv_j = 2\sum_{ij} L_{ij}v_iv_j = 2\mathbf{v}^T\mathbf{Lv} \quad (6.52)$$

식 (6.51)과 식 (6.52)를 결합하여 다음을 얻는다.

$$\lambda = \tfrac{1}{2}\sum_{ij} A_{ij}(v_i - v_j)^2 \geq 0 \quad\quad (6.53)$$

따라서 라플라시안의 모든 고윳값은 음수가 아니다.

고윳값은 음수가 될 수 없지만, 0이 될 수는 있다. 실제로 라플라시안은 항상 최소한 하나의 0인 고윳값을 갖는다. 위에서 봤듯이 행렬의 모든 행의 합이 0이 되며, 이는 벡터 $\mathbf{1} = (1, 1, 1, ...)$이 항상 고윳값이 0인 라플라시안의 고유벡터임을 의미한다($\mathbf{L1} = 0$. 제대로 정규화된 고유벡터는 아니다. 제대로 정규화된 벡터는 $(1, 1, 1, ...)/\sqrt{n}$이다). 음의 고윳값이 없으므로 0이 라플라시안 고윳값 중 가장 작은 값이다.

0인 고윳값이 있다는 것은 무엇보다도 라플라시안의 역행렬이 없음을 의미한다. 행렬의 행렬식^{determinant}은 고윳값의 곱이므로 라플라시안의 행렬식은 항상 0이고, 행렬이 특이^{singular} 행렬이다.

라플라시안은 0인 고윳값을 둘 이상 가질 수 있다. 예를 들어, 크기가 $n_1, ..., n_c$인 c개의 다른 덩어리로 나뉘는 네트워크를 고려해보자. 네트워크의 노드에 번호를 지정하여 첫 n_1개의 노드가 첫 번째 덩어리의 노드이고, 다음 n_2개의 노드가 두 번째 덩어리의 노드가 되도록 한다. 이렇게 하면 네트워크의 라플라시안이 다음과 같은 형태의 블록 대각 행렬$^{block\ diagonal\ matrix}$이 된다.

6.12절의 블록 대각 행렬에 대한 논의를 참고하라.

$$\mathbf{L} = \begin{pmatrix} \boxed{} & 0 & \cdots \\ 0 & \boxed{} & \cdots \\ \vdots & \vdots & \ddots \end{pmatrix} \quad\quad (6.54)$$

게다가, 행렬의 각 개별 블록은 그 자체가 해당 덩어리의 라플라시안이다. 대각선을 따라 해당 덩어리 안에 노드의 링크수를 갖고, 에지의 해당 위치에 −1을 갖는다. 이는 각 블록이 고윳값이 0인 그 자체의 고유벡터 (1, 1, 1, ...)을 갖고 있음을 의미하며, 결국 전체 라플라시안 **L**의 고윳값이 0인 고유벡터는 최소 c개의 각기 다른 (선형 독립) 벡터가 있어야 함을 말해준다. 즉, 한 단일 덩어리 안에서 노드의 해당 위치에 1이 있고 다른 곳에는 0이 있는 벡터다. 예를 들면 다음과 같은 벡터로, 0인 고윳값을 갖는다.

$$\mathbf{v} = (\underbrace{1, 1, 1, \ldots,}_{n_1 \text{개의 } 1} \underbrace{0, 0, 0, \ldots}_{\text{나머지는 } 0 \text{들}}) \tag{6.55}$$

따라서 c개의 덩어리가 있는 네트워크에는 항상 최소한 c개의 0인 고윳값이 있다.

반대로 네트워크에 덩어리가 하나만 있으면 그래프 라플라시안이 단 하나의 고윳값 0을 가짐을 보일 수 있다. 이를 확인하기 위해 고윳값이 0인 고유벡터 **v**를 고려해보자. 식 (6.53)은 이 벡터에 대해 $\sum_{ij} A_{ij}(v_i - v_j)^2 = 0$임을 말해준다. 이는 오직 모든 에지의 반대편 끝에 대해 $v_i = v_j$인 경우에만 참일 수 있다. 그러나 네트워크에 하나의 덩어리만 있으면 적절한 에지 배열을 따라 이동하여 임의의 노드에서 다른 노드로 이동할 수 있다. 이는 v_i가 모든 노드에서 동일한 값을 가져야 함을 의미한다. 이 경우 **v**는 단지 벡터 **1**의 배수다. 다시 말해, 하나의 덩어리만 있는 네트워크에는 고윳값이 0인 고유벡터 **1**(또는 그 배수)만 있다. 다른 모든 고유벡터는 0이 아닌 고윳값을 가져야 한다.

다시 말해, 네트워크에 덩어리가 하나만 있는 경우 두 번째로 작은 고윳값은 0이 아니다. 동시에, 앞서 말했듯이 하나 이상의 덩어리를 가진 네트워크는 0인 고윳값을 하나 이상 가질 것이다. 즉, 두 번째로 작은 것은 0이다. 따라서 두 번째로 작은 고윳값은 네트워크가 단일 덩어리로 구성된 경우에만 0이 아니다. 라플라시안의 두 번째로 작은 고윳값을 네트워크의 대수적 연결성algebraic connectivity 또는 스펙트럼 간극spectral gap이라 하며, 네트워크 이론의 여러 영역에서 중요한 역할을 한다.

이는 라플라시안의 0인 고윳값 수가 실제로 항상 네트워크의 덩어리 수와 정확히 동일함을 보이기 위한 동일한 논거의 간단한 확장이다. 앞서 설명한 것과 같이, 하나 이상의 덩어리가 있는 네트워크에 대한 라플라시안은 블록 대각 행렬이며, 각 블록은 해당 덩어리에 대한 라플라시안 형식을 갖는다. 이러한 각 블록 라플라시안이 묘사하는 덩어리는 (정의에 따라) 이미 연결되어 있기 때문에 오직 하나의 고윳값 0을 가져야만 한다. 따라서 모든 블록은 블록이 있는 만큼 전체 네트워크의 라플라시안에 정확히 같은 개수의 고윳값 0으로 기여한다. 더 자세한 증명은 웨스트[West][467]의 증명을 참고하라.

연습문제

6.1 아래의 다섯 가지 네트워크를 설명하는 단어는 다음 중 무엇인가?

방향성, 방향성 없는, 순환성, 비순환성, 대략 비순환성, 평면, 대략 평면, 트리, 대략 트리

　　a) 자율 시스템[AS] 수준에서의 인터넷

　　b) 먹이 그물

　　c) 식물의 줄기와 가지

　　d) 거미줄

　　e) 4개 노드의 완전 클리크[complete clique]

위의 다섯 가지 예를 제외하고, 다음과 같은 각 네트워크 유형의 실제 예를 하나씩 제시하라.

　　f) 비순환(또는 대략 비순환) 방향성 네트워크

　　g) 방향성 순환 네트워크

　　h) 트리(또는 대략 트리)

　　i) 평면(또는 대략 평면) 네트워크

　　j) 이분 네트워크

다음 네트워크 각각의 구조를 측정하는 데(즉, 모든 에지의 위치를 완전히 결정하기 위해) 사용할 수 있는 실증적 기술 한 가지를 간략하게 설명하라.

　　k) 월드와이드웹

　　l) 과학 논문의 인용 네트워크

　　m) 먹이 그물

　　n) 동료 그룹 간의 친구 관계 네트워크

　　o) 전력망

6.2 단순 네트워크는 단일 덩어리에 n개의 노드로 구성된다. 가질 수 있는 최대 에지 수는 얼마인가? 가질 수 있는 최소 에지 수는 얼마인가? 답에 도달하는 과정

을 간략하게 설명하라.

6.3 다음 두 네트워크를 고려하자.

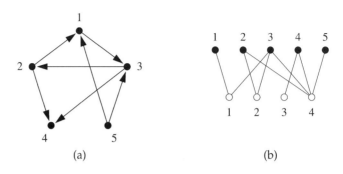

(a)   (b)

네트워크 (a)는 방향성이 있다. 네트워크 (b)는 방향성이 없으나 이분 네트워크다. 다음을 적어라.

  a) 네트워크 (a)의 인접 행렬^{adjacency matrix}

  b) 네트워크 (b)의 접속 행렬^{incidence matrix}

  c) 네트워크 (b)를 검은색 노드로 투영한 투영 행렬^{projection matrix}(식 (6.10) 참고)

6.4 $\mathbf{A}$를 방향성 없는 네트워크의 인접 행렬이라고 하고, $\mathbf{1}$을 요소가 모두 1인 열 벡터라고 하자. 이를 이용해 다음 표현식을 적어라.

  a) 노드의 링크수 k_i를 요소로 갖는 벡터 $\mathbf{k}$

  b) 네트워크의 에지 수 m

  c) 노드 i와 j의 공통 이웃수 N_{ij}를 요소로 하는 행렬 $\mathbf{N}$

  d) 네트워크의 총 삼각형의 수. 여기서 삼각형은 3개의 노드를 뜻하고, 각 노드는 에지에 의해 다른 노드에 연결된다.

6.5 방향성 없는 네트워크에 대해 다음을 보여라.

  a) 3-정규 그래프^{3-regular graph}는 짝수 개의 노드를 가져야 한다.

  b) 트리의 평균 링크수는 정확히 2보다 작다.

  c) 네트워크의 세 노드 A, B, C를 고려하자. A와 B의 에지 연결성^{edge connectivity}은 x다. B와 C의 에지 연결성은 y로 $y < x$이다. A와 C의 에지 연결성은 무엇이며, 그 이유는 무엇인가?

6.6 '스타 그래프'는 $n-1$개의 다른 노드가 연결된 단일 중앙 노드로 구성된다.

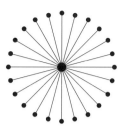

이 네트워크의 인접 행렬에서 가장 큰 양수 고윳값은 무엇인가?

6.7 $i = 1, ..., n$ 이름표를 붙인 n개의 노드로 이뤄진 방향성 비순환 네트워크를 고려하자. 이름표가 그림 6.3과 같은 방식으로 주어져 모든 에지가 더 높은 라벨이 있는 노드에서 더 낮은 이름표가 붙은 노드로 그어진다고 가정하자.

    a) 노드 $1, ..., r$에 들어오는 에지$^{\text{ingoing edge}}$의 총수와 노드 $1, ..., r$에서 나가는 에지$^{\text{outgoing edge}}$의 총수에 대해 노드의 들어오는 링크수 k_i^{in}와 나가는 링크수 k_i^{out}로 표현식을 적어라.

    b) 노드 $r+1, ..., n$에서 노드 $1, ..., r$로 향하는 에지의 총수에 대한 표현식을 구하라.

    c) 모든 비순환 네트워크에서 들어오는 링크수와 나가는 링크수가 반드시 모든 r에 대해 다음을 만족시켜야 함을 보여라.

$$k_r^{\text{in}} \leq \sum_{r+1}^{n}\left(k_i^{\text{out}} - k_i^{\text{in}}\right), \qquad k_{r+1}^{\text{out}} \leq \sum_{i=1}^{r}\left(k_i^{\text{in}} - k_i^{\text{out}}\right)$$

6.8 두 가지 유형의 노드가 있는 이분 네트워크를 고려하고, 유형 1인 n_1개의 노드와 유형 2인 n_2개의 노드가 있다고 가정하자. 두 유형의 평균 링크수 c_1과 c_2는 다음 관계를 가짐을 보여라.

$$c_2 = \frac{n_1}{n_2}c_1$$

6.9 쿠라토프스키의 정리를 이용해 다음 네트워크가 평면 그래프가 아님을 증명하라.

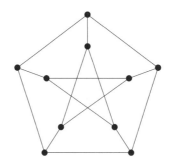

6.10 다음 네트워크의 노드 A와 B의 에지 연결성이 2임을 시각적 방법이나 다른 방법으로 증명하라.

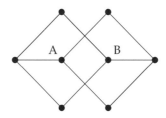

힌트: 옳은 증명은 연결성이 최소 2이고, 또한 2 이하임을 모두 보여야 한다.

6.11 n개의 노드와 m개의 에지가 있는 연결된 평면 네트워크를 고려하자. f를 네트워크 '면face', 즉 네트워크가 평면 형태로 그려질 때 에지로 둘러싸인 영역의 수라 하자. 네트워크의 '외부outside', 즉 모든 면에서 무한히 확장되는 영역도 면으로 간주한다. 네트워크에는 다중 에지와 셀프 에지가 있을 수 있다.

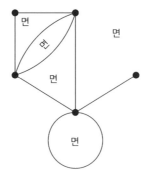

a) 단일 노드가 있고 에지가 없는 네트워크의 n, m, f 값을 적어라.

b) 단일 노드를 다른 노드에 연결하는 단일 에지와 함께 네트워크에 단일 노드를 추가할 때 n, m, f는 어떻게 변하는가?

c) 네트워크의 평면성을 유지하기 위해 2개의 기존 노드(또는 하나의 노드에 연결된 셀프 에지) 사이에 단일 에지를 추가할 때 n, m, f는 어떻게 변하는가?

d) 따라서 연결된 모든 평면 네트워크에 대한 n, m, f 사이의 일반 관계를 귀납법으로 증명하라.

e) 이제 네트워크가 단순한 네트워크라 가정하자(즉, 다중 에지 또는 셀프 에지를 포함하지 않는다). 그러한 네트워크의 평균 링크수 c가 정확히 6보다 작음을 보여라.

6.12 인접 행렬 $\mathbf{A}$의 방향성 없는 네트워크에서 노드 s에서 노드 t까지의 모든 경로 집합을 고려하자. 각 경로에 α^r과 같은 가중치를 부여하자. 여기서 α는 상수이고, r은 경로의 길이다.

a) s에서 t까지의 모든 경로의 가중치 합이 행렬 $\mathbf{Z} = (\mathbf{I} - \alpha\mathbf{A})^{-1}$(여기서 $\mathbf{I}$는 단위 행렬$^{identity\ matrix}$이다)의 st 요소에 의해 주어짐을 보여라.

b) 합이 수렴하기 위해서는 α가 어떤 조건을 만족해야 하는가?

c) s에서 t까지의 최단 경로의 길이 ℓ_{st}가 존재한다면 다음과 같음을 보여라.

$$\ell_{st} = \lim_{\alpha \to 0} \frac{\partial \log Z_{st}}{\partial \log \alpha}$$

6.13 5.3.1절에서 (방향성) 먹이 그물에 있는 종의 영양 수준 x_i에 대한 하나의 가능한 정의를 종의 먹이에 대한 영양 단계의 평균에 1을 더한 것으로 주었다.

a) 위와 같이 정의됐을 때 x_i가 다음 식을 만족시킴을 보여라.

$$x_i = 1 + \frac{1}{k_i^{in}} \sum_j A_{ij} x_j$$

b) 이 표현식은 해당 벡터 요소가 정의되어 있지 않기 때문에 먹이가 없는 종인 독립 영양 생물^{autotrophs}에 대해서는 맞지 않는다. 이러한 종에는 일반적으로 1의 영양 단계를 부여한다. 이 종들을 포함하여 모든 종에 대한 영양 단계를 올바르게 할당하는 계산의 수정 방법을 제안하라. 따라서 x_i가 다음 벡터의 i번째 요소로 계산될 수 있음을 보여라.

$$\mathbf{x} = (\mathbf{D} - \mathbf{A})^{-1}\mathbf{D} \cdot \mathbf{1}$$

행렬 $\mathbf{D}$가 정의되는 방식을 명시하라.

네트워크 측정량과 측정법

네트워크 구조를 정량화하는 표준적인 측정량(중심도, 전이성, 모듈도 등)

만일 어떤 노드가 어떤 노드와 연결됐는지 네트워크의 완전한 지도를 안다면, 원칙적으로 구조에 관한 모든 것을 아는 셈이다. 그러나 현실적으로 날것의 네트워크 데이터는 사람이 이해하기 어렵다. 작은 네트워크에서는 시각화를 유용하게 사용할 수 있고 이 시각화 결과를 조사해서 무언가 이해할 수 있을지도 모르지만, 네트워크가 더 커지면 이런 접근법은 유효하지 않다. 심지어 작은 네트워크라고 하더라도 오직 그 데이터에 관한 정성적인 느낌만을 줄 뿐이다.

더 나은 접근법은 네트워크 구조에서 관심 있는 특징을 정량적으로 잡아내는 수학적 측정량을 정의하는 것이다. 많은 양의 복잡한 구조적 데이터를 사람이 이해하기 쉬운 단순한 수로 줄인다. 지난 몇 년 동안 이러한 많은 측정량을 제안했고, 7장에서는 가장 널리 사용하는 몇 가지 측정량을 살펴본다. 이 분야에서 사용하는 많은 아이디어는 사회과학, 그러니까 사회연결망 분석social network analysis 분야에서 왔다. 4장에서 기술한 것과 같은 사회연결망 데이터의 이해를 돕도록 발전했고, 이러한 아이디어를 기술하는 데 사용하는 용어 대부분이 사회학적 기원을 반영한다. 그러나 이 방법은 지금 컴퓨터 과학, 물리학, 통계학, 생물학 등 다른 많은 분야에서도 널리 사용한다. 그리고 기본적인 네트워크 툴박스를 구성하는 중요한 부분이다.

전통적인 사회연결망 분석에 관심 있는 독자는 스콧(Scott)의 책[424]과 와서맨(Wasserman)과 파우스트(Faust)의 책[462]에 나온 소개를 보면 된다.

7.1 중심도

수많은 네트워크 연구가 중심도^{centrality} 개념을 확립하는 데 기여했다. 네트워크 연구는 "네트워크에서 가장 중요하거나 중심이 되는 노드가 무엇인가?"라는 질문을 다룬다. 중요성은 많은 방법으로 정의되고 네트워크에서 이에 대응하는 중심도 측정도 많이 있다. 이어지는 몇 개의 절에서 가장 널리 사용되는 측정량을 살펴본다.

7.1.1 링크수 중심도

어떤 네트워크에서 가장 간단한 노드 중심도는 링크수, 즉 그 노드에 연결된 에지의 수다(6.10절 참고). 링크수를 중심도 측정량으로 사용한다는 것을 강조하고자, 때때로 사회연결망 문헌에서는 링크수를 링크수 중심도$^{degree\ centrality}$라고 부른다. 방향성 네트워크에서는 노드가 들어오는 링크수와 나가는 링크수 둘 다를 지니고, 적절한 상황에서는 그 둘 모두 중심도 측정량으로 유용할 수 있다.

비록 링크수 중심도가 단순한 중심도 측정량이라 하더라도, 네트워크를 이해하는 데 큰 도움이 된다. 예를 들어 사회연결망에서 친구나 지인이 많은 사람이 친구가 적은 사람보다 더 영향력 있고, 정보에 더 많이 접근할 수 있으며, 혹은 더 명망 있다고 가정하는 것은 합리적인 듯하다. 사회연결망이 아닌 예로는 과학 논문을 평가할 때 사용하는 인용 횟수가 있다. 어떤 논문을 다른 논문이 인용한 횟수(방향이 있는 인용 네트워크에서는 들어오는 링크수)는 인용된 그 논문이 얼마나 영향력 있는지를 측정하는 정량적인 측정량이고, 과학 연구의 영향력을 판단하는 데 널리 사용한다.

7.1.2 고유벡터 중심도

링크수 중심도가 아무리 유용하다 하더라도, 링크수는 꽤 거칠게 측정한 중심도다. 사실상, 모든 이웃에게 '중심 위치'에 있는 노드가 중심도가 높다. 그러나 모든 이웃이 반드시 동등하지는 않다. 네트워크 안에서 어떤 노드의 중요성은 또 다른 중요한 노드와 많이 연결될수록 증가하는 경우가 많다. 예를 들어, 세상의 누군가에게는 친구가 한 명뿐일 수도 있지만 그 친구가 미국의 대통령이라면 그 누군가는 그 자체만으로도 중요한 사람일 것이다. 따라서 중심도는 얼마나 많은 사람을 아는가만이 아니라 누구를 아는가에 대한 것이기도 하다.

고유벡터 중심도^{eigenvector centrality}는 이 인자를 고려한 형태로 확장된 링크수 중심도다. 어떤 노드의 모든 네트워크 이웃에게 1점만 부여하는 대신, 고유벡터 중심도는 '이웃의 중심도 점수와 비례하는' 점수를 부여한다. 이는 동어반복인 것처럼 들린다. 모든 노드의 중심도를 계산하려면, 모든 노드의 점수를 알아야 한다. 그러나 사실 이 점수를 계산하는 방법은 약간의 작업만 거친다면 아주 간단하다.

노드가 n개인 방향성 없는 네트워크를 고려하자. 노드 i의 고유벡터 중심도 x_i는 i의 이웃의 중심도 합에 비례하도록 정의해서

$$x_i = \kappa^{-1} \sum_{\substack{\text{노드 } i \text{의 이웃인} \\ \text{모든 노드 } j}} x_j \tag{7.1}$$

이고, 여기서 κ^{-1}은 비례 상수인데 그 이유는 나중에 명확해질 것이다. 잠시만 κ의 값을 임의의 값으로 두자. 곧 이 값을 결정할 것이다.

이런 방법으로 고유벡터 중심도를 정의하면, 어떤 노드는 중심도가 낮은 친구와 많이 연결되거나 중심도가 높은 친구 소수와 연결돼서(혹은 둘 다이거나) 중심도가 높을 수 있다. 이는 자연스럽다. 누군가가 많은 사람을 알거나 그 자체로 영향력 있는 소수의 사람만 알아도 그 사람은 영향력이 있을 수 있다.

식 (7.1)을 나타내는 다른 방법은 인접 행렬을 이용하는 것이다.

$$x_i = \kappa^{-1} \sum_{j=1}^{n} A_{ij} x_j \tag{7.2}$$

이제 이 합이 모든 노드 j에 대해 이뤄진다는 것을 주목하자. 요소 A_{ij}는 i의 이웃항만이 합에 기여함을 보장한다. 이 공식은 행렬 기호로 $\mathbf{x} = \kappa^{-1}\mathbf{A}\mathbf{x}$로 적거나 또는 이와 동등하게

$$\mathbf{A}\mathbf{x} = \kappa\mathbf{x} \tag{7.3}$$

로 적을 수 있다. 여기서 $\mathbf{x}$는 중심도 점수 x_i와 같은 요소로 구성된 벡터다. 다시 말해, $\mathbf{x}$는 인접 행렬의 고유벡터다.

그러나 $n \times n$ 크기인 인접 행렬에는 n개의 다른 고유벡터가 있기 때문에, 이 중심도 점수를 완전히 고정할 수 없다. 만일 이 중심도 점수를 음이 아닌 수가 되도록 하고 싶다면 한 가지 선택밖에 없다. $\mathbf{x}$는 인접 행렬의 선행 고유벡터여야만 한

다. 즉, 가장 큰 (양수인) 고윳값에 해당하는 고유벡터여야 한다. 이렇게 확실히 말할 수 있는 이유는 선형대수에서 가장 중요하고 근본적인 결과인 페론–프로베니우스 정리Perron-Frobenius theorem 때문이다. 이 정리는 인접 행렬처럼 모든 요소가 음이 아닌 수로 구성된 행렬에서, 모든 요소 역시 음이 아닌 요소로 구성된 고유벡터가 오직 하나 있고 그 벡터가 선행 고유벡터임을 기술한다. 다른 모든 고유벡터는 음의 요소가 적어도 1개 있다.[1,2]

그래서 이것이 고유벡터 중심도의 정의이고, 보나시치Bonacich가 1987년에 처음으로 제안했다[73]. 노드 i의 중심도 x_i는 인접 행렬의 선행 고유벡터의 i번째 요소라고 말이다.

상수 κ의 값도 고정된다. 이는 가장 큰 고윳값과 같아야만 한다. 중심도 점수 자체는 곱셈 상숫값에 따라 여전히 임의성이 있다. 만일 어떤 상수를 x의 모든 요소에 곱한다면, 식 (7.3)에는 아무런 영향이 없다. 대부분의 상황에서 곱하는 상수는 별로 중요하지 않다. 중심도 점수의 목적은 대개 어떤 네트워크 내에서 가장 중요한 노드를 골라내거나, 가장 중요한 것부터 가장 덜 중요한 것까지 순위를 매기는 것이다. 따라서 서로 다른 노드의 상대적인 점수가 중요하지, 절댓값이 중요하지는 않다. 그러나 원한다면 이 중심도를 정규화할 수 있는데, 예를 들어 중심도 점수를 모두 더하면 n이 되는 조건을 부여하는 것이다(이는 네트워크가 커질수록 평균 중심도가 상수로 유지됨을 보장한다).

여기서는 방향성 없는 네트워크에서 고유벡터 중심도를 정의했다. 이론상 이를 방향성 네트워크에서도 계산할 수 있지만, 방향성 없는 네트워크에서 계산할

---

1 기술적으로 이 결과는 연결된 네트워크, 즉 오직 하나의 덩어리로 구성된 네트워크에서만 참이다. 만일 어떤 네트워크에 둘 이상의 덩어리가 있다면, 각 덩어리마다 음이 아닌 요소로 구성된 고유벡터가 하나씩 있다. 그렇지만 이는 실용적으로 문제가 되지 않는다. 그 네트워크를 간단히 덩어리로 쪼개고 각 덩어리에서 고유벡터 중심도를 별도로 계산할 수 있다. 그리고 이는 다시, 모든 요소가 음이 아닌 수로 구성된 벡터가 오직 하나라는 사실을 보장한다.

2 예를 들어, 페론–프로베니우스 정리의 자세한 논의와 증명은 메이어(Meyer)[331]와 스트랭(Strang)의 책[440]에서 발견할 수 있다. 그렇지만 이 정리 뒤에 있는 기본 직관은 단순하다. 임의의 벡터 $\mathbf{x}(0)$을 고려해서 이 벡터에 모든 요소가 음이 아닌 수로 구성된 대칭 행렬 $\mathbf{A}$를 반복해서 곱한다고 가정하자. t번 곱한 후에는 $\mathbf{x}(t) = \mathbf{A}^t\,\mathbf{x}(0)$인 행렬을 얻는다. 이제 적절한 상수 c_i를 선택해서 $\mathbf{A}$의 고유벡터 $\mathbf{v}_i$의 선형 결합으로 $\mathbf{x}(0)$를 $\mathbf{x}(0) = \sum_i c_i \mathbf{v}_i$로 적어보자. 그러면

$$\mathbf{x}(t) = \mathbf{A}^t\,\mathbf{x}(0) = \mathbf{A}^t \sum_i c_i \mathbf{v}_i = \sum_i c_i \kappa_i^t \mathbf{v}_i = \kappa_1^t \sum_i c_i \left(\frac{\kappa_i}{\kappa_1}\right)^t \mathbf{v}_i$$

이고, 여기서 κ_i는 $\mathbf{A}$의 고윳값이며, κ_1은 크기가 가장 큰 고윳값이다. 모든 $i \neq 1$에서 $|\kappa_i/\kappa_1| < 1$이므로, 첫 항을 제외하고 이 합에 있는 모든 항은 t가 커질수록 기하급수적으로 감소한다. 그리고 $t \to \infty$인 극한에서 $\mathbf{x}(t)/\kappa_1^t \to c_1 \mathbf{v}_1$을 얻는다. 다시 말해, 극한에서의 벡터는 간단히 이 행렬의 선행 고유벡터에 비례한다.

그렇지만 이제 초기 벡터 $\mathbf{x}(0)$을 음이 아닌 요소로만 구성된 벡터로 선택해보자. 인접 행렬의 모든 요소 역시 음이 아니기 때문에, $\mathbf{A}$를 곱한다고 해서 이 벡터에 음의 요소가 등장할 수 없고 모든 t의 값에 대해 $\mathbf{x}(t)$의 모든 요소는 음이 아닌 수여야 한다. 따라서 $\mathbf{A}$의 선행하는 고유벡터 역시 모두 음이 아닌 요소여야만 한다. 따름정리로서, 이는 κ_1이 양수여야만 한다는 것도 내포한다. $\mathbf{A}$와 $\mathbf{x}$가 모두 음이 아닌 요소로만 구성됐기 때문에, κ_1이 음수이면 $\mathbf{A}\mathbf{x} = \kappa_1\mathbf{x}$의 해가 없기 때문이다.

때 가장 잘 작동한다. 방향성 네트워크에서는 다른 복잡한 점이 나타난다. 우선, 방향성 네트워크는 일반적으로 인접 행렬이 비대칭이다(6.4절 참고). 이는 고유벡터가 왼쪽 고유벡터와 오른쪽 고유벡터 두 가지 집합으로 존재한다는 뜻이고, 따라서 선행 고유벡터가 2개다. 어떤 것으로 중심도를 정의해야 할까? 대부분의 상황에서 정답은 오른쪽 고유벡터를 사용하는 것이다. 그 이유는 방향성 네트워크에서는 어떤 노드가 다른 노드를 지목하는 것보다 그 노드를 지목하는 다른 노드로 대개 중심도를 부여하기 때문이다. 예를 들어, 월드와이드웹에서 어떤 웹 페이지의 중요성을 나타내는 좋은 지표는 다른 중요한 많은 웹 페이지가 그 웹 페이지를 얼마나 지목하는가이다. 반면, 어떤 페이지 자체가 중요한 페이지를 가리킨다는 사실은 중요하지 않다. 누군가가 수천 개의 다른 페이지를 가리키는 어떤 페이지를 설정할 수는 있지만 그렇다고 해서 그 페이지가 중요하다는 뜻은 아니다.[3] 인용 네트워크를 비롯한 그 밖의 방향성 네트워크에도 유사한 고려사항이 적용된다. 따라서 어떤 방향성 네트워크에서 노드 i의 고유벡터 중심도의 올바른 정의는 그 노드를 가리키는 다른 노드의 중심도에 비례한다.

$$x_i = \kappa^{-1} \sum_j A_{ij} x_j \qquad (7.4)$$

행렬 기호로는 $\mathbf{A}\mathbf{x} = \kappa\mathbf{x}$이고, 여기서 $\mathbf{x}$는 오른쪽 선행 고유벡터다.

그러나 이 정의에는 여전히 문제가 있다. 그림 7.1을 보자. 이 그림에서 노드 A는 네트워크의 나머지 부분과 연결됐지만 오직 나가는 에지만 있고 들어오는 에지가 없다. 이러한 노드는 언제나 고유벡터 중심도가 0인데, 식 (7.4)의 합에 있는 모든 항이 0이기 때문이다. 이는 그다지 문제가 될 것 같지 않다. 누구도 가리키지 않는 어떤 노드는 아마도 중심도가 0이어야만 할 것이다. 그러나 노드 B를 생각해보자. 노드 B에게는 들어오는 에지가 하나 있지만 그 에지는 노드 A에게서 온다. 따라서 B 역시 중심도가 0이다. 식 (7.4)의 합에 있는 모든 항이 다시 한번 0이기 때문이다. 이 논의를 더끌고 가면, 더 많은 다른 노드에게 지목받는 다른 노드가 어떤 노드를 지목할 수 있고 이것이 여러 세대에 걸쳐 반복될 수 있지만, 이

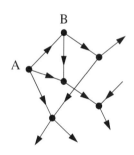

그림 7.1 방향성 네트워크의 비율

이 네트워크에서 노드 A에는 나가는 에지만 있으므로, 고유벡터 중심도가 0이다. 노드 B에는 나가는 에지들과 하나의 들어오는 에지가 있지만, 그 들어오는 에지는 A에서 온다. 따라서 노드 B 역시 중심도가 0이다.

---

3 분명 이것이 전적으로 참은 아니다. 다른 많은 페이지를 가리키는 웹 페이지는 종종 일종의 디렉토리여서, 웹 서핑을 하는 출발점으로서 유용할 수 있다. 그러나 이는 고유벡터 중심도로 강조하는 중요성과는 다른 종류이므로 이를 정량화하려면 다른 상호 보완적인 중심도 측정량이 필요하다. 7.1.5절을 참고하라.

자취가 들어오는 링크수가 0인 어떤 노드(들)에서 끝난다면 아무런 소용이 없다. 중심도의 최종값은 여전히 0이다.

수학적 관점에서는 2개 이상의 노드로 구성된 강하게 연결된 덩어리 내에 있는 노드나, 이러한 강하게 연결된 덩어리에서 나가는 덩어리 내에 있는 노드만이 0이 아닌 고유벡터 중심도를 지닌다.[4] 그러나 많은 경우, 노드가 강하게 연결된 덩어리나 그 덩어리의 나가는 덩어리 내에 있지 않을지라도 들어오는 링크수가 많아서 중심도가 높다고 보는 것이 합리적이기도 하다. 예를 들어, 링크가 많은 웹 페이지는 강하게 연결된 덩어리 내에 있지 않다고 하더라도 중요한 페이지라고 여기는 것이 합리적이다. 인용 네트워크 같은 비순환 네트워크도 둘 이상의 노드로 구성된 강하게 연결된 덩어리가 없다는 사실을 다시 떠올려보자(6.12.1절 참고). 그러면 모든 노드의 중심도가 0이고, 비순환 네트워크에서는 고유벡터 중심도가 완전히 쓸모가 없다.

고유벡터 중심도의 이런 문제점을 다루는 변형이 여럿 있다. 이어지는 두 절에서는 그중 두 가지를 다루는데, 바로 카츠 중심도$^{Katz\ centrality}$와 페이지랭크^{PageRank}다.

7.1.3 카츠 중심도

이전 절에서 본 이슈를 해결하는 한 가지 방법은 다음과 같다. 단순히 각 노드에게 작은 양의 중요도를 '무료로' 부여하는 것이다. 네트워크에서 그 노드가 어느 위치에 있든 이웃의 중심도가 무엇이든 상관하지 않고서 말이다. 다시 말해,

$$x_i = \alpha \sum_j A_{ij} x_j + \beta \tag{7.5}$$

로 정의하고, 여기서 α와 β는 양의 상수다. 첫 번째 항은 보통의 고유벡터 중심도 항이어서 i를 가리키는 노드의 중심도를 모두 더한 것이고, 두 번째 항이 '무료' 부분으로, 모든 노드가 받는 추가된 상수의 양이다. 두 번째 항을 더하면 들어오는 링크수가 0인 노드도 여전히 중심도 β를 얻는다. 일단 이런 노드의 중심도가 0이 아니기만 하면, 그 노드가 가리키고 있는 다른 노드로 중심도를 전달할 수 있다. 이는 다른 많은 노드가 가리키고 있는 어떤 노드가 강하게 연결된 덩어리 또는 그 내에서 나가는 덩어리에 있지 않다 하더라도 중심도가 높을 것이란 뜻이다.

---

4 왼쪽 고유벡터는 들어오는 덩어리와 관련 있다.

식 (7.5)를 행렬로 나타내면 다음과 같다.

$$\mathbf{x} = \alpha\mathbf{A}\mathbf{x} + \beta\mathbf{1} \qquad (7.6)$$

여기서 $\mathbf{1}$은 고른 벡터인 $(1, 1, 1, \ldots)$이다. $\mathbf{x}$를 다시 정리하면, $\mathbf{x} = \beta(\mathbf{I} - \alpha\mathbf{A})^{-1}\mathbf{1}$을 얻는다. 말했듯이, 일반적으로 중심도의 절대 크기가 중요하지 않고 오직 다른 노드 사이의 상대적인 점수가 중요하기 때문에 전체에 곱하는 수 β는 중요하지 않다. 편의상 대개 $\beta = 1$로 설정하면,

$$\mathbf{x} = (\mathbf{I} - \alpha\mathbf{A})^{-1}\mathbf{1} \qquad (7.7)$$

이다. 이 중심도 측정량은 카츠^{Katz}가 1953년에 처음 제안했고[258], 이를 카츠 중심도$^{\text{Katz centrality}}$라 부를 것이다.

카츠 중심도의 정의는 매개변수 α를 포함하고, 이는 식 (7.5)의 고유벡터 중심도 항과 상수 항 사이의 균형을 관장한다. 만일 카츠 중심도를 사용하고 싶으면, 먼저 이 상수를 골라야만 한다. 그렇게 하려면 α가 임의적으로 큰 값일 수 없다는 점을 이해해야 한다. $\alpha \to 0$이면 식 (7.5)에서 오직 상수 항만 살아남아서 모든 노드의 중심도는 β로 같다(이 값을 1로 설정했다). α가 0에서 커지면 중심도도 증가하고 결국 중심도가 발산하는 지점에 도달한다. 식 (7.7)에서 $(\mathbf{I} - \alpha\mathbf{A})^{-1}$이 발산할 때, 즉 $\det(\mathbf{I} - \alpha\mathbf{A})$가 0을 지날 때 이런 일이 발생한다. 이 조건을 다음과 같이 다시 적으면

$$\det(\alpha^{-1}\mathbf{I} - \mathbf{A}) = 0 \qquad (7.8)$$

이고, 이 조건은 α^{-1}의 제곱근이 인접 행렬의 고윳값과 같은 간단한 특성 방정식임을 볼 수 있다.[5] α가 증가하면, $\mathbf{A}$의 가장 큰 (양수인) 고윳값이 $\alpha^{-1} = \kappa_1$일 때(혹은 $\alpha = 1/\kappa_1$일 때) 최초로 0을 지난다. 따라서 만일 중심도 표현식이 수렴하길 원한다면 α는 이보다 작은 값을 선택해야만 한다.[6]

그러나 이 외에는 α가 취해야 하는 값에 관한 지침은 거의 없다. 대부분의 연구자가 최댓값인 $1/\kappa_1$에 가까운 값을 이용하는데, 이 값은 고유벡터 항에 최대량의

---

5 어떤 행렬의 행렬식은 그 행렬의 고윳값의 곱과 같다. 행렬 $x\mathbf{I} - \mathbf{A}$의 고윳값은 $x - \kappa_i$이고 κ_i는 $\mathbf{A}$의 고윳값이다. 이에 따라 이 행렬의 행렬식은 $\det(x\mathbf{I} - \mathbf{A}) = (x - \kappa_1)(x - \kappa_2) \ldots (x - \kappa_n)$이고 $x = \kappa_1, \kappa_2, \ldots$에서 x의 n차 다항식이 0이다. 따라서 $\det(x\mathbf{I} - \mathbf{A}) = 0$의 해는 $\mathbf{A}$의 고윳값이다.

6 공식적으로는 $1/\kappa_1$을 지나 더 높은 α로 이동한다면 중심도를 다시 유한한 값으로 복구할 수 있다. 그러나 현실적으로 이런 값은 의미가 없다. 이 방법은 오직 $\alpha < 1/\kappa_1$일 때에만 좋은 결과를 돌려준다.

가중치를 부여하고 상수 항에는 최소량의 가중치를 부여한다. 이는 수치적으로는 통상적인 고유벡터 중심도와 꽤 가까운 중심도를 되돌려주지만, 크기가 2 이상인 강하게 연결된 덩어리나, 그 덩어리에서 뻗어 나가는 덩어리에 속하지 않은 노드에게도 0이 아닌 작은 중심돗값을 부여한다.[7]

카츠 중심도는 방향성 네트워크의 통상적인 고유벡터 중심도에서 직면했던 문제를 해결하는 한 가지 방법을 제공한다. 그러나 원칙적으로 카츠 중심도를 방향성 없는 네트워크에서도 얼마든지 사용할 수 있고, 이 결과는 종종 가치 있다. 각 노드가 존재하고 있다는 것만으로도 어떤 가중치를 얻도록 중심도에 상수 항을 더한다는 발상은 자연스러운 것이다. 이는 이웃이 많은 어떤 노드의 중심도가 높게끔 한다. 그 이웃 자체의 중심도가 높든 낮든 상관없이 말이다. 그리고 이는 몇 가지 적용 사례에서 유용할 수 있다.

7.1.4 페이지랭크

이전 절에서 본 카츠 중심도는 원치 않는 특징 한 가지를 잠재적으로 지닌다. 만약 카츠 중심도가 높은 어떤 노드가 다른 많은 노드를 가리키고 있다면, 다른 노드 모두 중심도가 높다. 만 개의 다른 노드를 가리키는, 중심도가 높은 노드는 만 개의 노드 모두에게 높은 중심도를 부여한다. 누군가는 이것이 항상 적절한 것은 아니라고 주장할 수도 있다. 많은 경우, 만일 어떤 노드가 지목받는 많은 노드 중 하나라면 이는 그다지 의미가 없다. 어떤 명망 있는 노드에게 에지를 받아서 얻은 중심도는 다른 많은 노드와 공유하기 때문에 그 의미가 희석된다. 예를 들어, 아마존이나 이베이 같은 웹사이트는 수천 개의 제조자와 판매자 웹 페이지를 연결한다. 만일 내가 아마존에서 무언가를 판다면, 아마존은 나와 연결될 것이다. 아마존은 중요한 웹사이트이고, 아마도 어떤 합리적인 측정에 따라 중심도가 높을 것이다. 하지만 그렇다고 해서 내가 이 사이트에 연관됐다는 이유로 나 역시 중요하다고 간주할까? 대부분의 사람들은 아니라고 답할 것이다. 나는 아마존에 연결된 많은 사람 중 하나일 뿐이고 이 연결이 내 페이지의 중심도에 기여하는 정도는 결과적으로 희석될 것이다.

이 상황에서 카츠 중심도의 변형을 정의할 수 있다. 바로 나의 네트워크 이웃

---

7 사실, 카츠 중심도는 $\alpha \to 1/\kappa_1$인 극한에서는 형식상 고유벡터 중심도와 동일하다. 더욱이 $\alpha \to 0$인 극한에서는 링크 수 중심도와 동등하다. 따라서 카츠 중심도는 특별한 경우에 이 두 측정량을 모두 포함하고 중간의 α 값에서는 두 양 사이를 보간한다. 더 자세한 내용은 연습문제 7.3을 참고하라.

에게서 유도한 중심도가 '나가는 링크수로 나눈' 중심도에 비례한다는 것이다. 그러면 많은 노드를 가리키는 노드의 중심도가 높다 하더라도, 그 노드는 자신의 각 이웃 노드에게 오직 작은 양의 중심도만 보낼 것이다.

수학적인 형태로, 이 중심도는 다음과 같이 정의한다.

$$x_i = \alpha \sum_j A_{ij} \frac{x_j}{k_j^{out}} + \beta \tag{7.9}$$

그러나 나가는 링크수가 $k_j^{out} = 0$인 노드가 있다면 이 정의는 문제가 있다. 그러한 노드는 식 (7.9)에서 합 안에 관련 있는 항이 정의되지 않는다. 0을 0으로 나누는 것과 같다(j에게 나가는 에지가 없으면 A_{ij}는 언제나 0이기 때문이다). 그렇지만 이 문제는 쉽게 고칠 수 있다. 나가는 에지가 없는 노드는 다른 어떤 노드의 중심도에 기여하는 양이 0이어야만 한다는 것은 분명하다. 이러한 모든 노드에게 인위적으로 $k_j^{out} = 1$을 설정하여 기여하는 양이 0이 되도록 고안할 수 있다(사실 k_j^{out}에 0이 아닌 값을 설정할 수 있고 그렇게 계산해도 같은 답을 얻을 것이다).

식 (7.9)를 행렬 형태로 적으면

$$\mathbf{x} = \alpha \mathbf{A} \mathbf{D}^{-1} \mathbf{x} + \beta \mathbf{1} \tag{7.10}$$

이고, $\mathbf{1}$은 다시 한번 벡터 $(1, 1, 1, \ldots)$, $\mathbf{D}$는 $D_{ii} = \max(k_i^{out}, 1)$인 요소로 구성된 대각 행렬이다. 다시 정리하면 $\mathbf{x} = \beta(\mathbf{I} - \alpha \mathbf{A} \mathbf{D}^{-1})^{-1} \mathbf{1}$을 발견할 수 있고, 따라서 이전처럼 β는 중심도 전체에 곱하는 중요하지 않은 수의 역할만 한다. 관습적으로 $\beta = 1$을 설정하면

$$\mathbf{x} = (\mathbf{I} - \alpha \mathbf{A} \mathbf{D}^{-1})^{-1} \mathbf{1} \tag{7.11}$$

을 얻는다.

이 중심도 측정량은 보통 페이지랭크^{PageRank}라고 알려져 있는데, 구글 웹 검색 회사에서 붙인 이름이다. 구글은 페이지랭크를 웹 검색에서 자신의 웹 순위 기술의 핵심 기술로서 사용하고, 이로 웹 페이지의 중요성을 추산하여 검색 엔진이 가장 중요한 페이지를 상위 목록에 보여준다[82]. 페이지랭크는 웹에서 정확히 작동하는데, 중요한 다른 페이지에 누군가의 페이지를 연결하는 링크가 있다는 것은 페이지 역시 중요할 수 있다는 좋은 지표이기 때문이다. 그러나 페이지의 나가는 링크수로 나눈다는 요소를 추가하면, 단순히 수많은 다른 페이지를 가리키는 페이

지가 그 수많은 어떤 페이지에도 많은 중심도를 부여하지 않는다는 것을 보장한다. 예를 들어, 아마존 같은 네트워크 허브는 순위에서는 불균형한 영향력을 발휘하지 않는다. 또한 페이지랭크는 웹 검색 외의 영역에서도 응용될 수 있다. 글라이히^{Gleich}의 문헌[205]을 참고하자.

카츠 중심도에서처럼 페이지랭크 식 (7.11)은 자유 매개변수 α를 포함한다. α는 알고리듬을 사용하기 전에 어떻게든 결정해야만 하는 값이다. 식 (7.8)과 뒤따라오는 논의에서 유추하면, α의 값이 반드시 $\mathbf{AD}^{-1}$의 가장 큰 고윳값의 역수보다 작아야만 한다는 것을 볼 수 있다. 방향성 없는 네트워크에서 이 가장 큰 고윳값은 1로 나타나고,[8] 따라서 α는 1보다 작아야만 한다. 방향성 네트워크에서는 이에 대응되는 결과가 없다. 여전히 차수는 대략 1이지만 네트워크마다 선행하는 고윳값이 다르다.

구글 검색 엔진은 이 계산에서 $\alpha = 0.85$로 사용한다. 비록 이 선택 뒤에는 어떤 엄격한 이론이 존재할 가능성이 낮지만 말이다. 이는 단순히 작동하는 값이 무엇인지 발견한 실험에 기반하여 기민하게 추론한 것일 가능성이 더 높다.

페이지랭크 식 (7.9)에서 추가 상수 항 β가 전혀 없는 버전을 상상할 수 있다.

$$x_i = \alpha \sum_j A_{ij} \frac{x_j}{k_j} \tag{7.12}$$

이는 7.1.2절에서 소개했던 원래 고유벡터 중심도와 유사하지만, 이제 k_j로 추가로 나눠준다. 특히, 방향성 없는 네트워크에서는 추가한 β 항이 실제로 필요하지 않아서 이 정의가 말이 된다. 그러나 사실 방향성이 없는 경우에는 자명한 것이다. 방향성 없는 네트워크에서 식 (7.12)의 해가 $x_i = k_i$(그리고 $\alpha = 1$)여서 그저 통상적인 링크수 중심도와 똑같다는 것을 쉽게 볼 수 있다. 방향성 네트워크에서는 이 식을 어떤 단순한 값으로 동등하게 간단히 할 수 없고 잠재적으로는 유용할지도 모른다. 그렇지만 원래의 고유벡터 중심도와 똑같은 문제를 겪는데, 둘 이상의 노드로 구성된 강하게 연결된 덩어리나 그 덩어리의 나가는 덩어리에 속한 노드에게만 0이 아닌 점수를 부여한다. 다른 모든 노드는 0점을 얻는다. 그러므로 전반적으로 이 측정량은 이상적이지 않고 더 실용적인 용도도 많지는 않다.

---

8 이는 매우 쉽게 보일 수 있다. 대응되는 (오른쪽) 고유벡터는 $(k_1, k_2, k_3, ...)$이고 k_i는 i번째 노드의 링크수다. 이것이 정말로 고윳값이 1인 $\mathbf{AD}^{-1}$의 고윳값임을 쉽게 확인할 수 있다. 더욱이 이 벡터의 모든 요소는 음수가 아니기 때문에 이 벡터는 선행하는 고유벡터여야만 하고, 7.1.2절에서 논의한 페론-프로베니우스 정리에 따라 1은 가장 큰 (양수인) 고윳값이어야만 한다. 188쪽의 각주 2번을 참고하라.

표 7.1 네 가지 중심도 측정량

본문에서 논의한 행렬 기반의 중심도 측정량 네 가지를 정의 내에 상수 항을 포함하는지, 그리고 노드의 링크 수로 나눠서 정규화를 했는지로 구별했다. 행렬 D는 방향성 없는 네트워크에서는 $D_{ii} = \max(k_i, 1)$, 또는 방향성 네트워크에서는 $\max(k_i^{out}, 1)$인 요소로 구성된 대각 행렬이다(식 (7.9)와 이어지는 논의를 참고하라). 각 측정량은 방향성 없는 네트워크뿐만 아니라 방향성 네트워크에도 정의할 수 있다. 비록 페이지랭크와 카츠 중심도만 일반적으로 이 방법으로 사용되지만 말이다. 표의 오른쪽 상단 모서리에 나타나는 측정량은 방향성이 없는 경우에서 링크수 중심도와 동등하다. 방향성이 있는 경우에는 더 복잡한 값을 취하지만 널리 사용하지는 않는다.

	상수 항이 있을 때	상수 항이 없을 때
나가는 링크수로 나눌 때	$\mathbf{x} = (\mathbf{I} - \alpha\mathbf{A}\mathbf{D}^{-1})^{-1}\mathbf{1}$ 페이지랭크	$\mathbf{x} = \mathbf{A}\mathbf{D}^{-1}\mathbf{x}$ 링크수 중심도
나누지 않을 때	$\mathbf{x} = (\mathbf{I} - \alpha\mathbf{A})^{-1}\mathbf{1}$ 카츠 중심도	$\mathbf{x} = \kappa^{-1}\mathbf{A}\mathbf{x}$ 고유벡터 중심도

표 7.1에서는 지금까지 논의한 각기 다른 행렬 중심도 측정량을 정의와 성질로 정리하여 요약해두었다. 만일 이 측정량 중 한 가지를 계산에 사용하고 싶고 어떤 양을 사용해야 할지 어리둥절하다면, 고유벡터 중심도와 페이지랭크가 가장 보편적으로 사용하는 양이며 초기에 집중해야 할 두 가지 측정량이다. 카츠 중심도는 과거에는 사용했지만 최근에는 덜 선호되는 편이다. 반면 식 (7.12)에서 상수 항이 없는 페이지랭크는 방향성 없는 네트워크에서는 링크수 중심도와 똑같고, 방향성 네트워크에서는 일반적으로 사용하지 않는다.

7.1.5 허브와 권위자

방향성 네트워크에서 지금까지 다룬 중심도 측정량은 기본적으로 같은 원칙을 따른다. 만일 어떤 노드가 중심도가 높은 다른 노드에게 지목받는다면 그 노드에게 높은 중심도를 부여한다는 원칙이다. 그러나 어떤 네트워크에서는 어떤 노드가 중심도가 높은 다른 노드를 '지목한다면' 그 노드에게 높은 중심도를 부여하는 것이 합리적이기도 하다. 예를 들어, 인용 네트워크에서는 특정 주제를 다룬 주목할 만한 논문을 선별하여 인용하는 리뷰 기사가 있다. 어떤 리뷰는 다루고자 하는 주제에 대해 상대적으로 정보를 거의 담지 않을 수 있지만, 정보를 어디에서 찾아야 하는지 알려준다. 이 자체로 리뷰가 유용하다. 비슷하게, 주어진 주제들을 다루는 다른 페이지를 연결하는 링크로 주로 구성된 웹 페이지가 있고, 이 웹 페이지 자체는 다루는 주제에 관한 명시적인 정보를 포함하지 않는다 할지라도 이러한 페이지의 링크는 아주 유용할 수 있다.

따라서 이러한 네트워크에서 중요한 노드는 두 종류가 있다. 권위자는 관심 있는 주제에 대한 유용한 정보를 담고 있는 노드이고, 허브는 최고의 권위자가 어디에 있는지 알려주는 노드다.[9] 권위자는 허브 노드이기도 하고 그 역도 성립한다. 예를 들어, 리뷰 기사는 종종 당면한 주제에 관한 유용한 논의를 담을 뿐만 아니라 다른 논의를 인용하기도 한다. 명백히 허브와 권위자는 방향성 네트워크에서만 존재할 수 있다. 방향성이 없는 경우에는 어떤 노드가 지목하는지와 지목받는지의 구분이 없기 때문이다.

네트워크에서 허브와 권위자의 개념은 클라인버그[Kleinberg][265]가 먼저 제안했고 그는 이 개념을 하이퍼링크에 기반한 주제 검색[hyperlink-induced topic search], 즉 HITS라고 부르는 중심도 알고리듬으로 발전시켰다. 이 HITS 알고리듬은 방향성 네트워크에서 각 노드 i에 2개의 다른 중심도 점수를 부여하는데, 바로 권위자 중심도[authority centrality] x_i와 허브 중심도[hub centrality] y_i다. 두 양은 두 가지 역할에서 어떤 노드가 얼마나 중요한지를 정량화한다. 권위자 중심도가 높은 노드의 정의의 특징은 허브 중심도가 높은 많은 노드에게 그 노드가 지목받는다는 것이다. 반대로, 허브 중심도가 높은 노드의 정의의 특징은 그 노드가 권위자 중심도가 높은 다른 많은 노드를 가리킨다는 점이다.

따라서 (권위자라는 맥락인) 어떤 중요한 과학 논문은 (허브라는 맥락인) 많은 중요한 리뷰에 인용되는 논문이다. 중요한 리뷰는 중요한 많은 논문을 인용하는 리뷰다. 그러나 일반적인 논문이 다른 많은 중요한 논문을 인용했다면 그 논문은 허브 중심도도 높다. 그리고 리뷰는 다른 허브에게 많이 인용돼서 이에 따라 권위자 중심도가 높다.

클라인버그의 접근 방법에서, 어떤 노드의 권위자 중심도는 그 노드를 지목하는 다른 노드의 허브 중심도 합에 비례한다고 정의한다.

$$x_i = \alpha \sum_j A_{ij} y_j \qquad (7.13)$$

여기서 α는 상수다. 마찬가지로, 어떤 노드의 허브 중심도는 그 노드가 가리키는

---

9 1장에서 '허브'라는 단어를 다른 의미로 사용했는데, 링크수가 특히 많은 노드를 의미했다(10.3절도 참고하라). 이 단어는 네트워크 문헌에서 두 가지 용도로 흔히 사용해서 혼란스러울 수 있다. 이 책에서 허브를 이야기할 때는 염두에 두고 있는 의미가 무엇인지 분명히 하고자 신중할 것이고, 독자들도 그렇게 해야만 한다.

다른 노드의 권위자 중심도 합에 비례한다.

$$y_i = \beta \sum_j A_{ji} x_j \tag{7.14}$$

여기서 β는 또 다른 상수다. 행렬 요소 A_{ji}에 있는 인덱스가 두 번째 등식에서 뒤바뀌었다는 점에 주목하자. 허브 중심도를 정의하는 것은 i가 가리키는 다른 노드다.

이 방정식을 행렬로 표현하면 다음과 같다.

$$\mathbf{x} = \alpha \mathbf{A} \mathbf{y} \tag{7.15}$$
$$\mathbf{y} = \beta \mathbf{A}^T \mathbf{x} \tag{7.16}$$

또는 이 둘을 합쳐서

$$\mathbf{A}\mathbf{A}^T \mathbf{x} = \lambda \mathbf{x} \tag{7.17}$$

와

$$\mathbf{A}^T \mathbf{A} \mathbf{y} = \lambda \mathbf{y} \tag{7.18}$$

로 적을 수 있고, 여기서 $\lambda = (\alpha\beta)^{-1}$이다. 따라서 권위자 중심도와 허브 중심도는 고윳값이 같은 $\mathbf{A}\mathbf{A}^T$와 $\mathbf{A}^T\mathbf{A}$의 고유벡터로 각각 계산한다. 7.1.1절에서 본 표준적인 고유벡터 중심도와 비슷하게 이 중심도 점수가 음수가 아니라고 가정한다면, 페론-프로베니우스 정리에 따라 n개의 가능한 고유벡터 중 가장 큰 (양수인) 고윳값에 대응하는 것 하나만 취해야 한다.

이 접근법이 유용할 중대한 조건은 $\mathbf{A}\mathbf{A}^T$와 $\mathbf{A}^T\mathbf{A}$의 선행 고윳값 λ가 같아야 한다는 점이다. 그렇지 않으면 식 (7.17)과 식 (7.18)을 둘 다 만족시킬 수 없다. 그러나 이것이 사실이며 실제로 두 행렬의 모든 고윳값이 똑같다는 것을 쉽게 증명할 수 있다. 만일 $\mathbf{A}\mathbf{A}^T$의 고윳값이 λ여서 어떤 $\mathbf{x}$에 대해 $\mathbf{A}\mathbf{A}^T\mathbf{x} = \lambda\mathbf{x}$라면, 양변에 $\mathbf{A}^T$를 곱해서

$$\mathbf{A}^T\mathbf{A}(\mathbf{A}^T\mathbf{x}) = \lambda(\mathbf{A}^T\mathbf{x}) \tag{7.19}$$

를 얻는다. 이는 $\mathbf{A}^T\mathbf{A}$의 고윳값 역시 λ라는 사실을 알려준다(해당하는 고유벡터는 $\mathbf{A}^T\mathbf{x}$다).

고윳값 방정식인 식 (7.17)과 식 (7.18) 모두를 실제로 풀 필요가 없다는 점에

주목하자. 만일 **x**에 대해 이를 푼다면 식 (7.16)에서 **y**를 계산할 수 있다(인자 β는 모르지만, 이 인자는 **y**의 모든 요소에 동일하게 곱했고 따라서 요소의 상대적인 값에는 영향을 미치지 않는다. 오직 전반적인 크기에만 영향을 미친다. 대개는 전반적인 크기를 신경 쓸 필요가 없지만, 만일 이를 고려한다면 **x**와 **y**를 편한 방법으로 정규화하여 고정할 수 있다).

허브 중심도와 권위자 중심도의 좋은 성질은 방향성 네트워크에서 발생하는 통상적인 고유벡터의 문제점, 즉 둘 이상으로 강하게 연결된 덩어리나 이의 나가는 덩어리에 있는 노드의 중심도만이 0이 아니라는 문제를 피해간다는 점이다. 허브와 권위자 접근법에서는 다른 노드들에게 인용되지 않은 어떤 노드의 권위자 중심도는 0이지만(이는 합리적이다), 허브 중심도는 여전히 0이 아니다. 그리고 그 다른 노드들이 인용한 어떤 노드들은 인용됐다는 이유로 권위자 중심도가 0이 아니다. 이는 아마도 고유벡터 중심도에서 나타나는 문제를 해결하고자 식 (7.5)에서 했던 추가 항을 더하는 임시방편보다는 더 세련된 해결책일 것이다(만일 원한다면 HITS 알고리듬에서 이러한 상수 항을 이용할 수 있지만 그다지 의미는 없어 보인다. 또한 이전 절에서 다룬 다른 접근법 중 어떤 것이든 적용할 수 있다. 예를 들어, 노드의 나가는 링크수로 노드 중심도를 나누는 방법 같은 것 말이다. 이런 맥락의 몇 가지 변이 방법을 참고문헌 [80, 372]에서 탐색했다. 그러나 이러한 상세 내용은 열정이 넘치는 독자가 읽어보도록 남겨둔다).

HITS 알고리듬은 이론상으로는 이전 절에서 다룬 더 간단한 측정량보다 노드 중심도에 관해 더 많은 정보를 제공해야만 하는 세련된 구성체다. 그러나 현실적으로 많은 곳에서 적용하지는 못한다. 한때는 (지금은 존재하지 않는) 웹 검색 엔진 테오마^{Teoma}와 애스크 지브스$^{\text{Ask Jeeves}}$에서 기반으로 사용했다. 그리고 미래에는 이 알고리듬은 아마도 다른 용도를 찾아낼 것이다. 이를테면 고유벡터를 측정하는 것에 비해 이 알고리듬을 사용하는 것이 더 이점이 있을 인용 네트워크 같은 곳 말이다.

7.1.6 근접 중심도

이전 절에서는 행렬 개념, 특히 고유벡터에 기반한 여러 가지 중심도 측정량을 조사했지만 이것이 중심도를 표현하는 유일한 공식은 아니다. 이 절과 이어지는 절에서는 완전히 다른 두 가지 측정량을 들여다볼 텐데, 이 두 양은 모두 네트워크에서 최단 경로를 기반으로 한다.

근접 중심도$^{closeness\ centrality}$[10]는 어떤 노드에서 다른 노드까지의 평균 거리를 측정하는 중심도 점수다. 6.11.1절에서는 네트워크에서 두 노드 사이의 최단 거리의 개념, 즉 최단 경로를 따라 움직인 걸음의 수를 접했다. d_{ij}가 노드 i에서 노드 j까지의 최단 경로라고 하자. 그러면 노드 i에서 네트워크의 모든 노드로 가는 평균 최단 경로는 다음과 같다.[11]

$$\ell_i = \frac{1}{n} \sum_j d_{ij} \tag{7.20}$$

다른 노드와 평균적으로 짧은 거리에 위치한 노드는 이 양의 값이 낮다. 이러한 노드는 다른 노드에게 더 직접적인 영향을 미치거나 접근하기 더 좋다. 예를 들어, 사회연결망에서 다른 사람에게 도달하는 평균 거리가 더 낮은 사람은 그렇지 않은 사람보다 자신의 의견을 커뮤니티 전체에 더 빨리 퍼뜨릴지도 모른다.

평균 거리 ℓ_i는 이 장에 있는 다른 중심도와 같은 의미에서 측정하는 중심도는 아니다. 더 주요한 노드는 값이 낮고 덜 주요한 노드는 값이 높아서 다른 측정량과는 정반대이기 때문이다. 따라서 사회연결망 문헌에서는 대개 ℓ_i 자체보다는 ℓ_i의 역수를 계산한다. 이 역수를 근접 중심도 C_i라고 부른다.

$$C_i = \frac{1}{\ell_i} = \frac{n}{\sum_j d_{ij}} \tag{7.21}$$

근접 중심도는 아주 자연스러운 중심도 측정량으로, 사회연결망을 비롯한 연결망 연구에서 종종 사용한다. 예를 들어, 이 양은 영화에 같이 등장한 배우들의 네트워크에서 근접 중심도로 영화 배우의 순위를 결정하는 방법으로 최근 몇 년간 유명해졌다[466]. 인터넷 영화 데이터베이스$^{Internet\ Movie\ Database}$[12]를 이용해 전체 영화 배우의 98% 이상을 포함하는 가장 큰 덩어리를 구성하고, 여기서 가장 높은 근접 중심도는 0.4143으로 배우 크리스토퍼 리$^{Christopher\ Lee}$의 중심도다. 이 결과는

최단 경로가 유일할 필요가 없다는 점을 기억하자. 노드들은 길이가 같은 몇 가지 최단 경로에 합류할 수 있다. 그러나 길이 d_{ij}는 이런 여러 경로 중 한 경로의 길이를 나타내는 것으로, 언제나 잘 정의된다.

---

10 '근접도'라고도 부른다. – 옮긴이

11 '평균 거리를 계산할 때 식 (7.20)에서 $j = i$인 항을 제외하기도 한다. 그러면 $\ell_i = \frac{1}{n-1} \sum_{j(\neq i)} d_{ij}$가 되는데, 어떤 노드가 자신에게 미치는 영향력은 네트워크를 다룰 때 대개 상관없기 때문에 이는 합리적인 전략이다. 반면 노드 i에서 자신까지의 거리 d_{ii}는 정의상 0이어서, 사실 이 항은 합에 아무런 기여를 하지 않는다. 이렇게 바꿀 때 ℓ_i에서 나타나는 유일한 차이점은 앞에 등장하는 나눗수인데, $1/n$ 대신 $1/(n-1)$이 된다. 이 변화는 i와 상관이 없고, 말했듯이 각기 다른 노드의 절대적 중심값이 아닌 상대적 중심도만 신경 쓰기 때문에 대개는 두 정의에서 나타나는 차이를 무시할 수 있다. 이 책에서는 식 (7.20)을 사용한다. 이 식이 약간 더 세련된 해석적 결과를 주기 때문이다.

12 http://www.imdb.com

흥미롭다. 크리스토퍼 리는 유명하지도 않고 당대의 몇 배우만큼 성공하지도 않았다. 그렇지만 아주 오랜 기간에 걸쳐 놀랄 만큼 많은 수의 작품에 등장했다. 이 데이터베이스에 따르면 200편이다. 이 사실만으로도 네트워크의 다른 노드까지 평균 거리를 낮추는 경향이 있다. 이 배우의 동료 배우의 수가 증가하면 네트워크를 관통하는 더 많은 경로가 형성되기 때문이다. 실제로 일반적으로는 링크수가 높은 노드가 다른 노드에 도달하기까지의 평균 거리가 더 짧을 것이라 예상해야만 하고, 이는 근접 중심도와 링크수 중심도에 양의 상관관계가 있음을 뜻한다.

식 (7.21)에 있는 근접 중심도 정의를 사용할 때 나타나는 잠재적인 문제점 한 가지는 1개보다 많은 덩어리가 있는 네트워크에 관한 것이다. 6.11.1절에서 논의했듯이, 만일 두 노드가 서로 다른 덩어리에 있으면 두 노드 사이의 최단 경로를 무한대라고 정의하기로 했다면, 하나보다 많은 덩어리로 구성된 어떤 네트워크에서 모든 i의 ℓ_i는 무한대여서(적어도 하나의 무한대 항이 합에 있기 때문에) C_i는 0이다. 이 문제를 해결할 수 있는 전략이 두 가지 있다. 가장 보편적인 전략은 간단히 i와 같은 덩어리 내에 있는 노드에 대해서만 평균을 내는 것이다. 그러면 식 (7.21)의 n은 그 덩어리의 노드 수가 되고 오직 그 덩어리에 대해서만 더한다. 유한한 측정값을 얻기는 하지만 한 가지 문제점이 있다. 특히, 작은 덩어리에 있는 노드 사이의 거리가 더 짧은 경향이 있어서, 이런 덩어리 내에 있는 노드가 더 큰 덩어리에 있는 노드보다 더 낮은 ℓ_i 값과 더 높은 근접 중심돗값을 얻는다. 보통 이는 원하는 상황이 아니다. 대부분의 경우 작은 덩어리 내에 있는 노드는 더 큰 덩어리에 있는 노드보다 덜 잘 연결됐다고 여기므로 이 노드는 중심도가 더 낮아야만 한다.

아마도 더 나은 해법은 근접도를 두 노드의 조화 평균 거리, 즉 거리 역수의 평균이라는 관점으로 다시 정의하는 것이다.

$$C'_i = \frac{1}{n-1} \sum_{j(\neq i)} \frac{1}{d_{ij}} \tag{7.22}$$

(이때 $j = i$인 항을 합에서 제외해야 한다는 점에 유의하자. $d_{ii} = 0$은 이 항을 무한대로 만들기 때문이다. 이는 $n - 1$개의 항만 더한다는 것이고, 따라서 맨 앞에 등장하는 인자는 $1/(n-1)$이다.)

이 정의에는 여러 가지 좋은 성질이 있다. 첫째, i와 j가 서로 다른 덩어리에 있어서 $d_{ij} = \infty$이면 이 합에서 해당 항은 단순히 0이 돼서 사라진다. 둘째, 이 측정량은 자연스럽게 노드 i에서 멀리 떨어진 노드보다 가까운 노드에 더 가중치를 부여한다. 직관적으로 가까운 노드까지의 거리가 실제 상황에서 더 중요하리라 상상할 수 있다. 일단 어떤 노드가 네트워크에서 멀리 있으면 정확히 얼마나 멀리 떨어진 것인지는 덜 중요하고, 식 (7.22)는 이를 반영하여 이러한 모든 노드가 0에 가까운 기여를 하게 한다.

그렇지만 이런 바람직한 성질에도 불구하고 식 (7.22)는 현실에서 드물게 사용한다. 필자도 이것을 사용하는 경우를 가끔 봤을 뿐이다.

7.1.7 사이 중심도

사이 중심도^{betweenness centrality}는 노드 중요성을 의미하는 다른 개념을 포착한다. 이 양은 어떤 노드가 다른 노드 사이의 경로 위에 놓인 정도를 측정한다. 사이 중심도의 아이디어는 주로 1977년에 프리만이 제안했다[189]. 비록 프리만 자신이 명시한 것처럼[191] 이 개념은 몇 년 전에 안토니세^{Anthonisse}가 출판되지 않은 기술적 보고서[23]에서 제안하기는 했지만 말이다.

어떤 노드에서 다른 노드로, 에지를 따라 무언가가 흐르는 네트워크가 있다고 하자. 예를 들면 인터넷에서는 주변으로 데이터 패킷이 흐른다. 사회연결망에서는 메시지, 뉴스, 정보, 루머 등이 한 사람에서 다른 사람에게 퍼진다. 네트워크에 있는 노드의 모든 쌍이 같은 평균 비율로 메시지를 교환하고(더 정확히는 실제 어떤 경로로 연결된 모든 쌍의 모드), 메시지는 언제나 네트워크에서 이용할 수 있는 최단 경로를 따라가거나 이러한 경로가 여러 개라면 무작위로 선택한 한 경로를 따라간다는 간단한 가정을 하자. 그러면 다음과 같은 질문을 할 수 있다. 만일 모든 쌍의 노드가 많은 메시지를 주고받을 때까지 충분히 긴 시간을 기다린다면, 메시지가 목적지에 도달하는 도중에 위치한 각 노드를 얼마나 많이 통과할까? 메시지가 최단 경로를 따라 이동하기 때문에, 각 노드를 통과하는 수는 그 노드가 놓인 최단 경로의 수에 비례한다는 것이 답이다. 이 최단 경로의 수를 사이 중심도 또는 짧게 사이도라고 부른다.

사이 중심도가 높은 노드는 다른 노드 사이에 정보 전달을 통제하므로, 이 노드가 네트워크에서 영향력 있다는 것이 타당해 보인다. 메시지 전달 시나리오에서 사이 중심도가 높은 노드는 많은 메시지가 통과하는 노드다. 만일 이 노드가 자신을 지나가는 문제의 메시지를 보게 되거나 메시지를 전달하는 데 비용을 받는다면, 이 노드는 네트워크 내에 있는 자신의 위치에서 많은 권력이나 부를 창출할 수 있다. 또한 사이 중심도가 가장 높은 노드는 메시지가 지나는 가장 많은 경로 위에 놓였다는 점에서 이 노드가 네트워크에서 제거되면 다른 노드 사이의 의사 교환을 상당히 방해할 것이다. 만일 사이도가 높은 어떤 노드가 제거되면 그 노드를 통과하는 모든 메시지는 이제 다른 방법으로 우회해야만 한다.

현실 세계 상황에서는 모든 노드가 같은 빈도로 메시지를 교환하거나 메시지가 항상 최단 경로를 따른다는 것이 보통의 상황은 아니다. 그럼에도 사이 중심도는 다른 노드 사이에 흐르는 정보에 관한 어떤 노드의 영향력을 표현하는 데 여전히 합리적인 지침이 될 수 있다.

사이 중심도는 수학적으로 다음과 같이 표현한다. 방향성 없는 네트워크에서 어떤 노드 쌍 사이에 많아 봐야 1개의 최단 경로가 있는 상황을 가정하자(문제의 두 노드가 각기 다른 덩어리에 있다면 경로의 길이는 0일 것이다). 노드 i가 s에서 t로 가는 최단 경로 위에 있다면 n_{st}^i를 1이라고 하고, 그렇지 않거나 이러한 경로가 없다면 0이라고 하자. 그러면 사이 중심도 x_i는 다음과 같다.

$$x_i = \sum_{st} n_{st}^i \tag{7.23}$$

이 정의는 각 노드 쌍 사이의 최단 경로를 방향마다 별도로 계산한다는 것에 주의하자. 방향성 없는 네트워크에서 이런 경로는 똑같아서 실질적으로 각 경로를 두 배로 계산한다.[13] x_i를 2로 나눠서 이를 보완할 수도 있고 이미 나눈 경우도 있지만, 여기서는 몇 가지 이유 때문에 이 정의를 선호한다. 첫째, 2를 나누든 안 나누든 실제로 큰 차이가 없다. 중심도의 절대적인 값보다 상대적인 크기에만 보통 관심이 있기 때문이다. 둘째, 아래에서 논의하겠지만 식 (7.23)은 노드 쌍 사이의 방향에 따라 경로가 달라질 수 있는 방향성 네트워크에 수정하지 않고 적용할 수 있다는 장점이 있다.

또한 식 (7.23)은 자신까지의 경로도 포함한다는 것에 주목하자. 이 정의에서 이런 경로를 제외하여 $x_i = \sum_{s \neq t} n_{st}^i$로 쓰는 것을 선호하기도 하지만, 다시 한번 이 차이는 보통 중요하지 않다. 개개의 노드는 자신에서 자신까지 도달하는 한 경로 위에 놓여 있어서, 이런 항을 포함하는 것은 단순히 사이도를 1만 증가시킨다. 그렇다고 해서 사이도가 더 높거나 더 낮은 노드의 (서로에게 상대적인) 순위가 바뀌

---

13 방향성 네트워크라면 s에서 t로 가는 최단 경로와 t에서 s로 가는 최단 경로의 길이가 다를 수 있지만, 방향성 없는 네트워크에서는 두 최단 경로의 길이가 항상 똑같다. - 옮긴이

지 않는다.[14]

식 (7.23)은 노드의 각 쌍 사이에 최단 경로가 기껏해야 1개 있을 때 적용할 수 있다. 더 일반적으로 경로는 하나보다 많을 수 있다(6.11.1절 참고). 사이도를 이 경우에 대해 표준적으로 확장하면 두 노드 사이의 각 경로에 경로의 수의 역수와 동일한 가중치를 부여한다. 예를 들어, 두 노드의 주어진 쌍 사이에 2개의 최단 경로가 있으면 각 경로는 $\frac{1}{2}$의 가중치를 얻는다. 따라서 어떤 노드의 사이도는 그 노드를 통과하는 모든 최단 경로의 가중치의 합으로 정의한다.

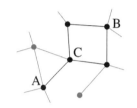

같은 쌍의 노드 사이에 놓인 2개의 최단 경로가 겹칠 수 있다는 점에 주목하자. 시작 노드와 끝 노드 사이에 몇 개의 노드를 공유하는 것이다(그림 7.2 참고). 같은 노드를 관통하는 둘 이상의 경로가 있고, 따라서 사이도의 합은 이 각각의 기여도를 포함한다.

형식적으로, n_{st}^{i}를 i를 통과하여 s에서 t로 가는 최단 경로의 수로 다시 정의하고, g_{st}는 s에서 t로 가는 최단 경로의 전체 수라고 정의하자. 그러면 일반적인 네트워크에서 노드 i의 사이 중심도는

그림 7.2 겹치는 최단 경로

이 네트워크에서 노드 A와 B는 두 최단 경로로 연결됐고 노드 C는 두 경로 위에 놓였다.

$$x_i = \sum_{st} \frac{n_{st}^{i}}{g_{st}} \tag{7.24}$$

으로, 만일 n_{st}^{i}와 g_{st}가 모두 0이면 $n_{st}^{i}/g_{st} = 0$이라는 관습을 채택했다. 이 정의는 위에서 본 메시지 전달 사고 실험과 동등하다. 메시지가 두 노드 사이의 최단 경로를 따라 이동하고 두 노드 사이에 하나 이상의 최단 경로가 있으면 무작위로 경로를 선택하는 사고 실험 말이다. 그러면 식 (7.24)의 사이도는 트래픽이 노드 i를 통과하는 평균 비율에 비례한다.

지금까지는 방향성 없는 네트워크만 고려했지만, 사이 중심도는 방향성 네트워크에도 적용할 수 있다. 방향성 네트워크에서 두 노드 사이의 최단 경로는 일반적으로 이동하는 방향에 의존한다. A에서 B로 가는 최단 경로는 B에서 A로 가는 최단 경로와 다르다. 실제로 한 방향으로 이동하는 경로는 있고 다른 방향으로 가

---

14 s에서 t로 가는 경로가 노드 s와 t 자체를 통과하는 것으로 고려해야만 하는지 물어볼 수도 있다. 사회연결망 문헌에서는 그렇게 고려하지 않는다고 대개 가정하지만, 여기서는 고려하는 정의를 더 선호한다. 어떤 노드가 자신과 또 다른 누구 사이의 경로 위에 놓였다고 정의하는 것은 꽤 합리적이다. 일반적으로 어떤 노드는 자신에게서 다른 노드로 정보가 흐르는 것을 통제할 수 있고, 그 반대도 가능하기 때문이다. 그러나 만일 이 경로의 양 끝점을 제외한다면, 노드가 속한 덩어리 크기의 두 배만큼 경로 수를 줄이는 효과만 있을 뿐이다. 따라서 한 덩어리 내에서 모든 노드의 사이도는 똑같은 추가 상수만큼 감소하고 그 덩어리 내에서 노드의 순위는 여전히 변하지 않는다. 다른 덩어리에 있는 노드의 순위는 상대적으로 바뀔 수 있지만, 이는 그다지 문제가 아니다. 왜냐하면 사이 중심도는 보통 다른 덩어리에 있는 노드끼리 비교하고자 사용하지 않는데, 이러한 노드는 같은 무대에서 영향력 경쟁을 하지 않기 때문이다.

는 경로는 전혀 없을 수도 있다. 따라서 방향성 네트워크에서는 각 노드 쌍 사이에 어느 방향의 경로를 계산에 포함했는지 명확히 하는 것이 중요하다. 식 (7.24)는 이미 이를 포함해서, 방향성 네트워크에서 별도의 수정 없이 같은 정의를 사용할 수 있다. 방향성 네트워크로 사이도를 일반화하는 것이 쉽다 하더라도, 이는 잘 사용하지 않고 이 책에서도 더 고려하지 않을 것이다.

사이 중심도는 원칙적으로 어떤 노드가 얼마나 잘 연결됐는지 측정하지 않는다는 점에서, 지금까지 고려한 다른 중심도 측정량과는 다르다. 대신 사이 중심도는 어떤 노드가 다른 노드 '사이에' 얼마나 많이 있는지를 측정한다. 실제로 어떤 노드의 링크수는 매우 낮고, 링크수가 낮은 다른 노드와 연결돼서 평균적으로 다른 노드들과 멀리 떨어져 있을지라도 사이도는 여전히 높을 수 있다. 그림 7.3에 묘사한 상황을 보자. 노드 A는 네트워크 내에 두 그룹 사이의 다리에 놓였다. 그룹 1과 그룹 2에 있는 두 노드 사이의 어떤 최단 경로라도(또는 실제로 어떤 경로든) 반드시 이 다

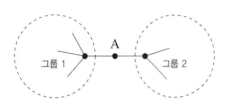

그림 7.3 링크수가 낮고 사이도가 높은 노드
이 네트워크 그림에서 노드 A는 다른 두 노드의 두 그룹을 연결하는 다리에 있다. 두 그룹 사이의 모든 경로는 반드시 A를 통과해야 하므로, A는 비록 링크수는 낮지만 사이도는 높다.

리를 통과해야만 하기 때문에, A의 사이 중심도는 높다. 이 노드 자체는 두 그룹의 주변에 있어서 링크수가 낮지만 말이다. 아마도 이 노드는 고유벡터나 근접 중심도에서는 특별히 인상적인 값을 얻지는 못할 테지만, 다른 노드 사이의 정보 흐름을 통제하기 때문에 이 네트워크에서 영향력이 많을 수 있다. 이런 역할을 하는 노드는 때때로 사회학 문헌에서는 중개인^{broker}이라고 부른다.[15]

사이 중심도의 한 예로, 이전 절에서 본 영화 배우 네트워크를 다시 생각해보자. 이 네트워크에서 사이 중심도가 높은 배우는 위대한 스페인 배우인 페르난도 레이$^{Fernando\ Rey}$로, 영어권에서는 1971년 〈프렌치 커넥션$^{The\ French\ Connection}$〉에서 진 해크먼$^{Gene\ Hackman}$ 옆에서 연기한 주연 역할로 가장 유명하다. 유럽과 미국 영화 모두에 출연하고, 여러 언어로 연기를 하고, 무대뿐만 아니라 영화와 텔레비전 둘 다 왕성하게 작업한 배우의 사이 중심도가 높다는 것은 아마도 우연이 아닐 것이다. 레이는 전형적인 중개자로, 엔터테인먼트 산업의 여러 갈래에서 중대한 링크다.

두 번째로 사이도가 높은 배우는 다시 한번 크리스토퍼 리다.

---

15 많은 사회학 문헌에서 권력이나 '사회 자본'의 개념을 다룬다. 개인이 다른 사람의 정보를 통제하는 능력을 이용해 우위를 점하는 것이 무자비해 보일 수도 있지만, 이 또한 현실적일 수 있다. 적어도 이러한 우위를 얻는 것에 대한 상당한 보상이 있는 상황에서는(예: 사업 관계), 네트워크 구조에서 이끌어낸 권력의 관념이 사람이 주변 세상과 상호작용하는 데 실제로 영향을 미치리라 가정하는 것은 합리적이다.

앞에서 정의한 사이도의 값은 경로 수를 그대로 사용하지만, 때로는 어떤 방법으로든 사이도를 정규화하는 것이 편하기도 하다(Pajek과 UCINET 같은 네트워크 분석용 표준 컴퓨터 프로그램은 이러한 정규화를 수행한다). 한 가지 자연스러운 방법은 경로 수를 (순서화된) 노드 쌍의 전체 수인 n^2으로 나누는 방법이다. 그러면 사이도는 주어진 노드를 관통하여 달리는 경로의 (수보다는) 비율이 된다.[16]

$$x_i = \frac{1}{n^2} \sum_{st} \frac{n_{st}^i}{g_{st}} \qquad (7.25)$$

이 정의를 쓰면, 사이도의 값은 엄격히 0에서 1 사이에 위치한다.

단순히 최단 경로를 넘어서서 경로 집합을 확장하는 것을 주된 목표로 하여, 사이 중심도의 여러 가지 변형이 제안됐다. 실제 네트워크 트래픽은 목적지에 도달하고자 최단 경로만 사용하지는 않기 때문이다. 예를 들어, 내 친구에 관한 소식을 친구에게 직접 듣지 않고 서로 아는 지인에게서 들어본 경험이 있을 것이다. 메시지가 길이 1인 직접적인 (최단) 경로가 아니라 서로 아는 지인을 통해 길이 2인 경로를 통해 전달된 셈이다.

흐름 사이도[flow betweenness]는 사이 중심도의 변형으로, 노드 쌍의 최단 경로보다는 에지와 무관한 경로를 이용한다[192]. 만일 어떤 노드 쌍 사이에 무관한 경로를 선택할 가능성이 한 가지 이상이라면, 이 쌍 중 어떤 노드라도 그 노드의 사이도에 대한 기여도는 모든 선택에 대한 최댓값으로 정의한다.

무관한 경로에 관한 논의는 6.13절을 참고하라.

또 다른 변형은 마구걷기 사이도[356]로, 네트워크를 가로질러 가능한 모든 시작점과 끝점을 무작위로 걷는 메시지를 상상한다. 그러면 이 사이도는 이런 메시지가 각 노드를 통과하는 평균 횟수로 정의한다. 마구걷기 사이도는 어디로 가고 있는지 생각하지 않으며 네트워크를 가로지르는 트래픽의 사이도 측정으로 적절하다. 트래픽은 자신의 목적지에 도달할 때까지 단순히 무작위로 돌아다닌다. 전통적인 최단 경로 사이도와는 정확히 정반대다. 대부분의 현실 세계 상황은 이 두 극단 사이 어딘가에 위치할 가능성이 높다. 그렇지만 실제로 이 두 측정량은 종종 꽤 비슷한 결과를 준다[356]. 이때에는 합리적인 정당화를 거쳐, 단언컨대 최단 경로와 마구걷기 측정량으로 제한된 집합 사이에 놓인 '옳은' 답이 이 둘 모두와

마구걷기에 관한 논의는 6.14.3절을 참고하라.

---

16 또 다른 가능성은 프리만이 사이도에 썼던 원래 논문[189]에서 제안한 것으로, 네트워크 크기가 n일 때 나타날 수 있는 사이도의 최댓값으로 나눠주는 것이다. 이 책의 정의에 따르면 이 최댓값은 $n^2 - n + 1$이다. 이것과 식 (7.25)의 차이는 n이 큰 극한에서는 어쨌든 작아지지만, 해석을 용이하게 하고자 식 (7.25)를 더 선호한다.

유사한 것이라 가정할 수 있다. 그러나 둘 사이에 큰 차이가 있으면, 두 측정량 중 하나에 지나치게 많은 권위를 부여하는 것을 경계해야 한다. 둘 중 어떤 것이 그 네트워크에서 진짜 정보 흐름에 관해 많은 이야기를 하는지 보장할 수 없다.

네트워크 에지를 따라 흐르는 확산, 전이, 흐름 모형을 기반으로 하여 사이도를 일반화하는 다른 방법이 있다. 관심 있는 독자는 사이도 측정량을 더 광범위한 체계로 일반화하고자 많은 측정량을 모아서 다룬 보르가띠[Borgatti]가 작성한 기사 [76]를 참고하면 좋다.

7.2 노드의 그룹

사회연결망과 다른 연결망을 포함한 많은 네트워크는 그룹이나 커뮤니티로 자연스럽게 나뉜다. 사람들의 네트워크는 친구, 동료, 사업 동반자 그룹으로 나뉘고, 월드와이드웹은 관련 있는 웹 페이지 그룹으로 나뉘고, 생화학 네트워크는 기능 단위 등으로 나뉜다. 네트워크에서 그룹의 정의와 분석은 네트워크 이론에서 크고 유익한 영역이다. 14장에서는 모듈도 기반 방법이나 최대 가능성 방법과 같이, 네트워크를 구성 그룹으로 나누는 정교한 컴퓨터 방법을 논의한다. 이 절에서는 네트워크의 국소 구조를 조사하고 묘사하는 데 유용한 네트워크 그룹의 개념을 더 간단히 논의한다. 살펴볼 주요 개념은 클리크, k-중심, k-덩어리다.

7.2.1 클리크

네트워크 내에 있는 네 노드로 구성한 클리크

클리크[clique]는 방향성 없는 네트워크에 있는 노드의 집합으로, 그 집합의 모든 구성원은 다른 모든 구성원과 에지로 연결됐다. 따라서 어떤 네트워크에 있는 4개의 노드가 다른 3개의 노드와 에지로 직접 연결됐다면(그리고 그래야만) 그 4개 노드의 한 집합이 클리크가 된다. 클리크는 겹칠 수 있어서, 같은 노드 하나 이상을 공유할 수 있다는 점을 유의하자.

듬성듬성하게 연결된 네트워크에서 클리크가 나타나면 보통 매우 응집력 있는 하위 그룹이 있다는 지표다. 예를 들어 어떤 사회연결망에서 누군가는 서로서로 알고 있는 여러 개인을 만날 수도 있고, 이러한 클리크는 아마도 문제의 그 여러 사람이 긴밀하게 연결됐다는 것을 암시할 것이다. 예를 들면, 가족 구성원이라든지 한 사무실의 동료들이라든지 말이다.

그러나 많은 지인이 완벽한 클리크보다는 클리크에 가까운 형태만 구성할 수도 있다. 한 그룹 내에서 대부분의 사람이 서로 알지라도, 일부 모르는 구성원이 있을 수도 있다. 클리크 내에서 가능한 모든 에지가 존재해야만 한다는 요구 조건은 매우 엄중한 것이고 클리크 개념의 유용성을 제한한다. 그러나 클리크가 불쑥 등장해서 중요한 역할을 하는 몇 가지 상황이 있다. 한 가지 예가 6.6.1절에서 소개한 이분 네트워크의 단일 모드 투영이다. (사회학에서는 소속 네트워크라고도 부르는) 이분 네트워크는 보통 어떤 종류의 그룹에서 사람이나 개체의 구성원을 표현하는 데 사용한다. 단일 모드 투영은 각 그룹인 클리크로 자연스레 구성된다(그림 6.6 참고).

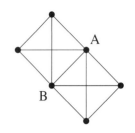

겹치는 2개의 클리크. 이 네트워크에서 노드 A와 B 모두는 4개로 구성한 2개의 클리크에 속한다.

7.2.2 중심

많은 이유로 클리크는 그룹으로 나눈다는 개념을 유용하게 사용하기에는 지나치게 엄격해서, 어떻게 이를 더 유연하게 정의할지 묻는 것은 자연스럽다. 한 가지 가능성이 k-중심$^{k\text{-core}}$이다. 각 노드가 다른 모든 노드와 함께해야 하는 클리크와 반대로, k-중심은 각 노드가 적어도 k명의 다른 노드와 결합되는 노드끼리 연결된 집합이다. 따라서 예를 들면 2-중심에서는 모든 노드가 이 집합에서 최소한 2개의 다른 노드와 결합한다. 그림 7.4는 작은 네트워크에서의 k-중심을 보여준다.

k-중심은 클리크를 완화하는 한 가지 가능성이기만 한 것이 아니다. k-중심은

1-중심은 보통의 덩어리와 똑같은 개념임을 주목하자.

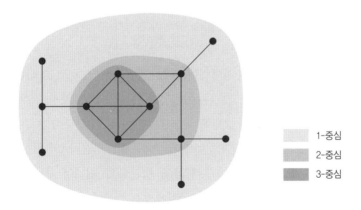

1-중심

2-중심

3-중심

그림 7.4 작은 네트워크에서의 k-중심

색칠한 영역은 이 작은 네트워크에서 $k = 1$, 2, 3일 때의 k-중심을 나타낸다. 이 경우에서는 $k > 3$인 k-중심은 없다. k-중심이 다른 k-중심에 어떻게 포함되는지 주목하자. 3-중심은 2-중심 안에 있고, 이제 2-중심은 1-중심 안에 있다.

k-중심과 '복잡한 전염' 개념은 밀접한 연관이 있다. 복잡한 전염은 사회연결망에서 생각이나 정보의 확산을 모형화할 때 사용한다. 16.1.9절과 16.3.5절, 707쪽의 각주 15번에서 관련 논의를 살펴보라. 밀접하게 관련 있는 또 다른 과정으로는 부트스트랩 스미기가 있고, 통계물리학에서 광범위하게 연구한 과정이다([7, 99, 210]을 참고하라).

찾기 쉽기 때문에 아주 실용적인 이유에서 특히 유용하다. k-중심을 찾는 간단한 방법은 주어진 네트워크에서 출발하여 k보다 링크수가 작은 노드와 그에 붙은 에지를 네트워크에서 지워나가는 것이다. 이런 노드들은 어떤 상황에서든 그 네트워크에서 k-중심의 구성원이 될 수 없다는 점이 명백하기 때문이다. 그렇게 하면, 일반적으로 방금 제거된 노드와 연결됐던 다른 노드의 링크수도 줄어들 것이다. 네트워크에 k보다 작은 노드가 또 있는지 다시 살펴보고 만일 있다면 이를 또 제거한다. 이런 노드가 남지 않을 때까지, 링크수가 k보다 작은 노드를 반복해서 지우며 가지치기를 한다. 정의상, 남은 노드는 적어도 k개의 노드와 연결됐기 때문에 k-중심이거나 k-중심의 집합이다. 반드시 '단일' k-중심이 남아 있지는 않는다는 것에 주목하자. 시작은 연결된 네트워크에서 했다고 하더라도, 일단 가지치기를 완료하면 그 네트워크가 연결됐으리라 보장할 수 없다.

주어진 어떤 네트워크에서 k-중심의 링크수 최댓값은 k다. 예를 들어, 그 네트워크에서 k가 가장 큰 링크수를 초과하면 k-중심은 존재할 수 없다는 것이 명확하다. 왜냐하면 그 경우 k개의 다른 노드와 연결된 노드가 없기 때문이다. 어떤 네트워크의 k-중심은 다른 중심을 포함하는 성질도 있다. 2-중심은 1-중심의 부분집합이고, 3-중심은 2-중심의 부분집합이다(그림 7.4 참고). 만일 원한다면 링크수가 2보다 작은 모든 노드를 처음 지워서 2-중심을 만들고, 2-중심에서 링크수가 3보다 작은 모든 노드를 처음 지워서 3-중심을 만드는 방법으로 3-중심을 계산할 수 있기 때문에, 반드시 그래야만 한다. 따라서 네트워크를 모든 k 값의 중심으로 분해하는 것은 층 내의 층으로 양파 껍질처럼 분해하는 과정이다. 1-중심에서 2-중심, 3-중심 등으로, 값이 가장 큰 k-중심이 존재할 때 끝난다. 이 분해는 때때로 어떤 네트워크에서 중심-주변부 구조core-periphery structure 측정량으로 사용한다. 네트워크 내에서 가장 높은 k-중심에 위치한 노드는 '중심' 노드이고, 이런 k-중심 바깥에 위치한 노드는 '주변' 노드다. 이런 점에서 중심core은 중심도centrality 측정량의 한 종류로 정의하고 가끔 그렇게 사용하기도 한다. 예를 들어 사회연결망 문헌에서는 어떤 네트워크에서 (이런 관점에서 정의한) 핵심 인물이 더 권력이 있거나 영향력이 있을 수 있고, 정보나 자원에 더 잘 접근할 수 있다는 가설도 있다. 단지 가설일 뿐이긴 하지만 말이다. 많은 상황에서 k-중심이 노드의 역할이나 행동에 밀접히 관련 있다는 가정을 뒷받침할 공식적인 이유가 존재하는 것은 아니다 [462].

중심-주변부 구조에 관한 더 많은 논의는 14.7.3절을 참고하라.

7.2.3 덩어리와 k-덩어리

6.12절에서 덩어리의 개념을 소개했다. 방향성 없는 네트워크에서 덩어리는 각 노드가 다른 개별 노드에 어떤 경로를 거쳐 도달할 수 있는 노드의 (최대) 집합이다. 이 개념을 유용하게 일반화한 것이 k-덩어리다. k-덩어리^{k-component}(때로는 k개의 연결된 덩어리라고도 부른다)는 각 노드가 적어도 노드와 무관한 k개의 경로를 거쳐 다른 개별 노드에 도달할 수 있는 노드의 집합이다(그림 7.5 참고). 만일 두 경로가 시작과 끝 노드를 제외하고 같은 노드를 공유하지 않으면 두 경로는 노드와 무관하다고 말한다(6.13절 참고). 일반적인 특별한 경우는 $k=2$와 $k=3$일 때로, 이때의 k-덩어리는 각각 2개의 덩어리^{bicomponents}와 3개의 덩어리^{tricomponents}라고 부른다.

정의상, 1-덩어리는 단순히 보통의 덩어리로, 모든 쌍의 노드 사이에 적어도 1개의 경로가 있다. 그리고 이전 절에서 본 k-중심처럼, k-덩어리는 다른 덩어리에 포함되고 다른 덩어리를 포함한다. 예를 들어 2-덩어리 혹은 2개의 덩어리는 반드시 1-덩어리의 부분집합인데, 적어도 2개의 경로로 연결된 노드의 어떤 쌍이든 적어도 한 경로로 연결되기 때문이다. 이와 유사하게 3개의 덩어리는 반드시 2개의 덩어리의 부분집합이다(그림 7.5를 다시 보자).

언뜻 보면 k-덩어리는 k-중심과 꽤 유사해 보이지만, 중요한 차이점이 있다. 그림 7.6을 보면, 2개의 2-중심으로 구성한 작은 네트워크가 있다. 즉, 이 네트워크에 있는 모든 노드는 적어도 다른 2개의 노드와 연결됐다. 그러나 이 네트워크에는 2개의 분리된 2-덩어리가 있다. 이 네트워크의 오른쪽 절반과 왼쪽 절반은 오직 그 사이에 1개의 독립된 경로로만 연결됐고, 따라서 이는 2-덩어리다.

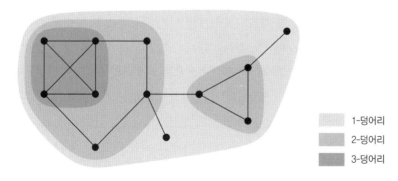

	1-덩어리
	2-덩어리
	3-덩어리

그림 7.5 작은 네트워크에서의 k-덩어리

색칠한 영역은 이 작은 네트워크에서 k-덩어리를 가리킨다. 단일 1-덩어리와 2개의 2-덩어리, 1개의 3-덩어리가 있고 더 큰 값의 k-덩어리는 없다. k-덩어리는 다른 하나 내에 포함되는 구조여서, 2-덩어리는 1-덩어리 내에, 3-덩어리는 2-덩어리 내에 위치한 것에 주목하자.

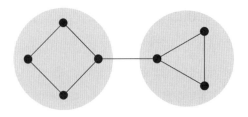

그림 7.6 단일 2-중심이지만 2개의 2-덩어리로 구성된 작은 네트워크

이 네트워크는 1개의 2-중심으로 전체가 구성됐다. 2-중심의 노드 각자가 적어도 2개의 다른 노드와 연결됐기 때문이다. 그러나 이 네트워크는 두 색칠한 원으로 표현한 것처럼 2개의 분리된 2-덩어리를 포함한다. 이는 2-중심과 2-덩어리가 같은 것이 아님을 증명한다.

6.13절에서 논의했듯이 두 노드 사이를 연결하는, 노드와 무관한 경로의 수는 똑같은 노드 사이에서 최소 노드 컷 집합의 크기와 같다. 즉, 두 노드의 연결을 끊고자 제거해야 하는 노드의 수다. 따라서 k-덩어리를 정의하는 또 다른 방법은 k개 미만의 노드를 제거하면 서로 끊어질 수 있는 노드 쌍이 없는 어떤 네트워크의 부분집합이라고 말하는 것이다.

에지와 무관한 경로를 이용해 k-덩어리의 변형을 정의할 수도 있다. 만일 노드들이 k개 이상의 에지와 무관한 경로로 연결됐다면, 또는 이와 동등하게는 그 노드들이 k개 미만의 에지를 제거해서는 끊어질 수 없다면, 그 노드들은 같은 k-덩어리 내에 있다. 원칙적으로 이 변형은 특정 상황에서는 유용할 수 있지만 실질적으로 거의 사용하지 않는다.

k-덩어리의 아이디어는 네트워크 분석에서 자연스러운 것인데, 네트워크 견고함의 개념과 관련 있다. 예를 들어, 인터넷과 같은 데이터 네트워크에서 두 노드 사이에 있는 노드와 무관한 경로의 수는 데이터가 똑같은 노드 사이에서 취할 수 있는 독립적인 경로의 수이기도 하다. 그리고 그 두 노드 사이의 컷 집합의 크기는 그 네트워크의 어떤 노드의 수, 일반적으로는 라우터의 수로, 두 끝점 사이의 데이터 연결을 끊고자 나가 떨어지거나 망가져야만 하는 라우터의 수다. 따라서 2개의 독립적인 경로로 연결한 어떤 노드 쌍은 어느 단일 라우터가 망가진다고 해서 서로 끊어질 수 없다. 세 경로로 연결된 노드 쌍은 어떤 두 라우터가 망가진다고 해서 끊어질 수 없다. 그리고 이것이 반복된다. 인터넷과 같은 네트워크에서 $k \geq 2$인 k-덩어리는 이 관점에서 견고한 연결로 구성한 네트워크의 부분집합이다. 예를 들어, 누군가는 네트워크 백본의 대부분(멀리 떨어진 데이터를 운반하는 대용

량 확장 링크 시스템(2.1절 참고))이 k가 높은 k-덩어리여서 백본 위의 점은 다른 점과 연결을 잃어버리기가 꽤 어려울 것이라 바랄 수도 있다.

노드 그룹의 정의로서 k-덩어리의 한 가지 단점은 $k \geq 3$이면 덩어리가 인접하지 않을 수 있다는 것이다(그림 7.7 참고). 보통의 덩어리(1-덩어리)와 2-덩어리는 언제나 인접하지만, 3 이상의 덩어리는 그렇지 않을 수 있다. 사회연결망 문헌 내에서 인접하지 않은 덩어리는 종종 원하지 않는 상태로 간주되어 k-덩어리는 때로 다른 방식으로 정의한다. 노드 사이에 노드와 무관한 경로가 적어도 k개 있어서 이로 연결된 노드의 집합인데, 이 모든 쌍이 '이 집합의 부분집합에 완전히 포함'됐다. 이 정의는 인접하지 않은 k-덩어리를 제외하지만 수학적으로 계산상으로도 표준 정의보다 다루기 훨씬 어렵다. 이러한 이유로, 그리고 인접하지 않은 k-덩어리를 세는 것이 적절한 경우가 아주 많기도 해서 표준 정의는 가장 널리 사용되는 편이다.

노드 그룹을 정의하는 다른 방법이 여러 가지 있고 가끔 사용한다. 특히 사회연결망 문헌에서는 k-구성$^{k\text{-plex}}$과 k-클럽$^{k\text{-club}}$ 같은 것이 있다. 더 자세한 논의는 와서맨과 파우스트의 책[462]을 보라. 매개변수 k 사용을 피하는 다양한 정의도 있다. 예를 들어, 플레이크^{Flake} 등[181]은 각 노드가 적어도 집합 바깥에 있는 것만큼 집합 내부에서 연결된 노드의 집합으로 그룹을 정의했다. 라디키^{Radicchi} 등[395]은 좀 더 약한 정의를 제안했는데, 집합 내에 있는 노드 사이의 전체 연결 수가 그 노드들이 집합 바깥에 연결된 전체 연결 수보다 더 많은 노드의 집합을 그룹이라고 정의했다. 그러나 이런 측정량은 상대적으로 드물게 사용하므로 여기서는 더 고려하지 않는다.

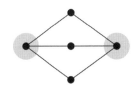

그림 7.7 인접하지 않은 3개의 덩어리

이 네트워크에서 강조한 2개의 노드는 3개의 덩어리를 구성한다. 이 두 노드가 서로 직접 연결되지는 않았지만 말이다. 남은 노드 3개는 3개의 덩어리 내에 없다.

7.3 전이성과 뭉침 계수

사회연결망에서 특히 중요하고 다른 네트워크에서도 어느 정도는 중요한 개념이 바로 전이성^{transitivity}이다. 수학에서는 만일 $a \circ b$와 $b \circ c$가 $a \circ c$를 내포한다면, 관계 '$\circ$'는 전이적이라고 표현한다. 한 가지 예가 등호다. 만일 $a = b$이고 $b = c$이면 이에 따라 $a = c$다. 따라서 '$=$'는 전이적 관계다. 또 다른 예로는 '초과', '미만', '포함한다'가 있다.

어떤 네트워크에서 노드 사이의 관계를 나타내는 근본적인 유형은 '에지로 연결됨'이다. 만일 '에지로 연결된' 관계가 전이성이 있는 관계라면, 이 관계가 뜻하는 바는 노드 u는 노드 v와 연결되고 v가 w와 연결됐다면 u 역시 w와 연결됐다는 것이다. 일상 표현으로 말하자면, '내 친구의 친구 역시 내 친구다.' 이것이 여기서 뜻하는 네트워크 전이성이다. 이는 방향성이 있거나 없는 네트워크에 적용할 수 있지만, 방향성 없는 네트워크가 더 간단하므로 이를 먼저 살펴보자.

클리크에 관한 논의는 7.2절을 참고하라.

u와 w를 직접 연결하는 세 번째 에지(점선 에지)가 존재한다면, 경로 uvw(실선 에지)는 가깝다고 말할 수 있다.

완벽한 전이성은 오직 모든 덩어리가 클리크인 네트워크에서만 나타난다. 즉, 한 덩어리 내의 모든 노드가 다른 모든 노드와 연결된 네트워크 말이다.[17] 따라서 완벽한 전이성은 대부분의 네트워크에서는 유용한 개념이 아니다. 그렇지만 '부분적인' 전이성은 유용할 수 있다. 특히 사회연결망 같은 많은 네트워크에서는 u가 v를 알고 v가 w를 안다는 사실이 u가 w를 알 것이라 보장하지는 않지만, 그럴 가능성을 높여준다. 내 친구의 친구가 반드시 내 친구일 필요는 없지만, 전체 인구 중 무작위로 선택한 구성원보다는 내 친구가 될 가능성이 높다.

네트워크에서 전이성 수준을 다음과 같이 정량화할 수 있다. u가 v를 알고 v가 w를 안다면, 그 네트워크에는 에지가 2개인 uvw 경로가 있다. 만일 u도 w를 안다면 이 경로가 닫혔다고 말할 수 있다. 그 네트워크에서 길이가 3인 고리, 즉 삼각형을 형성한다. 사회연결망 용어에서는 u, v, w가 닫힌 삼각 관계$^{closed\ triad}$를 형성했다고 말한다. 뭉침 계수$^{clustering\ coefficient}$[18]는 해당 네트워크에서 길이가 2인 닫힌 경로의 비율이라고 정의한다. 즉, 길이가 2인 모든 경로를 세고, 이 경로가 얼마나 닫혔는지 세고, 두 번째 수를 첫 번째 수로 나누어서 0과 1 사이에 위치한 뭉침 계수 C를 얻는다.

$$C = \frac{(\text{길이가 2인 닫힌 경로의 수})}{(\text{길이가 2인 경로의 수})} \tag{7.26}$$

$C = 1$은 완벽한 전이성을 뜻해서, 어떤 네트워크의 덩어리가 전부 클리크라는 의미다. $C = 0$은 삼각 관계가 없음을 뜻하고, 다양한 구조에서 이런 일이 발생할 수

---

17 이를 보려면, 완벽하게 전이성이 있지만 클리크가 아닌 덩어리를 가정하자. 이 덩어리 내에는 에지로 직접 연결되지 않은 노드 u, w와 같은 집합이 적어도 1개는 존재한다. u와 w는 같은 덩어리에 있기 때문에 이 둘은 1보다 큰 어떤 길이로 연결돼야만 한다. 이 경로를 u, v_1, v_2, v_3, ..., w라고 해보자. 이 경로에서 처음 2개의 링크를 살펴보자. u는 v_1과 에지로 연결됐고 v_1은 v_2와 연결됐기 때문에, 완벽히 전이성 있는 네트워크라면 u는 반드시 v_2에 연결돼야 한다. 이제 그다음 두 링크를 생각하자. u는 v_2와, v_2는 v_3와 연결됐기 때문에 u는 반드시 v_3에 연결돼야 한다. 이 경로를 따라가며 모든 방법으로 이 논의를 반복하면 u가 반드시 w와 에지로 연결돼야 한다는 것을 볼 수 있다. 그러나 이는 u가 w와 직접 연결되지 않았다는 가설에 위배된다. 따라서 클리크가 아닌 완전한 전이성 있는 덩어리는 존재하지 않는다.

18 뭉침 계수라는 이름에서 '뭉침'이라는 단어는 사회연결망 분석에서 노드의 그룹이나 클러스터를 묘사하는 똑같은 단어의 용도와는 관련 없이 사용한다(14.5.2절의 예를 보자). 두 용어의 용도를 혼동하지 않도록 주의해야 한다.

있는데 트리(어떤 종류든 닫힌 고리가 없다. 6.8절 참고) 또는 사각 격자(짝수 개의 노드가 닫힌 고리를 만들지만, 닫힌 삼각 관계는 아니다)다.

6.11절에서 정의했듯이, 네트워크의 경로는 (심지어 방향성 없는 네트워크에서도) 방향성이 있다는 것에 주목하자. 따라서 uvw와 wvu는 다른 경로로 구분한다. 식 (7.26)의 공식은 이런 경로를 별도로 세지만, 각 경로를 한 방향으로만 세는 것도 괜찮은 방법이다. 이렇게 하면 분자와 분모가 모두 2만큼 감소하고, 이는 서로 상쇄되므로 C 값은 바뀌지 않는다. 그러나 대개, 그리고 특히 컴퓨터 프로그램을 작성할 때는 양방향을 모두 고려하는 편이 더 쉽다. 이미 센 경로를 기억할 필요가 없기 때문이다.

뭉침 계수를 다음과 같이 쓸 수도 있다.

$$C = \frac{(\text{삼각형의 수}) \times 6}{(\text{길이가 2인 경로의 수})} \tag{7.27}$$

6은 왜 나타날까? 네트워크에 있는 각 삼각형은 길이가 2인 경로를 6개 포함하기 때문이다. 삼각형 uvw가 있다고 하자. 그러면 이 삼각형 내에 길이가 2인 경로는 uvw, vwu, wuv, wvu, vuw, uwv가 있다. 이 6개 각각은 닫혀 있고, 따라서 닫힌 경로의 수는 삼각형 수의 여섯 배여서, 식 (7.26)에 있는 결과를 이용하면 식 (7.27)을 얻는다.

삼각형은 길이가 2인 6개의 각기 다른 경로를 포함하고, 이 모든 경로는 닫혀 있다.

뭉침 계수를 표현하는 또 다른 방법은, 만일 길이가 2인 경로인 uvw가 있으면 u와 w에는 공통 이웃 v가 있다는 점에 주목하는 것이다. 사회연결망 관점에서 이 둘은 공통 지인이 있다. 만일 이 경로 uvw가 닫혔으면 u와 w도 서로 알고 있다. 따라서 뭉침 계수는 공통 지인이 있으며 서로 알고 있는 두 사람 쌍의 비율로 생각할 수 있다. 이와 동등하게는 공통 친구가 있는 두 사람이 서로 친구일 평균 확률로 생각하기도 한다.

이는 아마도 뭉침 계수를 정의하는 가장 일반적인 방법일 것이다. 수학적으로 나타내면 다음과 같다.

$$C = \frac{(\text{삼각형의 수}) \times 3}{(\text{연결된 삼자 구조의 수})} \tag{7.28}$$

여기서 '연결된 삼자 구조'는 에지 (u, v)와 (v, w)로 연결된 세 노드 uvw를 뜻한다(에지 (u, w)는 존재할 수도 있고 아닐 수도 있다). 분자에 있는 3은 이 네트워크에서 연결된 삼자 구조를 셀 때 각 삼각형을 세 번 세기 때문에 나타난다. 예를 들면 삼각형 uvw는 삼자 구조 uvw, vwu, wuv를 포함한다. 더 오래된 사회연결망 문헌에서는 뭉침 계수를 '전이성 있는 삼자 구조의 비율'로 부르기도 하고, 뭉침 계수의 이 정의를 참조한 것이다.

사회연결망은 뭉침 계숫값이 꽤 높은 경향이 있다. 예를 들면, 이전 장에서 다룬 영화 배우 협업 네트워크는 $C = 0.20$이고[354], 생물학자의 협업 네트워크는 $C = 0.09$[349], 어떤 큰 대학에서 구성원이 이메일을 주고받은 네트워크에서는 $C = 0.16$이다[156]. 이는 사회연결망에서는 전형적인 값이다. 더 촘촘한 네트워크에서는 더 높은 값이 나타나기도 하는데, 0.5나 0.6만큼이나 값이 높다(이와 대조적으로, 기술 네트워크와 생물학적 네트워크는 다소 더 낮은 값이 나타난다. 예를 들어, 자율 시스템 수준에서 인터넷은 뭉침 계수가 약 0.01밖에 안 된다. 이 부분은 10.6절에서 더 자세히 논의한다).

어떤 의미에서 사회연결망의 뭉침 계수가 높은 것일까? 간단히 하고자, 어떤 네트워크에 있는 모든 사람이 같은 수인 c명의 친구를 알고 있다고 가정하고 모든 사람이 전체 구성원 중에서 완전히 무작위로 자신의 친구를 골랐다고 하자. 이는 그 네트워크의 모든 사람이 서로 친구일 확률이 똑같다는 뜻이다. 이 확률은 간단히 $c/(n-1)$과 같고, 여기서 n은 네트워크의 전체 사람 수다. 그러나 이 경우 (정의상 뭉침 계수인) 나의 친구 두 명이 서로 지인일 확률 역시 $c/(n-1)$이다(나의 친구들이 서로 지인일 확률은 다른 사람을 알 확률과 똑같다).

위에서 인용한 네트워크들은 $c/(n-1)$이 0.0003(영화 배우), 0.00001(생물학 협업), 0.00002(이메일 메시지)다. 따라서 실제 뭉침 계수는 여기서 제안한 이 간단한 계산보다는 값이 훨씬 더 크다. 이 계산은 사람의 친구 수에서 생길 수 있는 여러 변형을 무시했다. 그렇지만 계산한 뭉침 계수와 실제 관찰한 뭉침 계수의 차이는 너무 커서, 친구 수가 바뀔 수 있도록 허용한다고 해서 제거할 수 있을 가능성이 거의 없어 보인다. 더 가능성 있는 설명은 모든 사람이 다른 모든 사람을 알 확률이 똑같다고 한 가정이 잘못됐다고 보는 것이다. 이 수치는 두 사람 사이에 또 다른 지인이 없을 때보다 그런 지인이 있을 때 두 사람이 서로 알 가능성이 더 크다는 것을 시사한다. 이 부분은 10.6절에서 더 길게 논의한다.

이전에 언급한 이메일 네트워크처럼 어떤 사회 네트워크는 방향성 네트워크다. 방향성 네트워크에서 뭉침 계수를 계산할 때, 과학자들은 일반적으로 방향성이 있는 이 본질을 단순히 무시하고 마치 방향이 없는 에지인 것처럼 식 (7.28)

물론 어떤 네트워크에 있는 모든 사람의 친구 수가 완전히 같은 상황은 일반적이지 않다. 뭉침 계수를 더 잘 계산하는 방법을 뒤에서 볼 예정이지만(12.3절), 이 간단한 계산으로도 현재 보고자 하는 목적에 도움이 된다.

을 적용한다. 그러나 이렇게 하면 방향이 있는 링크를 고려한 전이성을 일반화할
가능성이 있다. 'u가 v를 좋아한다'와 같이 노드 사이의 관계에 방향성이 있다면,
u가 v를 좋아하고 v가 w를 좋아하고 u도 w를 좋아한다면 노드의 삼자 구조가 닫
혔거나 전이성이 있다고 말할 수 있다. 방향이 있는 경우에도 명확한 방법으로 뭉
침 계수를 계산할 수 있는데, 닫혀 있고 길이가 2인 모든 방향성 경로를 세고 길이
가 2인 방향성 경로의 전체 수로 나눈다. 그러나 현재까지 이런 측정은 문헌에서
자주 나타나지는 않는다.

방향성 네트워크에서 전이성 있
는 노드의 삼자 구조

7.3.1 국소 뭉침과 여분 연결

이전 절에서 본 뭉침 계수는 네트워크 전체의 성질이다. 이를 공통 이웃이 있는
노드 쌍 역시 서로 이웃인지의 정도를, 전체 네트워크에 대한 평균으로 확장하여
정량화할 수 있다. 그러나 이는 때로 단일 노드의 뭉침 계수를 정의하는 데도 유
용하다. 노드 i에서

$$C_i = \frac{(i와 \ 연결된 \ 이웃 \ 쌍의 \ 수)}{(i의 \ 이웃 \ 쌍의 \ 수)} \tag{7.29}$$

으로 정의할 수 있다. 즉, C_i를 계산하려면 i의 이웃인 모든 구분 가능한 노드 쌍
을 살펴보고, 서로 연결된 이런 노드 쌍을 세고, 전체 쌍의 수로 나눈다. 이는
$\frac{1}{2}k_i(k_i - 1)$이고, 여기서 k_i는 i의 링크수다. C_i는 **국소 뭉침 계수**^{local clustering coefficient}
라고도 하며, i의 친구 쌍이 서로 친구일 평균 확률을 나타낸다(링크수가 0 또는 1인
노드는 이웃 쌍의 수가 0이어서 식 (7.29)가 잘 정의되지 않는다. 전통적으로 이런 경우는 $C_i = 0$
이라고 말한다).

국소 뭉침은 여러 이유에서 흥미롭다. 첫째, 많은 네트워크에서 경험적으로 발
견되기로는 국소 뭉침은 대략 링크수에 의존하고, 링크수가 높은 노드는 평균적
으로 국소 뭉침 계수가 낮다. 이 부분은 10.6.1절에서 자세하게 논의한다.

둘째, 국소 뭉침은 소위 말해 네트워크에서의 '구조 구멍' 지표로 사용하기도
한다. 많은 네트워크, 특히 사회 네트워크에서는 어떤 노드의 이웃끼리 서로 연
결되는 일이 일반적인데, 가끔 이런 이웃 사이에서 예상했던 링크가 누락되는
경우도 발생한다. 이렇게 누락된 링크를 **구조 구멍**^{structural hole}이라고 부르고 버트
^{Burt}[89]가 이런 맥락에서 처음 연구했다. 만일 네트워크에서 정보나 다른 트래픽
을 효율적으로 확산하는 일에 관심이 있다면 이런 구조 구멍은 아주 나쁜 것이다.

이 책에서는 국소 뭉침 계수나 근
접 중심도 기호로 C_i를 사용한다.
두 양을 혼동하지 않도록 주의해
야 한다.

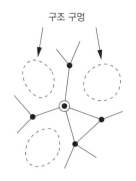

구조 구멍

노드의 이웃이 서로 연결되지 않았을 때 그 네트워크가 '구조 구멍'을 포함한다고 말한다.

구조 구멍은 정보가 네트워크에서 취할 수 있는 대체 경로 수를 감소시킨다. 반면에 구조 구멍은 이웃과 연결이 부족한 노드에게는 좋은 것일 수 있다. 왜냐하면 구조 구멍은 그 노드에게 이웃 노드 사이의 정보 흐름을 통제하는 권력을 부여할 수 있기 때문이다. 만일 어떤 노드의 이웃 중 두 명이 직접 연결되지 않아서 서로에 대한 정보를 이 두 명과 상호 연결된 그 노드를 통해서만 받는다면, 그 노드는 정보 흐름을 통제할 수 있다. 국조 뭉침 계수는 이 관점에서 그 노드가 얼마나 영향력 있는지를 측정한다. 주변 네트워크에 구조 구멍이 많으면 값이 더 낮다. 따라서 국소 뭉침은 일종의 중심도 측정량으로 간주하기도 하지만, 권위 있는 노드에게 큰 값이 아닌 작은 값을 부여한다.

이 관점에서 국소 뭉침은 7.1.7절에서 본 사이 중심도와 유사한 개념으로도 생각할 수 있다. 사이 중심도는 덩어리 내에 있는 모든 쌍의 노드 사이에 흐르는 정보에 관한 노드의 통제력을 측정한다. 국소 뭉침은 단지 어떤 노드 바로 옆에 있는 이웃 사이에서 정보 흐름의 통제를 측정하므로 사이 중심도의 국소 버전과 같다. 한 측정량이 다른 것보다 더 나아야만 할 이유는 없다. 모든 노드를 고려하고 싶을 때도 있고 이웃만 고려하고 싶을 때도 있다. 그러나 주목할 가치가 있는 점은 사이 중심도가 국소 뭉침보다 훨씬 더 많은 계산량을 요구하고(8.5.6절 참고), 실제로 사이 중심도와 국소 뭉침이 강한 상관관계가 있다는 점이다[89]. 그 결과, 많은 경우 두 측정량이 동일한 정보를 많이 포함한다면 국소 뭉침을 계산하기보다 비용이 더 드는 사이 중심도를 모두 계산하여 얻을 수 있는 것은 거의 없다.[19]

구조 구멍에 대한 버트의 원문[89]에서는 국소 뭉침 계수를 사용하지 않았다.[20] 대신, 여분 연결^{redundancy}이라는 다른 양을 사용했다. 여분 연결의 원래 정의는 다소 복잡하지만, 보르가띠^{Borgatti}[75]가 다음과 같이 단순화할 수 있음을 보였다. 어떤 노드 i의 여분 연결은 i의 어떤 이웃과 i의 다른 이웃을 연결하는 평균 수다. 그림 7.8에 있는 예를 보자. 가운데 노드의 이웃은 네 명이다. 이 네 명 각각은 남은 세 명 중 누군가를 알 수도 있지만, 이 경우 그들 중 누구도 나머지 세 명 전부와 연결되지는 않았다. 한 명은 다른 누구하고도 연결되지 않았고, 두 명은 서로 연결됐으며, 마지막 한 명은 다른 두 명과 연결됐다. 여분 연결은 이 세 수치의 평균으로 $R_i = \frac{1}{4}(0+1+1+2) = 1$이다. 어떤 노드 i의 여분 연결의 가능한 최솟값은

그림 7.8 여분 연결

이 그림에서 중앙 노드의 이웃은 다른 이웃 중 0명, 1명, 1명, 2명과 각각 연결됐다. 여분 연결은 이 값들의 평균으로 $R_i = \frac{1}{4}(0+1+1+2) = 1$이다.

---

19 한 예로, 14.5.1절에서 네트워크를 클러스터나 커뮤니티로 분배하는 방법을 공부하고 사이 중심도 측정량을 기반으로 하여 이 과제를 수행하는 효율적인 컴퓨터 알고리듬을 만드는 것을 볼 예정이다. 그러나 국소 뭉침을 기반으로 하면 거의 동일하게 효율적이면서 훨씬 더 빠른 알고리듬을 만들 수 있다.

20 사실, 이때는 국소 뭉침 계수가 발명되지 않았다. 몇 년 후 와츠(Watts)[463]가 처음으로 제안했다.

0이고 최댓값은 $k_i - 1$로, k_i는 그 노드의 링크수다.

여분 연결과 국소 뭉침은 다른 측정량이지만 서로 관련이 있다. 그 관계가 무엇인지 보려면, i의 친구와 다른 친구를 연결하는 평균 연결 수를 R_i라고 할 때 친구 사이의 모든 연결 수는 $\frac{1}{2}k_i R_i$라는 점에 주목하자. 그리고 i의 친구의 모든 쌍은 $\frac{1}{2}k_i(k_i - 1)$이다. 식 (7.29)인 국소 뭉침 계수는 이 두 양의 비로 다음과 같다.

$$C_i = \frac{\frac{1}{2}k_i R_i}{\frac{1}{2}k_i(k_i - 1)} = \frac{R_i}{k_i - 1} \qquad (7.30)$$

$k_i - 1$이 R_i의 최댓값이면, 국소 뭉침 계수는 최댓값을 1로 정규화한 버전의 여분 연결이라고 생각할 수 있다. 식 (7.30)을 그림 7.8에 있는 예에 적용하면 가운데 노드의 국소 뭉침 계수는 $C_i = \frac{1}{3}$이어야 하고 이것이 실제로 식 (7.29)에서 직접 계산한 C_i라는 사실을 쉽게 확인할 수 있다.

국소 뭉침 계수의 또 다른 용도는 전역 뭉침을 측정하는 것이다. 와츠^{Watts}와 스트로가츠^{Strogatz}[466]는 각 노드의 국소 뭉침 계수의 평균으로 네트워크 전체의 뭉침 계수를 계산하는 방법을 제안했다. 즉,

$$C_{WS} = \frac{1}{n}\sum_{i=1}^{n} C_i \qquad (7.31)$$

이고, 여기서 n은 네트워크의 노드 수다. 이는 먼저 식 (7.28)에서 얻은 뭉침 계수와는 다르다. 둘은 동등하지 않다. 그렇지만 두 양은 모두 네트워크 문헌에서 보편적으로 사용해서 혼동을 줄 수 있다. 더불어, 이 둘은 같은 네트워크에 적용할 때 어떤 상황에서는 엄청나게 다른 수치를 주기도 한다. 여기서는 식 (7.28)을 선호하는데, 해석이 간단하고 일반적으로 계산하기 쉽기 때문이다. 또한 두 번째 정의인 식 (7.31)은 링크수가 낮은 노드가 좌우할 수 있다. 왜냐하면 이런 노드는 식 (7.29)의 분모를 작게 하기 때문이다. 그리고 이런 링크수가 낮은 노드가 압도적으로 많은 네트워크에서는 전체의 특성을 형편없이 드러내게 된다.[21] 그럼에도 두 정의는 보편적이므로 두 양 모두를 인지할 필요가 있고 어떤 특정 상황에서 사용하는지 알고 있어야 한다.

---

21 10.6.1절에서 논의하겠지만, 링크수가 낮은 노드는 대부분의 네트워크에서 C_i 값이 높은 경향이 있다. 이는 일반적으로 식 (7.28)로 나타나는 식보다 C_{WS}가 더 큰 값, 때로는 훨씬 더 큰 값이라는 의미다.

7.4 상호성

7.3절의 뭉침 계수는 삼각형(길이 3인 고리)이 네트워크에서 얼마나 등장하는지를 측정한다. 그러나 길이 3인 고리에만 집중해야만 할 이유는 없고, 사람은 때때로 길이가 4 이상인 고리의 빈도를 살펴보기도 한다[61, 92, 195, 207, 351]. 그러나 삼각형은 특별한 공간을 차지하는데, 방향이 없는 간단한 그래프에서는 삼각형이 (보통 가장 흔하게 발생하는) 최단 경로이기 때문이다. 그러나 방향성 네트워크에서는 그렇지 않다. 방향성 네트워크에서는 길이가 2인 고리가 있을 수 있는데, 양방향으로 뻗는 방향성 에지로 연결된 노드 쌍이다. 그리고 이런 고리가 발생하는 빈도가 얼마인지 물어보는 것 역시 흥미롭다.

길이가 2인 고리의 빈도는 상호성^{reciprocity}으로 측정하는데, 이는 내가 가리키는 어떤 노드 역시 나를 가리키고 있을 가능성이 얼마인지를 알려준다. 예를 들어, 월드와이드웹에서 내 웹 페이지가 다른 웹 페이지를 연결한다면 평균적으로 그 페이지가 다시 내 페이지를 가리킬 가능성이 얼마나 될까? 일반적으로, 사실 내가 누군가를 연결했다면 그 페이지 역시 나를 연결할 가능성이 크다는 것이 알려져 있다. 마찬가지로, 4.2절에서 본 친구 관계 네트워크에서는 응답자에게 친구 이름을 물었는데 내가 지목한 친구가 내 이름을 말할 가능성이 훨씬 높았다.

만일 방향성 네트워크에 노드 i에서 노드 j로 가는 방향성 에지가 있고 j에서 i로 가는 에지도 있다면, i에서 j로 가는 에지는 상호성이 있다고 말한다(j에서 i로 가는 에지도 상호성이 있다는 게 명백하다). 이런 에지 쌍은 때로 **공동 링크**$^{co-link}$라고 부르는데, 특히 월드와이드웹 맥락에서 이렇게 부른다[157]. 상호성 r은 이런 상호성 있는 에지의 비율이다. 인접 행렬 요소의 곱인 $A_{ij}A_{ji}$는 i에서 j로 가는 에지와 j에서 i로 가는 에지가 있을 때만 1이라는 점을 기억하면, 모든 i, j 쌍에 대해 이를 합해서 상호성의 표현식을 얻을 수 있다.

$$r = \frac{1}{m} \sum_{ij} A_{ij} A_{ji} = \frac{1}{m} \operatorname{Tr} \mathbf{A}^2 \tag{7.32}$$

여기서 m은 보통 그 네트워크에서 (방향성) 에지의 전체 수다.

예를 들어, 노드가 4개인 작은 네트워크를 생각해보자.

방향성 네트워크에서 길이가 2인 고리

이 네트워크는 7개의 방향성 에지가 있고 이 중 4개는 상호성이 있다. 따라서 상호성은 $r = \frac{4}{7} \simeq 0.57$이다. 사실 이 수치는 월드와이드웹과 똑같은 값이다. 웹 페이지 A가 웹 페이지 B를 연결하고 B 또한 A를 다시 연결할 가능성은 57%다.[22] 또 다른 예로 누가 누구의 이메일 주소록에 있는가로 구성한 네트워크에서 상호성은 약 $r = 0.23$ 정도였다[364]. 그리고 미국의 여러 고등학교에서 나타난 친구 관계 네트워크 연구에서는 학교에 따라 상호성이 약 0.3~0.5였다[38].

7.5 부호 있는 에지와 구조 균형

일부 사회연결망과 때때로 다른 종류의 연결망에서 에지는 '양/긍정적positive'이거나 '음/부정적negative'일 수 있다. 예를 들어 지인 네트워크에서 친구 관계를 양의 에지로, 적대 관계를 음의 에지로 나타낼 수 있다. 친구 관계나 적대 관계의 수가 바뀌는 것을 고려할 수도 있지만(더 강한 양의 에지 또는 음의 에지로 구성된 네트워크), 지금은 각 에지가 양수나 음수, 그러니까 좋아하거나 싫어하는 두 가지 중 하나의 상태인 간단한 경우에 집중하자. 이러한 네트워크는 종종 부호 있는 네트워크signed network라고 부르고 이 에지를 부호 있는 에지signed edge라고 부른다.

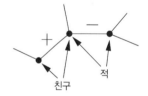

지인 네트워크에서 친구와 적은 각각 양의 에지와 음의 에지로 나타낼 수 있다.

이 맥락에서 음의 에지는 에지가 없는 것과 똑같지 않다는 것을 분명히 짚는 게 중요하다. 예를 들어, 음의 에지는 두 사람이 알고 지내지만 서로 싫어한다는 것을 나타낸다. 에지가 없다는 것은 두 사람이 모르는 사이임을 표현한다. 이 둘이 만났다면 서로 좋아했을지 아닐지는 기록되지 않았다.

이제 그림 7.9에 나타난 것처럼, 이러한 부호 있는 네트워크에서 삼각형 내의 세 에지가 만들 수 있는 가능한 배열을 생각해보자. '+'와 '−'가 좋아하고 싫어하는 관계를 표현한다고 하자. 만일 어떤 배열이 현실 세계에서 세 사람 사이에

---

22 이 수치는 방향성 네트워크 중에서는 흔치 않게 높은 값이지만, 그럴 만한 이유가 있다. 웹 페이지 간 링크의 상당 수는 같은 웹사이트에 있는 페이지 사이에 있고 이런 페이지가 서로 연결하는 것은 보편적이기 때문이다. 만일 같은 사이트에 있는 페이지 간의 링크를 배제한다면 이 상호성의 값은 확실히 더 낮아질 것이다.

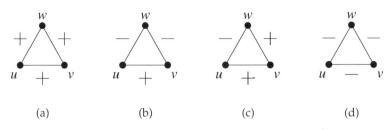

그림 7.9 부호 있는 네트워크에서 가능한 삼각 관계 배열

배열 (a)와 (b)는 균형이 있어서 상대적으로 안정하다. 그러나 배열 (c)와 (d)는 불균형해서 부서지기 쉬운 관계다.

서 발생한다면, 이 중 어떤 배열이 사회 문제를 일으키는지 상상할 수 있다. 배열 (a)는 괜찮다. 모든 사람이 모든 사람을 좋아하기 때문이다. 배열 (b)도 문제가 없다. 비록 (a)보다는 상황이 조금 미묘하지만 말이다. u와 v는 서로 좋아하고 둘 다 w를 싫어하지만, 이 배열은 u와 v가 w를 싫어하는 것이 일치하고 서로 잘 어울리는 반면 w는 이 둘을 모두 싫어한다는 맥락에서 여전히 안정적인 배열이라고 간주할 수 있다. 이 충성에 대해 갈등하는 사람이 아무도 없다. 다시 말해, 만일 "내 적의 적은 나와 친구다"라는 것을 생각한다면 u와 v가 친구인 상황은 전혀 문제가 없다.

그러나 배열 (c)는 문제가 있다. u가 v를 좋아하고 v가 w를 좋아하지만 u는 w를 바보라고 생각한다. 이는 u와 v의 친구 관계에 긴장감을 형성한다. u는 v의 친구를 멍청이라고 생각하기 때문이다. 또는 v의 관점에서 v는 두 명의 친구 u와 w가 있는데, 이 둘이 서로 어울리지 않아서 v는 어색한 위치에 있다. 많은 일상 상황에서 이런 종류의 긴장은 한쪽의 지인 관계가 깨지며 해결된다. 즉, 에지가 함께 제거되는 것이다. 예를 들면, 아마도 v는 둘 중 한 친구에게 이야기 거는 것을 단순히 멈추게 될 것이다.

배열 (d)는 다소 모호하다. 한편으로는 세 사람이 모두 서로를 싫어해서, 단지 모두가 다른 모든 사람을 싫어한다는 것이 의심할 여지 없이 성립된다. 다른 한편으로는 '내 적의 적' 규칙이 여기서는 깨진다. u와 v는 w를 함께 싫어한다는 점을 인식해서 동맹을 형성할 수도 있지만, 이 둘 역시 서로를 싫어하기 때문에 동맹을 형성하기도 어렵다. 이것도 긴장감을 야기할지도 모른다. 예를 들어, 제2차 세계대전 동안 미국과 러시아가 독일에 대항하는 불편한 동맹을 맺었던 것을 떠올려보자. 그러나 분명하게 말할 수 있는 것은 배열 (d)가 종종 불안정하다는 점이다.

어느 누구도 서로를 좋아하지 않는데, 이 세 명이 함께 있어야 할 이유가 거의 없다. 이러한 세 명의 적은 간단히 관계를 끊고 각자의 길을 갈 확률이 높다.

그림 7.9에서 안정한 배열과 불안정한 배열을 구분해내는 성질은 고리에 음의 부호가 짝수 개가 있다는 것이다.[23] 길이가 4 이상인 더 긴 고리에서 이와 유사한 배열을 열거할 수 있고, 음의 부호가 짝수 개인 고리가 안정하고 홀수 개인 고리는 불안정하다는 것을 다시 한번 발견할 수 있다.

이런 유형의 안정성이 실제 네트워크로 확장될 수 있다는 흥미로운 사실이 아니라면, 이것만으로도 약간의 흥미로운 관찰이 될 수 있다. 설문조사에 따르면, 실제 사회연결망에서는 그림 7.9에서 나타난 불안정한 배열(음의 부호가 홀수 개인 배열)은 음의 부호가 짝수 개인 안정적인 배열보다 훨씬 덜 나타난다는 사실을 발견했다[29, 167]. 음의 부호가 짝수 개인 고리만 포함하는 네트워크는 **구조 균형**structural balance, 또는 종종 간단히 균형을 보인다고 말한다.

네트워크에서 구조 균형의 중요한 결과는 하라리Harary[229]가 증명했다.

> 균형 있는 네트워크는 같은 그룹 내에 있는 구성원끼리의 모든 연결은 양수이고 다른 그룹의 구성원 간의 모든 연결은 음수인, 연결된 노드 그룹으로 나눌 수 있다.

문제의 그룹은 단일 노드 또는 많은 노드로 구성될 수 있다는 점에 주목하자. 그리고 한 그룹만 있거나 많은 그룹이 있을 수도 있다. 그림 7.10은 균형 있는 네트워크와 몇 그룹으로 나눈 것을 보여준다. 이렇게 그룹으로 나눌 수 있는 네트워크는 클러스터링이 가능하다고 말한다. 하라리의 균형 정리는 모든 균형 있는 네트워크가 클러스터링이 가능하다는 점을 말해준다.

이 정리는 간단히 증명할 수 있다. 네트워크의 노드를 두 색으로 칠하는 것을 상상해보자. 양수인 에지 양 끝에 있는 노드는 언제나 같은 색이고 음수인 에지 양 끝에 있는 노드는 언제나 다른 색이다. 만일 이 네트워크에서 모든 고리에 있는 음의 부호가 짝수 개라면 이런 색 칠하기가 언제나 가능함을 보이는 일은 어렵지 않다(연습문제 7.13 참고). 일단 이런 방법으로 노드를 색칠하면, 하라리의 정리를 만족시키는 노드 그룹의 정체성을 즉시 추론

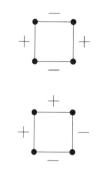

길이가 4인 고리에서 안정한 두 배열

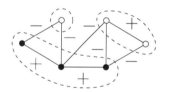

그림 7.10 균형 있고 클러스터링이 가능한 네트워크

이 네트워크의 모든 고리는 음의 부호를 짝수 개 포함한다. 점선은 네트워크를 클러스터로 나눈 구역을 나타낸다. 클러스터 내의 모든 사람은 양의 부호로 연결됐고 다른 클러스터 사이의 사람은 음의 부호로 연결됐다.

---

23 이는 자기 스핀 시스템의 물리학에서 '쩔쩔맴(frustration)'의 개념과 유사한 정신이다.

할 수 있다. 네트워크를 같은 색으로 칠한 노드의 인접한 클러스터로 간단히 나눈다(그림 7.10 참고). 이러한 모든 개별 클러스터에서는 모든 노드의 색이 똑같으므로 이들은 반드시 양의 에지로 결합돼야만 한다. 반면 클러스터는 서로 색이 다르기 때문에, 이와 동시에 다른 클러스터를 연결하는 모든 에지는 반드시 음수여야만 한다. 만일 색이 다른 클러스터가 없다면(그리고 적어도 1개의 에지가 이 클러스터를 연결했다면) 이 클러스터들은 같은 클러스터로 간주한다.[24]

하라리 결과의 실용적인 중요성은, 이전에 언급한 것처럼 많은 실제 사회연결망에서 균형 있거나 거의 균형 있는 상태가 발견된다는 사실에 있다. 그러므로 이러한 경우 모든 사람이 자기 그룹 안에 있는 사람들을 좋아하고 다른 그룹에 있는 사람들을 싫어하는, 그런 그룹으로 네트워크를 나눌 수 있다(혹은 거의 그렇게, 대략적으로 그러나 완벽한 균형 있는 네트워크는 아닌 경우). 따라서 구조 균형과 클러스터링 가능성은, 생각이 같은 그룹에 뭉쳐 있고 자신과 가까운 커뮤니티 외부에 있는 모든 사람을 경멸하는 당파심과 편협함의 시간 변화를 기술하는 모형이다.

하라리 정리의 역이 참인지도 질문할 수 있다. 클러스터링이 가능한 어떤 네트워크가 반드시 균형 있는 네트워크일까? 답은 '그렇지 않다'이다. 간단한 반례를 보자.

이 네트워크에서 노드 3개 모두는 서로 싫어해서 이 고리에 음수 기호가 홀수 개있다. 그러나 모든 노드가 다른 클러스터에 있는 구성원을 싫어하는 것 같이, 노드 각각으로 구성한 3개의 클러스터로 이 네트워크를 나누는 데는 전혀 문제가

---

24 흥미로운 역사적 기록으로서, 하라리의 정리가 완벽하게 옳지만 정작 이에 대한 하라리의 해석은 (필자의 의견으로는) 오류가 있다. 그의 1953년 논문[229]에서, 다음과 같은 말로 이 이론의 의미를 기술했다. "정리 1의 심리학적 해석은 '균형 있는 그룹'은 서로 싫어하는 매우 응집된 클리크 2개로 구성된다는 것이다"(하라리는 '클리크'라는 단어를 여기서 기술적이지 않은 맥락으로 사용한다. 7.2.1절에서 본 그래프 이론의 맥락이라기보다는 사람들의 닫힌 그룹이라는 의미로 사용했다). 그러나 위에서 말한 것처럼 네트워크를 두 색으로 칠할 수 있다고 해서 네트워크가 두 그룹을 형성한다는 뜻은 아니다. 단일 색으로 칠한 노드가 반드시 인접하지는 않기 때문에, 일반적으로 각 색으로 칠한 그룹이 여러 개 있을 수 있다. 실제로 접촉이 전혀 없는데도 이런 그룹을 '매우 응집된 클리크'를 형성하는 것으로 묘사하는 것은 비합리적이다. 더욱이, 만일 정반대 색으로 칠한 두 그룹이 적어도 1개의 에지로 연결되지 않았다면 이 그룹의 구성원이 서로 싫어한다고 결론짓는 것은 가능하지도 않고 옳지도 않다. 만일 정반대 색으로 칠한 두 그룹 사이에 실제로 어떤 접촉도 전혀 없다면, 그러면 이들이 만일 만났다면 잘 어울렸을지도 모른다. 이런 일이 발생한다면 불균형한 네트워크가 될 수 있다는 것을 보이는 것은 간단하지만, 하라리의 진술이 말하는 바는 현재 균형 있는 네트워크가 반감 관계를 내포한다는 것인데 이는 진실이 아니다. 색이 다른 그룹 사이에 하나 이상의 에지를 추가해야만 그 네트워크가 균형 있는 상태를 유지한다면 그의 결론이 정확할 것이다.

없다. 따라서 이 네트워크는 클러스터링이 가능하지만 균형 있는 네트워크는 아니다. 데이비스^{Davis}[132]가 클러스터링 가능성의 필요충분조건은 네트워크에 정확히 하나의 음수 부호가 있는 루프를 포함하지 않는 것임을 증명했다. 위 네트워크는 그러한 고리를 포함하지 않으므로 실제로 클러스터링이 가능하다. 데이비스 결과의 증명은 두 가지 이상의 색으로 노드를 칠하는 하라리 정리의 일반화를 기반으로 한다(연습문제 7.14 참고).

실제 네트워크는 언제나 완벽하게 균형 있거나 클러스터링이 가능하지는 않지만, 그럼에도 기본 아이디어는 여전히 적용할 수 있다. 어떤 네트워크의 노드를 모든 내부 연결이 양수인 그룹으로 나누지 못할 수도 있지만, 종종 대부분이 양수인 구역을 발견할 수는 있다. 예를 들어 엑설로드^{Axelrod}와 베넷^{Bennett}[33]은 제2차 세계대전 직전 17개 유럽국가 사이의 우호적 동맹 대 적대적 동맹 패턴을 연구했다. 이를 양과 음의 에지로 연결한 국가 노드의 네트워크로 생각할 수 있다. 이들은 그룹 내 적대적인 관계가 거의 없도록 네트워크를 여러 그룹으로 나눴다. 그들이 정의한 관점에서 가장 최선인 분할이 전쟁 동안 실제 권력의 분할과 밀접하게 관련 있다는 사실을 발견했다. 한쪽에는 독일, 이탈리아와 같은 국가가, 다른 한쪽에는 영국, 프랑스, 소비에트 연합 및 이들의 동맹국이 있다. 폴란드와 포르투갈 두 나라의 그룹만이 이 계산에서 부정확하게 할당됐다.[25]

7.6 유사도

사회연결망 분석에서 중요한 또 다른 개념은 노드 사이의 유사도^{similarity}다. 네트워크의 노드가 어떤 면에서 닮았을까? 그리고 이 유사도를 어떻게 정량화할 수 있을까? 주어진 네트워크에서 어떤 노드가 서로 가장 닮았을까? 주어진 노드 u와 가장 유사한 노드 v는 누구일까? 이런 질문에 대한 답은 사회 네트워크, 정보 네트워크 등에서 노드 사이의 관계를 분리하는 데 도움이 된다. 예를 들어, 구체적으로 지목한 어떤 웹 페이지와 (어떤 적절한 면에서) 유사한 웹 페이지의 목록을 알면 유용할 수 있다. 사실 이런 웹 검색 엔진은 이미 이 같은 성질을 제공한다. "이 페이지와 유사한 결과를 보려면 여기를 클릭하시오."

---

25 해당 국가의 규모가 매우 달랐기 때문에 상황이 복잡하다. 엑설로드와 베넷이 수행한 계산에서는 동맹뿐만 아니라 국가의 규모도 고려했는데, 더 큰 나라에는 작은 나라보다 더 가중치가 있다. 따라서 단순히 에지를 세는 것보다 계산이 더 복잡하다.

유사도는 다른 많은 방법으로 결정될 수 있고 대부분은 네트워크와 관련이 없다. 예를 들어 상업 데이트 서비스와 중매 서비스에서는 관심사, 배경, 선호 항목의 정보를 이용해 유사한 사람들끼리 연결하려는 시도를 한다. 실제 이러한 서비스는 개인 특성을 기반으로 하여 사람 간의 유사도 측정량을 계산한다. 그러나 이 책은 네트워크의 유사도에 초점을 맞추므로, 네트워크 구조에 포함된 정보를 이용해 네트워크의 노드 간 유사도를 결정하는 좀 더 제한된 문제에 집중한다.

네트워크 유사도 측정량을 구성하는 두 가지 근본적인 접근법이 있는데, 구조 동등성structural equivalence과 보편 동등성regular equivalence이라고 부른다. 이 이름은 다소 이해하기 어려운데, 이 양이 나타내는 아이디어는 충분히 간단하다. 만일 네트워크에 있는 두 노드가 같은 네트워크에서 공유하는 이웃이 많으면 이 두 노드는 구조적으로 동등하다. 그림 7.11(a)는 두 노드 i와 j 사이의 구조 동등성을 묘사하는 그림을 보여준다. 이 경우 두 노드는 똑같은 이웃 세 명을 공유하지만, 둘 다 서로 공유하지 않는 다른 이웃이 있다.

보편 동등성은 더 미묘하다. 보편적으로 동등한 두 노드는 같은 이웃을 공유할 필요는 없지만 그들의 이웃 자체가 서로 닮았다. 예를 들어 각기 다른 대학의 역사학과 학생 두 명은 공통의 친구가 없을 수도 있지만, 둘 다 다른 역사학과 학생을 많이 안다는 점에서는 여전히 유사하다. 비슷하게 다른 회사의 CEO 두 명은 공통의 동료가 없을지도 모르지만, 그들 각자의 CFO, CIO, 이사진, 회사의 회장 등과 전문적인 관계를 맺는다는 점에서 유사하다. 보편 동등성은 그림 7.11(b)에 묘사했다.

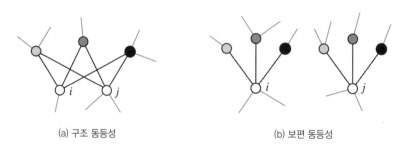

(a) 구조 동등성   (b) 보편 동등성

그림 7.11 구조 동등성과 보편 동등성

(a) 노드 i와 j가 만일 같은 이웃을 많이 공유한다면 두 노드는 구조적으로 동등하다. (b) 노드 i와 j의 이웃이 그 자체로 동등하다면(여기서는 다른 색으로 칠한 노드) 두 노드는 보편적으로 동등하다.

7.6.1 구조 동등성 측정량

구조 동등성을 측정하는 가장 간단하고 명확한 방법은 두 노드가 공유하는 공통 이웃의 수를 단순히 세는 것이다. 방향성 없는 네트워크에서 노드 i와 j의 공통 이웃의 수 n_{ij}는

$$n_{ij} = \sum_k A_{ik}A_{kj} \tag{7.33}$$

이고, 단순히 $\mathbf{A}^2$의 ij번째 요소다.

그러나 공통 이웃을 단순히 세는 것은 그 자체로 유사도를 측정하는 좋은 방법은 아니다. 만일 두 노드가 세 공통 이웃을 공유한다면, 이것은 많은 걸까 적은 걸까? 예를 들어, 만일 두 노드의 링크수를 모르거나 다른 노드 쌍은 얼마나 많은 공통 이웃을 공유하는지 모른다면 말하기 어렵다. 여기서 필요한 것은 유사돗값이 쉽게 이해할 수 있는 범위에 있도록 하는 일종의 정규화다. 한 가지 전략은 네트워크 전체 노드 수인 n으로 나누는 것인데, 간단한 그래프에서 두 노드가 공유할 수 있는 공통 이웃의 최댓값이기 때문이다. 더 낮은 측정 방법은 변할 수 있는 노드의 링크수를 이용하는 것이다. 이러한 양이 코사인 유사도^{cosine similarity}로, 때로 솔턴의 코사인^{Salton's cosine}이라고 부른다.

기하학에서 두 벡터 $\mathbf{x}$와 $\mathbf{y}$의 내적 또는 스칼라곱은 $\mathbf{x} \cdot \mathbf{y} = |\mathbf{x}||\mathbf{y}| \cos\theta$이고 $|\mathbf{x}|$와 $|\mathbf{y}|$는 두 벡터의 크기, θ는 둘 사이의 각도다. 다시 정리하면, 이 각도의 코사인 값은 다음과 같이 적을 수 있다.

$$\cos\theta = \frac{\mathbf{x} \cdot \mathbf{y}}{|\mathbf{x}|\,|\mathbf{y}|} \tag{7.34}$$

솔턴[422]은 인접 행렬의 i번째 행과 j번째 행(또는 열)을 두 벡터로 간주하여 둘 사이의 코사인 각도를 유사도 측정량으로 이용하자고 제안했다. 방향성 없는 네트워크에서 두 행의 스칼라곱이 단순히 $\sum_k A_{ik}A_{kj}$이므로, 유사도는 다음과 같다.

$$\sigma_{ij} = \cos\theta = \frac{\sum_k A_{ik}A_{kj}}{\sqrt{\sum_k A_{ik}^2}\sqrt{\sum_k A_{jk}^2}} \tag{7.35}$$

네트워크가 가중치 없는 간단한 그래프라고 가정하면, 인접 행렬의 요소는 오직 0과 1 값만 취하므로 모든 i, j에 대해 $A_{ij}^2 = A_{ij}$다. 그러면 $\sum_k A_{ik}^2 = \sum_k A_{ik} = k_i$이고,

여기서 k_i는 노드 i의 링크수다(식 (6.12) 참고). 따라서

$$\sigma_{ij} = \frac{\sum_k A_{ik} A_{kj}}{\sqrt{k_i}\,\sqrt{k_j}} = \frac{n_{ij}}{\sqrt{k_i k_j}} \tag{7.36}$$

다시 말해, i와 j의 코사인 유사도는 두 노드의 공통 이웃수를 두 노드 링크수의 기하 평균으로 나눈 것이다. 예를 들어, 그림 7.11(a)에 나타낸 노드 i와 j의 코사인 유사도는

$$\sigma_{ij} = \frac{3}{\sqrt{4 \times 5}} = 0.671\ldots \tag{7.37}$$

일 것이다. 만일 두 노드의 링크수 중 하나 이상이 0이면 코사인 유사도는 기술적으로 정의되지 않는다는 점에 주목하자. 그렇지만 관습상 이 경우는 보통 $\sigma_{ij} = 0$이라고 말한다.

코사인 유사도는 유사도를 정량화하는 자연스러운 범위를 제공한다. 이 값은 언제나 0에서 1 사이 범위에 위치한다. 코사인 유사도가 1이면 두 노드가 정확히 같은 이웃을 공유한다는 것을 나타낸다. 코사인 유사도가 0이면 두 노드는 어떤 이웃도 공유하지 않는다는 뜻이다. 코사인 유사도는 절대로 0일 수가 없다는 점을 기억하자. 일반적으로 어떤 각도의 코사인값은 음수가 될 수 있다 하더라도, 코사인 유사도는 양수 항의 합이기 때문이다.

코사인 유사도는 네트워크에서 가장 널리 사용하는 유사도 측정량이지만 유일한 것은 아니다. 또 다른 보편적인 측정량은 자카드 계수$^{Jaccard\ coefficient}$로, 비슷하게 n_{ij}를 0에서 1 사이로 정규화하지만 약간 다른 방법으로 진행한다. 노드 i와 j의 자카드 계수는 공통 이웃수 n_{ij}를 두 노드의 서로 다른 이웃의 전체 수로 나눈다. 따라서 정규화 요소가 두 노드의 전체 이웃수이지만 공통 이웃은 두 번이 아닌 오직 한 번만 세므로 전체 $k_i + k_j - n_{ij}$명의 이웃에 대해 계산한다. 즉, 자카드 계수는 다음과 같다.

$$J_{ij} = \frac{n_{ij}}{k_i + k_j - n_{ij}} \tag{7.38}$$

i와 j에게 공통 이웃이 없어서 $n_{ij} = 0$이면 $J_{ij} = 0$이다. 둘의 모든 이웃이 공통 이웃이면 $k_i = k_j = n_{ij}$이므로 $J_{ij} = 1$이다. 다른 모든 상황에서 자카드 유사도는 이 두

값 사이 어딘가에 있다.

그 밖의 유사도 측정량도 종종 사용한다. 인접 행렬의 행 사이의 피어슨 상관계수$^{Pearson\ correlation\ coefficient}$는

$$r_{ij} = \frac{\sum_k (A_{ik} - \langle A_i \rangle)(A_{jk} - \langle A_j \rangle)}{\sqrt{\sum_k (A_{ik} - \langle A_i \rangle)^2} \sqrt{\sum_k (A_{jk} - \langle A_j \rangle)^2}} \tag{7.39}$$

로, 여기서 $\langle A_i \rangle$는 i번째 행의 평균이다. 그리고 해밍 거리$^{Hamming\ distance}$(유클리드 거리 $^{Euclidean\ distance}$라고도 한다)는 두 노드가 공유하지 않는 이웃의 수(즉, 한 노드에게는 이웃이지만 다른 노드에게는 이웃이 아닌 노드의 수)로 다음과 같다.

$$h_{ij} = \sum_k (A_{ik} - A_{jk})^2 \tag{7.40}$$

기술적으로 해밍 거리는 실제로는 비유사도^{dissimilarity} 측정량인데, 두 노드가 공유하는 이웃이 별로 없을 때 값이 크기 때문이다. 이 양들에 대한 더 많은 논의는 와서맨과 파우스트의 자료[462]를 참고하자.

7.6.2 보편 동등성 측정량

사회연결망 분석에서 고려하는 유사도의 다른 유형은 바로 보편 동등성이다. 7.6.1절에서 설명했듯이, 보편적으로 동등한 노드는 둘이 반드시 이웃을 공유할 필요는 없지만 이웃 자체가 닮은 두 노드를 뜻한다(그림 7.11(b)를 다시 보자).

보편 동등성을 정량적으로 측정하는 방법은 구조 동등성을 측정하는 방법보다 덜 발전했다. 그렇지만 많은 측정량이 최근에 제안됐고 합리적으로 잘 작동하는 것처럼 보인다. 기본 아이디어[65, 248, 296]는 만일 i와 j의 이웃인 k와 l 자체의 유사도가 높으면 i와 j가 많이 닮았다고 하여 유사도 점수 σ_{ij}를 정의하는 것이다. 방향성 없는 네트워크에서는 다음과 같이 쓸 수 있다.

$$\sigma_{ij} = \alpha \sum_{kl} A_{ik} A_{jl} \sigma_{kl} \tag{7.41}$$

또는 행렬 형태로는 $\sigma = \alpha \mathbf{A} \sigma \mathbf{A}$로 표현하고, 여기서 α는 상수다. 이 식이 바로 명확해 보이지 않을지라도, 이 표현식은 고유벡터 방정식의 한 유형으로 유사도의 전체 행렬 σ가 고유벡터다. 매개변수 α는 고윳값(혹은 더 구체적으로는 α의 역수)이

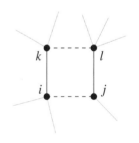

노드 i와 j는 각각의 이웃인 k와 l 자체가 닮았기 때문에 i와 j는 닮았다고 간주한다(점선).

고, 7.1.2절에서 다룬 고유벡터 중심도와 마찬가지로 일반적으로는 가장 선행하는 고유벡터에만 관심이 있다.

그러나 이 수식에는 몇 가지 문제가 있다. 먼저 어떤 노드가 자신과 닮은 '자기 유사도' σ_{ii}에 반드시 큰 값을 부여하지는 않는다. 단언컨대 모든 노드는 자기 자신과 닮았기 때문에 이는 반직관적이다. 이에 따른 결과로서, 식 (7.41)은 공통 이웃이 많은 노드 쌍에게도 반드시 높은 유사도 점수를 부여하지 않는다. 이전 절의 구조 동등성에 관한 논의에 비춰보면, 이 둘은 유사도가 높아야만 한다고 느낄 것이다. 만일 모든 노드에게 자기 유사돗값을 높게 부여하면 식 (7.41)은 자동적으로 공통 이웃을 많이 공유하는 노드에게 높은 유사도를 부여할 것이다. 왜냐하면 이러한 노드는 $A_{ik}A_{jk}\sigma_{kk}$ 형태의 항이 우변의 합에 많은 기여를 하기 때문이다.

유사도에서 대각 요소 항을 추가로 도입하여 이 문제를 해결할 수 있다.

$$\sigma_{ij} = \alpha \sum_{kl} A_{ik}A_{jl}\sigma_{kl} + \delta_{ij} \tag{7.42}$$

또는 행렬 기호로는

$$\sigma = \alpha \mathbf{A}\sigma\mathbf{A} + \mathbf{I} \tag{7.43}$$

이다. 이는 노드 자신과의 유사도 점수에 추가 점수를 부여한다.

그렇지만 여전히 문제점이 있다. 식 (7.43)을 초깃값을 취해서 그로부터 반복 수행해 계산한다고 가정하자. 예를 들면 $\sigma^{(0)} = 0$을 초깃값으로 사용하고, 이를 이용해 $\sigma^{(1)} = \alpha\mathbf{A}\sigma^{(0)}\mathbf{A} + \mathbf{I}$를 계산한다. 그리고 σ가 수렴할 때까지 이 과정을 아주 많이 반복한다. 처음 몇 번의 반복을 하면 다음 결과를 얻는다.

$$\sigma^{(1)} = \mathbf{I} \tag{7.44a}$$

$$\sigma^{(2)} = \alpha\mathbf{A}^2 + \mathbf{I} \tag{7.44b}$$

$$\sigma^{(3)} = \alpha^2\mathbf{A}^4 + \alpha\mathbf{A}^2 + \mathbf{I} \tag{7.44c}$$

패턴이 명확하다. 반복을 무수히 많이 진행하면, 인접 행렬의 짝수 거듭제곱에 대한 합을 얻는다. 그러나 6.11절에서 논의한 것처럼, 인접 행렬의 r번째 거듭제곱 요소는 두 노드 사이에 길이 r인 경로를 센다. 따라서 이 유사도 측정량은 노드 쌍 사이의 짝수 길이 경로에 관한 가중치 합이다.

그렇지만 왜 길이가 짝수인 경로만 고려해야 할까? 왜 모든 길이의 경로를 고려하지 않을까? 이러한 질문은 다음과 같이 보편 동등성의 더 나은 정의로 이어진다.[26] 만일 노드 i에게 j와 닮은 이웃 k가 있다면, 두 노드 i와 j는 서로 닮았다. 다시 한번 각 노드는 자기 자신과 닮았다는 가정을 하면, 이를 대각 요소 δ_{ij}로 표현할 수 있다. 그러면 유사도 측정량은 다음과 같다.

$$\sigma_{ij} = \alpha \sum_k A_{ik}\sigma_{kj} + \delta_{ij} \qquad (7.45)$$

또는 행렬 기호로는

$$\sigma = \alpha \mathbf{A}\sigma + \mathbf{I} \qquad (7.46)$$

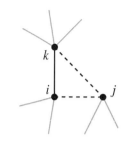

수정하여 정의한 보편 동등성에서는 만일 노드 i가 j와 유사한 이웃 k와 연결됐다면 i가 j와 닮았다고 여긴다(점선).

이다. 초깃값 $\sigma^{(0)} = 0$에서 출발하여 다시 한번 이 표현식을 반복하여 계산하면 다음과 같다.

$$\sigma^{(1)} = \mathbf{I} \qquad (7.47a)$$

$$\sigma^{(2)} = \alpha\mathbf{A} + \mathbf{I} \qquad (7.47b)$$

$$\sigma^{(3)} = \alpha^2\mathbf{A}^2 + \alpha\mathbf{A} + \mathbf{I} \qquad (7.47c)$$

아주 많이 반복하면

$$\sigma = \sum_{m=0}^{\infty} (\alpha\mathbf{A})^m = (\mathbf{I} - \alpha\mathbf{A})^{-1} \qquad (7.48)$$

을 얻는데, 이는 식 (7.46)을 다시 정리해서 바로 추론할 수도 있다. 이제 유사도 측정량은 짝수 길이인 경로뿐만 아니라 모든 길이의 경로를 포함한다. 이제, 사실 이 유사도 측정량을 완전히 다른 방법으로 정의할 수 있다는 것을 알 수 있다. 노드 i와 j 사이에 길이가 r인 경로에 가중치 α^r을 부여해서 모든 경로의 가중치 셈을 할 수도 있다. $\alpha < 1$인 한, 긴 경로는 짧은 경로보다 가중치를 덜 얻을 것이고 이는 합리적으로 보인다. 사실 두 노드가 몇 개의 짧은 경로로 연결되거나 아주 많은 긴 경로로 연결됐다면 두 노드는 닮았다고 말한다.

식 (7.48)은 식 (7.7)의 카츠 중심도 공식을 연상시킨다. 식 (7.48)은 '카츠 유사도'라고 부를 수도 있다. 카츠 본인은 전혀 논의한 적이 없지만 말이다. 어떤 노드의 카츠 중심도는 그 노드의 다른 노드와의 카츠 유사도를 합한 것과 같다는 멋진

---

26 이 정의는 i와 j에 대해 대칭은 분명 아니지만, 추후에 보겠지만 실제 대칭적인 표현식을 준다.

성질이 있다. 따라서 다른 많은 노드와 닮은 노드는 중심도가 높고, 이 개념은 꽤 직관적으로 합리적이다. 카츠 중심도처럼 매개변수 α는 결정되지 않는다. 적절해 보이는 값을 자유롭게 선택하면 된다. 다만, 인접 행렬의 가장 큰 고윳값을 κ_1이라고 할 경우 식 (7.48)의 합이 수렴하려면 $\alpha < 1/\kappa_1$을 만족시켜야만 한다(7.1.3절의 논의를 참고하라).

어떤 의미에서 이러한 보편 동등성 측정량은 이전 절에서 본 코사인 유사도와 자카드 계수 같은 구조 동등성 측정량의 일반화라고 볼 수 있다. 구조 동등성 측정량은 어떤 노드 쌍의 공통 이웃수를 세는 것에 기반하지만, 공통 이웃의 수는 길이가 2인 경로의 수와도 동일하기 때문이다. '카츠 유사도'는 이러한 접근을 모든 길이의 경로로 간단히 확장한다.

카츠 유사도는 여러 방법으로 변형할 수 있다. 정의한 것처럼 링크수가 높은 노드에게 높은 유사도를 부여하는 경향이 있는데, 링크수가 높은 노드는 식 (7.45)의 합에서 더 많은 항에 나타나기 때문이다. 어떤 경우 이는 원하는 상황일 수 있다. 아마 친구가 많은 사람은 친구가 거의 없는 사람보다는 다른 이들과 닮은 면이 많다고 여겨야만 한다. 그러나 다른 상황에서는 링크수가 높은 노드를 선호하는 것이 원하지 않은 편향을 제공할지도 모른다. 은둔자 두 명이 '비슷하지' 않다고 누가 말할 수 있는가? 이도 흥미로운 관점이다. 원한다면, 노드의 링크수로 나누어서 이렇게 높은 링크를 선호하는 편향을 제거할 수 있다. 즉,

$$\sigma_{ij} = \frac{1}{k_i}\left[\alpha \sum_k A_{ik}\sigma_{kj} + \delta_{ij}\right] \tag{7.49}$$

이고 행렬 형태로는 $\sigma = \mathbf{D}^{-1}(\alpha\mathbf{A}\sigma + \mathbf{I})$로, 이전과 같이 $\mathbf{D}$는 요소 $D_{ii} = k_i$로 구성한 대각 행렬이다. 이 표현식을 다시 정리하면 다음과 같다.

$$\sigma = (\mathbf{D} - \alpha\mathbf{A})^{-1} \tag{7.50}$$

카츠 유사도가 카츠 중심도와 관련 있는 것과 매우 유사한 방식으로, 이 유사도 측정량은 페이지랭크와도 관련 있다. 비록 대응 관계가 완벽하진 않아도 말이다. 식 (7.50)에서 계산한 중심도 σ_{ij}를 모든 노드 j에 더한 결과가 노드 i의 페이지랭크는 아니다. 이를 k_i로 나누면 페이지랭크다(연습문제 7.15 참고).

또 다른 변형은 식 (7.45)나 식 (7.49)의 마지막 항을 단순히 대각 요소로 두는 것이 아니라, 비대각 요소도 포함하도록 허용하는 것이다. 이렇게 하면, 예를 들어

마음대로 사용할 수 있는 (아마도 네트워크가 아닌) 기타 정보를 기반으로 하여 특정 쌍의 노드가 유사하다는 것을 명확하게 지정할 수 있다. 7.6절 서두에 제시했던 회사 CEO의 예로 돌아가 보자. 예를 들어 각기 다른 회사에 있는 CFO, CIO 등이 서로 닮았다는 것을 지정할 수 있는데, 그러면 이 유사도 측정량으로 CEO 역시 닮았다는 것을 네트워크 구조에서 올바르게 추론할 수 있길 바란다. 이런 종류의 접근은 하나 이상의 덩어리로 구성된 네트워크에서 특히 유용하다. 어떤 노드 쌍은 연결되지 않았기 때문이다. 예를 들어 각기 다른 회사를 표현하고자 별도의 덩어리 2개가 있다고 하자. 그러면 각기 다른 회사에 있는 사람 사이에는 어떠한 길이의 경로도 없을 테고, 그러면 식 (7.45)나 식 (7.49) 같은 측정량으로는 이러한 사람들 사이의 유사도를 0이라고 할당할 수 없다. 그러나 만일 다른 회사 구성원끼리의 유사도를 명백히 확고히 한다면, 이런 측정은 이 정보를 기반으로 다른 구성원 사이의 유사도를 추론할 수 있다.[27]

7.7 동종선호와 끼리끼리 섞임

그림 7.12는 미국 고등학교 학생의 친구 관계 네트워크를 보여준다. 이 네트워크는 4.2절에서 논의한 유형의 설문지로 결정했다.[28] 이 그림에서 나타나는 한 가지 분명한 특징은 이 네트워크가 두 그룹으로 나뉜다는 점이다. 이 경우 그룹은 주로 인종으로 나뉜다는 사실이 드러났다. 그림에서 다른 색의 노드는 범례에 표시한 것처럼 다른 인종의 학생을 가리킨다. 그리고 이 학교는 주로 흑인 학생 그룹과 백인 학생 그룹으로 분리된다는 점이 나타났다.

이는 사회학자들에게 새로운 것이 아니다. 사회학자들은 오랫동안 이런 분할을 관찰했고 논의했다[338]. 또한 이 효과가 인종에만 국한되지 않는다. 친구 관계, 지인, 사업 관계를 비롯한 많은 종류의 관계에서 나이, 국적, 언어, 수입, 교육 수준 등 모든 종류의 성질을 기반으로 관계를 형성한다는 사실을 발견했다. 상상할 수 있는 거의 모든 사회 매개변수는 사람이 자신의 친구를 선택하는 데 영향을

---

27 이러한 방법으로 시스템 전체에 몇 가지 정보를 제공하여 일반화하는 아이디어는 머신러닝과 정보 검색 같은 분야에서는 보편적이다. 예를 들어, 텍스트나 기타 단서를 초기에 할당한 몇 가지 그룹 집합과 조합하여 텍스트 문서를 주제나 그룹으로 분류하는 방법을 제공하는 문헌이 무수히 많다. 이러한 문제는 **준지도학습**(semi-supervised learning)이라고 알려진 일반적인 영역이다[100].

28 이 연구는 '이름 생성기'를 사용했다. 학생들에게 친구라고 생각하는 다른 사람의 이름 목록을 작성하도록 부탁했다. 방향성 네트워크가 만들어지지만, 이 그림에서 에지 방향성은 무시했다. 이 표현에서는 만일 둘 중 한 명이 상대방을 친구라고 생각한다면(혹은 둘 다 그렇게 생각하거나) 두 사람 사이에 방향성 없는 에지가 있다.

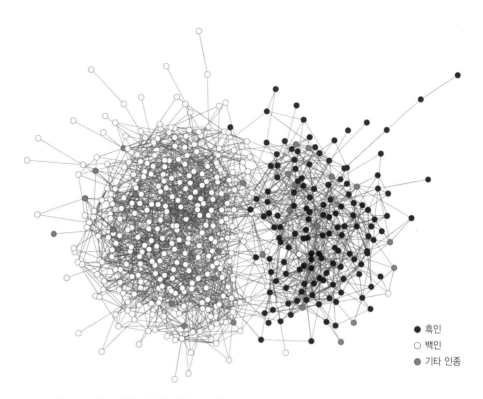

● 흑인
○ 백인
◐ 기타 인종

그림 7.12 미국 고등학교의 친구 관계 네트워크

이 네트워크에서 노드는 미국에 있는 한 고등학교의 학생 470명을 나타낸다(14~18세). 범례에 표시한 대로, 노드는 인종으로 나누어 색을 칠했다. 데이터는 청소년 건강에 대한 국가 종단 연구(National Longitudinal Study of Adolescent Health)에 있다[52, 451].

미친다. 사람은 어떤 방식으로든 자신과 비슷하다고 인지하는 사람과 어울리려는 경향이 강한 것으로 보인다. 이러한 경향성을 동종선호^{homophily} 또는 끼리끼리 섞임$^{assortative\ mixing}$이라고 부른다.

더 드물게는 반대끼리 섞임$^{disassortative\ mixing}$도 볼 수 있는데, 이는 서로 다른 사람과 어울리는 경향을 뜻한다. 가장 친숙하고 널리 알려진 반대끼리 섞임의 예는 성별로 섞인 성적 접촉 네트워크다. 대다수의 성관계 파트너는 정반대 성별인 사람 사이에서 나타난다. 따라서 이는 성별이 다른 사람 사이의 관계를 나타낸다. 물론 동성 파트너도 나타날 수 있지만, 이런 파트너는 이 네트워크에서는 비율이 더 적다.

끼리끼리(또는 반대끼리) 섞임은 사회 네트워크가 아닌 곳에서도 볼 수 있다. 예를 들면, 인용 네트워크에서는 다른 분야에 있는 논문보다는 같은 분야에 있는 다른 논문을 인용하려는 경향이 있다. 마찬가지로, 특정 언어로 작성한 웹 페이지는 같은 언어로 작성한 다른 페이지와 연결되려는 경향이 있다.

이 절에서는 끼리끼리 섞임을 어떻게 정량화할지 살펴본다. 인종, 성별, 국적처럼 순서를 정렬할 수 없는 성질로 나타나는 끼리끼리 섞임은 나이, 수입처럼 정렬할 수 있는 성질로 섞이는 것과는 근본적으로 다르다. 따라서 이 두 경우를 분리해서 다룬다.

7.7.1 정렬할 수 없는 성질을 기준으로 한 끼리끼리 섞임

노드가 어떤 성질로 분류되는 네트워크가 있다고 가정하자. 이 성질은 가능한 값들의 유한한 집합으로 표현된다. 이 값은 그저 묘사만 하는 것이라 어떤 특정한 순서가 없다. 예를 들어 네트워크의 노드는 사람을 나타내고 이들을 국적, 인종, 성별로 분류할 수 있다. 혹은 어떤 언어로 작성됐는가로 분류할 수 있는 웹 페이지일 수도, 서식지로 분류한 생물학적 종일 수도, 혹은 다른 많은 가능성이 있는 것들일 수도 있다.

만일 네트워크에서 상당한 비율의 에지가 같은 종류인 노드 사이에 걸쳐진다면 그 네트워크는 동류성이 있다. 동류성을 정량화하는 한 가지 간단한 방법은 단순히 이 비율을 기록하는 것이지만, 이는 아주 좋은 측정은 아니다. 왜냐하면 예를 들어 모든 노드가 같은 단일 종류에 속한다면 이 값은 1이기 때문이다. 이는 뻔한 유형의 동류성이다. 예를 들어, 사람의 모든 친구는 역시 사람인데[29] 이는 실제로 유용한 서술이 아니다. 그 대신 원하는 것은 자명하지 않을 때엔 큰 값이고 자명할 때엔 작은 값인 측정량이다.

더 좋은 측정량은 다음과 같다. 같은 유형인 노드를 연결하는 에지의 비율을 찾고, 에지가 노드 유형과 관계없이 무작위로 위치했을 때 예상할 수 있는 그러한 에지의 비율을 이 숫자에서 뺀다. 예를 들어, 모든 노드가 단일 유형인 자명한 경우에는 100%의 에지가 같은 유형의 노드 사이에 놓인다. 그러나 이 수치는 에지를 무작위로 두었을 때의 기댓값이기도 하다. 에지를 둘 수 있는 다른 곳이 달리 없기 때문이다. 두 수의 차이는 0이어서, 이 경우에는 자명하지 않은 동류성이 없음을 알 수 있다. 같은 유형인 노드 사이에 있는 에지의 비율이 그 에지를 무작위하게 배치했을 때 얻는 비율보다 더 클 때에만 이 측정값은 큰 점수를 부여한다. 따라서 이 측정은 네트워크에서 에지의 배치가 무작위하지 않은 정도를 정량화한다.

---

29 논의의 목적을 위해 강아지, 고양이, 상상의 친구 등은 무시한다.

이 측정량은 수학적인 형태로는 다음과 같이 적을 수 있다. g_i를 노드 i의 그룹, 클래스, 또는 유형이라고 하자. 여기서 $g_i = 1, ..., N$인 정수로 N은 전체 그룹의 수다. 그러면 같은 유형인 노드 사이에 놓인 전체 에지의 수(그룹 내의 전체 에지 수)는 다음과 같다.

$$\sum_{\text{edges }(i,j)} \delta_{g_i g_j} = \frac{1}{2} \sum_{ij} A_{ij}\, \delta_{g_i g_j} \tag{7.51}$$

여기서 δ_{ij}는 크로네커 델타이고, $\frac{1}{2}$ 값은 두 번째 합에서 모든 노드 쌍 i, j를 두 번씩 세는 것을 보완하는 인자다.

에지를 무작위로 배치했을 때 노드 간 에지 수의 기댓값을 계산하는 것은 약간의 작업이 더 필요하다. 링크수가 k_i인 특정한 노드 i를 고려하고, 그 노드에 붙은 특정 에지를 생각하자. 정의상 네트워크 전체에서 에지의 양 끝이 $2m$개가 있고, 여기서 m은 보통 에지의 전체 수다. 그리고 만일 순수하게 무작위로 연결한다면 이 특정한 에지의 또 다른 한 끝이, 노드 j에 달라붙은 k_j개의 끝 중 하나일 가능성은 $k_j/2m$이다.[30, 31] i에 붙은 모든 k_i개의 에지를 세면 노드 i와 j를 연결하는 에지 수의 기댓값은 $k_i k_j/2m$이고, 같은 유형의 모든 노드 쌍 사이의 에지 수 기댓값은 다음과 같다.

$$\frac{1}{2} \sum_{ij} \frac{k_i k_j}{2m}\, \delta_{g_i g_j} \tag{7.52}$$

이전과 마찬가지로 $\frac{1}{2}$은 노드 쌍을 두 번 세는 것을 보완하는 인자다. 식 (7.51)에서 식 (7.52)를 빼면, 그 네트워크에서 같은 유형인 노드를 결합하는 에지의 실제 수와 기댓값 사이의 차이가 나온다.

$$\frac{1}{2} \sum_{ij} A_{ij}\, \delta_{g_i g_j} - \frac{1}{2} \sum_{ij} \frac{k_i k_j}{2m}\, \delta_{g_i g_j} = \frac{1}{2} \sum_{ij} \left(A_{ij} - \frac{k_i k_j}{2m} \right) \delta_{g_i g_j} \tag{7.53}$$

전통적으로는 이러한 에지의 수가 아닌 비율을 계산하는데, 이 똑같은 표현식을

---

30 정확한 표현식은 사실 $k_j/(2m - 1)$이다. 그 에지 중 한 에지의 한쪽 끝이 노드 i에 분명히 붙었기 때문이다. 그러나 가장 작은 네트워크를 제외하면 m은 큰 수여서 $k_j/2m$은 좋은 근사다.

31 기술적으로는 노드의 링크수를 보존하면서 무작위로 연결한다. 원칙적으로 노드의 링크수를 무시하고 정말로 무작위로 연결할 수는 있지만, 실제로 이렇게 하면 아주 나쁜 결과가 나타난다.

전체 에지 수인 m으로 나눈다. 그 결과로 나타나는 양을 모듈도[modularity]라고 부르고[352, 366], 보통 Q를 기호로 쓴다.

$$Q = \frac{1}{2m} \sum_{ij} \left(A_{ij} - \frac{k_i k_j}{2m} \right) \delta_{g_i g_j} \tag{7.54}$$

모듈도는 어떤 네트워크에서 비슷한 것이 다른 비슷한 것과 얼마나 연결됐는지의 정도를 측정한다. 이 값은 엄격히 1보다 작다. 만일 같은 유형인 노드 사이의 에지가 무작위 가능성으로 연결할 때 예상하는 에지보다 더 많다면 모듈도는 양수를 취한다. 만일 우연히 연결할 때 예상한 것보다 이러한 에지가 더 적다면 이 값은 음수를 취할 수도 있다.

예를 들면, 그림 7.12에 있는 노드는 인종에 따라 세 유형인데('흑인', '백인', '기타 인종') 모듈도는 $Q = 0.305$로 양수임을 발견했다. 이는 이 특정 네트워크에서는 인종을 기준으로 끼리끼리 섞임이 있다는 것을 시사한다. 예를 들어, 정반대의 성별인 사람 간의 관계가 대부분인 성관계 파트너 네트워크에서는 음의 모듈도가 나타날 것이다.

특정한 종류의 계산에서 유용한 모듈도의 또 다른 형태가 모듈도에서 파생될 수 있다.

$$e_r = \frac{1}{2m} \sum_{ij} A_{ij}\, \delta_{g_i,r}\, \delta_{g_j,r} \tag{7.55}$$

이는 유형 r인 노드를 결합하는 에지의 비율이다. 그리고

$$a_r = \frac{1}{2m} \sum_i k_i\, \delta_{g_i,r} \tag{7.56}$$

는 유형 r인 노드에 달라붙은 에지 양 끝의 비율이다.

$$\delta_{g_i g_j} = \sum_r \delta_{g_i,r} \delta_{g_j,r} \tag{7.57}$$

임을 유의하면, 식 (7.54)에서 다음을 얻는다.

$$Q = \frac{1}{2m} \sum_{ij} \left(A_{ij} - \frac{k_i k_j}{2m} \right) \sum_r \delta_{g_i,r} \delta_{g_j,r}$$

$$= \sum_r \left[\frac{1}{2m} \sum_{ij} A_{ij} \delta_{g_i,r} \delta_{g_j,r} - \frac{1}{2m} \sum_i k_i \delta_{g_i,r} \frac{1}{2m} \sum_j k_j \delta_{g_j,r} \right]$$

$$= \sum_r \left(e_r - a_r^2 \right) \tag{7.58}$$

이 식은, 예를 들어 에지의 목록과 에지 양 끝에 있는 노드의 유형 목록의 형태는 있지만 노드의 링크수에 관한 명확한 정보가 없는 네트워크 데이터가 있을 때 유용할 수 있다. 이러한 경우 식 (7.54)는 계산하기에 꽤 곤란하지만 e_r과 a_r은 상대적으로 계산하기 쉽다. 그 밖의 예는 연습문제 7.16을 참고하라.

7.7.2 정렬할 수 있는 성질을 기준으로 한 끼리끼리 섞임

어떤 네트워크에서 나이나 수입처럼 어떤 순서로 정렬할 수 있는 특성으로 끼리끼리 섞임을 볼 수도 있다. 이런 성질을 이용하면 두 노드가 정확히 같을 뿐만 아니라 거의 같은 것도 말할 수 있다. 예를 들어, 어떤 두 사람은 (심지어는 정확히 같은 날에 태어난) 정확히 같은 나이일 수 있지만 (서로 몇 년 이내에 태어나서) 거의 같은 나이일 수도 있다. 그리고 이런 비슷한 나이를 기반으로 하여 어울릴 사람을 선택할 수도 있다(사실은 종종 이렇게 한다). 여기에는 이전 절에서 본 정렬할 수 없는 성질과 동등하게 볼 수 있는 유사성이 전혀 없다. 말하자면, 프랑스와 독일 사람이 프랑스와 스페인 사람보다 더 가까운 국적이라고 말할 수 없다.[32]

만일 스칼라 특성의 값이 유사한 네트워크 노드가 값이 다른 노드보다 더 자주 함께 연결되는 경향이 있다면, 그 네트워크는 해당 성질을 기준으로 끼리끼리 섞였다고 간주한다. 예를 들어, 자신과 비슷한 나이인 사람과 친구라면 그 네트워크는 나이를 기준으로 끼리끼리 섞였다. 때때로 이러한 네트워크가 나이로 계층화됐다고 말하는 것을 들을 수도 있는데, 이는 같은 뜻이다. 나이를 1차원 축으로 생각할 수 있고, 나이가 다른 사람은 그 네트워크 내에서 연결된 '층'을 형성한다.

그림 7.13을 보자. 이 그림은 그림 7.12처럼 미국 고등학교 학생과 똑같은 집합으로 구성한 친구 관계 데이터를 보여주지만, 이제 나이의 함수로 표현한다. 이

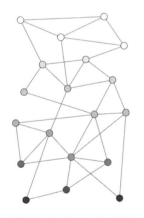

계층화된 네트워크 그림. 대부분의 연결이 이 네트워크에서 같은 '수준'에 있거나 같은 '수준' 부근에 있는 노드 사이에 있다. 이 경우 수직축을 따라 수준이 있고 노드에 색을 달리해서 표시했다.

---

32 원칙적으로 지리적 거리를 기반으로 국가 차이를 어느 정도 측정할 수는 있다. 그러나 여기서 묻는 질문이 "이 두 사람이 같은 국적인가?"라면, 일반적인 상황에서 할 수 있는 대답은 '예' 또는 '아니요'뿐이다. 두 대답 사이에는 아무것도 없다.

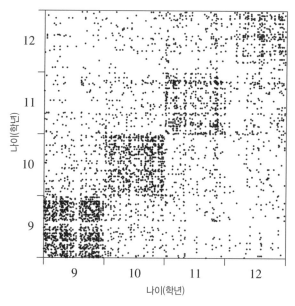

그림 7.13 고등학교에서 친구 쌍의 나이

이 산포도에서 각 점은 그림 7.12에 있는 에지 중 하나에 해당한다. 그리고 수평축과 수직축을 따라 놓인 점의 위치는 그 에지 각 끝에 있는 두 사람의 나이를 알려준다. 나이는 학생의 학년으로 측정했고, 9학년에서 12학년까지 있다. 사실, 미국 학교 체계에서 학년은 정확히 나이에 해당하지 않는다. 학생이 고등학교 생활을 더 빨리 또는 늦게 시작하거나 끝낼 수 있고 학년을 반복할 수도 있기 때문이다(각 학생은 그 학년에 해당하는 구간 내에서는 무작위 위치에 두어서, 이 그림에서 여러 점을 퍼뜨렸다. 각 친구 관계는 대각선의 위에서 한 번 아래에서 한 번, 총 두 번씩 등장한다는 점도 유의하자).

그림에서 각 점은 친구 한 쌍에 대응되고 두 축을 따라 놓인 두 점의 위치는 친구들의 나이, 학년으로 측정한 나이에 대응된다.[33] 그림이 보여주듯이 학생 사이에는 나이를 기준으로 끼리끼리 섞임이 상당히 있다. 많은 점이 상자 내에 있는데, 이 상자는 같은 학년인 학생 사이의 친구 관계를 나타내는 대각선에 가깝다. 또한 이 경우 나이가 증가할수록 친구의 나이 범위가 더 넓어지는 경향이 눈에 띈다. 따라서 왼쪽 아래 상자보다 오른쪽 상단 상자에 있는 점의 밀도가 더 낮다.

이전 절의 아이디어를 채택해서 스칼라 성질을 기준으로 끼리끼리 섞임을 대강 측정했다. 관심 있는 성질(말하자면 나이 같은)을 기준으로 한 묶음으로 노드를 그룹으로 만들 수 있다. 그래서 7.7.1절의 관점에서 이 묶음을 분리된 유형의 노드로 다룰 수도 있다. 예를 들어, 나이를 기준으로 1세 또는 10세 범위로 사람을 그룹화

---

33 미국 고등학교 체계에서는 1년마다 12개의 학년이 있고 학생들은 일반적으로 6살이 됐을 때 1학년에 들어간다. 예를 들어 9학년은 14세와 15세에 해당한다.

할 수 있다. 그러나 이것은 스칼라 성질의 요점을 다소 놓치기도 한다. 같은 묶음에 있는 노드는 오직 근사적으로만 동일할 수 있는데도 완전히 동일한 유형으로 간주하기 때문이다. 그리고 다른 묶음에 있는 노드는 실제로 꽤 비슷할 수 있지만 완전히 다르다고 간주할 수도 있다.

더 나은 접근법은 다음과 같이 공분산 측정을 이용하는 것이다. x_i를 노드 i의 스칼라 양이라고 하자. 이는 나이, 수입처럼 관심 갖는 양이다. 그러면 그 네트워크의 각 에지의 양 끝에 있는 노드 i, j에 있는 값 x_i, x_j의 상을 생각한다. 그리고 다음과 같이 에지 전체에 걸쳐 이 값의 공분산을 계산한다. 어떤 에지 한 끝에서 x_i의 평균 μ를 다음과 같이 정의한다.

$$\mu = \frac{\sum_{ij} A_{ij} x_i}{\sum_{ij} A_{ij}} = \frac{1}{2m} \sum_i k_i x_i \tag{7.59}$$

여기서는 식 (6.12)와 식 (6.13)을 이용했다. 이는 모든 노드에 대해 평균 낸 x_i의 단순한 평균값이 아니라는 점에 유의하자. 이는 에지에 대한 평균이고, 링크수가 k_i인 어떤 노드는 k_i개의 에지 끝에 있어서 그 노드는 이 평균에서 k_i번 등장한다(따라서 합에 k_i가 있다).

에지에 대한 x_i와 x_j의 공분산은 다음과 같다.

$$
\begin{aligned}
\text{cov}(x_i, x_j) &= \frac{\sum_{ij} A_{ij}(x_i - \mu)(x_j - \mu)}{\sum_{ij} A_{ij}} \\
&= \frac{1}{2m} \sum_{ij} A_{ij}(x_i x_j - \mu x_i - \mu x_j + \mu^2) \\
&= \frac{1}{2m} \sum_{ij} A_{ij} x_i x_j - \mu^2 \\
&= \frac{1}{2m} \sum_{ij} A_{ij} x_i x_j - \frac{1}{(2m)^2} \sum_{ij} k_i k_j x_i x_j \\
&= \frac{1}{2m} \sum_{ij} \left(A_{ij} - \frac{k_i k_j}{2m} \right) x_i x_j
\end{aligned}
\tag{7.60}
$$

여기서는 식 (6.13)과 식 (7.59)를 이용했다. 이 표현식과 모듈도인 식 (7.54) 사이의 강한 유사성에 주목하자. 식 (7.54)에 있는 델타 함수 $\delta_{g_i g_j}$만 $x_i x_j$로 대체되어 바뀌었다.

모든 것을 감안할 때 어떤 에지 각 끝에 있는 x_i, x_j 값이 둘 다 크거나 둘 다 작은 경향이 있다면, 공분산은 양수일 것이다. 만일 반대 방향으로 변하는 경향이 있다면 공분산은 음수일 것이다. 다시 말해, 공분산은 끼리끼리 섞임에서는 양수이고 반대끼리 섞임에서는 음수다.

때로는 공분산을 정규화하는 것이 편하다. 그러면 어떤 네트워크에 완벽한 끼리끼리 섞임이 있으면 이 값은 1이다. 정확히 x_i와 같은 값인 노드 사이에 있는 모든 에지가 있는 네트워크다(대부분의 경우 이러한 상황은 극단적으로 거의 발생하지 않지만 말이다). 식 (7.60)의 합에 있는 첫 번째 항에서 $x_i = x_j$로 설정하면 완벽히 섞인 네트워크에서 이 값은 다음과 같다.

$$\frac{1}{2m}\sum_{ij}\left(A_{ij}x_i^2 - \frac{k_ik_j}{2m}x_ix_j\right) = \frac{1}{2m}\sum_{ij}\left(k_i\delta_{ij} - \frac{k_ik_j}{2m}\right)x_ix_j \qquad (7.61)$$

그리고 정규화한 측정량, 때로 **동류성 계수**$^{assortativity\ coefficient}$라고 부르는 이 양은 그 둘의 비율이다.

$$r = \frac{\sum_{ij}(A_{ij} - k_ik_j/2m)x_ix_j}{\sum_{ij}(k_i\delta_{ij} - k_ik_j/2m)x_ix_j} \qquad (7.62)$$

이 식이 바로 명확해 보이지 않더라도, 사실 이 값은 스칼라 데이터의 상관관계를 측정하는 표준적인 통계학 측정량인 (피어슨) 상관 계수의 한 예로 분자에는 공분산이 있고 분모에 분산이 있다. 상관 계수는 완벽하게 동류적인 네트워크에서는 최댓값이 1이고 완벽하게 비동류적인 네트워크에서는 최솟값 −1 사이에서 변한다. 값이 0이면 에지의 끝에 있는 x_i 값에 상관관계가 없다는 뜻이다.[34] 이 정규화한 상관 계수는 스칼라 특성을 기준으로 하는 동류성 측정에서 가장 널리 사용되는 것이다.

그림 7.13의 데이터에서 상관 계숫값은 $r = 0.616$으로 발견됐다. 이 친구 관계 네트워크가 나이를 기준으로 상당히 끼리끼리 섞였다는 뜻이다. 학생들은 자신의 나이와 비슷한 학생과 친구가 되려는 경향이 있다.

---

34 이러한 네트워크에 비선형 상관관계가 있을 수 있지만 여전히 $r = 0$일 수도 있다. 이 상관 계수는 오직 선형 상관관계만 포착한다. 예를 들어 x_i 값이 높고 낮은 노드는 주로 중간 값인 노드에 연결될 수 있다. 이는 전통적인 정의에 따르면 동류적이지도 비동류적이지도 않아서 r 값은 작을 것이다. 그러나 그럼에도 이는 흥미로운 상황이다. 이러한 비선형 상관관계는 그림 7.13에 나타난 것처럼 그림을 조사하거나 정보 이론 측정 같은 상관관계의 대체 측정량을 이용해 발견할 수도 있다. 따라서 끼리끼리 섞임을 조사할 때 r 값에만 의존하지 않는 것이 현명하다.

원칙적으로 벡터 성질을 기준으로 한 끼리끼리(또는 반대끼리) 섞임도 가능하다. 어떤 적절한 방법으로 측정한 벡터값이 비슷한 노드 사이가 어떤 에지로 연결될 가능성이 더 높은(낮은) 것이다. 이러한 섞임의 한 가지 예가 학생들의 지리적 정보를 기반으로 한 학생 사이의 친구 관계 형성이다. 예를 들어, 위치는 위/경도 좌표로 구성한 2차원 벡터로 명시한다. 일반적으로 지리적으로 가까이 있는 사람과 친구가 되려는 경향이 있을 수 있고, 이런 상황이 분명히 있다. 따라서 이런 유형의 섞임은 동류적이라 예상할 수 있다. 그러나 벡터 끼리끼리 섞임을 공식적으로 다루는 것은 지금까지 네트워크 문헌에서 많이 추구했던 바는 아니다.

7.7.3 링크수를 기준으로 한 끼리끼리 섞임

스칼라 양을 기준으로 한 끼리끼리 섞임의 특별한 경우, 그리고 특히 관심 있는 경우는 링크수를 기준으로 한 것이다. 링크수를 기준으로 끼리끼리 섞인 네트워크에서 링크수가 높은 노드는 링크수가 높은 다른 노드와, 낮은 노드는 낮은 노드와 연결되는 것을 선호할 것이다. 예를 들어 사회연결망에서 만일 사교성이 있는 사람은 다른 사교성이 있는 사람과 시간을 많이 보내고 은둔자는 다른 은둔자와 어울린다면, 이는 링크를 기준으로 끼리끼리 섞인 네트워크다. 반대로, 링크를 기준으로 한 반대끼리 섞임은 사교성이 있는 사람이 은둔자와 어울리고 그 반대이기도 하는 것이다.

이 경우가 특별히 흥미로운 이유는 나이나 수입과 달리 링크수는 그 자체가 네트워크 구조의 특성이기 때문이다. 하나의 구조적 속성(링크수)이 다른 속성(에지의 위치)을 좌우하면 네트워크에 흥미로운 특징이 생긴다. 특히, 링크수가 높은 노드끼리 함께 붙는 경향이 있는 동류적 네트워크에서는 링크수가 높은 이러한 노드가 무리나 중심을 형성하고 링크수가 더 낮은 노드로 구성된 밀도 낮은 주변부가 이 중심을 둘러싸리라 예상할 수 있다. 이 중심-주변부 구조는 링크수를 기준으로 끼리끼리 섞인 많은 네트워크, 특히 사회 네트워크에서 나타나는 보편적인 특징이다[237, 350, 414]. 그림 7.14(a)는 중심-주변부 구조가 명확히 보이며 끼리끼리 섞인 작은 네트워크를 보여준다.

반면, 만일 네트워크가 링크수를 기준으로 반대끼리 섞였다면 링크수가 높은 노드는 링크수가 작은 노드와 연결되는 경향이 있고, 네트워크에서 흔히 볼 수 있는 별 모양 같은 특징을 만든다. 그림 7.14(b)는 비동류적인 작은 네트워크의 예를

앞서 7.2.2절에서 *k*-중심을 논의하며 중심-주변부 구조를 살펴봤다. 14.7.3절에서 더 많은 논의를 한다.

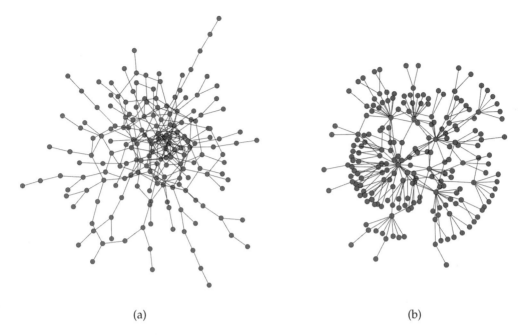

(a)   (b)

그림 7.14 동류적인 네트워크와 비동류적인 네트워크

이 작은 두 네트워크는 링크수를 기준으로 한 동류성의 현상을 묘사하고자 컴퓨터로 만든 것이다. (a) 링크를 기준으로 끼리끼리 섞인 네트워크로, 링크수가 낮은 주변부 노드가 링크수가 높은 특징적인 조밀한 중심 노드를 둘러싼다. (b) 반대끼리 섞인 네트워크는 이 경우 별 모양 같은 구조가 특징을 나타낸다. 출처: Newman and Girvan[365]. © 2003 Springer-Verlag Berlin Heidelberg. 스프링거 네이처 (Springer Nature)의 허가하에 게재함

보여준다. 비동류적인 네트워크는 보통 중심-주변부 분할이 없고 그 대신 더 균일하다.

링크수를 기준으로 한 끼리끼리 섞임은 다른 스칼라 양을 기준으로 한 섞임과 같은 방법으로 측정할 수 있다. 식 (7.60)으로 묘사한 유형의 공분산을 정의하는데, 이제 링크수 k_i가 x_i와 같다.

$$\mathrm{cov}(k_i, k_j) = \frac{1}{2m} \sum_{ij} \left(A_{ij} - \frac{k_i k_j}{2m} \right) k_i k_j \tag{7.63}$$

혹은 원한다면 이 공분산의 최댓값으로 정규화해서 상관 계수 또는 동류성 계수를 얻을 수 있다.

$$r = \frac{\sum_{ij}(A_{ij} - k_i k_j/2m)k_i k_j}{\sum_{ij}(k_i \delta_{ij} - k_i k_j/2m)k_i k_j} \tag{7.64}$$

이 공식의 적용 예를 10.7절에서 볼 것이다.

한 가지 더 주목할 점은 식 (7.63) 또는 식 (7.64)를 계산하려면 다른 유형의 끼리끼리 섞임에서 이에 해당하는 계산과 달리 다른 어떤 정보도 필요 없고 네트워크 구조만 필요하다는 것이다. 일단 인접 행렬을 알면 모든 노드의 링크수도 알고 따라서 r을 계산할 수 있다. 이런 이유 때문에, 링크수를 기준으로 한 섞임은 가장 빈번하게 연구하는 끼리끼리 섞임 유형이다.

연습문제

7.1 방향성이 없는 k-정규 그래프를 생각하자(즉, 모든 노드 각각의 링크수는 k이고 오직 덩어리 하나만 있다).

   a) 고른 벡터 $\mathbf{1} = (1, 1, 1, \ldots)$이 고윳값이 k인 인접 행렬의 고유벡터임을 보여라. 연결된 네트워크에는 모든 요소가 양수인 고유벡터 하나만 있고, 정의 상 고유벡터 $\mathbf{1}$은 이 k-정규 네트워크의 고유벡터 중심도를 제공한다. 그리고 모든 개별 노드의 중심도는 똑같다.

   b) 이 네트워크에서 k의 함수로 모든 노드의 카츠 중심도를 찾아라.

   c) 고유벡터 중심도처럼, 모든 노드의 카츠 중심도는 똑같아야만 한다. 어떤 정규 네트워크에서 각기 다른 노드에게 각기 다른 중심돗값을 부여하는 중심도 측정량의 이름을 지어라.

7.2 n개의 노드로 고리를 구성한 네트워크가 있다. n은 홀수다.

모든 노드의 근접 중심도는 똑같다. 근접 중심도는 n의 함수로 어떻게 나타낼 수 있는가?

7.3 7.1.3절에서 봤던 것처럼, 카츠 중심도의 벡터 형태는 식 $\mathbf{x} = \alpha\mathbf{A}\mathbf{x} + \mathbf{1}$을 만족시킨다(식 (7.6)에서 $\beta = 1$로 선택했다).

   a) 카츠 중심도는 $\mathbf{x} = \mathbf{1} + \alpha\mathbf{A}\mathbf{1} + \alpha^2\mathbf{A}^2\mathbf{1} + \ldots$인 수열 형태로도 적을 수 있음을 보여라.

   b) 이에 따라, α가 작지만 0은 아닌 극한에서 카츠 중심도가 본질적으로 링크 중심도와 동등하다는 것을 논하라.

   c) 반대로, $\alpha \rightarrow 1/\kappa_1$인 극한에서는($\kappa_1$은 인접 행렬에서 가장 큰 양수인 고윳값) $\mathbf{x}$가 선행하는 고유벡터에 비례한다는 것을 논하라. 이는 단순히 고유벡터 중심도다.

따라서 카츠 중심도는 $\alpha \in [0, 1/\kappa_1]$로 매개변수화한, 중심도의 단일 매개변수 모임으로 생각할 수 있다. 이 모임은 그 범위의 두 극한에서 링크수 중심도와 고유벡터 중심도를 포함하고 그 범위 사이에서 두 중심도 사이를 보간한다.

7.4 이 네트워크에서 각 노드의 근접 중심도를 계산하라.

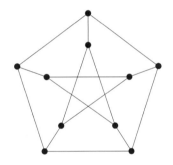

7.5 방향성 네트워크가 모든 에지가 중앙 노드를 향해 가리키는 트리 구조라고 가정하자.

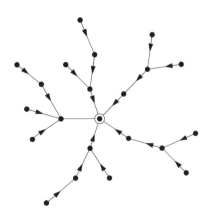

이 중앙 노드의 페이지랭크 중심도는 얼마인가? 페이지랭크의 정의에서 나타나는 단일 매개변수 α와 그 중앙 노드와 각 노드 i 사이의 거리 d_i의 항으로 나타내라.

7.6 노드 n개인 방향성 없는 트리를 생각하자. 그림에서 보이는 것처럼 이 트리의 특정 에지는 노드 1과 2를 결합하고, 이 트리를 n_1개의 노드와 n_2개의 노드인 두 영역으로 분리한다.

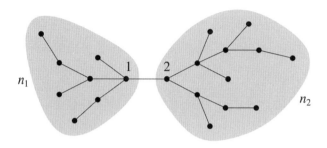

이 두 노드의 (식 (7.21)로 정의한) 근접 중심도인 C_1과 C_2가 다음과 같은 관계가 있음을 보여라.

$$\frac{1}{C_1} + \frac{n_1}{n} = \frac{1}{C_2} + \frac{n_2}{n}$$

7.7 노드 n개인 방향성 없는 트리를 생각하자. 이 트리에서 어떤 특정 노드의 링크수가 k여서, 이 노드를 제거하면 트리가 k개의 분리된 영역으로 나뉜다고 가정하자. 그리고 이 영역의 크기를 $n_1, \ldots, n_k$라고 가정하자.

  a) 식 (7.24)에서 정의한 것처럼, 이 노드의 정규화하지 않은 사이 중심도 x가 다음과 같음을 보여라.

$$x = n^2 - \sum_{m=1}^{k} n_m^2$$

  b) 따라서, 또는 그렇지 않으면, n개의 노드로 구성한 '선 그래프'의 가장 끝에서 i번째 있는 노드의 사이 중심도를 계산하라. n개의 노드가 아래처럼 일렬로 있다.

244

7.8 아래의 세 네트워크를 생각하자.

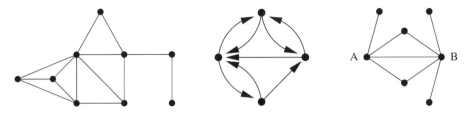

a) 첫 번째 네트워크에서 3-중심을 찾아라.

b) 두 번째 네트워크에서 상호성은 얼마인가?

c) 세 번째 네트워크에서 노드 A와 B의 코사인 유사도는 얼마인가?

7.9 다음 네트워크를 생각하자.

a) 다음의 두 네트워크에서 3-중심을 찾아라. 만일 없으면 없다고 명시하라.

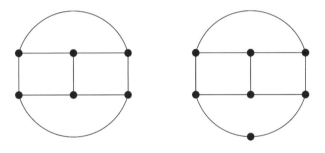

b) 다음 그래프에서 강하게 연결된 덩어리를 모두 찾아라.

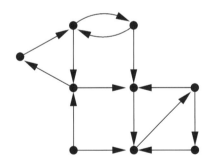

c) 다음 네트워크에서 각 노드의 국소 뭉침 계수를 계산하라.

d) 다음 네트워크에서 동그란 2개의 노드 그룹은 화성(왼쪽)과 금성(오른쪽)에서 온 사람을 나타낸다. 행성에 대한 이 네트워크의 모듈도 Q는 얼마인가?

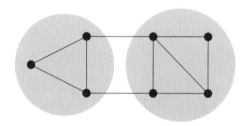

e) '별 모양' 그래프는 1개의 중앙 노드와 이와 연결된 $n-1$개의 다른 노드로 구성됐다.

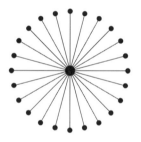

중앙 노드의 (정규화하지 않은) 사이 중심도(식 (7.24))를 n의 함수로 나타내어라.

7.10 3-덩어리와 3-중심의 차이는 무엇인가? 3-중심은 1개이지만 3-덩어리는 2개인 작은 네트워크를 그려라.

7.11 에지로 연결한 방향성 네트워크의 모든 노드 쌍 사이에서, 절반은 한 방향으로만 연결됐고 나머지는 양방향으로 연결됐다. 이 네트워크의 상호성은 얼마인가?

7.12 다음 네트워크에서 +와 −는 각각 서로 좋아하거나 그렇지 않은 사람을 나타낸다.

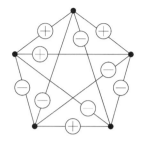

a) 이 네트워크는 구조적인 균형이 있는가? 그 이유는 무엇인가?

b) 만일 이 네트워크가 클러스터링이 가능하다면, 클러스터는 무엇인가?

7.13 하라리 균형 정리(7.5절)의 증명을 다음과 같이 해보자. 방향이 없고 부호가 있는 연결된 네트워크가 있을 때(이 네트워크는 모든 에지가 양수이거나 음수인 단일 덩어리다), 2개의 다른 색으로 노드를 칠하자. 원하는 노드에서 출발해서 바깥쪽으로 작업한다. 양수 에지의 정반대에 있는 노드는 같은 색으로 칠하고 음수 에지의 정반대에 있는 노드는 다른 색으로 칠한다. 만일 고리를 돌면 이 색칠 과정은 실패할 것이고, 이전에 칠한 노드로 돌아간다. 그리고 규칙에 따라 그 노드에 이미 칠한 색과 정반대의 색을 칠해야 한다. 문제의 고리에 홀수 개의 음수 에지가 있을 때에만 이런 일이 발생한다는 것을 보여라. 따라서 음수 에지가 모두 짝수 개인 고리가 있는 네트워크에서는 이런 색칠 과정이 언제나 가능하고, 그러므로 하라리 정리의 관점에서 이 네트워크는 클러스터링이 가능함을 논하라.

7.14 방향이 없고 부호가 있는 네트워크에, 음수 에지가 정확히 1개인 고리가 없을 때에만 데이비스의 정리를 증명하자(7.5절 참고). 이를 증명하고자, 양수 에지로만 형성한 네트워크를 생각하자. 그리고 이 네트워크의 각 덩어리를 다른 색으로 칠하고 이 네트워크에 음수 에지를 하나씩 다시 추가하는 것을 상상해보자. 색이 같은 노드 사이에 어떤 음수 에지가 있을 때에만 이 네트워크가 클러스터링이 안 된다는 것을 논하라. 그리고 이에 따라 데이비스의 정리를 증명하라.

7.15 식 (7.50)에서 정의한 노드 유사도 σ_{ij}에서 합 $\sum_j \sigma_{ij}$가 노드 i의 링크수 k_i로 나눈 페이지랭크임을 증명하라.

7.16 다음 두 연구를 생각해보자.

a) 카타니아^{Catania} 등[97]은 샌프란시스코의 이성애자 커플의 설문조사에서 무엇보다도 대상자의 민족성을 기록했다. 그리고 민족성 그룹에서 짝이 될 수

있는 커플의 비율을 계산했다. 그 비율은 다음과 같다.

		여성				합계
		흑인	히스패닉	백인	기타 민족	
남성	흑인	0.258	0.016	0.035	0.013	0.323
	히스패닉	0.012	0.157	0.058	0.019	0.247
	백인	0.013	0.023	0.306	0.035	0.377
	기타 민족	0.005	0.007	0.024	0.016	0.053
	합계	0.289	0.204	0.423	0.084	

인터뷰를 한 커플은 연구한 커뮤니티에서 방향성 없는 관계 네트워크의 에지를 대표하는 샘플이라고 가정하고, 노드를 네 유형(흑인, 히스패닉, 백인, 기타 민족)으로 간주하여, 식 (7.58)에 등장하는 수 e_r과 a_r을 각 유형에서 계산하자. 이에 따라, 각 민족에 대해 네트워크의 모듈도를 계산하자.

b) 웹사이트 FiveThirtyEight.com의 2016년 기사에서, 미국에서 커플의 정치성향을 연구한 에이탄 허쉬[Eitan Hersh]와 야이르 지타[Yair Ghitza]의 연구 결과를 서술했다. 허쉬와 지타는 이성 파트너 사이에서 주요 정당(미국에서는 민주당, 무소속, 공화당)의 각 조합 비율을 계산했는데 다음과 같다.

		여성			합계
		민주당	무소속	공화당	
남성	민주당	0.25	0.04	0.03	0.32
	무소속	0.06	0.15	0.05	0.26
	공화당	0.06	0.05	0.30	0.41
	합계	0.37	0.24	0.38	

이 결과가 관계 네트워크를 대표한다고 가정해서, 정치 신념에 대한 네트워크의 모듈도를 계산하라.

c) 얻은 결과를 통해, 이 두 연구에서 동종선호를 무엇이라고 결론 내리겠는가?

08

컴퓨터 알고리듬

네트워크를 저장하기 위한 데이터 구조와 여러 표준적인 네트워크 문제에 대한 알고리듬으로 컴퓨터에서 네트워크 계산을 수행하는 방법

이 책의 이전 장들에서 과학 연구에서 접하는 다양한 유형의 네트워크와 이를 설명하고 계량하는 기본적인 이론 도구들을 소개했다. 이러한 방법을 활용해 네트워크에 관련된 분석을 하거나 응용을 하는 대부분의 경우 컴퓨터를 사용하게 된다. 20세기 초반의 네트워크 분석 초기에는 컴퓨터가 흔하지 않았고 느리고 사용하기 어려웠을 뿐만 아니라 연구 대상 네트워크가 수십 개 이하 정도로 작았다. 그래서 대부분의 경우 수작업으로 계산을 수행했다. 하지만 최근에는 수천 혹은 수백만 개의 노드가 있는 네트워크가 드물지 않다. 이러한 대규모 네트워크에 대한 데이터를 수집하고 분석하는 일은 고속 컴퓨터가 널리 보급됐기 때문에 가능해졌다.

일부의 네트워크 계산은 컴퓨터에서 계산을 수행하는 방법이 간단하고 명확하지만, 대부분은 그렇지 않으며 신중한 고민과 사려 깊은 프로그래밍을 해야만 효율적으로 수행할 수 있다. 사실 네트워크를 컴퓨터에 저장하는 방법조차 고민이 필요하다. 네트워크를 저장하는 방법은 여러 가지가 있고, 어떤 방법을 고르는지에 따라서 이어지는 계산 속도에 상당한 차이가 생길 수 있기 때문이다.

8장에서는 컴퓨터에서 네트워크 계산을 하는 데 사용되는 몇 가지 방법을 설명한다. 이 장에 소개된 자료를 잘 이해한다면, 스스로 네트워크 데이터로 계산을 하기 위한 견고한 기초를 다질 수 있을 것이다.

컴퓨터 알고리듬에 대한 이야기가 이 장에서 마무리되지는 않는다. 여기서 소개한 개념을 바탕으로 이 책의 이어지는 부분에서 12장의 무작위 네트워크 생성 알고리듬, 14장의 커뮤니티 찾기 알고리듬, 15장의 스미기 알고리듬과 같은 더 전

문적인 알고리듬을 설명할 예정이다.

　이 장의 내용을 이해하기 위해 직접적으로 컴퓨터 프로그래밍 방법을 알 필요는 없다. 예를 들어, 이 장에서는 특정 프로그래밍 언어에 대해 논의하지 않을 것이다. 그러나 프로그래밍 경험이 있다면 이 장의 내용을 이해하는 데 도움이 될 것이며, 경험이 없는 독자는 실제로 이 장에서 설명하는 내용을 많이 사용하지 못할 것이다. 이와 반대로 이미 컴퓨터 알고리듬에 대한 지식이 있는 경우에는 이 장의 일부 자료, 특히나 수행 시간과 데이터 구조 내용이 너무 기본적이라고 생각할 수 있다(8.2절과 8.3절). 그런 경우에는 적절하게 내용을 건너뛰어 8.4절의 덜 친숙한 주제로 넘어가도 된다. 더 나아가 여기서 다루는 모든 내용에 이미 익숙하지만 이 주제에 대해 더 알고 싶은 고수준 독자들에게는 알고리듬을 다룬 잘 알려진 컴퓨터 과학 교재인 코먼^{Cormen} 등이 쓴 책[122]과 네트워크 알고리듬을 잘 기술하고 있는 아후자^{Ahuja} 등이 쓴 책[9]을 추천한다.

8.1　네트워크 분석과 시각화를 위한 소프트웨어

알고리듬 공부를 시작하기 전에 몇 가지를 이야기해보자. 네트워크 연구를 위한 많은 표준 알고리듬은 이미 많은 전문 소프트웨어의 구현체를 사용할 수 있다. 이러한 소프트웨어는 대부분 숙련된 프로그래머에 의해 구현되어 있고 성능이 좋으며 여러분의 목적에 적합하다면 사용하지 않을 이유가 없다. 스스로 소프트웨어를 구현하고 디버깅하는 데는 수 시간 혹은 수일이 걸릴 수도 있기 때문에, 다른 사람이 이미 구현한 작업에 이런 시간을 쓸 이유는 그다지 없다. 표 8.1에 네트워크 데이터 분석용으로 가장 널리 쓰이는 소프트웨어 패키지와 그 역할을 간략히 설명해뒀다. 필자는 시간 절약을 위해 Graphviz, Pajek, Gephi, NetworkX, yEd처럼 많은 기능이 있는 소프트웨어를 사용해왔다. 이 외에도 R, Matlab, Mathematica와 같은 널리 쓰이는 수학 소프트웨어를 사용해 네트워크 계산을 해왔으며, 만약 원하는 작업에 이러한 소프트웨어가 적합하다면 기피할 이유가 전혀 없다.

　그럼에도 불구하고 네트워크 알고리듬과 컴퓨터가 계산하는 방법을 공부해야 하는 몇 가지 중요한 이유가 있다. 먼저, 계산을 수행하기 위해 미리 짜인 소프트웨어를 사용하는 경우에도 그 안에서 알고리듬이 작동하는 방식과 소프트웨어가

표 8.1 표준 네트워크 알고리듬을 구현한 소프트웨어 목록(일부)

소프트웨어 작동을 위한 플랫폼은 마이크로소프트 윈도우(W), 애플 매킨토시(M), 리눅스(L)로 표기함. 대부분의 리눅스 프로그램은 BSD 같은 유닉스 계열 시스템에서도 실행되며, 많은 경우 윈도우 프로그램은 에뮬레이션 소프트웨어를 사용해 매킨토시 및 리눅스 시스템에서 실행할 수 있다.

이름	라이선스	플랫폼	설명
Gephi	무료	WML	상호작용형 네트워크 분석 및 시각화
Pajek	무료	W	상호작용형 사회연결망 분석 및 시각화
InFlow	상용	W	상호작용형 사회연결망 분석 및 시각화
UCINET	상용	W	상호작용형 사회연결망 분석
yEd	무료	WML	상호작용형 시각화
Visone	무료	WL	상호작용형 시각화
Graphviz	무료	WML	시각화
NetworkX	무료	WML	네트워크 분석과 시각화를 위한 파이썬 라이브러리
JUNG	무료	WML	네트워크 분석과 시각화를 위한 자바 라이브러리
igraph	무료	WML	네트워크 분석을 위한 C, R, 파이썬 라이브러리

수행하는 작업을 이해하면 큰 도움이 된다. 많은 경우에 프로그램이 어떻게 작동하는지 이해하지 못하거나 프로그램이 내어주는 답을 잘못 이해할 때 시간 낭비가 일어나곤 한다. 또한 네트워크 데이터를 사용해 큰 규모의 작업을 수행하려는 경우 이러한 표준적인 소프트웨어로는 불가능한 작업을 해야 하는 경우가 생기고, 이때 일부 프로그램을 실제로 구현해야 한다는 사실을 깨닫게 된다.

미리 짜인 소프트웨어를 사용할 때 발생하는 그 밖의 문제들도 있다. 이미 구현된 소프트웨어를 사용하면서 연구자들이 이미 구현된 소프트웨어를 써서 대답할 수 있는 연구 주제를 조사하고, 새로운 소프트웨어를 구현해야 하는 또 다른 흥미로운 질문을 기피하게 만들기도 한다. 이러한 형태로 소프트웨어 패키지가 실제 그 분야의 연구 의제를 만들 수 있는데, 이는 일이 응당 이러해야 한다는 것의 거꾸로이다. 좋은 연구는 먼저 질문을 정한 후 답을 찾아나간다. 즉, 이미 답을 알고 있는 질문에 국한된 연구는 그 범위가 한정될 것이다.

이 장과 다음 장에서 논의하는 내용에 이어서 (만약 필요한 경우) 알고리듬 문헌을 더 공부한다면, 다른 사람들에게 소프트웨어 개발을 의존할 필요 없이 관심 있는 모든 네트워크 질문을 해결할 수 있을 것이다.

8.2 실행 시간과 계산 복잡도

네트워크 알고리듬의 작동 방식을 자세히 살펴보기 전에 먼저 계산 복잡도$^{com-putational\ complexity}$라는 중요한 문제를 다뤄야 한다. 만약 이전에 컴퓨터 프로그램을 작성한 적이 있다면, 어떤 계산을 수행하도록 설계된 프로그램을 작성했지만 한 시간 혹은 하루가 지난 이후에도 여전히 끝나지 않고 실행되고 있는 것을 본 적이 있을지도 모른다. 때로는 수행 시간에 대한 빠른 어림잡은 계산$^{back-of-the-envelope\ calculation}$의 경우 실제로 프로그램이 종료되는 데 천 년이 걸리는 경우도 있으며, 기본적으로 이런 프로그램은 쓸모가 없음을 깨달아 당황하곤 한다.

계산 복잡도(혹은 간단하게 '복잡도')라는 개념은 근본적으로 좀 더 규격화된 형태로 이런 어림잡은 계산을 하는 방법이다. 이 개념은 제시간에 끝나지 않는 프로그램에 에너지를 낭비하는 것을 방지할 수 있기 때문에 유용하다. 알고리듬의 계산 복잡도를 고려한다면, 실제 프로그램을 구현하기 전에 이미 이러한 시간 낭비가 없다는 것을 확인할 수 있다.

계산 복잡도는 해결하려는 문제의 크기에 따라서 컴퓨터 알고리듬의 실행 시간을 측정한 것이다. 간단한 예를 생각해보자. 총 n개의 수 리스트에서 가장 큰 수를 찾는 데 얼마나 긴 시간이 걸릴까? 수들이 특별한 순서로(예를 들어, 가장 큰 것부터) 정렬되어 있지 않다고 가정하면, 전체 리스트를 단순하게 번호별로 살펴보고 처음부터 마지막까지 그 시점에서 가장 큰 것을 기록하는 것보다 더 빠른 방법은 없다.

여기서 중요한 점은 다음과 같다. 이 알고리듬을 사용한다면 '최악의 경우' 대부분의 작업은 각 단계에서 (1) 목록에 있는 다음 수를 이전의 가장 큰 수와 비교하고, (2) 만약 다음 수가 더 크다면 이전의 최고 수 기록을 대체하는 것이다. 즉, 가장 많은 일을 하는 경우는 모든 수가 이전 수보다 클 때 벌어진다.

이 경우에 작업의 양은 모든 단계에서 동일하므로 알고리듬을 완료하는 데 걸리는 총 시간, 그러니까 수행 시간은 $n\tau$다. 여기서 τ는 각 단계에서 소요되는 시간을 말한다. 운이 좋다면 실제 소요 시간은 이보다 적을 수 있지만, 이보다 더 긴 시간이 소요되지는 않을 것이다. 이런 경우 이 알고리듬의 실행 시간, 또는 시간 복잡도$^{time\ complexity}$를 차수 $n^{order\ n}$이라고 하거나 간단하게 O$(n)^{1}$이라고 한다.

기술적으로 O(n)이라는 표기법은 실행 시간이 n에 따라서 선행 차수$^{leading\ order}$

---

1 '빅오 n'이라고 읽는다. - 옮긴이

n 이하의 상수로 변한다는 것을 의미한다.[2] 우리가 선행 차수라는 말을 사용하는 것은 실제 실행 시간이 n 혹은 그보다 적게 증가할 수 있기 때문이다. 예를 들어 변수를 초기화할 때 걸리는 시간과 같이 알고리듬을 실행하기 위한 초기 준비 시간이 있을 수 있으며, 이는 n과는 무관한 상수 시간이 걸린다. 우리는 이 시간을 O(1), 즉 상수 곱하기 1로 표현할 수 있다. 그러나 계산 복잡도를 표시하는 규칙에 따르면 이러한 하위 차수의 경우 기술하지 않고 삭제한다. 왜냐하면 n이 충분히 크다면, 가장 높은 차수가 프로그램 실행에 아주 큰 영향을 미치고 그 이하의 차수들은 일반적으로 무시 가능할 정도로 작은 영향을 주기 때문이다.[3] 즉, 일반적인 정의에 따르면 위에서 고려한 가장 큰 수 알고리듬의 계산 복잡도는 O(n)이다.

알고리듬의 계산 복잡도는 알고리듬의 실행 시간이 입력의 크기에 따라 어떻게 변화하는지를 나타낸다. 위의 예에서 알고리듬의 입력은 수의 목록이고, 그 크기는 목록의 길이 n과 같다. 예를 들어, 이러한 알고리듬을 사용해 가장 링크수가 많은 노드를 찾는 경우라면 입력의 크기는 노드의 수를 뜻한다. 그리고 많은 네트워크 알고리듬에서 입력의 수는 노드 수와 같으며 중요한 매개변수로 사용한다. 또 다른 중요한 매개변수는 네트워크의 에지 수 m이 있다. 때로는 에지와 노드 각각에 분리된 계산을 수행하는 알고리듬이 있을 수 있다. 이 경우 에지 수 m과 노드 수 n이 입력의 크기를 정하기 위해 모두 필요하다. 예를 들면, 8.5절에서 노드 사이의 최단 경로를 찾는 너비 우선 탐색 알고리듬의 경우 m개의 에지와 n개의 노드를 갖는 네트워크에서 O(m) + O(n)의 계산 복잡도를 보인다. 이러한 경우 이 알고리듬은 어떤 상수 a와 b에 대해 $am + bn$의 시간 동안, 혹은 이보다 빠르게 수행된다. 이러한 경우 우리는 자주 간략하게 O($m + n$)과 같은 형태로 쓴다. 이러한 간략한 표기법은 m과 n 앞에 곱해지는 상수가 동일하다는 것을 나타내지 않는다.

많은 네트워크 연구에서는 듬성한(성긴) 네트워크, 특히나 6.10.1절에서 이야기한 '극도로 듬성한' 네트워크를 주로 다룬다. 극도로 듬성한 네트워크는 평균 링크수 $c = 2m/n$이 n이 큰 경우 거의 상수인 경우를 말한다. 다르게 말하면 m이 n에 비례하여 증가한다는 것을 의미하며, 즉 O($m + n$)이 결국 O(n)과 같다는 것을 뜻한다. 즉, 이런 경우 빅오 표기에서 m을 삭제할 수 있다.

---

2 실행 시간이 n에 정확히 비례한다고 말하고 싶다면 $\Theta(n)$(빅 세타 n) 표기법을 사용할 수 있다.

3 때때로 이 규칙을 따르지 않는 경우가 있으므로 하위 차수가 쓰이는 경우를 고려할 수도 있다.

계산 복잡도는 실제 알고리듬의 실행 시간을 추정하는 데 사용되므로 중요하다. 예를 들어, 백만 개의 노드와 천만 개의 에지가 있는 네트워크에서 앞서 언급한 너비 우선 탐색 알고리듬을 실행하려 한다고 생각해보자. 알고리듬의 시간 복잡도가 $O(m + n)$임을 알고 있기 때문에 $n = 1,000$개의 노드와 $m = 10,000$개의 에지가 있는 네트워크에서 작은 테스트를 해볼 수 있다. 연구자들은 인공적으로 만든 작은 네트워크로 종종 이런 테스트를 하곤 한다.

아마 위의 테스트 네트워크에서는 프로그램이 1초 안에 끝날 것이다. 이 경우 계산 복잡도를 통해 실행 시간이 $am + bn$으로 변한다는 사실을 알고 있으므로 이 결과를 확장할 수 있다. $n = 1,000,000$이고 $m = 10,000,000$인 전체 네트워크에서 n과 m은 모두 테스트 네트워크에 비해 천 배 크므로 프로그램이 실행되는 데 대략적으로 천 배 오래 걸린다. 즉, 천 초 또는 약 1/4시간 정도가 걸린다. 이러한 정보로 무장한 상태에서 우리는 더 큰 문제에 대해 편하게 작업을 시작하고, 끝날 때까지 커피 한 잔이나 전화 통화를 하면 된다.

반대로 계산 복잡도가 $O(n^4)$인 알고리듬이 있다고 가정해보자. 즉, 네트워크의 노드 수 n을 1,000배 증가시키면 실행 시간은 1조 배 증가한다. 만약 작은 네트워크에서 테스트한 결과 1초가 걸린다면, 1000배 큰 네트워크는 1조 초, 즉 약 30,000년이 걸린다. 이 경우 우리는 계산을 포기하거나 적어도 합리적인 시간에 완료할 수 있는 더 빠른 알고리듬을 찾아야 한다.

알고리듬의 계산 복잡도를 구하고, 시험용 네트워크를 만들고, 작은 크기로 실행해보고, 그 계산을 확장하는 데는 컴퓨터 알고리듬을 개발하고 프로그래밍하는 것 이외에 몇몇 추가적인 작업이 필요하다. 하지만 이 추가 작업은 수행할 가치가 있으며 중요한 수치 계산을 하기 전에 항상 이러한 분석을 먼저 수행해야 한다. 계산 복잡도는 이 장과 다음 장의 알고리듬 논의에서 이야기할 중요한 주제 중 하나다. 실제로 알고리듬은 실행 시간이 네트워크 크기에 따라 과도하게 증가하는 경우 매우 작은 네트워크를 제외한 모든 네트워크에서 사용이 불가능하다. 일반적으로 시스템 크기의 $O(n^3)$ 이상으로 계산 복잡도가 증가하는 알고리듬은 대규모 네트워크에 사용하기에는 지나치게 느리다. 물론 이러한 알고리듬을 작은 크기의 네트워크에 사용할 수는 있다. 컴퓨터 과학 세계에서는 많은 연구자가 특정 문제를 해결하기 위한 새로운 알고리듬 개발에 모든 경력을 투자하곤 한다. 이러한 경우 알고리듬의 계산 복잡도를 계산하는 것은 연구의 주된 목표, 때로는 가장 중요한 목표라고 할 수 있다. 많은 논문은 몇몇 알고리듬의 복잡도를 계산하는 방법에 기여하는 형태로 발표됐다.

다만 복잡성을 기반으로 알고리듬 실행 시간을 계산하는 것이 항상 정확한 답을 주는 것은 아니다. 우리는 이미 시간 복잡도의 표준적인 기술 방법에서 하위 차수의 영향을 무시하므로 실제 상황에서 부정확할 수 있다는 것을 언급했다. 추가적으로, 기술적인 이유로 실행 시간이 복잡도에 맞추어 증가하지 않는 경우가 있다. 예를 들어, 네트워크 계산에서 알고리듬이 빠르게 실행되려면 전체 네트워크가 컴퓨터의 주 메모리(RAM)에 탑재되는 것이 중요하다. 네트워크가 너무 커서 적어도 일부를 디스크나 느린 저장 장치에 저장해야 하는 경우에는 알고리듬의 성능이 크게 낮아질 수 있다.[4] 또한 전체 네트워크가 주 메모리에 탑재된다 하더라도 알고리듬에 필요한 추가 공간이 필요할 수 있으며 이 또한 컴퓨터의 주 메모리 크기와 들어맞아야 한다. 또한 모든 종류의 메모리가 동일하게 빠르지도 않다. 현대의 컴퓨터에는 컴퓨터가 자주 쓰는 소량의 데이터를 저장하는 작은 초고속 '캐시cache' 메모리가 있다. 계산을 위한 모든 혹은 대부분의 데이터가 캐시에 탑재되는 경우 프로그램은 그렇지 않은 경우보다 훨씬 빠르게 실행된다.

프로그램이 시간 복잡도로 계산하는 것보다 더 빠르게 실행되는 경우도 있다. 특히나 복잡도는 일반적으로 가장 느린 경우를 가정한 프로그램의 동작으로 추정한다. 그러나 일부 프로그램의 경우 최악의 경우는 상대적으로 드물고 아주 운이 나쁜 입력에 대해서만 일어나며 일반적인 경우에는 훨씬 빠르다. 이러한 프로그램의 경우 계산 복잡도로 추정한 실행 시간이 지나치게 비관적일 수 있다.

그러나 이러한 문제에도 불구하고 계산 복잡도는 여전히 전체 프로그램 성능에 대한 유용한 지표이고, 대규모 네트워크를 컴퓨터로 분석하는 데 있어 없어서는 안 될 도구다.

8.3 네트워크 데이터의 저장

네트워크 데이터를 사용하는 대부분의 프로그램은 일반적으로 컴퓨터 파일에서 데이터를 읽고, 컴퓨터 메모리에 어떤 형태로든 저장하는 작업을 첫 번째로 하게 된다. 네트워크 데이터는 다양한 형식의 파일에 저장할 수 있고, 이 중 일부는 표

---

4 컴퓨터 과학에는 데이터의 일부가 느린 디스크에 저장된 경우에도 빠르게 실행되는 알고리듬 개발을 주로 하는 하위 분야가 있다. 일반적으로 이러한 알고리듬은 디스크의 주 메모리에 저장된 동일한 데이터에 대해 최대한 많은 저장을 수행한 이후 디스크의 데이터와 교체할 수 있도록 작업의 순서를 재정렬하는 형태다.

준적으로 사용되고 일부는 그렇지 않다. 일반적으로 이러한 파일에는 각 노드나 에지 혹은 두 가지 모두에 대한 정보가 들어 있다. 하지만 프로그램의 실행 시간은 파일에서 읽은 데이터를 메모리에 저장하는 방식에 가장 크게 영향을 받는다. 이 장에서 앞으로 이야기하겠지만, 데이터를 저장하는 방법에 대한 선택은 프로그램의 실행 시간과 메모리의 사용량 모두에 상당한 차이를 야기한다. 이 장에서는 네트워크 데이터를 컴퓨터 메모리에 저장하는 가장 일반적인 방법을 설명하겠다.

컴퓨터에서 네트워크를 나타내는 첫 단계는 각 노드에 이름표를 지정하여 각 노드를 식별할 수 있게 만드는 것이다. 이전 장에서 네트워크를 수학적으로 다룰 때처럼 정수로 된 이름표를 지정하는 것이 일반적이다. 이 목적은 노드를 구분하기 위한 고유한 이름표를 만드는 것이다. 그래서 일반적으로 특정 노드에 어떤 번호가 할당되는지는 중요하지 않다. 가장 간단하게는 n개의 노드에 $i = 1, \ldots, n$의 형태로 번호를 매기지만, 때로는 연속적이지 않은 정수를 사용할 때도 있다. 예를 들어 C, 파이썬, 자바를 포함한 일부 프로그래밍 언어에서는 숫자를 셀 때 0에서 시작하여 $n - 1$에서 끝나는 것이 일반적이다. 항상 그렇지는 않지만, 네트워크를 파일로 저장하는 규격들은 노드에 대해 정수 이름표를 붙여두는 경우가 많으므로 그 이름표를 그대로 사용하는 경우가 많다. 이 외의 경우에는 파일에서 노드를 읽어온 순서대로 연속적인 수로 이름표를 부여하는 것이 일반적이다. 이 장 뒤의 내용에서는 노드 번호가 1부터 시작해서 n으로 끝난다고 가정하자.

간혹 네트워크의 노드에 정수 이름표 외의 항목이나 값이 포함되어 있을 수 있다. 예를 들어 사회연결망의 노드에는 이름이 있을 수 있고, 월드와이드웹의 노드에는 웹 페이지의 주소(URL)가 있을 수 있다. 또한 인터넷상의 노드에는 IP 주소나 망식별번호autonomous system number가 포함될 수 있다. 노드는 정수나 기타 수로 표현되는 나이, 용량, 무게와 같은 추가적인 속성을 가질 수도 있다. 이러한 모든 표현법은 각 속성마다 n개의 요소를 갖는 적절한 데이터 타입의 배열을 정의하고, 노드의 번호에 맞추어 순서대로 채우면 컴퓨터 메모리에 직접 저장할 수 있다. 예를 들면, 사회연결망을 저장할 때 이름을 저장하기 위한 n개의 문자열 배열과 나이를 연 단위로 저장하기 위한 정수 배열을 사용할 수 있다.

노드에 이름표를 붙이고 속성을 저장하기 위한 적절한 방식을 설계한 이후에는 네트워크의 에지를 표현하는 방법 또한 필요하다. 사실 노드보다 에지를 저장하는 것이 더 복잡하다.

8.3.1 인접 행렬

이전 장들의 수학적 개념들에서는 대부분 인접 행렬 **A**로 네트워크를 표현했다. 인접 행렬은 컴퓨터에서도 네트워크를 표현하는 가장 단순한 방법 중 하나다. 대부분의 컴퓨터 언어에는 행렬을 메모리에 직접 저장할 수 있는 2차원 배열 데이터 타입이 있다. 가중치가 없는 네트워크나 다중 그래프에서와 같이 행렬이 정수로만 되어 있는 경우에는 정수 배열로 인접 행렬을 저장할 수 있다. 정수가 아니라 실수로 부여된 가중치가 있는 네트워크의 인접 행렬은 부동소수점으로 표현된 수 배열이 필요하다.

인접 행렬에 대한 소개는 6.2절을 참고하라.

인접 행렬로 네트워크를 저장하는 것은 여러 가지로 유용하다. 이 책의 공식과 계산 대부분은 인접 행렬을 통해 쓰여 있다. 따라서 인접 행렬이 컴퓨터에 사용되면 공식을 컴퓨터 코드로 변환하고 그 값을 계산하는 것은 매우 단순한 문제가 된다.

가중치가 있는 네트워크의 인접 행렬에 관해서는 6.3절에서 논의했다.

인접 행렬은 몇몇 작업도 매우 간단하게 할 수 있다. 예를 들어, 주어진 노드 쌍 사이에 에지를 추가하거나 제거하는 경우 인접 행렬을 사용하면 매우 빠르고 쉽다. 가중치가 없는 네트워크에서 노드 i와 j 사이에 에지를 추가하려면 인접 행렬의 ij번째 요소를 1만큼 증가시키면 된다. 동일한 노드 사이에서 에지를 제거하려면 요소를 1씩 줄이면 된다. 이러한 작업은 네트워크 크기와 상관없이 일정한 상수 시간이 필요하며 그 복잡도는 O(1)이다. 이와 비슷하게 노드 i와 j 사이에 에지가 있는지 여부를 테스트하려면 그 행렬 요소의 값만 확인하면 되고, 이런 작업들은 O(1)의 시간에 수행할 수 있다.

방향성 없는 네트워크는 대칭 행렬로 표현되므로 약간 다른 방식이 필요하다. 노드 i와 j 사이에 방향이 없는 에지를 추가하려면 원칙적으로 ij번째와 ji번째의 요소를 모두 증가시켜야 하지만, 이것은 시간 낭비다. 더 나은 방법은 행렬의 위쪽 삼각형 값만 쓰고 나머지 아래쪽 삼각형은 비워두는 것이다. 올바른 아래쪽 삼각형의 값은 위쪽 삼각형의 대칭 복사본일 뿐이다(비대칭 인접 행렬로 표시되는 방향성 네트워크는 위쪽과 아래쪽 삼각형이 모두 사용되므로 이러한 문제가 발생하지 않는다). 이것을 달리 말하면 방향성 없는 네트워크에서는 $i < j$인 요소 A_{ij}만 수정해야 한다. 예를 들어, 노드 2와 1 사이에 에지를 생성하려는 경우 원칙적으로 인접 행렬의 (2, 1) 요소와 (1, 2) 요소를 모두 증가시키는 것을 의미한다. 하지만 실제로는 $i < j$인 요소만 수정하므로 (1, 2) 요소만 늘리고 다른 (2, 1) 요소는 그대로 둔다.

아래쪽 삼각형에 에지를 저장하고 위쪽 삼각형을 무시해도 된다. 두 경우 모두 문제없이 잘 작동한다.

셀프 에지가 있는 네트워크의 경우 대각 요소도 사용하므로 $i \leq j$인 요소를 업데이트한다(6.2절 참고).

이 아이디어에서 한 단계 더 나아가면 아예 인접 행렬의 아래쪽 삼각형을 메모리에 저장하지 않는 것도 생각할 수 있다. 그 부분을 사용하지 않는다면, 메모리를 낭비하는 이유가 무엇인가? 안타깝게도 행렬의 아래쪽 삼각형을 삭제하면 남은 행렬이 삼각형이 되고, 대부분의 컴퓨터 프로그래밍 언어는 삼각형 배열 데이터 타입이 없다. 예를 들어 C나 자바 같은 언어의 동적 메모리 할당 기능을 사용하면 약간의 작업을 통해 삼각형 배열을 저장하도록 메모리를 배열할 수 있지만, 계산 시 메모리 용량이 부족한 경우에만 이러한 노력이 의미가 있다.

인접 행렬이 항상 좋은 표현법은 아니다. 예를 들어보면 최소한 듬성한 네트워크에서 어떤 노드의 이웃에 대한 연산을 빠르게 수행하려고 할 때 인접 행렬을 사용하는 것은 비효율적이다. 노드 i의 이웃은 인접 행렬의 i번째 행에서 0이 아닌 요소로 표시되며, 모든 이웃을 찾으려면 행의 모든 요소를 하나하나 살펴보며 0이 아닌 요소를 찾아야만 한다. 행의 길이가 n이므로 이것은 $O(n)$의 실행 시간이 소요되고, 대규모 네트워크에서는 많은 시간이 필요할 수 있지만 듬성한 네트워크에서는 대부분의 요소가 0이므로 시간을 낭비하는 것이다. 이 장에서 확인할 수 있듯이, 많은 네트워크 알고리듬은 노드의 이웃을 자주 반복적으로 찾아내야 하며 이러한 알고리듬을 구현하는 데 있어 인접 행렬은 이상적인 도구가 아니다.

인접 행렬에 대해 이야기한 네트워크 연산의 계산 복잡성은 표 8.2에 요약해 뒀다.

인접 행렬 표현법은 또한 일반적인 듬성한 네트워크에서 메모리를 비효율적으로 사용한다는 단점이 있다. 인접 행렬의 요소 대부분이 0인 네트워크라면 대부분의 메모리 공간은 0을 저장하는 데 사용한다. 금방 언급하겠지만 0을 저장하지 않

표 8.2 네 가지 기본 네트워크 연산의 시간 복잡도

n개의 노드와 m개의 에지로 이뤄진 네트워크의 인접 행렬 및 인접 리스트 표현 각각에서 4개 작업의 선행 차수 시간 복잡도를 나타낸다. 각 연산은 네트워크의 에지 추가(삽입), 네트워크의 에지 제거(삭제), 주어진 노드 쌍이 에지로 연결되어 있는지 확인(탐색), 어떤 노드의 이웃 노드 나열(열거)을 의미한다.

연산	인접 행렬	인접 리스트
삽입	$O(1)$	$O(1)$
삭제	$O(1)$	$O(m/n)$
탐색	$O(1)$	$O(m/n)$
열거	$O(n)$	$O(m/n)$

고 훨씬 적은 공간을 사용하는 인접 리스트로 알려진 다른 표현법이 있다.[5]

네트워크의 인접 행렬 저장에 소요되는 메모리 용량 계산은 간단하다. 행렬에는 모두 n^2개의 요소가 존재한다. 각각이 모두 정수라면 대부분의 최신 컴퓨터에서 정수를 저장하는 데 4바이트가 필요하므로[6] 전체 행렬은 $4n^2$바이트를 차지하게 된다. 이 글을 집필하는 시점에 일반적인 컴퓨터는 약 10^{10}바이트의 메모리(10GB)가 일반적이므로, 인접 행렬로 저장할 수 있는 가장 큰 네트워크는 대략 $4n^2 = 10^{10}$의 수식으로 알 수 있으며 $n = 50,000$이 된다. 이것은 일반적으로 우리가 다루는 가장 큰 네트워크, 예를 들어 웹이나 사회연결망의 일부분을 다루기에는 충분하지 않으며, 심지어는 중간 크기의 네트워크를 다루는 데도 충분하지 않다.

이 절에서 다룬 인접 행렬의 단점은 주로 듬성한 네트워크를 고려할 때 생긴다. 가능한 모든 에지 중 상당한 수가 실제로 존재하는 조밀한 네트워크를 다루는 경우 인접 행렬 형식이 적절할 수 있다. 이러한 경우에도 여전히 많은 메모리를 사용하지만 저장해야 할 정보가 많기 때문에 다른 데이터 구조도 동일한 문제를 가지므로 그 장점이 약해진다. 비교적 작은 네트워크만 다루는 경우에도 인접 행렬이 좋은 선택일 수 있다. 예를 들어 UCINET은 주로 소규모 네트워크를 다루는 사회학자가 사용하는 사회연결망 분석 패키지로, 인접 행렬 형식만 사용한다. 그러나 많은 경우 현재의 네트워크 연구는 더 큰 데이터 세트를 다루며, 이를 위한 또 다른 표현 방법이 필요하다.

8.3.2 인접 리스트

가장 흔하게 네트워크를 저장하는 대안은 인접 리스트^{adjacency list}를 사용하는 것이다. 인접 리스트는 아마도 컴퓨터에 네트워크를 저장할 때 가장 널리 사용되는 방법일 것이다.

인접 리스트는 실제로는 단일 리스트로 되어 있지 않고, 노드 하나당 1개의 리스트를 가진 리스트의 집합이다. 각 리스트에는 i에 연결된 다른 노드의 이름표가

5　인접 행렬의 한 가지 장점은 사용하는 메모리의 용량이 네트워크의 에지 수와 무관하다는 점이다(물론 노드 수에 따라 달라진다). 다음 절에서 확인할 수 있듯이, 인접 리스트는 동일한 노드 수를 가진 네트워크라도 에지의 수에 따라 메모리의 사용량이 달라진다. 에지가 자주 추가되거나 제거되는 계산에서는 데이터 구조의 크기를 일정하게 유지하는 것이 알고리듬 속도를 높일 수 있고 유용할 때가 있다. 그러나 이러한 장점은 인접 리스트를 사용하는 상당한 수준의 메모리 절약과 비교해야 한다.

6　32비트 정수를 기준으로 한다. – 옮긴이

저장되어 있다. 예를 들어, 다음과 같은 작은 방향성 없는 네트워크를 생각해보자.

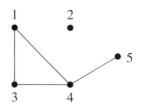

이를 인접 리스트로 표현하면 다음과 같다.

노드	이웃
1	3, 4
2	
3	4, 1
4	5, 1, 3
5	4

인접 목록은 각 노드에 대해 정수 배열을 하나씩 저장하거나 노드마다 하나의 행에 해당하는 2차원 배열로 저장할 수 있다.[7] 또한 각 노드의 링크수를 다른 곳에 저장해두는 것이 일반적이므로 각 노드의 이웃 목록의 항목 수도 쉽게 알 수 있다. 이러한 링크수는 보통 n개의 항목을 갖는 별도의 정수 배열을 사용한다는 것을 기억해두자. 일반적으로는 인접 리스트에 있는 노드의 이웃이 숫자 순서대로 정렬되어 있을 필요도 없다. 즉, 어떤 순서로 배열되어도 된다.

위에 예를 든 인접 리스트를 보면 1개의 에지가 두 번 나타나는 것을 알 수 있다. 예를 들어 노드 3은 노드 1의 이웃 목록에 있고, 노드 1도 노드 3의 이웃 목록에 있다. 따라서 m개의 에지가 있는 네트워크의 인접 리스트는 $2m$개의 정수로 구성된다. 이것은 인접 행렬을 저장하는 데 필요한 n^2개의 정수보다 훨씬 좋다.[8] 예를 들어 정수 1개가 4바이트의 메모리를 차지하는 컴퓨터인 경우 n = 10,000개의 노드와 m = 100,000개의 에지를 가진 네트워크의 인접 리스트는 800kB를 차지

---

7 노드에 대한 이웃 목록의 항목 수는 노드의 링크수와 같으며 노드마다 다르기도 하다. 때로는 아예 0일 수도 있다. C나 자바 같은 최신의 컴퓨터 언어는 다양한 길이의 행을 가진 2차원 배열을 만들 수 있으므로 인접 리스트를 간단하게 사용할 수 있다. 하지만 포트란 77(FORTRAN 77) 같은 오래된 언어들은 이런 가변 길이 목록을 허용하지 않아 구현이 어려워진다.

8 인접 리스트에서 사용된 메모리의 양은 노드 수 n이 아니라 에지 m에 대한 함수다. 계산 과정에서 네트워크의 에지가 추가되거나 제거되는 알고리듬의 경우 인접 리스트의 크기가 바뀔 수 있으므로 프로그램이 복잡해지고 계산 속도가 느려질 가능성이 있다. 하지만 일반적으로는 이러한 추가된 복잡성이 인접 리스트의 장점을 희석시키기에는 충분하지 않다.

하고, 이를 인접 행렬로 저장하면 400MB를 차지한다. 에지를 이중으로 저장하는 것은 다소 낭비이긴 하다. 각 에지를 한 번만 저장하면 절반의 용량을 아낄 수 있다. 그러나 이런 이중 저장은 많은 경우에 알고리듬을 훨씬 빠르고 쉽게 프로그래밍할 수 있게 해준다는 장점이 있다. 이러한 장점은 추가적인 메모리 공간을 사용하는 비용 대비 충분한 가치가 있다. 요즘은 메모리가 저렴하므로 인접 리스트를 저장하는 데 필요한 공간이 심각한 문제를 일으킬 정도의 네트워크는 많지 않다.

인접 리스트는 다중 에지 또는 셀프 에지가 있는 네트워크도 저장할 수 있다. 다중 에지는 노드의 이웃 목록에 동일한 인접 노드를 가리키는 여러 개의 중복 항목으로 표시하면 된다. 셀프 에지도 유사하게 자신의 이름표를 이웃 목록에 추가하는 방식으로 표기할 수 있다. 사실 셀프 에지는 정확하게 표현하려면 이웃 목록에 자신의 이름표를 2개 추가해야 하고, 이래야만 목록의 길이가 링크수와 같아진다(셀프 에지는 노드의 링크수를 2만큼 증가시키는 것을 다시 생각해보자).

위의 인접 리스트 예제는 방향성 없는 네트워크를 다루었으나, 인접 리스트는 방향성 네트워크에도 사용할 수 있다. 예를 들어 다음의 네트워크를 생각해보자.

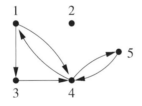

이 네트워크 또한 아래의 인접 리스트로 표현할 수 있다.[9]

노드	나가는 에지
1	3, 4
2	
3	4
4	5, 1
5	4

여기서는 모든 노드의 나가는 에지만 나열했다. 각 에지는 네트워크 안의 특정 노드에서 출발하기 때문에 이 접근 방식은 네트워크의 모든 에지를 기술하게 되고,

---

9 실제로 방향성 없는 네트워크에 대한 인접 리스트는 각각의 방향성 없는 에지를 각 방향마다 하나씩 2개의 방향성 에지를 대신하는 방향성 인접 리스트의 특수한 경우로 생각할 수 있다. 그래서 이러한 방식으로 기술하므로 위에서 논의한 대로 방향성 없는 네트워크에서 각 에지의 표현이 일종의 중복 표현임을 쉽게 알 수 있다.

각 에지는 이제 인접 리스트에 한 번만 표시되며 방향성이 없는 경우처럼 두 번 표시되지 않는다.

혹은 다음과 같이 각 노드에 대해 들어오는 에지를 사용해 동일한 네트워크를 나타낼 수 있다.

노드	들어오는 에지
1	4
2	
3	1
4	3, 1, 5
5	4

원칙적으로 이 두 표현은 완전히 동일한 정보를 나타낸다. 둘 다 모든 에지를 기술하고, 둘 중 하나는 다른 방향의 에지에 대한 정보를 통해 구성할 수 있다. 그러나 컴퓨터 프로그램을 작성할 때는 계산에 필요한 정보에 쉽게 접근하게 해서 프로그램 실행 속도를 개선하는 것이 중요하다. 다른 종류의 계산에는 다른 정보가 필요하며, 일부는 들어오는 에지가 필요하고 일부는 나가는 에지가 필요할 수 있다. 그러므로 어떤 인접 리스트를 사용하는지는 어떤 계산을 하려고 하는지에 따라 달라진다. 일부 계산에서는 들어오는 에지와 나가는 에지가 모두 필요할 수도 있다. 이 경우 다음과 같은 이중 인접 리스트를 만드는 경우도 있다.

노드	들어오는 에지	나가는 에지
1	4	3, 4
2		
3	1	4
4	3, 1, 5	5, 1
5	4	4

이렇게 두 가지를 다 저장하는 방식의 이중 인접 리스트는 방향성 없는 네트워크와 같이 한 에지를 두 번 저장한다. 한 번은 들어오는 에지로, 한 번은 나가는 에지로 저장하므로 자주 발생하는 문제는 아니지만 어떤 면에서는 공간이 낭비된다는 문제가 있다.

인접 행렬에서 이야기했던 것처럼 네트워크를 인접 리스트로 저장할 때 계산의 실행 속도가 얼마나 빠른지 고려하는 것이 중요하다. 인접 리스트도 연산이 합리적인 속도로 수행될까? 만약 아니라면 인접 리스트의 다른 장점들에도 불구하고 인접 리스트는 유용하지 않다.

이전 절에서 인접 행렬에 대해 계산했던 것과 동일한 네 가지의 기본 작업인 에지의 삽입과 삭제, 탐색, 그리고 노드에 연결된 모든 에지의 열거를 방향성 없는 네트워크[10]에서 수행한다고 생각해보자(표 8.2 참고).

인접 리스트에는 에지를 매우 빠르게 추가할 수 있다. 노드 i와 j 사이에 에지를 추가하려면 노드 i와 j 각각의 이웃 목록의 마지막에 하나의 새 항목만 추가하면 되고, 이는 과정은 O(1)의 시간이 걸린다.

에지를 탐색하거나 삭제하는 것은 좀 더 어려운 문제다. 노드 i와 j 사이에 에지가 존재하는지 여부를 찾으려면 노드 i의 이웃 목록을 모두 살펴보고 j가 해당 목록에 나타나는지 확인하거나, 혹은 반대로 j의 이웃 목록을 확인해야 한다. 각 노드의 이웃 목록은 정렬되어 있지 않으므로 전체 리스트를 처음부터 마지막까지 살펴보는 것보다 더 빠른 방법은 없다. 즉, 최악의 경우 리스트의 모든 요소를 검사해서 에지의 유무를 확인해야 하며, 평균적으로[11] 이 연산의 횟수는 리스트의 평균 요소 수, 다시 말해 평균 링크수인 $c = 2m/n$만큼 수행된다(식 (6.15)). 따라서 '탐색' 작업은 인접 리스트 형태의 네트워크에서 O(m/n)시간이 걸린다. 이것은 O(1)의 시간이 걸리는 인접 행렬의 경우보다 약간 느리다(8.3.1절 참고). 일정한 평균 링크수를 갖는 듬성한 네트워크에서(6.10절과 8.2절 참고), O(m/n)은 상수이므로 O(1)과 동일하고, 기술적으로 인접 리스트의 복잡도는 인접 행렬의 복잡도만큼 좋다고 할 수 있다. 하지만 인접 리스트는 평균 링크수가 크면 그만큼 상수 배만큼 커지므로 인접 행렬보다는 느릴 것이다.

에지를 찾을 때는 먼저 O(m/n)의 시간이 소요되는 탐색을 수행하고, 그 뒤에 삭제를 수행해야 한다. 삭제 작업은 이웃 리스트에서 마지막 항목을 이동시켜 삭제할 에지 위치의 항목을 덮어씌우고 노드의 차수를 1만큼 줄이면 O(1)의 시간에 수행할 수 있다(오른쪽 그림 참고. 만약 우리가 삭제하는 에지가 리스트의 마지막에 있다면 링크수를 1 줄이는 것 외에는 다른 일을 할 필요가 없다). 따라서 에지 제거를 위한 선행 차수의 계산 복잡도는 O(m/n)이다.

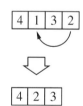

리스트에서 요소 1을 삭제하려면 리스트의 마지막 요소인 2를 가져와 1을 덮어씌운다.

---

10 사실 계산 복잡도는 방향성이 있는 경우에도 동일하다. 이 증명은 연습문제로 남겨둔다.

11 따라서 우리는 일종의 '평균적인 최악의 경우' 작동을 계산하는 것이 된다. 전체의 경우에서 가장 나쁜 경우를 찾을 수도 있으나, 우리는 그 최악의 경우를 여러 개의 리스트들에 대해 평균을 구한다. 이것은 우리가 고려하게 되는 대부분의 알고리듬이 한 번 수행할 때 아주 많고 연속적인 '탐색' 작업을 수행하기 때문에 합리적이다. 하지만 동시에 이는 기술적으로 가장 최악의 상황의 복잡성을 계산하지 않는다는 뜻이기도 하다.

그러나 인접 리스트는 8.3.1절에서 논의한 것과 같이 네트워크상에서 노드의 이웃들에 대한 연산을 수행해야 할 때 효율적으로 작동한다. 이는 매우 흔히 발생하는 작업이다. 우리는 관심 있는 노드의 이웃 목록을 순차적으로 탐색하며 이러한 문제들을 쉽게 해결할 수 있고, 이는 평균적으로 $c = 2m/n$인 이웃수에 비례하는 시간이 걸린다. 따라서 이러한 연산의 선행 차수 시간 복잡도는 $O(m/n)$이며, 동일한 연산을 인접 행렬에서 수행하는 데 걸리는 $O(n)$에 비해 훨씬 좋다.

인접 리스트의 연산들에 대한 계산 복잡성은 표 8.2에 요약되어 있다.

8.3.3 그 밖의 네트워크 표현법

지금까지 컴퓨터 메모리에 네트워크 데이터를 저장하는 두 가지 일반적인 방법으로 인접 행렬과 인접 리스트에 대해 이야기했다. 이 두 가지는 프로그램을 작성할 때 가장 많이 사용하게 될 방법이지만, 알아두면 좋은 또 다른 방법들도 있다.

행렬/리스트 혼합 표현법: 인접 행렬과 인접 리스트는 각각 장단점이 있고, 그 어느 쪽도 모든 경우에 최적은 아니다. 두 경우 모두를 고려하면 이상적인 경우에는 $O(1)$의 복잡도로 에지를 삽입, 삭제, 탐색할 수 있고, $O(m/n)$개의 이웃을 $O(m/n)$의 시간에 열거할 수 있지만, 인접 행렬도 인접 리스트도 모든 경우에 이런 수준의 복잡도를 보이는 것은 불가능하다. 하지만 메모리 공간을 좀 더 희생한다면 이런 이상적인 복잡도로 수행할 수 있는 표현법을 만들 수 있다. 이를 위한 두 가지 방법을 소개한다.

한 가지 방법은 인접 행렬과 인접 리스트를 모두 가진 혼합 저장 방식을 만드는 것이다. 인접 행렬의 0이 아닌 요소, 즉 에지에 해당하는 요소에는 인접 리스트의 해당 요소를 가리키는 포인터를 저장한다. 이 경우 평소와 같이 인접 행렬을 사용해 $O(1)$시간에 지정된 노드 쌍 사이에 에지가 있는지 여부를 확인할 수 있다. 그리고 인접 리스트를 사용해 $O(m/n)$시간에 노드의 이웃을 나열할 수 있다. 또한 행렬과 리스트 모두 $O(1)$시간에 에지를 추가할 수 있다(표 8.2). 또한 삭제를 하는 경우에는 $O(1)$의 시간으로 에지를 인접 행렬에서 찾은 이후, 해당 요소를 0으로 만든 다음 포인터를 통해 인접 리스트로 이동해 지워야 할 요소에 리스트의 마지막 요소를 이동시켜 채운다.

네트워크 크기에 따른 실행 시간의 증가 측면에서 시간 복잡도는 여기서 논의한 혼합 데이터 구조가 최적이다.[12] 이 혼합형 데이터 구조는 다만 일반 인접 행렬보다도 훨씬 더 많은 메모리를 사용하므로 상대적으로 작은 네트워크에만 적합하다는 단점이 있다. 이 글을 집필하는 시점의 일반적인 컴퓨터에서는 최대 수만 개의 노드 정도만 사용할 수 있다. 그러나 이것이 큰 문제가 되지 않고 속도가 큰 문제가 되는 경우라면 혼합형 표현법을 고려할 수 있다.

배열 이외의 데이터 구조에 저장된 인접 리스트: 아마도 혼합형 표현법보다는 인접 리스트를 사용하지만 이웃을 기록하는 데이터 구조를 배열이 아닌 다른 종류로 바꾸는 것이 더 만족스러운 방식일 것이다. 배열을 사용하는 대신 항목을 더 빨리 찾거나 제거할 수 있는 여러 가지 데이터 구조를 사용할 수 있는데, 일반적으로는 프로그램을 더 복잡하게 구현해야 하거나 메모리를 더 많이 사용해야 한다. 이런 대체 데이터 구조로 AVL 트리^AVL tree^ 혹은 레드-블랙 트리^red-black tree^와 같은 균형 트리의 예를 들 수 있다[122]. 이 트리는 입력에 대해 로그 시간에 비례해서 항목을 삽입, 탐색, 제거할 수 있고 선형 시간에 항목을 열거 가능한 표준적인 데이터 구조다. 하지만 여기에서 그 구현과 원리를 자세히 설명하지는 않을 것이다. 노드마다 1개의 트리를 사용해 이웃 목록을 저장한다면 $O(\log(m/n))$에 비례해서 에지를 삽입, 탐색, 삭제할 수 있고,[13] 시간 $O(m/n)$에서 열거가 가능하다. 사실 이것이 가장 효율적인 방법은 아니지만(모든 방법 중 최적의 방식은 삽입, 탐색, 삭제에 $O(1)$의 시간만 소요된다) 여전히 꽤 좋은 방법이다. 특히나 로그는 입력에 비해 천천히 증가하므로 $\log(m/n)$은 일반적으로 작은 수이며, $m \propto n$인 듬성한 네트워크의 일반적인 경우에는 실질적으로 일정하다.

사실 일정한 시간에 항목을 삽입, 탐색, 제거하고 선형 시간으로 모든 요소를 열거할 수 있는 더 나은 데이터 구조도 있다. 예를 들어, 해시 테이블^hash table^이라는 데이터 구조는 위의 성능을 모두 달성할 수 있다(정확히 말하면 탐색, 삭제의 시간은 평균적으로 일정하지만 사실 개별적인 한 번의 작업은 저장된 데이터의 세부 사항에 따라 더 길거나 짧을 수도 있다). 인접 리스트의 형태로 각 노드마다 별도의 해시 테이블을 저장

---

12 사실 혼합 데이터 구조는 에지 추가 및 삭제 작업에 약간의 오버헤드가 있다. 하나를 업데이트하는 것이 아니라 하나를 업데이트하고 추가적으로 다른 하나를 업데이트해야 하기 때문이다. 즉, 계산 복잡도는 여전히 $O(1)$이긴 하지만 상수 배만큼 더 오래 걸린다. 이것이 프로그램의 실행 시간에 큰 차이를 주는지는 우리가 쓰는 다른 알고리듬들에 따라 다를 것이다.

13 노드 i에 연결된 에지를 삽입, 탐색, 제거하는 데 걸리는 시간은 $\log k_i$이므로 평균 시간은 $\langle \log k \rangle$가 된다. 여기서 $\langle ... \rangle$은 모든 노드에 대한 평균을 나타낸다. 이 값은 꼭 $\log\langle k \rangle = \log(2m/n)$과 같지는 않다. 그러나 $\langle \log k \rangle \le \log\langle k \rangle$인 부등식이 이미 알려져 있으므로, 실행 시간은 $\log(m/n)$ 이하의 선행 차수를 갖는다. 즉, 이것이 $O(\log(m/n))$으로 계산 복잡도를 표현하는 진짜 의미다.

하는 경우 삽입, 탐색, 삭제, 열거에 대해 각각 $O(1)$, $O(1)$, $O(1)$, $O(m/n)$의 계산 복잡도를 갖는다. 이러한 해시 테이블의 가장 큰 단점은 단순한 배열 기반 인접 리스트보다 메모리 공간을 많이 사용한다는 것이다. 메모리 사용량은 해시 테이블을 얼마나 빠르게 작동시키도록 설계했는지에 따라 다르다. 해시 테이블은 속도와 메모리 사용의 비율을 제어하는 적재율$^{load\ factor}$이라는 매개변수가 있으며 이 값은 사용자가 두 가지 비용(속도, 메모리) 중 어느 쪽에 얼마나 큰 비중을 두는지에 따라 달라질 수 있다. 사용된 메모리의 총량은 항상 테이블에 저장된 값의 수에 비례하지만 그 비례 상수는 적재율에 따라 다르다. 예를 들어, 관례적으로 쓰는 해시 테이블은 동일한 값을 단순 배열로 저장하는 데 두 배의 메모리를 사용하는 경우가 일반적이다. 따라서 해시 테이블을 사용해 네트워크를 저장하는 데 필요한 메모리의 총량은 네트워크의 에지 수 m에 비례한다. 이는 앞에서 다룬 혼합형 표현의 메모리 사용량인 $O(n^2 + m)$보다는 훨씬 나은 수치다(여기서 n^2은 인접 행렬에 쓰이고, m은 인접 리스트에 쓰인다).

이러한 이유들로 해시 테이블로 저장된 인접 리스트는 최소한 일부 프로그램들에 대해 가능한 최상의 네트워크 표현법이다. 이는 우리가 고려한 네 가지의 기본 네트워크 연산에 대해 최적의 성능을 보이며, 여전히 매우 큰 네트워크(작성 당시의 일반적인 컴퓨터에서 최대 수십억 개의 노드와 에지)를 저장할 수 있는 메모리를 사용한다. 만약 (상대적으로 적당한) 추가 메모리의 사용이 가능하고, 배열보다 해시 테이블을 쓰는 데서 오는 더 복잡한 프로그램을 감당할 수 있다면 이 접근 방식은 충분히 가치 있다.

해시 테이블의 작동 방식은 코먼 등의 책[122]에 자세하게 설명되어 있다. 하지만 많은 현대 컴퓨터 언어에는 해시 테이블이 이미 내장되어 있으므로 직접 프로그래밍할 필요는 없다. 예를 들어 해시 테이블은 자바와 파이썬(일반적으로 'dict'라고 부른다)의 표준 내장 데이터 구조로 구현되어 있다. C나 C++ 같은 언어는 외부 라이브러리를 사용해 해시 테이블을 쓸 수 있다.[14]

에지에 변수를 포함하는 표현법: 일부 네트워크에서는 에지에 값, 가중치, 혹은 이름표가 붙어 있다. 인접 행렬이나 인접 리스트를 조금 변형하는 것으로 간단하게 이와 같은 추가 속성을 저장하는 것도 가능하다. 예를 들어, 여러 종류의 에지가 있

---

14 최신 버전의 C++, 예를 들어 2011년 표준(c++11 혹은 c+0x로 부른다)의 경우 std::unordered_map이라는 이름의 내장 데이터 구조로 해시 테이블을 구현해뒀다. - 옮긴이

는 경우 인접 행렬의 각 요소에 종류마다 다른 정숫값을 사용해 에지의 종류를 나타낼 수 있다. 혹은 일부 사회연결망에서와 같이 각 에지가 속한 여러 가지 변수가 있는 경우 각 변수에 대해 하나씩 다른 행렬을 만들어 쓸 수 있다. 이와 유사하게, 인접 리스트를 사용한다면 리스트의 각 요소를 정수가 아니라 에지의 모든 사항을 포함하는 객체^{object}로 바꿀 수 있다. 이런 객체는 리스트가 실제로 배열, 트리, 해시 테이블, 혹은 또 다른 데이터 구조에 저장되어 있더라도 작동하게 할 수 있다.

하지만 이런 표현법은 낭비가 심하고 투박한 방법이다. 행렬을 사용하면 존재하지 않는 에지에 대한 모든 요소가 엄청난 메모리 공간을 낭비할 수 있다. 또한 (방향성 없는 네트워크의) 인접 리스트에는 한 에지당 2개의 항목이 있으며, 둘 다 에지의 속성을 수정할 때마다 같이 업데이트해주어야 한다.

따라서 때로는 에지의 속성만 저장하는 별도의 데이터 구조를 만드는 것이 좋다. 한 예로 인접 리스트를 사용해 리스트의 각 항목에 에지 데이터의 해당 속성에 대한 포인터를 저장하는 방법이 있다. 그러면 인접 리스트에서 확인하는 모든 에지의 속성을 바로 찾을 수 있다. 유사하게 에지의 정보를 가진 데이터도 인접 리스트의 해당 에지 위치에 대한 포인터를 포함할 수 있다. 이렇게 하면 특정 속성을 갖는 에지를 찾아내는 작업을 할 수 있는데, 예를 들면 특정 속성의 에지를 삭제하는 작업을 수행할 수 있다.

파이썬의 NetworkX와 같은 네트워크 저장 및 연산용으로 자주 쓰이는 라이브러리들은 이러한 방식으로 노드와 에지 속성을 별도로 저장하기 위한 방법을 구현해뒀다. 복잡한 네트워크 프로그래밍을 해야 하는 프로젝트의 경우에는 이러한 라이브러리를 사용할 수 있는데, 이런 라이브러리를 배우는 데 추가적인 시간을 써야 하지만 장기적으로 보면 프로그래밍의 복잡한 부분을 라이브러리가 많이 담당하므로 시간을 절약할 수 있다. 작업을 빨리 끝낼 수 있다면 이런 표준 라이브러리를 기피할 이유가 전혀 없다.

에지 리스트: 지금까지 다루지 않았지만 에지 리스트$^{edge\ list}$라는 간단한 네트워크의 표현법이 있다. 이것은 단순히 에지로 연결된 노드 쌍의 리스트 형태다. 예를 들어, 8.3.2절에서 본 다음 네트워크를 생각해보자.

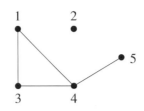

에지 리스트 표현법은 (1, 3), (4, 1), (4, 3), (4, 5)가 될 것이다. 에지의 순서는 일반적으로 에지 리스트 표현법에서 중요하지 않고, 노드 쌍의 노드 순서도 중요하지 않다.

에지 리스트 표현법은 네트워크의 구조를 저장하는 편리하고 공간 효율적인 방법이며, 에지의 속성을 해당 노드 쌍과 함께 같이 저장하는 방법으로 쉽게 저장할 수 있다. 그러나 노드의 속성을 저장하는 경우에는 그다지 좋은 방법이 아니다. 실제로 에지 리스트에는 노드를 명시적으로 저장하지 않기 때문에 에지에 연결되지 않은 경우에도 노드가 존재한다고 말할 수 있는 방법이 없다. 대표적으로 위 네트워크의 노드 2 같은 예가 있는데, 에지가 없기 때문에 에지 리스트에는 나타나지 않는다. 하지만 노드의 존재 여부와 노드 속성의 저장 문제는 별도의 노드 목록과 이에 연결된 별도의 데이터를 만든다면 충분히 쉽게 해결 가능하다.

그러나 이러한 형태로 개선해도 에지 리스트는 대부분의 경우 컴퓨터 메모리에 네트워크 데이터를 저장하기에 좋지 않은 방법이다. 예를 들어, 네트워크에 특정 에지가 존재하는지 빠르게 확인할 수 없다. 이 질문에 답을 하려면 전체 에지 리스트를 살펴봐야만 한다. 또한 주어진 노드의 이웃을 쉽게 나열할 수 없는데, 이 작업은 많은 알고리듬에서 필수적으로 수행된다. 이런 이유로 에지 리스트는 컴퓨터에서 네트워크를 저장하는 방법으로 거의 사용되지 않는다.

이 데이터 구조는 네트워크를 저장하는 파일에서 자주 볼 수 있다. 상당히 간결한 표현이기 때문에 에지 리스트는 디스크 드라이브나 기타 저장 매체의 컴퓨터 파일에 네트워크를 저장하는 방법으로 자주 쓰인다. 이러한 네트워크에서 연산을 수행하려면 파일을 읽은 이후 해당 내용을 인접 리스트와 같은 계산에 더 적합한 형태로 변환해야 한다. 하지만 이 변환 자체는 매우 단순하다. 예를 들어 빈 인접 리스트와 같이 에지가 없는 빈 네트워크를 컴퓨터 메모리상에 만들고, 그런 다음 에지 리스트에 저장된 에지를 읽어 네트워크에 하나씩 추가한다. 에지 추가 작업은 우리가 앞에서 다룬 모든 형식에서 빠르게 수행될 수 있으므로 이런 변환은 일반적으로 크게 시간이 소요되지 않는다. 그리고 변환이 완료되면 원하는 형태로 컴퓨터 메모리에 저장된 네트워크의 사본을 얻게 되며 계산할 준비가 마무리된다.

8.4 네트워크의 기본적인 측정량을 구하는 알고리듬

앞 절에서 소개한 네트워크 데이터를 저장하고 조작하기 위한 도구들로 무장한 다음, 지금부터는 네트워크 계산을 위한 특정 알고리듬에 대해 논의하자. 먼저 링크수, 뭉침 계수와 같은 측정량을 계산하기 위한 몇 가지 간단한 알고리듬에 대해 간략히 논의하고, 이 장의 나머지 부분에서 최단 경로, 사이도, 최대 흐름이나 기타 국소적이지 않은 측정량을 재는 법을 자세히 살펴보겠다.

8.4.1 링크수

많은 네트워크 측정량은 계산하기 쉽고, 측정량의 정의를 컴퓨터 코드로 바꾸는 것에 약간의 수고를 더하는 수준의 알고리듬만 필요하다. 그럼에도 불구하고 두 가지 이유로 이러한 알고리듬을 최소한 간략하게라도 배워야 한다. 첫째, 이런 측정량을 계산하는 방법은 한 가지가 아니며 일부 방법은 다른 방법보다 빠를 수 있다. 가장 합리적인 방식으로 계산이 진행되고 있는지 확인하려면 컴퓨터 프로그램을 구현하기 전에 잠깐 동안이라도 알고리듬을 평가하는 것이 좋다. 둘째, 계산이 완료되는 시간을 추정할 수 있게 가장 간단한 알고리듬의 계산 복잡도를 계산해야 한다(8.2절 참고). 간단한 알고리듬도 때로는 실행에 오랜 시간이 걸릴 수 있다.

예를 들어보자. 가장 기본적이고 중요한 네트워크 측정량 중 하나인 노드의 링크수를 생각해보자. 일반적으로 링크수는 계산하기 매우 간단하다. 사실 네트워크가 인접 리스트의 형태로 저장되어 있다면 8.3.2절에서 이미 설명한 것과 같이 일반적으로 각 노드의 링크수를 저장하는 별도의 배열을 사용해 해당 배열에 얼마나 많은 항목이 있는지 확인하곤 한다. 특정 노드의 링크수를 찾는 것은 이 배열에서 매우 간단한 문제이며, $O(1)$의 계산 복잡도를 갖는다.

네트워크가 인접 행렬로 저장된다면 더 오랜 시간이 걸린다. 이 경우 노드 i의 링크수를 계산하려면 인접 행렬의 i번째 행의 모든 요소를 살펴보고 0이 아닌 수를 세어야 한다. 행렬의 각 행에는 네트워크의 노드 수와 같은 n개의 요소가 있으므로 계산에 인접 리스트보다 훨씬 긴 시간인 O(n)이 걸린다. 인접 행렬을 사용하면서 노드의 링크수를 자주 찾아야 하는 큰 계산을 한다면, 각 노드의 링크수를 한 번에 계산하고 나중에 쉽게 찾을 수 있도록 링크수를 별도의 배열에 저장하는 것이 좋다.

링크수와 관련된 그 밖의 측정량도 계산하기 쉽다. 예를 들어, 노드 링크수에 대한 상관 계수 r을 계산해서 끼리끼리 섞임 정도를 보는 식 (10.27)의 예를 들어보자. 상관 계수는 식 (10.28)로 계산할 수 있고, 그 총합은 식 (10.29)와 식 (10.30)에 정의되어 있다. 모든 노드의 링크수가 주어진다면 식 (10.29)를 계산하는 데는 O(m)의 시간이 걸린다. 여기서 m은 네트워크의 에지 수다. 식 (10.30)의 합은 각각 시간 O(n)이 걸리므로 상관 계수 r을 계산하는 데 필요한 총 시간은 O($m + n$)이 걸린다. 8.2절에서 언급했듯이, 우리는 종종 우리가 '극도로 듬성한' 네트워크라고 부르는 경우에 관심이 있다. 이 네트워크는 네트워크가 커질수록 평균 링크수가 일정하게 유지되는 네트워크, 즉 $m \propto n$인 네트워크다. 이러한 네트워크에서 O($m + n$)은 O(n)과 동일하므로 r을 계산하는 데 걸리는 시간은 노드 수에 비례해서 증가한다. 반면 네트워크가 조밀하여 $m \propto n^2$의 관계를 갖는다면 O(m)은 O(n^2)과 동일하며 이는 상당히 느리다.

8.4.2 뭉침 계수

뭉침 계수 계산은 링크수 계산보다 아주 약간 더 복잡하다. 뭉침 계수 계산을 어떻게 하는지를 알기 위해 먼저 식 (7.29)의 국소 뭉침 계수 계산부터 시작하자. 방향성 없는 네트워크의 어떤 노드 i에 대해 다음 식으로 주어진다.

$$C_i = \frac{(서로\ 연결되어\ 있는\ i의\ 이웃\ 쌍\ 조합의\ 수)}{(i의\ 모든\ 이웃\ 쌍\ 조합의\ 수)} \tag{8.1}$$

위 식의 분자를 계산하려면 노드 i의 모든 고유한 이웃 쌍을 조합하고 이 중 몇 개가 연결되어 있는지 계산해야 한다. $u < v$인 이웃 쌍 u, v만 고려한다면 모든 쌍을 편하게 한 번만 계산할 수 있다. 그리고 8.3절에서 이야기한 다양한 네트워크 데이터 구조에 기반해서 모든 이웃 쌍에 대해 그 사이에 에지가 있는지를 확인한다. 그런 다음 결과를 이웃 조합의 총수로 나눈다. 이는 조합의 식에서 $\frac{1}{2} k_i(k_i - 1)$로 구할 수 있는데, 여기서 k_i는 항상 그러하듯 노드의 이웃수다.

전체 네트워크에 대한 전체 뭉침 계수를 계산하려면 다음과 같이 계산한다(식 (7.28) 참고).

$$C = \frac{(\text{삼각형 구조의 수}) \times 3}{(\text{모든 연결된 삼자 구조의 수})} \tag{8.2}$$

위의 계산은 동일한 계산을 전체 네트워크로 확장한 것이다. 즉, 모든 노드에 대해 우리는 이웃 u, v의 각 쌍을 $u < v$의 경우만 고려하고, 그들이 에지로 연결되어 있는지 여부를 확인한다.[15] 그리고 모든 노드에 걸쳐 그러한 에지의 수를 모두 더한 다음, 모든 삼자 구조의 수, 그러니까 $\sum_i \frac{1}{2} k_i(k_i - 1)$로 나눈다.

이 알고리듬은 간단하고 명확하며, 식 (8.2)의 직접적인 구현이다. 하지만 실행 시간을 고려한다면 몇 가지 흥미로운 문제가 있다. 이 알고리듬에서 대부분의 시간은 인접 노드 쌍 사이의 연결 유무를 계산하는 데 쓰인다. 전체 네트워크에서 이렇게 각 노드 쌍 사이에 에지가 있는지 확인해야 하므로, 수행해야 하는 총 계산 수는 다음과 같다.

$$\sum_i \frac{1}{2} k_i(k_i - 1) = \frac{1}{2} n\left(\langle k^2 \rangle - \langle k \rangle\right) \tag{8.3}$$

여기서

$$\langle k \rangle = \frac{1}{n} \sum_i k_i, \qquad \langle k^2 \rangle = \frac{1}{n} \sum_i k_i^2 \tag{8.4}$$

이 각각은 네트워크에 대한 평균 링크수와 링크수 제곱의 평균이다(앞에서는 평균 링크수를 c로 표기했지만, 명확성 및 평균과 평균 제곱의 차이를 강조하기 위해 $\langle k \rangle$라는 대체 표기법을 사용했다).

여기서 흥미로운 점은 식 (8.3)은 우리가 일반적으로 네트워크의 링크수에 대해 겪는 일반적인 경우와 다른 형태로 링크수에 의존한다는 것이다. 우리가 지금까지 본 다른 알고리듬은 보통 노드 수 n과 에지 수 m에 따라 달라지며, 때로는 이 두 수의 비율인 m/n에 따라 달라지는데 이는 평균 링크수 $\langle k \rangle = 2m/n$에 비례한다. 그러나 뭉침 계수의 경우 수행해야 하는 작업 시간이 n의 평균 링크수뿐만

---

15 이 계산은 연결된 3개의 노드 각각의 관점에서 한 번씩 계산되는 것으로 볼 수 있다. 즉, 각 삼각형은 세 번 계산되기 때문에 이 계산은 식 (8.2)의 3배수를 이미 고려한 것과 같다.

아니라 제곱의 평균에도 의존한다는 것을 알 수 있다.

10.4절에서는 노드 링크수가 거듭제곱 분포를 따르는 특별한 종류의 네트워크인 '척도 없는 네트워크^{scale-free network}'를 살펴볼 것이다. 앞으로 살펴볼 예정이지만, 이러한 네트워크의 경우 평균 링크수는 일반적으로 잘 정의되지만 제곱의 평균은 발산한다. 이는 뭉침 계수를 계산하는 데 무한한 시간이 필요하다는 뜻이다. 인접 행렬 같은 네트워크 표현을 사용해 $O(1)$의 복잡도로 에지의 유무를 빠르게 확인할 수 있지만, 해야 하는 작업의 수는 여전히 발산하며 소요되는 시간은 무한대가 될 것이다.

10.4.2절에서 논의하겠지만, 솔직히 말하면 2차 적률은 사실 어떤 유한한 네트워크에 대해 무한대가 되지는 않는다. 그러나 여전히 매우 커질 수 있으므로 뭉침 계수의 계산은 느려질 것이다.

이러한 문제는 척도 없는 네트워크에서만 발생한다. 사실 다른 경우에는 일반적으로 뭉침 계수를 빠르게 구하는 데 아무런 문제가 없다. 섕크^{Schank}와 와그너^{Wagner}[423] 및 소라카키스^{Tsourakakis}[448]의 알고리듬과 같이 뭉침 계수의 근삿값을 빠르게 계산하기 위한 대체 알고리듬이 제안됐고, 이는 매우 큰 네트워크의 계산을 해야 하는 경우 생각해볼 만하다.

8.5 최단 경로와 너비 우선 탐색

이제 노드 간의 거리, 흐름, 노드의 분할 등을 계산하는 알고리듬과 같은 좀 더 복잡한 알고리듬을 이야기해보자. 이러한 알고리듬 각각에 대한 논의는 세 가지 부분으로 구성된다. 이 중 두 가지는 알고리듬에 대한 설명과 실행 시간을 분석하는 것이다. 그리고 마지막으로 이 알고리듬이 실제로 우리가 원하는 계산을 수행한다는 증거를 확인해야 한다. 차수나 뭉침 계수와 같은 알고리듬은 이런 증명이 필요하지 않았다. 왜냐하면 알고리듬 자체가 그 측정량 자체를 컴퓨터가 계산할 수 있는 방식으로 단순하게 다시 쓴 것이기 때문이다. 하지만 우리가 더 복잡한 알고리듬을 고려하기 시작했으므로, 알고리듬이 결과를 내는 이유가 훨씬 불분명해질 것이다. 그래서 형식을 갖춘 방법이든 그렇지 않은 방법이든 알고리듬이 계산을 바르게 수행한다는 증거는 우리 스스로 계산이 올바르게 이뤄지고 있다는 확신을 갖기 위해 필요하다.

첫 번째로 살펴볼 알고리듬은 네트워크에서 노드 간의 거리를 찾는 표준 알고리듬으로 너비 우선 탐색$^{breadth-first\ search}$이라고 부른다. 너비 우선 탐색 알고리듬을 한 번 실행하면 한 시작 노드 s부터 네트워크의 같은 덩어리에 존재하는 모든 노드까지의 최단 거리를 찾는다. 약간만 수정한다면 노드까지 최단 거리로 다다르기 위한 경로도 찾을 수 있으며, 최단 경로가 2개 이상 있어도 모두 찾을 수 있다. 여기서는 방향성 없는 네트워크로 설명을 하겠지만 이 알고리듬은 방향성 유무에 상관없이 모두 작동한다.

간혹 한 쌍의 노드 s, t 사이의 최단 거리만 필요한 경우도 있다. 이 경우 너비 우선 탐색을 사용해 모든 노드에 다다르는 거리를 계산한 다음 우리가 관심 있는 노드를 제외한 나머지 결과를 버리는 것도 가능하다. 하지만 이것은 낭비이며, 더 빠르게 계산을 수행할 수 있는 너비 우선 탐색을 변형한 방법이 존재한다(8.5.4절 참고).

물리학에서는 너비 우선 탐색을 '불타는 알고리듬(burning algorithm)'이라고도 한다.[16]

8.5.1 너비 우선 탐색 알고리듬 소개

너비 우선 탐색은 주어진 시작 노드 s에서 s와 동일한 덩어리에 존재하는 다른 모든 노드까지 네트워크 위에서 최단 거리를 찾는다. 기본 원리는 그림 8.1에 설명되어 있다. 이 알고리듬은 다음과 같은 순서로 수행된다. 첫 번째 단계에서는 정의에 따라 s에서 거리가 1인 s의 모든 이웃을 찾는다. 다음에는 거리가 2인 이웃의 모든 이웃을 찾는다. 그다음 단계에서는 거리가 3인 이웃의 이웃의 이웃을 찾는다. 그리고 이 과정을 탐색할 노드가 더 이상 남아 있지 않을 때까지 노드 s에서 멀어지는 형태로 반복한다.

이 알고리듬이 의도한 대로 수행되고 s로부터의 모든 최단 거리를 계산한다는 것은 명백해 보일 수 있다. 하지만 완벽을 기하려면 증

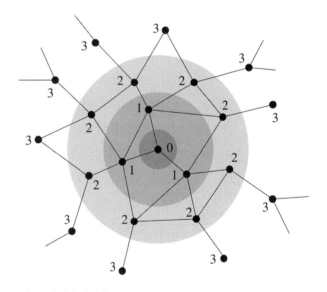

그림 8.1 너비 우선 탐색

너비 우선 탐색은 정의에 따라 거리가 0인 시작 노드에서부터 단계나 층마다 바깥쪽으로 성장하는 형태로 시작 노드로부터의 거리를 계산하고 노드에 이름표를 붙인다. 시작 노드의 바로 옆에 있는 첫 번째 단계에서 탐색된 이웃 노드는 거리 1이 되고, 이러한 이웃의 이웃은 거리 2가 된다.

---

16 이는 나무가 불에 탈 때 가지를 따라서 타는 모습에서 착안한 말이다. – 옮긴이

명을 해야만 한다. 귀납법으로 증명해보자. 알고리듬의 d번째 단계 이후에 노드 s에서 거리 d까지의 모든 노드(거리 d인 노드를 포함하는)에만 정확한 거리가 계산됐다고 해보자. 이것이 사실이라고 가정하면 다음의 두 가지 사실을 생각할 수 있다. (1) 거리 d에 있는 노드의 경우 d번째 단계가 끝날 때까지 거리가 계산되지 않은 모든 이웃은 거리 $d + 1$이어야 한다. (2) 거리 $d + 1$에 있는 모든 노드는 거리 d에 있는 노드 중 최소 하나 이상의 이웃이다. 이 두 가지 사실은 명백하게 생각될 수 있지만, 혹시 의심이 간다면 연습문제 8.6을 통해 스스로 증명해볼 수 있다.

이제 알고리듬의 다음 단계에서는 거리 d에 있는 모든 노드를 찾고, 현재 거리를 계산하지 않은 모든 이웃을 거리 $d + 1$을 갖는 것으로 표시한다. 이 과정은 거리가 $d + 1$인 모든 노드를 찾으며(위의 (2)를 고려해보자) 이렇게 찾은 노드들은 모두 거리가 $d + 1$이다(위의 (1)을 고려해보자). 따라서 알고리듬을 한 번 더 수행한 후 노드 s에서 거리 $d + 1$까지의 모든 노드에만 거리를 올바르게 계산하게 된다. 따라서 우리가 이 과정을 반복하면 d 값이 s에서 노드의 가장 먼 거리에 도달할 때 모든 노드의 올바른 최단 거리가 계산된다.

이제 유도를 시작하기 위한 '기본 사례$^{base\ case}$'를 정하는 일만 남았다. 여기서 기본 사례는 $d = 0$인 경우다. 거리가 0인 노드는 s 하나뿐이다. 이 노드는 알고리듬이 시작될 때 거리가 올바르게 계산되고, 다른 모든 노드는 아직 계산되지 않는다. 이 기본적인 노드를 고려하면 알고리듬의 증명이 마무리된다.

너비 우선 탐색 연산 과정에서 부산물로 노드 s가 속한 네트워크의 덩어리도 찾게 된다. 알고리듬은 기존에 거리가 계산된 노드에서 도달할 수 있는 노드(그러니까 덩어리 안의 노드를 말한다)에만 거리를 계산하기 때문이다. 연산이 끝난 이후에 거리가 계산된 노드의 집합은 s를 포함하는 덩어리의 구성요소에 해당하고, 다른 노드들은 거리가 계산되지 않는다. 실제로 너비 우선 탐색은 네트워크의 덩어리를 찾기 위해 선택할 수 있는 알고리듬이기도 하다.

8.5.2 가장 단순한 구현 방법

컴퓨터에서 너비 우선 탐색을 구현하는 방법을 생각해보자. 가장 단순한 접근 방식은 다음과 같다. 하지만 앞으로 다룰 내용과 같이 최선의 방법은 아니다. 시작 노드 s에서 각 노드의 거리를 저장하기 위해 n개의 정수 요소를 갖는 배열을 만들고, s까지 다다르는 거리를 0으로 저장한다. 처음에는 다른 모든 노드가 s로부터의 거리를 모르기 때문에 모른다고 할당해두자. 모른다는 상태는, 예를 들면 배열의 요소를 −1이나 실제로 거리로 나오지 않는 다른 값으로 저장하면 된다.

또한 너비 우선 탐색 과정에서 우리가 어느 단계에 있는지 확인하기 위해 거리 변수인 d를 생성하고, 초깃값을 0으로 할당한다. 그리고 나서 이전 절에서의 논의에 따라 다음과 같은 절차를 수행한다.

1. 거리 배열을 하나하나 확인하면서 s로부터 거리가 d인 모든 노드를 찾는다. 거리가 d인 노드가 없다면 알고리듬이 종료된다.

2. 해당 노드의 모든 이웃을 찾고 각 노드의 거리 배열을 확인해서 s로부터 거리를 계산한 적이 없는지 확인한다. 예를 들면, 거리 배열에서 −1로 표시되어 있는 것을 들 수 있다. 거리를 알 수 없는 경우라면 거리 $d + 1$을 할당한다.

3. d의 값을 1만큼 늘린다.

4. 1단계부터 다시 반복한다.

알고리듬 실행이 종료되면 s에서부터 s와 같은 덩어리에 있는 모든 노드까지의 거리를 계산해둔 배열이 생긴다(같은 덩어리에 있지 않았다면 거리가 계산되지 않는다).

이 알고리듬을 실행하는 데 시간이 얼마나 걸릴까? 알고리듬이 수행하는 작업을 하나씩 살펴보자. 우선 거리의 배열을 생성하고 n개의 요소에 적절한 초깃값을 대입해야 한다. 각 요소에 값을 할당하는 시간은 일정하므로 전체적인 배열을 생성하는 데 $O(n)$의 시간을 소비한다.

알고리듬이 제대로 작동하려면 각 단계에서 n개의 노드를 모두 거쳐 거리가 d인 노드를 찾아야 하고 $O(n)$의 시간이 걸린다. 총 단계 수가 r이면 알고리듬의 이 부분에 소요되는 전체 시간은 $O(rn)$이 된다(이 r의 값에 대해서는 조금 뒤에 이야기하겠다).

거리가 d인 노드를 발견하면 해당 노드에서 잠시 멈추고 이웃들을 모두 확인해서 거리가 계산되기 전인지 확인해야 한다. 그리고 거리가 아직 계산되지 않은 노드들에 $d + 1$을 할당해야 한다. 네트워크가 인접 리스트로 저장되어 있다고 가정하면(8.3.2절 참고) 평균적으로 $O(m/n)$의 시간에 이웃의 노드를 열거할 수 있으며, 알고리듬의 전체 과정 동안 이런 탐색 작업은 각 노드에서 정확하게 한 번 일어난다. 즉, 노드의 이웃을 확인하는 데 소비하는 총 추가 시간은 $n \times O(m/n) = O(m)$

이 된다(엄밀하게는 s를 포함하는 덩어리의 각 노드에서만 이런 일이 일어나지만, 최악의 경우는 네트워크가 단일 덩어리로 이뤄진 경우이므로 n개의 모든 노드에 대해 일어나게 된다).

따라서 초기화에 걸리는 시간을 포함해서 알고리듬의 총 실행 시간은 O($n + rn + m$)이다.

그렇다면 r의 값은 얼마일까? r의 값은 알고리듬의 총 단계 수와 같고, 이는 출발지 노드 s부터 다른 노드까지의 최대 거리와 같다. 최악의 경우 이 거리는 네트워크의 지름과 같으며(모든 노드 쌍의 거리 중 가장 큰 거리를 말한다. 6.11.1절 참고) n개의 노드가 있는 네트워크의 지름은 최악의 경우일 때 $n - 1$이 된다. 이 경우는 네트워크가 한 줄로 차례로 연결된 사슬 같은 모양일 때다. 따라서 최악의 경우 알고리듬의 실행 시간은 O($m + n^2$)이 된다(표현식에서 선행 차수만 유지하는 것을 유의하자).

이것은 비관적이다. 하지만 10.2절과 11.7절에서 볼 수 있듯이 대부분의 네트워크 지름은 log n만큼만 증가하며, 이 경우 알고리듬은 시간 O($m + n$ log n)의 선행 차수로 실행된다. 이는 훨씬 나은 경우다. 하지만 이 결과조차 알고리듬 구현에 약간의 지혜를 발휘하면 더 잘할 수 있기 때문에 추가적인 논의가 필요하다.

8.5.3 더 나은 구현 방법

8.5.2절에서 설명한 알고리듬에서 가장 시간을 많이 쓰는 부분은 어디일까? 시작 노드 s에서 정확히 거리 d에 있는 노드를 찾기 위해 네트워크의 노드를 살펴보는 부분이다. 이 작업은 모든 n개의 노드를 검사하는 것과 연관되어 있는데, 사실 그중 일부만이 거리 d에 있을 법하므로 많은 시간을 낭비하는 경우가 생긴다.

너비 우선 탐색 과정의 각 단계에서 거리가 $d + 1$인 모든 노드를 찾고 거리를 할당하는 것을 보자. 그런데 이 노드의 집합은 다음 단계에서 찾고자 하는 것과 정확히 동일한 노드들이다. 즉, 이러한 노드의 목록을 저장할 수 있다면 다시 찾을 필요가 없고, 많은 시간을 절약할 수 있다.

이 아이디어의 가장 일반적인 구현은 노드 번호를 저장하는 선입선출 버퍼first-in/first-out buffer 또는 큐queue라고 불리는 데이터 구조를 사용하는 것이다. 사실 이 경우에는 크기 n의 배열에 불과하다. 알고리듬의 각 단계에서 큐의 거리 d 노드를 읽고, 이를 사용해 거리 $d + 1$의 노드를 찾은 다음 해당 노드를 큐에 추가하고 이를 반복한다.

실제로는 이 작업을 하기 위해 처음부터 큐 배열을 채우면 된다. 그리고 아직 사용되지 않은 배열의 다음 빈 위치를 나타내는 값을 가진 간단한 정수 변수인 '쓰기 포인터^{write pointer}'라고 하는 포인터를 저장해둔다. 큐에 항목을 추가하려면 쓰기 포인터가 가리키는 요소에 항목을 저장하고 다음 빈 위치를 가리키도록 포인터의 값을 하나 늘린다.

동시에 또 다른 포인터인 읽기 포인터도 저장해둔다. 이 포인터는 알고리듬이 다음에 읽어야 할 배열의 항목을 가리킨다. 각 항목은 한 번만 읽은 후 읽기 포인터가 1씩 증가하여 읽지 않은 다음 항목을 가리키게 된다.

큐의 작동 방식에 대한 간략한 그림은 다음과 같다.

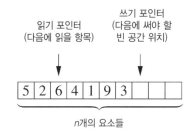

따라서 너비 우선 탐색 알고리듬은 n개의 요소로 구성된 2개의 배열을 사용한다. 하나는 위에서 설명한 큐이고, 하나는 거리를 저장하기 위한 배열이다. 새 알고리듬은 다음과 같다.

1. 시작 노드 s의 이름표를 큐의 첫 번째 요소에 배치하고 읽기 포인터가 이를 가리키도록 설정한다. 그리고 쓰기 포인터가 첫 번째 빈 요소인 두 번째 요소를 가리키도록 설정한다. 거리 배열에서 노드 s의 거리를 0으로 기록하고 다른 모든 노드까지의 거리는 알 수 없음으로 기록한다(예: 거리 배열의 해당 요소를 −1로 초기화).

2. 읽기 및 쓰기 포인터가 큐의 동일한 요소를 가리키면 알고리듬이 완료된다. 그렇지 않은 경우에는 읽기 포인터가 가리키는 요소에서 노드를 읽고 읽기 포인터를 1만큼 늘린다.

3. 거리 배열을 보고 해당 노드에 대한 거리 d를 찾는다.

4. 노드의 이웃을 차례로 살펴보고 거리 배열에서 거리를 찾는다. 이웃에게 이미 계산된 거리가 있다면 그대로 두고, 아직 계산되어 있지 않다면

$d + 1$인 것으로 기록하고 노드 이름을 큐의 쓰기 포인터 위치에 저장한다. 그리고 쓰기 포인터를 1만큼 늘린다.

5. 2단계부터 위의 과정을 반복한다.

2단계에서 쓰이는 종료 조건에 대해 생각해보자. 읽기 포인터가 쓰기 포인터와 동일한 요소를 가리키면 큐에서 읽을 노드가 없는 것이다(쓰기 포인터는 항상 빈 요소만 가리킨다). 따라서 이 테스트는 이웃을 살펴보기 위해 대기 중인 노드가 더 이상 없을 때를 알려주는 역할을 한다.

이 알고리듬은 큐 배열에서 거리가 d인 모든 노드를 차례로 읽고, 이를 사용해 거리가 $d + 1$인 모든 노드를 찾는다. 따라서 동일한 거리의 모든 노드가 큐 배열에 차례대로 나타나고, 거리 d의 바로 뒤에 거리 $d + 1$의 노드가 따라붙는다. 또한 각 노드는 최대 한 번만 큐 배열에 나타난다. 노드는 둘 이상의 이웃일 수 있지만, 처음 발견돼서 거리가 할당되는 경우에만 큐에 넣는다. 다음에 또 이웃으로 찾아지면 그 거리를 모르는 상태가 아니라 이미 알고 있으므로 큐에 다시 추가하지 않는다. 물론 노드가 너비 우선 탐색 과정에 나타나지 않은 경우, 즉 s와 다른 덩어리에 있는 경우에는 이 큐 배열에 노드가 전혀 나타나지 않을 수 있다.

따라서 큐는 우리가 원하는 바를 정확하게 수행한다. 큐는 알고리듬의 다음 단계에서 쉽게 쓸 수 있는 $d + 1$ 거리의 모든 노드 목록을 저장한다. 이렇게 하면 네트워크를 통해 이런 노드를 일일이 검색하지 않아도 되므로 많은 시간을 절약할 수 있다. 다른 모든 측면에서 알고리듬은 이전과 동일하게 작동하고, 동일한 결과를 내준다.

이 알고리듬 구현을 실행하는 데 얼마나 걸릴까? 초기화할 때 먼저 거리 배열을 설정하고 n개의 요소를 갖는 큐 배열도 설정해야 한다. 이러한 작업은 둘 다 $O(n)$의 시간이 걸린다. 그런 다음 큐의 각 요소에 대해, 즉 s와 동일한 덩어리의 각 노드에 대해 평균적으로 $O(m/n)$ 정도의 이웃들을 순회하며 다음 중 하나의 작업을 수행하게 된다. 즉, 각각 거리를 계산하여 큐에 추가하거나, 거리가 이미 계산된 경우 아무것도 않는다. 어느 쪽이든 $O(1)$의 실행 시간이 소요된다. 따라서 최악의 경우 n개의 노드를 가진 덩어리의 각 노드에 대해 $O(m/n)$시간을 쓰게 되므로, 전체 n개의 노드에 대해 최대 $n \times O(m/n) = O(m)$의 시간이 필요하다.

그러므로 초기화를 포함하여 전체 알고리듬에는 $O(m + n)$의 시간이 소요되며, 이는 가장 단순한 구현(8.5.2절)의 $O(m + n \log n)$보다 낮다. $m \propto n$인 듬성한 네트워크의 일반적인 경우 O($m + n$)은 O(n)과 동일하고, 알고리듬은 노드 수에 비례하는 시간에 따라 실행된다. 이것은 알고리듬이 시작 노드 s에서 모든 n개 노드까지의 거리를 계산하고 n보다 짧은 시간에 n개의 배열 요소에 n개의 수를 할당할 수 없기 때문에 최적의 값이다.

따라서 듬성한 네트워크에서 (큐를 사용한) 너비 우선 탐색 알고리듬은 단일 노드에서 다른 모든 노드까지의 거리를 찾는데, 우리가 기대할 수 있는 최대치만큼 잘 수행되며 실제로 이 작업을 하는 데 가장 빠르다고 알려진 알고리듬이다.

8.5.4 너비 우선 탐색의 변형 알고리듬

이야기해볼 만한 너비 우선 탐색의 여러 가지 변형 알고리듬도 있다. 첫째, 노드 s와 다른 모든 노드 사이가 아니라 단순히 한 쌍의 노드 s와 t 사이의 최단 거리를 계산하고자 할 수도 있다. 8.5절의 시작 부분에서 언급했듯이 이를 수행하는 한 가지 방법은 너비 우선 탐색을 사용해 s에서 모든 노드까지의 거리를 계산한 다음 원하는 것을 제외한 모든 결과를 버리는 것이다. 좀 더 영리하게 하고 싶다면 노드 t에 대한 거리를 찾을 때까지만 알고리듬을 수행하고 멈추는 것이다. 이 지점 이상으로 계산을 계속할 필요는 없다.

하지만 이 방법 역시 여전히 많은 낭비가 있고 훨씬 더 잘 수행하는 간단한 변형 알고리듬이 있다. 비결은 그림 8.2와 같이 2개의 관심 노드인 s와 t에서 시작해서 2개의 너비 우선 탐색을 동시에 진행하는 것이다. 알고리듬의 연속적인 단계에서 우리는 s에서 혹은 t에서 거리 1에 있는 모든 노드를 찾고, 거리를 할당한 다음 거리 2에 있는 모든 노드를 찾아 거리를 할당한다. 알고리듬은 2개의 너비 우선 탐색 중 하나가 다른 시작점에서의 탐색에 의해 이미 거리를 찾은 노드에 처음으로 거리를 계산할 때 끝난다. 두 노드 s와 t 사이의 총 거리는 두 탐색에서 찾은 이 공통 노드의 합이다(즉, s에서 이 노드까지의 거리에 이 노드부터 t까지의 거리를 더한 것과 같다).

이러한 두 시작점을 가진 너비 우선 탐색two-source breadth-first search의 경우 원하는 답을 얻기 위해 더 적은 수의 노드를 조사하게 되므로 일반적으로 표준적인 단일 시작점을 사용하는 알고리듬보다 훨씬 빠르다. 단일 시작점의 경우 알고리듬은 노드 s에서 시작해서 노드 t를 찾을 때까지 실행된다. 운이 좋다면 노드 t가 우리가 보는 첫 번째 노드가 될 수 있으며, 이 경우 알고리듬은 한 단계만으로 종료된다. 반면

이와 달리 $m \propto n^2$인 조밀한 네트워크에서는 O(n^2)의 실행 시간이 걸린다.

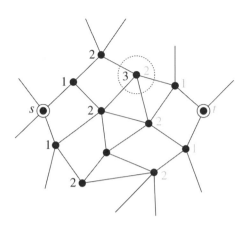

그림 8.2 두 시작점을 가진 너비 우선 탐색 알고리듬

노드 s와 t 사이의 최단 거리를 찾기 위해 s와 다른 노드 사이의 거리(검은색 숫자)와 t에서 다른 노드 사이의 거리(회색 숫자)를 계산하기 위한 2개의 동시에 진행되는 너비 우선 탐색을 시작한다. 두 검색의 첫 단계에서는 거리 1에 해당하는 노드에 거리를 할당한다. 두 번째 단계에서는 거리 2인 노드의 거리를 할당한다. 세 번째 단계에서는 거리 3에 있는 노드에 거리를 할당하기 시작하지만, 맨 위에 원으로 표시된 노드에 거리 3을 할당하려고 할 때 이미 t에서 거리 2인 점이라는 것을 확인할 수 있다. 이 지점에서 알고리듬은 멈추고 s에서 t까지 가장 짧은 거리는 이 두 거리의 합인 3 + 2 = 5가 된다.

최악의 경우 t를 마지막으로 찾고 도달하기 전에 n개의 노드를 살펴봐야 한다. 따라서 평균적으로 알고리듬이 종료되기 전에 $\frac{1}{2}n$개의 노드를 살펴봐야 한다. 이 노드 각각에 대해 평균적으로 $\mathrm{O}(m/n)$의 이웃 노드들을 확인해야 하므로 수행된 총 작업은 표준 너비 우선 탐색과 동일하게 단순하게 $\mathrm{O}(m)$이 된다(추가적으로 배열을 초기화하는 시간이 들어간다).

시작점이 2개인 알고리듬에서 확인한 노드의 수는 네트워크의 세부적인 사항에 따라 달라지기 때문에 정확히 가늠하기 더 어렵다. 그러나 11.7절에서 볼 수 있듯이, 일반적으로 너비 우선 탐색에 의해 도달한 노드의 수는 탐색한 거리 d에 따라 대략 기하급수적으로 증가한다. 따라서 거리 d만큼 떨어진 s와 t 사이의 단일 시작점 탐색은 c^d 노드에 대해 조사를 하게 된다. 우리가 이미 앞에서 말했듯 단일 시작점 탐색에서 조사하는 노드는 대략적으로 $\frac{1}{2}n$개가 되고, 일반적인 s와 t에 대해 $c^d \simeq \frac{1}{2}n$이 된다. 반면 시작점이 2개인 알고리듬은 두 탐색이 대략 $\frac{1}{2}d$의 거리에 도달하는 시점에 중지한다. 즉, 각 탐색이 $c^{d/2} \simeq \sqrt{n/2}$ 노드를 조사하게 된다. 두 탐색이 조사한 총 노드 수는 이 수치의 두 배, 즉 $\sqrt{2n}$이다. 각 노드의 이웃을 조사하기 위해 시간 $\mathrm{O}(m/n)$을 곱하면 총 실행 시간은 단일 시작점을 쓰는 경우보다 $\sqrt{n}$ 배만큼 빠른 $O(m/\sqrt{n})$이다. 예를 들어, 백만 개의 노드가 있는 네트워크의 경우 두 시작점을 가진 알고리듬이 단일 시작점을 쓰는 알고리듬보다 평균적으로 천 배 정도 빠를 것으로 예상할 수 있다.[17]

위의 경우와는 반대로 전체 네트워크의 모든 노드 쌍 사이의 최단 거리를 계산하고 싶을 때도 있다. 이것은 네트워크의 각 노드에서 차례로 시작해서 표준 너비 우선 탐색을 실행하는 것으로 구현 가능하다. 이 '모든 쌍의 최단 거리'를 계산하기 위한 총 실행 시간은 $n \times O(m + n) = O(n(m + n))$, 또는 $m \propto n$인 듬성한 네트워크에서 $O(n^2)$이다. 표준적인 너비 우선 탐색과 마찬가지로 이것은 $O(n^2)$ 시간에 $O(n^2)$만큼의 양을 계산한다는 점에서 최적이며, 이것은 우리가 기대할 수 있는 최선의 방법이다. 동일한 계산으로 노드 쌍 사이의 가장 긴 거리인 네트워크의 지름(6.11.1절)을 찾을 수도 있다. 일반적으로 모든 노드에서 시작해 너비 우선 탐색을 하고, 모든 노드에서 관찰된 가장 큰 거리를 기록하는 것보다 지름을 계산하는 더 빠른 방법은 없다.

7.1.6절의 근접 중심도는 너비 우선 탐색을 사용해 간단하게 계산할 수도 있다. 노드의 근접 중심도는 어떤 노드에서 같은 덩어리에 있는 다른 모든 노드까지 평균 거리의 역수로 정의된다. 너비 우선 탐색은 이미 덩어리 안의 다른 모든 노드까지 거리를 계산하므로, 거리 배열을 조회해서 계산된 모든 거리의 평균을 구한 다음 역을 취해서 노드의 근접 중심돗값을 얻으면 된다. 이 경우에도 실행 시간은 $O(m + n)$이다. 식 (7.22)의 조화 평균 관점에서 정의된 또 다른 근접돗값도 유사한 방법으로 동일 시간에 계산할 수 있다.

8.5.5 최단 경로 찾기

지금까지 설명한 바와 같이 너비 우선 탐색 알고리듬은 네트워크의 동일한 덩어리에 있는 어떤 노드 s부터 다른 모든 노드까지의 최단 거리를 찾는다. 이 알고리

---

17 이것은 배열을 초기화하는 데 필요한 $O(n)$시간을 계산하지 않은 것이다. 이는 $m \propto n$인 듬성한 네트워크에서 문제가 될 수 있다. 반면 듬성한 네트워크에서 기본 알고리듬의 실행 시간은 $O(m/\sqrt{n}) = O(\sqrt{n})$이다. 즉, 초기화를 포함한 알고리듬의 선행 차수 실행 시간은 여전히 $O(n)$이고 이는 단일 시작점을 쓰는 알고리듬만큼 나쁘다. 거리를 배열이 아니라 해시 테이블과 같은 데이터 구조에 저장하면 이 문제를 해결할 수 있다. 이때는 모든 노드에 대해 거리를 저장하지 않고, 계산된 노드에 대해서만 저장하고 계산되지 않은 노드들은 저장하지 않는다. 해시 테이블을 사용하면 이러한 형태로 작동이 가능하고, 빠르게 거리를 찾거나 노드에 거리가 이미 계산됐는지를 확인할 수 있다. 이미 계산된 거리만 저장하기 때문에 알고리듬 시작 시 배열을 초기화하는 것보다 훨씬 더 빠르다. 처음에는 비어 있고 $O(1)$의 시간에 삽입할 수 있다. 그래서 2개의 시작점을 갖는 알고리듬이 다시 $O(\sqrt{n})$의 복잡도를 갖게 된다. 해시 테이블은 단순한 배열보다 복잡하고 이를 사용하면 알고리듬 속도가 약간 느려지므로 해시 테이블은 일반적으로 표준적인 단일 시작점 알고리듬에는 쓰이지 않는다. 그러나 두 시작점을 가진 경우에는 효율이 높다. 코먼 등의 책[122]에서 해시 테이블에 대한 논의를 살펴보자.

듬은 그 최단 거리로 도달하는 특정한 경로를 알려주지는 않는다. 하지만 알고리듬을 아주 약간만 고치면 경로 또한 계산할 수 있다. 아이디어는 다음과 같다.

먼저 시작 노드 s부터 바깥으로 탐색하면서 기존과 같은 너비 우선 탐색 알고리듬을 수행한다. 알고리듬은 8.5.3절에 설명한 대로 큐에서 노드를 반복적으로 가져오고 이웃들을 확인한다. 그러나 이번에는 어떤 노드 i의 이웃 j가 이전에 보지 못한 노드이고, 거리가 할당되지 않은 것으로 판명되면 j에 거리를 부여함과 동시에 노드 j부터 직전의 노드, 즉 전임자^{predecessor} i까지 이어지는 포인터도 생성한다. 포인터는 i의 노드 이름표에 해당하는 노드 j에 연결된 정수만으로도 구현할 수 있다. 예를 들어, 이 포인터를 저장하기 위해 각 노드에 하나씩 n개의 요소로 구성된 새로운 정수 배열을 만들어도 된다.

너비 우선 탐색이 끝날 때까지 이 과정을 반복하면 기존과 같이 거리 배열을 구하게 됨과 동시에 각 노드부터 이전 노드까지 포인터도 구하게 된다. 그림 8.3(a)는 그림 8.1과 같은 네트워크의 이러한 포인터를 노드부터 이전 노드까지 그어진 굵은 화살표로 표현했다. 이런 무기를 활용하면 모든 노드에서 시작하여 노드의 전임자에 대한 포인터를 따라가고, 그다음에는 그 전임자의 전임자를 따라가는

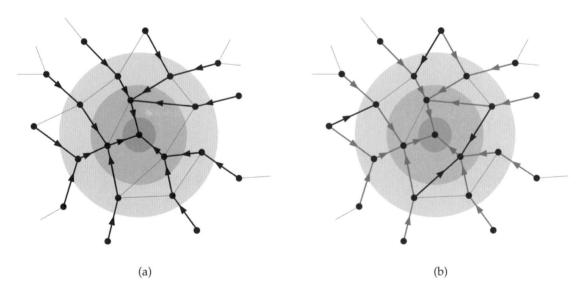

(a)   (b)

그림 8.3 최단 경로 트리

(a) 그림 8.1의 네트워크에 대한 단순 최단 경로 트리. 각 노드에는 너비 우선 탐색 과정에서 도달한 직전의 노드, 즉 '전임자'로 연결되는 화살표 혹은 포인터가 있다. 임의의 노드부터 포인터를 따라간다면 중앙에 있는 시작 노드까지의 최단 경로를 찾을 수 있다. (b) 전체 최단 경로 트리(사실은 이것은 트리가 아니라 방향성 비순환 그래프다)는 가능한 모든 최단 경로를 재구성할 수 있는 추가적인 포인터도 포함되어 있다.

것을 반복하여 s로 돌아갈 때까지 계속할 수 있다. 이렇게 구해진 경로는 s로 되돌아가는 완전한 경로이고, 알고리듬의 정의에 따라 거리 d에 있는 노드에서 거리 $d - 1$은 노드로 연결되는 포인터만 존재하므로 s에 도착할 때까지 정확히 d개의 단계가 있어야 한다. 즉, 이것이 최단 경로다.

그림 8.3(a)의 화살표와 같은 경로는 트리를 만드는 것을 기억해두자. 모든 노드에서 s까지의 경로는 정확히 1개뿐이므로 고리는 존재하지 않는다. 이 트리는 노드 s에 대한 **최단 경로 트리**^{shortest-path tree}라고도 부르며, 모든 노드에서 s까지의 최단 경로를 간략하게 표현한 것이다.

포인터를 만드는 추가적인 과정은 위에서 설명한 대로 간단한 배열에 포인터를 저장하면 O(1)시간에 빠르게 작동하게 할 수 있다. 따라서 알고리듬의 전체 실행 시간은 일반적인 너비 우선 탐색과 동일하다. 즉, s에서 모든 거리를 찾고 최단 경로 트리를 만드는 데 시간 $O(m + n)$이 걸린다.

이 알고리듬은 각 노드에 대한 최단 경로를 '하나만' 찾는다는 단점이 있다. 6.11.1절에서 이야기한 바와 같이, 한 쌍의 노드는 1개 이상의 최단 경로를 가질 수도 있다(그림 6.12 참고). 알고리듬을 약간 더 수정하면 이 경우도 처리할 수 있다.

노드 s의 최단 경로가 길이를 따라 어떤 점에서 둘 이상의 방향으로 나뉘는 경우 임의의 노드와 시작 노드 s 사이에 여러 개의 최단 경로가 만들어진다. 이러한 상황은 경로를 따라 어떤 지점, 예를 들면 s에서 거리 $d + 1$ 지점에 d의 거리를 갖는 이웃이 2개 이상인(그러니까 다시 말해 전임자가 하나 이상인) 노드 j가 존재할 때 발생한다. 이 상황은 그림 8.3(b)에서 확인할 수 있다. 이러한 경우도 최단 경로 트리에 기록할 수 있다. 이는 j에서 각각의 선행 노드에 대해 하나 이상의 포인터를 추가하는 방법을 만들면 된다. 이를 위해 위의 알고리듬을 아래처럼 수정하면 된다.

일단 직전 알고리듬처럼 노드 s에서 시작하여 너비 우선 탐색을 수행하고 새로 찾은 각 노드에서 도착한 노드에 포인터를 추가한다. 여기에 추가적인 단계를 더해보자. 출발지 노드부터 거리가 d인 노드 i의 이웃을 확인하는 과정에서 이미 거리가 할당된 이웃 j를 발견하고, 그 거리가 $d + 1$이면 이미 j가 거리 $d + 1$임을 확인했지만 현재의 노드 i를 통해서도 길이 $d + 1$인 또 다른 경로가 존재한다는 사실도 알 수 있다. 그래서 이런 경우에 j에서 i로 이어지는 포인터를 추가한다. 이 과정을 거친다면 최단 경로 트리는 더는 트리가 아니게 되지만, 사람들은 때때로 대충 이름을 지어서 이것 또한 '최단 경로 트리'라고 부른다. 이름과 무관하게 이 새로운 알고리듬은 정확히 우리가 원하던 답을 준다. 알고리듬 실행이 완료되면 최단 경로 '트리'에는 이 덩어리의 모든 노드에서 출발지 노드 s까지의 모든 최단 경로가 포함된다. 그림 8.3(b)를 다시 한번 보자.[18]

단 한 쌍의 노드 s와 t 사이의 최단 경로를 찾고자 하는 경우에는 근본적으로는 동일한 방법을 사용할 수 있지만, 8.5.4절에서 이야기한 두 시작점을 가진 너비 우선 탐색을 사용한다. 앞 절에서 설명한 대로 노드 s와 t에서 바깥쪽으로 검색하는 2개의 너비 우선 탐색을 동시에 수행하고, 두 탐색에 의해 동일한 노드에 거리가 할당되는 순간 탐색을 멈춘다. 그런 다음 두 탐색 모두에 대해 최단 경로 트리를 만든 이후 s와 t 사이의 최단 경로는 s에서 공통 노드까지의 경로와 공통 노드에서 t까지의 경로를 합친 것으로 구할 수 있다. 8.5.4절에서 이야기한 것과 같이 이 계산은 일반적으로 $O(m/\sqrt{n})$의 실행 시간이 소요되는데, 이것은 단일 시작점을 쓰는 것보다 $\sqrt{n}$ 배만큼 빠르다.

만약 s와 t 사이에 하나 이상의 최단 경로가 있고 모든 최단 경로를 찾으려고 하면 좀 더 복잡하다. 이 경우 공통 노드에서 만날 때까지 2개의 너비 우선 탐색을 반복하지만, 모든 최단 경로를 찾기 위해 각 너비 우선 탐색의 현재 단계(즉, 공통 노드와 거리가 같은 모든 노드를 다 검사할 때까지)를 계속 수행해야 한다. 이렇게 하면 또 다른 공통 노드가 있는 경우 해당 노드도 찾을 수 있다. 그런 다음 다시 2개의 최단 경로 트리를 만들고, 공통 노드 중 하나를 통과하는 경로를 최단 경로로 찾으면 된다. 1개의 공통 노드를 통과하는 경로가 2개 이상일 수도 있다. 노드 s부터 공통 노드까지, 혹은 공통 노드에서 노드 t까지 하나 이상의 경로가 있다면 두 가지를 모두 최단 경로에 포함해야 한다. 그리고 모든 최단 경로를 찾기 위해 전반부(s부터 공통 노드까지)와 후반부(공통 노드부터 t까지)의 경로들을 모두 조합해야 한다.

8.5.6 사이 중심도

7.1.7절에서는 네트워크의 노드가 다른 노드 사이의 경로에 있는 정도를 측정하며 익히 쓰이는 사이 중심도를 다뤘다. 노드 v의 사이 중심도는 v를 통과하는 노

---

18 포인터를 저장하는 방법은 이제 좀 더 복잡해져서 노드당 하나의 요소가 있는 단순한 정수 배열로는 불충분하다. 이때 2차원 배열을 사용할 수도 있고, 포인터가 추가될 때마다 크기가 자동으로 조정되는 연결 리스트나 해시 테이블 같은 동적 데이터 구조를 사용해도 된다.

드 s, t 사이의 최단 경로의 전체 수로 정의된다(때로는 전체 수가 아니라 모든 최단 경로에 대한 이러한 경로의 비율로 정규화하곤 한다. 둘의 차이는 곱셈 상수뿐이다. 7.1.7절 참고). 두 노드 사이의 한 최단 경로(혹은 여러 경로들)를 찾는 방법이 있다고 가정하면 (8.5.5절), 약간의 노력을 더해 사이 중심도를 계산하는 알고리듬도 만들 수 있다.

사이 중심도를 계산하는 가장 단순한 방법은 정의 그대로 구현하는 것이다. 8.5.5절에서 이야기한 대로 s와 t 사이의 최단 경로를 찾은 다음(이런 경로가 존재한다고 가정한다), 해당 경로를 따라 우리가 관심 있는 노드 v가 경로에 존재하는지 확인하면 된다. 모든 노드 쌍 s, t에 대해 이 과정을 반복하면 v를 통과하는 총 경로 수를 계산할 수 있다(한 쌍의 노드가 둘 이상의 최단 경로로 연결된 경우에는 상황이 좀 더 복잡해진다. 하지만 일단 이 복잡성을 무시하자. 앞으로 곧 다루게 될 것이다).

이것은 확실히 맞는 알고리듬이고 원하는 대로 작동하겠지만 비효율적이다. 앞에서 다뤘던 것처럼 한 쌍의 노드 s, t 사이의 최단 경로를 찾는 가장 좋은 방법은 두 시작점을 갖는 너비 우선 탐색을 하는 것이다(8.5.4절). 이 알고리듬은 $O(m/\sqrt{n})$의 시간 복잡도를 갖는다. $\frac{1}{2}n(n-1)$개의 각기 다른 노드 쌍이 있기 때문에, 모든 노드 사이의 최단 경로를 찾는 데는 $O(n^{3/2} m)$시간, 혹은 일반적인 $m \propto n$의 관계를 갖는 듬성한 네트워크에서는 $O(n^{5/2})$시간이 걸린다. 이것은 엄청나게 느린 것이다. 최대 수천 노드의 네트워크 정도에서는 쓸 수 있지만, 현대 네트워크 연구에서 사용하는 더 큰 네트워크에서는 계산이 불가능할 것이다.

하지만 이전 절의 결과를 일부 활용하면 훨씬 더 나은 방법을 찾을 수 있다. 먼저 일반적인 (단일 시작점) 너비 우선 탐색 알고리듬은 시간 $O(m+n)$에서 출발지 s와 (동일한 덩어리에 있는) 다른 모든 노드 사이의 경로를 찾을 수 있다는 것을 상기해보자. 8.5.4절에서 언급했듯이 이 방법을 사용해 노드의 모든 쌍 사이의 경로를 $O(n(m+n))$시간에 찾을 수 있다. 노드와 에지의 수가 $m \propto n$인 듬성한 네트워크에서는 $O(n^2)$의 복잡도를 보일 것이다.

위의 논리에 따르면 노드 v의 사이 중심도를 계산하기 위한 더 나은 알고리듬은 아래처럼 만들 수 있다. 매 노드에 대해 해당 노드에서 시작해서 너비 우선 탐색을 한 다음, 8.5.5절에서 다룬 방법으로 최단 경로 트리를 만든다. 그리고 그 트리를 사용해 각 노드에서 s까지의 경로를 추적하고 경로 중 v를 통과하는 경로의 수를 기록한다. 모든 시작 노드 s에 대해 이 계산을 반복하여 v를 통과하는 경로

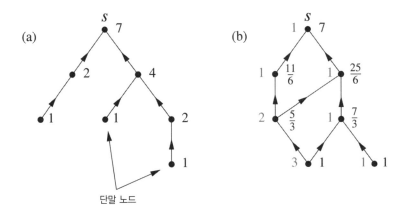

단말 노드

그림 8.4 사이 중심도의 계산

(a) 시작 노드 s(맨 위)와 다른 모든 도달 가능한 노드 사이에 단 하나의 최단 경로가 있는 경우 해당 경로는 반드시 트리를 만들게 되므로 이 경로들을 활용해 사이 중심도에 대한 기여도를 계산하는 것은 본문에 설명한 것처럼 단순하게 할 수 있다. (b) 일부 노드에 대한 최단 경로가 둘 이상이라면 계산이 더 복잡해진다. 먼저 시작 노드와 서로 다른 노드 사이의 경로 수(노드 왼쪽에 있는 수)를 계산한 다음, 이를 사용해 경로 수에 적절하게 가중치를 부여하고 사이 중심도 점수(노드의 오른쪽에 있는 수)를 구해야 한다.

의 수를 계산한다.[19] 사실 이 알고리듬을 약간 확장한다면 '모든' 노드에 대해 사이 중심도를 한 번에 계산할 수도 있다. 예를 들면, 배열을 만들어서 모든 노드를 통과하는 경로 수를 기록하면 된다.

임의의 s에 대해 이 알고리듬은 최단 경로를 찾는 데 $O(m + n)$시간이 걸린다. 정의상 최단 경로는 $\log n$의 차수인 네트워크 직경보다 작거나 같은 거리를 가지므로, 각 노드에서 s까지 n개의 경로를 탐색하는 데 $O(n \log n)$시간이 소요된다. 즉, 선행 차수만 계산하면 $O(m + n \log n)$의 복잡도가 된다. 이 과정을 모든 시작 노드 s에 대해 반복해야 하므로, 이 알고리듬은 전체를 수행하는 데 $O(n(m + n \log n))$의 시간 복잡도를 보이며, 듬성한 네트워크인 경우 $O(n^2 \log n)$이 된다.

이 알고리듬은 이전에 설계했던 $O(n^{5/2})$ 알고리듬보다는 낮지만, 여전히 더 나은 알고리듬을 찾을 수 있다. 또 다른 방식은 실제로는 최단 경로의 트리가 많은 에지를 공유한다는 사실을 이용하는 것이다. 이렇게 되면 실행 시간을

---

19 이러한 방식은 사실 각 경로를 두 번 계산한다. 노드 i와 j 사이의 경로는 i가 시작 노드일 때 한 번, j가 시작 노드일 때 한 번씩 계산되기 때문이다. 단 한 번만 계산되는 각 노드에서 자기 자신을 가리키는 경로는 제외한다(즉, 그 노드가 출발지 노드일 경우를 말한다). 그러나 이 계산법은 정확한 계산법이다. 식 (7.24)에서 정의했듯이, 사이 중심도는 노드의 셀프 에지 경로를 제외하고 모든 경로를 두 번 계산한다. 7.1.7절에서 언급했듯이 일부 연구자들은 한 경로를 한 번만 계산하는 방식의 정의를 선호한다. 하지만 이 경우에도 두 번 계산하는 방법에서 1을 더하고 2로 나누어서 쉽게 계산할 수 있다.

$O(n(m+n))$으로 줄일 수가 있다. 이 방식이 어떻게 작동하는지 이해하려면 그림 8.4(a)의 노드 s에서 시작하는 너비 우선 탐색을 활용한 최단 경로 트리의 예시를 살펴보자. 잠시 동안 s와 다른 노드 사이에 단 하나의 최단 경로만 있는 간단한 경우를 고려해보자. 이 경우 최단 경로 트리는 실제로 트리 구조가 된다. 여러 개의 최단 경로를 갖는 더 일반적인 경우는 뒤에 고려해보자.

이 트리를 사용해 해당 노드를 통과하는 최단 경로의 수를 의미하는 각 노드의 점수를 계산해보자. 먼저 트리의 '단말 노드 leaf node', 다시 말해 다른 노드에서 s까지의 최단 경로가 통과하지 않는 노드를 찾는다. 그림 8.4(a)에서 이러한 단말 노드들은 트리의 맨 아래에 그려져 있다. 우리는 이들 노드 각각에 1의 점수를 할당한다. 이 노드를 통과하는 s에 대한 유일한 경로는 이 노드에서 시작하는 경로뿐이다.[20] 그런 다음 트리의 맨 아래에서 시작해서 위쪽으로 올라가면서 각 노드의 바로 아래 노드 점수에 1을 더한 점수를 부여한다. 즉, 노드 v를 통과하는 경로의 수는 v 자체에서 시작하는 경로와 v 아래에서 시작해 v를 통과하는 모든 경로를 더한 것과 같아진다.

이러한 방식으로 트리를 끝까지 따라가 노드 s에 도착하면 각 노드의 점수는 노드 s에서 끝나는 경로의 사이 중심도와 같다. 그리고 모든 s에 대해 이 과정을 반복하고 점수를 합산하면 모든 경로에 대해 전체 사이 중심도를 구할 수 있다.

실제로 트리 위로 탐색하는 과정은 s에서 거리가 감소하는 순서로 노드 연산을 하며 구현할 수 있다. 다행히도 우리는 이미 거리 순서에 따라서 노드 목록을 갖고 있다. 너비 우선 탐색 과정에서 구해진 큐 배열이 그것이다. 따라서 실제 사이 중심도 알고리듬은 큐 배열의 노드 목록을 역방향으로 따라가서 배열의 시작 부분에 도착할 때까지 위의 방식으로 노드의 경로 수를 계산하는 것으로 실현 가능하다.

이 과정에서 수행되는 작업의 양은 최단 경로 트리의 에지 수와 비례하는데, 최악의 경우를 가정하면 네트워크의 총 에지 수와 같다. 너비 우선 탐색은 항상 그렇듯 $O(m+n)$의 시간이 걸리므로 각 시작 노드 s부터 경로를 계산하는 총 시간도 $O(m+n)$이다. 즉, 모든 n개의 노드에 대해 완전히 계산을 하는 데는

---

20 이러한 경우는 경로상의 첫 번째 노드와 마지막 노드를 해당 경로에 포함된 것으로 간주한다는 뜻이다. 203쪽의 각주 14번에서 언급한 것처럼 간혹 첫 번째와 마지막 노드는 사이 중심도 계산에서 제외하기도 한다. 이는 각 노드의 사이 중심도 점수가 덩어리 안의 노드 총수와 같은 상수만큼 더 작다는 것을 뜻한다. 이 정의에 따라 사이 중심도를 계산하려는 경우에는 여기에 설명된 알고리듬을 사용한 다음, 마지막에 각 노드에서 덧셈 상수를 빼는 것이 가장 간단한 방법이다.

$O(n(m + n))$의 시간이 걸린다.

안타깝게도 일반적인 경우에는 모든 노드 쌍 사이에 1개의 최단 경로만 있다고 가정할 수 없다. 8.5.5절에서 살펴봤듯이 최단 경로 '트리'가 실제로는 트리 구조가 아닌 경우에는 하나 이상의 경로를 가질 수 있다. 일부 노드가 노드 s까지 하나 이상의 최단 경로를 갖는 그림 8.4(b)를 예로 들어보자. 7.1.7절의 사이 중심도 정의에 따라 이러한 다중 최단 경로에는 합이 1이 되도록 동일한 가중치를 부여해야 한다. 따라서 예를 들어 3개의 최단 경로로 연결된 노드 쌍에 대해서는 각 경로마다 가중치 $\frac{1}{3}$을 곱해주어야 한다. 경로 중 일부는 전체의 일부에서 겹치는 경로를 따라가기도 하는데, 이 경우에 해당 부분에는 해당 경로에 대한 가중치의 합과 동일한 가중치를 곱해주어야 한다.

각 노드를 통과하는 경로의 가중치를 올바르게 계산하려면 먼저 각 노드부터 s까지의 총 최단 경로 수를 계산해야 한다. 이것은 다음과 같이 간단하게 할 수 있다. 노드 i에서 노드 s까지의 최단 경로는 i의 이웃 중 하나 이상을 통과해야 하며, i에서 s까지의 최단 경로의 총수는 이러한 각 이웃 노드의 최단 경로 수의 합과 같다. 이러한 덧셈 연산은 다음과 같이 너비 우선 탐색 과정을 고쳐서 계산할 수 있다.

그림 8.4(b)의 노드 s에서 시작한다고 가정하자. 다음 과정을 수행한다.

1. 시작 노드 s의 거리를 0으로 정의하고 이 노드를 큐에 삽입한 후 현재 거리 d를 0으로 설정한다. 또한 노드 s의 가중치 w_s를 1로 부여한다(이렇게 하는 이유는 바로 뒤의 과정들을 보면 알 수 있다).

2. 만약 큐의 읽기와 쓰기 포인터가 같은 위치에 있다면 너비 우선 탐색을 종료한다. 그렇지 않다면 큐의 다음 노드를 읽어온다. 이 노드를 i라고 부르자.

3. 노드 i에서 연결된 에지를 따라서 반대편 노드 j에 도달하여 아래의 과정 중 한 가지를 수행한다.

   a) 만약 j에 거리가 아직 부여되지 않았다면 거리 $d + 1$을 할당하고 가중치 $w_j = w_i$를 부여한다.

   b) 만약 j에 거리가 이미 부여되어 있고 그 거리가 $d + 1$인 경우에는 노드의 가중치를 w_i만큼 증가시킨다. 즉, $w_j \leftarrow w_j + w_i$인 연산을 수행한다.

c) 만약 j에 $d+1$보다 작은 거리가 할당되어 있다면 아무것도 하지 않는다.

4. 거리 d를 1만큼 증가시킨다

5. 2단계부터 다시 반복한다.

그림 8.4(b)의 예시에서는 위 과정에서 구한 가중치가 각 노드 왼쪽에 표시되어 있다. 각 가중치는 '트리'에서 그 위에 있는 노드들의 가중치의 합과 같다(이 예제를 통해 알고리듬이 이러한 값의 가중치들을 구하는 방법을 직접 확인해보면 이해하는 데 도움이 될 수 있다).

물리적으로 노드 i의 가중치는 시작 노드 s와 i 사이의 고유한 최단 경로의 수와 같다. 따라서 최단 경로 트리에서 j에서 i로 포인터가 있는 경우, j를 통과(혹은 여기서 시작)하고 i를 통과하는 경로의 비율은 w_i/w_j로 주어진다.

이어서 마지막으로 모든 노드에서 시작해서 s에서 끝나는 최단 경로의 사이 중심도에 대한 기여도를 계산하기 위해 다음의 절차를 밟는다.

1. 모든 단말 노드 t, 즉 s에서 다른 노드들로 가는 노드가 t를 통과하지 않는 노드들을 찾아서 $x_t = 1$의 점수를 부여한다.

2. 트리의 맨 아래부터 s를 향해 따라 올라가며 마주치는 각 노드 i에 점수 $x_i = 1 + \sum_j x_j\, w_i/w_j$의 점수를 할당한다. 여기서 합을 계산하는 노드 j는 i의 바로 아래에 있는 노드들을 의미한다.

3. 노드 s에 도달할 때까지 2단계부터 반복한다.

이렇게 구한 점수는 그림 8.4(b)의 각 노드 오른쪽에 표기해두었다. 이제 모든 n개의 시작 노드에 대해 이 과정을 반복하고 결과 점수를 합산하면 모든 노드에 대해 계산한 전체 사이 중심도를 구할 수 있다.

이 알고리듬은 일반적으로 $O(n(m+n))$, 그리고 듬성한 네트워크에서 $O(n^2)$의 시간이 소요되며 이는 이 글을 집필하는 시점에 알려진 모든 사이 중심도 알고리듬 중 가장 빠른 것이다. 그리고 모든 노드 쌍 사이의 최단 경로를 찾는 것이 필요하다는 점을 감안한다면 미래에 개발되는 모든 알고리듬 또한 이 복잡도보다 뛰어날 것 같지 않으며 여전히 $O(n(m+n))$의 복잡도를 보일 것이다. 실제로 단일 노드의 사이 중심도를 계산하고 싶을 때도 그러한 계산이 여전히 모든 최단 경로를 구해야만 하기 때문에 더 나은 계산법을 찾을 수 있을 것 같지 않다.

8.6 에지의 길이가 변하는 경우의 최단 경로

6.3절에서 가중치 네트워크, 예를 들어 인터넷 연결의 트래픽 용량이나 사회연결망의 친구 사이 접촉 빈도를 강도로 나타내는 네트워크에 대해 논의했다. 그런데 어떤 경우에는 이런 에지의 값을 길이로 해석할 수도 있다. 이 경우 도로 네트워크의 도로 거리와 같은 실제 길이일 수도 있고, 항공기의 비행 시간 또는 인터넷 연결을 따라 전송되는 패킷의 지연 시간과 같이 길이처럼 작용하는 또 다른 양을 나타낼 수도 있다. 또 다른 경우로는 길이와 유사하게 간주되는 측정치일 수도 있다. 예를 들어, 사회연결망에서 한 쌍의 지인이 다른 쌍에 비해 절반으로 자주 보는 경우 다른 쌍에 비해 그 쌍은 두 배 멀리 떨어져 있다고 말할 수 있다.

간혹 이와 같은 네트워크에서는 에지의 길이를 고려해 두 노드 사이의 최단 경로를 계산해야 할 때가 있다. 도로 네트워크를 통해 A에서 B까지의 최단 주행 경로를 계산하거나, 데이터 패킷을 최단 시간에 목적지까지 도착하게 하는 인터넷 경로를 계산하는 예를 들 수 있다(사실 많은 인터넷 라우터router가 데이터 패킷을 라우팅할 때 이런 일이 벌어지고 있다).

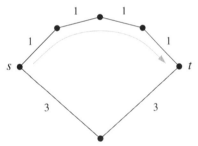

그림 8.5 다양한 에지 길이가 있는 네트워크의 최단 경로

이 네트워크의 에지마다 표시된 숫자는 길이를 나타낸다. 길이를 고려하면 s와 t 사이의 최단 경로는 화살표로 표시된 총 길이가 4의 위쪽 경로다. 이 경로는 비록 길이가 6인 다른 경로보다 더 많은 에지를 거치지만 실제로 더 가깝다.

그러나 이제 중요하면서도 귀찮은 사실을 마주하게 된다. 에지의 길이를 고려한다면 네트워크를 가로지르는 최단 경로는 8.5.5절에서 구한 것처럼 에지 수 측면에서의 최단 경로와 같지 않을 수 있다. 그림 8.5의 예를 살펴보자. 이 작은 네트워크에서 노드 s와 t 사이의 최단 경로는 4개의 에지를 거치지만, 에지 길이의 총합은 단 2개의 에지만 거치는 경쟁 경로보다 더 짧다. 따라서 일반적인 너비 우선 탐색만으로는 이러한 네트워크에서 최단 경로를 찾을 수가 없다. 이때 필요한 것이 다익스트라 알고리듬Dijkstra's algorithm이다.

너비 우선 탐색과 유사하게 다익스트라 알고리듬[21]은 주어진 시작 노드 s에서 동일한 덩어리에 있는 다른 모든 노드까지의 최단 거리를 에지의 길이를 고려해서 계산한다.[22] 각 노드까지 도달하는 데

---

21 이 알고리듬의 발명자인 네덜란드 컴퓨터 과학자 에츠허르 다익스트라(Edsger Dijkstra)의 이름을 따라 붙여졌다.

22 이 알고리듬은 모든 길이가 엄격하게 양수라고 가정한다. 일부 네트워크에서 존재하는 음수 길이의 경우 문제는 훨씬 어려워 'NP 완전(NP-complete)' 클래스의 계산 문제에 속한다. 이 경우 알려진 가장 최선의 알고리듬도 입력 수 n에 따라 지수적으로 증가한다[9]. 실제로 에지의 길이가 음수인 경우에 노드 쌍 사이에 최단 경로가 하나도 없을 수 있다. 네트워크에 음수 길이의 고리가 있다면, 이 고리를 여러 번 따라 도는 것으로 원하는 만큼 거리를 줄일 수 있기 때문이다. 엄격한 양수라는 것은 또한 길이가 0인 에지도 없다고 가정한다. 길이가 0인 에지가 있는 경우 노드 사이에 의미 있는 최단 거리를 정의할 수 있지만, 길이를 추가하지 않고 임의의 횟수만큼 횡단할 수 있는 길이가 0인 고리가 있을 수 있어 최단 경로를 잘못 찾을 수 있다. 따라서 이러한 모든 문제를 피하기 위해 여기서는 엄격한 양의 에지 길이만 고려한다.

현재 시점까지 찾은 최단 거리 기록을 저장하고, 더 짧은 경로가 발견될 때마다 해당 부분을 업데이트하는 방식으로 작동한다. 알고리듬이 종료된 시점에 각 노드에 대해 발견된 최단 거리는 실제로 모든 경로에서 가능한 최단 거리임을 증명할 수 있다. 구체적인 알고리듬은 다음과 같다.

노드 s부터 모든 노드까지 거리에 대한 현재 추정치를 저장하기 위해 n개의 요소를 갖는 배열을 만드는 것으로 시작한다. 알고리듬을 실행하는 동안에는 이 추정치가 실제 최단 거리의 상한선과 같다. 즉, 노드까지의 실제 거리는 이 추정치보다 작거나 같다. 처음에 우리는 s에서 자신까지의 거리 추정치를 0으로 정하는데, 이건 자명하게 맞는 값이다. 그리고 다른 모든 노드까지의 거리 추정치는 가장 안전한 상한선인 무한대로 둔다.

또한 주어진 노드까지의 거리가 실제로 정확한 최단 거리(그러니까 단순히 상한선이 아닌)라고 확신할 때 기록하는 n개의 요소를 갖는 또 다른 배열도 만든다. 예를 들어 우리는 확실한 거리를 구했을 때 1을 적고, 단순히 현재의 가장 나은 추정치인 경우에 0을 적는 정수 배열을 쓸 수 있다. 처음에는 이 배열의 모든 요소에 0을 집어넣는다(물론 s에서 자신까지의 거리가 0임을 확실히 알고 있으므로 노드 s에 해당하는 요소에 1을 넣어야 한다고 주장할 수도 있다. 하지만 이렇게 0으로 두는 편이 알고리듬이 더 깔끔하게 작동한다).

이제 다음 과정을 수행한다.

1. 거리가 아직 확실하게 구해지지 않은 모든 노드 중 추정 거리가 가장 작은 노드 v를 찾는다.

2. 이 거리를 확실하게 계산한 것으로 표시한다.

3. 노드 s에서 v를 거쳐서 각 이웃까지 가는 거리를 노드 s부터 v까지의 거리와 v부터 v의 이웃까지의 거리를 더해 계산한다. 이렇게 찾아진 거리 중 하나라도 기존의 거리보다 가깝다면 새로운 거리로 예전의 거리를 대치한다.

4. 모든 노드의 거리가 확실하다고 표시될 때까지 1단계부터 반복한다.

알고리듬 자체는 단순하지만 이 알고리듬이 우리가 원하는 방식대로 작동하고 진짜 최단 경로를 찾는지 바로 명확하게 보이지는 않는다. 위의 단계들 중 가장 중요한 것은 현재의 추정 거리가 실제로 확실하다고 선언하는 2단계다. 즉, 우리가

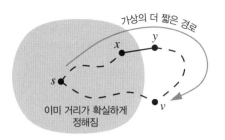

그림 8.6 다익스트라 알고리듬의 정확성에 대한 증명

노드 v가 s에서 가장 작은 추정(그러니까 확실하지 않은) 거리를 갖는 노드인 경우 해당 추정 거리는 실제로 v까지의 최단 거리와 같아야 한다. 그렇지 않고 더 짧은 경로 s, ..., x, y, ..., v가 있는 경우 해당 경로를 따라 있는 모든 점은 v의 추정 거리보다 s부터의 거리가 더 짧아야만 한다. 이 경우 y는 v보다 더 작은 추정 거리를 가져야 하므로 위 상황은 불가능하고 더 짧은 경로는 없다.

아직 거리를 확실히 알지 못하는 노드들 중에서 가장 작은 거리가 저장된 노드는 사실 그 노드까지 도달할 수 있는 가장 짧은 거리를 구한 것과 같다고 주장할 수 있다는 것이다.

이것이 사실인지 확인하려면 우리가 v라고 칭하던 노드를 다시 생각해보면 된다. 노드 v의 현재 추정 거리가 실제 최단 거리가 아니라면 s부터 v까지 더 짧은 길이를 가는 대체 경로가 있어야 한다. 이러한 경우는 그림 8.6의 상황과 같다.

이 가상의 더 짧은 경로의 어딘가에는 한 쌍의 접해 있는 노드 x, y가 존재해야만 할 것이다. 이때 노드 x의 거리는 확실히 알려져 있고, y는 그렇지 않은 범위에 있다고 하자. 노드 y에 대한 현재의 추정 거리는 위 알고리듬의 3단계에 따르면 x의 이웃을 탐색할 때 계산한 대로 s에서 x까지의 최단 거리와 x에서 y 사이의 에지 길이를 더한 값과 같다. 이 추정값 자체는 가상의 대체 경로를 따라 s부터 x를 지나 y까지 도달하는 거리보다는 작고, 이는 차례로 v의 현재 추정된 거리보다 엄격하게 작은 가상 경로의 총 길이보다 작을 것이다. 위의 관계에서 e_{uv}가 u에서 v까지의 현재 추정 거리이고, h_{uv}가 가상 경로를 따른다고 하면 다음의 관계식을 얻을 수 있다.

$$e_{sy} \leq h_{sy} \leq h_{sv} < e_{sv} \tag{8.5}$$

따라서 위의 관계식에서 s부터 y까지의 추정 거리는 v보다 엄격하게 작아야 하는데, v는 우리가 세운 가설에 따라 현재 가장 추정 거리가 짧은 노드이기 때문에 모순이 일어난다.[23] 따라서 v의 현재 추정 거리보다 길이가 작은 노드 v에 대한 경로는 없고, 앞의 2단계처럼 이 거리를 확실하게 가장 짧은 거리로 걱정하지 않고 표시해도 된다.

따라서 각 회차에서 알고리듬은 정확하게 찾아낸 거리에 확정 거리라는 표기를 하고, 모든 거리에 이 표기가 지정되면 알고리듬이 종료된다.

너비 우선 탐색과 유사하게 다익스트라 알고리듬의 실행 시간은 구현 방법에 따라 다르다. 가장 간단한 구현 방법은 각 회차에서 모든 노드를 검색하여 추정 거리가 가장 작은 노드를 찾는 것이다. 이 검색은 $O(n)$시간이 걸린다. 그런 다음 우리가 찾은 노드의 각 이웃에 대한 새로운 추정 거리를 계산해야 한다. 이는 평균적으로 $O(m/n)$의 시간이 걸린다. 따라서 한 회차가 $O(m/n + n)$이 소요되고, n회차 동안 (최악의 경우) 실행되는 전체 알고리듬의 경우 s에서 다른 모든 노드의 거리를 찾는 데 시간 $O(m + n^2)$이 걸린다.

하지만 우리는 이 과정보다 더 나은 방법을 찾을 수 있다. 알고리듬의 병목은 추정 거리가 가장 작은 노드를 찾는 데에서 벌어진다. 즉, 항상 가장 작은 거리를 추정해서 빠르게 검색할 수 있는 방식으로 예상 거리를 저장하면 계산 속도를 높일 수 있다. 이를 위해 힙^{heap}이라고 하는 특수한 데이터 구조를 사용한다. 힙은 가장 작은 숫자가 항상 힙의 첫 번째 요소가 되도록(이 경우에는 예상 거리) 저장하는 객체다. 여기서 힙이 어떻게 작동하는지 설명하지는 않겠지만, 관심 있는 독자는 코먼 등이 쓴 책[122] 같은 많은 컴퓨터 과학 교재에서 자세한 설명을 찾을 수 있다.

힙을 사용해 다익스트라 알고리듬을 구현하려면 일단 모든 노드에 대한 추정 거리를 힙에 삽입하는 것으로 시작한다(즉, 1개의 0과 $n - 1$개의 무한대를 말한다). 그런 다음 힙에서 추정 거리가 가장 작은 노드를 반복적으로 찾아서 제거하고, 이웃을 탐색하고, 필요한 경우 위에서 주어진 조건에 따라 추정 거리를 업데이트한다. 모든 노드가 힙에서 제거되고 힙이 비어 있으면 알고리듬이 종료된다. 이 계산에 쓰이는 비용을 고려해보면, 힙에서 맨 위 노드를 제거하는 데 $O(\log n)$의 계산 복잡도를 가지므로 좀 더 시간을 쓰게 된다는 것이다. 그리고 새롭고 더 나은 추정 거리로 힙의 내용을 업데이트하는 작업(최악의 경우 한 회차당 평균 $O(m/n)$회 수행)도

---

23 만약 y와 v가 실제로는 동일한 노드라면 이 문제를 해결할 수 있다고도 생각할 수 있을 것이다. 하지만 위의 논리에서 y와 v가 각기 다른 추정 거리를 갖고 있어 동일할 수 없음을 방금 보여줬으므로 이는 사실이 될 수 없다.

$O(\log n)$ 시간으로 완료된다. 이제 알고리듬의 각 회차는 $O((m/n)\log n + \log n)$의 시간이 걸리고, $m \propto n$인 듬성한 네트워크의 경우 $O(n \log n)$의 시간이 걸린다. 이것은 이 문제에 대해 알려진 최선의 실행 시간에 거의 가깝고,[24] 가중치 없는 네트워크의 동일한 문제를 푸는 데 소요되는 $O(m + n)$만큼 좋지는 않지만 이에 근접한다($\log n$의 값은 주어진 상수에 가깝다. 로그는 인수에 대해 매우 천천히 성장하는 함수다).

위에서 살펴봤듯이, 다익스트라 알고리듬은 노드 s에서 다른 노드까지의 최단 거리를 찾지만 너비 우선 탐색과 마찬가지로 이러한 거리를 갖는 실제 경로를 찾기 위해 변형할 수도 있다. 이 수정 작업은 너비 우선 탐색에서 했던 것과 매우 비슷하다. 노드에서 이전 노드를 가리키는 포인터를 활용해 최단 경로 트리를 만든다. 처음에 무한대보다 작은 추정 거리를 노드에 할당할 때 그러한 포인터를 생성하고, 현재 것보다 작은 새로운 추정 거리를 찾을 때마다 포인터가 새로운 노드를 가리키도록 변경한다. 포인터가 가리키는 마지막 위치는 최단 경로 트리에서 실제 전임자를 나타낸다. 노드까지의 거리에 대한 새로운 추정치가 현재 추정치와 정확히 같다면 노드에 포인터를 추가해 각각 2개의 대체 전임자를 나타내는 2개의 포인터를 갖게 한다. 알고리듬의 실행이 완료되면 그림 8.3과 같은 최단 경로 트리를 사용해 최단 경로 자체를 재구성하거나 사이 중심도의 가중 버전 같은 값을 계산할 수 있다.

다익스트라 알고리듬은 기술적으로 다양하게 활용된다. 예를 들어, 인터넷에서 데이터 전송을 할 때 가장 좋은 경로를 찾는 데 이용할 수 있다. 이 경우 에지의 길이는 마이크로초 단위로 계산한 데이터의 총 이동 시간을 나타내고, 최단 경로는 이동 시간이 가장 짧은 경로가 된다. 지도와 내비게이션 소프트웨어는 다익스트라 알고리듬을 활용해 주어진 목적지까지 가장 빠르게 도착하는 자동차와 도보 경로를 계산한다. 휴대폰이나 GPS 장치는 목적지까지 길 찾기를 위해 이 과정을 수행하게 된다.

---

24 힙은 두 가지 이상의 종류가 있다. 여기서 설명한 결과는 가장 일반적으로 쓰이는 **이진 힙**(binary heap)에 대한 것이다. 이론적으로 **피보나치 힙**(Fibonacci heap)[122]으로 알려진 다른 종류의 힙을 사용하면 $O(m + n \log n)$의 좀 더 나은 실행 시간을 얻을 수 있지만, 실제로는 피보나치 힙이 작동하는 방식이 다소 복잡하고 일반적으로 계산이 더 느리게 끝난다. 게다가 대부분의 프로그래밍 언어에는 이미 라이브러리 함수 형태로 바이너리 힙이 내장되어 있지만 피보나치 힙이 있는 경우는 거의 없으므로 실제로 다익스트라 알고리듬은 거의 항상 바이너리 힙을 사용해 구현된다.

8.7 최대 흐름과 최소 컷

6.13절에서는 네트워크의 독립 경로, 연결성, 컷 집합, 최대 흐름에 대해 이야기했다. 자세히 말하면 동일한 노드 s와 t를 연결하는 두 경로가 동일한 에지를 공유하지 않는 경우 에지 독립적edge-independent이고, s와 t를 제외한 다른 노드를 공유하지 않는 경우 노드 독립적node-independent이라고 정의했다. 두 노드 사이의 노드 및 에지 연결성은 두 노드의 노드 독립적이거나 에지 독립적인 경로의 수를 말한다. 또한 에지 또는 노드 연결성이 최소 에지와 최소 노드 컷 집합의 크기와 같음도 보였다. 이 값은 s와 t가 이어진 것을 끊기 위해 네트워크에서 제거해야 하는 가장 적은 에지 또는 노드의 수와 같다. 따라서 연결성은 한 쌍의 노드가 얼마나 견고하게 연결되어 있는지에 대한 간단한 측정 방법이다. 마지막으로, 네트워크를 각각 1개의 단위 흐름을 전달할 수 있는 파이프들로 구성된 네트워크라고 생각한다면 에지 연결성은 s에서 t로 전달할 수 있는 최대 흐름과 동일하다는 것도 보였다.

따라서 두 노드 사이의 독립된 경로의 수, 최소 컷 집합의 크기, 최대 흐름의 세 가지 값 중 하나만 찾는다면 이 세 가지가 모두 동등하기 때문에 세 가지 값을 모두 알 수 있다. 이 중 최대 흐름이 가장 쉽게 계산할 수 있으며, 실제로 이런 문제를 풀기 위한 모든 알고리듬은 최대 흐름을 계산하는 알고리듬이다. 이 절에서는 평균 시간 $O((m+n)m/n)$에서 두 노드 사이의 흐름을 계산하는 포드-풀커슨Ford-Fulkerson 혹은 증가 경로augmenting path라는 널리 쓰는 알고리듬을 살펴본다. 그리고 이를 통해 에지 독립적인 경로의 수와 최소 에지 컷 집합의 크기 또한 계산해보자. 이 알고리듬을 조금 확장하면 독립 경로 자체나 최소 컷 집합을 구성하는 에지 집합도 찾을 수 있다. 더불어 알고리듬을 좀 더 고친다면 노드 독립적인 경로와 노드 컷 집합도 계산할 수 있다.

이 절의 모든 논리 전개는 방향성 없는 네트워크에 관해 이뤄지지만, 이 알고리듬은 방향성 네트워크에서도 수정 없이 완벽하게 작동한다. 최대 흐름 알고리듬에 대해 더 알고 싶은 독자에게는 아후자Ahuja 등의 책[9]을 추천한다. 이 책은 이 주제에 대해 수백 페이지 넘게 기술하여 상상 가능한 거의 모든 세부 상황을 다룬다.

8.7.1 증가 경로 알고리듬

이 절에서는 네트워크 노드 간의 최대 흐름을 계산하기 위한 포드와 풀커슨의 증

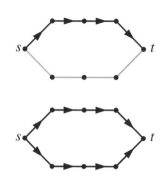

(상단) 간단한 너비 우선 탐색을 통해 이 네트워크에서 출발지 s에서 목적 지 t까지의 경로를 찾는다. (하단) 그 리고 두 번째 탐색은 첫 번째에서 사 용되지 않은 에지만 사용해 탐색을 수행해 두 번째 경로를 찾는다.

가 경로 알고리듬을 설명한다.[25] 여기서는 네트워크의 각 에지가 동일한 단일 단위의 흐름을 전달할 수 있는 경우를 고려한다. 이 알고리듬은 에지가 다른 용량을 가질 수 있는 좀 더 일반적인 상황에도 사용할 수 있지만, 여기서는 그 런 경우를 다루지 않는다.[26]

증가 경로 알고리듬의 기본 아이디어는 간단하다. 먼저 8.5절의 너비 우선 탐색 알고리듬을 사용해 출발지 s에서 목적지 t까지의 경로를 찾고, 경로에 따 라 한 단위의 흐름을 보내는 것을 고려한다.[27] 이것은 네트워크의 일부 에지를 '사용'해 더 이상 흐름을 전달할 수 없도록 용량을 채우게 된다. 그런 다음 나 머지 에지 중에서 s에서 t까지 도달하는 다른 경로를 찾고, 이 경로를 따라서 다른 흐름 단위를 보낸다. 그리고 더 이상 경로를 찾을 수 없을 때까지 이 과 정을 반복한다.

안타깝게도 이 알고리듬은 아직 제대로 작동하는 알고리듬이 아니다. 왜냐 하면 이미 설명했듯이 이 과정이 항상 최대 흐름을 찾아내는 것은 아니기 때문이 다. 그림 8.7(a)를 생각해보자. 노드 s와 t 사이에 너비 우선 탐색을 수행하면 굵게 표시된 경로를 찾는다. 불행하게도 이 경로를 따라 모든 에지를 사용하면 나머지

(a)

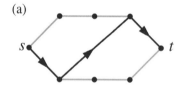

그림 8.7 증가 경로 알고리듬

(a) 출발지 s부터 목적지 s까지 너비 우선 탐색을 통해 첫 번째 경로를 찾는다. 이 과정 이후에 남은 노드들만으로 s에서 t까지 도달 가능한 경로를 찾을 수 없다. (b) 하지만 만약 에지 양방향으로의 흐름을 허용한다면(예를 들면 이 그림에서 가운데 있는 에지처럼), 또 다른 경로도 찾을 수 있다.

(b)

25 증가 경로 알고리듬은 최대 흐름을 계산하는 유일한 알고리듬은 아니다. 그러나 가장 단순하고, 평균적인 성능이 다 른 알고리듬과 비슷하므로 일반적으로 사용하기에 적합하다. 그러나 이 알고리듬은 '최악의 경우' 성능이 매우 낮다 는 점은 고려할 필요가 있다. 운이 좋지 않은 경우 알고리듬의 실행 시간이 매우 길어질 수도 있다. 또 다른 알고리 듬인 **프리플로–푸시 알고리듬**(preflow–push algorithm)[9]은 최악의 경우에 보이는 성능이 더 낮고, 평균 성능이 비 슷하지만 구현이 훨씬 복잡하다.

26 일반적인 경우에 대한 자세한 설명은 아후자 등의 책[9] 혹은 코먼 등의 책[122]을 참고하자.

27 기술적으로 경로 증가 알고리듬은 경로를 찾는 방법을 정해두지 않았다. 여기서는 좋은 성능을 보이는 것으로 알려 진 너비 우선 탐색을 사용해 찾은 것으로 가정했다. 때로는 이 버전의 알고리듬을 **최단 경로 증가 알고리듬** 혹은 **에 드먼즈–카르프 알고리듬**(Edmonds–Karp algorithm)이라고 한다.

에지로 만들 수 있는 s부터 t까지의 경로가 더는 없어서 경로를 하나만 찾고 종료된다. 하지만 실제로는 네트워크의 상단과 하단을 따라 s에서 t까지 에지 독립적인 경로가 2개 존재하고, 최대 흐름은 두 단위이므로 알고리듬이 준 답이 틀린 것이 명백하다.

하지만 이 문제에 대한 간단한 해결 방법이 존재한다. 유체가 네트워크의 에지 양방향으로 동시에 흐르도록 하는 것이다. 즉, 각 방향으로 한 단위의 흐름을 허용한다. 에지가 실제 파이프라면 이것은 불가능한 일이다. 파이프가 한 방향으로 흐르는 유체로 가득 차 있다면, 다른 방향으로 흐를 공간이 없다. 하지만 유체가 에지를 따라 양방향으로 흐르는 경우, 해당 에지의 양쪽 끝으로 들어오거나 나가는 총 흐름은 0이 된다. 즉, 실질적으로 두 흐름이 상쇄되어 총 흐름이 0이 되는 것이다. 그리고 에지를 따라 흐르는 0의 흐름은 실제로 가능하다.

그래서 이러한 트릭을 사용해 알고리듬이 모든 에지를 따라 양방향으로 흐름 단위를 배치할 수 있도록 하지만, 실제로는 해당 에지에는 아무런 흐름이 없음을 의미한다. 이것은 우리가 찾은 경로가 더 이상 독립적인 경로는 아님을 뜻한다. 두 경로가 서로 반대 방향으로 통과하는 한 에지를 공유할 수 있기 때문이다. 그러나 이것은 지금 시점에서 중요하지 않다. 우리가 찾은 총 흐름의 양은 모든 파이프가 하나 이상의 흐름 단위를 흘려보내지 않으므로 여전히 쓸 수 있는 양이기 때문이다. 이러한 알고리듬에 의해 발견된 경로는 독립 경로와 구분하여 **증가 경로**augmenting path라고 부른다.

좀 더 일반적으로, 허용된 총 흐름의 양이 상쇄된다면 에지를 따라 흐르는 단위 흐름의 수는 제한이 없다. 즉, 총 흐름이 (a) 0 혹은 (b) 어떤 방향이든 1이기만 하면 된다. 따라서 파이프를 따라서 한 방향으로는 2단위가 흐르고 다른 방향으로는 2단위가 흐르거나, 한 방향으로는 3단위가 흐르고 다른 방향으로 4단위가 흐르는 것도 가능하다. 그러나 한 방향으로 3단위, 반대 방향으로 5단위는 불가능하다.[28]

이것이 실제로 어떤 방식으로 작동하는지 보려면 그림 8.7을 다시 생각해보자. 먼저 패널 (a)에 표시된 경로를 찾는 너비 우선 탐색을 한다. 그러나 이제 패널 (b)에서 볼 수 있듯이 네트워크 중앙의 에지를 따라 한 단위의 흐름을 역방향으로 보낼 수 있다는 사실을 활용해 두 번째 경로를 찾을 수 있다. 그러나 그 후에는 에지를 따라 양방향으로 흐름이 허용되더라도 s에서 t까지 더 이상 경로가 없다. 그

---

28 방향성 에지가 있는 네트워크에서는 에지를 따라서 양방향으로 동일한 흐름(즉, 총 흐름이 0)이나 역방향보다 순방향으로 한 단위 더 많은 흐름은 가능하지만, 그 반대 방향으로는 불가능하다.

래서 알고리듬은 이 단계에서 멈추고 가능한 최대 흐름이 2단위라고 알려준다. 그리고 이 값은 정답이다.

이것은 알고리듬의 한 예일 뿐이고, 모든 경우에 맞는 답을 구할 수 있다는 것을 여전히 증명해야 한다. 이는 8.7.3절에서 다루겠다. 그러나 먼저 알고리듬의 구현 방식과 실행 시간을 살펴보자.

8.7.2 구현과 실행 시간

증가 경로 알고리듬은 구현이 간단하다. 각 에지를 따라 흐름의 양과 방향을 추적하기만 하면 된다. 먼저 각 에지들의 흐름을 0으로 설정한 후 다음 과정을 수행한다.

1. 노드 s에서 시작해서 너비 우선 탐색을 수행하고 최단 경로 트리를 만든다(8.5.5절). 하지만 너비 우선 탐색에서 이웃을 조사할 때 우리가 가고자 하는 방향으로의 용량이 아직 채워지지 않은 에지만 따라갈 수 있다는 중요한 제약사항이 있다. 즉, 에지를 따라 우리가 가고 있는 방향으로 흐르는 총 흐름이 이미 1단위라면 그 에지를 따라가지 않는다.

2. 너비 우선 탐색으로 노드 t에 도달하지 못하면 알고리듬이 종료된다.

3. 최단 경로 트리에서 s와 t 사이의 경로를 찾는다. 그러한 경로가 2개 이상 있는 경우 그중 하나만 선택한다. 어느 쪽이든 상관없다.

4. 이 경로의 각 에지를 따라 순방향으로 총 흐름을 1씩 추가한다.

5. 1단계부터 위의 과정을 반복한다.

이 과정이 끝나면 s부터 t까지 찾아낸 경로의 수가 최대 흐름과 같아진다.

한 번의 너비 우선 탐색은 최단 경로 트리를 만들고 s와 t 사이의 경로를 찾는 것을 포함해서 인접 리스트 네트워크에 대해 $O(m + n)$의 시간이 소요된다(8.3.2절과 8.5절 참고). 경로에 따른 흐름을 업데이트하는 것은 최악의 경우 네트워크의 모든 에지를 업데이트해야 하므로 $O(m)$의 시간이 걸리고 전체의 $O(m + n)$ 복잡도를 바꾸지 않는다. 6.13절에서 이야기한 것처럼 노드 s에서 노드 t까지의 독립 경로 수는 두 노드의 k_s와 k_t 중 작은 것보다 많을 수 없다. 따라서 알고리듬의 전체 실행 시간은 $O(\min(k_s, k_t)(m + n))$이 된다. 만약 무작위로 고른 여러 개의 노드 쌍에 대한 평균적인 실행 시간에 관심을 두자면, $\langle \min(k_s, k_t) \rangle \leq \langle k \rangle$(여기서 $\langle ... \rangle$

는 평균을 뜻한다)라는 사실과 $\langle k \rangle = m/n$이라는 것(식 (6.15))을 이용할 수 있다. 다시 말해, 알고리듬의 평균 실행 시간이 $O((m + n)m/n)$이 되고 $m \propto n$인 듬성한 네트워크에서는 $O(n)$이 된다(반면 $m \propto n^2$인 조밀한 네트워크에서는 훨씬 더 나쁜 $O(n^3)$의 계산 복잡도를 보인다).

몇몇 경우에는 여기에 설명된 단일 시작점 버전 대신 8.5.4절에서 이야기한 두 시작점을 가진 너비 우선 탐색으로 알고리듬의 실행 시간을 개선할 수 있다. 두 시작점 버전의 최악의 경우에는 단일 시작점 버전보다 실행 시간이 나쁘지만, 특정 네트워크, 특히 지름이 작은 네트워크의 일반적인 경우에는 성능 향상을 볼 수 있다(8.5.4절의 논의를 참고하라).

8.7.3 왜 이 알고리듬은 옳은 답을 주는가

이 증가 경로 알고리듬은 그럴듯해 보이지만 최대 흐름을 바르게 찾는 것을 바로 분명하게 확인할 수는 없다. 이것은 다음과 같이 증명하면 된다.

증가 경로 알고리듬은 노드 s부터 t까지의 한 단위 흐름씩 기여하는 경로를 찾는 것을 반복해 총 흐름이 경로 수와 같도록 하여 작동한다. 그리고 더 이상 경로를 찾을 수 없으면 알고리듬이 중단된다. 알고리듬이 올바른지 증명하려면 흐름이 최댓값에 도달할 때까지 알고리듬이 멈추지 않는 것을 보여주는 것으로 충분하다. 다시 말해, 다음의 문장을 증명해야 한다.

알고리듬을 통해 어떤 시점에서 발견된 s부터 t까지의 흐름이 가능한 최대 흐름보다 작다면 네트워크에 최소한 1개 이상의 추가적인 증가 경로가 존재해야만 한다.

알고리듬의 작동 중에 이러한 시점을 생각하고, 네트워크 에지를 따라서 흐르는 모든 개별 총 흐름 집합인 f로 해당 시점의 흐름을 나타내보자. 그리고 f_{max}는 s에서 t까지 가능한 최대 흐름을 나타낸다. 이것은 각각의 총 흐름에 대응하는 집합이다(최대 흐름을 만들어내는 방법이 두 가지 이상 있을 수 있으며 둘 중 아무것이나 고르면 된다. 어떤 것인지는 그다지 중요하지 않다). 이 경우 앞에 세운 가설에 의해 s에서 나가서 t로 들어가는 총 흐름은 f에 비해서 f_{max}가 크다. 이제 두 값의 차이인 $\Delta f = f_{max} - f$를 계산해보자. 이 값은 f_{max}의 에지마다의 총 흐름에서 f의 에지마다의 흐름을 뺀 값을 의미하며, 흐름의 방향을 보여준다(그림 8.8 참고. 예를 들어 같은

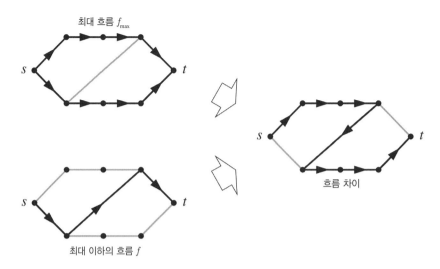

그림 8.8 증가 경로 알고리듬의 정확성

최대 흐름 f_{max}(왼쪽 위)에서 최대 이하의 흐름 f(왼쪽 아래)를 빼면 결과적으로 나오는 흐름 차이(오른쪽)에는 반드시 s에서 t까지의 경로가 하나 이상 있고, 이 경로는 반드시 f에 대한 추가적인 증가 경로다.

방향의 두 단위 흐름 간 차이는 0이고, 반대 방향의 두 흐름 간 차이는 한 방향 혹은 반대 방향으로 2가 된다).

총 흐름은 f보다 f_{max}에서 크므로 흐름 차이 Δf는 s에서 나오는 총 흐름과 t로 들어가는 총 흐름을 가져야 한다. 게다가 흐름을 구성하는 유체는 노드에서는 보존되기 때문에, s와 t를 제외한 모든 노드는 f_{max}와 f 모두에서 들어오고 나가는 순 흐름이 0이 되어야 하며, Δf에서도 0이 되어야만 한다. 즉, 유체도 Δf에서 보존된다. 그러나 Δf에서 s부터 t로 이어지는 흐름은 최소한 1개의 네트워크 경로 p를 만들어야만 한다. 왜냐하면 s에서 흐름이 출발한다면 t에 도착해야 하고, 이는 그 사이의 모든 점에서 보존돼야 하기 때문이다. 즉, 무조건 s부터 t까지 도달하는 어떠한 경로라도 존재해야만 한다.

그러나 p의 각 에지를 따라 순방향으로 Δf의 흐름이 있음을 뜻하는 경로 p가 실존한다면, 동일한 에지를 따라서 f에는 그러한 경로가 없었음이 분명하다. 만약 f에 그 흐름이 존재했다면 $\Delta f = f_{max} - f$의 뺄셈을 수행할 때 문제의 에지에서 0이나 음수가 되지만(이는 f_{max}의 흐름에 따라 다르다) 실제로는 양수다. 따라서 우리는 에지에 과부하가 생기지 않도록 p의 에지를 따라 한 흐름 단위를 f에 항상 안전하게 추가 가능하다. 다시 말해, p는 f에 대한 증가 경로임을 의미한다.

따라서 최대가 아닌 흐름의 경우 최소한 하나의 증가 경로가 항상 존재하므로 증가 경로 알고리듬이 항상 정확하게 최대 흐름을 찾는다.

8.7.4 독립 경로 찾기와 최소 컷 집합

주어진 노드 쌍 사이에서 가능한 최대 흐름을 찾으면 자동으로 최소 컷 집합의 크기와 에지 독립 경로의 수를 알게 된다. 둘 다 수치적으로 최대 흐름 단위 수와 같기 때문이다(6.13절 참고).

때로는 독립 경로가 어떤 경로를 따르는지 정확히 알고 싶을 경우가 있다. 증가 경로 알고리듬은 우리가 찾는 증가 경로가 꼭 독립 경로는 아니기 때문에 이러한 정보를 직접 주지 않는다. 하지만 약간의 확장만 하면 독립 경로를 찾을 수도 있다. 알고리듬의 마지막에서 네트워크 흐름의 최종 결과를 구하고, 이 네트워크에서 총 흐름이 0이 되는 에지를 지운다(그림 8.9 참고). 그렇게 함으로써 반대 방향으로 흐름을 상쇄하는 에지와 아예 흐름이 없는 에지를 제거할 수 있다. 나머지 에지는 반드시 실제로 최대 흐름이 거쳐가는 에지이며, 흐름이 따라가는 경로를 재구성하기 위해 노드 s부터 t까지 이러한 경로를 추적하는 것은 간단한 문제다.[29]

때로는 노드 s와 t에 대한 최소 컷 집합을 구성하는 에지 집합을 찾고 싶은 경우도 있다. 사실 대부분의 경우 최소 크기의 컷 집합이 2개 이상 있으므로 이 중 하나를 찾고 싶을 것이다. 다시 한번 증가 경로 알고리듬을 조금 확장해서 이 목적을 달성할 수 있다. 네트워크의 흐름의 최종 결과를 다시 고려해보자. 정의에 따르면 s에서 t로 흐르는 추가적인 흐름을 이 형태에 추가할 방법이 없다. 만약 그런 경로가 존재한다면 알고리듬이 종료되지 않았을 것이기 때문이다. 노드 s에서 시

그림 8.9 최종 흐름에서 독립 경로를 재구성하는 방법
총 흐름이 0인 모든 에지를 네트워크에서 지운다면 네트워크는 독립 경로로만 구성된다.

---

29 이렇게 찾은 독립 경로만 존재하는 것은 아니다. 경로를 둘 이상 선택할 수 있는 경우에도 이 알고리듬은 그중 하나만 찾는다. 어떤 것을 찾는지는 최단 경로 트리에서 s부터 t까지 경로가 둘 이상인 경우 너비 우선 탐색 때 어떤 특정한 선택을 했는지에 따라 달라진다. 또한 네트워크에는 에지 독립 경로가 노드에서 모였다가 다시 갈라지는 지점도 있을 수 있다. 이 경우에는 우리가 이 갈림길에서 어떤 에지를 따라갈 것인지 선택해야 할 것이다. 모든 선택이 올바른 경로 집합으로 이어진다는 점에서 우리가 어떤 선택을 하는지는 중요하지 않지만, 다른 선택은 다른 경로 집합을 구해준다.

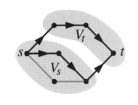

작은 네트워크에서의 집합 V_s와 V_t

작해서 추가 너비 우선 탐색을 한다면 일반적으로는 일부 노드에는 도달할 수 있지만 모든 노드에 도달하는 것은 불가능하고, 특히 t에는 절대 다다르지 못한다. V_s는 이러한 탐색에 의해 도착한 노드 집합이고, V_t는 노드 t를 포함하는 V_s에 포함되지 않은 나머지 노드의 집합이라고 생각해보자(왼쪽 그림 참고). 그러면 V_s의 노드를 V_t의 노드에 연결하는 에지 집합이 s와 t에 대한 최소 컷 집합을 구성할 것이다.[30]

이 방식은 어째서 올바르게 작동할까? 분명히 V_s와 V_t를 연결하는 모든 에지를 제거한다면 s와 t가 분리된다. 그 이후에는 둘 사이에 어떤 도달 가능한 경로도 존재하지 않기 때문이다. 따라서 V_s와 V_t 사이의 에지는 컷 집합을 구성하게 된다. 그리고 뒤의 논의를 통해 이것이 '최소' 컷 집합이라는 사실도 알 수 있다. V_s의 노드에서 V_t의 노드까지 모든 에지는 V_s에서 V_t의 단위 흐름을 전달해야 한다. 그렇지 않은 경우 V_s에서 분리되어 있는 있는 가용 용량이 생기며, 이 경우에는 너비 우선 탐색에서 이미 따라갔어야 하며 V_t가 아니라 V_s의 집합에 포함되어 있어야만 할 것이다. 하지만 이렇지 않고 V_s와 V_t 사이의 모든 에지가 단위 흐름을 운반하는 경우 이러한 에지의 수(그러니까 컷 집합의 크기)는 V_s에서 V_t로의 흐름의 크기와 동일하며, 이는 s에서 t로의 흐름이기도 하다. 그리고 최대 흐름/최소 컷 정리에 의해 최대 흐름과 크기가 같은 s와 t 사이의 컷 집합이 최소 컷 집합이므로 우리가 얻은 결과가 옳다는 것을 증명할 수 있다.

8.7.5 노드 독립 경로

에지 독립 경로를 찾는 방법을 안다면 노드 독립 경로도 쉽게 찾을 수 있다. 먼저 두 노드 s와 t 사이의 독립 노드 경로 집합은 반드시 에지 독립 경로 집합이기도 하다. 두 경로가 동일한 노드를 공유하지 않으면 동일한 에지도 공유하지 않는다. 따라서 두 경로가 동일한 노드를 통과하지 못하게 하거나, 최대 한 단위의 흐름만 통과할 수 있다는 제약사항을 추가하면 에지 독립 경로를 찾는 것과 같은 알고리듬으로 노드 독립 경로도 찾을 수 있다. 이러한 제약사항을 만드는 한 가지 방법은 다음과 같다. 먼저 우리는 그림 8.10과 같은 방향성 없는 네트워크를 연결된 모든 노드 쌍 사이의 양방향 에지로 대체한 방향성 네트워크를 만든다. 이는 네트워

---

30 이 방법에서 활용 가능한 좋은 특징은 기본적인 증가 경로 알고리듬에서 부분적으로 추가 너비 우선 탐색을 수행하게 된다는 것이다. 그래야 알고리듬이 종료됐음을 알 수 있고, 또 다른 증가 경로를 찾지 못한다. 따라서 모든 어려운 작업은 기본 알고리듬에서 완료했고, 컷 집합을 찾는 것은 사소한 추가 단계가 된다.

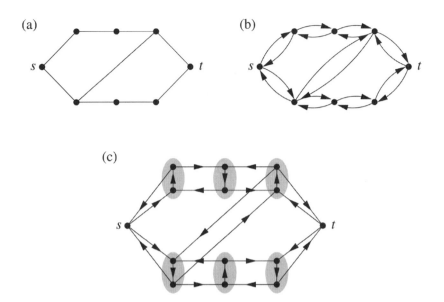

그림 8.10 노드 독립 경로 문제를 에지 독립 경로 문제로 대응시키는 방법

(a) 방향성 없는 네트워크에서 시작해서 (b) 각 에지를 2개의 방향성 에지로 바꾼 다음 (c) s와 t를 제외한 모든 노드를 그림 8.11의 방법에 따라 두 노드 사이에 방향성 에지가 있는 한 쌍의 노드로 바꾼다(음영 부분). 이렇게 하면 최종 네트워크의 에지 독립 경로가 처음 네트워크의 노드 독립 경로가 된다.

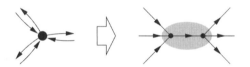

그림 8.11 노드 독립 경로 알고리듬의 노드 변환 방법

네트워크의 각 노드는 한 방향의 에지로 연결된 한 쌍의 노드로 대치된다. 그림과 같이 들어오는 모든 에지는 두 노드 중 하나에 연결되고, 모든 나가는 에지는 다른 하나에 연결된다.

크에서 가능한 최대 흐름을 바꾸지 않으므로 독립 경로의 수도 바뀌지 않는다.

다음으로 s와 t를 제외한 네트워크의 노드들을 그림 8.11의 방법으로 바꾼다. 이때 각 노드는 방향성 에지로 분리된 2개의 노드로 대치된다. 모든 들어오는 에지들은 이 두 가지 노드 중 첫 번째 노드(그림 8.11의 왼쪽 노드)에 연결되고 모든 나가는 에지들은 두 번째 에지에 연결된다. 이 새로운 조합은 원래 노드와 같이 작동하여 흐름이 들어오는 에지를 따라 들어오고 나가는 에지에 따라 나가지만 한 가지 중요한 차이점이 있다. 두 노드를 연결하는 새 에지가 다른 모든 노드와 마찬가지로 단위 용량이 있다고 가정하면, 이제 조합을 통과하는 모든 경로는 이 가운데 에지를 통과해야만 하므로 이 조합은 한 단위의 흐름만 흐르게 할 수 있다. 따라서 이 네트워크에서 가능한 모든 흐름은 각 노드를 단 한 번 통과하는 제약이 걸린 원래 네트워크의 흐름과 같아진다.

이 방법으로 그림 8.10(b)의 전체 네트워크를 변환하면 그림 8.10(c)와 같은 네트워크가 구해진다. 이제 이 방향성 네트워크에 일반적인 증가 경로 알고리듬을 적용하기만 하면 된다. 그리고 여기서 찾아진 '에지' 독립 경로의 수는 그림 8.10(a)에 있는 원래 네트워크의 '노드' 독립 경로의 수와 같다.

이 장에서는 가장 잘 알려지고 널리 사용되는 네트워크 알고리듬을 살펴봤다. 이 책에는 우리가 알아야 할 더 많은 알고리듬이 있지만, 이 장에서 모든 알고리듬을 함께 소개하기보다는 네트워크 이론과 실제에 대한 지속적인 논의 중에 이어지는 내용에서 소개할 것이다. 이 장에서 학습한 기본 도구와 경험으로 무장한다면, 나중에 나타날 알고리듬들을 이해하는 데 어려움이 없을 것이다.

연습문제

8.1 다음의 시간 복잡도는 (대략적으로) 얼마인가?

a) 작업 입력의 크기가 카펫의 평방피트를 나타내는 숫자 n일 때 이 카펫을 진공 청소기로 청소하는 경우

b) 입력의 크기가 사전에 있는 단어의 총수 n으로 주어질 때 (종이)사전에서 단어를 찾는 경우

8.2 다음 상황을 생각해보자.

a) m개의 에지와 n개의 노드가 있는 방향성 없는 네트워크에서 단일 노드의 근접 중심도를 계산하라는 요청을 받았다. 이를 위해 어떤 알고리듬을 사용해야 하며, m과 n으로 기술한 연산의 시간 복잡도는 얼마인가?

b) 도로 지도를 받아서 각 도로 구간별 평균 운전 시간을 알려주고 A에서 B까지의 평균 운전 시간이 가장 짧은 경로를 찾아야 한다. 이를 위해 어떤 알고리듬을 사용해야 하며, 연산의 시간 복잡도는 얼마인가?

c) 방향성 없는 네트워크에서 모든 덩어리를 찾기 위해 어떤 알고리듬을 사용해야 하며, 이때의 시간 복잡도는 얼마인가?

d) 주어진 노드 쌍 사이에 적어도 2개의 노드 독립적 경로가 있는지 확인하기 위해 어떤 알고리듬을 사용해야 하는가? 혹은 노드에서 모든 2개의 덩어리 bicomponent를 찾아내는 알고리듬을 제안해도 된다.

8.3 $m \propto n$인 방향성 없는 듬성한 네트워크가 있다고 가정하자. 다음의 시간 복잡도는 얼마인가?

a) 네트워크가 인접 행렬 형식으로 저장된 경우 임의의 n-요소 벡터와 인접 행렬을 곱한다.

b) 네트워크가 인접 리스트로 저장된 경우 동일한 곱셈을 수행한다.

c) 방향성 없는 네트워크의 '모듈도 행렬modularity matrix' **B**는 다음과 같은 요소를 갖는 $n \times n$ 대칭 행렬이다(14장의 식 (14.2) 참고).

$$B_{ij} = A_{ij} - \frac{k_i k_j}{2m}$$

네트워크가 인접 리스트로 저장된 경우 듬성한 네트워크의 모듈도 행렬에 임의의 벡터를 곱하기 위한 시간 복잡도는 얼마인가? 이를 구현하는 알고리듬을 간략하게 설명해보라(힌트: 첫 번째 추론하는 방법은 아마 곱셈에 시간 $O(n^2)$이 걸리겠지만, 듬성한 네트워크의 경우 이보다 더 빠르게 수행할 수 있다).

8.4 15장에서 자세히 다루겠지만, 네트워크에서 흥미로운 문제 중 하나로 노드를 하나씩 비활성하거나 제거하면 네트워크에 어떤 일이 벌어지는지를 보는 것이 있다. 이것은 예를 들면 질병이 퍼져나갈 때 사람들이 예방 접종을 하는 문제와 관련이 있다. 한 가지 일반적인 접근법은 가장 높은 링크수의 노드부터 시작해서 링크수 순서대로 노드를 제거하는 것이다. 하나의 노드를 (연결된 에지와 함께) 제거하면 다른 노드 중 일부의 링크수도 바뀔 수 있다.

대부분의 경우 실제 네트워크에서 노드를 제거하는 실험을 해서 어떤 효과를 보이는지 확인할 수는 없다. 하지만 컴퓨터 메모리에 저장된 네트워크를 가져와서 노드 중 일부를 제거하고 컴퓨터에서 벌어지는 일을 시뮬레이션해볼 수 있다. 그리고 나서 나머지 네트워크의 다양한 특징을 측정한다.

a) 만약 노드가 특정한 순서 없이 저장되어 있다고 가정한다면, 노드에서 가장 링크수가 많은 노드를 찾는 데 필요한 시간 복잡도는 얼마인가?

b) 단순한 방법으로 노드 제거를 반복하여 링크수가 가장 많은 노드를 철저하게 검색한 후 제거하고, 다음으로 링크수가 많은 높은 노드를 찾는 형태의

작업을 수행한다면 모든 노드를 제거하는 데 필요한 시간 복잡도는 얼마인가? 이때 네트워크가 인접 리스트 형태로 저장되어 있다고 가정해보자.

c) 이제 힙에 저장된 노드의 링크수를 사용해 동일한 작업을 수행하는 방법을 생각해보자. 이때 전체 계산의 시간 복잡도는 얼마인가?

d) 동일한 접근 방법으로 n개의 수를 임의의 순서로 뽑아 힙을 사용해 내림차순으로 정렬하려고 한다. 이 방법을 한두 문장 정도로 설명해보자. 이 정렬 알고리듬(힙정렬^{heapsort}이라고 한다)의 시간 복잡도가 $O(n \log n)$임을 보여라.

e) 단순 네트워크에서 노드의 링크수는 0과 n 사이의 정수다. 이러한 정수 집합을 시간 $O(n)$으로 내림차순(혹은 오름차순)으로 정렬하는 것이 가능하다. 이것이 가능한 알고리듬을 간략히 설명해보라.

8.5 네트워크가 인접 리스트로 저장되어 있는 경우, 다음 네트워크 작업의 노드 수 n과 에지 수 m으로 기술된 시간 복잡도 함수는 얼마인가?

a) 평균 링크수 계산

b) 링크수 중간값 계산

c) 각 노드 사이의 비행 시간을 알고 있을 때 총 비행 시간이 가장 짧은 두 공항 사이의 비행 경로

d) 인터넷상의 두 노드의 연결이 끊어지는 데까지 필요한 고장 난 라우터의 가장 작은 총수

8.6 8.5절에서 다룬 너비 우선 탐색 알고리듬에서 274쪽에 주어진 두 문장을 증명해보자. 즉, 네트워크의 주어진 시작 노드 s에서 거리가 d 이하인 모든 노드까지 진정한 최단 거리를 알고 있다고 가정하고, 다른 모든 노드까지의 거리가 계산되지 않았을 때 다음을 증명하라.

a) 거리 d에 있는 노드의 경우 아직 거리가 할당되지 않은 모든 이웃은 거리 $d + 1$이어야 한다.

b) 거리 $d + 1$에 있는 모든 노드는 거리 d에 있는 노드 중 최소 하나 이상의 이웃이다.

힌트: 1번 문장은 간단하게 증명이 가능하지만, 2번 문장은 좀 더 복잡하다. 노드 s에서 거리 $d + 1$에 있는 노드까지의 경로를 생각해보고, 해당 경로를 따라서 s에서 끝에서 두 번째 노드까지의 최단 거리를 생각해보면 도움이 될 수 있다.

8.7 인접 리스트 형식으로 저장된 n개의 노드와 m개의 에지를 갖는 방향성 없는

네트워크에 대해 다음을 보여라.

a) 네트워크의 지름을 구하는 데 $O(n(m + n))$시간이 걸린다.

b) 노드의 이웃을 열거하는 데 평균 $O(\langle k \rangle)$시간이 필요하다. 여기서 $\langle k \rangle$는 네트워크의 평균 링크수다. 또 이웃의 이웃을 나열하는 데 $O(\langle k^2 \rangle)$시간이 걸리는 것도 보여라.

8.8 들어오는 링크수와 나가는 링크수가 서로 상관관계가 없는 방향성 네트워크의 경우, 네트워크의 상호성^reciprocity을 계산하는 데 $O(m^2/n)$시간이 소요된다. 이때 링크수의 상관관계가 없는 조건이 왜 필요한가? 상관관계가 있다면 어떤 일이 일어날 수 있는가?

8.9 네트워크의 노드 i에 대한 새로운 중심도 x_i를 다음과 같이 기여도의 합으로 정의한다고 가정해보자. 노드 i 자신은 1, i에서 최단 거리 1에 위치한 노드들은 α, 거리 2인 노드들은 α^2 등등. 여기서 α는 $\alpha < 1$인 상수다.

a) α와 노드 쌍 사이의 최단 거리 d_{ij}를 통해 x_i에 대한 표현식을 써라.

b) 이 중심도를 계산하기 위한 알고리듬을 간략하게 설명하라.

c) 모든 i에 대해 x_i를 계산하는 시간 복잡도는 얼마인가?

CHAPTER

09

네트워크 통계와 측정 오류

네트워크 측정 통계 및 네트워크 데이터에서 발생할 수 있는 오류 유형

네트워크의 구조를 실제로 측정할 때 측정이 완전히 정확하지 않고 오류가 포함될 수 있다는 중요한 문제를 자주 간과하곤 한다. 일반적으로 과학적 실험이나 관찰에서는 우리가 측정한 값뿐만 아니라 추정된 오류의 크기도 같이 보고한다. 실험에서 전압이나 화학물질 농도를 측정할 때 관찰된 값에 표준 편차 또는 신뢰 구간confidence interval도 같이 기술하곤 한다. 행동 실험behavioral experiment을 하거나 의학적인 치료 효과를 측정할 때는 결과에 대한 신뢰도를 나타내는 유의 확률(p 값) 또는 다른 통계를 결과와 함께 보고한다. 그런데 놀랍게도 2장부터 5장까지 설명한 네트워크 측정들에 대해서는 이러한 신뢰도를 이야기하지 않는 것이 일반적이다. 예를 들어, 단백질 상호작용 네트워크나 신경망 같은 생물학적 구조에 대한 실험 데이터는 실험실에서의 측정 오류에 취약하다[283, 459, 473]. 트레이스라우트나 BGP 테이블을 사용하는 인터넷 구조 측정 문제는 추출이 불완전하고 기술적인 한계점이 있어 어려움이 있다[108, 284]. 사회연결망의 구조를 측정할 때는 참가자와 실험자 모두 주관성이 있고, 기록 오류 및 다양한 측정 오류의 영향이 있을 수 있다[56, 259, 320].

어떤 경우에는 네트워크 데이터에 대한 측정 오류가 없는 것을 네트워크를 데이터 자체의 정의로 간주해서 정당화할 수 있다. 예를 들면, 사람들이 자신의 친구라고 주장하는 사람을 설문조사하는 방법은 실제 친구 관계를 나타내는 네트워크를 측정할 때는 오류가 발생하기 쉽다. 그러나 관심 대상 자체를 누가 누구와 친구라고 말하는지를 기술한 네트워크라고 정의한다면 이 정의는 데이터에 비추어 좋은 표현이 된다. 하지만 이것은 다소 불만족스러운 접근법이다. 우리가 그렇

게 구축한 네트워크에서 하는 분석들은 대부분 이 데이터가 단순히 누군가에 의해 친구라고 칭해졌을 뿐만 아니라 실제로 우정이 반영되어 있음을 암묵적으로 가정한다. 그렇기 때문에 두 가지 네트워크가 다른 정도에 따라 우리의 분석에 오류가 있을 것이다.

네트워크 데이터의 오류는 해당 데이터에서 도출된 결론의 정확성에 큰 영향을 주는 것으로 알려져 있다[77, 163, 171, 276, 461]. 이미 출판된 네트워크 연구들도 데이터 오류를 주의 깊게 다루어 분석했는지 질문할 필요가 있다. 9장에서는 네트워크 데이터에 발생할 수 있는 다양한 종류의 오류와, 이러한 오류를 표현하고 계량화하는 방법, 그리고 오류가 분석에 미치는 영향을 이해하기 위한 통계 기술을 이야기하고자 한다.

9.1 오류의 종류

기술, 사회, 생물 등의 어떤 네트워크를 측정했다고 가정하자. 어떤 면에서 결과 데이터에 오류가 발생할 수 있을까? 가장 기본적인 방향성과 가중치가 없는 단순 네트워크를 먼저 고려해보자. 각 노드 쌍은 1개의 방향성 없는 에지로 연결되거나 연결되지 않으며, 이 네트워크는 각 요소 A_{ij}가 0 혹은 1인 대칭 인접 행렬 $\mathbf{A}$로 표현할 수 있다.

이러한 네트워크의 오류는 노드에서 일어나거나 에지에서 일어나는 두 가지 경우로 나눌 수 있다. 가능한 노드 오류의 종류는 다음과 같다.

노드 누락: 네트워크에서 하나 이상의 노드가 누락되는 오류는 일반적으로 일어난다. 실험자가 관찰하지 못한 먹이 사슬 안의 종이 있을 수 있다. 설문조사나 질문을 다 마치지 못했기 때문에 사회연결망에서 어떤 개인이 제외되기도 한다. 웹 크롤링에서는 웹 페이지 링크가 없어서 특정 페이지가 누락되기도 한다.

잘못된 추가 노드: 네트워크에는 있지만 실제로는 존재하지 않는 노드도 드물게 존재한다. 이러한 오류 유형은 이미 삭제됐지만 네트워크에는 포함된 웹 페이지라든지, 우리가 고른 기준(연령이나 위치)에 맞지 않는 사회연결망의 개인을 예로 들수 있다.

중복된 노드의 복사본: 사실 더 일반적인 추가 노드 오류는 실수로 단일 노드를 2개 이상의 다른 노드로 나타내는 경우다. 이러한 경우는 개인이 이름만으로 식별되는 사회연결망 연구에서 자주 발생한다. 예를 들어, 4.5절에서 이야기한 종류의 논문 공동 저자 네트워크 연구에서 논문의 저자는 일반적으로 출판물에 적힌 이름으로 식별한다. 저자가 각기 다른 논문에서 조금씩 다른 이름을 쓰는 것은 드문 일이 아니며(Frank Lloyd Wright, Frank Wright, F. L. Wright 등) 이 때문에 같은 사람이지만 각 이름을 나타내는 별도의 노드가 잘못 생성될 때 오류가 생긴다. 2개의 노드가 실제로는 동일한 사람을 나타내는지 확인하는 과정을 '기록 연계^{entity} ^{resolution}' 혹은 '노드 식별$^{node disambiguation}$'이라고 부르는데, 9.4.2절에서 설명할 것이다.

잘못 합쳐진 노드: 중복된 노드의 복사본 문제와 정반대 상황은 2개의 각기 다른 노드가 하나로 잘못 합쳐진 노드의 예를 들 수 있다. 다시 공동 저자 네트워크를 살펴보자. 두 명의 저자가 같은 이름을 쓸 수 있으며, 이 경우 출판 목록이 합쳐져서 두 저자가 아닌 네트워크의 단일 노드로 나타날 수 있다.[1]

그리고 에지에 대해서도 다음과 같은 오류들이 나타날 수 있다.

오류로 누락된 에지: 있어야 하는 에지가 데이터에서는 존재하지 않을 수도 있다. 이 경우를 통계적으로 위음성$^{false negative}$이라고 할 수 있다.

오류로 추가된 에지: 실제로 존재하지 않는 에지가 있는 것으로 보고될 수도 있다. 이 경우를 통계적으로 위양성$^{false positive}$이라고 부른다.

누락된 데이터: 두 노드 사이에 에지가 존재하는지 확인할 데이터가 부족할 수도 있다. 특정 연결이 단순히 측정되지 않았다면 거기에 에지가 있는지 여부를 확인하지 못한다. 이런 종류의 누락은 자주 에지가 없는 것으로 취급되지만, 두 가지 경우는 다르다는 사실을 알아야 한다. 존재의 증거가 없다고 해서 부재의 증거가 되지는 않는다. 실제로 단순히 정보가 없었을 때, 두 노드 사이에 에지가 없다고 가정하면 위음성 오류가 생길 수 있다.

에지 오류는 통계적으로 다루기 쉽고 노드의 오류보다 더 쉽게 이해할 수 있으

---

1 특히나 이 문제는 동양계 이름에서 많이 나타난다. 일부 학술지에서는 저자의 전체 이름이 아니라 이름의 이니셜과 성을 쓰게 되어 있는데, 예를 들면 위의 F. L. Wright 같은 경우다. 이러한 기술 방법은 서양계에서는 크게 문제가 되지 않으나, 동양계 명명법에서는 성보다 이름이 개인을 구분하는 데 더 중요한 역할을 하므로 이러한 문제가 더 많이 발생한다. 한국인 다섯 명 중 한 명이 김씨임을 떠올려보자. – 옮긴이

므로 노드 오류보다는 에지 오류에 더 많은 시간을 할애해 설명할 것이다. 하지만 노드 오류 또한 일반적으로 발생하며 연구와 계산 결과에 상당한 영향을 미칠 잠재적인 위험이 있으므로 무시해서는 안 된다.

방향성이 있거나 가중치가 있는 네트워크에서 생기는 또 다른 오류도 있다. 예를 들어 방향성 네트워크에서 에지의 방향이 잘못 보고될 수 있는데, 이는 비교적 드물게 발생하는 일이다. 더 일반적인 문제는 가중치 네트워크에서 가중치를 잘못 보고하거나 잘못 추정하는 것이다. 이러한 종류의 오류는 도로의 교통량이나 먹이 그물에 있는 종 사이의 에너지 흐름을 측정하거나 하는 일에 영향을 줄 수 있다.

9.2 오류의 원인

네트워크 구조를 측정할 때는 네트워크 종류와 측정의 종류에 따라 다양한 오류의 원인이 존재한다. 가능한 모든 오류를 여기서 나열하지는 않겠지만, 몇 가지 예를 들어보겠다.

설문조사 혹은 질문지를 사용해 사회연결망을 측정하는 경우: 설문조사나 인터뷰, 질문지를 통해 조사하는 사회연결망 측정의 경우 질문자나 응답자의 주관성이나 편견, 정량화 오류, 기록 오류, 누락된 데이터 등이 발생할 수 있다[56, 259, 320]. 예를 들어, 친구가 누구인지 물을 때 응답자마다 '친구'라는 단어를 다른 방식으로 해석할 수 있으므로 한 사람은 특정한 종류의 관계만을 생각하고 다른 사람은 일반적인 우정이라고 생각할 수도 있다. 더불어서 응답자가 모호한 답변을 하고, 해당 답변이 의미하는 바를 결정하기 위해 해석이 필요한 경우에는 질문자(실험자)의 주관성이 개입될 수 있다. 실험자는 주관성을 최소화하도록 설문조사를 설계하고자 노력하겠지만, 일부 주관성이 개입되는 것은 불가피하다. 정량화 오류는 응답자가 제출한 정성적인 답변을 복잡한 숫자로 변환하는 과정에서 발생할 수 있고, 기록 오류는 여러 가지 이유로 질문에 대한 답변을 잘못 기록할 때 발생한다.

이런 사회 조사에서 데이터 누락은 흔히 일어나는 일이다. 이러한 설문조사는 일반적으로 자발적으로 참여하게 되고 응답자가 일부나 전체 질문에 대한 답변을 거부할 수 있다. 대상 그룹의 일부 구성원은 완전히 누락될 수도 있다. 예를 들면, 회사에서 설문조사를 할 때 그날 출근하지 않은 사람들이 누락될 수 있다. 특히 시간에 따라서 동일한 네트워크를 반복적으로 측정하는 일명 종단 연구에서는 누락된 데이터가 아주 큰 문제가 되기도 한다. 동일한 참가자 그룹이 반복된 장기간의 설문조사에 참여하는 것은 어려울 수 있으며, 첫 번째 설문조사에는 참여했지만 나중에는 참석하지 않는 사람들이 많이 존재한다.

더 위험하고 다루기 어려운 조사 데이터의 오류는 조사 자체의 설계 때문에 응답이 누락되거나 잘리는 것이다. 설문조사 또는 설문지가 특정 사항을 질문하지 않으면 해당 데이터는 당연히 누락된다. 이러한 문제의 전형적인 예시는 응답자에게 제한된 수의 네트워크 연결을 답변하도록 요청하는 4.2절에서 이야기한 '고정 선택' 연구가 있다. 라포포트[Rapoport]와 호바스[Horvath][400]의 연구를 예로 들어보자. 이 연구에서 응답자들은 학교에서 가장 친한 친구 중 최대 8명의 이름만 답변하도록 요청받았지만 그 이상은 답변하지 못했다. 친구가 8명이 넘는 응답자는 다른 친구들을 말할 기회가 없었고, 결과적으로 많은 친구 관계가 기록되지 않았을 가능성이 높다.

다른 데이터로 만든 사회연결망: 동물의 사회연결망과 같이 직접 관찰하여 구성된 사회연결망은 데이터 수집에 관찰자가 적극적으로 참여하지 않으므로 관찰 대상에 대한 편향의 영향을 덜 받겠지만, 정량화 및 기록 오류뿐만 아니라 관찰을 해석할 때도 편향의 위험성이 여전히 있다. 아카이브 또는 제3자의 기록으로 구축한 사회연결망은 어떤 면에서는 신뢰할 수 있지만, 그 자체에 문제가 있다. 예를 들면, 페이스북 같은 온라인 사회연결망에서 누가 누구와 '친구'인지 기록하는 네트워크는 어떤 의미로 노드들이 연결되어 있는지 분명하다. 두 사람이 페이스북 친구이거나 아닌 것을 나타내기 때문이다. 하지만 사람마다 친구 요청을 하거나 수락하는 기준은 여전히 다를 수 있다. 어떤 사람은 임곗값이 높아서 적은 수의 요청만 수락할 수도 있고, 또 어떤 사람들은 친구를 요청하는 모든 사람과 기쁘게 친구를 맺을 수도 있다. 그럼에도 불구하고 실험자가 네트워크의 모든 에지가 동등한 관계를 나타낸다고 가정한다면 도출된 결론에 오류가 생길 수 있다. 제3자와 아카이브 소스의 데이터도 불완전할 수 있는데, 9.1절에 설명한 대로 노드를 잘못 합치거나 분해할 수 있다. 예를 들어 누가 누구에게 이메일을 보냈는지 기록한 데이터는 구할 수 있는 이메일 데이터 중 가장 품질이 좋은 것이겠지만, 불완전하거나 짧은 시간 동안만 기록됐을 수 있다. 또한 개인이 이메일 주소만으로 식별된다면 많은 중복 노드가 생길 수 있다. 한 개인이 2개 이상의 이메일 주소를 갖는 일은 사실 흔하다.

생물학적 네트워크: 5.1절의 물질대사, 단백질, 유전자 조절 네트워크와 같은 생물학적 네트워크는 실험실에서 측정하며, 주된 오류는 실험실 측정 오류에 기인한다. 생물학적 시스템의 자연적 변화 및 통제되지 않은 실험 조건을 비롯한 다양한 이유로 실험은 매 측정마다 정확히 같은 결과를 주지 못한다.

예를 들어, 5.1.2절에서 논의한 단백질-단백질 상호작용 네트워크를 생각해보자. 해당 절에서 설명한 대로 두 단백질이 상호작용해서 단백질 복합체를 형성하는지 결정하기 위한 몇 가지 방법(예: 공면역침전, 단백질접종법, 직렬친화성정제)이 있다. 이러한 방법들의 정확도가 다르긴 하지만 완전히 신뢰할 수 있는 방법 또한 없다. 동일한 실험을 단순히 두 번 반복해도 동일한 결과가 나오지 않을 수 있다는 것이다. 한 번은 두 단백질이 상호작용하고, 다른 경우에는 하지 않는다고 말할 수도 있다. 예를 들어, 크로간^{Krogan} 등[283]의 연구에서는 네트워크의 전체 형태를 만들기 위해 데이터를 결합해서 4,000번 이상의 직렬친화성정제 실험을 조합해 광범위한 단백질 상호작용 네트워크를 만들었다. 원칙적으로 특정 상호작용이 그 작용을 시험한 실험의 절반 이상에서 발견된다면 올바른 것으로 추정하고 네트워크에 추가하는 간단한 기준을 만드는 것을 생각해볼 수 있다. 하지만 실제로는 이러한 데이터를 해석하는 더 정교하고 신뢰할 수 있는 방법이 있다(9.3절 참고).

인터넷: 구조에 대한 실증 연구는 특유의 측정 오류에 취약하다. 2.1절에서 논의했듯이, 인터넷 구조는 일반적으로 네트워크 노드 사이의 경로를 찾은 다음(트레이스라우트나 BGP 테이블을 사용해) 이러한 경로를 모아서 네트워크의 전체 그림을 그리는 방식으로 만들어진다. 이런 방식의 문제는 추출된 경로에 나타나지 않은 에지를 모두 생략한다는 점이다. 샘플 크기를 매우 크게 잡아도 일부 에지가 누락될 가능성이 있으며, 현실적인 이유로 여러 시작점이 아닌 한 시작점에서 많은 경로를 추출하는 경향 때문에 문제가 복잡해진다. 라키나^{Lakhina} 등[284]의 연구에 따르면 추출된 경로에 특정 에지가 포함될 확률은 시작점부터의 거리에 따라서 감소하므로 단일 지점에서 시작하는 경로의 경우 가까운 에지가 멀리 있는 것보다 훨씬 많이 포함될 수 있다. 클로젯^{Clauset}과 무어^{Moore}, 그리고 동료들[3, 108]의 연구에 따르면 이러한 방식으로 추출한다면 네트워크에 멱함수 법칙 분포가 존재하지만 실제로는 존재하지 않는 것처럼 잘못된 네트워크를 추출할 수 있음을 보여줬다. 인터넷 구조의 가장 핵심적인 결과 중 하나는 링크수 분포가 멱함수 분포를 따른다는 것이다(10.4절 참고).

네트워크의 가장 기본적인 특징인 링크수 분포는 10.3절에서 설명한다.

월드와이드웹: 하이퍼링크를 통한 월드와이드웹의 구조 관측은 근본적으로 매우 안정적이다. 두 웹 페이지 사이에 링크가 관측된다면 이에 대한 논쟁거리는 없다. 하지만 링크는 시간이 지남에 따라서 나타났다가 사라지므로 오늘 측정한 것이 내일이나 어제의 네트워크 상태를 잘 나타내지 못할 수 있다. 더군다나 이런 관측은 3.1절에서 이야기한 것처럼 동적 웹 페이지 때문에 어려움을 겪는다. 웹에서 보는 많은 페이지는 데이터베이스에서 동적으로 생성되며 누군가가 요청할 때 생성된 후 사라진다. 구글 같은 검색 엔진의 결과 페이지가 좋은 예다. 가능한 동적 페이지의 수는 사실상 무한대이므로 현실적으로 모든 페이지를 찾을 수 없다. 따라서 웹 네트워크의 지도를 만들 때 동적 페이지를 포함하는 시기와 방법을 결정해야 한다. 이는 네트워크 구조에 일정 수준의 주관성과 임의성을 가져온다.

하지만 웹 관측에서 가장 심각한 오류는 아마도 네트워크에 접근 불가능한 영역이 완전히 생략되는 것 때문일 것이다. 3.1절에서 논의한 바와 같이, 웹 네트워크는 일반적으로 페이지를 찾기 위한 웹 링크의 자동화된 서핑으로 관측한다. 정의상 이 과정은 (a) 아무도 링크하지 않거나, (b) 찾을 수 없는 다른 페이지들만 링크한 페이지는 찾지 못한다. 결과적으로 현재 위치의 '상류^{upstream}'에 있는 네트워크의 영역은 네트워크의 나머지 부분과 완전히 떨어진 영역과 마찬가지로 (네트워크에서는 들어오는 덩어리$^{in-component}$라고 부르는) 서핑을 통해 도달할 수 없다. 이러한 문제에 따라 관측이 되지 않는 부분의 크기를 추정하는 것은 어렵지만, 일부 연구에서는 이를 전체 네트워크의 절반 정도라고 추정하기도 한다[84].

웹사이트들의 도달 가능성과 덩어리 구조에 대한 논의는 10.1.1절을 참고하라.

9.3 오류의 추정

이제 오류를 계량하고 추정하는 방법과 이 오류가 우리가 측정하는 네트워크에 미칠 수 있는 영향을 살펴보자. 길이, 무게, 전압과 같은 실제 수량에 대한 일반적인 측정 오류를 계량하는 데 사용되는 기술을 다시 살펴보면서 이야기를 시작하는 것이 유용할 것이다.

9.3.1 측정 오류에 대한 전통적인 통계 방법론

실험실 혹은 현장에서 어떤 양 x를 측정할 때 우리는 그 양의 실젯값(때로는 알려지지 않은 기본 참값$^{ground-truth value}$)이 존재한다고 암묵적으로 가정한다. 이 값을 z라고 표시한다. 우리의 측정은 일반적으로 이 실젯값을 불완전하게 반영해서 나타난다. 우리가 종종 완전히 이해하지 못하는 다양한 과정에서 이런 결과의 오류가 나타난다. 지금까지 알려진 가장 일반적인 모형은 측정된 값 x가 실젯값 z와 정규 분포에서 가져온 임의의 추가적인 양(오차)을 더한 것과 같다는 가우스 혹은 정규 분포 모형이다.

수학적으로는 측정치 x를 다음과 같은 확률 분포에서 추출했다고 말한다.

$$P(x|z, \sigma) = \frac{1}{\sqrt{2\pi\sigma^2}} e^{-(x-z)^2/2\sigma^2} \tag{9.1}$$

여기서 $1/\sqrt{2\pi\sigma^2}$은 전체를 적분하면 1이 되도록 하는 정규화 상수이고, σ는 정규 분포의 표준 편차를 뜻한다. σ의 값은 실측값에서 얼마나 오차가 많이 더해지는지 그 크기를 매개변수로 만든 것이다.

우리 실험의 목표는 오차의 일반적인 크기를 알려주는 σ의 추정치와 원래 값인 z의 가장 최선의 추정치를 찾는 것이다. 이를 위한 일반적인 방법은 x를 여러 번 측정한 후, 이를 결합해서 z와 σ를 추정하는 것이다. 이를 수행하는 방법에 대한 이론은 최대가능도기법$^{method of maximum likelihood}$을 기반으로 한다.

9.3.2 최대가능도기법

측정하고자 하는 양을 N번 측정하고, $x_1, \ldots, x_N$으로 각각의 측정 결과를 표기한다고 생각해보자. 이러한 측정값은 (a) 서로 통계적으로 독립적이며 한 측정값이 다른 측정값에 영향을 미치지 않고, 식 (9.1)에서와 같이 표준 편차 σ의 정규 분포를 따라 실젯값 z 주위에 무작위적으로 분포되어 있다고 가정한다. 이 상황은 그림 9.1에 나와 있다.

측정값은 서로 독립적이기 때문에 이런 측정값 집합이 나타날 전체 확률은 개별 확률의 곱으로 표현할 수 있다.[2]

$$P(x_1, \ldots, x_N | z, \sigma) = \prod_{i=1}^{N} P(x_i | z, \sigma) = \prod_{i=1}^{N} \frac{1}{\sqrt{2\pi\sigma^2}} e^{-(x_i-z)^2/2\sigma^2} \tag{9.2}$$

이 확률을 z와 σ가 주어진 데이터 x_i의 가능도^{likelihood}라고 부른다.

---

2 기술적으로 이것은 **확률 밀도**(probability density)다. 이 확률 밀도는 부피 $d^N\mathbf{x}$의 작은 부분에 특정 값이 존재할 확률이 $P(x_1, \ldots, x_N | z, \sigma)\, d^N\mathbf{x}$임을 의미한다. 하지만 어느 쪽으로 생각하든 논리 전개는 동일하다.

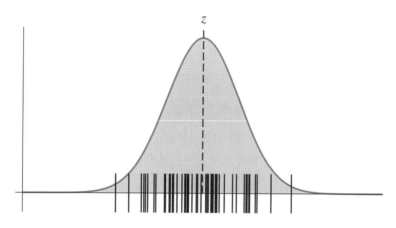

그림 9.1 실젯값에 대한 측정 오류

세로 점선에 해당하는 실젯값 z를 반복적으로 표시한다. 하지만 수평축을 따라 있는 직선으로 표시한 측정값에는 실험 오차가 포함되어 있으므로 z와 완전히 같지는 않다. 대신 이 경우 실선으로 그려진 정규 분포 혹은 가우스 분포를 따라 z 주변에 무작위로 분포하게 된다. 우리의 목표는 데이터에서 z 값과 이 곡선의 너비를 추정하는 것이다.

일반적으로 우리는 z와 σ 값을 모르고 관찰된 데이터 x_i만 있다. 그럼에도 불구하고 z와 σ를 추정할 수 있을까? 가능하다. 정확하게는 주어진 데이터 x_i에서 z와 σ의 값으로 가장 가능성이 높은 값을 찾을 수 있다. 이는 확률에 대한 베이즈 규칙$^{Bayes' rule}$을 통해 다음과 같이 계산할 수 있다.

$$P(z, \sigma | x_1, \ldots, x_N) = P(x_1, \ldots, x_N | z, \sigma) \frac{P(z)P(\sigma)}{P(x_1, \ldots, x_N)} \tag{9.3}$$

여기서 $P(z)$는 z의 사전 확률$^{prior\ probability}$이라 부르는 값이며, 때때로 줄여서 '프라이어^{prior}'라고도 한다. 이 값은 데이터 x_i를 모르는(혹은 아직 측정하기 전에) z가 특정 값을 가질 확률을 뜻한다. 마찬가지로, $P(\sigma)$와 $P(x_1, \ldots, x_N)$은 σ와 데이터의 사전 확률이다.

z와 σ의 가장 가능성 있는 값은 정의에 따라서 가장 높은 확률 $P(z, \sigma | x_1, \ldots, x_N)$을 갖는 값이며, 이는 식 (9.3)을 관찰된 $x_1, \ldots, x_N$을 고정한 상태로 최대로 만드는 값을 찾음으로써 추정할 수 있다. 그런데 x_i가 고정된 값이라면, 사전 확률 $P(x_1, \ldots, x_N)$ 또한 고정되어 있으며 이는 상숫값이 된다. 더 나아가 일반적으로 사전 확률 $P(z)$ 및 $P(\sigma)$도 변하지 않는 상숫값이라고 가정하자. 즉, 이런 모든 값이

선험적으로 동등한 가능성이 있다고 가정한다.[3] 이 가정에서 다음 식을 얻을 수 있다.

$$P(z, \sigma | x_1, \ldots, x_N) \propto P(x_1, \ldots, x_N | z, \sigma) \tag{9.4}$$

즉, 이 식은 $P(z, \sigma | x_1, \ldots, x_N)$의 최댓값이 $P(x_1, \ldots, x_N | z, \sigma)$의 최댓값과 같은 위치에 있음을 뜻한다. 따라서 z와 σ의 최댓값은 식 (9.2)의 가능도를 최대로 만드는 값을 찾는 것으로 두 변수에 대해 모두 간단하게 구할 수 있다.

이것이 최대가능도기법이다. 현재 문제에 적용해보면 단순히 식 (9.2)를 미분하고, 이 미분값이 0이 되는 값을 찾는 방식으로 구할 수 있다. 예를 들어, z에 대해 미분한다면

$$\sum_{i=1}^{N} \frac{x_i - z}{\sigma^2} \prod_{j=1}^{N} \frac{1}{\sqrt{2\pi\sigma^2}} e^{-(x_j - z)^2 / 2\sigma^2} = 0 \tag{9.5}$$

몇몇 값을 상쇄시키면 이 값을 $\sum_i (x_i - z) = 0$ 형태로 정리할 수 있고, 이는 다음 수식과 동등하다.

$$z = \frac{1}{N} \sum_{i=1}^{N} x_i \tag{9.6}$$

마찬가지로, 식을 σ로 미분한다면 다음 식이 얻어진다.

$$\sum_{i=1}^{N} \left[\frac{(x_i - z)^2}{\sigma^3} - \frac{1}{\sigma} \right] \prod_{j=1}^{N} \frac{1}{\sqrt{2\pi\sigma^2}} e^{-(x_j - z)^2 / 2\sigma^2} = 0 \tag{9.7}$$

이 식은 $\sum_i [(x_i - z)^2 - \sigma^2] = 0$ 형태로 정리할 수 있고, 다음 수식처럼 쓸 수 있다.

$$\sigma^2 = \frac{1}{N} \sum_{i=1}^{N} (x_i - z)^2 \tag{9.8}$$

다시 말해, 데이터를 기반으로 가우스 분포의 평균 z 및 표준 편차 σ에 대한 최선의 추정치를 구하면 우리에게 익숙한 공식인 식 (9.6)과 식 (9.8)의 형태로 주어진다.

---

3 z와 σ의 범위가 무한하기 때문에 모든 값이 동일할 가능성이 있다고 실제로 가정할 수는 없다. 그러나 우리는 모든 값이 우리가 다루는 특정 데이터와 같은 값을 가질 것을 기대할 수 있는 모든 범위를 포함하는 큰 범위에서 동등하게 가능성이 있다고 가정할 수는 있다.

우리 모두 학생 시절에 이 공식을 배웠지만 이것이 왜 올바른 공식인지 아무도 논의하지 않았다. 그냥 이것을 믿음으로 받아들이기를 기대하는 것이다. 하지만 그럴 필요는 없다. 사실 표본 평균과 표준 편차 공식은 최대가능도 원리를 이용해 유도 가능하다.

실제로 사용할 때 유용할 수 있는 작은 팁이 있다. 대부분의 상황에서는 가능도가 아니라 가능도에 로그를 취한 값인 로그 가능도^{log-likelihood}를 사용한다. 지금까지 이야기한 상황에서 로그 가능도는 다음과 같다.

$$\log P(x_1, \ldots, x_N | z, \sigma) = -\tfrac{1}{2} N \log 2\pi\sigma^2 - \sum_{i=1}^{N} \frac{(x_i - z)^2}{2\sigma^2} \qquad (9.9)$$

$\log x$는 x에 대한 단조 증가 함수이기 때문에, 더 큰 x는 항상 더 큰 $\log x$ 값을 보인다. 즉, $\log x$의 최댓값은 x의 최댓값과 같은 위치에 있다. 따라서 가능도의 최댓값을 찾든 로그 가능도의 최댓값을 찾든 최댓값의 위치를 동일하게 찾을 수 있다. 일반적으로 로그 가능도의 최댓값을 찾는 편이 항상 더 쉽다. 예를 들어 현재 식 (9.5)의 복잡한 표현 대신, 식 (9.9)를 z에 대해 미분하고 0이 되는 극값을 찾으면 다음과 같다.

$$\frac{1}{\sigma^2} \sum_{i=1}^{N} (x_i - z) = 0 \qquad (9.10)$$

이 식을 정리하면 식 (9.6)과 동일한 식을 다시 한번 얻을 수 있다. 유사한 계산을 σ에 대해 수행해도 동일한 결과를 얻을 수 있다.

다시 가능도 식을 들여다보면 상수를 곱한다고 최댓값의 위치가 바뀌지 않으므로 상수 곱은 무시할 수 있다는 사실도 알 수 있다. 이러한 상수는 로그 가능도의 덧셈 항에 해당한다. 예를 들어, 식 (9.9)의 첫 번째 항은 다음과 같이 다시 쓸 수 있다.

$$\tfrac{1}{2} N \log 2\pi\sigma^2 = \tfrac{1}{2} N \log 2\pi + N \log \sigma \qquad (9.11)$$

이때 $\tfrac{1}{2} N \log 2\pi$는 상수 항이므로 무시할 수 있다. 다시 말해, 최댓값을 찾기 위해 z나 σ에 대해 미분하면 이 항이 사라지므로 계산에서 아무런 역할도 하지 않게 된다.

9.3.3 네트워크 데이터의 오류

일반적인 실험 데이터에서 오류를 어떻게 다루는지 살펴봤으므로 이제 네트워크 데이터의 오류 문제로 돌아가자. 측정된 데이터와 오류에 대한 모형을 가정한 다음 정답과 오류를 모두 추정하기 위한 최대가능도기법을 사용해 동일한 식으로 처리하면 된다. 우리의 논의는 [361, 362]와 같은 참고문헌들의 방식을 밀접하게 따른다.

네트워크를 측정할 때 측정 대상은 단일 수보다 더 복잡한 네트워크의 전체 인접 행렬이 된다. 그럼에도 불구하고 확률 모델을 사용해 동일한 방식으로 측정에 대한 불확실성을 이야기하는 것을 생각해볼 수 있다. 알려지지 않은 인접 행렬 $\mathbf{A}$라고 하는 진짜 네트워크가 있다고 가정해보자. 그리고 측정 오류가 잠재적으로 있는 네트워크의 구조를 일부 추출하여 측정하고, 이러한 측정에서 $\mathbf{A}$나 $\mathbf{A}$의 근사치를 추정하려고 한다. 네트워크의 전체 구조 측정, 개별 에지 측정, 물질대사 네트워크 측정, 인터넷의 라우팅 경로 추적과 같은 다양한 형태의 측정이 이러한 작업에 해당할 것이다. 또한 일부 또는 모든 성분을 반복적으로 측정한다면, 오류의 결과로 각 성분이 얼마나 달라지는지 파악할 수 있을 것이다.

측정에 오류가 어떤 식으로 섞여 드는지 설명하는 모델을 가정해보자. 앞 절에서 고려한 단순한 실수 데이터와 달리, 이런 경우에는 광범위하게 쓸 수 있는 하나의 표준 모델이 존재하지 않는다. 그래서 네트워크 오류 모델은 우리가 다루는 네트워크의 유형과 측정하는 값에 따라 다양한 형태를 취한다. 다음 절에서 오류 모델의 몇 가지 특정 예를 살펴보겠지만, 그 전에 잠시 일반적인 이론에 대해 논의해보자. 모형이 특정한 측정값(데이터)을 갖는 확률에 대해 기술하고 있다고 하자. 실수 측정에 표준 편차 σ가 관여하는 것처럼, 기본 참값인 $\mathbf{A}$에 어떤 추가적인 매개변수가 도입되어 측정값을 나타낼 것이다. 이 확률을 $P(\text{data}|\mathbf{A}, \theta)$라고 부르자. 여기서 θ는 모든 매개변수를 통칭한다.

이제 베이즈 규칙을 사용해 다음과 같은 식을 쓸 수 있다.

$$P(\mathbf{A}, \theta|\text{data}) = P(\text{data}|\mathbf{A}, \theta)\frac{P(\mathbf{A})P(\theta)}{P(\text{data})} \tag{9.12}$$

오른쪽에 있는 모든 값에 대한 식을 구할 수 있다면, 이제 이 확률이 최대치가 되도록 행렬 $\mathbf{A}$와 모형 매개변수 θ의 가장 가능성 있는 값을 찾을 수 있다. 이것들을 활용하면 모형 자체와 함께 네트워크 구조의 추정치뿐만 아니라 해당 구조의 오류 또한 계량해줄 수 있다.

9.3.4 EM 알고리듬

9.3.2절과 비슷한 접근 방식을 사용한다면 $\mathbf{A}$와 θ 모두에 대해 식 (9.12)를 최대화하는 값을 찾게 될 것이다. 그러나 가장 단순한 오차 모형의 경우에도 이 계산은 어려울 수 있다. 행렬 $\mathbf{A}$는 이산값 객체이므로 가우스 오차 모델처럼 단순한 미분으로는 최댓값을 찾을 수 없으며, 매개변수 θ는 연속값일 수 있지만 이의 미분값은 종종 어려운 복잡한 방정식으로 나타난다.

그러므로 통계에서 가장 널리 사용되는 우아한 접근법인 기댓값 최적화 알고리듬^{expectation-maximization algorithm}, 즉 EM 알고리듬으로 칭하는 다른 접근법을 사용한다.

일단 계산의 첫 단계로 $\mathbf{A}$를 잠시 생각하지 않고 매개변수 θ에 대해 생각해보자. 단순하게 하기 위해 매개변수 θ는 하나만 있다고 가정하자. 이렇게 생각하고 둘 이상으로 일반화하는 것은 간단한 일이다.

먼저 다음 형태로 매개변수 θ에 대한 최선의 추정치를 찾을 수 있다.

$$P(\theta|\text{data}) = \sum_{\mathbf{A}} P(\mathbf{A}, \theta|\text{data}) \qquad (9.13)$$

여기서 합은 모든 가능한 인접 행렬 $\mathbf{A}$에 대해 구하면 된다. 즉, 관찰한 네트워크와 동일한 노드 수 n을 갖는 모든 네트워크에 대한 계산이다(원칙적으로 계산은 다른 네트워크들에도 일반화할 수 있지만, 일단은 방향성과 가중치가 모두 없는 네트워크만 고려하자). $P(\theta|\text{data})$를 최대화하는 θ를 찾는다면 이제 관찰 데이터가 주어졌을 때 가장 가능성 있는 θ 값을 얻을 수 있다. 9.3.2절에서 이야기한 바와 같이 우리는 일반적으로 확률 자체가 아니라 확률의 로그를 최대화하는 경우가 많으며, 여기서도 그런 방식을 취할 것이다. 즉, 우리는 다음 식을 최대화할 것이다.

$$\log P(\theta|\text{data}) = \log \sum_{\mathbf{A}} P(\mathbf{A}, \theta|\text{data}) \qquad (9.14)$$

위의 식을 θ에 대해 최대화하면 된다.

이미 이야기했듯이 위 식을 직접 최대화하는 것은 어려운 일이다. 우리가 얻게 되는 수식은 복잡하고 계산하기 어렵다. 대신에 다음의 트릭을 써보자. 여기서는 옌센 부등식^{Jensen's inequality}을 사용한다. 이 식은 가중 평균에 로그를 취한 것은 로그 값을 가중 평균한 것보다 항상 크거나 같다는 것이다.

$$\log \sum_i q_i z_i \geq \sum_i q_i \log z_i \tag{9.15}$$

여기서 z_i는 양수의 집합이고, q_i는 합이 1이 되는 음수가 아닌 가중치의 집합이다 (즉, $\Sigma_i \, q_i = 1$). 얀센의 부등식은 로그가 위로 볼록하다는 사실에서 구할 수 있다. 증명은 하단의 각주 4를 참고하자.[4]

만약 식 (9.15)에서 $x_i = q_i z_i$ 관계를 이용해 대치한다면, 다음 식이 유도된다.

$$\log \sum_i x_i \geq \sum_i q_i \log \frac{x_i}{q_i} \tag{9.16}$$

그리고 이 부등식 관계를 식 (9.14)에 대입하면 다음 식을 얻을 수 있다.

$$\log \sum_{\mathbf{A}} P(\mathbf{A}, \theta | \text{data}) \geq \sum_{\mathbf{A}} q(\mathbf{A}) \log \frac{P(\mathbf{A}, \theta | \text{data})}{q(\mathbf{A})} \tag{9.17}$$

이 관계식은 0보다 큰 어떤 $q(\mathbf{A})$에도 성립한다. 이때 $\Sigma_{\mathbf{A}} \, q(\mathbf{A}) = 1$이다. 그래서 $q(\mathbf{A})$를 인접 행렬 $\mathbf{A}$에 대한 (적절하게 정규화된) 확률 분포로 생각하는 것이 유도에 도움이 될 것이다.

한 가지 유용하게 쓰이는 특수한 $q(\mathbf{A})$의 값은 다음과 같다.

$$q(\mathbf{A}) = \frac{P(\mathbf{A}, \theta | \text{data})}{\sum_{\mathbf{A}} P(\mathbf{A}, \theta | \text{data})} \tag{9.18}$$

위 식을 이용해 식 (9.17)의 우변을 다시 쓰면 다음 식을 얻게 된다.

---

4 N개의 양수 $z_1, ..., z_N$이 있고, 음수가 아닌 합이 1이 되는 $q_1, ..., q_N$이 있다고 하자. 그리고 $f(x)$는 임의의 어떤 선형 함수 $f(x) = mx + c$를 가정해보자. 여기서 m과 c는 상수다. 그리고 다음 식을 계산해보자.

$$f\left(\sum_i q_i z_i\right) = m \sum_i q_i z_i + c = m \sum_i q_i z_i + c \sum_i q_i = \sum_i q_i (m z_i + c) = \sum_i q_i f(z_i)$$

두 번째 동치 관계에서는 $\Sigma_i \, q_i = 1$이라는 사실을 활용했다. $f(x)$를 점 $x = \Sigma_i \, q_i z_i$에서 $\log x$에 접하는 선형 함수로 선택해보자. $\log x$는 위로 볼록하기 때문에 $f(x) \geq \log x$의 관계는 모든 양의 x 값에 대해 성립하고, 접하는 점 $x = \Sigma_i \, q_i z_i$에서는 두 값이 같아진다. 따라서 다음 식이 성립한다.

$$\log \sum_i q_i z_i = f\left(\sum_i q_i z_i\right) = \sum_i q_i f(z_i) \geq \sum_i q_i \log z_i$$

그리고 위에 따라 결과가 도출된다. 이러한 동일한 증명 방식은 어떤 위로 볼록한 함수를 골라도 동일하게 사용할 수 있다. 로그 함수는 그냥 이 중 한 가지 특수한 경우일 뿐이다.

$$\sum_{\mathbf{A}} q(\mathbf{A}) \log \frac{P(\mathbf{A}, \theta | \text{data})}{q(\mathbf{A})} = \frac{\log \sum_{\mathbf{A}} P(\mathbf{A}, \theta | \text{data})}{\sum_{\mathbf{A}} P(\mathbf{A}, \theta | \text{data})} \sum_{\mathbf{A}} P(\mathbf{A}, \theta | \text{data})$$

$$= \log \sum_{\mathbf{A}} P(\mathbf{A}, \theta | \text{data}) \tag{9.19}$$

다시 말해, 이 특수한 $q(\mathbf{A})$에 대해 식 (9.17)은 부등식이 아니라 완전한 등식이 된다. 같은 것을 기술하는 또 다른 방법은 $q(\mathbf{A})$의 가능한 모든 선택지에 대해 식 (9.18)은 식 (9.17)의 우변을 최대화하는 값이라는 것이다(우변은 항상 좌변보다 작거나 같기 때문에 가능한 최댓값은 두 변의 값이 같을 때 존재한다).

이제 우리는 다음과 같은 논거를 펼칠 수 있다. 모든 $q(\mathbf{A})$의 가능한 선택에 대해 식 (9.17)의 우변을 최대화한다면 좌변과 동일하게 되고, 이는 식 (9.13)에 의해 $P(\theta|\text{data})$의 값과 같다. 그리고 $P(\theta|\text{data})$를 최대화하는 θ를 찾는다면 우리가 원하는 답, 그러니까 θ의 가장 가능성 있는 값을 얻을 수 있다. 다시 말하자면 식 (9.17)의 우변을 두 번, 그러니까 처음에는 $q(\mathbf{A})$에 대해 그다음에는 θ에 대해 최대화를 한다면 θ의 가장 나은 추정치를 얻을 수 있다.

사실 겉보기에는 이 방법이 그리 유용해 보이지 않는다. 우리는 예전에 식 (9.13)에서 한 번 최대화하는 것을 두 번 최대화하는 것으로 바꾸었다. 하지만 이 것이 우리에게 정확히 필요한 과정임이 밝혀져 있다. 이중 최대화$^{\text{double maximization}}$를 할 때 어떤 방식을 쓸지는 중요하지 않다는 것에 주목해보자. 원하지 않는 경우 $q(\mathbf{A})$에 대해 먼저 최적화하고 θ에 대해 최적화하지 않아도 된다. 어떤 방법을 사용하더라도 같은 값을 내줄 것이다. 이중 최적화를 하는 가장 간편한 방식 중 하나는 어떤 한 값을 고정하고 다른 한 값으로 최적화한 이후에 반대로 최적화한 값을 고정시키고 고정시켰던 값을 최적화하고, 이 과정을 반복하는 것이다. 그리고 이렇게 반복하여 공통 최댓값에 수렴할 때까지 반복하면 된다.

접근 방식은 다음과 같다. 먼저 θ를 고정한 후 $q(\mathbf{A})$에 대해 식 (9.17)의 우변을 최대화한 다음 $q(\mathbf{A})$를 고정하고 θ에 대해 최대화한다. 그리고 값이 변경되지 않을 때까지 반복하여 답을 찾는다. 이미 $q(\mathbf{A})$에 대해 최대화하는 방법은 확인했다. 이 최댓값은 식 (9.18)로 주어진다. 이제 남은 일은 θ를 최대화하는 일만 남아 있다. 식 (9.17)의 우변을 θ에 대해 미분하고 $q(\mathbf{A})$를 고정한 후 이 값이 0인 극값을 찾는 식은 다음과 같다.

$$\sum_{\mathbf{A}} q(\mathbf{A}) \frac{\partial}{\partial \theta} \log P(\mathbf{A}, \theta | \text{data}) = 0 \qquad (9.20)$$

(만약 우리가 가정한 것과 다르게 하나 이상의 매개변수가 있다면 각 매개변수마다 이런 방정식이 하나씩 있을 것이다.) 이제 θ에 대해 이 방정식을 푼다. 조금 뒤에 그 예시를 살펴보자.

EM 알고리듬은 식 (9.18)과 식 (9.20)을 수렴할 때까지 반복하는 것으로 구성되어 있다. 일반적으로 이러한 반복 과정은 컴퓨터에서 수치적으로 계산하지만 손으로 계산 가능한 몇 가지 간단한 경우도 있다. 전문 용어로 식 (9.18)은 EM 알고리듬의 기댓값 단계, 즉 E단계라고 하고, 식 (9.20)은 최대화 단계, 즉 M단계라고 한다.

EM 알고리듬을 매개변수(혹은 여러 매개변수들) θ의 값만 계산하는 방법으로 설명하긴 했지만, 유도가 완료된 이후에 아름다운 특징을 알 수 있다. 의도치 않게 실제의 참값 $\mathbf{A}$도 계산하게 된다. 알고리듬의 마지막에서 최댓값으로 수렴한다면 θ뿐만 아니라 $q(\mathbf{A})$도 최댓값을 얻는다. 식 (9.18)이 우리가 구한 최댓값을 나타내 준다면 다음 식을 얻게 된다.

$$q(\mathbf{A}) = \frac{P(\mathbf{A}, \theta | \text{data})}{\sum_{\mathbf{A}} P(\mathbf{A}, \theta | \text{data})} = \frac{P(\mathbf{A}, \theta | \text{data})}{P(\theta | \text{data})} = P(\mathbf{A} | \text{data}, \theta) \qquad (9.21)$$

다시 말해, $q(\mathbf{A})$의 최종적인 값은 네트워크가 주어진 데이터와 θ에 대해 인접 행렬 $\mathbf{A}$를 구할 확률로 주어진다. 즉, 가장 가능성 있는 실젯값을 계산하기 위해 우리가 할 일은 $\mathbf{A}$에 대해 이 양의 최댓값을 찾는 것이 된다.

그러나 실제로는 $\mathbf{A}$에 대해 최대화를 하지 않고 전체 확률 분포 $P(\mathbf{A} | \text{data}, \theta)$를 사용하는 것이 더 나은 경우가 많다. 이 사후 분포posterior distribution는 정답에 대해 많은 정보를 준다. 가장 가능성 있는 것뿐만 아니라, 잠재적인 가능성이 있는 모든 정답의 상대적인 확률을 주기 때문이다. 어떤 의미에서는 사후 분포가 실제로 우리가 원래 알고자 했던 모든 것을 알려준다. 그것은 네트워크의 구조를 포착함과 동시에 그 구조의 불확실성 또한 포착한다. 확률 분포가 $\mathbf{A}$의 한 값 또는 적은 수의 유사한 값들을 중심으로 강하게 최댓값에 도달한다면 네트워크 구조에 대해 확실성이 높은 것이다. 분포가 넓게 퍼져 있고 $\mathbf{A}$의 여러 값에 분산되어 있다면 불확실성이 크다.

따라서 두 가지 접근 방법이 존재한다. 일반적인 평균과 표준 편차를 찾는 통계적 과정과 유사하게 측정 오류 모형을 매개변수화해서 매개변수 θ와 $\mathbf{A}$의 가장 가능성 있는 값을 계산하는 것이다. 또 다른 방법은 전체 사후 분포 자체를 쓰는 것이다. 둘 다 실제로 사용 가능한 방법들이다. 첫 번째는 사람들이 흔히 알고 싶은 단일 네트워크 구조만 준다는 장점이 있다. 두 번째 방법은 네트워크에 대해 더 많은, 때로는 훨씬 많은 정보를 알 수 있다는 장점이 있다.

9.3.5 독립적인 에지 오류

이전 절에서 소개한 방법의 구체적인 예를 살펴보자. 전체 네트워크를 반복적으로 측정해서 총 N번 측정했다고 가정하자. 각 측정에는 노드의 모든 쌍을 통해 노드가 서로 에지로 연결되어 있는지 여부를 확인하는 과정이 들어가 있다. 실험 오류로 인해 동일한 노드 쌍에서 여러 번 측정한 값이 일치할 수 있다. 이때 노드 쌍 i, j가 에지가 있는 것으로 관찰된 횟수를 E_{ij}로 표시하자.

이제 데이터에 오류를 주는 방식을 모사하는 데 사용할 모형을 정해야 한다. 우리가 사용할 수 있는 모형이 많이 있지만 가장 간단한 것은 모든 측정이 통계적으로 독립적이고 같은 형태로 참값에 의존한다고 가정하는 것이다. 이러한 모형은 2개의 매개변수를 사용해 만들 수 있다. 첫 번째 매개변수는 진양성률^{true positive rate}이라 부르고, 실제로 두 노드 사이에 에지가 있는 경우 에지를 관찰할 확률을 뜻한다. 이 확률을 α로 표시한다. 두 번째 매개변수는 위양성률^{false positive rate}이라고 부르고, 실제로 에지가 없는 경우에 에지가 있다고 관찰할 확률을 뜻한다. 이 확률은 β라고 표시한다.

이런 매개변수 조건에서 노드 쌍 i, j에 대해 N번의 측정을 하고 특정한 E_{ij}만큼 에지를 관찰할 확률은 실제 네트워크에서 i와 j 사이에 에지가 있을 때 $\alpha^{E_{ij}}(1 - \alpha)^{N - E_{ij}}$로 주어지고, 실제로는 존재하지 않는 경우에는 $\beta^{E_{ij}}(1 - \beta)^{N - E_{ij}}$로 주어진다. 혹은 이 두 경우를 합쳐서 다음과 같이 쓸 수도 있다.

$$P(E_{ij}|A_{ij}, \alpha, \beta) = \left[\alpha^{E_{ij}}(1 - \alpha)^{N - E_{ij}}\right]^{A_{ij}} \left[\beta^{E_{ij}}(1 - \beta)^{N - E_{ij}}\right]^{1 - A_{ij}} \qquad (9.22)$$

위 식에서 첫 번째 성분에 A_{ij} 거듭제곱을 하면 참값에서 i와 j 사이에 에지가 있는 경우에만 나타난다. 마찬가지로, 두 번째 성분에 $(1 - A_{ij})$의 거듭제곱을 하면 에지가 없는 경우에만 나타난다.

이제 전체 측정에 대해 모든 노드 페어의 확률식을 써보면 식 (9.22)를 모든 조합에 대해 곱하는 형태로 다음과 같이 나타낼 수 있다.

$$P(\text{data}|\mathbf{A}, \alpha, \beta) = \prod_{i<j} \left[\alpha^{E_{ij}}(1-\alpha)^{N-E_{ij}}\right]^{A_{ij}} \left[\beta^{E_{ij}}(1-\beta)^{N-E_{ij}}\right]^{1-A_{ij}} \qquad (9.23)$$

이것은 앞에 보여준 $P(\text{data}|\mathbf{A}, \theta)$와 같은 방식으로 쓰일 것이다. 이 식이 $i<j$인 노드 쌍에서만 곱해지는 것에 유의하자. 그러면 모든 노드 쌍이 한 번만 계산된다 ($i=j$인 노드 쌍은 우리가 다루는 단순 네트워크에는 셀프 에지가 없기 때문에 계산되지 않고, 이것이 옳다).

이 표현법으로 무장하고 이제 EM 알고리듬을 적용해보자. 먼저 식 (9.12)의 베이즈 규칙을 적용해보자.

$$P(\mathbf{A}, \alpha, \beta|\text{data}) = P(\text{data}|\mathbf{A}, \alpha, \beta)\frac{P(\mathbf{A})P(\alpha)P(\beta)}{P(\text{data})} \qquad (9.24)$$

전에 했던 것처럼 사전 확률인 $P(\alpha)$와 $P(\beta)$는 균일하다고 가정하자(α와 β 모두 확률이기 때문에 0에서 1 사이 범위에서 주어진다). 즉, α와 β의 모든 값은 선험적으로 같은 정도의 가능성이 있다. $\mathbf{A}$의 경우 모든 네트워크가 동일할 가능성이 있는 균일한 사전 확률을 가정할 수 있지만, 이는 각 노드 쌍이 에지로 연결될 확률이 50%이기 때문에 대부분의 실제 네트워크에선 비현실적이다. 우리가 지금까지 살펴본 것처럼 대부분의 실제 네트워크는 매우 듬성하며 에지가 있을 평균 확률은 50% 미만이다. 따라서 그 대신 각 에지가 또 다른 확률 ρ로 나타나는 사전 확률을 채택해서 다음과 같이 써보자.

$$P(\mathbf{A}|\rho) = \prod_{i<j} \rho^{A_{ij}}(1-\rho)^{1-A_{ij}} \qquad (9.25)$$

이것으로 모형에 새로운 세 번째 매개변수를 도입하게 된다. 그래서 식 (9.24)는 다음과 같이 바뀐다.

$$P(\mathbf{A}, \alpha, \beta, \rho|\text{data}) = P(\text{data}|\mathbf{A}, \alpha, \beta)\frac{P(\mathbf{A}|\rho)P(\rho)P(\alpha)P(\beta)}{P(\text{data})} \qquad (9.26)$$

여기서 사전 확률 $P(\rho)$가 역시나 균일하다고 가정한다.

식 (9.23), (9.25), (9.26)을 모두 합치면 다음 식을 얻을 수 있다.

$$P(\mathbf{A}, \alpha, \beta, \rho | \text{data}) = \frac{1}{P(\text{data})} \prod_{i<j} \left[\rho \alpha^{E_{ij}} (1-\alpha)^{N-E_{ij}} \right]^{A_{ij}} \left[(1-\rho) \beta^{E_{ij}} (1-\beta)^{N-E_{ij}} \right]^{1-A_{ij}}$$

$$(9.27)$$

이제 EM 알고리듬을 사용해 이 식을 최대화하면서 관찰값에 대해 가장 가능성 있는 값을 계산하게 될 것이다. 관찰 데이터가 고정되어 있으므로 사전 확률 $P(\text{data})$ 또한 고정되어서 최댓값의 위치에 영향을 받지 않을 것이다.

식 (9.27)을 EM 알고리듬의 E단계 수식인 식 (9.18)에 대입하면 다음 식을 얻을 수 있다.

$$
\begin{aligned}
q(\mathbf{A}) &= \frac{\prod_{i<j} \left[\rho \alpha^{E_{ij}} (1-\alpha)^{N-E_{ij}} \right]^{A_{ij}} \left[(1-\rho) \beta^{E_{ij}} (1-\beta)^{N-E_{ij}} \right]^{1-A_{ij}}}{\sum_{\mathbf{A}} \prod_{i<j} \left[\rho \alpha^{E_{ij}} (1-\alpha)^{N-E_{ij}} \right]^{A_{ij}} \left[(1-\rho) \beta^{E_{ij}} (1-\beta)^{N-E_{ij}} \right]^{1-A_{ij}}} \\
&= \prod_{i<j} \frac{\left[\rho \alpha^{E_{ij}} (1-\alpha)^{N-E_{ij}} \right]^{A_{ij}} \left[(1-\rho) \beta^{E_{ij}} (1-\beta)^{N-E_{ij}} \right]^{1-A_{ij}}}{\sum_{A_{ij}=0,1} \left[\rho \alpha^{E_{ij}} (1-\alpha)^{N-E_{ij}} \right]^{A_{ij}} \left[(1-\rho) \beta^{E_{ij}} (1-\beta)^{N-E_{ij}} \right]^{1-A_{ij}}} \\
&= \prod_{i<j} Q_{ij}^{A_{ij}} (1-Q_{ij})^{1-A_{ij}}
\end{aligned}
$$

$$(9.28)$$

여기서

$$Q_{ij} = \frac{\rho \alpha^{E_{ij}} (1-\alpha)^{N-E_{ij}}}{\rho \alpha^{E_{ij}} (1-\alpha)^{N-E_{ij}} + (1-\rho) \beta^{E_{ij}} (1-\beta)^{N-E_{ij}}} \qquad (9.29)$$

즉, 네트워크 $\mathbf{A}$에 대한 사후 분포는 각 노드 쌍에 대해 하나씩 주어지는 단일 항인 Q_{ij}의 곱에 의해 결정된다. 여기서 Q_{ij}의 값은 관찰된 측정값이 주어질 때 노드 i와 j 사이에 에지가 있을 확률을 나타낸다. Q_{ij}는 인접 행렬을 일반화한 $n \times n$ 대칭 행렬 $\mathbf{Q}$의 각 요소로 생각할 수 있다. Q_{ij}가 0이나 1이면 일반적인 인접 행렬의 요소처럼 작동한다. 즉, 노드 i와 j 사이에 에지가 있거나 없는 것이다. 그 사이에 있는 값의 경우에는 관찰값과 측정 오류를 모두 설명할 수 있다. 예를 들어, $Q_{ij} = 0.9$이면 i와 j가 네트워크에서 에지로 연결되어 있을 가능성이 높지만 연결되지 않을 확률은 여전히 10%이면 이는 실험의 불확실성을 나타낸다. 반대로 $Q_{ij} = 0.1$이면 i와 j 사이에 에지가 없을 수 있지만, 10% 확률로는 우리가 틀릴 수도 있다. 이러한 방식으로 측정된 결과와 오류가 한 가지 수로 기술되는 반면, 실제 데이터에 대한 기존의 접근 방식에서는 결과와 오류를 나타내기 위해 평균과

표준 편차라는 2개의 수가 필요하다.[5]

EM 알고리듬의 나머지 절반은 식 (9.20)의 M단계다. 우리 모형에는 α, β, ρ라는 세 가지 매개변수가 있기 때문에 식 (9.20)은 여기서 3개의 방정식이 되는데, 각각 한 변수에 대해 미분을 한 식이 된다. 식 (9.27)을 미분하고 식 (9.28)의 $q(\mathbf{A})$ 식을 빌려오면 다음과 같은 관계를 구할 수 있다.

이 식에서 N은 네트워크를 측정한 횟수이고 n은 노드의 수이므로 구별하도록 주의해야 한다.

$$\alpha = \frac{\sum_{i<j} E_{ij} Q_{ij}}{N \sum_{i<j} Q_{ij}}, \qquad \beta = \frac{\sum_{i<j} E_{ij}(1 - Q_{ij})}{N \sum_{i<j}(1 - Q_{ij})}, \qquad \rho = \frac{1}{\binom{n}{2}} \sum_{i<j} Q_{ij} \quad (9.30)$$

다른 선택지가 있을 수 있지만 실제로는 임의의 초깃값을 쓰는 경우가 많다. 특히나 정답이 무엇인지 아는 경우에는 더욱 그렇다.

이제 식 (9.29)와 식 (9.30)을 반복하면서 매개변수 α, β, ρ와 에지의 존재 확률 Q_{ij}에 대한 전체 답을 얻게 된다. 일반적으로 합리적인 초깃값에서 시작해서 결과가 수렴할 때까지 반복해서 수치적인 계산을 하게 된다. 일반적으로 매개변수의 초깃값을 선택한 다음에 식 (9.29)를 적용해서 Q_{ij}를 계산하는 편이 더 쉽다. Q_{ij}의 초깃값을 정하기에는 너무 성분이 많고 매개변수는 단 3개뿐이기 때문이다.

9.3.6 예시

이전 절에 제시한 방법의 예시로 이글^{Eagle}과 팬틀란드^{Pentland}가 '현실 마이닝^{reality} ^{mining}' 실험이라고 부르는 데이터를 고려한다[154, 155]. 2004년과 2005년에 이뤄진 이 실험은 4.4절에서 논의한 유형의 실험으로 참가자들이 휴대폰을 사용해 서로 대면 상호작용을 하는 사회연결망을 측정했다. 96명의 대학생 그룹에게 블루투스 무선 기술을 사용해 두 대의 휴대전화가 물리적으로 매우 가까이 있을 때 (몇 미터 이하) 녹음되는 특수 소프트웨어가 설치된 휴대전화를 주었다. 이런 종류의 실험에서 발견한 사실은 가까이 있다고 해서 두 사람이 실제로 사회적 연결이 있음을 반드시 보장하지는 않는다는 점이다. 그들은 거리에서 서로를 지나치거나 가끔 같은 식당에서 식사를 할 수도 있다. 다른 한편 그러한 우연한 연결은 일반적으로 가끔 산발적으로 이뤄지는 반면, 진짜 사회적으로 연결된 사람들은 아마도 더 장기적으로 가까이 있을 것이다. 따라서 이 실험에서 기록된 근접성은 사회적 연결을 반영하지만 사회연결망의 오류가 발생하기 쉬운 측정 결과다. 즉, 위의 방법으로 처리하도록 설계된 데이터다.

---

5 일반적으로 에지는 정규 분포가 아닌 베르누이 분포를 보인다. 베르누이 분포는 평균과 표준 편차라는 2개의 매개변수를 필요로 하는 정규 분포와 달리 하나의 (확률) 매개변수에 의해 완전히 정해진다.

여기서는 2005년 3월부터 4월까지 연속된 8번의 수요일에 이뤄진 실험에서 근접성을 측정하여 수집한 데이터의 일부 집합을 사용할 것이다. 이 데이터는 시간에 상관없이 8일 동안 모든 참가자의 쌍들이 근접한 적이 있는지 여부가 기록되어 있다. 따라서 이 경우의 네트워크 측정 횟수는 $N = 8$이며, E_{ij}의 값은 0에서 8 사이일 것이다(그리고 이 모든 값은 실제로 데이터에 나타난다). 매주 같은 요일을 보기로 선택한 이유는 데이터에 요일 간 편차가 상당히 크기 때문이다. 예를 들어, 주중에 비해 주말에 참가자 사이의 상호작용이 훨씬 적다. 그래서 매주 같은 요일을 확인해서 이런 주간 변동을 제거했다.

측정값을 이제 식 (9.29)와 식 (9.30)에 대입한다. 값이 수렴할 때까지 위의 두 식을 반복하면 세 가지 모델 매개변수에 대해 $\alpha = 0.4242$, $\beta = 0.0043$, $\rho = 0.0335$라는 값을 얻을 수 있다. 여기서 ρ 값이 작다는 것으로 네트워크가 매우 듬성하다는 사실을 알 수 있다. 사실 그렇지 않다면 우리가 큰 관심을 두는 경우가 아니다. 반면 $\alpha = 0.42$라는 값은 위음성 비율(그러니까 $1 - \alpha$)이 50% 이상으로 상대적으로 높음을 의미한다. 이것이 반드시 나쁜 것은 아니다. 이것은 단순히 모든 사람이 매일 지인들과 만나는 것은 아님을 뜻하고, 그럴듯해 보인다.

이 계산은 또한 그림 9.2에 표시되어 있는 Q_{ij} 값을 구해준다. 그림에서 에지의

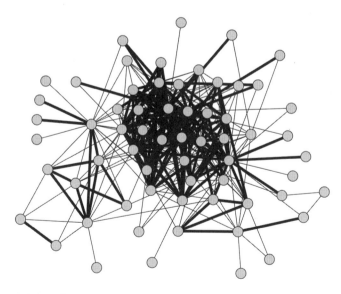

그림 9.2 근접 데이터로 추정한 사회연결망
선의 두께는 에지가 있는지에 관한 확실성인 Q_{ij}를 나타낸다. 두꺼운 선은 두 노드 사이에 에지가 있을 가능성이 더 높음을 의미한다.

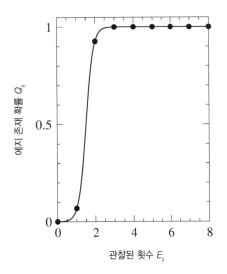

그림 9.3 '현실 마이닝' 실험의 에지 존재 확률

데이터의 노드 쌍 i, j에서 그러한 에지가 관찰된 횟수에 대한 함수로 Q_{ij}를 추정했다.

두께는 에지의 확률을 나타내며, 우리가 볼 수 있듯이 네트워크에는 높은 확률로 연결된 약 20개의 중심 노드와 연결이 약한 주변 노드들이 있다.

그림 9.3은 관찰값 E_{ij}(그러니까 우리가 말한 것처럼 0부터 8 사이의 범위에 있는)에 대해 에지가 존재할 확률을 식 (9.29)에 따라 그린 것이다. 그림에서 알 수 있듯이 E_{ij}가 0이나 1이면 Q_{ij}는 10% 미만으로 작다. 하지만 E_{ij}가 2 이상이면 Q_{ij}는 90% 이상으로 높아진다. 다시 말해, 우리의 최선의 추정에 따르면 실험 중에 두 사람이 한 번만 근접한 곳에서 관찰된다면 그것은 아마도 잘못된 관찰일 것이다. 그들은 그냥 낯선 사람을 지나쳤을 뿐이다. 하지만 두 번 이상 함께 본다면 그들은 아마도 서로를 알고 있을 것이다.

9.3.7 다른 값들에 대한 추정

실제 네트워크 $\mathbf{A}$를 추정하고 나면 링크수, 중심도, 경로 길이, 뭉침 계수와 같은 관심 있는 값들도 계산할 수 있다. 더 나은 방법은 네트워크의 사후 분포인 $P(\mathbf{A}|\text{data}, \theta)$를 사용하면 $\mathbf{A}$에 의존하는 다른 양들에 대한 전체 분포를 (적어도 이론상으로는) 계산할 수 있다는 것이다. $X(\mathbf{A})$가 우리가 관심 있는 네트워크 구조에 따른 어떤 양이라고 생각해보자. 이제 특정 값 x를 가질 확률은 다음과 같이 주어진다.

$$P(X = x) = \sum_{\mathbf{A}} \delta_{x, X(\mathbf{A})} P(\mathbf{A}|\text{data}, \theta) \qquad (9.31)$$

여기서 δ_{ij}는 크로네커 델타를 의미한다. 아니면 X의 평균 혹은 기댓값을 $\mathbf{A}$에 대한 평균을 구하는 것으로 계산할 수도 있다.

$$\langle X \rangle = \sum_{\mathbf{A}} X(\mathbf{A}) P(\mathbf{A}|\text{data}, \theta) \qquad (9.32)$$

표준 편차도 다음과 같이 구할 수 있다.

$$\sigma_X^2 = \sum_{\mathbf{A}} \left[X(\mathbf{A}) - \langle X \rangle \right]^2 P(\mathbf{A}|\text{data}, \theta) \qquad (9.33)$$

예를 들어, 노드 i의 링크수에 관심이 있다면 링크수 $k_i = \sum_j A_{ij}$(식 (6.12))로 쓸 수 있다. 이 경우 링크수의 기댓값은 다음과 같다.

$$\langle k_i \rangle = \sum_\mathbf{A} \sum_j A_{ij} P(\mathbf{A}|\text{data}, \theta) = \sum_j \sum_\mathbf{A} A_{ij} P(\mathbf{A}|\text{data}, \theta)$$

$$= \sum_j \sum_{A_{ij}=0,1} A_{ij} P(A_{ij}|\text{data}, \theta) = \sum_j P(A_{ij} = 1|\text{data}, \theta) \quad (9.34)$$

$P(A_{ij} = 1|\text{data}, \theta)$의 값은 단순하게 노드 i와 j 사이에 에지가 있을 확률이며, 이는 9.3.5절의 독립 에지 모형에서 Q_{ij}라고 부르는 값과 동일하다. 그래서 이 경우에 $\langle k_i \rangle = \sum_j Q_{ij}$라고 쓸 수 있다. 이러한 표현법은 실험적 불확실성이 없는 노드의 링크수를 구하는 $k_i = \sum_j A_{ij}$를 간단하게 일반화한 것이다.

대부분의 경우에는 가장 가능성 있는 네트워크 구조에 대한 특정 값을 구하는 것보다 관심 있는 값의 기댓값이나 분포를 계산하는 것이 최선의 구조뿐만 아니라 거의 비슷한 확률을 갖는 대체 구조도 찾아주기 때문에 더 나은 방법이다.

9.3.8 그 밖의 에러 모형

9.3.5절의 독립적인 에지 오류 모형은 간단하고 직관적이다. 그래서 많은 네트워크에서 오류 분석을 위한 좋은 시작점이다. 그러나 거의 모든 경우에 단일 가우시안 모형이 사용되는 단순 데이터와 다르게, 네트워크 데이터는 다른 종류의 상황에서는 다른 모형이 필요하다[361]. 독립적인 에지 모형이 다양한 변종을 생각해볼 수 있다. 예를 들어, 네트워크의 다른 부분에서 진양성 및 위양성 비율이 다르거나 노드 또는 에지의 어떤 속성에 따라 비율이 달라지는 모형이 있을 수 있다. 에지 간에 상관관계가 있거나, 노드 사이에 서로 여러 가지의 측정값이 있는 상황도 가정할 수 있다. 에지가 각기 다른 강도를 갖는 가중치 있는 네트워크를 생각해볼 수도 있다. 예를 들어 이전의 현실 마이닝 예제와 같은 사회연결망에서 노드 사이에 두 가지의 상태, 그러니까 서로 알거나 모르거나 대신에 모름, 다소 친함, 많이 친함이라는 세 단계의 상태를 정의할 수 있다(4개 이상의 상태도 간단하게 정의할 수 있다).

때로는 완전히 다른 모델이 필요한 경우도 있다. 예를 들어 9.2절에서 이야기한 한 사람이 적어낼 수 있는 연락처의 최대 수가 정해진 고정 선택 사회연결망 설문조사 문제가 있다. 이러한 방식은 오류 모형에도 포함할 수 있다. 원칙적으로는

특정한 관측값이 나타날 확률 $P(\text{data}|\mathbf{A}, \theta)$만 기록하면 된다. 하지만 실제로는 쉽지 않은 일이고 확률을 계산해야 할 수도 있다. 때로는 수치적 방법을 사용해 근사적으로 추정한다. 사회연결망에서 참가자의 정확도에 대해 주로 관심을 두었던 버츠는 사회 연결망에 대해 더 복잡한 모델을 선택해 논의했다[90]. 이 모델에서는 참가자가 제출한 응답의 신뢰도가 바뀌는 것이 네트워크 오류의 주된 원인이고, 일부의 사람은 정확하게 사회적인 접촉을 보고하지만 또 다른 사람들은 그렇지 않다고 가정한다. 이러한 방식을 통해 개인의 신뢰도를 계량하는 296개의 추가 매개변수를 도입했으며, 모델이 상당히 복잡해졌다.

이전 절에서 다룬 독립적인 에지 모형의 가장 큰 문제는 식 (9.29)와 식 (9.30)을 적용하기 위해 네트워크 구조를 여러 번 측정해야 한다는 점이다. 단일 데이터 포인트에서 오류 추정을 할 수 없다는 사실이 이미 잘 알려져 있기 때문에 이것은 당연하지만 실제로 실험자가 동일한 네트워크를 여러 번 측정하는 경우가 매우 드물기 때문에 문제가 된다. 여러 번 측정한 한 가지 사례는 인터뷰나 질문지를 사용해 친구 관계 네트워크 혹은 비슷한 사회연결망에 대한 연구를 하는 것이다. 그러한 연구에서는 관련된 두 사람 각각의 관점에서 각 우정을 두 번 관찰하고, 사람들이 서로 친구인지 여부에 얼마나 자주 동의하는지에 대해 오류 정도를 추정할 수 있다[90, 362].

또한 단일 네트워크 측정에서 오류를 추정할 수 있는 경우도 있다. 특히 네트워크의 에지가 상관관계가 있다면 오류를 추정할 수 있다. (명백히 비현실적이지만) 예를 들어 완벽하게 상관된 네트워크에 2개의 에지가 있다고 가정하자. 즉, 둘 다 네트워크에 존재하거나 둘 다 없어야 한다(그러나 존재 유무는 모른다). 이 경우 2개의 에지를 포함해 전체 네트워크의 구조를 한 번 측정하면 사실상 동일한 양을 두 번 측정하는 것이다. 2개의 에지는 항상 동일한 값을 갖기 때문에 동일한 측정값을 나타낸다. 따라서 주어진 에지에 대해 2개의 데이터 포인트가 있으므로 오류를 추정할 수 있다. 실제로는 에지가 이러한 방식으로 완벽하게 상관관계를 보이는 경우는 거의 없지만, 부분적인 상관관계를 사용해 오류를 추정할 수 있다. 아직 이론이 완전히 정립되지 않고 추가적인 개선점이 있지만 이 아이디어를 활용한 다양한 방법들이 여러 연구에서 개발됐다([109] 및 [225] 참고).

9.4 에러의 보정

지금까지 오류의 크기와 그 밖의 측정치에 미칠 영향을 추정해서 네트워크 데이터의 오류를 다루는 한 가지 방법을 이야기했다. 또 다른 접근 방식은 오류 자체를 수정하는 것을 시도해 데이터 품질을 개선하는 것이다. 네트워크 데이터는 우리가 관찰하고 있는 네트워크의 가능성 있는 구조에 대해 많은 통찰을 갖고 있다는 점에서 일반적이지 않고, 어떤 경우에는 오류가 있는 위치를 어느 정도 정확하게 추측한 다음 올바르게 고칠 수 있다. 특히 이 접근 방식이 일반적으로 쓰이는 두 가지 상황이 있는데, 바로 링크 예측과 노드 식별이다.

9.4.1 링크 예측

네트워크에서 오류를 보정하는 좋은 예시는 네트워크에서 실수로 누락된 위음성 에지를 식별하는 링크 예측$^{link\ prediction}$이다. 비교적 적게 이뤄지지만 원칙적으로는 네트워크에서 잘못 관찰된 위양성 에지를 식별하려고 할 수도 있다.

관찰한 네트워크가 있고 네트워크에서 누락된 에지가 있다고 생각한다고 가정하자. 즉, 관찰 데이터에는 나타나지 않는 실제 네트워크의 에지가 있다. 우리가 갖고 있는 데이터가 주어지면 어떤 에지가 빠져 있는지 추측할 수 있을까? 이것은 이전 절에서 다룬 오류를 추정하는 것과는 다소 다른 문제다. 일반적으로 링크 예측을 할 때는 전체 네트워크에 대한 단일 측정값만 가지고 에지의 상관관계에 대한 가정을 기반으로 예측을 하게 된다. 다시 말해 9.3.5절의 접근 방식과 대조적으로, 에지가 통계적으로 독립적이지 않다고 명시적으로 가정하고 이를 이용해 데이터에 오류가 있는 부분을 추정한다.

많은 단순한 링크 예측 기법이 적어도 일부 상황에서는 잘 작동하는 것으로 알려져 있다. 실제로 이것은 경험 법칙에 불과하고 특정 모형이나 수학적 유도를 기반으로 하지는 않는다. 그보다는 단지 효과적일 수 있는 전략을 추측한 다음 실제로 얼마나 잘 작동하는지 테스트하기만 하면 된다. 테스트를 하는 표준적인 방법은 알려진 네트워크를 가져와서 일부 에지를 제거한 다음 우리가 제안한 예측 방법이 제거된 에지를 식별할 수 있는지 여부를 테스트하는 교차 검증법$^{cross-validation}$이다. 실제로 모든 누락된 에지를 항상 예측할 수 있는 방법은 없다. 오히려 대부분의 방법은 에지가 없는 노드 쌍 중 가장 에지가 존재할 가능성이 높은 것부터 가장 낮은 순서까지 정렬된 목록을 구해준다. 하지만 이 목록의 가장 위에 있는 노드 쌍조차도 존재할 가능성이 그리 높지 않을 수도 있다. 이러한 접근법에서는 단순히 무작위로 추측하는 것보다 낫기만 하면 괜찮은 것으로 간주한다. 에지가 빠진 곳을 무작위로 추측한다면 이것은 선택 가능한 노드 쌍 중 하나를 고르는 것이기 때문에 대략적으로 맞을 확률이 $1/\binom{n}{2}$가 될 것이다.[6] 그렇기 때문에 매우 높은 확률을 보여주지 않아도 링크 예측 기법이 무작위 추측보다는 나을 확률이 높다.

취할 수 있는 전략의 예는 다음과 같다.

1. 최단 경로 거리: 노드 쌍 사이의 네트워크 위에서의 거리가 짧다면 에지로 연결될 가능성이 더 높은 것으로 추정한다.

2. 공통된 이웃의 수: 노드 쌍 사이에 공통된 이웃이 많다면 공통된 이웃이 적은 노드 쌍보다 연결되어 있을 확률이 더 높다고 추정한다.

3. 노드의 링크수: 링크수가 많은 노드가 연결될 확률이 더 높다고 생각한다. 일반적으로 만약 노드 2개의 링크수의 곱인 $k_i k_j$를 본다면 이 값은 식 (12.2)와 뒤에 나올 논의에서 다룰 구조 모형에서 에지가 존재할 확률과 같아진다.

4. 노드의 유사도: 유사한 노드가 덜 유사한 노드보다 연결될 확률이 높다고 추정한다. 유사도는 7.6절에서 다룬 코사인 유사도나 자카드 유사도 같은 측정량을 사용해 측정할 수 있다.

예를 들어 라이벤-노웰Liben-Nowell과 클라인버그Kleinberg[301]는 일련의 과학 협업 네트워크에서 과거에 제안된 9가지의 링크 예측 방법을 테스트했으며, 실제로 이런 협업이 관찰되지 않았더라도 협업했을 가능성이 있는 과학자를 예측하려고 시도했다. 위에서 설명한 교차 검증 과정을 통해 각 방법이 무작위 추출보다 얼마나 나은 결과를 보이는지를 테스트해봤다. 일부 방법들은 최대 50배까지 개선되는 것을 확인했는데, 이 숫자는 인상적이지만 처음 무작위 추출이 맞을 확률 자체가 낮다(이 연구에서는 일반적으로 약 0.2% 정도였다). 따라서 테스트 성공은 상당히 낮은 기준점을 넘기만 하면 된다. 50배의 개선이 있더라도 전체 예측이 맞을 확률은 여전히 $50 \times 0.2\%$인 10%에 불과하다. 이는 예측의 90%는 여전히 틀렸음을 의미한다.

---

6 정확히 말하자면 확률은 $1/[\binom{n}{2} - m]$이 된다. 여기서 m은 관찰된 에지의 수다. 하지만 대부분의 듬성한 네트워크에서는 m이 $\binom{n}{2}$보다 매우 작기 때문에 무시 가능하다.

아마도 이와 같은 계산이 유용한 점은 추가 실험을 하는 지침을 주는 데 있을 것이다. 누락된 에지가 어디에 있는지 정확하게 말할 수는 없지만, 어느 부분에 관심을 기울여야 하는지 힌트를 줄 수는 있다. 무작위 추출에서 에지를 찾을 확률이 0.2%이므로 한 번 찾는 데 성공하기 전에 약 500개의 노드 쌍을 찾아봐야 한다. 반면에 10%의 확률로 보자면 우리는 10쌍만 살펴보면 된다. 이는 특히나 생물 네트워크와 같이 한 에지의 존재 유무를 실험하는 데 많은 수고를 들여야 하는 경우에 큰 차이를 준다.

누락된 링크를 예측하는 더 엄밀한 방법도 있지만 위에서 다룬 간단한 경험적 방법보다도 구현하기 복잡한 특징이 있다. 한 가지 접근법은 관찰된 네트워크를 네트워크 모형에 맞춘 다음, 모형을 사용해 개별 에지의 출현 확률을 계산하는 것이다. 이 접근 방식을 따르는 대표적인 예는 12.11.6절이나 14.4.1절에서 자세히 다룰 '확률기반 블록 모형stochastic block model'을 들 수 있다. 예를 들어 귀메라Guimerà 와 세일즈-파르도Sales-Pardo[255]는 몬테카를로Monte Carlo 추출을 기반으로 하는 베이지안 맞춤 기술과 결합된 확률기반 블록 모형을 사용해 단백질-단백질 상호작용 네트워크와 항공 노선 네트워크를 포함한 여러 네트워크에서 링크 예측을 연구했다. 이와 같은 방법은 단순한 경험론적 방법을 상당한 차이로 능가할 수 있다. 이러한 성능 개선이 상당한 추가적인 복잡성을 정당화하는지는 전적으로 개인의 의견에 달렸다.

9.4.2 노드 식별

노드 식별node disambiguation은 네트워크상의 두 노드가 실제로 서로 같은 개체의 중복인 경우 혹은 반대로 2개의 노드가 실수로 결합되어 다시 분리돼야 하는 경우를 식별하려고 하는 방법에 붙여진 (다소 어색한) 이름이다. 9.1절에서 논의했듯이, 개인이 이름만으로 식별되는 사회연결망에서 특히 많이 발생한다. 예를 들어, 협업 및 공동 저자 네트워크에서 저자가 이름만으로 식별되는 경우 무심코 두 사람을 같은 이름으로 혼동하거나 반대로 이름을 다르게 쓴다면 한 사람을 두 사람으로 오인할 수 있다.

기록 연계entity resolution라고도 부르는 노드 식별은 다양한 방법으로 할 수 있지만 [127, 173, 430, 444], 이 문제의 쓸 만한 특징 중 하나는 종종 네트워크 자체를 사용해 어떻게 진행해야 하는지 방향성을 찾을 수 있다는 것이다. 예를 들어, 협업 네트워크에서 유사한 이름을 가진 2개의 노드('J. Doe' 및 'Jane Doe'라고 한다면)는 동일한 사람을 나타낼 수도, 아닐 수도 있다. 그러나 두 노드가 동일한 협력자를 많이 공유한다는 사실이 관찰된다면, 실제로 한 사람일 가능성이 더 높아진다. 이러한 네트워크 기반 추론 외에도 지리적 위치와 같은 노드와 관련된 추가적인 데이터를 사용할 수도 있다. 예를 들어 J. Doe와 Jane Doe가 같은 기관에서 일한다는 사실을 안다면 그들이 동일인일 가능성이 높아진다.

일반적으로 노드 식별 방법은 관찰한 네트워크에서 노드의 모든 사례가 구분된다는 가정에서 시작한다. 예를 들어, 과학 공동 저자 네트워크에 있는 모든 논문의 저자는 처음에는 우리가 이전에 본 적이 없는 새로운 사람으로 간주된다. 노드 식별 방법의 목표는 최종 네트워크를 만들기 위해 동일한 사람을 나타내는 노드를 병합하는 것이다.

예를 들어 페레이라Ferreira 등[173]은 네트워크에서 저자 간 유사성을 측정하는 방법에 기반해서 노드 식별을 위한 다양한 방법을 연구했다. 비슷한 이름을 가진 한 쌍의 저자를 가지고 코사인 유사도와 같은 측정값을 계산한 다음(7.6.1절), 유사도가 특정 임곗값 이상으로 높아지면 저자를 한 노드로 합친다. 실제로 이 과정을 사용하면 위에서 설명한 것과 같은 동일한 공동 저자가 많은 경우 저자를 합치게 된다. 자카드 계수(7.6.1절)나 머신러닝 기법을 기반으로 하는 좀 더 복잡한 방법과 같은 유사도 측정도 시도됐다.

연습문제

9.1 다음 네트워크의 구조 측정에서 몇 가지 잠재적인 오류 원인을 생각해보자.

a) 논문 데이터베이스에서 수집된 과학 공동 저자 네트워크

b) 자동 웹 크롤러로 수집된 단일 대학의 웹 페이지 네트워크

c) 물질대사 네트워크

d) 대기업에서 설문지를 통해 수집한 친구 사이를 나타내는 사회연결망

e) 전력망의 네트워크 표현

9.2 (적절하게 정규화된) 지수 확률 밀도 함수 $P(x) = \mu e^{-\mu x}$에서 $0 \leq x < \infty$ 범위의 독립적인 무작위 실수 x를 뽑는다고 가정한다.

a) 지수함수의 매개변수 μ 값에 따라서 n개의 값 집합이 특정한 관찰값 x_i(여기

서 $i = 1, ..., n$)를 가질 가능도를 구하라.

b) 관찰값 x_i의 집합이 주어졌을 때 μ의 최선(최대가능도를 의미한다) 추정치에 대한 공식을 구하라.

9.3 소규모(4 노드) 네트워크를 5번 측정했는데, 측정이 신뢰성이 낮아 매번 관찰되는 구조가 다르다. 다음은 이 네트워크에서 관찰된 다섯 가지 구조다.

9.3.5절에서 이야기한 방법론을 적용하여 6개 각각의 에지가 존재할 확률 Q_{ij}를 구하라(힌트: 컴퓨터 프로그램을 사용해 이 값을 구해야 할 수도 있다).

9.4 인터넷의 구조는 트레이스라우트 또는 BGP 데이터를 사용해 경로를 재구성하며 측정한다는 점을 기억해보자(2.1.1절 및 2.1.2절 참고). 실제 인터넷은 대규모 네트워크이지만 이해를 위해 다음과 같은 8개의 노드로 이뤄진 작은 예를 생각하자.

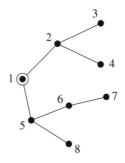

여기서 우리는 왼쪽의 노드 1부터 다른 모든 노드까지의 최단 경로를 측정했다(만약 여러 개의 경로가 있다면 각 노드마다 1개의 경로만 고려했다). 표시된 에지는 이러한 경로를 구성하는 에지들이며 신뢰할 수 있는 측정이라고 간주할 수 있지만 전체 네트워크의 모든 부분을 포함하지 않을 수 있다. 즉, 관찰되지 않고 그림에 나타나지 않은 추가 에지가 있을 수 있다.

a) 관찰된 에지가 노드 1에서 다른 모든 노드까지의 최단 경로를 구성하는 것을 알고 있다면, 네트워크의 나머지 노드 쌍 중 어떤 것에 대해 현재 에지의 존재 여부가 불확실한가? 즉, 어떤 노드 쌍에 대해 에지로 연결되어 있는지

여부를 알 수 없는가?

b) 이 네트워크의 주어진 노드 쌍에 대해 (i) 확실히 연결되어 있는지, (ii) 확실히 연결되어 있지 않은지, (iii) 연결 상태를 알 수 없는지 여부를 결정하기 위한 일반적인 규칙을 세워보라.

이러한 규칙은 9.3.3절에서 논의한 종류의 오류 모형을 정하는 데 쓸 수 있다.

9.5 9.3.5절에서 정의한 위양성 비율 β는 존재하지 않는 에지를 잘못 관찰할 확률이다. 그러나 더 유용한 측정값은 가짜 발견 비율일 것이다. 이 값은 실제 관찰된 에지가 위양성일 확률이며, 두 값은 동일하지 않다.

네트워크를 한 번 관찰해서 O_{ij}의 요소를 갖는 관찰로 찾은 인접 행렬 $\mathbf{O}$를 만든다고 가정하자. 그렇다면 9.3.5절의 독립 에지 모형의 위양성 비율은 $\beta = P(O_{ij} = 1 | A_{ij} = 0, \alpha, \beta, \rho)$다(어떤 쌍의 노드 i, j를 보는지는 중요하지 않다. 가설에 따르면 모든 노드 쌍은 동일한 위양성 비율을 갖는다).

반면에 관찰된 에지가 위양성일 확률은 $P(A_{ij} = 0 | O_{ij} = 1, \alpha, \beta, \rho)$로 쓸 수 있다. 베이즈 규칙을 사용하면 이 확률을 다음과 같이 쓸 수 있다.

$$P(A_{ij} = 0 | O_{ij} = 1, \alpha, \beta, \rho) = P(O_{ij} = 1 | A_{ij} = 0, \alpha, \beta, \rho) \frac{P(A_{ij} = 0 | \alpha, \beta, \rho)}{P(O_{ij} = 1 | \alpha, \beta, \rho)}$$

a) 다음을 보여라.

$$\begin{aligned} P(O_{ij} = 1 | \alpha, \beta, \rho) = &\, P(O_{ij} = 1 | A_{ij} = 1, \alpha, \beta, \rho) P(A_{ij} = 1 | \alpha, \beta, \rho) \\ &+ P(O_{ij} = 1 | A_{ij} = 0, \alpha, \beta, \rho) P(A_{ij} = 0 | \alpha, \beta, \rho) \end{aligned}$$

b) 관찰된 에지가 위양성일 확률이 다음과 같음을 보여라.

$$P(A_{ij} = 0 | O_{ij} = 1, \alpha, \beta, \rho) = \frac{\beta(1 - \rho)}{\alpha\rho + \beta(1 - \rho)}$$

c) 9.3.6절의 '현실 마이닝' 예시에서 주어진 α, β, ρ 값을 활용해 이 확률값을 구하라.

d) 옳게 값을 구했다면 이렇게 구한 값은 위양성 확률인 β보다 유의미하게 크다는 것을 확인할 수 있다. 그 이유를 간략히 서술하라.

9.6 몇몇 네트워크에서 에지가 있다는 관찰 결과는 신뢰할 수 있지만 에지가 없다는 관찰 결과는 신뢰할 수 없다. 4.5절의 학술 공동 저자 네트워크가 대표적인

예다. 두 명의 특정 개인이 작성한 논문을 보면 그들이 실제로 논문을 같이 썼을 경우 안심하고 내기를 걸 수 있다. 하지만 반대로 그러한 논문을 찾지 못했다고 해서 그러한 논문이 존재하지 않는다는 보장은 없다. 우리가 그것을 찾지 못했을 수도 있고, 논문을 썼지만 아직 출판 전일 수도 있다.

9.3.5절에서 다룬 에러 모형을 수정해서 신뢰 가능한 에지 존재 관찰과 신뢰할 수 없는 에지 부재 관찰의 경우를 다룰 수 있게 하고, 이에 따라 식 (9.29)와 식 (9.30)이 어떻게 바뀌어야 하는지도 유도하라.

10

실제 네트워크의 구조

이전 장들에서 소개한 개념들을 관찰된 네트워크에 적용했을 때 드러나는 성질과 패턴

이 책의 2~5장에서는 다양한 자연 및 인공 네트워크와 그 구조를 결정하는 방법을 소개했다. 6장과 7장에서는 네트워크를 표현하고 정량화하는 수학적 기법을, 8장과 9장에서는 오늘날의 커다란 네트워크 데이터를 실제로 분석하는 데 필요한 컴퓨터 알고리듬과 통계 방법을 소개했다. 10장에서는 지금까지 배운 내용을 종합하여 이론, 측정량, 방법들을 실제 네트워크 데이터에 적용해 실제 세계에서 네트워크들이 어떻게 보이는지 살펴볼 것이다.

실제 네트워크의 구조는 되풀이해서 나타나는 수많은 다양한 패턴을 보인다. 그런 패턴은 연결된 시스템이 작동하는 방식에 근본적인 영향을 미친다. 그중에서도 덩어리 크기, 경로 길이, 좁은 세상 효과, 링크수 분포와 거듭제곱 법칙, 뭉침 계수, 네트워크 상관과 동류성을 다룰 것이다. 이들은 이 분야의 중요한 개념들이다.

10.1 덩어리

실제 네트워크의 덩어리 구조에서 시작해보자. 네트워크에서 덩어리의 정의와 논의는 6.12절을 참고하라.

방향성 없는 네트워크에는 대체로 네트워크의 대부분을 차지하는 큰 덩어리가 있다. 이 큰 덩어리는 대개 네트워크의 절반 이상 또는 종종 90% 이상을 차지하기도 한다. 네트워크의 나머지는 수많은 작은 덩어리들로 이뤄진다. 그림 10.1의

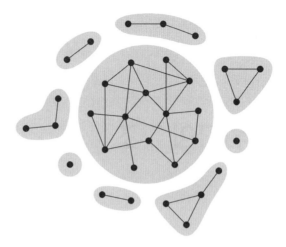

그림 10.1 방향성 없는 네트워크의 덩어리들

대부분의 방향성 없는 네트워크에는 네트워크의 상당한 비율을 차지하는 하나의 커다란 덩어리가 있다. 또한 한 줌의 노드만으로 이뤄진 수많은 작은 덩어리들이 있다.

스케치를 보라. 큰 덩어리는 종종 '거대 덩어리'라고도 불린다. 11.5절에서 논의하겠지만 '거대 덩어리'는 네트워크 이론에서 구체적인 뜻을 가지고 있으며 '최대 덩어리'와 동의어는 아니다. 이 책에서는 '최대'와 '거대'를 주의 깊게 구분할 것이다.

이런 전형적인 행동은 4.5절에서 논의한 영화배우 네트워크에서 나타난다. 이 네트워크에서 노드는 영화배우이고 같은 영화에 함께 출연한 적이 있는 두 배우 사이에 링크가 생긴다. 2000년 5월 현재 네트워크를 이루는 449,913명의 배우들 중 98%에 해당하는 440,971명이 거대 덩어리에 함께 연결되어 있다[369]. 나머지 2%만이 거대 덩어리에 속하지 못했다.

표 10.1은 이 장에서 논의할 네트워크들의 성질을 요약해서 보여준다. 그중에서도 S는 네트워크의 노드 중 최대 덩어리에 속한 노드의 비율을 뜻한다. 방향성 네트워크의 경우 S는 약하게 연결된 가장 큰 덩어리의 크기에 해당한다. 즉, 에지의 방향성을 무시했을 때 얻어지는 최대 덩어리 크기다. 6.12.1절을 참고하라. 다음 절에서 방향성 네트워크의 덩어리 크기를 논의할 것이다. 표에서 보듯이 영화배우 네트워크의 S 값은 아주 전형적이며 특이하게 높지도 않다.

표를 보면 최대 덩어리가 전체 네트워크인, 즉 $S = 1$인 네트워크들도 꽤 있다. 네트워크가 단 하나의 덩어리로 이뤄져 있으며 더 작은 덩어리들이 없음을 뜻한다. 이런 경우에는 그만한 이유가 있다. 예를 들어 인터넷을 생각해보자. 인터넷은

표 10.1 여러 네트워크의 기본 통계

측정된 양들은 네트워크 형태(방향성이 있는지 없는지), 노드의 개수 n, 에지의 개수 m, 평균 링크수 c, 최대 덩어리에 속한 노드의 비율 S(방향성 네트워크의 경우에는 약하게 연결된 최대 덩어리), 연결된 노드 사이의 평균 거리 ℓ, 링크수 분포가 거듭제곱 형태일 경우 거듭제곱 지수 α(아니면 '–' 표시, 방향성 네트워크의 경우 '들어오는 링크수의 거듭제곱 지수 / 나가는 링크수의 거듭제곱 지수로 표시), 식 (7.28)의 뭉침 계수 C, 식 (7.31)의 다른 뭉침 계수 C_{ws}, 식 (7.64)의 링크수 상관 계수 r이다. 마지막 열은 각 네트워크에 대한 참고문헌이다. 빈칸은 데이터가 없었음을 뜻한다.

	네트워크	형태	n	m	c	S	ℓ	α	C	C_{ws}	r	참고문헌
사회	영화배우	방향성 없는	449 913	25 516 482	113.43	0.980	3.48	2.3	0.20	0.78	0.208	20, 466
	회사 이사	방향성 없는	7 673	55 392	14.44	0.876	4.60	–	0.59	0.88	0.276	131, 369
	수학 공동 저자	방향성 없는	253 339	496 489	3.92	0.822	7.57	–	0.15	0.34	0.120	133, 219
	물리 공동 저자	방향성 없는	52 909	245 300	9.27	0.838	6.19	–	0.45	0.56	0.363	347, 349
	생물 공동 저자	방향성 없는	1 520 251	11 803 064	15.53	0.918	4.92	–	0.088	0.60	0.127	347, 349
	전화 통화 그래프	방향성 없는	47 000 000	80 000 000	3.16			2.1				10, 11
	이메일 메시지	방향성 있는	59 812	86 300	1.44	0.952	4.95	1.5/2.0		0.16		156
	이메일 주소록	방향성 있는	16 881	57 029	3.38	0.590	5.22	–	0.17	0.13	0.092	364
	학생 데이트	방향성 없는	573	477	1.66	0.503	16.01	–	0.005	0.001	-0.029	52
	성관계	방향성 없는	2 810					3.2				304, 305
정보	nd.edu의 월드와이드웹	방향성 있는	269 504	1 497 135	5.55	1.000	11.27	2.1/2.4	0.11	0.29	-0.067	16, 41
	알타비스타의 월드와이드웹	방향성 있는	203 549 046	1 466 000 000	7.20	0.914	16.18	2.1/2.7				84
	인용 네트워크	방향성 있는	783 339	6 716 198	8.57			3.0/–				404
	로제트의 동의어 사전	방향성 있는	1 022	5 103	4.99	0.977	4.87	–	0.13	0.15	0.157	272
	단어 동시 발생	방향성 없는	460 902	16 100 000	66.96	1.000		2.7		0.44		146, 175
기술	인터넷	방향성 없는	10 697	31 992	5.98	1.000	3.31	2.5	0.035	0.39	-0.189	102, 168
	전력망	방향성 없는	4 941	6 594	2.67	1.000	18.99	–	0.10	0.080	0.003	466
	기찻길	방향성 없는	587	19 603	66.79	1.000	2.16	–		0.69	-0.033	425
	소프트웨어 패키지	방향성 있는	1 439	1 723	1.20	0.998	2.42	1.6/1.4	0.070	0.082	-0.016	352
	소프트웨어 클래스	방향성 있는	1 376	2 213	1.61	1.000	5.40	–	0.033	0.012	-0.119	453
	전기회로	방향성 없는	24 097	53 248	4.34	1.000	11.05	3.0	0.010	0.030	-0.154	174
	P2P 네트워크	방향성 없는	880	1 296	1.47	0.805	4.28	2.1	0.012	0.011	-0.366	6, 409
생물	물질대사 네트워크	방향성 없는	765	3 686	9.64	0.996	2.56	2.2	0.090	0.67	-0.240	252
	단백질 상호작용	방향성 없는	2 115	2 240	2.12	0.689	6.80	2.4	0.072	0.071	-0.156	250
	바다 먹이 그물	방향성 있는	134	598	4.46	1.000	2.05	–	0.16	0.23	-0.263	245
	담수 먹이 그물	방향성 있는	92	997	10.84	1.000	1.90	–	0.20	0.087	-0.326	321
	신경망	방향성 있는	307	2 359	7.68	0.967	3.97	–	0.18	0.28	-0.226	466, 470

통신 네트워크인데 노드 사이의 연결을 제공하는 것이 그 존재 이유다. 만일 최대 덩어리에 포함되지 않은 노드가 있다면 거의 대부분의 다른 노드와 단절되어 통신이 안 되므로 그 노드에게 인터넷은 소용이 없게 된다. 이런 이유로 인터넷에 연결된 모든 노드는 최대 덩어리에 속해야 한다는 압력이 강하게 작용해서 최대 덩어리가 전체 네트워크를 채운다.

다른 경우에는 네트워크를 측정하는 방식 때문에 최대 덩어리가 전체 네트워크를 채우기도 한다. 표 10.1에서 nd.edu 도메인의 웹 네트워크는 단 한 번의 웹 크롤링으로 얻어졌다(3.1절 참고). 크롤러는 한 웹 페이지가 다른 페이지와 연결된 경우에만 그 페이지를 발견할 수 있으므로 한 번의 웹 크롤로 발견된 페이지들은 하나의 덩어리를 이룬다. 월드와이드웹WWW의 전체 네트워크는 여러 덩어리로 이뤄져 있지만 한 번의 웹 크롤링으로 포착된 부분집합은 덩어리 1개에 해당한다. 또 다른 웹 네트워크인 알타비스타 네트워크는 각기 다른 페이지에서 시작한 여러 웹 크롤의 결과를 모은 것으로, 여러 덩어리로 이뤄져 있다. 그래서 $S < 1$이다.

전체 네트워크의 상당 부분을 2개 이상의 큰 덩어리로 채우는 것도 가능한가? 이 질문에 대한 답은 대체로 부정적이다. 11.5.1절에서 자세히 논의하겠지만, 기본적인 생각은 다음과 같다. n개의 노드로 이뤄진 네트워크가 크기가 $\frac{1}{2}n$인 2개의 큰 덩어리로 이뤄져 있다고 하자. 한 덩어리의 노드 하나와 다른 덩어리의 노드 하나로 이뤄진 쌍은 모두 $\frac{1}{4}n^2$개가 가능하다. 이들 중 어느 한 쌍이라도 연결되어 있으면 두 큰 덩어리는 합쳐져서 하나의 덩어리만 남을 것이다. 약 50만 개의 노드로 이뤄진 영화배우 네트워크가 2개의 큰 덩어리로 나뉘었다면 각 덩어리에서 노드를 하나씩 골라서 만든 노드 쌍은 500억 개에 달한다. 이 중 하나의 노드 쌍만 연결이 되어도 두 덩어리는 합쳐져서 하나가 될 것이다. 매우 특별한 경우를 제외하면 이런 노드 쌍이 연결되지 않을 가능성은 매우 낮다. 그러므로 네트워크가 2개의 큰 덩어리를 가질 가능성도 매우 낮다.

그러면 큰 덩어리가 없는 네트워크는 어떨까? 네트워크가 세계의 나머지에 연결되지 않은 작은 덩어리로만 이뤄지는 경우는 아마도 가능할 것이다. 예를 들면, 직계 가족 네트워크가 있다. 같은 지붕 밑에서 사는 가족 구성원 사이에서만 연결이 있다고 한다면 말이다. 명백히 개별 가족들로 이뤄진 많은 작은 덩어리들의 네트워크가 될 것이며 큰 덩어리는 있을 수 없다. 하지만 실제로 네트워크 연구에서 이런 상황은 자주 나타나지 않는다. 사람들은 이런 상황을 굳이 네트워크로 표현하지 않기 때문이다. 시스템을 네트워크로 표현하는 것은 네트워크의 대부분이 연결되어 있을 때에나 유용하다. 네트워크가 너무 성겨서 오직 작은 덩어리로만 이뤄져 있다면 이 책에 소개된 기법들을 적용해서 얻을 수 있는 게 많지 않다. 그래서 이 책에서 다룰 모든 네트워크는 필연적으로 큰 덩어리를 포함한다(표 10.1의 모든 경우가 그렇지만, 최대 덩어리의 비율이 측정되지 않은 경우는 빈칸으로 남아 있다).

그래서 대부분의 네트워크에 대해 우리가 생각하는 덩어리 구조는 그림 10.1에 표현되어 있다. 즉, 네트워크는 네트워크의 대부분 또는 전체를 차지하는 큰 덩어리와 거기 연결되지 않은 작은 덩어리들로 이뤄져 있다.

10.1.1 방향성 네트워크의 덩어리

6.12절에서 논의했듯이 방향성 네트워크의 덩어리 구조는 방향성 없는 경우보다 더 복잡하다. 방향성 네트워크는 약하게 연결된 덩어리와 강하게 연결된 덩어리로 이뤄진다. 약하게 연결된 덩어리는 방향성 없는 네트워크의 덩어리와 밀접하게 연관되어 있고 전형적인 상황도 비슷하다. 즉, 대개 하나의 커다란 약하게 연결된 덩어리가 있고 경우에 따라 다른 작은 덩어리들도 있다. 표 10.1에서는 몇몇 방향성 네트워크에서 약하게 연결된 가장 큰 덩어리가 네트워크에서 차지하는 비율을 볼 수 있다.

6.12절에서 기술했듯이 강하게 연결된 덩어리에 속한 각 노드는 방향성 경로를 따라 집합 내의 다른 모든 노드에 도달할 수 있어야 하고, 또한 다른 모든 노드로부터 이 노드에 도달할 수 있어야 한다. 약하게 연결된 덩어리와 같이 방향성 네트워크는 대개 강하게 연결된 하나의 커다란 덩어리와 작은 덩어리들로 이뤄져 있다. 예를 들면, 월드와이드웹의 강하게 연결된 가장 큰 덩어리는 대략 네트워크의 1/4을 차지한다[84].

강하게 연결된 덩어리에는 나가는 덩어리와 들어오는 덩어리가 연관되어 있다. 나가는 덩어리는 강하게 연결된 덩어리에 속한 각 노드에서 방향성 경로로 도달할 수 있는 모든 노드의 집합이다. 들어오는 덩어리는 강하게 연결된 덩어리에 속한 각 노드에 방향성 경로로 도달할 수 있는 모든 노드의 집합이다. 정의에 따라 나가는 덩어리와 들어오는 덩어리는 강하게 연결된 덩어리를 포함하는 포함집합이다. 네트워크에 커다란 강하게 연결된 덩어리가 있을 때 나가는 덩어리와 들어오는 덩어리는 강하게 연결된 덩어리를 제외하고도 종종 꽤 큰 편이다. 예를 들어, 웹에서 강하게 연결된 최대 덩어리 밖의 나가는 덩어리와 들어오는 덩어리의 비율은 각각 네트워크의 1/4에 달한다[84].

방향성 네트워크의 강하게 연결된 작은 덩어리 역시 자신만의 나가는 덩어리와 들어오는 덩어리를 갖는다. 이 덩어리들은 대체로 작지만 꼭 그렇지만도 않다. 예를 들어, 강하게 연결된 덩어리 $\mathcal{C}$는 작지만 여기 속한 노드에서 방향성 경로를 따라 강하게 연결된 커다란 덩어리에 도달할 수 있다면 $\mathcal{C}$의 나가는 덩어리는 클 것이다. 이런 식으로 강하게 연결된 커다란 덩어리는 많은 작은 덩어리에서 도달할 수 있음을 기억하자. 그에 따라 서로 다른 강하게 연결된 덩어리들의 나가는 덩어리들이 겹치고 대개 많은 노드가 여러 개의 나가는 덩어리에 속하기도 한다. 같은 논리가 들어오는 덩어리에도 적용된다.

방향성 네트워크의 전체적인 그림은 브로더[Broder] 등[84]이 제안한 '나비넥타이[bow tie]'로 나타낼 수 있다. 그림 10.2는 월드와이드웹의 나비넥타이를 각 부분의 비율과 함께 보여준다[84].[1]

모든 방향성 네트워크가 강하게 연결된 커다란 덩어리를 갖는 것은 아니다. 특히 비순환 네트워크에는 크기가 1보다 큰 강하게 연결된 덩어리가 없다. 만일 두 노드가 강하게 연결된 덩어리에 속해 있다고 하면 정의에 의해 두 노드 사이에 방

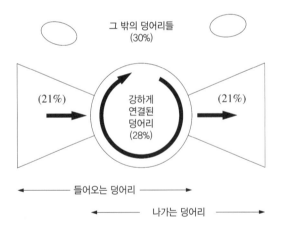

그림 10.2 방향성 네트워크 덩어리들의 '나비넥타이' 도식

전형적인 방향성 네트워크는 강하게 연결된 하나의 커다란 덩어리와 많은 작은 덩어리들로 이뤄지며, 각 덩어리는 들어오는 덩어리 및 나가는 덩어리와 연관되어 있다. 정의에 따라 각각의 들어오는 덩어리는 강하게 연결된 덩어리를 부분집합으로 가지며, 나가는 덩어리도 마찬가지다. 강하게 연결된 가장 큰 덩어리와 그것의 들어오는 덩어리 및 나가는 덩어리는 대개 전체 네트워크의 상당 부분을 차지한다. 이 그림에서는 월드와이드웹의 경우 나비넥타이의 각 부분이 몇 퍼센트 정도 되는지를 함께 표시했다. 출처: Broder et al.[84]

---

1 참고문헌 [84]의 연구는 2000년에 출판됐으며 지금 보면 꽤 오래전이다. 웹 네트워크는 그후로 상당히 커지고 변화했다. 그래서 네트워크 각 부분의 상대적 크기도 시간이 흘러 상당히 변했을 가능성이 있다.

향성 경로가 양방향으로 있어야 하며 이는 곧 사이클이 있음을 뜻하기 때문이다. 실제 네트워크는 대체로 완전히 비순환적이지 않다. 하지만 인용 네트워크 같은 예에서는 근사적으로 비순환적이다(3.2절 참고). 그런 네트워크는 전형적으로 몇 개의 강하게 연결된 작은 덩어리를 가지며 이들의 크기는 2 또는 3 정도이며 더 큰 덩어리는 없다.

10.2 최단 경로와 좁은 세상 효과

가장 놀랍고 폭넓게 논의된 네트워크 현상으로 좁은 세상 효과가 있다. 좁은 세상 효과는 많은 네트워크에서 또는 거의 대부분의 네트워크에서 노드 쌍 사이의 대체적인 거리가 놀랍도록 짧다는 발견을 가리킨다. 4.6절에서 스탠리 밀그램의 1967년 편지 전달 실험을 소개한 적이 있다. 이 실험에 참가한 사람들은 처음 편지 보유자에게 받은 편지를 사회연결망의 지인을 통해 멀리 있는 목표 인물에게 전달해야 한다. 목표 인물에 도달한 편지들은 놀랍도록 적은 단계를 거쳤는데, 평균적으로 여섯 단계였다. 밀그램의 실험은 좁은 세상 효과를 아름답고도 설득력 있게 보여줬다. 그러나 실험 구성의 제약을 고려하면 다소 제한된 것이었다. 하지만 최근 많은 네트워크에 대해 매우 완전한 데이터를 이용해 이제는 노드 사이의 경로 길이를 직접 재서 좁은 세상 효과를 명시적으로 확인할 수 있다.

방향성 없는 네트워크를 생각해보자. 7.1.6절에서 한 것처럼 노드 i와 j 사이의 최단 경로 길이를 d_{ij}로 정의한다. 최단 경로 길이는 종종 간단하게 거리라고 부른다. 식 (7.20)을 따라 노드 i에서 다른 모든 노드로의 평균 거리 ℓ_i는 다음과 같이 주어진다.

$$\ell_i = \frac{1}{n} \sum_j d_{ij} \tag{10.1}$$

이 양을 모든 노드에 대해 평균함으로써 네트워크의 평균 거리 ℓ을 정의한다.

$$\ell = \frac{1}{n} \sum_i \ell_i = \frac{1}{n^2} \sum_{ij} d_{ij} \tag{10.2}$$

수학적으로 말하자면, 좁은 세상 효과는 이 평균 거리가 작다는 가설을 뜻한다. 어떤 의미에서 '작다'는 것인지는 이어지는 내용에서 정의할 것이다.

잠깐 짚고 넘어갈 점이 있다. 둘 이상의 덩어리로 이뤄진 네트워크에 대해 식 (10.2)를 적용할 수 없다. 왜냐하면 각기 다른 덩어리에 속한 노드 사이에서 d_{ij}는 잘 정의되지 않기 때문이다. 보통 이런 경우 d_{ij}를 무한대로 놓기도 하는데 식 (10.2)에 넣으면 둘 이상의 덩어리로 이뤄진 네트워크의 ℓ이 무한대가 되기 때문에 도움이 되지 않는다. 이 문제를 피하는 가장 일반적인 방법은 각 덩어리 내의 경로에 대해서만 ℓ을 정의하는 것이다. $\mathscr{C}_m$을 네트워크의 m번째 덩어리라고 하자 ($m = 1, 2, \dots$). 평균 거리는 다음과 같이 정의된다.

$$\ell = \frac{\sum_m \sum_{ij \in \mathscr{C}_m} d_{ij}}{\sum_m n_m^2} \tag{10.3}$$

여기서 n_m은 덩어리 $\mathscr{C}_m$에 속한 노드의 개수다. 새로운 평균 거리는 모든 네트워크에서 유한하다. 하지만 각 노드의 ℓ를 평균한 양과는 더 이상 같지 않다.

표 10.1에서는 각 네트워크에서 식 (10.3)을 이용해 계산한 ℓ을 볼 수 있다. 실제로 ℓ은 꽤 작은 값을 갖는데 수백만 개의 노드로 이뤄진 네트워크에서도 모두 20보다 작고 대개 10보다도 작다.

좁은 세상 효과가 연결된 시스템에 중요한 함의를 가질 거라고 생각할 수 있다. 예를 들어, 소문이나 병이 사회연결망에서 퍼지는 상황을 생각해보자. 한 사람에서 다른 사람까지 백 단계 또는 백만 단계가 필요한 경우보다 겨우 여섯 단계만 필요한 경우에 소문이나 병은 훨씬 빨리 퍼질 것이다. 비슷하게 인터넷의 한 컴퓨터에서 다른 컴퓨터로 데이터를 전달하는 데 드는 시간은 데이터 패킷이 네트워크 위를 가로지르는 데 몇 단계 또는 몇 '걸음'이 필요한지에 따라 달라진다. 그런 걸음의 수가 10 또는 20인 네트워크가 100 이상인 네트워크보다 훨씬 더 좋은 성능을 보일 것이다(1960년대에 인터넷을 처음 설계한 사람들이 이런 점을 분명히 표현하지는 않았지만, 인터넷 같은 네트워크가 작동하도록 하는 데 필요한 이런 생각을 어렴풋이 알고 있었음이 틀림없다).

다음 장들에서 보겠지만, 네트워크의 수학을 더 깊이 들여다본다면 좁은 세상 효과는 사실 전혀 놀랍지 않다는 사실을 발견할 것이다. 네트워크의 수학 모형들을 다룰 11.7절에서는 네트워크의 노드가 n개일 때 전형적인 경로 길이는 대략 $\log n$에 비례한다는 것을 제시한다. 로그는 인수에 따라 매우 느리게 증가하는 함수이므로 네트워크가 커도 경로 길이는 작은 값을 유지한다. 예를 들어, 11장의 그림 11.7은 페이스북 사회연결망에서 측정한 ℓ을 $\log n$에 따라 그린 것이다. 실제로 ℓ은 $\log n$과 거의 비례하는 것처럼 보인다.

방향성 네트워크의 경로 길이에 대해서도 얘기해보자. 상황은 더 복잡하다. 노드 i에서 노드 j로 가는 경로는 일반적으로 노드 j에서 노드 i로 가는 경로와 다르기에 경로 길이도 다를 수 있다. 평균 길이 ℓ을 계산할 때 두 경우를 모두 포함시켜야 한다. 덩어리 구조에 따라 두 노드 사이의 경로가 전혀 없을 수도 있고 한쪽 방향의 경로만 있을 수도 있다. 이전처럼 경로가 실제로 있는 경우만 포함하여 평균을 냄으로써 연결되지 않은 노드 쌍의 문제를 비켜갈 수 있다. 방향성 네트워크에 대해 이렇게 계산된 값들이 표 10.1에 제시되어 있다.

6.11.1절에서 기술한 대로 네트워크의 지름을 조사해볼 수도 있다. 네트워크의 노드 쌍 사이의 거리 중 무한대가 아닌 가장 긴 거리를 지름으로 정의한다. 지름도 상대적으로 작다는 사실이 알려져 있으며 네트워크 모형을 이용한 계산은 평균 거리처럼 지름도 n의 로그에 비례하는 것으로 나온다. 하지만 일반적으로 지름은 거리 분포의 한 극단에 해당하는 특정한 노드 쌍 사이의 거리이기 때문에 평균 거리만큼 실제 네트워크의 행동에 대해 유용한 양은 아니다. 게다가 네트워크의 지름은 소수 노드의 변화에 의해 크게 영향을 받을 수 있기에 네트워크 전체의 행동에 관한 좋은 지표가 아니다.

그럼에도 지름이 흥미로운 경우들이 있다. 10.4절에서 링크수 분포가 거듭제곱 꼴인 척도 없는 네트워크를 논의한 적이 있다. 척도 없는 네트워크는 특이한 구조를 갖는데, 대부분의 노드를 포함하는 '중심부'가 있으며 중심부에서 노드 쌍 사이의 평균 거리는 $\log n$이 아니라 $\log \log n$에 비례한다. 그래서 네트워크 전체의 평균 거리 역시 $\log \log n$에 비례한다. 이 중심부 바깥에는 중심부에 머리카락처럼 붙어 있는 더 기다란 노드들의 '띠'나 '덩굴'이 있다. 이들은 $\log n$에 비례하는 길이를 갖는데, 그래서 네트워크의 지름도 $\log n$에 비례하게 된다[103, 114]. 다양한 크기의 네트워크에 대해 평균 경로 길이와 지름을 따로 측정함으로써 그들이 각기 다른 함수 형태를 갖고 있음을 확인할 수 있다.[2]

밀그램은 좁은 세상 효과를 다룬 그의 원래 논문에서 이 효과의 또 다른 흥미로운 측면을 논의했다. 편지 전달 실험에서 대부분의 편지는 목표 인물의 지인 중 고작 한두 명을 통해 전달됐다. 즉, 목표 인물을 알았던 대부분의 사람들은 이 한두 명을 통해 목표 인물을 알고 있었던 것이다. 당신과 세계의 나머지 사이를 잇

이 네트워크에서 i에서 j로의 최단 경로 길이는 1이지만, j에서 i로의 최단 경로 길이는 2다.

밀그램은 이런 사람들을 '사회계량 슈퍼스타'라고 불렀다. 4.6절에서 이미 논의한 적이 있다.

---

2 하지만 $\log \log n$ 형태의 행동은 n에 따라 매우 느리게 변하는 함수여서 이를 실제 데이터에서 확인하는 것은 매우 어렵다는 사실을 기억해두자.

는 연결의 대부분이 당신의 지인 한두 명 덕분이라는 생각은 깔때기 효과^{funneling}로 불려왔다. 이 생각은 오늘날 사용 가능한 풍부한 네트워크 데이터로 시험해볼 수 있는 것이기도 하다. 노드 사이의 최단 경로에만 초점을 맞춘다면, 노드 i와 이 노드에서 도달할 수 있는 다른 모든 노드 사이의 최단 경로 중 얼마나 많은 비율이 노드 i의 각 이웃을 지나가는지를 계산할 수 있다. 많은 네트워크에서 깔때기 효과가 드러났다. 예를 들어 표 10.1의 물리학자 공동 저자 네트워크에서 다섯 명 이상의 공동 저자를 가진 물리학자의 경우 평균적으로 최단 경로의 48%가 한 이웃을 통해 지나가고, 최단 경로의 나머지 52%는 나머지 4명 이상의 이웃들에 분배됐다. 인터넷에서도 비슷한 결과가 확인된다. 자율 시스템 수준에서 본 인터넷의 2005년 5월 저장본의 경우 링크수가 5 이상인 노드들 중 최단 경로의 49%가 하나의 이웃을 통해 지나갔다. 이 결과로부터 인터넷 패킷 전달에 관한 결론을 내리고 싶은 유혹이 생긴다. 즉, 네트워크는 부하를 골고루 분배하기보다는 소수의 잘 연결된 노드에 과부하를 주고 있지 않나 하는 것이다. 하지만 현대적인 인터넷 라우터는 이런 과부하를 피하기 위해 특별히 설계된 알고리듬을 이용하므로 깔때기 효과에 관한 통계가 실제 통신량 패턴을 잘 반영하지 않을 수도 있음을 알아두자.

10.3 링크수 분포

이 절에서는 가장 근본적인 네트워크 성질인 링크수 분포를 논의한다. 링크수 분포는 네트워크 구조의 특징을 드러내는 정의로서 이 책에서 계속 언급할 것이다.

방향성 없는 네트워크를 생각해보자. 6.10절에서 기술한 대로 노드의 링크수는 그 노드에 인접한 에지의 개수다. 예를 들면, 친구관계 네트워크에서 개인의 링크수는 그들이 가진 친구의 수다. 링크수가 k인 노드의 비율을 p_k로 정의하자. 예를 들어 다음 네트워크를 보자.

이 네트워크는 10개의 노드로 이뤄져 있으며 링크수가 0인 노드는 1개, 링크수가 1인 노드는 2개, 링크수가 2인 노드는 4개, 링크수가 3인 노드는 2개, 링크수가 4

인 노드는 1개다. 따라서 p_k 값은 각각 다음과 같다.

$$p_0 = \frac{1}{10}, \quad p_1 = \frac{2}{10}, \quad p_2 = \frac{4}{10}, \quad p_3 = \frac{2}{10}, \quad p_4 = \frac{1}{10} \qquad (10.4)$$

그리고 $k > 4$인 모든 k에 대해 $p_k = 0$이다. p_k는 링크수 분포$^{\text{degree distribution}}$를 나타내며, 각기 다른 링크수를 가진 노드의 빈도에 대해 알려준다.

p_k 값을 확률로 생각할 수도 있다. p_k는 무작위로 고른 노드의 링크수가 k일 확률이 된다. 이는 11~13장에서 네트워크의 이론 모형을 공부할 때 유용한 관점이 될 것이다.

때때로 특정 링크수를 갖는 노드의 비율보다 그러한 노드의 개수를 원할 때는 링크수 분포에 n을 곱하면 된다. 즉, 링크수가 k인 노드의 개수는 np_k이고, 여기서 n은 네트워크에 있는 전체 노드의 개수다.

링크수 분포와 본질적으로 같은 정보를 갖는 또 다른 표현은 링크수 배열이며 모든 노드의 링크수의 집합 $\{k_1, k_2, k_3, \ldots\}$으로 쓴다. 예를 들면, 앞에서 보인 작은 네트워크의 링크수 배열은 {0, 1, 1, 2, 2, 2, 2, 3, 3, 4}다(링크수 배열을 꼭 오름차순으로 써야 할 필요는 없다. 순서가 어떻든 모든 배열은 동일하며 같은 정보를 담고 있다).

많은 경우에 링크수 분포나 링크수 배열을 안다고 해서 네트워크의 구조를 완전하게 파악할 수 있는 것은 아니라는 사실은 분명하다. 대부분의 경우 같은 링크수를 갖는 네트워크는 1개보다 많다. 다음 두 네트워크는 같은 링크수를 갖지만 서로 다르다.

그러므로 링크수 분포만으로는 네트워크의 구조를 완벽하게 말할 수 없다. 링크수는 네트워크의 중요한 정보이지만 완벽한 정보는 아니다.

커다란 네트워크의 링크수 분포를 k의 함수로 그리면 이해하는 데 도움이 된다. 그림 10.3은 자율 시스템 수준에서 인터넷의 p_k를 보여준다. 여기서 흥미로운 사실이 드러난다. 분포는 상당한 '꼬리'를 갖는데 이 꼬리는 링크수가 매우 많은 노드에 해당한다. 링크수 20에서 끝나는 것 같지만 사실 꼬리는 이보다 훨씬 더 멀리까지 이어진다. 최대 링크수는 2407이다. 이 데이터 세트의 총 노드 수는

인터넷에는 링크수가 0인 노드가 없다. 이웃이 하나도 없다면 인터넷의 일부로 생각할 수 없기 때문이다.

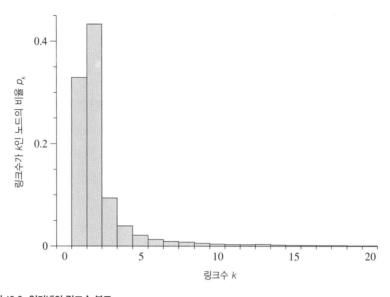

그림 10.3 인터넷의 링크수 분포

자율 시스템 수준에서 인터넷 노드의 링크수 분포의 도수분포표

19,956이므로 링크수가 최대인 노드는 네트워크 내의 다른 노드 중 12%와 연결되어 있음을 뜻한다. 이렇게 잘 연결된 노드를 허브^{hub}라고 부른다.[3] 허브는 이후의 장들에서 중요한 역할을 한다.

실제로 거의 모든 실제 네트워크의 링크수 분포는 링크수가 많은 허브에 의한 꼬리를 갖는다는 사실이 밝혀졌다. 통계학에서는 이런 분포를 오른쪽으로 비스듬하다고 부른다. 오른쪽으로 비스듬한 링크수 분포는 10.4절에서 더 논의할 것이며 이 책에서도 반복해서 나올 것이다.

방향성 네트워크에서도 링크수 분포를 잴 수 있다. 6.10절에서 봤듯이 방향성 네트워크에서 각 노드는 들어오는 링크수와 나가는 링크수를 갖는다. 그에 따라 방향성 네트워크는 들어오는 링크수 분포와 나가는 링크수 분포가 있으며 그림을 그릴 때 하나만 그리거나 둘 다 그릴 수도 있다. 예를 들어, 그림 10.4는 월드와이드웹의 들어오는 링크수 분포와 나가는 링크수 분포를 보여준다.

조금 더 정교하게 보자면, 방향성 네트워크의 진정한 링크수 분포는 들어오는

---

3 7.1.5절에서는 방향성 네트워크에서 '권위' 있는 노드들을 가리키기 위해 허브라는 말을 썼으며 이는 더 기술적인 의미를 갖는다. 네트워크 문헌에서 두 의미 모두 일반적이다. 많은 경우 독자들은 그 단어가 사용된 맥락으로 그 차이를 유추해야 한다. 이 책에서는 허브를 덜 기술적인 의미, 즉 링크수가 매우 많은 노드를 가리키는 말로 쓸 것이다. 7.1.5절에서 말한 의미로 쓸 때는 명시적으로 밝힐 것이다.

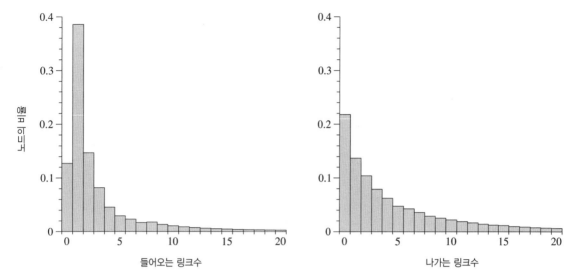

그림 10.4 월드와이드웹의 링크수 분포

월드와이드 웹 페이지들의 들어오는 링크수 분포 및 나가는 링크수 분포의 도수분포표. 데이터는 브로더 등 [84]의 연구로부터 얻었다.

링크수와 나가는 링크수의 결합 분포라고 말할 수 있다. 즉, 들어오는 링크수가 j 이고 나가는 링크수가 k인 노드의 비율을 p_{jk}로 정의한다. 이는 2차원 분포로서 단순한 도수분포표로 그릴 수 없다. 대신 2차원 밀도 그림이나 표면 그림으로 나타낼 수 있다. 결합 분포를 이용해 노드의 들어오는 링크수와 나가는 링크수가 상관이 있을 가능성을 알 수 있다. 예를 들어보자. 들어오는 링크수가 많은 노드가 나가는 링크수도 많은 경향이 있다면 j와 k가 모두 큰 p_{jk}가 큰 값을 갖는 결과로 이어질 것이다. 결합 분포가 아니라 들어오는 링크수와 나가는 링크수를 따로 볼 때는 그런 상관관계가 있는지를 알 수 있는 방법이 없다.

실제로 방향성 네트워크의 결합 분포는 거의 연구되지 않아서 알려진 것이 상대적으로 많지 않다. 방향성 네트워크의 많은 이론에서 정확한 답을 얻기 위해 결합 분포에 의존한다는 사실에 비추어보면 안타까운 일이다(12.11.1절 참고). 반면에 다른 이론들은 실제 데이터를 시험해볼 수 있는 결합 분포를 예측하기도 한다. 하지만 이 주제는 더 면밀한 탐구를 기다리는 영역이다.

10.4   거듭제곱 법칙과 척도 없는 네트워크

인터넷으로 돌아오자. 그림 10.5는 그림 10.3의 도수분포표를 로그 규모로 다시 그린 것인데, 이 링크수 분포에는 흥미로운 특징이 있다(가로축과 세로축 모두 로그 규모다. 이 효과를 더 명확하게 보이기 위해 각 칸을 크게 그렸다. 이전에는 폭이 1이었던 칸이 그림 10.5에서는 5다). 그림에서 보듯이 링크수 분포는 대략 직선으로 보인다. 수식으로 쓰면 p_k의 로그는 k 로그의 선형 함수다.

$$\ln p_k = -\alpha \ln k + c \qquad (10.5)$$

여기서 α와 c는 상수다. 음수 부호가 필수는 아니어서 생략할 수도 있다. 하지만 그림 10.5에서 직선의 기울기는 음수이므로 이 경우에는 음수 부호를 쓰는 것이 편리하다. 그러면 α는 기울기와 부호가 반대인 양수가 되며 인터넷의 경우 α는 약 2.1이다.

식 (10.5)의 양변에 지수를 취하면 p_k와 k의 관계를 다음처럼 쓸 수 있다.

$$p_k = C k^{-\alpha} \qquad (10.6)$$

거듭제곱 분포는 종종 **파레토 분포**(Pareto distribution) 또는 **지프의 법칙**(Zipf's law)이라고도 한다.

여기서 $C = e^c$이며 또 다른 상수다. 이런 형태의 분포는 k의 거듭제곱 형태로 변하기 때문에 거듭제곱 법칙$^{power\ law}$이라고 부른다. 그림 10.5에 근거하여 인터넷의 링크수 분포는 거듭제곱 법칙을 따른다고 거칠게 말할 수 있다.

사실 이런 공통된 패턴은 여러 네트워크에서 발견된다. 그림 10.8에서 볼 수 있듯이 월드와이드웹의 들어오는 링크수와 나가는 링크수 모두 대체로 거듭제곱 분포를 따르며, 많은 인용 네트워크의 들어오는 링크수 분포도 마찬가지다(나가는 링크수는 그렇지 않다). 나중에 논의하겠지만 거듭제곱 형태의 링크수 분포를 보이는 네트워크들은 인상적이고 예기치 못한 행동을 보인다.

상수 α는 거듭제곱 법칙의 지수^{exponent}로 알려져 있으며, 그 범위는 대체로 $2 \leq \alpha \leq 3$이다. 이 범위에서 조금 벗어난 값들도 가능하며 종종 관찰되기도 한다. 표 10.1은 링크수 분포가 거듭제곱 법칙을 따르거나 또는 근사적으로 따르는 여러 네트워크의 지숫값들을 보여준다. 지숫값들은 대체로 2와 3 사이임을 알 수 있다. 식 (10.6)의 상수 C는 10.4.2절에서 논의할 정규화 조건에 의해 결정되는 값으로서 흥미로운 대상은 아니다.

링크수 분포의 모양은 식 (10.6)을 따르지만 대개 모든 범위에서 그런 것은 아

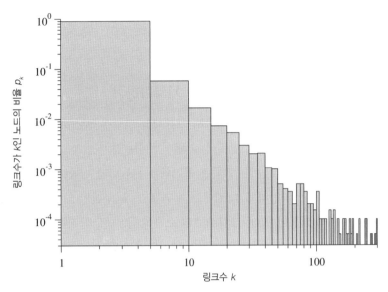

그림 10.5 인터넷의 거듭제곱 형태의 링크수 분포

로그 규모로 그린 인터넷의 링크수 분포의 도수분포표. 도수분포표 모양이 직선으로 보이는 것은 링크수 분포가 거칠게 식 (10.6)과 같은 거듭제곱 법칙을 따른다는 것을 뜻한다.

니다. 그림 10.3을 보면 더 작은 k에서 링크수 분포가 줄어드는 것을 볼 수 있다.[4] 진짜 거듭제곱 분포는 모든 범위에서 단조롭게 줄어들므로 그림 10.3의 경우는 k가 작은 영역에서 진짜 거듭제곱 법칙에서 벗어난다. 분포의 꼬리 부분, 즉 k가 클 때는 거듭제곱 법칙이 맞지만, k가 작은 영역에서는 그렇지 않은 상황이 일반적이다. 누군가가 특정한 네트워크의 링크수 분포가 거듭제곱 분포라고 말했다면 대개 분포의 꼬리 부분이 거듭제곱 형태라는 것으로 이해할 수 있다. 경우에 따라 k가 큰 영역에서 분포가 거듭제곱 형태로부터 벗어날 수도 있다. 노드의 최대 링크수를 제한하는 어떤 형태의 절단이 있을 경우에 그렇다.

거듭제곱 형태의 링크수 분포를 갖는 네트워크는 종종 척도 없는 네트워크^{scale-free} ^{network}라고 부른다. 여기서도 이 용어를 종종 쓸 것이다. 물론 척도 없는 네트워크가 아닌 다른 형태의 링크수 분포를 갖는 네트워크도 많다. 척도 없는 네트워크는 그 놀라운 성질 때문에 특히 흥미롭다. 그런데 척도 없는 네트워크와 그렇지 않은 네트워크를 구분하는 것이 언제나 쉬운 일은 아니다. 가장 간단한 전략은 그림 10.5에서처럼 링크수 분포를 로그-로그 그림으로 그린 후 그림이 직선처럼 보이

---

4 그림 10.3에서 $k = 1$인 노드의 개수보다 $k = 2$인 노드의 개수가 많으므로 단조감소하는 거듭제곱 법칙이 적용되지 않는 상황을 뜻하는 것으로 보인다. – 옮긴이

는지 확인하는 것이다. 하지만 이런 접근에는 여러 문제가 있어서 가능하다면 다른 방법을 추천한다. 지금부터 설명해보겠다.

10.4.1 거듭제곱 법칙을 발견하고 시각화하기

그림 10.5에서처럼 도수분포표를 이용해 거듭제곱 법칙을 발견하고 시각화하는 방법은 몇 가지 문제가 있다. 그림에서 명백히 보이는 문제는 분포의 꼬리에서는 통계가 빈약하다는 것이다. 이는 k가 큰 영역인데 거듭제곱 법칙이 가장 잘 보이는 영역이기도 하다. 이 영역의 각 칸에는 겨우 몇 개의 샘플만 있어서 칸 사이의 샘플 수의 통계적 요동이 크다. 그림 10.5의 오른쪽 끝은 '잡음 같은 신호'로 보이는데, 이로 인해 도수분포표가 정말 직선인지 아닌지를 판단하기 어렵다.

이 문제에는 여러 해결책이 있다. 가장 단순한 방법은 칸의 크기를 키워서 각 칸에 더 많은 샘플이 포함되도록 하는 것이다. 그림 10.3을 그림 10.5로 다시 그리면서 이미 쓴 방법이다. 1이었던 칸의 폭을 5로 키웠다. 칸의 크기가 커지면서 더 많은 샘플이 포함되어 잡음은 줄어들었지만 칸의 개수가 줄어들면서 세부 사항을 희생했다. 가장 좋은 칸의 폭을 고르는 문제는 어렵다. 왜냐하면 영역마다 선호되는 폭이 다를 수 있기 때문이다. 잡음이 문제가 되는 꼬리 부분에서는 큰 칸이 더 좋지만 샘플이 많은 분포의 왼쪽 끝 영역에서는 좁은 칸이 선호된다.

도수분포표의 영역에 따라 칸의 크기도 다르게 하는 방법을 시도해볼 수 있다. 예를 들어, 링크수가 작은 영역에서는 칸의 폭이 1이고 링크수가 큰 영역에서는 칸의 폭을 5로 두는 방법이 있다. 이때는 칸들을 올바르게 정규화해야 한다. 폭이 5인 칸은 폭이 1인 칸보다 평균적으로 다섯 배 많은 샘플을 포함할 것이다. 같은 축에 샘플 수를 그리고자 하거나 또는 직접 비교하고자 한다면 폭이 5인 칸의 샘플 수를 5로 나눠서 그려야 한다. 더 일반적으로 폭이 다른 칸들의 결과를 비교하기 위해 각 칸의 샘플 수를 그 칸의 폭으로 나눠야 한다.

칸의 크기를 두 종류만 쓸 이유는 없다. 꼬리로 멀어질수록 크기가 커지는 칸을 이용할 수 있다. 심지어 칸의 크기를 조금씩 커지게 함으로써 모든 칸의 크기를 서로 다르게 만들 수도 있다. 많이 쓰이는 방법으로 로그 묶기$^{logarithmic\ binning}$가 있다. 각 칸은 이전 칸보다 상수 a배씩 커진다. 도수분포표의 첫째 칸이 $1 \leq k < 2$ 구간을 나타내고(링크수가 1인 모든 노드가 이 구간에 포함된다는 말이다) $a = 2$라면 두 번째 칸은 $2 \leq k < 4$ 구간을, 세 번째 칸은 $4 \leq k < 8$ 구간을 나타낼 것이다. 일반적으로 n번째 칸은 $a^{n-1} \leq k < a^n$ 구간을 나타내며 칸의 폭은 $a^n - a^{n-1}$이 된다.

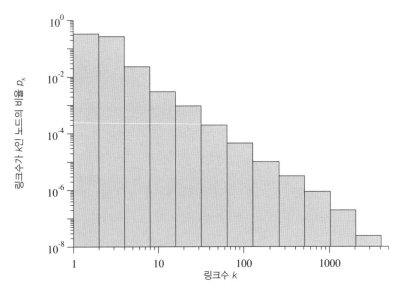

그림 10.6 로그 묶기를 이용해 생성된 인터넷의 링크수 분포의 도수분포표

칸의 폭은 로그 규모로 봤을 때 상수다. 선형 규모로 보면 칸의 폭이 일정한 상수 배로 커진다. 폭이 다른 칸의 샘플 수를 비교할 수 있도록 칸의 샘플 수는 칸의 폭으로 나누어 정규화했다.

가장 일반적인 a 값은 2인데, a가 2보다 크면 칸들이 너무 커지고 반대로 2보다 작으면 구간의 끝값이 정수가 아니게 되기 때문이다.

그림 10.6은 이런 방식으로 로그 묶기를 한 인터넷의 링크수 분포를 보여준다. 앞에서 기술한 대로 각 칸을 그 폭으로 주의 깊게 정규화했다. 꼬리 부분의 잡음은 훨씬 덜하고 링크수 분포의 직선 모양을 보기가 훨씬 더 쉬워졌다. 로그 묶기를 한 도수분포표의 좋은 점은 로그 규모로 그렸을 때 칸의 폭이 모두 똑같다는 것이다. 사실 이를 위해 칸의 폭을 그렇게 결정한 것이라서 '로그 묶기'라는 이름으로 부르게 된 것이다.

그런데 로그 묶기를 한 도수분포표에는 링크수가 0인 노드를 포함하는 칸은 없다(물론 로그 규모에서 0은 표현할 수 없기 때문이다). 링크수가 0인 노드의 개수를 알기 원한다면 이 값을 따로 재야 한다.

거듭제곱 분포를 시각화하는 문제에 대한 다른 해결책은 다음과 같이 정의된 누적 분포 함수$^{cumulative\ distribution\ function}$를 재는 것이다.

$$P_k = \sum_{k'=k}^{\infty} p_{k'} \tag{10.7}$$

또는 P_k를 무작위로 고른 노드의 링크수가 k 이상일 확률을 뜻한다고 생각할 수도 있다.

다시 말해, P_k는 링크수가 k 이상인 노드의 비율을 가리킨다.[5]

링크수 분포 p_k의 꼬리가 거듭제곱 법칙을 따른다고 가정하자. 구체적으로 어떤 k_{min}에 대해 $k \geq k_{min}$인 영역에서 $p_k = Ck^{-\alpha}$라고 하면 $k \geq k_{min}$인 k에 대해 다음 결과를 얻는다.

$$P_k = C \sum_{k'=k}^{\infty} k'^{-\alpha} \simeq C \int_{k}^{\infty} k'^{-\alpha} \, dk' = \frac{C}{\alpha - 1} k^{-(\alpha - 1)} \qquad (10.8)$$

여기서는 합을 적분으로 근사했다. 거듭제곱 함수는 k가 클 때 매우 느리게 변하므로 합당한 근사다(또한 적분이 수렴하기 위해 $\alpha > 1$이라고 가정했다). 그러므로 p_k가 거듭제곱 법칙을 따른다고 하면 누적 분포 함수도 거듭제곱 법칙을 따르되 다만 원래 지수보다 1이 작은 $\alpha - 1$을 지수로 갖는다.

누적 분포 함수는 거듭제곱 분포를 시각화하는 또 다른 방법을 제공한다. 원래 도수분포표를 로그 규모로 그렸던 것처럼 누적 분포 함수를 그려서 직선처럼 행동하는지를 보고자 한다. 인터넷의 경우 그림 10.7에서 보듯이 누적 분포 함수가

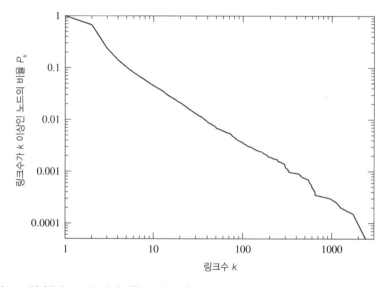

그림 10.7 인터넷의 노드 링크수에 대한 누적 분포 함수

인터넷의 링크수 분포처럼 거듭제곱 꼬리가 있는 분포의 경우(식 (10.7)로 정의된 누적 분포 함수를 그리면 원래 분포보다 기울기가 1만큼 작은 거듭제곱 법칙을 따른다.

---

5 누적 분포 함수가 반대 방향, 즉 링크수가 k 이하인 노드의 비율로 정의되기도 한다. 이때 식 (10.7)의 합은 k부터 무한대가 아니라 0부터 k에 대해 이뤄진다. 하지만 이 책에서는 k부터 무한대까지 더한 양으로 누적 분포 함수를 정의한다. 종종 이 함수를 다른 대안과 구분하기 위해 **보완**(complementary) 누적 분포 함수라고 부른다.

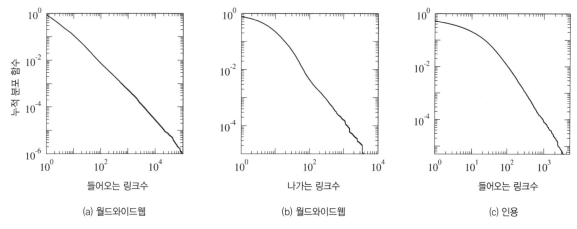

그림 10.8 방향성 네트워크의 들어오는 링크수와 나가는 링크수의 누적 분포 함수

(a) 브로더 등[84]의 데이터에서 구한 월드와이드웹의 들어오는 링크수 분포, (b) 같은 웹 데이터의 나가는 링크수 분포, (c) 레드너(Redner)[404]의 데이터로부터 구한 인용 네트워크의 들어오는 링크수 분포. 분포들은 대체로 거듭제곱 법칙의 형태를 따른다.

거의 직선 모양으로 보인다. 월드와이드웹의 들어오는 링크수 분포, 나가는 링크수 분포 및 인용 네트워크의 들어오는 링크수 분포에 대해 누적 분포 함수를 그린 것이 그림 10.8에 있다.

이런 접근 방법에는 장점이 있다. 특히 P_k를 계산할 때 원래 도수분포표에 대해 했던 것처럼 k 값들을 묶을 필요가 없다. P_k는 모든 k에 대해 완벽하게 잘 정의되며 보통 함수를 그리듯 그릴 수 있다. 링크수 도수분포표의 칸들이 2개 이상의 k 값을 포함할 때(즉, 칸의 폭이 1보다 클 때) 데이터를 묶는 일은 필연적으로 어떤 정보를 날려버린다. 각기 다른 k 값들이 같은 칸에 모이면서 그들 사이의 차이가 사라져버리기 때문이다. 반면에 누적 분포 함수는 데이터를 묶지 않기 때문에 데이터에 포함된 모든 정보를 보존한다. 이 차이를 극명하게 보여주는 것은 그림의 점의 개수다. 그림 10.5와 그림 10.6에서 점의 개수는 상대적으로 적지만, 그림 10.7의 누적 분포 함수는 원래 k 값 개수와 같은 개수의 점으로 이뤄져 있다.

누적 분포 함수는 계산하기 쉽다. 노드의 링크수를 내림차순으로 정렬한 후 그 순서대로 노드를 1부터 n까지 번호를 매긴다.[6] 이 번호는 노드의 이른바 순위^{rank} r_i

---

6 이 계산에서 가장 시간이 많이 걸리는 부분은 링크수를 정렬하는 것이다. 정렬은 잘 연구된 문제이며 가장 빠른 알고리듬은 $O(n \log n)$시간이 걸린다. 그러므로 누적 분포를 계산하는 알고리듬 역시 $O(n \log n)$시간이 걸린다. 대부분의 컴퓨터 언어나 스프레드시트 같은 소프트웨어는 정렬 함수가 내재되어 있어서 함수를 직접 만드는 데 필요한 시간을 아낄 수 있다.

다. r_i/n을 링크수 k_i의 함수로 그리면 누적 분포를 얻을 수 있다.[7]

예를 들어, 10.3절 도입부에서 봤던 작은 네트워크 예를 보자.

노드의 링크수는 각각 0, 1, 1, 2, 2, 2, 2, 3, 3, 4다. 이 값들을 내림차순으로 정렬한 후 번호를 붙이면 다음과 같이 P_k 값들을 구할 수 있다.

링크수 k	순위 r	$P_k = r/n$
4	1	0.1
3	2	0.2
3	3	0.3
2	4	0.4
2	5	0.5
2	6	0.6
2	7	0.7
1	8	0.8
1	9	0.9
0	10	1.0

위 표의 마지막 열을 첫 번째 열의 함수로 그리면 누적 분포 함수가 된다.

누적 분포는 단점도 있다. 누적 분포는 링크수 분포와 간접적으로만 관련되어 있기 때문에 원래 도수분포표보다 해석하기 어렵다. 더 심각한 단점은 누적 분포의 이웃한 점들이 상관이 있다는 것이다. 누적 분포 함수의 한 점과 바로 다음 점 사이의 차이는 일반적으로 작아서 이웃한 값들은 전혀 독립적이지 않다. 그래서 그림 10.7과 같은 그림에서 직선 모양이 나타나는 부분의 기울기를 맞추어 거듭제곱 지수를 측정하여 이 값을 $\alpha - 1$로 놓는 것이 타당하지 않다. 적어도 최소제곱법 같은 표준적인 방법을 이용해 맞추기를 할 때 타당하지 않은데, 최소제곱법은 데이터들이 독립적이라고 가정하기 때문이다.

---

7 이런 그림을 종종 **순위–빈도**(rank–frequency) 그림이라 부른다. 왜냐하면 자연어 낱말의 사용 빈도에서 나타나는 거듭제곱 법칙을 발견하기 위해 썼던 방법이기 때문이다. 측정하고자 하는 양이 빈도라면 누적 분포는 순위 대 빈도 그림이 된다. 더 최근에 그런 그림은 빈도가 아닌 다른 양에서 나타나는 거듭제곱 법칙을 발견하기 위해 쓰이는데, 여전히 '순위–빈도 그림'이라는 이름이 쓰이곤 한다.

사실 누적 분포 함수이든 보통 도수분포표이든 간에 직선으로 맞춰서 거듭제곱 지수를 재는 것은 일반적으로 좋은 방법은 아니다. 두 경우 모두 편향된 결과를 준다는 사실이 알려져 있는데 이유는 다르다[111, 209]. 대신 α를 다음 식을 이용해 데이터로부터 직접 계산하는 편이 대개 더 낫다.[8]

$$\alpha = 1 + N \left(\sum_i \ln \frac{k_i}{k_{\min} - \frac{1}{2}} \right)^{-1} \tag{10.9}$$

여기서 $k_{\min}$은 거듭제곱 법칙이 성립하는 최소 링크수이고, N은 링크수가 $k_{\min}$보다 크거나 같은 노드의 수다. 합은 모든 노드에 대해서가 아니라 $k > k_{\min}$인 노드에 대해서만 계산한다.

다음 공식으로부터 α의 통계오차를 계산할 수 있다.

$$\sigma = \sqrt{N} \left(\sum_i \ln \frac{k_i}{k_{\min} - \frac{1}{2}} \right)^{-1} = \frac{\alpha - 1}{\sqrt{N}} \tag{10.10}$$

예를 들어, 식 (10.9)와 식 (10.10)을 그림 10.3의 인터넷의 링크수 배열에 적용하면 $\alpha = 2.11 \pm 0.01$을 얻는다.

이 공식들은 최대가능도기법을 이용해 유도한 것인데 주요 주제인 네트워크와는 거리가 있어서 자세히 논의하지는 않겠다. 흥미가 있는 독자는 참고문헌 [111]의 논의를 보기 바란다. [111]에는 $k_{\min}$ 값을 결정하는 방법, 특정한 분포가 거듭제곱 법칙을 따르는지 결정하는 방법 등이 소개되어 있다.

10.4.2 거듭제곱 분포의 성질

거듭제곱 분포를 따르는 양들은 놀라운 방식으로 행동한다. 여기서 몇 쪽을 할애하여 나중에 쓸모 있을 거듭제곱 분포의 성질들을 살펴보겠다.

거듭제곱 법칙은 네트워크뿐만 아니라 다양한 곳에서 나타난다. 거듭제곱 법칙이 발견되는 예는 다음과 같다. 도시 인구[32, 486], 지진[228], 달의 분화구 [344], 태양 표면의 폭발[312], 컴퓨터 파일[124], 전쟁의 크기[410], 인간 언어에

---

8 이 공식은 지수에 관한 전체 공식의 근사에 불과하다. 전체 공식은 불행히도 닫힌 형태로 나오지 않아서 쓰기가 어렵다. 식 (10.9)는 $k_{\min}$이 대략 6보다 클 때 잘 작동하는데 많은 네트워크에서 실제로 그렇다. 그렇지 않은 경우에는 전체 공식을 써야 한다([111] 참고).

서 단어의 사용빈도[164, 486], 대부분 문화에서 이름의 빈도[480], 과학자들의 논문 수[309], 웹 페이지 방문 횟수[5], 책, 음반, 거의 대부분 상품의 판매량[123, 273], 생물 분류군에 속한 종의 수[87, 472] 등이다. 거듭제곱 법칙이 발견되는 데이터와 수학적 성질에 대한 논평은 [357]을 참고하라. 여기서는 네트워크 연구에서 중요한 몇 가지 사항을 강조한다.

정규화[normalization]: 식 (10.6)의 거듭제곱 함수 $p_k = Ck^{-\alpha}$에 나오는 상수 C는 링크수 분포가 정규화돼야 한다는 조건으로 결정된다. 즉, 링크수가 $k = 0, ..., \infty$인 노드의 비율을 모두 합하면 1이 되어야 한다.

$$\sum_{k=0}^{\infty} p_k = 1 \tag{10.11}$$

가장 최선의 경우라 할지라도 링크수 분포는 0을 포함한 모든 k에 대해 $p_k = Ck^{-\alpha}$ 형태를 따를 수 없다. 이 형태에 따르면 p_0는 무한대가 될 텐데, p_0는 0과 1 사이의 값을 갖는 확률이어야 하기 때문이다. 하지만 링크수가 0인 노드가 없다고 가정하고($p_0 = 0$), 링크수 분포는 $k \geq 1$인 모든 k에 대해 거듭제곱 법칙을 따른다고 가정하면 식 (10.11)을 $C \sum_{k=1}^{\infty} k^{-\alpha} = 1$로 쓸 수 있다. 이로부터 얻어진 C는 다음과 같다.

$$C = \frac{1}{\sum_{k=1}^{\infty} k^{-\alpha}} = \frac{1}{\zeta(\alpha)} \tag{10.12}$$

여기서 $\zeta(\alpha) = \sum_{k=1}^{\infty} k^{-\alpha}$는 리만 제타 함수[Riemann zeta function]다. 잘 정규화된 거듭제곱 분포는 양의 정수인 k에 대해 다음과 같다.

$$p_k = \frac{k^{-\alpha}}{\zeta(\alpha)} \tag{10.13}$$

그리고 $p_0 = 0$이다.

식 (10.13)은 척도 없는 네트워크의 수학 모형을 위한 좋은 출발점이 된다(예를 들어, 12장에서 이 결과를 이용할 것이다). 하지만 10.4절에서 논의했고 그림 10.3에서 보였듯이 대부분의 실제 네트워크는 작은 k 영역에서 순수한 거듭제곱 법칙으로부터 벗어나므로 식 (10.13)이 현실을 아주 잘 표현하는 것은 아니다. 그런 경우에는 정규화 상수가 분포의 특정한 모양에 따라 다른 값을 가질 것이다. 하지만 뭐가 됐든 정규화 조건인 식 (10.11)에 의해 결정된다. 때때로 거듭제곱 형태가 나타나는 분포의 꼬리에만 관심을 갖고 분포의 나머지 부분은 무시하는 경우가 있다. 이때는 꼬리 부분에 대해서만 정규화를 하면 된다. 특히 k_{min}보다 크거나 같은 영역에 대해서만 거듭제곱 법칙을 따르는 경우 다음 분포를 얻는다.

$$p_k = \frac{k^{-\alpha}}{\sum_{k=k_{min}}^{\infty} k^{-\alpha}} = \frac{k^{-\alpha}}{\zeta(\alpha, k_{min})} \tag{10.14}$$

여기서 $\zeta(\alpha, k_{min}) = \sum_{k=k_{min}}^{\infty} k^{-\alpha}$는 이른바 일반화된 또는 불완전 제타 함수라고 부른다.

대안적으로, 식 (10.8)에서 했던 것처럼 분포의 꼬리에서 k에 대한 합은 적분으로 잘 근사된다. 정규화 상수도 적분을 이용해 쓸 수 있다.

$$C \simeq \frac{1}{\int_{k_{min}}^{\infty} k^{-\alpha} \, dk} = (\alpha - 1)k_{min}^{\alpha-1} \tag{10.15}$$

즉,

$$p_k \simeq \frac{\alpha - 1}{k_{min}} \left(\frac{k}{k_{min}} \right)^{-\alpha} \tag{10.16}$$

이 된다. 식 (10.8)의 누적 분포 함수도 같은 방식으로 근사해서 간단한 형태로 얻을 수 있다.

$$P_k = \left(\frac{k}{k_{min}} \right)^{-(\alpha-1)} \tag{10.17}$$

모멘트^moment: 링크수 분포의 모멘트도 특히 흥미롭다. 분포의 1차 모멘트는 링크수의 평균이다.

$$\langle k \rangle = \sum_{k=0}^{\infty} k p_k \tag{10.18}$$

2차 모멘트는 링크수 제곱의 평균이다.

$$\langle k^2 \rangle = \sum_{k=0}^{\infty} k^2 p_k \tag{10.19}$$

m차 모멘트는 다음과 같다.

$$\langle k^m \rangle = \sum_{k=0}^{\infty} k^m p_k \qquad (10.20)$$

인터넷이나 월드와이드웹처럼 $k \geq k_{\min}$인 영역에서 거듭제곱 분포 $p_k = Ck^{-\alpha}$로 표현되는 링크수 분포 p_k를 생각하자.

$$\langle k^m \rangle = \sum_{k=0}^{k_{\min}-1} k^m p_k + C \sum_{k=k_{\min}}^{\infty} k^{m-\alpha} \qquad (10.21)$$

k가 클 때 거듭제곱 법칙은 k에 대해 느리게 변하는 함수이므로 위 식의 두 번째 합을 다시 적분으로 근사할 수 있다.

$$\begin{aligned} \langle k^m \rangle &\simeq \sum_{k=0}^{k_{\min}-1} k^m p_k + C \int_{k_{\min}}^{\infty} k^{m-\alpha}\, \mathrm{d}k \\ &= \sum_{k=0}^{k_{\min}-1} k^m p_k + \frac{C}{m-\alpha+1}\Big[k^{m-\alpha+1} \Big]_{k_{\min}}^{\infty} \end{aligned} \qquad (10.22)$$

첫 번째 항은 작은 k에 대해 거듭제곱 형태가 아닌 분포의 특수한 형태에 의존하는 유한한 값이다. 두 번째 항은 m과 α의 값에 의존한다. 만일 $m - \alpha + 1 < 0$이면 대괄호는 유한한 값을 갖는다. 하지만 $m - \alpha + 1 \geq 0$이면 대괄호는 발산하며 $\langle k^m \rangle$도 발산한다. 그러므로 링크수 분포의 m차 모멘트는 $\alpha > m + 1$일 때에만 유한한 값을 갖는다. 다시 말해, α 값이 주어졌을 때 $m \geq \alpha - 1$인 모든 m차 모멘트는 발산한다.

예를 들어 2차 모멘트는 12.2절에서 이웃들의 링크수 평균을 계산할 때, 15.2.1절에서 네트워크 견고함을 계산할 때, 16.3.2절에서 전염병 과정을 계산할 때를 비롯해 많은 곳에서 등장할 것이다.

네트워크와 관련된 계산에서 자주 나오는 2차 모멘트 $\langle k^2 \rangle$에 특별한 관심을 두고자 한다. 위의 결과에 따르면 $\alpha > 3$일 때 2차 모멘트는 유한하다. 그러나 10.4절에서 논의했듯이 거듭제곱 형태의 링크수 분포를 갖는 대부분의 실제 네트워크에서 α는 $2 \leq \alpha \leq 3$ 범위 내의 값을 갖는다. 즉, 2차 모멘트가 발산하는데 이 결과는 척도 없는 네트워크의 성질에 수많은 중요한 의미를 갖는다. 그중 일부는 앞으로 볼 장들에서 탐구할 예정이다. 분포의 꼬리에서만 거듭제곱 법칙이 성립하는 경우에도 앞의 논의가 적용된다는 것을 밝힌다. 2차 모멘트가 발산하기 위해 전체 영역에서 분포가 거듭제곱 법칙을 따라야 하는 것은 아니다.

하지만 이런 기술은 오해의 소지가 있다. 어떤 실제 네트워크에서든 링크수 분포의 모든 모멘트는 실제로 유한하다. m차 모멘트는 링크수 배열로부터 언제나 직접 계산할 수 있다.

$$\langle k^m \rangle = \frac{1}{n} \sum_{i=1}^{n} k_i^m \qquad (10.23)$$

여기서 k_i는 노드 i의 링크수를 뜻한다. 모든 k_i가 유한하기 때문에 위 식의 합도 유한하다. m차 모멘트가 무한하다고 말할 때 그것이 실제로 뜻하는 것은 $n \to \infty$인 극한, 즉 임의로 큰 네트워크라는 극한에서 발산할 것이라는 말이다. 유한한 크기의 네트워크에서도 모멘트의 값은 무한이 아니더라도 매우 클 수가 있고 이 사실만으로도 흥미로운 행동을 만들어내는 데 충분하다. 그림 10.3과 그림 10.5에서 보인 인터넷 데이터의 경우 2차 모멘트의 값은 $\langle k^2 \rangle = 1159$다. 많은 이유로 이 값은 실제로 무한대처럼 여겨진다. 그렇게 큰 모멘트값들이 가져올 결과에 대해서는 앞으로 볼 장들에서 다룬다.

위가 무거운 분포^{top-heavy distribution}: 모든 에지 중 가장 링크수가 많은 노드들에 연결된 에지의 비율도 흥미로운 양이다. 순수한 거듭제곱 형태의 링크수 분포의 경우 가장 링크수가 많은 노드들의 비율을 P라고 할 때 이 노드들에 연결된 에지의 비율을 W라고 하면 다음 관계를 얻을 수 있다[357].

$$W = P^{(\alpha-2)/(\alpha-1)} \qquad (10.24)$$

그림 10.9는 여러 α 값에 대해 W를 P의 함수로 그린 것이다. 20세기 초반 처음 이 주제로 연구한 막스 로렌츠^{Max Lorenz}의 이름을 따서 이 곡선을 로렌츠 곡선^{Lorenz curve}이라 부른다[308]. 그림에서 보듯이 모든 α 값에 대해 곡선은 위로 볼록하며 2보다 살짝 큰 α 값의 경우 곡선은 초반에 급격하게 증가한다. 즉, 링크수가 많은 아주 소수의 노드들에 상당히 많은 에지가 연결되어 있다는 말이다.

예를 들면, 월드와이드웹의 들어오는 링크수 분포는 지수가 $\alpha = 2.2$인 거듭제곱 법칙을 따른다. 완벽한 거듭제곱 형태라고 가정하고 식 (10.24)에 $P = \frac{1}{2}$을 넣으면 $W = 0.89$, 즉 89%다. 89%의 하이퍼링크가 링크수 기준 상위 절반의 페이지로 연결되고, 나머지 11%만이 하위 절반의 페이지로 연결된다. 반대로 $W = \frac{1}{2}$로 놓으면 식 (10.24)에 의해 $P = 0.015$다. 즉, 모든 링크의 절반이 상위 2% 이내 가

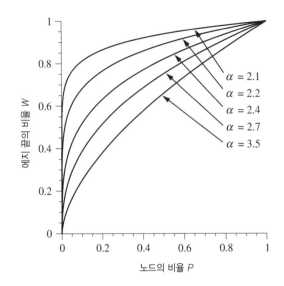

그림 10.9 척도 없는 네트워크의 로렌츠 곡선

곡선은 여러 거듭제곱 지수 α에 대해 가장 링크수가 많은 노드들의 비율 P에 따라 그 노드들에 연결된 에지의 비율 W를 그린 것이다.

장 '부유한' 노드로 연결된다. 그래서 링크수 분포가 '위가 무거운' 모양을 띤다. '부'(월드와이드웹의 경우 들어오는 하이퍼링크에 해당)의 상당한 비율을 소수의 노드가 차지한다.[9]

앞의 계산을 위해 링크수 분포가 완벽한 거듭제곱 법칙을 따른다고 전제했다. 하지만 실제로 높은 링크수 영역에 해당하는 분포의 꼬리 부분에서만 사실인 경우가 많다. 그래도 기본 원리는 여전히 성립한다. 식 (10.24)처럼 정확한 수식으로 쓸 수 없는 경우에도 데이터로부터 직접 W를 P의 함수로 계산할 수 있다. 웹의 실제 링크수 분포의 경우[10] 들어오는 하이퍼링크의 50%가 겨우 상위 1.1% 노드들을 가리킨다. 식 (10.24)가 잘 들어맞는 셈이다. 과학 인용 네트워크의 경우 가장 많이 인용된 논문 8.3%가 전체 인용의 50%를 받는다.[11] 인터넷에서 가장 많이 연결된 노드 3.3%가 전체 연결의 50%를 갖는다.[12]

이 책의 나머지 장들에서 거듭제곱 형태의 링크수 분포를 갖는 많은 네트워크

---

9 비슷한 결과가 재산처럼 거듭제곱 분포로 나타낼 수 있는 다른 양에도 적용된다. 부의 상당량이 소수의 부자들 손에 놓여 있다는 통계를 들어봤을 것이다[357].

10 브로더 등[84]의 데이터 이용

11 레드너[404]의 데이터 이용

12 그림 10.3의 자율 시스템 수준 데이터 이용

를 볼 것이다. 또한 앞에서 얻은 결과를 이용해 그러한 네트워크의 행동을 이해하고자 할 것이다.

10.5   그 밖의 중심도 측정량들의 분포

7장에서 논의했듯이 노드 링크수는 네트워크에서 노드의 중심도를 재는 다양한 측정량 중 하나다. 다른 측정량으로는 고유벡터 중심도와 그 변형들(7.1.2절부터 7.1.5절까지), 근접 중심도(7.1.6절), 사이 중심도(7.1.7절) 등이 있다. 이런 측정량들의 분포는 네트워크 연구에서 링크수 분포보다는 덜 중요하지만 그래도 흥미롭다.

고유벡터 중심도는 링크수 중심도의 확장된 형태라고 할 수 있는데 노드가 얼마나 많은 이웃을 갖는지뿐만 아니라 그 이웃들이 얼마나 네트워크의 중심에 있는지를 고려하기 때문이다(7.1.2절). 고유벡터 중심도는 링크수 중심도와 유사하기 때문에 고유벡터 중심도의 분포도 종종 오른쪽으로 비스듬한 것은 놀랍지 않다. 그림 10.10의 왼쪽 칸은 10.3절에서 이용한 자율 시스템 수준의 인터넷 데이터로부터 얻어진 노드들의 고유벡터 중심도의 누적 분포를 보여준다. 분포의 꼬리는 로그 규모로 그렸을 때 직선으로 보이므로 대체로 거듭제곱 법칙을 따른다. 이런

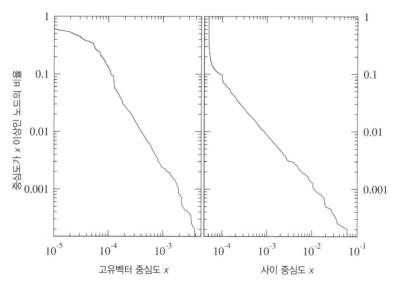

그림 10.10 인터넷 노드의 중심도의 누적 분포 함수
고유벡터 중심도 분포와 사이 중심도 분포 모두 적어도 꼬리 부분에서는 거듭제곱 법칙을 따르는 것으로 보인다.

거듭제곱 형태의 행동은 월드와이드웹이나 인용 네트워크의 고유벡터 중심도에서도 관찰된다. 다른 네트워크들은 오른쪽으로 비스듬하지만 거듭제곱 법칙은 아닌 분포를 보이기도 한다.

사이 중심도(7.1.7절)도 대부분의 네트워크에서 오른쪽으로 비스듬한 분포로 나타나는 경향이 있다. 그림 10.10의 오른쪽 칸은 인터넷 노드의 사이 중심도의 누적 분포를 보여주는데 역시 거칠지만 거듭제곱 법칙을 따른다. 역시 사이 중심도 분포가 거듭제곱 분포인 네트워크도 있는 반면 비스듬하지만 거듭제곱 법칙은 아닌 분포를 보이는 네트워크도 있다.

이런 패턴에 예외가 있는데, 바로 근접 중심도(7.1.6절)다. 근접 중심도는 한 노드에서 도달할 수 있는 다른 모든 노드에 대해 최단 거리의 평균의 역수로 정의된다. 평균 거리는 대체로 좁은 범위를 갖는데 위로는 $\log n$ 정도인 네트워크의 지름으로 제한되고(10.2절에서 논의한 적이 있다) 아래로는 1로 제한된다.[13] 그래서 근접 중심도는 폭이 넓은 분포 또는 긴 꼬리를 가질 수 없다. 예를 들어, 그림 10.11은 인터넷의 근접 중심도 도수분포표를 보여주는데 최솟값이 0.137, 최댓값이

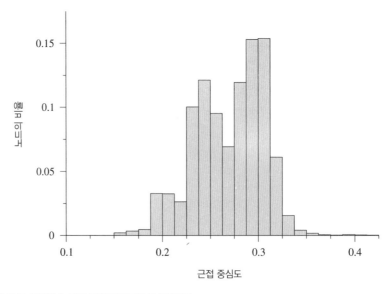

그림 10.11 인터넷 노드의 근접 중심도의 도수분포표

그림 10.10과 달리 누적이 아닌 실제 근접 중심도의 도수분포표다. 이 분포는 거듭제곱 법칙을 따르지 않는다.

---

13 더 정확히 말하면 1보다 살짝 작은 값으로 제한된다. 노드 i에서 다른 모드까지의 평균 거리는 $\ell_i = (1/n) \sum_j d_{ij}$인데 여기서 d_{ij}는 i와 j 사이의 최단 거리다. $d_{ii} = 0$이고 다른 모든 j에 대해 $d_{ij} \geq 1$이므로 $\ell_i \geq (n-1)/n$이 된다.

0.434로 분포의 범위는 특정 규모를 벗어나지 않는다. 분포에는 긴 꼬리도 없으며 여러 정점과 고랑이 있는 꽤 복잡한 형태다.

10.6 뭉침 계수

7.3절에서 소개한 뭉침 계수는 한 노드의 이웃들이 서로 이웃일 확률의 평균으로 정의된다. 뭉침 계수는 네트워크에 속한 삼각형의 밀도를 정량화하는데, 많은 경우 순전히 운에 의해 얻어지는 값과 매우 다르기 때문에 흥미를 불러일으킨다. 이게 무슨 말인지 보기 위해 표 10.1을 다시 보면 다양한 네트워크에서 뭉침 계숫값이 어떤지 알 수 있다(C로 표시한 열은 식 (7.28)을 이용해 계산된 뭉침 계수의 값을 보여준다). 대체로 뭉침 계숫값은 수십 퍼센트 정도다. 즉, 한 노드의 두 이웃이 서로 이웃일 확률이 10~60%다.

12.3절에서 살펴보겠지만, 링크수 분포가 주어진 네트워크에서 노드 사이의 연결이 무작위로 이뤄진다면 뭉침 계수는 다음 값을 갖는다.

$$C = \frac{1}{n} \frac{\left[\langle k^2 \rangle - \langle k \rangle\right]^2}{\langle k \rangle^3} \tag{10.25}$$

여기서 $\langle k \rangle$와 $\langle k^2 \rangle$은 평균 링크수와 링크수 제곱의 평균이다. $\langle k \rangle$와 $\langle k^2 \rangle$이 잘 정의된 값으로 고정되어 있다면 $n \rightarrow \infty$일 때 식 (10.25)의 뭉침 계수는 매우 작은 값을 가질 것이다. 그러므로 큰 네트워크의 뭉침 계수는 매우 작을 것으로 기대한다. 표 10.1에 나열한 뭉침 계숫값은 비교적 크기 때문에 꽤 놀랍다. 실제 뭉침 계숫값은 식 (10.25)로 계산한 값보다 훨씬 크다. 예를 들어, 물리학자들의 협업 네트워크의 뭉침 계수는 0.45인데 이 네트워크의 n, $\langle k \rangle$, $\langle k^2 \rangle$을 계산하여 식 (10.25)에 넣으면 $C = 0.0023$이 나온다. 그러므로 실젯값은 물리학자들이 공동 연구자를 무작위로 고른다고 가정했을 때 얻어지는 값보다 백 배 정도 더 크다.

이런 커다란 차이는 실제로 작동하는 사회적 효과를 가리킨다. 물리학자들은 공동 연구자를 무작위로 고르지 않는 것 같다. 더구나 그들은 네트워크 내의 삼각형을 늘리는 방향으로 공동 연구자를 늘리고 그래서 C도 큰 값을 갖는다. 무작위로 얻어지는 네트워크보다 실제 협업 네트워크가 왜 더 많은 삼각형을 포함하는지에 대한 많은 이유가 있다. 한 가능성은 사람들이 그들의 공동 연구자들을 서로에게 소개하고, 소개받은 사람들이 자신들끼리 공동 연구를 진행하는 경우다. 이는 사회학자들이 삼각 닫힘^{triadic closure}이라 부르는 과정의 예다. 노드의 '열린' 삼각 관계, 즉 한 노드가 다른 두 노드와 연결되어 있지만 세 번째 에지가 없는 삼각 관계가 마지막 에지가 생기면서 '닫히는데' 이렇게 삼각형이 만들어진다.

네트워크의 시간에 따른 진화는 6.7절에서 다뤘다.

시간에 따른 네트워크의 진화 데이터가 있다면 삼각 닫힘 과정을 직접 연구할 수 있다. 물리학 공동 연구자 네트워크가 참고문헌 [346]에서 이런 방식으로 연구됐다. 이전에 함께 연구한 적 없는 두 사람이 미래에 같이 연구할 가능성은 이 둘 각각과 함께 연구했던 사람이 있는 경우가 그렇지 않은 경우에 비해 45배나 많았다. 이 숫자는 이 둘 각각과 함께 연구했던 사람의 수가 많아질수록 급격히 증가한다. 이 둘 각각과 함께 연구했던 사람의 수가 2이면 100여 배, 3이면 거의 150배 크다.

그러나 실제 뭉침 계숫값이 식 (10.25)로 계산한 값보다 항상 매우 큰 것은 아니다. 인터넷의 예를 보자. 앞 절에서 다룬 자율 시스템 수준의 인터넷에서 측정한 뭉침 계수는 겨우 0.012다. 인터넷 연결이 무작위로 이뤄졌다고 가정한 경우의 값은 0.84다. 10.4절에서 논의했듯이 인터넷의 링크수 분포는 오른쪽으로 매우 비스듬해서 $\langle k^2 \rangle$이 크기 때문에 이렇게 큰 값이 나왔다. 명백히 실제 뭉침 계수는 무작위로 가정한 경우의 값보다 훨씬 작다. 인터넷에는 삼각형의 형성을 피하고자 하는 힘이 작용한다고 볼 수 있다.[14]

먹이 그물이나 월드와이드웹 같은 네트워크에서 뭉침 계수는 무작위 연결로 기대한 것보다 크지도 작지도 않다. 대체로 식 (10.25)로 구한 값과 비슷하다. 뭉침 계수가 각기 다른 종류의 네트워크에서 그렇게 다른 값들을 갖는지는 아직 충분히 이해되지 않고 있다. 이에 관한 한 이론에 따르면 네트워크에서 그룹이나 커뮤니티가 형성되는 것과 연관이 있으리라는 것이다[367].

뭉침 계수는 네트워크에 있는 삼각형의 밀도를 잰다. 하지만 삼각형만으로 제한할 필요도 없다. 삼각형 외에도 노드의 작은 그룹, 즉 모티프^{motif}의 밀도를 잴 수 있다. 각기 다른 모티프의 밀도를 측정하기 위해 뭉침 계수와 비슷한 양을 정의할

---

14 사실상 모든 네트워크가 기대한 것보다 더 큰 뭉침 계수를 보인다는 주장이 있는데[15, 466] 여기서 본 결과와는 맞지 않는다. 이런 불일치에는 두 가지 이유가 있는 것 같다. 첫째, 이런 주장은 주로 실제 뭉침 계수를 푸아송(Poisson) 무작위 그래프에 대해 얻어진 결과와 비교하는 데 근거를 둔다. 푸아송 무작위 그래프는 푸아송 링크수 분포를 갖는 간단한 모형 네트워크로 11장에서 논의할 것이다. 그러나 많은 네트워크는 푸아송 분포와 매우 다르게 오른쪽으로 비스듬한 링크수 분포를 가지므로 무작위 그래프는 비교하기에 좋은 모형은 아니고 그래서 이런 비교에는 오해의 소지가 있다. 둘째, 뭉침 계수는 대개 식 (7.31)처럼 국소 뭉침 계수의 평균으로 계산한다. 여기서는 식 (7.28)을 이용해 계산했는데, 오른쪽으로 비스듬한 링크수 분포를 갖는 네트워크에서 식 (7.31)과는 매우 다른 결과가 나온다. 보통 식 (7.31)의 결과가 식 (7.28)보다 더 큰데 이로부터 앞의 불일치를 설명할 수 있다.

수 있다. 그런데 관심 있는 모티프의 개수를 세기만 하는 경우도 많다. 삼각형에 대해 했던 것처럼, 이렇게 잰 양을 네트워크의 연결이 무작위로 이뤄졌을 때 기대되는 값과 비교한다. 일반적으로 실젯값은 무작위로 기대한 값보다 크거나, 작거나, 비슷할 것이다. 어떤 결과를 얻든 연구 대상인 네트워크를 이해하는 데 의미가 있다. 예를 들어, 마일로^{Milo} 등[334]은 유전자 제어 네트워크와 신경 네트워크에서 모티프의 빈도를 잼으로써 무작위로 기대한 빈도보다 훨씬 더 자주 나타나는 모티프들을 찾았다. 그런 모티프들은 마치 전자 회로에서 필터나 펄스 생성기가 하는 역할처럼 네트워크에서 중요한 기능을 할 것으로 추측했다. 자주 나타나는 모티프는 생물체에 유용한 진화적 결과일 가능성이 있다.

10.6.1 국소 뭉침 계수

7.3.1절에서 노드 i의 국소 뭉침 계수 C_i를 다음과 같이 소개한 적이 있다.

$$C_i = \frac{(i\text{의 이웃 쌍 중 연결된 이웃 쌍의 수})}{(i\text{의 이웃 쌍의 수})} \qquad (10.26)$$

즉, 이 값은 노드 i의 이웃들 중 서로 이웃인 노드 쌍의 비율이다. 네트워크에 속한 모든 노드에 대해 국소 뭉침 계수를 계산하면 흥미로운 패턴이 나타난다. 평균적으로 노드의 링크수가 많을수록 그 노드의 뭉침 계수는 더 작은 값을 갖는다[402, 458].

그림 10.12는 인터넷의 경우 링크수가 k인 노드들의 국소 뭉침 계수의 평균값을 k의 함수로 그린 것인데 이 평균값은 명백히 k에 따라 줄어든다. 이런 형태의 그림으로부터 이 평균값의 함수 형태는 $C_i \sim k^{-0.75}$[458] 또는 $C_i \sim k^{-1}$[402]이 될 것으로 추측됐다. 인터넷의 경우 두 추측 모두와 잘 맞지 않지만 다른 네트워크에서는 맞는 것으로 보인다.

C_i가 링크수에 따라 줄어드는 현상에 대한 설명은 다음과 같다. 적어도 어떤 네트워크에서는 노드가 그룹이나 커뮤니티로 뭉치려는 경향이 있는데 이 노드들은 대체로 같은 그룹에 속한 노드들과 연결되어 있다(커뮤니티 구조 현상에 대한 자세한 논의는 14장을 참고하라). 이런 네트워크에서 작은 그룹에 속한 노드는 연결할 수 있는 다른 멤버 수가 적기에 링크수도 적다. 반면 큰 그룹에 속한 노드

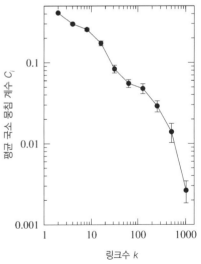

그림 10.12 인터넷 노드의 링크수에 따른 국소 뭉침 계수

자율 시스템 수준에서 인터넷 노드의 국소 뭉침 계수를 평균 낸 값을 링크수의 함수로 그린 것이다.

는 링크수도 크다(큰 그룹에 속한 노드가 더 큰 링크수를 가질 필요는 없지만 가질 수는 있다). 동시에 작은 그룹에 속한 노드의 국소 뭉침 계수는 커지는 경향이 있다. 왜냐하면 네트워크의 나머지와 동떨어진 각각의 작은 그룹은 자신만의 작은 네트워크처럼 기능할 것이기 때문이다. 그리고 앞서 논의했듯이(식 (10.25)와 관련 논의를 보라) 네트워크가 작을수록 뭉침 효과는 커진다. 그러므로 그림 10.12에서도 볼 수 있듯이 여러 크기의 그룹으로 이뤄진 네트워크에서 링크수가 작은 노드일수록 평균적으로 더 큰 뭉침 계수를 가질 거라고 기대한다.[15]

10.7 동류성 혼합(끼리끼리 섞임)

끼리끼리 섞임 또는 동종선호는 노드들이 자신과 비슷한 노드들과 연결하려는 경향을 가리킨다. 7.7절에서 끼리끼리 섞임을 논의했고 그림 7.12와 그림 7.13에서 고등학교 친구 관계를 예로 보이기도 했다. 여기서 학생들은 자신과 인종이나 나이가 비슷한 학생들과 더 많이 어울리는 경향을 보였다.

특히 흥미로운 것은 링크수에 따른 끼리끼리 섞임인데, 7.7.3절에서 논의했듯이 링크수가 비슷한 노드들끼리 연결되는 경향을 뜻한다. 또한 링크수에 따른 반대끼리 섞임도 있는데, 이는 각기 다른 링크수를 갖는 노드들끼리 연결되는 경향을 뜻한다. 끼리끼리 섞임이나 반대끼리 섞임이나 네트워크 구조에 상당한 영향을 미친다(7장의 그림 7.14 참고).

링크수에 따른 끼리끼리 섞임은 수많은 방식으로 정량화할 수 있다. 그중에서도 식 (7.64)의 상관계수는 다음과 같다.

$$r = \frac{\sum_{ij}(A_{ij} - k_i k_j/2m)k_i k_j}{\sum_{ij}(k_i \delta_{ij} - k_i k_j/2m)k_i k_j} \tag{10.27}$$

그런데 이 계수를 위 식으로 직접 계산하면 안 된다. 노드 i와 j에 대한 이중 합은 n^2개의 항을 갖기 때문에 컴퓨터로 계산하는 데 시간이 많이 걸린다. 대신 다음 식을 이용하자.

---

15 또 다른 설명으로 네트워크의 위계적 구조로 인해 국소 뭉침 계수의 관찰된 행동이 나타난다는 것이 있다. 그룹이 있을 뿐만 아니라 그 그룹들이 더 작은 그룹으로 나누어지고 그건 더 작은 그룹으로 나누어진다는 것이다. [144, 402, 443]을 참고하라.

$$r = \frac{S_1 S_e - S_2^2}{S_1 S_3 - S_2^2} \tag{10.28}$$

이때

$$S_e = \sum_{ij} A_{ij} k_i k_j = 2 \sum_{\text{edges }(i,j)} k_i k_j \tag{10.29}$$

여기서 두 번째 합은 에지로 연결된 각기 다른 모든 노드 쌍 (i, j)에 대한 합이다.

$$S_1 = \sum_i k_i, \qquad S_2 = \sum_i k_i^2, \qquad S_3 = \sum_i k_i^3 \tag{10.30}$$

네트워크에 m개의 에지가 있을 때, 식 (10.29)는 m개의 항으로 이뤄진다. 식 (10.30)의 각 양은 n개의 항으로 이뤄진다. 성긴 네트워크에서 대체로 $m \ll n^2$이므로 식 (10.28)이 식 (10.27)보다 계산하는 데 훨씬 빠르다.

표 10.1은 다양한 네트워크에 대한 r 값을 보여주는데 흥미로운 패턴이 드러난다. r 값의 크기는 모두 크지 않다(즉, 링크수 사이의 상관은 특별히 강하지 않다). 그런데 사회연결망의 r은 양수인 경향이 뚜렷하며 이는 링크수에 따른 끼리끼리 섞임을 의미한다. 반면에 나머지 기술, 정보, 생물 네트워크들은 음의 r 값을 갖는 경향이 있고, 반대끼리 섞임을 의미한다.

확실히 밝혀진 이유는 없다. 하지만 r 값이 음수인 많은 네트워크는 다중 에지가 아닌 단일 에지만을 갖는 단순 네트워크다. 마슬로프^{Maslov} 등[323]이 보였듯 단일 에지만을 갖는 네트워크는 다른 편향이 없을 때 링크수에 따른 반대끼리 섞임을 보이는데, 왜냐하면 링크수가 많은 노드들 사이에 생기는 에지의 수가 제한되어 있기 때문이다. 대부분의 네트워크는 단순 네트워크이므로 표 10.1이 보여주듯이 그들은 반대끼리 경향을 보인다.

그러면 사회연결망은 어떠한가? 사회연결망의 노드들은 10.6.1절에서 얘기한 대로 그룹으로 나누어지려는 경향이 있어서 끼리끼리 섞일 수 있다고 생각할 수 있다. 그러면 대부분의 에지는 그룹 내에 있고 작은 그룹의 노드는 큰 그룹의 노드보다 링크수가 작다. 왜냐하면 작은 그룹의 노드는 연결할 멤버가 제한되어 있기 때문이다. 작은 그룹의 노드는 역시 링크수가 작은 같은 그룹 멤버와 연결되어 있고 큰 그룹의 노드 역시 링크수가 많은 노드들이 서로 연결되어 있다. 이 단순한 생각을 정량적인 계산으로 바꾸면 어떤 경우에는 이 메커니즘에 의해 r 값이 실제로 양수가 된다[367].

그러므로 표 10.1에 있는 r 값의 패턴을 다음처럼 설명할 수 있다. 대부분의 네트워크는 단순 네트워크이므로 반대끼리인 게 자연스럽다. 하지만 사회연결망을 비롯한 몇몇 네트워크는 이 자연스러운 편향을 넘어서 그룹 구조 덕분에 끼리끼리 섞이게 된다.

연습문제

10.1 어떤 형태의 네트워크에 대해서는 지름을 정확히 계산할 수 있다.

  a) 클리크의 지름은 얼마인가?

  b) 다음 그림처럼 각 변의 길이가 L인 사각 격자의 지름은 얼마인가?

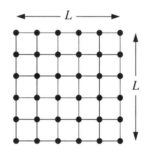

각 변의 길이가 L인 d차원 초입방체 격자의 지름은 얼마인가? 그런 격자의 지름을 노드의 개수 n의 함수로 구하라.

  c) 케일리 나무는 대칭적이고 규칙적인 나무다. 여기서 각 노드는 k개의 다른 노드에 연결되어 있으며 가장 바깥의 노드인 잎에 도달할 때까지 반복된다.

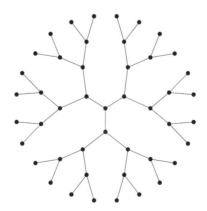

이 그림에서는 $k = 3$이다. 중심 노드에서 d걸음으로 도달할 수 있는 노드의 개수는 $d \geq 1$일 때 $k(k-1)^{d-1}$임을 보여라. 네트워크의 지름을 k와 n의 함수로 구하라.

d) (a), (b), (c) 중 좁은 세상 효과를 보이는 네트워크는 무엇인가? 여기서 좁은 세상 효과는 지름이 $\log n$ 또는 이보다 더 느리게 증가하는 것으로 정의된다.

10.2 $p_k = Ca^k$와 같이 지수함수 또는 기하 형태의 링크수 분포를 갖는 네트워크를 생각하자. 여기서 C와 a는 양의 상수이고 $a < 1$이다.

a) 분포가 정규화되어 있다고 할 때 C를 a의 함수로 구하라.

b) 링크수가 k 이상인 노드의 비율 P를 계산하라.

c) 링크수가 k 이상인 노드에 연결된 에지의 끝 노드의 비율 W를 계산하라.

d) 이런 링크수 분포에 대해 식 (10.24)에 해당하는 로렌츠 곡선이 다음과 같이 주어짐을 보여라.

$$W = P - \frac{1 - 1/a}{\log a} P \log P$$

e) $0 \leq P \leq 1$ 범위 안의 어떤 P에 대해 W 값이 1보다 큰 것을 보여라. 이런 '물리적이지 않은' 값들의 의미는 무엇인가?

10.3 어떤 네트워크는 링크수가 10 이상인 노드들에 대해 거듭제곱 형태의 링크수 분포를 갖는 것으로 보인다. 네트워크의 노드를 무작위로 골랐을 때 링크수가 10 이상인 첫 20개 노드의 링크수는 다음과 같다.

16	17	10	26	13
14	28	45	10	12
12	10	136	16	25
36	12	14	22	10

식 (10.9)와 식 (10.10)을 이용해 거듭제곱 지수 α와 그 값의 오차를 계산하라.

10.4 다음은 두 방향성 없는 네트워크에 대한 링크수의 누적 분포 함수 도표다.

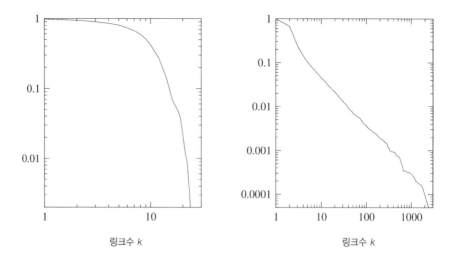

링크수 k 　　　　　　　　　　링크수 k

a) 둘 중 하나는 근사적으로 척도 없는 네트워크이고 다른 하나는 그렇지 않다. 어느 쪽이 척도가 없고 어느 쪽이 그렇지 않은가? 그 차이를 설명하라.

b) 척도 없는 네트워크의 경우 링크수 분포의 거듭제곱 지수 α를 추정하라.

c) 척도 없는 네트워크에 m개의 에지가 있다면 에지의 양 끝은 모두 $2m$개가 있다. 가장 링크수가 많은 노드들이 에지의 양 끝 노드 중 절반을 차지한다면 이때 가장 링크수가 많은 노드의 비율은 얼마인가?

10.5 식 (10.27)의 상관 계수의 정의로부터 식 (10.28)을 유도하라.

10.6 다음과 같이 단순하면서 비현실적인 네트워크의 수학 모형을 생각하자. n개 노드 각각은 여러 그룹 중 하나에 속해 있다. m번째 그룹은 n_m개의 노드를 가지며 이 그룹의 각 노드는 그룹 내 다른 노드와 각각 $p_m = A(n_m - 1)^{-\beta}$의 확률로 연결되지만 다른 그룹의 노드와는 연결되지 않는다. 여기서 A와 β는 상수다. 그러므로 이 네트워크는 서로소인 덩어리 또는 커뮤니티의 집합이다.

a) 그룹 m에 속한 노드의 평균 링크수 $\langle k \rangle$를 계산하라.

b) 그룹 m에 속한 노드의 평균 국소 뭉침 계수 $\bar{C}_m$을 계산하라.

c) 위 결과를 이용해 $\bar{C}_m \propto \langle k \rangle^{-\beta/(1-\beta)}$임을 보여라.

d) 이 결과가 $\langle k \rangle^{-3/4}$가 되려면 β는 어떤 값을 가져야 하는가?

Part 3

네트워크 모형

무작위 그래프

네트워크 모형의 가장 기본적인 형태인 무작위 그래프 입문

이 책의 앞 장들에서 네트워크의 구조를 측정하는 방법과 해당 측정치를 통해 얻어진 데이터를 수학, 통계, 컴퓨터를 사용해 의미를 찾는 방법을 살펴봤다. 이러한 예로, 인터넷의 구조를 측정하는 방법과 얻어진 측정치를 통해 인터넷의 링크수 분포, 지름, 혹은 노드의 중심도를 결정하는 방법을 알아봤다. 우리가 반드시 물어야 할 다음 질문은 "만약 네트워크가 특정한 링크수 분포를 가질 때, 이 링크수 분포가 시스템의 전반적인 행동에 어떤 영향을 줄 것인가?"이다. 링크수 분포와 같은 특성들이 네트워크로 연결된 시스템에 큰 영향을 줄 수 있다는 사실이 밝혀졌고, 이 때문에 우리가 네트워크의 특성들에 관심을 갖는 것이다. 네트워크 특성이 시스템에 미치는 영향을 이해하고, 해당 영향들에 대한 감각을 익히는 가장 좋은 방법 중 하나는 수학적인 모형을 만드는 것이다.

다음 몇 개 장을 할애하여 가장 널리 사용되는 네트워크 구조 모형과 네트워크에서 연결 방식을 모방한 모형을 살펴볼 것이다. 이 모형들은 미리 주어진 매개변수들을 사용해 인위적인 네트워크를 만들 수 있다. 모형을 사용하면 두 가지 측면에서 유용하다. 먼저 모형은 왜 네트워크가 지금의 구조처럼 생겼는지 그리고 매개변수들을 조절하면 그 모습이 어떻게 변할지와 같은 구조와 관련된 기본적인 질문에 대한 통찰을 준다. 다음으로 모형은 네트워크 위에서 일어나는 사회연결망에서의 질병 전파 혹은 검색 엔진의 웹 탐색과 같은 현상을 이해하는 토대를 제공한다.

한 예로 10.4절에서는 여러 네트워크들이 대략적인 거듭제곱 형태의 링크수 분포를 갖는 것을 확인했다. 이런 네트워크들을 척도 없는 네트워크라 부른다. 합리

적으로 척도 없는 네트워크들의 구조와 행동 방식이 척도 없는 네트워크가 아닌 네트워크들과 어떻게 다른지를 질문할 수 있다. 예를 들어, 이 질문에 대답할 수 있는 한 가지 방법은 컴퓨터에서 거듭제곱 형태의 링크수 분포를 갖는 네트워크와 그렇지 않은 네트워크를 만든 다음 실증적으로 그들의 차이를 살펴보는 것이다. 하지만 더 좋은 방법은 앞에서 언급한 두 종류에 해당하는 큰 규모의 네트워크를 많이 만든 후 통계적으로 유의미한 특성들이 한 종류의 네트워크에서는 나타나고, 다른 종류에서는 나타나지 않는지 확인하는 것이다. 바로 이것이 이번 장과 다음 장에서 살펴볼 주제이자 무작위 그래프 모형들을 뒷받침하는 세부 원리다. 무작위 그래프 모형들을 통해 특정한 링크수 분포 같은 관심 있는 특성을 갖되 그 외에는 전부 무작위적인 네트워크를 만들 수 있다.

13장에는 네트워크가 특정 규칙에 따라 성장 혹은 진화하는 다른 종류의 모형을 살펴볼 것이다. 이런 모형들은 특히 네트워크 구조가 근본적으로 어떻게 발생하는지 살펴보는 데 유용하다. 한 예로, 각기 다른 다양한 규칙을 따르는 성장 네트워크의 결과와 관찰하고 있는 네트워크를 비교하여 실제 네트워크에서 작동할 수 있는 성장 과정을 가늠해볼 수 있다. 이 책의 후반부에서는 네트워크의 형성 과정을 이해하는 데 필요한 다수의 더 발전된 모형들을 소개하겠다.

11.1 무작위 그래프

무작위 그래프$^{random\ graph}$는 어떤 특성의 값이 고정되어 있지만 네트워크의 다른 측면이 무작위인 네트워크 모형이다. 가장 단순한 무작위 그래프의 예는 노드 수 n과 에지 수 m만을 고정한 경우다. 즉, n개의 노드 사이에 m개의 에지를 무작위로 배치하는 것이다. 더 구체적으로 말하자면, 가능한 모든 노드 쌍 중에서 m개의 각기 다른 노드 쌍을 균등한 확률로 무작위로 선택한 다음 그 사이를 에지로 연결하는 것이다. 이 모형은 종종 수학적인 기술인 $G(n, m)$으로 표현된다.

위의 모형과 완전히 동일한 정의를 따르는 다른 모형은 노드 수 n이 에지 수 m을 갖는 모든 단순 네트워크 중에서 균일한 확률로 무작위적으로 네트워크를 선택하여 네트워크를 만드는 것이다. 에지를 배치할 수 있는 노드 쌍이 $\binom{n}{2}$개 있으므로, m개의 에지를 배치할 수 있는 $\binom{\binom{n}{2}}{m}$개의 방법이 있고, 그중 하나를 균등 확률로 선택한다.

단순 네트워크는 다중 에지나 셀프 에지가 없는 네트워크다(6.1절 참고).

엄격하게 말해서 무작위 그래프 모형은 하나의 무작위적으로 만들어진 네트워크에 대해 정의된 것이 아니라 네트워크들의 집합^{ensemble}, 즉 가능한 네트워크의 확률 분포로 정의된다. 따라서 정확하게 하자면, 노드 수가 n이고 에지 수가 m이며, 그 밖의 경우에는 0인 단순 네트워크 모형 $G(n, m)$은 모든 네트워크 G의 확률 분포

$$P(G) = \frac{1}{\binom{\binom{n}{2}}{m}} \tag{11.1}$$

로 정의된다(곧 무작위 그래프 집합의 좀 더 복잡한 형태를 살펴볼 것이다).

무작위 그래프의 특성에 대해 이야기할 때는 대체로 네트워크 집합들이 갖는 해당 특성의 평균을 의미한다. 예를 들어, 무작위 네트워크의 지름은 일반적으로 개별 네트워크 G의 모든 지름 $\ell(G)$를 G의 확률 분포를 따라 평균한 값을 말한다. 이 평균 지름은 다음과 같이 표현한다.

$$\langle \ell \rangle = \sum_G P(G)\ell(G) \tag{11.2}$$

이런 방식의 정의는 몇 가지 측면에서 유용하다. 첫째, 이 방식을 적용하면 분석적 계산을 하기에 용이하다. 무작위 그래프들의 대다수의 평균 특성들은 최소 네트워크의 크기가 상당히 큰 경우에 정확하게 계산이 가능하다. 둘째, 많은 경우 이 방식이 애초에 네트워크를 만들어 얻고자 했던 값 자체를 보여준다. 많은 경우 사람들은 네트워크의 전형적인 특성에 관심이 있다. 예를 들어, 주어진 에지 수를 갖는 네트워크의 일반적인 지름이 얼마인지 알고자 한다고 해보자. 물론, 해당 네트워크들 중에서 유난히 지름이 크거나 작은 특별한 경우들이 있다. 하지만 그런 특별한 경우들은 전형적인 특성을 반영하지 않는다. 네트워크의 집합이 찾고자 하는 전형적인 특성을 갖고 있다면, 집합의 평균 특성이 좋은 지표가 될 것이다. 셋째, 이 평균을 취하는 방식으로 구한 다양한 네트워크 수치들의 분포는 날카로운 최고점을 가지며, 이 최고점은 네트워크의 크기가 클수록 네트워크 집합의 평균 주변으로 더 좁게 집중된다. 그러므로 n이 큰 극한에서 얻어지는 네트워크 특성의 값들은 평균에 매우 가까워진다.

무작위 그래프 $G(n, m)$의 몇 가지 평균 특성들은 아주 간단히 계산된다. 예를 들어, 평균 에지 수는 m이고 평균 링크수는 $2m/n$이다. 안타깝게도 그 밖의 특성

들은 계산하기가 까다롭고 대부분의 수학적인 작업은 좀 더 다루기 쉬운 다른 모형에서 이뤄졌다. 이 모형은 $G(n, p)$로 불린다. $G(n, p)$ 모형에서는 노드 사이에지의 개수가 아닌 에지가 생길 확률을 고정한다. 똑같이 n개의 노드가 있지만, 각기 다른 노드 쌍 사이에 독립 확률 p를 따라 에지를 연결하는 것이다. 이 모형에서 에지의 수는 고정되어 있지 않다. 실제로 네트워크에 에지가 하나도 없거나 혹은 모든 서로 다른 노드 쌍 사이에 에지가 있을 수도 있다(대부분의 p 값에서 이런 경우는 거의 일어나지 않지만, 일어날 수는 있다).

다시 말하지만 모형의 기술적인 정의는 하나의 네트워크에 대한 것이 아니라 네트워크들의 집합, 즉 가능한 모든 네트워크에 대한 확률 분포로 정의된다. 구체적으로 $G(n, p)$는 n개의 노드로 이뤄진 단순 네트워크들의 집합이고, 이 각각의 네트워크 G는 다음의 확률

$$P(G) = p^m (1 - p)^{\binom{n}{2} - m} \qquad (11.3)$$

로 나타난다. 여기서 m은 네트워크에 있는 에지의 개수다.

$G(n, p)$는 필자가 알기로 솔로모노프^{Solomonoff}와 라포포트^{Rapoport}[433]가 처음 연구했지만, 폴 에르되시$^{Paul\ Erdős}$ 및 알프레드 레니$^{Alfréd\ Rényi}$와 아주 밀접하게 연관되어 있는데, 이들은 1950년대부터 1960년대 초까지 $G(n, p)$ 모형에 대해 잘 알려진 여러 편의 연속적인 논문을 발표했다[158-160]. 이 주제를 다룬 과학 논문을 읽어본다면, 종종 이 모형이 그들의 업적을 기리기 위해 '에르되시-레니 모형' 혹은 '에르되시-레니 무작위 그래프'로 불리는 것을 확인할 수 있을 것이다. 가끔 이 모형은 '푸아송 무작위 그래프' 혹은 '베르누이 무작위 그래프'로 불리기도 하는데, 이는 이 모형의 링크수와 에지 수 분포의 이름을 각각 따라 부르는 것이다. 이 모형은 단순히 '그^{the}' 무작위 그래프로 불리기도 한다. 다양한 무작위 그래프가 있지만 $G(n, p)$가 가장 기본적이고 널리 연구되기 때문에, 어떤 사람이 무작위 그래프를 이야기하면서 어떤 모형인지 명확히 하지 않는다면 이 모형을 가정하고 있을 가능성이 크다.

무작위 그래프 $G(n, p)$는 아주 간단한 네트워크 모형이고, 현실의 네트워크가 갖는 많은 특징 중에는 이 모형이 담아내지 못하는 것도 많다. 이 모형이 담아내지 못하는 특징에 대해 곧 살펴보게 될 것이다. 하지만 과학의 많은 분야가 그렇듯이 단순한 모형에서 많은 것을 배울 수 있다. 이번 장에서는 특별히 이 모형의 가장 두드러진 두 가지 특징인 링크수 분포와 연결된 덩어리들의 구조에 집중하

여, $G(n, p)$의 기본 수학을 알아보겠다. 이 장에서 배우게 될 기술들은 이 책의 다른 장에서 살펴보게 될 좀 더 복잡한 모형들을 이해하는 데 유용하게 사용될 것이다.

11.2 평균 에지 수와 평균 링크수

아주 간단한 무작위 그래프 $G(n, p)$의 예로 모형 네트워크의 에지 수 기댓값을 계산해보자. 모형 네트워크에서 에지 수 m은 고정되지 않았다고 말했지만, 에지 수의 평균 $\langle m \rangle$은 쉽게 구할 수 있다. 노드 한 쌍 사이에 있을 에지의 평균 개수는 정의를 따라 p이고, 모든 $\binom{n}{2}$ 노드 쌍 사이의 평균 에지 수는 간단히 p에 $\binom{n}{2}$를 곱한

$$\langle m \rangle = \binom{n}{2} p \tag{11.4}$$

가 된다. 이 결과를 노드의 평균 링크수를 구하는 데 사용할 수 있다. 정확히 m개의 링크수를 갖는 네트워크의 평균 링크수는 $2m/n$이고(식 (6.15) 참고), $G(n, p)$의 평균 링크수 $\langle k \rangle$는 이 값의 평균이다.

$$\langle k \rangle = \left\langle \frac{2m}{n} \right\rangle = \frac{2\langle m \rangle}{n} = \frac{2}{n}\binom{n}{2} p = (n-1)p \tag{11.5}$$

여기서는 식 (11.4)를 적용했으며, n은 상수다. 이 책의 이전 장에서 평균 링크수를 c로 기록했기 때문에, 이를 여기서도 적용하면

$$c = (n-1)p \tag{11.6}$$

로 기록할 수 있다. 다시 말해, 노드에 연결된 평균 에지 수는 임의의 노드와 다른 노드 사이의 에지 수 기댓값 p에 다른 노드의 총수인 $n-1$을 곱한 값이다.

11.3 링크수 분포

$G(n, p)$의 링크수 분포 계산은 이보다 아주 약간 더 복잡하다. 네트워크에서 주어진 한 노드는 독립적인 확률 p를 따라 $n-1$개의 다른 노드들과 연결된다. 따라서 특정한 k개의 다른 노드들과 연결되고, 다른 나머지 노드들과는 연결되지 않을 확

률은 $p^k(1 - p)^{n-1-k}$이다. 여기에 k개의 노드를 고를 $\binom{n-1}{k}$ 경우가 존재하기 때문에, 정확히 k개의 다른 노드들과 연결될 확률은

$$p_k = \binom{n-1}{k} p^k (1 - p)^{n-1-k} \tag{11.7}$$

로 표현되고, 이는 이항 분포다. 다시 말해, $G(n, p)$의 링크수는 이항 분포를 따른다.

많은 경우에 큰 네트워크의 특성에 관심이 있기 때문에 n이 아주 크다고 가정한다. 또한 6.10절에서 살펴본 것처럼 실제 네트워크들은 성기게 연결되어 $\binom{n}{2}$개의 총 가능한 에지 수 중 아주 일부만 존재하고, 평균 링크수 c는 네트워크의 전체크기 n에 비해 훨씬 작다. 좀 더 형식적으로 말해, 성긴 네트워크는 n이 증가하는동안 평균 링크수 c가 n보다 더 천천히 증가하여, 식 (11.6)의 $p = c/(n-1)$이 무시할 수 있을 만큼 작아지기 때문에 다음 식을 유도할 수 있다.

$$\ln\left[(1-p)^{n-1-k}\right] = (n-1-k)\ln\left(1 - \frac{c}{n-1}\right)$$
$$\simeq -(n-1-k)\frac{c}{n-1} \simeq -c \tag{11.8}$$

여기서 로그가 적용된 부분을 테일러 급수^{Taylor series}로 전개했고, k가 고정된 상태에서 $n \to \infty$가 될수록, 값이 더 정확해진다. 양변에 지수함수를 취하면, n이 아주큰 조건하에서 $(1-p)^{n-1-k} = e^{-c}$가 된다. 또한 아주 큰 n에서

$$\binom{n-1}{k} = \frac{(n-1)!}{(n-1-k)!\,k!} \simeq \frac{(n-1)^k}{k!} \tag{11.9}$$

를 유도할 수 있고, 이를 식 (11.7)에 대입하면

$$p_k = \frac{(n-1)^k}{k!} p^k e^{-c} = \frac{(n-1)^k}{k!}\left(\frac{c}{n-1}\right)^k e^{-c} = e^{-c}\frac{c^k}{k!} \tag{11.10}$$

을 n이 큰 극한에 대해 얻을 수 있다.

식 (11.10)은 푸아송 분포다. n이 큰 극한에서 $G(n, p)$는 푸아송 링크수 분포를갖는다. 11.1절에서 언급했듯이, 이 분포 특성 때문에 이 모형이 푸아송 무작위 그래프^{Poisson random graph}라고 불린다. 이 책의 다음 장들에서 소개할 푸아송 링크수 분포를 따르지 않는 무작위 그래프 모형과 이 모형을 구분하기 위해 종종 이 모형을

푸아송 무작위 그래프로 지칭할 것이다.

11.4 뭉침 계수

푸아송 무작위 그래프에서 측정할 수 있는 가장 간단한 수치는 뭉침 계수다. 네트워크 전이성의 척도로 뭉침 계수 C를 사용했고, 뭉침 계수는 네트워크에 있는 임의의 노드의 두 이웃들이 서로 이웃일 확률로 정의됐음을 다시 떠올려보자(7.3절). 무작위 그래프에서 임의의 두 노드가 서로 이웃일 확률이 모든 노드 쌍에 대해 완전히 동일한데, 그 확률은 $p = c/(n - 1)$이다. 따라서 뭉침 계수는 다음과 같이 표현된다.

$$C = \frac{c}{n - 1} \tag{11.11}$$

이것은 무작위 그래프가 실제 네트워크와 다른 여러 특성들 중 하나다. 실제 네트워크들은 자주 아주 높은 뭉침 계수를 갖는데(10장의 표 10.1 참고), 식 (11.11)은 네트워크가 성기고, $n \to \infty$인 극한에서 0이 된다(즉, c가 네트워크의 크기 n이 커지는 속도보다 느리게 커진다는 뜻이다). 이 차이는 11.8절에서 추가적으로 논의하겠다.

11.5 거대 덩어리

그림 11.1(a)에서 보여주는 것처럼 푸아송 무작위 그래프 $G(n, p)$에서 $p = 0$일 때를 생각해보자. 이 경우 네트워크에는 에지가 하나도 없고 완전히 분리되어 있다. 각 노드는 하나의 섬처럼 분리되어 있고, 네트워크는 단 하나의 노드로만 이뤄진 n개의 덩어리로 구성된다.

그림 11.1(b)는 반대쪽 극한 $p = 1$인 무작위 그래프를 보여주며, 이 네트워크에는 가능한 모든 에지가 존재한다. 기술적인 표현을 빌리자면 이 네트워크는 n노드 클리크로(7.2.1절), 모든 노드가 직접적으로 다른 모든 노드와 연결되어 있다. 이 경우 모든 노드가 하나의 덩어리를 구성하며 이는 전체 네트워크에 해당한다.

이 두 가지 경우 중 첫 번째 경우($p = 0$)의 네트워크에서는 '가장 큰' 덩어리의 크기가 1이고, 두 번째 경우($p = 1$)에서는 n이다. 한 경우의 가장 큰 덩어리 크기가

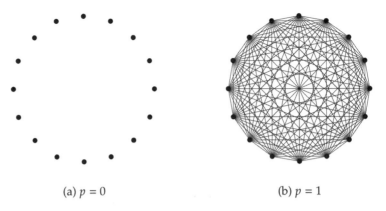

(a) $p = 0$ (b) $p = 1$

그림 11.1 $p = 0$, $p = 1$인 극한에서의 무작위 그래프

이 두 그림은 노드가 원형으로 배치된 무작위 그래프다. (a) $p = 0$일 때 무작위 그래프에는 에지가 없고, 각 노드가 각각의 덩어리를 이루므로 가장 큰 덩어리의 크기는 1이다. (b) $p = 1$이면 가능한 모든 에지가 존재하며, 모든 노드가 하나의 덩어리에 속하기 때문에 가장 큰 덩어리의 크기는 n이다.

다른 경우보다 훨씬 크다는 점을 제외하고, 이 두 가지 경우에는 한 가지 중요한 질적인 차이가 있다. 첫 번째 경우에 가장 큰 덩어리의 크기는 네트워크의 노드 개수 n에 대해 독립적이지만, 두 번째 경우는 네트워크의 크기 n에 비례한다. 이런 비례성을 과학적 용어로 크기 의존^{extensive}이라고 한다. 네트워크의 덩어리 중 크기가 n에 비례하여 성장하는 덩어리를 거대 덩어리^{giant component}라고 부른다.

두 경우에서 나타나는 차이가 중요하다. 네트워크를 적용하는 많은 경우에 네트워크의 대부분을 차지하는 연결된 덩어리의 존재는 핵심적이다. 이 덩어리가 전체 네트워크를 다 채워야 할 필요는 없지만, 최소한 많은 부분을 차지해야 한다. 예컨대, 인터넷에서는 대부분의 컴퓨터에서 다른 컴퓨터들로 통할 수 있는 경로의 존재가 중요하다. 그런 경로가 없다면, 인터넷 네트워크는 목적한 컴퓨터와 컴퓨터 사이의 소통을 사용자에게 제공할 수 없을 것이다. 그뿐 아니라, 10.1절에서 논의한 것처럼 실제로 대부분의 네트워크는 해당 네트워크의 대부분을 차지하는 덩어리를 갖는다. 무작위 그래프에서 연결된 덩어리들이 어떻게 동작하는지를 실제 네트워크에서 일어나는 방식을 비교함으로써 유용한 통찰을 얻을 수 있다.

그러면 무작위 그래프에서 $p = 0$일 때는 크기가 1이고 $p = 1$일 때는 크기가 n인 무작위 그래프의 가장 큰 덩어리를 생각해보자. 제기할 수 있는 흥미로운 질문은 p 값을 0에서 1 사이에서 점차적으로 증가시키면서, 이 양극단 사이의 전이^{transition}가 어떻게 일어나는지 살펴보는 것이다. 한 예로, 가장 큰 덩어리의 크기도 점차적으로 증가하면서 $p = 1$인 극한에서만 제일 확장된 형태를 가질 것으로 예상할 수도 있다. 하지만 실제로는 훨씬 더 흥미로운 일이 발생한다. 앞으로 살펴보겠지만, 가장 큰 덩어리의 크기는 특정 p 값에서 상수의 크기로부터 굉장히 큰 크기로 갑작스럽게 변하는데, 이를 상전이$^{phase\ transition}$라고 부른다. 이 상전이를 좀 더 살펴보자.

어떤 p 값에 대해 네트워크에 거대 덩어리가 존재한다고 가정하자. 즉, 네트워크의 크기가 커지면서 가장 큰 덩어리의 평균 크기도 함께 증가하여 가장 큰 덩어리가 전체 네트워크의 일정 비율을 차지한다. 이 비율을 네트워크 크기가 $n \to \infty$인 극한에서 다음과 같이 정확하게 계산할 수 있다.

무작위 그래프에서 거대 덩어리에 속하지 않은 노드의 평균 비율을 u라고 하자. 혹은 u를 무작위로 선택한 노드가 거대 덩어리에 속하지 않을 확률로 간주할 수도 있다. 임의의 노드 i가 거대 덩어리에 속하지 않으려면, 노드 i는 다른 어떤 노드를 통해서도 거대 덩어리에 연결돼서는 안 된다. 노드 i가 단 하나의 에지를 통해서라도 거대 덩어리와 연결되면, 그 노드 자체도 거대 덩어리에 속하게 된다.

이는 네트워크에 속한 다른 모든 노드 j에 대해 (a) i가 j와 에지로 연결되어 있지 않거나, (b) i는 j에 연결되어 있지만, j는 거대 덩어리에 포함되지 않은 경우다. (a)의 확률은 단순히 i와 j 사이에 에지가 존재하지 않을 확률 $1 - p$다. (b)의 확률은 pu로, 여기서 p는 에지를 가질 확률이고 u는 노드 j가 거대 덩어리에 속하지 않을 확률이다.[1] 따라서 노드 j를 통해 거대 덩어리와 연결되지 않을 정확한 확률은 $1 - p + pu$다.

그러면 $n - 1$개의 어느 노드를 통해서도 거대 덩어리에 연결되지 않을 전체 확률 u는 위에서 정의한 확률을 $n - 1$제곱한 것으로,

$$u = (1 - p + pu)^{n-1} \tag{11.12}$$

이 된다. 이러한 자기부합적 수식을 풀어서 u 값을 알 수 있다.

이 수식을 다음과 같이 약간 더 단순화할 수 있다. 먼저 이 수식을 약간 재정렬하고 식 (11.6)의 p를 대입하면

---

1 이 부분을 조금 조심해야 한다. 여기서 구하고자 하는 확률은 j가 노드 i를 제외한 다른 어떤 노드를 통해서도 거대 덩어리와 연결되지 않을 확률이다. 하지만 시스템의 크기가 아주 큰 극한에서 이 확률은 정확히 u와 동일하다. 아주 큰 n을 가정할 때, i를 제외한 $n - 2$ 노드들 중 어느 노드를 통해서도 거대 덩어리에 속하지 않을 확률은 $n - 1$개의 노드를 고려한 확률보다 훨씬 작지 않다.

$$u = \left[1 - \frac{c}{n-1}(1-u)\right]^{n-1} \tag{11.13}$$

과 같이 된다. 이제 양변에 로그를 취하면,

$$\begin{aligned}
\ln u &= (n-1)\ln\left[1 - \frac{c}{n-1}(1-u)\right] \\
&\simeq -(n-1)\frac{c}{n-1}(1-u) = -c(1-u)
\end{aligned} \tag{11.14}$$

가 되는데, 여기서 근사적 등식은 n이 큰 극한에서는 정확한 등식이 된다. 양변에 지수함수를 취하면

$$u = e^{-c(1-u)} \tag{11.15}$$

을 얻을 수 있다. 하지만 u가 거대 덩어리에 속하지 않은 노드의 비율이라면, 거대 덩어리에 속하는 노드의 비율은 $S = 1 - u$가 된다. u를 S로 치환하여 제거하면

$$S = 1 - e^{-cS} \tag{11.16}$$

으로 쓸 수 있다.

에르되시와 레니[158]가 1959년에 처음 소개한 이 식은 네트워크가 아주 큰 극한에서 거대 덩어리의 크기를 주어진 평균 링크수 c에 대해 전체 네트워크 크기의 비율로 기술할 수 있음을 보여준다. 안타깝게도 이 식 자체는 아주 간단하지만, S에 대해 닫힌 형태의 단순한 해를 갖지는 않는다.[2] 하지만 그래픽적인 해법을 통해 S의 양상을 살펴볼 수 있다. 그림 11.2(a)를 보자. 세 곡선은 $y = 1 - e^{-cS}$의 함수를 각기 다른 c 값에 대해 그린 것이다. S는 오직 0과 1 사이의 값만 가질 수 있

---

2 식 $W(z)e^{W(z)} = z$가 $W(z)$의 해를 갖는 **람베르트 W 함수**(Lambert W-function)로 닫힌 형태의 해를 기술할 수도 있다. 이 함수를 사용하면 거대 덩어리의 크기는

$$S = 1 + \frac{W(-ce^{-c})}{c}$$

와 같이 쓸 수 있고, 여기서 W 함수의 원론적인 한 종류를 사용했다. 이 표현은 몇몇 수치해석적 접근법과 급수 전개에서 유용하게 활용될 수 있겠지만, 널리 사용되지는 않는다. S에 대한 간단한 해를 c에 대한 함수로 기록할 수 없는 대신, c에 대한 해를 S에 대한 함수로 쓸 수는 있다. 식 (11.16)을 c에 대해 재배열하면

$$c = -\frac{\ln(1-S)}{S}$$

와 같이 나타낼 수 있고, 이는 도표를 그리는 경우에 유용하게 쓰일 수 있다(S를 c에 대한 함수로 그리려면, 먼저 c를 S에 대한 함수로 그리고 축을 바꿔주면 된다).

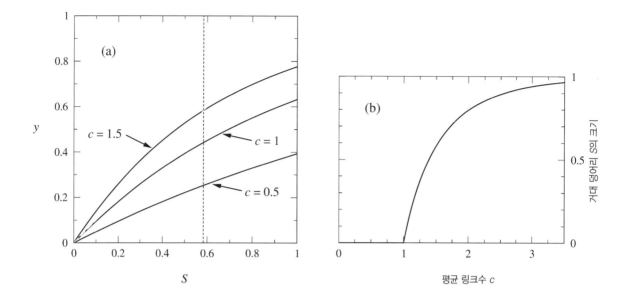

그림 11.2 거대 덩어리의 크기에 대한 그래픽적인 해법

(a) 세 곡선들은 표시된 각기 다른 c 값들을 $y = 1 - e^{-cS}$에 대입한 값이고, 대각선 방향으로 그려진 점선은 $y = S$이며, 식 (11.16) $S = 1 - e^{-cS}$과의 교점들이 해다. 가장 밑에 있는 곡선은 $S = 0$에서만 교점을 갖기 때문에 거대 덩어리가 없고, 그와는 대조적으로 가장 위에 있는 곡선은 $S = 0.583...$(수직 방향 점선)에서 해를 갖는다. 중간 곡선은 $S = 0$일 때만 해를 갖는 영역과 S가 일반적이지 않은 해를 갖는 영역의 경계를 구체적으로 보여준다. (b) 얻어진 거대 덩어리의 크기에 대한 해를 c에 대한 함수로 나타냄

음을 기억하자. 그렇기 때문에 해당 영역의 곡선만 나타냈다. 그림의 대각선 방향 점선은 $y = S$ 함수다. 점선과 곡선이 만나는 지점들에서 식 (11.16)의 $S = 1 - e^{-cS}$과 그에 해당하는 S의 해를 구할 수 있다.

그림에서 볼 수 있듯이, c 값에 따라서 S에 대해 하나 혹은 2개의 해가 존재한다. 작은 c 값일 때(그림에서 아래쪽에 있는 곡선)는 해가 $S = 0$에서 하나뿐이고, 이는 네트워크에 거대 덩어리가 존재하지 않음을 의미한다(식 (11.16)을 통해 $S = 0$이 해라는 사실을 바로 알 수 있다). 반면에 c가 충분히 크면(가장 위에 있는 곡선) 2개의 해가 존재하는데 하나는 $S = 0$에서, 다른 하나는 $S > 0$에서 찾을 수 있다. 오직 이 영역에서만 거대 덩어리가 존재할 수 있게 되는 것이다.

그림의 중간에 있는 곡선이 두 영역 사이의 전이를 보여주며, 곡선의 기울기와 점선의 기울기가 일치하는 $S = 0$ 지점에서 존재한다. 즉, 전이는

$$\frac{\mathrm{d}}{\mathrm{d}S}\left(1 - e^{-cS}\right) = 1 \tag{11.17}$$

일 때, 혹은

$$ce^{-cS} = 1 \tag{11.18}$$

인 경우에 존재한다고 할 수 있다. $S = 0$으로 고정하면, 상전이가 $c = 1$일 때 일어난다.

다시 말해, 무작위 그래프는 $c > 1$일 때만 거대 덩어리를 가질 수 있다. $c = 1$이거나 그보다 낮은 경우에 $S = 0$이기 때문에 거대 덩어리가 존재하지 않는다.

하지만 이것으로 문제를 완전히 풀었다고 할 수 없다. 기술적으로, $c \leq 1$인 경우에 거대 덩어리가 존재하지 않음을 증명했지만, $c > 1$인 경우에 반드시 거대 덩어리가 존재함을 증명한 것은 아니다. 후자의 영역에서는 S에 대한 두 가지 해법이 존재할 수 있는데, 그중 하나가 $S = 0$으로 거대 덩어리가 존재하지 않는 해법이다. 그렇다면 이 중 어떤 것이 실제 거대 덩어리를 바르게 설명하는 해법일까?

이 질문에 답하기 위해서는 거대 덩어리의 형성 과정을 다른 방식으로 생각해봐야 한다. 다음 과정을 생각해보자. 그림 11.3(a)처럼 어떤 네트워크의 어딘가에 연결되어 있는 십여 개의 노드로 이뤄진 집합을 찾아보자. n이 큰 극한에서 에지 생성 확률이 0이 아닌 이상 그런 집합은 네트워크의 어딘가에 존재하게 되어 있다. 그 집합을 중심부^{core}와 주변부^{periphery}로 나눠보자. 주변부는 해당 집합에 속하지 않은 노드 중 적어도 하나를 이웃으로 갖는 노드들로, 그림에서 밝은 회색 영역에 해당한다. 중심부는 해당 집합에 속한 노드만을 이웃으로 갖는 노드들로, 어두운 회색 영역으로 표현됐다.

이제 그림 11.3(b)와 같이 노드 집합에 속한 노드들과 최소 하나의 에지로 연결되어 있는 측근 노드들을 중심부와 주변부 집합에 추가하여 확장해보자. 이제 이전 주변부는 중심부의 일부가 됐고, 직전에 추가된 노드들로 이뤄진 새로운 주변부가 형성됐다. 이 새로운 주변부는 얼마나 큰가? 이전 주변부에 속한 각 노드들은 독립적인 확률 p로 다른 모든 노드와 연결되어 있었다. 노드 집합에 s개의 노드가 있었다면 $n - s$개의 집합에 속하지 않는 노드가 존재했고, 주변부 노드들과 집합 외부에 있는 노드들과의 평균 연결 수는

$$p(n - s) = c\frac{n - s}{n - 1} \simeq c \tag{11.19}$$

이며, 여기서 등식은 $n \to \infty$의 극한에서 정확히 성립한다. 이는 노드 집합의 측근

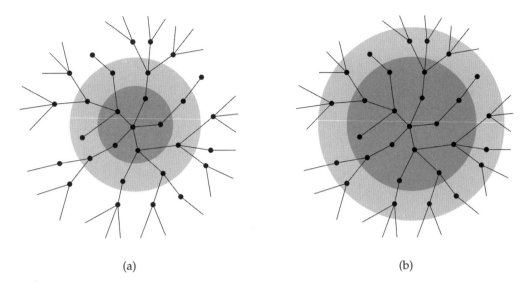

(a)   (b)

그림 11.3 무작위 그래프에서 노드 집합의 성장

(a) 노드의 집합(회색 원형의 내부)은 중심부(어두운 회색)와 주변부(밝은 회색)로 구성된다. (b) 주변부에 바로 접해 있는 노드들을 노드 집합에 추가하여 성장시키면 주변부 노드들은 새로운 중심부의 일부가 되고 새로운 주변부가 추가된다.

이웃들의 평균 수, 즉 집합을 키웠을 때 새로운 주변부 크기의 기댓값은 이전 주변부의 c배가 된다는 뜻이다.[3]

이 과정을 집합을 계속 키워가면서 원하는 만큼 반복할 수 있고, 이를 시행할 때마다 주변부의 평균 크기는 c배만큼 증가할 것이다. 따라서 $c > 1$이면 주변부의 평균 크기는 지수적으로 증가한다. 반면에, $c < 1$이면 주변부는 지수적으로 크기가 감소하다가, 결국에는 0으로 사라질 것이다.[4] 주변부가 지수적으로 증가하면, 결국에 연결된 노드의 집합은 전체 네트워크의 크기에 맞먹는 덩어리, 즉 거대 덩어리를 형성할 것이다. 하지만 주변부가 감소하면, 노드의 집합은 항상 유한한 크기만 갖고 거대 덩어리는 형성되지 않는다.

따라서 거대 덩어리는 $c > 1$가 만족되는 경우에만 존재할 수 있다. 거대 덩어리가 존재하는 경우 덩어리의 크기는 식 (11.16)의 해 중 큰 값으로 주어진다. 이로

---

3 집합에 속한 두 노드가 집합 외부에서 동일한 이웃을 가질 수 있는데, 이 경우 위의 계산은 링크수를 과장하여 셈하게 된다. 하지만 이런 경우가 발생할 확률은 네트워크의 크기 n이 매우 크면 아주 작다. 집합 외부에 노드들이 많고 각 노드가 이웃을 무작위로 선택하면, 집합 내부의 두 노드가 집합 외부에서 동일한 이웃을 가질 확률을 무시해도 될 정도로 작다. 이러한 특성은 12.4절에서 자세히 논의할 무작위 그래프 모형들의 '국소적인 트리(locally tree-like)' 특성과 연관이 있다.

4 c가 정확히 1인 경계의 경우 양상은 좀 더 복잡해서 여기서 다루지 않을 것이다. 구체적인 분석을 해보면, $c = 1$일 때 기술적으로 n과 함께 성장하는 거대 덩어리는 존재하지 않지만, $n^{2/3}$에 비례하여 커지는 가장 큰 덩어리는 존재한다 [70].

써, 모든 c 값에 대해 거대 덩어리의 크기를 구할 수 있게 됐다. 그림 11.2(b)가 그 결과를 보여준다. 그림에서 볼 수 있듯이 거대 덩어리의 크기는 c 값이 1을 지나면서 0에서부터 급격히 성장하며, c가 커지면서 $S = 1$에 가까워진다(수식에 닫힌 형태의 해가 없기 때문에 식 (11.16)을 수치해석 방식으로 풀어야만 하지만 어렵지 않다).

11.5.1 하나 이상의 거대 덩어리가 존재할 수 있을까?

지금까지는 네트워크에 오직 하나의, 그리고 그 크기가 n과 함께 커지는 거대 덩어리만 가정했다. 10장에서 살펴본 실제 네트워크들은 대체적으로 오직 하나의 큰 덩어리만 가졌고, 이를 고려할 때 하나의 거대 덩어리에 대한 가정은 일리가 있어 보인다. 하지만 네트워크에 2개 이상의 거대 덩어리가 존재할 수 있을까? 10.1절에서는 오직 하나의 거대 덩어리만 존재할 수 있음을 대략적으로 설명했다. 이제 이 주장을 무작위 그래프에 대해 좀 더 체계적으로 살펴보자.

늘 그래 왔듯이 에지를 $p = c/(n - 1)$의 확률로 연결하여 무작위 그래프를 생성하고, 네트워크가 성기게 연결되어 c가 n보다 느리게 성장하는 경우를 생각해보자. 분명히 하자면, n이 충분히 큰 경우에 c가 n^a보다 빠르게 성장하지 않는다. 여기서 a는 $a < 1$인 임의의 양의 상수다. c가 상수인 대부분의 경우, 0과 1 사이의 어떤 a 값을 써도 된다.

이제 위에서 가정한 네트워크의 아직 연결되지 않은 노드 쌍들에 다른 확률 $p' = c/(n - 1)^{1+a}$으로 에지를 연결한다고 해보자. 최종적으로는 다시 무작위 그래프를 얻게 되겠지만, 에지 연결 확률은 n이 충분히 큰 경우에 $p + p'$으로 더 커지고, 평균 링크수는 다음과 같이 주어질 것이다.

$$c' = (n-1)(p + p') = (n-1)\left[\frac{c}{n-1} + \frac{c}{(n-1)^{1+a}} \right]$$
$$= c\left[1 + \frac{1}{(n-1)^a} \right] \tag{11.20}$$

하지만 $n \to \infty$가 될수록 a가 양수가 되면서 최종적인 값은 점점 작아지고, 단순히 $c' = c$를 얻게 된다. 따라서 이런 극한에서는 무작위 그래프에서 이전과 동일한 평균 링크수를 얻는다. 이 과정이 실제적으로 한 일은 무작위 그래프에 에지 몇 개를 흩뿌려준 것이지만, n이 큰 극한에서 네트워크의 조밀도는 아주 낮아지기 때문에 결과적인 네트워크의 집합은 추가적인 에지가 없던 이전 무작위 그래프와 같다. 다르게 말하면, 먼저 에지를 p의 확률로 만들고 다음에 p'의 확률로 에지를 추가하는 두 단계의 과정은 평균 링크수가 c인 일반적인 무작위 그래프를 만드는 복잡한 방법인 것이다. 따라서 이 방식으로 만들어진 네트워크가 하나 이상의 거대 덩어리를 갖지 않는다는 사실을 증명할 수 있다면, 찾고자 했던 결과를 얻게 될 것이다.

임의의 네트워크가 2개 혹은 그 이상의 거대 덩어리를 가지려면, 덩어리들은 만들어지는 두 과정에서 반드시 분리돼야 한다. 덩어리들은 에지가 p의 확률로 연결되는 첫 번째 단계에서 분리돼야 하고, p'의 확률로 에지를 위치시키는 두 번째 단계에서 분리된 상태가 유지돼야 한다. 첫 단계를 거친 후 크기가 $S_1 n$과 $S_2 n$인 2개 혹은 그 이상의 거대 덩어리가 만들어졌다고 가정해보자. 여기서 S_1과 S_2는 각 덩어리를 이루는 네트워크의 비율을 의미한다. 노드 i는 첫 번째 거대 덩어리에 있고, j는 두 번째 거대 덩어리에 있는 노드 쌍 i, j의 수는 $S_1 n \times S_2 n = S_1 S_2 n^2$이며, 정의상 그 노드 쌍들 중 어느 노드 쌍도 에지로 연결되어 있지 않다. 만일 연결된 노드 쌍이 있다면 이들은 한 덩어리에 속한 것이 되기 때문이다. 이제 p'의 확률로 추가적인 에지들을 네트워크에 더해줄 텐데, 두 거대 덩어리가 분리된 채로 유지되려면 $S_1 S_2 n^2$의 노드 쌍들 중 어느 것도 더해진 에지로 연결되면 안 된다. 이것이 일어날 확률 $q = (1 - p')^{S_1 S_2 n^2}$이다. 로그를 취하면

$$
\begin{aligned}
\ln q &= S_1 S_2 n^2 \ln\left(1 - c/(n-1)^{1+a}\right) \\
&= S_1 S_2 n^2 \left[-\frac{c}{(n-1)^{1+a}} - \frac{c^2}{2(n-1)^{2+2a}} - \cdots \right] \\
&\simeq -c S_1 S_2 n^{1-a}
\end{aligned}
\tag{11.21}
$$

이 되고, 여기서 n이 큰 극한에서 근사적 등식은 정확한 등식이 된다. 다시 지수함수를 취하면

$$
q = e^{-c S_1 S_2 n^{1-a}}
\tag{11.22}
$$

를 얻게 되고, $a < 1$이기 때문에 $n \to \infty$로 갈수록 이 값은 0에 가까워진다. 이미 말했듯이, 최종적인 무작위 그래프는 평균 링크수가 c인 본래의 무작위 그래프가 되고, 목적했던 결과를 얻는다. 즉, 네트워크의 크기 n이 충분히 큰 경우에 무작위 그래프에서 2개의 독립적인 거대 덩어리를 가질 확률이 0에 가까워지는 것이다.

11.6 작은 덩어리들

무작위 그래프에서 $c > 1$일 때 크기가 n에 비례하여 커지며 네트워크의 상당한 부분을 차지하는 거대 덩어리가 존재함을 확인했다. 하지만 그 비율은 대체로 100%보다 작다. 남은 네트워크의 구조는 어떨까? 확인했듯이, 하나의 거대 덩어리만 있기 때문에 추가적인 거대 덩어리가 존재하지는 않을 것이다. 따라서 나머지 부분은 크기가 n보다 천천히 성장하는 덩어리들로 구성될 수밖에 없다. 이 덩어리들을 작은 덩어리들$^{\text{small components}}$이라고 부른다. 이 작은 덩어리들의 크기가 n보다 천천히 성장하기 때문에, n이 커지면서 더 많은 작은 덩어리들이 존재하고(거대 덩어리가 전체 네트워크를 차지하지 않는 한) 이들은 다양한 크기를 가지며 일부 덩어리들은 다른 덩어리들보다 크기가 크다. 이 크기들의 전체 분포를 계산할 수 있지만, 계산이 길고 결과가 실제적으로 특출한 활용성이 있진 않기 때문에 여기서 해보지는 않을 것이다.[5] 하지만 흥미로운 점은 임의의 작은 덩어리의 평균 크기는 계산하기가 매우 쉽다는 것이다.

크기에 대한 계산을 가능하게 하는 핵심적인 생각은 이어질 주장에서 증명하는 것처럼 작은 덩어리들이 트리 구조를 갖는다는 것이다. 노드가 s개인 트리로 이뤄진 작은 덩어리를 생각해보자. 6.8절에서 확인했듯이, 노드가 s개인 트리는 $s-1$개의 에지로 이뤄져 있고, 이는 해당 구조의 노드들이 연결되어 있으면서 가질 수 있는 최소한의 에지 수다. 이런 작은 덩어리에 다른 에지를 추가한 다음 고리 형태의 경로를 만들면(이미 연결되어 있는 두 노드 사이에 새로운 경로를 추가하기 때문에 고리가 생긴다. 왼쪽 그림 참고), 그 덩어리는 더 이상 트리가 아니다. 푸아송 무작위 그래프에서 이런 고리형 경로를 만드는 에지가 생길 확률은 다른 에지와 같이 $p = c/(n-1)$이다. 그 작은 덩어리에 추가적인 에지를 놓을 수 있는 위치의 총 개수는 각기 다른 노드 쌍의 수에서 이미 연결되어 있는 에지 개수를 뺀 것이고, 이는 다음과 같이 표현된다.

$$\binom{s}{2} - (s-1) = \tfrac{1}{2}(s-1)(s-2) \tag{11.23}$$

따라서 덩어리에 추가된 에지의 평균적인 전체 개수는 $\frac{1}{2}(s-1)(s-2) \times c/(n-1)$이다. 어떤 주어진 s에 대해 이 값은 $n \to \infty$인 경우 0에 가까워지므로, 작

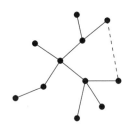

트리는 고리 형태의 경로가 없는 네트워크나 부분네트워크를 의미한다(6.8절 참고).

트리에 에지를 하나 추가하면(점선), 고리 형태의 경로를 형성한다.

---

5 하지만 12.10.9절에서 좀 더 일반적인 구조 모형(configuration model)에서 작은 덩어리 크기의 분포를 계산할 것이다. 푸아송 무작위 그래프는 이 모형의 특별한 한 형태다.

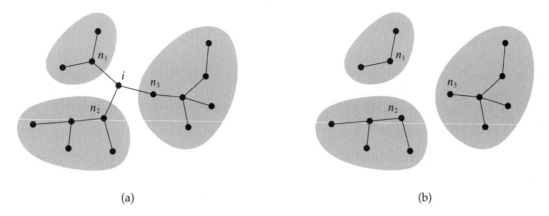

그림 11.4 무작위 그래프에서 작은 덩어리들의 크기

(a) 노드 i가 속한 덩어리의 크기는 노드 i의 이웃들 n_1, n_2, n_3를 통해 도달할 수 있는 부분덩어리들(음영 영역)에 속한 노드 수의 합에 노드 i를 포함하기 위해 1을 더한 값이다. (b) 노드 i가 제거되면, 부분덩어리들은 그 자체가 하나의 덩어리가 된다.

은 덩어리들에 고리 형태의 경로는 없고 덩어리는 트리임을 알 수 있다.

이 관찰 결과를 갖고 그림 11.4(a) 음영 영역에서 보여주는 네트워크의 작은 덩어리에 속한 노드 i를 생각해보자. 전체 덩어리가 트리이기 때문에, 이 부분네트워크들은 노드 i를 통한 연결을 제외하고는 서로 연결되어 있지 않다. 만약 연결되어 있다면, 덩어리에 고리 형태의 연결이 있는 것이므로 트리가 아니다. 따라서 i가 속한 덩어리의 크기는 각 에지를 통해 도달 가능한 부분네트워크들 크기의 총합에 노드 i를 포함하기 위해 1을 더한 값이다. 부분네트워크들의 크기를 $t_1, ..., t_k$로 표현하고, 여기서 k는 노드 i의 링크수를 의미한다고 하자(그림에서는 3이지만, 원하는 어떤 수든 가능하다).

그러면 덩어리의 크기는 다음과 같이 표현될 수 있다.

$$s = 1 + \sum_{m=1}^{k} t_m \qquad (11.24)$$

작은 덩어리의 평균 크기를 계산하기 위해, 이제 이 크기를 네트워크의 작은 덩어리들에 속한 다른 많은 노드에 대해 평균 낼 것이다. 두 단계로 이 평균을 계산하겠다. 먼저, 링크수 k를 갖는 노드들에 대해서만 평균을 낸다. 식 (11.24)의 양변을 평균하면

$$\langle s \rangle_k = 1 + \sum_{m=1}^{k} \langle t_m \rangle \tag{11.25}$$

가 되고, 여기서 아래첨자 k는 링크수가 k인 노드에 대해 평균을 냄을 의미하며, $\langle t_m \rangle$은 m번째 이웃이 속한 부분네트워크의 평균 크기를 의미한다. 하지만 무작위 그래프에서는 모든 노드가 동등하기 때문에 m번째 노드를 다른 노드들과 구분할 수 없다. 따라서 $\langle t_m \rangle$은 모든 m에 대해 같은 값을 갖고, 이를 단순화하기 위해 $\langle t \rangle$로 기록하겠다. 결론적으로

$$\langle s \rangle_k = 1 + k\langle t \rangle \tag{11.26}$$

가 된다.

링크수 k를 갖는 노드들에 대해서만이 아니라 링크수에 상관없이 작은 덩어리에 속한 노드들에 대해 평균을 내면 그러한 노드가 속한 덩어리의 평균 크기를 얻을 수 있다. 이를 정리하면

$$\langle s \rangle = 1 + \langle k \rangle_{\text{small}} \langle t \rangle \tag{11.27}$$

로 표현되고, 여기서 $\langle k \rangle_{\text{small}}$은 작은 덩어리에 속한 임의의 노드의 평균 링크수다.

이 평균 크기를 계산하기 위해서는 $\langle k \rangle_{\text{small}}$과 $\langle t \rangle$의 값을 계산해야 한다. 앞의 값은 작은 덩어리에 속한 노드들의 평균 링크수가 네트워크 전체의 평균 링크수 c와 동일하지 않음을 생각할 때 간단히 구할 수 있다. 작은 덩어리에 속한 노드는 작은 덩어리에 속한 다른 노드들과만 연결될 수 있다. 거대 덩어리가 존재한다면 그것은 네트워크의 비율 S만큼을 차지하고 작은 덩어리는 비율 $1 - S$를 차지하기 때문에, $(1 - S)n$개의 노드가 작은 덩어리들에 속한다. 이 각각의 노드는 다른 노드들과 일반적인 확률 p로 연결되고, 작은 덩어리에 속한 임의의 노드의 평균 링크수는

$$\langle k \rangle_{\text{small}} = [(1 - S)n - 1]p = [(1 - S)n - 1]\frac{c}{n - 1} \simeq (1 - S)c \tag{11.28}$$

로 표현되며, 여기서는 식 (11.6)을 사용했다. 근사적 등식은 n이 큰 극한에서 정확한 등식이 된다. 다시 말해, 작은 덩어리에 속한 노드의 평균 링크수는 네트워크의 평균 링크수보다 $(1 - S)$배 작다.

그렇다면 $\langle t \rangle$의 값은 얼마일까? 이를 결정하기 위해 그림 11.4로 돌아가 약간 변

형된 네트워크를 생각해보자. 그림 11.4(b)에서 보이듯이 이 변형된 네트워크에서 노드 i는 연결된 다른 에지들과 함께 제거된다.[6] 이 네트워크는 여전히 동일한 확률 p를 갖는 무작위 그래프로, 각각의 가능한 에지들은 독립 확률 p를 따라 존재한다. 하지만 노드의 개수는 하나 줄어 n에서 $n-1$이 된다. n이 큰 극한에서 이 정도의 감소는 무시할 수 있다. 거대 덩어리의 크기나 작은 덩어리들의 크기와 같은 평균 특성들은 확률 p는 같지만 크기가 n과 $n-1$로 다른 무작위 그래프 사이에서는 구별되지 않을 것이다.

이 변형된 네트워크에서는 이전에 노드 i의 이웃인 n_1, n_2, ... 등을 포함하던 부분네트워크(음영 영역)들이 이제는 각각의 작은 덩어리들로 분리되어 있다. 하지만 네트워크가 원래 네트워크와 같이 여전히 에지 확률 p를 따라 연결된 무작위 그래프이기 때문에, 노드 n_1, n_2, ...가 포함된 작은 덩어리들의 평균 크기 $\langle t \rangle$는 단순하게도 임의의 작은 덩어리의 평균 크기와 동일하다. 작은 덩어리나 노드를 다르게 고르더라도 특별한 차이점이 없기 때문이다. 다시 말해, $\langle t \rangle = \langle s \rangle$다.

이 결과를 식 (11.27)과 식 (11.28)을 고려하여 다시 정리하면, $\langle s \rangle = 1 + (1 - S)c\langle s \rangle$ 혹은

$$\langle s \rangle = \frac{1}{1 - c + cS} \tag{11.29}$$

와 같은 형태를 얻을 수 있다. 이 식은 무작위 그래프에 속한 노드를 무작위로 선택했을 때, 그 노드가 포함된 작은 덩어리의 평균적인 크기를 의미한다.[7]

거대 덩어리가 없고, $c < 1$일 때 식 (11.29)는 $\langle s \rangle = 1/(1 - c)$의 단순한 형태가 된다. 거대 덩어리가 존재할 때 $\langle s \rangle$를 측정하는 것은 좀 더 복잡한데, 이는 $\langle s \rangle$를 계산하기 전에 S를 먼저 풀어야 하기 때문이다. 하지만 계산을 풀 수는 있다. 식 (11.16)을 S에 대해 풀고, 이를 식 (11.29)에 대입하면 된다. 그림 11.5는 c의 함수로 $\langle s \rangle$의 값을 보여준다.

$c = 1$일 때, $\langle s \rangle$가 어떻게 발산하는지를 눈여겨보라(발산 지점에서 $S = 0$이고, 따라서 식 (11.29)의 분모가 0이 된다). 따라서 네트워크의 평균 링크수 c를 1보다 작은

---

6 노드를 제거하는 방식을 **공간 형성법**(cavity method)이라고 부른다. 공간 형성법은 물리학에서 모든 종류의 문제 해법을 구할 때 광범위하게 활용되고, 네트워크뿐만 아니라 저차원 공간과 격자 구조의 다양한 계산에 있어 강력한 도구로 사용된다[332].

7 이 식이 나타내는 것은 작은 덩어리의 평균 크기와 동일하지 않음을 기억하자. 더 작은 덩어리들보다 더 큰 덩어리들이 더 많은 노드를 갖고 있기 때문에, 더 큰 덩어리에 더 큰 가중치가 부여되어 노드가 속한 덩어리의 평균 크기는 편향된 값이다. 하지만 실제로 식 (11.29)는 평균 덩어리 크기를 위한 가장 유용한 수치이며, 이 책에서 사용하는 측정법이다.

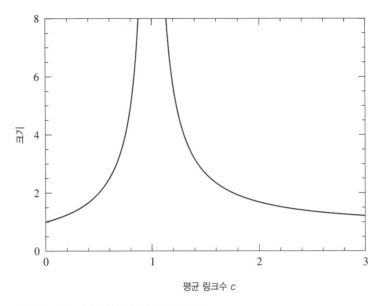

그림 11.5 무작위 그래프에서 작은 덩어리들의 평균 크기

무작위로 고른 작은 덩어리에 있는 노드가 속한 덩어리의 평균 크기 $\langle s \rangle$. 식 (11.29)를 통해 계산됨

초깃값으로부터 천천히 증가시키면 노드가 속한 작은 덩어리의 평균 크기는 점점 커지고, 정확히 거대 덩어리가 나타나는 $c = 1$ 시점에서 마침내 무한대가 된다. 거대 덩어리가 아닌 덩어리들의 크기만 측정하는 식 (11.29)는 $c > 1$인 경우 c가 증가할 때 이 작은 덩어리들이 다시 작아지는 것을 보여준다. 즉, 작은 덩어리들은 $c = 1$이 될 때까지 크기가 증가하다가, $c = 1$ 지점에서 발산하고 거대 덩어리가 나타나 커지면서 다시 크기가 작아진다.

무작위 그래프는 확실히 대부분의 네트워크를 설명하는 실제적인 모형은 아니지만, 네트워크 덩어리들의 일반적인 특성은 현실에서 나타나는 네트워크의 행동 양상을 설명하는 데 있어 좋은 지침이 된다. 만약 어떤 네트워크가 낮은 에지 조밀도를 가지면, 대체로 작은 덩어리들만 갖는다. 하지만 조밀도가 점점 증가하여 충분히 높아지면, 분리된 여러 개의 작은 덩어리들을 동반한 하나의 큰 덩어리가 형성된다. 이는 간단한 네트워크 모형을 통해 실제 사회의 시스템들이 얼만큼 복잡하게 동작하는지를 알 수 있는 좋은 예다.

11.7 경로 길이

4.6절과 10.2절에서 좁은 세상 효과를 논의하면서, 네트워크에 속한 노드들 사이의 평균적인 경로 길이가 짧은 경향이 있음을 살펴봤다. 무작위 그래프 모형의 네트워크 지름을 측정함으로써 어떻게 좁은 세상 효과가 발현되는지를 이해하는 데 도움을 얻을 수 있다.

네트워크의 지름은 같은 덩어리에 속한 임의의 두 노드 사이의 거리들 중 가장 긴 거리로, '가장 긴 최단 경로'라고 이해할 수도 있다. 이미 알고 있듯이, 무작위 그래프의 지름은 노드의 개수 n에 대해 $\ln n$을 따른다. 크기 n이 아주 클 때도 $\ln n$은 상대적으로 작은 값을 갖기 때문에, 이 관계 자체가 좁은 세상 효과를 어느 정도 설명할 수 있다. 하지만 이 관계성은 앞으로 살펴보게 될 몇 가지 질문들을 남겨뒀다.

최단 거리 및 지름에 대한 논의는 6.11.1절을 참고하라.

무작위 그래프의 지름을 계산하는 데 배경이 되는 기본 생각은 직관적이다. 11.5절에서 무작위 그래프에서 노드의 집합에 연결된 이웃들을 그 집합에 추가하여 노드 집합을 성장시키면, 각 단계에서 추가되는 이웃 노드들이 c배만큼 평균적으로 증가함을 보았다. 이런 노드 집합의 성장이 임의의 한 노드로부터 시작되어 밖으로 확장해간다고 상상해보자. 한 단계 떨어져 있는 노드들의 평균 개수는 평균 링크수 c인 것이 분명하고, 매 추가적인 단계마다 c배씩 증가하면, s단계 떨어져 있는 노드들의 개수는 c^s이 될 것이다. 이 표현이 c에 대해 지수적으로 증가하기 때문에, 도달하게 되는 노드의 개수가 전체 네트워크에 속한 모든 노드의 개수가 되기까지 많은 단계가 필요하지 않다. 전체 노드 수와 도달하는 노드 수는 $c^s \simeq n$ 혹은 동일한 표현으로 $s \simeq \ln n/\ln c$일 때 동일해진다. 이때 대략적으로 말해서 모든 노드는 시작점으로부터 s걸음 안에 존재하며, 이는 네트워크의 지름이 $\ln n/\ln c$에 근사한다는 뜻이다.

말했듯이 무작위 그래프가 대부분의 실제 네트워크를 정확하게 설명하는 모형은 아니지만, 그럼에도 이는 좁은 세상 효과의 기저에 깔려 있는 기본 원리를 설명한다고 여겨진다. 특정 시작점에서 거리 s 안에 있는 노드의 수는 s와 함께 지수적으로 성장하고, 지름은 n의 로그로 증가하는 것이다. 11.8절에서 실제 네트워크와 비교하여 이 부분을 좀 더 자세하게 다룰 예정이다.

위에서 설명한 거리 s와 지름의 관계는 근사치다. 먼저, 앞에서 계산한 것은 네트워크의 '반지름'이지 지름이 아니다. 이는 임의의 시작점에서 다른 노드들까지의 최대 거리이지, 전체 네트워크의 최대 거리가 아니다. 또한 시작점으로부터 s 걸음 떨어진 노드들이 s가 작은 동안에 평균적으로 c^s만큼 있는 것은 사실이지만, 이 결과는 c^s이 n과 비슷해진 경우와 분리하여 생각해야 한다. 거리 s에 있는 노드의 수가 전체 네트워크에 있는 노드 수를 넘을 수 없기 때문이다(실제로 이 값은 거대 덩어리에 속한 노드의 수를 초과할 수 없다).

이 두 가지 문제를 해결하기 위해, 각기 다른 시작점 노드 i와 j를 생각해보자. 이 두 노드에서 각각 s걸음과 t걸음만큼 떨어진 노드들의 수는 그 수가 전체 노드 수 n보다 아주 작은 영역에서 c^s과 c^t이 될 것이다. 다음에 이어지는 계산에서도 네트워크의 크기가 충분히 큰 경우 $n \to \infty$에 이 두 노드 집합의 크기가 n보다 아주 작아서, n보다 이 두 노드 집합의 크기가 작게 유지되는 조건이 충족되는 네트워크 구조만을 생각하겠다.

이는 8.5.4절에서 살펴본 두 시작점이 있는 너비 우선 탐색에서 적용했던 기법으로, 네트워크에 있는 모든 노드를 조사하는 대신에 두 영역이 중간 지점에서 만날 때까지 두 시작점에서 바깥 방향으로 영역을 성장시키는 것이다.

이런 구조가 그림 11.6에 나타나 있다. 여기서 노드 i와 j는 거리가 s와 t를 포함하면서 각각 s와 t만큼 떨어져 있는 모든 이웃 노드들 혹은 어떤 '구형^{ball}' 영역으로 둘러싸여 있다. 만약 두 '표면^{surface}'(즉, 가장 거리가 먼 노드들) 사이의 이웃들 간에 점선으로 표현된 것과 같은 에지가 존재하면, 노드 i에서 j까지의 최단 거리 d_{ij}는 최대 $s + t + 1$이다. 반대로, 그런 에지가 없고 두 구형 구조가 아직 서로 연결되지 않았다면, d_{ij}는 $s + t + 1$보다 클 수밖에 없다. 다르게 말해, d_{ij}가 $s + t + 1$보다 클 확률 $P(d_{ij} > s + t + 1)$은 두 표면에 에지가 없을 확률과 같다.

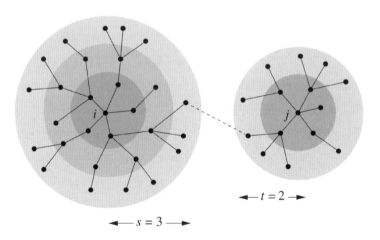

그림 11.6 무작위 그래프에 속한 두 노드의 이웃들
본문에서 설명한 것처럼, 무작위로 선택된 노드 i와 j에서 s와 t만큼 떨어진 노드들의 집합을 보여준다. 가장 바깥쪽 표면의 노드 중 하나와 다른 표면에 속한 노드 중 하나에 에지가 하나라도 있으면(점선), i와 j 사이에는 길이가 $s + t + 1$인 경로가 존재한다.

각 구형의 표면에 놓여 있는 노드를 고려하여 평균적으로 $c^s \times c^t$만큼의 노드 쌍이 존재하고, 각 노드 쌍은 $p = c/(n-1) \simeq c/n$(n이 아주 큰 경우)의 확률로 연결되거나 $1 - p$의 확률로 연결되지 않는다. 따라서 $P(d_{ij} > s + t + 1) = (1-p)^{c^{s+t}}$이 된다. 편의상 $\ell = s + t + 1$로 정의하면, 이 수식을 다음과 같이 다시 쓸 수 있다.

$$P(d_{ij} > \ell) = (1-p)^{c^{\ell-1}} = \left(1 - \frac{c}{n}\right)^{c^{\ell-1}} \tag{11.30}$$

양변에 로그를 취하면

$$\ln P(d_{ij} > \ell) = c^{\ell-1} \ln\left(1 - \frac{c}{n}\right) \simeq -\frac{c^\ell}{n} \tag{11.31}$$

이 되고, $n \to \infty$인 극한에서 등식이 정확해진다. 따라서 $n \to \infty$ 조건에서 다음과 같이 표현할 수 있다.

$$P(d_{ij} > \ell) = \exp\left(-\frac{c^\ell}{n}\right) \tag{11.32}$$

이 네트워크의 지름은 $P(d_{ij} > \ell)$이 0이 되는 ℓ 중 가장 작은 값이다. 즉, 무작위로 어느 노드 쌍을 선택하든, 두 노드가 ℓ보다 긴 거리만큼 떨어져 있을 확률이 전혀 없다는 뜻이다. n이 큰 극한에서 식 (11.32)는 c^ℓ이 n보다 빠르게 성장하는 경우에만 0이 된다. 다시 말해, 가장 작은 값 ℓ은 $\epsilon \to 0$이고 a가 상수일 때 $c^\ell = an^{1+\epsilon}$을 만족시킨다. 약속했듯이 이 조건은 c^s과 c^t의 크기를 n의 크기 수준보다 작게 유지하면서 만족시킬 수 있고, 이를 통해 주장하는 바가 유효함을 보일 수 있다. 한 예로, $c^{s+t} = c^{\ell-1} = (a/c)n^{1+\epsilon}$이기 때문에 c^s과 c^t이 평균적으로 $n^{(1+\epsilon)/2}$으로 성장하는 경우를 선택할 수 있다.

식 $c^\ell = an^{1+\epsilon}$을 ℓ에 대해 다시 정리하면, 지름에 대한 식으로 표현할 수 있다.

$$\ell = \frac{\ln a}{\ln c} + \lim_{\epsilon \to 0} \frac{(1+\epsilon)\ln n}{\ln c} = A + \frac{\ln n}{\ln c} \tag{11.33}$$

여기서 A는 상수다.[8] 상수를 제외하고는 이는 이전에 대략적인 증명을 통해 살펴

---

8 이 설명에도 여전히 몇 가지 부족한 부분들이 있다. 특히, 두 이웃의 표면에 있는 노드 수의 곱을 c^{s+t}로 가정했는데, 실제로 이는 평균적인 값에 불과하여 어느 정도의 차이가 존재한다. 이 차이가 작다는 것을 증명해야 한다. 즉, 이 결과가 충분히 평균값에 '집중'되어 있음을 보여야 한다. 또한 이 계산은 거대 덩어리 네트워크에 국한돼야 한다. 왜냐하면 가장 긴 경로는 항상 네트워크의 크기 n이 아주 크다는 가정하에 거대 덩어리에서 정의되기 때문이다. 이 주제들에 대한 상세한 논의는 페른홀츠(Fernholz)와 라마찬드란(Ramachandran)의 논문[172] 등을 살펴보라.

본 것과 같은 내용임을 확인할 수 있다. 상수는 람베르트 W 함수^{Lambert W-function}로 표현되는 다소 복잡한 형태의 값이지만 이미 알려져 있다. 여기서 중요한 부분은 (근사적으로) 이 값이 n에 독립적이라는 점이다. 따라서 지름은 $\ln n$으로 n에 따라 천천히 증가하며, 아주 큰 무작위 그래프에서는 상대적으로 작은 값을 갖게 된다.

지름이 n에 대해 로그함수를 따라 변한다는 것은 4.6절에서 논의했던 좁은 세상 효과에 대한 몇 가지 설명을 제공한다. 70억 명 이상의 주민으로 구성된(기록하는 시점 기준) 모든 세상의 지인 네트워크라도 $\ln n/\ln c$의 값은 아주 작다. 한 사람에게 수천 명의 지인이 있다고 가정하면

여기서 1000은 전형적인 사람의 평균적인 지인 수를 설명하는 데 적합한 수치다. 버나드(Bernard)와 공동 저자들은 사람들의 지인 수 평균을 몇몇 도시에서 확인했고, 이 수치가 수백에서 2000 정도에까지 달하는 것을 확인했다 [54, 55, 261]. 4.2.1절을 참고하라.

$$\ell = \frac{\ln n}{\ln c} = \frac{\ln(7 \times 10^9)}{\ln 1000} = 3.28\dots \tag{11.34}$$

을 얻게 되고, 이는 밀그램과 여러 연구자가 진행했던 좁은 세상 실험의 결과를 설명하기에 충분할 정도로 작은 값이다.

사실 식 (11.33)은 실제 네트워크의 행동 양식을 설명하는 데 충분히 좋은 지침이 된다. 한 예로, 그림 11.7은 제이콥스^{Jacobs} 등[246]이 연구한 100개 미국 대학의 페이스북 친구 관계 네트워크의 평균 최단 경로 거리를 보여준다. 이 거리들은 $\ln n$에 대한 함수로 그려졌고, 식 (11.33)에서 설명된 것처럼 그림에서 직선으로 나타난다.

하지만 이 설명이 완전한 것은 아니다. 점들이 흩뿌려져 있는데, 이는 대학들마다 다른 평균 링크수 때문이거나, 혹은 순전히 통계적인 변동일 수 있다. 그림이 가장 긴 거리인 지름이 아니라 식 (11.33)으로 계산한 평균 거리를 나타내고 있다는 것도 명심하자. 지름은 평균 거리의 상한선이기 때문에, 평균 거리가 지름보다 더 빨리 성장하기를 기대할 수 없다. 즉, $\ln n$보다 빨리 평균 거리가 성장할 수 없다는 뜻이다. 또한 지름과 평균 거리가 동일하지도 않다.

더 중요한 것은 무작위 그래프가 대부분의 실제 네트워크에 대해 가장 좋은 모형이 아니라는 것이

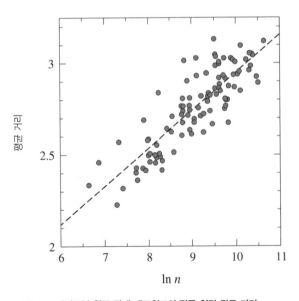

그림 11.7 페이스북 친구 관계 네트워크의 평균 최단 경로 거리

이 그림에 나타난 100개의 점들은 100개 대학의 페이스북 친구 관계 네트워크에서 측정된 평균 최단 경로 거리다. 이를 네트워크의 노드 수에 로그를 취한 값, 즉 $\ln n$에 대한 함수로 나타내었다. 점선은 최적의 직선 핏(fit)이다. 출처: Jacobs et al.[246]

다. 이미 살펴봤듯이 무작위 그래프가 잘 설명할 수 없는 많은 특징이 있기 때문이다.

11.8 무작위 그래프의 문제점

푸아송 무작위 그래프는 네트워크 모형 중 가장 많이 연구된 모형이다. 이 모형이 처음 제안된 순간부터 수십 년 동안 이 모형은 기대되는 네트워크 구조, 특히 덩어리 크기와 네트워크 지름에 관하여 엄청난 통찰력을 제공했다. 기술하기가 단순하다는 점과 분석적 방법을 적용하기가 간단하다는 점이 여러 종류의 네트워크 현상을 연구하는 데 이 모형이 최고의 도구가 되도록 했다. 이 책의 남은 부분에서 네트워크가 어떻게 동작하는지를 이해하기 위해 무작위 네트워크로 수시로 돌아갈 것이다.

하지만 무작위 그래프는 네트워크 모형으로서 몇 가지 심각한 단점이 있다. 무작위 네트워크는 이전에 살펴본 실제 네트워크들과 여러 특징적인 면에서 완전히 다르기 때문이다. 한 가지 분명한 문제점은 무작위 그래프에서 전이성^{transitivity}과 뭉침^{clustering} 현상을 찾아볼 수 없다는 것이다. 11.4절에서 살펴봤듯이 무작위 그래프의 뭉침 계수는 $C = c/(n-1)$로 표현되며, 네트워크 크기 n이 큰 극한에서 0에 가까워진다. 네트워크 크기 n이 실제 네트워크에 적합한 유한한 값이라 하더라도, 무작위 그래프에서의 뭉침 계수 C는 대체로 아주 작다. 크기 $n \simeq 70$억이고, 각 사람이 대략 $c = 1,000$인 지인을 갖는 세계 전체 인구의 지인 네트워크에서도, 동일한 크기 n과 링크수 c를 갖는 무작위 그래프의 뭉침 계수는

$$C \simeq \frac{1000}{7\,000\,000\,000} \simeq 10^{-7} \tag{11.35}$$

이 된다. 실제 지인 네트워크의 뭉침 계수가 0.01인지 0.5인지는 크게 중요하지 않다. 아마 이 두 값 사이 어디쯤에 있을 것이다. 어느 경우든 무작위 그래프와 실제 네트워크 사이에는 분명하고도 아주 큰 차이가 존재한다.[9]

또한 무작위 그래프는 실제 네트워크와 다른 측면에서 구별된다. 예를 들어, 무작위 그래프에는 인접한 노드들 사이의 링크수 간에 상관성이 존재하지 않는다.

---

9 무작위 그래프와 실제 네트워크 사이의 차이는 와츠(Watts)와 스트로가츠(Strogatz)[466]의 연구에서 특별히 강조됐고, 이는 1990년대에 수학계에서 시작된 현재의 네트워크에 대한 관심을 촉발한 계기 중 하나다.

이는 생성 과정에서 에지를 무작위로 배치했기 때문에 나타나는 당연한 특성이다. 반면에 실제 네트워크에서의 링크수들은 10.7절에서 살펴본 것처럼 대체로 상관성을 갖는다. 거의 대부분의 경우 실제 네트워크는 14장에서 논의되는 것과 같이 노드들이 그룹을 지어 '커뮤니티^{community}'를 형성한다. 하지만 무작위 그래프에는 그런 구조가 없다. 또한 실제 네트워크에서 나타나는 다른 흥미로운 구조의 예들이 무작위 그래프에서는 보이지 않는다.

하지만 아마도 무작위 그래프가 실제 네트워크와 가장 크게 차이를 보이는 지점은 이 네트워크의 링크수 분포일 것이다. 10.3절에서 논의했듯이 실제 네트워크들은 대부분의 노드가 적은 링크수를 갖고, 아주 적은 노드만이 많은 링크수를 가지며 '허브'가 되는 전형적으로 오른쪽으로 비스듬한 링크수 분포를 갖는다. 반면에 무작위 그래프는 크게 오른쪽으로 치우치지 않은 푸아송 링크수 분포^{Poisson} $^{\text{degree distribution}}$(식 (11.10))를 갖는다. 그림 11.8을 예로 살펴보자. 자율 시스템 수준으로 본 인터넷의 링크수 분포의 도수분포표(어두운 막대기)가 나타나 있다. 이 분포가 오른쪽으로 비스듬한 분포임을 확인할 수 있다. 같은 그림에서, 예로 든 인터넷 네트워크의 평균 링크수 c를 동일하게 갖는 무작위 그래프의 푸아송 링크수 분포(밝은 막대기)를 확인할 수 있다. 동일한 평균 링크수를 가짐에도 두 분포는 완

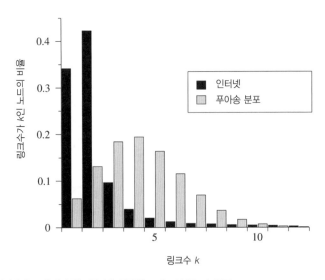

그림 11.8 인터넷과 그에 해당하는 푸아송 무작위 그래프의 링크수 분포

그림의 어두운 막대기는 자율 시스템 수준으로 표현된 인터넷 네트워크에서 해당 링크수를 갖는 노드 수의 비율을 보여준다. 밝은 막대기는 인터넷 네트워크와 동일한 평균 링크수를 갖는 무작위 그래프의 동일한 측정값을 보여준다. 두 분포가 동일한 평균 링크수를 갖지만, 둘은 완전히 다른 분포 모양을 보인다.

전히 다른 형태를 보인다. 이 차이는 네트워크의 모든 종류의 특성에 상당한 영향을 끼치게 되는데, 이에 대한 다양한 예시들을 이 책에서 확인할 수 있을 것이다. 이 차이로 인해 푸아송 무작위 그래프는 오늘날 우리가 살펴보는 네트워크의 흥미로운 현상들인 네트워크의 회복 현상resilience phenomena, 질병 전파 과정epidemic spreading process, 스미기percolation 등을 설명하는 데 부적합하다.

다행스럽게도, 무작위 그래프 모형이 비푸아송 링크수 분포non-Poisson degree distribution를 갖도록 일반화할 수 있다. 다음 장에서는 네트워크의 수학에 있어 가장 아름다운 결과를 만들어낸 이 발전을 알아보자.

연습문제

11.1 평균 링크수가 c인 무작위 그래프 $G(n, p)$를 생각해보자.

a) 네트워크 크기 n이 큰 극한에서 삼각형 개수의 기댓값이 $\frac{1}{6}c^3$임을 보여라. 이는 삼각형 수가 변하지 않고, n이 큰 극한에서 성장하거나 사라지지 않는다는 뜻이다.

b) 네트워크의 연결된 삼자 구조의 기댓값이 $\frac{1}{2}nc^2$임을 보여라(213쪽에서 정의됨).

c) 식 (7.28)에서 정의된 뭉침 계수 C를 계산하라. 그리고 n이 큰 극한에서 식 (11.11)에서 얻어진 값과 일치함을 보여라.

11.2 평균 링크수가 c인 무작위 그래프 $G(n, p)$를 생각해보자.

a) 링크수가 k인 노드가 작은 덩어리에 속할 확률이 $(1 - S)^k$임을 보여라. 여기서 S는 네트워크에서 거대 덩어리가 차지하는 비율이다.

b) 베이즈 이론Bayes' theorem을 사용해(혹은 다른 방식으로) 작은 덩어리에 속한 링크수가 k인 노드들의 비율이 $e^{-c} c^k (1 - S)^{k-1}/k!$임을 보여라.

11.3 자신에게 맞는 컴퓨터 프로그래밍 언어를 사용해, 주어진 크기 n에서 평균 링크수 $c = 2m/n$인 무작위 그래프 $G(n, m)$을 형성하는 코드를 작성하고, 가장 큰 덩어리의 크기를 계산하라. 작성한 프로그램을 사용해 크기 $n = 1,000,000$이고 $c = 2\ln 2 = 1.3863...$인 무작위 그래프의 가장 큰 덩어리의 크기를 구하고, 구한 답을 동일 크기와 평균 링크수를 갖는 $G(n, p)$의 거대 덩어리 크기를 예측하는 해

석적 예측값^{analytic prediction}과 비교하라. 모형이 일치하지 않음에도 유사한 값을 가짐을 확인할 수 있다.

11.4 크기 n이 아주 큰 무작위 그래프 $G(n, p)$가 있다고 생각해보자.

a) 네트워크에 거대 덩어리가 존재하고 이 거대 덩어리가 정확히 네트워크의 절반을 차지한다고 하면, 노드의 평균 링크수는 얼마인가?

b) 동일한 무작위 그래프에서 노드가 정확히 링크수 5를 가질 확률은 얼마인가?

c) 링크수가 정확히 5인 노드가 거대 덩어리에 속할 확률은 얼마인가?

d) 거대 덩어리에서 정확히 링크수가 5인 노드들의 비율을 계산하라.

11.5 지금까지 살펴봤듯이, 무작위 그래프에 속한 임의의 노드가 (최소한) 하나의 에지로 거대 덩어리와 연결되어 있으면 해당 노드 역시 거대 덩어리에 속하게 된다. 반면에 어떤 노드가 최소 2개의 에지로 거대 덩어리와 연결됐다면, 이 노드는 2개의 거대 덩어리에 속해 있다(2개의 덩어리^{bicomponent} 구조에 대한 논의를 살펴보려면 7.2.3절을 확인하라).

a) 평균 링크수가 c인 무작위 그래프 $G(n, p)$를 생각해보자. 여기서 S는 전체 네트워크에서 거대 덩어리가 차지하는 비율이다. n이 큰 극한에서 어떤 노드가 거대 덩어리와 어떠한 연결도 갖지 않을 확률이 e^{-cS}임을 보여라.

b) n이 큰 극한에서 해당 노드가 정확히 하나의 에지로 거대 덩어리와 연결될 확률이 cSe^{-cS}임을 보여라.

c) 네트워크에서 2개의 거대 덩어리가 차지하는 비율 T가 $T = 1 - (1 + cS)e^{-cS}$임을 보여라.

d) 위의 수식을 $T = S + (1 - S)\ln(1 - S)$로 다시 쓸 수 있음을 보여라. 또한 거대 덩어리가 전체 네트워크를 차지하거나 거대 덩어리가 없지 않은 이상, 거대 이분 덩어리가 항상 거대 덩어리보다 크기가 더 작음을 설명하라.

11.6 식 (11.28)은 무작위 그래프의 작은 덩어리들의 평균 링크수가 $(1 - S)c$임을 알려준다.

a) 거대 덩어리가 있는 경우 이를 제외하고, 작은 덩어리들 자체가 무작위 그래프로 만들어져 작은 덩어리들 내부의 평균 링크수가 1보다 작아야 함을 보여라.

b) 이 결과를 사용해 무작위 그래프에서 $c > 1$인 경우 반드시 거대 덩어리가

존재한다는 대안적인 논리를 구성하라.

11.7 방향성 무작위 그래프를 만들기 위해 n개의 노드를 취한 후 각기 다른 노드 쌍 사이에 p의 확률로 방향성 에지를 추가할 수 있다. 명확하고 구분된 방식으로 각 노드 쌍 사이에 각기 다른 방향을 갖는 에지를 연결하면 주어진 임의의 노드 쌍은 어떤 에지도 갖지 않거나 하나의 에지 혹은 서로 반대 방향을 가리키는 2개의 에지를 가질 수 있다.

a) 위에서 설명한 네트워크의 평균 에지 수 m은 n과 p에 대해 어떻게 기술될 수 있는가? 또한 임의의 노드의 평균 링크수 c(들어오거나 나가는 방향에 상관없이)는 얼마인가?

b) 에지의 방향성을 무시하고 방향성 없는 네트워크를 만든다고 하면 평균 링크수는 어떻게 될까? 또한 약하게 연결된 거대 덩어리에 속한 노드의 비율 W가 네트워크의 크기 n이 큰 상황에서 $W = 1 - e^{-2cW}$임을 보여라.

c) 강하게 연결된 거대 덩어리에 속한 노드들의 비율이 S라고 하자. 강하게 연결된 거대 덩어리에 속하기 위해 노드는 최소한 하나의 나가는 방향의 에지를 통해 강하게 연결된 거대 덩어리에 속한 노드와 연결돼야 하고 강하게 연결된 거대 덩어리에 속한 노드로부터 최소한 하나의 들어오는 방향의 에지를 받아야 한다. n이 큰 극한에서 위에서 언급한 W를 위한 방정식과 유사하되 S가 만족시켜야 하는 방정식을 유도하라.

11.8 캐스케이드 모형^cascade model^은 방향성 비순환 네트워크의 단순한 수학적 모형으로, 먹이 그물을 모형화하는 데 종종 사용된다. 이를 위해 일반적인 무작위 그래프를 만드는 것과 같이 $i = 1, ..., n$으로 이름 붙인 n개 노드의 각기 다른 노드 쌍 사이에 p의 확률로 방향성 없는 에지를 놓는다. 그러고 나서 값이 더 큰 이름표를 갖는 노드로부터 값이 더 작은 이름표를 갖는 노드로 에지에 방향을 추가한다. 이를 통해 네트워크의 모든 방향성 경로가 높은 이름표에서 낮은 이름표를 향하게 하고, 6.4.1절에서 논의한 것과 같이 네트워크는 비순환성을 갖게 된다.

a) 캐스케이드 모형들의 집합에서 노드 i의 평균 들어오는 링크수가 $\langle k_i^{in} \rangle = (n - i)p$이고, 평균 나가는 링크수는 $\langle k_i^{out} \rangle = (n - i)p$임을 보여라.

b) 노드 i보다 더 높은 이름표의 노드들에서 노드 i와 그보다 낮은 이름표의 노드들로 연결된 에지 수의 기댓값이 $(ni - i^2)p$임을 보여라.

c) 네트워크의 크기 n이 짝수라고 가정할 때 이 값의 가장 큰 값과 가장 작은

값은 무엇이고 네트워크의 어떤 노드들이 해당 값들을 갖는가?

먹이 그물에서 위에서 구한 높은 이름표에서 낮은 이름표의 노드로 연결된 에지 수의 기댓값은 에너지 흐름의 대략적인 측정값이며 캐스케이드 모형은 먹이 그물의 중간 부분에서 에너지 흐름이 최고가 되고 상위와 하위 부분에서는 에너지 흐름이 최소가 됨을 보여준다.

11.9 뭉침과 전이성이 있는 단순한 무작위 그래프 모형을 다음과 같은 방법으로 만들 수 있다. n개의 노드에서 시작하여, 각기 다른 3개의 노드로 구성된 노드 쌍을 각각 살펴본다. 총 $\binom{n}{3}$의 3개의 노드 쌍이 존재하고, 독립적인 확률 p로 세 노드를 3개의 에지로 연결하여 삼각형을 만든다. 여기서 $p = c/\binom{n-1}{2}$가 되며, c는 상수다.

a) 이 모형에서 노드의 평균 링크수가 $2c$임을 보여라.

b) 링크수 분포가 다음과 같음을 보여라.

$$p_k = \begin{cases} \mathrm{e}^{-c}c^{k/2}/\left(\tfrac{1}{2}k\right)! & k\text{가 짝수인 경우} \\ 0 & k\text{가 홀수인 경우} \end{cases}$$

c) 식 (7.28)에서 나타난 뭉침 계수가 $C = 1/(2c + 1)$임을 보여라.

d) 네트워크에 거대 덩어리가 존재할 때 해당 덩어리의 네트워크 전체 크기에 대한 비율의 기댓값 S가 $S = 1 - \mathrm{e}^{-cS(2-S)}$임을 보여라.

e) 거대 덩어리가 네트워크의 절반을 차지할 때 뭉침 계수의 값은 얼마인가?

뭉침이 있는 무작위 그래프 모형은 12.11.5절에서 논의한다.

12

구조 모형

임의의 이웃수 분포와 네트워크의 다양한 특징들을 모사하는 구조 모형과 그에 관련된 모형

이전 장에서는 노드 쌍이 균등 확률로 무작위로 연결되는 고전적인 무작위 그래프 모형을 살펴봤다. 이 모형은 네트워크의 구조에 대해 상당한 통찰력을 주지만, 11.8절에서 살펴본 것처럼 많은 결점이 있다. 그중 가장 중요한 결점은 푸아송 분포를 따르는 무작위 그래프의 링크수 분포인데, 이는 현실에서 관찰되는 네트워크들의 오른쪽으로 비스듬한 링크수 분포와는 상당히 다른 형태다. 12장에서는 구조 모형이라 불리는 좀 더 복잡한 종류의 무작위 그래프 형성 방법을 살펴볼 텐데, 이 모형은 임의의 링크수 분포를 가질 수 있으며 동시에 네트워크의 크기가 충분히 크다는 가정하에서 많은 네트워크의 특성을 정확히 분석적으로 기술할 수 있다.

구조 모형은 네트워크를 공부하는 데 있어 가장 중요한 이론적인 모형이다. 이 모형은 다양한 목적에 대해 현실성과 단순성 사이에서 적절히 균형을 맞추며, 네트워크 과학자들이 새로운 질문이나 과정을 공부할 때 가장 먼저 찾는 모형이다. 교통 흐름이나 질병 전파, 동역학 시스템의 진화 등 네트워크 위에서 발생하는 일들에 관심이 있다면, 해당 과정이 구조 모형을 통해 형성된 네트워크 위에서는 어떻게 동작하는지를 살펴보는 것이 좋은 출발점이 될 것이다.

또한 12장에서는 현실 네트워크에서 보이는 방향성 및 이분화된 네트워크의 모형, 전이성 및 동류성 혼합 모형, 시간에 따라 진화하는 네트워크 모형 등의 여러 특징들을 설명하기 위해 고안된 다수의 무작위 그래프 모형을 간단히 살펴볼 것이다.

12.1 구조 모형

11장에서 살펴본 무작위 그래프를 네트워크의 노드들이 푸아송 분포를 따르는 링크수를 갖지 않도록 변형하여 훨씬 유연하고 강력한 네트워크 모형으로 바꿀 수 있다. 사실 무작위 모형을 변형하여 원하는 어떤 링크수 분포든 갖게 할 수 있다. 푸아송 무작위 그래프가 약간씩 다른 방식으로 다양하게 정의될 수 있는 것처럼, 일반적인 링크수를 갖는 무작위 그래프를 정의하는 데도 다양한 방법이 존재한다. 여기서는 여러 방법 중 11.1절에서 다룬 $G(n, m)$과 $G(n, p)$ 무작위 그래프와 대략적으로 동일한 두 가지 방법을 설명하겠다.

링크수 배열과 링크수 분포의 차이점에 대한 논의는 10.3절을 참고하라.

일반적인 무작위 그래프 모형 중 가장 널리 탐구된 것은 구조 모형^{configuration model}이다.[1] 실제로 구조 모형은 링크수 분포가 아닌 주어진 링크수 배열^{sequence}을 사용한다. 즉, 링크수가 선택되는 확률 분포가 주어지는 것이 아니라, 네트워크에 속한 개별 노드의 정확한 링크수가 주어지는 것이다. 네트워크의 에지 수는 식 (6.13)에 의해 $m = \frac{1}{2} \sum_i k_i$이므로, 네트워크의 총 에지 수를 고정할 수 있다. 따라서 이 모형은 여러 면에서 마찬가지로 전체 에지 수를 고정하는 $G(n, m)$ 모형과 유사하다. 링크수 분포가 알려졌지만 정확한 링크수 배열은 없는 경우 구조 모형을 변형하는 것은 아주 간단하다. 이 장의 마지막에서 이를 어떻게 진행할 수 있는지 설명하겠다.

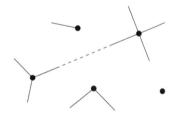

그림 12.1 구조 모형
각 노드는 목표하는 링크수와 동일한 수의 '미연결 에지'를 갖는다. 각 미연결 에지의 쌍을 무작위로 선택하여 연결함으로써 에지를 형성한다(점선).

네트워크의 각 노드 $i = 1, \cdots, n$의 링크수 k_i를 알고 있다고 하자. 그림 12.1에 나타난 방식을 적용하여 이 링크수를 갖는 무작위 네트워크를 만들 수 있다. 각 노드 i는 k_i개의 '미연결 에지^{stub}', 혹은 '절반 에지^{half-edge}'로 불리는 연결되지 않은 에지들을 갖는다. 총 $\sum_i k_i = 2m$개의 미연결 에지가 존재하게 되고, 여기서 m은 전체 에지 수다. 여기서 2개의 미연결 에지를 균등 확률로 무작위하게 선정하고, 그림에서 볼 수 있듯이 에지를 형성하기 위해 선택된 두 미연결 에지를 연결한다. 그런 다음, 남은 $2m - 2$개의 미연결 에지 중 또 다른 미연결 에지 쌍을 선택하고, 그들을 연결하고, 모든 미연결 에지가 사용될 때까지 반복한다. 최종적으로는 네트워크의 각 노드가 목표한 링크수를 갖게 된다.

좀 더 구체적으로 말하자면, 최종적으로 얻게 되는 것은 미연결 에지들 간의 특

---

1 이 이름의 근원은 수학자인 벨라 볼로바스(Béla Bollobás)의 연구에 기인하는데, 관련 주제 중 가장 초기의 논문[69]에서 '구조(configuration)'라는 용어를 사용해 모형에서의 에지 배치를 설명했다.

정한 짝짓기^{matching}, 즉 미연결 에지 쌍 사이의 특정한 연결 집합이다. 앞에서 설명한 미연결 에지 조합 방식을 따르면 가능한 모든 미연결 에지 연결의 집합이 동일 확률로 얻어진다. 기술적으로 구조 모형은 짝짓기 집합으로 정의되는데, 주어진 링크수 배열을 가진 각 짝짓기는 같은 확률로 나타나지만 그 외의 링크수 배열이 나타날 확률은 0이 된다. 그런 의미에서, 앞에서 설명한 과정은 구조 모형의 집합에서 네트워크를 그리는 과정이다.

구조 모형에서 다양한 연결 조합에 대한 균등 확률로 인해 각 미연결 에지들은 결과적으로 다른 모든 미연결 에지와 연결될 확률이 동일하다. 앞으로 보게 되겠지만, 이는 다양한 네트워크 특성들에 대해 이 모형을 풀 수 있도록 하는 핵심적인 성질이다.

여기서 묘사한 네트워크 형성 과정에는 몇 가지 숨겨진 어려움이 있다. 첫째, 남겨지는 미연결 에지가 없도록 하기 위해서는 전체적으로 짝수의 미연결 에지가 필요하다. 이는 링크수의 총합 $\sum_i k_i$가 짝수가 되어야 한다는 뜻이다. 여기서는 만들고자 하는 링크수가 이 조건을 만족시킨다고 가정한다. 그렇지 않고서는 주어진 링크수 배열로 네트워크를 만들 수가 없다.

둘째, 네트워크에 셀프 에지나 다중 에지 혹은 둘 다가 존재할 수 있다. 네트워크 형성 과정에서 임의의 노드가 자기 자신과 연결되거나, 이미 다른 에지로 연결된 두 노드와의 추가적인 연결을 제한하는 방법은 없다. 누군가는 연결 과정에서 그러한 에지의 형성을 거부하면 될 것으로 생각하겠지만, 이는 좋은 생각이 아니다. 이 방식으로 형성된 네트워크는 더 이상 가능한 연결들이 동일한 확률로 이루어지지 않게 되고, 이는 네트워크의 특성들이 현재까지 알려진 분석적인 방식으로는 계산하기 어렵다는 것을 의미한다. 네트워크 형성 과정을 완전히 무너뜨리게 되는 것이다. 한 예로 네트워크 형성 과정의 마지막 단계에 있다고 가정하고, 연결돼야 할 2개의 미연결 에지가 남았는데 해당 미연결 에지들이 동일 노드에 속해 있으면 이 두 미연결 에지의 연결은 셀프 에지를 만들게 된다. 따라서 셀프 에지가 형성되거나 네트워크 형성 과정이 실패하게 되는 것이다.

따라서 실제로는 다중 에지나 셀프 에지, 이 두 가지의 생성을 허용하는 편이 더 낫고, 일반적인 구조 모형은 이 두 가지를 허용하여 네트워크를 만든다. 실제 네트워크 중 일부는 다중 에지나 셀프 에지를 갖지만 대부분은 그렇지 않기 때문에, 이는 구조 모형을 네트워크 모형으로서 부적절하게 만든다. 하지만 12.1.1절에 나타나 있듯이, 구조 모형에서의 셀프 에지나 다중 에지의 밀도^{density}가 네트워

셀프 에지와 다중 에지의 정의는 6.1절을 참고하라.

크의 크기가 커지면서 0에 가까워지기 때문에, 충분히 큰 네트워크를 다루는 경우 계산을 할 때 다중 에지와 셀프 에지의 영향은 일반적으로 무시할 수 있다.

앞에서 언급했듯이, 링크수 배열보다 링크수 분포가 구체화된 경우가 더 흥미로울 수 있다. 즉, 배열 자체를 사용하는 것이 아니라 확률 분포 p_k로부터 링크수 배열을 추출하는 것이다. 이 경우, 구조 모형을 다음과 같이 확장하여 정의할 수 있다. 구체적인 분포에서 링크수 배열을 얻은 다음, 위에서 정의한 기법을 사용해 얻어진 링크수 배열을 활용해 네트워크를 만드는 것이다. 좀 더 구체적으로 설명하자면, 링크수 배열 $\{k_i\}$가 확률 $\prod_i p_{k_i}$에 따라 나타나며, 특수한 미연결 에지의 연결 확률은 해당 링크수 배열 형성 확률과 일반적인 구조 모형에서의 연결 확률의 곱으로 설명될 수 있다.

이 모형에서 꼭 짚고 넘어가야 할 부분은 얻어진 링크수 k_i의 총합이 짝수가 되어야 한다는 점이다. 그렇지 않으면 앞에서 논의한 것처럼 항상 최종 단계에서 미연결 에지 하나가 남게 되어, 모든 미연결 에지를 연결하는 네트워크를 만들 수 없다. 하지만 이것이 큰 문제는 아니다. 얻어진 링크수 배열의 합이 홀수이면, 그 링크수 배열을 버리고 다른 링크수 배열을 생성하면 된다.

두 모형의 실질적인 차이는 아주 크지 않다. 앞으로 살펴보겠지만, 구조 모형에서 고려하는 핵심적인 매개변수는 각각의 링크수 k를 가질 가능성이 있는 노드의 비율이다. 위의 확장된 모형에서 이 비율은 네트워크의 크기가 충분히 클 때 p_k다. 반면에, 링크수 배열이 고정됐다면 링크수 배열에서 해당 노드의 비율을 간단히 계산할 수 있다. 어느 경우든지 계산된 값에 대한 공식들은 동일하다(n이 큰 극한의 경우).

이 모형에서 제일 중요하고 특별한 두 가지 링크수 분포는 푸아송과 거듭제곱 분포다. 노드의 링크수가 푸아송 분포를 따르고 이러한 구조 모형 네트워크를 만든다면, 만들어진 네트워크는 일반 무작위 그래프 $G(n, p)$에 아주 가까운 형태를 갖는다. 이 두 가지 모형은 아주 똑같지는 않은데, 구조 모형의 경우 다중 에지와 셀프 에지를 포함할 수 있지만 $G(n, p)$는 일반적인 정의를 따라 이 두 가지 형태의 연결을 가질 수 없기 때문이다. 하지만 다중 에지와 셀프 에지의 비율이 작기 때문에 이러한 차이를 무시할 수 있고, 특히 충분히 큰 네트워크에서 구조 모형과 푸아송 무작위 그래프의 특성 대부분은 유사하다. 푸아송 링크수 분포가 실제 네트워크에서 흔하지 않지만, 푸아송 모형은 구조 모형을 활용할 때 계산이 맞는지 확인할 수 있는 유용한 도구다. 어떤 결과를 유도했고 그 값이 맞는지 확인해보고 싶다면, 특수한 경우의 푸아송 링크수 분포를 살펴보고 $G(n, p)$의 경우에 일치하는 답을 얻는지 검토해보면 된다.

거듭제곱 분포는 이 책 전반을 통해 반복적으로 살펴볼 좀 더 흥미로운 경우를 제공한다. 10.4절에서 살펴본 것처럼 많은 네트워크가 거듭제곱 링크수 분포를 따르고, 이 분포 특성은 몇 가지 아주 놀라운 효과를 만들어낸다. 앞으로 살펴보겠지만, 이러한 효과들을 거듭제곱 분포를 따르는 구조 모형을 활용해 탐구해볼 수 있다.

12.1.1 구조 모형에서의 에지 연결 확률

구조 모형의 핵심적인 성질 중 하나는 바로 임의의 노드 쌍 i와 j 사이에 에지가 존재할 확률 p_{ij}다. 노드 i나 j의 링크수가 0이라면 에지가 형성될 확률은 0이 되므로, k_i와 k_j가 0이 아니라고 가정하자. 그리고 노드 i에 연결되어 있는 미연결 에지 중 하나를 생각해보자. 이 미연결 에지가 노드 j의 미연결 에지 중 하나와 에지로 연결되어 있을 확률은 얼마일까? 네트워크에는 총 $2m$개의 미연결 에지, 혹은 현재 살펴보고 있는 i와 연결되어 있는 미연결 에지를 제외한 $2m - 1$개의 미연결 에지가 존재한다. 네트워크의 어떤 미연결 에지도 서로 연결될 확률이 동일하므로, 고려하고 있는 특정 미연결 에지가 노드 j의 미연결 에지와 연결될 확률은 $k_j/(2m - 1)$이 된다. 하지만 노드 i가 k_i개의 미연결 에지를 갖고 있기 때문에, i와 j가 연결될 최종적인 확률은 다음과 같다.

$$p_{ij} = \frac{k_i k_j}{2m - 1} \tag{12.1}$$

여기서는 노드 i의 모든 미연결 에지에 대한 확률을 합했기 때문에, 엄밀히 말해 이 값은 총 에지 연결 확률이라기보다는 i와 j 사이에 연결될 에지의 기댓값이라고 할 수 있다. 하지만 충분히 큰 m을 가정할 때, 해당 값이 작아지고(주어진 k_i, k_j에 대해) 에지의 기댓값과 하나의 에지가 형성될 확률이 동일해진다. 또한 충분히 큰 m을 가정할 때 분모에 있는 -1을 무시할 수 있기 때문에 위의 식을 다음과 같이 기술할 수 있다.

$$p_{ij} = \frac{k_i k_j}{2m} \tag{12.2}$$

이러한 형태가 에지 연결 확률을 기술하는 가장 일반적인 형태다. 여기서 k_i, $k_j > 0$임을 가정했지만, 어느 한 노드의 링크수가 0인 경우에도 식 (12.2)가 연결 확률 역시 0이라는 정확한 값을 되돌려준다는 점을 기억하자.

한 예로, 식 (12.2)를 사용해 동일한 노드 쌍 사이에 2개의 에지를 가질 확률을 계산할 수 있다. 노드 i와 j 사이에 하나의 에지를 가질 확률은 위에서 계산한 p_{ij}다. 노드 쌍 사이에 하나의 에지를 가진 다음에는 연결 가능한 미연결 에지의 수가 하나 줄게 되고, 이로 인해 두 번째 에지를 가질 확률은 식 (12.2)에서 k_i와 k_j의 값이 하나씩 줄어든 형태인 $(k_i - 1)(k_j - 1)/2m$이 된다. 따라서 (최소한) 2개의 에지를 가질 확률, 즉 i와 j 사이에 다중 에지를 가질 확률은 $k_i k_j (k_i - 1)(k_j - 1)/(2m)^2$이 된다. 이 확률을 모든 노드에 대해 더한 후 2로 나누면(노드 쌍의 중복 집계를 피하기 위해) 네트워크에서 다중 에지의 총 개수에 대한 기댓값을

$$\frac{1}{2(2m)^2} \sum_{ij} k_i k_j (k_i - 1)(k_j - 1) = \frac{1}{2\langle k \rangle^2 n^2} \sum_i k_i (k_i - 1) \sum_j k_j (k_j - 1)$$

$$= \tfrac{1}{2} \left[\frac{\langle k^2 \rangle - \langle k \rangle}{\langle k \rangle} \right]^2 \tag{12.3}$$

과 같이 얻을 수 있고, 여기서

$$\langle k \rangle = \frac{1}{n} \sum_i k_i , \qquad \langle k^2 \rangle = \frac{1}{n} \sum_i k_i^2 \tag{12.4}$$

은 링크수 분포의 1차 및 2차 모멘트에 해당하고, $2m = \langle k \rangle n$(식 (6.15) 참고)으로 사용한다. 따라서 다중 에지 개수의 기댓값의 $\langle k^2 \rangle$이 유한하고 상수로 남는 한 네트워크가 성장하여 커지더라도 상수로 남게 된다. 이는 각 노드당 다중 에지의 밀도가 $1/n$로 작아짐을 의미한다. 이를 통해, 앞 절에서 구조 모형에서의 다중 에지가 드물어 무시 가능함을 설명했다.[2]

식 (12.1)을 유도할 수 있는 또 다른 방법은 노드 i의 미연결 에지들과 노드 j의 미연결 에지들 중에서 에지를 형성하고자 미연결 에지들을 선택할 $k_i k_j$개의 가능한 방법들이 있음을 생각하는 것이다. 네트워크에 있는 $2m$개의 전체 미연결 에지 중에서 미연결 에지의 쌍을 선택하는 방법은 총 $\binom{2m}{2} = m(2m - 1)$개다. 우연히 i

---

2 거듭제곱 링크수 분포를 갖는 네트워크의 경우 10.4.2절에서 설명했듯이 $\langle k^2 \rangle$이 발산하기 때문에, 그 경우에는 다중 에지의 밀도가 작아지지 않을 수 있고 작아지더라도 $1/n$보다 천천히 작아질 수 있다.

와 j 사이에 에지를 만들 수 있는 미연결 에지의 쌍을 고를 확률은 이 두 숫자들의 비율로서 $k_i k_j / m(2m-1)$로 표현된다. 전체 네트워크를 구성하기 위해 총 m개의 미연결 에지 쌍을 연속적으로 뽑을 경우, i와 j 사이에 형성될 것으로 기대되는 에지의 수는 이 비율의 m배로, 다시 식 (12.1)이 된다.

이 유도는 셀프 에지에 대해서는 맞지 않는다. 가능한 미연결 에지 쌍의 수가 $k_i k_j$가 아니고 $\binom{k_i}{2} = \frac{1}{2} k_i (k_i - 1)$이기 때문에, 노드 i가 셀프 에지를 가질 확률은 $k_i(k_i - 1)/2(2m-1)$이 된다. 이는

$$p_{ii} = \frac{k_i(k_i - 1)}{4m} \tag{12.5}$$

로 표현될 수 있으며, 여기서 m은 $2m-1$이 $2m$으로 근사될 수 있을 만큼 충분히 큰 값이다. 이 결과를 활용해 네트워크에서의 셀프 에지 기댓값을 계산할 수 있는데, 이는 위에서 구한 수식의 총합으로 다음과 같이 나타낼 수 있다.

$$\sum_i p_{ii} = \sum_i \frac{k_i(k_i - 1)}{4m} = \frac{\langle k^2 \rangle - \langle k \rangle}{2\langle k \rangle} \tag{12.6}$$

네트워크의 크기 $n \to \infty$로 커질 때 $\langle k^2 \rangle$이 상수로 남기 때문에 이 값 역시 상수로 남으며, 다중 에지의 경우와 같이 네트워크의 셀프 에지 비율도 아주 큰 네트워크 크기에서 $1/n$로 작아진다.

식 (12.2)와 식 (12.5)를 사용해 구조 모형에서 노드의 수많은 다른 특성들을 계산할 수 있다. 예를 들어, 노드 i와 노드 j가 공유하는 이웃수의 기댓값 n_{ij}를 계산할 수 있다. 노드 i가 다른 노드 l과 연결될 확률은 p_{il}이고, j가 동일한 노드와 연결될 확률은 대체로 p_{jl}이다. 하지만 위에서 계산한 다중 에지의 경우처럼 노드 i가 l과 연결되어 있음을 이미 알고 있다면 노드 l의 미연결 에지가 하나 줄어, j와 l 사이의 연결 확률은 식 (12.2)에서 주어진 일반적인 표현이 아닌 $k_j(k_l - 1)/2m$이 된다. 두 에지에 대한 확률을 서로 곱한 후 l에 대해 더하면, i와 j 사이의 공통된 이웃수의 기댓값을 다음과 같이 표현할 수 있다.

$$
\begin{aligned}
n_{ij} &= \sum_l \frac{k_i k_l}{2m} \frac{k_j(k_l - 1)}{2m} = \frac{k_i k_j}{2m} \frac{\sum_l k_l(k_l - 1)}{n\langle k \rangle} \\
&= p_{ij} \frac{\langle k^2 \rangle - \langle k \rangle}{\langle k \rangle}
\end{aligned}
\tag{12.7}
$$

따라서 동일 이웃을 공유할 확률은 두 노드 사이에 직접적인 연결을 가질 확률 $p_{ij} = k_i k_j / 2m$에 노드 i나 j의 특성이 아닌 오직 링크수 분포의 평균과 분산에만 의존하는 증가 요인을 곱한 값이 된다.[3]

12.1.2 링크수의 기댓값이 주어진 무작위 모형

이전 절에서의 구조 모형은 n개의 노드 사이에 무작위로 고정된 m개의 에지를 위치시킨다는 점에서, 11.1절에서 살펴본 일반적인 무작위 그래프 $G(n, m)$과 어느 정도 비슷하다고 할 수 있다. 구조 모형에서 총 에지 수는 $m = \frac{1}{2} \sum_i k_i$로 고정되는데, 추가적으로 각 노드의 링크수를 고정할 수도 있다.

자연스럽게 에지의 연결 확률은 고정됐지만 숫자는 고정되지 않은 모형 $G(n, p)$와 동일한 모형이 있는지 궁금할 수 있는데, 그런 모형이 있다. 노드 i와 j 사이를 식 (12.2)에 나타난 확률로 독립적으로 연결하는 것이다. 이때 각 노드에 매개변수 c_i를 정의하고, 노드 i와 j 사이를 확률 $p_{ij} = c_i c_j / 2m$으로 연결한다. 구조 모형에서처럼 모형이 계산 가능하기 위해서는 셀프 에지를 허용해야 하고, 셀프 에지는 일반적인 에지들과는 약간 다르게 다뤄야 한다. 가장 만족스러운 에지 연결 확률의 정의는

$$p_{ij} = \begin{cases} c_i c_j / 2m & i \neq j \text{인 경우} \\ c_i^2 / 4m & i = j \text{인 경우} \end{cases} \tag{12.8}$$

가 되고,[4] 여기서 m은 다음과 같이 정의된다.[5]

$$\sum_i c_i = 2m \tag{12.9}$$

위와 같이 선택하면, 네트워크의 평균 에지 수는 다음과 같다.

---

3 이 계산 결과는 식 (12.5)에 나타난 셀프 에지 확률이 다른 에지의 연결 확률과 다르다는 사실을 무시하고 얻은 것이다. 하지만 이미 살펴본 것처럼 구조 모형의 셀프 에지 밀도는 네트워크의 크기 $n \to \infty$가 될수록 0에 가까워지기 때문에, 이 극한 조건에서는 안전하게 식 (12.2)가 모든 노드 i와 j에 적용된다고 가정할 수 있다.

4 앞에서 살펴봤듯이, p_{ij}는 확률이 아니라 i와 j 사이의 에지 수 기댓값으로 보는 것이 맞다. 더 정확하게 모형을 설명하자면, 노드 i와 j 사이에 평균 p_{ij}인 푸아송 분포를 따르는 에지 수를 놓는 것이 된다. 따라서 구조 모형처럼 이 모형은 다중 에지뿐만 아니라 셀프 에지를 갖게 된다. 하지만 상수 c와 충분히 큰 m을 갖는 경우, 확률과 기댓값은 동일해지고 다중 에지의 밀도는 0에 가까워지기 때문에 두 모형의 구분이 무의미해진다.

5 이를 해석하는 또 다른 방법은 인접 행렬의 모든 요소의 평균값 $\langle A_{ij} \rangle$를 모든 i와 j에 대해 $\langle A_{ij} \rangle = c_i c_j / 2m$으로 두는 것이다. 인접 행렬의 대각 요소인 A_{ii}는 노드 i의 셀프 에지 수의 두 배가 되기 때문에 식 (12.8)에서 2로 나누어 추가적인 요인을 고려해주었음을 기억하자.

$$\sum_{i<j} p_{ij} + \sum_i p_{ii} = \sum_{i<j} \frac{c_i c_j}{2m} + \sum_i \frac{c_i^2}{4m} = \sum_{ij} \frac{c_i c_j}{4m} = m \qquad (12.10)$$

또한 노드 i에 연결되어 있는 에지의 수, 즉 평균 링크수 $\langle k_i \rangle$를 구할 수 있다. 하나의 셀프 에지는 에지의 양쪽 끝 모두 링크수에 기여함을 고려할 때

$$\langle k_i \rangle = 2p_{ii} + \sum_{j(\neq i)} p_{ij} = \frac{c_i^2}{2m} + \sum_{j(\neq i)} \frac{c_i c_j}{2m} = \sum_j \frac{c_i c_j}{2m} = c_i \qquad (12.11)$$

를 얻을 수 있다. 다시 말해, $G(n, p)$ 모형에서의 매개변수 c가 임의 노드의 평균 링크수를 나타내는 것처럼 식 (12.8)의 p_{ij} 정의에서 나타나는 매개변수 c_i는 모형의 링크수 기댓값이다. 노드의 '실제' 링크수는 무작위로 어떤 에지가 만들어지고 어떤 에지는 그렇지 않은지의 선택적 운에 따라서 원칙적으로 어떤 값이든 가질 수 있다. 일반적으로 노드 i의 링크수는 c_i를 평균으로 갖는 푸아송 분포를 따르게 되고, 이는 링크수 분포가 c_i를 중심으로 좁게 퍼져 있음을 의미한다. 하지만 c_i가 0이 아닌 이상, 이 값을 중심으로 어느 정도의 퍼짐은 존재하게 된다.[6] 여기서 c_i가 구조 모형에서의 링크수 k_i와 달리, 정수일 필요가 없음을 기억하자.

이 모형은 이를 처음으로 깊이 탐구한 연구자 두 명의 이름을 따서 청-루 모형 Chung-Lu model 으로 불린다[103]. 각 에지가 독립적인 무작위 변수라는 점에서 $G(n, p)$가 $G(n, m)$보다 활용하기가 쉬운 것과 같이, 이 모형은 많은 면에서 구조 모형보다 사용하기가 수월하다. 반면에, 이 모형을 통해서는 에지 수에 대한 기댓값 m과 링크수의 기댓값 c_i만 얻을 수 있고 실젯값은 얻을 수 없다는 점이 단점이라 할 수 있다. 이는 만들고자 하는 네트워크의 정확한 링크수 '분포'를 선택할 수 없다는 뜻이다.[7] 그리고 링크수 분포가 네트워크를 연구할 때 굉장히 중요한 역할을 하기 때문에, 연구자에게 있어 이러한 모형의 한계점은 모형의 장점에도 불구하고 모형을 덜 사용하게 하는 중요한 요인이 됐다. 결과적으로 대부분의 계산은 구조 모형을 통해 이뤄졌고, 이 책에서도 이 방향을 따를 것이다. 하지만 모형 자체가 아닌 청-루 모형이 기반하고 있는 접근 방식은 12.11.6절과 14.4.1절에서 공부

---

6 푸아송 분포를 따르는 링크수는 확률 이론으로부터 얻어지는 일반적인 결과다. 이 경우 링크수는 푸아송 무작위 변수들의 집합의 합인 에지 수를 나타내고, 임의의 푸아송 변수들의 합은 그 자체가 푸아송 분포를 따르게 된다.

7 이 모형으로는 절대로 만들어낼 수 없는 어떤 링크수 분포가 있음을 쉽게 확인할 수 있다. 예를 들어 어떤 k 값에 대해 p_k가 0인 링크수 분포가 있다고 할 때, 임의의 노드는 모든 k 값에 대해 링크수 k를 가질 확률이 완전히 0이 될 수 없다.

하게 될 커뮤니티 구조가 있는 네트워크 모형인 링크수 보정 확률기반 블록 모형 degree-corrected stochastic block model에 대한 중요한 응용점을 제공한다.

12.2   남은 링크수 분포

구조 모형의 정의에 이어서, 구조 모형의 특성을 살펴보자. 구조 모형과 네트워크에서 관측할 수 있고 나중에 발전된 모형에서 핵심적으로 여겨질 기본적인 성질에 대한 논의부터 시작하겠다.

링크수 k를 갖는 노드의 비율이 p_k인, 즉 링크수 분포 p_k를 갖는 구조 모형[8]을 생각해보자. 이와 동일하게, p_k는 네트워크에서 균등 무작위 확률로 노드를 선택했을 때 해당 노드가 링크수 k를 가질 확률이라 할 수 있다. 이와 다르게, 어떤 노드를 선택하여(무작위이든 아니든 상관없이) 그 노드의 에지 중 하나를 따라 그 끝에 있는 이웃 노드로 간다고 생각해보자. 이 경우 에지를 따라 도착한 노드가 링크수 k를 가질 확률은 얼마일까?

답은 단순히 p_k가 아니다. 예를 들어, 에지를 따라가는 위의 방식으로는 링크수가 없는 노드에 도달할 수 있는 방법이 없다. 링크수가 없는 노드는 연결된 에지가 없기 때문이다. 따라서 링크수가 없는 노드에 도달할 확률은 그 자체가 0이지 p_0가 아니다.

사실, 일반적으로 링크수 k인 노드에 도달할 정확한 확률을 구하는 것은 어렵지 않다. 구조 모형에서 임의의 노드로부터 시작된 에지는 네트워크의 어디에나 있을 수 있는 '미연결 에지'로 최종 연결될 확률이 동일하다(12.1절 참고). 전체적으로 $\sum_i k_i = 2m$ 혹은 시작한 임의의 에지를 제외한 $2m - 1$의 미연결 에지가 존재하고, 이 중 k개가 링크수가 k인 노드와 연결되어 있으므로, 에지를 따라갔을 때 링크수가 k인 노드에 도달할 확률은 $k/(2m - 1)$이 된다. 총 에지 수 m이 충분히 큰 경우, 위의 수식에서 -1을 생략할 수 있기 때문에 이를 $k/2m$으로 표현할 수도 있다.

네트워크에서 링크수 k를 갖는 노드의 비율이 p_k임을 고려하면, 링크수가 k인 노드의 총 개수는 np_k가 된다. 따라서 추적을 시작하는 에지가 링크수 k인 임의의

---

8 12.1절에서 살펴본 링크수 배열이 고정된 일반적인 모형을 생각해볼 수 있다. 혹은 링크수 분포 p_k에서 무작위로 링크수를 뽑는 형태의 모형도 생각해볼 수 있다. 이 절에서 살펴볼 남은 링크수 분포는 모형의 선택에 영향을 받지 않는다.

노드에 연결될 확률은 다음과 같다.

$$\frac{k}{2m} \times np_k = \frac{kp_k}{\langle k \rangle} \qquad (12.12)$$

여기서 $\langle k \rangle$는 전체 네트워크의 평균 링크수가 되고, 식 (6.15)에서 정의된 $\langle k \rangle = 2m/n$을 사용했다.

이를 종합하여, 임의의 에지를 따라갔을 때 링크수 k인 노드에 도달할 확률은 p_k가 아닌 kp_k에 비례한다. 다시 말해, 에지를 따라서 도착한 노드는 네트워크의 일반적인 노드가 아니다. 그 노드는 일반적인 노드에 비해 높은 링크수를 가질 확률이 크다. 물리적으로, 이 관찰의 배경에 존재하는 것은 링크수 k를 갖는 임의의 노드가 k개의 에지로 다른 노드들과 연결되어 있다는 점, 그렇기 때문에 이 에지들 중 하나를 따라서 임의의 노드에 도달할 수 있다는 점이다. 따라서 임의의 에지를 선택해서 따라가면, 링크수가 k인 노드에 도달할 확률은 링크수가 1인 노드에 도달할 확률 대비 k배 높다.

위의 계산이 구조 모형에 특화된 것임을 아는 것이 중요하다. 이는 구조 모형의 에지들이 네트워크의 모든 미연결 에지와 만날 확률이 동일하다는 데 기반하고 있기 때문이다. 실제로는 이러한 가정이 옳지 않다. 네트워크에서 이웃한 노드들의 링크수는 상관이 있고^{correlated}(7.7절 참고), 이로 인해 에지를 따라 링크수가 k인 노드에 도달하게 될 확률은 어떤 노드에서 출발했는지에 따라 달라진다.[9] 그럼에도 불구하고 기본적인 결과들은 근사적으로 실제 네트워크에 적용 가능하다는 사실이 확인되어, 구조 모형에서의 통찰이 우리를 둘러싼 세상을 이해하는 데 유용함을 입증하는 예를 보여준다.

식 (12.12)는 약간 이상하고 반직관적인 결과를 보여준다. 한 예로, 구조 모형에서 무작위로 선택된 노드가 하나 있고, 이 노드의 이웃의 평균 링크수를 계산한다고 해보자. 예를 들어, 친구 관계 네트워크를 구조 모형으로 모형화한다고 하면, 네트워크에서 이웃의 평균 링크수는 당신의 친구들이 갖는 평균적인 친구 수라고 이해할 수 있을 것이다. 이 수는 k의 평균을 식 (12.12)에 나타난 확률에 대해 계산한 값으로서, 해당 확률과 k를 곱한 후 이 값들을 모두 더해서 얻을 수 있다.

---

9 반면에, 네트워크에서 무작위로 '에지'를 고르고 그것의 다른 쪽 끝을 따라가면, 도달한 노드의 링크수 분포는 링크수가 상관이 있는지 여부와 상관없이 식 (12.12)를 따른다. 하지만 네트워크에서 에지를 무작위로 고르는 것은 현실적이지 않다(무작위로 에지를 고르는 것과 동일한 실제 과정은 거의 없다).

여기서 등장한 $\langle k^2 \rangle / \langle k \rangle$의 비율은 네트워크를 공부할 때 반복적으로 나타난다. 한 예로, 15장에서 스미기 이론을 공부할 때나 16장에서 질병 전파를 공부할 때 등장할 것이고, 12장에서도 여러 차례 더 등장한다.

$$\text{이웃의 평균 링크수} = \sum_k k \frac{k p_k}{\langle k \rangle} = \frac{\langle k^2 \rangle}{\langle k \rangle} \qquad (12.13)$$

따라서 이웃의 평균 링크수는 네트워크에 속한 노드들의 일반적인 평균 링크수 $\langle k \rangle$와 다르다. 사실 일반적으로 이 값은 일반적인 평균 링크수보다 더 크고, 두 값의 차이를 계산하여 이를 보일 수 있다.

$$\frac{\langle k^2 \rangle}{\langle k \rangle} - \langle k \rangle = \frac{1}{\langle k \rangle} \left(\langle k^2 \rangle - \langle k \rangle^2 \right) = \frac{\sigma_k^2}{\langle k \rangle} \qquad (12.14)$$

여기서 $\sigma_k^2 = \langle k^2 \rangle - \langle k \rangle^2$은 링크수 분포의 분산이다. 표준 편차의 제곱으로 나타나는 분산은 음의 값이 아니어야 하고, 네트워크에 있는 모든 노드가 동일한 링크수를 갖지 않는 이상 언제나 양의 값을 갖는다. 링크수에 약간의 편차가 있다고 가정하면, 분산 σ_k^2은 0보다 크다. 모든 노드의 링크수가 0이 아닌 이상, 평균 링크수 $\langle k \rangle$ 또한 0보다 큰 값을 갖는다. 따라서 $\sigma_k^2 / \langle k \rangle > 0$이 되고 식 (12.14)는 $\langle k^2 \rangle / \langle k \rangle - \langle k \rangle > 0$임을 보여주며, 이는 다음과 같이 다시 정리할 수 있다.

$$\frac{\langle k^2 \rangle}{\langle k \rangle} > \langle k \rangle \qquad (12.15)$$

즉, 임의 노드의 이웃들의 평균 링크수는 임의 노드의 평균 링크수보다 크다. 좀 더 풀어서 이야기하면, "당신의 친구는 당신보다 친구가 많다."

이 결과는 친구 관계 역설friendship paradox로 알려져 있으며, 처음에는 아주 이상하게 들릴 수 있다. 당연히 네트워크에는 평균보다 큰 링크수를 갖는 노드들이 있을 수 있다. 마찬가지로, 평균보다 작은 링크수를 갖는 노드도 있을 수 있기 때문에, 모든 노드의 모든 이웃을 평균하면 이 둘이 서로 상쇄돼야 하지 않을까? 전체 네트워크의 평균 링크수와 이웃들의 평균 링크수는 동일해야 하지 않을까? 하지만 식 (12.15)는 그렇지 않음을 보여주고 있으며, 이는 실제로 옳다. 구조 모형 네트워크를 컴퓨터에서 만들어 이웃들의 평균 링크수와 전체 네트워크의 평균 링크수를 비교하여, 전자가 후자보다 항상 크다는 사실을 확인할 수 있다. 더 놀라운 사실은 펠드Feld[170]가 처음 보인 것처럼 동일한 계산을 실제 네트워크에서도 해볼 수 있다는 것이다. 비록 구조 모형의 결과가 실제 네트워크에서 정확하게 맞지는 않더라도, 기본적인 원리는 동일하게 적용된다. 한 예로, 다음 표에서는 인터넷 구조의 자율 시스템 수준 네트워크의 스냅샷과 2개의 학계 공동 저자 네트워크에서의 몇 가지 측정값을 확인할 수 있다.

네트워크	n	평균 링크수	이웃들의 평균 링크수	$\dfrac{\langle k^2 \rangle}{\langle k \rangle}$
생물학자	1 520 252	15.5	68.4	130.2
수학자	253 339	3.9	9.5	13.2
인터넷	22 963	4.2	224.3	261.5

이 결과에 따르면, 생물학자의 공동 연구자는 생물학자 자신의 공동 연구자 수보다 평균적으로 4배 많은 수의 공동 연구자를 갖는다. 인터넷에서 한 노드의 링크수는 평균 링크수보다 50배나 크다! 각 경우에 해당하는 구조 모형에서 $\langle k^2 \rangle / \langle k \rangle$ 값이 이웃들의 실제 평균 링크수를 과장하고, 어떤 경우에는 상당한 차이를 만들기도 한다는 점을 기억하자. 이는 구조 모형과 같이 단순화된 모형을 사용하는 경우에 전형적으로 계산되는 값이다. 이 값들은 관측될 것으로 기대되는 네트워크의 이 값들은 관측될 것으로 기대되는 네트워크의 기작에 대한 대략적인 특징을 알려줄 수 있지만, 대체로 실제 네트워크에 대해 정확한 예측값을 제공하지는 않는다.

친구 관계 역설이 발생하는 기본적인 이유는 네트워크의 노드와 각 노드의 이웃들의 평균 링크수를 확인할 때, 그 이웃들 중 다수가 평균적으로 한 번 이상 계산에 포함되기 때문이다. 실제로, 임의의 노드가 k개의 이웃을 가질 때 이 노드는 정확히 k번만큼 이웃 노드들의 이웃으로 세어진다. 이는 계산할 때 링크수가 큰 노드들이 링크수가 적은 노드들에 비해 과장되어 나타난다는 것을 의미하며, 바로 이 점이 전체적인 평균 링크수를 높이는 원인이 된다.

이어지는 대부분의 계산에서는 한 에지의 끝에 있는 노드의 전체 링크수가 아니라, 따라가는 데 사용한 에지를 제외하고 그 노드에 달려 있는 에지의 수를 관심 있게 살펴볼 것이다. 이를 그 노드의 남은 링크수$^{excess\ degree}$라고 부르며, 이는 해당 노드의 전체적인 링크수에서 하나를 뺀 값이다.[10] 남은 링크수의 링크수 분포는 식 (12.12)로부터 계산할 수 있다. 남은 링크수가 k일 확률 q_k는 총 링크수가 $k + 1$일 확률과 동일하기 때문에 식 (12.12)에서 k를 $k + 1$로 대체하면

$$q_k = \frac{(k+1)p_{k+1}}{\langle k \rangle} \tag{12.16}$$

구조 모형이 항상 왜 과대 평가를 해야 하는지에 대한 아무 이유가 없다. 구조 모형이 과소 평가를 하는 경우도 있다.

---

10 하지만 남은 링크수는 음수가 될 수 없다. 에지 끝에 있는 노드는 항상 최소한 링크수 1 이상을 갖기 때문에(따라가기 위해 사용한 에지 하나를 고려하면) 남은 링크수의 최솟값은 0이다.

을 얻을 수 있다(분모가 $\langle k+1 \rangle$이 아니라 여전히 $\langle k \rangle$임을 확인하라. 식 (12.16)이 정확하게 정규화되어 $\sum_{k=0}^{\infty} q_k = 1$이 됨을 확인해볼 수 있다).

이 분포 q_k를 남은 링크수 분포$^{\text{excess degree distribution}}$라고 부르고, 이 분포는 이어지는 많은 부분에서 중요한 역할을 할 것이다. 이는 에지를 따라 도착한 노드에 연결되어 있는 남은 에지 수에 대한 확률 분포다.

12.3 뭉침 계수

남은 링크수 분포의 간단한 응용으로, 구조 모형에서의 뭉침 계수를 계산해보자. 뭉침 계수는 한 노드의 두 이웃이 서로 이웃일 평균적인 확률을 의미함을 상기하자.

적어도 이웃이 둘인 노드 v를 생각하자. 이때 이 두 이웃을 i와 j로 쓰자. 노드 v의 이웃이기 때문에, i와 j는 v에서 시작되는 에지의 다른 쪽 끝에 있고, 이들에 달려 있는 다른 에지들의 수 k_i와 k_j는 식 (12.16)에 나타난 남은 링크수 분포를 따른다. 두 노드 i와 j 사이에 에지가 존재할 확률은 $k_i k_j / 2m$(식 (12.2) 참고)이 되고, k_i와 k_j를 전체 분포 q_k에 대해 평균하면 다음과 같은 뭉침 계수에 대한 수식을 얻을 수 있다.

$$
\begin{aligned}
C &= \sum_{k_i, k_j = 0}^{\infty} q_{k_i} q_{k_j} \frac{k_i k_j}{2m} = \frac{1}{2m} \left[\sum_{k=0}^{\infty} k q_k \right]^2 \\
&= \frac{1}{2m \langle k \rangle^2} \left[\sum_{k=0}^{\infty} k(k+1) p_{k+1} \right]^2 = \frac{1}{2m \langle k \rangle^2} \left[\sum_{k=0}^{\infty} (k-1) k p_k \right]^2 \\
&= \frac{1}{n} \frac{\left[\langle k^2 \rangle - \langle k \rangle \right]^2}{\langle k \rangle^3}
\end{aligned}
\tag{12.17}
$$

여기서는 $2m = n\langle k \rangle$(식 (6.15))를 사용했다.

식 (11.11)에 나타난 푸아송 무작위 그래프의 뭉침 계수처럼 이 값은 n^{-1}을 따르고, $\langle k \rangle$와 $\langle k^2 \rangle$이 고정되어 있는 한 시스템의 크기가 충분히 크면 무시할 수 있다. 따라서 푸아송 무작위 그래프처럼 구조 모형도 높은 뭉침 계수를 갖는 실제 네트워크를 설명하기 힘들다. 하지만 식 (12.17)이 2차 모멘트인 $\langle k^2 \rangle$을 분자에 포함하고 있다. 이 값은 거듭제곱 링크수 분포를 따르는 네트워크에서 굉장히 커질 수 있다(10.4.2절 참고). 이로 인해, 10.6절에서 논의한 것처럼 구조 모형의 C가 아주 높은 값을 가질 수 있다.

12.4 국소적으로 트리인 네트워크

구조 모형의 또 다른 중요한 성질은 구조 모형을 통해 만들어지는 네트워크가 국소적으로 트리$^{locally\ tree-like}$로 보인다는 것이다. 이는 해당 네트워크에 존재하는 임의의 이웃들이 트리 같은 형태를 보인다는 뜻이다. 더 구체적으로 말하자면, 네트워크의 임의의 노드에서 시작하여 그 시작 노드로부터 d만큼 혹은 그보다 가까운 거리에 있는 모든 노드의 집합을 생각할 때, 네트워크의 크기 $n \to \infty$인 조건에서 거의 1에 가까운 확률로 해당 집합이 트리를 갖는다는 것이다. 이에 대한 증명은 11.6절에서 무작위 그래프의 작은 덩어리가 트리임을 보인 증명과 동일하다.

임의의 아주 큰 네트워크를 생각해보자. 그 네트워크에서 시작 노드를 골라, d만큼 떨어진 거리에 있는 이웃들의 집합을 만들어보자. 이 이웃들의 집합에 총 s개의 노드가 포함되어 있다고 가정하자. 정의상 집합에 속한 노드들과 선택한 노드가 연결되어 있기 때문에, 이 집합은 최소 $s - 1$개의 에지를 가져야 한다. 이는 노드들을 연결하기 위한 최소한의 에지 수다. 만약 이 집합이 정확히 $s - 1$개의 에지를 갖고 있다면 이 구조가 트리라는 뜻이다. 그보다 많은 에지를 갖는다면 이 집합은 트리가 아니라는 뜻이다.

하지만 $s - 1$개보다 적은 수의 에지를 가질 확률은 매우 낮다. 이웃들의 집합에서 두 노드 i와 j 사이에 각각의 추가적인 에지를 연결할 확률은 12.1.1절에서 살펴봤듯이 $k_i k_j / 2m$이다. 만약 이웃들 집합 안의 링크수 k_i, k_j의 평균이 네트워크의 크기가 커져도 고정되어 m으로 동일하다면, 이웃들 사이에 에지가 연결될 확률은 아주 작아지고 이웃들은 트리 형태를 띨 것이다.

그렇지만 이웃들 집합 안에 있는 노드들은 에지를 따라가다 보면 모두 도달 가능하다는 사실을 기억하자. 선택한 시작 노드로부터 바깥 방향을 향해 나아가고, 이웃 노드들에 도달하기 위해 반복적으로 에지들을 따라간다. 따라서 에지를 통해 따라가는 링크수는 정규 링크수 분포를 따르지 않고, 남은 링크수 분포를 따른다. 에지를 통해 따라가서 도달하는 이웃들의 평균 링크수도 남은 링크수 분포의 평균이 된다. 식 (12.16)에 의해, 평균 남은 링크수는 다음과 같다.

$$\sum_{k=0}^{\infty} kq_k = \frac{1}{\langle k \rangle} \sum_{k=0}^{\infty} k(k+1)p_{k+1} = \frac{1}{\langle k \rangle} \sum_{k=0}^{\infty} (k-1)kp_k = \frac{\langle k^2 \rangle - \langle k \rangle}{\langle k \rangle} \quad (12.18)$$

따라서 해당 네트워크는 국소적으로 트리 형태가 되고, 네트워크의 크기가 커져도 평균 링크수는 상수로 유지된다.[11]

12.3절의 결과에서 볼 수 있듯이, 뭉침 계수는 네트워크의 크기가 커지며 0에 가까워진다. 만약 네트워크가 국소적으로 트리라면 임의 노드의 두 이웃들은 연결될 수 없다. 그 네트워크에 고리^{loop}가 있다면 이 네트워크는 트리가 될 수 없다. 따라서 뭉침 계수는 0이 되어야 한다.

구조 모형 네트워크가 국소적으로 트리 형태를 갖는다는 특성은 이 장의 나머지 부분에서 진행할 많은 계산에서 핵심적인 요소가 될 것이다.

12.5 한 노드의 두 번째 이웃들의 수

국소적인 트리의 특성을 활용한 예는 한 노드의 두 번째 이웃들의 수를 살펴볼 때 나타난다. 두 번째 이웃들의 수는 일반적으로 노드마다 다르지만, 평균적인 수는 바로 계산할 수 있다. 네트워크의 국소적인 이웃 노드 집합이 트리이기 때문에, 임의의 노드 i의 두 번째 이웃들의 수는 간단히 첫 번째 이웃들의 남은 링크수

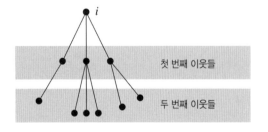

그림 12.2 노드의 두 번째 이웃들의 수 계산

한 노드(맨 위)의 두 번째 이웃들의 수는 첫 번째 이웃들의 남은 링크수의 합과 같다.

들의 합이다(그림 12.2 참고). 따라서 두 번째 이웃들의 평균 수는 평균 남은 링크수와 첫 번째 이웃들의 수를 곱한 값이 된다. 평균 남은 링크수는 식 (12.18)에 나와 있고, 노드 i의 두 번째 링크수의 평균은 $k_i(\langle k^2 \rangle - \langle k \rangle)/\langle k \rangle$이며, 여기서 k_i는 i의 링크수다. 모든 노드 i에 대해 평균을 구하면 k_i는 평균 링크수 $\langle k \rangle$가 되고, c_2라고 표기할 전체 네트워크에 대해 평균된 두 번째 이웃들의 수는 다음과 같다.

$$c_2 = \langle k \rangle \frac{\langle k^2 \rangle - \langle k \rangle}{\langle k \rangle} = \langle k^2 \rangle - \langle k \rangle \quad (12.19)$$

이 양에 대해 식 (12.18)의 평균 남은 링크수를 편의상 다음과 같이 표기하겠다.

---

11 기술적으로 평균 링크수가 $\sqrt{m}$보다 천천히 증가하는 것이 요구되지만, 모든 경우에서 상수로 가정한다.

$$\text{평균 남은 링크수} = \frac{c_2}{c_1} \qquad (12.20)$$

여기서 $c_1 = \langle k \rangle$다(이전에는 이 값을 c라고 표기했지만 여기서는 c_1이라고 표기하여, 첫 번째 와 두 번째 이웃들의 수를 구분하겠다).

이 방식을 더 적용하면, 거리가 3인 이웃들의 수 c_3의 평균을 계산할 수 있다. 세 번째 이웃들의 수는 두 번째 이웃들의 남은 링크수를 모두 더한 값이다. 따라 서 세 번째 이웃들의 평균은 두 번째 이웃들의 평균에 평균 남은 링크수를 곱한 값으로, 다음과 같다.

$$c_3 = c_2 \times \frac{c_2}{c_1} = \frac{c_2^2}{c_1} \qquad (12.21)$$

이 논의를 일반화하면, 임의의 노드에서 한 걸음 더 나아갈 수 있고, 해당 거리에 있는 이웃들의 평균 수는 평균 남은 링크수인 c_2/c_1배씩 증가한다. 정의상 거리가 1인 이웃들의 평균 이웃의 수는 c_1이고, 거리가 d인 이웃들의 평균 수는 다음과 같다.

$$c_d = \left(\frac{c_2}{c_1} \right)^{d-1} c_1 \qquad (12.22)$$

거리 d가 1, 2, 3인 경우에 대해 정확한 답을 계산함을 쉽게 확인할 수 있다.

12.6 거대 덩어리

이전 절에서 구조 모형으로 만들어진 네트워크에서 거리가 d만큼 떨어져 있는 이 웃수의 평균을 식 (12.22)를 통해 구할 수 있음을 확인했고, 이 값은 첫 번째와 두 번째 이웃들 평균 수의 비율 c_2/c_1이 1보다 크거나 작은지에 따라 지수적으로 증 가하거나 감소함도 알 수 있었다. 이 사실은 11.5절에서 살펴본 무작위 그래프에 서 거대 덩어리의 출현과 관련하여 살펴본 것과 굉장히 유사하다. 그때 임의의 거 리 안에서 도달할 수 있는 노드의 수가 증가한다면 네트워크에 거대 덩어리가 있 어야 함을 보았고, 반면에 도달할 수 있는 노드의 수가 감소한다면 거대 덩어리가 없음을 알았다. 동일한 원리를 여기에 적용하여, 구조 모형에서 거대 덩어리가 존재하려면 다음 조건을 만족시켜야 함을 알 수 있다.

$$\frac{c_2}{c_1} > 1 \tag{12.23}$$

만약 이 조건을 만족시키지 않고 거대 덩어리가 없다면, 그 네트워크는 아주 작은 덩어리들로만 이뤄졌을 수 있다. 식 (12.19)를 통해 c_2를 얻고 $c_1 = \langle k \rangle$로 두면, 해당 조건을 $\langle k^2 \rangle - \langle k \rangle > \langle k \rangle$ 혹은

$$\langle k^2 \rangle - 2 \langle k \rangle > 0 \tag{12.24}$$

로 다시 표현할 수 있다. 구조 모형에서 거대 덩어리가 존재하기 위한 위의 조건은 1995년 몰로이^{Molloy}와 리드^{Reed}[337]가 처음으로 발견했다.[12]

평균 링크수 $\langle k \rangle = n^{-1} \sum_i k_i$와 $\langle k^2 \rangle = n^{-1} \sum_i k_i^2$을 사용하면, 식 (12.24)를 다음과 같이 표현할 수 있다.

$$\sum_i k_i(k_i - 2) > 0 \tag{12.25}$$

이 식에서 아주 흥미로운 점은 링크수가 $0(k_i = 0)$이거나 $2(k_i = 2)$인 노드들이 위의 총합에 있어 어떤 영향도 주지 않는다는 것이다. 이는 $k_i = 0$과 $k_i = 2$는 사라지기 때문이다. 따라서 링크수가 0인 노드와 링크수가 2인 노드는 네트워크에 얼마든지 추가(혹은 삭제)할 수 있고, 이는 거대 덩어리의 존재 여부에 어떤 영향도 주지 않는다. 12.6.1절에서 이러한 현상의 예를 살펴볼 것이다.

네트워크에 거대 덩어리가 있다면 거대 덩어리의 크기도 측정할 수 있다. 계산은 11.5절에서 살펴본 푸아송 무작위 그래프에서의 계산을 연상하게 한다. 네트워크의 아무 노드나 생각해보자. 그리고 그 노드의 에지 중 하나를 선택하자(선택된 노드가 최소한 1개의 이웃을 갖는다고 가정하자). 그다음에 그 에지를 따라서 에지 끝에 있는 노드에 도달한다. 이때 u를 이 노드가 거대 덩어리에 속하지 않을 확률로 정의하자. 이미 살펴봤듯이 구조 모형에서의 각 에지는 네트워크의 어느 '미연결 에지'와도 연결될 수 있기 때문에 이 확률은 어느 노드에서 시작하든 혹은 어느 에

---

12 이 결과는 아주 재미있는 역사를 갖고 있다. 1940년대에 플로리(Flory)[182]는 고분자가 뻗어나가는 모형을 생각하고 있었는데, 그 모형에서의 기본 단위는 고정된 수의 '다리'였다. 즉, 동일한 링크수를 갖는 노드들이 연결된 덩어리를 형성하는 것이었다. 그는 해당 시스템이 트리만 형성하도록 제한되어 있다면 고분자가 '젤 형태'가 되어 단위 덩어리, 즉 여기서의 거대 덩어리가 되는 어떤 전환점이 존재함을 보였다. 플로리의 결과는 동일한 링크수 분포를 가진 특별한 경우에 대한 해법이고, 네트워크의 언어로는 표현되지 않았다. 네트워크 언어로의 표현은 그 후로 얼마 지나지 않아 플로이의 연구를 몰랐던 몰로이와 리드가 일반적인 링크수 분포에 대한 전체 해법을 제시하면서 가능해졌다.

지를 선택하여 따라가든 동일하며, 모든 경우 거대 덩어리에 도달할 확률은 같다.

거대 덩어리에 속하기 위해 임의의 노드는 이웃 노드 중 하나를 통해 거대 덩어리에 연결돼야 한다. 다시 말해, 주변 이웃을 통해 거대 덩어리와 연결되어 있지 않으면 임의의 노드는 거대 덩어리에 속하지 않게 되고, 이 확률은 해당 노드가 k 개의 이웃을 갖는다면 u^k이 된다.

이는 모든 확률이 독립적이라고 가정하는 것인데, 만약 이웃들 사이에 어떤 직접적인 연결이 있다면 위와 같은 확률로 계산되지 않을 것이다. 예를 들어 두 이웃이 하나의 에지로 연결되어 있다면, 두 이웃 중 하나가 거대 덩어리에 속할 경우 다른 노드도 속하게 되므로 이 확률들은 독립적이지 않다. 하지만 네트워크의 크기가 아주 큰 경우에는 위에서 설명한 것과 같은 연결은 없다. 국소적으로 트리가 되는 특성이 이웃들 간에 이러한 직접적인 연결이 없음을 보장해주며, 심지어 다른 노드들을 통과하는 간접적인 경로에서조차도 그러한 일은 일어나지 않는다 (그 경로가 얼마나 긴지와 상관없이). 따라서 독립성에 대한 가정은 충분히 만족되고, 거대 덩어리에 속하지 않을 확률은 정확히 u^k이 된다.

임의의 노드가 거대 덩어리에 속하지 않을 전체 네트워크에 대한 평균적인 확률은 이제 모든 링크수 k에 대한 u^k의 평균이 되며, 이는 $\Sigma_k p_k u^k$으로 표기할 수 있다. 여기서 p_k는 이제까지와 같이 네트워크의 링크수 분포를 말한다. 이 특별한 합은 구조 모형(그리고 다른 네트워크 모형)에서 자주 등장하는 형태이기 때문에, 이를 특별한 표기법으로 나타내면 다음과 같다.

$$g_0(u) = \sum_k p_k u^k \tag{12.26}$$

이 함수 $g_0(u)$는 확률 분포 p_k에 대한 **확률 생성 함수**probability generating function라고 불린다.

하지만 $g_0(u)$가 임의의 노드가 거대 덩어리에 속하지 않을 평균 확률이라면

$$S = 1 - g_0(u) \tag{12.27}$$

가 임의의 노드가 거대 덩어리에 속할 확률이 되고, 이를 네트워크에서 거대 덩어리가 차지하는 비율이라 할 수도 있다.

이 결과를 활용하려면, 여전히 임의의 노드가 이웃들 중 하나를 통해 거대 덩어리와 연결되지 않을 확률인 u의 값을 알아야 한다. 특정 이웃을 통해 한 노드가 거

대 덩어리와 연결되지 않을 확률은 그 이웃 노드가 자신의 이웃들을 통해 거대 덩어리와 연결되지 않을 확률과 같다. 만약 k개의 이웃들이 있다면 이 확률은 다시 u^k이 된다. 하지만 지금 이웃하는 노드들에 대해 이야기하고 있기 때문에, 여기서의 k는 식 (12.16)의 남은 링크수 분포 q_k를 따른다. 따라서 한 노드의 이웃을 통해 거대 덩어리와 연결되지 않을 평균 확률은 $\sum_k q_k u^k$이다. 하지만 이 확률은 정의상 u와 동일하기 때문에, 다음과 같은 자기부합적 식을 얻는다.

$$u = \sum_k q_k u^k \qquad (12.28)$$

위 식에서의 총합도 네트워크를 공부하는 동안 자주 등장하기 때문에, 이를

$$g_1(u) = \sum_k q_k u^k \qquad (12.29)$$

으로 정의하겠다.

이 식은 남은 링크수 분포의 확률 생성 함수다. 이 생성 함수에 대해 식 (12.28) 은 다음과 같이 쓸 수 있다.

$$u = g_1(u) \qquad (12.30)$$

정리하자면, 정의된 2개의 생성 함수인 식 (12.27)과 식 (12.30)을 통해 크기가 S인 거대 덩어리에 대한 해법을 얻을 수 있다. 주어진 네트워크의 링크수 분포와 남은 링크수 분포로부터, 생성 함수들을 그들의 정의(식 (12.26)과 식 (12.29))에 따라 얻을 수 있고, 그 후 u 값은 식 (12.30)의 해로부터 구해지며, 이를 식 (12.27)에 대입하여 S에 대한 해를 구하는 것이다.

두 생성 함수에 대한 구분된 표기인 $g_0(u)$와 $g_1(u)$를 사용하는 것이 편리하지만, 사실 남은 링크수 분포 자체가 식 (12.16)에서 보듯 일반적인 링크수 분포로부터 정의되기 때문에 이 둘이 완전히 독립적인 관계는 아니다. 식 (12.16)을 사용하면 $g_1(u)$를

$$g_1(u) = \frac{1}{\langle k \rangle} \sum_{k=0}^{\infty} (k+1) p_{k+1} u^k = \frac{1}{\langle k \rangle} \sum_{k=0}^{\infty} k p_k u^{k-1} = \frac{1}{\langle k \rangle} g_0'(u) \qquad (12.31)$$

와 같이 다시 표기할 수 있다. 여기서는 식 (12.26)을 사용했고, g_0'은 g_0의 변수에

대한 1차 미분을 의미한다. 이를 활용하면 다음의 관계도 확인할 수 있다.

$$g_0'(1) = \sum_{k=0}^{\infty} k p_k = \langle k \rangle \tag{12.32}$$

따라서

$$g_1(u) = \frac{g_0'(u)}{g_0'(1)} \tag{12.33}$$

의 관계도 성립함을 기억하자. 이 공식들을 통해 남은 링크수 분포를 계산하지 않고도 $g_0(u)$에서 바로 $g_1(u)$를 계산할 수 있다.

12.6.1 예시

구체적인 예를 살펴보면서, 이 공식들이 실제로 어떻게 사용되는지 알아보자. 예를 들어, 어떤 네트워크에 있는 노드들의 링크수가 0, 1, 2, 3 중에만 있고 이보다 큰 링크수를 갖는 노드가 없다고 하자. 이런 네트워크에서는 p_0, p_1, p_2, p_3에 대한 값들만 기술하면 되고, 나머지 p_k 값은 0이 된다. 따라서 생성 함수 $g_0(u)$와 $g_1(u)$는 다음과 같은 형태를 띤다.

$$g_0(u) = p_0 + p_1 u + p_2 u^2 + p_3 u^3 \tag{12.34}$$

$$g_1(u) = \frac{g_0'(u)}{g_0'(1)} = \frac{p_1 + 2p_2 u + 3p_3 u^2}{p_1 + 2p_2 + 3p_3} = q_0 + q_1 u + q_2 u^2 \tag{12.35}$$

이 경우 식 (12.30)은 2차 방정식의 형태인 $u = q_0 + q_1 u + q_2 u^2$이 되고, 그 해는 다음과 같다.

$$u = \frac{1 - q_1 \pm \sqrt{(1 - q_1)^2 - 4 q_0 q_2}}{2 q_2} \tag{12.36}$$

하지만 q_k가 확률 분포이기 때문에 이 확률들의 총합은 1이 되어야 하며($q_0 + q_1 + q_2 = 1$), 따라서 $1 - q_1 = q_0 + q_2$가 성립한다. 이 결과를 활용해 식 (12.36)에서 q_1을 제거하면, 다음과 같은 형태를 얻을 수 있다.

$$u = \frac{(q_0 + q_2) \pm \sqrt{(q_0 + q_2)^2 - 4q_0 q_2}}{2q_2}$$

$$= \frac{(q_0 + q_2) \pm (q_0 - q_2)}{2q_2}$$

$$= 1 \quad \text{또는} \quad \frac{q_0}{q_2} \tag{12.37}$$

여기서 u는 임의의 노드가 자신의 이웃을 통해 거대 덩어리에 속하지 않을 확률임을 기억하자. 따라서 $u = 1$일 때의 해는 네트워크에 거대 덩어리가 없는 경우다. 거대 덩어리가 존재하지 않으므로 그에 연결될 확률이 0이고, 이때 어느 노드도 거대 덩어리에 속하지 않는다. 하지만 두 번째 해인 $u = q_0/q_2$는 거대 덩어리가 존재할 수 있는 확률을 제공한다. 이 중 어느 해를 사용하는지는 실제 네트워크가 거대 덩어리를 포함하는지 여부에 따라 달라진다.

12.6절에서는 거대 덩어리가 첫 번째와 두 번째 링크수의 평균 비율 $c_2/c_1 > 1$일 때만 존재할 수 있음을 보였다. 하지만 여기서 c_2/c_1 역시 평균 남은 링크수 식 (12.20)으로서 위에서 예로 든 네트워크에서 실제로 계산할 수 있다.

$$\text{평균 남은 링크수} = \sum_{k=0}^{\infty} k q_k = q_1 + 2q_2 = 1 - q_0 + q_2 \tag{12.38}$$

이 값은 $q_2 - q_0 > 0$이면 1보다 크고, $q_0/q_2 < 1$이면 등식이 성립한다.

위에서 구한 두 해를 따라, 아주 간단하고 우아한 형태의 u에 대한 해법인 식 (12.37)을 얻게 된다. 만약 두 번째 해인 q_0/q_2가 1보다 같거나 크다면 거대 덩어리는 존재하지 않으며, 이는 첫 번째 해인 $u = 1$을 적용해야 함을 의미한다(u는 확률이기 때문에, 어쨌든 두 번째 해는 허용되지 않는다). 하지만 만약 두 번째 해가 1보다 작다면 거대 덩어리가 네트워크에 존재하고, u에 대한 첫 번째가 아니라 두 번째 해법을 받아들여

$$u = \frac{q_0}{q_2} = \frac{p_1}{3p_3} \tag{12.39}$$

을 얻을 수 있다. 여기서 q_0와 q_2는 식 (12.35)로부터 얻어진다. 이 u에 대한 해는 다음의 수식과 같은 조건에서 1보다 작다.

$$p_3 > \tfrac{1}{3} p_1 \tag{12.40}$$

다시 말해, 링크수가 3인 노드의 수가 링크수가 1인 노드 수의 1/3보다 클 때 거대 덩어리가 존재하는 것이다. 링크수가 0, 2인 노드의 수가 거대 덩어리 존재 요건에 전혀 영향을 미치지 않는다는 사실을 확인하라(이 노드들의 부재로 다른 노드들이 더 많을 수 있다는 점을 제외하고는). 12.6절에서 논의한 바와 같이 이는 일반적인 결론이다. 즉, 링크수가 없는 노드와 2인 노드는 거대 덩어리의 존재 혹은 부재에 어떤 영향도 미치지 않는다.

식 (12.27)에 의해 주어진 거대 덩어리의 크기는 위의 예에서 다음 수식과 같이 될 것이다.

$$S = 1 - g_0(u) = 1 - p_0 - \frac{p_1^2}{3p_3} - \frac{p_1^2 p_2}{9p_3^2} - \frac{p_1^3}{27p_3^2} \tag{12.41}$$

따라서 거대 덩어리의 존재 여부는 p_0와 p_2에 영향을 받지 않지만, 거대 덩어리의 크기는 p_0와 p_2에 의존함을 알 수 있다.

12.6.2 거대 덩어리 크기에 대한 일반적인 해법

앞 절의 예는 식 (12.30)을 핵심적인 매개변수인 u에 대해 엄밀히 풀기 위한 아주 특별한 예였다. 대부분의 경우 정확한 해를 구하는 것은 불가능하지만, 다음과 같이 u의 기작에 대한 좋은 이해를 얻을 수는 있다.

첫째로, q_k는 확률이기 때문에 생성 함수 $g_1(u)$의 정의가 $g_1(1) = \sum_k q_k = 1$을 내포하고 있음을 기억해야 한다. 따라서 식 (12.30)의 $u = g_1(u)$의 경우, 링크수 분포가 어떻든지 상관없이 항상 자명한 해인 $u = 1$을 갖는다. 앞 절에서 확인한 것은 이에 대한 특별한 경우였다. 앞에서 살펴봤듯이, 해 $u = 1$을 갖는 것은 거대 덩어리가 없는 상태와 일치한다. 하지만 이제까지 알아본 것처럼, 식 (12.30)이 거대 덩어리가 있는 경우에 대한 해가 될 수 있다.

함수 $g_1(u)$는 멱급수로 식 (12.29)와 같이 정의되며, 각 계수들은 양수의 q_k 확률들이 된다. 이는 $g_1(u)$의 미분값들 역시 $u \geq 0$일 때 양숫값임을 의미한다. 따라서 $g_1(u)$는 일반적으로 양숫값을 가지며, 변수에 대해 증가하는 함수가 되고, 위로 향하는 오목한 곡선이 된다. 주어진 $u = 1$일 때의 값이 1이라는 것을 참고하면, 이 함수는 그림 12.3의 곡선 중 하나와 같은 형태여야 한다. 이때 방정식 $u = g_1(u)$의 해는 $y = g_1(u)$와 $y = u$(그림에서 점선에 해당)가 교차하는 지점에서 발생한다.

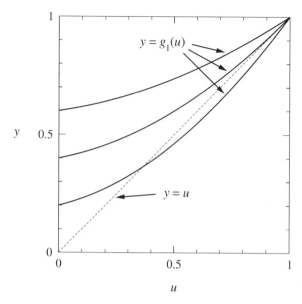

그림 12.3 식 (12.30)의 시각적인 해법

방정식 $u = g_1(u)$의 해는 $y = g_1(u)$와 $y = u$가 교차하는 지점에서 발생한다.

주어진 $u = 1$인 경우에 대한 자명한 해는 그림의 오른쪽 위에서 확인할 수 있고, 이 값은 항상 존재한다. 하지만 $u < 1$이고 곡선이 올바른 형태를 갖는다고 할 때에 다른 해가 존재할 수도 있고 그렇지 않을 수도 있다. 특히 그림에서 보듯이 $u < 1$이고, $u = 1$일 때 $g_1'(u)$의 값이 점선보다 큰 값을 가지면, 즉

$$g_1'(1) > 1 \tag{12.42}$$

이면, 자명하지 않은 해를 가질 수 있다. 하지만 $g_1(u)$에 대해 식 (12.29)를 적용하면

$$g_1'(1) = \sum_{k=0}^{\infty} k q_k \tag{12.43}$$

를 얻게 되고, 이는 다시 남은 링크수의 평균이 된다. 따라서 평균 남은 링크수가 1보다 크고, $u < 1$인 경우에만 해법이 존재한다. 12.6절에서 살펴봤듯이, 이 영역은 거대 덩어리가 존재하는 영역이다.

다시 앞 절에서 살펴본 예시와 동일한 이야기다. 거대 덩어리가 없으면 0과 1

사이에서 $u = 1$이 식 (12.30)의 유일한 해가 되지만, 거대 덩어리가 존재하면 자명하지 않은 해 $u < 1$이 나타나고 이 해를 통해 거대 덩어리의 크기를 얻을 수 있다.

비록 u에 대해 항상 정확한 해를 구할 수는 없을지라도, 수치적으로 컴퓨터를 통해 이 값을 계산할 수는 있다. 간단한 전략은 먼저 시작할 u의 값을 고르고 ($u = \frac{1}{2}$로 설정할 수 있다), 식 (12.30)을 반복적으로 수행하면서 오른쪽에 u의 값을 계속 대입하며 수렴할 때까지 왼쪽에서 새로운 값을 얻는 것이다. 보통 50번 정도 반복하면 정확한 수치를 얻을 수 있다. 일단 u의 값을 얻었다면, 이를 식 (12.27)에 대입하여 네트워크에서의 거대 덩어리 비율을 계산할 수 있다.

12.7 작은 덩어리들

구조 모형에서 거대 덩어리의 기작을 자세히 살펴봤는데, 이제 작은 덩어리들을 탐구해보자. 11장의 푸아송 무작위 그래프처럼, 작은 덩어리들은 이론적으로 다양한 범위의 크기를 가질 수 있지만, 이들의 평균 크기를 계산하는 것은 상대적으로 간단하다. 이를 위한 계산은 변수가 몇 개 추가된다는 점을 제외하고는 푸아송 무작위 그래프에서 동일한 값을 계산하는 것과 유사하다(11.6절).

먼저, 무작위로 선택한 노드 i가 속한 작은 덩어리의 평균 크기에 집중해보자.[13] 이 상태가 그림 12.4에 묘사되어 있다(사실 이 그림은 11장의 그림 11.4에 있는 푸아송 무작위 그래프에서 사용한 그림과 동일하다. 하지만 이 그림은 구조 모형에도 동일하게 사용될 수 있다). 12.4절에서 논의했듯이, 구조 모형에서 임의 노드의 국소적인 이웃들은 모두 각각의 크기와 상관없이 네트워크의 크기가 아주 큰 경우에 트리를 갖는다. 따라서 모든 작은 덩어리들(이 덩어리들에 존재하는 노드들의 이웃들로 구성된)도 푸아송 무작위 그래프에서처럼 트리 형태를 띤다. 하지만 그런 경우 11.6절의 논의가 다시 적용된다. 노드 i의 에지를 따라 도달할 수 있는 노드들의 집합은 i를 통하지 않고는 서로 연결될 수 없고, 따라서 덩어리의 크기는 단순히 이 노드 집합들의 크기의 총합에 1을 더해 노드 i 자신을 추가한 값이 된다.

---

13 이것이 작은 덩어리의 평균 크기와 동일하지 않음을 기억하자. 397쪽의 각주 7번에서 언급했듯이, 더 큰 덩어리에는 상대적으로 작은 덩어리에 비해 더 많은 노드가 있기 때문에, 임의로 선택한 노드가 속한 덩어리의 평균 크기는 더 큰 덩어리의 크기에 치우치게 된다. 그럼에도 불구하고 이 평균은 대부분의 실제적인 경우에서 덩어리의 크기를 구할 때 가장 유용한 값이 되고, 이 영역의 다른 많은 연구처럼 이 책에서 사용할 값이기도 하다.

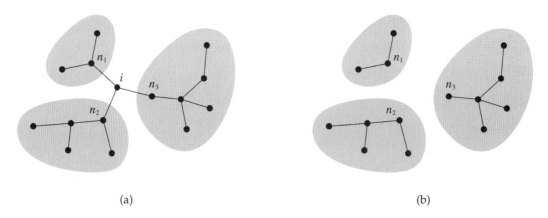

(a)   (b)

그림 12.4 구조 모형의 작은 덩어리들 중 하나의 크기

(a) 노드 i가 연결되어 있는 덩어리의 크기는 i의 이웃들을 통해 도달 가능한 부분적인 덩어리들에 속해 있는 노드 개수의 총합(음영 부분)으로 n_1, n_2, n_3에 i 자기 자신의 크기에 해당하는 1을 더한 값이다. (b) 노드 i가 제거되면, 부분적인 덩어리들이 각각 독립적인 덩어리가 된다.

만약 노드 i가 링크수 k를 갖고 각 이웃들을 통해 도달할 수 있는 노드들의 집합의 크기가 t_1, $\cdots$, t_k이면, 식 (11.26)과 같은 논리에 따라 해당 노드가 속한 덩어리의 평균 크기는 $1 + k\langle t \rangle$가 되고 이를 작은 덩어리에 속한 모든 노드 i에 대해 평균하면

$$\langle s \rangle = 1 + \langle k \rangle_{\text{small}} \langle t \rangle \tag{12.44}$$

가 된다. 이 값은 식 (11.27)의 푸아송의 경우에서 구한 값과 같다. 여기서 $\langle k \rangle_{\text{small}}$ 은 작은 덩어리에 속한 임의의 노드가 갖는 평균 링크수이고, $\langle t \rangle$는 에지를 따라서 도달할 수 있는 노드의 집합들의 평균 크기다. 식 (12.44)를 계산하기 위해서는 이 두 값을 알고 있어야 한다.

12.7.1 작은 덩어리들 안에 있는 노드의 링크수

작은 덩어리에 포함된 노드들의 링크수 분포는 일반적으로 전체 네트워크의 링크수 분포와는 다르다. 링크수가 큰 노드들이 작은 덩어리에 포함될 확률이 적기 때문이다. 링크수 k가 주어졌을 때 한 노드가 작은 덩어리에 속할 확률은 이 노드가 거대 덩어리에 속하지 않을 확률과 같고, 이는 12.6절에서 식 (12.30)의 해인 u의 k승에 해당하는 u^k이 된다. 이를 활용해 임의의 노드가 작은 덩어리에 속해 있을 때 이 노드가 링크수 k를 가질 확률을 구할 수 있다. 베이즈 규칙을 적용하면, 다음과 같이 정리할 수 있다.

$$P(\text{degree } k|\text{small component})$$
$$= P(\text{small component}|\text{degree } k)\frac{P(\text{degree } k)}{P(\text{small component})} \quad (12.45)$$

하지만 정의상 $P(\text{degree } k) = p_k$이고, $P(\text{small component}) = 1 - S = g_0(u)$다. 여기서 S는 식 (12.27)에서 살펴본 거대 덩어리의 크기다. 따라서

$$P(\text{degree } k|\text{small component}) = \frac{p_k u^k}{g_0(u)} \quad (12.46)$$

과 같이 표현될 수 있다. 그리고 작은 덩어리에 속한 임의 노드의 평균 링크수는 그 노드들의 링크수 분포의 평균이기 때문에

$$\langle k \rangle_{\text{small}} = \frac{1}{g_0(u)} \sum_{k=0}^{\infty} k p_k u^k = \frac{u g_0'(u)}{g_0(u)} \quad (12.47)$$

가 된다.

12.7.2 에지를 따라 도달할 수 있는 평균 노드 수

그림 12.4의 노드 집합들의 평균 크기 $\langle t \rangle$를 계산하기 위해서는 11.6절에서 푸아송 무작위 그래프에 사용했던 요령을 사용해야 한다. 바로 그림에서 노드 i를 지우는 것이다. 이렇게 하면 이 노드들의 집합이 다시 작은 덩어리가 되고, 집합의 크기는 이웃 노드들 $n_1, n_2, \ldots$가 속한 덩어리들의 크기로부터 구하게 된다. 이 이웃들 중 하나가 링크수 k를 갖는다고 하자. 12.7절에서 본 것처럼 링크수 k를 갖는 임의의 노드가 속한 작은 덩어리의 평균 크기는 $1 + k\langle t \rangle$가 되고, 동일한 식이 여기서도 적용된다. 한 노드 집합의 평균 크기는 $\langle t \rangle = 1 + \langle k \rangle_{\text{neighbor}} \langle t \rangle$와 같이 $1 + k\langle t \rangle$를 작은 덩어리에 속한 노드들의 링크수 k인 이웃들에 대해 평균을 구한 것이 된다. 또는

$$\langle t \rangle = \frac{1}{1 - \langle k \rangle_{\text{neighbor}}} \quad (12.48)$$

처럼 표현할 수 있다.

그렇다면 이웃의 평균 링크수 $\langle k \rangle_{\text{neighbor}}$는 무엇인가? 여기서 말하는 이웃은 노드 i의 에지를 따라 도달하는 노드들을 말하며, 이 경우 '링크수' k란 실상 남은 링

크수를 말한다. 하지만 여기서 주의할 점이 있는데, 같은 방식으로 작은 덩어리에 있는 노드들은 네트워크 전체의 링크수 분포와 같지 않다. 당연히 남은 링크수 분포도 네트워크의 경우와 다르다.

12.2절에서 살펴봤듯이, 식 (12.16)의 전체 네트워크의 남은 링크수 분포는 일반적인 링크수 분포 p_k의 k배에 비례한다. 동일한 방식으로, 작은 덩어리들 안에서의 남은 링크수 분포는 식 (12.46)의 k배인 $kp_k u^k$에 비례한다. 적합한 확률 분포를 갖기 위해 정규화하고, 남은 링크수 k는 전체 링크수보다 하나 작다는 것을 기억하면, 작은 덩어리 안에서의 남은 링크수 분포는 다음과 같다.

$$\frac{(k+1)p_{k+1}u^{k+1}}{\sum_k kp_k u^k} = \frac{(k+1)p_{k+1}u^{k+1}}{u g_0'(u)} \qquad (12.49)$$

따라서 작은 덩어리의 평균 남은 링크수는 다음과 같다.

$$\langle k \rangle_{\text{neighbor}} = \frac{1}{u g_0'(u)} \sum_{k=0}^{\infty} k(k+1)p_{k+1}u^{k+1} = \frac{1}{u g_0'(u)} \sum_{k=0}^{\infty} (k-1)kp_k u^k$$
$$= \frac{u g_0''(u)}{g_0'(u)} \qquad (12.50)$$

이제까지 고려한 모든 것을 대입하고, 식 (12.44), (12.47), (12.48), (12.50)을 결합하면

$$\langle s \rangle = 1 + \frac{u g_0'(u)}{g_0(u)} \frac{1}{1 - u g_0''(u)/g_0'(u)} \qquad (12.51)$$

을 얻는다. 여기서 식 (12.30)과 식 (12.33)을 활용해 약간 단순화하면

$$g_1(u) = \frac{g_0'(u)}{g_0'(1)}, \qquad g_0'(u) = g_1(u)g_0'(1) = u g_0'(1), \qquad g_0''(u) = g_1'(u)g_0'(1) \qquad (12.52)$$

이 되고, 따라서

$$\langle s \rangle = 1 + \frac{u^2 g_0'(1)}{g_0(u)[1 - g_1'(u)]} \qquad (12.53)$$

로 정리할 수 있다. 이 값은 구조 모형의 작은 덩어리 노드들이 포함된 덩어리들

의 평균 크기다.

식 (12.53)은 약간 복잡한 표현이지만, 거대 덩어리가 없는 영역에 대해서는 간단하게 정리할 수 있다. 이 영역에서 $u = 1$(12.6.2절의 논의를 확인하라)이고, 이를 적용하면

$$\langle s \rangle = 1 + \frac{g_0'(1)}{1 - g_1'(1)} \qquad (12.54)$$

가 된다. 여기서 $g_0(1) = \Sigma_k p_k = 1$을 활용했다. 따라서 한 노드가 연결된 덩어리들의 평균 크기는 $g_1'(1) = 1$ 지점에서 발산하고, 이 지점은 그림 12.3에서 곡선이 점선과 교차하는 지점(그림에서 중간 곡선)이다. 이 지점은 12.6.2절에서 논의했던 것처럼 거대 덩어리가 처음 등장하는 지점과 정확히 일치한다.

따라서 여기서의 그림도 푸아송 무작위 그래프에 대한 그림 11.5와 유사하며, 여기서 임의의 노드가 연결된 덩어리의 전형적 크기는 거대 덩어리가 나타나는 상전이 발생 지점에 도달하기 전까지 점점 커지다가, 정확히 해당 지점에서 발산한다. 이 지점을 넘어서면 거대 덩어리가 등장하고 점점 커지지만, 작은 덩어리들은 다시 작아진다.

식 (12.54)는 다양한 형태로 다시 표현될 수 있고, 이런 다양한 표현들이 특정 상황에서 유용할 수 있다. 식 (12.43)을 통해 $g_1'(1)$이 네트워크의 평균 남은 링크수와 동일하다는 사실을 알 수 있고, 이는 식 (12.20)에서 확인한 임의의 노드의 첫 번째와 두 번째 이웃의 평균 수의 비율 c_2/c_1과도 동일하다. 한편, $g_0'(1) = \Sigma_k k p_k = \langle k \rangle = c_1$이어서

$$\langle s \rangle = 1 + \frac{c_1^2}{c_1 - c_2} \qquad (12.55)$$

가 되어, 임의의 노드가 속한 덩어리들의 평균 크기는 첫 번째와 두 번째 이웃들의 수에 의존한다. 다른 방식으로 식 (12.19)처럼 $c_2 = \langle k^2 \rangle - \langle k \rangle$와 $c_1 = \langle k \rangle$를 적용하면

$$\langle s \rangle = 1 + \frac{\langle k \rangle^2}{2\langle k \rangle - \langle k^2 \rangle} \qquad (12.56)$$

을 얻을 수 있다. 따라서 $\langle s \rangle$는 전적으로 링크수 분포의 첫 번째와 두 번째 모멘트

를 따른다. 식 (12.56)은 다른 생성 함수에 대한 계산 없이, 네트워크의 링크수에 대한 지식만으로도 쉽게 계산할 수 있다.

12.8 거듭제곱 링크수 분포를 따르는 네트워크

10.4절에서 살펴본 것처럼, 몇몇 네트워크들의 링크수 분포는 근사적으로 거듭제곱 법칙을 따른다. 이 장에서 예시적인 응용 방법을 개발하여, 거듭제곱 링크수 분포를 따르는 구조 모형의 특성을 살펴보자.

실제로는 거듭제곱 법칙을 나타내는 데 사용하는 다양한 형태가 있지만, 가장 간단한 형태는 10.4.2절에서 살펴본 다음과 같은 '순수한' 거듭제곱 법칙이다.

$$p_k = \begin{cases} 0 & k = 0\text{인 경우} \\ k^{-\alpha}/\zeta(\alpha) & k \geq 1\text{인 경우} \end{cases} \tag{12.57}$$

여기서

$$\zeta(\alpha) = \sum_{k=1}^{\infty} k^{-\alpha} \tag{12.58}$$

는 리만 제타 함수^{Riemann zeta function}다(식 (10.13)과 관련된 논의들을 살펴보라). 제타 함수에 관련해서는 닫힌 형태의 해가 존재하지 않지만, 정확하게 해를 얻을 수 있는 수치적 방법과 다양한 프로그래밍 언어, 이를 계산하는 함수를 포함하는 수치 계산 소프트웨어 패키지가 존재하며, 이를 고려할 때 식 (12.57)은 실제로 사용하기에 충분히 유용한 형태다.

이전 절에서의 결과들을 사용하면, 이 링크수 분포를 갖는 구조 모형 네트워크에서 거대 덩어리가 존재하는지 아닌지를 알 수 있다. 식 (12.24)는 다음 수식을 만족시키는 경우에 거대 덩어리가 존재하는지를 알려준다.

$$\langle k^2 \rangle - 2\langle k \rangle > 0 \tag{12.59}$$

이 경우

$$\langle k \rangle = \sum_{k=0}^{\infty} k p_k = \frac{1}{\zeta(\alpha)} \sum_{k=1}^{\infty} k^{-\alpha+1} = \frac{\zeta(\alpha - 1)}{\zeta(\alpha)} \tag{12.60}$$

이고,

$$\langle k^2 \rangle = \sum_{k=0}^{\infty} k^2 p_k = \frac{1}{\zeta(\alpha)} \sum_{k=1}^{\infty} k^{-\alpha+2} = \frac{\zeta(\alpha-2)}{\zeta(\alpha)} \tag{12.61}$$

이 된다. 따라서 다음 조건이 만족될 때 거대 덩어리가 존재한다.

$$\zeta(\alpha-2) > 2\zeta(\alpha-1) \tag{12.62}$$

그림 12.5는 이 부등식 관계를 시각적으로 보여준다. 그림에서의 두 곡선은 $\zeta(\alpha-2)$와 $2\zeta(\alpha-1)$의 값을 α에 대해 나타낸 함수이며, 식 (12.62)에서 알 수 있듯이 그림의 점선 아래에 있는 작은 α 값에 대해서만 성립한다. 방정식 $\zeta(\alpha-2) = 2\zeta(\alpha-1)$의 해를 수치적으로 구하면 이 점선의 위치인 $\alpha = 3.4788...$이 되고, 따라서 이와 같은 네트워크는 아이엘로^{Aiello} 등[10]이 2000년에 발표한 것처럼 $\alpha < 3.4788$인 경우에만 거대 덩어리를 갖게 된다.

이 결과는 순수한 거듭제곱 법칙에 대한 것이어서 실제에서 이 결과의 활용은 다소 제한적이다. 일반적으로, 거듭제곱 법칙의 특성이 꼬리 부분에만 있고 낮은

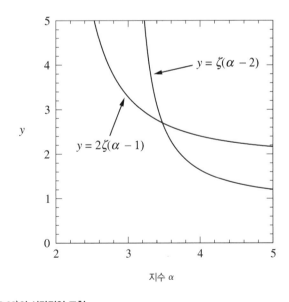

그림 12.5 식 (12.62)의 시각적인 표현

식 (12.57)에 나타난 순수한 거듭제곱 형태의 링크수 분포를 갖는 구조 모형은 $\zeta(\alpha-2) > 2\zeta(\alpha-1)$일 때 거대 덩어리를 형성한다. 이는 α가 두 곡선의 교차점보다 작은 값을 갖는 경우이고, 그림에서 점선으로 표시됐다.

k에서는 다른 기작을 보이는 분포들의 경우에는 거대 덩어리 등장의 문턱값이 다를 것이다. 하지만 거듭제곱 법칙의 특성이 꼬리에 보이는 모든 분포에 적용할 수 있는 일반적인 결과를 유도할 수 있다. 10.4.2절에서는 2차 모멘트 $\langle k^2 \rangle$이 거듭제곱 꼬리를 갖는 모든 분포에서 $\alpha \leq 3$일 때 발산함을 보았다. 하지만 1차 모멘트 $\langle k \rangle$는 $\alpha > 2$인 이상, 유한한 값을 갖는다. 이는 $2 < \alpha \leq 3$이면 식 (12.59)가 링크수 분포에서 거듭제곱 꼬리를 갖는 어떤 구조 모형에서나 적용한다는 것, 그리고 다른 분포가 어떻든지 거대 덩어리가 항상 존재할 것임을 알려준다. 반면에 $\alpha > 3$인 경우에는 구체적인 링크수 분포의 형태에 따라 거대 덩어리가 존재할 수도 있고, 존재하지 않을 수도 있다($\alpha \leq 2$인 경우에는 항상 거대 덩어리가 있지만, 이를 증명하기 위해서는 좀 더 많은 노력이 필요하다). 10.4절에서 논의했듯이, 대부분의 실제 네트워크에서 관찰된 α 값이 $2 < \alpha \leq 3$ 범위에 존재함을 기억하자. 그리고 이러한 네트워크의 경우 임시적으로 거대 덩어리가 존재할 것으로 기대할 수 있다. 하지만 구조 모형은 네트워크의 단순화된 모형이고, 실제 네트워크의 기작을 설명할 수 있는 완벽한 모형은 아니라는 점도 잊지 말아야 한다.

순수한 거듭제곱 분포로 돌아와서, 이제 거대 덩어리가 존재할 때 거대 덩어리의 크기 S를 계산해보자. 링크수 분포를 위한 식 (12.57)의 생성 함수 $g_0(u)$는 다음과 같다.

$$g_0(u) = \frac{1}{\zeta(\alpha)} \sum_{k=1}^{\infty} k^{-\alpha} u^k \tag{12.63}$$

위의 총합은 닫힌 형태로 기술될 수 없어, 일단 이 부분을 그대로 총합의 표현으로 두겠다. 남은 링크수 분포의 생성 함수 $g_1(u)$는 식 (12.33)을 통해 계산할 수 있고, 이를 통해 다음을 얻게 된다.

$$g_1(u) = \frac{\sum_{k=1}^{\infty} k^{-(\alpha-1)} u^{k-1}}{\sum_{k=1}^{\infty} k^{-(\alpha-1)}} = \frac{1}{\zeta(\alpha-1)} \sum_{k=1}^{\infty} k^{-\alpha+1} u^{k-1} \tag{12.64}$$

이제 이웃한 노드가 거대 덩어리에 속하지 않을 확률인 u의 특성을 위한 핵심적인 식 (12.30)은 다음과 같이 기술된다.

$$u = \frac{1}{\zeta(\alpha-1)} \sum_{k=0}^{\infty} (k+1)^{-\alpha+1} u^k \tag{12.65}$$

일반적으로 이 방정식의 해를 닫힌 형태로 구할 수는 없지만, 흥미로운 몇몇 특성을 짚고 넘어가고자 한다. 특히, $\zeta(\alpha - 1)$이 $u = 0$인 해에 대해 발산함을 기억하자. 그리고 $\alpha = 2$와 그 이하의 값에서 $\zeta(\alpha - 1)$이 발산하며, 이는 식 (12.58)의 정의를 통해 정확히 증명할 수 있다.[14] 따라서 $\alpha \leq 2$인 영역에서 $u = 0$이 되고, 식 (12.27)을 통해 거대 덩어리의 크기 $S = 1 - g_0(0) = 1 - p_0$임을 알 수 있다. 하지만 식 (12.57)의 특별한 링크수 분포에서는 링크수가 0인 노드가 없기 때문에, $p_0 = 0$이고 $S = 1$이다. 즉, 거대 덩어리가 전체 네트워크를 채우며 작은 덩어리가 하나도 없는 것이다!

기술적으로 볼 때, 이 문장이 완벽하게 맞는 것은 아니다. 한 예로, 언제나 링크수 하나를 갖는 임의의 노드가 링크수가 1인 다른 노드와 연결되어 크기가 2인 작은 덩어리를 형성할 수 있는 확률은 있다. 여기서 보인 것처럼 무작위로 선택된 노드 하나가 작은 덩어리에 속할 확률이 0이라는 것은 네트워크의 크기가 아주 큰 조건에서 나타나는 것으로, 작은 덩어리가 네트워크에서 차지하는 비율이 $n \rightarrow \infty$인 경우 거의 사라지기 때문에 나타나는 현상이다. 수학에서 사용되는 언어로

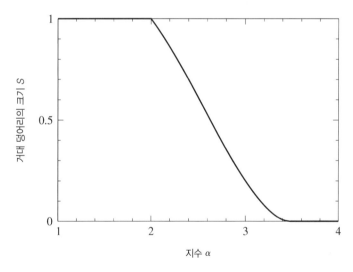

그림 12.6 거듭제곱 링크수 분포를 갖는 구조 모형의 거대 덩어리 크기

이 도표는 네트워크에서 거대 덩어리가 차지하는 비율을 식 (12.27)과 식 (12.65)를 사용해 수치적으로 계산하여 얻은 거듭제곱 지수 α에 대해 표현한 것이다. 점선은 $\alpha = 2$인 지점을 표시하고, 그 이하로는 거대 덩어리의 크기가 1이 되며, $\alpha = 3.4788$ 이상인 부분에서는 거대 덩어리가 존재하지 않는다.

---

14 전통적으로 $\zeta(x)$는 $x = 1$ 이하인 경우 분석적인 연속성을 위해 유한한 값을 갖도록 정의된다. 하지만 이 경우에는 총 합 $\sum_{k=1}^{\infty} k^{-x}$의 값에 관심이 있고, 이는 모든 $x \leq 1$에 대해 발산한다.

무작위로 선택된 노드가 '아주 높은 확률'로 거대 덩어리에 속한다는 것은 기술적
으로는 반대의 결과를 관측할 가능성도 있다는 뜻이지만, 네트워크의 크기 n이 무
한히 커지는 경우 이 확률이 무시할 수 있을 정도로 작아진다는 것이다.

따라서 순수한 거듭제곱 분포를 갖는 구조 모형에서 $\alpha < 3.4788$을 만족시키는
값에 대해서는 거대 덩어리가 존재하고, 거대 덩어리는 $\alpha \leq 2$일 때 전체 네트워크
를 채운다. $\alpha = 2$와 $\alpha = 3.4788$ 사이에 α가 존재하는 경우 거대 덩어리는 존재하
지만 전체 네트워크를 채우지는 않고, 작은 덩어리로 이뤄진 네트워크의 일부만
차지하게 된다. 이러한 이해를 완성하기 위해, 그림 12.6은 12.6절의 말미에서 설
명한 방법을 식 (12.65)에 적용하여 수치적으로 얻은 거대 덩어리의 크기를 보여
준다.

12.9 지름

구조 모형을 통해 만들어진 네트워크의 전형적인 지름을 계산할 수도 있다. 이 계
산은 푸아송 무작위 그래프에서 사용한 11.7절의 변형이다. 이 경우 두 노드 i와
j 사이에 존재하는 가장 짧은 경로를 구하게 되고, 각 노드의 두 집합을 고려한
다. 이 두 집합은 노드 i로부터 s만큼 떨어진 노드 집합과 노드 j로부터 t만큼 떨어

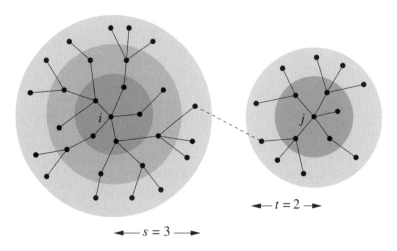

그림 12.7 구조 모형 네트워크에서 두 노드들의 이웃 집합
노드 i와 j에서 각각 s와 t만큼 떨어져 있는 노드들의 집합들을 생각해보자. 한 집합에 속한 노드와 다른 집합
에 속한 다른 노드 사이에 하나의 에지(점선)가 있다면, i와 j 사이에는 길이 $s+t+1$인 경로가 존재한다.

진 노드 집합으로, 그림 12.7에 나타나 있다(이 그림은 11장에서 사용한 그림과 같은 그림이고, 이는 구조 모형에서도 동일하게 사용될 수 있다). 그림에서 점선으로 나타났듯이, 두 집합들의 '표면surface'에 있는 노드들 사이에 직접적인 연결이 있다면, 길이가 $s + t + 1$보다는 짧은 최단 경로가 i와 j 사이에 존재한다. 반대로, 이런 연결이 존재하지 않으면 그 경로의 길이는 $s + t + 1$보다 길 수밖에 없다.

두 표면에 있는 두 노드 u와 v의 개별 쌍 사이에 에지가 존재할 확률은 식 (12.2)를 따라 $k_u k_v / 2m$이 된다. 하지만 s와 t로부터 시작된 에지들을 따라 이어지는 경로를 통해 해당 표면에 있는 노드들에 닿게 되기 때문에, 이 경로를 구하는 데 영향을 주는 링크수는 해당 노드들의 남은 링크수가 된다. 남은 링크수 분포는 식 (12.16)과 같다. 여기서 k_u와 k_v를 전체 분포에 대해 평균하면, 평균 남은 링크수의 두 가지 요소인 c_2/c_1(식 (12.20) 참고)을 얻게 되는데, 여기서 c_1은 네트워크에 있는 임의 노드의 평균 링크수이고, c_2는 식 (12.19)에 나타난 임의 노드의 두 번째 이웃들의 평균 개수다. 따라서 에지가 존재할 평균적인 확률은 $(c_2/c_1)^2/2m$이다.

두 표면을 연결하는 이와 같은 에지 사이에 있는 노드 쌍들의 수는 표면 크기의 곱이다. 식 (12.22)에서 이 크기가 평균적으로 $(c_2/c_1)^{s-1} c_1$과 $(c_2/c_1)^{t-1} c_1$임을 알 수 있고, 이 값들의 곱은 다음과 같다.

$$\left(\frac{c_2}{c_1}\right)^{s-1} c_1 \times \left(\frac{c_2}{c_1}\right)^{t-1} c_1 = \left(\frac{c_2}{c_1}\right)^{s+t-2} c_1^2 \tag{12.66}$$

노드 i와 j의 거리 d_{ij}가 $s + t + 1$ 이상일 확률이자, 이 노드 쌍들 사이에 연결이 하나도 없을 확률은 다음과 같다.

$$P(d_{ij} > s + t + 1) = \left[1 - \frac{(c_2/c_1)^2}{2m}\right]^{(c_2/c_1)^{s+t-2} c_1^2} \tag{12.67}$$

양변에 로그를 취한 후 $(c_2/c_1)^2/2m$의 거듭 제곱들을 풀어내면, 다음과 같이 표현할 수 있다.

$$\ln P(d_{ij} > s + t + 1) \simeq -\frac{c_1}{n}\left(\frac{c_2}{c_1}\right)^{s+t} \tag{12.68}$$

여기서 $c_1 = 2m/n$(식 (6.15))을 사용했고, 근사적인 동등성은 n과 m이 발산하며 네트워크의 크기가 커질수록 정확해진다.

다시 지수 형태를 취하고 $\ell = s + t + 1$로 정의하면, 다음을 얻게 된다.

$$P(d_{ij} > \ell) = \exp\left[-\frac{c_1}{n}\left(\frac{c_2}{c_1}\right)^{\ell-1}\right] \qquad (12.69)$$

정의에 따라 네트워크의 지름은 ℓ이 되고, 이 경우 d_{ij}가 ℓ을 초과할 확률은 0이 된다. 점점 n이 커지면서, 식 (12.69)를 통해 이런 일이 $(c_2/c_1)^\ell$이 n보다 빨리 증가할 때만 가능함을 알 수 있다. 다시 말해 위의 논의로부터 a가 어떤 상숫값을 갖고, $\epsilon \to 0$인 경우 $(c_2/c_1)^\ell = an^{1+\epsilon}$이 된다. ℓ에 대해 다시 정리하면 다음의 식을 얻을 수 있다.

$$\ell = \frac{\ln a}{\ln(c_2/c_1)} + \lim_{\epsilon \to 0}\frac{(1+\epsilon)\ln n}{\ln(c_2/c_1)} = A + \frac{\ln n}{\ln(c_2/c_1)} \qquad (12.70)$$

여기서 A는 또 다른 상수다. A의 값은 알려지지 않았지만, 크기 n이 아주 클 때 식 (12.70)의 두 번째 부분이 주요한 역할을 하게 되고 A는 무시할 수 있게 된다. 따라서 지름에 대한 구조 모형의 선행 차수는 $\ln n/\ln(c_2/c_1)$이 된다. 청Chung과 루Lu [103]가 처음으로 유도한 이 결과는 구조 모형에서 얻어진 네트워크들이 11.7절의 관점에서 좁은 세상 효과를 보여줌을 잘 보여준다. 네트워크의 두 노드 사이의 경로는 $\ln n$의 차수를 따르거나 더 짧고, 네트워크의 크기 n에 대해 아주 천천히 증가하는 것이다. 이는 11.8절에서 푸아송 무작위 그래프에 대해 제기했던 많은 문제를 해결한다. 무작위 그래프 모형도 좁은 세상 효과를 보여주지만 많은 측면에서 대부분의 실제 네트워크의 특성을 충분히 설명하지 못했고, 특히 모형을 통해 나타나는 링크수 분포가 비현실적이었다. 구조 모형은 어떤 링크수 분포도 가정할 수 있고, 동시에 좁은 세상의 성질도 보여주므로 결과를 좀 더 신뢰할 수 있게 해준다.

12.10 생성 함수 방법

이 장의 앞 절들에서는 구조 모형 네트워크의 특성들을 일반적인 대수학적 방법과 확률 이론을 사용해 계산하는 것을 보였다. 이러한 방법을 지속할 수 있지만, 특히 바로 앞의 몇몇 절들에서는 논의들이 서로 얽혀 있고 따라가기가 어려웠다.

다른 네트워크들도 마찬가지이지만, 실제 구조 모형의 계산은 자주 생성 함수들을 변형하는 여러 개의 복잡한 수학적 기술들로 이뤄진다. 이러한 기술을 완전히 이해하기 위해서는 좀 노력을 기울여야 하지만, 투자할 만한 가치가 있다. 일단 그 기술을 장착하면 많은 네트워크 계산이 훨씬 단순해지고 이전에는 겁먹었던 심화된 계산도 다룰 만해진다. 이번 절에서는 생성 함수의 기술 뒤에 있는 일반적인 이론을 소개하고, 이를 다양한 구조 모형 계산에 어떻게 적용할지를 보이겠다.

12.10.1 생성 함수

앞으로 이어질 절들에서 사용할 기본적인 수학 도구는 확률 생성 함수다. 이전 절에서 이미 생성 함수의 두 가지 예로 링크수와 남은 링크수 분포(식 (12.26)과 식 (12.29))에 대한 생성 함수를 보았다. 이번 절에서는 좀 더 형식적인 생성 함수와 그 성질을 소개하겠다. 생성 함수의 수학적인 부분을 좀 더 알고 싶은 독자들은 윌프^{Wilf}의 책을 참고하길 바란다[471].[15]

음수가 아닌 정수로 이뤄진 변수에 대한 확률 분포가 있다고 생각해보자. 이 분포 p_k는 변수가 k라는 값을 가질 확률을 말한다. 이런 분포의 좋은 예는 네트워크에서 무작위로 선택된 노드의 링크수 분포다. 네트워크에서 링크수 k를 갖는 노드의 비율이 p_k라면, p_k는 네트워크에서 무작위로 선택된 노드가 k라는 링크수를 가질 확률이 되는 것이다.

확률 분포 p_k에 대한 생성 함수$^{generating\ function}$는 다음과 같은 다항식으로 기술될 수 있다.

$$g(z) = p_0 + p_1 z + p_2 z^2 + p_3 z^3 + \ldots = \sum_{k=0}^{\infty} p_k z^k \qquad (12.71)$$

기술적으로 정확하게 하기 위해 이는 **확률 생성 함수**$^{probability\ generating\ function}$이며, 다른 형태의 수를 세는 문제에서 나타나는 지수 생성 함수$^{exponential\ generating\ function}$ 같은 형태의 함수와 구분하기 위해 붙여진 이름이다. 이 책에서는 지수 생성 함수를 다루지 않으므로 여기서 언급하는 모든 생성 함수는 확률 생성 함수다.

확률 분포 p_k에 대한 생성 함수를 안다면 p_k의 값을 다음과 같이 미분하여 얻을

---

15 친절하게도 윌프 교수는 자신의 책을 무료로 볼 수 있게 해주었다. https://www2.math.upenn.edu/~wilf/DownldGF.html에서 내려받을 수 있다.

수 있다.

$$p_k = \frac{1}{k!} \frac{\mathrm{d}^k g}{\mathrm{d}z^k}\bigg|_{z=0} \tag{12.72}$$

따라서 생성 함수는 확률 분포에 대한 완벽한 정보를 담고 있고 그 반대도 마찬가지다. 종종 확률 분포가 함수 $g(z)$에서 생성됐다고 말한다.

사실, 분포와 생성 함수는 같은 무언가의 각기 다른 두 가지 표현이다. 앞으로 살펴보겠지만, 확률 분포보다 생성 함수를 다루는 편이 많은 경우 더 수월하고, 이 때문에 네트워크 계산에서 생성 함수를 사용하는 것이다.

12.10.2 예시

생성 함수를 활용하는 예를 바로 살펴보자. 12.6.1절의 예처럼 변수 k가 오직 0, 1, 2, 3의 값을 p_0, p_1, p_2, p_3의 확률로 갖고 그 밖의 값은 갖지 않는다고 해보자. 이 경우에 해당하는 생성 함수는 다음과 같은 3차 다항식이 될 것이다.

$$g(z) = p_0 + p_1 z + p_2 z^2 + p_3 z^3 \tag{12.73}$$

한 예로, 임의의 네트워크에서 링크수가 0, 1, 2, 3인 노드의 비율이 각각 40%, 30%, 20%, 10%라고 하면 다음과 같이 나타낼 수 있다.

$$g(z) = 0.4 + 0.3\,z + 0.2\,z^2 + 0.1\,z^3 \tag{12.74}$$

또 다른 예로, 다음 식과 같이 k가 평균이 c인 푸아송 분포를 따른다고 가정해보자.

$$p_k = \mathrm{e}^{-c}\,\frac{c^k}{k!} \tag{12.75}$$

이 분포는 다음과 같은 생성 함수로부터 유도된 것이다.

$$g(z) = \sum_{k=0}^{\infty} \mathrm{e}^{-c}\,\frac{c^k}{k!}\,z^k = \mathrm{e}^{-c}\sum_{k=0}^{\infty}\frac{(cz)^k}{k!} = \mathrm{e}^{c(z-1)} \tag{12.76}$$

다른 방식으로, k가 다음과 같은 형태의 분포를 따른다고 가정해보자.

$$p_k = Ca^k \tag{12.77}$$

여기서 $a < 1$인 지수 분포 혹은 문맥에 따라 기하 분포라 불리는 분포다. 정규화 상수 C는 $\sum_k p_k = 1$을 만족시키는 값으로 정해지며, 여기서 $C/(1-a) = 1$ 혹은 $C = 1 - a$가 된다. 따라서 위의 식은 다음과 같이 다시 쓸 수 있다.

$$p_k = (1-a)\,a^k \tag{12.78}$$

그러면 생성 함수는 $z < 1/a$인 한, 다음과 같은 식이 된다.

$$g(z) = (1-a) \sum_{k=0}^{\infty} (az)^k = \frac{1-a}{1-az} \tag{12.79}$$

만약 $z \geq 1/a$라면 생성 함수는 발산하여 고민스러운 문제가 될 것 같지만, 일반적으로 관심 있는 생성 함수는 $0 \leq z \leq 1$인 경우를 다룬다. 따라서 $a < 1$일 때 $1/a$에서의 발산은 문제가 되지 않는다.

12.10.3 거듭제곱 분포

네트워크를 연구하는 데 있어 특별히 관심을 갖는 것이 거듭제곱 분포다. 10.4절에서 본 것처럼 월드와이드웹과 인터넷, 인용 네트워크 등을 포함한 다수의 네트워크들은 거듭제곱 분포에 가까운 링크수 분포를 따르고, 이러한 특성은 흥미로운 결과를 만들어내어 이 네트워크들을 다른 네트워크들과 구분 짓게 한다. 이 모형들을 형성하고 또 풀기 위해, 거듭제곱 분포에 대한 생성 함수를 기술할 수 있다.

예를 들어, 식 (12.57)과 같은 '순수한' 거듭제곱 분포를 생각해보자.

$$p_k = \begin{cases} 0 & k = 0\text{인 경우} \\ k^{-\alpha}/\zeta(\alpha) & k \geq 1\text{인 경우} \end{cases} \tag{12.80}$$

여기서

$$\zeta(\alpha) = \sum_{k=1}^{\infty} k^{-\alpha} \tag{12.81}$$

이는 리만 제타 함수다.

이 확률 분포에 대한 생성 함수는 다음과 같다.

$$g(z) = \frac{1}{\zeta(\alpha)} \sum_{k=1}^{\infty} k^{-\alpha} z^k \tag{12.82}$$

안타깝게도, 12.8절에서 논의한 것과 같이 이 표현의 합은 닫힌 형태로 기술될 수 없어서 다소 만족스럽지 못하다. 하지만 앞으로 살펴보게 되는 것처럼 생성 함수가 합의 꼴로 표현되더라도 이는 여전히 유용하게 쓸 수 있다.

10.4절에서 살펴봤듯이, 실제 네트워크의 링크수 분포는 대체로 모든 범위에서 거듭제곱 법칙을 따르지 않는다는 사실을 기억할 필요가 있다. 실제 링크수 분포는 위와 같은 순수한 거듭제곱 분포 형태가 아니다. 오히려 이 분포들은 전형적으로 k가 어떤 최솟값 $k_{\min}$ 이상인 범위에서 거듭제곱 분포에 아주 가까운 형태를 갖고, 그 이하인 범위에서는 다른 행동을 보인다. 이런 경우 생성 함수는 다음과 같다.

$$g(z) = Q(z) + C \sum_{k=k_{\min}}^{\infty} k^{-\alpha} z^k \tag{12.83}$$

여기서 $Q(z) = \sum_{k=0}^{n} p_k z^k$은 z가 링크수 n차인 다항식이며, C는 정규화 상수다. 이 책의 계산에서는 순수한 거듭제곱 형태만을 다룰 것이다. 왜냐하면 이 순수한 형태가 거듭제곱 링크수 분포의 흥미로운 성질을 잘 설명해주고, 다루기도 상대적으로 쉽기 때문이다. 하지만 좀 더 복잡한 모델링을 목표로 한다면, 식 (12.83)과 같은 좀 더 복잡한 형태의 생성 함수를 다뤄야 할 것이다.

12.10.4 정규화와 모멘트

유용한 생성 함수의 특성들을 살펴보자. 첫째, 생성 함수의 $g(z) = \sum_k p_k z^k$(식 (12.71))에 $z = 1$을 대입하면 다음 식을 얻을 수 있다.

$$g(1) = \sum_{k=0}^{\infty} p_k \tag{12.84}$$

확률 분포가 정규화되어 있어서, $\sum_k p_k = 1$이라고 하면 이는

$$g(1) = 1 \tag{12.85}$$

이 된다.

생성 함수 $g(z)$의 미분은 다음과 같다.

$$g'(z) = \sum_{k=0}^{\infty} k p_k z^{k-1} \tag{12.86}$$

(이 책에서는 $g'(z)$로 생성 함수의 미분을 표기할 것이다. 이 표현이 dg/dz보다 훨씬 간단하기 때문이다.) 식 (12.86)에서 $z = 1$로 두면

$$g'(1) = \sum_{k=0}^{\infty} k p_k = \langle k \rangle \tag{12.87}$$

가 되고, 이는 k의 평균을 의미한다. 한 예로 p_k가 링크수 분포라고 하면, 생성 함수를 미분함으로써 평균 링크수를 바로 얻을 수 있다. 이는 아주 편리한 기술이다. 대체로 관심 있는 확률 분포를 계산할 때 먼저 생성 함수를 계산한다. 이론적으로, 식 (12.72)를 적용하여 분포 자체를 추출할 수 있고, 평균처럼 관심 있는 수치들을 얻을 수도 있다. 하지만 식 (12.87)은 매번 이런 작업을 할 필요가 없음을 보여준다. 몇몇 관심 있는 수치들을 다른 중간 단계를 거치지 않고 생성 함수로부터 바로 얻을 수도 있다.

실제로, 이 결과들은 확률 분포의 고차 항들에 대해 일반화된다. 예를 들어, 다음과 같이 될 수 있다.

$$z \frac{d}{dz} \left(z \frac{dg}{dz} \right) = \sum_{k=0}^{\infty} k^2 p_k z^k \tag{12.88}$$

여기서 $z = 1$이면

$$\langle k^2 \rangle = \left[\left(z \frac{d}{dz} \right)^2 g(z) \right]_{z=1} \tag{12.89}$$

를 얻는다. 일반적으로 다음과 같이 표기할 수 있다.

$$\langle k^m \rangle = \left[\left(z \frac{d}{dz} \right)^m g(z) \right]_{z=1} \tag{12.90}$$

12.10.5 생성 함수의 곱

생성 함수의 가장 유용한 성질들은 다음과 같고, 바로 이 성질들이 네트워크 공부에서 생성 함수를 중요하게 만든다. 정수로 된 m개의 링크수 $k_1, \cdots, k_m$이 있다고 하자. 이 수들은 독립적인 무작위 숫자들이고, 링크수들에 해당하는 분포로부터 추출됐다. 즉, $p_k^{(1)}$에서 k_1이, $p_k^{(2)}$에서 k_2가, ... 이런 식으로 선택된 것이다. 이 정수 m개의 합 $\sum_{i=1}^{m} k_i$의 확률 분포에 대한 생성 함수는 개별 분포들에 대한 생성 함수의 곱이다. 이는 아주 영향력 있는 결과이며, 이 결과가 어떻게 도출됐는지 또한 그 의미는 무엇인지를 생각해볼 가치가 있다.

각각의 독립적인 분포로부터 이 정숫값들이 독립적으로 선택됐을 때, 이들이 특정 값들의 집합인 $\{k_i\}$를 만들 확률은 간단히 이 각각의 확률들을 곱한 $\Pi_i p_{k_i}^{(i)}$ 형태다. 이 값들의 합이 s가 될 확률 π_s는 합이 s가 되는 가능한 모든 $\{k_i\}$에 대해 이 곱을 더해서 얻어진다.

$$\pi_s = \sum_{k_1=0}^{\infty} \cdots \sum_{k_m=0}^{\infty} \delta\left(s, \textstyle\sum_i k_i\right) \prod_{i=1}^{m} p_{k_i}^{(i)} \tag{12.91}$$

여기서 $\delta(a, b)$는 크로네커 델타다. 따라서 분포 π_s의 생성 함수 $h(z)$는 다음과 같다.

$$h(z) = \sum_{s=0}^{\infty} \pi_s z^s = \sum_{s=0}^{\infty} z^s \sum_{k_1=0}^{\infty} \cdots \sum_{k_m=0}^{\infty} \delta\left(s, \textstyle\sum_i k_i\right) \prod_{i=1}^{m} p_{k_i}^{(i)} \tag{12.92}$$

합을 s에 대해 구하면

$$
\begin{aligned}
h(z) &= \sum_{k_1=0}^{\infty} \cdots \sum_{k_m=0}^{\infty} z^{\sum_i k_i} \prod_{i=1}^{m} p_{k_i}^{(i)} = \prod_{i=1}^{m} \sum_{k_i=0}^{\infty} p_{k_i}^{(i)} z^{k_i} \\
&= \prod_{i=1}^{m} g^{(i)}(z)
\end{aligned}
\tag{12.93}
$$

를 얻을 수 있고, 여기서

$$g^{(i)}(z) = \sum_{k=0}^{\infty} p_k^{(i)} z^k \tag{12.94}$$

은 분포 $p_k^{(i)}$에 대한 생성 함수다.

따라서 독립적인 무작위 정수들 집합의 합의 분포는 각 생성 함수들의 곱으로부터 유도된다.

앞으로 공부하게 될 많은 경우, 구하고자 하는 무작위 변수들은 동일 분포 p_k에서 뽑힌다. 이 경우 위에 있는 모든 생성 함수 $g^{(i)}(z)$는 동일한 함수가 되므로 $g(z) = \sum_k p_k z^k$이 되고, 식 (12.93)은 다음과 같이 단순화된다.

$$h(z) = \left[g(z) \right]^m \tag{12.95}$$

즉, m개의 균일하게 분포한 무작위 정수들의 합에 대한 분포는 각 정수들에 대한 생성 함수의 m제곱으로 표현된다. 따라서 어떤 네트워크의 링크수 분포를 알고 있다면, 해당 네트워크에서 무작위로 선택된 노드들의 m개 링크수 총합의 확률 분포를 구하는 것은 아주 간단하다. 이는 뒤따라올 내용에서 아주 중요한 요소임을 알 수 있을 것이다.

12.10.6 링크수 분포에 대한 생성 함수

네트워크에서의 생성 함수 활용에 대해 알아보면서, 12.6절에서는 구조 모형의 링크수 분포와 남은 링크수 분포에 대한 생성 함수를 정의했다.

$$g_0(z) = \sum_{k=0}^{\infty} p_k z^k \tag{12.96}$$

$$g_1(z) = \sum_{k=0}^{\infty} q_k z^k \tag{12.97}$$

그때 언급했듯이, 위의 두 함수들은 완벽하게 독립적이지 않다. 남은 링크수 분포 자체가 식 (12.16)처럼 일반적인 링크수 분포로 정의되기 때문이다. 또한 $g_1(z)$가 $g_0(z)$로부터 얻어질 수 있음도 확인했다(식 (12.33) 참고).

$$g_1(z) = \frac{g_0'(z)}{g_0'(1)} \tag{12.98}$$

예를 들어, 링크수 분포가 평균이 c인 푸아송 분포라고 해보자.

$$p_k = e^{-c} \frac{c^k}{k!} \tag{12.99}$$

이 분포의 생성 함수는 식 (12.76)에 의해 다음과 같이 표현된다.

$$g_0(z) = e^{c(z-1)} \qquad (12.100)$$

식 (12.98)을 적용하면, 위의 식은 다음과 같이 정리된다.

$$g_1(z) = e^{c(z-1)} \qquad (12.101)$$

다시 말해, $g_0(z)$와 $g_1(z)$는 이 경우에 동일하다(이 점이 푸아송 무작위 그래프의 계산이 상대적으로 단순한 이유다. 링크수 분포와 남은 링크수 분포에 차이가 없는 것이다. 식 (12.99)를 식 (12.16)에 대입해보면 확인할 수 있다).

또 다른 예로, 식 (12.78)의 지수 형태를 따르는 링크수 분포를 갖는 네트워크는 다음과 같은 생성 함수들을 갖는다.

$$g_0(z) = \frac{1-a}{1-az}, \qquad g_1(z) = \left(\frac{1-a}{1-az}\right)^2 \qquad (12.102)$$

반면에, 식 (12.80)의 거듭제곱 분포를 따르는 경우에는 12.8절에서 보인 것과 같은 생성 함수를 갖는다(식 (12.63) 및 식 (12.64) 참고).

$$g_0(z) = \frac{1}{\zeta(\alpha)} \sum_{k=1}^{\infty} k^{-\alpha} z^k, \qquad g_1(z) = \frac{1}{\zeta(\alpha-1)} \sum_{k=1}^{\infty} k^{-(\alpha-1)} z^{k-1} \qquad (12.103)$$

이 마지막 형태의 수식들은 닫힌 형태로 기술될 수 없지만, 그럼에도 불구하고 아주 유용하게 활용할 수 있다.

12.10.7 노드의 두 번째 이웃의 수

생성 함수를 통해 해결할 수 있는 좀 더 심화된 계산을 살펴보기에 앞서, 지금까지 수행한 계산 예시를 생성 함수 방법을 적용하여 다시 수행해보자. 임의 노드의 두 번째 이웃의 수에 대한 계산을 살펴볼 텐데, 이는 12.5절에서 측정했던 것이다. 앞으로 살펴보겠지만, 생성 함수는 계산을 새로운 방법으로 수행하게 해줄 뿐만 아니라 두 번째 이웃들의 완전한 분포에 대한 새로운 점을 알게 해준다.

다음 질문에 집중해보자. 구조 모형 네트워크에서 한 노드가 정확히 k개의 두 번째 이웃을 가질 확률 $p_k^{(2)}$는 얼마일까? 이 확률을 다음과 같은 형태로 기술함으로써 이 확률을 부분적으로 생각해보자.

$$p_k^{(2)} = \sum_{m=0}^{\infty} p_m P^{(2)}(k|m) \tag{12.104}$$

여기서 $P^{(2)}(k|m)$은 m개의 첫 번째 이웃을 가질 때 k개의 두 번째 이웃을 가질 확률을 의미하고, p_m은 일반적인 링크수 분포, 즉 첫 번째 링크수의 분포를 의미한다. 식 (12.104)를 통해, k개의 두 번째 이웃을 가질 총 확률은 m개의 첫 번째 이웃을 갖는 조건에서 k개의 두 번째 이웃을 갖는 확률을 모든 가능한 m에 대해 평균한 것임을 알 수 있다. 링크수 분포 p_m은 주어졌다고 가정하자. 첫 번째로는 $P^{(2)}(k|m)$을 찾을 것이고, 그 후에는 합에 대한 부분을 마무리할 것이다.

이 계산을 바로 하려고 하면 힘들다는 사실을 금방 알게 될 것이다. 그러므로 $p_k^{(2)}$ 확률 자체를 계산하는 대신에 생성 함수를 계산해보자.

$$g^{(2)}(z) = \sum_{k=0}^{\infty} p_k^{(2)} z^k = \sum_{k=0}^{\infty} \sum_{m=0}^{\infty} p_m P^{(2)}(k|m)\, z^k = \sum_{m=0}^{\infty} p_m \left[\sum_{k=0}^{\infty} P^{(2)}(k|m)\, z^k \right]$$
$$\tag{12.105}$$

오른쪽 괄호 안에 있는 값들은 그 자체가 $P^{(2)}(k|m)$의 생성 함수다. 이 생성 함수는 계산하기 쉽다.

그림 12.2에서 설명하고 있는 것처럼, 한 노드의 두 번째 이웃들의 수는 첫 번째 이웃들의 남은 링크수의 합과 같고, 식 (12.16)의 남은 링크수들은 남은 링크수 분포 q_k를 따라서 분포한다. 이제 12.10.5절에서 유도했던 생성 함수의 곱 성질을 이용해보자. 동일 분포에서 무작위로 뽑힌 m개 정수의 합은 개별 정수에 대한 생성 함수의 m승으로 만들어진다. 따라서 $P^{(2)}(k|m)$의 생성 함수는 단순히 남은 링크수 분포의 생성 함수 $g_1(z)$의 m승이다.

$$\sum_{k=0}^{\infty} P^{(2)}(k|m)\, z^k = \left[g_1(z) \right]^m \tag{12.106}$$

이 결과를 식 (12.105)에 대입하면 다음을 얻을 수 있다.

$$g^{(2)}(z) = \sum_{m=0}^{\infty} p_m \left[g_1(z) \right]^m \tag{12.107}$$

하지만 흥미로운 사실을 발견하게 된다. 이 식에 있는 합은 식 (12.96)의 링크수 분포에 대한 생성 함수 $g_0(z)$가 $g_1(z)$인 경우에 대해 계산되는 것에 불과하다는 점이다. 다시 말해,

$$g^{(2)}(z) = g_0(g_1(z)) \tag{12.108}$$

가 된다. 이처럼 기본적인 링크수 분포에 대한 생성 함수를 알기만 하면, 두 번째 이웃들의 분포에 대한 생성 함수는 계산하기 쉬워진다.

이 결과를 통해, 두 번째 이웃들에 대한 다양한 값들을 계산할 수 있다. 한 예로 식 (12.87)을 통해 두 번째 이웃의 평균 수를 계산할 수 있으며, 이는 확률 분포의 평균이 $z = 1$일 때 생성 함수의 1차 미분으로부터 얻어진다. 2차 미분 $g^{(2)}(z)$는 다음과 같다.

$$\frac{\mathrm{d}g^{(2)}}{\mathrm{d}z} = g_0'(g_1(z))\,g_1'(z) \tag{12.109}$$

여기에 $z = 1$을 대입하고 $g_1(1) = 1$(식 (12.85))을 적용하면, 두 번째 이웃들의 평균 수 c_2가

$$c_2 = g_0'(1)g_1'(1) \tag{12.110}$$

이 된다.

하지만 $g_0'(1)$은 그 자체로 $z = 1$일 때 1차 미분값이기 때문에 분포 p_k의 평균과 동일하다. 즉, 네트워크의 평균 링크수 $\langle k \rangle$와 같으며, 식 (12.96)의 정의로부터 확인할 수 있다. 이와 비슷하게, $g_1'(1)$은 남은 링크수의 평균이다. 식 (12.20)에서 남은 링크수의 평균을 계산했지만, 이를 생성 함수를 사용해 다시 계산해보자.

$$
\begin{aligned}
g_1'(1) &= \sum_{k=0}^{\infty} k q_k \\
&= \frac{1}{\langle k \rangle} \sum_{k=0}^{\infty} k(k+1)p_{k+1} = \frac{1}{\langle k \rangle} \sum_{k=0}^{\infty} (k-1)k p_k \\
&= \frac{1}{\langle k \rangle}(\langle k^2 \rangle - \langle k \rangle)
\end{aligned}
\tag{12.111}
$$

여기서는 식 (12.16)의 남은 링크수 분포의 정의를 사용했다.

이 결과들을 다 합치면, 임의 노드의 두 번째 이웃들의 평균 수 c_2는 다음과 같

이 정리될 수 있다.

$$c_2 = \langle k \rangle \frac{\langle k^2 \rangle - \langle k \rangle}{\langle k \rangle} = \langle k^2 \rangle - \langle k \rangle \qquad (12.112)$$

이 결과는 식 (12.19)의 결과와 동일하다.

비록 위의 계산이 이전 결과의 단순 반복일지라도, 생성 함수 방법은 새로운 것을 알려준다. 예를 들면, 한 노드가 정확히 k개의 두 번째 이웃을 가질 확률은 식 (12.72)를 따라 $g^{(2)}(z)$를 미분한 값이 된다. 한 예로, 두 번째 이웃이 없을 확률 $p_0^{(2)}$는 다음과 같이 얻을 수 있다.

$$p_0^{(2)} = g^{(2)}(0) = g_0(g_1(0)) = g_0(q_0) = g_0(p_1/\langle k \rangle) \qquad (12.113)$$

여기서는 식 (12.16)과 식 (12.97)의 남은 링크수 분포와 그 생성 함수 $g_1(z)$의 정의를 활용했다. 푸아송 링크수 분포를 따르는 네트워크의 경우(식 (12.99)와 그에 따른 논의를 참고하라) 이 값은 다음과 같다.

$$p_0^{(2)} = e^{c(e^{-c}-1)} \qquad (12.114)$$

이 결과는 전통적인 방법들로는 계산하기 어렵다.

이 계산을 좀 더 확장할 수도 있다. 동일한 방법을 적용하여 세 번째 링크수의 확률 분포를 계산할 수 있고, 혹은 임의의 거리 d만큼 떨어져 있는 이웃들에 대한 계산도 가능하다. 이 부분에 흥미가 있는 독자들은 참고문헌 [369]의 결과를 살펴보길 권한다. 여기서는 일단 다른 주제로 넘어가겠다.

12.10.8 작은 덩어리들에 대한 생성 함수

생성 함수 방법의 유용성을 보여주는 좋은 예가 구조 모형에서 작은 덩어리들의 성질을 계산하는 것이다. 이 계산을 자세히 살펴보면서, 생성 함수 방법이 작은 덩어리들의 크기에 대한 전체 분포를 어떻게 계산할 수 있는지 알아보겠다. 이 계산은 지금까지 본 것보다 상당히 더 복잡한 계산들을 포함하고 있다.

여기서 집중해서 살펴볼 기본적인 양은 무작위로 선택된 임의의 노드가 크기 s인 작은 덩어리(거대 덩어리가 아닌)에 속할 확률 π_s다. 이 확률을 생성 함수를 계산하여 얻을 것이다.

$$h_0(z) = \sum_{s=1}^{\infty} \pi_s z^s \tag{12.115}$$

이때 s의 최솟값은 1이다. 왜냐하면 어떤 덩어리에 노드가 속하려면 최소한 하나 이상의 크기를 가질 것이기 때문이다(해당 노드 자체).

다시 그림 12.4(a)를 살펴보자. 이 그림은 작은 덩어리에 속한 임의의 노드 i의 이웃들을 보여준다. 전에 했던 것처럼, 그림 12.4(b)에서 설명하듯 네트워크에서 노드 i를 그에 딸린 에지들과 함께 지운다고 가정해보자. 이렇게 하면 그림의 그늘진 영역이 분리된 덩어리들이 되고, 원본 네트워크에서 노드 i가 속한 완전한 덩어리의 크기는 이 새롭게 생긴 덩어리들의 크기의 합에 자기 자신 1을 더한 값과 같다.

하지만 정의상 노드 i의 이웃 n_1, n_2, ...들은 에지를 따라갈 때 도달할 수 있다는 점을 기억해야 한다. 따라서 이미 논의했던 것처럼 이 노드들은 네트워크에 있는 일반적인 노드가 아니며, 일반 노드보다 더 큰 링크수를 가질 확률이 높다. 그렇기 때문에 그림 12.4(b)에서 이웃들이 속해 있는 덩어리들의 크기는(그림에서 그늘진 영역) π_s를 따라 일반적으로 분포되어 있지 않다. 대신에, 이웃들은 다른 분포를 띤다. 더 구체적으로 ρ_s를, 하나의 에지를 지운 후 그 에지의 한쪽 끝에 있는 노드가 크기 s인 작은 덩어리에 속할 확률이라고 하자. 이 분포에 대한 생성 함수를 정의하면 다음과 같다.

$$h_1(z) = \sum_{s=1}^{\infty} \rho_s z^s \tag{12.116}$$

ρ_s나 이에 대한 생성 함수는 아직 알지 못하기 때문에, 이들은 나중에 다시 계산해야 한다. 이 모멘트를 계산하기 위해, 지금까지 얻은 정보를 활용해보자.

원본 네트워크의 노드 i가 링크수 k를 갖는다고 가정하고, $P(s|k)$로 i가 지워진 다음 k개의 이웃들이 정확히 크기의 합이 s가 되는 작은 덩어리들에 속할 확률이라고 하자. 다시 말해, $P(s-1|k)$는 링크수 k를 갖는 노드 i 스스로가 크기 s인 작은 덩어리에 속할 확률이다. 따라서 노드 i가 크기 s인 작은 덩어리에 속할 총 확률 π_s는 앞에서 언급한 확률을 전체 k에 대해 평균한 값이 된다.

$$\pi_s = \sum_{k=0}^{\infty} p_k P(s-1|k) \tag{12.117}$$

여기서 일반적인 정의처럼 p_k는 링크수 분포다.[16] 이 식을 식 (12.115)에 대입하면, 다음과 같은 π_s에 대한 식을 얻을 수 있다.

$$h_0(z) = \sum_{s=1}^{\infty} \sum_{k=0}^{\infty} p_k P(s-1|k) z^s = z \sum_{k=0}^{\infty} p_k \sum_{s=1}^{\infty} P(s-1|k) z^{s-1}$$

$$= z \sum_{k=0}^{\infty} p_k \sum_{s=0}^{\infty} P(s|k) z^s \qquad (12.118)$$

이 식의 마지막 부분에 있는 합 $\sum_s P(s|k) z^s$는 노드 i를 네트워크에서 지운 후 i의 이웃들이 크기의 합이 s가 되는 작은 덩어리들에 속할 확률이다. 하지만 이 합에 대한 생성 함수가 임의의 한 이웃이 속한 덩어리의 크기에 대한 생성 함수의 k 거듭제곱과 같음을 보여주는 12.10.5절에서 유도된 생성 함수의 곱의 성질을 사용할 수 있다. 식 (12.116)에서 $h_1(z)$로 표기한 함수가 바로 그것이다. 따라서

$$h_0(z) = z \sum_{k=0}^{\infty} p_k \left[h_1(z) \right]^k = z g_0(h_1(z)) \qquad (12.119)$$

가 된다.

생성 함수 $h_1(z)$는 여전히 모르지만, 이제 $h_1(z)$를 아주 쉽게 유도할 수 있다. 이때도 노드 i가 지워진 네트워크를 고려하고, 노드 i의 이웃들 중 하나가 크기 s인 덩어리에 속할 확률 ρ_s의 값이 무엇인지 질문할 것이다. 네트워크의 크기가 아주 큰 경우, 하나의 노드 i가 네트워크에서 사라지는 것은 링크수 분포에 아무런 영향도 주지 않는다. 따라서 네트워크는 여전히 전과 같은 분포를 갖고, 이는 이웃의 링크수가 k이면 그 이웃이 크기 s인 덩어리에 속할 확률은 전과 같이 $P(s-1|k)$가 된다는 의미다. 하지만 그 이웃에 노드 i의 에지를 따라 도달할 수 있기 때문에, 그 이웃의 에지 수는 노드 i와 연결된 에지는 제외하여 식 (12.16)의 남은 링크수 분포를 따르게 된다. 따라서 식 (12.117)은 이제 다음과 같이 정리된다.

---

16 전체 네트워크에 대해 링크수 분포 p_k에 대한 평균을 구한다. 12.7.1절에서 작은 덩어리에 속한 노드들이 전체 일반 네트워크와는 다른 링크수 분포를 갖는다는 것을 보였는데, 식 (12.117)에서의 링크수 분포에서도 동일한 변형이 필요하다고 생각할 독자들도 있을 것이다. 하지만 식 (12.117)의 π_s는 전체 네트워크에 대한 값으로, 작은 덩어리에 속한 노드들에 대한 값만이 아니다. 즉, 이 확률은 임의의 모든 노드에 대한 것으로, 거대 덩어리에 속한 노드나 크기 s인 작은 덩어리에 속한 노드를 포함한다. 확실히, 거대 덩어리에 속한 임의의 노드는 어떤 크기의 작은 덩어리에도 속하지 않고 이 값은 앞으로 보게 될 계산에 포함됐다. 전체 크기 s에 대한 확률의 합 π_s는 이러한 이유로 총합이 1이 되지 않는다.

$$\rho_s = \sum_{k=0}^{\infty} q_k P(s-1|k) \tag{12.120}$$

그리고 이 식을 식 (12.116)에 대입하면

$$h_1(z) = \sum_{s=1}^{\infty} \sum_{k=0}^{\infty} q_k P(s-1|k) z^s = z \sum_{k=0}^{\infty} q_k \sum_{s=0}^{\infty} P(s|k) z^s \tag{12.121}$$

을 얻을 수 있다. 이전과 같이, 마지막 부분에 있는 합은 $P(s|k)$에 대한 생성 함수이고 이는 $[h_1(z)]^k$과 같다. 따라서

$$h_1(z) = z \sum_{k=0}^{\infty} q_k \left[h_1(z)\right]^k = z g_1(h_1(z)) \tag{12.122}$$

가 된다.

모든 결과를 고려하면, π_s와 ρ_s에 대한 생성 함수는 다음을 만족시킨다.

$$h_0(z) = z g_0(h_1(z)) \tag{12.123}$$

$$h_1(z) = z g_1(h_1(z)) \tag{12.124}$$

이 방정식들 중 두 번째 식을 $h_1(z)$에 대해 풀 수 있다면 그 결과를 첫 번째 식에 대입할 수 있고, 마침내 모든 크기의 작은 덩어리들에 대한 완전한 확률 분포 $h_0(z)$에 대한 해를 구할 수 있다.

12.10.9 작은 덩어리들의 크기에 대한 완전한 분포

실제로는 식 (12.124)를 $h_1(z)$에 대해 풀기가 쉽지 않고, 이를 푼 다음에도 실제 덩어리 크기의 분포를 식 (12.72)를 사용해 생성 함수로 얻는 것은 여전히 어렵다. 하지만 알고 보면 크기 분포를 찾기 위해 이것을 구할 필요가 없다. 놀랍게도, 복소수의 미분을 통해 얻어진 방법을 사용하면 생성 함수 자체가 계산되지 않는 경우에도 덩어리 크기에 대한 완전한 분포를 계산할 수 있다.

덩어리의 크기가 0이 될 수는 없기 때문에, 확률 π_s에 대한 생성 함수는 다음과 같은 형태를 띤다는 사실을 제일 먼저 기억해야 한다.

$$h_0(z) = \sum_{s=1}^{\infty} \pi_s z^s \tag{12.125}$$

이 식의 총합은 1부터 시작한다. 이를 z로 나누고 $s - 1$번 미분하면 다음을 확인할 수 있다.

$$\pi_s = \frac{1}{(s-1)!} \left[\frac{d^{s-1}}{dz^{s-1}} \left(\frac{h_0(z)}{z} \right) \right]_{z=0} \tag{12.126}$$

(이는 일반적인 공식인 식 (12.72)의 부수적인 변형이다.) 식 (12.123)을 사용하면, 위의 식을 다음과 같이 다시 쓸 수 있다.

$$\begin{aligned} \pi_s &= \frac{1}{(s-1)!} \left[\frac{d^{s-1}}{dz^{s-1}} g_0(h_1(z)) \right]_{z=0} \\ &= \frac{1}{(s-1)!} \left[\frac{d^{s-2}}{dz^{s-2}} \left[g_0'(h_1(z)) h_1'(z) \right] \right]_{z=0} \end{aligned} \tag{12.127}$$

다음의 복소수 변수를 갖는 함수 $f(z)$의 n번째 미분에 대한 코시 공식$^{\text{Cauchy formula}}$을 적용할 수 있다.

$$\frac{d^n f}{dz^n} \bigg|_{z=z_0} = \frac{n!}{2\pi i} \oint \frac{f(z)}{(z - z_0)^{n+1}} \, dz \tag{12.128}$$

여기서 적분은 z_0를 에워싸지만 $f(z)$의 극^{pole}은 포함하지 않는 복소수 평면의 경로 주변을 시계 방향으로 진행한다. 이 식을 식 (12.127)에 $z_0 = 0$과 함께 적용하면

$$\pi_s = \frac{1}{2\pi i(s-1)} \oint \frac{g_0'(h_1(z))}{z^{s-1}} \frac{dh_1}{dz} \, dz \tag{12.129}$$

를 얻는다. 경로로는 원점 주변의 극미한 원을 선택했다.

적분 변수를 h_1으로 바꾸면, 위의 식을 다시 다음과 같이 쓸 수 있다.

$$\pi_s = \frac{1}{2\pi i(s-1)} \oint \frac{g_0'(h_1)}{z^{s-1}} \, dh_1 \tag{12.130}$$

여기서 h_1을 z에 대한 함수로 가정하는 것이 아니라, z를 h_1에 대한 함수로 간주한다. 이때 h_1에 의한 경로가 원점을 감싸고 있다는 사실이 중요하기 때문에, 잠깐 그 점을 짚고 넘어가자. 식 (12.124)를 $z = 0$에 대해 확장하면 다음을 확인할 수 있다.

$$h_1(z) = zg_1(h_1(0)) + O(z^2) = zg_1(0) + O(z^2) \tag{12.131}$$

식 (12.116)에서처럼 덩어리의 크기가 0이 될 수 없기 때문에, $h_1(0) = 0$이라는 사실을 사용했다. $|z|$이 아주 작을 때 z^2차 항은 무시할 수 있게 되고, z가 그렇다면 식 (12.131)은 h_1이 원점 주변의 아주 작은 원을 따른다는 것을 보여준다. 이는 이둘이 서로에게 비례하기 때문이다. 게다가 $g_1(0) = q_0$에 비례하는 상수가 양수여서 이 둘은 원점에 대해 같은 방향으로 회전하기 때문에 적분의 부호는 정확하다.[17]

이제 식 (12.124)를 사용해 식 (12.130)에서 z를 제거해보자. 그리고 그 결과를 정리하면 다음과 같다.

$$\pi_s = \frac{1}{2\pi i(s-1)} \oint \frac{\left[g_1(h_1)\right]^{s-1} g_0'(h_1)}{h_1^{s-1}} \, \mathrm{d}h_1$$
$$= \frac{g_0'(1)}{2\pi i(s-1)} \oint \frac{\left[g_1(h_1)\right]^{s}}{h_1^{s-1}} \, \mathrm{d}h_1 \tag{12.132}$$

이 식에서는 식 (12.33)의 두 번째 줄을 사용했다. 경로가 원점을 감싸고 있기 때문에 이 적분은 다시 식 (12.128)의 형태가 되고, 따라서

$$\pi_s = \frac{\langle k \rangle}{(s-1)!} \left[\frac{\mathrm{d}^{s-2}}{\mathrm{d}z^{s-2}} \left[g_1(z)\right]^s \right]_{z=0} \tag{12.133}$$

가 되며, 이때 $g_0'(1) = \langle k \rangle$를 사용했다.

이 수식의 유일한 예외는 $s = 1$인 경우이고, 이 경우 식 (12.129)는 0/0이라는 확실히 틀린 값을 돌려준다. 하지만 크기가 1인 덩어리에 속할 유일한 확률은 다른 노드들과 연결을 유지하는 것이기 때문에, π_1 확률은 당연히 링크수가 0이 되는 것과 동일하다.

$$\pi_1 = p_0 \tag{12.134}$$

식 (12.133)과 식 (12.134)는 무작위로 선택된 노드가 링크수 분포에 대해 크기

---

17 아마 q_0가 0이 될 수 있다고 걱정하는 사람들이 있을 것이다. 그런 경우, $h_1(z) = O(z^2)$이고 h_1은 원점 주변을 두 번 돌동안 z는 한 바퀴 돈다. 하지만 이 확률은 배제할 수 있다. 주어진 $q_0 = p_1/\langle k \rangle$(식 (12.16) 참고)에서 $q_0 = 0$은 네트워크에 링크수가 1인 노드가 하나도 없음을 의미한다. 하지만 이제까지 공부했듯이 작은 덩어리들은 트리이고, 모든 트리는 최소한 링크수가 1인 하나의 노드를 갖고 있어야 한다(링크수가 하나도 없는 하나의 노드로만 이뤄진 것이 아닌 이상). 이를 확인하는 간단한 방법은 트리의 평균 링크수가 2보다 작다는 것을 확인하는 것이다(평균 링크수는 $2m/n = 2(n-1)/n < 2$이므로). 따라서 어떤 크기든 1보다 큰 작은 덩어리가 있다면 $q_0 > 0$이어야만 한다.

가 s인 덩어리에 속할 확률이다. 원칙적으로는 p_k를 알면 π_s를 계산할 수 있다. 실제로 미분을 수행하기가 항상 쉬운 것은 아니고 대부분의 경우 생성 함수 $g_1(z)$의 닫힌 형태의 해를 알지 못하지만, 최소한 몇몇 특수한 경우에 대한 계산은 가능하다.

예를 들어, $a < 1$인 지수(혹은 기하) 링크수 분포를 따르는 네트워크를 생각해보자.

$$p_k = (1 - a)\, a^k \tag{12.135}$$

생성 함수 $g_0(z)$와 $g_1(z)$는 식 (12.102)로부터 얻어지고, 다음을 쉽게 보일 수 있다.

$$\frac{\mathrm{d}^n}{\mathrm{d}z^n}\left[g_1(z)\right]^s = \frac{(2s - 1 + n)!}{(2s - 1)!}\, \frac{\left[g_1(z)\right]^s}{(a^{-1} - z)^n} \tag{12.136}$$

따라서

$$\pi_s = \frac{(3s - 3)!}{(s - 1)!(2s - 1)!}\, a^{s-1}(1 - a)^{2s-1} \tag{12.137}$$

을 얻는다. 그림 12.8은 $a = 0.3$일 때 이 식의 수치적인 시뮬레이션으로, 공식과 시뮬레이션이 잘 맞음을 훌륭하게 보여준다(비록 시뮬레이션 네트워크는 유한한 크기에서 진행된 반면, 계산은 아주 큰 네트워크 크기 n에서 수행됐지만).

생성 함수는 다양한 네트워크 특성들의 계산에 사용할 수 있는 유용한 도구를 제공한다. 이 책에서 더 심화된 많은 예를 볼 수 있을 것이다.

12.11 그 밖의 무작위 그래프 모형

이번 장과 이전 장에서 두 가지 핵심적인 네트워크 모형인 푸아송 무작위 그래프와 구조 모형을 자세하게 살펴봤다. 하지만 이 모형들에 더하여 더 많은 다양한 무작위 그래프 모형이 있다. 여기에는 방향성 네트워크 모형, 이분 네트워크 모형, 비순환 네트워크 모형, 링크수끼리 상관 있는 네트워크, 뭉침이 있는 네트워크, 커뮤니티 구조가 있는 네트워크 등 다양한 네트워크 모형들이 속한다. 이 장의 나머지 부분에서는 이 모형들 중 일부만 골라 살펴보겠다.

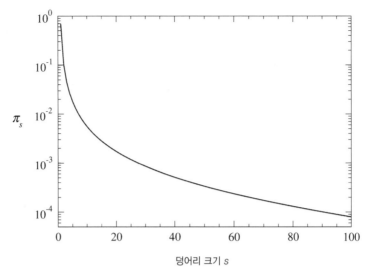

그림 12.8 구조 모형의 덩어리 크기 분포

식 (12.135)에서 $a = 0.3$일 때의 지수 링크수 분포를 갖는 구조 모형에서 임의의 노드가 크기 s인 덩어리에 속할 확률 π_s. 실선은 $n \to \infty$인 극한에서 식 (12.137)의 정확한 형태를 보여주며, 각 점들은 컴퓨터로 만든 크기 $n = 10^7$인 100개의 네트워크에서 측정된 π_s를 평균한 값이다.

12.11.1 방향성 네트워크

6.4절에서 논의했듯이 월드와이드웹, 물질대사 네트워크, 먹이 그물을 비롯한 많은 네트워크는 방향성이 있다. 푸아송 무작위 그래프 $G(n, p)$는 간단하게 방향성 네트워크에 대해 일반화될 수 있다. 각각의 노드 쌍 i와 j 사이에 독립적인 확률 p로 i에서 j로 향하는 에지를 위치시키고, 같은 확률 p로 j에서 i로 향하는 또 다른 에지를 위치시킨다(11장의 연습문제 11.7 참고). 실제에서 더 유용한 방법은 구조 모형을 방향성 네트워크에 대해 일반화하는 것으로, 이 또한 아주 직관적인 방법이다. 모든 노드의 들어오는 링크수와 나가는 링크수를 구체화하고, 각 노드에 해당하는 들어오는 링크수와 나가는 링크수의 미연결 에지를 연결한 다음, 무작위로 들어오고 나가는 미연결 에지 쌍을 선택한 후 연결하여 방향성 에지를 형성한다. 이 작업을 사용되지 않은 미연결 에지가 존재하지 않을 때까지 계속한다. 결과적으로는 방향성 없는 구조 모형에서처럼 가능한 모든 조합 쌍에서 균등하게 무작위로 미연결 에지 쌍이 연결된다. 한 가지 주의해야 할 점은 네트워크에서 들어오고 나가는 미연결 에지 수가 동일하여, 연결 과정이 종료됐을 때 남는 미연결 에지가 없도록 해야 한다는 것이다.

방향성 구조 모형의 동일한 특성 중 많은 것을 방향성 없는 네트워크에서 계산한 것과 같이 계산할 수 있다. 예를 들면, 두 노드 사이에 에지가 존재할 확률 같은 것이 있다. 노드 j의 특정한 나가는 방향의 미연결 에지가 노드 i의 들어오는 미연결 에지 k_i^{in}와 연결될 확률은 다음과 같다.

$$\frac{k_i^{\text{in}}}{\sum_j k_j^{\text{in}}} = \frac{k_i^{\text{in}}}{m} \tag{12.138}$$

여기서 m은 에지의 총 개수이고, 식 (6.19)를 활용했다. 노드 j의 나가는 방향 미연결 에지의 총 개수가 k_j^{out}이기 때문에, 노드 j로부터 노드 i로 나가는 방향성 에지의 기댓값은

$$p_{ij} = \frac{k_i^{\text{in}} k_j^{\text{out}}}{m} \tag{12.139}$$

로 표현할 수 있고, 이는 아주 크고 성긴 네트워크에서 노드 i에서 j로 향하는 에지의 확률이다. 이 결과는 방향성 없는 구조 모형의 식 (12.2)와 유사하지만 동일하지는 않다. 여기에는 분모에 2배가 되는 요소가 없음을 확인하자.

방향성 없는 네트워크에서 했던 것처럼 원한다면 링크수 배열이 아니라 링크수의 집합을 특정 링크수 분포에서 뽑은 후, 위에서 언급한 연결 과정의 시작점으로 사용할 수 있다. 다시 한번 말하지만, 나가고 들어오는 미연결 에지의 수가 동일해야 한다. 즉, 전체 네트워크에서 들어가는 링크수의 총합이 나가는 링크수의 총합과 같아야 한다.

10.3절에서 논의했듯이, 방향성 네트워크에서 링크수 분포를 기술하는 가장 정확한 방법은 결합 분포^{joint distribution}를 사용하는 것이다. 여기서 p_{jk}는 네트워크에서 들어가는 링크수 j와 나가는 링크수 k를 갖는 노드의 비율이다. 이는 노드의 나가고 들어가는 링크수가 상관 있을 가능성을 허락하는 것이다. 예를 들어, 각 노드의 들어오고 나가는 링크수가 서로 동일한 네트워크를 기술할 수 있게 해준다(이는 아주 극단적인 경우의 연관성이지만 핵심을 설명해준다).

방향성 없는 경우와 유사한 방식으로, 한 노드로부터 특정 거리만큼 떨어져 있는 이웃의 평균 수, 거대 덩어리가 네트워크에 존재하는지, 존재한다면 그 크기가 얼마인지와 같은 특성을 방향성 모형에서도 계산할 수 있다. 6.12.1절에서 설명했듯이 방향성 네트워크에서 강하게 연결된 덩어리와 약하게 연결된 덩어리를 구분

원한다면, 주어진 결합 링크수 분포를 통해 $\sum_k p_{jk}$와 $\sum_j p_{jk}$를 통해 들어오고 나가는 링크수만의 분포를 계산할 수 있다.

할 수 있고, 두 가지 모두 방향성 구조 모형을 사용해 이해할 수 있다. 비록 생성 함수가 하나가 아닌 두 가지 변수를 갖는다는 차이가 생기지만, 12.10절의 생성 함수도 방향성 모형으로 확장될 수 있다. 자세한 내용은 [149, 369]를 참고하라.

12.11.2 이분 네트워크

구조 모형을 두 가지 종류의 노드와 각기 다른 타입들 사이의 에지로 이뤄진 이분 네트워크에 대해서도 유사한 방법으로 일반화할 수 있다(6.6절 참고). 두 종류의 노드 집합을 만들고, 각 노드에 링크수만큼의 미연결 에지를 할당한다. 그런 다음, 반복적으로 각 노드 집합 중에서 무작위로 하나의 미연결 에지를 선택하고 두 미연결 에지를 합쳐서 완전한 에지를 만든다. 모든 미연결 에지가 사용되면 네트워크가 완성된다. 이 과정은 다시 모든 가능한 연결 짝에서 균일하게 미연결 에지의 연결 조합을 형성한다. 모형의 조건은 각 노드 집합에 속한 노드들에 연결된 미연결 에지의 수가 동일하여, 연결 과정이 끝났을 때 남는 미연결 에지가 없어야 한다는 것이다. 이는 각 집합에 속한 노드들의 링크수의 합이 일치해야 한다는 뜻이다.

일반적인 구조 모형과 동일한 성질들을 이 모형에서도 계산할 수 있다. 네트워크에는 이제 2개의 링크수 분포가 있는데, 하나는 각 노드 집합에 대한 것이고 다른 하나는 남은 링크수 분포다. 하지만 이 분포들에 대한 계산은 이 장에서 먼저 소개한 해당 분포들의 계산과 유사하다. 예를 들어, 연결 확률과 덩어리의 크기뿐만 아니라 단일 모드 투영을 통해 하나의 노드 집합에 대해 표현한 네트워크의 특성 등 몇몇 이분 네트워크의 고유한 특성도 계산할 수 있다(6.6.1절 참고). 자세한 사항은 [369]를 참고하라.

12.11.3 비순환 네트워크

방향성 네트워크는 닫힌 방향성 고리를 포함하지 않는 경우 비순환 네트워크가 된다. 6.4.1절에서 살펴본 것처럼, 이와 동일한 진술은 모든 에지가 하나의 선상에서 동일한 방향을 가리키며 네트워크의 노드들이 한 줄로 정렬될 수 있다는 것이다. 비순환 네트워크는 에지의 방향을 결정하는 자연적인 일차원적 순서가 존재할 때 가장 흔하게 나타난다. 인용 네트워크에서의 시간 순서가 그 예가 될 수 있다. 과학 논문들 사이의 모든 인용은 최신 논문에서 이전 논문을 향하기 때문에,

논문들을 시간 순서로 정렬하면 모든 에지는 같은 방향, 즉 시간을 거스르는 방향을 가리킬 것이다.

비순환하는 구조 모형을 만들려면, 먼저 n개의 노드를 어떤 순서를 따라 정렬해야 한다. 원한다면 시간을 따라 정렬할 수도 있겠다. 12.11.1절의 방향성 네트워크에서처럼 각 노드에 나가고 들어가는 링크수를 할당하고, 각 수에 해당하는 나가고 들어가는 미연결 에지를 위치시킨다. 그런 다음 '가장 오래된earliest' 노드부터 '최신latest'의 순서로 노드를 확인하고, 다루고 있는 노드의 나가는 미연결 에지를 이전 노드들의 들어가는 미연결 에지 중 사용되지 않은 것을 무작위로 균등하게 선택하여 연결한다. 이 방식을 네트워크에 있는 모든 노드에 적용하면 네트워크가 완성된다.

이 모형에 대해 기억해야 할 한 가지 중요한 점은 오직 특정 링크수 배열만이 유효한 네트워크를 만들 수 있다는 점이다. 위에서 설명한 과정이 동작하려면, 노드 배열에서 i번째 노드의 나가는 링크수가 모든 이전 노드에서 사용되지 않은 미연결 에지의 수보다 커서는 안 된다. 그렇지 않으면 나가는 미연결 에지 중 일부는 연결할 곳이 없을 것이다. 수학적으로 기술하면 이는 $k_i^{\text{out}} \leq \sum_{j=1}^{i-1} k_j^{\text{in}} - \sum_{j=1}^{i-1} k_j^{\text{out}}$이 되고, 동일하게 모든 i에 대해 다음과 같이 표기할 수 있다.

$$\sum_{j=1}^{i-1} k_j^{\text{in}} \geq \sum_{j=1}^{i} k_j^{\text{out}} \tag{12.140}$$

이 조건은 연결이 이뤄지기 위한 필요조건일 뿐만 아니라 분명한 충분조건이다. 이 조건을 만족시키면 위의 과정으로 네트워크를 만들 수 있다. 이 조건에 더하여, 모든 나가는 링크수와 들어오는 링크수의 총합은 동일해야 한다(이는 모든 방향성 네트워크에서 만족돼야 한다). 이 조건을 만족시키면, 링크수 배열이 언제 네트워크가 될 수 있는지 혹은 될 수 없는지를 결정할 수 있는 완전한 기준을 갖게 된다.

이런 종류의 무작위한 방향성 비순환 네트워크는 어느 정도 연구가 되었다 [255]. 하지만 많은 특성이 알려지진 않았다. 이분 네트워크의 계산은 다른 무작위 그래프의 계산보다 여러 측면에서 훨씬 복잡하다.

12.11.4 링크수 상관성

7.7.3절에서 논의한 실제 네트워크 대부분의 핵심적인 성질은 링크수의 상관성으

로, 노드가 다른 노드와 연결할 때 링크수가 자신의 링크수와 비슷하거나 다른 노드와 연결하려는 경향성을 의미한다. 무작위 네트워크에서 링크수의 연관성을 구현할 수 있는 이전 장에서의 미연결 에지 짝짓기 방법과 같은 간단한 일반적인 과정은 없다. 하지만 이런 네트워크의 여러 성질을 이번 장에서 소개한 방법의 일반화를 통해 수치적으로 계산할 수는 있다. 요령은 결합 남은 링크수 분포$^{joint\ excess}$ $^{degree\ distribution}$ $q_{kk'}$을 구체화하는 것이다. 결합 남은 링크수 분포 확률은 하나의 에지로 연결된 두 노드가 남은 링크수 k와 k'을 가질 확률이다. 일반적인 남은 링크수 분포 q_k는 다음과 같이 주어진다.

$$q_k = \sum_{k'=0}^{\infty} q_{kk'} \tag{12.141}$$

그리고 노드 i가 링크수 k를 가질 때, 그 이웃이 남은 링크수 k'을 가질 확률은 $q_{kk'}/q_k$다. 이 식을 통해 평균 링크수, 뭉침 계수, 덩어리 성질을 포함하는 상관성 있는 네트워크의 다양한 특성들을 계산할 수 있다. 자세한 내용은 [211, 350, 457]을 참고하라.

12.11.5 뭉치기와 전이성

7.3절과 10.6절에서 살펴봤듯이, 관찰된 많은 네트워크 중 사회연결망은 특별히 높은 수준의 전이성을 보이며, 두 노드가 공통된 이웃을 가지면 연결될 확률이 더 높다. 그리고 네트워크는 결과적으로 기대되는 것보다 더 많은 수의 삼각형 구조를 갖는다. 이러한 성질은 무작위 그래프 모형에 쉽게 담아낼 수 있다. 일단 네트워크에서 이전에 무작위 에지들을 만들었던 것처럼 무작위 삼각형을 만든다. 기본 아이디어는 2개의 독립적인 링크수 같은 매개변수를 각 노드에 할당하는 것이다. 하나는 해당 노드에 연결된 독립적인 에지의 수를 의미하고, 다른 하나는 해당 노드에 연결되어 있는 삼각형의 꼭짓점 수를 의미한다. 그런 다음, 각 숫자만큼 미연결 에지와 미연결 꼭짓점을 노드에 할당하고, 2개의 각기 다른 연결 과정을 수행한다. 첫 번째 과정에서는 무작위로 미연결 에지의 쌍을 선택하고, 지금까지 해왔듯이 이 둘을 연결하여 하나의 에지를 형성한다. 두 번째 과정에서는 미연결 꼭짓점 3개를 선택하고, 이 세 노드 사이에 삼각형을 형성한다(그림 12.9 참고). 이 모형의 많은 성질은 구조 모형에서와 동일한 방식으로 아주 큰 네트워크의 크기 n에서 계산될 수 있다(참고문헌 [360]을 확인하라). 이 모형은 삼각형뿐만 아니라

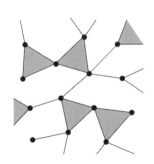

그림 12.9 뭉침이 있는 무작위 그래프 모델

이 모형에서는 한 쌍의 노드 사이에 있는 하나의 에지를 독립적으로 위치시켜, 세 노드 사이의 삼각형을 완성할 수 있다.

다른 4개나 5개의 노드가 여러 방식으로 연결된 모티프들을 포함할 수 있도록 직관적인 방식으로 확장될 수 있다[256].

12.11.6 동류성 혼합과 커뮤니티 구조

7.7절과 10.7절에서는 사회연결망에서 특히 많이 관찰되는 동류성 혼합에 대해 알아봤다. 이는 비슷한 성질이나 특성을 공유하는 노드들이 연결될 확률이 더 높다는 것이다. 예를 들면 나이, 수입, 국적, 인종, 혹은 교육 수준이 같은 사람들은 이러한 특성이 다른 사람들과 친구가 되는 것보다 더 높은 확률로 서로 친구가 된다. 아주 드물게, 노드가 동일한 특성을 공유하지 않을 때 더 잘 연결되는 비동류성 혼합을 관찰할 수도 있다.

동류성 혼합을 나타내는 일반적인 무작위 그래프 모형은 **확률기반 블록 모형** stochastic block model 으로서, 11장의 푸아송 무작위 그래프에서 동류성 혼합이 나타난 경우다(구조 모형이 아니다). 이 모형에서는 n개의 노드를 q개의 그룹 또는 타입으로 나누고 1부터 q까지 번호를 붙인다. 여기서 그룹이나 타입은 언어나 나이에 따른 그룹, 민족성, 교육 수준, 혹은 그 밖의 관심 있는 특성이 될 수 있다. 그런 다음, 일반적인 무작위 그래프에서처럼 노드 쌍 사이에 무작위로 방향성 없는 에지를 위치시킨다. 다만 다른 점은 이때 에지가 형성될 확률은 노드가 속해 있는 그룹에 따라 달라진다는 것이다. 세부적으로는 모든 에지가 동일한 확률을 갖는 대신, p_{rs}를 정의하여 그룹 r에 속한 노드와 그룹 s에 속한 노드 사이의 연결 확률을 정의할 수 있다.

확률 p_{rs}는 $q \times q$ 행렬을 형성하며, 이 행렬의 대각 요소들은 p_{rr}로서 같은 그룹에 속한 노드 사이에 에지가 형성될 확률을 의미하고, 비대각 요소들은 각기 다른 그룹 사이의 연결 확률을 나타낸다. 그룹 r과 s 사이에 에지가 연결될 확률 p_{rs}는 그룹 s와 r 사이의 연결 확률 p_{sr}과 같기 때문에 이 행렬은 대칭이다.

행렬의 대각 요소가 비대각 요소보다 크면 에지는 같은 그룹에 속한 노드 사이에서 형성될 확률이 더 커져서, 전형적인 동류성 혼합 성질을 갖는 네트워크를 얻을 수 있다. 드물게 사용되긴 하지만, 대각 요소가 비대각 요소보다 작으면 이 모형이 비동류성 혼합 특징을 갖게 할 수도 있다.

확률기반 블록 모형은 단순하지만(그리고 아주 연구가 잘되어 있다), 이 모형도 푸아송 무작위 그래프와 같은 많은 단점이 있다(11.8절 참고). 특히, 그룹 내에서 노드의 링크수는 푸아송 분포를 따르기 때문에 실제 네트워크에서 관측되는 링크수 분포와는 아주 다른 형태를 띤다. 이 문제를 바로잡기 위해, 구조 모형과 유사한 방식으로 일반화된 블록 모형을 만들 수 있다. 구조 모형과 같이 각 노드의 링크수 k_i를 선택하고, 해당 링크수만큼 미연결 에지를 노드에 붙일 수 있다. 하지만 그룹 r과 s 사이에 놓일 에지의 수 m_{rs}도 선택해야 한다($r = s$일 때는 그룹 내 에지 수가 된다). 그러면 순서에 따라 에지를 하나씩 선택하면서 그룹 r과 s 사이에 놓일 각 에지를 고르기 위해, 그룹 r에 있는 하나의 미연결 에지를 선택하고 그룹 s에서도 미연결 에지를 하나 골라 완전한 하나의 에지를 만든다. 이 과정을 모든 에지가 형성될 때까지 지속한다.

이 모형이 제대로 동작하려면, 두 그룹 사이의 에지 수 m_{rs}는 선택된 링크수 배열과 동일해야 한다. 다시 말해, 그룹 r에 속한 노드의 링크수 총합이 그룹 r과 연결돼야 하는 에지 한쪽 끝의 총수와 같아야 한다.

이 모형은 구조 모형에 동류성 혼합이 있을 때의 확장이며, 이 모형의 특징들은 기술하기가 쉽다. 하지만 실제로 이 모형은 거의 사용되지 않는다. 대신, 이런 문제에 대한 수학적인 작업은 다른 모형인 링크수 보정 확률기반 블록 모형^{degree-corrected stochastic block model}을 사용한다. 이 모형은 구조 모형의 확장이 아니라, 12.1.2절에서 설명된 청과 루 모형의 확장이다. 청과 루의 모형은 네트워크에 속한 노드의 링크수를 고정하지 않고, 링크수의 기댓값을 고정한다.

청-루 모형에서 두 노드 사이에 $c_i c_j / 2m$의 확률로 독립적으로 에지를 놓았던 것을 기억하자. 여기서 c_i는 노드 i의 기대 링크수로서, 실제 링크수는 이 값을 중심으로 약간씩 달라질 수 있고 평균값만 c_i로 고정된 것이다. 위의 블록 모형에서는 에지를 확률 $\omega_{rs} c_i c_j / 2m$으로 독립적으로 위치시키고, 여기서 r과 s는 노드 i와 j가 속한 그룹이다. 따라서 ω_{rs}는 에지 연결 확률을 수정하는 인수로서의 역할을 하며, 청-루 모형에서의 값 대비 두 그룹 사이의 연결 확률을 키우거나 낮춘다. 이 매개변수들로 이뤄진 (대칭) 행렬의 대각 요소인 ω_{rr}이 비대각 요소들보다 크다면 다시 동류성 혼합이 존재하는 네트워크를 얻게 되고, 만약 ω_{rr}이 더 작다면 비동류성 혼합 특성을 갖는 네트워크를 얻게 된다.

노드 i의 기대 링크수와 c_i를 동일하게 하고자 한다면, 매개변수 ω_{rs}를 선택하는 데 있어 약간의 제한이 있을 수밖에 없다. 노드 i의 기대 링크수는 해당 노드로부터 다른 모든 노드로 연결되는 에지 수 기댓값의 합이다. 노드 i가 속한 그룹을 g_i라고 기술한다면, 링크수의 기댓값은 다음과 같다.

$$\sum_j \omega_{g_i g_j} \frac{c_i c_j}{2m} = \frac{c_i}{2m} \sum_j \omega_{g_i g_j} c_j \qquad (12.142)$$

모든 노드 i에 대해 이 값을 c_i와 동일하게 만들려면, 모든 r에 대해 다음의 관계가 반드시 성립해야 한다.

$$\sum_j \omega_{r g_j} c_j = 2m \qquad (12.143)$$

이는 q개 그룹 각각에 대해 ω_{rs}의 값들에 대한 q개의 각기 다른 선형 제약조건을 부여하는 것이다.

이번 절에서 설명한 모형들은 동류성 혼합이 있는 네트워크의 모형을 만들 때 활용될 수 있지만, 이 모형들의 또 다른 우선적인 활용은 '커뮤니티 찾기'와 관련이 있다. 14장에서 네트워크의 커뮤니티 구조를 세세하게 알아볼 텐데, 커뮤니티 구조란 네트워크가 몇 개의 그룹이나 노드의 커뮤니티로 나뉘어서 그룹 내에서는 밀도 있는 연결을 보이지만 그룹 간에는 느슨한 연결을 갖는 구조로, 네트워크에서 흔하게 관찰되는 형태다. 이는 위에서 설명한 동류성 혼합 현상과 대체로 유사하지만, 대부분의 경우 그룹을 구분하는 외부적인 변수나 특성(나이나 수입, 국적과 같은)이 없다는 점이 다르다. 커뮤니티는 단순히 네트워크에서 관찰된 구조다. 그럼에도 불구하고 이런 그룹들은 많은 네트워크의 구조와 기능에 대한 유용한 시사점을 알려준다. 네트워크를 몇 개의 그룹으로 나누면, 노드 사이의 상호작용과 동역학, 혹은 어떻게 그러한 구조가 형성됐는지에 대한 통찰을 얻을 수 있다. 혹은 단지 시각적인 목적을 위해 네트워크의 구조를 형성하는 효과적인 방법을 제시해주기도 한다.

이러한 이유들로 네트워크에서 그룹이나 커뮤니티를 골라내는 것이 유용한 경우가 많은데, 이를 위한 다양한 '커뮤니티 찾기' 알고리듬이 제안됐다. 가장 세련된 방법 중 하나는 확률기반 블록 모형이나 링크수를 수정한 변형을 사용하는 것이다. 관찰한 네트워크의 데이터에 모형을 그에 맞추고 이렇게 맞추기 위해 매개변수를 조정하는데, 이 값들이 데이터의 점들에 직선을 맞추는 것과 비슷한 방식으로 네트워크에 존재하는 커뮤니티 구조에 대해 알려준다. 위에서 설명한 방식을 포함한 커뮤니티 찾기 방법은 14장에서 길게 다룰 것이다.

12.11.7 동적 네트워크

무작위 그래프의 또 다른 변형은 네트워크의 구조가 시간에 따라 동적으로 변화하는 것이다. 6.7절에서 지적했듯이, 대부분의 실제 네트워크는 고정되어 있지 않고 시간에 따라 진화한다. 사회연결망은 사람들이 새로운 친구를 만들거나 오래된 사람들과 관계가 소원해지면서 변화하고, 월드와이드웹 네트워크도 페이지나 링크가 추가되거나 지워지면서 달라진다. 물질대사 네트워크와 같은 생물 네트워크도 진화 시간에 따라 변화한다. 동적 네트워크에서 푸아송 무작위 그래프나 구조 모형과 동일한 것은 무엇일까? 이 질문에 대한 답은 한 가지가 아니다. 동적 네트워크를 모사하기 위한 많은 모형이 제안됐고, 자세한 내용은 [239]에서 확인할 수 있다. 하지만 아마도 가장 단순하고 가장 직접적으로 푸아송 무작위 그래프에 가까운 것은 마르코프 모형$^{\text{Markov model}}$일 것이다. 이 모형에서 노드 사이의 에지는 동일한 독립 확률로 무작위로 나타나거나 사라진다[217, 483]. 이 모형에는 임의의 확률 λ가 단위 시간마다 존재하는데, 이는 두 노드 사이에 아무 연결이 없을 때 에지가 생길 확률이다. 또 다른 확률 μ는 단위 시간마다 임의의 에지가 사라지는 확률이다. 시간이 지남에 따라 에지가 생기거나 사라지고, 네트워크의 모양은 달라진다. 하지만 각 에지는 모든 시간에 대해 동일한 확률로 존재하기 때문에, 어떤 순간에도 푸아송 무작위 그래프의 형태를 띤다. 임의의 시간에 두 노드가 연결될 무작위 그래프 확률 p를 현재 비어 있는 위치에 에지가 형성되는 데 걸리는 평균 시간 $1/\lambda$와 임의의 에지가 사라지기 전에 에지가 존재하는 평균 시간 $1/\mu$를 사용해 기술할 수 있다. 따라서 특정 에지가 존재하는 평균적인 시간의 비율이자 에지의 연결 확률 p는 다음과 같다.

$$p = \frac{1/\mu}{1/\lambda + 1/\mu} = \frac{\lambda}{\lambda + \mu} \qquad (12.144)$$

일반적으로 $p \ll 1$인 성긴 네트워크에 관심이 있기 때문에, $\lambda \ll \mu$의 관계가 성립하고 에지들은 오랫동안 유지되지 못한다. 하나의 에지가 사라지는 데 걸리는 평균적인 기간인 $1/\mu$는 네트워크가 전체적으로 바뀌는 데 걸리는 평균 시간이기도 하다. 이만큼을 기다리면 대부분의 에지는 사라지고 다른 에지로 교체될 것이다.

구조 모형의 동적 형태도 만들 수 있다. 좀 더 정확하게 말하면, 동적 형태의 청과 루[103] 모형이다(12.1.2절 참고). 이 모형은 다중 에지를 포함할 수 있기 때문에, 약간 다른 동적 과정을 사용해야 한다. 단위 시간당 노드 쌍 사이에 새로운 에지가 등장하는 확률 λ에 따라 노드 쌍 사이에는 이미 하나의(혹은 여러 개의) 에지가 존재할 수 있고, 단위 시간당 확률 μ로 존재하는 에지들이 사라질 수 있다. 노드 i와 j 사이의 평형 에지 수 p_{ij}는 두 노드 사이에 생기고 사라지는 에지들의 평균 비율과 같다고 놓아 풀 수 있다. 즉, $\lambda = \mu p_{ij}$가 되고, 따라서 $p_{ij} = \lambda/\mu$가 된다. 노드 쌍마다 독립적으로 λ를 선택하여 $\lambda_{ij} = \mu c_i c_j/2m$이 되고, 여기서 c_i와 c_j는 노드들의 얻고자 하는 링크수다. 그때 i와 j 사이의 기대 에지 수는 다음과 같다.

$$p_{ij} = \frac{\lambda_{ij}}{\mu} = \frac{c_i c_j}{2m} \tag{12.145}$$

위의 값은 청-루 모형의 값과 같다. 이는 노드들이 가질 링크수가 평균적인 값 c_i임을 보장한다(비록 다른 모든 것과 마찬가지로 이 값도 시간에 따라 변화하겠지만). 그리고 어떤 순간에도 네트워크는 청-루 모형의 형태를 띤다.

자유 매개변수 μ가 남았다. 이 값은 앞에서처럼 네트워크에서 에지의 회전율을 결정한다. 만약 $1/\mu$시간 동안 기다리면 네트워크는 여전히 동일한 기대 링크수를 갖는 청-루 모형 스타일의 네트워크일 테지만, 네트워크 자체의 구조는 완전히 사라지고 새로운 구조를 가질 것이다.

동적 네트워크에 대한 수학적 접근은 흥미로운 특성을 알려주지만, 상대적으로 위와 같은 네트워크에 대한 수학적 연구는 많이 진행되지 않았다. 한 예로 네트워크의 덩어리 구조는 다른 모든 것과 마찬가지로 시간에 따라 변할 것이고, 두 노드가 현재 순간에는 동일한 덩어리에 속하지 않는다 하더라도 어느 정도 시간이 흐르면 같은 덩어리에 속할 수 있다. 이때 지금은 연결되지 않은 두 노드가 연결되기까지 얼마의 시간이 필요한지와 같은 질문을 연구할 수도 있을 것이다. 이런 연구는 접촉 네트워크에서 질병이 어떻게 확산되는지에 응용될 수도 있을 것이다.

12.11.8 좁은 세상 모형

약간 다른 스타일과 목적을 갖고 있는 것이 와츠와 스트로가츠[466]가 제안한 좁은 세상 모형small-world model이다. 좁은 세상 모형은 정형화된 모형으로, 본래는 사회 연결망의 두 가지 특성인 뭉침 계수와 짧은 경로 길이가 동일 네트워크에서 공존할 수 있는지를 설명하고자 했던 모형이다. 현재는 12.11.5절에서 설명한 것과 같이 이런 성질을 지닌 더 나은 네트워크 모형들이 있고, 지나고 나서 보니 좁은 세상 모형의 주된 공헌은 아마 다른 부분인 듯하다. 그것은 왜 좁은 세상 효과가(대부분의 노드 쌍 사이에 짧은 경로가 존재) 모든 종류의 네트워크에서 흔하게 관측되는 지를 보였다는 점이다(4.6절 및 10.2절 참고).

이 모형은 다음과 같이 정의된다. 먼저, 정규 격자와 같은 형태에서 시작한다. 다양한 격자 구조에 대해 모형의 변형이 연구됐는데, 원본 모형은 그림 12.10(a)에서 설명하는 1차원 격차를 사용했다. 노드들은 선을 따라 정렬됐고, 각 노드는 가장 가까운 c개의 이웃들과 에지로 연결됐다. 이때 상수 c는 짝수여야 한다. 분석적 접근을 쉽게 하기 위해, 일반적으로 해당 선에 대해 주기적 경계 조건을 적용해 그림 12.10(b)처럼 이 선 양끝을 연결하여 원이 될 수 있게 한다.

이제 이 네트워크의 에지 중 몇 개를 무작위로 골라 원을 둘러싸고 있는 현재의 위치에서 움직이거나 마구잡이로 선택된 새로운 위치로 재연결^{rewiring}한다. 구체적

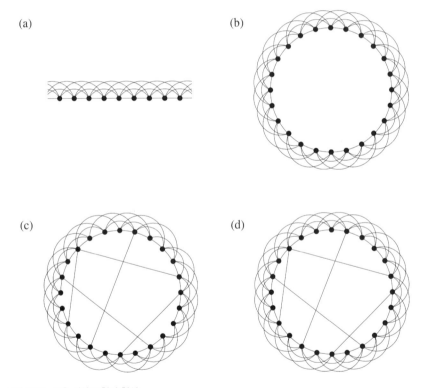

그림 12.10 좁은 세상 모형의 형성

(a) 노드들이 한 줄로 정렬되어 있고, 각 노드는 c개의 가장 가까운 이웃들과 연결되어 있다. 여기서는 $c = 6$인 경우를 보여준다. (b) 주기적 경계 조건을 적용하여 선을 원으로 만든다. (c) 독립적인 확률 p로 에지들은 무작위로 '재연결'되는데, 이는 선택된 에지가 사라지고 무작위로 선택된 두 노드 사이에 새로운 에지가 형성됨을 의미한다. 이 과정에서 원을 가로지르는 지름길이 형성된다. 위의 예에서는 $n = 24$, $c = 6$, $p = 0.07$을 사용하고 있다. 따라서 72개 중 5개의 에지가 이런 방식으로 재연결됐다. (d) 다른 형태의 모형에서는 지름길만 추가되고, 원에서 지워지는 에지를 지우지 않는다.

으로 원 둘레의 에지 각각에 위의 과정을 적용하고, p의 확률로 에지를 지운 다음 무작위로 선택한 두 노드 사이에 새로운 에지를 형성한다.[18] 그림 12.10(c)는 이 결과를 보여준다. 무작위로 교체된 에지들은 많은 경우 지름길^{shortcut}이라고 불리는데, 그림에서 보이듯이 이 에지들이 원의 한쪽에서 다른 쪽으로 가는 단축 경로를 만들기 때문이다.

만약 원의 모든 에지가 이런 식으로 무작위로 재연결되면, 11장에서 공부한 것과 같은 일반적인 푸아송 무작위 그래프와 같은 형태를 띨 것이다. 모든 에지가 동일 확률로 무작위로 교체되는 것이다. 따라서 좁은 세상 네트워크의 매개변수 p는 처음에 가졌던 원형 정규 격자와 무작위 그래프 사이를 연결한다. 확률 $p = 0$이면 어떤 에지도 재연결되지 않고 원형 격자 네트워크 그대로 있다. 확률 $p = 1$이면 모든 에지가 재연결되어 무작위 그래프가 된다. 이 모형의 본래 목적은 무작위 그래프가 짧은 경로 길이와 낮은 뭉침 계수를 갖는 반면에, 원형 정규 격자는 높은 뭉침 계수와 긴 경로를 가짐을 설명하려는 것이었다. 이 두 가지 상태 사이에서 짧은 경로와 높은 뭉침 계수를 갖는 상당한 매개변수 범위가 존재한다.

하지만 좁은 세상 모형으로부터 이끌어낼 수 있는 좀 더 핵심적인 통찰이 있다. 아주 작은 확률 p로도 모형 안에서 짧은 경로 길이가 만들어진다는 것이다. 경로 길이가 짧아지기 위해서는 아주 작은 비율의 에지만 재연결하면 된다. 11.7절에서 했던 것처럼, 네트워크의 크기가 아주 클 때($n \to \infty$) $\log n$보다 네트워크의 지름이 빠르게 증가하지 않는다는 특성으로 좁은 세상 효과를 정의하면, 이 좁은 세상 효과는 전체 에지 중 무시할 만한 수준의 에지를 재연결하는 것만으로도 얻을 수 있다[370].

이는 좁은 세상 효과를 모든 네트워크에서 흔하게 볼 수 있는 이유를 어느 정도 설명해준다. 임의의 네트워크에 있는 아주 적은 수의 에지들을 마구 섞으면 좁은 세상 효과가 나타나는 것이고, 거의 모든 네트워크에서 좁은 세상 효과를 볼 수 있게 되는 것이다. 대부분의 네트워크에서 좁은 세상 효과가 보이지 않고 절반 정도의 네트워크에서만 좁은 세상 효과가 나타난다면, 에지를 마구 섞어도 절반 정도의 확률로 좁은 세상 효과를 얻지 못하게 될 것이다. 하지만 이런 현상은 나타나지 않으므로 좁은 세상 효과는 거의 보편적이라고 결론 내릴 수 있다.

---

18 사실, 와츠와 스트로가츠[466]가 제안한 원본 좁은 세상 모형에서는 에지의 시계 방향 끝을 다른 노드와 연결한다. 몇 가지 제한 요인들이 도입됐는데, 그중 하나는 두 에지가 동일한 노드 쌍을 연결해서는 안 된다는 것이다. 하지만 이 선택은 실제 모형에서 약간 다르게 동작하게 하는데, 계산을 복잡하게 만들지는 않는다. 따라서 대부분의 연구에서는 여기서 사용하고 있는 좀 더 단순한 형태의 모형이 사용된다.

안타깝게도 앞에서 정의한 좁은 세상 모형을 분석적으로 다루기는 어렵기 때문에, 이 모형을 사용해 앞의 결론을 엄밀하게 검증하기는 어렵다. 이런 이유로, 좁은 세상 모형은 좀 더 다루기 쉬운 약간 다른 형태의 변형으로 사용되곤 한다 [370]. 그림 12.10(d)에서 보이는 것과 같이 이 변형에서는 에지를 이전과 같이 무작위로 선택된 노드 사이에 추가하지만, 원본 원형 구조에서 에지가 지워지지는 않는다. 이로써 원형은 온전히 유지되고 계산은 훨씬 단순해진다. 원본 좁은 세상 모형과의 비교를 수월하게 하기 위해, 매개변수 p의 정의는 동일하게 유지된다. 원형 위의 모든 에지에 대해, 독립 확률 p로 두 노드 사이에 추가적인 지름길을 놓는다.[19]

이 변형의 단점은 $p = 1$에 가까워졌을 때 더는 무작위 그래프가 아니라는 점이다. 대신에, 무작위 그래프와 원본 원형 격자가 추가된 형태가 된다. 하지만 변형된 모형에서 관심 있는 영역은 p가 작은 부분이고 이 영역에서 두 모형은 거의 차이가 없기 때문에, 이는 심각한 문제가 아니다. 유일한 차이는 원형 주변 에지의 적은 수에서 나타나는 이형 변종으로, 원본 모형에서는 재연결되면서 나타나지 않았던 것이다.

연습문제

12.1 12.1절에서 설명했듯이 구조 모형은 미연결 에지들의 모든 가능한 연결의 조합으로, 여기서 노드 i는 k_i개의 미연결 에지를 갖는다. 주어진 링크수 배열에 대해 가능한 짝짓기 방법의 개수가 $(2m)!/(2^m m!)$임을 보여라. 이 값은 링크수 배열에 대해 독립적이고, 총 에지 수 m에 의존한다.

12.2 12.1절에서 논의했듯이 구조 모형은 각 미연결 에지들의 짝짓기를 모두 같은 확률로 생성한다. 하지만 각기 다른 네트워크들은 각기 다른 수의 짝짓기 수에 해당하기 때문에, 모든 가능한 네트워크를 동일 확률로 형성하지는 않는다. 주어진 네트워크에 해당하는 가능한 모든 짝짓기는 그 네트워크의 짝짓기 중 하나를 선택한 후 각 노드의 미연결 에지를 가능한 모든 방식으로 치환함으로써 생성할 수 있다. 노드 i의 k_i개의 미연결 에지를 치환하는 방법은 $k_i!$이며, 한 네트워크

---

19 동일하게, 추가되는 지름길의 수가 평균이 $\frac{1}{2}ncp$인 푸아송 분포에서 뽑힌다고 할 수도 있다.

에서 미연결 에지의 짝을 맞추는 서로 다른 경우의 수는 $N = \prod_i k_i!$이 된다. 링크 수는 고정되어 있어서 이 수는 모든 네트워크가 동일한 값을 갖는다. 하지만 이것이 완전히 맞지는 않는다. 네트워크가 셀프 에지나 다중 에지를 갖는다면, 네트워크에서 미연결 에지의 변형이 매번 새로운 짝을 만들어내지 못하기 때문이다. 주어진 네트워크에서 실제로 가능한 연결 쌍의 경우의 수가 다음과 같음을 보여라.

$$N = \frac{\prod_i k_i!}{\prod_{i<j} A_{ij}! \prod_i A_{ii}!!}$$

여기서 $n!!$은 n의 이중 팩토리얼^{factorial}로서 $n(n-2)(n-4)\cdots 2$와 같고, n이 짝수일 때 $0!! = 1$이다. 다중 에지나 셀프 에지가 없다면 위의 표현은 이전 공식인 $\prod_i k_i!$로 간소화되지만, 일반적으로는 그렇게 될 수 없다.

12.3 12.2절에서 살펴본 친구 관계 역설은 당신보다 당신의 친구들이 더 많은 친구를 갖는 경향성을 말하는데, 이는 그들이 에지를 따라갈 때 도달할 수 있고 평균적으로 더 높은 평균의 링크수 기댓값을 갖기 때문이다. 일반화된 친구 관계 역설은 당신의 친구가 당신보다 부자이거나/똑똑하거나/행복한(혹은 그 밖의 특성) 상태를 말한다. 이 상황은 링크수와 해당 성질이 상관관계에 있을 때 벌어진다. 예를 들면 부자인 사람들은 더 많은 친구를 갖는 경향이 있고, 그때 부와 링크수는 친구 관계 네트워크에서 양의 상관성을 갖는다. 당신의 친구들이 평균적으로 당신보다 높은 링크수를 갖기 때문에, 그들이 더 부자일 것으로 기대할 수 있다.

a) 부^{wealth}와 같은 어떤 값이 구조 모형 네트워크의 각 노드에 할당됐다고 하자. 노드 i가 갖는 해당 값을 x_i라고 표기하자. 네트워크의 어떤 에지를 따라가더라도, 한쪽 끝에 있는 노드의 x_i의 평균이 다음과 같음을 보여라.

$$\langle x \rangle_{\text{edge}} = \frac{1}{2m} \sum_i k_i x_i$$

b) 이어서, 한 친구의 평균 x_i 값과 전체 네트워크의 평균과의 차이인 식 (12.14)와 동일한 값이 다음과 같음을 보여라.

$$\langle x \rangle_{\text{edge}} - \langle x \rangle = \frac{\text{cov}(k, x)}{\langle k \rangle}$$

여기서 $\text{cov}(k, x) = \langle kx \rangle - \langle k \rangle \langle x \rangle$이고, 이는 전체 노드에 대한 k와 x의 공분산이다.

식 (12.14)는 이 식에서 x_i가 노드의 링크수인 특별한 경우이며, 따라서 $\text{cov}(k, x) = \sigma_k^2$인 링크수 분포의 분산이다.

12.4 모든 노드가 동일한 링크수 k를 갖는 구조 모형을 생각해보자.

a) 링크수 분포 p_k는 무엇인가? 링크수 분포와 남은 링크수 분포의 생성 함수 g_0와 g_1은 무엇인가?

b) 거대 덩어리가 $k \geq 3$일 때 전체 네트워크를 차지한다는 것을 보여라.

c) 만약 $k = 1$이면 어떤 일이 벌어지는가?

d) $k = 2$인 경우는 분석하기가 상당히 어렵다. 자신이 있다면, 네트워크의 크기 n이 아주 클 때 임의의 노드가 크기 s인 덩어리에 속할 확률 π_s가 $\pi_s = 1/[2\sqrt{n(n-s)}]$가 됨을 보여라.

12.5 구조 모형 네트워크의 노드가 2 이상의 링크수만 갖고 0이나 1인 링크수는 없을 때, 작은 덩어리가 없음을 보여라(좀 더 적절한 표현은, 작은 덩어리들에 노드가 속할 확률이 네트워크의 크기 $n \to \infty$가 되면서 0에 가까워지는 것이다).

12.6 자신이 선택한 프로그래밍 언어를 사용해, 링크수가 1이나 3만 갖는 노드들로 이뤄진 구조 모형 네트워크를 생성하라. 그리고 가장 큰 덩어리의 크기를 계산하라.

a) 작성한 프로그램을 사용해, $n = 10,000$ 노드로 이뤄진 네트워크의 가장 큰 덩어리의 크기를 계산하라. 이때 $p_1 = 0.6$이고 $p_3 = 0.4$다(다른 모든 k 값에 대해 $p_k = 0$이다).

b) 작성한 프로그램을 변형하여 p_1의 값을 0부터 1까지 0.01씩 변경하면서 가장 큰 덩어리의 크기를 계산해보라. 그 결과를 p_1에 대한 함수로 그려보라. 거대 덩어리가 사라지는 상전이가 일어나는 p_1의 값을 추정하라. 자신이 구한 답을 12.6.1절에서 분석적 계산으로 구한 예측과 비교해보라.

12.7 이항 확률 분포 $p_k = \binom{n}{k}p^k(1-p)^{n-k}$를 생각해보자.

a) 이 분포에 대한 확률 생성 함수가 $g(z) = (pz + 1 - p)^n$임을 보여라.

b) 식 (12.87)과 식 (12.89)로부터 위 분포의 첫 번째와 두 번째 모멘트를 구하라. 그리고 이 분포의 분산이 $\sigma^2 = np(1-p)$임을 보여라.

c) 동일한 이항 분포에서 독립적으로 뽑힌 두 수의 합 k가 $\binom{2n}{k}p^k(1-p)^{2n-k}$의 분포를 따름을 보여라.

12.8 생성 함수는 확률 분포뿐만 아니라 많은 다양한 연구에서 사용될 수 있다.

a) 피보나치 수열 1, 1, 2, 3, 5, 8, ...은 각 수가 이전 두 수의 합이라는 성질을 갖는 것으로 정의된다. 피보나치 수에 대한 생성 함수는 멱급수로서, 이 멱급수의 계수들이 피보나치 수다. $f(z) = 1 + z + 2z^2 + 3z^3 + 5z^4 + ...$ 이때 $f(z) = 1/(1 - z - z^2)$임을 보여라. 이 멱급수를 정의하는 생성 함수가 유한한 값으로 수렴하면서 가질 수 있는 양수 중 가장 큰 z 값은 무엇인가?

b) 수의 배열 $a_k (k = 1, 2, 3, ...)$는 다음과 같은 반복되는 관계를 갖는다.

$$a_k = \begin{cases} 1 & k = 1인\ 경우 \\ \sum_{j=1}^{k-1} a_j a_{k-j} & k > 1인\ 경우 \end{cases}$$

생성 함수 $g(z) = \sum_{k=1}^{\infty} a_k z^k$가 $g(z) = \frac{1}{2}(1 - \sqrt{1 - 4z})$를 만족시킴을 보여라.

12.9 식 (12.123)의 생성 함수 $h_0(z)$에서 시작하여 다음을 수행하라.

a) 구조 모형 네트워크에서 무작위로 선택된 노드가 속해 있는 덩어리의 평균 제곱^mean-squared 크기에 대한 표현식을 생성 함수 g_0와 g_1을 사용해 유도하라.

b) 평균 링크수 c를 갖는 푸아송 링크수 분포에 대해 평균 제곱 크기가 거대 덩어리가 없는 영역에서 $1/(1 - c)^3$임을 보여라.

12.10 네트워크의 크기 n이 큰 극한에서 링크수 분포가 모든 $k \geq 0$에서 $p_k = 2^{-(k+1)}$인 구조 모형 네트워크를 생각해보자.

a) 이 링크수 분포가 올바르게 정규화됐음을 보여라.

b) 이 링크수 분포와 남은 링크수 분포에 대한 생성 함수 $g_0(z)$와 $g_1(z)$를 유도하라.

c) 임의 노드의 평균 링크수 c_1을 계산하고, 두 번째 이웃의 평균 개수 c_2를 계산하라.

d) 이 네트워크에 거대 덩어리가 존재하는가? 어떻게 알 수 있는가?

e) 무작위로 선택된 노드가 크기가 3인 덩어리에 속할 확률은 얼마인가?

12.11 링크수 분포 $p_k = (1 - a)a^k$인 구조 모형($a < 1$)을 생각해보라. 생성 함수 $g_0(z)$와 $g_1(z)$는 식 (12.102)에 주어졌다.

a) 식 (12.30)의 확률 u가 다음의 3차 방정식을 만족시킴을 보여라.

$$a^2 u^3 - 2au^2 + u - (1 - a)^2 = 0$$

b) 이 방정식에 대해 $u = 1$은 항상 자명한 해다. 거대 덩어리의 존재 여부에 대한 자명하지 않은 해가 2차 방정식 $a^2 u^2 - a(2 - a)u + (1 - a)^2 = 0$을 만족시킴을 보여라.

c) 네트워크 크기의 비율로서 거대 덩어리가 존재한다면 그 크기가 다음과 같음을 보여라.

$$S = \tfrac{3}{2} - \sqrt{a^{-1} - \tfrac{3}{4}}$$

d) $a > \tfrac{1}{3}$인 경우에만 거대 덩어리가 존재함을 보여라.

12.12 네트워크의 크기 n이 큰 극한에서 링크수 분포 p_k를 갖는 구조 모형을 생각해보자.

a) 링크수가 k인 노드가 거대 덩어리에 속할 확률을 식 (12.30)의 u에 대해 기술하라.

b) 거대 덩어리에 속한 임의의 노드가 링크수 k를 가질 확률을 유도하라.

c) 거대 덩어리에 속한 임의 노드의 평균 링크수는 $c(1 - u^2)/S$임을 보여라. 여기서 c와 S는 늘 그렇듯 네트워크 전체에 대한 평균 링크수와 거대 덩어리의 크기다.

d) 다음과 같이 $\sum_{jk} p_j p_k (j - k)(u^j - u^k) \leq 0$이고, 따라서 $\sum_k k u^k p_k \leq \sum_k k p_k$ $\sum_k u^k p_k$임을 보여라. 뒤에 나온 부등식을 식 (12.26)과 식 (12.29)의 생성 함수에 대해 다시 기술하고, 어느 구조 모형 네트워크에 대해서든지 링크수가 2인 노드가 거대 덩어리에 속할 확률이 일반적인 노드가 거대 덩어리에 속할 확률보다 크거나 같음을 증명하라.

e) 위에서 구한 (c)와 (d)의 결과를 함께 고려하여, 어떤 구조 모형이든 거대 덩어리에 속한 노드들의 평균 링크수가 네트워크 전체의 평균 링크수보다 크거나 같음을 보여라.

12.13 12.10.9절의 결과를 사용해, 푸아송 링크수 분포를 따르는 무작위 그래프에서 무작위로 선택된 노드가 크기 s인 덩어리에 속할 확률 π_s가 $\pi_s = (cs)^{s-1} e^{-cs}/s!$임을 보여라. 여기서 c는 평균 링크수다.

12.14 각 노드 쌍 i, j 사이에 에지가 독립적인 확률 $p_{ij} = K f_i f_j$로 놓이는 네트워크 모형을 생각해보자. 여기서 K는 상수이고, f_i는 노드 i에 할당된 어떤 수다. 모형에서 노드 i의 기대 링크수 c_i는 f_i에 비례하고, 따라서 이 형태에서 가능한 에지

연결 확률은 12.1.2절의 청-루 모형에서처럼 $p_{ij} = c_i c_j / 2m$만 가능함을 보여라.

12.15 12.6.1절에서 살펴본 예제 모형을 생각해보자. 이 구조 모형은 오직 링크수가 3 혹은 그보다 작은 링크수만 갖는 노드들로 구성되어 있고, 생성 함수는 식 (12.34)와 식 (12.35)에 주어졌다.

a) 거대 덩어리가 없는 영역에서, 무작위로 선택된 노드가 속한 덩어리의 평균 크기가 다음과 같음을 보여라.

$$\langle s \rangle = 1 + \frac{(p_1 + 2p_2 + 3p_3)^2}{p_1 - 3p_3}$$

b) 동일한 영역에서, 무작위로 선택된 노드가 크기가 1, 2, 3인 덩어리에 속할 확률을 구하라.

12.16 링크수 분포가 $p_k = C\,ka^k$인 구조 모형을 생각해보자. 여기서 a와 C는 양의 상수이며, $a < 1$이다.

a) 상수 C의 값을 a에 대한 함수로 계산하라.

b) 네트워크의 평균 링크수를 계산하라.

c) 네트워크의 평균 제곱 링크수를 구하라.

d) 거대 덩어리를 포함하는 네트워크에서 포함하지 않는 네트워크로 변하는 상전이 지점의 a 값을 구하라. 이보다 더 크거나 작은 값에서 거대 덩어리가 존재하는가?

다음의 합들이 계산을 수행할 때 유용하게 사용될 수 있다.

$$\sum_{k=0}^{\infty} ka^k = \frac{a}{(1-a)^2}, \qquad \sum_{k=0}^{\infty} k^2 a^k = \frac{a+a^2}{(1-a)^3}, \qquad \sum_{k=0}^{\infty} k^3 a^k = \frac{a+4a^2+a^3}{(1-a)^4}$$

12.17 인터넷이 $k \geq 1$일 때 거듭제곱 링크수 분포 $p_k \sim k^{-\alpha}$를 따르고 $\alpha \simeq 2.5$라고 가정해보자.

a) 위의 분포를 갖는 구조 모형을 사용해 인터넷의 수학적 모형을 만들어보라. 기본적인 생성 함수 g_0와 g_1을 기술하라(이 생성 함수들을 닫힌 형태로 기술할 수 없기 때문에, 함수들을 합의 꼴로 남겨둬야 한다).

b) 인터넷의 노드들 중 얼마의 비율이 어느 순간에든 기능을 할 것으로 생각하는가?(여기서 기능을 한다는 것은 실제로 다른 대부분의 노드에게 데이터를 보낼 수 있다는 뜻이다.)

12.18 12.11.1절에서 논의한 종류의 방향성 무작위 그래프를 생각해보자. 여기서 링크수 분포는 결합 확률 p_{jk}로 고정됐고, 이는 임의의 노드가 들어오는 링크수 j와 나가는 링크수 k를 가질 확률이다. 구조 모형에서 사용했던 논의와 비슷한 방식으로, 이러한 네트워크에 속한 임의의 노드는 이 노드로부터 앞쪽으로 나가는 에지들을 따라갔을 때 도달 가능한 노드의 수가 노드로부터 멀어질수록 지수적으로 증가하면 거대 나가는 덩어리를 갖는다고 할 수 있다.

a) 거리에 따라 도달 가능한 노드의 수가 성장하는 평균 비율을 계산해서 노드의 나가고 들어가는 링크수가 서로 상관이 없으면(즉, p_{jk}가 j와 k의 독립적인 확률 곱을 포함하면) 나가는 거대 덩어리는 오직 $c > 1$일 때만 존재하며, 여기서 c는 네트워크의 나가고 들어오는 평균 링크수다. 이는 일반 구조 모형에 대한 식 (12.24)의 기준과 동일하다.

b) 동일한 조건이 들어오는 거대 덩어리의 존재 여부에도 적용됨을 보여라.

c) 들어오고 나가는 거대 덩어리의 존재는 동시에 연결된 거대 덩어리와 강하게 연결된 거대 덩어리의 존재를 의미하기도 하므로, 모든(들어오고, 나가고, 강하고, 약한) 거대 덩어리의 존재 여부에 동일한 조건이 사용됨을 설명하라.

d) 실제 방향성 네트워크에서 링크수들은 대체로 상관이 있다(혹은 반대로 상관이 있다). 이 상관성은 들어오고 나가는 링크수의 공분산으로 정량화될 수 있다. 상관성이 존재할 때, 거대 덩어리가 존재하는 조건이 $c(c-1) + \rho > 0$임을 보여라.

e) 월드와이드웹에서 노드의 들어오고 나가는 링크수는 공분산 $\rho = 180$을 갖는 것으로 측정됐다. 평균 링크수 $c = 4.6$ 정도다. 이 숫자들에 근거하여, 월드와이드웹이 거대 덩어리를 가질 것으로 기대할 수 있는가?

12.19 12.11.2절에서 논의했던 것처럼, 구조 모형의 이분 네트워크로의 적용을 생각해보자. 노드는 크게 두 집합 A와 B로 나뉘고, 에지는 각기 다른 집합에 속한 노드 사이에만 존재한다. 각 노드 집합은 자체적인 링크수 분포를 가질 수 있고, 이 두 노드 집합의 링크수 분포는 같거나 비슷할 이유가 없다.

a) 링크수 분포의 정확한 형태에 따라서, 네트워크는 거대 덩어리를 가질 수도 있고 갖지 않을 수도 있다. 일반적인 구조 모형의 식 (12.24)와 동일하게 두 집합의 평균과 평균 제곱 링크수에 대해 조건을 유도하고, 거대 덩어리가 언제 존재하는지 설명하라.

b) 확률 u_A를 에지 끝에 있는 A 집합에 속한 노드가 거대 덩어리에 속하지 않을 확률로 정의하자. 이와 비슷한 방식으로 u_B를 정의하자. $u_A = g_1^A(u_B)$이고 $u_B = g_1^B(u_A)$이며, 여기서 g_1^A와 g_1^B는 A 집합과 B 집합에 속하는 노드들의 남은 링크수에 대한 생성 함수다.

c) 거대 덩어리에 속한 A 집합의 노드 비율 S_A에 대한 수식을 유도하라.

CHAPTER 13

네트워크 형성 모형

월드와이드웹이나 인용 네트워크처럼 노드가 생겨나면서 자라는 네트워크들의 형성 모형

11장과 12장에서 다룬 모형은 덩어리, 링크수 분포, 경로 길이 같은 네트워크의 구조적 특징을 연구하는 데 좋은 도구를 제공한다. 다음 장들에서 보겠지만, 이 모형은 네트워크 회복력이나 전염병 확산 같은 현상을 모형화할 때 편리한 출발점을 제공하기도 한다.

하지만 목적이 완전히 다른 중요한 네트워크 모형도 있다. 지금까지 본 모형에서는 노드와 에지의 수, 링크수 분포 같은 네트워크의 매개변수들을 모형 개발자들이 처음부터 원하는 값으로 정했다. 예를 들어, 거듭제곱 형태의 링크수 분포를 갖는 네트워크라면 12.8절에서 한 것처럼 그런 분포를 갖는 무작위 그래프 모형을 만들어서 그 구조를 해석적으로 또는 계산적으로 연구할 수 있다. 하지만 이런 종류의 네트워크 모형은 왜 네트워크가 애초에 거듭제곱 형태의 링크수 분포를 갖는지를 설명하지 못한다. 13장에서는 그런 설명을 제공하는 다른 형태의 모형을 소개한다.

13장에서 다룰 모형은 네트워크가 만들어지는 메커니즘에 관한 모형이다. 이런 모형의 의도는 네트워크 형성에 관한 가설적인 메커니즘이 어떤 네트워크 구조를 만들어내는지를 탐구하는 것이다. 그렇게 만들어진 네트워크 구조가 우리가 실제 세계에서 관찰하는 네트워크 구조와 비슷하다면 비슷한 메커니즘이 실제 네트워크에서도 작동하리라고 생각할 수 있다(하지만 그것을 증명하는 것은 아니다).

그런 네트워크 모형 중 가장 잘 알려진 예는 이 장에서 처음 공부할 '선호적 연결' 모형인데 이 모형은 거듭제곱 형태의 링크수 분포를 갖는 네트워크의 성장에 관한 모형이다. 이 장의 후반부에서는 노드 복제 모형과 네트워크 최적화 모형을

포함한 수많은 모형을 소개한다.

13.1 선호적 연결

거듭제곱 법칙의 일반적인 성질에 관한 논의는 [335, 357]을 참고하라.

10.4절에서 논의했듯이 많은 네트워크의 링크수 분포가 적어도 꼬리 부분에서는 거듭제곱 법칙을 따른다는 사실이 관찰됐다. 예를 들면 인터넷, 월드와이드웹, 인용 네트워크, 몇몇 사회 및 생물 네트워크가 그렇다. 거듭제곱 법칙은 다소 유별난 분포이며, 실제 데이터에서 관찰된 거듭제곱 법칙은 종종 흥미로운 과정에 기반한 것임을 가리킨다. 그러므로 어떻게 네트워크가 그런 분포를 갖게 됐는지를 묻는 것은 자연스럽다. 처음 이 질문을 직접 연구한 사람은 1970년대의 프라이스Price[394]다. 그는 거듭제곱 형태의 링크수 분포를 만들어내는 단순하면서도 우아한 네트워크 형성 모형을 제안했다.

인용 네트워크에 대해서는 3.2절을 참고하라.

프라이스는 과학 논문의 인용 네트워크에 관심이 있어서 1960년대에 이 주제에 관한 중요한 논문을 쓰기도 했다. 이 논문에서 그는 인용 네트워크에서 링크수 분포가 거듭제곱 법칙을 보인다는 것을 보였다[393]. 거듭제곱 법칙의 원인을 탐구하던 중 프라이스는 경제학자인 허버트 사이먼Herbert Simon[429]의 연구로부터 영감을 받았다. 사이먼은 거듭제곱 법칙이 네트워크가 아닌 다양한 경제 데이터에서 발견된다는 사실을 주목했다. 예를 들면, 사람들의 부의 분포가 그렇다. 사이먼은 부의 분포에 대한 설명을 제시했는데, 이는 이미 많은 돈을 가진 사람은 현재 가진 돈에 비례해서 더 많은 돈을 번다는 아이디어에 바탕을 두고 있다. 그럴듯한 가정으로 보인다. 부자들은 주로 그들의 부를 투자함으로써 돈을 번다. 투자에 대한 수익은 결국 투자한 금액에 비례한다. 사이먼은 이러한 '부익부' 효과가 거듭제곱 분포를 야기한다는 것을 수학적으로 보일 수 있었다. 프라이스는 사이먼의 방법을 거의 그대로 빌려와서 네트워크에 적용했다. 프라이스는 사이먼의 메커니즘에 누적이익cumulative advantage이라는 이름을 붙였다.[1] 오늘날에는 바라바시Barabási와 알버트Albert[40]가 붙인 선호적 연결preferential attachment이라는 이름으로 더 많이 알려져 있다. 이 책에서는 선호적 연결이라는 용어를 주로 사용한다.

인용 네트워크에 관한 프라이스의 모형은 다음과 같다. 논문들이 일정한 비율

---

1 사이먼은 이 메커니즘을 **율 과정**(Yule process)이라고 불렀는데, 이는 더 간단한 메커니즘을 훨씬 더 오래전에 연구했던 통계학자 우드니 율(Udny Yule)을 인정하기 위해서였다.

일 필요는 없지만 계속 출판되고 새로 나온 논문들은 이미 출판된 논문들을 인용한다. 3.2절에서 논의했듯이 논문을 노드라고 하고 논문 사이의 인용을 방향성 에지라고 하면 방향성 인용 네트워크가 만들어진다. 논문은 한번 출판되면 사라지지 않으므로 이 네트워크의 노드도 생성되면 결코 없어지지 않는다.

새로 나온 논문이 인용한 논문의 평균 수를 c라고 하자. 네트워크 언어로 c는 인용 네트워크의 평균 나가는 링크수이고, 출판 언어로는 논문의 참고문헌의 평균 크기다. 모형에서 실제 참고문헌의 크기는 논문에 따라 평균을 벗어날 수 있다. 참고문헌의 크기 분포가 몇몇 기본적인 분별 조건을 만족시키는 한,[2] 네트워크 크기가 매우 큰 극한에서 모형의 행동에 평균값만이 중요하다. 실제 인용 네트워크에서 참고문헌의 크기 분포는 분야마다 다르고 논문이 출판된 시기에 따라서도 다르며 참고문헌의 평균 크기는 대부분의 분야에서 시간에 따라 커지지만 이런 효과는 모형에서 무시됐다.

프라이스 모형의 가장 중심적인 가정은 새로 나온 논문이 인용할 논문을 선택할 때 인용되는 논문의 피인용 수에 비례하는 확률로 무작위로 선택한다는 것이다. 논문을 무작위로 고르는 것은 명백히 실제 출판 과정을 정확히 반영하지 못한다. 프라이스 모형은 어떤 논문이 주제에 가장 적합한지, 어떤 논문이 가장 독창적인지 또는 가장 잘 쓰였는지를 비롯해 연구 논문과 총설 논문의 차이와 실제 인용 패턴에 영향을 줄 많은 중요한 요인들을 무시한다. 그러므로 이 모형은 인용 과정을 매우 단순화한 묘사라고 볼 수 있다. 무작위 그래프에 관한 앞 장에서 봤듯이 단순한 모형도 실제적인 통찰력을 이끌어낼 수 있다. 모형은 인용 과정의 한 측면만을, 그것도 가설적인 것을 표현한다는 사실을 기억할 필요가 있다. 그래도 밀고 나가서 무엇을 발견할 수 있는지 보자.

사람들의 부에 작용하는 원리처럼 논문의 피인용 수도 그 수에 비례해서 커지는 것이 그렇게 믿기 어렵지 않다. 논문을 읽을 때 사람들은 종종 그 논문이 인용한 다른 연구를 참고하고 그중 몇 개를 읽어보기도 한다. 다른 모든 조건이 똑같다면 가끔 인용된 논문보다는 자주 인용된 논문을 마주칠 가능성이 높다. 논문을 읽어보고 좋았다면 같은 주제로 논문을 쓸 때 해당 논문을 직접 인용할 것이다. 그렇다고 논문이 인용될 확률이 이미 받은 피인용 수에 정확히 비례한다는 뜻은

---

2 분포에 대한 주요한 조건으로 분산이 유한해야 한다는 것이 있다. 예를 들어, 이 조건에 의해 거듭제곱 지수가 3보다 작은 거듭제곱 분포가 배제된다. 경험 증거에 따르면 실제 참고문헌의 분포는 적절히 유한한 분산을 갖는 나무랄 데 없는 분포다. 그래서 프라이스 모형의 가정을 만족시킨다.

아니다. 다만 부자가 왜 더 부유해지는지를 논문 인용이라는 맥락에서 정당화하는 데 도움을 준다.

사실 더 생각해보면 새로 인용될 확률이 이미 받은 피인용 수에 정확히 비례할 수 없음이 분명하다. 특이한 경우를 제외하면 논문은 피인용 수 0으로 그 생애를 시작한다. 이러한 비례성 규칙을 엄격하게 적용한다면 새로 인용될 확률은 0이고 이후로도 피인용 수는 계속 0이어야 할 것이다. 프라이스는 이런 문제를 피하기 위해 논문이 새로 인용될 확률이 이미 받은 피인용수에 양의 상수 a를 더한 값에 비례한다는 규칙을 제안했다(사실 프라이스는 원래 논문에서 $a = 1$인 경우만 다뤘는데 이 경우에 국한될 필요는 없다. 그래서 여기서는 $a > 0$인 일반적인 경우를 다룰 것이다).

상수 a는 논문이 경주를 시작할 때 받는 '공짜' 피인용 수를 뜻한다. 각 논문은 0이 아니라 a번의 피인용 수로 시작하는 것처럼 행동하며, 모든 논문은 실제로 인용되지 않았더라도 인용될 기회를 갖게 된다. a에 대한 또 다른 해석은 인용할 논문을 그 논문의 피인용 수와 무관하게 무작위로 선택하는 비중으로 보는 것이다. 동시에 그 나머지 비중으로 피인용 수에 비례하여 논문을 선택한다(13.1.2절에서는 이 해석을 더 자세히 논의하고, 이를 이용해 프라이스 모형을 시뮬레이션하는 빠른 알고리듬을 구성할 것이다).

네트워크의 시작 상태, 즉 네트워크가 자라날 핵을 구체화할 필요가 있다. 실제로 네트워크가 큰 극한에서 모형의 예측은 초기 상태에 의존하지 않는다. 그래도 예를 들면 피인용 수가 모두 0인 논문들의 작은 집합에서 시작해볼 수 있다.

요약하면, 프라이스 모형은 논문들과 그들 사이의 인용으로 이뤄진 자라는 네트워크다. 노드, 즉 논문은 계속 생겨나지만 사라지지 않고, 각 논문은 평균적으로 c개의 다른 논문을 인용하며(즉, 평균 나가는 링크수가 c다) 인용될 논문은 들어오는 링크수에 상수 a를 더한 값에 비례하는 확률로 무작위로 선택된다.[3]

프라이스 모형의 중요한 성질 하나가 바로 보이는데, 이 모형은 순수하게 비순환 네트워크를 만든다(6.4.1절 참고). 왜냐하면 모든 에지가 더 최근에 생긴 노드에서 덜 최근에 생긴 노드를 가리키는데, 즉 시간 역순이기 때문이다. 네트워크의 모든 방향성 경로는 시간 역순을 가리키므로 닫힌 고리를 만들 수 없다. 닫힌 고

---

3 프라이스 모형에는 같은 논문이 참고문헌에 두 번 나오는 것을 막는 장치가 없다. 실제 인용 네트워크에서 두 번 인용되는 일은 일어나지 않는다. 이중 인용은 다중 에지로 볼 수 있지만(6.1절 참고) 실제 인용 네트워크는 다중 에지가 없는 단순 네트워크다. 그러나 12장의 배열 모형과 같이 다중 에지가 생길 확률은 네트워크 크기가 커지면서 0으로 수렴한다. 그래서 네트워크가 커지는 극한에서 다중 에지를 허용한다고 해도 모형의 예측은 달라지지 않으므로 다중 에지를 허용하면 모형을 수학적으로 훨씬 더 쉽게 다룰 수 있다.

리가 생기려면 시간 순서의 에지가 있어야 한다. 인용 네트워크는 비순환이거나 거의 그런데(3.2절 참고), 그래서 프라이스 모형은 인용 모형의 원래 목적과 잘 맞는다. 다른 한편 월드와이드웹 같은 방향성 네트워크와는 잘 맞지 않는다. 그래도 프라이스 모형은 웹의 거듭제곱 분포를 위한 모형으로 쓰일 때가 있다.

13.1.1 프라이스 모형의 링크수 분포

이제 프라이스 모형의 정의에 따라 노드의 들어오는 링크수, 즉 논문의 피인용 수 분포를 기술하는 방정식을 매개변수 c와 a를 이용해 쓸 것이다. 네트워크가 매우 큰 극한에서 방정식을 풀어서 링크수 분포를 얻을 것이다. 이 장에서는 방향이 있는 경우와 없는 경우를 모두 다루므로 방향이 있는 경우의 들어오는 링크수와 방향이 없는 경우의 보통 링크수를 주의 깊게 구분할 필요가 있다. 6.10절에서 노드 i의 들어오는 링크수는 k_i^{in}으로 표기했는데 이 표기는 방정식을 읽기 힘들게 만든다. 이 장에서는 그 대신 도로고프체프^{Dorogovtsev} 등[148]이 도입한 대로 노드 i의 들어오는 링크수를 q_i로 쓰겠다. 방향성 없는 네트워크에서 링크수는 이전과 같이 k_i로 나타낸다.

자라는 네트워크에 대한 프라이스 모형을 고려하자. 네트워크가 n개의 노드를 가질 때 들어오는 링크수가 q인 노드의 비율, 즉 들어오는 링크수 분포를 $p_q(n)$으로 쓰자. 이제 네트워크에 새 노드가 하나 더해졌을 때 어떤 일이 벌어지는지를 따져보자.

이 새 노드가 인용하는 기존 노드들 중 하나를 생각하자. 모형의 정의에 따라 특정한 노드 i로 인용이 이뤄질 확률은 $q_i + a$이며, 여기서 a는 양의 상수다. 인용은 기존 노드 중 하나를 골라 이뤄지므로 모든 i에 대한 합이 1이 되도록 정규화 돼야 한다. 다시 말해, 올바르게 정규화된 확률은 다음과 같아야 한다.

$$\frac{q_i + a}{\sum_i (q_i + a)} = \frac{q_i + a}{n\langle q \rangle + na} = \frac{q_i + a}{n(c + a)} \tag{13.1}$$

여기서 $\langle q \rangle = n^{-1} \sum_i q_i$는 평균 들어오는 링크수를 나타낸다. 두 번째 등식은 방향성 네트워크에서 평균 들어오는 링크수는 평균 나가는 링크수와 같다는 사실을 이용했다(식 (6.20) 참고). 이 네트워크의 평균 나가는 링크수는 정의에 의해 c이므로 $\langle q \rangle = c$가 된다.

새로 나타난 논문 각각은 평균적으로 c개의 논문을 인용한다. 새 논문이 나타날 때마다 노드 i를 인용하는 횟수의 기댓값은 c에 식 (13.1)을 곱한 것이다. 들어오는 링크수가 q인 노드는 $np_q(n)$개가 있으므로 들어오는 링크수가 q인 모든 노드에 대한 새로운 피인용 수의 기댓값은 다음과 같다.

$$np_q(n) \times c \times \frac{q+a}{n(c+a)} = \frac{c(q+a)}{c+a}p_q(n) \tag{13.2}$$

이제 들어오는 링크수 분포의 진화에 관한 소위 으뜸 방정식$^{\text{master equation}}$을 쓸 수 있다. n개의 노드로 이뤄진 네트워크에 노드 1개를 새로 추가한다고 하자. 들어오는 링크수가 $q - 1$인 노드가 새로 인용됨으로써 들어오는 링크수가 q인 노드가 된다. 이런 노드 각각에 대해 들어오는 링크수가 q인 노드의 개수는 1씩 증가한다.[4] 식 (13.2)로부터 그런 노드 수의 기댓값은 다음과 같다는 사실을 알 수 있다.

$$\frac{c(q-1+a)}{c+a}p_{q-1}(n) \tag{13.3}$$

마찬가지로, 들어오는 링크수가 q인 노드가 새로 인용될 때마다 들어오는 링크수가 $q + 1$인 노드가 되면서 들어오는 링크수가 q인 노드의 개수는 하나씩 줄어든다. 이런 일이 일어나는 횟수의 기댓값은 다음과 같다.

$$\frac{c(q+a)}{c+a}p_q(n) \tag{13.4}$$

새 노드가 추가된 후 들어오는 링크수가 q인 노드 수의 기댓값은 $(n+1)p_q(n+1)$이므로 위의 결과와 함께 쓰면 이는 다음과 같다.

$$(n+1)p_q(n+1) = np_q(n) + \frac{c(q-1+a)}{c+a}p_{q-1}(n) - \frac{c(q+a)}{c+a}p_q(n) \tag{13.5}$$

우변의 첫 번째 항은 이전 단계에서 들어오는 링크수가 q인 노드 수를 나타낸다. 두 번째 항은 늘어난 노드 수, 세 번째 항은 줄어든 노드 수를 나타낸다.

식 (13.5)는 $q = 0$이 아닌 모든 q에 대해 적용된다. $q = 0$인 경우에는 새로 인용됨으로써 들어오는 링크수가 0이 되는 노드가 존재하지 않으므로 식 (13.5) 우변의 두 번째 항은 나타나지 않는다. 다른 한편 새 노드가 네트워크에 추가될 때마

---

4 이론적으로는 들어오는 링크수가 $q - 2$인 노드가 두 번 인용되어 들어오는 링크수가 q가 되는 경우도 가능하다. 두 번 이상 인용되는 경우도 마찬가지로 생각해볼 수 있다. 하지만 이는 다중 에지를 뜻하며 네트워크가 커질수록 거의 나타나지 않는다. 그래서 이런 가능성을 무시할 수 있다.

다 들어오는 링크수가 0인 노드가 하나씩 생긴다. 논문이 처음 출판될 때는 아직 인용되지 않기 때문이다. n개의 노드로 이뤄진 네트워크에 정확히 1개의 노드가 추가되면서 노드의 개수가 $n + 1$이 되므로 $q = 0$일 때의 방정식은 다음과 같다.

$$(n + 1)p_0(n + 1) = np_0(n) + 1 - \frac{ca}{c + a}p_0(n) \tag{13.6}$$

이제 네트워크의 크기가 $n \to \infty$로 커지는 극한을 고려하자. 그 극한에서 링크 수 분포의 근사적 형태를 계산하자.[5] $n \to \infty$인 극한을 취하고 $p_q(\infty)$를 p_q로 쓰면 식 (13.5)와 식 (13.6)은 다음과 같이 된다.

$$p_q = \frac{c}{c + a}\left[(q - 1 + a)p_{q-1} - (q + a)p_q \right] \qquad q \geq 1인 \ 경우 \tag{13.7}$$

$$p_0 = 1 - \frac{ca}{c + a}p_0 \qquad q = 0인 \ 경우 \tag{13.8}$$

두 번째 방정식을 정리하면 링크수가 0인 노드의 비율 p_0를 쉽게 얻을 수 있다.

$$p_0 = \frac{1 + a/c}{a + 1 + a/c} \tag{13.9}$$

$q \geq 1$인 경우의 해는 좀 더 복잡하다. 식 (13.7)을 p_q에 대해 정리하자.

$$p_q = \frac{q + a - 1}{q + a + 1 + a/c} \, p_{q-1} \tag{13.10}$$

이 방정식을 p_0의 결과인 식 (13.9)에서 시작하여 반복해서 적용하면 모든 q에 대한 p_q를 계산할 수 있다. 우선 식 (13.10)에서 $q = 1$로 놓으면 다음 결과를 얻는다.

$$p_1 = \frac{a}{a + 2 + a/c} \, p_0 = \frac{a}{(a + 2 + a/c)} \frac{(1 + a/c)}{(a + 1 + a/c)} \tag{13.11}$$

이 결과를 이용해 p_2를 얻는다.

$$p_2 = \frac{a + 1}{a + 3 + a/c} \, p_1 = \frac{(a + 1)a}{(a + 3 + a/c)(a + 2 + a/c)} \frac{(1 + a/c)}{(a + 1 + a/c)} \tag{13.12}$$

마찬가지 방법으로 p_3를 얻는다.

---

5 엄격히 말해서 링크수 분포가 n이 클 때 근사적 형태를 가지며 더 이상 변하지 않는다는 것을 먼저 증명해야 한다. 하지만 지금은 일단 근사적 형태를 갖는다고 가정하자.

$$p_3 = \frac{a+2}{a+4+a/c} p_2$$
$$= \frac{(a+2)(a+1)a}{(a+4+a/c)(a+3+a/c)(a+2+a/c)} \frac{(1+a/c)}{(a+1+a/c)} \qquad (13.13)$$

이를 반복하여 일반적인 q에 대해 해의 정확한 표현이 다음과 같이 된다는 사실을 쉽게 보일 수 있다.

$$p_q = \frac{(q+a-1)(q+a-2)\ldots a}{(q+a+1+a/c)\ldots(a+2+a/c)} \frac{(1+a/c)}{(a+1+a/c)} \qquad (13.14)$$

실제로 이것이 프라이스 모형의 링크수 분포에 대한 완전한 해다. 하지만 이 결과를 유용한 형태로 다시 쓰기 위해 좀 더 할 일이 있다. 다음과 같은 감마 함수를 이용하자.

$$\Gamma(x) = \int_0^\infty t^{x-1} e^{-t}\, dt \qquad (13.15)$$

이 함수는 모든 $x > 0$에 대해 다음과 같은 유용한 성질이 있다.[6]

$$\Gamma(x+1) = x\Gamma(x) \qquad (13.16)$$

이 공식을 반복하면 다음과 같은 결과를 얻는다.

$$\frac{\Gamma(x+n)}{\Gamma(x)} = (x+n-1)(x+n-2)\ldots x \qquad (13.17)$$

이 결과를 이용해 식 (13.14)를 다시 쓰면 다음과 같다.

$$p_q = (1+a/c)\frac{\Gamma(q+a)\Gamma(a+1+a/c)}{\Gamma(a)\Gamma(q+a+2+a/c)} \qquad (13.18)$$

이 표현은 오일러^{Euler}의 베타 함수를 이용해 더 간단하게 쓸 수 있다. 베타 함수는 다음과 같이 정의된다.

---

6 이 결과는 다음과 같은 부분적분을 이용해 증명할 수 있다.

$$\Gamma(x+1) = \int_0^\infty t^x e^{-t}\, dt = -\left[t^x e^{-t}\right]_0^\infty + x\int_0^\infty t^{x-1} e^{-t}\, dt = x\Gamma(x)$$

여기서 경계 항 [...]은 두 극한에서 모두 0이 된다.

$$B(x, y) = \frac{\Gamma(x)\Gamma(y)}{\Gamma(x + y)} \qquad (13.19)$$

식 (13.18)의 분자와 분모에 모두 $\Gamma(2 + a/c) = (1 + a/c)\Gamma(1 + a/c)$를 곱하여 다음 결과를 얻는다.

$$p_q = \frac{\Gamma(q + a)\Gamma(2 + a/c)}{\Gamma(q + a + 2 + a/c)} \times \frac{\Gamma(a + 1 + a/c)}{\Gamma(a)\Gamma(1 + a/c)} \qquad (13.20)$$

또는

$$p_q = \frac{B(q + a, 2 + a/c)}{B(a, 1 + a/c)} \qquad (13.21)$$

참고로 이 결과는 $q \geq 1$인 경우뿐만 아니라 $q = 0$인 경우에도 옳다.

식 (13.21)은 율 분포$^{\text{Yule distribution}}$라고도 알려져 있다. 이는 1920년대에 다양한 방법으로 이 결과를 유도한 우드니 율$^{\text{Udny Yule}}$[478]의 이름을 따른 것이다. 이 결과의 좋은 점 중 하나는 q가 분자의 베타 함수의 첫 번째 인수에서만 나타난다는 것이다. 그래서 링크수 분포의 모양을 이해하고자 한다면 이 베타 함수의 행동만 이해하면 된다. 특히 a와 c가 고정되어 있고 q가 클 때의 행동을 조사해보자. 베타 함수의 첫 번째 인수가 큰 값을 갖는 경우는 감마 함수의 스털링^{Stirling} 근사[2]를 이용해 다시 쓸 수 있다.

$$\Gamma(x) \simeq \sqrt{2\pi}\, e^{-x} x^{x - \frac{1}{2}} \qquad (13.22)$$

이므로

$$B(x, y) = \frac{\Gamma(x)\Gamma(y)}{\Gamma(x + y)} \simeq \frac{e^{-x} x^{x - \frac{1}{2}}}{e^{-(x+y)}(x + y)^{x+y-\frac{1}{2}}}\, \Gamma(y) \qquad (13.23)$$

이다.

$$(x + y)^{x+y-\frac{1}{2}} = x^{x+y-\frac{1}{2}}\left(1 + \frac{y}{x}\right)^{x+y-\frac{1}{2}} \simeq x^{x+y-\frac{1}{2}} e^y \qquad (13.24)$$

위 식에서 마지막 등호는 x가 큰 극한일 때 정확해진다.

$$B(x, y) \simeq \frac{e^{-x}x^{x-\frac{1}{2}}}{e^{-(x+y)}x^{x+y-\frac{1}{2}}\,e^{y}}\Gamma(y) = x^{-y}\,\Gamma(y) \qquad (13.25)$$

다시 말해, 베타 함수 $B(x, y)$는 x가 매우 클 때 거듭제곱 형태로 감소하며 그 지수는 y가 된다.

이 결과를 식 (13.21)에 적용하면 큰 값을 갖는 q에 대한 링크수 분포가 $p_q \sim (q + a)^{-\alpha}$가 됨을 발견할 수 있다. $q \gg a$일 때 더 간단히 쓰면 다음과 같다.

$$p_q \sim q^{-\alpha} \qquad (13.26)$$

여기서 지수 α는 다음과 같다.

$$\alpha = 2 + \frac{a}{c} \qquad (13.27)$$

그러므로 인용 네트워크의 프라이스 모형은 거듭제곱 꼬리를 갖는 링크수 분포를 갖게 된다. 이 결과는 10장의 그림 10.8(c)에서 볼 수 있듯이 실제 인용 네트워크의 거듭제곱 꼬리를 갖는 링크수 분포와 잘 맞는다.

지수 $\alpha = 2 + a/c$는 a와 c가 모두 양수이므로 엄격히 2보다 크다는 사실을 기억하자. 대부분 인용 네트워크의 거듭제곱 지수는 $\alpha = 3$ 근처로 측정된다(10장의 표 10.1 참고). 이 결과는 모형의 a와 c를 같은 값으로 놓음으로써 쉽게 얻을 수 있다. 전형적인 실험 상황에서 지수 α와 논문 참고문헌의 평균 크기인 c는 쉽게 측정된다. 하지만 출판 후 논문이 받는 '공짜' 피인용 횟수를 나타내는 변수 a는 쉽게 측정되지 않는다. 그래서 식 (13.27)을 다시 정리한 식 $a = c(\alpha - 2)$를 이용해 a를 추정하기도 한다.

프라이스의 간단한 모형이 실제 네트워크에서 발견된 거듭제곱 링크수 분포를 만들어낸다는 사실은 재미있지만, 모형의 세부 사항을 너무 진지하게 받아들여서는 안 된다. 또한 모형의 변수들과 거듭제곱 지수 사이의 관계도 마찬가지다. 앞서 말했듯이 모형은 매우 단순화되어 있고 인용 과정의 모형으로서 상당히 불완전하다. 이 모형은 실제 인용에서 중요한 다양한 요인들, 예를 들면 논문의 질과 중요성, 연구하고자 하는 분야의 발전과 유행, 출판 저널 및 저자의 명성 등을 빠뜨리고 있다. 그래도 프라이스 모형은 타당한 가정 몇 개만을 이용해 인용 네트워크의 가장 흥미로운 특징 중 하나를 재현하는 능력을 보여준다는 면에서 놀랍다. 많은 학자는 이 모형이 관찰된 거듭제곱 링크수 분포의 근본적인 메커니즘을 잘 잡아내고 있다고 믿는다.

13.1.2 프라이스 모형의 컴퓨터 시뮬레이션

프라이스가 모형을 제안한 1976년에는 앞 절에서 보인 해석적 접근이 모형의 행동을 이해하는 사실상 유일한 방법이었다. 그러나 오늘날에는 프라이스가 제시한 규칙을 따르는 컴퓨터 시뮬레이션을 통해 모형이 어떻게 작동하는지를 더 명시적으로 연구할 수 있다. 시뮬레이션은 링크수 분포에 관한 해석적 결과를 검토하게 해줄 뿐만 아니라 컴퓨터에 네트워크의 실제 예를 생성할 수 있게 해준다. 이 네트워크들을 측정함으로써 경로 길이, 상관관계, 뭉침 계수 등 해석적 결과가 없는 양들의 값을 모형 내에서 결정할 수 있다. 연구자들은 시뮬레이션으로 얻어진 네트워크를 동역학적 모형, 스미기 과정, 의견 형성 모형 등의 해를 얻기 위한 편리하면서도 여전히 상대적으로 현실적인 기반 네트워크로 사용해왔다.

11장과 12장의 무작위 그래프 모형은 컴퓨터에서 실행하기 쉽다. 모형의 정의를 컴퓨터 코드로 직접 번역하면 네트워크를 정확하고 효율적으로 생성할 수 있다. 그러나 프라이스 모형을 효율적으로 컴퓨터로 실행하기 위해서는 좀 더 많은 일이 필요하다. 첫눈에 보기에 문제는 간단해 보인다. 모든 노드의 나가는 링크수를 정확히 c로 고정한 후 시뮬레이션을 하곤 한다. 여기서 c는 정수로 제한한다(원래 모형과 앞 절의 해석에서 c는 나가는 링크수의 평균값이었다. 실제 나가는 링크수는 평균 근처에서 요동치며 정수일 필요도 없다). 시뮬레이션의 유일하게 복잡한 부분은 새 에지를 받는 노드를 선택하는 것이다. 이 선택은 무작위적이지만 노드의 현재 들어오는 링크수의 함수로 균질하지 않게 결정돼야 한다. 그러한 비균질 무작위 과정을 시뮬레이션하는 표준적인 방법이 있어서 모형을 실행하는 프로그램을 너무 힘들이지 않고 작성할 수 있다.

그러나 이는 대개 최선의 방법은 아니다. 무작위 노드 선택 과정이 작동하는 방식 때문에 네트워크가 커질수록 순진하게 직접적인 방법으로 시뮬레이션을 하는 것은 느리다. 그래서 생성되는 네트워크의 크기를 제약할 수밖에 없다. 다행히 커다란 네트워크를 빠르게 생성할 수 있는 단순하면서도 훨씬 빠른 방법이 있다. 크라피스키^{Krapivsky}와 레드너^{Redner}[279]가 처음 제안한 이 방법은 다음과 같다.

프라이스 모형에서 새 에지를 만들 때 이 에지는 들어오는 링크수에 상수 a를 더한 값에 비례하는 확률로 선택된 노드에 연결된다. 에지가 노드 i에 연결될 확률을 θ_i로 쓰자. 이는 식 (13.1)로부터 다음과 같이 주어진다.

$$\theta_i = \frac{q_i + a}{n(c + a)} \tag{13.28}$$

이제 또 다른 방법을 생각해보자. 새 에지가 만들어지면 우리는 다음 둘 중 하나를 실행한다. ϕ의 확률로 노드의 현재 들어오는 링크수에만 비례하는 확률로 노드 하나를 선택하여 새로 만들어진 에지를 연결한다. 즉, 노드는 다음 확률로 선택된다.

$$\frac{q_i}{\sum_j q_j} = \frac{q_i}{nc} \tag{13.29}$$

그리고 $1 - \phi$의 확률로는 $1/n$의 확률로 노드 하나를 무작위로 균일하게 선택하여 새로 만들어진 에지를 연결한다. 그러면 노드 i에 새로 만들어진 에지가 연결될 확률 θ_i'은 다음과 같다.

$$\theta_i' = \phi \frac{q_i}{nc} + (1 - \phi)\frac{1}{n} \tag{13.30}$$

이제 $\phi = c/(c + a)$로 놓으면 다음 결과가 얻어진다.

$$\theta_i' = \frac{c}{c + a}\frac{q_i}{nc} + \left(1 - \frac{c}{c + a}\right)\frac{1}{n} = \frac{q_i + a}{n(c + a)} \tag{13.31}$$

이 결과는 프라이스 모형에서 노드 하나를 선택할 확률인 식 (13.28)의 θ_i와 정확히 같으므로 두 방식은 같은 확률로 노드를 선택하게 된다.

프라이스 모형을 수행하는 대안적인 방법은 다음과 같다.

$c/(c + a)$의 확률로 들어오는 링크수에만 비례하는 확률로 노드를 선택한다.

그렇지 않으면, 모든 노드 중 하나를 무작위로 균일하게 선택한다.

위의 두 부분 중 하나를 선택하기 위해 난수 r을 $0 \leq r < 1$의 범위에서 균일하게 뽑아서 결정한다. 만일 $r < c/(c + a)$라면 들어오는 링크수에 비례하여 노드를 선택하고, 그렇지 않은 경우에는 균일하게 노드 하나를 선택한다.

노드를 균일하게 선택하는 것은 쉽게 달성할 수 있다. 노드를 들어오는 링크수에 비례하여 선택하는 것은 좀 더 어렵다. 들어오는 링크수에 비례하는 선택은 네

494

트워크의 에지를 하나 균일하게 고른 후 그 에지가 가리키는 노드를 선택함으로써 빠르게 실행할 수 있다. 정의에 의해 들어오는 링크수가 q인 노드는 들어오는 링크수가 1인 노드보다 정확히 q배 더 높은 확률로 선택된다. 왜냐하면 들어오는 링크수가 q인 노드는 이 노드를 가리키는 에지 각각에 의해 q번의 기회를 갖기 때문이다.

이러한 관찰을 컴퓨터 알고리듬으로 변환시키기 위해 네트워크의 방향성 에지 각각이 가리키는 노드의 목록을, 예를 들면 보통 배열에 저장한다. 즉, 목록의 각 요소는 각 에지가 가리키는 노드의 이름표를 저장한다. 그림 13.1은 작은 네트워크의 예를 보여준다. 에지는 특별한 순서로 정렬될 필요는 없다. 어떤 순서여도 상관없다. 목록을 저장하기 위한 배열의 크기도 목록의 길이와 정확히 같을 필요가 없다. 그림에서 보이듯이 배열의 끝에 빈 요소들이 포함될 수 있다. 이미 있는 배열을 더 크게 만드는 것은 대부분의 컴퓨터 언어에서 어렵기 때문에 처음부터 가장 긴 목록을 담을 수 있을 정도로 큰 배열을 만드는 편이 낫다(노드의 나가는 링크수가 상수라면 시뮬레이션이 끝나는 순간 노드의 최종 개수가 n일 때 길이가 nc인 배열을 가져야 한다는 것을 뜻한다. 나가는 링크수가 요동하는 경우에는 목록의 길이가 nc보다 좀 더 커지는 것도 가능하다. 이럴 때는 안전하게 nc보다 몇 퍼센트 정도 더 큰 배열을 만드는 게 낫다).

목록이 준비되면 들어오는 링크수에 비례하는 확률로 노드를 선택하는 것은 쉬운 일이다. 목록에서 요소를 하나 무작위로 균일하게 뽑아서 그 요소에 저장된 이름표를 가진 노드를 선택하면 된다. 새 에지가 네트워크에 더해졌을 때 그 에지가 가리키는 노드를 목록의 끝에 추가해줘야 한다.

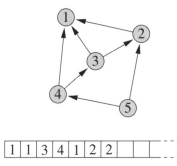

| 1 | 1 | 3 | 4 | 1 | 2 | 2 | | | |

그림 13.1 프라이스 모형의 시뮬레이션에 사용되는 노드 이름표 목록

아래의 목록은 위 네트워크의 각 에지가 가리키는 노드들을 포함한다. 이 예에서 노드 1을 가리키는 에지는 3개가 있으므로 목록에 숫자 1이 세 번 등장한다. 마찬가지로 숫자 2가 두 번 나오는데 노드 2는 두 에지의 목표 노드이기 때문이다.

새 에지를 만드는 알고리듬은 다음과 같다.

1. $0 \leq r < 1$인 난수 r을 균일하게 생성한다.

2. 만일 $r < c/(c + a)$이면 목표 노드 목록 중 한 요소를 무작위로 균일하게 선택한다.

3. 그렇지 않으면, 모든 노드 중 한 노드를 무작위로 균일하게 선택한다.

4. 에지를 선택된 노드에 연결하고 그 노드를 목표 노드 목록의 끝에 추가한다.

이 과정의 각 단계는 일정한 시간 내에 이뤄질 수 있다. 네트워크에 m개의 에지를 모두 생성하는 것은 $O(m)$시간 내에 이뤄질 수 있다. 설정에 드는 시간과 새 에지 각각을 만드는 데 필요한 작동을 고려하면 총 수행 시간은 $O(m + n)$이며 수백만 개의 노드로 이뤄진 네트워크를 자라게 하기에 충분히 빠르다.

그림 13.2(a)는 이런 방법으로 1억 개의 노드를 가진 네트워크를 계산적으로 생성한 후 링크수 분포를 잰 것이다. 분포의 꼬리에 거듭제곱 형태가 분명하게 보인다. 그러나 도수분포표 꼬리의 잡음은 분포의 정확한 형태를 파악하기 어렵게 만드는 실질적인 문제를 발생시킨다. 10.4.1절에서 실제 데이터를 다룰 때 부딪혔던

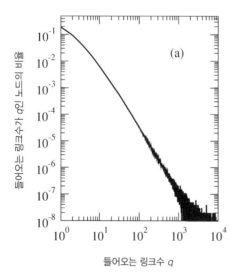
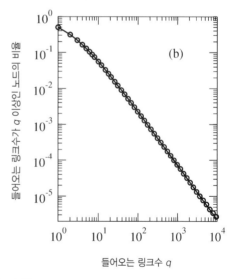

그림 13.2 프라이스 모형의 자라는 네트워크의 링크수 분포

(a) $c = 3$, $a = 1.5$를 이용해 $n = 10^8$이 될 때까지 컴퓨터로 생성한 네트워크의 들어오는 링크수 분포. 본문에서 소개한 빠른 알고리듬을 이용해 필자의 컴퓨터로는 약 80초가 걸렸다. (b) 같은 네트워크의 누적 분포 함수. 점들은 시뮬레이션 결과이고 실선은 식 (13.34)의 해석적 결과를 나타낸다.

문제와 같은 문제다. 도수분포표의 꼬리 칸들은 비교적 적은 수의 표본을 갖기에 통계적 요동이 표본 수의 비율에 따라 커진다. 실제로 시뮬레이션 데이터는 실험 데이터와 비슷하게 행동하는 경우가 많아서 종종 같은 방법을 이용해 다룰 수 있다. 이 경우에는 10.4.1절에서 힌트를 얻어서 도수분포표 대신 누적 분포를 그려 본다. 누적 분포 함수 P_q는 다음과 같음을 떠올리자(식 (10.7) 참고).

$$P_q = \sum_{q'=q}^{\infty} p_{q'} \tag{13.32}$$

누적 분포 함수는 지수가 $\alpha - 1 = 1 + a/c$인 거듭제곱 꼬리를 갖는데, 이는 링크 수 분포의 지수보다 1만큼 적다. 그림 13.2(b)는 시뮬레이션 결과의 링크수 누적 분포를 보여준다. 여러 규모의 q 영역에서 훨씬 더 깔끔한 거듭제곱 행동을 볼 수 있다.

사실 모형의 해석적 결과를 이용해 프라이스 모형의 누적 분포 함수가 갖는 형태를 정확히 계산할 수 있다. 이를 위해 베타 함수의 표준 적분 형태를 이용한다.[7]

$$B(x, y) = \int_0^1 u^{x-1}(1 - u)^{y-1}\, du \tag{13.33}$$

이 표현을 써서 다음 결과를 얻는다.

$$P_q = \sum_{q'=q}^{\infty} p_{q'} = \frac{1}{B(a, 1 + a/c)} \sum_{q'=q}^{\infty} \int_0^1 u^{q'+a-1}(1 - u)^{1+a/c}\, du$$

$$= \frac{1}{B(a, 1 + a/c)} \int_0^1 u^{a-1}(1 - u)^{1+a/c} \sum_{q'=q}^{\infty} u^{q'}\, du$$

---

7 적분 형태는 $B(x, y)$의 정의를 감마 함수와 감마 함수의 적분 형태 식 (13.15)를 이용해 유도할 수 있다.

$$B(x, y) = \frac{\Gamma(x)\Gamma(y)}{\Gamma(x + y)} = \frac{1}{\Gamma(x + y)} \int_0^{\infty} s^{x-1}e^{-s}\, ds \int_0^{\infty} t^{y-1}e^{-t}\, dt$$

변수들을 $u = s/(s + t)$, $v = s + t$로 변환하면 $s = uv$, $t = (1 - u)v$, v의 자코비안(Jacobian)이 얻어진다.

$$B(x, y) = \frac{1}{\Gamma(x + y)} \int_0^1 du \int_0^{\infty} v\, dv\, (uv)^{x-1}e^{-uv}\left[(1 - u)v\right]^{y-1}e^{-(1-u)v}$$

$$= \frac{1}{\Gamma(x + y)} \int_0^{\infty} v^{x+y-1}e^{-v}\, dv \int_0^1 u^{x-1}(1 - u)^{y-1}\, du$$

그러나 첫 번째 적분은 식 (13.15)의 $\Gamma(x + y)$와 같으므로 결과적으로 식 (13.33)을 얻는다.

$$= \frac{1}{B(a, 1+a/c)} \int_0^1 u^{q+a-1}(1-u)^{a/c}\, du$$

$$= \frac{B(q+a, 1+a/c)}{B(a, 1+a/c)} \tag{13.34}$$

$B(x, y)$가 큰 x에 대해 x^{-y}처럼 행동하므로(식 (13.25)) 누적 분포 함수의 거듭제곱 꼬리는 지수가 $1 + a/c$로 얻어진다.

그림 13.2(b)에서 식 (13.34)를 시뮬레이션 데이터와 함께 그렸는데 둘은 기대 했던 대로 잘 맞음을 알 수 있다.

13.2 바라바시와 알버트의 모형

자라는 네트워크에 관한 프라이스 모형은 우아하다. 거듭제곱 꼬리를 갖는 링크수 분포라는 정확한 해가 있다는 사실은 선호적 연결이 거듭제곱 행동의 원인이될 수 있음을 설득력 있게 시사한다. 그러나 최근까지도 프라이스의 연구는 정보과학 커뮤니티 밖에서는 잘 알려지지 않았다. 선호적 연결이 네트워크에서 거듭제곱 법칙을 생성하는 메커니즘으로 널리 받아들여진 것은 훨씬 나중, 즉 1990년대의 일이다. 이 메커니즘은 바라바시와 알버트[40]가 1990년대에 독립적으로 발견했는데, 그들은 자라는 네트워크에 대한 그들만의 모형을 '선호적 연결'이라는 이름과 함께 제안했다. 바라바시-알버트 모형은 아마도 오늘날 가장 잘 알려진 선호적 연결 모형이다. 이 모형은 프라이스 모형과도 비슷하지만, 방향성 네트워크가 아니라 방향성 없는 네트워크이므로 정확히 같지는 않다.

바라바시-알버트 모형에서 노드는 하나씩 자라는 네트워크에 더해지며 각 노드는 기존 노드들 중 적절히 선택된 노드들에 연결된다. 하지만 이 연결들은 방향이 없으며 모형이 풀리기 위해 각 노드가 만드는 연결의 수가 정확히 c로 같아야한다. 이는 연결 수가 단계마다 바뀔 수 있되 그 평균이 c인 프라이스 모형과는 다르다. 이 규칙에 따라 c는 정수여야 한다. 노드가 정수가 아닌 링크수를 가질 수없기 때문이다. 기존 노드는 노드의 현재 링크수와 정확히 비례하는 확률로 선택되어 연결된다. 네트워크가 방향성이 없으므로 들어오는 링크수나 나가는 링크수는 없으며 연결은 (방향성 없는) 링크수에 비례하여 이뤄진다. 노드 i의 링크수를 k_i로 쓰자. 이는 앞 절의 들어오는 링크수 q_i와 구분하기 위한 것이다. 이전처럼 노드와 에지는 네트워크에 추가되기만 할 뿐 없어지지는 않는다. 그로 인해 어떤 노드도 $k < c$인 링크수 k를 가질 수 없다. 네트워크의 링크수의 최솟값은 $k = c$다.

바라바시-알버트 모형의 해는 13.1절과 비슷한 으뜸 방정식을 써서 구할 수 있다[148, 280]. 사실 그렇게까지 할 필요는 없는데, 바라바시-알버트 모형이 프라이스 모형의 특수한 경우와 일치함을 보이면 되기 때문이다. 순전히 논의를 위해 다음의 경우를 상상해보자. 네트워크에 추가하는 에지에 새로 추가된 노드에서 기존 노드로의 방향성을 부여한다. 즉, 각 에지는 이 에지가 잇는 두 노드 중 더 최근 노드에서 덜 최근 노드로 방향성을 갖는다. 이런 방식으로 네트워크를 방향성 네트워크로 변화시킨다. 모든 노드는 정확히 c의 나가는 링크수를 갖는데, 이는 각 노드가 처음 가졌던 나가는 에지의 수이고 이 값은 더는 변하지 않기 때문이다. 원래 방향성 없는 네트워크의 노드 i의 총 링크수 k_i는 그 노드의 들어오는 링크수 q_i와 나가는 링크수 c의 합이 된다. 즉, $k_i = q_i + c$다.

하지만 기존 노드가 선택될 확률은 단순히 k_i에만 비례하므로 $q_i + c$에 비례한다. 프라이스 모형에서 $a = c$로 선택하면 정확히 같은 상황이 된다. 바라바시-알버트 모형에 방향성이 부여된 네트워크의 들어오는 링크수 분포는 $a = c$인 프라이스 모형의 들어오는 링크수 분포와 똑같다. 식 (13.21)을 이용하면 다음 결과를 얻는다.

$$p_q = \frac{\mathrm{B}(q + c, 3)}{\mathrm{B}(c, 2)} \tag{13.35}$$

여기서 $\mathrm{B}(x, y)$는 식 (13.19)의 오일러 베타 함수다. 총 링크수 분포를 얻으려면 $q + c$를 k로 치환하면 된다.

$$p_k = \begin{cases} \dfrac{\mathrm{B}(k, 3)}{\mathrm{B}(c, 2)} & k \geq c\text{인 경우} \\ 0 & k < c\text{인 경우} \end{cases} \tag{13.36}$$

이 표현을 식 (13.19)의 베타 함수 정의를 이용해 더 단순하게 쓰면 $k \geq c$인 경우는 다음과 같다.

$$p_k = \frac{\Gamma(k)}{\Gamma(k + 3)} \frac{\Gamma(c + 2)}{\Gamma(c)} \frac{\Gamma(3)}{\Gamma(2)} = \frac{2c(c + 1)}{k(k + 1)(k + 2)} \tag{13.37}$$

두 번째 등식에서는 식 (13.17)을 이용했다. k가 큰 극한에서 이 결과는 아래처럼 된다.

$$p_k \sim k^{-3} \tag{13.38}$$

그러므로 바라바시-알버트 모형은 거듭제곱 지수가 $\alpha = 3$인 링크수 분포를 생성한다.

식 (13.37)은 크라피프스키 등[280]이 처음 유도했고 도로고프체프 등[148]도 독립적으로 유도했다. 볼로바스^{Bollobás} 등[72]은 나중에 이를 더 자세하게 분석하여 이 해가 타당한 영역과 p_k의 기댓값으로부터의 가능한 이탈을 구체적으로 밝혔다.

바라바시-알버트 모형은 프라이스 모형에 적용한 본뜨기와 13.1.2절에 기술한 시뮬레이션 방법을 이용해 컴퓨터로 효율적으로 시뮬레이션할 수 있다. 다시 한 번 네트워크를 방향성 네트워크로 생각한 후 각각의 방향성 에지가 가리키는 노드 목록을 유지한다. 그리고 $a = c$로 놓으면 13.1.2절의 알고리듬은 특별히 간단해진다. 즉, $\frac{1}{2}$의 확률로 목록의 요소를 무작위로 균일하게 선택하고 그 요소가 가리키는 노드를 목표 노드로 설정한다. 나머지 $\frac{1}{2}$의 확률로 기존 노드 전체에서 목표 노드를 무작위로 균일하게 선택한다. 새로 추가한 노드에서 선택된 기존 노드로 에지를 생성하고 이 목표 노드를 목록의 끝에 추가한다.

바라바시-알버트 모형은 그 단순함으로 인해 매력적이다. 프라이스 모형의 단차^{offset} 매개변수 a를 요구하지 않으므로 걱정할 매개변수가 1개 적다. 식 (13.37)의 링크수 분포도 프라이스 모형의 해에서 나타난 베타 함수나 감마 함수 같은 특수 함수 없이 쓸 수 있다는 것이 만족스럽다. 이 단순함을 위한 비용은 모형의 지숫값이 $\alpha = 3$으로 고정돼서 더 이상 실제 네트워크에서 관찰된 지숫값에 맞지 않는다는 것이다.

13.3 네트워크의 시간 변화와 선발자 효과

지금까지는 선호적 연결 모형으로 생성된 네트워크의 한 가지 성질, 즉 전체적인 링크수 분포만 보았다. 하지만 네트워크에는 더 가까이 보면 분명해지는 그 밖의 홍미로운 특징들도 많다. 특히 네트워크의 성장 과정에서 먼저 추가된 더 오래된 노드들은 다른 노드들로부터 링크를 얻을 시간이 더 길다. 그래서 평균적으로 더 큰 링크수를 가질 것으로 기대한다. 실제로도 그러하며 그 효과는 크다. 두 배 더 오래된 노드는 평균적으로 두 배 더 많은 에지를 가질 것 같지만 선호적 연결에 의한 증폭으로 인해 효과는 두 배보다 더 크게 나타난다. 실제로 네트워크에서 가장 오래된 노드들은 모든 링크의 가장 큰 몫을 차지하게 된다. 이런 행동은 선발자 효과$^{first\ mover\ effect}$ 또는 선발자 이득$^{first\ mover\ advantage}$으로 알려져 있다. 이 효과는 어떤 노드가 생성된 시간의 함수로 네트워크의 링크수 분포를 계산하여 정량화할 수 있다.

13.1절의 프라이스 모형에 따라 성장하는 네트워크를 생각하자. $p_q(t, n)$은 네트워크가 n개의 노드를 가질 때 시간 t에 생성되어 현재 들어오는 링크수가 q인 노드의 평균 비율을 나타낸다. 생성 시간은 노드의 개수로 측정되며 첫 노드는 $t = 1$에 생성되고 마지막 노드는 $t = n$에 생성된다. 또는 노드 1부터 노드 n까지를 그들이 추가된 순서를 기록하는 것으로 t를 생각할 수도 있다. 엄격히 말해서, 노드가 일정한 비율로 추가될 필요가 없기 때문에 t를 실제 시간으로 생각할 필요는 없다. 하지만 노드가 추가된 실제 시간을 안다면 모형의 시간 규모와 실제 시간 사이의 변환은 쉽게 할 수 있다.

$p_q(t, n)$의 변화를 기술하는 으뜸 방정식을 다음처럼 써보자. 네트워크에 노드가 하나 추가될 때 들어오는 링크수가 q인 기존 노드가 얻을 새 에지 수의 기댓값은 그 노드의 생성 시간과는 무관하다. 식 (13.2)를 따라서 시간 t에 생성된 들어오는 링크수가 q인 노드가 얻을 새 에지 수의 기댓값은 다음과 같다.

$$np_q(t, n) \times c \times \frac{q + a}{n(c + a)} = \frac{c(q + a)}{c + a} p_q(t, n) \tag{13.39}$$

매개변수 c와 a는 13.1절에서 정의했다. 으뜸 방정식의 형태는 다음과 같다.

$$(n+1)p_q(t, n+1) = np_q(t, n) + \frac{c}{c + a}\left[(q-1+a)p_{q-1}(t, n) - (q+a)p_q(t, n)\right] \tag{13.40}$$

모든 q에 대해 $t > n$이면 $p_q(t, n) = 0$이라는 관례를 따르자. 그러면 $t = n + 1$일 때 위 식은 $p_q(n + 1, n + 1) = 0$이라는 옳은 결과를 보인다.

이전처럼 식 (13.40)의 유일한 예외는 $q = 0$일 때이고, 이때는 다음 식을 쓴다.

$$(n + 1)p_0(t, n + 1) = np_0(t, n) + \delta_{t,n+1} - \frac{ca}{c + a}p_0(t, n) \tag{13.41}$$

$t = n + 1$일 때 들어오는 링크수가 0인 노드 하나를 추가하는 건 크로네커 델타로 표현되는데, 그 결과 $(n + 1)p_0(n + 1, n + 1) = 1$이라는 옳은 결과가 나온다.

식 (13.40)과 식 (13.41)이 틀린 것은 아니지만 n이 큰 극한에서는 별 의미가 없다. 왜냐하면 각 시간 t에 생성되는 노드는 단 1개이며, 시간 t에 생성된 노드의 비율은 n이 커지면서 0으로 수렴하기 때문이다. 그래서 변수를 눈금 바꾼 시간으로 치환한다.

$$\tau = \frac{t}{n} \tag{13.42}$$

이 양은 0부터 1까지의 값을 갖는데, 0은 가장 오래된 노드를 가리키고 1은 가장 최근 노드를 가리킨다. 동시에 $p_q(t, n)$은 밀도 함수 $\pi_q(\tau, n)$으로 변환하는데, $\pi_q(\tau, n)d\tau$는 τ부터 $\tau + d\tau$ 사이 구간 동안 들어오는 링크수가 q인 노드의 비율이다. 구간 $d\tau$의 노드 수는 $n\, d\tau$이고 이는 $\pi_q\, d\tau = p_q \times n\, d\tau$를 의미하므로 다음 관계식을 얻는다.

$$\pi_q(\tau, n) = np_q(t, n) \tag{13.43}$$

밀도 함수 π_q는 $n \to \infty$인 극한에서 0이 되지 않는다.

이러한 변수 변환의 단점은 주어진 노드에 대해 τ가 더 이상 상수가 아니라는 것이다. 시간 t에 생성된 노드의 눈금 바꾼 시간은 네트워크에 n개의 노드가 있을 때는 t/n인데, $n + 1$개의 노드가 있을 때는 $t/(n + 1)$이 된다. 식 (13.40)을 τ와 π_q로 다시 쓰면 다음과 같다.

$$\begin{aligned}
\pi_q\left(\frac{n}{n + 1}\tau, n + 1\right) &= \pi_q(\tau, n) \\
&+ \frac{c}{c + a}\left[(q - 1 + a)\frac{\pi_{q-1}(\tau, n)}{n} - (q + a)\frac{\pi_q(\tau, n)}{n}\right]
\end{aligned} \tag{13.44}$$

이제 $n \to \infty$인 극한을 생각하자. $\pi_q(\tau) = \pi_q(\tau, \infty)$라고 쓰고 $\epsilon = 1/n$로 쓰면 식 (13.44)는 다음과 같이 변한다.

$$\frac{\pi_q(\tau) - \pi_q(\tau - \epsilon\tau)}{\epsilon} + \frac{c}{c + a}\left[(q - 1 + a)\pi_{q-1}(\tau) - (q + a)\pi_q(\tau)\right] = 0 \tag{13.45}$$

여기서 ϵ^2 항은 생략했다.

$n \to \infty$인 극한에서 $\epsilon \to 0$이며 위 식의 첫 두 항은 미분이 된다.

$$\lim_{\epsilon \to 0} \frac{\pi_q(\tau) - \pi_q(\tau - \epsilon\tau)}{\epsilon} = \tau \frac{d\pi_q}{d\tau} \tag{13.46}$$

그래서 $\tau < 1$인 경우의 으뜸 방정식은 미분방정식으로 바뀐다.

$$\tau \frac{d\pi_q}{d\tau} + \frac{c}{c+a}\Big[(q-1+a)\pi_{q-1}(\tau) - (q+a)\pi_q(\tau)\Big] = 0 \tag{13.47}$$

$\tau = 1$인 특수한 경우에는 식 (13.40)에서 $(n+1)p_q(n+1, n+1) = 0$이고 이는 눈금 바꾼 변수들로 쓰면 $\pi_q(1) = 0$을 뜻하므로 이는 $\pi_q(\tau)$의 경계 조건이 된다.

$q = 0$인 특수한 경우에도 비슷한 논리를 적용하면 식 (13.41)은 $\tau < 1$일 때 다음과 같은 미분방정식이 된다.

$$\tau \frac{d\pi_0}{d\tau} - \frac{ca}{c+a}\pi_0(\tau) = 0 \tag{13.48}$$

$\tau = 1$인 경우에는 $(n+1)p_0(n+1, n+1) = 1$, 즉 $\pi_0(1) = 1$이라는 경계 조건이 된다.[8]

식 (13.47)과 식 (13.48)은 $q = 0$인 경우의 해를 먼저 구하고 q를 키워가면서 풀 수 있다. 링크수 분포에 관한 결과인 식 (13.21)과 비슷하다. 다만 지금은 미분방정식을 풀어야 한다는 차이가 있다. $q = 0$일 때의 해는 쉽다. 식 (13.48)은 π_0에 대해 동차이므로 표준적인 방법으로 풀 수 있다. 그 결과 $\pi_0(\tau) = A\tau^{ca/(c+a)}$이고, 여기서 A는 적분 상수다. 상수는 경계 조건 $\pi_0(1) = 1$을 이용해 $A = 1$임을 알 수 있다. 즉, 다음 결과를 얻는다.

$$\pi_0(\tau) = \tau^{ca/(c+a)} \tag{13.49}$$

확인을 위해 위의 결과를 τ로 적분하여 들어오는 링크수가 0인 노드의 총 비율을 구한다.

$$\int_0^1 \tau^{ca/(c+a)} \, d\tau = \frac{1+a/c}{a+1+a/c} \tag{13.50}$$

---

8 이 결과는 물리적으로 나타나는데, $\tau = 1$과 $\tau = 1 - 1/n$ 사이 시간 구간에는 노드가 하나 있고 이 노드의 들어오는 링크수는 0이기 때문이다. 노드 하나는 전체 네트워크의 $1/n$만큼의 비율이므로 밀도로는 $\pi_0(1) = 1$이다.

이는 같은 양에 관한 이전 결과인 식 (13.9)와 일치한다.

이제 이 결과를 이용해 $\pi_1(\tau)$를 구한다. 식 (13.37)에 의해 다음을 얻는다.

$$\tau \frac{d\pi_1}{d\tau} - \frac{c}{c+a}(a+1)\pi_1(\tau) = -\frac{c}{c+a}\,a\pi_0(\tau) = -\frac{ca}{c+a}\tau^{ca/(c+a)} \quad (13.51)$$

이는 1차 상미분방정식인데 이번에는 우변에 구동 항이 있어서 동차가 아니다. 이 문제는 표준적인 방법으로 접근한다. 우선 우변을 0으로 두고 동차방정식에 관한 일반해를 구하면 $B\tau^{c(a+1)/(c+a)}$이고, 여기서 B는 적분 상수다. 다음으로 구동 항이 포함된 전체 방정식의 해를 찾는데 명백히 $a\tau^{ca/(c+a)}$도 해다. 그리고 이 둘을 더한다. 상수는 경계 조건 $\pi_1(1) = 0$을 이용해 결정하는데 그러면 $B = -a$가 되어 다음 결과를 얻는다.

$$\pi_1(\tau) = a\tau^{ca/(c+a)}\big(1 - \tau^{c/(c+a)}\big) \quad (13.52)$$

비슷한 방법으로 $\pi_2(\tau)$를 구하고 이를 반복하여 더 큰 q에서의 결과도 얻을 수 있다. 계산은 지루하지만 인내심을 갖는다면 다음 두 해가 아래와 같음을 보일 수 있다.

$$\pi_2(\tau) = \frac{1}{2}a(a+1)\tau^{ca/(c+a)}\big(1 - \tau^{c/(c+a)}\big)^2 \quad (13.53)$$

$$\pi_3(\tau) = \frac{1}{6}a(a+1)(a+2)\tau^{ca/(c+a)}\big(1 - \tau^{c/(c+a)}\big)^3 \quad (13.54)$$

이 결과들은 일반해가 있음을 시사하는데, 도로고프체프 등[148]이 처음 결과를 얻었다.

$$\begin{aligned} \pi_q(\tau) &= \frac{1}{q!}\big[a(a+1)\ldots(a+q-1)\big]\tau^{ca/(c+a)}\big(1 - \tau^{c/(c+a)}\big)^q \\ &= \frac{\Gamma(q+a)}{\Gamma(q+1)\Gamma(a)}\tau^{ca/(c+a)}\big(1 - \tau^{c/(c+a)}\big)^q \end{aligned} \quad (13.55)$$

여기서 식 (13.17)에서 유도된 감마 함수의 편리한 성질과 n이 자연수일 때 $\Gamma(n+1) = n!$이라는 결과를 사용했다.[9] 좀 더 해보면 이 결과가 모든 q에 대해 식 (13.47)의 완전한 해가 된다는 것을 보일 수 있다. 확인을 위해 τ에 대해 적분하여

---

9 이를 증명하기 위해 식 (13.17)에 $x = 1$을 대입하여 $\Gamma(n+1)/\Gamma(1) = n(n-1)\ldots1 = n!$을 얻고 식 (13.15)에서 $\Gamma(1) = \int_0^\infty e^{-t}\,dt = 1$을 얻는다.

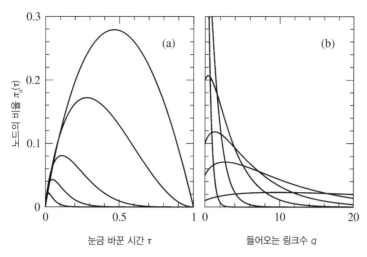

그림 13.3 프라이스 모형에서 들어오는 링크수와 생성 시간의 함수로 주어진 노드의 분포

식 (13.55)의 분포 $\pi_q(\tau)$를 $c = 3$, $a = 1.5$인 경우에 대해 그린 것이다. (a) 위에서 아래로 $q = 1, 2, 5, 10, 20$인 경우에 대해 τ의 함수로 그렸다. (b) $\tau = 0.01$(가장 평평한 곡선), 0.05, 0.1, 0.5, 0.9(가장 기울어진 곡선)에 대해 q의 함수로 그렸다.

들어오는 링크수가 q인 노드의 총 비율을 구해서 식 (13.21)의 결과와 일치한다는 것을 보일 수 있다. 이 계산은 독자들에게 연습문제로 남겨둔다.[10]

잠시 $\pi_q(\tau)$의 구조를 조사해서 네트워크에 대해 무엇을 말해주는지 보자. 해의 일반적인 모양은 그림 13.3에 나온다. (a)는 주어진 들어오는 링크수가 q인 노드들의 생성 시간 τ의 분포를 다양한 q 값에 대해 보여준다. 각각의 q에 대해 분포는 명백한 최고점을 갖는다. 이는 주어진 링크수를 갖는 노드들이 네트워크 성장 과정 중 특정한 기간에 집중되어 있음을 뜻한다. 링크수가 커질수록 그 기간은 더 이른 시기가 된다. 궁극적으로 들어오는 링크수가 큰 노드들의 생성 시간은 성장 과정의 초기에 강하게 집중되어 있다.

그림 13.3(b)는 각기 다른 생성 시간 τ에서 생성된 노드들의 들어오는 링크수 분포를 보여준다. 이 분포도 최댓값을 갖는데, 그러고 나서 q가 클수록 더 급격하게 떨어진다.[11] 실제로 q가 커질수록 분포는 대체로 지수적으로 감소한다. 식 (13.55)로부터 다음과 같이 쓸 수 있다.

---

10 연습문제 13.10 참고

11 실제로 최댓값은 τ가 작은 값을 가질 때에만 존재하고 τ가 충분히 크면 최댓값은 사라진다. 그림 13.3(b)에서 τ가 0.5 또는 0.9인 경우에는 링크수 분포에 최댓값이 없다.

$$\frac{\Gamma(q+a)}{\Gamma(q+1)\Gamma(a)} = \frac{\Gamma(q+a)}{q\Gamma(q)\Gamma(a)} = \frac{1}{q\mathrm{B}(q,a)} \quad (13.56)$$

여기서는 오일러 베타 함수 식 (13.19)를 이용했다. 13.1절에서 봤듯이 베타 함수는 큰 x에 대해 $\mathrm{B}(x, y) \sim x^{-y}$ 형태의 거듭제곱 꼬리를 갖는다(식 (13.25)). 그래서 π_q는 q에 따라 다음과 같이 변한다.

$$\pi_q(\tau) \sim q^{a-1}\left(1 - \tau^{c/(c+a)}\right)^q \quad (13.57)$$

다시 말해, 식 앞부분의 대수 요인을 제외하면 이 결과는 지수적으로 감소한다. 그러므로 특정한 τ 값을 갖는 노드의 링크수 분포는 거듭제곱 법칙을 따르지 않는다. 모형의 완전한 링크수 분포의 식 (13.21)에서 관찰된 거듭제곱 법칙은 모든 τ에 대해 적분해야만 나타난다. 하지만 식 (13.57)의 지수적 감소는 τ가 작을수록 더 느리다. 그래서 그림 13.3에서 보듯이 더 오래된 노드들이 더 새로운 노드들보다 더 큰 들어오는 링크수를 가질 가능성이 높다.

이 마지막 논점을 더 조사하기 위해 시간 τ에 생성된 노드의 들어오는 링크수의 평균 $\gamma(\tau)$를 다음처럼 계산한다.

$$\gamma(\tau) = \sum_{q=0}^{\infty} q\pi_q(\tau) = a\left(\tau^{-c/(c+a)} - 1\right) \quad (13.58)$$

그림 13.4는 다양한 변숫값에 대해 $\gamma(\tau)$의 모양을 보여준다. 여기서 보듯이 들어오는 링크수의 평균은 τ가 줄어들수록 언제나 더 커지며 τ가 0에 접근할수록 결국 발산한다. 그럼에도 어떤 노드도 $\tau = 0$일 수는 없다. 네트워크에 처음으로 추가된 노드도 $t = 1$이며 τ가 가질 수 있는 최솟값은 $1/n$이다. 확실한 건 네트워크에 먼저 추가된 노드는 조금이라도 나중에 추가된 노드에 비해 들어오는 링크수에 관해 엄청난 이득을 누린다는 것이다. 예를 들어, 인용 네트워크에서 어떤 분야의 초기 논문들은 단지 먼저 출판됐기 때문에 나중 논문들에 비해 훨씬 더 많이 인용된다.

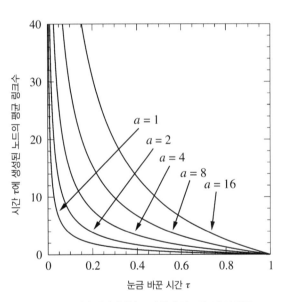

그림 13.4 노드 생성 시간의 함수로서 들어오는 링크수의 평균

프라이스의 네트워크 모형에서 다양한 a 값에 대해 n이 큰 극한에서 노드의 들어오는 링크수의 평균을 눈금 바꾼 시간 $\tau = t/n$의 함수로 그린 것. 각 a에 대해 나가는 링크수 변수는 $c = 2a$로 주어진다. 그러면 거듭제곱 링크수 분포의 거듭제곱 지수는 모든 곡선에 대해 $\alpha = 2 + a/c = 2.5$가 되며(식 (13.27)), 이 값은 실제 네트워크에서 전형적으로 발견되는 값이다.

이게 선발자 효과다. 선발자 효과는 네트워크 외의 많은 분야에서도 관찰된다. 성공이 더 많은 성공을 낳는 어떤 상황에서든 선발자는 다른 사람들에 비해 큰 이득을 볼 것으로 기대한다. 어떤 과정의 초기에 조금이라도 우위가 생기면 이는 선호적 연결 과정에 의해 빠르게 증폭하여 더 큰 우위로 변한다. 곧 운이 좋은 선발자는 무리에서 앞서나가는 자신을 발견한다. 늦게 게임에 참여한 사람들도 운이 좋으면 자신과 비슷한 사람들에 비해 조금의 우위를 가질 수 있다. 하지만 이미 많은 사람이 그들보다 앞서 나가고 있고 부의 대부분이 이미 선발자들을 향하고 있기에 그 작은 우위는 크게 증폭되지 않는다.

네트워크 분야는 아니지만 이런 과정의 좋은 실례를 살가닉^{Salganik} 등[420]이 제시한 바 있다. 그들은 인기 음악을 온라인으로 다운로드하는 사람들의 행동을 조사했는데, 참가자들이 잘 알려지지 않은 가수들의 곡을 무료로 다운로드해서 들을 수 있는 웹사이트를 만들었다. 참가자들은 각 곡이 이전에 몇 번 다운로드됐는지를 들었다. 살가닉 등은 명백한 선호적 연결 효과가 있음을 발견했다. 이전에 더 많이 다운로드된 곡들은 그렇지 않은 곡들에 비해 더 많이 다운로드됐다. 그 결과는 강한 선발자 효과였다. 초기에 우위를 점했던 곡들은 선호적 연결로 인해 더 큰 우위를 점하게 됐고 결과적으로 다운로드 횟수의 대체적인 거듭제곱 분포를 얻었다.

다운로드 횟수의 차이가 곡의 질적인 차이가 아니라 선호적 연결 과정에 의한 것이라는 이론을 시험하기 위해 살가닉 등은 각 곡의 다운로드 횟수를 정교하게 왜곡하여 발표했다. 발표된 다운로드 횟수가 더 이상 그 곡의 실제 인기를 반영하지 않음에도 발표된 다운로드 횟수가 가장 높은 곡들이 여전히 가장 많이 다운로드되고 있다는 사실을 발견했다.[12] 이런 결과가 강하게 제시하는 것은 다음과 같다. (적어도 이런 맥락에서 그리고 부분적으로는) 성공은 이전 성공의 결과이며 성공하는 좋은 방법은 초기에 뛰어들어 이른 우위를 점하는 것이다. 물론 말은 쉽다. 많은 사람은 새로운 과학연구 분야나 새로운 사업 기회의 초기에 뛰어들고자 하지만, 어떻게 해야 하는지가 언제나 명확한 것은 아니다.

네트워크 성장 모형으로 돌아가자. 노드의 들어오는 링크수 기댓값이 그 노드가 네트워크에 들어온 이후 나이에 따라 어떻게 변하는지도 흥미로운 질문이다. 이는 식 (13.58)의 특정한 τ에서 얻어진 링크수 기댓값과는 다르다. 노드는 고정

---

12 살가닉 등은 곡의 질도 약한 효과가 있음을 발견했다. 실제 다운로드 횟수가 제대로 발표됐을 때 인기 있는 것으로 밝혀진 곡들은 다운로드 횟수가 왜곡됐을 때조차 계속해서 기대 이상의 성적을 보였다.

된 τ 값을 갖지 않는데, 한 노드에 대해 $\tau = t/n$은 n이 커지면서 줄어들기 때문이다. 이런 이유로 개별 노드의 행동은 눈금을 바꾸지 않은 시간, 즉 상수인 t로 더 쉽게 이해할 수 있다.

노드가 네트워크에 추가된 시간을 t로 놓고 s는 그후 지나간 시간, 즉 노드의 나이라고 하자. $t + s = n$이므로 다음 식을 얻는다.

$$\tau = \frac{t}{n} = \frac{t}{t+s} \tag{13.59}$$

이 표현을 식 (13.58)에 넣으면 시간 t에 추가되어 나이가 s인 노드의 링크수의 기댓값 $\gamma_t(s)$가 다음과 같음을 알 수 있다.

$$\gamma_t(s) = a\left[\left(1 + \frac{s}{t}\right)^{c/(c+a)} - 1\right] \tag{13.60}$$

노드가 네트워크에 처음 추가된 후 $s \ll t$일 때 작은 값을 갖는 s/t로 위 식을 전개하여 다음을 얻는다.

$$\gamma_t(s) \simeq \frac{ca}{c+a}\left(\frac{s}{t}\right) \tag{13.61}$$

다시 말해, 노드의 들어오는 링크수의 평균은 처음에는 노드의 나이에 대해 선형적으로 커진다. 하지만 그 계수는 노드가 늦게 네트워크에 들어올수록 작아진다 (다시 한번 먼저 들어온 노드에 상당한 이득이 있음을 알 수 있다).

노드가 나이가 들면서 $s = t$ 근처에서 다른 영역으로 교차가 일어난다. $s = t$에서 노드는 인구 중 젊은 축에서 나이 든 축으로 바뀐다. $s \gg t$일 때 다음 결과를 얻는다.

$$\gamma_t(s) \simeq a\left(\frac{s}{t}\right)^{c/(c+a)} \tag{13.62}$$

나이 든 노드의 경우 성장은 선형보다 느려지지만 여전히 먼저 네트워크에 나타난 노드를 선호한다. 그림 13.5는 $\gamma_t(s)$의 행동을 각기 다른 t에서 생성된 노드에 대해 보여준다.

이 모든 결과는 바라바시-알버트 모형에도 적용할 수 있다. 이를 위해 $a = c$로 놓고 c는 정수로 설정하며 공식들을 들어오는 링크수 대신 총 링크수인 $k = q + c$로 치환하면 된다. 이를테면 링크수와 시간의 결합 분포인 식 (13.55)는 $k \geq c$인 경

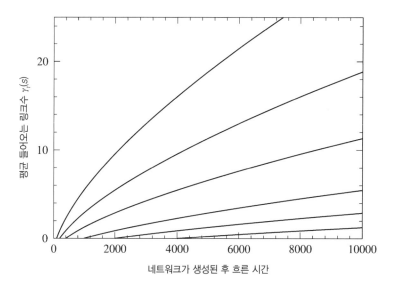

그림 13.5 각기 다른 시간에 생성된 노드의 평균 들어오는 링크수

곡선들은 프라이스 모형에서 t = 100, 200, 400, 1000, 2000, 4000(위에서 아래로)일 때 생성된 노드의 평균 들어오는 링크수를 네트워크가 만들어진 이후 시간의 함수로 그린 것이다. 모형 변수는 c = 3, a = 1.5를 이용했다.

우 다음과 같이 쓸 수 있다.

$$\pi_k(\tau) = \binom{k-1}{c-1}\left(\sqrt{\tau}\right)^c\left(1 - \sqrt{\tau}\right)^{k-c} \tag{13.63}$$

$k < c$일 때는 $\pi_k(\tau) = 0$이다. 이 결과는 크라피프스키와 레드너[279]가 $c = 1$인 경우에 대해 처음 얻었다.

13.4 선호적 연결 모형의 확장

선호적 연결 모형을 확장하거나 일반화한 많은 모형이 제안됐다. 주로 모형의 세부 사항을 바꾸면 어떤 일이 일어날지에 관한 질문을 해결하거나 실제 네트워크가 성장하는 방식에 더 충실한 모형을 만들기 위함이었다. 인용과는 대비되는 예로 웹이 있다. 웹에서 링크는 노드가 생성된 순간에만 더해지지 않으며 나중에라도 더해질 수 있다. 웹 페이지 사이의 링크는 언제라도 사라질 수 있고 웹 페이지 자체가 사라지기도 한다. 선호적 연결 과정이 링크수에 비례해야 하는 명백한 이 유도 없다. 선호적 연결이 링크수에 비선형적이면 어떤 일이 생길까? 이런 주제들을 해결하는 수정된 선호적 연결 모형들을 소개한다. 단순함을 위해 더 일반적인 프라이스 모형보다는 바라바시-알버트 모형의 맥락에서 기술하겠다. 프라이스 모형을 일반화하는 건 확실히 가능하지만 많은 경우 계산이 까다롭고 주요한 결론은 더 간단한 모형에서 더 이해하기 쉽다.

13.4.1 여분 에지의 추가

프라이스는 인용 네트워크를 염두에 두고 자라는 네트워크 모형을 제안했다. 논문의 참고문헌은 출판 후에는 변하지 않기에 인용 네트워크의 에지는 일단 생성되면 실질적으로 고정된다. 프라이스 모형은 노드가 생성된 순간에만 추가되고 그 후에는 결코 이동하거나 제거되지 않는 행동을 흉내 낸다.

하지만 이런 행동이 모든 네트워크에서 나타나는 것은 아니다. 예를 들어, 월드와이드웹은 끊임없이 변한다. 웹 페이지 사이의 링크는 페이지가 생긴 후에도 추가되거나 제거될 수 있다. 이런 행동은 프라이스 모형이나 13.2절의 바라바시-알버트 모형이 포착하지 못한다. 그래도 웹은 여전히 거듭제곱 링크수 분포를 갖는다. 그래서 노드가 생성되고 나서 에지가 추가 또는 제거되면서도 거듭제곱 분포를 만들어내는 일반화된 모형을 만들 수 있는지가 궁금해진다. 그런 모형을 만들 수 있는데 이제 설명해보겠다.

수많은 저자들이 연구한 비교적 단순한 경우부터 보자[14, 145, 281]. 에지는 노드가 생성된 후에도 노드 사이에 추가될 수 있지만 없어지지는 않는 경우다. 에지를 제거하는 경우는 더 복잡해서 다음 절에서 다룬다. 여기서 다룰 모형은 바라바시-알버트 모형을 일반화한 것으로서 이전처럼 네트워크에 노드가 하나씩 추가된다. 추가된 각 노드는 기존 노드의 링크수 k에 비례하는 확률로 기존 노드에 c개의 방향성 없는 에지를 연결한다. 이제 모형의 두 번째 과정을 도입하자. 각 단계에서 w개의 여분 에지를 네트워크에 추가하되 각 여분 에지의 양 끝 노드 모두를 각 노드의 링크수에 비례하는 확률로 선택한다. 그러므로 n개의 노드로 이뤄진 네트워크는 총 $n(c + w)$개의 에지를 갖는다(사실 각 단계에서 추가된 여분 노드의 수는 그 '평균'이 w이기만 하면 된다. 실제 수는 이 수와 조금씩 다를 수 있지만 네트워크 크기가 큰 극한에서는 같은 결과가 나올 것이다. 그래서 원한다면 이런 식으로 w를 정수가 아닌 값으로 설정할 수도 있다).

앞 절의 결과가 이미 있어서 이 모형은 꽤 쉽게 풀 수 있다는 사실이 밝혀졌다. 이 모형과 원래 바라바시-알버트 모형의 유일한 차이는 노드가 하나씩 추가될 때마다 기존 노드에 연결되는 에지의 끝 노드의 수가 c가 아니라 $c + 2w$가 된다는 점이다(w 여분 에지 각각에 대해 끝 노드는 2개가 있어서 $2w$다). 여분 에지가 특정 노드 i에 연결될 확률은 $k_i/\sum_i k_i$다. 여기서 분모의 합은 네트워크 에지 수의 두 배와 같다(식 (6.13) 참고). 그래서 $\sum_i k_i = 2n(c + w)$다.

네트워크가 n개의 노드로 이뤄져 있을 때 링크수 k를 갖는 노드의 비율을 $p_k(n)$으로 나타내면, 새 노드가 하나 네트워크에 추가될 때 새 에지를 받는, 링크수가 k인 노드의 수는 다음과 같다.

$$np_k(n) \times (c + 2w) \times \frac{k}{2n(c + w)} = \frac{c + 2w}{2(c + w)} kp_k(n) \qquad (13.64)$$

이 결과를 이용해 $p_k(n)$의 으뜸 방정식을 $k > c$인 경우 다음처럼 쓸 수 있다.

$$(n + 1)p_k(n + 1) = np_k(n) + \frac{c + 2w}{2(c + w)}\Big[(k - 1)p_{k-1}(n) - kp_k(n)\Big] \qquad (13.65)$$

$k = c$인 경우는 다음과 같다.

$$(n + 1)p_c(n + 1) = np_c(n) + 1 - \frac{c + 2w}{2(c + w)}cp_c(n) \qquad (13.66)$$

(이전처럼 c보다 작은 링크수를 갖는 노드는 없다.) n이 큰 극한을 취하고 $p_k = p_k(\infty)$로 쓰면 이 방정식들은 단순해진다.

$$p_k = \frac{c + 2w}{2(c + w)}\Big[(k - 1)p_{k-1} - kp_k\Big] \qquad k > c\text{인 경우} \qquad (13.67)$$

$$p_c = 1 - \frac{c + 2w}{2(c + w)}cp_c \qquad k = c\text{인 경우} \qquad (13.68)$$

식 (13.9)부터 식 (13.21)까지를 이용해 이 표현들을 다시 정리하면 다음을 얻는다.

$$p_k = \frac{B(k, \alpha)}{B(c, \alpha - 1)} \qquad (13.69)$$

여기서 $B(x, y)$는 식 (13.19)의 오일러 베타 함수이고 α는 다음과 같다.

$$\alpha = 2 + \frac{c}{c + 2w} \tag{13.70}$$

식 (13.25)에서 봤듯이 큰 x에서 $B(x, y)$는 x^{-y}처럼 행동하므로 링크수 분포는 지수가 α인 거듭제곱 꼬리를 갖는다. $w = 0$인 특수한 경우, 즉 네트워크에 여분 에지가 추가되지 않는 경우에는 바라바시-알버트 모형의 표준적인 결과인 $\alpha = 3$을 얻는다. $w > 0$인 경우에 지수의 범위는 $2 < \alpha < 3$이 되며, 웹의 링크수 분포에서 관찰된 전형적인 값들과 잘 맞는다(표 10.1 참고). 다만 여기서 소개한 모형은 방향이 없지만 웹은 방향성 네트워크임을 기억하자. 방향성 네트워크 모형을 만들고자 한다면 13.1절의 프라이스 모형 같은 것에서 시작할 필요가 있다. 여분 에지를 추가하는 프라이스 모형의 일반화는 가능한데, 예를 들면 크라피프스키 등 [281]의 연구를 참고하라.

13.4.2 에지 제거

이제 에지가 제거될 수 있는 네트워크를 생각하자. 간단한 경우로서 에지는 언제든 제거될 수 있는 반면 에지의 생성은 원래 바라바시-알버트 모형처럼 노드가 만들어질 때에만 가능한 경우를 보자(에지가 언제든 생성되거나 제거될 수 있는 일반적인 경우는 곧 논의할 것이다).

에지가 네트워크에서 제거되는 방법은 많지만, 가장 기본적인 경우인 에지가 무작위로 균일하게 제거되는 경우를 생각해보자. 에지 하나가 네트워크에서 제거될 때 특정 노드 i가 에지를 하나 잃을 확률은 얼마인가? 에지가 제거되면 양 끝 노드가 모두 에지를 잃는다. 제거할 에지를 무작위로 균일하게 선택하므로 선택된 에지의 양 끝 노드 중 하나가 노드 i일 확률은 i에 연결된 에지의 수, 즉 링크수 k_i에 비례한다. 적절히 정규화하면 노드 i가 에지 하나를 잃을 확률은 $2k_i/\sum_i k_i$다. 인자 2는 에지가 2개의 끝 노드를 갖기 때문에 곱해졌다. 다시 말해, 에지를 하나 무작위로 제거하는 것은 선호적 연결을 반대로 적용하는 것처럼 보인다. 노드의 링크수가 클수록 에지를 잃을 확률도 커진다.

보통의 선호적 연결 규칙을 따라 네트워크에 링크수가 c인 노드가 추가되는 동시에 노드가 추가될 때마다 네트워크로부터 평균 v개의 에지를 무작위로 제거하는 방향성 없는 네트워크를 생각하자(13.4.1절의 모형처럼 실제 제거된 에지의 개수는 평균 v 근처에서 요동칠 수 있으며, 원한다면 v를 정수가 아닌 값으로 정할 수도 있다). 네트워크의 에지 수가 0으로 줄어드는 대신 커지게 만들기 위해 노드당 알짜 에지 수인 $c - v$를 양수로 만들어야 한다. 즉, $v < c$여야 한다. 그러면 노드가 n개인 네트워크는 $n(c - v)$개의 에지를 가지며 $\sum_i k_i = 2n(c - v)$다.

이 모형의 으뜸 방정식을 쓰기 위해 몇 가지 과정을 고려해야 한다. 이전처럼 링크수가 k인 노드의 수는 링크수가 $k - 1$인 노드가 새 에지를 얻을 때마다 증가하고 링크수가 k인 노드가 에지를 잃을 때마다 감소한다. 식 (13.64)를 얻을 때 썼던 논의에 의해 네트워크에 노드가 추가될 때마다 에지를 얻는 링크수 k인 노드 수는 다음과 같다.

$$np_k(n) \times c \times \frac{k}{2n(c - v)} = \frac{c}{2(c - v)}kp_k(n) \qquad (13.71)$$

여기에 노드가 에지를 잃는 새로운 과정이 더해진다. 링크수가 k인 노드의 수는 링크수가 $k + 1$인 노드가 에지를 하나 잃을 때마다 증가하고 링크수가 k인 노드가 에지를 하나 잃을 때마다 감소한다. 네트워크에 노드가 추가될 때마다 에지를 잃는 링크수가 k인 노드의 수는 다음처럼 주어진다.

$$np_k(n) \times v \times \frac{2k}{2n(c - v)} = \frac{v}{c - v}kp_k(n) \qquad (13.72)$$

원래 바라바시-알버트 모형과는 다르게 이제 노드들은 0 이상의 어떤 링크수든 가질 수 있다. 노드는 에지의 일부 또는 전부를 잃을 수 있기에 이전처럼 링크수에 $k \geq c$라는 제한이 없다.

위의 결과들을 모으면 으뜸 방정식을 $k \neq c$인 경우와 $k = c$인 경우에 대해 각각 다음과 같이 쓸 수 있다.

$$\begin{aligned}
(n + 1)p_k(n + 1) = np_k(n) &+ \frac{c}{2(c - v)}(k - 1)p_{k-1}(n) \\
&+ \frac{v}{c - v}(k + 1)p_{k+1}(n) - \frac{c + 2v}{2(c - v)}kp_k(n) \quad (13.73)
\end{aligned}$$

$$\begin{aligned}
(n + 1)p_c(n + 1) = np_c(n) + 1 &+ \frac{c}{2(c - v)}(c - 1)p_{c-1}(n) \\
&+ \frac{v}{c - v}(c + 1)p_{c+1}(n) - \frac{c + 2v}{2(c - v)}cp_c(n) \quad (13.74)
\end{aligned}$$

이 두 방정식은 다음과 같이 편리하게 합칠 수 있다.

$$(n+1)p_k(n+1) = np_k(n) + \delta_{kc} + \frac{c}{2(c-v)}(k-1)p_{k-1}(n)$$
$$+ \frac{2v}{2(c-v)}(k+1)p_{k+1}(n) - \frac{c+2v}{2(c-v)}kp_k(n) \quad (13.75)$$

여기서 δ_{kc}는 크로네커 델타다.

이 으뜸 방정식의 유일한 예외는 $k = 0$인 경우다. 이때 링크수가 -1인 노드는 존재할 수 없기 때문에 $k - 1$에 비례하는 항은 없어진다. 이 예외를 적용하는 간단한 방법은 모든 n에 대해 $p_{-1}(n) = 0$이라고 정의하는 것이다. 그러면 식 (13.75)는 모든 $k \geq 0$에 대해 적용된다. 지금부터 이 정의를 이용할 것이다.

지금까지 기술한 모형은 노드 추가 및 에지 제거 과정을 고려한 것이다. 그런데 식 (13.75)가 주어진 이상, 13.4.1절의 에지 추가 과정을 고려하기 위해 조금만 더하면 된다. 노드가 추가될 때마다 w개의 여분 에지를 더한다면 노드당 생성되는 알짜 에지 수는 $c + w - v$다. 으뜸 방정식은 다음과 같다.

$$(n+1)p_k(n+1) = np_k(n) + \delta_{kc} + \frac{c+2w}{2(c+w-v)}(k-1)p_{k-1}(n)$$
$$+ \frac{v}{c+w-v}(k+1)p_{k+1}(n) - \frac{c+2w+2v}{2(c+w-v)}kp_k(n)$$

$$(13.76)$$

이 으뜸 방정식에 $w = 0$을 대입한 특수한 경우가 식 (13.75)의 에지 제거만 고려한 방정식이 된다. 노드당 추가된 알짜 에지 수는 양수가 되도록 요구하자. 즉, $v < c + w$이다.

$n \to \infty$인 극한을 취하고 $p_k = p_k(\infty)$로 쓰면 링크수 분포는 다음 식을 만족시킨다.

$$p_k = \delta_{kc} + \frac{c+2w}{2(c+w-v)}(k-1)p_{k-1}$$
$$+ \frac{v}{c+w-v}(k+1)p_{k+1} - \frac{c+2w+2v}{2(c+w-v)}kp_k \quad (13.77)$$

이 방정식은 지금까지 봐온 으뜸 방정식들(예: 식 (13.7))과 결정적으로 다른데 식의 우변에는 사기 다른 3개의 링크수, 즉 $k - 1$, k, $k + 1$에 관한 항들이 있기 때문이다. 그 전에는 2개의 링크수에 관한 항만 있었다. 바로 이런 이유로 위의 으뜸 방정식은 풀기가 매우 어렵다. p_k를 p_{k-1}에 관해 유도한 후 이를 반복적으로 적용하여 p_k를 구했던 방법을 더 이상 적용할 수 없다. 해를 구하는 것은 여전히 가능하지만 단순하지는 않다. 여기서는 풀이 방법의 개요만 소개한다. 더 자세한 내용이 궁금한 독자는 무어[Moore] 등[339]의 연구를 참고하라.[13]

식 (13.77)을 풀기 위한 기본 전략은 12.10절에서 소개한 생성 함수를 이용하는 것이다. $g(z)$를 다음과 같이 정의한다.

$$g(z) = \sum_{k=0}^{\infty} p_k z^k \tag{13.78}$$

여기에 식 (13.77)의 p_k를 대입하면 다음 식을 얻는다.

$$g(z) = \sum_{k=0}^{\infty} \delta_{kc} z^k + \frac{c+2w}{2(c+w-v)} \sum_{k=0}^{\infty} (k-1) p_{k-1} z^k$$
$$+ \frac{2v}{2(c+w-v)} \sum_{k=0}^{\infty} (k+1) p_{k+1} z^k - \frac{c+2w+2v}{2(c+w-v)} \sum_{k=0}^{\infty} k p_k z^k \tag{13.79}$$

우변의 첫 번째 항은 간단히 z^c이 된다. 나머지는 좀 더 복잡하다. 예를 들어 두 번째 항을 보자. 합의 첫 번째 항, 즉 $k = 0$인 항은 $p_{-1} = 0$으로 놓았으므로 반드시 0이 된다. 그래서 다음과 같이 쓸 수 있다.

$$\sum_{k=0}^{\infty} (k-1) p_{k-1} z^k = \sum_{k=1}^{\infty} (k-1) p_{k-1} z^k = \sum_{k=0}^{\infty} k p_k z^{k+1}$$
$$= z^2 \sum_{k=0}^{\infty} k p_k z^{k-1} = z^2 \frac{\mathrm{d}}{\mathrm{d}z} \sum_{k=0}^{\infty} p_k z^k$$
$$= z^2 \frac{\mathrm{d}g}{\mathrm{d}z} \tag{13.80}$$

첫 번째 줄에서는 $k - 1$을 k로 치환했고 두 번째 줄에서는 $k = 0$인 항이 인자 k로 인해 0이 된다는 사실을 이용했다.

식 (13.79)의 세 번째와 네 번째 항은 마찬가지로 다음과 같이 쓸 수 있다.

---

13 무어 등은 에지가 아니라 노드가 제거되는 모형에 대한 해를 구했다. 하지만 이 두 경우는 사실상 같은 방법을 적용할 수 있다. 여기 소개된 계산은 무어 등의 방법을 살짝 바꾼 것이다.

$$\sum_{k=0}^{\infty} (k+1) p_{k+1} z^k = \sum_{k=1}^{\infty} k p_k z^{k-1} = \sum_{k=0}^{\infty} k p_k z^{k-1} = \frac{dg}{dz} \tag{13.81}$$

$$\sum_{k=0}^{\infty} k p_k z^k = z \sum_{k=0}^{\infty} k p_k z^{k-1} = z \frac{dg}{dz} \tag{13.82}$$

식 (13.79)부터 식 (13.82)를 합치고 정리하면 다음 방정식을 얻는다.

$$\frac{(c+2w)z - 2v}{2(c+w-v)} (1-z) \frac{dg}{dz} + g(z) = z^c \tag{13.83}$$

이 식은 1차 선형 미분방정식이며 지루할 수는 있지만 표준적인 방법으로 풀 수 있다. 핵심만 말하자면 좌변을 위한 적분 인자를 찾을 수 있어서 해를 적분 형태로 표현할 수 있다. $v < \frac{1}{2}c + w$라고 가정하면 이 적분은 부분 적분을 반복해서 적용함으로써 $k \geq c$인 경우에 대해 다음과 같이 환원할 수 있다.

$$p_k = A k^{-\alpha} \int_0^k \frac{(1 - x/k)^k}{(1 - \gamma x/k)^k} x^{\alpha-2} \, dx \tag{13.84}$$

여기서 A는 k와 무관한 정규화 상수이고 α와 γ는 다음과 같다.

$$\alpha = 2 + \frac{v-w}{c+2w-2v} \tag{13.85}$$

$$\gamma = \frac{2v}{c+2w} \tag{13.86}$$

남아 있는 적분은 초기하함수로 쓸 수 있다. 하지만 여기서는 k가 큰 범위에서 링크수 분포의 근사적 행동을 더 직접 구할 수 있다. k가 커지면서 다음 근사식을 이용한다.

$$\left(1 - \frac{x}{k}\right)^k \to e^x, \qquad \left(1 - \frac{\gamma x}{k}\right)^k \to e^{\gamma x} \tag{13.87}$$

그 결과 다음 결과를 얻는다.

$$p_k \sim k^{-\alpha} \int_0^\infty e^{-(1-\gamma)x} x^{\alpha-2} \, dx = \frac{\Gamma(\alpha-1)}{(1-\gamma)^{\alpha-1}} k^{-\alpha} \tag{13.88}$$

다시 한번 링크수 분포가 거듭제곱 꼬리를 갖는다는 결과를 얻었다. 이때 지수는 식 (13.85)로 주어진다. 이 지수는 2보다 큰 값을 가질 수도, 2보다 작은 값을 가질 수도 있다. 더욱이 $v = \frac{1}{2}c + w$인 경우 지수는 실제로 무한대로 발산한다. 무어 등[339]은 이 경우에는 거듭제곱 행동이 사라지고 대신 펼쳐진 지수 분포가 된다는 것을 보였다. 하지만 이렇게 될 때까지 v가 커질수록 지수도 매우 커진다는 점을 제외하면 분포는 여전히 거듭제곱 꼴이다. $v > \frac{1}{2}c + w$인 경우에 α는 음수가 되어 해가 의미 없어지므로 원래 미분방정식인 식 (13.83)으로 돌아가서 다시 해를 구해야 한다. 이 부분은 특별히 관심 있는 독자를 위해 연습문제로 남겨둔다.

이 주제를 마치기 전에 식 (13.77)을 풀기 위해 썼던 방법은 네트워크에서 에지가 아니라 노드를 제거하는 경우에도 적용된다는 것을 지적하고자 한다. 월드와이드웹 같은 네트워크에서는 노드가 사라지기도 하므로 노드 제거가 링크수 분포에 미치는 영향은 잠재적으로 흥미로운 주제. 실제로 이런 경우의 해는 에지 제거의 해와 매우 비슷하며 거듭제곱 분포의 지수는 노드 제거율에 의존한다. 노드 제거율이 노드 생성율에 가까워지면서 거듭제곱 지수는 발산한다. 자세한 내용은 [339]에서 찾을 수 있다.

13.4.3 비선형 선호적 연결

지금까지 고려한 모형에서 노드가 새 에지를 받을 확률은 그 노드의 링크수에 선형으로 비례했다. 이런 가정은 처음에 해볼 수 있는 그럴듯한 추측이지만 연결 과정이 선형이 아닐 가능성도 분명히 있다. 실제로 비선형인 경우에 대한 실증 결과가 있다. 예를 들어, 정하웅 등[251]은 여러 실제 연결망의 성장을 조사하여 노드가 새 에지를 얻는 비율을 측정했다. 이 비율이 링크수뿐만 아니라 네트워크의 크기 n에 의존할 수도 있는 문제(식 (13.1) 참고)를 피하기 위해 그들은 비교적 짧은 시간 구간에 한정하여 관찰했다. 노드의 링크수의 함수로 측정된 비율을 그려보면 어떤 연결망에서는 대체로 선형 선호적 연결 효과가 나타나지만 다른 경우에는 비선형인 것으로 나타난다. 즉, 노드가 새 에지를 얻는 비율은 링크수의 γ제곱에 비례하여 커지는데 여기서 γ는 1보다 작으며 대체로 0.8 근처의 값을 갖는다.

비선형 선호적 연결 효과는 이 장에서 소개한 모형과 비슷한 모형을 이용해 연구할 수 있다. 크라피프스키 등이 소개한 접근을 따라 노드가 새 에지를 얻을 확률이 그 링크수에 어떻게 의존하는지를 나타내는 연결 핵 a_k를 정의한다. 바라바시-알버트 모형에서 연결은 단순하게 링크수에 비례하므로 연결 핵은 $a_k = k$다. 정하웅 등이 발견한 비선형 연결의 연결 핵은 $a_k = k^\gamma$가 될 것이다. 연결 핵은 그 자체로 확률은 아니며 링크수의 함수 형태일 뿐이다. 새 에지가 링크수가 k인 특정 노드에 연결될 확률을 정확히 쓰면 $a_k/\sum_i a_{k_i}$다.

앞 절에서 논의한 형태의 자라는 방향성 없는 네트워크를 생각하자. 네트워크가 n개의 노드를 가질 때 링크수가 k인 노드의 비율을 $p_k(n)$이라고 하자. 이전처럼 네트워크에 노드가 하나 추가될 때마다 c개의 새 에지가 추가되는데 다만 선호적 연결은 이제 비선형이며 연결 핵 a_k가 결정한다. 식 (13.2)와 유사하게 네트워크에 새 노드가 하나 추가될 때 새 에지를 얻는 링크수가 k인 노드 수의 기댓값은 다음과 같다.

$$np_k(n) \times c \times \frac{a_k}{\sum_i a_{k_i}} = \frac{c}{\mu(n)}a_k p_k(n) \tag{13.89}$$

여기서 $\mu(n)$은 연결 핵을 모든 노드에 대해 평균 낸 값이다.

$$\mu(n) = \frac{1}{n}\sum_{i=1}^{n} a_{k_i} = \sum_k a_k p_k(n) \tag{13.90}$$

$p_k(n)$에 관한 으뜸 방정식은 다음과 같다.

$$(n+1)p_k(n+1) = np_k(n) + \frac{c}{\mu(n)}\left[a_{k-1}p_{k-1}(n) - a_k p_k(n)\right] \tag{13.91}$$

이전처럼 $p_{k-1}(n)$에 관한 항은 링크수가 $k-1$인 노드가 새 에지를 받아서 링크수가 k가 된 노드를 나타낸다. $p_k(n)$에 관한 마지막 항은 링크수가 k인 노드가 새 에지를 받아서 링크수가 $k+1$이 되면서 줄어든 링크수 k인 노드를 나타낸다.

이 방정식의 유일한 예외는 링크수가 c인 노드에 관한 것인데 이 경우의 방정식은 다음과 같다.

$$(n+1)p_c(n+1) = np_c(n) + 1 - \frac{c}{\mu(n)}a_c p_c(n) \tag{13.92}$$

(모든 노드가 처음 링크수 c를 갖고 시작한 후 에지는 사라지지 않으므로 링크수가 c보다 작은 노드는 없다.)

$n \to \infty$인 극한을 취하고 $p_k = p_k(\infty)$, $\mu = \mu(\infty)$로 쓰면, $k > c$인 경우와 $k = c$인 경우의 방정식은 각각 다음과 같이 된다.

$$p_k = \frac{c}{\mu}[a_{k-1}p_{k-1} - a_k p_k] \tag{13.93}$$

$$p_c = 1 - \frac{ca_c}{\mu}p_c \tag{13.94}$$

여기서 μ는 식 (13.90)에 따라 아직은 모르는 링크수 분포에 의존한다. 지금으로서는 μ가 k와는 무관하다는 것으로 충분하다. 곧 정확한 결과를 유도할 것이다.

식 (13.93)과 식 (13.94)를 정리하면 다음과 같다.

$$p_c = \frac{\mu/c}{a_c + \mu/c} \tag{13.95}$$

$$p_k = \frac{a_{k-1}}{a_k + \mu/c} p_{k-1} \tag{13.96}$$

두 번째 수식을 반복해서 적용하면 다음 결과를 얻는다.

$$\begin{aligned}
p_k &= \frac{a_{k-1}a_{k-2}\ldots a_c}{(a_k + \mu/c)\ldots(a_{c+1} + \mu/c)} p_c \\
&= \frac{\mu}{ca_k} \frac{a_k \ldots a_c}{(a_k + \mu/c)\ldots(a_c + \mu/c)} \\
&= \frac{\mu}{ca_k} \prod_{r=c}^{k}\left[1 + \frac{\mu}{ca_r}\right]^{-1}
\end{aligned} \tag{13.97}$$

해를 완성하기 위해 μ 값을 알면 된다. 식 (13.90)에 $n \to \infty$인 극한을 취한다.

$$\mu = \sum_{k=c}^{\infty} a_k p_k = \frac{\mu}{c} \sum_{k=c}^{\infty} \prod_{r=c}^{k}\left[1 + \frac{\mu}{ca_r}\right]^{-1} \tag{13.98}$$

양변에서 μ를 소거하면 다음 방정식을 얻는다.

$$\sum_{k=c}^{\infty} \prod_{r=c}^{k}\left[1 + \frac{\mu}{ca_r}\right]^{-1} = c \tag{13.99}$$

원칙적으로 이 방정식을 풀어서 μ를 얻고 그 결과를 식 (13.97)에 치환하여 링크수 분포의 완전한 해를 얻을 수 있어야 한다. 실제로는 불행히도 대부분의 연결 핵 a_k에 대해 닫힌 해를 구할 수 없다. 물론 컴퓨터를 이용해 수치적으로 μ의 근사적인 값을 얻을 수는 있다.

그런데 μ를 몰라도 p_k의 전체적인 함수 형태를 찾을 수 있으며 많은 흥미로운 질문에 답하기에 충분하다. 예를 들면, 이 절의 앞부분에서 논의한 정하웅 등 [251]이 관찰한 네트워크를 고려하자. 여기서 연결 핵은 어떤 양수 γ에 대해 k^γ으로 변하는데, 정하웅 등이 발견한 대로 $\gamma < 1$이라고 가정하자. 이런 특별한 경우에 대한 해는 크라피프스키 등[280]이 얻었으며 많은 흥미로운 성질을 보여준다.

식 (13.97)에 $a_k = k^\gamma$을 대입하자.

$$p_k = \frac{\mu}{ck^\gamma} \prod_{r=c}^{k}\left[1 + \frac{\mu}{cr^\gamma}\right]^{-1} \tag{13.100}$$

이 링크수 분포는 선형 선호적 연결의 경우와는 달리 거듭제곱 꼬리를 갖지 않는다. 다음과 같이 써보자.

$$\prod_{r=c}^{k}\left[1 + \frac{\mu}{cr^\gamma}\right]^{-1} = \exp\left[-\sum_{r=c}^{k}\ln\left(1 + \frac{\mu}{cr^\gamma}\right)\right] \tag{13.101}$$

로그를 μ/cr^γ에 대해 테일러 전개한다.

$$\begin{aligned}
\sum_{r=c}^{k}\ln\left(1 + \frac{\mu}{cr^\gamma}\right) &= -\sum_{r=c}^{k}\sum_{s=1}^{\infty}\frac{(-1)^s}{s}\left(\frac{\mu}{c}\right)^s r^{-s\gamma} \\
&= -\sum_{s=1}^{\infty}\frac{(-1)^s}{s}\left(\frac{\mu}{c}\right)^s \sum_{r=c}^{k} r^{-s\gamma} \tag{13.102}
\end{aligned}$$

r에 대한 합은 닫힌 형태로 표현될 수 없지만 사다리꼴 공식$^{\text{trapezoidal rule}}$[14]을 이용해 근사할 수 있다. 임의의 함수 $f(r)$에 대한 사다리꼴 공식은 다음과 같다.

$$\sum_{r=a}^{b} f(r) = \int_a^b f(r)\,\mathrm{d}r + \tfrac{1}{2}\left[f(a) + f(b)\right] + \mathrm{O}(f'(b) - f'(a)) \tag{13.103}$$

---

14 영국식 영어에서는 'trapezium rule'로 쓰기도 한다.

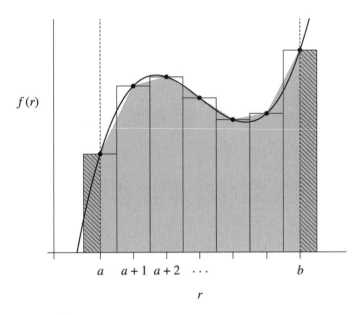

그림 13.6 사다리꼴 공식

사다리꼴 공식은 보통 적분을 합으로 근사하기 위해 쓰이지만 여기서는 반대로 합을 적분으로 근사하는 데 쓴다. $r=a$부터 $r=b$까지 함수 $f(r)$의 합은 사각형 막대들의 면적의 합과 같고 이는 회색으로 칠한 영역의 면적과 같다. 이 값은 $f(r)$을 a부터 b까지 적분한 곡선 아래 면적에 양 끝의 빗금을 칠한 두 사각형의 면적을 더한 것과 같다. 양 끝 두 사각형의 면적은 각각 $\frac{1}{2}f(a)$와 $\frac{1}{2}f(b)$다. 이들을 모두 모으면 식 (13.103)을 얻는다. 근사의 오차는 곡선과 색칠한 영역의 모서리 사이의 비교적 작은 영역의 합과 같다.

(이 공식이 낯선 사람들은 그림 13.6에서 사다리꼴 공식을 어떻게 유도하는지 참고하라.[15])

우리의 경우 $f(r) = r^{-s\gamma}$이므로 식 (13.103)을 이용해 다음 결과를 얻는다.

$$\sum_{r=c}^{k} r^{-s\gamma} = A_s + \frac{k^{1-s\gamma}}{1-s\gamma} + \tfrac{1}{2}k^{-s\gamma} + \mathrm{O}\left(k^{-(s\gamma+1)}\right) \qquad (13.104)$$

여기서 A_s는 s와 c에 의존하는 상수이며 k에는 의존하지 않는다.

k가 커지면 어떤 일이 생기는지 보자. γ가 양수이므로 $k^{-s\gamma}$ 항을 비롯하여 이어지는 모든 항은 $k \to \infty$일 때 사라진다. 그러면 식 (13.102)는 다음과 같이 된다.

$$\sum_{r=c}^{k} \ln\left(1 + \frac{\mu}{cr^\gamma}\right) \simeq A - \sum_{s=1}^{\infty} \frac{(-1)^s}{s}\left(\frac{\mu}{c}\right)^s \frac{k^{1-s\gamma}}{1-s\gamma} \qquad (13.105)$$

---

15 $f'(a)$와 $f'(b)$로 표현되는 보정 항에 관한 명시적인 표현이 알려져 있는데, 그들은 소위 오일러–매클로린(Euler–Maclaurin) 공식[2]에 의해 베르누이(Bernoulli) 수로 주어진다. 하지만 우리의 경우 이 항들은 어쨌든 사라지기 때문에 필요하지는 않다.

여기서 A는 k와 무관한 상수이며 $\sum_{s=1}^{\infty} A_s(-\mu/c)^s/s$와 같다.

이 표현은 더 간단해질 수 있다. $k \to \infty$인 극한에서 $1 - s\gamma < 0$인 $k^{1-s\gamma}$ 항들도 모두 사라진다. 그러므로 주어진 γ에 대해 어떤 s 값까지만 k에 관한 항들을 유지할 필요가 있다. 가장 간단한 경우는 $\frac{1}{2} < \gamma < 1$일 때다. 이러면 k가 커지면서 $s = 1$인 항만 커지고 나머지 항들은 모두 사라진다. 그 결과 $k \to \infty$인 극한에서 다음을 얻는다.

$$\sum_{r=c}^{k} \ln\left(1 + \frac{\mu}{cr^\gamma}\right) \simeq A + \frac{\mu k^{1-\gamma}}{c(1-\gamma)} \tag{13.106}$$

이제 식 (13.100), (13.101), (13.106)을 합치면 $\frac{1}{2} < \gamma < 1$인 경우 p_k의 근사적 형태를 얻는다.

$$p_k \sim k^{-\gamma} \exp\left(-\frac{\mu k^{1-\gamma}}{c(1-\gamma)}\right) \tag{13.107}$$

이런 형태의 분포를 일반적으로 펼쳐진 지수함수$^{\text{stretched exponentials}}$라고 부르는데 이 확률에서 지배적인 요인은 k의 거듭제곱의 지수함수 형태로 줄어든다. 지수 $1 - \gamma$는 1보다 작으므로 이 분포는 보통의 지수함수보다 느리게 줄어드는데 그게 '펼쳐진' 지수함수라고 부르는 이유다.[16] 반면에 이 분포는 선형 선호적 연결에서 발견한 거듭제곱 분포보다는 꽤나 빨리 줄어드는데 이게 중요하다. 이 계산을 통해 바라바시-알버트 모형의 거듭제곱 분포는 모형이 가정한 선형 선호적 연결의 특수한 성질이라는 사실이 밝혀졌다. 이건 상수 μ의 값을 계산하지 않았어도 여전히 유효한 관찰이다. 링크수 분포의 일반적인 함수 형태는 이 상수의 값에 의존하지 않는다.

다른 γ 값에 대한 계산은 비슷하지만 식 (13.105)에서 더 많은 항이 관여한다. 예를 들어, $\frac{1}{3} < \gamma < \frac{1}{2}$일 때 k가 커지면서 $s = 1$일 때와 2일 때의 $k^{1-s\gamma}$ 항들만 커지며 나머지 항들은 모두 사라져서 다음과 같은 결과를 얻는다.

$$\sum_{r=k_0+1}^{k} \ln\left(1 + \frac{\mu}{cr^\gamma}\right) \simeq A + \frac{\mu k^{1-\gamma}}{c(1-\gamma)} - \frac{\mu^2 k^{1-2\gamma}}{2c^2(1-2\gamma)} \tag{13.108}$$

---

16 헷갈리게도 사람들은 종종 지수가 1보다 큰 경우에도 펼쳐진 지수함수라고 부르곤 한다. 하지만 지수가 1보다 큰 경우는 좀 더 정확하게 '압축된 지수함수'라고 불릴 때도 있다.

그러므로 다음을 얻는다.

$$p_k \sim k^{-\gamma} \exp\left(-\frac{\mu k^{1-\gamma}}{c(1-\gamma)} + \frac{\mu^2 k^{1-2\gamma}}{2c^2(1-2\gamma)}\right) \qquad (13.109)$$

식 (13.107)의 해와 식 (13.109)의 해 사이에는 γ가 정확히 $\frac{1}{2}$인 특수한 경우의 해가 있다. $\gamma = \frac{1}{2}$이고 $s = 2$이면 식 (13.103)의 적분은 k의 거듭제곱이 아니라 로그가 되며 식 (13.102)는 k가 큰 극한에서 다음과 같이 된다.

$$\sum_{r=c}^{k} \ln\left(1 + \frac{\mu}{cr^\gamma}\right) \simeq A + \frac{2\mu}{c}\sqrt{k} - \frac{\mu^2}{2c^2}\ln k \qquad (13.110)$$

다른 모든 항은 사라진다. 이 표현을 식 (13.101)에 대입하여 $\gamma = \frac{1}{2}$일 때 다음 결과를 얻는다.

$$p_k \sim \left(\sqrt{k}\right)^{\mu^2/c^2 - 1} \exp\left(-\frac{2\mu}{c}\sqrt{k}\right) \qquad (13.111)$$

이런 식으로 계산을 계속해나갈 수 있다. $\frac{1}{4} < \gamma < \frac{1}{3}$, $\frac{1}{5} < \gamma < \frac{1}{4}$ 등의 경우에 대한 각기 다른 형태의 해를 구할 수 있고 $\gamma = \frac{1}{3}, \frac{1}{4}, \frac{1}{5}$과 같은 특수한 경우에 대해서도 마찬가지다. 그림 13.7은 $\gamma = 0.8$인 경우의 링크수 분포를 그것의 근사적 형태인 식 (13.107)과 함께 보여준다. 선형-로그 규모에서 아래로 볼록한 곡선의 형태는 지수함수보다 느리게 감소하는 함수임을 보여준다.

γ가 1보다 큰 경우인 초선형 선호적 연결에 대해서도 링크수 분포를 계산할 수 있다. 이때에도 거듭제곱 꼴이 아닌 분포가 나오는데 몇 가지 흥미로운 행동을 보여준다. $\gamma > 1$일 때의 전형적인 행동은 노드 하나가 네트워크의 '리더'로 떠오른다는 것이다. 이 노드는 전체 에지의 0이 아닌 비율의 에지를 얻는 반면 나머지 노드들은 작은 링크수를 갖는데 대부분의 노드는 어떤 상수보다 작은 링크수를 갖는다. 관심 있는 독자는 참고문헌 [280]에서 더 자세한 내용을 볼 수 있다.

이 장에서 소개한 것 외에도 선호적 연결 모형은 다른 많은 방식으로 확장되고 변형됐다. 더 알고 싶다면 이 주제를 자세히 다루는 총설 논문도 많다([15, 68, 147] 참고). 이 장의 나머지에서는 선호적 연결에 의존하지 않는 네트워크 형성 및 성장 모형을 논의할 것이다.

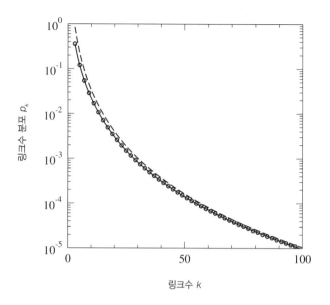

그림 13.7 준선형 선호적 연결의 링크수 분포

본문에서 기술한 대로 연결 핵이 k^γ인 자라는 네트워크에서 링크수가 k인 노드의 비율 p_k. $\gamma = 0.8$, $c = 3$을 이용했다. 컴퓨터 시뮬레이션으로 생성된 최종 노드 개수가 10^7인 네트워크 100개에 대해 평균 낸 결과는 점으로 나타냈다. 식 (13.100)의 정확한 해를 수치적으로 구한 결과는 실선으로 나타냈다. 점선은 근사적 결과인 식 (13.107)이며 비례 상수는 큰 k에서의 정확한 해와 일치하도록 선택했다.

13.5 노드 복제 모형

선호적 연결 모형은 인용 네트워크나 월드와이드웹 같은 네트워크의 거듭제곱 링크수 분포에 대한 그럴듯하면서도 단순한 설명을 제공한다. 하지만 선호적 연결만이 네트워크의 성장을 위한 유일한 메커니즘은 아니다. 더구나 거듭제곱 법칙을 생성하는 것으로 알려진 유일한 메커니즘도 아니다. 이 장의 나머지에서는 네트워크 형성에 관한 다른 수많은 모형과 메커니즘을 볼 텐데 이번 절에서는 노드 복제에 기반한 모형으로 시작한다.

13.1절에서는 선호적 연결 메커니즘을 소개했고 인용 네트워크에서 이 메커니즘이 어떻게 작동하는지 설명하고자 했다. 어떤 학문 분야의 문헌조사를 하는 독자는 더 자주 인용된 논문을 그렇지 않은 논문보다 더 자주 접할 것이고 그래서 더 자주 인용된 논문을 인용할 가능성이 높아진다. 이걸 다르게 말하면 연구자들

은 그들이 읽는 논문의 참고문헌으로부터 인용을 복사한다고 할 수 있다.[17]

클라인버그[Kleinberg] 등[269]은 이 생각을 더 발전시킨 네트워크 형성에 관한 대안적 메커니즘을 제안했다. 만일 사람들이 자기 논문의 참고문헌을 만들기 위해 한 논문의 참고문헌 전체를 복사했다면 어떨까? 이는 네트워크에 있는 기존 노드의 나가는 에지와 정확히 똑같은 패턴을 갖는 새로운 노드를 만드는 게 될 것이다.

앞으로 보겠지만 이 과정을 조금 수정하면 거듭제곱 링크수 분포를 만들어낸다. 앞서 말한 과정은 몇 가지 문제가 있다. 우선 이 과정은 명백히 있을 법하지 않다. 논문 저자들은 다른 저자들이 인용한 사람들을 기록하지만 한 저자가 다른 논문의 참고문헌 전체를 복사할 것 같지는 않다. 더구나 저자들이 참고문헌 전체를 복사했다면 앞서 인용된 논문들은 모두 새 인용을 받겠지만 한 번도 인용된 적이 없는 논문들이 새로 인용을 받을 가능성은 전무하다.

앞의 두 문제는 모형을 조금 바꿈으로써 해결할 수 있다. 새 논문의 참고문헌이 이전 논문의 참고문헌을 통째로 복사한다고 가정하는 대신 참고문헌의 일부만 복사한다고 가정하자. 새 참고문헌의 나머지는 다른 논문에 대한 인용으로 채워진다. 이 나머지 논문은 다양한 방식으로 선택될 수 있지만 간단하게는 전체 네트워크에서 무작위로 균일하게 선택하는 것이다. 여기서는 이 경우만 다룰 것이다.

이렇게 수정함으로써 참고문헌은 더 이상 통째로 복사되지 않고 이전에 인용되지 않았던 논문은 인용될 가능성이 생긴다. 여전히 모형은 실제 인용 네트워크에 대한 매우 그럴듯한 모형은 아니지만 프라이스의 선호적 연결 모형처럼 노드 복제 메커니즘의 단순화되고 다룰 수 있는 형태로 간주할 수 있다. 또한 이 메커니즘의 결과를 정량적으로 연구할 수 있다.[18] 게다가 이 모형은 다른 형태의 네트워크, 특히 생물 네트워크의 모형으로도 꽤 괜찮은데 이건 이 절의 끝에서 논의할 것이다.

모형의 자세한 정의는 다음과 같다. 단순함을 위해 네트워크에 추가되는 새 노

---

17 여기서 '복제'는 비유적으로 쓴 말이다. 하지만 실제로 어떤 사람들은 다른 논문에 인용된 참고문헌을 읽지도 않고 복사한다는 증거가 있다. 심킨(Simkin)과 로이초드허리(Roychowdhury)[427, 428]는 사람들이 논문을 인용할 때 내는 오타에 통계적으로 놀라운 규칙성이 있음을 보였다. 예를 들어, 많은 저자가 특정한 논문을 인용할 때 똑같은 잘못된 쪽수를 쓴 것이다. 이는 인용된 논문으로부터 서지사항을 직접 복사했다기보다는 다른 참고문헌의 잘못된 서지사항을 복사했음을 시사한다. 그렇다고 저자들이 인용한 논문을 읽지 않았다는 증거는 없지만 그럴 가능성은 높다. 그들이 논문을 직접 찾아봤다면 참고문헌의 쪽수가 틀렸다는 사실을 발견했을 가능성이 있기 때문이다.

18 클라인버그 등이 제안한 복제 모형은 이와 다르지만 그들의 모형은 꽤 복잡하고 해석하기가 쉽지 않다. 여기의 단순화된 모형은 솔레(Solé) 등[432]이나 바스케스(Vázquez) 등[456]이 나중에 제안한 모형과 비슷하게 과정의 중요한 성질을 담아내며 동시에 비교적 다루기 쉽다. 사실 클라인버그 등의 연구는 인용 네트워크에 관한 게 아니었다. 그들은 월드와이드웹에 초점을 맞췄다. 여기서는 프라이스 모형과의 연관성을 강조하기 위해 인용 네트워크의 언어를 썼지만 이 논의는 웹에 대해서도 똑같이 적용 가능하다.

드의 나가는 링크수는 c로 똑같다고 하자. 인용의 언어로 하자면 참고문헌의 크기가 모두 같다. 새로 추가된 노드 각각에 대해 기존 노드를 무작위로 균일하게 하나 선택한 후 그 노드의 참고문헌 c개를 하나씩 훑어본다. 각 문헌에 대해 (a) γ의 확률로 그 문헌을 새 노드의 참고문헌에 복사하거나 (b) $1 - \gamma$의 확률로 전체 네트워크에서 무작위로 균일하게 하나의 노드를 선택하여 인용한다. 그 결과 새 노드의 참고문헌은 평균적으로 이전 노드에서 복사한 γc개의 문헌과 무작위로 선택된 나머지 문헌들로 이뤄진다. 실질적으로 기존 노드를 불완전하게 복사한 것이며, 나가는 에지의 일정 비율은 무작위로 정해진 노드들을 향한다.

네트워크의 시작 상태를 결정해야 한다. 이전의 선호적 연결 모형에서처럼 네트워크의 근사적 성질은 선택된 초기 상태에 의존하지 않는다는 사실이 밝혀져 있다. 예를 들어, $n_0 > c$개의 노드로 이뤄져 있으며 각 노드가 다른 노드 중 c개를 무작위로 가리키는 네트워크를 시작 네트워크로 생각할 수 있다.

이 모형으로 얻어진 네트워크의 링크수 분포를 풀 수 있다. 네트워크에 새 노드를 추가할 때 기존 노드 i가 새 에지를 얻을 확률이 어떤 값인지 생각하자. 노드 i가 에지를 새로 얻으려면 다음의 둘 중 하나가 일어나야 한다. 우선 새로 추가된 노드가 노드 i를 가리키고 있는 노드로부터 에지를 복사하는 경우다. 이때 γ의 확률로 노드 i로의 에지가 복사될 것이다. 또는 노드 i가 새 에지를 받기 위해 무작위로 선택된 노드 중 하나여야 한다. 이 두 과정을 따로 다뤄보자.

노드 i가 들어오는 링크수 q_i를 갖는다고 하자. 즉, q_i개의 다른 노드가 노드 i를 가리킨다. 새로 추가된 노드가 링크를 복사하기 위해 이 q_i개의 노드들 중 하나를 선택할 확률은 q_i/n이다. 왜냐하면 참고문헌을 복사할 노드는 전체 네트워크에서 무작위로 균일하게 선택되기 때문이다. 그 선택된 노드에서 노드 i로의 링크를 복사할 확률은 γ이므로 총 확률은 $\gamma q_i/n$이 된다.

다른 한편, 새로 들어온 노드가 기존 노드로부터 복사하지 않고 무작위로 링크를 만들 때 그 링크수의 기댓값은 $(1 - \gamma)c$다. 나가는 에지 c개 각각에 대해 $1 - \gamma$의 확률이라서 그렇다. 노드 i가 이러한 무작위 링크의 목표 노드로 선택될 확률은 $1/n$이므로 총 확률은 $(1 - \gamma)c/n$이다.

모든 걸 모으면 노드 i가 새 에지를 받는 확률은 다음과 같다.[19]

---

19 엄밀히 말해, 이 표현은 새 에지를 받을 확률보다는 노드가 받을 새 에지 수의 기댓값이다. 하지만 n이 큰 극한에서 이 둘은 동일하다.

$$\frac{\gamma q_i}{n} + \frac{(1-\gamma)c}{n} = \frac{\gamma q_i + (1-\gamma)c}{n} \tag{13.112}$$

네트워크가 n개의 노드로 이뤄져 있을 때 들어오는 링크수가 q인 노드의 비율을 $p_q(n)$으로 쓰면 새 에지를 받는 들어오는 링크수가 q인 노드 수의 기댓값은 다음과 같다.

$$np_q(n) \times \frac{\gamma q + (1-\gamma)c}{n} = \big[\gamma q + (1-\gamma)c\big]p_q(n) \tag{13.113}$$

재미있는 사실이 있다. 새로운 상수 a를 다음과 같이 정의하자.

$$a = c\left(\frac{1}{\gamma} - 1\right) \tag{13.114}$$

그러면 다음이 된다.

$$\gamma = \frac{c}{c+a} \tag{13.115}$$

식 (13.113)은 다음과 같이 변한다.

$$\big[\gamma q + (1-\gamma)c\big]p_q(n) = \frac{c(q+a)}{c+a}p_q(n) \tag{13.116}$$

이 식은 프라이스 모형에서 이에 해당하는 확률인 식 (13.2)와 정확히 똑같다. 이 확률을 이용해 링크수 분포 $p_q(n)$의 변화에 관한 으뜸 방정식을 쓸 수 있는데 그건 프라이스 모형의 으뜸 방정식인 식 (13.5)와 정확히 똑같기 때문에 그 이후의 결과는 13.1절에서 얻은 결과와 전부 똑같다. 결과적으로 노드 복제 모형의 링크수 분포는 프라이스 모형의 결과와 똑같다. 다만 a는 식 (13.114)에 의해 γ로부터 얻을 수 있다. n이 큰 극한에서 링크수 분포는 식 (13.21)을 따르므로 근사적으로 거듭제곱 분포가 되며 그 지수 α는 식 (13.27)에 의해 다음과 같다.

$$\alpha = 2 + \frac{a}{c} = 1 + \frac{1}{\gamma} \tag{13.117}$$

즉, 이 지수의 범위는 2부터 무한대까지이며 그 값은 노드 사이의 복사가 얼마나 충실하게 이뤄졌는지에 의존한다. γ가 1에 가까운 충실한 복사가 이뤄진 경우 지수는 2에 가까운 값을 갖는다. 반면 충실하지 않은 경우의 지수는 임의로 큰 값을 가질 수 있다. 프라이스 모형의 다른 성질들도 그대로 적용된다. 예를 들면, 식 (13.55)의 나이에 따른 들어오는 링크수 분포도 그렇다.

하지만 노드 복제 모형이 모든 면에서 선호적 연결 모형과 동일한 성질을 갖는 네트워크라고 말할 수 없다. 이를테면 노드 복제 모형에서는 새로 나타난 노드가 만드는 많은 링크는 기존 노드로부터 복제되는데 그렇기에 네트워크의 대부분의 노드는 최소한 하나의 다른 노드의 링크와 비슷한 연결을 갖는다. 반면 선호적 연결 모형에서는 각기 다른 노드의 연결 패턴 사이의 유사성에 관한 규칙은 없다. 각 링크는 그 링크가 생성된 시간에 사용 가능한 확률로부터 독립적으로 선택되기 때문이다. 그러므로 두 모형이 똑같은 링크수 분포를 갖는 네트워크를 만든다고 해도 세부적인 구조는 서로 다르다.

노드 복제 모형은 그 자체로 흥미롭지만 또한 네트워크 형성 메커니즘에 관한 유용한 교훈을 주기도 한다. 많은 실제 네트워크가 최소한 근사적으로 거듭제곱 꼴을 갖는 링크수 분포를 갖는다는 사실과 선호적 연결 모형이 거듭제곱 링크수 분포를 만들어낸다는 사실을 보아왔다. 자연스러운 결론은 실제 네트워크는 선호적 연결 과정의 결과물이라는 것이고 사실 옳을 수도 있다. 그러나 곧바로 이런 결론으로 도약하지 않도록 주의해야 한다. 왜냐하면 지금 봤듯이 완전히 똑같은 링크수 분포를 만들어내는 다른 메커니즘이 적어도 하나는 있기 때문이다. 물론 이는 노드 복제 메커니즘이다. 추가적인 정보가 없다면 이 메커니즘 중 어느 것이 옳은 것인지를 밝혀낼 방법이 없다. 또는 아직 밝혀지지 않은 제3의 메커니즘이 작용하기 때문일 수도 있다.

원칙적으로는 실제 네트워크 생성을 앞서 소개한 두 메커니즘 중 어느 쪽이 더 잘 모형화하는지를 말하기 위해 실제 네트워크의 세부적인 구조를 조사할 수 있다. 이를테면 네트워크를 조사하여 나가는 링크들이 서로 비슷한 노드 쌍이 나타나는지를 확인해볼 수 있다. 실제로 실제 인용 네트워크에서는 그런 노드 쌍이 많이 있어서 노드 복제 메커니즘에 힘을 실어주는 것으로 보인다. 그러나 두 모형 모두 엄청 단순화된 것임을 기억해야 한다. 둘 중 어느 것도 실제 네트워크가 만들어지는 방식을 정확히 표현한 것은 아닐 가능성이 높다. 인용 네트워크에서 비슷한 링크 패턴을 보이는 노드들에 대한 설명은 그들이 비슷한 주제에 관한 논문이어서 같은 참고문헌을 인용하는 경향이 있다는 것이다. 한 노드가 다른 노드의 참고문헌을 복사한다고 가정할 필요가 없다. 그 결과 많은 경우에 선호적 연결과

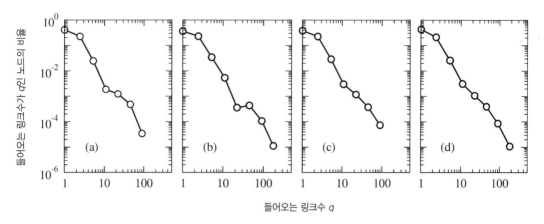

그림 13.8 다양한 생물의 물질대사 네트워크의 들어오는 링크수 분포

정하웅 등[252]은 43개 생물종의 물질대사 네트워크 중 알려진 부분의 링크수 분포 중 일부가 최소한 근사적으로 거듭제곱 분포를 따른다는 사실을 알아냈다. 여기서는 (a) 고균 아르케오글로부스 풀기두스(archaeon Archaeoglobus fulgidus), (b) 박테리아 대장균 (bacterium Escherichia coli), (c) 예쁜꼬마선충(nematode Caenorhabditis elegans)의 들어오는 링크수 분포와 (d) 43종 모두에 대해 합친 들어오는 링크수 분포를 보여주고 있다. 출처: Jeong et al.[252]

노드 복제를 확고히 구분하는 게 가능하지 않을 수도 있다.

그런데 선호적 연결이 네트워크 구조를 설명하는 데 그럴듯하지 않은 경우들이 있다. 이 중 어떤 경우는 노드 복제가 더 가능성 있는 대안이 된다. 이러한 예는 생물 분야에서 가져올 수 있다. 노드 복제는 물질대사 네트워크나 단백질 상호작용 네트워크의 구조를 설명하기 위한 강한 후보로 여겨진다. 5장에서 논의했듯이 이 네트워크들은 세포 내의 분자들 사이의 화학적, 물리적 상호작용 네트워크다. 그 구조에 대해 알려진 것은 여전히 불완전하지만 그 네트워크들이 거듭제곱 링크수 분포를 갖는다고 제안할 수 있는 잠정적인 증거가 있다(그림 13.8과 참고문헌 [250, 252]를 보라). 여기서 선호적 연결이 그런 거듭제곱 법칙의 원인이 될 것 같지는 않다. 이 맥락에서 선호적 연결이 작동할 수 있는 메커니즘이 명백하지 않다. 반면 노드 복제는 그럴듯한 후보다.

단백질 상호작용 네트워크를 예로 들어보자. 5.1.3절에서 기술했듯이 세포의 단백질은 DNA에 저장된 코드로부터 분자 전사 및 번역 과정을 통해 생성된다. 하나의 단백질을 정의하는 코드 부분을 유전자라 부르며 세포가 복제할 때 때로는 유전자들이 부주의하게 복제되기도 한다는 사실이 알려져 있다.

복제를 위해 세포가 두 부분으로 쪼개질 때 DNA가 복제되어 쪼개진 세포의 각 절반은 완전히 복제된 DNA를 갖는다. 복제를 위한 세포 기계 장치^{machinery}는 매우 신뢰할 만하지만 완벽한 것은 아니다. 꽤 종종 DNA의 일부가 두 번 반복해서 복제된다. 그래서 이전 세포에서는 하나만 있었던 유전자 또는 유전자들을 새 세포는 2개 갖는 경우가 생긴다. 이렇게 반복된 부분은 인간뿐만 아니라 다른 동물이나 식물에서도 많은 예를 찾을 수 있다.

복제 오류의 또 다른 형태는 점 돌연변이[point mutation]다. DNA 코드의 문자에 해당하는 개별 뉴클레오티드가 부정확하게 복제되는 경우다. 세포 분열 과정에서 점 돌연변이가 쌓이면 그 결과로 처음에는 동일했던 유전자가 서로 달라질 수 있다. 염기의 일부가 새로운 염기로 변하거나 거칠게 말해서 무작위 값을 갖게 된다. 이런 과정은 진화 과정에서 대체로 느리게 일어나는데 수천 년 또는 수백만 년이 걸리기도 한다. 그러나 유전자는 복제되고 변이를 일으켜서 원래와는 조금씩 달라지는 결과를 얻는다.

종종 복제-발산[duplication-divergence] 과정이라 불리는 이런 일은 단백질 상호작용 네트워크에 반영된다. 처음에는 같은 유전자의 두 복사본이 같은 단백질을 만들지만 그 후 둘 중 하나 또는 둘 다에서 변이가 일어나면서 단백질의 조금씩 다른 판[version]을 만든다. 어떤 경우에는 이 차이가 충분히 커져서 네트워크에서 조금씩 다른 상호작용을 하게 된다. 두 단백질에 공통인 상호작용도 있겠지만 노드 복제 모형에서처럼 어떤 상호작용은 다를 수 있다.

이러한 그림은 유전자의 변화가 순전히 무작위는 아니며 어떤 유전자 변이가 다른 변이에 비해 더 이득이 되는 다윈 선택에 영향을 받는다는 사실로 더 그럴듯해진다. 특정 유전자의 두 복사본을 가진 세포는 그 복사본들이 조금씩 다르면 선택적 이득이 될 수 있다. 복사본이 하나만 있을 때의 기능을 불필요하게 복제하는 대신 말이다. 그러므로 자연이 실제로 조금씩 다른 단백질을 생성하는 복제된 유전자를 선호하는 게 가능할 것 같다. 이는 네트워크 연결의 조금씩 다른 집합을 의미한다. 더구나 실제 단백질 상호작용 네트워크 데이터를 보면 상호작용 패턴이 서로 비슷하지만 동일하지는 않은 단백질 쌍이 많이 있으며 그 원인이 유전자 복제라는 것이 널리 알려져 있다.

생물 네트워크에서 노드 복제와 변이에 관한 여러 모형들이 제안되어 연구됐다. 예를 들면, 김진우 등[262]과 솔레[Solé] 등[432]의 모형은 이 절에서 소개한 모형과 매우 비슷하지만 방향성 없는 네트워크 모형이라는 점은 다르다. 바스케스[Vázquez] 등[456]이 세안한 또 다른 모형도 비슷하지만 복세된 노드의 연결이 복사한 노드의 연결처럼 바뀔 수 있는 메커니즘을 포함한다. 인용 네트워크 모형에서는 출판된 논문의 참고문헌은 결코 바뀌지 않으므로 복제된 노드가 수정되는 메커니즘이 말이 되지 않지만, 생물학의 맥락에서는 적절하다. 모든 유전자는 언제나 변이를 일으키기 때문이다.

13.6 네트워크 최적화 모형

이 장에서 지금까지 본 모형들에서 네트워크 구조는 네트워크가 자라는 방식에 의해 결정됐다. 즉, 새로 생긴 노드가 어떻게 다른 노드와 연결되는지, 새로 생긴 에지가 어디에 위치하는지 등이다. 대부분의 경우 이런 네트워크의 구조는 일련의 확률 과정의 결과인데, 종종 탈집중화되어 있고 이런 과정이 만드는 대규모 구조에 무심하다.

이와 대비되는 네트워크 형성 메커니즘으로 어떤 상황에서는 중요한 것으로 구조 최적화가 있다. 2.4절의 수송 네트워크나 2.5절의 분배 네트워크 같은 경우에 네트워크는 특정한 목적을 달성하기 위해 특별히 설계된다. 예를 들어, 국가 내 우편이나 소포 배달 또는 승객들을 목적지로 운송하는 목적이 있다.

항공 노선 네트워크를 예로 들어보자. 그런 네트워크는 대체로 허브-바퀴살 형태를 띠는데, 소수의 분주한 공항 허브와 다수의 작은minor 목적지들로 이뤄진다.[20] 소포 배달 회사들도 비슷한 제도를 이용한다. 그 이유는 비행기가 작은 목적지 사이를 직접 운행하는 것은 별로 의미가 없기 때문이다. 대체로 이런 비행기를 이용할 승객 수도 적고 비행기는 대부분 비어 있게 될 것이다. 반대로 작은 목적지로 가거나 거기서 오는 모든 비행이 주요 허브를 통한다면 승객들이 그 노선에 집중될 것이고 비행기는 더 많이 찰 것이다. 동시에 승객들에게도 적절히 짧은 여행을 보장한다. 다시 말해, 항공 노선 네트워크의 허브-바퀴살 설계는 네트워크를 최적화하여 더 효율적으로 만들고 항공사에게 더 높은 수익을 가져다준다. 이런 경우에 네트워크 구조는 성장 메커니즘을 통해 설명되지 않는다. 대신 네트워크가 특정한 성질을 최적화하기 위해 설계됐다는 사실을 통해 설명된다. 여기서 그런 네트워크 최적화 모형을 볼 것이다.

---

20 적어도 미국에서는 비교적 최근의 일이다. 미국의 산업 규제는 1978년까지 허브-바퀴살 시스템을 실용적이지 않은 것으로 만들었다. 규제가 풀린 후에야 주요 항공사들 대부분이 허브-바퀴살 시스템을 빠르게 받아들였다. 거의 비슷한 시기에 소포 배달 산업도 같은 시스템을 받아들였다.

13.6.1 여행 시간과 비용 사이의 상충

앞 절에서 소개한 항공 노선 네트워크의 예는 좋은 출발점이다. 실제로 항공 노선 네트워크는 고도로 최적화되어 있다. 항공산업은 매우 적은, 때론 심지어 음수의 수익률로 운영된다. 그래서 엄청난 비용의 아주 작은 비율만 쳐내는 운영 최적화도 최종 가격에 상당한 차이를 만들어낸다. 항공사는 많은 연구직 직원을 고용하는데 그들의 유일한 업무는 사업의 여러 측면, 특히 노선 네트워크를 최적화하는 새로운 방법을 찾아내는 것이다.

동시에 항공사는 경쟁사에게 시장 점유율을 빼앗기지 않기 위해 그들의 손님을 계속 행복하게 할 필요가 있다. 예를 들면, 가능한 한 많은 목적지에 대해 짧고 빠른 노선을 제공해야 한다. 여행자는 지치게 하거나 시간을 낭비하게 하는 긴 여행을 강하게 회피한다. 비용 효율적인 운영과 짧은 노선이라는 두 목표는 어느 정도까지는 서로 상충한다. 승객을 어떤 장소에서 다른 장소로 가장 빨리 운송하는 방법은 모든 공항 사이에 각기 다른 비행기를 운행하는 것이다. 대신 엄청난 비용이 들 것이다. 실제 항공 노선 네트워크의 구조는 항공사와 승객의 상충하는 요구를 절충한 결과다.

실제 항공사가 맞닥뜨린 최적화 문제는 필연적으로 매우 복잡하다. 수천 명의 직원과 수십억 달러에 달하는 물적 자원, 연료비, 소비자 수요, 경쟁의 성격과 같이 빠르게 변화하는 변수들이 얽힌 조직에 관한 일이기 때문이다. 그럼에도 단순화된 최적화 과정 모형을 만들어서 공부함으로써 통찰력을 얻을 수 있다. 인용 네트워크 모형이 빠뜨린 실제 인용 과정의 많은 성질이 없어도 인용 네트워크의 단순한 모형들이 통찰력을 주는 것처럼 말이다.

네트워크 최적화의 가장 단순한 모형 중 하나는 페레르이칸초[Ferrer i Cancho]와 솔레[Solé][176]가 제안했다. 이 모형은 정확히 앞에서 논의한 두 요소 사이의 균형을 맞춘다. 네트워크를 유지하고 운영하는 비용은 네트워크의 에지 수 m으로 표현된다. 항공 노선을 운영하는 비용은 노선의 수에 비례한다고 말하는 것과 같다. 이는 명백히 실제 상황을 단순화한 것이지만 일단 받아들이고 그 결과가 무엇인지를 보자. 방정식의 나머지 절반인 소비자 만족은 노드 사이의 평균 네트워크 거리 ℓ로 표현된다. 항공 노선의 경우 ℓ은 한 장소에서 다른 장소로 여행할 때 요구되는 평균 여행 구간[leg]의 수를 뜻한다. 이는 분명히 소비자 만족에 영향을 주는 요소이지만 유일한 요소는 아니다. 엄밀히 말하자면, ℓ 값이 클수록 소비자는 기분이 상할 것이므로 ℓ은 불만족을 측정하는 양으로 봐야 한다.

m과 ℓ 모두를 최소화하는 네트워크를 설계하고자 하지만 일반적으로는 불가능한 일이다. ℓ이 최솟값을 가지려면 모든 노드 쌍 사이에 에지를 연결하면 되지만 이는 m 값을 최대로 만든다. 그러므로 이 두 목적은 서로 상충되며 기대할 수 있는 최선은 둘 사이의 적절한 절충이다. 그 절충을 위해 페레르이칸초와 솔레는 다음과 같은 품질 함수를 연구했다.

$$E(m, \ell) = \lambda m + (1 - \lambda)\ell \tag{13.118}$$

여기서 λ는 $0 \leq \lambda \leq 1$ 범위의 값을 갖는 변수다. 네트워크가 주어지면 주어진 λ 값에 대해 $E(m, \ell)$을 계산할 수 있다. 예를 들어, ℓ 값은 8.5.4절에서 설명한 너비 우선 탐색 알고리듬을 '모든 쌍'으로 변형한 것을 이용해 계산할 수 있다. 페레르이칸초와 솔레는 크기가 n인 네트워크가 주어져 있을 때 네트워크의 에지의 위치를 바꾸면서 $E(m, \ell)$이 최솟값을 갖는 경우를 찾고자 했다. $\lambda = 1$이면 $E = m$이 되어 이 과정은 경로 길이와 무관하게 에지 수를 최소화하는 문제와 동일하다. $\lambda = 0$이면 $E = \ell$이 되어 m과 무관하게 평균 경로 길이만 최소화하면 된다. 그 사이의 λ에 대해서는 에지의 수와 경로 길이 사이의 균형을 맞춰야 하며, 각 항의 가중치는 λ 값의 선택에 의해 좌우된다.

어떻게 보면 이 모형은 뻔한 모형이다. 두 노드가 각기 다른 덩어리에 포함되어 그들 사이의 경로가 없을 때 그 경로의 길이를 무한대로 놓는 약속을 따른다고 하자. 그에 따라 연결된 네트워크, 즉 덩어리 1개만으로 이뤄진 네트워크에서 E가 최솟값을 가져야 한다. 또한 노드가 n개인 연결된 네트워크에서 m의 최솟값은 $m = n - 1$이다. 이는 곧 네트워크가 트리임을 뜻하며 트리는 에지 수가 최소인 연결된 네트워크다(6.8절 참고).

λ가 충분히 커서 m을 최소화하는 데 좀 더 힘을 싣는다면 $E(m, \ell)$이 가장 좋은 값을 갖는 네트워크는 m이 최솟값, 즉 $n - 1$일 때 얻어진다. 이때 네트워크는 트리가 되고 가능한 트리들 중에서 ℓ이 최소가 되는 경우를 찾는 문제가 된다. 이 문제에 대해서는 간단한 잘 알려진 해가 있다. n개의 노드를 가진 트리 중 ℓ이 최솟값을 갖는 것은 별 모양 그래프$^{\text{star graph}}$다. 즉, 가운데 하나의 허브가 있고 이 허브는 나머지 $n - 1$개의 노드들 모두와 연결되어 있다. 정의에 의해 어떤 네트워크에서도 거리가 1인 노드 쌍은 정확히 m개가 있다. 이들은 각 에지에 의해 직접 연결된 노드 쌍이다. 트리에서는 그런 노드 쌍이 $n - 1$개 있다. 주어진 크기의 모든 트리 중에서 평균 거리 ℓ의 값은 거리가 2 이상인 노드 쌍에 의해 결정된다. 거리가 1인

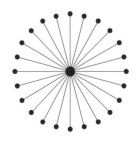

노드가 25개인 별 모양 그래프

노드 쌍의 수는 고정되어 있기 때문이다. 별 모양 그래프에서 다른 모든 노드 쌍 사이의 거리는 정확히 2다. 허브가 아닌 노드에서 허브가 아닌 다른 노드로 가는 가장 짧은, 사실 유일한 경로는 허브를 통하는 것으로서 길이가 2다. 그러므로 더 작은 ℓ 값을 갖는 다른 트리는 없다.

충분히 큰 λ에 대해 품질 함수 식 (13.118)이 최소가 되는 네트워크는 언제나 별 모양 그래프이며 이는 어느 정도 만족스럽다. 허브-바퀴살 시스템이 효율적인 간단한 이유를 제공해주는데, 경로 길이는 짧지만 에지 수도 적어서 여전히 경제적이기 때문이다. 하지만 말했듯이 이는 뻔한 결과다. 모형은 본질적으로 하나의 행동만 보여준다. λ가 작을 때는 다른 행동도 가능하다. 하지만 다른 행동이 나타나려면 λ가 정말로 작아야 한다는 게 밝혀졌다. 다음 조건을 만족시킬 때 별 모양의 그래프가 아닌 결과가 나타난다.[21]

$$\lambda < \frac{2}{n^2 + 2} \tag{13.119}$$

n이 커지면서 우변의 식은 빠르게 줄어들므로 최적 네트워크는 거의 모든 λ 값에서 별 모양의 그래프가 된다. 심지어 꽤 보통 크기의 네트워크에서도 그렇다.

페레르이칸초와 솔레는 여기서 한 계산을 구체적으로 하지는 않았다. 대신 그

---

21 이 결과는 다음과 같이 유도한다. 이미 봤듯이 λ가 충분히 크면 최적 네트워크는 별 모양 그래프다. λ를 서서히 줄이면 바퀴살 노드 사이에 에지를 추가하는 비용이 평균 거리를 줄이는 이득에 의해 충분히 상쇄되는 영역에 도달한다. 그때는 그런 에지를 추가할 만하게 된다. 이런 일이 일어나는 조건을 계산하기 위해 별 모양 그래프에 에지를 r개 추가한다고 생각해보자. 물론 이 에지들이 추가되는 곳은 바퀴살 노드 사이밖에 없다. 추가 에지에 의해 바퀴살 노드 사이의 거리가 2에서 1로 줄어든다. 그리고 다른 모든 노드 사이의 최단 경로는 이 추가 에지에 의해 영향받지 않는다. 이제 경로 길이가 1인 노드 쌍의 총수는 $n - 1 + r$이 되며 나머지 노드 쌍 사이의 경로 길이는 2다. 식 (10.2)로 정의된 평균 거리는 다음과 같다.

$$\ell = \frac{1}{n^2} \sum_{ij} d_{ij} = 2 \frac{(n - 1 + r) + 2[\frac{1}{2}n(n-1) - (n - 1 + r)]}{n^2} = 2\frac{(n-1)^2 - r}{n^2}$$

(맨 앞의 인자 2는 i, j에 대한 합이 각 노드 쌍을 두 번씩 세고 있다는 사실로부터 나온다.) 이 식과 $m = n - 1 + r$을 이용하면 식 (13.118)은 다음과 같이 된다.

$$E = \lambda(n - 1 + r) + 2(1 - \lambda)\frac{(n-1)^2 - r}{n^2} = \text{상수} + \left[\lambda + \frac{2(\lambda - 1)}{n^2}\right]r$$

이 결과는 대괄호 안의 양이 음수일 때만 r에 따라 줄어드는데 그 조건은 다음과 같다.

$$\lambda < \frac{2}{n^2 + 2}$$

이 조건을 만족시킨다면 바퀴살 노드 사이에 에지를 추가하는 게 이익이다. 그 결과 완전 네트워크가 될 때까지 에지를 추가함으로써 모든 노드가 다른 모든 노드와 연결된다. 즉, 별 모양 그래프와 완전 네트워크 사이에 $\lambda = 2/(n^2 + 2)$에서 불연속 전이가 존재한다. 실제 분배 네트워크나 운송 네트워크는 별 모양 그래프 영역에 있는 것으로 보인다.

들은 이와는 다른 재미있는 접근을 했는데 전역 최솟값 대신 $E(m, \ell)$의 국소 최솟값$^{local\ minima}$들을 찾았다. 무작위 네트워크에서 시작하여 노드 쌍을 무작위로 골라서 그들이 연결되어 있지 않으면 연결하거나 연결되어 있으면 에지를 없애는 과정을 수치적으로 반복한 것이다. 이런 변화 전의 E와 변화 후의 E를 비교하여 E가 줄어들거나 변하지 않는다면 그 변화를 받아들인다. 그 외의 경우에는 네트워크를 변화 전의 상태로 되돌린다. 이 과정은 E가 더는 개선되지 않을 때까지 반복된다. 실제로는 E를 증가시키는 변화 시도가 계속해서 거부됨을 뜻한다.

이런 알고리듬을 무작위 등반가$^{random\ hill\ climber}$ 또는 욕심쟁이 알고리듬$^{greedy\ algorithm}$이라 부른다. 이 알고리듬으로 찾은 네트워크의 E 값은 에지 하나를 더하거나 없애서 감소시킬 수 없다. 그렇다고 이 E보다 작은 값을 가진 네트워크가 존재하지 않는다는 건 아니다. 이 네트워크보다 더 좋은 E 값을 갖는 네트워크를 둘 이상의 에지를 바꿔서 얻을 수도 있다. 만일 이런 경우라면 앞의 알고리듬으로는 더 좋은 E 값을 갖는 네트워크를 찾을 수 없다. 그래서 에지 하나를 변화시켜서는 E 값을 개선할 수 없는 국소 최소에서 멈추게 된다.

이런 방식으로 연구한 결과 모형은 재미있는 행동을 보인다. λ가 큰 값을 가져서 에지를 추가하는 비용이 E 값에 꽤 큰 영향을 미치는 경우 알고리듬은 금세 문제에 부딪히고 네트워크를 개선할 방법을 찾지 못한다. 최적의 허브-바퀴살 구조에 가까워지기도 전에 말이다. 반면 λ가 작을 때 알고리듬은 별 모양 그래프나 그와 비슷한 걸 대체로 잘 찾아낸다. 그 결과 그림 13.9에서 보듯이 무작위로 보이는

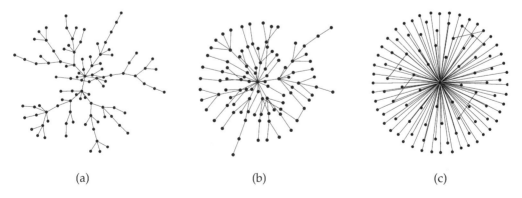

(a)	(b)	(c)

그림 13.9 페레르이칸초와 솔레의 최적화 모형으로 만들어진 네트워크

본문에서 기술한 최적화 모형은 다양한 네트워크를 만드는데 모두 나무 구조이거나 근사적으로 트리인 네트워크다. (a) 링크수의 지수 분포를 갖는 분산된 네트워크, (b) 거듭제곱 링크수 분포, (c) 하나의 커다란 허브가 있는 별 모양 같은 그래프. 출처: [176]. © 2003 Springer–Verlag Berlin Heidelberg. 스프링거 네이처(Springer Nature)의 허가하에 게재함

트리부터 별 모양 그래프와 비슷한 네트워크까지 네트워크의 연속체가 얻어진다.

더욱이 페레르이칸초와 솔레는 그들의 네트워크 링크수 분포가 흥미로운 행동을 보인다는 사실을 발견했다. 큰 λ에서는 지수 분포였다가 거듭제곱 링크수 분포를 보이는 전이 점을 지나 작은 λ에서는 거의 별 모양의 그래프가 되는데, 이때 한 노드가 전체 에지의 상당수를 차지하고 나머지 노드들의 링크수는 적다. 이 스펙트럼은 무작위 그래프에서 거대 덩어리가 나타나는 전이에서 발견되는 연속 상전이를 연상케 한다(11.5절 참고). 그 전이의 한쪽에는 덩어리 크기의 지수함수가 있고 다른 쪽에는 전체 노드의 상당수를 차지하는 하나의 덩어리와 나머지 작은 덩어리들이 있음을 상기하자.

슬프게도 이 발견은 흥미로운 힌트 이상으로 나아가지 못했다. 페레르이칸초와 솔레의 연구는 전부 수치적인 접근이고 모형의 해석적 접근은 아직까지 이뤄지지 않았다. 게다가 모형은 그 밖의 문제도 안고 있다. E의 전역 최솟값이 아닌 국소 최솟값을 봐야 하는 이유가 명확하지 않다. 실제 항공사에서 일하는 연구자들은 확실히 자신들이 국소 최소에 갇혀 있으며 네트워크에 상당한 변화를 줌으로써 상태를 개선하여 더 큰 이익을 얻을 수 있다는 사실을 깨달을 능력이 있다. 그러므로 실제 네트워크가 여기서 보인 형태의 흥미로운 구조적 행동을 보이는 한에서 국소 최소에 갇힌 결과는 아니다. 다른 방식의 모형이 필요하다.

게스트너^{Gastner}와 뉴먼^{Newman}[202]이 제안한 모형은 여행 구간 수뿐만 아니라 지리적 거리까지 고려함으로써 페레르이칸초와 솔레의 모형을 일반화한다. 여행객이 여행 구간 수보다는 출발지에서 목적지까지 여행하는 데 드는 총 시간에 더 신경을 쓴다고 가정하자. 여행 구간 수는 여행 시간의 간단한 대용물이 될 수 있지만 더 좋은 대용물은 그 여행 구간의 길이까지 고려하는 것이다. 여행 구간 하나에 해당하는 여행 시간은 공항에서 보내는 시간(탑승수속, 대기, 탑승, 활주로 이동, 내리기 등)과 체공 시간의 합이다. 공항에서 보내는 시간은 여행 거리와 무관하게 대략 상수라고 가정하고 체공 시간은 여행 거리와 대략 비례한다고 가정하면 간단한 공식을 얻을 수 있다. 네트워크에서 노드 i에서 노드 j까지 여행 구간에 드는 시간은 다음과 같다.

$$t_{ij} = \mu + \nu r_{ij} \qquad (13.120)$$

여기서 μ와 ν는 상수이고, r_{ij}는 i에서 j까지의 여행 거리다. μ와 ν의 값을 변화시킴으로써 고정된 공항 시간 비용과 체공 시간에 대한 비중을 조절할 수 있다.

게스트너와 뉴만은 페레르이칸초와 솔레 모형의 여행 구간 수 대신 여행 시간에 대한 이 표현을 이용해 ℓ을 다시 정의했다. ℓ은 여행 시간으로 측정된 거리에 대해 노드 쌍 사이의 평균 최단 경로 길이가 된다. 이 ℓ을 이용해 품질 함수 E는 이전처럼 식 (13.118)로 정의된다.

이 모형과 페레르이칸초와 솔레의 모형이 피상적으로 유사하지만 둘 사이에 중요한 차이가 있다. 게스트너와 뉴만 모형은 공항 사이의 실제 공간 거리에 의존하기에 네트워크의 노드들이 지도 위의 어떤 위치에 놓일 것을 요구한다. 이에 반해 페레르이칸초와 솔레 모형은 네트워크 위상에만 의존하고 공간적인 요소가 없다. 게스트너와 뉴만은 구체적으로 미국 지도를 고려했고 실제 미국 인구 분포도 고려했다. 인구가 더 많은 지역에는 노드를 더 많이 위치시켰다. 이렇게 함으로써 계산은 더 현실적이 되었으나 그렇게까지 가지 않아도 모형의 흥미로운 행동을 볼 수 있다. 여기서는 주기적 경계 조건을 갖는 정사각형 위에 노드가 무작위로 균일하게 분포되어 있는 가상의 지도를 고려한다.

두 모형의 또 다른 중요한 차이가 있다. 게스트너와 뉴만은 페레르이칸초와 솔레와 달리 품질 함수의 국소 최적이 아니라 전역 최적을 고려했다. 그러나 전역 최적은 찾기 힘들어서 여기서는 수치적으로 계산한 근사적 최적을 취한다. 게스트너와 뉴만은 담금질 기법으로 알려진 수치 최적화 기법을 이용해 전역 최적에 대한 좋은 근사를 찾을 수 있었다. 하지만 그건 여전히 근사일 뿐임을 기억하자.

그림 13.10은 μ와 ν의 다양한 값에서 얻어진 최적 또는 근사적 최적 네트워크를 보여준다. 그림의 가장 왼쪽 칸들은 μ가 작고 ν가 클 때에 해당한다. 즉, 여행

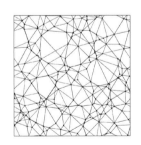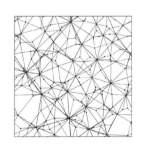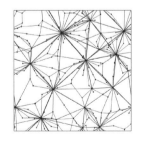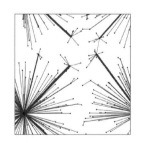

그림 13.10 게스트너와 뉴만의 공간 네트워크 모형으로 만들어진 네트워크들

각 칸은 품질 함수 식 (13.118)을 최적화 또는 거의 최적화한 네트워크를 보여주는데, 다만 여기서 ℓ은 게스트너와 뉴만[202]의 처방에 따라 거리가 에지를 따라 여행하는 데 걸리는 시간으로 대체된 경우에 대해 정의된다. 여행 시간은 두 요소로 이뤄지는데, 바로 에지당 고정 비용과 에지의 유클리드 길이에 따라 커지는 비용이다. 각 칸은 이 두 요소의 상대적 가중치에 따른 결과 네트워크를 보여주는데, 한 극단은 왼쪽 네트워크로서 유클리드 길이만이 가중치를 갖는 경우다. 다른 극단은 오른쪽 네트워크로서 모든 에지가 같은 비용을 갖는 경우다. 결과적인 구조는 전자의 도로망 같은 것부터 후자의 항공망 같은 것까지 변한다. 출처: Gastner[201]

비용은 대체로 총 이동 거리에 비례하고 여행 구간의 수는 거의 영향이 없는 경우다. 이때 최고의 네트워크는 여행자들이 출발지에서 목적지로 대체로 직선을 따라 여행할 수 있게 해준다. 그림에서 보듯이 네트워크는 겉보기에 거의 평면적이다. 또한 항공 노선보다는 도로 네트워크처럼 보이는데 이건 우연이 아니다. 도로 여행자들의 여행 시간은 이동 거리에 의해 좌우되기 때문이다. 한 도로에서 다른 도로로 바꾸는 데는 몇 초밖에 걸리지 않으므로 여행 구간당 비용은 무시할 만하다. 그러므로 게스트너와 뉴만의 간단한 모형이 이 극한에서 실제 도로 지도와 비슷한 네트워크를 만들어내는 게 만족스럽다.

그림의 가장 오른쪽 칸들은 μ가 크고 ν가 작은 경우의 최적 네트워크를 보여준다. 여행 구간의 수만이 중요하며 각 여행 구간의 길이는 비교적 중요하지 않은 경우다. 페레르이칸초와 솔레 모형에서도 봤듯이 이 경우의 최고 네트워크는 별 모양 같은 허브-바퀴살 네트워크다.

그러므로 모형은 변수들이 한 극단에서 다른 극단으로 변하면서 도로망 네트워크와 항공망 네트워크 사이를 내삽한다. 그림 13.10에서 네트워크의 개발 및 유지 비용을 조절하는 변수 λ는 상수로 고정했다. 원칙적으로 이 변수도 변화시킬 수 있는데 그러면 네트워크의 에지 수에 영향을 줄 것이다. λ가 크면 에지 수가 적은 더 성긴 네트워크가 선호되고 반대로 λ가 작으면 더 조밀한 네트워크가 선호된다. 게스트너와 뉴만의 연구는 여전히 수치적인 결과일 뿐이라는 약점이 있다. 그러나 알두스[18]가 모형의 해석적 결과를 유도한 적이 있다.

연습문제

13.1 13.1절에서 소개한 프라이스의 자라는 네트워크 모형을 생각하자.

   a) 이 장의 결과를 이용해 j번째 노드가 네트워크에 추가되기 바로 전에 i번째로 추가된 노드($i < j$)의 들어오는 링크수의 기댓값을 매개변수 a와 c를 이용해 표현하라. j가 매우 크다고 가정해도 된다.

   b) 그에 따라 n개의 노드가 있는 네트워크에서 j에서 i로 방향성 에지가 있을 평균 확률은 다음과 같음을 보여라. 여기서 $n \geq j$이다.

$$P_{ij} = \frac{ca}{c+a}\, i^{-c/(c+a)}(j-1)^{-a/(c+a)}$$

13.2 특정한 주제에 관한 논문들의 집합 내에서 논문 하나는 보통 30개의 다른 논문을 인용한다는 사실이 밝혀졌다. 게다가 인용 네트워크는 척도가 없으며 거듭제곱 지수는 $\alpha = 3$이다. 이 네트워크는 13.1절에서 논의한 프라이스 모형의 선호적 연결로 잘 설명된다.

a) 논문이 받는 피인용 수의 평균은 얼마인가?

b) 평균적으로 피인용이 전혀 되지 않은 논문의 비율은 얼마인가?

c) 평균적으로 100번 이상 피인용된 논문의 비율은 얼마인가?

d) 이 집합은 10,000개의 논문을 포함한다. 100번째로 출판된 논문이 전혀 피인용되지 않을 확률은 얼마인가? 100번째부터 마지막까지 출판된 논문들이 전혀 피인용되지 않을 확률은 얼마인가?

13.3 5년 정도 된 특정 연구 분야의 출판물에 대한 인용 네트워크 모형으로 프라이스 모형을 적용해보자.

a) 당신이 이 분야에서 10번째로 출판된 논문의 저자라고 하고 이 분야의 논문은 일정한 비율로 출판된다고 하자. 이 분야에서 처음 출판된 논문의 현재 분야 내 피인용 수와 같은 피인용 수를 당신의 논문이 가질 때까지 지금부터 얼마나 더 걸릴까?

b) 시간이 식 (13.42)처럼 정의될 때 시간 τ_1과 τ_2 사이에 출판된 논문 하나가 받을 피인용 수의 평균값을 유도하라.

c) 실제 인용 네트워크의 모형 매개변숫값으로 $c = 20$, $a = 5$가 적당하다. 이때 출판된 논문의 첫 10%에 포함된 한 논문의 피인용 수의 평균은 얼마인가? 마지막 10%에 포함된 한 논문의 피인용 수의 평균은 얼마인가?

이 놀라운 값들은 13.3절에서 논의한 선발자 이득의 예다. 이로 인해 이 분야에서 처음 출판된 논문들의 피인용 수에 상당한 편향이 생긴다.

13.4 n이 큰 극한에서 프라이스 모형의 으뜸 방정식 식 (13.7)과 식 (13.8)을 상기하자.

$$p_q = \frac{c}{c+a}\left[(q-1+a)p_{q-1} - (q+a)p_q\right] \qquad q \geq 1인\ 경우$$
$$p_0 = 1 - \frac{ca}{c+a}p_0 \qquad q = 0인\ 경우$$

a) $c = a = 1$인 특수한 경우에 대해 이 식들을 다시 써라.

b) 이때 들어오는 링크수의 생성 함수 $g_0(z) = \sum_{q=0}^{\infty} p_q z^q$이 다음 미분방정식을

만족시킴을 보여라.

$$g_0(z) = 1 + \tfrac{1}{2}(z-1)\big[zg_0'(z) + g_0(z)\big]$$

c) 다음 함수

$$h(z) = \frac{z^3 g_0(z)}{(1-z)^2}$$

는 다음 식을 만족시킴을 보여라.

$$\frac{dh}{dz} = \frac{2z^2}{(1-z)^3}$$

d) 생성 함수 $g_0(z)$의 닫힌 형태의 해를 구하라. 그 해가 올바른 극한값, 즉 $g_0(0) = p_0$, $g_0(1) = 1$을 갖는지 확인하라.

e) 프라이스 모형에서 노드의 평균 들어오는 링크수를 구하라. 이 결과가 기대한 결과와 같은가?

13.5 바라바시-알버트 모형을 다음처럼 변형해보자. 자라는 방향성 없는 네트워크에 노드가 하나씩 추가되고 각 노드는 초기 링크수 c를 갖는다. 새로 추가된 노드에서 나오는 c개의 에지는 기존 노드들에 연결되는데, 기존 노드 i가 선택될 확률은 $k_i + a$에 비례한다. 여기서 k_i는 노드 i의 방향성 없는 링크수이고, a는 상수다.

a) 노드가 네트워크에 추가될 때마다 c개의 에지가 추가된다고 하면 네트워크 크기가 큰 극한에서 노드당 평균 링크수는 얼마인가?

b) 네트워크 크기가 큰 극한에서 링크수 k를 갖는 노드의 비율 p_k에 관한 으뜸 방정식을 유도하라. 필요하다면 k가 특수한 값을 가질 때의 비율 방정식을 추가로 유도하라.

c) 네트워크 크기가 큰 극한에서 링크수가 c인 노드의 비율이 다음과 같음을 보여라.

$$p_c = \frac{2c + a}{2c + a + c(c + a)}$$

13.6 13.1절에서 기술한 프라이스 모형과 비슷한 자라는 방향성 네트워크 모형을 고려하되 선호적 연결은 없다고 하자. 즉, 노드는 자라는 네트워크에 하나씩

추가되고 각 노드는 c개의 나가는 에지를 갖지만 그 에지들은 기존 노드 중 무작위로 균일하게 고른 노드에 연결된다. 이때 기존 노드의 링크수나 다른 어떤 성질도 고려하지 않는다.

a) 네트워크 크기가 큰 극한에서 들어오는 링크수 q의 분포에 관해 식 (13.7)과 식 (13.8)에 해당하는 으뜸 방정식을 유도하라.

b) 네트워크 크기가 큰 극한에서 들어오는 링크수는 지수 분포 $p_q = Cr^q$을 갖는다는 것을 보여라. 여기서 C는 정규화 상수이고, $r = c/(c + 1)$이다.

13.7 13.2절에서 기술한 바라바시-알버트 모형과 비슷한 네트워크 모형을 생각하자. 여기서 에지는 선호적 연결 규칙에 따라 노드들을 연결하지만 네트워크는 자라지 않는다고 가정한다. 즉, 주어진 n개의 노드에서 시작하여 노드를 얻거나 잃지 않는다. n개의 노드와 그들을 잇는 어떤 에지들로부터 시작한다. 매 단계에 링크수 k에 비례하는 확률로 노드 2개를 무작위로 골라서 방향성 없는 에지로 연결한다. 네트워크가 m개의 에지를 가질 때 링크수 k인 노드의 비율을 $p_k(m)$이라고 하자.

a) 네트워크가 m개의 에지를 가질 때, 새로 추가되는 에지가 노드 i를 선택할 확률은 k_i/m임을 보여라.

b) $p_{k-1}(m)$과 $p_k(m)$으로부터 $p_k(m + 1)$을 얻는 으뜸 방정식을 써라. $k = 0$인 특수한 경우에 관한 방정식도 써라.

c) 평균 링크수 $c = 2m/n$을 써서 으뜸 방정식에서 m을 소거하고 c는 상수로 고정한 후 $n \to \infty$인 극한을 취함으로써 $p_k(c)$가 다음 미분방정식을 만족시킴을 보여라.

$$c \frac{dp_k}{dc} = (k - 1)p_{k-1} - kp_k$$

d) 생성 함수 $g(c, z) = \sum_{k=0}^{\infty} p_k(c)z^k$을 정의하고 이 함수가 다음 편미분방정식을 만족시킴을 보여라.

$$c \frac{\partial g}{\partial c} + z(1 - z)\frac{\partial g}{\partial z} = 0$$

e) $g(c, z) = f(c - c/z)$가 이 미분방정식의 해임을 보여라. 여기서 $f(x)$는 x로 미분 가능한 함수다.

f) f를 선택하는 것은 네트워크의 초기 조건에 의존한다. 각 노드가 링크수 1을 갖는 상태에서 네트워크가 시작한다고 가정하자. 즉, $c = 1$이고 $g(1, z) = z$다. 이 초기 조건에 해당하는 함수 f를 찾고 모든 c와 z에 대한 $g(c, z)$를 찾아라.

g) 이 해에 대해 링크수 분포를 c의 함수로 쓰면 다음과 같음을 보여라.

$$p_k(c) = \frac{(c-1)^{k-1}}{c^k}$$

예외적으로 $k = 0$인 경우에는 모든 c에 대해 $p_0(c) = 0$임을 보여라.

이 링크수 분포는 k에 따라 지수적으로 줄어든다. 즉, 네트워크가 자라지 않으면 선호적 연결은 일반적으로 거듭제곱 링크수 분포를 만들어내지 않음을 뜻한다.

13.8 13.1절에서 기술한 프라이스 모형과 비슷한 자라는 네트워크 모형을 생각하자. 노드의 현재 들어오는 링크수가 0일 때 새로운 들어오는 에지를 받는 비율에 관한 매개변수 a가 노드에 따라 달라지는 경우를 보자. 즉, 각 단계에서 c개의 나가는 에지를 갖는 새 노드가 네트워크에 추가되며 이 에지 중 하나가 노드 i에 연결될 확률은 $q_i + a_i$다. 여기서 q_i는 노드 i의 현재 들어오는 링크수이고, a_i는 각 노드마다 따로 정의되는 변수로서 시간에 따라 변하지 않는 상수다. 인용 네트워크의 맥락에서 a_i는 논문의 내재적 장점을 정량화한 것으로 볼 수 있으며 출판된 직후($q_i = 0$일 때) 논문이 받는 인용의 비율을 조절한다.

a) 각 노드의 a_i는 정상 분포 $\rho(a)$에서 무작위로 선택한다고 하자. 즉, a와 $a + da$ 사이에 포함될 확률은 $\rho(a)da$다. 이 분포는 잘 정의된 평균을 갖는다고 가정할 수 있다. n이 큰 극한에서 $n+1$번째로 추가된 노드가 들어오는 링크수가 q_i인 기존 노드 i에 연결될 확률이 $c(q_i + a_i)/n(c + \bar{a})$임을 보여라. 여기서 $\bar{a} = \int a\rho(a)\,da$로 a_i의 평균이다.

b) 네트워크가 큰 극한에서 노드의 링크수가 q이고 매개변수 a가 a와 $a + da$ 사이에 있을 확률을 $p_q(a)da$라고 하자. n이 큰 극한에서 $p_q(a)$에 관한 으뜸 방정식을 유도하라. 다른 q 값들과는 다른 $p_0(a)$에 관한 방정식에 특별한 주의를 기울여라.

c) 으뜸 방정식을 풀어서 다음 결과를 보여라.

$$p_q(a) = \frac{\mathrm{B}(q + a, 2 + \bar{a}/c)}{\mathrm{B}(a, 1 + \bar{a}/c)}\rho(a)$$

여기서 $B(x, y)$는 오일러 베타 함수다. 이 공식에서 a와 $\bar{a}$의 차이를 유념하라. 이 분포는 거듭제곱 꼬리를 갖는다. 거듭제곱 지수는 얼마인가?

13.9 자라는 네트워크에 관한 다음의 간단한 모형을 보자. 단위 시간마다 노드하나의 비율로 노드가 네트워크에 추가된다. 단위 시간당 평균 비율 β로 에지들이 추가된다. β는 0부터 무한대까지 어떤 값도 가질 수 있다. 짧은 시간 δt 동안에지가 추가될 확률은 $\beta\,\delta t$다. 에지는 추가될 때 존재하는 노드 중 어떤 노드 쌍을무작위로 균일하게 선택하여 연결한다. 그리고 한 번 생성된 에지는 결코 없어지지 않는다.

이 모형의 덩어리 구조에 관심이 있으며 으뜸 방정식 방법으로 접근할 것이다. 네트워크에 n개의 노드가 있을 때 크기가 k인 덩어리에 속한 노드의 비율을 $a_k(n)$이라고 하자. 만일 n개의 노드로 이뤄진 네트워크에서 노드 하나를 무작위로 고른다면 $a_k(n)$은 그 노드가 크기가 k인 덩어리에 속할 확률이 된다.

a) 새로 나타난 에지가 크기가 r인 덩어리와 크기가 s인 덩어리 사이에 놓일 확률은 얼마인가? n이 크다고 가정함으로써 이 에지가 같은 덩어리에 속한 두 노드 사이를 연결할 확률이 작다고 가정할 수 있다. 새로 나타난 에지가 기존 2개의 덩어리를 연결함으로써 크기가 k인 덩어리를 만들 확률은 얼마인가?

b) 새로 나타난 에지가 크기가 k인 덩어리와 임의의 크기를 갖는 덩어리를 연결할 확률은 얼마인가? 그럼으로써 새 덩어리의 크기는 k보다 커진다.

c) 총 $n + 1$개의 노드가 있을 때 크기가 k인 덩어리에 속한 노드의 비율 $a_k(n + 1)$에 관한 으뜸 방정식을 써라.

d) 위 결과의 유일한 예외는 시간 단위마다 1의 비율로 나타나는 크기가 1인 덩어리다. $a_1(n + 1)$에 관한 으뜸 방정식을 따로 써라.

e) 덩어리 크기 분포의 정상상태^{steady-state} 해가 있다면 다음 방정식들을 만족시킴을 보여라.

$$(1 + 2\beta)a_1 = 1, \qquad (1 + 2\beta k)a_k = \beta k \sum_{j=1}^{k-1} a_j a_{k-j}$$

f) 여기에 z^k을 곱하고 k를 1부터 무한대까지 더함으로써 생성 함수 $g(z) = \sum_k a_k z^k$이 다음 상미분방정식을 만족시킴을 보여라.

$$2\beta \frac{dg}{dz} = \frac{1 - g/z}{1 - g}$$

불행히도 이 방정식의 해는 알려지지 않았다. 그래서 이 모형의 덩어리 크기에 관한 완전한 해를 모른다.

13.10 식 (13.55)의 해를 두 가지 방식으로 조사하라.

a) 식 (13.55)를 식 (13.47)에 대입하여 일반적인 q에 대해 전자가 후자의 해임을 직접 확인하라.

b) 식 (13.55)를 0부터 1까지의 τ로 적분하여 프라이스 모형의 링크수 분포의 정확한 형태인 식 (13.21)을 얻음을 확인하라. 식 (13.33)의 오일러 베타 함수에 관한 적분 공식이 필요할 수도 있다.

Part 4

응용

커뮤니티 구조

네트워크 내부에 있는 노드들로 이뤄진 그룹 또는 커뮤니티를 확인하는 방법

네트워크를 연구하는 궁극적인 목표는 네트워크가 나타내는 시스템의 작동 상태를 이해하는 것이다. 예를 들어, 사회적인 상호작용의 본질과 그것이 인간의 경험, 상업, 질병의 확산, 사회 구조에 미치는 영향을 더 잘 이해하기 위해 사회연결망을 연구한다. 인터넷을 연구하는 이유는 데이터 트래픽의 흐름이나 통신 프로토콜이 작동하는 방식 또는 네트워크를 어떤 식으로 바꿔서 인터넷의 성능을 향상할 수 있을지를 이해하기 위해서다. 물질대사 네트워크 같은 생화학적 네트워크를 연구하는 이유는 세포에서 일어나는 복잡한 화학반응 과정과 질병이나 부상에 대한 새로운 치료법을 더 잘 이해할 수 있기를 바라기 때문이다.

　네트워크 구조의 측정과 모형에 집중했던 이 책의 이전 장들에서 논의한 기술적인 내용은 그런 종류의 이해를 위한 견고한 토대를 제공하지만 이는 시작일 뿐이다. 이제 할 일은 네트워크 시스템의 기능에 대한 더 깊은 통찰력을 얻기 위해 지금까지 배운 내용을 적용하는 것이다. 안타깝게도 이쪽 연구 분야의 발전이 측정과 모형에 비해서는 더딘 편이지만 커뮤니티 찾기, 네트워크에서의 고장과 견고함, 전염병을 비롯한 각종 확산 과정에 대한 연구와 같은 새로운 분석 기술의 개발을 포함하여 상당한 발전이 이뤄진 주제들이 있다. 이 책의 남은 장들에서는 이러한 문제들 중 현재 알려진 것들을 다룰 예정이다. 14장에서 처음으로 다룰 주제는 현재 네트워크 연구에서 가장 활발한 영역 중 하나이자 정보 이론, 최적화 기법, 통계적인 추론 방법을 포함하여 다양한 중요한 접근 방식과 현상을 알려줄 커뮤니티 찾기다.

14.1 네트워크를 그룹으로 나누기

그림 14.1은 어느 대학의 한 학과에 소속된 과학자들 사이의 공동 연구 형태를 보여준다. 이 네트워크의 각 노드는 과학자를 나타내고 노드 사이의 에지는 하나 이상의 논문을 같이 쓴 과학자 쌍을 나타낸다. 해당 그림에서 볼 수 있듯이 이 네트워크에는 가깝게 같이 일하는 과학자 그룹에 해당하는 조밀하게 연결된 노드 클러스터가 많이 포함되어 있다. 대학의 과학 분야 학과의 조직 구성에 익숙한 독자는 이러한 클러스터가 적어도 대략적으로는 해당 학과에 있는 연구 그룹에 해당한다는 사실이 놀랍지는 않을 것이다.

그러나 어떤 사람이 대학 학과가 어떻게 운영되는지 모르는 상태에서 그것들을 연구하고 싶어 한다고 가정해보자. 그림 14.1과 같은 네트워크를 구성한 다음 뭉쳐진 구조를 관찰함으로써 그 구조들보다 더 큰 학과 안에 있는 그룹의 존재를 추

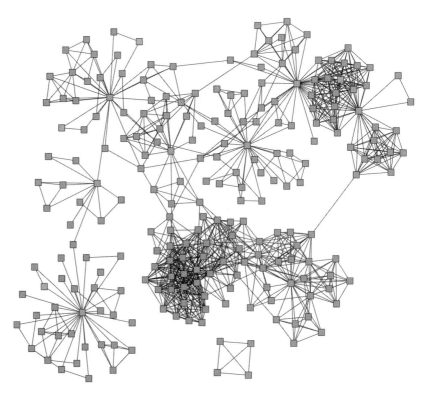

그림 14.1 어느 대학에 있는 학과의 공저자 네트워크

이 네트워크의 노드는 해당 학과의 과학자를 나타내고 에지는 논문을 같이 쓴 과학자 쌍을 연결한다. 이 네트워크에는 명확한 클러스터 또는 '커뮤니티 구조'가 있으며, 아마도 해당 학과 내에서 관심 연구 분야와 연구 그룹들이 나뉘는 것을 반영할 것이다.

론할 수 있으며 추가 조사를 통해 학과가 어떻게 구성됐는지 빠르게 파악할 수 있다. 따라서 네트워크에서 그룹 또는 클러스터를 찾는 능력은 하나 또는 몇 안 되는 개수의 노드보다 더 큰 규모로 네트워크 내의 구조 및 조직을 드러내는 유용한 도구가 될 수 있다. 7장의 그림 7.12에 나타낸 미국 고등학생들 간의 친구 관계 네트워크에서 또 다른 예를 볼 수 있다. 이 경우 네트워크는 7.7절에서 설명했듯이 주로 학생들의 인종에 의해 결정되는 2개의 명확한 그룹 또는 커뮤니티로 나누어지며, 이 구조가 네트워크로 표현할 수 있는 인구 집단에서 벌어지는 사회적 상호작용의 특성에 대한 단서를 제공할 수 있다.

그룹이나 커뮤니티는 사회연결망에서만 생기는 게 아니다. 예를 들어, 웹 네트워크에서 뭉쳐 있는 노드들은 관련 있는 웹 페이지로 이뤄진 그룹을 나타낼 수 있다. 물질대사 네트워크에서 뭉쳐 있는 노드들은 네트워크 내의 생물학적 기능을 수행하는 단위를 나타낼 수 있다.

그룹을 찾는 능력을 이용하면 또 다른 실용적인 응용이 가능하다. 이것을 통해 대규모 네트워크를 개별적으로 연구할 수 있는 더 작은 하위 집합으로 나눌 수 있는 것이다. 그림 14.1에 나타낸 네트워크는 매우 작지만 다른 네트워크는 훨씬 더 크거나 수백만 개 또는 그 이상의 노드로 이뤄져 있을 수 있으므로 분석과 해석이 어려울 수 있다. 이러한 네트워크를 구성요소의 클러스터로 나누는 것은 큰 네트워크를 다루기 좋은 크기로 줄이는 데 유용한 기술이다. 이러한 접근법의 한 가지 예는 네트워크 시각화^{visualization}다. 백만 개 이상의 노드가 있는 네트워크는 아무리 뛰어난 시각화 소프트웨어를 사용하더라도 전체를 시각화하기는 힘들다. 간단히 말해 그런 네트워크는 화면이나 종이에 제대로 표현하기에는 너무 큰 것이다. 하지만 네트워크의 노드들을 자연스럽게 그룹으로 나누면 각 그룹을 개별 노드로 표현하고 그룹들 간의 연결을 에지로 표현하여 더 간단하지만 여전히 유용한 그림을 만들 수 있다. 그림 14.2에 그러한 예를 나타냈다. 이 단순화된 표현법을 쓰면 개별 노드의 세부 사항에 얽매이지 않고 네트워크의 대규모 구조를 볼 수 있다. 여기서 개별 노드를 보고 싶으면 각 그룹을 '확대$^{zoom\ in}$'해서 내부 구성을 보면 된다. 게피^{Gephi}[1] 같은 많은 네트워크 시각화 패키지에는 이러한 종류의 두 단계 시각화를 수행할 수 있는 기능이 있다.

이렇게 네트워크에서 노드 그룹을 찾는 문제를 커뮤니티 찾기$^{community\ detection}$라고

커뮤니티 찾기를 '클러스터링'이라고 할 때도 있지만 7.3절에서 소개한 '클러스터링'이라는 단어의 다른 뜻과의 혼동을 방지하기 위해 이 용어를 쓰는 것은 자제하겠다.

---

1 https://gephi.org 참고

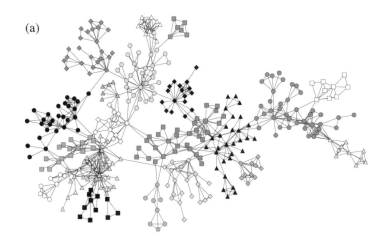

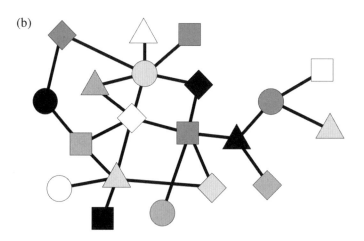

그림 14.2 커뮤니티 찾기를 이용한 네트워크 구조 시각화

(a)에 있는 네트워크는 다양한 모양과 색상으로 구분한 커뮤니티로 나뉜다(커뮤니티는 14.2.3절의 스펙트럼 모듈도 최대화 방법을 사용해 찾았다). (b)에서는 네트워크의 각 커뮤니티를 하나의 큰 노드로 표시했고, 에지는 어느 커뮤니티가 어느 커뮤니티와 연결되어 있는지를 나타낸다. 네트워크를 이렇게 거칠게 뭉뚱그려서 표현하면 전체적인 연결 패턴을 쉽게 볼 수 있다.

한다. 이렇게 말로 설명하기는 쉽지만 커뮤니티 찾기는 상당히 어려운 일이라는 게 밝혀졌다. 하지만 다행히 실제 상황에서 좋은 결과를 얻을 수 있는 여러 방법 이 개발됐다. 이 장에서는 그중 가장 널리 사용되는 몇 가지를 설명할 것이다.

14.2 모듈도 최대화

커뮤니티 찾기를 어렵게 만드는 부분 중 하나는 문제가 명확하게 표현되지 않았다는 것이다. 대충 말하자면, 커뮤니티 찾기의 목표는 네트워크를 노드 그룹으로 자연스럽게 나누어서 그룹 내에 많은 에지가 있고 그룹 사이에 에지가 거의 없도록 하는 것이다. 하지만 이러한 설명은 모호하고 해석의 여지가 많다. '많은' 에지 또는 에지가 '거의 없다'는 게 정확히 무슨 말인가? 커뮤니티 찾기를 정량적으로 다룰 수 있는 문제로 바꾸려면 이러한 개념을 숫자로 표현해야 한다. 이를 위한 다양한 방법이 있다. 이 절에서는 가장 널리 사용되는 접근법인 모듈도^{modularity} 최대화 방법부터 소개하려고 한다.

커뮤니티 찾기를 최적화 문제^{optimization problem}로 접근해보자. 방향이 없고 가중치도 없는 단순한 네트워크를 생각해보라. 이 네트워크를 커뮤니티로 쪼갤 수 있는 모든 경우의 수에 대해 그 분리가 커뮤니티 내부 에지가 많고 다른 커뮤니티 사이에 에지가 거의 없다는 의미로 '좋음'이면 높은 점수를 준다. 반대의 경우라서 분리가 '나쁨'이면 낮은 점수를 준다. 그리고 나서 분할된 결과들을 쭉 살펴보면서 가장 점수가 높은 분할을 찾은 다음, 그 분할을 네트워크의 가장 좋은 분할로 받아들이는 것이다. 이 접근법의 성공 여부는 물론 좋은 분할에 높은 점수를 제대로 주는 만족스러운 점수의 정의에 달려 있다. 하지만 이것은 이 책에서 전에 다룬 적이 있는 문제다. 7.7절에서 유사한 특성을 가진 노드가 에지로 연결되는 경향이 있는 네트워크에서의 동류성 혼합 현상을 배운 바 있다. 거기에서 우리는 모듈도로 알려진 동류성 혼합에 대한 측정값을 도입했는데, 이것은 연결이 주로 같은 종류의 노드 사이에 있을 때 높은 값을 갖고 그렇지 않은 경우 낮은 값을 갖는다. 이것이 정확히 커뮤니티 찾기에서 필요한 종류의 측정량이다. 각 그룹의 구성원을 다른 종류의 노드들로 생각할 수 있으며 네트워크를 커뮤니티로 잘 분리하는 것이 바로 그 분리에 해당하는 모듈도값이 큰 것이다. 따라서 네트워크에서 커뮤니티를 찾는 한 가지 방법은 모듈도값이 가장 큰 분리를 찾는 것이다. 이것이 모듈도 최대화 방법이다.

우선 가장 간단한 커뮤니티 찾기 문제라고 할 수 있는, 주어진 네트워크를 2개의 그룹 또는 커뮤니티로 나누는 문제를 생각해보자. 다시 말하자면, 현재 네트워크에 정확히 2개의 그룹이 있다는 사실을 이미 알고 있다고 가정하고 어떤 노드가 어떤 그룹에 속하는지를 결정하기만 하면 되는 상황이다. 그 그룹들은 어떤 크기든 될 수 있지만 모든 노드는 둘 중 하나의 그룹에 반드시 속해야 하므로 두 그룹의 크기를 더하면 전체 네트워크 크기인 n이 된다.

이 문제에 모듈도 최대화 방법을 바로 적용한다면, 노드를 2개의 그룹에 배치하는 모든 경우의 수를 다 비교해서 가장 모듈도가 높은 커뮤니티 구분을 찾는 과정을 거쳐야 한다. 안타깝게도 그건 어려운 일이라는 게 밝혀졌다. n개의 노드를 2개의 그룹으로 나누는 방법은 2^n가지가 있으며 이 숫자는 n이 커질수록 매우 빠르게 커진다.[2] 예를 들어 100개의 노드로 구성된 비교적 작은 네트워크의 경우에도 $2^{100} \simeq 10^{30}$가지의 분할이 가능하고, 그것들에 대해 모듈도를 계산하는 것은 현재 컴퓨터의 능력을 훨씬 능가할 것이기 때문이다.

똑똑하게 프로그래밍을 잘하면 이 문제를 해결할 수 있는지 궁금할 수도 있을 것이다. 가능한 모든 분할을 무작정 모두 나열하는 것이 최선의 분할을 찾는 참신한 방법은 아니다. 가장 좋은 분할이 될 가능성이 있는 분할들로만 조사 범위를 제한하는 방법을 찾을 수는 있지 않을까? 안타깝게도 그것은 불가능하다고 믿고 있다. 컴퓨터 과학의 근본적인 결과에 의하면 모든 경우에 대해 가장 좋은 분할을 찾을 수 있는 알고리듬은 없다. 알고리듬은 영리하고 빠르게 작동하지만 어떤(그리고 어쩌면 대부분의) 경우에는 최적의 답을 찾는 데 실패하거나, 항상 최적의 답을 찾지만 답을 찾는 데 현실적으로 불가능한 정도의 시간이 걸린다. 선택지는 이것들밖에 없다.[3]

하지만 이것이 모듈도 최대화를 위한 똑똑한 알고리듬이 존재하지 않는다든지 유용한 답을 제공하지 않는다는 이야기는 아니다. 주어진 네트워크에서 정확히 가장 좋은 분할을 찾지는 못하는 알고리듬도 여전히 꽤 좋은 분할을 찾을 수는 있으며, 많은 경우에 실질적으로 꽤 좋은 분할 정도면 괜찮다. 본질적으로 모든 실용적인 알고리듬의 목표는 이런 뜻에서 '꽤 좋은' 분할을 찾는 것이다. 이런 방식으로 문제에 대한 근사적이지만 받아들일 수 있는 해법을 찾는 알고리듬을 휴리스틱 알고리듬heuristic algorithm 또는 그냥 휴리스틱이라고 한다. 모듈도 최대화 문제에

---

2 실제로는 2^{n-1}개의 분할만 있긴 하다. 첫 번째 노드는 두 그룹 중 아무 곳에나 넣고, $n-1$개의 나머지 노드 각각에 대해 첫 번째 노드와 동일한 그룹에 들어갈지 아니면 다른 그룹에 들어갈지를 결정하면 된다. 그러나 본문에서 제기한 문제는 여전히 있다. 2^{n-1}도 n에 대해 급격하게 증가하고, 커뮤니티를 나눌 수 있는 가능한 경우의 수는 그렇게 크지 않은 n에 대해서도 그러한 분할을 하나하나 살펴보는 우리의 능력을 가볍게 압도할 것이다.

3 엄밀하게 말하자면 이것이 실제로 증명되지는 않았다. 그게 사실일지는 P와 NP라고 불리는 두 가지 기본적인 계산 복잡도 종류가 동일하지 않다는 가정에 달려 있다. 이 가정이 보편적으로 사실로 믿어지고 있지만(사실이 아니라면 세상이 거의 무너질지도 모른다), 아무도 아직 그것을 증명하지 못했으며 어디서부터 시작해야 할지조차 모른다. 이러한 종류의 문제를 다루는 컴퓨터 과학의 흥미진진한 분야에 관심이 있는 독자에게는 무어(Moore)와 머텐스(Mertens)[340]의 책을 추천한다. 이와 관련해서 브란데스(Brandes) 등[81]은 모듈도 최대화라는 특정한 문제를 다루고 있다.

대해 다양한 휴리스틱 알고리듬이 시도된 바 있으며, 그중 몇 개를 곧 논의할 것이다.

14.2.1 모듈도 함수의 꼴

7.7.1절에서 식 (7.54)를 통해 주어진 네트워크에서 특정 분할에 대한 모듈도를 다음과 같이 소개한 바 있다.

$$Q = \frac{1}{2m} \sum_{ij} \left(A_{ij} - \frac{k_i k_j}{2m} \right) \delta_{g_i g_j} = \frac{1}{2m} \sum_{ij} B_{ij} \, \delta_{g_i g_j} \qquad (14.1)$$

여기서 우리는 그룹 또는 커뮤니티에 (예를 들어 1부터 시작하는) 번호를 매겼으며, g_i는 노드 i가 속한 그룹의 번호이고, δ_{ij}는 크로네커 델타[4]이며,

$$B_{ij} = A_{ij} - \frac{k_i k_j}{2m} \qquad (14.2)$$

로 주어진다. B_{ij}는 다음과 같이 인덱스 i 또는 j 중 하나에 대해 모두 더하면 0이라는 특성이 있다.

$$\sum_i B_{ij} = \sum_i A_{ij} - \frac{k_j}{2m} \sum_i k_i = k_j - \frac{k_j}{2m} 2m = 0 \qquad (14.3)$$

$$\sum_j B_{ij} = \sum_j A_{ij} - \frac{k_i}{2m} \sum_j k_j = k_i - \frac{k_i}{2m} 2m = 0 \qquad (14.4)$$

여기서 식 (6.13)을 사용했으며, 이 특성은 곧 중요하게 쓰일 예정이다.

식 (14.1)은 네트워크를 여러 그룹으로 나누는 데 적용되는 일반적인 공식이지만, 2개 그룹의 경우를 다시 고려하여 새로운 양[5]을 정의하여 식을 다시 유용하게 쓸 수 있다.

---

4 i와 j가 같은 경우에 1의 값을 갖고 i와 j가 다르면 0의 값을 갖는다. – 옮긴이

5 물리학자에게 s_i라는 양은 네트워크 노드에 있는 '이징 스핀(Ising spin)'이고, 식 (14.7)은 이징 스핀 유리(spin glass)의 해밀토니안(Hamiltonian)* 형태다. 이러한 연관성이 여기에 제시된 공식에 영감을 준 부분인 것은 사실이지만 모듈도 최대화가 작동하는 방식을 이해하기 위해 물리학에 익숙할 필요는 없다.

   * 물리학에서 에너지에 해당하는 함수다. 다른 함수에 대한 범함수(functional)가 될 수 있고 양자역학에서는 행렬 등으로 표현되는 연산자(operator)가 될 수도 있기 때문에 이러한 특별한 이름이 붙었다. – 옮긴이

$$s_i = \begin{cases} +1 & \text{노드 } i\text{가 1번 그룹에 속하는 경우} \\ -1 & \text{노드 } i\text{가 2번 그룹에 속하는 경우} \end{cases} \qquad (14.5)$$

이 정의에서 i와 j가 같은 그룹에 있는 경우 $\frac{1}{2}(s_i s_j + 1)$ 항의 값은 1이고 그렇지 않으면 0이므로

$$\delta_{g_i g_j} = \tfrac{1}{2}(s_i s_j + 1) \qquad (14.6)$$

인 것이다. 이 식을 식 (14.1)에 대입하면 식을 다음과 같이 쓸 수 있다.

$$Q = \frac{1}{4m} \sum_{ij} B_{ij}\,(s_i s_j + 1) = \frac{1}{4m} \sum_{ij} B_{ij}\,s_i s_j \qquad (14.7)$$

여기서 두 번째 등호에서 식 (14.3)을 이용했다. 여기서 맨 앞에 붙은 $1/4m$이라는 상수는 중요하지 않다. 이것은 식 (7.54)로 주어지는 모듈도에 대한 기존의 정의에 따라 전통적으로 들어간 것이지만, 최대화 문제에는 영향을 주지 않는다.

식 (14.2)에 있는 B_{ij} 항은 네트워크의 구조에 의해 결정되고 변하지 않는다. s_i 값들은 네트워크를 두 부분으로 나누는 특정한 분할을 나타낸다. 따라서 모듈도 최대화 문제를 다음과 같이 바꿀 수 있다. 주어진 특정 B_{ij}(즉, 주어진 특정 네트워크)에 대해 식 (14.7)을 최대화하는 $s_i = \pm 1$ 값들의 조합을 찾아라.

이 문제는 이산 최적화 문제$^{\text{discrete optimization problem}}$의 일반적인 종류에 속하며, 이산적인 변수 집합에서 정의된 알려진 함수의 값을 최대화하는 문제다. 변수가 가질 수 있는 값의 집합이 너무 커서 가능한 값들을 모조리 탐색할 수 없는 경우에도 이러한 문제에 대한 해답을 찾기 위한 일반적인 계산법이 많이 있다. 이러한 방법은 보통 근사적인 답만 제공하기 때문에 모듈도값이 큰 답을 찾을 수는 있지만 그 것이 전체에서 가장 큰 것은 아닐 수도 있다.

그 정도면 충분할까? 어떤 네트워크인지에 따라 다르지만 제법 많은 실제 상황에서 충분하다. 어떤 네트워크에서든 전체에서 가장 최적인 분할 또는 모듈도가 최적에 가깝지만 약간 낮은 다른 분할을 찾을 거라고 기대할 수 있다. 이러한 차선에 해당하는 분할이 실제 최선의 분할과 유사하면, 대부분의 노드가 최선의 분할에서와 동일하게 그룹에 배치되고 소수의 노드만 그것과 다르게 배치된다는 점에서 근사적인 모듈도 최대화 기법이 잘 작동할 것이다. 비록 전체 최댓값을 언제나 찾지는 못할 수도 있겠지만, 최댓값에 가까운 해답을 안정적으로 얻을 수 있다

면 기본적으로 네트워크의 제대로 된 분할을 찾을 수 있다고 볼 수 있다.

그러나 모듈도가 전체에서 가능한 최댓값과 거의 비슷하지만 네트워크의 분할에 있어서는 매우 다른 것에 해당하는 답이 있는 경우, 그룹에 대한 노드 할당이 최선의 분할과 완전히 다를 수 있고 그럴 때 모듈도 최대화가 실패할 수 있다. 그 결로 모듈도 점수가 높은 분할을 찾을 수는 있겠지만 그 분할이 실제로 최적인 분할에 대한 좋은 지침은 아닐 것이다.

이런 문제에 대해서는 많은 것이 알려져 있다. 특히, 위에서 설명한 두 가지 상황이 모두 발생할 수 있는 것으로 알려져 있다. 근사적인 모듈도 최댓값은 보고 있는 특정 네트워크에 따라 최적의 네트워크 분할에 대한 좋은 지침이 될 수도 있고 아닐 수도 있다. 소위 '복제 대칭 파괴replica symmetry breaking'와 관련된 통계물리에서 온 아이디어를 기반으로 하는 각종 이론이 있으며, 이것이 이러한 각종 다른 상황을 설명할 수 있다[481]. 예를 들어, 모듈도 최대화 방법[213]을 의도적으로 교란시키는 네트워크를 인위적으로 만들 수도 있다. 즉, 실제 최댓값에 비견될 만한 모듈도를 갖고 있으면서도 노드를 실제 최댓값에 해당하는 것과는 완전히 다르게 그룹에 할당하도록 하는 네트워크를 의도적으로 만들 수 있는 것이다.

하지만 보통 과학적으로는 커뮤니티 구조가 명확한 경우에 관심이 있기 때문에 위에서 언급한 그런 경우는 무의미할 수도 있다. 예를 들어 비슷한 모듈도 점수를 가진 여러 분할 방식이 경합하는, 즉 네트워크의 구조 자체가 모호하거나 찾기 어려운 경우에 대해서는 대부분 관심이 많지 않다. 찾기 어려운 커뮤니티는 간단히 말해서 시스템이 어떻게 작동하는지에 별 영향을 미치지 않는 것이다. 따라서 우리는 정의상 커뮤니티 찾기가 쉬운 경우, 즉 구조가 눈에 확 띄는 예시에 주로 관심이 있다. 그리고 그런 경우에는 일반적으로 근사적인 찾기 방법이 잘 작동한다.

14.2.2 간단한 모듈도 최대화 알고리듬

이산 최적화 문제는 역사적으로 컴퓨터 과학, 수학, 공학에서 오랫동안 연구돼왔으며, 어떤 최적화 문제에도 적용할 수 있는 많은 범용 기술이 개발되어 있다. 이 중 담금질 기법simulated annealing[227, 329], 유전 알고리듬genetic algorithm[299], 극한 최적화extremal optimization[151]와 같은 몇 가지가 모듈도 최대화에 적용돼왔다. 일반적으로 이런 방법을 쓰면 양질의 결과를 얻을 수 있지만 상당히 느릴 수 있어서 주로 소규모 네트워크, 최대 수천 개의 노드 또는 약간 더 큰 네트워크에 적용하기에 적합하다. 그것보다 더 큰 네트워크의 경우 그러한 방법들은 실용적이지 않다.

이에 대한 대안으로서, 모듈도 최대화 문제에 특화된 여러 방법이 개발됐다. 여기서는 그중 세 가지를 살펴볼 것이며, 참고문헌 [359]에서 제안한 노드를 옮기는 간단한 알고리듬을 이 절에서 처음으로 소개할 것이다. 그 알고리듬을 네트워크를 원하는 어떤 숫자의 그룹으로도 나눌 수 있도록 변형할 수 있지만, 당분간은 계속해서 그룹이 2개인 경우에 집중할 것이다.

지금부터 소개할 알고리듬은 네트워크를 무작위로 동일한 크기의 두 그룹으로 나누는 것으로 시작한다. 그런 다음 네트워크의 각 노드를 차례대로 잡아서 해당 노드가 다른 그룹으로 이동하면 모듈도가 얼마나 달라지는지를 계산한다. 식 (14.7)에 의하면 이것은 각 변수 s_i의 부호를 뒤집어보고 그것이 Q에 끼치는 영향을 계산하는 것과 같다. 그런 다음 알고리듬은 노드 중에서 모듈도를 가장 많이 증가시키거나 가장 적게 감소시키는 노드를 골라서 그 노드를 실제로 옮긴다. 한 회차^{round}에서는 한 번 옮긴 노드를 다시 옮기지는 않는다는 중요한 제약 조건하에서 이 과정을 반복한다. 모든 노드가 정확히 한 번씩 이동하고 나면 이 회차가 끝난다.

그런 다음 해당 회차 동안 네트워크에 적용된 분할들을 쭉 보면서 그중 모듈도가 가장 높은 분할을 고른다. 그 분할을 이 과정에 있어서의 또 다른 회차의 시작점으로 해서 이전과 같이 노드를 하나씩 이동시킨다. 모듈도가 더 이상 좋아지지 않을 때까지 필요한 횟수만큼 이러한 전체 절차를 계속 반복한 다음 중지한다. 마지막 회차에서 가장 높은 모듈도를 가진 분할이 네트워크의 커뮤니티 구조에 대한 최선의 추정치인 것이다.

그림 14.3은 이 알고리듬을 재커리[479]의 '가라테 클럽' 네트워크에 적용한 예를 보여준다. 이 네트워크는 1장에서 소개한 바 있다(그림 1.2 참고). 이 네트워크는 클럽 회원들을 장기간에 걸쳐 직접 관찰하여 조사한 어느 미국 대학 가라테 클럽 회원들 간의 친구 관계 패턴을 나타낸다. 이 네트워크가 흥미로운 이유는 관찰 기간 동안 클럽 회원들 사이에 클럽 회비 인상 여부에 대한 분쟁이 발생했고, 결과적으로 클럽이 각각 18명과 16명으로 이뤄진 두 파벌로 분열됐으며, 후자 그룹은 결국 탈퇴하여 그들만의 클럽을 만들었기 때문이다. 그림 14.3에서 노드의 색깔은 두 파벌의 구성원을 나타내고 회색으로 구분된 영역은 그 알고리듬으로 찾은 커뮤니티를 나타낸다. 여기서 볼 수 있듯이 커뮤니티 구분이 실제 파벌 분리와 거의 완벽하게 일치한다. 두 그룹 사이의 경계에 있는 하나의 노드만 잘못 할당됐다.

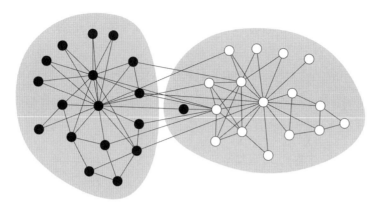

그림 14.3 가라테 클럽 네트워크에 적용한 모듈도 최대화 방법

본문에서 설명한 노드 이동을 통한 모듈도 최대화 알고리듬을 가라테 클럽 네트워크에 적용하여 발견한 가장 좋은 분할은 네트워크를 각각 17개 노드로 이뤄진 회색으로 표시한 두 그룹으로 분할하는 것이다. 이 분할은 클럽 회원들 간의 다툼에 의해 발생한 네트워크의 실제 분할(검게 채워진 원과 흰색으로 비어 있는 원으로 구분함)과 거의 동일하다. 하나의 노드(가운데에 있는 검은 노드)만 잘못 분류됐다.

따라서 우리의 알고리듬이 네트워크 데이터만을 분석하여 실제로 사회학적 관심의 대상인 구조를 끄집어낸 것으로 보인다. 커뮤니티 찾기 방법에 관심을 갖는 이유가 바로 이렇게 네트워크의 잠재적으로 중요한 구조적 특징을 밝혀내는 이런 종류의 결과 때문이다.

8.2절에서 논의한 바와 같이, 모든 컴퓨터 알고리듬의 중요한 특징은 실행 시간이 해결하려는 문제의 크기에 따라 달라지는 계산 복잡도$^{computational\ complexity}$다. 이 알고리듬에서 시간이 많이 걸리는 부분은 노드가 한 그룹에서 다른 그룹으로 이동할 때 모듈도의 변화를 계산하는 것이다. 식 (14.7)에서 합하는 부분을 생각해 보자. 노드 v가 한 그룹에서 다른 그룹으로 이동하면 변수 s_v의 부호는 바뀌고 다른 모든 변수의 부호는 동일하게 유지된다. 전체 합에서 s_v를 포함하는 항의 값만 바뀌기 때문에 그 항들을 다음과 같이 자체적으로 다시 쓸 수 있다.

$$B_{vv}s_v^2 + s_v \sum_{i(\neq v)} B_{iv}s_i + s_v \sum_{j(\neq v)} B_{vj}s_j \tag{14.8}$$

이 항들 중 첫 번째 항 $B_{vv}s_v^2$은 s_v의 부호가 바뀌어도 변하지 않으므로 무시하자. 다른 두 항은 $B_{ij} = B_{ji}$이기 때문에 같으므로 그 합은 $2s_v \sum_{i(\neq v)} B_{iv}s_i$와 같다. 그러면 s_v를 $-s_v$로 뒤집을 때 식 (14.7)에 있는 모듈도의 변화는 다음과 같다.

$$\Delta Q = \frac{1}{4m}\left[-2s_v\sum_{i(\neq v)}B_{iv}s_i - 2s_v\sum_{i(\neq v)}B_{iv}s_i\right] = -\frac{s_v}{m}\sum_{i(\neq v)}B_{iv}s_i \qquad (14.9)$$

여기서 s_v는 노드가 그룹을 이동하기 전의 값을 나타낸다.

ΔQ를 계산하는 데 시간이 많이 걸리는 건 다음 부분에서다.

$$\sum_{i(\neq v)}B_{iv}s_i = \sum_{i(\neq v)}A_{iv}s_i - \frac{k_v}{2m}\sum_{i(\neq v)}k_is_i$$
$$= \sum_{i(\neq v)}A_{iv}s_i - \frac{k_v}{2m}\sum_i k_is_i + \frac{k_v^2 s_v}{2m} \qquad (14.10)$$

첫 번째 등호에서는 식 (14.2)에 나오는 B_{ij}의 정의를 사용했다.

위 식의 첫 번째 항은 간단히 말해서 이동시킨 노드 v의 이웃인 모든 노드 i에 대한 s_i 값을 다 더한 것이다. 인접 목록 형식으로 저장된 네트워크의 경우 그러한 이웃들에 대해 계산하는 데 O(m/n)만큼의 시간이 걸리며(8.3.2절 참고), 이것을 모든 노드 v에 대해 계산하는 데는 총 O(m)시간이 걸린다는 뜻이다. 두 번째 항의 합은 모든 노드에 대한 합을 포함하므로 계산하는 데 O(n)만큼의 시간이 걸린다. 하지만 그 합 자체는 이동시킨 노드의 정체 v와 관계없이 모두 같은 값을 가지므로 한 번만 계산해놓으면 된다. 식 (14.10)의 세 번째 항은 계산하는 데 O(1)의 시간이 걸리고 모든 n개의 노드에 대해서는 총 O(n)만큼의 시간이 걸린다. 따라서 n개의 모든 노드에 대해 ΔQ를 계산하는 데 걸리는 총 시간은 O($m + n$)이다. 알고리듬의 실제 한 회차는 실제로 이동하는 각 노드에 대해 한 번씩 이 계산을 하는, 즉 이것을 n번 반복하는 것으로 이뤄져 있다. 그러므로 한 회차를 온전히 실행하는 데 걸리는 시간은 O($n(m + n)$)이다.

커뮤니티를 찾기 위한 전체 계산에서 필요한 이 과정의 횟수가 n 또는 m에 따라 어떻게 달라지는지는 잘 알려져 있지 않다. 보통의 응용 사례에서 필요한 횟수는 수천 개의 노드로 이뤄진 크기까지의 네트워크인 경우 5~10회 정도면 충분할 정도로 적다. 이 필요한 횟수가 더 큰 네트워크에서는 확실히 증가할 수 있지만 정확히 얼마나 증가하는지 알 수 없다. 전반적으로 볼 때 이것은 결과를 얻기까지 걸리는 시간과 결과의 품질 면에서 작은 네트워크에 적용하기에 적절한 알고리듬이다. 게다가 이해하고 구현하기가 쉽다. 하지만 시간 복잡도^{time complexity}가 O(n log n)만큼 좋은 현존하는 가장 빠른 알고리듬에 비하면 경쟁력이 없다. 예시 하나를 곧 소개하겠다.

14.2.3 스펙트럼 모듈도 최대화

앞 절에서 소개한 간단한 알고리듬은 꽤 잘 작동하지만 모듈도 최대화를 구현하는 가장 빠른 방법은 아니며, 가장 좋은 모듈도값을 구하는 것도 아니다. 이 절에서는 네트워크의 최대 모듈도 분할에 대한 좋은 근사치를 빠르게 찾기 위해 행렬에 대한 고유벡터의 특성을 사용하는 고급 '스펙트럼' 알고리듬을 살펴볼 것이다.

네트워크를 두 부분으로 나누는 상황을 다시 고려하여(좀 더 일반적인 경우를 나중에 고려할 예정이다) 그러한 분할을 다시 다음과 같은 양들로 표현해보자.

$$s_i = \begin{cases} +1 & \text{노드 } i\text{가 1번 그룹에 속하는 경우} \\ -1 & \text{노드 } i\text{가 2번 그룹에 속하는 경우} \end{cases} \tag{14.11}$$

그러면 모듈도를 식 (14.7)의 형태로 쓸 수 있으며, 이것을 다음과 같이 벡터 표기법으로 쓸 수도 있다.

$$Q = \frac{1}{4m} \mathbf{s}^T \mathbf{B} \mathbf{s} \tag{14.12}$$

여기서 $\mathbf{s}$는 s_i를 요소로 하는 n차원 벡터이고, $\mathbf{B}$는 B_{ij}라는 요소로 이뤄진 $n \times n$ 행렬이다. 이 행렬 $\mathbf{B}$를 모듈도 행렬^{modularity matrix}이라고 한다.

이제 우리의 목표는 모듈도 Q를 최대화하는 주어진 네트워크의 분할을 찾는 것이다. 즉, 모듈도 행렬 $\mathbf{B}$가 주어졌을 때 식 (14.12)를 최대화하는 벡터 $\mathbf{s}$의 값을 찾고 싶은 것이다. 이 최대화 문제가 어려운 이유 중 하나는 s_i가 ± 1로 제한된 이산적인 값만 가질 수 있기 때문이다. 만약 s_i가 연속 변수여서 실숫값을 가질 수 있었다면, 최댓값을 찾기 위해 미분하면 되었을 테니 문제가 훨씬 쉬웠을 것이다.

사실은 그 연속 변수 가정으로부터 힌트를 얻어서 이러한 최대화 문제에 대한 다음과 같은 근사적인 접근법을 생각할 수 있다. 실제로 s_i가 실숫값(아래에서 논의할 특정 제약 조건하에서)을 가질 수 있도록 한 다음 Q를 최대화하는 특정 값들을 찾아본다. 그 값들이 ± 1은 아마도 아닐 것이기 때문에 우리가 찾으려는 답에 대한 근사치만 줄 수 있겠지만, 그럼에도 불구하고 네트워크의 최적 분할에 대한 단서를 제공할 수 있다. 이 아이디어가 바로 이와 같은 벡터 최적화 문제의 근사적인 답을 찾기 위한 표준적인 방법 중 하나인 소위 완화법^{relaxation method}과 관련이 있다. 이 문제에서는 그것이 다음과 같이 작동한다.

$\mathbf{s}$를 n차원 공간에 있는 벡터로 생각하면 $s_i = \pm 1$이라는 구속 조건은 벡터가 n

차원 초입방체^{hypercube}의 구석^{corner} 중 하나를 가리켜야 한다는 뜻이다. 첫 번째 단계는 이 구속 조건을 완화하여 벡터가 공간의 모든 방향을 가리킬 수 있도록 하는 것이다. 하지만 길이는 동일하게 유지할 것이다. 다양한 길이가 가능해지면 벡터를 점점 더 길게 만드는 것만으로도 식 (14.12)에 있는 Q 값을 크게 만들 수 있고, 모듈도값의 상한선이 없어져 버리기 때문에 말이 안 된다. 따라서 s가 어떤 값이든 가질 수 있지만 길이는 $|\mathbf{s}| = \sqrt{n}$ 이라는 정확한 값으로 고정되어 있어야 한다는, 다음과 같은 식으로도 쓸 수 있는 제약 조건이 적용된다.

$$\sum_i s_i^2 = n \tag{14.13}$$

이것을 표현하는 또 다른 방법은 s를 반지름이 $\sqrt{n}$ 인 초구^{hypersphere} 표면의 모든 위치를 가리킬 수 있다고 생각하는 것이다. 초구는 $s_i = \pm 1$일 때 원래 허용된 값들인 초입방체 구석에 해당하는 것들도 포함하지만 그 사이에 있는 다른 지점도 포함한다(왼쪽 그림 참고).

이렇게 완화된 조건에서 모듈도 최대화 문제는 이제 매우 간단하다. 식 (14.13) 이라는 제약 조건을 라그랑주 승수^{Lagrange multiplier} β와 함께 쓴 다음 미분을 통해 식 (14.7)을 최대화하면 된다.

$$\frac{\partial}{\partial s_i} \left[\sum_{jk} B_{jk} s_j s_k + \beta \left(n - \sum_j s_j^2 \right) \right] = 0 \tag{14.14}$$

미분하면 다음과 같은 식을 얻게 된다.

$$\sum_j B_{ij} s_j = \beta s_i \tag{14.15}$$

또는 행렬과 벡터의 곱으로 나타내면 다음과 같이 쓸 수 있다.

$$\mathbf{Bs} = \beta \mathbf{s} \tag{14.16}$$

즉, 최적의 s는 모듈도 행렬의 고유벡터 중 하나이고 β는 그것에 해당되는 고윳값이다.

식 (14.16)을 식 (14.12)에 다시 대입하면 사용할 고유벡터가 어떤 것인지 다음과 같이 알 수 있다.

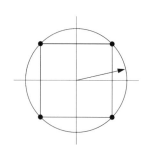

구속 조건인 $s_i = \pm 1$을 완화함으로써 벡터 s가 원래의 초입방체의 구석에 닿도록 둘러싼 초구의 모든 위치를 가리킬 수 있도록 한다.

식 (14.7)의 맨 앞에 붙은 $1/4m$은 상수이고 따라서 Q가 최대가 되는 s 값에 영향을 미치지 않기 때문에 생략했다.

$$Q = \frac{1}{4m}\beta \mathbf{s}^T\mathbf{s} = \frac{n}{4m}\beta \qquad (14.17)$$

여기서 식 (14.13)에 해당하는 $\mathbf{s}^T\mathbf{s} = n$을 이용했다. 우리의 목표는 모듈도를 가능한 한 크게 만드는 것이기 때문에 고윳값 β를 최대로 만들기를 원한다. 즉, $\mathbf{s}$를 모듈도 행렬의 가장 큰(가장 큰 양의 값을 가진) 고윳값에 해당하는 고유벡터로 선택해야 하는 것이다.

하지만 앞서 말했듯이 이 실수로 이뤄진 벡터 $\mathbf{s}$가 실제로는 해당 요소가 ± 1 값을 가져야 한다는 추가적인 구속 조건이 있다. 일반적으로 이 구속 조건 때문에 식 (14.16)으로 주어진 정확한 값을 가질 수는 없다. 하지만 우리가 할 수 있는 최선을 다해서 $\mathbf{s}$와, $\mathbf{u}$라고 쓸 가장 큰 고윳값에 해당하는 고유벡터 사이의 각도를 최소화하는 방식으로 구속 조건하에서 이상적인 값에 최대한 가깝게 $\mathbf{s}$를 선택해 보자. 다시 말하자면 이것은 그냥 내적$^{inner\ product}$ $\mathbf{s}^T\mathbf{u} = \sum_i s_i u_i$를 최대화하는 것에 해당한다. 이 경우 내적은 $s_i u_i$가 모든 i에 대해 양수일 때 최대가 되고, 이 상황은 s_i가 모든 i에 대해 u_i와 부호가 같을 때에 해당된다.

$$s_i = \begin{cases} +1 & u_i > 0\text{인 경우} \\ -1 & u_i < 0\text{인 경우} \end{cases} \qquad (14.18)$$

드물게 벡터의 요소 u_i가 정확히 0인 경우에는 $s_i = \pm 1$ 중 어떤 걸 선택해도 되기 때문에 마음대로 고르면 된다.

따라서 이것은 다음과 같이 매우 간단한 알고리듬으로 생각할 수 있다. 모듈도 행렬의 가장 큰(가장 큰 양의 값을 가진) 고윳값에 해당하는 고유벡터를 계산한 다음 이 벡터 요소의 부호에 따라, 즉 양수 요소에 해당하는 노드들을 하나의 그룹으로 하고 음수 요소에 해당하는 노드들을 다른 그룹에 할당하도록 커뮤니티를 나누면 된다.

실제로 이 방법은 잘 작동한다. 예를 들어, 그림 14.3의 가라테 클럽 네트워크에 적용하면 34개의 노드를 모두 올바른 그룹으로 완벽하게 분류한다.

이 방법은 얼마나 빠를까? 계산에서 가장 시간이 많이 소모되는 부분은 고유벡터를 계산하는 것이다. $n \times n$ 크기를 가진 대칭 행렬의 가장 큰 고윳값에 해당하는 고유벡터는 수렴할 때까지 벡터에 행렬을 반복적으로 곱하는 것을 기반으로 하는 거듭제곱 방법 또는 란초스^{Lanczos} 알고리듬[331]과 같은 방법으로 계산할 수 있다. 필요한 곱셈의 수는 행렬에 따라 다르지만 보통 우리가 관심을 가진 네트워크 문제들의 경우 네트워크 크기에 따라 $\log n$으로 증가한다.[6] 행렬 $\mathbf{B}$가 희박하지 않고 모든 요소가 0이 아닌 경우에는 곱셈을 수행하는 데 필요한 시간이 어쩌면 문제가 될 수도 있다. 그런 경우에는 일반적으로 곱셈 과정이 다소 느려지긴 하지만 모듈도 행렬의 특별한 형식[7]을 활용하면 $O(m + n)$시간에 곱셈을 수행할 수 있으므로 전체 알고리듬을 수행하는 데 걸리는 시간은 $O((m + n) \log n)$, 또는 $m \propto n$인 희박한 네트워크라면 $O(n \log n)$이 된다.

이 스펙트럼을 이용한 방식은 전반적으로 모듈도 최대화를 위한 더 괜찮은 방법들 중 하나이며 구현이 간단하다는 이점도 있다. 행렬의 가장 큰 고윳값에 해당하는 고유벡터를 계산하기 위한 서브루틴^{subroutine} 또는 내장 함수^{library function}(대부분의 컴퓨터 언어에서 사용 가능한 표준 도구)가 이미 있다고 가정하면 알고리듬 구현은 몇 줄의 코딩으로 해결되며, 예를 들면 14.2.2절의 노드 이동을 이용한 알고리듬보다 훨씬 쉽다.

훨씬 더 복잡한 알고리듬도 괜찮다면 모듈도를 최대화하는 더 나은 방법이 있다. 가장 널리 사용되는 방법은 14.2.5절에서 공부할 소위 루뱅^{Louvain} 알고리듬이다. 하지만 그것을 공부하기에 앞서, 네트워크를 지금까지 살펴본 것처럼 두 그룹으로 나누는 것보다는 더 많은 수의 그룹으로 나누는 방법을 이해해야 한다.

14.2.4 둘보다 더 많은 수의 그룹으로 나누기

앞서 살펴본 두 절에서 소개한 알고리듬은 네트워크를 정확히 2개의 커뮤니티로 나누는 것으로 국한된 커뮤니티를 찾는 역할을 한다. 그러나 커뮤니티는 네트워크에서 노드가 자연스럽게 여러 그룹으로 나눠지는 것으로 정의되며, 항상 2개만 있을 것이라고 가정할 이유가 없다. 2개일 수도 있지만 더 있을 수도 있고, 그게 몇 개가 되든 찾을 수 있기를 바란다. 게다가 보통 그렇게 커뮤니티의 수를 지정

---

6 구체적으로, 곱셈의 수는 지름이 작은 네트워크에 대해 일반적인 경우에 $O(\log n)$이다. 좀 더 정확하게는 네트워크가 n이 큰 극한에서 가장 큰 고윳값과 두 번째로 큰 고윳값 사이에 간격이 일정하게 유지되는 '확장 그래프(expander graph)'인 경우 최대 $O(\log n)$번의 곱셈이 필요하다.

7 모듈도 행렬은 $\mathbf{B} = \mathbf{A} - \mathbf{k}\mathbf{k}^T/2m$과 같은 벡터 표기법으로 쓸 수 있다. 여기서 $\mathbf{k}$는 각 요소가 노드의 링크수 k로 되어 있는 n개의 요소로 된 벡터다. 이 행렬을 임의의 벡터 $\mathbf{v}$에 곱하면 다음과 같다.

$$\mathbf{Bv} = \mathbf{Av} - \frac{\mathbf{k}^T\mathbf{v}}{2m}\,\mathbf{k}$$

여기서 우변의 첫 번째 항을 $\sum_j A_{ij}v_j$로 쓸 수 있고, 이것은 그냥 노드 i의 모든 이웃 j에 있는 v_j 값들을 더한 것이다. 인접 목록 형식으로 저장된 네트워크의 경우 이웃을 찾을 수 있고 이 더하는 과정은 $O(m/n)$만큼의 시간이 걸리기 때문에(8.3.2절 참고) 모든 n개의 노드에 대해 계산하는 데는 $O(m)$만큼의 시간이 걸린다. 한편, 두 번째 항은 벡터의 내적 $\mathbf{k}^T\mathbf{v}$를 계산한 다음 $\mathbf{k}$를 곱하기만 하면 되며, 둘 다 $O(n)$만큼의 시간이 걸린다. 따라서 곱하는 과정 전체를 $O(m + n)$만큼의 시간 동안 할 수 있다.

하고 싶지는 않다. 커뮤니티의 수는 네트워크의 구조에 의해 결정돼야 하며, 네트워크를 분석하는 사람이 결정할 문제가 아니다.

네트워크에서 원하는 수의 커뮤니티를 찾는 일반적인 문제를 모듈도 최대화로 해결할 수도 있다. 네트워크를 두 그룹으로 분할하여 모듈도를 최대화하는 대신 모든 가능한 개수의 그룹으로 분할하면서 모듈도를 최대화하는 것이다. 결국 모듈도는 그 분할로 인해 몇 개의 그룹이 생기든 최적의 분할일 때 가장 클 것이라는 가정이다.

이렇게 '자유로운 최대화free maximization' 방식을 채택하여 어떤 개수의 커뮤니티에 대해서도 모듈도를 직접 최적화하는 많은 알고리듬이 있다. 이 절의 마지막 부분과 다음 절에서 그런 것들에 대해 논의할 것이다. 그러나 먼저 이전 절의 방법을 자연스럽게 확장한 더 간단한 접근법인, 네트워크를 두 부분으로 나누는 것을 반복 적용하는 방식을 논의할 것이다. 이 방식은 먼저 네트워크를 두 부분으로 나눈 다음 각 부분들을 다시 2개로 나누는 방식으로 진행한다. 네트워크의 전체 분할에 대한 모듈도가 증가하는 한 계속해서 이것을 반복하고, 더 이상의 모듈도 증가가 없으면 끝낸다.

하지만 이것을 진행할 때 주의할 사항이 있다. 네트워크를 처음에 두 부분으로 나누는 것으로 찾은 각 그룹을 자체적인 작은 네트워크로 취급하여 이분법 알고리듬을 적용할 수는 없다. 왜냐하면 전체 네트워크의 모듈도를 개별 그룹의 모듈도에 대한 독립적인 기여로 쪼갤 수 없기 때문이다. 그 대신, 크기가 n_g인 그룹 g를 추가로 이등분할 때 전체 네트워크의 모듈도 변화 ΔQ를 명시적으로 고려해야 한다. 여기서 다시 한번 그룹 g의 분할을 나타내기 위해 $s_i = \pm 1$이라는 변수를 사용해 그 변화를 전후 모듈도의 차이로 쓸 수 있다.

$$\Delta Q = \frac{1}{2m} \sum_{i,j \in g} B_{ij} \frac{1}{2}(s_i s_j + 1) - \frac{1}{2m} \sum_{i,j \in g} B_{ij} \tag{14.19}$$

그룹 g에 속하지 않은 모든 노드와 관련된 항은 소거된다. 이 식을 좀 더 전개해보면 다음과 같이 단순화할 수 있다.

$$\Delta Q = \frac{1}{2m} \left[\frac{1}{2} \sum_{i,j \in g} B_{ij} s_i s_j + \frac{1}{2} \sum_{i,j \in g} B_{ij} - \sum_{i,j \in g} B_{ij} \right] = \frac{1}{4m} \left[\sum_{i,j \in g} B_{ij} s_i s_j - \sum_{i,j \in g} B_{ij} \right]$$

$$= \frac{1}{4m} \sum_{i,j \in g} \left[B_{ij} - \delta_{ij} \sum_{k \in g} B_{ik} \right] s_i s_j = \frac{1}{4m} \sum_{i,j \in g} B_{ij}^{(g)} s_i s_j \tag{14.20}$$

여기서 $s_i^2 = 1$이라는 사실을 이용했고, $B_{ij}^{(g)}$라는 기호를 다음과 같이 정의했다.

$$B_{ij}^{(g)} = B_{ij} - \delta_{ij} \sum_{k \in g} B_{ik} \qquad (14.21)$$

식 (14.20)은 식 (14.7)과 같은 일반적인 형태로 되어 있기 때문에 이전에 소개했던 기술들을 사용해 최대화할 수 있다. 14.2.2절의 노드 이동 알고리듬, 스펙트럼 접근 방식 또는 기타 모듈도 최대화 방식 모두 식 (14.7)에 대해 했던 것처럼 작동한다.

여기서 전체 알고리듬은 두 그룹으로 된 분할로 시작하여 식 (14.20)을 사용해 반복적으로 그룹을 필요한 만큼 계속 나누는 것으로 이뤄져 있다. 앞서 언급했듯이, 목표는 전체 네트워크에 대한 모듈도를 최대화하는 것이므로 Q가 증가하는 한 계속해서 그룹을 나누어야 한다. ΔQ가 증가하는 결과를 찾을 수 없다면 그 그룹은 그냥 건드리지 않는다. 더 이상 그룹을 나눌 수 없을 때 알고리듬은 종료된다.

이 반복 이분법은 많은 상황에서 잘 작동하지만 완벽하지는 않다. 특히, 예를 들어 세 부분으로 나누는 최상의 분할을 먼저 두 부분으로 찾은 다음 둘 중 하나를 다시 나눠서 찾을 수 있다는 보장이 없다. 예시로서 8개의 노드가 직선으로 쭉 연결된 그림 14.4(a)의 간단한 네트워크를 살펴보자. 이 네트워크를 두 부분으로 나누는 최대 모듈도 분할은 네트워크를 정중앙에서 자르고 네트워크를 각각 4개의 노드로 구성된 동일한 크기의 그룹으로 나누는 것이다. 그러나 그룹 수에 제한이 없다면 가장 큰 모듈도를 가진 분할은 그림 14.4(b)에 표시된 것처럼 크기가 각각 3, 2, 3인 세 그룹이다. 하지만 매 단계별로 최적의 두 그룹으로 나누는 것을 반복하는 알고리듬으로는, 처음에 그림 14.4(a)에 나오는 분할을 하고 나서는 14.4(b)로 가는 이분법이 없기 때문에 절대로 그림 14.4(b)의 분할을 찾을 수 없을 것이다.

네트워크를 3개 이상의 커뮤니티로 분할하는 또 다른 접근 방식은 가능한 임의 개수의 그룹으로 나눠보면서 모듈도를 직접 최대화하려고 시도하는 것이다. 14.2.2절의 시작 부분에서 논의한 담금질 기법과 같은 임의의 범용 최적화 방법도 다수 그룹에 대한 모듈도 최대화 문제에 적용할 수 있다. 14.2.2절의 노드 이동 알고리듬도 다중 그룹에 대해 자연스러운 확장이 가능하다. 알고리듬의 각 단계에서, 한 노드를 모듈도를 가장 많이 증가시키는(또는 가장 적게 감소시키는) 다른 그룹으로 한 번만 이동시킨다는 제약 조건하에서 이동시킨다. 2개 그룹에 대한 버전과

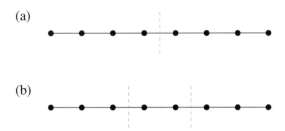

그림 14.4 모듈도 최대화를 통해 간단한 네트워크를 나누는 과정

(a) 8개의 노드와 7개의 에지로 구성된 이 네트워크에서 2개의 그룹으로 나누는 최적의 분할은 정확히 가운데 부분에서 자르는 것이다. (b) 임의의 개수 그룹으로 분할이 가능할 때 최적의 분할은 이렇게 3개로 쪼개는 것이다.

다른 유일한 점은 노드가 모든 그룹으로 이동할 수 있다는 것이다. 여기서 계산 속도를 향상할 수 있는 약간의 변형은 노드의 이웃 중 하나 이상을 포함하는 커뮤니티로의 노드 이동만 고려하는 것이다(그렇지 않은 다른 커뮤니티가 선호될 가능성은 낮다는 가정하에).

14.2.3절에서 소개한 스펙트럼 알고리듬도 다중 그룹의 경우[484]로 일반화할 수 있지만 일반화가 그렇게 간단하지는 않고, 두 그룹 버전에서는 쓰이지 않는 추가적인 근사 과정을 포함한다. 하지만 확실하게 가장 널리 사용되는 다중 그룹 모듈도 최적화 방법은 다음에 설명할 루뱅 알고리듬이다.

14.2.5 루뱅 알고리듬

개발자들이 있었던 벨기에의 동네 이름을 따서 명명된 루뱅 알고리듬[66]은 네트워크를 여러 커뮤니티로 분할하여 대략적으로 모듈도를 최대화하기 위한 휴리스틱^{heuristic8} 알고리듬이다. 이 알고리듬은 속도가 빠르고 게피^{Gephi} 같은 네트워크 분석을 위한 여러 표준 소프트웨어 패키지에 포함되어 있어서, 많은 경우에 쓰이는 인기 있는 선택이 됐다.

루뱅 알고리듬은 단일 노드를 골라서 그룹에 합친 다음 그러한 그룹들을 다른 그룹들과 결합하는 방식으로 작동하는 **병합**^{agglomerative} 알고리듬으로 모듈도가 가장 높은 구성을 찾는다. 처음에 각 노드는 자기 자신만으로 구성된 그룹을 이룬

---

8 시간이나 정보가 충분하지 않을 때 체계적이면서 합리적인 판단이 굳이 필요하지 않은 상황이라면 사람들이 빠르게 사용할 수 있도록 구성한 간편 추론의 방법이다. – 옮긴이

다. 그런 다음 14.2.2절과 정확히 같은 건 아니지만 비슷한 방식으로 노드를 이동시킨다. 이 절차에서는 각 노드를 차례로 거쳐 해당 노드를 선택한 다른 그룹으로 이동하여 전체 시스템의 모듈도가 가장 많이 증가하도록 한다. 어디로 이동하더라도 모듈도가 증가하지 않으면 노드는 그대로 둔다. 또한 작업을 더 빠르게 하기 위해 노드를 이웃 중 하나 이상 포함하는 그룹으로 이동하는 것만 고려한다. 모든 노드를 고려하여 가능한 이동을 했다면 그 과정을 반복하고, 모듈도를 증가시키는 이동이 더 이상 없을 때까지 계속한다. 이것으로 알고리듬의 첫 번째 회차가 끝난다.

다음 회에서 같은 과정을 다시 수행하지만 이때는 노드를 이동하는 대신 전체 그룹을 이동한다. 즉, 이전 회에서 찾은 그룹을 알고리듬의 단위로 취급하고 모듈도를 높이기 위해 그룹에서 그룹으로 전체를 이동시키며 더 이상 모듈도를 증가시킬 수 없을 때 중지한다.

따라서 이 알고리듬은 모듈도를 증가시킬 움직임이 전혀 없는 구성에 도달할 때까지 필요한 만큼의 회차를 진행하는 것이다. 이렇게 얻은 최종 구성을 네트워크의 커뮤니티 구분으로 생각한다.

지금까지 살펴본 다른 알고리듬에 비해 루뱅 알고리듬의 주요한 장점은 속도다. 알고리듬의 정확한 시간 복잡도가 알려져 있지는 않지만, 14.2.2절의 노드 이동 알고리듬과 같이 단일 회차에는 일반적으로 $O(m + n)$의 시간이 걸리는 것으로 보이고(각 노드를 차례대로 고려하고 그 노드의 각 이웃들도 살펴봐야 하므로) 회차의 수는 대략 $O(\log n)$이다(각 회차에서 그룹의 크기가 대략 두 배이므로 그룹이 전체 네트워크의 크기에 도달하기 전에 최대 $\log_2 n$회가 가능하기 때문이다). 따라서 전체를 실행하는 데 걸리는 시간은 에지 수 $m \propto$ 노드 수 n인 듬성한 네트워크sparse network에서 약 $O((m + n) \log n)$ 또는 $O(n \log n)$이 된다. 이것은 14.2.3절에서 소개한 스펙트럼 알고리듬만큼 좋지만 네트워크를 다중 그룹으로 분하기 위해 이분법을 계속하는 과정이 필요하지 않다. 실제로 이 알고리듬은 매우 큰 네트워크에서도 충분히 빠르다. 개발자가 1억 개 이상의 노드와 10억 개 이상의 에지로 구성된 네트워크에 적용한 사례를 보고했는데, 전체 계산을 완료하는 데 2시간이 조금 넘게 걸렸다[66].

14.2.6 모듈도 최대화 방법의 해상도 한계

이전 절에서 소개한 알고리듬들은 실제로 잘 작동하며 널리 사용된다. 하지만 그것들이 완벽하지는 않다. 앞서 지적했듯이 모듈도의 완벽한 최대화는 정말 매우

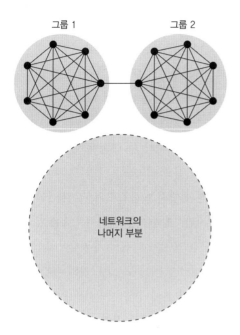

그림 14.5 더 큰 네트워크에 포함된 2개의 조밀한 커뮤니티

상단에 있는 2개의 노드 그룹은 전통적인 정의에 의하면 논란의 여지 없이 커뮤니티들이다. 각 커뮤니티는 각자 완벽한 클리크를 이뤄서 가능한 한 가장 조밀한 연결을 이루고 있지만, 두 커뮤니티들 사이에는 단 하나의 에지밖에 없으며 두 커뮤니티 모두 네트워크의 나머지 부분과는 전혀 연결되지 않은 매우 듬성한 연결 구조를 갖고 있다.

작은 네트워크를 제외하고는 실용적이지 않기 때문에 실제로 모든 알고리듬은 근사적인 방법이다. 그러나 모듈도를 정확히 최대화할 수 있다고 쳐도 모듈도 최대화 방법 자체가 완벽한 것은 아니기 때문에 결과적으로 알고리듬이 항상 완벽한 답을 제공하는 것은 아니다. 특히, 전체 네트워크의 크기에 비해 커뮤니티들이 너무 작으면 네트워크의 커뮤니티를 볼 수 없는 해상도 제한$^{resolution\ limit}$으로 인해 어려움을 겪게 된다[184].

더 큰 네트워크 내부에 있는 2개의 커뮤니티를 나타낸 그림 14.5의 상황을 고려해보자. 두 커뮤니티는 같은 수의 노드를 가지며 이 경우 둘 다 내부의 모든 가능한 연결이 있는 클리크다. 게다가 둘 다 네트워크의 나머지 부분과는 연결되어 있지 않으며, 두 그룹을 함께 연결하는 하나의 에지(두 그룹 사이의 연결이 아예 없는 것을 제외하면 가능한 가장 약한 그룹 간의 연결이라고 할 수 있는)만 있다.

이 두 노드 그룹이 전통적인 의미에서 커뮤니티라는 것에 이의를 제기하는 사람은 거의 없을 것이다. 각 그룹은 각자 그보다 더 내부에서 조밀할 수는 없고, 네트워크의 나머지 부분과 그보다 더 격리되어 있을 수가 없다. 그럼에도 불구하고 (곧 살펴보겠지만) 조건이 맞으면 모듈도 최대화 방법이 이들을 별도의 커뮤니티로 감지하지 않고 하나로 합쳐버리는 실수를 저지르게 된다.

이것을 보이기 위해 두 그룹이 결합될 경우 모듈도의 변화를 계산해보자. 모듈도는 그룹 내부 에지의 비율에서 에지들이 무작위로 섞였을 때 예상되는 그러한 에지의 비율(기댓값)을 뺀 것으로 정의된다. 따라서 모듈도의 변화는 그룹 내 에지의 변화에서 예상 에지의 변화를 뺀 것과 같다. 두 그룹이 결합되면 그룹 내부 에지의 수는 간단히 1만큼 증가한다. 두 그룹을 연결하는 하나의 에지가 그룹 내부의 에지가 되는 것이다. 한편 그룹 내부 에지의 기댓값 증가는 두 그룹 사이를 연결하는 에지 수에 대한 기댓값과 같다. κ_1과 κ_2를 각각 두 그룹에 있는 노드들이 가진 링크수의 합, 다시 말해 각 그룹 내 '미연결 에지' 또는 에지 끄트머리의 개수라고 하자. 2개의 클리크로 이뤄진 이 특정 예에서는 클리크의 크기를 s라고 할 때 $\kappa_1 = \kappa_2 = s^2 - s + 1$임을 쉽게 알 수 있지만,[9] 당분간은 일반적으로 쓰기 위해 κ_1, κ_2라는 표현을 유지할 것이다. 모든 미연결 에지가 연결될 가능성이 똑같다는 표준적인 방식으로 무작위하게 연결된다면(7.7.1절 참고) 두 그룹 간의 에지 수 기댓값은 $\kappa_1\kappa_2/2m$이 된다. 그룹을 연결하는 에지의 실제 수와 기댓값의 변화 차이를 고려하면, 두 그룹을 합칠 때 모듈도의 변화 ΔQ는 다음과 같이 주어진다.

$$\Delta Q = \frac{1}{2m}\left(1 - \frac{\kappa_1\kappa_2}{2m}\right) \tag{14.22}$$

여기서 맨 앞에 있는 계수 $1/2m$은 식 (14.1)의 모듈도 정의에 나오는, 동일하게 전체적으로 곱하는 수다.

이 변화량 ΔQ가 양수이면(두 그룹을 합칠 때 모듈도가 증가하면) 모듈도를 제대로 최대화하는 모든 알고리듬은 두 그룹을 합칠 것이다. 이것은 $1 - \kappa_1\kappa_2/2m > 0$일 때 또는 다시 쓰자면

$$\kappa_1\kappa_2 < 2m \tag{14.23}$$

일 때 일어나게 된다.

다시 말해, 모듈도 최대화로는 두 그룹의 링크수 합을 곱한 것이 전체 네트워크의 에지 수 2배보다 작은 경우 그 두 그룹을 별도의 커뮤니티로 구분하지 못한다. 예를 들어 5,000개의 에지가 있는 네트워크에서 그 방법은 각각 링크수 합이 100 미만인 두 커뮤니티를 구별할 수 없을 것이다.

그림 14.5에 묘사된 2개의 클리크에 대해서는 $\kappa_1 = \kappa_2 = s^2 - s + 1$이다. 여기서

---

9 각 그룹에 있는 s개의 모든 노드의 링크수가 $s-1$이므로 모든 노드가 가진 내부 링크수의 합은 $s(s-1) = s^2 - s$이며, 여기에 두 그룹을 연결하는 하나의 에지가 더 있으므로 전체 링크수의 합은 $s^2 - s + 1$이 된다. - 옮긴이

s는 클리크의 크기이고 식 (14.23)은 $(s^2 - s + 1)^2 < 2m$ 또는 대략 $s < (2m)^{1/4}$이다. 예를 들어, 5,000개의 에지가 있는 네트워크에서는 약 10개 노드보다 작은 크기의 클리크와 같은 커뮤니티를 찾을 수 없을 것이다.

현실적으로는 이러한 해상도 제한이 보통 작은 네트워크에서는 문제가 되지 않는다. 수백 개 이하의 노드를 가진 네트워크에서 커뮤니티의 크기는 식 (14.23)에 있는 제한 조건에 도달할 일이 거의 없다. 그러나 더 큰 네트워크의 경우에는 문제가 될 수 있다. 특히, 작은 커뮤니티를 찾는 능력은 관심 있는 커뮤니티의 수뿐만이 아니라 전체 네트워크에 있는 총 m개의 에지 수에 따라 달라지며 m이 증가함에 따라 작업이 더 어려워진다. 따라서 커뮤니티들 자체는 그대로일지라도 전체 네트워크가 더 커졌다는 이유만으로도 커뮤니티를 찾지 못하게 될 수 있다.

예를 들어, 사회연결망 내에서 커뮤니티를 찾는 일을 생각해보자. 예컨대 우리가 살펴보는 사회연결망이 500명의 학생이 있는 학교의 네트워크라면 모듈도 최대화를 사용해 그 학교에 있는 커뮤니티들을 정확하게 잘 골라낼 수 있을 것이다. 그러나 그 학교가 속한 마을 전체의 사회연결망을 살펴보면 동일한 커뮤니티들을 더 이상 찾을 수 없다는 사실을 발견할 수도 있다. 커뮤니티 자체가 바뀐 것은 하나도 없다. 그들은 정확히 원래 있었던 그대로 존재한다. 그러나 네트워크의 전체 에지 수 m이 증가하여 식 (14.23)이 성립하면서 모듈도 최대화 방법이 실패한 것이다.

모듈도 최대화가 유용하고 널리 사용되는 방법이긴 하지만 이 문제를 염두에 둬야 한다. 특히 대규모 네트워크의 경우, 데이터에는 분명히 존재하는 작은 커뮤니티들을 확인하지 못할 수 있다.

14.3 정보 이론에 기반한 방법

커뮤니티 찾기에 대한 완전히 다른 접근 방식은 정보 이론^{information theory}의 개념을 사용하는 것이다. 정보 이론은 글 또는 숫자와 같은 정보가 담고 있는 내용의 양을 다루는 컴퓨터 과학의 한 분야다. 이러한 방법의 출발점이 되는 아이디어는 네트워크 노드들을 그룹이나 커뮤니티로 잘 나누면 네트워크 자체의 구조에 대해 많은 것을 알 수 있다는 것이다. 예를 들어, 그룹들 사이보다 그룹 내부에 더 많은 에지가 있는 경우 커뮤니티 구조에 대한 지식으로부터 네트워크의 어느 영역에서 가장 많은 에지를 찾을 수 있는지를 알려준다. 따라서 커뮤니티 구분이 잘된 것인지를 판별하는 한 가지 방법은 우리에게 가장 많은 것을 알려주는 구분을 찾는 것이다. 정보 이론이 정량적 방식으로 이것을 하기 위해 사용할 수 있는 도구를 제공해준다.

일반적으로 공식화된 방식으로 표현하자면 정보 이론은 선형^{linear}의 신호 또는 메시지, 즉 어떤 종류의 문자열을 다룬다. 가장 단순하고 흔한 경우에는 보통 0과 1로 표시되는 2개의 문자가 있으며, 메시지는 01101011과 같은 이진법으로 된 비트 문자열$^{bit-string}$이다. 정보 이론을 네트워크에 적용하려면 비트 문자열 형태로 네트워크의 구조적 특징을 잡아내는 방법을 생각해내야 한다. 이를 수행하는 한 가지 방법을 로스발^{Rosvall}과 벅스트롬^{Bergstrom}[416]이 제안했으며 이것은 마구걷기$^{random walk}$ 행동을 기반으로 한다.

네트워크에서의 마구걷기는 6.14.3절에서 논의한 바 있다. 네트워크의 임의의 노드에서 시작하여, 해당 노드의 이웃들 중 무작위로 균일하게 선택된 곳으로 이동하고, 원하는 만큼 그 과정을 반복한다(걷기 과정은 갈 곳이 어디엔가는 있도록 링크 수가 0보다 큰 노드에서 시작해야 하며, 이상적으로는 네트워크의 거대 덩어리에 속한 노드에서 시작해야 한다). 로스발과 벅스트롬은 우리가 자주 관심을 가진 것이 인터넷 트래픽, 웹 서핑, 또는 먹이 그물에서의 에너지 흐름과 같은 흐름 프로세스$^{flow process}$이기 때문에 마구걷기를 고려하는 것이 자연스럽다고 논한 바 있다. 마구걷기는 네트워크의 구조가 흐름에 미치는 영향을 표현하는 간단한 과정이다.

또한 눈덩이 표본추출(snowball sampling)을 다룬 4.7절과 마구걷기 사이 중심도를 다룬 7.1.7절에서도 마구걷기를 이미 소개한 바 있다.

따라서 방향성 없는 네트워크에서의 마구걷기를 생각해보자. 걷기 과정을 통해 방문한 노드의 순서는 확실히 네트워크 구조에 대한 정보를 제공한다. 가장 간단하게는 순서에서 연속적으로 등장하는 두 노드는 에지로 직접 연결되어 있다는 뜻이기 때문에, 네트워크에 있는 에지들의 부분집합을 알려준다. 하지만 마구걷기는 커뮤니티 구조에 대한 정보와 같은 좀 더 미묘한 정보도 포함하고 있다. 커뮤니티 내부에는 많은 에지가 있지만 커뮤니티 사이에는 에지가 적기 때문에 강한 커뮤니티 구조를 가진 네트워크에서 마구걷기는 커뮤니티 내부에서 길게 머무르는 경향이 있다. 그룹을 탈출할 수 있는 그룹들 사이의 에지가 적을 때는 걷기 과정이 그런 에지를 찾는 데 오랜 시간이 걸리는 것이다.

마구걷기가 갖고 있는 정보량을 정량화하기 위해 로스발과 벅스트롬은 그림 14.6과 같이 걷기 과정을 그것을 정확히 묘사하는 0과 1로 이뤄진 비트 문자열로 변환했다. 네트워크를 커뮤니티로 나눌 수 있는 가능한 구분을 고려하여, 각 커뮤

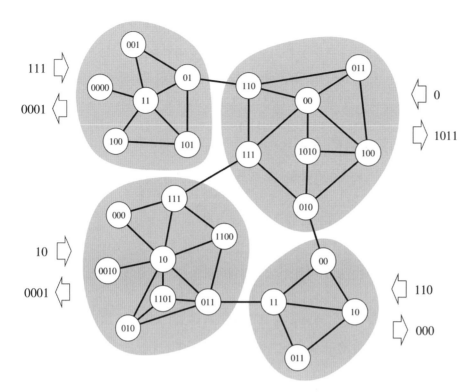

그림 14.6 4개의 커뮤니티가 있는 네트워크에서 노드 및 그룹에 지정한 이름표들

인포맵 방법에서는 각 노드에 0과 1로 이뤄진 짧은 문자열로 구성된 이름표를 붙인다. 이름표는 커뮤니티 내에서는 고유하지만, 다른 커뮤니티에 속한 노드들은 동일한 이름표를 가질 수 있다. 그룹 자체는 그룹에서의 출입을 나타내는 화살표로 표시된 입구와 출구 이름표로 표시한다. 네트워크를 가로지르는 특정 마구걷기 과정은 방문하는 노드의 이름표들, 들어오고 나가는 그룹의 입구와 출구 이름표들을 순서대로 나열하여 고유하게 부호화할 수 있다. 출처: Rosvall and Bergstrom[416]

니티에 짤막한 비트 문자열 형태의 '입구 이름표'와 '출구 이름표'라는 두 가지 이름표를 붙인다. 마구걷기가 새로운 커뮤니티에 들어갈 때마다 그 커뮤니티의 입구 이름표를 기록한다. 그 커뮤니티를 다시 떠날 때는 출구 이름표를 기록한다. 커뮤니티 내부에서의 마구걷기 움직임도 유사한 방식으로, 즉 노드에 이진 이름표를 할당한 다음 걷기 과정이 지나가는 노드마다 해당 이름표를 기록한다. 순서에 맞게 입구와 출구 이름표, 노드 이름표로 이뤄진 완전한 이름표의 집합이 이 마구걷기에 대한 비트 문자열 표현인 것이다.

인포맵^InfoMap이라는 이름을 가진 로스발과 벅스트롬의 방법은 이 비트 문자열의 길이에 주목한다. 이것의 핵심 가설은 네트워크를 커뮤니티로 가장 잘 분할하는 것이 가장 짧은 비트 문자열에 해당한다는 것이다. 물론 여기에서 문자열의 길이는 커뮤니티와 개별 노드에 붙은 이름표의 길이에 따라 다르므로, 인포맵은 특정한 커뮤니티 구분에 대해 우선 가장 짧은 비트 문자열을 제공하는 이름표 집합을 찾는다. 즉, 커뮤니티 구분을 고정된 상태로 유지하고 가능한 모든 걷기 과정을 고유하고 모호하지 않게 표현하면서, 그룹과 노드에 이름표를 할당하는 가능한 모든 방법을 고려하여 비트 문자열의 전체 길이가 가장 짧은 방법을 선택하는 것이다. 이러한 최고의 이름표 집합을 찾는 것은 컴퓨터의 파일과 같은 정보를 최적으로 압축하는 문제와 관련된 정보 이론의 고전적인 문제다. 그룹 및 노드에 이름표를 할당하는 것이 정보 이론 용어로는 '코드code'이며, 우리는 특정한 마구걷기를 나타내는 최적의 코드를 찾고 있는 것이다. 여기서 주목해야 할 두 가지 중요한 사항이 있다. 첫째, 커뮤니티 내부 노드의 이름표는 다른 커뮤니티 내부의 이름표와 동일할 수 있다. 각기 다른 커뮤니티의 노드가 동일한 이름표를 갖더라도, 입구와 출구 이름표 덕분에 현재 어떤 그룹에 있는지 항상 알고 있기 때문에 마구걷기에 있어서 모호한 부분은 없다.[10] 다른 커뮤니티들의 출구 이름표도 같을 수 있다. 커뮤니티의 출구 이름표는 해당 커뮤니티 내부의 노드 이름표들과만 구분되면 되고, 다른 커뮤니티의 출구 이름표(또는 다른 커뮤니티에 속한 노드 이름표)와 구분될 필요는 없다. 둘째, 커뮤니티 내의 노드 이름표가 모두 같은 길이일 필요는 없으며, 일반적으로 더 자주 방문하는 노드에 대해 더 짧은 이름표를 사용하는 것이 합리적이다. 긴 이름표보다 짧은 이름표가 적지만, 짧은 이름표를 자주 방문하는 노드에 할당하면 최종 비트 문자열 길이를 여전히 상당히 절약할 수 있다.

그러나 비트 문자열의 길이는 우리가 가정하는 특정 커뮤니티 구분에 따라서도 달라지며, 특히 '좋은' 구분은 짧고 '나쁜' 구분은 길 것이다. 여기에는 두 가지 이유가 있다. 첫째, 그룹 사이에 에지가 거의 없는 좋은 분할의 경우, 앞서 언급했듯이 마구걷기는 그룹 사이를 거의 이동하지 않으므로 그룹의 입구와 출구 이름표를 자주 기록할 필요가 없다. 게다가, 그룹이 충분히 작으면 그룹 내부의 노드 이름표를 짧게 유지할 수 있다. b비트가 있는 2^b개의 고유한 이름표가 있으므로 N개의 노드로 이뤄진 그룹이 있다면 대략 $b \simeq \log_2 N$비트의 이름표를 써서 모든 노드가 구분되도록 이름표를 지정할 수 있는 것이다. 거기에다 앞서 언급한 바와 같

---

10 이것은 마치 유선 전화번호 체계와 같다. 0으로 시작하는 지역번호를 제외한 전화번호는 같은 지역 안에서만 구분되면 지역번호를 입력하지 않고 지역 내에서 통화를 할 수 있으므로 괜찮다. 다른 지역으로 전화를 할 때는 (인포맵의 커뮤니티 출구 및 입구 이름표에 해당하는) 국번을 입력하기 때문에 다른 지역에 지역번호를 제외한 같은 전화번호가 있더라도 상관이 없는 것이다. 물론 더 작은 집단, 예를 들어 보통 네 자리의 번호만 누르면 되는 회사나 학교의 '내선 번호'도 이 원리를 따른다. – 옮긴이

이 자주 방문하는 노드들에 대해서는 더 짧은 이름표를 사용하는 방식으로 길이를 줄일 수 있으므로, 평균적으로 $\log_2 N$보다 더 짧은 비트 수로도 표현할 수 있다.

생각해보면 그룹과 노드의 이름표를 붙이는 과정이 서로 상충된다. 더 큰 그룹을 선택하면 그룹 간의 전환이 더 드물게 이뤄지지만 더 작은 그룹을 사용하면 더 짧은 그룹 이름표를 사용할 수 있다. 따라서 비트 문자열의 전체 길이를 줄이려면 소수의 큰 그룹들을 만드는 것과 다수의 작은 그룹들을 만드는 것 사이에서 타협해야 한다. 인포맵 방법이 가정하는 것은 가장 짧은 비트 문자열을 생성하는 마구걷기를 부호화한 것이 그 사이에서 최고의 절충안을 제공한다는 것이다.

따라서 다음과 같은 단계를 수행하는 것을 상상할 수 있다. 먼저 네트워크의 모든 부분을 방문할 수 있을 만큼 충분히 긴 마구걷기를 생성한다. 그런 다음, 네트워크를 그룹으로 나누는 가능한 각 분할에 대해 그 마구걷기에 해당하는 가장 짧은 비트 문자열 표현을 주는 그룹과 노드의 이름표 집합을 찾는다. 그런 다음 모든 분할을 살펴보고 전체적으로 가장 짧은 비트 문자열을 제공하는 분할을 찾는다. 이것을 해당 네트워크에서 가장 적합한 커뮤니티 구조로 간주한다.

이 방법은 이론적으로는 작동할 수 있지만 매우 힘들고, 실제로는 정보 이론에 나오는 일부 결과를 활용하면 훨씬 더 빠르게 작업을 수행할 수 있다. 계산의 핵심은 특정 커뮤니티 구분에 대한 마구걷기에 해당하는 가장 짧은 비트 문자열 표현의 길이를 찾는 것이다. 섀넌Shannon의 정보원 부호화 정리source coding theorem로 알려진 근본적인 결과로부터, 가능한 한 가장 짧은 비트 문자열에 대해 마구걷기 단계당 평균 비트 수 L이 마구걷기의 엔트로피entropy와 같다는 것을 알려준다. 이것은 다음의 맵 방정식map equation으로 주어진다.

$$L = qH(Q) + \sum_g p_g H(P_g) \tag{14.24}$$

여기서 q는 마구걷기가 그룹들 사이를 오가는 데 소비하는 시간의 비율이고, p_g는 그룹 g에 머물러 있다가 그룹 g를 나가는 시간의 비율이다. $H(Q)$와 $H(P_g)$는 정보 이론 엔트로피information-theoretic entropy다. 특정한 대상들로 이뤄진 순서 Q의 엔트로피는 다음과 같이 주어진다.

$$H(Q) = -\sum_i Q_i \log_2 Q_i \tag{14.25}$$

여기서 Q_i는 i라는 대상이 순서에 나타나는 횟수의 비율이다. 식 (14.24)에서 $H(Q)$는 마구걷기가 통과하는 그룹의 순서에 대한 엔트로피(엄밀하게 말하자면 입구 이름표의 순서)이고, $H(P_g)$는 해당 걷기가 통과하는 그룹 g의 노드 엔트로피다(엄밀하게는 노드 이름표 및 출구 이름표의 순서이며, 여기서 출구 이름표는 이 계산에서 그룹의 일부로 간주된다).

맵 방정식을 사용하면 그룹이나 노드에 실제 이름표를 할당하지 않고도 L을 계산할 수 있다. 그룹과 노드에 붙이는 이름표는 이 방법에 대한 동기가 되는 유용한 사고 실험이지만 그것으로 계산을 하는 건 아니다. 게다가, 실제로 마구걷기를 수행할 필요도 없다는 사실이 밝혀졌다. 확률 p_g, q와 엔트로피 $H(P_g)$, $H(Q)$는 단순히 네트워크의 국소적 구조와 마구걷기가 각 노드에서 머무는 시간(이것은 간단하게 노드의 링크수에 비례한다)의 비율만 알면 계산할 수 있다. 이것들을 모두 종합해서 L을 빠르게 계산할 수 있고, 커뮤니티 분할에 대해 그것을 최소화할 수 있다.

모듈도 최대화의 경우와 같이, 네트워크가 엄청 작은 경우가 아니라면 네트워크에서 L의 최솟값을 완벽하게 모두 검색하기에는 실제로 가능한 분할이 너무 많으므로, 휴리스틱 최적화 전략을 사용해야 한다. 로스발과 벅스트롬의 연구에서는 14.2.5절의 루뱅 방법과 유사한 알고리듬을 사용한다. 개별 노드들을 한 그룹에서 다른 그룹으로 이동시키면서 L을 최소화한 다음, 전체 그룹 수준에서 이것을 반복하며 더 이상의 개선이 가능하지 않을 때까지 계속하는 것이다.

따라서 결국 인포맵 방법은 어떤 면에서는 모듈도 최대화와 어느 정도 유사하다. 어떤 커뮤니티 분할이 얼마나 좋은지를 특성화하는 엔트로피 L인 품질 함수 quality function를 정의한 다음 가능한 분할에 대해 그 함수를 최적화하여 가장 적합한 분할을 찾는 것이다. 그러한 품질 함수를 쓰는 이유는 모듈도를 쓰는 이유와 상당히 다르지만, 두 방법 모두 궁극적으로는 최적화 문제로 귀결된다.

인포맵 방법은 매우 잘 작동하여, 표준화된 테스트에서 매우 좋은 결과를 내는 것으로 보이며(14.6절 참고) 빠르기도 하다. 시간 복잡도에 대한 공식적인 결과는 없지만, 일반적인 루뱅 알고리듬과 유사한 실행 시간, 즉 듬성한 네트워크에서 약 $O(n \log n)$인 것으로 보인다. 구현하기가 다소 복잡한 알고리듬이지만 여러분의 노력을 아낄 수 있도록 이미 잘 구현되어 있는 것을 이용할 수 있고,[11] 뛰어난 결

---

11 인포맵의 개발자인 마틴 로스발(Martin Rosvall)이 운영하는 웹사이트 https://www.mapequation.org에서 사용법을 익힐 수 있고, C++, 파이썬(Python), R 등의 각종 프로그래밍 언어로 된 소스 코드를 내려받을 수 있다. – 옮긴이

과로 인해 인기를 많이 얻게 된 알고리듬이다.

14.4 통계적 추론에 기반한 방법

커뮤니티 찾기를 위한 가장 강력하고 유연한 방법들 중에는 **통계적 추론**statistical inference을 기반으로 하는 것들이 있다. 이러한 방법은 네트워크 모형(일반적으로 어떤 종류의 무작위 그래프)을 관찰된 네트워크 데이터에 맞추는 방식으로 작동한다. 맞춤fitting 매개변수들로부터 커뮤니티 구조를 포함하여 네트워크의 특징에 대해 알 수 있으며, 이것은 마치 데이터 포인트data point 집합을 직선에 맞춤으로써 기울기를 알아내는 것과 매우 유사하다.

무작위 그래프 모형에 대해서는 11장과 12장을 참고하라.

오류 추정을 다룬 9장에서 이미 통계적 추론 방법, 특히 최대가능도기법을 소개한 바 있다. 9.3.2절에서 정규 분포 또는 가우스 분포에서 추출한 데이터 포인트 집합의 간단한 (네트워크가 아닌) 예를 공부했으며, 데이터 포인트들 자체가 주어져 있고 그것들이 정규 분포를 따른다는 사실이 알려져 있다면, 데이터의 확률 또는 가능도에 대한 표현을 쓴 다음에 최대화하여 가우스 분포의 매개변수(평균 μ와 표준 편차 σ)를 추정할 수 있음을 보였다.

통계학 언어에서 이 예시의 가우스 분포는 '모형model'이다. 모형이 무엇인지에 대한 우리의 일반적인 개념과는 맞지 않을 수도 있지만, 통계학자에게 모형은 데이터를 생성할 수 있는 모든 과정이다. 대부분의 모형에는 특성을 나타내는 하나 이상의 자유 매개변수(이 예시에서는 μ와 σ)가 있으며, 가능도를 최대화하여 모형과 주어진 데이터 세트가 가장 일치하는 매개변숫값을 찾을 수 있다.

정확히 같은 접근 방식을 네트워크에도 적용할 수 있다. 네트워크를 생성할 수 있는 모든 과정을 뜻하는 네트워크 모형이 주어지면 최대가능도를 제공하는 모형 매개변수의 값을 찾아 해당 모형을 데이터, 즉 특정 네트워크 구조에 맞출 수 있다. 말하자면 이것은 "이 네트워크가 이 모형에 의해 만들어졌다면, 사용된 모형 매개변숫값에 대한 최선의 추측은 무엇인가?"라고 말하는 것이다. 앞으로 살펴보겠지만, 데이터에 대한 그러한 모형의 맞춤은 종종 네트워크 구조에 대해 많은 것을 알려줄 수 있다.

예를 들어, 11장의 푸아송 무작위 그래프 모형을 생각해보자. 네트워크의 크기 n을 제외하면 이 모형에는 하나의 매개변수, 즉 2개의 개별 노드가 에지로 연결될 확률 p가 있다는 것을 떠올려보라. 모든 에지는 독립적이고 동일한 확률을 가지므로, 인접 행렬 $\mathbf{A}$로 정의된 특정 네트워크가 특정한 확률값 p를 갖는 무작위 그래프 모형로부터 만들어졌을 전체적인 확률 또는 가능도는 다음과 같다.

$$P(\mathbf{A}|p) = p^m(1-p)^{\binom{n}{2}-m} \tag{14.26}$$

여기서 m은 늘 그럴듯이 네트워크의 에지 수다. 다시 말해, 총 노드 쌍이 $\binom{n}{2}$개 있고, 에지로 연결된 m개의 쌍 각각에 대해 p 인수를 얻고, 에지로 연결되지 않은 $\binom{n}{2}-m$개의 쌍 각각에 대해 $1-p$ 인수를 얻게 된다.

이제 p의 값을 모른다고 가정하자. 여기서 주어진 것은 데이터, 즉 네트워크 그 자체뿐이다. 베이즈 규칙$^{\text{Bayes' rule}}$을 사용해 p를 다음과 같이 추정할 수 있다.

$$P(p|\mathbf{A}) = P(\mathbf{A}|p)\frac{P(p)}{P(\mathbf{A})} \tag{14.27}$$

여기서 $P(p)$와 $P(\mathbf{A})$는 각각 p와 $\mathbf{A}$에 대한 사전 확률$^{\text{prior probability}}$이다. 가장 그럴듯한 p의 값은 이제 정의에 의해 관찰된 값으로 $\mathbf{A}$를 일정하게 유지하면서 p에 대해 이 식을 최대화하여 주어진다. 그러나 $\mathbf{A}$가 일정하면 $P(\mathbf{A})$도 일정하므로, 식 (14.27)의 분모는 최댓값의 위치에 영향을 주지 않는다. 게다가 일반적으로는 $P(p)$도 일정하다고 가정한다. 이런 가정하에서 $P(p|\mathbf{A})$를 최대화하는 것은 가능도 $P(\mathbf{A}|p)$를 최대화하는 p의 값을 결정하는 것과 동치다. 둘 다 같은 p 값에서 최대가 된다.

이 경우 간단하게 미분으로 최대화를 할 수 있다. 식 (14.26)을 미분하여 값을 0으로 설정하면 다음과 같은 식이 된다.

$$mp^{m-1}(1-p)^{\binom{n}{2}-m} - \left[\binom{n}{2}-m\right]p^m(1-p)^{\binom{n}{2}-m-1} = 0 \tag{14.28}$$

이것을 다시 p에 대해 정리하면 다음과 같다.

$$p = \frac{m}{\binom{n}{2}} \tag{14.29}$$

9.3.2절에서 논의한 바와 같이, 실제로는 가능도 자체가 아니라 가능도에 로그를 취한 값을 자주 이용한다. 이 경우에는 다음과 같다.

$$\log P(\mathbf{A}|p) = m \log p + \left[\binom{n}{2} - m\right] \log(1 - p) \qquad (14.30)$$

로그함수는 인수에 대해 단조 증가 함수이기 때문에 최댓값을 주는 인수는 가능도 자체의 최댓값과 같지만, 로그를 취한 가능도를 미분하는 것이 대수적으로 더 간단하다. 나중에 계산할 때 이 트릭을 사용할 것이다. 식 (14.30)을 미분하여 식 (14.29)를 다시 얻을 수 있다는 것은 연습문제로 남겨둔다.

어떤 의미에서 식 (14.29)는 자명한 결과다. 에지가 연결될 확률 p의 가장 좋은 추정치는 당연하게도, $\binom{n}{2}$개의 총 노드 쌍들 중 실제 에지로 연결된 것의 비율이라고 하는 것이다. 그래도 최대가능도기법을 네트워크에 적용하여 실제로 합리적인 결과가 나오는 것을 확인한 것은 좋다. 이제 덜 자명한 응용 사례를 살펴보자.

14.4.1 통계적 추론을 사용한 커뮤니티 찾기

커뮤니티 구조를 포함하는 모형에 네트워크 데이터를 맞춤으로써 커뮤니티를 찾기 위해 최대가능도기법을 사용할 수 있다. 우리가 사용할 모형은 12.11.6절에서 소개한 링크수 보정 확률기반 블록 모형이다. 해당 절에서 소개한 바와 같이, 이 모형에서는 네트워크의 노드들을 1에서 q까지의 정수 이름표가 붙은 q개의 그룹 또는 커뮤니티로 나눈 후, 노드 쌍들 사이에 방향성 없는 에지를 $\omega_{g_i g_j} c_i c_j / 2m$의 확률로 연결한다. 여기서 g_i와 g_j는 각각 노드 i와 j가 속한 그룹이고, c_i는 노드 i에게 원하는 평균 링크수다. $q \times q$차원의 행렬인 매개변수 ω_{rs}는 커뮤니티 구조를 조절한다. 예를 들어, 대각에 있는 항목 ω_{rr}이 비대각 항목보다 클 경우 네트워크는 그룹들 사이보다 그룹 내부에서 연결될 가능성이 더 높은 전통적인 의미에서의 동류성 커뮤니티 구조를 갖는다. 하지만 이 모형은 대각 항목이 비대각 항목보다 작은 비동류성 구조와 같은 종류의 구조도 표현할 수 있다.

12.11.6절에서 설명한 바와 같이, c_i가 평균적으로 노드의 링크수와 같다면 매개변수 ω_{rs}는 다음과 같은 q개의 추가적인 구속 조건을 만족시켜야 한다.

$$\sum_j \omega_{rg_j} c_j = 2m \qquad (14.31)$$

위의 식이 각 r 값에 대해 주어지므로 총 q개의 식이다(식 (12.143) 참고). 여기서의 목적을 위해서는 이 방정식의 좌변을 다음과 같이 다시 쓰는 것이 편리할 것이다.

링크수가 보정되지 않은 버전의 확률적 블록 모형도 사용할 수 있다고 상상할 수 있지만, 그것을 쓰면 결과가 좋지 않다. [257]을 참고하라.

$$\sum_j \omega_{rg_j} c_j = \sum_{js} \omega_{rs} \delta_{g_j s} c_j = \sum_s \omega_{rs} \kappa_s \qquad (14.32)$$

여기서 δ_{ij}는 크로네커 델타이고 다음과 같은 양을 정의해서 사용했다.

$$\kappa_s = \sum_j \delta_{g_j s} c_j \qquad (14.33)$$

이것은 그룹 s에 속한 모든 노드의 평균 링크수 c_j의 합이다. 식 (14.31)과 식 (14.32)를 조합하면 다음을 얻게 된다.

$$\sum_s \omega_{rs} \kappa_s = 2m \qquad (14.34)$$

이것으로 링크수 보정 확률기반 블록 모형에 대한 정의가 완성됐다. 그러나 실제로 커뮤니티 찾기에 사용할 때의 모형은 일반적으로 노드 쌍들 사이에 단일 에지를 연결하는 대신 평균이 $\omega_{g_i g_j} c_i c_j / 2m$인 푸아송 분포를 따르는 수의 에지(또는 $i = j$일 경우 그 값의 절반)를 배치하는 약간 다른 버전에서 연구한다. 이를 통해 구조 모형에서처럼 네트워크에 다중 에지가 있을 수 있다(12.1절 참고). 구조 모형에서와 마찬가지로, 다중 에지의 존재가 많은 네트워크에서 현실적이지는 않지만 일반적으로 값 $\omega_{g_i g_j} c_i c_j / 2m$은 m이 크기 때문에 작은 숫자이며, 따라서 한 쌍 사이에 2개 이상의 에지가 있을 확률은 매우 작다. 거의 모든 노드 쌍에는 하나의 에지가 있거나 아예 에지가 없기 때문에 다중 에지는 무시할 만하다. 이 네트워크에서는 셀프 에지도 허용되지만 그것도 수가 매우 적을 것이다. 따라서 이 버전의 모형을 사용하면 생성된 네트워크에는 거의 차이가 없지만, 계산이 훨씬 더 쉬워진다.

링크수 보정 확률기반 블록 모형에는 세 가지의 매개변수 집합이 있다. 첫 번째는 ω_{rs}를 요소로 갖고 있는 $q \times q$차원의 행렬이며, 이것을 Ω라고 쓸 것이다. 그룹 r과 그룹 s 사이를 연결하는 에지에 대한 확률 ω_{rs}는 그룹 s와 그룹 r 사이를 연결하는 에지에 대한 확률과 반드시 같아야 하므로 이 행렬은 대칭이다. 두 번째 매개변수 집합은 노드의 평균 링크수와 같은 c_i이며, 각 노드에 대해 하나씩 총 n개의 요소가 있는 벡터 $\mathbf{c}$로 생각할 수 있다.

또한 처음에는 눈치채지 못할 수도 있겠지만 세 번째의 숨겨진 매개변수 집합이 있다. 그것은 바로 노드가 속한 그룹 g_i다. 이것을 벡터 $\mathbf{g}$의 요소로 간주할 것이다. 모형을 완전히 지정하려면 이러한 그룹에 대한 할당을 지정해야 하므로 그것들도 매개변수로 적절하게 고려해야 한다. 가장 적합한 매개변숫값들을 계산하는 것을 통해 최대가능도기법을 사용해 커뮤니티를 찾게 된다.

모형을 정의했으므로, 이제 인접 행렬 $\mathbf{A}$로 표현되는 네트워크가 링크수 보정 확률기반 블록 모형에 의해 만들어졌을 가능성을 다음과 같이 써볼 수 있다.

$$
\begin{aligned}
P(\mathbf{A}|\mathbf{\Omega}, \mathbf{c}, \mathbf{g}) = & \prod_{i<j} \frac{\left(\omega_{g_i g_j} c_i c_j/2m\right)^{A_{ij}}}{A_{ij}!} e^{-\omega_{g_i g_j} c_i c_j/2m} \\
& \times \prod_i \frac{\left(\omega_{g_i g_i} c_i^2/4m\right)^{A_{ii}/2}}{\left(\frac{1}{2}A_{ii}\right)!} e^{-\omega_{g_i g_i} c_i^2/4m} \quad (14.35)
\end{aligned}
$$

이 표현에 대해 몇 가지 주의할 점이 있다. 우선, 이것은 기본적으로는 각 노드 쌍 i, j에 대한 인접 행렬 요소 A_{ij}의 특정한 값을 관찰할 확률을 나타내는 푸아송 분포들의 곱이다. 셀프 에지와 셀프 에지가 아닌 에지에 대해 표현식을 어떻게 분리했는지(두 가지의 형태가 약간 다르기 때문에)를 명심하라. 첫 번째 곱은 셀프 에지가 아닌 에지를 나타낸다. $i < j$인 노드 쌍들에 대해 $\prod_{i<j}$로 곱하면 이 항에 셀프 에지 $i = j$는 포함되지 않고 각 노드 쌍에 대해 두 번씩이 아니라[12] 한 번씩만 계산하는 것을 보장할 수 있다.

두 번째 곱은 셀프 에지를 나타내며, 몇 가지 면에서 첫 번째 곱과 다르다. 우선, 첫 번째 곱에서는 A_{ij}였는데 여기(두 번째 곱)에서는 $\frac{1}{2}A_{ii}$가 등장한 것에 주목하라. 일반적으로 네트워크의 셀프 에지는 $A_{ii} = 2$로 쓰기 때문에(6.2절 참고) $\frac{1}{2}A_{ii}$가 노드 i의 셀프 에지 수를 정확하게 나타낸다. 둘째, 셀프 에지 항에서 푸아송 분포의 평균은 $\omega_{g_i g_j} c_i^2/4m$이라는 것에 유의하라. 여기서 분모에 있는 4는 위에서 정의한 바와 같이 이 모형의 노드에서 셀프 에지의 평균 수가 자체 연결이 아닌 경우 해당 숫자의 절반이기 때문이다. 아니면 이렇게 생각할 수도 있다. $\omega_{g_i g_j} c_i c_j/2m$이 대각 요소이든 비대각 요소이든 관계없이 인접 행렬 요소의 평균값이지만, 대각 요소 A_{ii}가 셀프 에지 수의 두 배이므로 평균 셀프 에지 수는 평균 A_{ii} 값의 $\frac{1}{2}$인 $\omega_{g_i g_j} c_i^2/4m$인 것이다.

앞서 언급했듯이 보통은 가능도 자체보다 가능도에 로그를 취한 것을 다루는

---

12 예를 들어 $i < j$가 아니라 $i \neq j$와 같이 쓰면 모든 i, j 쌍에 대해 순서를 뒤집은 j, i 쌍이 있고 계산되는 모든 항이 i, j의 등장 순서에 대해 대칭이기 때문에 정확히 두 배로 계산이 된다. 이것을 피하기 위해 $i < j$라는 제약 조건을 준 것이다. – 옮긴이

것이 더 쉽다. 식 (14.35)에 로그를 취하면 다음과 같은 식을 얻게 된다.

$$\log P(\mathbf{A}|\mathbf{\Omega}, \mathbf{c}, \mathbf{g}) = \sum_{i<j} \left[A_{ij} \log \frac{\omega_{g_i g_j} c_i c_j}{2m} - \log A_{ij}! - \frac{\omega_{g_i g_j} c_i c_j}{2m} \right]$$
$$+ \sum_i \left[\tfrac{1}{2} A_{ii} \log \frac{\omega_{g_i g_i} c_i^2}{4m} - \log\left(\tfrac{1}{2} A_{ii}\right)! - \frac{\omega_{g_i g_i} c_i^2}{4m} \right] \quad (14.36)$$

지금 목표는 모형의 매개변수들에 대해 이 식의 최댓값을 찾는 것이므로 $\log A_{ij}!$ 항과 같이 매개변수에 의존하지 않는 상수 항은 무시할 수 있다. 나머지 상수가 아닌 항을 앞쪽에 모으면 식 (14.36)을 다음과 같이 정리할 수 있다.

$$\log P(\mathbf{A}|\mathbf{\Omega}, \mathbf{c}, \mathbf{g}) = \tfrac{1}{2} \sum_{ij} \left[A_{ij} \log \frac{\omega_{g_i g_j} c_i c_j}{2m} - \frac{\omega_{g_i g_j} c_i c_j}{2m} \right] + \text{상수 항들} \quad (14.37)$$

이제 합하는 과정에 $i<j$와 $i>j$에 대한 항들이 모두 포함되지만, 전체 식 앞에 $\frac{1}{2}$ 이라는 요소를 추가하여 그렇게 두 배로 계산된 것을 보정했다.

이 공식은 좀 더 단순화할 수 있다. 합해지는 첫 번째 항은 다음과 같이 다시 쓸 수 있다.

$$\sum_{ij} A_{ij} \log \frac{\omega_{g_i g_j} c_i c_j}{2m} = \sum_{ij} A_{ij} \log \omega_{g_i g_j} + \sum_{ij} A_{ij} \log c_i$$
$$+ \sum_{ij} A_{ij} \log c_j - \sum_{ij} A_{ij} \log 2m$$
$$= \sum_{ij} A_{ij} \log \omega_{g_i g_j} + \sum_i k_i \log c_i + \sum_j k_j \log c_j - 2m \log 2m$$
$$\quad (14.38)$$

여기서 $\sum_j A_{ij} = k_i$(식 (6.12))와 $\sum_{ij} A_{ij} = 2m$(식 (6.13))을 이용했다. 이제 몇 가지 사실을 눈치챌 수 있다. 첫째, 마지막 항인 $-2m \log 2m$은 매개변수들과 무관한 상수이므로 무시할 수 있다. 더구나, 중간에 있는 두 항인 $\sum_i k_i \log c_i$와 $\sum_j k_j \log c_j$는 합산하기 위한 변수의 이름만 바뀐 것이고 정확히 같다. 그리고 우리가 첫 번째 항은 식 (14.32)에서 했던 것과 비슷한 기술을 써서 다음과 같이 다시 쓸 수 있다.

$$\sum_{ij} A_{ij} \log \omega_{g_i g_j} = \sum_{ijrs} \delta_{g_i r} \delta_{g_j s} A_{ij} \log \omega_{rs} = \sum_{rs} m_{rs} \log \omega_{rs} \quad (14.39)$$

여기서 다음과 같은 양을 새롭게 정의했다.

$$m_{rs} = \sum_{ij} \delta_{g_i r} \delta_{g_j s} A_{ij} \qquad (14.40)$$

이것은 이 네트워크에서 그룹 r과 s 사이에 있는 에지의 수와 같거나, $r = s$일 때는 노드 i, j 각 쌍이 두 번 계산되기 때문에 에지 수의 두 배다.[13]

지금까지 유도한 것들을 모두 종합하면, 식을 다음과 같이 정리할 수 있다.

$$\log P(\mathbf{A}|\mathbf{\Omega}, \mathbf{c}, \mathbf{g}) = \sum_i k_i \log c_i + \frac{1}{2}\sum_{rs} m_{rs} \log \omega_{rs} - \frac{1}{2}\sum_{ij} \frac{\omega_{g_i g_j} c_i c_j}{2m} + \text{상수 항들}$$

$$(14.41)$$

이것이 링크수 보정 확률기반 블록 모형의 로그 가능도다. 이 표현식을 최대화하여 최적의 모형 매개변숫값들을 계산할 수 있다. 특히, 그룹의 구성 정보 g_i가 매개변수 중 하나이기 때문에, q개의 최대가능도를 기반으로 하여 노드를 그룹으로 할당하는 것을 계산할 수 있다. 이것이 우리가 커뮤니티를 찾는 방법이다. 관찰된 네트워크 $\mathbf{A}$가 주어질 가능성이 가장 큰, 그룹에 대한 노드의 할당을 찾는 것이다. 이러한 의미에서 이 추론 방법은 특히 명확하고 엄밀한 커뮤니티 찾기 방법이다. 지금까지 살펴본 다른 방법들을 사용한다면, 예를 들어 모듈도에 대한 특정한 정의 또는 인포맵 방법의 정보 이론적 가정이 정당화되는지 여부에 대한 논쟁의 여지가 있을 수 있다. 그러나 추론 방법은 관찰된 네트워크 구조가 주어졌을 때 네트워크를 그룹으로 나누는 어떤 분할이 가장 그럴듯한지를 단순히 알려줄 뿐이다.

반면에 이 방법의 약점은 네트워크가 링크수 보정 확률기반 블록 모형으로부터 생성됐다고 가정한다는 것이다. 대부분의 실제 네트워크는 아마도 그러한 블록 모형과는 다른(아마도 더 복잡한) 과정에 의해 생성됐을 것이므로 이 가정은 다소 미심쩍다. 그럼에도 불구하고 블록 모형에 최대가능도기법을 적용하면 대부분의 경우 우수한 결과를 보여준다. 실제 세상의 복잡한 세부 사항을 많이 포착하지는 못할 이러한 모형을 실제 세상의 데이터에 적용했을 때 좋은 결과를 제공한다는 것은 이 분야뿐만이 아니라 현대 통계학 전체의 핵심적인 신비 중 하나이긴 하다.

---

13 m_{rs}를 그룹 수준의 인접 행렬이라고 생각할 수 있다. 비대각 요소는 그룹들 사이의 에지 수를 나타내고, 대각 요소는 마치 (개별 노드들에 대한) 인접 행렬의 대각 요소처럼 그룹 내부 에지 수의 두 배를 나타낸다.

어쨌든 계산을 진행해보자. c_i와 ω_{rs}에 대해 로그 가능도를 최대화하는 것은 평소처럼 미분을 하면 되는 간단한 과정이다. 그룹의 구성 정보 g_i에 대해 최대화하는 것은 그것들이 이산^{discrete} 변수이기 때문에 더 어렵고, 미분을 할 수 없다. 하지만 일단 쉬운 단계부터 해보자.

식 (14.41)을 c_i에 대해 미분하면 다음과 같은 식을 얻게 된다.

$$\frac{\partial \log P}{\partial c_i} = \frac{k_i}{c_i} - \sum_j \frac{\omega_{g_i g_j} c_j}{2m} = \frac{k_i}{c_i} - 1 \tag{14.42}$$

여기서 첫 번째 등호 계산에 $\omega_{rs} = \omega_{sr}$이라는 사실을 이용했고 두 번째 등호 계산에는 식 (14.31)을 이용했다. 이 식을 0으로 놓고 c_i에 대해 풀면 다음과 같은 사실을 알 수 있다.

$$c_i = k_i \tag{14.43}$$

다시 말하자면, 링크수를 나타내는 매개변수 c_i에 대한 최선의 선택은 그것을 해당 네트워크에서 실제로 관찰되는 노드의 링크수와 같게 하는 것이다.

식 (14.41)을 ω_{rs}에 대해 미분할 때는 마지막 항을 다음과 같이 살짝 다르게 쓰는 것이 편리하다.

$$\sum_{ij} \frac{\omega_{g_i g_j} c_i c_j}{2m} = \sum_{ijrs} \delta_{g_i r} \delta_{g_j s} \frac{\omega_{rs} c_i c_j}{2m} = \sum_{rs} \frac{\omega_{rs} \kappa_r \kappa_s}{2m} \tag{14.44}$$

여기서 κ_r과 κ_s는 각각 식 (14.33)에서와 같이 그룹 r과 s 내부에서 c_i의 합이다. 그럼 우리는 다음을 얻게 된다.

$$\log P(\mathbf{A}|\mathbf{\Omega}, \mathbf{c}, \mathbf{g}) = \sum_i k_i \log c_i + \tfrac{1}{2} \sum_{rs} \left(m_{rs} \log \omega_{rs} - \frac{\omega_{rs} \kappa_r \kappa_s}{2m} \right) + \text{상수 항들} \tag{14.45}$$

ω_{rs}에 대해 이 식을 미분하고 0으로 놓으면 이제 다음과 같은 결과를 얻을 수 있다.[14]

---

14 미분할 때 $\omega_{rs} = \omega_{sr}$이므로 둘 중 하나에 대한 미분이 다른 것에 대한 미분이기도 하다는 사실을 염두에 두어야 한다. 하지만 이것이 하는 역할은 식 (14.46)의 첫 번째와 두 번째 항 모두가 두 배가 되는 것뿐이며, 바로 상쇄되어 같은 결과를 준다.

$$\frac{m_{rs}}{\omega_{rs}} - \frac{\kappa_r \kappa_s}{2m} = 0 \tag{14.46}$$

또는 이것을 다음과 같이 쓸 수 있다.

$$\omega_{rs} = 2m \frac{m_{rs}}{\kappa_r \kappa_s} \tag{14.47}$$

ω_{rs}는 식 (14.34)에 있는 q개의 제약 조건을 만족시켜야 한다는 것을 명심해야 한다. 식 (14.47)이 사실은 그 역할을 한다는 것을 확인할 수 있을 것이다. 우선 식 (14.47)을 식 (14.34)에 대입하면 다음과 같은 식을 얻을 수 있다.

$$\sum_s \omega_{rs} \kappa_s = \sum_s 2m \frac{m_{rs}}{\kappa_r \kappa_s} \kappa_s = \frac{2m}{\kappa_r} \sum_s m_{rs} \tag{14.48}$$

식 (14.40)에 있는 m_{rs}에 대한 정의를 사용하면 합산의 결과를 다음과 같이 유도할 수 있다.

$$\sum_s m_{rs} = \sum_{ijs} \delta_{g_i r} \delta_{g_j s} A_{ij} = \sum_{ij} \delta_{g_i r} A_{ij} = \sum_i \delta_{g_i r} k_i = \sum_i \delta_{g_i r} c_i = \kappa_r \tag{14.49}$$

여기서 식 (14.43)을 사용했다. 이 결과를 (14.48)에 다시 대입하면 식 (14.34)가 만족된다(정확히 같은 식이 된다)는 사실을 알 수 있다.[15] 따라서 식 (14.47)은 ω_{rs}에 대한 제약 조건하에서 가능도를 올바르게 최대화한 것이다.

최적의 매개변수 c_i와 ω_{rs} 값을 결정했으므로, 이제 그것들을 다시 식 (14.41)의 로그 가능도 식에 대입하면 다음과 같은 소위 프로파일 가능도^{profile likelihood}를 얻을 수 있다.

$$\mathcal{L} = \frac{1}{2} \sum_{rs} m_{rs} \log \frac{m_{rs}}{\kappa_r \kappa_s} + \text{상수 항들} \tag{14.50}$$

여기서 여러 항들은 상수이기 때문에 무시할 수 있다(예를 들어, k_i에만 의존하는 항은 상수다).

이 식이 최대가능도를 이용해 커뮤니티를 찾기 위한 근본적인 식이다. 연속적인 매개변수 **c**와 **Ω**에 대해 로그 가능도를 최대화한 다음 그 값을 알려준다. 이제

엄밀하게 이것은 프로파일 로그 가능도(profile log–likelihood)이지만 보통은 그냥 프로파일 가능도라고 한다.

---

15 이런 식으로 제약 조건이 충족되는 것은 다소 우연이다. 일반적으로는 라그랑주 승수(Lagrange multiplier)를 사용해 명시적으로 제약 조건을 적용해야 한다. 실제로 여기서도 그렇게 할 수 있으며 동일한 결과를 얻을 수 있다.

남은 것은 로그 가능도를 m_{rs}, κ_r, κ_s 값을 통해 표현식에 들어가는 그룹 구성 정보 **g**에 대해 최대화하는 것이다. 노드를 그룹에 할당하는 특정한 방식인 **g**에 대해 식 (14.33)과 식 (14.40)으로부터 m_{rs}, κ_r, κ_s를 계산할 수 있고, 그 값들을 식 (14.50)에 대입하여 $\mathcal{L}$ 값을 계산할 수 있으며, 그러면 가능한 모든 할당에 대해 그 값을 최대화할 수 있다.

따라서 커뮤니티 찾기 문제는 다시 한번 네트워크의 가능한 분할에 대한 함수를 최대화하는 문제로 귀결된다. 우리가 고려했던 이전 방법들과 마찬가지로, 가능한 모든 분할에 대해 완벽하게 최대화를 하는 것은 매우 작은 네트워크를 제외하고는 실용적이지 않다. 가능한 모든 분할을 일일이 찾아보기에는 너무 많은 분할이 있으므로 근사적인 휴리스틱을 사용해야 한다. 예를 들어, 뉴만[Newman]과 카러[Karrer][257]는 14.2.2절에서 소개한 모듈도 최대화 알고리듬 같은 노드 이동 알고리듬(노드를 한 그룹에서 다른 그룹으로 반복해서 옮기며, 단계마다 식 (14.50)의 프로파일 가능도를 가장 증가시키거나 적어도 가장 적게 감소시키는 움직임을 택하는 것)을 사용했다. 원칙적으로는 14.2.5절의 루뱅 알고리듬과 동등한 것을 만들 수도 있으며, 담금질 기법 또는 유전 알고리듬 같은 어떤 최적화 기법도 이 문제에 적용할 수 있다.

이 방법은 실제로 탁월한 결과를 내는 것으로 밝혀졌으며, 더욱이 모듈도 최대화와 같은 임시변통에 가까운 방법으로부터 나오는 결과보다는 결과에 더 큰 신뢰를 주는(논쟁의 여지는 있지만) 원칙적인 개념을 기반으로 했다는 점 때문에 높은 평가를 받는다. 실행 속도 측면에서 이 알고리듬은 실제로 최적화하는 특정 함수[16]만 다를 뿐 매우 유사하기 때문에 14.3절의 모듈도 최대화 또는 정보 이론적인 방법과 비슷하다. 탄탄한 수학적 토대 때문에 최대가능도기법에서는 다른 방법들로할 수 없는 엄격한 분석도 가능하다. 예를 들어, 비클[Bickel]과 첸[Chen][62]은 적절한 조건하에서 이 방법이 점근적으로 일관성이 있음[asymptotically consistent](네트워크 크기가 매우 큰 극한에서 알려진 커뮤니티 구조를 올바르게 식별할 수 있다는 뜻)을 증명했다.

반대로 드셀[Decelle] 등[138, 139]은 이 방법의 다른 버전을 통해, 알려진 커뮤니티 구조가 너무 약한 경우에는 알려진 커뮤니티 구조를 식별하지 못하는 다른 조건이 있음을 증명했다. 해당 연구에서는 그 결과를 시작점으로 하여, 동일한 상황에서 어떤 종류의 알고리듬도 커뮤니티를 찾을 수 없다는 훨씬 더 일반적인 결과

---

16 모듈도 최대화, 루뱅 방법의 모듈도, 인포맵의 평균 비트 수에 대응되는 이 방법의 로그 가능도를 뜻한다. – 옮긴이

를 증명했다. 이 후자의 결과는 어떤 커뮤니티 찾기 문제가 아예 해결이 불가능하다는 사실을 입증한다는 점에서 특히 강력한 결과다. 네트워크에 구조가 있지만 어떤 알고리듬도 그것을 찾지 못하는 상황이 있는 것이다.[17]

최대가능도기법에는 몇 가지 단점이 있다. 가장 주요한 것은 시작 단계에서부터 네트워크의 그룹 수 q를 지정해야 한다는 점이다. 반면에 모듈도 최대화 또는 인포맵 같은 방법은 q를 자유 변수로 취급하고 커뮤니티를 찾는 과정의 핵심 부분으로서 그것의 최적값을 찾는다. q 값을 알 수 없는 일반적인 경우에 최대가능도기법을 적용하려면 먼저 q를 추정하기 위해 다른 기법을 사용해야 한다. 이러한 기법은 현재로서는 다소 느리고 상대적으로 작은 네트워크에만 적용할 수 있지만, 보통 베이지안 모형 선택$^{Bayesian\ model\ selection}$[119, 408, 475] 또는 최소 묘사 길이$^{minimum\ description\ length}$ 방법[385]을 기반으로 한 것들이 있긴 하다.

14.5 커뮤니티를 찾기 위한 그 밖의 알고리듬

지금까지 이 장에서는 모듈도 최대화, 정보 이론적 방법, 통계적 추론을 기반으로 하여 커뮤니티를 찾기 위한 세 가지 접근 방식을 살펴봤다. 이러한 방법들이 가장 정확하고 널리 사용되지만, 커뮤니티를 찾기 위해 제안된 방법은 절대 그것들이 다가 아니다. 이 분야의 연구는 매우 활발하게 이뤄지고 있으며, 현재는 커뮤니티 찾기 문제에 대해 엄청나게 다양한 접근 방식, 방법, 알고리듬이 있다. 이 절에서는 그러한 다른 접근 방식들 중 가장 잘 알려진 몇 가지를 간략하게 설명할 것이다.

14.5.1 사이 중심도를 기반으로 한 방법

커뮤니티를 찾기 위해 지금까지 살펴본 모든 방법에는 14.2절의 모듈도 또는 14.4절의 가능도와 같은 다양한 커뮤니티 구조의 측정값에 대한 최적화가 포함되어 있다. 커뮤니티 찾기 문제에 대한 완전히 다른 접근 방식 중 하나는 네트워크의

---

17 반면에, 어떤 알고리듬도 네트워크에서 커뮤니티 구조의 존재를 감지할 수 없다면 그것에 의존하는 물리적, 사회적, 기술적 또는 다른 어떤 실제 과정도 결과를 낼 수 없다. 만약 그게 가능하다면 해당 과정을 모사하여 커뮤니티 구조를 찾는 컴퓨터 알고리듬을 만들 수 있을 것이고, 그것은 정의상 불가능하다. 따라서 논쟁의 여지는 있지만 찾는 것이 원리적으로 불가능한 상황에 있는 커뮤니티 구조는, 우리가 관심을 가진 어떤 과정에도 영향을 줄 수 없기 때문에 신경을 쓰지 않을 것이다.

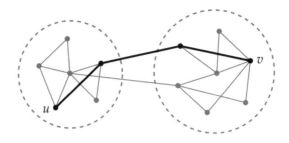

그림 14.7 그룹 사이의 에지 식별

이 작은 네트워크는 2개의 노드 그룹(파선으로 그려진 원으로 표시)으로 나누어져 있고, 2개의 에지만 그룹들 사이를 연결한다. 다른 그룹에 속한 노드들(예: 노드 u와 v)을 연결하는 모든 경로는 반드시 이 두 에지 중 하나를 통과해야 한다. 따라서 모든 노드 쌍 간의 경로를 고려하면 그룹들을 연결하는 에지가 대부분의 에지보다 더 많은 경로를 전달할 것이라고 예상할 수 있다. 각 에지를 통과하는 경로의 수를 세어서 이러한 방식으로 그룹 사이의 에지를 식별할 수 있다.

에지 중 커뮤니티 사이에 있는 에지를 찾는 것이다. 이러한 에지를 찾아서 제거할 수 있다면, 고립된 커뮤니티들만 남게 될 것이다.

커뮤니티 사이에 있는 에지가 의미하는 바를 정량화하는 방법은 여러 가지가 있지만, 그중 일반적인 접근 방식은 사이 중심도를 사용하는 것이다. 7.1.7절에서 설명했듯이, 네트워크에서 노드의 사이 중심도는 네트워크에서 해당 노드를 통과하는 최단 경로의 수다. 마찬가지로, 에지를 지나는 최단 경로의 수를 세는 에지 사이 중심도$^{edge\ betweenness}$를 정의할 수 있으며, 커뮤니티 사이에 있는 에지는 이 사이 중심돗값이 클 것이라고 예상할 수 있다(그림 14.7 참고).

에지 사이 중심도를 계산하는 것은 노드의 사이 중심도를 계산하는 것과 거의 비슷하다. 네트워크의 모든 노드 쌍 사이의 최단 경로를 고려하고(최단 경로가 존재하지 않는, 다른 연결된 덩어리에 속한 노드들 간의 쌍들은 제외), 그러한 경로가 각 에지를 얼마나 많이 지나가는지를 센다. 에지 사이 중심도는 8.5.6절에서 소개한 알고리듬[366]의 약간 수정된 버전을 쓰면 모든 에지에 대해 $O(n(m + n))$의 시간 안에 계산할 수 있다.

여기서 커뮤니티를 찾는 알고리듬은 다음과 같다. 네트워크에 있는 모든 에지 사이 중심돗값을 계산한 다음, 점수가 가장 높은 에지를 찾아 제거한다. 그 에지를 제거하면 그곳을 지나갔던 모든 최단 경로가 이제는 다른 길로 가야 하기 때문에, 해당 에지를 제거할 때 일부 다른 에지의 사이 중심돗값을 수정할 것이다. 따라서 각 에지를 제거한 후에는 사이 중심돗값을 다시 계산하여, 값이 가장 큰 에

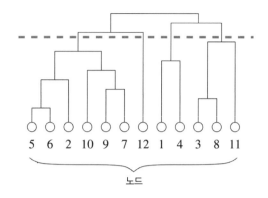

그림 14.8 계통도

에지 사이 중심도 알고리듬의 결과는 트리 또는 '계통도'를 사용해 나타낼 수 있다. 여기서 노드는 (일반적으로) 아래쪽에 표시하고 트리 위쪽의 '뿌리'는 전체 네트워크를 나타낸다. 에지를 하나씩 제거할 때 네트워크가 쪼개지는 것을 그림에서 아래로 이동할 때 트리가 연속적으로 가지를 뻗는(branching) 것으로 표시하며, 이 과정에서 임의의 지점으로부터 연결된 부분집합 노드들의 정체는 트리를 따라 맨 밑으로 가보면 찾을 수 있다. 알고리듬이 알려주는 네트워크의 각 중간 지점 분할은 계통도를 수평으로 자르는 절단에 해당한다. 예를 들어, 이 계통도에서 점선으로 표시된 자르는 지점은 네트워크를 각각 6, 1, 2, 3개의 노드로 이뤄진 4개의 그룹으로 나눈다.

지를 다시 찾아서 제거하는 방식으로 계속 진행하게 된다.

에지를 하나씩 제거할수록, 처음에 연결되어 있었던 네트워크가 결국 두 부분으로 나누어지고, 그다음에 세 부분으로 나누어지고, 이 과정이 계속된다. 알고리듬의 진행 상황은 그림 14.8과 같이 트리 또는 **계통도**^{dendrogram}를 사용해 나타낼 수 있다. 그림의 맨 아래에는 네트워크의 개별 노드를 나타내는 트리의 '잎^{leaf}'이 있다. 트리에서 위쪽으로 올라갈수록 잎들이 먼저 쌍으로 합쳐진 다음 더 큰 그룹으로 모이고, 트리 꼭대기에서는 모두 합쳐져서 하나의 전체를 형성한다. 이 알고리듬이 실제로는 연결된 단일 네트워크에서 시작하여 개별 노드 수준에 이를 때까지 반복적으로 나누기 때문에, 위에서 아래로 반대 방향으로 계통도를 생성한다. 알고리듬이 실행되는 중간 단계에서의 네트워크 구성은 그림에서 점선으로 표시된 것처럼 계통도를 수평으로 자르는 절단에 해당한다. 이 점선과 교차하는 트리의 각 가지^{branch}는 노드들로 이뤄진 그룹 하나를 나타내며, 노드의 구성원 정보는 그림 맨 아래에 있는 잎까지 가지를 따라가서 결정할 수 있다. 따라서 이 계통도는 하나의 그림으로 계산의 시작부터 끝까지 모든 단계에서 네트워크의 그룹 구성을 표현하는 것이다.

그러므로 이 알고리듬은 네트워크를 커뮤니티로 나누는 단일한 분할을 제공하는 것이 아니라, 몇 개의 큰 커뮤니티로 나누는 굵은^{coarse} 분할(계통도 상단)에서 많은 작은 커뮤니티로 나누는 세밀한^{fine} 분할(계통도 하단)에 이르는 다양한 가능성을 제공한다는 점에서 이전에 소개한 알고리듬들과는 다소 다르다. 표현된 많은 분할 중 어느 것이 목적에 가장 유용한지를 결정하는 것은 사용자의 몫이다. 원칙적으로는 모듈도 같은 측정량을 사용해 여러 분할의 적합성을 정량화하고 그중 가장 좋은 것을 선택할 수 있지만, 그건 사실 이 방법의 핵심과는 거리가 있다. 높은 모듈도가 중요하다면 그냥 모듈도를 직접 최대화하는 편이 더 좋을 것이다. 따라서 이 사이 중심도 기반 알고리듬을, 특유의 장단점은 있지만 의심의 여지 없이 네트워크 구조에 대해 흥미로운 것들을 알려주는 다른 종류의 결과를 생성하는 것으로 생각하는 것이 더 적절하다.

안타깝게도 사이 중심도 기반 알고리듬은 매우 느리다. 앞서 언급했듯이, 모든 에지에 대한 사이 중심도를 계산하는 것은 $O(n(m+n))$만큼의 시간이 걸리며, 각 에지가 제거될 때마다 한 번씩 이 계산을 또 반복해서 해야 하므로 m개의 모든 에지를 제거하기 위해 전체 알고리듬은 $O(mn(m+n))$만큼의 시간이 걸린다. 다시 말해, $m \propto n$인 듬성한 네트워크의 경우에는 $O(n^3)$의 시간이 걸리는 것이다. 따라서 이 알고리듬은 이 장에서 소개하는 것들 중에서 느린 쪽에 속한다. 실제로 꽤 좋은 결과를 제공하긴 하지만[204, 366], 이전 절에서 소개한 더 빠른 방법들로 대부분 대체됐다.

그럼에도 불구하고 네트워크의 유일한 분할이 아닌 계통도 전체를 제공하는 이 알고리듬의 기능은 경우에 따라 유용할 수 있다. 계통도에 표시된 분할은 단일 수준의 커뮤니티가 그것보다 높은 모든 상위 수준의 더 큰 커뮤니티에 완전히 포함되는 네트워크의 계층적 분해^{hierarchical decomposition}를 이룬다. 연구자들은 네트워크의 계층 구조와 이를 포착할 수 있는 계층적 분해에 관심을 가져왔다. 14.5.2절에서 계층적 분해를 위한 또 다른 알고리듬을 살펴볼 예정이다.

라디키^{Radicchi} 등[395]은 커뮤니티 간의 경계를 찾아서 제거하는 동일한 아이디어에 기반하지만 경계를 찾는 데는 다른 방법을 사용하는 사이 중심도 기반 알고리듬의 변형을 제안했다. 라디키 등은 그 에지 없이는 제대로 연결되지 않는 커뮤니티들 사이에 있는 에지는 에지로 이뤄진 짧은 고리^{loop}에 속할 가능성이 낮다는 것을 관찰했다. 에지가 짧은 고리에 속하려면 같은 그룹들 쌍을 연결하는 2개의 인접한 에지가 필요하기 때문이다(그림 14.9 참고). 따라서 커뮤니티 간의 에지를 식별하는 한 가지 방법은 비정상적으로 적은 수의 짧은 고리에 속하는 에지를 찾

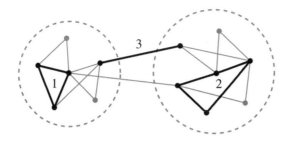

그림 14.9 라디키 등의 알고리듬

라디키 등이 제시한 알고리듬은 다른 측정값인, 가장 적은 수의 짧은 고리에 속하는 에지를 찾아서 그룹 간 에지를 식별한다. 많은 네트워크에서 그룹 내부 에지는 ('1'과 '2'로 표시된 에지처럼) 길이가 3과 4인 고리와 같은 다수의 짧은 고리에 속한다. 그러나 여기서 '3'으로 표시한 에지와 같은 그룹들 간의 에지는 보통 그런 고리에 속하지 않는다. 왜냐하면 그런 고리에 속하기 위해서는 또 다른 그룹 간의 에지를 통해 돌아오는 길이 있어야 하는데, 정의상 그런 또 다른 그룹 간의 에지가 거의 없을 것이기 때문이다.

는 것이다. 라디키 등은 길이가 3과 4인 고리가 가장 좋은 결과를 준다는 사실을 발견했다. 그러한 고리에 속하는 적은 수의 에지를 반복적으로 제거함으로써 여러 예시 네트워크에서 커뮤니티를 정확하게 발견할 수 있었다.

이 방법의 매력적인 특징은 속도다. 에지가 속한 짧은 고리의 수를 계산하는 것은 국소적인 계산이며, 네트워크의 전체 크기와 같은 시간에 모든 에지에 대해 할 수 있다. 따라서 최악의 경우라도 모든 에지를 하나씩 제거하는 알고리듬을 완전히 실행하는 데 걸린 시간이, 듬성한 네트워크라면 $O(n^2)$에 불과할 것이며,[18] 사이 중심도 기반 알고리듬에 비해서는 네트워크의 크기만큼이나 더 빠르고[19] 이 장에서 설명하는 다른 여러 방법들만큼 빠르다(14.2.3절의 스펙트럼 방법이나 14.2.5절의 루뱅 알고리듬 같은 최상의 방법만큼 빠르지는 않지만).

반면에 라디키 등의 알고리듬은 애초에 많은 수의 짧은 고리가 있는 네트워크에서만 작동한다는 단점이 있다. 따라서 실제로 많은 수의 고리가 있는 사회연결망(7.3절 참고)에서만 주로 쓸 수 있다. 기술 분야 네트워크, 생물학적 네트워크와 같은 종류의 네트워크에는 짧은 고리가 더 적은 경향이 있어서 그룹 간의 에지와 그룹 내부의 에지를 구별하기가 더 어렵다.

---

18 듬성한 네트워크라면 전체 에지의 수 m이 전체 노드의 수 n에 비례할 것이기 때문이다. – 옮긴이

19 앞서 언급했듯이 사이 중심도 기반 알고리듬은 듬성한 네트워크에서 $O(n^3)$이었으므로 이 방법보다 네트워크의 전체 크기인 n배 더 오래 걸리는 것이다. – 옮긴이

14.5.2 계층적 뭉치기

14.5.1절의 중심도 기반 알고리듬은 지금까지 고려했던 다른 커뮤니티를 찾는 알고리듬들과는 달리, 단일한 커뮤니티 분할이 아니라 그림 14.8에서와 같이 네트워크를 중첩된 커뮤니티 집합으로 계층적 분해를 한다는 차이가 있다. 이 절에서는 가장 오래된 커뮤니티를 찾는 방법 중 하나인 계층적 뭉치기$^{hierarchical\ clustering}$ 방법으로 계층적 분해를 수행하는 또 다른 알고리듬을 살펴볼 것이다.[20]

계층적 뭉치기는 하나의 알고리듬이 아니라, 다양한 변형과 대안이 있는 알고리듬 종류다. 계층적 클러스터링은 결합^{agglomerative} 기술(14.2.5절의 루뱅 알고리듬과 이 점에서 유사하다)이며, 네트워크의 개별 노드에서 시작하여 그룹을 형성하기 위해 그것들을 합친다. 기본 아이디어는 네트워크 구조를 기반으로 노드들 간의 유사성 또는 연결 강도의 측정량을 정의한 다음 가장 유사한 노드들을 결합하여 그룹을 형성하는 것이다. 7.6절에서 노드 유사도 측정량에 대해 제법 길게 논의한 바 있으며, 거기에서 소개한 식 (7.36)의 코사인 유사도, 식 (7.39)의 인접 행렬 행들 사이의 상관관계, 식 (7.40)의 해밍 거리를 포함한 각종 측정량은 계층적 뭉치기의 시작점으로서 적절할 것이다. 7.6.2절의 정규화된 동치 측정량$^{regular\ equivalence\ measure}$도 좋은 선택일 수 있지만 이러한 맥락에서 사용된 바가 있는지는 알려지지 않았다.

유사도 측정량에 있어 선택의 여지가 많다는 것은 계층적 뭉치기 방법의 장점이자 단점이다. 선택의 여지가 많으므로 이 방법은 유연하고 특정 문제에 맞게 조정할 수 있는 반면, 선택하는 방법에 따라 답이 달라지기도 하며, 어떤 선택이 다른 선택에 비해 더 옳고 유용한 정보를 주는지를 미리 알 수 있는 방법이 없는 경우가 많다. 대부분의 경우 유사도를 선택하는 기준은 제1원칙으로부터의 논증보다는 경험적, 실험적으로 더 많이 결정된다.

어떤 유사도 측정량을 사용할지 선택한 후, 네트워크의 모든 노드 쌍에 대해 계산한 다음 유사도가 가장 높은 노드 쌍을 그룹으로 묶는다. 이를 위한 기본 전략은 가장 유사한 노드 쌍을 합쳐서 크기가 2인 그룹을 만드는 것으로 시작하는 것이다. 그런 다음 더 큰 그룹을 만들기 위해 가장 유사한 그룹들을 더 합치는 방식으로 진행한다. 하지만 또 다른 문제가 있다. 가장 유사한 그룹들을 합치려면 그

---

20 여기서 '뭉치기(clustering)'라는 단어는 커뮤니티 찾기의 또 다른 이름으로 사용된다. 이 책에서는 7.3절에서 소개한 다른 의미와의 혼동을 피하기 위해 그 의미로 그 단어를 쓰는 것을 대부분 자제했지만, '계층적 뭉치기'라는 이름은 잘 정립된 전통적인 이름이기 때문에 여기서는 관례를 존중하여 사용하기로 한다.

룹들 간의 유사도가 필요한데, 우리가 갖고 있는 건 개별 노드들 간의 유사도다. 이 문제의 일반적인 해결책은 노드 유사도를 어떻게든 조합하여 그룹에 대한 유사도를 만드는 것으로, 단일/완전/평균 연결 뭉치기라고 하는 세 가지 일반적인 방법이 있다.

n_1, n_2개의 노드를 각각 포함하는 2개의 노드 그룹인 그룹 1과 그룹 2를 생각해보자. 하나의 노드는 그룹 1에 있고 다른 노드는 그룹 2에 있는 $n_1 n_2$ 쌍의 노드가 있다. 단일 연결 뭉치기$^{single-linkage\ clustering}$ 방법에서는 두 그룹 간의 유사도를 이러한 $n_1 n_2$개의 쌍 중에서 가장 큰 유사도로 정의한다. 따라서 노드 쌍의 유사도 범위가 1에서 100이면 두 그룹의 유사도는 100이다. 이것은 하나의 노드 쌍만 유사하면 그룹들이 유사한 것으로 처리되기 때문에 유사도에 대한 매우 관대한 정의다(이것이 '단일 연결 뭉치기'라는 이름의 기원이다. 그룹 간의 유사도가 가장 유사한 하나의 노드 쌍 간의 유사도 함수이기 때문이다).

다른 쪽으로의 극단으로서, 완전 연결 뭉치기$^{complete-linkage\ clustering}$에서는 두 그룹 간의 유사성을 가장 유사하지 않은 노드 쌍의 유사도로 정의한다. 노드의 유사도 범위가 1에서 100이면 그룹의 유사도는 1인 것이다. 단일 연결 뭉치기와 반대로, 이것은 그룹의 유사도가 높기 위해서는 모든 노드 쌍이 높은 유사도를 가져야 하므로 그룹 유사도에 대한 매우 엄격한 정의다(그래서 '완전 연결 뭉치기'라는 이름으로 불린다).

이 두 극단 사이에는 두 그룹의 유사도가 모든 노드 쌍 간의 유사도의 평균으로 정의되는 평균 연결 뭉치기$^{average-linkage\ clustering}$가 있다. 평균 연결 뭉치기가 아마 셋 중 가장 만족스러운 선택일 것이다. 어느 방향으로도 극단적으로 치우치지 않고 중도적이며, 가장 많이 유사하거나 가장 덜 유사한 쌍만이 아니라 모든 노드 쌍의 유사성에 따라 결정된다. 하지만 왜 그런지 확실하지는 않은 이유로 비교적 드물게 사용된다.

계층적 뭉치기 방법의 전체 단계는 다음과 같다.

1. 사용할 유사도 측정량을 선택하고 그것을 모든 노드 쌍에 대해 계산한다.

2. 각 노드를 그 노드 자신으로만 구성된 그룹으로 할당한다. 이 그룹들의 유사도는 그냥 개별 노드의 유사도다.

3. 유사도가 가장 높은 그룹 쌍을 찾아서 하나의 그룹으로 합친다.

4. 새롭게 병합된 그룹과 다른 모든 그룹 간의 유사도를 위에서 언급한 새

가지 방법(단일/완전/평균 연결 뭉치기) 중 하나를 이용해 계산한다.

5. 모든 노드가 하나의 그룹으로 합쳐질 때까지 3단계부터 반복한다.

이 알고리듬은 얼마나 빠른가? 알고리듬에서 가장 많은 계산을 요구하는 부분은 새로운 유사도를 계산하는 것이다.[21] 세 가지 경우를 별도로 살펴보자. 단일 연결 뭉치기의 경우 두 그룹 간의 유사도는 가장 유사한 노드 쌍의 유사도와 같다. 이 경우 그룹 1과 그룹 2를 합치면 그 합쳐진 그룹과 다른 그룹 3에 대한 유사도는 1과 3, 2와 3의 유사돗값들 중 더 큰 것과 같고,[22] 그것은 O(1)시간 만에 찾을 수 있다.

완전 연결 뭉치기의 경우 위에서 언급한 그룹 1, 2, 3의 관계에서 1과 2가 합쳐진 그룹과 그룹 3의 유사도는 그룹 1과 그룹 3의 유사도와 그룹 2와 그룹 3의 유사도 중 더 작은 것이다.[23] 그것도 역시 O(1)시간 만에 찾을 수 있다.

평균 연결 뭉치기의 경우는 약간 더 복잡하다. 위와 같이 합칠 그룹 1과 그룹 2에 각각 n_1과 n_2개의 노드가 있다고 가정하자. 그런 다음 그룹 1과 그룹 3, 그룹 2와 그룹 3의 유사도가 각각 σ_{13}과 σ_{23}이었다면 다른 그룹 3과 그룹 1, 2가 합쳐진 그룹의 유사도는 다음과 같은 가중치가 주어진 평균[weighted average]으로 주어진다.[24]

$$\sigma_{12,3} = \frac{n_1 \sigma_{13} + n_2 \sigma_{23}}{n_1 + n_2} \qquad (14.51)$$

이것 역시 O(1)시간 만에 계산할 수 있다.

알고리듬의 각 단계에서 이렇게 합쳐진 그룹에 대해 다른 모든 그룹과의 유사도를 계산해야 하며, 이것은 최악의 경우 O(n)만큼의 시간이 걸린다. 따라서 유사도를 다시 계산하는 데는 O(n)만큼의 시간이 걸린다. 이때 별생각 없이 유사돗값을 하나하나 쭉 보면서 최댓값을 찾아내는 것은 총 O(n^2)개의 그룹 쌍이 있으므로 O(n^2)만큼의 시간이 걸리고, 얼핏 보기에는 유사도를 다시 계산하는 부분이 아

---

21 이것은 모든 노드 쌍에 대한 초기 유사돗값을 비교적 빠르게, 예를 들어 O(n^2)의 시간에 계산할 수 있다고 가정하는 것이다. 그것이 가능하지 않고 초기 계산이 훨씬 더 오래 걸린다면, 알고리듬의 전체 실행 시간을 결정하는 것은 계층적 뭉치기 절차 자체가 아니라 이 초기 계산이다.

22 그룹 3에 있는 모든 노드에 대해 그룹 1과 2의 노드들을 쭉 늘어놓고 가장 유사도가 큰 노드 쌍을 찾아보면 당연히 그룹 1의 어떤 노드 또는 그룹 2의 어떤 노드가 선택될 것이고, 단일 연결 뭉치기의 정의상 전자라면 그 유사도가 그룹 1과 그룹 3의 유사도, 후자라면 그 유사도가 그룹 2와 그룹 3의 유사도가 된다. – 옮긴이

23 위의 단일 연결 뭉치기에 대한 논의에서 부등호 방향만 정확히 반대로 하면 된다. – 옮긴이

24 이것은 개수가 n_1인 집단의 평균과 개수가 n_2인 집단의 평균이 주어졌을 때 두 집단의 요소를 모두 평균한 값에 대한 일반적인 공식이다. 여기서는 엄밀하게 말해서 $n_1 n_3$개 집단과 $n_2 n_3$개 집단이지만 n_3라는 공통의 요소가 상쇄되므로 이렇게 된다. – 옮긴이

니라 여기에서 시간이 가장 오래 걸리는 것처럼 보인다. 하지만 항목을 추가하고 제거하는 데 $O(\log n)$만큼의 시간이 걸리고 최댓값을 찾는 데는 $O(1)$의 시간이 걸리는 힙^{heap}이라는 데이터 구조에 유사도를 저장하여 속도를 높일 수 있다. 이것을 쓰면 유사도를 다시 계산하는 과정이 $O(n \log n)$시간으로 느려지지만, 최댓값을 찾는 것은 $O(1)$시간에 할 수 있도록 속도가 빨라진다.

그룹을 병합하는 전체 과정은 모든 노드가 하나의 그룹으로 합쳐질 때까지 $n-1$번 반복해야 한다(이것은 두 그룹이 합쳐질 때마다 그룹의 수가 하나씩 감소하므로, 처음 n개의 그룹에서 마지막에 하나의 그룹이 될 때까지 $n-1$번 합치면 된다고 간단하게 생각할 수 있다). 따라서 이 알고리듬의 총 실행 시간은 힙을 사용하지 않는 단순한 구현(위에서 언급한, 유사돗값을 하나하나 쭉 보면서 최댓값을 찾아내는 방식을 쓰는 것)에서 $O(n^3)$이고, 힙을 사용하는 경우 $O(n^2 \log n)$이다.[25]

그러면 이 방법이 실제로는 얼마나 잘 작동하는가? 답은 어떤 유사도를 사용하는지와 어떤 연결 방법(단일, 완전, 평균)을 쓰는지에 따라 다르지만 이전에 14.2.2절에서 살펴본 가라테 클럽 네트워크에 대표적으로 적용해본 것이 그림 14.10에 있다. 해당 그림은 유사도로서 코사인 유사도를 사용해 평균 연결 뭉치기를 가라테 네트워크에 적용했을 때의 결과를 보여준다. 그림에서 그러한 계산의 결과로 나온 계통도를 볼 수 있으며, 계통도가 이 네트워크에서 알려진 두 그룹에 완벽하게 대응하는 2개의 커뮤니티로 명확하게 구분되어 있음을 알 수 있다.

계층적 뭉치기가 항상 이렇게 잘 작동하는 것은 아니다. 특히, 노드가 서로 매우 유사한 그룹의 코어 부분을 뽑아내는 것은 잘하는 경우가 많지만 주변부 노드를 적절한 그룹에 할당하는 데는 성능이 떨어지는 경향이 있다. 그런 주변부 노드는 어떤 노드와도 크게 유사하지는 않을 수 있으므로 마지막까지 뭉치기 과정에서 제외되는 경향이 있다. 따라서 계층적 뭉치기의 일반적인 결과는 단일 노드 또는 더 작은 그룹으로 둘러싸인 촘촘하게 짜인 코어 집합으로 이뤄진 것이다. 물론 이러한 분해도 여전히 네트워크 구조에 대한 중요한 정보를 많이 포함하고 있을 수 있다.

지금까지 이 장에서는 커뮤니티를 찾기 위한 가장 잘 알려진 몇 가지 방법을 살펴봤다. 수많은 다른 방법들이, 이 주제를 다룬 방대하고 여전히 늘어나고 있는

앞서 8.6절에서 다익스트라 알고리듬을 논할 때 힙을 본 적이 있다. 힙 데이터 구조의 성질과 작동 원리에 대한 소개는 예를 들어 코먼(Cormen) 등[122]을 참고하라.

---

25 단일 연결 뭉치기의 특수한 경우에는 소위 합집합/찾기(union/find) 기술을 사용해 $O(n^2)$시간에 실행되는 알고리듬을 구현하는 약간 더 빠른 방법이 있다. 실제로 성능 차이는 그리 크지 않지만 합집합/찾기 방법이 프로그램을 작성하기에 훨씬 더 간단하다. 아마도 이러한 이유로 단일 연결 뭉치기가 완전 또는 평균 연결 뭉치기보다 더 자주 사용되는 것일지도 모른다.

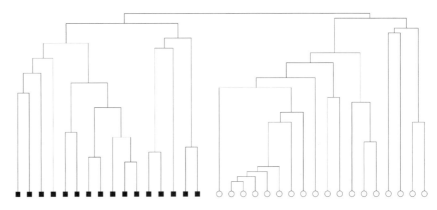

그림 14.10 평균 연결 계층적 뭉치기에 의한 가라테 클럽 네트워크의 분할

이 계통도는 노드 유사도로서 코사인 유사도를 사용해 그림 14.3의 가라테 클럽 네트워크에 본문에서 설명한 계층적 뭉치기 방법을 적용한 결과다. 노드의 모양과 색깔은 그림 14.3과 같이 이 네트워크에서 알려져 있는 2개의 파벌을 나타낸다.

문헌에 나와 있다. 이 장의 나머지 부분에서는 다른 것들을 다루겠지만, 커뮤니티 찾기에 대해 관심이 있고 더 알고 싶다면 포르투나토^{Fortunato}[183], 포르투나토와 흐릭^{Hric}[185]의 총설 논문들이 유용한 개괄적인 리뷰를 제공할 것이다.

14.6 알고리듬 성능 측정

지금까지 살펴본 바와 같이 커뮤니티 찾기를 위한 다양한 접근 방식과 알고리듬이 있다. 가장 널리 사용되는 여섯 가지를 이 장에서 살펴봤으며, 연구 문헌에서 찾을 수 있는 다른 것들도 많이 있다. 따라서 여기서 생기는 자연스러운 질문은 '어떤 알고리듬이 가장 좋은가'이다.

각 알고리듬은 결과의 품질뿐만 아니라 실행 속도, 수학적 엄밀함, 결과의 정확한 종류에 있어서도 모두 다르기 때문에 이 질문에 대한 하나의 답은 없다. 예를 들어, 좋은 성능을 보장하려면 14.4.1절의 최대가능도기법 같은 접근 방식이 매력적일 수 있다. 그러나 매우 큰 네트워크를 분석하고 싶다면 약간의 엄격함은 버리더라도 14.2.5절의 루뱅 방법처럼 더 빠른 알고리듬을 택할 수도 있다.

하지만 다양한 방법들 중에서 선택하는 주요 기준은 당연히 나오는 결과의 품질이어야 하므로, 어떤 방법을 평가할 때 첫 번째 질문은 '실제로 커뮤니티를 얼마나 잘 찾는가'이다. 성능이 좋지 않으면, 다른 기능이 있더라도 가장 먼저 선택하지는 않을 것이다.

커뮤니티 찾기 알고리듬의 성능을 어떻게 측정할 것인가? 두 가지의 기본적인 접근 방식이 있다. 첫 번째는 커뮤니티 구조가 널리 합의된 실제 네트워크에서 알고리듬을 테스트하는 것이다. 두 번째는 미리 알 수 있는 특정한 커뮤니티 구조를 심어놓은 인공적으로 만들어진 네트워크에서 테스트하는 것이다. 두 접근 방식 모두 장단점이 있다. 첫 번째는 실제 네트워크를 사용하는 것의 이점인, 알고리듬 성능에 대한 좀 더 현실적인 테스트를 제공한다는 것이다. 반면에, 실제 네트워크에 대한 진정한 커뮤니티 구조가 무엇인지를 정확히 알기는 어려운 경우가 종종 있다. 반대로 인공적으로 만든 네트워크에서는 우리가 커뮤니티를 심어놓는 것이기 때문에 커뮤니티가 어디에 있는지를 정확하게 알고 있다. 반면에, 인공적으로 만든 네트워크는 어쩔 수 없이 덜 현실적이므로 실제 알고리듬 성능에 대해서는 덜 확실한 테스트 결과를 준다. 실제로는 두 방법 모두 널리 사용되며 어느 정도 상호보완적이다. 이 절에서는 각각의 예를 제시할 것이다.

14.6.1 실제 네트워크에 대한 테스트

실제 네트워크에서의 커뮤니티 찾기 테스트는 우리가 커뮤니티 구조를 알고 있거나 알고 있다고 믿는(그러한 커뮤니티 분할을 종종 정답$^{ground-truth}$ 분할이라고 한다) 예제 네트워크를 그 커뮤니티 구조로 나눌 수 있는지의 여부를 이용한다. 대부분의 경우 정답은 해당 네트워크에 대한 내부 지식과 그 네트워크에 다양한 커뮤니티 찾기 방법을 적용해서 나온 합의된 결과를 조합하여 정한다. 이러한 것의 고전적인 예 (고전 중의 고전이라고 할 수 있는 예)는 이미 본 그림 14.3에 있는 '가라테 클럽' 네트워크다.

가라테 클럽 네트워크: 14.2.2절에서 논의한 바와 같이, 이 네트워크는 어느 대학 가라테 클럽의 학생들 간 친구 관계를 나타낸다. 이 친구 관계는 인류학 연구의 일환으로 연구자 웨인 재커리$^{Wayne\ Zachary}$가 기록했다[479]. 운 좋게도[26] 연구 기간 동안 클럽 내에서 분쟁이 발생하여 클럽이 둘로 쪼개졌다. 재커리가 보고한 바와 같이 이렇게 둘로 쪼개진 파벌이 네트워크의 정답에 해당되는 분할을 이루며, 그 파벌 구조가 해당 네트워크에 온갖 커뮤니티 찾기 알고리듬을 사용해 반복적으로

---

26 물론 그 클럽 입장에서는 운 나쁘게도 – 옮긴이

분석하여 재현됐다는 사실을 통해 정답으로 굳어졌다. 지금은 우리가 가라테 클럽 네트워크의 진짜 커뮤니티 구조에 대해 너무나 확신하고 있기에, 그 네트워크가 거의 새로운 커뮤니티 찾기 알고리듬에 대한 자격 시험qualifying exam이 되어버렸을 정도다. 네트워크 과학 연구자들 사이에서 인기 있는 티셔츠에는 "당신의 방법이 이 네트워크에서 작동 안 하면 그냥 집에 가시오.If your method doesn't work on this network then go home."라는 설명과 함께 가라테 클럽 네트워크의 그림이 그려져 있다.[27]

커뮤니티 찾기를 위한 표준화된 테스트로서 네트워크 연구자들 집단의 마음에 자리한 여러 네트워크들이 있다.

돌고래 사회연결망: 여러 면에서 가라테 클럽과 유사한 예는 뤼소Lusseau 등[316]의 돌고래 사회연결망이다. 4.3절에서 논의한 바와 같이, 많은 동물 종은 지속적인 사회연결망을 형성하며 돌고래가 그 대표적인 예시다. 많은 연구에서 돌고래는 오래 지속되는 '친구 관계'를 형성하는 것으로 나타났으며, 이것은 실제로 같은 쌍의 돌고래를 함께 자주 볼 수 있다는 뜻이다. 루소 등은 몇 년 동안 뉴질랜드 해안에서 돌고래 62마리로 이뤄진 특정 그룹을 관찰하면서, 표지로 개별 돌고래를 인식하고 관찰된 짝을 기록하는 방법을 익혔다. 이러한 관찰을 바탕으로 그림 14.11과 같은 사회연결망을 구성했다. 하지만 연구를 진행하는 과정에서 그룹의 중추적인 역할을 하는 구성원의 이탈로 인한 것으로 보이는 이유로 그룹이 2개로 나뉘었으며, 가라테 클럽과 마찬가지로 두 파벌의 구성원이 기록되어 네트워크에서의 커뮤니티 찾기 테스트에서 정답 역할을 한다. 반복된 연구에 따르면, 파벌이 갈라지기 전에 측정한 온전한 네트워크에 커뮤니티 찾기 알고리듬을 적용했을 때 나온 결과가 그 정답과 적어도 근사적으로는 같다는 사실이 밝혀졌다.

정치 블로그: 커뮤니티 찾기에 있어서 더 난이도가 있는 테스트는 아다믹Adamic과 글랜스Glance[4]가 보고한, 많이 연구된 정치 블로그 네트워크에서 할 수 있다. 여기서 노드는 2004년 미국 대통령 선거를 앞둔 시점에서 관찰한 미국 정치에 대한 1,494개의 웹로그weblog 또는 줄여서 블로그blog를 나타내는 웹 네트워크다. 네트워크의 에지는 블로그 간의 하이퍼링크를 나타내며 원칙적으로 방향성이 있지만,

웹 네트워크에 대한 논의는 3.1절을 참고하라.

---

27 또한 반쯤 농담스러운 협회인 '가라테 클럽 클럽(Karate Club Club)'도 있다. 회원 자격은 이전 수상자가 참석한 학회의 발표에서 가라테 클럽 네트워크를 예시로 사용한 첫 번째 연사에게 주어진다. 새로운 수상자에게는 기념으로 그것을 갖고 있던 이전 수상자가 작은 플라스틱 트로피를 직접 전달한다. 필자는 트로피의 다섯 번째 수상자라는 약간은 애매한 명예를 누리고 있다.

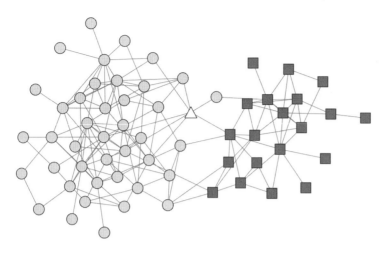

그림 14.11 돌고래의 사회연결망

루소 등[316]이 관찰 정리한 뉴질랜드 다우트풀 사운드(Doubtful Sound)에 있는 62마리의 큰돌고래 (bottlenose dolphin)로 이뤄진 네트워크. 에지는 자주 함께 관찰되는 돌고래 쌍을 연결한다. 연구 과정에서 가운데 삼각형으로 표시된 한 마리의 돌고래가 사라졌고, 나머지 돌고래들은 원과 사각형으로 표시된 2개의 개별 그룹으로 나누어졌다.

대부분의 커뮤니티 찾기 연구에서는 방향성을 무시하고 네트워크를 방향성이 없는 것으로 취급한다. 또한 대부분의 연구는 1,225개의 노드를 포함하는 네트워크의 가장 큰 (약하게) 연결된 덩어리를 대상으로 이뤄졌다.

같은 사상을 가진 정치 웹사이트, 즉 같은 정치적 성향에 있는 웹사이트가 반대편에 있는 웹사이트보다 더 자주 링크되므로, 이 블로그들 간의 연결로 이뤄진 네트워크는 정치적 성향에 따라 전통적인 커뮤니티 구조를 보여야 한다. 미국 정치체제에는 2개의 주요 정당, 즉 진보적인 민주당이 있고 보수적인 공화당이 있으므로 2개의 커뮤니티가 나타날 것으로 예상할 수 있다. 아다믹과 글랜스는 각 블로그가 지지하는 정당을 결정하기 위해 블로그 게시물의 내용을 보고 데이터에서 각 블로그의 정치적 성향을 직접 결정했다(모든 블로그는 진보 또는 보수로 지정됐고, 중도로 지정한 것은 없었다). 이렇게 지정한 것이 네트워크의 정답 구조가 되며, 수많은 연구에서 커뮤니티 찾기 알고리듬이 네트워크 구조로부터 완벽하지는 않더라도 이 정답을 잘 재현할 수 있음을 발견했다. 이 네트워크는 위에서 논의한 가라테 클럽이나 돌고래의 예보다 훨씬 크고, 매우 한쪽으로 치우친 링크수 분포(대부분의 웹 네트워크와 마찬가지로 이 네트워크는 대략적인 거듭제곱 법칙을 따르는 두꺼운 꼬리 분포를 갖고 있다)를 가지므로 커뮤니티 찾기에 있어서 더 어려운 문제가 된다.

월드와이드웹의 링크수 분포에 대한 논의는 10.3절을 참고하라.

미식축구 대회: 이전에 소개한 3개의 네트워크는 모두 각각 2개의 커뮤니티가 있으며 이것은 커뮤니티 분할에 있어 가장 간단한 상황이다(하나의 커뮤니티만 있는 네트워크에서는 찾을 커뮤니티가 없기 때문에). 하지만 더 복잡한 상황에서도 알고리듬을 테스트하는 것이 중요하다. 널리 연구된 '미국 대학 미식축구' 네트워크가 그런 테스트를 제공한다. 이 네트워크는 2000년 가을 매년 열리는 NCAA 미식축구 대회에서 상위 115개 대학 팀들 간의 경기 패턴을 나타낸다(어떤 해에 대해서도 이 네트워크를 구성할 수 있지만, 2000년 네트워크가 합의에 의해 테스트를 위한 표준이 됐다).

이 미식축구 대학 대회는 (미국인이 아닌 어떤 사람들에게는 놀랍게도) 미국에서 큰 사업이다. 경기들이 자주 전국으로 중계되며 최고의 팀 코치는 수백만 달러의 급여를 받는다. 한 시즌에 서로 모두 경기를 할 수 없을 정도로 잘하는 팀이 충분하므로 대회는 전통적으로 '콘퍼런스conference'라고 하는 더 작은 그룹으로 나뉘며, 한 콘퍼런스에는 보통 12개 정도의 팀이 있고 대략의 지리적인 경계로 구성되어 있다. 특정 시즌에 열리는 대부분의 경기는 같은 콘퍼런스에 속한 팀 간의 경기이지만, 다른 콘퍼런스에 속한 팀 간의 경기도 작은 비율로 열린다.

이 과정을 네트워크로 표현하면 노드는 팀에 해당하고 에지는 팀들 간의 경기에 해당하며, 콘퍼런스는 정답 커뮤니티를 제공한다. 콘퍼런스와 콘퍼런스의 팀 구성이 해마다 조금씩 달라지지만 2000년 시즌에는 11개의 콘퍼런스가 있었고, 어떤 콘퍼런스에도 속하지 않은 소수의 독립된 팀이 있었다. 반복된 연구에 의하면 커뮤니티 찾기 방법을 적용해서 콘퍼런스의 팀 구성을 정확하게 식별하는 것이(심지어 독립된 팀들을 식별하는 것도) 가능하다.

14.6.2 인공적으로 만든 테스트 네트워크

실제 네트워크는 실제와 같은 상황에서 커뮤니티 찾기에 대한 성능 테스트를 제공하지만, 공인된 테스트 네트워크의 수가 상대적으로 적고, 정답 커뮤니티 구조가 항상 100% 확실하지는 않으며, 알고리듬의 작동을 탐색하기 위해 구조를 바꿀 수 없다. 예를 들어, 커뮤니티를 더 크게 만들거나 더 작게 만들거나 개수를 변경할 수 없다.

이러한 문제의 해결책은 내부에 특정한 단계 또는 종류의 커뮤니티 구조를 심어놓은 인공적인 테스트 네트워크(종종 합성 네트워크synthetic network라고도 한다)를 사용하는 것이다. 그런 다음 커뮤니티 찾기 알고리듬이 그 심어놓은 구조를 탐지할 수 있는지 여부를 테스트할 수 있다. 인공적인 네트워크는 일반적으로 실제 네트워크보다 덜 현실적이지만, 구조를 원하는 대로 변경할 수 있으며 원하는 만큼 생성할 수 있으므로 알고리듬의 성능을 정량화할 수 있는 큰 유연성을 제공한다. 현실적으로는, 실제 네트워크와 합성 네트워크 각각이 제공하는 이점을 최대한 활용하기 위해 알고리듬을 두 가지 모두에서 테스트하는 경우가 많다.

커뮤니티 구조가 내장된 인공 네트워크를 생성하는 것을 고찰할 수 있는 여러 가지 방법이 있지만, 실질적으로 널리 사용되는 두 가지 주요한 접근 방식이 있다.

확률기반 블록 모형: 커뮤니티 찾기 연구를 위한 인공적인 테스트 네트워크를 생성하는 가장 일반적인 접근 방식은 12.11.6절에서 소개한 종류의 확률기반 블록 모형을 사용하는 것이다. 표준적인 확률기반 블록 모형에서는 n개의 노드를 q개의 그룹(실제로 대부분의 테스트에서는 동일한 크기의 그룹들을 사용하지만, 반드시 그룹들이 동일한 크기일 필요는 없다)으로 나눈 다음 독립적인 확률 p_{rs}로 각 노드 쌍 사이에 에지를 연결한다. 여기서 r과 s는 연결될 수 있는 양쪽의 각 노드가 속한 그룹이다. 확률 p_{rs}의 값이 커뮤니티 구조를 결정하는 매개변수로 이뤄진 $q \times q$차원의 행렬을 이룬다. 이 모형의 가장 흔한 형태에서는 매개변수로 다음과 같이 2개의 값만 사용한다.

$$p_{rs} = \begin{cases} p_{\text{in}} & r = s \text{인 경우} \\ p_{\text{out}} & r \neq s \text{인 경우} \end{cases} \tag{14.52}$$

여기서 $p_{\text{in}} > p_{\text{out}}$이면 에지가 그룹 사이보다 그룹 내부에 있을 가능성이 더 높으며, 네트워크는 내부적으로 조밀하게 연결된 노드 그룹들이 더 듬성한 그룹 간 에지로 연결되어 있는 전통적인 커뮤니티 구조로 이뤄져 있다.

p_{in}과 p_{out}의 값을 변경하면 커뮤니티 찾기 문제의 난이도를 변경할 수 있다. p_{in}이 p_{out}보다 훨씬 크면 네트워크의 커뮤니티가 명확하게 눈에 띌 것이고, 대부분의 알고리듬은 이것을 찾는 데 어려움이 거의 없을 것이다. 그러나 두 확률의 차이가 적으면 그룹 내부 에지와 그룹 간 에지를 구별하기가 매우 힘들기 때문에 커뮤니티 구조를 뽑아내기가 어려울 것이다. 실제로 두 확률의 차이를 0이 되도록, 즉 $p_{\text{in}} = p_{\text{out}}$이 되도록 하면 네트워크의 모든 에지가 연결될 확률이 동일하며 정의상 커뮤니티 구조가 전혀 없다. 따라서 이 극한에서는 모든 알고리듬이 실패할 수밖에 없다.

테스트 네트워크를 생성하는 데 일반적으로 사용되는 다른 여러 모형도, 비록 이름을 그렇게 붙이지는 않았더라도 사실상 블록 모형이다. 예를 들어, 컴퓨터 공학에서 널리 사용되는 콘돈Condon과 카프Karp[120]의 심은 분할 모형planted partition model과 물리학 문헌에서 널리 알려진 거번Girvan과 뉴먼Newman[204]의 '4개의 그룹' 테스트가 있다.

LFR 벤치마크: 확률기반 블록 모형은 기술하기 쉽고 사용하기 쉽지만, 커뮤니티 찾기 알고리듬에 대해 매우 현실적인 도전과제를 제시하지는 않는다. 그 모형이 생성하는 네트워크는 각 그룹 내에서 푸아송 링크수 분포를 가지며, 그룹은 대부분의 경우 크기가 같다. 반면에 실제 네트워크는 일반적으로 매우 오른쪽으로 치우친 링크수 분포를 갖고 있으며(10.3절 참고) 크기가 다른 그룹들로 구성되어 있다. 이 두 가지 문제는 충분히 쉽게 고칠 수 있다. 예를 들어 링크수 보정 확률기반 블록 모형(12.11.6절)을 사용해 다른 링크수 분포를 도입할 수 있으며, 전통적으로 그랬다는 것 외에는 크기가 다른 그룹을 허용하는 것을 막을 이유가 없다. 최근에는 확률기반 블록 모형의 그러한 단점을 보완하는 좀 더 현실적인 합성 네트워크를 통해 커뮤니티 찾기 알고리듬을 테스트하는 것이 일반적이다. 하지만 역사적인 이유로, 보통은 테스트를 위해 링크수 보정 확률기반 블록 모형이 아닌 LFR 모형LFR model 또는 LRF 벤치마크LFR benchmark라고 하는 변형을 사용한다. LFR은 이것을 개발한 연구자들인 란치키네티Lancichinetti, 포르투나토Fortunato, 라디키Radicchi[286, 287]의 이름을 딴 것이다.

이 모형에서도 역시 n개의 노드를 q개의 그룹으로 나누지만 그룹의 크기가 이제 다양하다. 어떤 실제 네트워크들의 커뮤니티에 대한 관찰 결과[110, 223]로부터 착안하여, 그룹의 크기를 합이 n이 되는 제약 조건하에서 거듭제곱 분포가 되도록 고른다. 노드가 그룹에 할당되면 에지를 노드들 사이에 배치하지만 독립적으로 배치하지는 않는다. 대신에 또 다른 거듭제곱 분포에서 각 노드의 링크수를 선택한다(역시 실제 링크수 분포에서 그러한 거듭제곱 분포가 자주 등장한다는 점에 착안했다. 10.3절 참고). 또한 각 노드가 다른 그룹의 노드에 연결되는 에지의 비율을 정량화하는 매개변숫값 μ를 선택한다. 그런 다음 링크수가 k인 각 노드에 대해 μk개(가장 가까운 정수로 반올림한다)의 연결은 다른 그룹에 대한 연결로 하고 $(1 - \mu)k$개의 연결은 그 노드가 속한 그룹 내부에서의 연결로 한다. 연결 자체는 12.1절의 구조 모형과 유사한 방식으로 만들어진다. 각 노드의 연결을 노드에 연결될 에지의

거듭제곱 분포에 대한 소개는 10.4절을 참고하라.

'미연결 에지' 버전으로 생각할 수 있으며, 미연결 에지 쌍을 무작위로 연결하여 에지를 만든다. 이때 그룹 내부로 할당된 미연결 에지는 같은 그룹의 다른 미연결 에지[28]와 맞추고 다른 그룹에 대한 미연결 에지는 다른 그룹의 미연결 에지와 맞추도록 주의해야 한다.

이렇게 만들어진 최종 결과는 거듭제곱 분포를 따르는 링크수와 거듭제곱 분포를 따르는 커뮤니티 크기를 가진 인공적인 네트워크이며, 이것은 더 간단하고 더 균일한 확률기반 블록 모형보다 커뮤니티 찾기에 대해 더 엄격한 테스트를 제공한다.

14.6.3 성능 정량화

특정한 테스트 네트워크가 주어졌을 때 알고리듬이 해당 네트워크에서 알려진 커뮤니티 구조를 잘 찾는지 어떻게 말할 수 있는가? 알고리듬으로 발견한 구조가 합의된 정답과 같다면 승리의 자축을 할 수 있겠지만, 대부분의 경우 그렇게 운이 좋지는 않을 것이다. 좀 더 일반적인 결과는 알고리듬이 정답과 다소 유사하지만 정확히 같지는 않은 커뮤니티를 찾는 것이다. 따라서 그러한 결과가 얼마나 정답에 가까운지를 정량화하는 방법을 찾고 싶을 것이다. 그것을 위해 일반적으로 사용하는 세 가지 방법이 있다.

올바르게 분류된 노드의 비율: 가장 간단한 성공의 척도는 올바른 그룹으로 분류된 노드의 비율을 계산하는 것이다. 10개의 노드로 구성된 네트워크에서 노드 1~5가 그룹 1에 있고 나머지 노드 6~10이 그룹 2에 있다고 가정하면, n개의 그룹 할당 변수 g_i로 구성된 벡터 $\mathbf{g}$를 다음과 같이 쓸 수 있다.

$$\mathbf{g} = (1, 1, 1, 1, 1, 2, 2, 2, 2, 2) \tag{14.53}$$

이제 이 네트워크에서 우리가 가장 좋아하는 커뮤니티 찾기 알고리듬을 실행한다. 알고리듬이 정답에 가까운 네트워크 분할을 꽤 잘 찾았지만, 몇 개의 노드는 잘못 구분됐다고 하자. 이런 상황에서 알고리듬의 결과는 예를 들어 다음과 같다.

$$\mathbf{g} = (1, 2, 1, 1, 1, 2, 2, 1, 2, 2) \tag{14.54}$$

---

28 이때 노드 자신이 가진 다른 미연결 에지도 이 정의에 맞으므로, 정확히 12.1절의 구조 모형에서처럼 셀프 에지가 생길 수 있으나, 확률적으로 그런 일은 드물다고 가정한다. − 옮긴이

이 경우 알고리듬은 10개의 노드 중 8개의 노드를 올바르게 구분했기 때문에, 올바르게 분류된 노드의 비율은 0.8이다.

이 방식은 합리적으로 잘 작동하지만 문제가 있다. 이 커뮤니티 찾기 알고리듬을 실행했을 때 가끔 다음과 같은 결과를 얻을 수도 있다.

$$\mathbf{g} = (2,1,2,2,2,1,1,2,1,1) \tag{14.55}$$

이 결과는 식 (14.54)와 정확히 같은 네트워크 분할에 해당한다. 다른 점은 그룹에 붙은 이름표 1과 2가 반대라는 것뿐이다. 여기서 우리가 어떤 그룹을 1번이라고 부를지 어떤 그룹을 2번이라고 부를지는 완전히 임의로 선택하는 것이므로, 그룹의 이름표 자체는 아무 의미가 없다. 우리가 실제로 신경 쓰는 것은 두 그룹의 구분뿐이다. 이러한 의미에서 식 (14.55)는 정확히 식 (14.54)의 결과만큼 좋은 결과다. 그러나 식 (14.55)를 식 (14.53)의 정답과 그냥 비교하면 2개의 노드만 올바르게 분류됐으므로, 올바른 노드의 비율을 0.2라고 계산할 것이다.

이 문제를 해결하기 위해, 보통은 그룹 이름표의 모든 순열^{permutation}에 대해 올바르게 분류된 노드의 비율을 계산하고 그중 최댓값을 이용한다. 즉, 알고리듬이 발견한 그룹에 이름표를 붙이는 가능한 모든 순서를 고려하고, 각각을 정답과 비교하여 올바르게 분류된 노드가 가장 많은 것을 선택하는 것이다. 또는 원한다면 정답에서 이름표의 모든 순열을 고려할 수도 있다. 알고리듬의 결과에서 순열을 고려하든 정답에서 순열을 고려하든 모두 같은 결과를 준다.[29]

알고리듬이 찾은 그룹의 수가 정답의 그룹 수와 다를 수도 있다. 이 경우에도 앞서 소개한 순열을 이용한 방식을 쓸 수 있다. 다만, 두 이름표 집합(알고리듬의 결과 또는 정답) 중 큰 집합에서 순열을 고려해야 한다는 점만 다르다. 예를 들어, 위의 예에서 알고리듬이 다음과 같이 3개의 그룹을 찾았다면

$$\mathbf{g} = (2,3,2,2,2,1,1,3,1,1) \tag{14.56}$$

제대로 분류된 노드의 비율을 계산하는 올바른 방법은 이 세 그룹에 이름표를 지정하는 모든 방식[30]에 대해 그 비율의 최댓값을 찾는 것이며, 이 경우 다시 0.8이 된다.

---

29 즉, 알고리듬 결과와 정답 중 하나에서만 이름표 순서 바꾸기를 해보면 된다는 뜻이다. 둘 다 해도 되겠지만 어차피 결과가 같으므로 시간/자원 낭비가 될 것이다. – 옮긴이

30 순서대로 (1, 2, 3), (1, 3, 2), (2, 1, 3), (2, 3, 1), (3, 1, 2), (3, 2, 1) 이렇게 3! = 6가지를 모두 시도해봐야 하는 것이다. – 옮긴이

q개 그룹의 이름표 순열을 나열하는 과정에서 정의상 모든 노드는 항상 $1/q$의 비율로 올바르게 분류되므로,[31] 모든 순열에 대한 올바르게 분류된 노드 비율의 평균은 항상 $1/q$이다. 따라서 이것은 모든 순열에 대한 올바르게 분류된 노드 비율의 최댓값이 (숫자들의 최댓값은 평균보다 작을 수 없기 때문에) $1/q$보다 작을 수는 없다는 뜻이다. 따라서 예를 들어 2개의 그룹으로 분할할 때 이 비율 점수가 $\frac{1}{2}$보다 작을 수는 없으며, 결과를 이 기준에서 평가해야 한다. 2개의 그룹으로 분할하는 경우 점수가 0.6점(노드의 60%가 올바르게 분류된 경우)이라고 하면 언뜻 보기에는 괜찮아 보일 수 있겠지만, 실제로는 가능한 최소 점수인 0.5보다 약간 더 나을 뿐이다.

이것을 생각하는 또 다른 방법은 노드를 그룹에 완전히 무작위로 할당할 경우 평균적으로 노드의 $1/q$이 우연히 정답 그룹에 들어간다는 것이다.[32] 따라서 결과를 $1/q$이라는 기준값과 비교함으로써, 커뮤니티 찾기 알고리듬이 무작위로 주사위를 던져서 커뮤니티를 할당하는 것보다 얼마나 더 나은지를 묻는 것이다.

랜드 지수: 그룹 이름표의 순열에 대해 올바르게 분류된 노드의 비율을 최대화해야 하는 것은 귀찮고(그리고 때로는 시간이 많이 소요되는) 복잡한 일이다. 이 문제를 피할 수 있는, 성능을 평가하는 또 다른 척도는 랜드 지수^{Rand index}[399]다.

랜드 지수는 같은 그룹에 있는 2개의 노드는 그룹 이름표를 어떻게 바꾸든 같은 그룹에 남아 있으며, 다른 그룹에 있는 노드들도 이름표와 관계없이 다른 그룹에 속한다는 관찰 결과를 이용한다. 랜드 지수는 정답에서 동일한(또는 다른) 그룹에 있는 노드들이, 커뮤니티 찾기 알고리듬의 결과에서 동일한(또는 다른) 그룹에 할당되는 빈도를 측정한다.

n개의 노드로 구성된 네트워크에는 $\binom{n}{2}$개의 각기 다른 노드 쌍이 있다. 이러한 모든 쌍 중에서 정답 커뮤니티 구분에서 같은 그룹에 있고 커뮤니티 찾기 알고리듬의 결과에서도 같은 그룹에 (올바르게) 할당된 쌍의 개수를 s라고 하자. 여기서도 알고리듬에 의해 노드 i가 할당된 커뮤니티를 g_i로 쓰고 그 노드에 대한 정답 커뮤니티를 t_i로 쓰면 다음과 같다.

---

31 순열의 정의에 따라 모든 가능한 순열 $q!$개의 가능성 중 정답에 해당되는 그룹 번호를 나머지 그룹의 가능한 순서의 수만큼, 즉 $(q-1)!$번 갖게 되므로 그 비율은 $(q-1)!/q! = 1/q$가 된다. – 옮긴이

32 그룹의 크기가 다르면 각 노드가 정답 그룹에 들어갈 확률이 다 다르지만 큰 그룹과 작은 그룹 모두 고려해서 평균을 내면 결국 $1/q$이 된다. – 옮긴이

$$s = \sum_{i<j} \delta_{g_i g_j} \delta_{t_i t_j} \qquad (14.57)$$

여기서는 각 노드 쌍을 한 번씩만 계산하고 $i = j$인 경우를 제외하기 위해 $i < j$인 경우에 대해서만 합한다.

마찬가지로, 정답 커뮤니티에서 다른 그룹에 있고 알고리듬에 의해 다른 그룹에 할당된 노드 쌍의 수 d를 다음과 같이 쓸 수 있다.

$$d = \sum_{i<j} (1 - \delta_{g_i g_j})(1 - \delta_{t_i t_j}) \qquad (14.58)$$

따라서 $s + d$는 알고리듬에 의해 동일하거나 다른 그룹에 올바르게 배치된 쌍의 총 개수다. 랜드 지수는 다음과 같이 노드 쌍의 총 개수 중 그렇게 올바르게 배치된 쌍의 비율이다.

$$R = \frac{s + d}{\binom{n}{2}} \qquad (14.59)$$

랜드 지수의 값은 $0 \leq R \leq 1$ 범위에 있으며, 값이 크면 알고리듬이 동일하거나 다른 그룹에 노드 쌍의 많은 부분을 제대로 할당했다는 뜻이다. 즉, 커뮤니티 구조를 정확하게 찾았음을 의미한다.

랜드 지수는 그룹을 식별하는 데 사용되는 이름표에 의존하지 않아서, 계산이 간단하다는 장점이 있다. 이름표 순열에 대해 최댓값을 찾는 작업이 필요 없다. 반면에, 랜드 지수는 올바르게 분류된 노드의 비율보다 해석하기가 다소 어렵다. 아마도 이러한 이유 때문에 지금까지 커뮤니티 찾기 문헌에서 상대적으로 거의 사용되지 않은 듯하다.

정규 상호정보량: 커뮤니티 찾기 알고리듬의 결과를 실제와 비교하기 위해 널리 사용되는 세 번째 척도는 정보 이론의 아이디어에 기반한 **정규 상호정보량**normalized mutual information이다. 가장 단순한 형태의 정보 이론은 문자, 숫자 또는 기타 기호로 된 문자열의 정보 내용을 정량화하는 방식이다. 커뮤니티 찾기 알고리듬의 결과로서 나오는 그룹 할당 벡터 $\mathbf{g}$를 기호로 이뤄진 문자열로 간주할 수 있다.

구체적으로 표현하자면, 이번에도 노드 i가 커뮤니티 찾기 알고리듬에 의해 할당된 그룹을 g_i라고 하고 정답 커뮤니티를 t_i라고 한 다음, $P(t|g)$를 커뮤니티 찾기 알고리듬이 임의의 노드를 g라는 커뮤니티에 할당했을 때 정답 커뮤니티가 t일 확

14.4.1절에서 정보 이론의 일부 결과를 접한 바 있다.

률이라고 하자. 이 확률은 다음과 같이 단순하게 그룹 g에 할당된 모든 노드를 살펴보고 그중에서 정답이 t인 비율을 찾는 것으로 추정할 수 있다.

$$P(t|g) = \frac{\sum_i \delta_{t_i t} \delta_{g_i g}}{\sum_i \delta_{g_i g}} \tag{14.60}$$

알고리듬의 결과로 찾은 그룹 $\mathbf{g}$가 주어지면 정답인 커뮤니티 할당 $\mathbf{t}$를 표현하는 완전한 벡터의 조건부 엔트로피conditional entropy는 다음과 같이 정의된다.

$$H(\mathbf{t}|\mathbf{g}) = -\sum_g P(g) \sum_t P(t|g) \log P(t|g) \tag{14.61}$$

여기서 $P(g)$는 알고리듬에 의해 한 노드가 그룹 g에 할당될 확률이며, $P(g) = \sum_i \delta_{g_i g}/n$으로부터 계산할 수 있다.

이 조건부 엔트로피는 알고리듬에서 찾은 그룹 할당을 이미 알고 있을 때, 정답에 포함된 추가 정보의 양을 알려준다. 다시 말하자면, 알고리듬을 실행하고 $\mathbf{g}$라는 커뮤니티 할당 결과를 얻은 다음 누군가가 정답인 노드에 대한 할당을 제공하면, 조건부 엔트로피는 이미 알고리듬으로부터 얻은 것을 넘어서서 그룹 구성에 대해 그 정답으로부터 얼마나 더 많이 배울 수 있는지를 알려준다.

예를 들어, 정답과 알고리듬의 결과가 정확하게 같다면(알고리듬이 완벽하게 작동했다면) 모든 확률 $P(t|g)$는 1 또는 0이며, 따라서 $P(t|g) \log P(t|g)$가 0이므로[33] 식 (14.61)의 조건부 엔트로피도 0이다. 그게 옳다. 이 경우 알고리듬이 모든 것을 다 알려주기 때문에, 정답이 알려주는 추가적인 정보는 전혀 없는 것이다.

반대로, 알고리듬이 완전히 실패하여 실제 할당과 전혀 관계없는 그룹 할당을 준다고 가정해보자. 그 경우에는 조건부 확률 $P(t|g)$가 g와 무관하게 주어져야 하므로 $P(t|g) = P(t)$이고, 다음과 같은 식이 성립한다.

$$H(\mathbf{t}|\mathbf{g}) = -\sum_g P(g) \sum_t P(t) \log P(t) = -\sum_t P(t) \log P(t) \tag{14.62}$$

여기서 $\sum_g P(g) = 1$이라는 성질을 이용했다. 여기서

$$H(\mathbf{t}) = -\sum_t P(t) \log P(t) \tag{14.63}$$

---

33 엄밀하게 말하자면 $x = 0$일 때의 $x \log x$ 값 자체는 정의되지 않지만, $x \to 0$일 때의 극한은 잘 정의되어 있으며 0이다.

는 정답에 대한 (절대적인^{unconditional}) 엔트로피[34]이며, 정답에 포함된 전체 정보다. 다시 말해, 알고리듬이 실패하면 정답으로부터 얻는 추가 정보의 양이 그룹 할당 전체가 가진 정보의 총량과 같다. 이때는 알고리듬으로부터 얻은 것은 하나도 없고 정답이 모든 것을 알려주기 때문에, 정답으로부터 가장 많은 정보량을 얻게 된다.

결정적으로, 이러한 결과는 알고리듬에 의한 것이든 정답에 있는 것이든 그룹에 이름표를 지정하는 방식에 의존하지 않는다는 점에 주목하라. 특히 조건부 엔트로피를 올바르게 계산하기 위해 양쪽(알고리듬에 의한 결과와 정답)에 있는 같은 그룹에 같은 이름표를 사용할 필요가 없다.[35] 이것이 이 접근법의 주요 이점 중 하나다. 따라서 올바른 것을 찾기 위해 그룹 이름표의 가능한 모든 순열을 찾아볼 필요가 없다는 뜻이다. 이름표를 어떤 순서로 붙여도 잘 작동할 것이다.

따라서 알고리듬의 성능이 완벽한 것에서 엉망인 것까지 변할 때 조건부 엔트로피는 가장 낮은 값에서 가장 높은 값 사이에서 변하며, 커뮤니티 찾기 알고리듬이 얼마나 잘 작동하는지에 대한 정보 이론적인 측정량을 제공한다.

그러나 그것은 알고리듬이 잘 작동할 때는 작고 잘 작동하지 않을 때는 큰 값이기 때문에 그렇게 편리한 양은 아니다. 이 문제를 해결하기 위해, 이 양을 그것이 가질 수 있는 최댓값인 식 (14.63)에서 빼서 방향을 뒤집을 수 있다. 그러면 이것을 상호정보량^{mutual information}으로 알려진 다음 식으로 쓸 수 있다.

$$I(\mathbf{t};\mathbf{g}) = H(\mathbf{t}) - H(\mathbf{t}|\mathbf{g}) \qquad (14.64)$$

그러면 알고리듬이 완전히 실패할 때 이 양은 이제 0이고, 완벽하게 작동하면 $H(\mathbf{t})$의 최댓값이 된다.

하지만 알고리듬의 성공 또는 실패를 측정하는 척도가 0에서 $H(\mathbf{t})$까지로 정해지고, 후자는 네트워크마다 다르기 때문에 이것 역시 여전히 이상적이지는 않다. 따라서 일반적으로 해당 값이 항상 0과 1 사이에 있도록 측정값을 정규화한다. 그냥 $H(\mathbf{t})$로 나누면 될 거라고 상상할 수 있겠지만 보통은 약간 다른 선택을 한다.

---

34 14.3절에서 배운 정보 엔트로피의 원래 형태다. – 옮긴이

35 이름이 무엇이든 양쪽의 그룹들 간의 관계는 $P(t|g)$와 같은 표현에서 t와 g의 조합으로 알아서 표현될 것이다. – 옮긴이

$I(\mathbf{t};\mathbf{g})$가 인수에 대해 대칭임을 보여주는 것은 간단히 증명할 수 있고,[36] 따라서 $I(\mathbf{t};\mathbf{g})$를 다음과 같이 쓸 수도 있다.

$$I(\mathbf{t};\mathbf{g}) = I(\mathbf{g};\mathbf{t}) = H(\mathbf{g}) - H(\mathbf{g}|\mathbf{t}) \tag{14.65}$$

따라서 이것은 $H(\mathbf{t})$뿐만이 아니라 알고리듬에 의해 발견된 할당에 대한 엔트로피 $H(\mathbf{g})$에 의해서도 상한값이 제한된다. 따라서 $I(\mathbf{t};\mathbf{g})$는 아무리 커져도 두 엔트로피 중 더 작은 값까지만 가질 수 있으며, 다음과 같이 분모에 두 엔트로피 중 작은 값을 쓰면 0에서 1 사이의 간격에 속하도록 안전하게 정규화된 결과를 보장할 수 있다.

$$N(\mathbf{t};\mathbf{g}) = \frac{I(\mathbf{t};\mathbf{g})}{\min[H(\mathbf{t}), H(\mathbf{g})]} \tag{14.66}$$

이것이 정규 상호정보량의 한 가지 버전이지만, 가장 일반적으로 사용되는 버전은 아니다. 다논^{Danon} 등[128]이 제안한 표준화된 버전에서는 (최솟값이 아닌) 두 엔트로피의 평균인 $\frac{1}{2}[H(\mathbf{t}) + H(\mathbf{g})]$로 정규화하여 다음과 같이 쓴다.

$$N(\mathbf{t};\mathbf{g}) = \frac{2I(\mathbf{t};\mathbf{g})}{H(\mathbf{t}) + H(\mathbf{g})} \tag{14.67}$$

이것이 정규화된 상호정보량으로서 가장 일반적으로 많이 사용되는 형식이다. 이것은 두 가지 좋은 특성을 갖고 있다.

1. 알고리듬이 실패하면 값이 0이고 완벽하게 작동하면 값이 1이 된다. 후자가 사실인지 확인하려면 알고리듬이 완벽하게 작동하면 $\mathbf{g} = \mathbf{t}$, $H(\mathbf{g}) = H(\mathbf{t})$, $H(\mathbf{t}|\mathbf{g}) = 0$이므로 다음과 같이 된다는 것을 볼 수 있다.

---

36 증명은 다음과 같다.

$$
\begin{aligned}
I(\mathbf{x};\mathbf{y}) &= -\sum_x P(x) \log P(x) + \sum_y P(y) \sum_x P(x|y) \log P(x|y) \\
&= -\sum_{xy} P(x,y) \log P(x) + \sum_{xy} P(x,y) \log \frac{P(x,y)}{P(y)} \\
&= -\sum_{xy} P(x,y) \log P(y) + \sum_{xy} P(x,y) \log \frac{P(x,y)}{P(x)} \\
&= -\sum_y P(y) \log P(y) + \sum_x P(x) \sum_y P(y|x) \log P(y|x) = I(\mathbf{y};\mathbf{x})
\end{aligned}
$$

$$N(\mathbf{t};\mathbf{g}) = \frac{2I(\mathbf{t};\mathbf{g})}{H(\mathbf{t}) + H(\mathbf{g})} = \frac{H(\mathbf{t}) - H(\mathbf{t}|\mathbf{g})}{H(\mathbf{t})} = 1 \qquad (14.68)$$

2. $\mathbf{t}$와 $\mathbf{g}$라는 두 인수에 대한 상호정보량의 대칭성이 유지된다. 단순하게 $H(\mathbf{t})$로 정규화하면 대칭성이 깨지게 된다.

맥다이드(McDaid) 등[327]의 연구에 상호정보량을 정규화할 수 있는 여러 가지 방법에 대한 논의가 있다.

상호정보량 정규화에 대한 이러한 선택은 다소 임의적이다. 식 (14.66)에서와 같이 $\min[H(\mathbf{t}), H(\mathbf{g})]$로 정규화해도 위의 두 성질은 여전히 만족된다. 어떤 저자는 두 엔트로피 중 큰 값으로 정규화하기도 했는데, 그것 역시 같은 성질들을 만족시킨다.

하지만 식 (14.67)의 형식이 가장 널리 받아들여지고 있고, 커뮤니티 찾기 알고리듬의 성능을 측정하는 데 일반적으로 사용된다.

14.6.4 커뮤니티 찾기 알고리듬 간의 비교

이전 절에서 설명한 기술을 사용해 다양한 커뮤니티 찾기 방법의 성능을 비교하는 많은 연구가 있었다[128, 286, 376, 476]. 어떤 알고리듬이 최고인지에 대한 보편적인 합의는 없지만 전반적으로 모듈도 최대화와 인포맵 방법이 가장 좋다는 것에는 대체로 동의하는 것 같다. 확률기반 블록 모형으로 생성된 네트워크를 사용한 다논 등의 초기 연구[128]와 LFR 벤치마크를 사용한 양[Yang] 등의 최근 연구 [476] 둘 다 최대화를 위해 사용한 특정한 기술은 다르지만 모듈도 최대화 방법 (14.2절)의 성능이 가장 좋다는 사실을 발견했다(다논 등은 담금질 기법에 의한 최대화가 좋다는 것을 발견했고, 양 등은 14.2.5절의 루뱅 알고리듬이 좋다고 보고했다). 한편, 역시 LFR 벤치마크를 사용한 오만[Orman] 등[376]은 란치키네티와 포르투나토[286]와 마찬가지로 인포맵 방법의 성능이 가장 좋다는 사실을 발견했고, 다만 후자([286]) 에서는 루뱅 알고리듬을 매우 근소한 차이로 2위로 선정했다. 전반적으로, 모듈도 최대화 또는 인포맵이 실용적인 커뮤니티 찾기를 위한 확고한 선택인 것으로 보인다. 둘 다 좋은 품질의 결과를 내고 매우 큰 네트워크에도 적용하기에 충분히 빠르다.

다른 어떤 알고리듬도 이러한 비교에서 일관되게 좋은 점수를 얻지는 못했다. 그러나 지금까지 발표된 연구 중 14.4.1절에 소개한 것과 같은 추론 방법은 테스트에 포함되지 않았다. 이론적 근거에 의하면 이러한 방법이 잘 작동할 것으로 기대할 수 있으며, 실제로 확률기반 블록 모형을 사용해 생성된 테스트 네트워크에서는 추론 방법이 이 문제에 대해 공식적으로 최적화된 것이기 때문에[139] 다른 어떤 것들보다도 성능이 좋아야 한다. 이러한 종류의 알고리듬에 대한 정량적인 성능 테스트가 나오게 되면 그 결과를 보는 것이 흥미로울 것이다.

14.7 다른 종류의 네트워크 구조 찾기

지금까지 이 장에서는 네트워크 구조의 한 종류라고 할 수 있는 커뮤니티 구조에 대한 질문들, 즉 그것이 무엇이고 어떤 의미가 있으며 어떻게 찾는지에 집중했다. 하지만 커뮤니티 구조가 확실히 가장 잘 연구된 대규모 네트워크의 구조 형태인 것이 사실이라도 그것이 유일하게 연구가 잘된 구조인 것은 절대 아니다. 적어도 일부 네트워크에서는 존재하는 것으로 보이는, 우리에게 많은 흥미로운 것을 알려줄 수 있는 다른 종류의 구조가 많이 있다. 이 절에서는 그중 몇 개를 찾는 방법과 함께 소개할 것이다.

14.7.1 중첩된 커뮤니티

완전히 새로운 형태의 구조는 아닌, 커뮤니티 구조라는 주제의 변형이라고 할 수 있는 첫 번째 예는 중첩된 커뮤니티^{overlapping community}다. 예를 들어 그림 14.3과 같이, 이전 절에서 논의하고 묘사한 종류의 전통적인 커뮤니티 구조에서는 모든 노드가 정확히 하나의 그룹에만 속한다. 그러나 노드가 둘 이상의 그룹에 속하도록 허용하는 것이 합리적인 상황이 있다. 예를 들어, 친구로 이뤄진 사회연결망에서는 한 사람이 직장 친구 그룹, 오랜 대학 친구 그룹, 가족 구성원, 가족의 친구 그룹에 속할 수 있다. 이것들은 모두 커뮤니티 구조

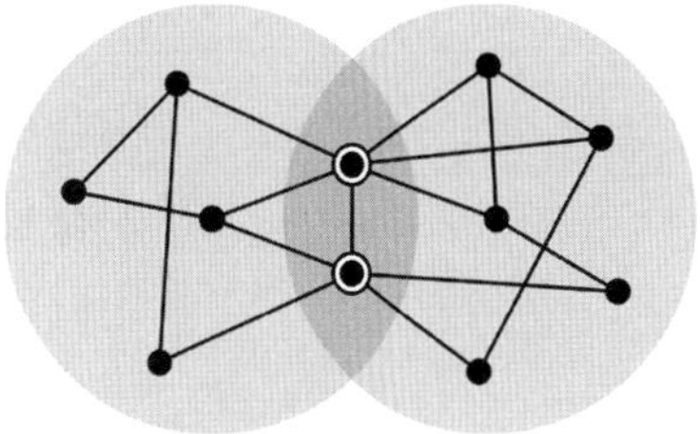

그림 14.12 중첩된 커뮤니티

이 작은 네트워크에는 2개의 커뮤니티(음영 처리된 원)가 있고 중간에 있는 2개의 노드는 두 커뮤니티에 다 속하므로 커뮤니티가 중첩되어 있다.

라는 취지에서 잘 정의된 그룹일 수 있지만 동일한 사람이 모든 그룹에 속할 수 있고, 이것은 그룹들이 중첩되어 있다는 뜻이다. 여러 그룹들 간의 공통 구성원(들)이 중첩을 이룬다(그림 14.12 참고).

중첩된 커뮤니티를 찾기 위한 다양한 방법이 제안됐다. 아마도 처음으로 제안된 것은 팔라^{Palla} 등[379]의 씨파인더^{CFinder} 알고리듬일 것이다. 이 알고리듬은 네트워크 내에서 클리크^{clique}를 찾는 방식으로 작동한다. 하지만 씨파인더는 클리크

클리크(clique)는 서로 모두 연결된 노드의 부분집합이다(7.2.1절 참고).

가 거의 없는 다수의 네트워크에서 성능이 좋지 않아, 결과적으로 최근에는 거의 다른 방법들로 대체됐다.

대신에 좀 더 일반적인 접근 방식은 14.4절의 방법과 유사한 통계적 추론 방법을 사용하는 것이다. 중첩된 커뮤니티가 있는 적당한 무작위 그래프 형식의 모형을 정의한 다음, 적절한 최대가능도기법을 사용해 관찰된 데이터에 맞추기만 하면 된다(사실 이것은 우리가 이 절에서 다루는 모든 형태의 구조에 대한 일반적인 접근 방식이다. 추론 방법의 장점 중 하나는 우리가 모형을 상상할 수 있는 모든 종류의 구조를 찾는 데 쉽게 적용할 수 있다는 것이다).

중첩된 커뮤니티에 대한 여러 모형이 제안된 바 있다. 아마도 가장 잘 알려진 것은 아이롤디^{Airoldi} 등[12]의 혼합된 구성원 확률기반 블록 모형$^{mixed\text{-}membership\ stochastic}$ $^{block\ model}$일 것이다. 이 모형에서 노드는 각각의 가능한 그룹과 얼마나 강하게 연관되어 있는지 정량화하는 가중치^{weight} 또는 연결강도^{strength}를 갖고 있다. 모든 노드 i는 그 노드가 각 그룹 r에 속하는 비율을 나타내는 매개변수 π_{ir} 집합을 갖고 있다. 예를 들어 3개의 그룹이 있는 네트워크에서 하나의 노드는 $\frac{1}{2}$만큼 그룹 1에, $\frac{1}{3}$만큼 그룹 2에, $\frac{1}{6}$만큼 그룹 3에 속할 수 있다. 이러한 분수로 된 비율은, 말하자면 모든 노드가 하나의 그룹에는 가중치 1로 속하고 그 그룹을 제외한 다른 모든 그룹에는 가중치 0으로 속하는^{37} 것이라고 할 수 있는, 원래의 확률기반 블록 모형의 그룹 구성 정보에 대한 매개변수를 일반화한 것이다. 원래의 블록 모형에서와 같이 그룹 r과 그룹 s의 노드 사이의 에지에 대한 확률 p_{rs}도 정의한다. 그런 다음 각 노드 i, j 쌍을 각각 확률 π_{ir}과 π_{js}로 그룹 r과 그룹 s에 무작위로 할당한 다음, 적절한 확률 p_{rs}로 두 노드 사이에 에지를 연결한다. 노드는 각각의 에지 연결을 결정할 때 각기 다른 그룹에 할당되어 있을 수 있다. 예를 들어 내 친구 중 한 명과 나의 관계에 있어서 주요한 특징은 우리가 함께 일한다는 것이고, 다른 친구와의 관계에 있어서 주요한 특징은 같은 대학에 다녔다는 것일 수 있다. 이 모형은 원칙적으로는 모형에 포함하는 것이 간단하지만 14.4.1절에서 배운 링크수 보정을 명시적으로 포함하고 있지는 않다. 아이롤디 등의 연구에서는 14.4절의 방법과 유사한 최대가능도기법을 사용해 모형을 데이터에 맞추는 다양한 방법을 설명한다.

중첩된 커뮤니티를 찾는 개념적으로 매력적인 또 다른 접근 방식은 네트워크의 노드 대신 에지를 그룹으로 뭉치는 것[8, 166]이다. 이전에 들었던 직장 친구, 대

---

37 '가중치 0으로 속한다'는 것은 전혀 속하지 않는다는 뜻이다. 즉, 하나의 그룹에만 속한다는 것을 여기서 정의한 매개변수 π_{ir}로 굳이 표현하자면 이렇게 쓸 수 있다는 뜻이다. – 옮긴이

학 친구, 가족의 친구가 있는 사람의 예를 다시 생각해보면, 그 상황을 나타내는 것과 같은(그리고 어쩌면 더 우아한) 방법은 네트워크의 에지가 직장 친구 관계, 대학 친구 관계, 가족의 친구 관계처럼 여러 가지 종류라고 하는 것이다. 따라서 이 상황에서 실제로 그룹으로 묶이는 것은 노드가 아니라 에지다. 에지를 각기 다른 부류나 종류로 정확하게 모으는 알고리듬을 생각해낼 수 있다면, 그 과정에서 중첩된 그룹도 찾게 될 것이다. 이 아이디어는 6.7절에서 논의한 다층 네트워크의 개념과 밀접하게 관련되어 있다. 사실상 여기서 친구 관계 네트워크를 직장 계층, 대학 계층, 가족 계층 등으로 구성된 다층 네트워크라고 말하는 것이고, 어떤 에지가 어떤 층에 속하는지는 아직 모른다. 중첩된 커뮤니티를 식별하는 작업은 본질적으로 다층 네트워크의 층을 식별하는 작업과 같은 것이다.

이 작업을 수행하기 위해 또다시 여러 가지 방법이 제안됐다. 안용열 등[8]은 에지를 그룹으로 묶기 위해 14.5.2절에서 소개한 것과 유사한 계층적 뭉치기 기술을 사용했고, 에반스Evans와 램비요트Lambiotte[166]는 마구걷기를 기반으로 한 방법을 제안했다. 볼Ball 등[37]은 다시 통계적 추론에 기반한 방법을 제안했는데, 여기서 각 에지는 여러 다른 종류 중 하나이고 두 노드 사이에 에지가 연결될 총 확률은 각 종류에 해당하는 에지 확률의 합인 모형을 정의했다. 이것을 통해 관찰된 네트워크의 가능도에 대한 식을 세우고, 그것으로부터 최대가능도 맞춤fit으로 각 에지의 종류를 추론할 수 있다.

14.7.2 계층적 커뮤니티

지금까지는 네트워크 커뮤니티를 평등한 단일 계층의 구조로 간주했다. 네트워크를 커뮤니티로 분리했지만 그러한 커뮤니티 내부에는 더 이상의 구조가 없다는 것이다. 많은 네트워크에서 이 가정은 확실히 잘못됐다. 대개 여러 계층의 구조가 있을 수 있으며, 커뮤니티는 하위 커뮤니티subcommunity, 그것보다 더 하위 커뮤니티subsubcommunity 등으로 계속 나뉜다(그림 14.13 참고). 예를 들어 기업 내의 지인 네트워크는 부서, 팀, 개별 사무실 등의 수준에서 커뮤니티 구조를 가질 수 있다. 사실은 이미 이러한 종류의 계층적 분할이 어느 정도 나타나는 몇 가지 방법을 살펴본 바 있다. 예를 들면, 14.5.1절의 사이 중심도 기반 방법과 14.5.2절의 계층적 뭉치기 방법이다. 이 두 가지 방법 모두 결과를 계층적 네트워크 구조를 나타내는 가장 일반적인 방법인, 그림 14.8과 같은 트리 또는 계통도의 형태로 나타낼 수 있

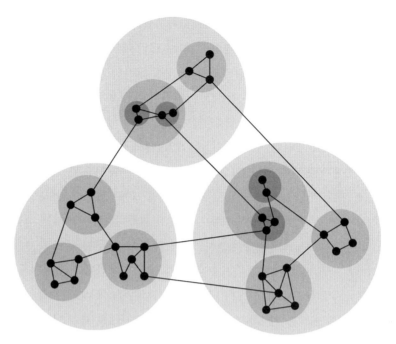

그림 14.13 커뮤니티 속에 커뮤니티가 또 있는, 계층 구조로 이뤄진 네트워크

이 계층적 네트워크 그림에서 네트워크는 3개의 큰 커뮤니티로 나뉘며, 각 커뮤니티는 더 작은 하위 커뮤니티로 나뉘고 그중 일부는 더 하위 커뮤니티로 더 나뉜다. 원칙적으로는 이 반복적인 세분화를 많은 계층으로 계속할 수 있다.

다. 트리의 맨 위는 전체 네트워크를 나타내며, 작은 하위 그룹, 그보다 더 작은 하위 그룹 이렇게 반복적으로 쭉 분할된다. 모든 하위 그룹이 하나의 노드로만 될 정도로 작아지면 전체 과정이 트리 맨 아래에서 종료된다. 그림 14.8의 계통도는 이진 트리$^{binary\ tree}$로, 커뮤니티가 나누어질 때 항상 정확히 두 부분으로 쪼개진다는 뜻이다. 이것이 해당 알고리듬이 작동하는 방식이기도 하기에 이진 트리는 계통도를 만들 때 가장 일반적인 선택이지만, 원칙적으로 이진 트리만 써야 할 이유는 없다. 때로는 2개, 때로는 3개 이상으로 나누어질 수 있는, 다양한 수의 하위 그룹으로 쪼개지는 계층 구조도 당연히 가질 수 있다.

14.4절에서 소개한 통계적 추론 방법을 계층 구조의 찾기에 적용할 수도 있다. 계층 구조의 적절한 모형을 정의한 다음, 가능도를 최대화하여 관찰된 네트워크에 맞추는 것이다. 이러한 모형의 예는 클로젯^{Clauset} 등[109]의 계층적 무작위 그래프$^{hierarchical\ random\ graph}$다. 그림 14.14에 묘사된 이 모형에서는 먼저 이진 트리 형태의 계통도를 정한 다음, 트리의 각 내부 교차점에서 하나씩 주어지는 확률로 이뤄

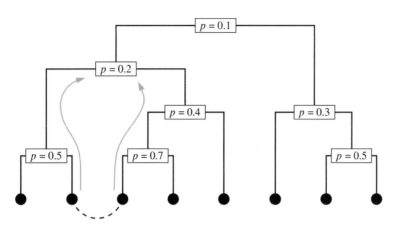

그림 14.14 계층적 무작위 그래프

이 계통도 하단의 속이 찬 원은 생성 중인 네트워크의 노드를 나타내고, 계통도 자체는 의도한 계층 구조를 나타낸다. 생성된 네트워크에서 두 노드 사이에 에지가 있을 확률(예: 점선으로 표시된 에지)은 해당 노드의 가장 낮은 곳에 있는 공통 조상 값으로 주어지며, 이 경우 $p = 0.2$다. 최종적으로 만들어진 네트워크에서 계통도 자체는 보이지 않는다. 계통도와 분기점에 주어진 확률은 네트워크 생성 과정을 안내하기 위해서만 존재하는 것이다.

진 집합을 명시한다. 실제 네트워크 자체의 노드는 이전과 같이 트리의 잎(그림 맨 아래에 있는 원)으로 표시하며, 노드 i, j 쌍 사이에 에지가 있을 확률은 트리에서 i와 j의 가장 아래쪽에 있는 공통 조상, 즉 트리에서 위쪽으로 가는 경로를 통해 i와 j 모두에서 도달할 수 있는 가장 낮은 곳에 있는 노드[38]에 주어진 확률과 같다(그림에서 화살표로 예시를 표시했다). 이 모형의 매개변수는 교차점(n개의 노드로 이뤄진 네트워크에 $n - 1$개가 있다)에서의 확률과 트리 자체다(트리의 구조가 네트워크의 계층 구조를 일종의 매개변수로 표현한다고 할 수 있다).

연구에 따르면 이 모형은 12.11.6절의 단일 계층 확률기반 블록 모형이나 링크 수 보정을 통한 변형보다, 많은 실제 네트워크 데이터에 더 매우 잘 맞는 것으로 나타났다. 데이터에 모형을 맞춘 결과 경로 길이, 뭉침 계수와 같은 네트워크 특성을 정확하게 재현하고, 무엇보다도 불완전하게 관찰된 네트워크에서 누락된 에지가 있을 수 있는 위치를 예측하는 것을 목표로 하는 '링크 예측$^{link\ prediction}$' 알고리듬의 기초로 사용됐다[109].

링크 예측은 이전에 9.4.1절에서 논의한 바 있다.

---

38 이 '노드'는 계통도의 분기점이라는 뜻이고, 네트워크 자체의 노드(는 본문 설명과 같이 트리의 맨 아래쪽에 있는 것들이다)가 아니라는 점에 유의하자. – 옮긴이

14.7.3 중심-주변부 구조

커뮤니티 구조에 대한 아이디어의 변형에서 벗어난 중심-주변부 구조$^{core-periphery}$ ^{structure}[126, 414]는 네트워크의 노드가 조밀하게 연결된 중심부와 느슨하게 연결된 주변부로 나뉘어지는 구조를 기술한다(그림 14.15 참고). 중심-주변부 구조를 생각하는 한 가지 방법은 이 두 노드 그룹의 내부와 그룹들 간에 에지가 있을 평균 확률의 관점으로 생각하는 것이다. 두 그룹을 그룹 1과 그룹 2라고 하고, 12.11.6절의 확률기반 블록 모형과 비슷하게, 각 그룹의 내부 에지에 대한 평균 확률을 p_{11}과 p_{22}로 각각 표시하고 다른 그룹들 간의 노드들이 에지로 연결될 확률을 p_{12}로 표시한다고 하자. 확률들 간의 대소 관계가 $p_{11} > p_{12} < p_{22}$이면 네트워크는 전통적인 동류성 커뮤니티 구조를 갖는다. 그룹 내부 에지의 확률이 그룹 간 에지의 확률보다 높기 때문이다. 반대로, $p_{11} < p_{12} > p_{22}$이면 그룹 내부 에지가 그룹 간 에지보다 더 드문 비동류성 구조를 갖게 된다(7.7절 참고).

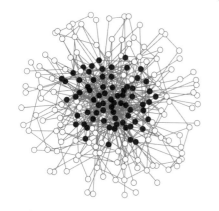

그림 14.15 중심-주변부 구조

조밀한 중심부(속이 찬 노드들)와 듬성한 주변부(속이 빈 노드들)로 구성된 작은 네트워크 예시

하지만 여기서 논리적으로 보면 세 번째 가능성도 있다. 확률들 간의 대소 관계가 $p_{11} > p_{12} > p_{22}$가 될 수 있다. 이것이 중심-주변부 구조가 의미하는 것이다. 전통적인 의미에서 동류적이거나 비동류적이지는 않지만, 여전히 2개의 명확한 그룹, 즉 조밀한 중심 그룹(그룹 1)과 듬성한 주변부 그룹(그룹 2)이 있으며 그룹 간의 연결 가능성은 중간 정도다(마지막 남은 논리적 가능성인 $p_{11} < p_{12} < p_{22}$는 그룹의 이름표 1과 2가 서로 바뀐 것과 같으므로 그룹 2가 중심이고 그룹 1이 주변부가 된다).

원칙적으로 중심-주변부 구조를 두 그룹으로 제한할 필요는 없다. 그림 14.16(a)에서와 같이 가장 링크 조밀도가 높은 안쪽 중심부에서 가장 링크 조밀도가 낮은 가장 바깥쪽 주변부까지 3개 이상의 그룹을 가질 수 있다. 이러한 종류의 네트워크는 때때로 양파 구조$^{onion structure}$[126]를 갖고 있다고 부르며, 중심부에서 주변부에 이르는 다른 그룹을 양파의 층에 비유할 수 있다. 또한 네트워크에 중심부가 꼭 하나만 있을 필요도 없다. 실제로 대규모 네트워크에서는 서로 직접 연결되지 않은 2개 이상의 조밀한 중심부 영역이 있을 수 있다(그림 14.16(b) 참고).

중심-주변부 구조를 찾는 매우 간단한 방법은 중심부에 있는 노드가 주변부에 있는 노드보다 링크수가 많다고 가정하고 링크수에 따라 노드를 나누는 것이다. 간단하지만 이 방법은 실제로 매우 효과적이다. 좀 더 정교한 방법으로 얻은 결과도 보통 이 기본적인 링크수 기반 분리와 크게 다르지 않다.

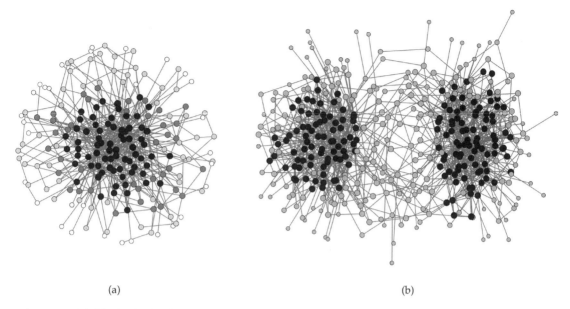

그림 14.16 두 가지 작은 네트워크에서의 중심–주변부 구조

(a) 다양한 색상과 크기의 노드로 표현한, 여러 층의 중심–주변부 구조로 이뤄진 네트워크. 가장 짙은 색의 노드들이 가장 안쪽의 중심부를 나타내고, 그것은 차례대로 점점 조밀도가 낮아지는 양파처럼 생긴 연속적인 층에 둘러싸여 있다. (b) 서로 직접 연결되어 있지 않은 2개의 개별적인 중심부가 있는 네트워크. 이 두 예시에서 중심부는 본문에서 설명한 k-중심 분해를 사용해 찾았다.

또 다른 간단한 방법은 네트워크의 k-중심을 구성하는 것이다(7.2.2절 참고). k-중심은 각 그룹 내부에서 모든 노드가 적어도 k개의 다른 내부 구성원과 연결되어 있는 노드의 그룹이라는 것을 떠올려보라. 정의상 k-중심은 중첩된 집합을 형성하며, 러시아 마트료시카 인형과 같이 더 높은 k-중심이 더 낮은 것 안에 완전히 포함된다. 또한 k번째 중심에 있는 모든 노드는 링크수가 k 이상이어야 하므로 k가 증가함에 따라 링크 조밀도가 높아진다. 따라서 k-중심은 앞서 설명한 양파 구조를 구현할 수 있는 한 가지 방식을 제공한다. 또한 k-중심은 7.2.2절에 소개한 간단한 알고리듬에 따라 구성하기가 쉽다.

보르가띠[Borgatti]와 에버렛[Everett][78]은 두 그룹의 경우에만 사용할 수 있는 또 다른 중심–주변부 찾는 방법을 제안했다. 원래 논문의 설명은 다소 복잡하지만 이 방법은 기본적으로 모듈도와 다소 유사한 양을 최적화하는 것이라고 할 수 있다 (7.7.1절과 14.2절 참고). 이 방법의 기본 목표는 주변부의 에지 수를 최소화하도록 네트워크를 중심과 주변부로 나누는 것이다. 하지만 그걸 그냥 최소화해버리면 제대로 작동하지 않는다. 모든 노드를 중심부에 넣어버리고 주변부에는 전혀 노드를 넣지 않으면 당연히 주변부의 에지 수가 최솟값($= 0$)이 된다. 따라서 모듈도와 마찬가지로, 보르가띠와 에버렛의 방법에서는 주변부의 에지 수에서 에지가 무작위로 배치된 경우 예상되는 에지 수를 뺀 것과 같은 점수를 정량화한 함수를 정의한다. 두 그룹의 구성원 정보를, 노드 i가 중심부에 있으면 $g_i = 0$으로 쓰고 주변부에 있으면 $g_i = 1$로 표시할 때 ρ라고 부르는 보르가띠와 에버렛의 점수는 다음과 같다.

$$\rho = \frac{1}{2} \sum_{ij} A_{ij} g_i g_j - p \binom{n_p}{2} \tag{14.69}$$

여기서 $p = m/\binom{n}{2}$는 같은 수인 m개의 에지가 무작위로 배치됐을 때 평균 에지 확률이고, n_p는 주변부의 노드 수이며, 합하는 항 앞의 $\frac{1}{2}$이라는 요소는 노드 쌍이 두 번씩 계산되는 것을 보정하기 위한 것이다. 보통 그렇듯이 $n_p \gg 1$인 경우 $\binom{n_p}{2} \simeq \frac{1}{2} n_p^2$이라고 근사식을 쓸 수 있고, $n_p = \sum_i g_i$라는 사실을 이용하면 ρ를 다음과 같이 쓸 수 있다.

$$\rho = \frac{1}{2} \sum_{ij} (A_{ij} - p) g_i g_j \tag{14.70}$$

이제 이 방법의 목표는 이 함수를 최소화하여, 주변부가 무작위 구조에서 우연히 예상되는 것에 비해 가능한 한 적은 수의 에지를 갖도록 하는 것이다. 보르가띠와 에버렛은 유전 알고리듬을 사용해 최소화 작업을 했지만, 최소화를 위한 다른 많은 방법도 당연히 적용할 수 있다.[39]

중심과 주변부 각각의 내부 연결과 중심과 주변부를 잇는 연결의 평균 확률 p_{11}, p_{12}, p_{22}에 대한 이전 논의로부터 생각할 수 있는 중심-주변부 구조를 찾는 또 다른 방법은 확률기반 블록 모형에 맞추는 것을 기반으로 하는 추론 방법을 사용하는 것이다. 이 접근 방식은 본질적으로 확률기반 블록 모형을 사용하는 커뮤니티 찾기와 동일하다. 관찰된 네트워크를 2개의 그룹이 있는 블록 모형에 맞추고 가장 적합한 에지 확률이 $p_{11} > p_{12} > p_{22}$ 꼴이면 중심-주변부 구조를 찾은 것이다. 하지만 이것을 할 때 14.4.1절에서 커뮤니티 찾기에 사용한 링크수 보정 블록 모형을 사용하지 않는 것이 중요하다는 사실이 밝혀졌다. 그 이유는 링크수 보정 모

---

39 보르가띠와 에버렛의 ρ에 대한 원래 공식은 실제로 여기에 쓴 것과 반대였다. 원래 버전에서는 주변부를 제외한 네트워크의 모든 부분, 즉 중심부 내부, 그리고 중심부와 주변부 사이의 에지 수를 최대화했다. 그러나 에지의 총 개수가 고정되어 있기 때문에 두 가지 접근 방식은 완전히 동일하며 이 책에 쓴 버전이 좀 더 간단하다.

형이 노드 링크수와 이 방법으로 찾은 분할 간의 상관관계를 사실상 제거하기 때문이다. 하지만 중심-주변부 구조에서는 앞서 언급했지만 간단한 링크수를 이용한 분류도 꽤 잘 작동한다는 것으로부터 알 수 있듯이, 어떤 노드가 중심부에 있고 어떤 노드가 주변부에 있는지에 대한 상당량의 정보가 링크수에 있다. 따라서 중심-주변부 구조를 찾기 위해서는, 원래의 링크수가 보정되지 않은 확률기반 블록 모형을 사용해 맞춤이 찾은 부분이 링크수 정보를 포함하도록 해야 한다[482]. 그러나 다른 면에서는 기본적으로 14.4.1절의 방법과 동일하다. 이 접근 방식의 유일한 단점은 모형에 맞추었을 때 $p_{11} > p_{12} > p_{22}$라는 결과가 나오지 않으면 중심-주변부 구조를 찾는 데 실패했다는 것이다. 이 방법이 중심-주변부 구조를 찾는지 커뮤니티 구조를 찾는지를 함부로 말할 수는 없다. 가능성이 가장 높은 것을 찾을 뿐이다.

14.7.4 잠재적 공간, 계층화된 네트워크, 순위 구조

네트워크에 있는 대규모 구조의 또 다른 일반적인 형태는, 노드가 어느 축 또는 축들에 놓여 있고 노드 사이의 에지 유무가 노드의 위치에 따라 달라지는 잠재적 공간 구조$^{latent-space\ structure}$다. 가장 일반적인 형태의 잠재적 공간 구조에서 에지는 멀리 떨어져 있는 노드 사이보다 가까운 노드 사이에 있을 가능성이 더 크다. 이러한 종류의 구조를 가진 네트워크를 종종 계층화됐다^{stratified}고 한다(236쪽에서 시작되는 논의와 함께 제공되는 그림을 참고하라). 드물기는 하지만 에지가 주로 멀리 떨어져 있는 노드 사이에 연결되거나, 에지 연결 확률이 거리에 대한 더 복잡한 함수인 것도 원칙적으로는 가능하다.

여기서 축(들)이 실제 기하학적 공간을 나타내야 한다는 요구 조건은 없지만, 노드가 놓여 있는 축(들)을 잠재적 공간이라고 한다. 때로는 실제로 기하학적 공간을 나타낼 수도 있다. 예를 들어 사람들의 집은 지표면에 지리적 위치가 있으며, 일반적으로 사람들은 멀리 사는 사람보다 가까이 사는 사람과 친구가 될 가능성이 더 크다. 그러나 잠재적 공간은, 예를 들어 나이와 같은 일종의 지리와 관계 없는 좌표를 나타낼 수도 있다. 사람들은 나이가 비슷한 사람들과 친구가 될 가능성이 더 크기도 하기 때문이다.

잠재적 공간 구조의 개념은 7.7.2절에서 논의한 동류성 혼합의 개념과 관련이 있다. 해당 절에서는 노드가 스칼라 변수로 정량화된 어떤 특성을 갖는 경우를 고려했으며, 이것을 잠재적 공간의 좌표로 생각할 수 있고, 유사한 값을 갖는 노드가 에지로 연결될 확률이 높도록 정량화하는 양을 구성했다. 여기서는 반대로, 노드의 그러한 값을 모른다고 가정하고 네트워크 구조로부터 해당 값을 추측할 수 있는지를 묻는 것이다.

예를 들어, 이 문제의 가장 간단한 버전은 주어진 네트워크의 노드를 직선에 배치하여 대부분의 에지가 서로 가까운 노드를 연결하는 방법이 있는지를 묻는 것이다. 이러한 노드 배열을 네트워크의 1차원 직선 공간으로의 임베딩embedding이라고 한다. 2차원 또는 그것보다 더 높은 차원을 가진 공간으로의 임베딩을 고려할 수도 있다. 좋은 임베딩을 찾는 문제를 공식화하는 한 가지 방법은 네트워크 에지가 연결하는 노드 사이의 거리 제곱의 합과 같은 적절한 목적 함수에 대한 공식을 만들고, 그 목적 함수를 모든 노드 위치 선택에 대해 최소화하는 것이다. 1차원의 경우를 예로 들면, 직선을 따라 노드 i의 위치를 x_i라고 할 때, m개의 모든 에지가 연결하는 노드 사이 거리 제곱의 합은 다음과 같다.

$$\Delta^2 = \tfrac{1}{2} \sum_{ij} A_{ij}(x_i - x_j)^2 \tag{14.71}$$

여기서 $\tfrac{1}{2}$이라는 요소는 노드 쌍에 대해 이중으로 계산되는 양을 보정한다.

하지만 잘 생각해보면, 이 양을 최소화하는 것만으로는 우리에게 아무런 도움이 되지 않는다는 점이 명확하다. 모든 x_i를 동일한 값으로 설정하면 최솟값 0이 되므로 이것은 유용한 임베딩을 제공하지 않는다. 돌이켜보면, 모든 노드가 같은 위치에 있을 때 노드 쌍들 간의 평균 거리가 최소가 된다는 것은 당연하다. 그리고 식 (14.71)에는 또 다른 문제도 있다. 공간에서 노드들의 전체적인 위치를 고정하지 않은 것이다. 모든 x_i에 같은 상수를 추가해도 Δ^2의 값이 바뀌지 않으므로, 이것을 최소화해도 x_i에 대한 유일한 해답은 얻을 수 없다.

이 문제는 노드에 추가적인 제약 조건을 적용하여, 공간에서의 전체적인 위치를 고정하고 분산된 상태를 유지(모두 같은 위치에 있지 않도록)하여 해결할 수 있다. 이것을 실행하는 방법에는 여러 가지가 있지만, 전체 위치를 고정하기 위한 일반적인 선택은 노드의 질량 중심center of mass이 원점에 있도록 하는 것이다.

$$\sum_i x_i = 0 \tag{14.72}$$

또한 다음과 같이 위치 제곱의 합을 0이 아닌 값(예: 1)으로 고정하여, 노드가 모두 같은 위치에 놓이는 것을 방지할 수 있다.

$$\sum_i x_i^2 = 1 \tag{14.73}$$

여기서 평균은 이미 식 (14.72)에 의해 0으로 고정됐기 때문에 위치의 분산을 고정하는 것[40]과 같다.

이제 우리의 목표는 식 (14.72)와 식 (14.73)으로 주어진 제약 조건하에서 Δ^2을 최소화하는 위치 x_i의 집합을 찾는 것이다. 먼저 식 (14.71)을 다음과 같이 약간 단순화하는 것이 유용하다.

$$
\begin{aligned}
\Delta^2 &= \tfrac{1}{2} \sum_{ij} A_{ij}(x_i - x_j)^2 = \tfrac{1}{2} \sum_{ij} A_{ij}(x_i^2 - 2x_i x_j + x_j^2) \\
&= \tfrac{1}{2} \sum_i k_i x_i^2 - \sum_{ij} A_{ij} x_i x_j + \tfrac{1}{2} \sum_j k_j x_j^2 = \sum_{ij} (k_i \delta_{ij} - A_{ij}) x_i x_j \\
&= \sum_{ij} L_{ij} x_i x_j
\end{aligned}
\tag{14.74}
$$

여기서 $\sum_j A_{ij} = k_i$라는 사실과 $L_{ij} = k_i \delta_{ij} - A_{ij}$가 그래프 라플라시안 행렬(6.14절 참고)의 요소라는 사실을 이용했다. 이제 다음과 같이 라그랑주 승수인 μ와 λ를 사용해, 제약 조건인 식 (14.72)와 식 (14.73)하에서 각 변수 x_v에 대해 차례로 미분하여 Δ^2을 최소화하면 된다.

$$\frac{\partial}{\partial x_v} \left[\sum_{ij} L_{ij} x_i x_j + \mu \sum_i x_i + \lambda \left(1 - \sum_i x_i^2 \right) \right] = 0 \tag{14.75}$$

미분을 하면 다음과 같은 결과를 얻을 수 있다.

$$\sum_j L_{vj} x_j + \tfrac{1}{2}\mu - \lambda x_v = 0 \tag{14.76}$$

이 식을 v에 대해 모두 더하면 다음과 같다.

---

40 분산의 정의가 제곱의 평균에서 평균의 제곱을 뺀 것이고, 후자는 이미 식 (14.72)로 고정됐다는 뜻이다. 참고로 여기서는 평균의 제곱이 0이기 때문에 제곱의 평균이 정확히 분산과 같다. – 옮긴이

$$\sum_{vj} L_{vj} x_j + \tfrac{1}{2} n \mu - \lambda \sum_v x_v = 0 \qquad (14.77)$$

하지만 식 (14.72)에 의해 $\sum_v x_v = 0$이고,

$$\sum_v L_{vj} = \sum_v A_{vj} - \sum_v k_v \delta_{vj} = k_j - k_j = 0 \qquad (14.78)$$

이므로 식 (14.77)은 $\mu = 0$이 된다. 그러면 식 (14.76)은 $\sum_j L_{vj} x_j - \lambda x_v = 0$과 같이 간단하게 쓸 수 있고, 이것은 다음과 같이 벡터 표기법으로 쓸 수 있다.

$$\mathbf{Lx} = \lambda \mathbf{x} \qquad (14.79)$$

여기서 $\mathbf{x}$는 x_i라는 요소로 이뤄진 벡터다. 다시 말해, 네트워크의 최적 임베딩에서 노드의 위치 x_i는 그래프 라플라시안 행렬에 대한 고유벡터^{eigenvector}의 요소이고, 그것에 해당되는 고윳값^{eigenvalue}은 λ다.

어떤 고유벡터를 사용해야 하는가? $\sum_j L_{ij} x_j = \lambda x_i$를 식 (14.74)에 대입하면 Δ^2의 최적값에 대한 다음과 같은 얻을 수 있다.

$$\Delta^2 = \lambda \sum_i x_i^2 = \lambda \qquad (14.80)$$

여기서는 식 (14.73)을 이용했다. 따라서 Δ^2을 최소화하기 위해서는 가장 작은 고윳값 λ에 해당하는 고유벡터 $\mathbf{x}$를 선택해야 한다.

6.14.5절에서 살펴본 바와 같이, 라플라시안 그래프의 최소 고윳값은 항상 0이지만 해당 고유벡터는 균일한 벡터 $\mathbf{x} = (1, 1, 1, \ldots)$이기 때문에 제약 조건인 식 (14.72)를 만족시키지 못한다.[41] 따라서 우리가 할 수 있는 최선은 라플라시안 행렬의 두 번째로 작은 고윳값에 해당하는 고유벡터를 선택하는 것이다. 피들러 벡터$^{\text{Fiedler vector}}$[42]라고도 하는 이 벡터의 요소가 네트워크의 최적 임베딩을 알려주는 것이다.

예를 들어, 그림 14.17은 미국 본토의 주간^{州間} 고속도로 네트워크를 나타낸다. 노드는 실제로 지도에 해당하는 위치에 있으며, 노드의 색상은 피들러 벡터의 해당 요솟값을 반영한 것이다. 살펴볼 수 있듯이 고유벡터의 요소가 지도의 왼쪽에

---

41 사실은 이 벡터가 뜻하는, 모든 노드를 같은 곳에 놓는 것 자체가 처음부터 우리가 원하는 게 아니라는 그 전의 논의로부터 이미 기각된다. – 옮긴이

42 그 특성을 최초로 연구한 체코의 수학자 미로슬라브 피들러(Miroslav Fiedler)의 이름을 딴 것이다.

그림 14.17 미국 주간 고속도로 네트워크에 대한 피들러 벡터

이 네트워크의 에지는 미국 본토의 주간 고속도로를 나타내고, 노드는 교차 지점을 나타낸다. 노드의 밝기는 두 번째로 작은 고윳값에 해당하는 그래프 라플라시안의 고유벡터인 피들러 벡터의 요소를 나타낸다. 여기서 볼 수 있듯이 벡터 요소가 미국 본토의 한쪽에서 다른 쪽으로 갈 때 매끄럽게 변하며, 고유벡터가 네트워크의 공간 임베딩을 정확하게 선택할 수 있음을 보여준다.

서 오른쪽으로 가면서 매끄럽게 변하는데, 이것은 고유벡터가 네트워크의 연결 관계만을 이용해 네트워크의 실제 공간 임베딩(또는 최소한 동서를 가로지르는 차원)을 성공적으로 식별했음을 나타낸다. 우리가 주간 네트워크의 공간 구조를 이미 알고 있었던 게 아니었다면, 이 계산으로부터 그러한 공간 구조의 상당 부분을 추측할 수 있었을 것이다.

이러한 기법을 더 높은 차원의 임베딩으로 확장할 수 있다. 비슷하게 추론해보면 d차원 공간으로의 최적 임베딩은 d개의 0이 아닌 가장 낮은 고윳값들에 해당하는 고유벡터들을 택하는 것임을 보일 수 있다. 각 벡터의 첫 번째 요소들을 모으면 첫 번째 노드의 잠재적 공간에 있는 좌표[43]를 제공하고, 두 번째 요소들은 두 번째 노드의 좌표를 제공하는 식이다.

이러한 전개는 네트워크 시각화에 대한 6.14.2절의 전개를 연상시키며, 이것은 우연이 아니다. 네트워크 시각화를 고려하는 한 가지 방법이 임베딩 문제다. 네트워크 시각화가 바로 정확히 저차원 공간(일반적으로 2차원인 컴퓨터 화면이나 종이 위)

---

43 벡터가 d개 있으므로 각 노드별로 d차원 공간 좌표를 뽑아낼 수 있는 것이다. – 옮긴이

에서의 노드 위치를 지정하는 것이며, 좋은 시각화를 위한 한 가지 방법이 노드의 평균 길이를 최소화하여 네트워크에서 이웃인 노드가 시각화된 공간에서도 지리적으로 이웃이 되도록 하는 것이다.

위의 라플라시안 행렬을 이용한 방법만큼 자주 사용되지는 않지만 잠재적 공간 구조를 찾는 그 밖의 방법들도 제안됐다. 예를 들어 [235, 307, 368]과 같이 통계적 추론을 사용해 문제를 해결할 수 있다. 잠재적 공간에서 네트워크 모형을 정의한 다음, 14.4.1절과 유사한 최대가능도기법을 사용해 관찰된 네트워크에 맞추는 것이다. 1차원 잠재적 공간의 예를 다시 생각해보자. 일반적인 모형에서 공간의 위치를 각 노드에 할당한 다음 노드의 위치 x, y의 함수인 확률 $\omega(x, y)$로 노드 쌍 사이에 에지를 배치한다. 이 모형은 함수 $\omega(x, y)$의 형태에 따라 다르게 작동할 수 있다. 예를 들어, 호프^{Hoff} 등[235]의 연구에서는 c라는 값을 가진 상수를 도입하여 다음 형식과 같은 함수를 가정한다.

통계학에서는 이것을 **로지스틱 함수**(logistic function) 또는 **역로짓**(inverse-logit)이라고 한다. 물리학에서는 이것을 **페르미 함수**(Fermi function)라고 한다.

$$\omega(x, y) = \frac{ce^{-|x-y|}}{1 + ce^{-|x-y|}} \tag{14.81}$$

이 함수는 x와 y가 같은 위치에 있을 때 $c/(1 + c)$가 되고 x와 y가 멀어지면 단조감소한다. 따라서 이러한 함수는 멀리 떨어져 있는 노드보다 가까운 노드 간의 연결 가능성이 더 크다고 가정한 것이다.

하지만 추론 방법의 좋은 특징 중 하나는 원하지 않으면 그런 가정을 할 필요가 없다는 것이다. 노드가 멀리 떨어져 있을 때 연결될 가능성이 더 높은 네트워크가 있다면 어떨까? 또는 거리에 대한 연결 확률이 더 복잡한 함수로 되어 있을 수도 있다. 예를 들어, 미국 항공 네트워크의 에지 길이 분포를 보여주는 그림 14.18을 살펴보자. 여기서 볼 수 있듯이 이 분포는 단조롭지 않다. 가장 짧은 거리에 대한 분포는 거의 없으며(왜냐하면 너무 가까운 공항 사이에는 비행편이 없기 때문에), 1000km 부근에서 고점을 찍고, 3000km 부근에서 최소로 떨어지고, 그런 다음 (동부와 서부를 연결하는 비행편들을 나타내는) 약 4000km 부근에서 또다시 고점을 찍는다. 이와 같은 평범하지 않은 연결 패턴을 포착할 수 있는 확률 함수 $\omega(x, y)$의 매우 일반적인 형태는, 함수를 적절한 기저 상태$^{\text{basis state}}$들의 선형 조합으로 표현하거나, 매끄러운 함수일 것이라는 기본 조건하에서 가능한 모든 함수를 허용하는 '비모수적$^{\text{non-parametric}}$' 방법으로 표현할 수 있다. 그런 다음 모형을 맞추는 과정은 제안된 가능성들 중 최상의 형태를 선택하는 것이다(예를 들어 [307, 368]을 참고하라).

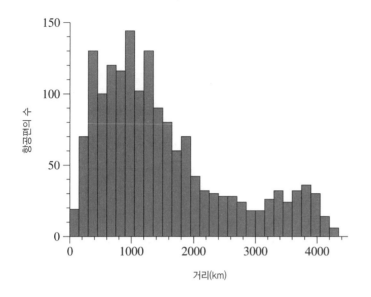

그림 14.18 미국 항공편의 길이 분포
미국 본토의 한 주요 항공사에서 운항하는 여객기가 이동하는 (직선) 거리의 히스토그램. 이 분포는 분명히 비단조적이며, 2개의 다른 고점이 있다. 하나는 대부분의 비행에 해당되는 약 1000km에 있고, 다른 하나는 동서부를 연결하는 비행에 해당되는 약 4000km에 있다.
출처: Gastner and Newman[203]

잠재적 공간 구조는 방향성 네트워크에도 있을 수 있으며, 에지의 존재와 방향이 모두 잠재적 공간의 노드 위치에 따라 달라질 수 있다. 하지만 방향성 네트워크에 대한 연구는 상대적으로 거의 없었다. 다만, 계층^{hierarchy} 또는 순위 구조^{rank} ^{structure}라고도 하는 정렬된 네트워크$^{ordered\ network}$의 경우는 한 가지 특별한 예외로서 연구가 됐다. 순위 구조는 노드가 1차원 잠재적 공간에 있고 노드 사이의 모든(또는 대부분의) 방향성 에지가 해당 공간에서 같은 방향을 가리키며, 결과적으로 비순환^{acyclic}(또는 대부분 비순환) 네트워크가 만들어질 때 생긴다. 이미 비순환 네트워크에 대한 이전 논의에서 많은 예시를 살펴봤다. 예를 들어 인용 네트워크는 잠재적 공간이 시간인 순위 구조를 가진 네트워크로 생각할 수 있고, 먹이 그물은 잠재적 공간이 영양 단계$^{trophic\ level}$인 네트워크로 생각할 수 있다. 인용 네트워크에서 노드의 잠재적 공간에서의 위치(즉, 논문이 출판된 날짜)는 일반적으로 알려져 있지만 먹이 그물 같은 네트워크의 경우 그렇지 않을 수 있고, 그런 경우에는 통계적 추론과 같은 방법을 사용해 그것을 결정할 수 있다[38]. 또 다른 접근 방식은 소위 최소 위반 순위$^{minimum\ violations\ ranking}$[19]로서, 동일한 방향을 가리키는 에지의 수를 최대화하는(따라서 반대 방향을 가리키는 에지의 수는 최소화하는 – 여기서 '최소 위반'이라는 이름이 붙었다) 노드의 순위를 찾으려고 시도하는 것이다.[44]

계층이라는 단어의 이러한 사용은 14.5.2절 또는 14.7.2절에서의 의미와는 다르며, 구별을 명확하게 하기 위해 주의해야 한다.

비순환 네트워크에 대한 소개는 6.4.1절을 참고하라.

---

44 페이지랭크(PageRank, 7.1.4절 참고)와 같은 중심도 역시 방향성 네트워크의 노드 순위를 정하는 것을 목표로 하지만, 모든 에지가 같은 방향을 가리키도록 명시적으로 시도하는 것은 아니다. 일반적인 네트워크 순위 문제에 대한 페이지랭크의 이용에 대해서는 [205]를 참고하라.

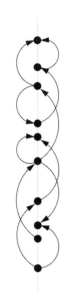

순위 구조를 가진 네트워크. 여기에서 노드는 직선으로 표시되는 1차원 잠재적 공간에 있고, 대부분의(이 경우 전부는 아니다) 에지는 하위 노드에서 상위 노드로 향한다.

예를 들어, 볼Ball과 뉴만Newman[38]은 고등학생들 사이의 방향성 친구 관계 네트워크에서 순위 구조를 추론하기 위해 최대가능도기법을 사용해 높은 순위에서 낮은 순위까지 분명한 순위가 있음을 발견했다. 즉, 순위가 낮은 학생들은 순위가 높은 학생들이 본인 친구라고 주장하지만 반대는 거의 일어나지 않는 것이다. 볼과 뉴만은 이 순위가 적어도 대략적으로는 학교 내의 사회적 지위나 서열의 어떤 종류에 해당할 것이라고 추측했다. 또 다른 연구에서, 클로젯 등[107]은 미국 대학에서 고용한 교수진 네트워크에 대해 최소 위반 순위를 계산했다. 이 네트워크의 노드는 대학을 나타내고 방향성 에지는 한 대학에서 박사 학위를 받은 사람들이 다른 대학 교수로 임용된 사람들을 나타낸다. 클로젯 등은 대학들에 상위부터 하위까지의 분명한 순위가 있어서, 대부분의 사람들이 자신이 박사 학위를 받은 대학보다 낮은 순위의 대학에 임용됐다는 사실을 발견했다. 더욱이 이렇게 도출된 순위는 독립적인 관찰 결과로 주어진 미국 대학 순위와 매우 유사하다.

이러한 종류의 순위를 매기는 방법은 스포츠 경기나 리그 같은 대회에서 순위를 매기는 데 실제로 적용된다[289]. 리그에서 경쟁자들 간의 경기 패턴을, 노드가 경쟁자들을 나타내고 방향성 에지가 그들 간의 경기를 나타내는 네트워크로 나타낼 수 있으며, 각 에지의 방향이 해당 경기의 승자 쪽에서 패자 쪽을 가리키도록 한다. 경쟁자들의 순위가 최고에서 최악으로 명확하고, 두 경쟁자들 중 더 잘하는 쪽이 경기에서 항상 이기면 결과 네트워크는 완벽하게 비순환일 것이다. 즉, 경쟁자들을 순위대로 직선에 나열하면 모든 에지가 더 높은 순위에서 더 낮은 순위의 노드를 가리킬 것이다. 그러나 우리가 경쟁자들의 순위를 모른다면 네트워크를 사용해 앞서 설명한 방법으로 순위를 추정할 수 있다. 예를 들어 참고문헌 [38]과 유사한 추론 방법을 사용하거나, 경쟁자들이 진 상대들을 그들 자신보다 최대한 높은 순위로 하는 최소 위반 순위를 찾을 수 있다[380].

다른 맥락에서 이러한 방법은 지배 계층dominance hierarchy으로 알려진 공격성 네트워크에서의 동물의 순위를 매기는 데도 사용된다(4.3절 참고). 이러한 네트워크에서 동물들은 사회적 지배력을 구축하기 위해 싸움이나 기타 공격적인 행동을 하며[150], 결과적으로 발생하는 승패의 패턴이 여러 면에서 스포츠 토너먼트의 패턴과 유사하여, 본질적으로 같은 방식으로 분석할 수 있다[136].

연습문제

14.1 다음과 같이 쭉 나열된 n개의 노드로 구성된 '선 그래프'를 고려하라.

a) 한 부분은 r개의 노드를 갖고 다른 부분은 $n - r$개의 노드를 갖도록 한 에지를 잘라서 네트워크를 두 부분으로 나누는 경우, 식 (7.58)의 모듈도가 다음의 값을 갖는다는 것을 증명하라.

$$Q = \frac{3 - 4n + 4rn - 4r^2}{2(n-1)^2}$$

b) 따라서 n이 짝수일 때 모듈도 측면에서 최적의 분할은 네트워크를 정확히 가운데에서 나누는 것임을 증명하라.

14.2 행렬을 다루기 위한 본인이 가장 선호하는 수치해석 소프트웨어를 사용해 이 작은 네트워크에 대한 모듈도 행렬을 만들어보라.

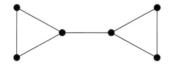

가장 큰 고윳값에 해당하는 모듈도 행렬의 고유벡터를 찾아서 네트워크를 2개의 커뮤니티로 나누어보라.

14.3 n개의 정수 $k_1, \cdots, k_n$으로 이뤄진 집합이 평균이 μ인 푸아송 분포에서 무작위로 독립적으로 뽑은 것이라고 하자. 즉, 정수 k가 뽑힐 가능성은 다음과 같다.

$$P(k|\mu) = \frac{\mu^k}{k!} e^{-\mu} \tag{14.82}$$

a) n개의 숫자가 통계적으로 독립적이라고 가정할 때, $k_1, \cdots, k_n$ 값의 전체 집합에 대한 로그 가능도인 $\mathscr{L} = \log P(k_1, \cdots, k_n|\mu)$에 대한 표현을 유도해보라.

b) 관찰 결과인 k_i만 주어졌고 그것이 푸아송 분포에서 가져온 값임을 알고 있지만, 평균인 μ 값은 알지 못한다고 하자. 로그 가능도를 최대화하여 μ에 대한 최적의 추정치 표현을 유도해보라.

14.4 한 종류의 노드가 n_1개 있고 다른 종류의 노드가 n_2개 있으며, 종류가 다른 모든 노드 쌍이 확률 p로는 연결되고 확률 $1 - p$로는 연결되지 않는, 이분 네트워크에 대한 무작위 그래프 모형을 생각해보라.

    a) **B**를 관찰된 이분 네트워크의 $n_1 \times n_2$차원 접속 행렬^incidence matrix 이라고 하자. 주어진 p 값에 대해 이 네트워크가 이 모형에 의해 생성됐을 가능도(즉, 확률)에 대한 표현식을 유도해보라. 로그 가능도를 찾기 위해 표현식에 로그를 취하라.

    b) 로그 가능도를 최대화하는 p 값을 찾아보라.

14.5 표시한 바와 같이 2개의 그룹으로 나누어진 아래의 작은 네트워크를 고려해보자.

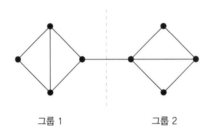

그룹 1   그룹 2

    a) 이 네트워크에 대해 식 (14.50)에 있는 (로그) 프로파일 가능도에 나오는 3개의 값 m_{rs}와 2개의 값 κ_r을, 링크수 보정 확률기반 블록 모형에 대해 계산해보라. 그것으로부터 프로파일 가능도의 실젯값을 계산해보라.

    b) 어떤 하나의 노드도 다른 그룹으로 이동하여 더 높은 프로파일 가능도로 만들 수 없고, 따라서 이렇게 그룹으로 나누는 분할이 적어도 국소적으로 가능도의 최댓값임을 확인해보라(사실 이것은 전역 최댓값이기도 하다). 힌트: 어떤 노드들은 대칭적으로 동치 관계에 있기 때문에, 총 6개의 노드만 다른 그룹으로 이동시켜보면 되고, 따라서 약간의 노력을 절약할 수 있을 것이다.

14.6 다음의 네트워크 모형을 고려하자. n개의 노드 각각에는 음수가 아닌 실수 매개변수 θ_i가 할당되어 있고, 노드 i와 노드 j 사이 에지의 수가 평균이 $\theta_i\theta_j$인 푸아송 분포를 가진 독립적인 난수가 되도록 방향성 없는 에지가 만들어진다. 예외적으로 셀프 에지의 수는 평균이 $\frac{1}{2}\theta_i^2$이 된다. 여기서 목표는 주어진 관찰 네트워크에 가장 잘 맞는 매개변수 θ_i의 값을 찾는 것이다.

    a) 매개변수 θ_i의 값이 주어졌을 때, 이 모형에 의해 인접 행렬 **A**가 있는 네

트워크가 생성됐을 가능도(즉, 확률)에 대한 식을 유도하여, 로그 가능도 $\mathcal{L} = \log P(\mathbf{A}|\boldsymbol{\theta})$가 θ_i에 의존하지 않는 상수를 무시하면 다음과 같이 주어짐을 보여라.

$$\mathcal{L} = \tfrac{1}{2} \sum_{ij} \left[A_{ij} \log(\theta_i \theta_j) - \theta_i \theta_j \right]$$

b) 매개변수 θ에 대한 로그 가능도를 최대화함으로써, 이 모형이 관찰된 네트워크에 가장 잘 맞는 경우 노드 i와 j 사이의 평균 에지 수가 $k_i k_j/2m$임을 보여라. 여기서 k_i는 관찰된 노드 i의 링크수이고, m은 네트워크에서 전체 에지의 개수다(즉, 이 모형은 기본적으로 구조 모형이다).

14.7 5개의 노드로 이뤄진 다음과 같은 작은 네트워크를 고려하라.

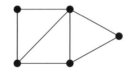

a) $\binom{5}{2} = 10$쌍의 노드 각각에 대한 코사인 유사도를 계산하라(코사인 유사도의 정의는 7.6.1절을 참고하라).

b) 계산된 10개의 유사돗값을 사용해, 코사인 유사도에 따른 네트워크의 단일 연결 계층적 뭉치기에 대한 계통도를 만들어보라.

스미기와 네트워크의 회복력

네트워크에서 발생하는 가장 간단한 과정 중 하나인 스미기와, 그것을 네트워크 회복력의
모형으로 사용하는 것에 대한 논의

지금까지 이 책에서 중점적으로 살펴본 네트워크 구조에 대한 연구는 네트워크로
이뤄진 시스템을 이해하기 위한 한 단계에 불과하다. 이 퍼즐의 또 다른 중요한
부분은 네트워크의 구조와 기능을 연결하는 것이다. 네트워크 구조를 측정하고
정량화한 후, 새롭게 배운 지식을 바탕으로 전체 시스템이 어떻게 작동할 것인지
에 대해 예측하거나 결론을 내리려면 어떻게 해야 할까? 안타깝게도 아직 네트워
크에서의 구조와 기능 사이 연결에 대한 포괄적인 이론은 없지만, 발전이 이뤄진
많은 개별적인 연구 분야가 있으며 그중 몇 가지를 다음 몇 개 장에서 살펴볼 것
이다. 15장에서는 스미기 현상을 공부할 것이며, 그것을 바탕으로 네트워크로 연
결된 시스템을 이루는 구성요소들의 오류에 대한 견고성^{robustness}을 다루는 우아
한 이론을 소개할 것이다.

15.1 스미기

네트워크에서 일부 노드들을 제거하고 해당 노드들에 연결된 에지들을 제거한다
고 상상해보라(그림 15.1 참고). 이 과정을 스미기^{percolation}라고 하며 다양한 실제 현
상의 모형으로 사용할 수 있다. 예를 들어 인터넷에서 라우터^{router}에 생긴 오류는
인터넷을 네트워크로 나타낸 다음, 해당 노드에 연결된 에지를 제거하는 것으로
공식적으로 나타낼 수 있다. 실제로 언제든 인터넷에 있는 라우터의 약 3%는 이
런저런 이유로 작동하지 않으며, 이것이 네트워크 성능에 어떤 영향을 미칠지는

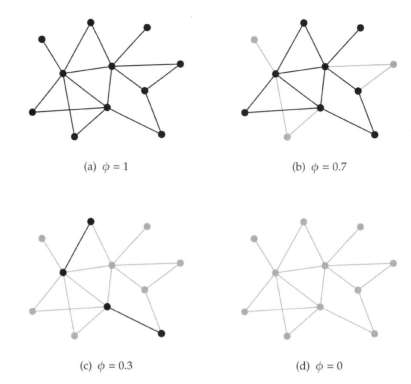

(a) $\phi = 1$ (b) $\phi = 0.7$

(c) $\phi = 0.3$ (d) $\phi = 0$

그림 15.1 스미기

다양한 값의 채움 확률(occupation probability) ϕ에 대한 작은 네트워크의 격자점 스미기 과정. 회색은 제거된 노드와 그것과 연결되어 같이 제거된 에지를 나타내고, 검은색은 여전히 있는 노드를 나타낸다. (a)와 (b)의 네트워크는 스미기 문턱값(percolation threshold) 위에 있고 (c)와 (d)의 네트워크는 문턱값 아래에 있다.

실질적으로 관심의 대상인 문제다. 스미기 이론이 이 질문에 답하는 데 도움이 될 수 있다.

스미기 과정의 또 다른 예는 질병의 확산에 대응하기 위한 개인의 예방접종이나 면역이다. 1장에서 논의했고 16장에서 더 자세하게 배우겠지만, 질병은 개인 간의 접촉 네트워크를 통해 인구 집단에 퍼진다. 그러나 어떤 사람이 질병에 대한 예방접종을 해서 그 질병에 걸리지 않는다면, 그 사람은 질병의 확산에 기여하지 않는다. 그 사람은 네트워크에 여전히 존재하지만, 질병 확산의 관점에서 볼 때는 없는 것이라고 생각할 수도 있으므로, 예방접종 과정을 공식적으로는 노드들을 제거하는 것으로 다시 나타낼 수 있다.

스미기 과정이 몇 가지 흥미로운 작용을 할 수 있음을 바로 알 수 있다. 예를 들어, 한 인구 집단에서 개인의 예방접종은 해당 개인이 감염되는 것을 방지할 뿐만 아니라 다른 사람을 감염시키는 것도 방지하므로, 개인에 대한 예방접종의 혜택을 여러 명이 보게 되는 '연쇄반응knock-on' 효과가 있다. 앞으로 살펴보겠지만, 이 연쇄반응 효과는 어떤 경우에는 전체 인구의 상대적으로 작은 부분의 예방접종만으로도 질병이 모든 사람에게 퍼지는 것을 효과적으로 막을 수 있음을 뜻하며, 그러한 결과를 집단 면역herd immunity이라고 한다.

유사한 효과가, 보통 바람직하지는 않지만 인터넷의 예에서도 나타난다. 인터넷에서 하나의 라우터가 제거되거나 거기에 오류가 발생하는 것은 해당 라우터가 데이터를 수신하는 것을 막을 뿐만 아니라, 데이터가 오류가 발생한 그 라우터를 통해 다른 라우터에 도달하는 것도 차단하여, 트래픽이 다른 경로(더 길거나 더 트래픽이 정체되어 있을 수 있다)로 이동해야 하거나 심지어 네트워크 전체의 일정 부분이 차단된다. 네트워크에서의 스미기 이론의 목표 중 하나는 노드 제거 또는 오류의 연쇄반응 효과가 네트워크 전체에 어떻게 영향을 미치는지 이해하는 것이다.

때로는 네트워크의 노드가 아니라 에지에 오류가 발생한다. 예를 들어, 라우터 자체가 여전히 완벽하게 작동하더라도 인터넷의 통신 회선에 오류가 생겨서 라우터 간의 연결이 끊길 수 있다. 이와 같은 현상은 적당한 네트워크에서 노드가 아닌 에지를 제거하는 약간 다른 스미기 과정으로 모형화할 수 있다. 두 가지 유형의 스미기 과정을 구별해야 하는 경우에는 노드 스미기와 에지 스미기라고 부를 수도 있겠지만, 실제로는 물리학[1]에서 따온 용어인 격자점 스미기site percolation와 결합선 스미기bond percolation라는 이름이 더 일반적이다. 이 장에서는 주로 격자점 스미기(즉, 노드를 제거하는 과정)를 다룰 테지만, 16장에서 전염병 전파 과정을 살펴볼 때는 결합선 스미기(에지 제거)가 중요해질 것이다.

15.2 노드를 무작위로 균일하게 제거하기

네트워크에서 노드를 제거하는 방법에는 여러 가지가 있다. 가장 간단한 경우에는 노드를 완전히 무작위로 제거할 수 있다. 예를 들어, 전체 네트워크에서 노드의 일부를 균일하게 무작위로 지정하여 제거하는 것이다. 이것이 격자점 스미기를 가장 일반적으로 연구하는 형태이며, 실제로 많은 사람에게 '스미기'라는 단어

---

1 물리학에서의 스미기 연구에 관심이 있다면 슈타우퍼(Stauffer)와 아하로니(Aharony)의 책[437]을 참고하라. 대부분 네트워크와 직접적인 관련은 없지만 이 주제에 대한 흥미로운 자료가 많이 있다.

는 구체적으로 이 과정을 가리킨다. 그러나 노드를 제거할 수 있는 다른 방법들이 있으며, 이 장에서 공부할 스미기는 그러한 모든 방법을 포함한다. 널리 쓰이는 또 다른 제거 방식 중 하나는 노드의 링크수에 대한 어떤 규칙에 따라 노드를 제거하는 것이다. 예를 들어, 질병의 통제를 위한 효과적인 예방접종 전략을 만드는 접근 방식으로서, 링크수가 가장 많은 노드에서부터 링크수가 가장 적은 노드까지의 순서대로 노드를 제거할 수도 있다. 사이 중심도가 높은 노드를 제거[2]하는 것과 같은 접근 방식도 종종 고려됐다. 일단은 무작위로 균일하게 제거하는 간단한 경우를 조사하는 것으로 시작하자.

무작위로 균일하게 선택된 노드의 일부가 제거되는 네트워크를 생각해보자. 15.1절에서 논의한 바와 같이 많은 실제 상황에서 '제거'는 노드를 물리적으로 제거한다는 뜻이 아니라, 인터넷에서 오류가 발생한 라우터 또는 질병을 일으키는 접촉 네트워크에서 예방접종을 받은 개인처럼 어떤 방식으로든 작동하지 않는다는 의미일 뿐이다.

전통적으로 스미기 과정에서는 노드가 네트워크에 존재하거나 기능을 제대로 수행하고 있을 확률을 뜻하는 양 ϕ가 매개변수 역할을 한다. 스미기 이론에서 사용하는 전문 용어로는, 기능하는 노드가 네트워크를 채우고^{occupy} 있다고 하고 ϕ를 채움 확률$^{occupation probability}$이라고 한다. 따라서 $\phi = 1$은 네트워크의 모든 노드가 채워져 있음(즉, 제거된 노드가 없다는 것)을 나타내고, $\phi = 0$은 어떤 노드도 채워지지 않았음(즉, 모든 노드가 제거됐다는 것)을 나타낸다.[3]

이제 그림 15.1을 다시 살펴보고 $\phi = 1$을 묘사한 (a) 패널을 살펴보자. 여기서는 모든 노드가 존재하거나 채워져 있으며, 모든 노드가 하나의 덩어리로 함께 연결되어 있다(네트워크에는 더 많은 수의 덩어리가 있을 수 있지만 이 예에서는 하나만 있다). 이제 다른 패널들을 살펴보자. (b) 패널에서 몇 개의 노드가 제거됐지만, 남아 있는 노드들은 모두 남아 있는 에지들에 의해 여전히 함께 연결되어 있다. (c) 패널에서는 더 많은 노드가 제거됐으며, 이제 너무 많은 노드가 사라져서 남아 있는 소수의 노드들이 더 이상 같이 연결되어 있지 않고 2개의 작은 덩어리로 나누어졌다. 마지막 (d) 패널에서는 모든 노드가 제거됐으며 네트워크가 전혀 남아 있지 않다.

---

2 노드가 아니라 에지가 그 대상이긴 하지만, 사이 중심도를 기반으로 에지를 제거하여 커뮤니티를 찾는 방법에 대해 14장에서 공부한 바 있다. 즉, 커뮤니티 구조와 스미기 문제도 밀접한 관련이 있는 것이다. ─ 옮긴이

3 스미기에 대한 대부분의 물리학 문헌에서 채움 확률은 p로 표시한다. 그러나 p 기호는 네트워크 이론에서 많은 용도로 사용돼서 혼동을 일으킬 수 있기 때문에, 이 책에서는 ϕ를 사용했다.

이 작은 예시에 나오는 방식이 전형적인 스미기 과정이다. ϕ가 크면 노드가 함께 연결되어 대부분의 네트워크를 채우는 거대 덩어리를 형성하는 경향이 있다 (작은 덩어리들이 남아 있을 수도 있지만). 그러나 ϕ가 감소함에 따라 거대한 덩어리가 쪼개져서 작은 덩어리들로만 남게 되는 지점이 있다. 반대로 ϕ를 0에서 시작하여 점점 커지게 하면 먼저 작은 덩어리를 만들고, 크기가 자라면서 결국 합쳐져 네트워크의 많은 부분을 차지하는 거대 덩어리를 이룬다.

이러한 방식으로 거대 덩어리가 형성되거나 붕괴되는 것을 스미기 전이[percolation transition]라고 한다. 네트워크에 거대 덩어리가 있을 때 네트워크에 스미기가 일어났다[percolate]고 하며, 스미기 전이가 발생하는 지점을 스미기 문턱값[percolation threshold]이라고 한다.

스미기 전이는 거대 덩어리가 만들어지는 푸아송 무작위 그래프의 상전이와 여러 면에서 비슷하다(11.5절 참고). 무작위 그래프에서는 채워진 노드의 비율이 아니라 그러한 노드들 간의 연결 확률을 바꾸는 것이다.[4] 하지만 두 경우 모두 네트워크의 일부가 충분히 제거되면, 거대 덩어리가 파괴되고 작은 덩어리만 남게 된다.

스미기 연구에서 노드가 제거된 후 남아 있는 '덩어리'는 사실 보통 물리학 문헌에서 가져온 용어인 클러스터[cluster]라고 부르며, 여기서는 그 용어를 사용할 것이다[5](원래 네트워크에서의 '덩어리'와 스미기 과정에서의 '클러스터'를 구분하는 게 유용할 것이다). 즉, 노드가 제거되기 전의 원래 네트워크에서 연결된 노드 그룹을 나타낼 때는 '덩어리'를 사용하고, 노드 제거 후에 연결된 노드 그룹을 나타낼 때는 '클러스터'를 사용할 것이다. 따라서 스미기 과정에서 거대 덩어리가 있는 경우에는 이것을 적절하게 거대 클러스터[giant cluster] 또는 종종 스미기 클러스터[percolating cluster][6]라고 부른다.

이러한 스미기 전이는 스미기 현상을 해석하는 데 있어 중심 역할을 한다. 예를 들어, 인터넷과 같은 네트워크에서 네트워크가 통신을 위한 네트워크로서 의도한 기능을 수행하려면 거대 클러스터가 있어야 한다. 네트워크에 그림 15.1(c)와 같

---

4 따라서 푸아송 무작위 그래프의 상전이는 격자점 스미기가 아니라 결합선 스미기에 해당되며, 사실은 모든 노드가 서로 연결되어 있는 완전 네트워크(complete network)에서의 결합선 스미기 과정과 수학적으로 완전히 동일하다. ─ 옮긴이

5 이것 때문에 14장의 커뮤니티 구조와 같은 주제를 다룰 때, 계층적 뭉치기(hierarchical clustering)와 같은 몇 가지 사례를 제외하면 이 용어를 사용하는 것을 피한 것이다. ─ 옮긴이

6 스미기를 다룬 다른 문헌에서는 거대 클러스터를 전 범위 클러스터(spanning cluster)라고도 한다. 이런 이름이 붙은 이유는 스미기에 대한 대부분의 연구가 정사각 격자(square lattice)와 같은 낮은 차원의 격자에 대해 이뤄졌기 때문이다. 그러한 격자에서 거대 클러스터는, 시스템의 크기 n이 커지는 극한에서 격자의 한쪽에서 다른 쪽의 범위를 모두 포함하는 유일한 클러스터라는 점으로 구별할 수 있다. 하지만 일반적으로 네트워크에는 경계가 없기 때문에 그것에 정확히 대응되는 현상이 없고, 따라서 전 범위라는 개념이 유용하지 않다.

이 작은 클러스터만 있는 경우, 모든 노드는 소수의 다른 몇 개 노드와만 연결되고 다른 모든 노드와는 연결이 차단되어 있다. 반면에, 거대 클러스터가 있는 경우 네트워크의 전체에서 0보다 큰 비율[7]에 해당되는 그 거대한 클러스터를 구성하는 노드들은 연결되어 서로 통신할 수 있다(물론 거대 클러스터에 속하지 않은 나머지 부분은 여전히 차단되어 있지만). 따라서 거대 클러스터가 있다는 것은 네트워크가 의도된 기능을 적어도 부분적으로라도 수행하고 있음을 나타내는 지표이며, 거대 클러스터의 크기는 정확히 얼마나 많은 네트워크가 실제로 작동하고 있는지를 알려준다.

15.2.1 구조 모형에서의 균일한 제거

스미기 전이와 거대 클러스터에 대한 이해를 돕기 위해, 12장의 구조 모형을 사용해 생성된 네트워크에서 격자점 스미기 과정의 동작을 살펴보자. 12.6절에서 거대 덩어리에 사용한 것과 유사한 방법으로 구조 모형에서 거대 스미기 클러스터의 특성을 계산할 수 있다.

15.2절에서 묘사한 것과 같이, 링크수 분포가 p_k로 주어지는 구조 모형 네트워크에서 노드가 채움 확률 ϕ로 존재하거나 채워지는 스미기 과정을 고려할 것이다. 이제 네트워크에 있는 노드 중 하나를 생각해보자(즉, 제거되지 않은 노드). 그 노드가 거대 클러스터에 속하려면 하나 이상의 이웃을 통해 거대 클러스터에 연결돼야 한다. 다르게 표현하자면, 어떤 이웃을 통해서도 거대 클러스터에 연결되지 않은 경우에만 거대 클러스터에 속하지 않는 것이다. 노드가 특정한 이웃을 통해 거대 클러스터에 연결되지 않을 평균 확률 u를 정의하자. 그러면 해당 노드의 링크수가 k라면, 거대 클러스터에 속하지 않을 전체 확률은 u^k이다. 그리고 그것을 링크수 확률 분포 p_k에 대해 평균 내면, 거대 클러스터에 속하지 않을 평균 확률은 $\sum_k p_k u^k = g_0(u)$임을 알 수 있다. 여기서

$$g_0(z) = \sum_{k=0}^{\infty} p_k z^k \tag{15.1}$$

는 이전에 식 (12.96)에서 정의한 바 있는 링크수 분포에 대한 생성 함수다. 그러면 노드가 거대 클러스터에 속할 평균 확률은 $1 - g_0(u)$다.

하지만 이것은 네트워크에서 제거되지 않은 것으로 가정한 노드에 대한 것임을 명심하라. 이미 제거된 노드는 당연히 거대 클러스터에 속하지 않는다. 따라서 네트워크의 모든 원래 노드 중에서 거대 클러스터에 속한 노드의 비율 S는 아직 제거되지 않은 비율 ϕ에 해당 노드가 거대 클러스터에 속할 확률 $1 - g_0(u)$를 곱한 것과 같다.

$$S = \phi[1 - g_0(u)] \tag{15.2}$$

이 식을 사용하려면 노드가 특정한 이웃 노드를 통해 거대 클러스터에 연결되지 않을 평균 확률인 u 값을 계산해야 한다. 이웃을 통해 거대 클러스터에 연결되지 않는 방식에는 두 가지가 있다. 문제의 이웃(노드 i라고 하자)이 제거됐거나(확률 $1 - \phi$로 일어난다), 존재하지만(확률 ϕ로 일어난다) 그 이웃 자체가 거대 클러스터의 구성원이 아닌 경우다. 후자는 i가 자신의 다른 어떤 이웃을 통해서도 거대 클러스터에 연결되어 있지 않은 경우에만 일어나는 일이며, 이것은 그 이웃의 수가 k일 때 u^k이라는 확률로 일어난다. 이 모든 것을 종합하면, i를 통해 거대 클러스터에 연결되지 않을 총 확률은 $1 - \phi + \phi u^k$이다.[8]

노드 i는 에지를 따라 도달한 것이므로, 이 경우 k는 i의 남은 링크수이며 남은 링크수 분포 q_k를 따른다.

남은 링크수 분포에 대한 논의는 12.2절을 참고하라.

$$q_k = \frac{(k + 1)p_{k+1}}{\langle k \rangle} \tag{15.3}$$

여기서 $\langle k \rangle$는 네트워크의 평균 링크수다. 위에서 구한 (특정 노드를 통해 거대 클러스터에 연결되어 있지 않을) 확률을 이 분포에 대해 평균 내면, 평균 확률 u에 대한 다음과 같은 식을 얻을 수 있다.

$$u = \sum_{k=0}^{\infty} q_k \left(1 - \phi + \phi u^k\right) = 1 - \phi + \phi \sum_{k=0}^{\infty} q_k u^k$$
$$= 1 - \phi + \phi g_1(u) \tag{15.4}$$

---

8 $1 - \phi$는 (1) 노드 i가 제거됐을 확률, ϕu^k은 (2) 노드 i가 있지만 그것이 거대 클러스터에 속해 있지 않은 확률이다. (1)과 (2)의 두 사건이 동시에 일어날 수는 없으므로 확률은 그 둘을 더한 것과 같다. - 옮긴이

여기서

$$g_1(z) = \sum_{k=0}^{\infty} q_k z^k \qquad (15.5)$$

는 이전에 식 (12.97)에서 정의한 바 있는 남은 링크수 분포에 대한 생성 함수이며, $\Sigma_k\, q_k = 1$로 주어지는 정규화 조건을 사용했다. 식 (15.2)와 식 (15.4)를 조합하면 이 네트워크의 거대 클러스터 크기에 대한 완벽한 답을 얻을 수 있다.[9]

실제로는 식 (15.4)를 닫힌 형태$^{closed\ form}$로 푸는 것이 불가능할 때가 많지만, 다음과 같이 답을 세련된 그래프 표현$^{graphical\ representation}$[10]으로 나타낼 수 있다. 그림 15.2(a)에 나타낸 $g_1(u)$ 함수의 모양을 살펴보라. 함수를 나타내는 곡선의 정확한 형태는 링크수 분포에 따라 다르지만, 일반적인 모양이 알려져 있다. g_1은 모든 계수가 (확률을 나타낸 값들이기 때문에) 음이 아닌 다항식이므로, $u \geq 0$일 때 음이 아닌 값을 가져야 하고 모든 차수에 대한 미분값[11]도 음수가 아니다. 따라서 g_1은 일반적으로 u에 대한 증가 함수이며 그림과 같이 아래로 볼록한 곡선[12]으로 표현된다.

식 (15.4)의 우변에 나타나는 함수 $1 - \phi + \phi g_1(u)$를 얻기 위해서는 먼저 $g_1(u)$에 ϕ를 곱한 다음 $1 - \phi$를 더하면 된다. 함수의 그래프에서 이것은 높이가 ϕ가 되도록 그림 15.2(a)의 한 변의 길이가 1인 단위 정사각형과 거기에 포함된 곡선을 세로로 압축한 다음, 그림 15.2(b)와 같이 $1 - \phi$만큼 위쪽으로 수직이동시킨 것과 같다. 이 곡선이 직선 $y = u$(그림 15.2(b)의 점선)와 만나는 점(들)이 식 (15.4)의 해가 되는 것[13]이다.

그림 15.2(b)에는 2개의 해가 있다. 하나는 $u = 1$에 있는 자명한 해다. 이 해는 q_k가 제대로 정규화된 남은 링크수 분포라면 $g_1(1) = 1$이기 때문에[14] 항상 존재한

---

9 스미기 문제의 이 답은 몇십 년 전으로 거슬러 올라가는 역사를 지니고 있다. 1961년 피셔(Fisher)와 에삼(Essam)[179]은 정규 트리(regular tree, 물리학에서는 케일리(Cayley) 트리 또는 베테(Bethe) 격자라고 한다)에서의 스미기에 대한 답을 유도했으며, 그것은 모든 노드의 링크수가 같은 경우에 대해 여기서 주어진 답과 동일하다. 하지만 일반적인 링크수 분포에 대한 답은 훨씬 나중에서야 발견됐다[93, 113].

10 여기서의 '그래프'는 네트워크의 유의어가 아니라 '함수의 그래프'를 이용해 문제를 푼다는 뜻으로 쓰였다. – 옮긴이

11 다항식 $g_1(x)$의 n차 항을 $a_n x^n$이라고 하면 미분된 항은 $a_n n x^{n-1}$이므로 역시 음수가 아니다. – 옮긴이

12 모든 차수에 대한 미분값이 음수가 아니므로 한 번 미분한 값의 부호에 의해 증가 함수, 두 번 미분한 값의 부호에 의해 아래로 볼록한 함수임을 알 수 있다. 또한 저자가 직접 언급하지는 않았지만 당연히 이것은 $u \geq 0$에 대해서만 성립하는데, u의 정의상 음수를 고려할 필요가 없다. – 옮긴이

13 함수를 압축하고 옮기는 과정은 식 (15.4)의 우변을 그리기 위한 것이었고, 식 (15.4)의 좌변은 u 자신이므로 답은 그렇게 변형된 곡선과 자기 자신 $y = u$가 만나는 점인 것이다. – 옮긴이

14 식 (15.5)에 $z = 1$을 대입하면 우변이 모든 k에 대한 남은 링크수 분포의 합이므로 당연히 1이다. – 옮긴이

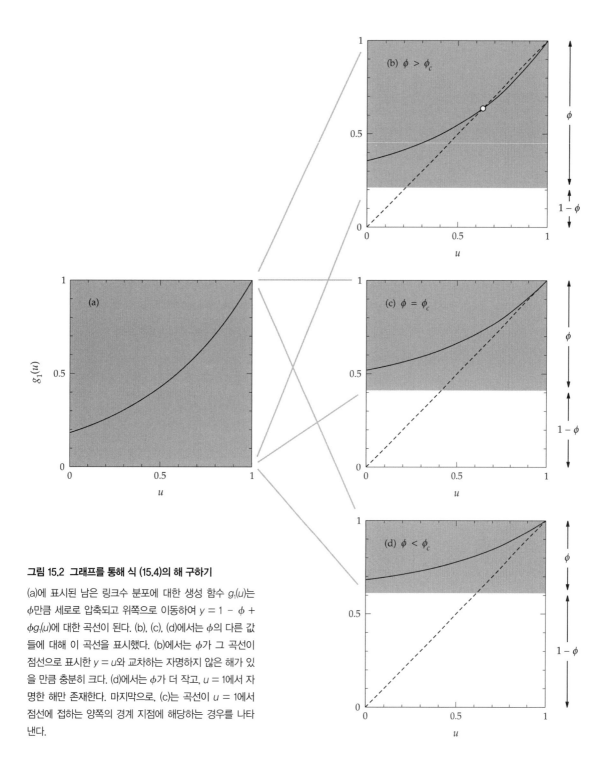

그림 15.2 그래프를 통해 식 (15.4)의 해 구하기

(a)에 표시된 남은 링크수 분포에 대한 생성 함수 $g_1(u)$는 ϕ만큼 세로로 압축되고 위쪽으로 이동하여 $y = 1 - \phi + \phi g_1(u)$에 대한 곡선이 된다. (b), (c), (d)에서는 ϕ의 다른 값들에 대해 이 곡선을 표시했다. (b)에서는 ϕ가 그 곡선이 점선으로 표시한 $y = u$와 교차하는 자명하지 않은 해가 있을 만큼 충분히 크다. (d)에서는 ϕ가 더 작고, $u = 1$에서 자명한 해만 존재한다. 마지막으로, (c)는 곡선이 $u = 1$에서 점선에 접하는 양쪽의 경계 지점에 해당하는 경우를 나타낸다.

다. 그러나 그림에서 점으로 표시한, $u < 1$인 자명하지 않은 해도 있다. 그러한 자명하지 않은 해가 있는 경우에만 네트워크에 거대 클러스터가 있을 수 있고, 그 해에 대한 u의 값을 이용해 식 (15.2)를 통해 거대 클러스터의 크기 S를 구할 수 있다($u = 1$인 자명한 해를 식 (15.2)에 대입하면 $S = 0$이 되므로[15] 거대 클러스터 크기를 구할 수 없다).

이제 식 (15.4)의 작은 ϕ 값에 대한 해를 보여주는 그림 15.2(d)를 보자. 이 경우에는 생성 함수의 곡선이 더 압축됐고, 그 결과 u에 대한 자명한 해가 사라졌다. $u = 1$에 해당하는 자명한 해만이 남아 있으므로 이 영역에서는 거대 클러스터가 없다.

그림 15.2(c)는 (b)와 (d)의 경계가 되는 지점을 보여준다. 곡선이 점선으로 된 직선이 가까스로 만나는 이 지점에서 u에 대한 자명하지 않은 해가 사라진다. 이것이 스미기 문턱값이다. 수학적으로 이것은 곡선이 $u = 1$에서 점선으로 된 직선에 접하는 지점, 즉 $u = 1$에서 기울기가 1이 되는 지점이다. 다시 말해, 스미기 문턱값은 다음 조건에서 일어난다.

$$\left[\frac{\mathrm{d}}{\mathrm{d}u} (1 - \phi + \phi g_1(u)) \right]_{u=1} = 1 \tag{15.6}$$

미분한 다음 식을 정리하면, (스미기) 전이 순간의 ϕ 값(이것을 임곗값$^{critical\ value}$이라고 하고 ϕ_c로 표시한다)이 다음과 같음을 알 수 있다.

$$\phi_c = \frac{1}{g_1'(1)} \tag{15.7}$$

식 (15.5)에 있는 생성 함수 $g_1(z)$의 정의와 식 (15.3)에 있는 남은 링크수 분포 식을 이용해 임곗값을 링크수 분포로 좀 더 직접적으로 표현할 수 있다. 식 (15.3)을 식 (15.5)에 대입하고 미분하면, 다음과 같은 결과를 얻을 수 있다.

$$g_1'(1) = \frac{1}{\langle k \rangle} \sum_{k=0}^{\infty} k(k+1) p_{k+1} = \frac{1}{\langle k \rangle} \sum_{k=0}^{\infty} k(k-1) p_k$$

$$= \frac{\langle k^2 \rangle - \langle k \rangle}{\langle k \rangle} \tag{15.8}$$

---

15 $g_1(z)$에 대해 언급한 것과 마찬가지로, $g_0(z)$에 $z = 1$을 대입해도(식 (15.1) 참고) 링크수 확률 분포 p_k를 k에 대해 모두 더한 것이므로 링크수 분포 정규화에 의해 1이 된다. - 옮긴이

따라서 임계 채움 확률 ϕ_c는 다음과 같이 주어진다.

$$\phi_c = \frac{\langle k \rangle}{\langle k^2 \rangle - \langle k \rangle} \qquad (15.9)$$

이 식을 처음으로 유도한 것은 코헨^{Cohen} 등[113]의 연구다.

　이 공식은 거대 클러스터가 존재하기 위해 구조 모형 네트워크에 있어야(채워져야) 하는 노드의 최소 비율을 알려준다. 따라서 예를 들어 구조 모형이 인터넷에 대한 간단한 모형이라고 간주한다면, 노드의 상당 부분이 작동하지 않는 경우에도 네트워크가 거대 클러스터를 가져서 통신 네트워크로서의 기능을 할 수 있도록 ϕ_c를 낮추고 싶을 것이다. 만약 예를 들어 그 네트워크가 다음과 같은 푸아송 링크수 분포를 갖고 있다면,

$$p_k = e^{-c} \frac{c^k}{k!} \qquad (15.10)$$

여기서 c는 평균 링크수다. 그러면 $\langle k \rangle = c$이고 $\langle k^2 \rangle = c(c+1)$이므로 ϕ_c는 다음과 같다.

$$\phi_c = \frac{1}{c} \qquad (15.11)$$

따라서 c를 크게 만들면 많은 노드가 손실돼도 견딜 수 있는 네트워크가 된다. 예를 들어 $c = 4$라면 $\phi_c = \frac{1}{4}$이 되며, 이것은 전체 노드 중 $\frac{3}{4}$이 고장나야 거대 클러스터가 파괴된다는 뜻이다. 이러한 방식으로 노드의 많은 부분이 손실돼도 견딜 수 있는 네트워크를 임의의 오류에 대해 견고하다^{robust}고 한다.

　하지만 인터넷의 링크수 분포는 푸아송 분포가 아니다. 실제로는 10.4절에서 논의한 바와 같이 인터넷의 링크수 분포는 대체로 지수가 $\alpha \simeq 2.5$인 거듭제곱 법칙을 따르는 것으로 보인다(표 10.1 참고). 10.4.2절에서 살펴본 것처럼, 대부분의 실제 사례를 포함하는 범위가 $2 < \alpha < 3$인 지수를 가진 거듭제곱 법칙은 유한한 평균값 $\langle k \rangle$를 갖지만 두 번째 모멘트 $\langle k^2 \rangle$은 발산한다. 이 경우 식 (15.9)에 의하면 $\phi_c = 0$이라는 뜻이다. 다시 말해, 네트워크에서 노드를 아무리 많이 제거하더라도 '항상' 거대 클러스터가 있을 것이다. 따라서 거듭제곱 법칙 링크수 분포를 가진 척도 없는 네트워크는, 알버트^{Albert} 등[17]의 연구에서 처음으로 강조된 점인, 몇 개의 노드에 오류가 생기든 살아남을 수 있는 매우 견고한 네트워크다.

실제로는 10.4.2절에서 논의한 것처럼, 유한한 크기의 네트워크에서는 링크수 분포의 두 번째 모멘트가 절대로 무한하지 않다. 하지만 여전히 그 값이 매우 커질 수 있으며, 따라서 ϕ_c의 값이 0은 아니지만 매우 작은 값이 될 수 있으므로 네트워크가 여전히 매우 견고한 것이다.

실제 인터넷의 구조는 구조 모형과는 다르다. 실제 인터넷은 2.1절에서 논의한 바와 같이 많은 계층과 구조적 단계로 되어 있다. 그럼에도 불구하고 인터넷은 실제로 노드를 무작위로 제거하는 것에 대해 매우 견고한 것으로 보인다. 예를 들어, 알버트 등[17]은 노드가 무작위로 제거될 때 인터넷의 작동을 시뮬레이션하여, 노드의 많은 부분을 제거해도 성능에 거의 영향을 미치지 않는다는 사실을 발견했다(물론 제거된 노드 자체의 경우에는 성능이 완전히 파괴되지만, 나머지 노드의 경우 그 효과는 상대적으로 미미하다). 따라서 자주 그렇듯이, 이러한 간단한 네트워크 모형은 세부적인 것들이 잘못됐더라도 시스템 작동에 대한 일반적인 안내를 제공한다.

네트워크의 견고성은 이 장의 시작 부분에서 언급한 예방접종 예에서도 중요한 역할을 한다. 사람들 간의 접촉 네트워크를 통해 확산되는 질병은 네트워크에 거대 클러스터가 있는 경우에만 인구 집단의 현저히 많은 부분에 도달할 수 있다. 네트워크에 작은 클러스터들만 포함되어 있으면, 질병의 발생이 특정 범위 안으로 제한되고 그것이 시작된 작은 클러스터를 넘어 확산될 수 없다. 따라서 질병 확산을 방지하기 위해 전체 인구에 백신을 접종할 필요는 없다. 네트워크를 스미기 문턱값 아래로 낮추고 거대 클러스터를 제거할 수 있을 만큼만 백신을 접종하면 된다. 이것이 앞서 언급한 집단 면역 효과다.

백신 예방접종의 경우 네트워크의 견고성은 나쁜 것이다. 거대 클러스터를 파괴하기 위해 백신을 접종해야 하는 사람 수는 적을수록 좋다. 따라서 이제는 작은 ϕ_c 값이 나쁜 것이고 큰 ϕ_c 값이 좋은 것이다. 안타깝게도, 보통은 접촉 네트워크의 링크수 분포를 거의 조절할 수 없기 때문에, 좋든 싫든 작은 ϕ_c 값에 빠져 있을지도 모른다. 특히, 문제의 네트워크가 거듭제곱 법칙(또는 근사적으로 거듭제곱 법칙) 링크수 분포로 되어 있는 경우 ϕ_c가 매우 작을 수 있으며, 이것은 질병을 없애기 위해서는 거의 모든 노드에 백신을 접종해야 한다는 뜻이다. 어떤 접촉 네트워크는 실제로 대략 거듭제곱 법칙 링크수 분포를 갖는 것으로 보이며[253, 304, 305], 결과적으로 어떤 질병을 박멸하기가 매우 어려울 수도 있다[383].

거듭제곱 법칙 네트워크의 특별한 행동이 그림 15.2에 나타낸 그래프로 찾은 해에서 어떻게 나타나는지를 살펴보는 것은 흥미롭다. 거듭제곱 법칙의 경우

$g_1'(1)$이 무한대이기 때문에 ($\langle k^2 \rangle$이 식 (15.8)에서 발산하는 반면 $\langle k \rangle$는 유한하기 때문에) $u = 1$에서 $g_1(u)$의 기울기가 무한대다. 따라서 $g_1(u)$는 그림 15.3처럼 생겨야 한다. $u = 1$에서 $g_1(u)$의 기울기가 무한대이기 때문에 함수를 그림 15.2에서 한 것처럼 얼마만큼 압축하든 차이가 없다. $u = 1$에서 출발한 곡선은 언제나 $y = u$ 직선 아래로 떨어진 다음에 다시 직선과 교차하고, 그 지점이 자명하지 않은 해가 된다.

스미기 문턱값의 위치만이 네트워크의 견고성을 평가하는 데 중요한 양은 아니다. 거대 클러스터의 크기도 전체 네트워크에서 어느 정도의 비율이 연결되고 작동할지를 알려주기 때문에 중요한 역할을 한다. 거대 클러스터의 크기를 찾으려면 식 (15.4)를 u에 대해 풀고 그 결과를 다시 식 (15.2)에 대입해야 한다. 이미 언급했듯이 많은 경우에 이것을 u에 대해 정확히 풀 수는 없지만, 어떤 경우에는 할 수 있다. 예를 들어, 다음과 같이 지수함수(또는 기하급수) 링크수 분포가 있는 네트워크를 생각해보자.

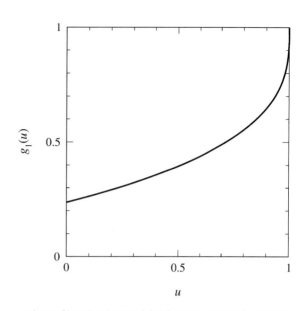

그림 15.3 척도 없는 네트워크에서 남은 링크수 분포에 대한 생성 함수

거듭제곱 법칙 이웃 분포를 갖는 네트워크에 대한 생성 함수 $g_1(u)$는 $u \to 1$에서 발산하는 미분값을 갖지만, 생성 함수 자체의 값은 유한하게 유지되고 그 극한에서 1로 간다. 따라서 생성 함수는 일반적으로 여기에 그려진 곡선과 유사하다.

$$p_k = (1 - a)\, a^k \qquad (15.12)$$

여기서 $a < 1$이고 맨 앞의 계수 $1 - a$는 분포가 적절하게 정규화되도록 하는 것이다. 그러면 12.10.6절에서 논의한 바와 같이, 링크수 분포와 남은 링크수 분포에 대한 생성 함수들은 다음과 같다.

$$g_0(z) = \frac{1 - a}{1 - az}, \qquad g_1(z) = \left(\frac{1 - a}{1 - az} \right)^2 \qquad (15.13)$$

그러면 식 (15.4)를 다음과 같이 쓸 수 있다.

$$u(1 - au)^2 - (1 - \phi)(1 - au)^2 - \phi(1 - a)^2 = 0 \qquad (15.14)$$

이것은 u에 대한 3차 방정식이고, 푸는 것이 불가능하지는 않지만 풀기가 어렵다. 하지만 이 경우에 이것을 직접 풀 필요는 없다. 대신에 $u = 1$이 항상 식 (15.4)

의 해라는 사실을 생각해보라. 따라서 이 3차 방정식은 반드시 $u - 1$이라는 인수를 포함해야 한다. 잠깐 계산해보면 실제로 그렇다는 것을 확인할 수 있다. 식 (15.14)는 다음과 같이 인수분해된다.

$$(u - 1)\left[a^2 u^2 + a(a\phi - 2)u + \phi - 2a\phi + 1\right] = 0 \tag{15.15}$$

따라서 u에 대한 2개의 다른 해는 다음 2차 방정식의 해다.

$$a^2 u^2 + a(a\phi - 2)u + \phi - 2a\phi + 1 = 0 \tag{15.16}$$

이 방정식의 두 해 중 하나는 $a < 1$일 때 1보다 크므로, 우리가 구하려는 확률 u가 될 수 없다. 다른 하나는 다음과 같다.

$$u = a^{-1} - \tfrac{1}{2}\phi - \sqrt{\tfrac{1}{4}\phi^2 + \phi(a^{-1} - 1)} \tag{15.17}$$

이제 이 값을 식 (15.2)에 다시 대입하면, 전체 네트워크에 대한 비율로서 거대 클러스터의 크기에 대한 표현을 다음과 같이 얻을 수 있다.

$$
\begin{aligned}
S &= \phi\left[1 - \frac{2(a^{-1} - 1)}{\phi + \sqrt{\phi^2 + 4\phi(a^{-1} - 1)}}\right] \\
&= \phi\left[1 - 2(a^{-1} - 1)\frac{\phi - \sqrt{\phi^2 + 4\phi(a^{-1} - 1)}}{\phi^2 - (\phi^2 + 4\phi(a^{-1} - 1))}\right] \\
&= \tfrac{3}{2}\phi - \sqrt{\tfrac{1}{4}\phi^2 + \phi(a^{-1} - 1)}
\end{aligned} \tag{15.18}
$$

식 (15.17)에 주어진 u에 대한 해는 ϕ가 충분히 작으면 1보다 커질 수 있으며, 이것은 물리적으로 가능한 해가 아니다.[16] 이 영역에서 유일하게 가능한 해는 $S = 0$에 해당되는 자명한 해인 $u = 1$이므로, 이럴 때는 거대 클러스터가 없는 것이다. 이것이 스미기 전이 위치를 유도하는 또 다른 방법이라고 할 수 있다. 이 전이는 식 (15.17)이 1이 되는 지점에서 발생한다. 즉, 다음 방정식이 만족되는 경우다.

$$a^{-1} - 1 - \tfrac{1}{2}\phi = \sqrt{\tfrac{1}{4}\phi^2 + \phi(a^{-1} - 1)} \tag{15.19}$$

---

16 위 문단에서 언급했듯이 확률이 1보다 크다는 뜻이므로 – 옮긴이

이 식의 양변을 제곱하고 ϕ에 대해 정리하면 스미기 문턱값이 다음과 같음을 알 수 있다.

$$\phi_c = \frac{1-a}{2a} \qquad (15.20)$$

이것이 일반적인 공식인 식 (15.7)을 적용했을 때 얻게 되는 결과와 같음을 증명하는 것은 연습문제로 남겨두겠다.

또한 a가 $\frac{1}{3}$보다 작은 경우 식 (15.20)으로 정해지는 ϕ_c의 값은 1보다 크다. 따라서 이렇게 작은 a 값에 대해서는 ϕ의 값이 ϕ_c보다 커질 수 없으므로, 스미기 전이가 없고 시스템이 스미지 않는다. 더 자세히 살펴보면, $a = \frac{1}{3}$이 정확히 네트워크 자체가 거대 덩어리를 잃는 지점인 것으로 밝혀졌으며,[17] 그것이 이 지점을 넘어가면 스미기가 불가능한 이유를 설명한다. $a < \frac{1}{3}$의 경우 네트워크 자체에 거대 덩어리가 없으므로 네트워크의 모든 노드가 채워져 있더라도 거대 클러스터를 가질 수 없다[18](물론 모든 네트워크에 비슷한 결과가 적용된다. 거대 덩어리가 없는 네트워크에서는 거대 스미기 클러스터가 있는 것이 절대로 불가능하다[19]).

그림 15.4는 $a = 0.6$인 지수함수 네트워크에 대한 S 값을 ϕ의 함수로 그린 것이다. 작은 ϕ의 경우 작은 클러스터만 있고 거대 클러스터는 없는 영역이 있다. 그림에서 파선으로 표시된 스미기 전이를 넘어서면, 거대 클러스터가 나타나고 ϕ가 증가함에 따라 거대 클러스터의 크기가 0에서 매끄럽게 커진다. 이것은 물리학에서 연속 상전이[continuous phase transition][20]라고 부르는 것의 예시다. 11.5절(푸아송 무작위 그래프의 경우)과 12.7절(구조 모형의 경우)에서 다른 예들을 본 적이 있다.

그림 15.4에서 볼 수 있는 전체적인 모습이 전형적인 네트워크에서의 스미기다. 대부분의 링크수 분포에 대해, 다음과 같이 설명할 수 있는 것처럼 기본적으

---

17 식 (12.42)로부터 구조 모형 네트워크는 $g_1'(1) > 1$인 경우에만 거대 덩어리를 갖고 있다는 사실이 알려져 있으며, 따라서 $g_1'(1) = 1$인 지점에서 거대 덩어리가 사라진다. 식 (15.13)으로부터, 여기서 다루는 네트워크는 $a = \frac{1}{3}$일 때, 즉 $2a/(1-a) = 1$일 때 거대 덩어리를 잃게 된다. 이 결과를 다르게 유도하는 방법에 대해서는 12장의 연습문제 12.11을 참고하라.

18 앞서 '덩어리'와 '클러스터'를 구분한 이유가 이 논의에서 잘 드러난다. 스미기와 관계없이 네트워크 자체에서 거대 덩어리가 없다면 스미기에서 거대 클러스터는 (다 채워져도 네트워크 자체에 거대 덩어리가 없으므로) 절대 있을 수 없다. – 옮긴이

19 구조 모형의 경우에는 이것을 간단하게 알아볼 수 있다. 구조 모형의 경우에는 $g_1'(1) < 1$이면(즉, 정확히 네트워크에 거대 덩어리가 없을 때) 항상 $\phi_c = 1/g_1'(1)$이 1보다 크다. 따라서 ϕ_c가 1을 초과하여 스미기가 불가능해지는 지점이 거대 덩어리가 사라지는 지점과 항상 일치한다.

20 **질서 매개변수**(order parameter, 이 경우 S)라고도 하는 관심 있는 양이 전이의 한쪽에서는 0이고 다른 쪽에서는 0이 아니지만 그 값이 전이가 일어나는 지점 자체에서는 연속적이며, 이러한 경우 상전이는 연속적이다. 다른 형태의 상전이는 **불연속 상전이**(discontinuous phase transition) 또는 **1차 상전이**(first–order phase transition)이며, 그 경우에는 질서 매개변수가 전이 지점을 지날 때 불연속적으로 점프한다.

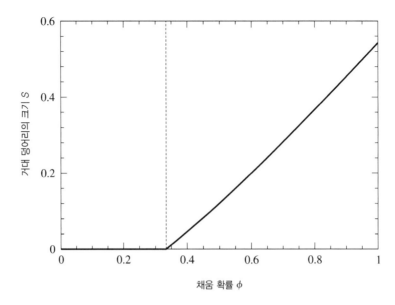

그림 15.4 구조 모형에서 격자점 스미기의 경우 거대 클러스터의 크기

여기서 거대 클러스터의 크기를 나타내는 곡선은 식 (15.12)로 주어지는 $a = 0.6$에 해당되는 지수함수 링크수 분포를 가진 구조 모형에 대한 것이며, 식 (15.18)에 해당한다. 파선으로 된 수직선은 식 (15.20)으로 주어지는 스미기 전이의 위치를 나타내며, 이 경우 $\phi_c = \frac{1}{3}$이다.

로 S는 이러한 연속 상전이 형식을 취할 것으로 예상할 수 있다. 생성 함수 $g_1(u)$가 $u = 1$ 근처에서 잘 행동하고$^{\text{well-behaved}}$ 모든 차수의 미분이 유한하다[21]고 가정하면, 그 지점에 대해 다음과 같이 전개할 수 있다.

$$g_1(u) = g_1(1) + (u - 1)g_1'(1) + \tfrac{1}{2}(u - 1)^2 g_1''(1) + O(u - 1)^3$$
$$= 1 + \frac{u - 1}{\phi_c} + \tfrac{1}{2}(u - 1)^2 g_1''(1) + O(u - 1)^3 \tag{15.21}$$

여기서는 $g_1(1) = 1$이라는 것을 이용했다(식 (12.85), 식 (15.7) 참고). 이 결과를 식 (15.4)에 대입하면, u가 다음을 만족시킨다는 사실을 알 수 있다.

$$u = 1 + \frac{\phi}{\phi_c}(u - 1) + \tfrac{1}{2}\phi(u - 1)^2 g_1''(1) + O(u - 1)^3 \tag{15.22}$$

이것을 다시 다음과 같이 쓸 수 있다.

---

21 이것은 이 절의 뒷부분에서 별도로 논의할, 그림 15.3에 나오는 거듭제곱 법칙의 경우는 제외한다.

$$u - 1 = \frac{2}{g_1''(1)} \frac{\phi_c - \phi}{\phi_c \phi} + O(u - 1)^2 \tag{15.23}$$

마찬가지로, $g_0(u)$를 다음과 같이 전개할 수 있다.

$$\begin{aligned} g_0(u) &= g_0(1) + (u - 1)g_0'(1) + O(u - 1)^2 \\ &= 1 + \frac{2\langle k \rangle}{g_1''(1)} \frac{\phi_c - \phi}{\phi_c \phi} + O(\phi - \phi_c)^2 \end{aligned} \tag{15.24}$$

여기서는 $g_0(1) = 1$과 식 (12.87) 및 식 (15.23)을 이용했다. 이것을 식 (15.2)에 대입하면 다음 결과를 얻을 수 있다.

$$S = \frac{2\langle k \rangle}{g_1''(1)} \frac{\phi - \phi_c}{\phi_c} + O(\phi - \phi_c)^2 \tag{15.25}$$

즉, S는 스미기 전이 바로 위에서 $\phi - \phi_c$처럼 선형으로 변하며, 위에서부터 전이에 접근함에 따라 연속적으로 0이 된다. 따라서 스미기 문턱값을 통과할 때 연속 상전이 형태인 그림 15.4의 곡선과 같이 보일 것으로 예상할 수 있다.[22]

이 결과는 위에서부터 스미기 전이에 접근함에 따라 거대 클러스터가 매우 작아진다는 뜻이기 때문에 중요하다. 다시 말해, 네트워크에 거대 클러스터가 있다는 의미에서 '기능을 수행할^{functional}' 수 있겠지만, 실제로 기능하는 부분은 사라져 버릴 정도로 작다. 예를 들어 네트워크가 통신 네트워크인 경우, 네트워크의 모든 노드 중 0이 아닌 비율의 노드들은 거대 클러스터가 있는 한 서로 소통할 수 있겠지만 스미기 문턱값에 접근함에 따라 그 비율 자체가 매우 작아진다. 즉, 실제로는 대부분의 노드가 차단됐음을 뜻한다. 따라서 스미기 문턱값을 네트워크가 작동을 멈춘 지점으로 해석하는 것은, 사실상 이 지점에 도달하기도 전에 대부분의 네트워크가 작동을 멈춘 것이기 때문에 오해의 소지가 있다고 주장할 수도 있다. 네트워크의 작동 여부에 대한 상태를 완전히 기술하려면 거대 클러스터가 있는지의 여부뿐만이 아니라 그 거대 클러스터의 크기도 명시해야 한다.

또한 그림 15.4에 있는 가파른 스미기 전이는 크기가 무한한 네트워크에서만 실제로 볼 수 있다는 점에 유의하는 것이 중요하다. 물론 모든 실제 네트워크에 해당되는, 크기가 유한한 네트워크의 경우 그러한 전이가 완만해진다. 이것을 확

---

22 더 엄밀하게 말하자면 이 전이는 **2차 전이**(second-order transition)다. 전이 지점에서 질서 매개변수는 연속이지만 미분값은 연속이 아니다.

인하기 위해, 크기가 유한한 네트워크에서 거대 클러스터의 작동을 생각해보자. 사실 엄밀하게 말하면, 하나의 유한한 네트워크에는 거대 클러스터가 없다. 무작위 그래프의 거대 덩어리와 마찬가지로, 거대 클러스터의 올바른 정의는 네트워크의 크기에 비례해서 크기가 커지는 클러스터다(11.5절 참고). 따라서 네트워크의 크기가 고정된 상태에서는 네트워크 크기에 따라 변하는 클러스터의 눈금잡기 scaling에 대해 이야기하는 것은 의미가 없다. 이 문제를 해결하기 위해, 유한한 크기의 네트워크에서 거대 클러스터 대신 받아들일 수 있는 양인 가장 큰 클러스터를 살펴보자. 네트워크의 전체 크기에 대한 비율로서 그것의 크기는, 스미기 전이 위쪽에 있을 때 우리의 이론이 예측하는 거대 클러스터 크기에 대한 합리적인 근사치가 돼야 한다.

전이 아래에서 가장 큰 클러스터는 크기가 작지만 0은 아니므로, 네트워크의 작지만 0이 아닌 비율을 채우고 있다. 이것은 $S = 0$이라는 이론적 예측과 대충 일치하지만 완벽하지는 않다. 그리고 이 0이 아닌 값은, 가장 큰 클러스터를 포함하여 일반적으로 클러스터들이 채움 확률 ϕ가 증가함에 따라 커지기 때문에 전이 지점에 접근함에 따라 커진다. 최종적인 결과는 이론이 예측하는 급격한 전이가 약간 부드럽게 된 것이며, 이것은 예를 들어 작은 네트워크에서의 스미기에 대한 컴퓨터 시뮬레이션에서 종종 볼 수 있다. 유한한 크기의 시스템에서만 나타나는 이와 같은 효과를 유한 크기 효과finite-size effect라고 한다.

네트워크의 크기가 커지는 극한에서도 그림 15.4와 식 (15.25)의 적용에 대한 예외가 있다. 앞서 논의한 바와 같이 지수가 $2 < \alpha < 3$인 거듭제곱 법칙 링크수 분포를 갖는 네트워크를 고려해보자. 이 경우에는 g_1을 미분한 값이 유한하다는 가정이 성립하지 않으므로(그림 15.3과 그것에 수반되는 논의 참고) 이전의 논거가 성립하지 않는다. 거듭제곱 법칙 네트워크의 경우 스미기 문턱값이 $\phi_c = 0$으로 떨어질 뿐만 아니라, 거대 클러스터가 ϕ가 증가함에 따라 선형linear으로 커지지 않는다. 일반적으로 선형보다 느리게 커지는데, 정확한 함수의 형태는 $u = 1$ 근방에서 $g_1(u)$의 모양에 따라 다르다. 예를 들어, 전형적인 형태는 다음과 같다.

$$1 - g_1(u) = c(1 - u)^\beta \qquad (15.26)$$

위 식은 $u = 1$ 근처에 대한 것이며, c와 β는 양의 상수다. $\beta < 1$이면, 이것은 $g_1(1) - 1$을 보정하면서도 $u = 1$일 때 $g_1(u)$의 미분값(그리고 모든 더 고차의 미분값)

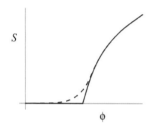

거대 클러스터가 나타내는 상전이는 무한히 큰 시스템(실선으로 표시)에서만 급격하다. 유한한 크기의 시스템에서는 완만하다(점선으로 표시).

646

을 무한대로 만든다. 이러한 $g_1(u)$의 형태에 의하면 식 (15.4)는 다음과 같은 뜻이다.

$$1 - u = (c\phi)^{1/(1-\beta)} \tag{15.27}$$

그러면 $g_0(u)$를 다음과 같이 쓸 수 있다.[23]

$$g_0(u) \simeq g_0(1) + g_0'(1)(u - 1) = 1 + \langle k \rangle (u - 1) \tag{15.28}$$

이것은 $u = 1$에 가까울 때에 해당되며, 거듭제곱 법칙 지수 $\alpha > 2$인 이상 $\langle k \rangle$가 유한하므로 거대 클러스터의 크기는 다음과 같다.

$$S = \phi[1 - g_0(u)] \simeq \phi \langle k \rangle (1 - u) \sim \phi^{(2-\beta)/(1-\beta)} \tag{15.29}$$

이것은 $\beta < 1$인 경우 $(2 - \beta)/(1 - \beta) > 1$이므로 $\phi \to 0$인 극한에서 선형[24]보다 빠르게 0으로 간다.

따라서 거대 클러스터가 $\phi \to 0$인 극한에서 매우 작아질 것으로 예상할 수 있다. 그림 15.5는 지수 $\alpha = 2.5$인 척도 없는 네트워크의 경우에 대해 그림 15.4와 같은 것을, 식 (15.2)와 식 (15.4)에 대한 수치해석적 답으로부터 그린 것이다. 여기서 $\phi = 0$에 가까운 지점에서 S의 비선형적 형태는 분명하다.

이 결과는 $\phi_c = 0$이기 때문에 척도 없는 네트워크가 매우 견고하다는 우리의 이전 주장을 다소 누그러뜨린다. 이러한 네트워크에서는 스미기 문턱값이 0이고 모든 값의 ϕ에 대해 거대 클러스터가 있지만 그 거대 클러스터는 엄청나게 작아질 수 있다. 예를 들어, 거듭제곱 법칙 링크수 분포가 있는 통신 네트워크라면 매우 작은 ϕ 값에 대해 공식적으로는 작동을 할 수 있지만, 실제로는 서로 통신할 수 있는 노드의 비율이 너무 작아서 네트워크가 별 쓸모가 없을 수 있다.

---

23 좀 더 주의 깊게 보정 항을 살펴보기 위해 식 (12.33)을 사용하고 식 (15.26)을 적분하여 $g_0(u) = 1 - \langle k \rangle (1 - u) + c(1 - u)^{\beta+1}/(\beta + 1)$을 보일 수 있다. $u \to 1$인 극한에서 마지막 항이 그 이전 항보다 더 빨리 사라지기 때문에 $g_0(u) \simeq 1 - \langle k \rangle (1 - u)$라고 쓸 수 있다. 이러한 $g_0(u)$의 형태가, 보정 항은 $O(1 - u)^2$이어야 한다고 생각할 수도 있기 때문에 처음에는 약간 놀라울 것이다. 그러나 이러한 종류의 거동은 거듭제곱 법칙 분포에서 일반적이다.

24 거듭제곱 법칙 네트워크를 $\phi = 0$에서 스미기 전이가 있는 것으로 간주할 수 있는 한, 이 상전이의 차수(order)가 무엇인지 묻는 것은 흥미로울 것이다. 답은 식 (15.29)가 연속 상전이에 대한 표준 형식에 완벽하게 맞는 게 아니라서 불확실하다. 질서 매개변수가 상전이 지점에서 연속이면 상전이를 2차로 정의하고 미분이 연속이면 3차로 정의할 경우, 이 전이는 3차다. 그러나 질서 매개변수가 상전이 바로 위의 채움 확률 ϕ에 대해 분수의(fractional) 거듭제곱으로 변하기 때문에, 이 상전이를 2와 3 사이의 분수 차수라고 주장할 수도 있다.

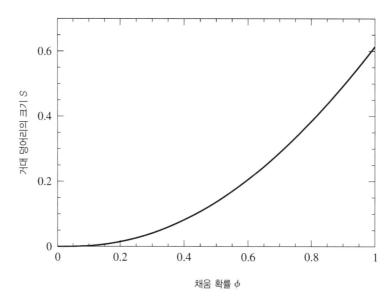

그림 15.5 척도 없는 네트워크에 대한 거대 클러스터의 크기

지수 $\alpha = 2.5$(실제 네트워크에서 흔한 값)인 거듭제곱 법칙 링크수 분포를 가진 구조 모형 네트워크에 대한 거대 클러스터의 크기다. $\phi = 0$ 근처에서 곡선의 비선형 형태를 눈여겨보라. 이것은 S가 엄밀하게는 0이 아니지만 그러한 영역에서 매우 작아진다는 것을 뜻한다. 이 그림을 지수함수 링크수 분포를 가진 네트워크에서의 거대 클러스터 크기에 대한 그림 15.4와 대조해보라.

15.3 노드를 불균일하게 제거하기

이전 절에서는 노드가 네트워크에서 무작위로 균일하게 제거되는 스미기 과정을 고려했다. 그것이 물리학자들과 수학자들이 오랫동안 연구한 고전적인 스미기의 형태다. 그러나 네트워크를 논의할 때 노드가 제거될 수 있는 다른 방법을 고려하는 것도 흥미롭다. 예를 들어, 15.1절에서 가장 큰 링크수부터 시작하여 가장 작은 링크수에 이르기까지 링크수의 순서에 따라 노드를 제거하는 가능성에 대해 언급한 바 있다. 이것은 예를 들어, 질병의 확산을 예방하기 위한 예방접종 전략으로 효과적일 수 있다. 링크수가 많은 노드들이 감염되면 그들의 많은 이웃으로 인해 인구 전체의 질병 감염 위험이 높아짐이 분명하므로, 링크수가 많은 노드에게 백신을 먼저 접종하는 것이 적절한 접근법일 수도 있다.

이제 노드의 채움 확률이 그 노드의 링크수에 의존할 수 있는 더 일반적인 스미기 과정을 고려해보자. ϕ_k를 링크수가 k인 노드가 네트워크에 존재하거나 채워져 있을 확률로 정의한다. ϕ_k가 k와 무관한 상수라면 이전 절에서 다룬 균일한 노드 제거 문제로 돌아갈 것이다. 반면에 어떤 상수 k_0에 대해 링크수가 $k < k_0$인 모든 노드에 대해 $\phi_k = 1$이고 모든 $k \geq k_0$에 대해 $\phi_k = 0$이면, 링크수가 k_0 이상인 모든 노드를 네트워크에서 제거하는 효과가 있다. 노드 제거 패턴이 더 복잡해지는 다른 많은 선택도 가능하다.

구조 모형 네트워크에 대한 스미기를 다시 살펴보자. 이전과 같이 u를 노드가 이웃 중 하나를 통해 거대 클러스터에 연결되어 있지 않을 평균 확률로 정의한다. 노드의 링크수가 k인 경우 이웃을 통해 거대 클러스터에 연결되지 않을 확률은 u^k이고 거대 클러스터에 연결될 확률은 $1 - u^k$이다. 그러나 거대 클러스터에 속하기 위해서는 그 노드 자체도 채워져 있어야 하며, 이것은 확률 ϕ_k로 발생하므로 해당 노드가 거대 클러스터에 속할 확률은 $\phi_k(1 - u^k)$이다.

이제 거대 클러스터에 있을 평균 확률 S를 찾기 위해 그것을 링크수 확률 분포 p_k에 대해 평균을 내면 다음 결과를 얻을 수 있다.

$$S = \sum_{k=0}^{\infty} p_k \phi_k (1 - u^k) = \sum_{k=0}^{\infty} p_k \phi_k - \sum_{k=0}^{\infty} p_k \phi_k u^k$$
$$= f_0(1) - f_0(u) \tag{15.30}$$

여기서

$$f_0(z) = \sum_{k=0}^{\infty} p_k \phi_k z^k \tag{15.31}$$

이 새로운 함수 $f_0(z)$는 생성 함수에 대한 일반적인 방식으로 정규화되지 않았음에 유의하라. 즉, 식 (15.30)에 등장하는 $f_0(1)$은 일반적으로 1이 아니다. 대신 그 값은 다음과 같이 주어진다.

$$f_0(1) = \sum_{k=0}^{\infty} p_k \phi_k = \overline{\phi} \tag{15.32}$$

이것은 노드가 채워져 있을 평균 확률 또는 채워진 노드의 평균 비율이다.

균일한 스미기 때와 비슷한 접근 방식을 이용해 u 값을 계산할 수 있다. u 값은 이웃을 통해 거대 클러스터에 연결되어 있지 않을 확률이다. 이것은 이웃이 채워져 있지 않거나, 채워져 있지만 그 이웃이 다른 이웃을 통해 거대 클러스터에 연결되어 있지 않은 경우에 발생한다. 이제 k를 이웃 노드의 남은 링크수라고 하자. 그러면 이웃이 채워져 있지 않을 확률은 $1 - \phi_{k+1}$이다. 여기서 ϕ_k는 남은 링크수보다 1만큼 더 큰 노드의 총 링크수로 정의되기 때문에 지수^{index}가 $k + 1$이라는 것에 유의하라(12.2절 참고). 이웃이 채워져 있지만 거대 클러스터에 연결되어 있지 않을 확률은 $\phi_{k+1} u^k$이다. 이 항들을 더하고 남은 링크수 분포 q_k에 대해 평균을 내면 다음과 같다.

$$u = \sum_{k=0}^{\infty} q_k(1 - \phi_{k+1} + \phi_{k+1} u^k) = 1 - f_1(1) + f_1(u) \tag{15.33}$$

여기서

$$f_1(z) = \sum_{k=0}^{\infty} q_k \phi_{k+1} z^k \tag{15.34}$$

로 정의되고, $\sum_k q_k = 1$이라는 사실을 이용했다.

$f_1(z)$의 정의는 ϕ_{k+1}의 아래첨자 $k + 1$ 때문에 약간 특이해 보인다. 원한다면 식 (15.3)에 나오는 남은 링크수 분포에 대한 완전한 표현식인 식 (15.3)을 이용해 다음과 같이 쓸 수 있다.

$$f_1(z) = \frac{1}{\langle k \rangle} \sum_{k=0}^{\infty} (k+1) p_{k+1} \phi_{k+1} z^k = \frac{1}{\langle k \rangle} \sum_{k=1}^{\infty} k p_k \phi_k z^{k-1} \tag{15.35}$$

이것이 더 대칭적인 모양을 갖고 있다. 또한 이것을 다음과 같이 쓸 수도 있다.[25]

$$f_1(z) = \frac{f_0'(z)}{g_0'(1)} \tag{15.36}$$

여기서 $g_0(z)$는 이전과 같이 정의된 생성 함수다. 이 식은 $f_0(z)$를 알게 됐을 때 $f_1(z)$를 계산하기 위해 유용할 수 있다. $f_0(z)$와 마찬가지로 함수 $f_1(z)$는 생성 함수에 대한 일반적인 방식으로 정규화되지 않는다($f_1(1)$의 값이 일반적으로 1과 다르다).

---

25 식 (15.31)을 z에 대해 미분하면 식 (15.35)의 합계 부분이 된다는 사실을 쉽게 알 수 있고, 원래 링크수의 확률 분포에 대한 생성 함수 $g_0(z)$의 정의를 복습해보면 $g_0'(1) = \langle k \rangle$임을 알 수 있을 것이다. – 옮긴이

캘러웨이^{Callaway} 등[93]이 처음으로 발표한 식 (15.30)과 식 (15.33)은 이 일반화된 스미기 과정에서의 거대 클러스터 크기에 대한 완전한 답을 준다. 이 식들을 사용하는 예시로서, 식 (15.12)로 주어진 지수함수 링크수 분포를 갖는 네트워크를 다시 고려하고, 링크수가 k_0 이상인 모든 노드를 제거한다고 가정하자. 다시 말하자면, ϕ_k를 다음과 같이 쓰는 것이다.

$$\phi_k = \begin{cases} 0 & k \geq k_0\text{인 경우} \\ 1 & \text{그 외} \end{cases} \qquad (15.37)$$

그러면 다음과 같은 결과를 얻을 수 있다.

$$f_0(z) = (1-a)\sum_{k=0}^{k_0-1}(az)^k = \left[1-(az)^{k_0}\right]\frac{1-a}{1-az} \qquad (15.38)$$

그리고

$$f_1(z) = \frac{f_0'(z)}{g_0'(1)} = \left[\left(1-(az)^{k_0}\right) - k_0(az)^{k_0-1}(1-az)\right]\left(\frac{1-a}{1-az}\right)^2 \qquad (15.39)$$

이렇게 선택한 것에 대해 식 (15.33)은 k_0차 다항 방정식이 되며, 안타깝게도 그런 방정식은 ($k_0 \leq 4$가 아니라면) 해를 정확히 구할 수 없다. 하지만 특히 이 경우 우리가 관심을 가진 해가 0과 1 사이의 범위에 있음을 알고 있다는 점을 감안할 때, 수치해석적으로 해를 찾는 것은 상당히 쉽다. 그러면 식 (15.30)을 통해 거대 클러스터의 크기를 계산할 수 있다.

그림 15.6(a)는 이러한 계산의 결과를 k_0의 함수로 나타낸 것이다. 이 그림을 보며, 초기에 높은 값에서 시작하여 k_0를 낮추면(이것은 네트워크에서 많은 링크수를 가진 노드를 점점 더 많이 효과적으로 제거하는 과정이다) 어떻게 되는지 생각해보라. 그림에서 볼 수 있듯이, 거대 클러스터의 크기가 처음에는 천천히 감소한다. 이것은 네트워크에 링크수가 매우 많은 노드가 많지 않아서 제거된 노드가 거의 없기 때문이다. 하지만 k_0가 10 근처의 값을 지나면 네트워크에 대한 공격이 거대 클러스터의 축소로부터 분명해지기 시작하며, 클러스터의 크기가 $k_0 = 5$ 부근에서 0에 도달할 때까지 점진적으로 더 빨라진다.

그림 15.6(a)를 보고 가장 링크수가 많은 노드들을 제거해도 매우 견고한 네트워크를 묘사하고 있다고 생각하는 것도 무리가 아니다. 거대 클러스터를 쪼개려

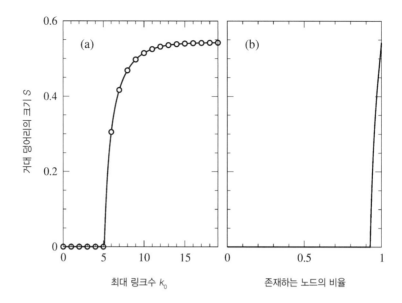

그림 15.6 네트워크에서 가장 많은 링크수를 가진 노드를 제거할 때 거대 스미기 클러스터의 크기

(a) $a = 0.6$인 지수함수 링크수 분포 $p_k \sim a^k$를 가진 네트워크에서, 가장 큰 링크수를 가진 노드부터 시작하여 링크수 순서대로 제거할 때의 거대 클러스터 크기. 그래프는 네트워크에 남아 있는 가장 큰 링크수를 가진 노드의 링크수 k_0의 함수로 표시한 것이다. 엄밀하게는 k_0이 정수여야 하므로 그래프는 원으로 표시한 정수 지점에서만 유효하며, 원들을 잇는 곡선은 그래프를 보기에 편하도록 그린 것이다. (b) 같은 데이터를 이제 네트워크에 남아 있는 노드의 비율 $\bar{\phi}$의 함수로 그린 것이다.

면 노드를 링크수가 5인 것까지 제거해야 한다. 하지만 이러한 첫인상은, 네트워크의 대다수 노드의 링크수가 적다는 사실을 고려하지 않았기 때문에 오해의 소지가 있다. 즉, 5보다 많은 링크수를 가진 모든 노드를 제거하더라도 여전히 전체 노드 중에서는 작은 비율만 제거한 것이다.

이 상황을 묘사하는 더 유용한 표현 방식은 거대 클러스터 크기를 다음 식으로 주어지는 채워진 노드의 비율 $\bar{\phi}$의 함수로 그리는 것이다.

$$\overline{\phi} = f_0(1) = 1 - a^{k_0} \tag{15.40}$$

그림 15.6(b)는 이러한 방식으로 다시 그린 결과를 보여주며, 네트워크에서 링크수가 가장 많은 노드들 중 약 8%만 제거돼도 거대 클러스터가 실제로 완전히 사라지는 것을 보여준다. 이와는 대조적으로, 그림 15.4와 같이 무작위로 균일하게 노드를 제거했을 때 거대한 클러스터를 파괴하기 위해서는 노드의 거의 70%를 제거해야 했다. 이 차이가 놀랍긴 하지만, 직관적으로 합리적이다. 링크수가 많은

652

노드에는 많은 연결이 있으며, 그런 노드를 제거하면 그 많던 연결이 모두 사라진다.

이러한 결과는, 예를 들어 질병 전파를 유발하는 접촉 네트워크에서 가장 링크수가 많은 노드를 찾아 백신을 접종하여 네트워크에서 효과적으로 제거할 수 있음을 시사한다. 이것은 그냥 무작위로 예방접종을 하는 것보다 훨씬 효율적인 전략일 것이다.

여기에서 설명한 효과의 특히 놀라운 예는 거듭제곱 법칙 링크수 분포가 있는 네트워크에서 발생한다. 앞서 살펴봤듯이, 이러한 네트워크에서 노드를 균일하게 제거하는 것은 거듭제곱 법칙의 지수가 2와 3 사이에 있는 한 거대 클러스터를 절대로 파괴하지 않는다. 반대로, 이러한 네트워크에서 가장 많은 링크수를 가진 노드들을 제거하면 치명적인 효과가 나타난다. 여기서도 S를 닫힌 형태로 풀 수는 없지만 수치해석적으로 해를 구하는 것은 간단하다. 그림 15.7(a)는 거듭제곱 법칙의 경우에 대해 그림 15.6(b)에 해당하는 것을 보여주며, 여기서 볼 수 있듯이 거대 클러스터는 많은 링크수를 가진 노드가 제거됨에 따라 엄청나게 빠르게 사라진다. 거대 클러스터를 완전히 파괴하기 위해 노드의 몇 퍼센트만 제거하면 되며, 그 정확한 비율은 거듭제곱 법칙의 지수에 따라 다르다.

이 비율을 계산하려면, 거대 클러스터가 나타나거나 사라지는 상전이가 식 (15.33)에 대한 자명하지 않은 해가 나타나거나 사라지는 지점에서, 즉 식 (15.33) 우변의 공식이 $u = 1$일 때 $y = u$ 직선에 접하면 일어난다는 사실을 관찰하여 할 수 있다. 즉, 전이 지점에 대한 일반적인 기준은 다음과 같다.

$$f_1'(1) = 1 \tag{15.41}$$

(또는 $f_1'(1) > 1$인 것과 거대 클러스터가 존재하는 것이 필요충분조건이라고 할 수도 있다.) 다시 말하자면, 식 (15.41)의 정확한 해를 구하는 것은 종종 불가능하지만 수치해석적으로 풀 수 있다. 거듭제곱 법칙의 경우에 대해 이 작업을 수행하면 그림 15.7(b)에 나타낸 결과를 얻을 수 있으며, 거대 클러스터를 파괴하기 위해 제거해야 하는 노드의 비율을 거듭제곱 법칙 지수 α의 함수로 표시했다. 여기서 볼 수 있듯이, 곡선은 $\alpha = 2.2$ 부근에서 3% 바로 아래의 값으로 정점을 찍는다. 따라서 어떤 경우에도 네트워크의 연결성을 파괴하기 위해 3% 이상의 노드를 제거할 필요가 없는 것이다.

따라서 척도 없는 네트워크는 역설적이게도, 알버트 등[17]이 처음 강조했듯

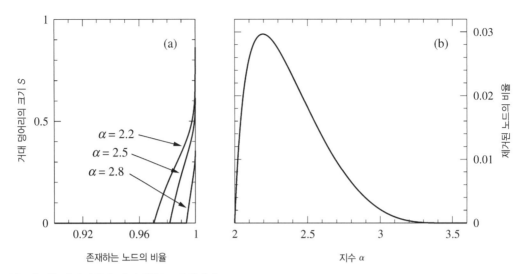

그림 15.7 척도 없는 네트워크에서 가장 링크수가 많은 노드들의 제거

(a) 거듭제곱 법칙 링크수 분포로 구성된 구조 모형에서, 가장 링크수가 큰 노드부터 시작하여 링크수에 따라 노드를 제거할 때 거대 클러스터의 크기. 거대 클러스터를 완전히 파괴하려고 할 때 노드의 작은 부분만 제거해도 된다. (b) 거대 클러스터를 파괴하기 위해 제거해야 하는 노드의 비율을 거듭제곱 법칙 분포의 지수 α의 함수로 나타낸 것. 어떤 α 값에 대해서도 제거해야 하는 노드의 비율이 3%를 넘지 않는다.

이 견고하면서도 취약하다. 한편으로는, 노드의 무작위 오류에 대해 놀라울 정도로 견고하며, 제거된 노드의 수와 상관없이 거대 클러스터가 지속된다(15.2.1절에서 소개한 조건인 거대 클러스터의 크기도 중요하며 채워진 노드의 비율 ϕ가 0으로 갈 때 거대 클러스터의 크기가 매우 작아진다는 것을 명심해야 하지만). 반면에, 척도 없는 네트워크는 특히 가장 링크수가 많은 노드들을 목표로 하는 공격에 매우 취약하다. 거대한 클러스터를 완전히 파괴하려고 한다면 그러한 네트워크에서 정말 가장 작은 부분만 제거해도 된다.

목표 맞춤형 공격$^{targeted\ attack}$에 대한 척도 없는 네트워크의 취약성은 나쁜 소식이기도 하고 좋은 소식이기도 하다. 가능한 공격으로부터 방어하고자 하는 인터넷과 같은 네트워크에 있어서는 나쁜 소식이다. 가장 중요한 노드 몇 개만을 대상으로 한 악의적인 공격에 의해 쉽게 다운될 수 있는 통신 네트워크는 재난이 일어나기만을 기다리고 있는 것일 수도 있다.

반면에, 이와 같은 결과는 네트워크 허브에서 예방접종을 위해 노력하는 것을 목표로 하여 질병을 박멸하거나 줄이는 데 도움이 될 수도 있다. 하지만 네트워크에서 허브를 찾는 것이 반드시 쉬운 일은 아니므로, 목표 맞춤형 예방접종 전략을 구현하기가 어려울 수도 있다는 점에 주목할 필요가 있다. 대부분의 경우에는 전체 네트워크를 알지 못하므로, 단순히 목록에서 링크수가 많은 노드를 선택할 수 있는 게 아니다.

이 문제를 해결하는 한 가지 흥미로운 방법을 코헨^{Cohen} 등[115]이 제안한 바 있다. 해당 연구에서는 링크수가 많은 노드를 찾기 위해 네트워크 자체의 구조를 사용하는 방식을 제안했다. '지인 면역^{acquaintance immunization}'이라고 부르는 이 방법에서는 인구 집단의 구성원들을 무작위로 선택한 다음 그들 각자가 지인을 한 명씩 지명하게 한다. 그런 다음, 그 지인들에게 해당 질병에 대한 예방접종을 한다. 이 시나리오에서 그 지인은 '에지 끝에 붙어 있는 노드'이므로 구조 모형에서 이 노드는 원래의 링크수 분포가 아닌, 식 (12.16)으로 주어지는 남은 링크수 분포에 따라 링크수 분포를 갖게 된다. 그러나 12.2절에서 논의한 것처럼, 남은 링크수 분포는 링크수가 적은 노드보다 링크수가 많은 노드가 끄트머리에 붙어 있는 에지가 더 많기 때문에 링크수가 많은 노드로 편향된다. 따라서 코헨 등의 전략에서 선택된 사람들 역시 링크수가 많은 쪽으로 편향되어 있게 된다. 선택된 사람들이 네트워크에서 링크수가 가장 많을 것이라는 보장은 없지만, 무작위로 노드를 고르는 것보다는 허브를 찾을 가능성이 훨씬 크며, 시뮬레이션 연구에 의하면 이 지인 면역 방법이 꽤 잘 작동하는 것으로 보인다.

반면 이 방법은 몇 가지 단점도 있다. 우선, 실제 세상의 접촉 네트워크는 물론 구조 모형이 아니므로 이론적 결과가 실제 상황을 얼마나 정확하게 설명할지가 불분명하다. 다음으로, 실제 접촉 네트워크는 대부분 거듭제곱 법칙 링크수 분포를 갖기보다는 일반적인 거듭제곱 법칙보다 꼬리가 다소 짧아서 그것이 이 방법 또는 사실상 링크수가 많은 노드를 목표로 하는 어떤 전략에 대해서도 그 효과를 감소시킬 것이다. 또 다른 문제는 지인 면역법은 지인을 알려달라고 할 때 필연적으로 누가 누구와 알고 지내는지를 조사하는데 일반적으로 그것이 질병 전파 네트워크와는 다르다는 점이다. 그 두 네트워크를 비슷하게 만들기 위해, 참가자들에게 한동안 보지 못했거나 전화로만 이야기할 수 있었던 사람들보다는 최근에 직접 만난 지인만 언급하도록 요청하는 방식으로 최선을 다할 수는 있다. 하지만 여전히 두 네트워크가 다르다는 사실은 이 전략이 결국 잘못된 사람들에게 예방접종 노력을 집중하게 될 수도 있다는 뜻이다. 마지막으로, 이 절차로 확인한 지인의 위치나 예방접종에 동의할지 여부를 보장할 수 없다. 4.7절의 '응답자 주도 표본추출' 방법과 유사하게, 이 방법에 참여하도록 장려하기 위해 티켓을 기반으로 한 계획을 사용하여 성공률을 높일 수도 있을 것이다.

15.4 실제 네트워크에서의 스미기

모형 네트워크에서 스미기가 어떻게 작동하는지 봤으므로, 이제 실제 네트워크를 살펴보자. 네트워크 구조에 대한 데이터가 있으면 컴퓨터에서 스미기 과정을 시뮬레이션하여 노드를 하나씩 제거하고 결과로 나온 클러스터를 조사할 수 있다. 이론상으로는 간단하지만, 실제로 좋은 결과를 얻으려면 제법 주의가 필요하다. 핵심 문제는 스미기 과정이 무작위 과정이므로 노드가 무작위 순서로 제거된다는 점이다. 그것은 클러스터의 크기가 우리가 노드들을 선택하는 정확한 순서에 따라 달라질 수 있다는 뜻이다. 심지어 노드를 링크수 순서대로 제거하는 경우에도, 주어진 어떤 링크수를 가진 노드가 많이 있을 수 있고 편향을 피하기 위해 일반적으로 그 노드들 중에서 무작위로 선택하기 때문에, 이 과정에는 여전히 어느 정도의 무작위성이 있다.

무작위성은 표준적인 난수 생성기를 사용해 컴퓨터에서 쉽게 시뮬레이션할 수 있지만, 시뮬레이션 결과는 생성된 특정 난수들에 따라 실행할 때마다 다르다. 따라서 스미기가 네트워크에 미치는 영향에 대한 신뢰할 만한 그림을 얻으려면 전체 계산을 여러 번 수행하고, 매번 다른 임의의 순서로 노드를 제거하여 일반적인 작동과 각 실행 결과에 대한 변화의 범위를 볼 수 있어야 한다. 따라서 스미기에 대한 계산을 빠르게 할 수 있어야 한다는 뜻이다. 일반적인 상황에서 다른 노드 제거 순서에 대한 스미기 계산을 1,000번 반복하고 싶을 수 있고, 이때 각 계산이 컴퓨터에서 1분밖에 걸리지 않더라도 1,000번을 실행하는 데는 여전히 하루가 걸릴 것이다.

하지만 똑똑한 전략을 쓴다면, 이 책에서 고려해온 일반적인 크기의 네트워크에 대해 그것보다 훨씬 더 잘할 수 있고 단 몇 초 만에 답을 얻을 수 있다.

15.5 스미기를 위한 컴퓨터 알고리듬

스미기 자체의 실제 과정(네트워크에서 노드를 무작위로 채우거나 또는 제거하는 것)은 컴퓨터에서 시뮬레이션하는 것이 간단하다. 더 어려운 작업은 이 과정이 만들어 내는 스미기 클러스터를 찾는 것인데, 이것이 스미기 계산에 있어서의 주요 관심 사다. 클러스터를 찾는 가장 간단한 방법은 8.5.4절의 너비 우선 탐색 알고리듬을 사용하는 것이다. 이 알고리듬이 $O(m + n)$의 시간 만에 네트워크의 모든 덩어리를 찾을 수 있다는 점을 다시 떠올려보라. 여기서 m은 네트워크의 총 에지 수이고 n은 총 노드 수를 나타내며, 듬성한 네트워크의 경우 $m \propto n$이므로 시간이 $O(n)$만큼 걸리는 것이다. 네트워크에서 노드 집합과 그들과 연결된 에지를 제거하면, 그 결과 만들어지는 스미기 클러스터는 정의상 남아 있는 네트워크의 덩어리이므로 너비 우선 탐색을 사용해 클러스터도 찾을 수 있다.

예를 들어 노드를 무작위로 균일하게 제거할 경우, 주어진 네트워크에 대한 가장 큰 스미기 클러스터 크기의 수치해석적 계산은 각 노드를 차례대로 쭉 살펴보면서 확률 $1 - \phi$로 네트워크에서 노드(와 그것과 연결된 에지들)를 제거하고, 그러고 나서 그 결과로 만들어진 클러스터를 찾은 다음 그중 가장 큰 클러스터의 크기 S를 찾기 위해 조사하는 과정으로 되어 있다. 그런 다음, 전체 네트워크에서 다시 시작하여 무작위로 선택한 다른 노드 집합을 제거하고 클러스터를 찾는 전체 과정을 반복한다. 계산을 여러 번 많이 반복하여, 노드가 확률 ϕ로 존재하거나 기능을 수행할 때 가장 큰 클러스터 크기에 대한 평균값 $S(\phi)$를 계산할 수 있다.

우리가 하나의 ϕ 값에만 관심이 있다면, 이것이 실제로 사용하기에 가장 좋은 알고리듬이며 답을 얻기 위해 알려진 가장 빠른 방법이다. 하지만 보통은 이전 절에서와 같이 0에서 1까지의 전체 범위 또는 적어도 그 범위의 일부에 대해 시스템이 어떻게 작동하는지에 관심이 있다. 이 경우 관심 범위에 있는 ϕ의 수많은 값에 대해 위에서 소개한 전체 계산을 반복해야 할 것이다. 이 과정은 시간이 많이 걸리며 이 문제에 접근하는 가장 좋은 방법은 아니다.

대신 다음과 같은 다른 접근 방식을 고려해보자. 이 접근 방식이 처음에는 이전 접근 방식과 약간의 차이만 있는 것처럼 보이지만, 훨씬 더 효율적인 알고리듬이 될 수 있음을 앞으로 살펴볼 것이다. 네트워크의 각 노드를 독립적인 확률 ϕ로 채우는 대신, 고정된 수 r의 노드를 채우도록 하고 주어진 r 값에 대해 계산을 여러 번 반복하고 평균을 취해서, 가장 큰 클러스터 크기(또는 다른 어떤 관심을 가진 양)에 대한 그림 S_r을 r의 함수로 얻는다.

이 계산이 우리가 원하는 결과를 직접 주지는 않는다. S_r은 $S(\phi)$와는 다르며, 우리가 관심이 있는 것은 후자다. 하지만 0에서 n까지 모든 정숫값 r에 대해 S_r 값을 알고 있다면, 다음과 같이 $S(\phi)$를 계산할 수 있다. 네트워크의 각 노드가 확률 ϕ로 채워져 있다면, 정확히 r개의 노드가 채워져 있을 확률은 다음과 같은 이항 분포로 주어진다.

$$p_r = \binom{n}{r} \phi^r (1 - \phi)^{n-r} \qquad (15.42)$$

S_r을 이 분포에 대해 평균하면 ϕ에 대한 함수로서 가장 큰 클러스터의 평균 크기는 다음과 같다.

$$S(\phi) = \sum_{r=0}^{n} p_r S_r = \sum_{r=0}^{n} \binom{n}{r} \phi^r (1 - \phi)^{n-r} S_r \qquad (15.43)$$

언뜻 보기에 이것은 이전 방법보다 $S(\phi)$를 계산하는 데 있어 덜 기대되는 접근 방식으로 보인다. 식 (15.43)을 사용하려면 모든 r 값에 대해 S_r을 알아야 하고, 너비 우선 탐색을 사용해 하나의 r 값에 대해 계산하는 데 $O(m + n)$만큼의 시간이 걸리므로, 모든 n 값에 대해 이것을 계산하는 데는 $O(n(m + n))$만큼의 시간이 걸리고, $m \propto n$이면 $O(n^2)$만큼의 시간이 걸린다. 무작위성에 대해 평균하기 위해 이 계산 자체를 또 여러 번 반복해야 한다는 점을 감안할 때, 전체 과정을 완료하는 데 시간이 매우 오래 걸릴 수 있다.

그러나 모든 r에 대해 S_r을 계산하는 더 빠른 방법이 있다. 네트워크에서 r개의 노드가 있을 때 모든 클러스터를 이미 찾았다면, 간단히 노드를 하나 더 추가하여 $r + 1$개의 노드가 있는 클러스터를 찾을 수 있다는 간단한 관찰에서 영감을 얻은 것이다. 대부분의 클러스터는 노드를 하나 추가하는 걸로는 바뀌지 않으며, 바뀌는 클러스터에만 집중하면 너비 우선 탐색을 완전히 새로 수행하는 작업을 안 해도 되므로 많은 계산 시간을 절약할 수 있다. 이것을 하기 위한 간단한 알고리듬은 다음과 같다.

이 알고리듬은 완전한 전체 네트워크에서 노드를 제거하는 대신, 노드가 하나도 채워져 있지 않은 초기 상태에서 전체 네트워크를 복구할 때까지 노드를 하나씩 채우는 방식으로 작동한다. 네트워크에 각 노드를 추가할 때 다른 노드에 연결된 에지도 같이 추가한다. 이미 존재하는 다른 노드에 대한 연결만 추가해야 한다.

이 알고리듬의 목적을 위해, 이 과정을 그림 15.8과 같이 분리해봤다. 각각의 새로운 노드는 처음에 에지 없이 추가된다(그림 15.8(a) 참고). 이 상태에서 새로운 노드는 자체적인 클러스터를 형성한다. 그런 다음, 이미 존재하는 다른 노드에 연결된 에지를 하나씩 추가한다. 그러한 에지가 없으면 새 노드는 자체적인 클러스터로 유지된다. 그러나 추가할 에지가 있는 경우 추가되는 첫 번째 에지는 반드시 노드를 인접한 클러스터에 연결해야 한다(그림 15.8(b) 참고). 다음으로 연결되는 에

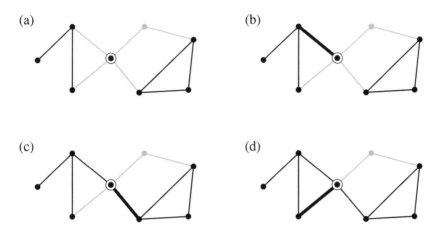

그림 15.8 스미기를 위한 컴퓨터 알고리듬

본문에 설명한 스미기 알고리듬에서는 네트워크에서 노드를 제거하기보다는 네트워크에 노드를 하나씩 추가한다. 추가하는 각 과정은 여러 단계로 구성되어 있다. (a) 노드 자체를 추가하지만 연결할 에지는 아직 추가하지 않는다. 이 단계에서 노드는 자체적인 새로운 클러스터를 형성한다. (b) 우리가 원하는 순서로 연결할 에지(있는 경우)를 추가하기 시작한다. 네트워크에 이미 있는 다른 노드에 연결되는 에지만 추가한다. 따라서 추가된 첫 번째 에지(추가된 게 있다면)는 정의상 항상 새 노드를 이미 존재하는 클러스터 중 하나에 결합한다. 또 다르게 표현하자면, 이미 존재하는 클러스터와 추가된 하나의 노드로만 구성된 새 클러스터 이렇게 2개의 클러스터를 결합하는 것이다. (c) 이 예에서 추가하는 다음 에지는 2개의 클러스터를 결합한다. (d) 여기서 추가한 마지막 에지는 이미 같은 클러스터의 구성원인 두 노드를 결합하므로, 네트워크의 클러스터 구조가 바뀌지 않는다.

지들은 더 복잡하다. 그 에지들은 두 가지 중 하나의 역할을 할 수 있다. 에지가 그 노드를 또 다른 클러스터에 연결할 수 있으며, 이 경우 두 클러스터[26]를 결합하여 단일 클러스터로 만든다(그림 15.8(c) 참고). 또는 그림 15.8(d)에서와 같이 이미 속한 동일한 클러스터의 다른 구성원에 노드를 연결할 수 있다. 이 경우에는 결합되는 클러스터가 없으며, 네트워크에 있는 클러스터의 크기와 정체에 있어서 추가된 에지가 영향을 미치지 않는다.

따라서 네트워크의 클러스터를 추적하기 위해 알고리듬은 두 가지 작업을 수행해야 한다. 우선, 에지를 추가할 때 에지의 양쪽 끝에 있는 노드가 속한 클러스터들을 식별해야 한다. 다음으로, 그 클러스터들이 다른 경우 그것들을 단일 클러스터로 결합해야 한다(그 클러스터들이 같은 경우에는 아무것도 안 해도 된다).

이것을 달성하는 방법은 여러 가지가 있지만, 간단한 방법은 각 노드에 정수와 같은 이름표를 붙여서 해당 노드가 속한 클러스터를 나타내는 것이다(그림 15.9(a) 참고). 그러면 두 노드가 같은 클러스터에 속하는지 여부를 결정하는 것은 간단한

---

26 첫 번째 에지가 연결된 클러스터와 다음 에지가 연결된 클러스터를 뜻한다. – 옮긴이

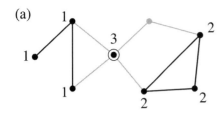

(a)

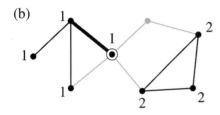

(b)

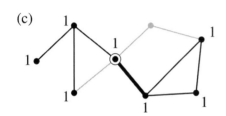

(c)

그림 15.9 이름표를 이용한 클러스터 추적

본문에 설명한 알고리듬에서, 각 노드에 속한 클러스터를 나타내는 이름표(일반적으로 정숫값)를 지정한다. 이 예에서는 처음에 1과 2로 이름표가 지정된 2개의 클러스터가 있고 이들 사이에 새 노드를 추가한다. (a) 새 노드는 처음에 연결할 에지 없이 추가되고 이름표가 3인 새 클러스터를 형성한다. (b) 3번 클러스터를 1번 클러스터에 연결하는 에지가 추가되므로, 한 클러스터가 다른 클러스터와 같은 이름표를 갖도록 다시 이름표를 붙인다. 본문에 설명한 알고리듬에서는 항상 두 클러스터 중 작은 클러스터(이 경우 3번 클러스터)에 이름표를 다시 붙인다. (c) 추가되는 다음 에지가 1번 클러스터와 2번 클러스터를 결합하고 2번 클러스터에 이름표를 다시 붙인다.

문제이며(이름표가 같으면 같은 클러스터에 속한 것이다), 두 클러스터를 결합하기 위해서는 클러스터 중 하나에 속한 모든 노드의 이름표를 다른 클러스터의 이름표와 일치시키면 된다. 이 과정이 그림 15.9에 나와 있다.

전체 알고리듬은 다음과 같다.

1. 채워진 노드가 없는 빈 네트워크에서 시작한다. $c = 0$을 초기에 네트워크에 있는 클러스터의 수라고 하자. 노드가 네트워크에 추가될 순서를 무작위로 선택한다.

2. 선택한 순서로 다음 노드를, 처음에는 에지 없이 추가한다. 이 노드는 자체적인 클러스터를 형성하므로 c를 1만큼 증가시키고, 노드에 c라는 이름표를 붙여서 그것이 속한 클러스터를 나타낸다. 클러스터 c의 크기는 1임을 기록한다.

3. (원래 네트워크에서) 이 노드에 붙어 있는 에지들을 순서대로 하나씩 살펴본다. 각 에지에 대해 다른 쪽 끝의 노드가 이미 (채우고 있는) 네트워크에 추

660

가됐는지 확인한다. 있는 경우 네트워크에 에지를 추가한다.

4. 추가된 각 에지에 대해 양쪽 끝에 있는 노드의 클러스터 이름표를 확인한다. 양쪽 끝 노드들의 클러스터 이름표가 같으면 아무것도 안 해도 된다. 이름표가 서로 다른 경우 클러스터 중 하나를 선택하고, 모든 노드의 이름표를 다른 클러스터의 이름표와 같도록 다시 붙인다. 클러스터 크기를 기록한 것을, 클러스터를 이루는 두 클러스터 크기의 합이 되도록 업데이트한다.

5. 모든 노드가 추가될 때까지 2단계부터 반복한다.

이 과정이 끝나면, 완전히 비어 있는 네트워크에서 모든 노드와 에지가 있는 완전한 최종 네트워크로 이동한 것이고, 그 사이에 가능한 모든 중간의 노드 수 r이 있는 상태를 통과한 것이다. 게다가 이러한 각 상태에서 모든 클러스터의 정체와 크기에 대한 완전한 기록을 갖고 있으며, 예를 들어 이것을 사용해 가장 큰 클러스터의 크기 S_r을 찾을 수 있다. 그런 다음 결과를 식 (15.43)에 대입하여 임의의 ϕ에 대해 $S(\phi)$를 계산할 수 있다. 앞서 논의한 바와 같이, 보통은 노드가 추가되는 순서가 변할 때 생기는 무작위 변동을 허용하기 위해 알고리듬을 여러 번 실행한 것에 의한 결과를 평균 내고 싶어 한다. 하지만 적절하게 구현하면 알고리듬을 매우 빠르게 실행할 수 있기 때문에, 이것은 더 이상 계산을 끝내는 데 있어 심각한 걸림돌이 아니다.

알고리듬에서 가장 시간이 많이 걸리는 부분은 클러스터가 결합될 때 클러스터의 이름표를 다시 붙이는 것이다. 하지만 에지가 2개의 다른 클러스터를 결합할 때 두 클러스터 중 어떤 것에 다시 이름표를 붙일지를 자유롭게 선택할 수 있다는 것에 주목하라. 항상 둘 중 더 작은 클러스터에 이름표를 다시 붙이도록 선택하면 알고리듬의 속도가 크게 향상될 수 있음이 밝혀졌다(두 클러스터의 크기가 같으면 어떤 걸 골라서 이름표를 다시 붙여도 상관없다). 이것을 확인하기 위해 다음 논의를 고려하라.

항상 두 클러스터 중 작은 클러스터에 이름표를 다시 붙이는 경우, 이름표가 바뀐 클러스터는 최소한 자신보다 크거나 같은 클러스터와 결합된 것이므로, 이제 그것은 이전 크기의 최소 두 배인 클러스터의 일부가 된다. 따라서 노드에 이름표가 다시 붙을 때마다 그 노드가 속한 클러스터의 크기는 최소 두 배가 된다. 각 노드는 크기가 1인 클러스터로 시작하므로, k번 이름표를 새로 붙인 후에 속하는 클러스터의 크기는 최소 2^k이다. 그리고 어떤 노드도 전체 네트워크의 크기 n보다 큰 클러스터에 속할 수는 없으므로, 전체 알고리듬 동안 노드가 겪을 수 있는 최대 이름표 다시 붙이기 횟수는 $2^k = n$ 또는 $k = \log_2 n$으로 주어진다. 따라서 n개의 모든 노드에 대한 이름표 다시 붙이기 작업의 횟수는 $n \log_2 n$이다. 실제로는 이름표 다시 붙이기 과정 자체를, 그것이 필요한지 여부를 확인하기 위해 이름표가 다시 붙은 각 노드에서 인접 노드로 에지를 따라가며 너비 우선 탐색을 사용해 수행할 수 있다. 노드에서 이어지는 평균 에지 수가 노드의 평균 링크수 $2m/n$(식 (6.15) 참고)과 같으므로, 노드당 걸리는 시간은 이름표를 업데이트하는 데 걸리는 (일정한) 시간을 포함하여 $O(1 + m/n)$이다. 따라서 알고리듬에서 이름표 다시 붙이기 부분을 수행하는 데 걸리는 총 시간은 기껏해야 $O(1 + m/n) \times n \log n = O((m + n) \log n)$이다.

알고리듬의 다른 부분은 보통 그것보다 빠르다. 노드를 추가하는 데 $O(n)$만큼의 시간이 걸리고 에지를 추가하는 데 $O(m)$만큼의 시간이 걸린다. 따라서 알고리듬의 전체 실행 시간은 선행 차수^{leading order} 기준 $O((m + n) \log n)$이며, $m \propto n$인 듬성한 네트워크에서는 $O(n \log n)$이고 이것은 처음에 소개한 별생각 없이 실행하는 알고리듬에 해당하는 $O(n(m + n))$보다 훨씬 낫다.

노드가 불균일하게 추가되거나 제거되는 경우에도 같은 알고리듬을 사용할 수 있다. 예를 들어, 노드가 링크수에 대한 내림차순으로 제거돼야 하는 경우, 해당 과정을 역순으로 하여 링크수가 증가하는 순서로 초기에 비어 있는 네트워크에 노드를 추가하기만 하면 된다. 알고리듬 자체의 세부 사항은 바뀌지 않고 노드의 순서만 변경되는 것이다.

이 알고리듬은 거의 모든 계산에서 실제로 잘 작동한다. 하지만 스미기 문제에 대한 가장 빠른 알고리듬은 아니다. $O(m + n)$만큼의 시간(또는 듬성한 네트워크의 경우 $O(n)$)에 실행되는 훨씬 더 빠른 것이 있으며, 프로그램을 작성하기에도 훨씬 더 간단하다(겉보기의 단순함에 비해 숨어 있는 미묘한 것들이 있긴 하지만). 이 접근 방식에 대해 더 알고 싶은 독자는 [371]을 참고하라.

15.5.1 실제 네트워크에 대한 결과

그림 15.10은 이전 절의 알고리듬을 사용해 계산한 4개의 네트워크에 대한 스미기 결과를 보여준다. 이 계산에서 채워지는 노드는 무작위로 균일하게 선택됐으

며, 그림은 각 경우에 대해 전체 시스템의 크기 비율로 나타낸 가장 큰 클러스터의 크기 S를, 채워진 노드의 비율 ϕ의 함수로 표시한 것이다. 15.2.1절에서 설명했듯이 시스템의 크기에 따라 커지는 거대 클러스터의 개념은 고정된 네트워크에서는 의미가 없으므로, 가장 큰 클러스터가 거대 클러스터를 대신하는 역할을 한다.

그림 15.10에서 맨 위에 있는 두 네트워크인 전력망과 도로망은 모두 거듭제곱 법칙이 아닌 링크수 분포를 가진 네트워크다. 전력망은 대략 지수함수 분포를 갖고 있고, 도로망에는 링크수가 1에서 4까지인 노드만 있고 다른 링크수는 없다. 이러한 네트워크의 경우 15.2.1절에서 설명한 일반적인 종류의 동작, 즉 ϕ가 0이 아닌 값일 때 $S \simeq 0$인 영역에서 S가 0이 아닌 영역으로의 연속 스미기 상전이 현상을 볼 수 있을 것으로 예상된다. 하지만 네트워크가 상대적으로 작기 때문에(전력망의 경우 4941개의 노드가 있고, 도로망의 경우 935개의 노드가 있다) 전이가 다소 완만할 것으로 예상할 수 있다(15.2.1절 참고).

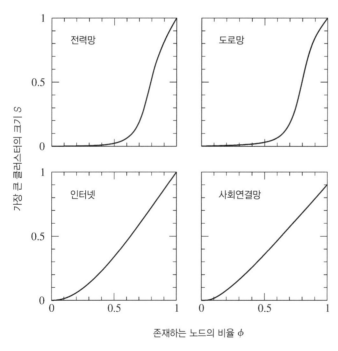

그림 15.10 4개 네트워크에서의 스미기에 대한 채움 확률의 함수로 나타낸 가장 큰 클러스터의 크기

여기서 4개의 그림은 4개의 실제 네트워크(미국 서부 전력망, 미국 주간 고속도로망, 자율 시스템 수준의 인터넷, 물리학자들 간의 협업을 나타낸 사회연결망)에서 노드를 무작위로 제거하면서 네트워크 크기의 비율로 측정한 가장 큰 스미기 클러스터의 크기를 나타낸다. 각 곡선은 계산을 1,000번 반복하여 평균을 낸 것이기 때문에 매끄럽게 보인다.

그리고 그것이 실제로 우리가 보는 바와 같다. 이 두 경우(전력망과 도로망)에서 S는 특정 ϕ 값 아래에서 0에 가까워지고, 그 이후 빠르게 증가하지만 전이 근처에서 어느 정도 완만한 전환이 일어난다. 전체적으로, 완만해진 부분을 제외하면 곡선의 모양은 그림 15.4와 질적으로 유사하다. 심지어 상전이 문턱값의 위치를 잠정적으로 추정해볼 수도 있는데, 두 네트워크 모두에서 $\phi = 0.6$이나 0.7 근방에 있는 것으로 보인다.

아래쪽 2개의 그림에서는 상황이 다르다. 이것은 인터넷과 사회연결망에서의 스미기 결과를 보여준다. 이 두 네트워크는 모두 대략 거듭제곱 법칙 링크수 분포를 갖고 있으므로, 15.2.1절에서 얻은 통찰을 바탕으로 하여 스미기 전이가 없으며(또는 그렇게 부르는 걸 선호한다면 $\phi = 0$에서의 전이), 가장 큰 클러스터는 ϕ가 증가할 때 비선형적으로 커질 것으로 예상할 수 있다. 예상했던 것이 다시 한번 수치해석적 결과에 의해 적어도 질적으로는 입증된 것 같다. 두 네트워크 모두에서 S 값은 모든 $\phi > 0$에 대해 0이 아닌 것으로 보이며, 작은 ϕ에 대해 초기에 커지는 모습에는 약간의 곡률이 있어서 비선형적 성장을 뜻한다.

따라서 이 경우 구조 모형에 대한 스미기 이론은 실제 네트워크의 동작에 대한 일반적으로 괜찮은 안내를 제공하는 것으로 보인다. 거듭제곱 법칙 네트워크는 대부분의 노드가 제거돼도 거대 클러스터가 남아 있다는 점에서 노드를 무작위로 제거하는 것에 대해 견고하다. 반대로, 거듭제곱 법칙이 아닌 네트워크는 상대적으로 적은 수의 노드(이 경우 약 40%)가 제거되면 본질적으로 연결이 끊어진다.

그림 15.11은 노드를 링크수 순서대로(링크수가 많은 노드 우선) 제거했을 때 그 4개의 네트워크에 대한 결과를 보여준다. 여기서 볼 수 있듯이, 네트워크에 대한 이 '공격attack'은 4개 네트워크 모두에서 무작위로 노드를 제거하는 것보다는 가장 큰 클러스터의 크기를 줄이는 데 더 효과적이다. 그러나 그림 15.10과 그림 15.11의 차이는 처음 2개의 네트워크인 전력망과 도로망에서는 그다지 크지 않다. 이 두 네트워크에서 거대 클러스터는 목표 맞춤형 공격에서, 거의 무작위로 제거할 때만큼이나 오래 살아남는다. 이것은 두 네트워크 모두 매우 링크수가 많은 노드가 많지 않기 때문에(최대 링크수가 4인 도로망에서는 아예 없다), 가장 링크수가 많은 노드를 제거하는 것이 무작위로 노드를 골라 제거하는 것과 크게 다르지 않으므로 예상할 수 있는 결과다.

하지만 나머지 두 네트워크인 인터넷과 사회연결망은 둘 다 대략적으로 거듭제곱 법칙 링크수 분포를 갖고 있으므로 그 효과가 훨씬 더 크다. 이 두 네트워크는

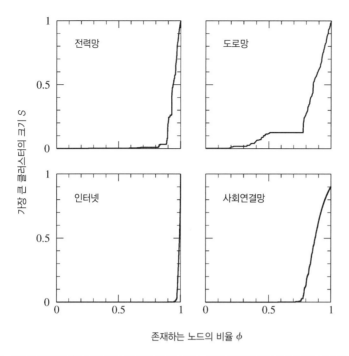

존재하는 노드의 비율 ϕ

그림 15.11 4개의 네트워크에 대한 목표 맞춤형 공격의 경우, 채움 확률의 함수로 나타낸 가장 큰 스미기 클러스터의 크기

여기서 4개의 그림은 그림 15.10과 같은 동일한 4개의 네트워크에서 노드가 링크수 순서대로 제거됐을 때 가장 큰 클러스터의 크기를 네트워크 크기의 비율로 보여준다. 이것은 대부분 결정론적(deterministic) 과정이고 무작위 과정이 아니기 때문에(같은 링크수를 가진 노드들 간에 무작위로 선택하는 것을 제외하고), 곡선을 그림 15.10에서와 같이 평균 낼 수 없으므로 상대적으로 들쭉날쭉하다.

다른 두 네트워크보다 무작위 제거에 더 견고하지만, 적어도 이 측정 결과에서는 확실히 목표 맞춤형 공격에 대해 덜 견고하다. 특히 인터넷은 가장 링크수가 많은 노드가 약 5%만 제거돼도 가장 큰 클러스터 크기가 사실상 0이 되며, 이것 역시 이론적 계산 결과와 유사하다(그림 15.7 참고). 따라서 실제 인터넷은 구조 모형에 대한 계산에서 알아봤던 견고하고 취약한 성질이 혼합되어 있는 것으로 보이며, 노드의 무작위 제거에는 놀라울 정도로 견고하지만 목표 맞춤형 공격에는 훨씬 더 취약하다.

따라서 전반적으로 스미기 이론은 네트워크의 견고성에 대한 성공적인 정성적인 안내를 제공하는 것으로 보인다. 이론의 예측이 일반적으로 완벽하게 정확하지는 않지만, 노드에 오류가 발생하거나 제거될 때 예상할 수 있는 것에 대해 쓸만한 직관을 준다.

다음 장에서는 스미기의 또 다른 응용 사례인 네트워크에서의 질병 확산에 대해 알아볼 것이다.

연습문제

15.1 임의의 4-정규 네트워크(즉, 모든 노드의 링크수가 4인 구조 모형)에서 노드가 무작위로 균일하게 제거되는 격자점 스미기 과정을 생각하자. 네트워크가 크다고 가정해도 좋다.

a) 거대 스미기 클러스터의 크기 S를 전체 네트워크 크기의 비율로 표현하라.

b) 임계 채움 확률 ϕ_c를 구하라.

c) $S = 1$이 되는 ϕ의 값을 구하라. 이것은 거대 클러스터가 네트워크 전체를 채우고 있다는 뜻이다. 클러스터가 가장 많이 채울 수 있는 것이 거대 덩어리 전체라는 점을 고려할 때, 어떻게 이런 일이 일어날 수 있을까?[27]

15.2 이 문제를 풀기 전에 먼저 12장의 연습문제 12.13을 풀어보면 유용할 수 있다.

평균 링크수가 c인 푸아송 무작위 그래프에서, 채움 확률이 ϕ로 주어지는 노드를 무작위로 균일하게 채우는 격자점 스미기 과정을 생각하자.

a) 채워진 노드와 에지에 의해 형성된 네트워크 자체가 푸아송 무작위 그래프임을 보여라. 이 그래프에서 노드의 평균 링크수는 얼마인가?

b) 따라서 스미기가 일어나지 않았을 때(거대 클러스터가 없는 경우), 작은 클러스터들의 평균 크기는 다음과 같음을 보여라.

$$\langle s \rangle = \frac{\phi}{1 - c\phi}$$

c) 12.10.9절의 결과를 이용해, 무작위로 선택된 노드가 크기 s인 클러스터에 속할 확률 π_s는 다음과 같음을 보여라.

$$\pi_s = \begin{cases} 1 - \phi & s = 0 \text{인 경우} \\ \phi e^{-sc\phi}(sc\phi)^{s-1}/s! & s > 0 \text{인 경우} \end{cases}$$

---

27 클러스터가 기껏해야 거대 덩어리 전체만 채울 수 있는데 어떻게 네트워크 전체를 채울 수 있느냐는 질문이다(문제에 대한 큰 힌트가 될 수도 있겠다). – 옮긴이

15.3 각각의 비율이 p_1, p_2, p_3로 주어지는, 링크수가 1, 2, 3인 노드만 있는 구조 모형 네트워크를 고려하자.

   a) 네트워크에서 격자점 스미기가 발생하는 임계 노드 채움 확률 ϕ_c의 값을 찾아라.

   b) $p_1 > 3p_3$이면 어떤 채움 확률 ϕ의 값에 대해서도 거대 클러스터가 없음을 보여라. 이 결과가 p_2에 의존하지 않는 이유는 무엇인가?

   c) 거대 클러스터의 크기를 ϕ의 함수로 구하라(힌트: $u = 1$은 항상 $u = 1 - \phi + \phi g_1(u)$라는 방정식의 해라는 점을 기억하면 유용할 수 있다).

15.4 식 (15.7)을 사용해, $a < 1$인 (적절하게 정규화된) 지수함수 $p_k = (1 - a)a^k$의 링크수 분포를 가진 구조 모형 네트워크에서 노드를 균일하게 무작위로 제거할 때 스미기 문턱값의 위치를 계산하라. 구한 답이 (다른 방법으로 주어진) 식 (15.20)과 같은지 확인해보라.

15.5 정사각 격자^square lattice에서의 (균일한) 결합선 스미기 문제를 생각하고, 다음과 같은 상황을 고려해보자.

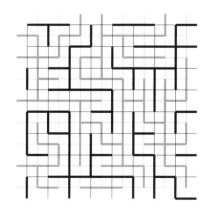

여기서는 하나의 결합선 스미기 계(검은색으로 표시)를 택한 다음, 이것과 연동된 또 다른 계(회색으로 표시)를 구성하여 전자에서 채워져 있는 결합선이 없는 모든 부분에 대해 후자에서 결합선이 채워지도록 한다. 이렇게 연동된 시스템을 이중 격자^dual lattice라고 한다.

   a) 원래 격자의 채워진 결합선 비율이 ϕ라면 이중 격자의 채워진 결합선 비율은 얼마인가?

   b) 원래 격자에서 좌우 방향 경로가 없는 것과 이중 격자에서 상하 방향 경로

가 있는 것이 동치임을 보여라.

c) 그러므로 무한한 크기의 정사각 격자에서 스미기 전이는 $\phi = \frac{1}{2}$에서 일어난다는 것을 논하라.

15.6 네트워크의 크기 n이 매우 큰 극한일 때, 평균 링크수가 c인 푸아송 링크수 분포를 가진 무작위 그래프에서 에지 채움 확률이 ϕ로 주어지는 (균일한) 결합선 스미기 과정을 고려하자.

a) 노드가 연결된 에지들 중 특정한 하나의 에지를 통해 거대 스미기 클러스터에 연결되지 않을 확률 u에 대한 방정식을 써보라.

b) 노드의 링크수가 k일 때 그 노드가 거대 클러스터에 없을 확률에 대한 공식을 u에 대해 써보라.

c) 노드가 거대 클러스터에 없다는, 또는 있다는 가정하에 그 노드의 링크수가 k일 확률을 u, c, k로 표현해보라.

d) 따라서 거대 클러스터에 없는 노드의 평균 링크수는 cu임을 보여라.

15.7 15.3절에서는 거듭제곱 법칙 링크수 분포가 있는 구조 모형 네트워크에서 링크수가 가장 많은 노드들을 제거할 때 어떤 일이 발생하는지 조사한 바 있다.

a) '순수한^{pure}' 거듭제곱 법칙 링크수 분포($k \geq 1$일 때는 $p_k = k^{-\alpha}/\zeta(\alpha)$이고 $p_0 = 0$)에 대해, 거대 클러스터가 사라지는 상전이는 링크수가 $k > k_0$인 모든 노드가 사라질 때임을 보여라. k_0는 다음 식을 만족시킨다.

$$\sum_{k=1}^{k_0} (k^{-\alpha+2} - k^{-\alpha+1}) = \zeta(\alpha - 1)$$

b) $\sum_{k=1}^{k_0} k^{-x} + \sum_{k=k_0+1}^{\infty} k^{-x} = \zeta(x)$라는 사실을 이용하고, 큰 k 값에 대한 사다리꼴 규칙(13장의 식 (13.103))을 이용해 다음을 보여라.

$$\sum_{k=1}^{k_0} k^{-x} \simeq \zeta(x) - \tfrac{1}{2}(k_0 + 1)^{-x} - \frac{(k_0 + 1)^{-x+1}}{x - 1}$$

c) k_0에 대한 선행 차수만 취하여, 거대 클러스터가 대략 다음 지점에서 사라지는 것을 보여라.

$$(k_0 + 1)^{-\alpha+3} = (\alpha - 3)\big[\zeta(\alpha - 2) - 2\zeta(\alpha - 1)\big]$$

d) $\alpha = 2.5$에 대해 거대 클러스터가 사라진 지점에서의 k_0에 대한 근삿값을 구하라.

15.8 15.3절에서 논의한 바와 같이, 구조 모형 네트워크에서 노드에 대한 채움 확률 ϕ_k가 링크수 k의 함수로 주어진 균일하지 않은 스미기 문제를 고려하라.

a) $f_1'(1) > 1$인 경우에만 거대 클러스터가 네트워크에 존재할 수 있음을, 그래프 논증 또는 다른 방법으로 보여라. 여기서 $f_1(z)$는 식 (15.34)에서 정의된 함수다.

b) 구조 모형 네트워크가 $a < 1$인 (적절하게 정규화된) 지수함수 링크수 분포 $p_k = (1-a)a^k$을 갖고 있고 $b < 1$인 채움 확률 $\phi_k = b^k$으로 주어진다고 하자. 따라서 링크수가 많은 노드가 링크수가 적은 노드에 비해 제거될 가능성이 더 큰 것이다. $2ab^2(1-a)^2 > (1-ab)^3$일 때 시스템에 거대 클러스터가 있음을 보여라.

15.9 15.3절에서 논의한 '지인 면역' 방법을 다시 떠올려보라. 이 방법에서는 사람들에게 무작위로 백신을 접종하는 대신, 사람들에게 친구 한 명을 지명하도록 요청한 다음 그 친구에게 백신을 접종한다. 친구는 인기가 많은 사람일 가능성이 높으므로[28] 접촉이 많은 사람에게 예방접종을 하는 효과가 있다.

임의의 네트워크에서 지인 면역 과정을 생각해보자. 전체 인구에서 f라는 비율에 해당하는 인구를 무작위로 균일하게 선택한 다음, 각각이 백신 접종을 할 친구 중 한 명을 균일하게 무작위로 지명한다.

a) i라는 사람이 지명받을 예상 횟수가 $f\kappa_i$임을 보여라. 여기서 κ_i는 다음과 같이 주어지는 네트워크에서 i의 이웃들이 가진 링크수에 대한 역수의 합이다.

$$\kappa_i = \sum_j \frac{A_{ij}}{k_j}$$

b) 따라서 개인이 예방접종을 받지 않을 확률, 즉 해당 네트워크 노드가 스미기의 관점에서 채워져 있을 확률은 n이 클 때 $e^{-f\kappa_i}$임을 논하라.

c) 같은 링크수를 가진 두 노드 중 하나에는 링크수가 많은 이웃이 있고 다른 하나에는 링크수가 적은 이웃이 있다. 두 노드 중 어느 쪽에 예방접종을 할

---

28 본인보다 본인의 친구가 일반적으로 친구가 더 많다는 소위 '친구 역설(friendship paradox)'에 의하면 이것은 수학적으로 당연하다. – 옮긴이

가능성이 더 높은가? 이것은 질병 예방 측면에서 좋은 것인가, 나쁜 것인가?

15.10 15.5절에서 설명한 스미기에 대한 컴퓨터 알고리듬을 고려하되, 두 클러스터 사이에 에지를 추가할 때 두 클러스터 중 더 작은 클러스터가 아니라 무작위로 선택된 클러스터에 이름표를 다시 붙인다고 가정하자. 15.5절에서 설명한 것과 유사한 논증으로, 이 알고리듬에서 최악의 경우에 대한 실행 시간이 $O(n^2)$임을 보여라. 이것은 항상 더 작은 클러스터에 이름표를 다시 붙이는 알고리듬에 해당하는 $O(n \log n)$보다 훨씬 안 좋다.

15.11 질병이 퍼지고 있는 접촉 네트워크를 알고 있고, 노드에 백신 접종을 위해 정해진 '예산'이 주어졌다고 가정하자. 즉, 지정된 수 r개의 노드에 백신을 접종할 수 있다. 우리의 목표는 질병에 걸리는 사람의 수를 최소화하는 것이다.

a) r개의 노드를 제거한 후의 네트워크가, 크기가 각각 $s_1, ..., s_k$인 k개의 스미기 클러스터 집합으로 구성되어 있다고 하자. 질병이 네트워크에서 무작위로 선택된 하나의 노드에서 시작하여 해당 노드가 속한 스미기 클러스터의 모든 노드로 확산되는 경우(또는 노드 자체가 백신 접종을 한 경우에는 퍼지지 않는다) 예상되는 감염된 노드 수 I가 다음과 같음을 보여라.

$$I = \frac{1}{n} \sum_{m=1}^{k} s_m^2$$

따라서 질병 발생의 예상 크기에 대한 가능한 가장 작은 값은 k개의 클러스터가 있을 때 $I = (n - r)^2/nk$임을 논하라. 그러므로 다른 모든 조건이 동일하다면, 네트워크를 가능한 한 가장 많은 수의 클러스터로 나눌 수 있도록 백신 접종을 할당하는 것이 좋다. 실제로는, 백신을 접종한 노드를 사용해 네트워크를 분할하고 시작 위치에 관계없이 질병이 너무 멀리 퍼지는 것을 방지하는 '방화벽^firewall'을 만들어야 한다.

b) 다음 네트워크에서 하나의 노드만 제거할 수 있는 경우, 예상되는 전염병 확산의 크기를 최소화하기 위해 어떤 노드를 제거해야 하는가?

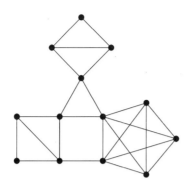

c) 2개의 노드를 제거할 수 있는 경우에는 어떤 노드들을 제거해야 하는가?
3개라면 어떤가?

CHAPTER

16

네트워크에서의 감염병 전파

사람들, 동물들 사이의 접촉 네트워크에서 발생하는 질병 전파로 나타나는 전염병 전파 과정

과학계가 사회연결망 연구에 많은 투자를 해온 이유 중 하나는 그것이 질병 전파와 관련이 있기 때문이다. 개별 구성원들 간의 접촉 네트워크에서 나타나는 질병 전파에는 여러 종류가 있다. 인플루엔자와 결핵처럼 공기 중에서 퍼지는 질병은 두 사람이 같은 방에서 호흡할 때 전염된다. 다른 질병과 몇몇 기생충은 사람이 직접 접촉할 때 전염된다. HIV 같은 질병은 사람들이 성관계를 맺을 때 전파된다. 이러한 접촉 패턴을 네트워크로 표현할 수 있고, 연구자들이 많은 노력을 쏟아 이러한 네트워크 구조에 대한 실증적 연구를 했다. 이미 15장에서 백신의 효과를 기술하는 모형으로서 격자점 스미기를 다뤘으며, 역학^{epidemiology}의 네트워크에서 바라본 관점을 논의한 바가 있다. 16장에서는 네트워크 구조와 질병 동역학 사이의 관계와 전염병의 결과를 이해하고 예측하도록 돕는 수학적 기술을 더 깊게 들여다볼 예정이다.

질병 전파와 유사한 일반화된 '전파' 과정으로서 이해할 수 있는 그 밖의 네트워크에서 일어나는 과정도 있다. 사람을 통해 퍼지는 뉴스, 소문, 가십의 전파가 그 예이며, 감염병 전파와 공통된 특징이 있다. 일단 어떤 사람이 지인에게서 일부 뉴스나 정보를 들으면, 그 사람은 다른 사람에게 그 뉴스를 퍼뜨릴 가능성이 있다. 즉, 그 사람은 '감염된' 것이다. 유행이나 행동을 수용하는 것도 어쩌면 비슷한 방법으로 '전염된' 것일 수 있다. 정보의 확산은 인터넷, 미디어, 책과 같은 수단으로도 퍼질 수 있기 때문에 확실히 질병의 확산보다는 더 복잡하다. 그럼에도 불구하고 질병 확산에 대한 아이디어와 모형을 정보 확산을 이해하는 데 도움이 되도록 유용하게 적용할 수 있다.

전염성 있는 행동의 또 다른 변형은 연쇄적 고장$^{cascading\ failure}$이다. 전기 전력망을 예로 들어보자. 전력망에서 송전선은 가끔 과부하가 걸리기 때문에 정기적으로 망가진다. 네트워크에서 특정한 에지로 너무 많은 전력이 전달된다면 그 에지가 망가질 수 있는 것이다. 그 에지가 망가지더라도, 이전에 전달됐던 전력은 해당 전력을 필요로 하는 소비자에게 도달해야 한다. 따라서 그 전력은 반드시 네트워크에서 다른 경로로 우회해야 하므로 이로 인해 다른 에지의 부하가 증가한다. 이러한 과정은 차례대로 다른 에지가 자신의 한계를 넘도록 밀어붙이고 그 에지 역시 고장 난다. 이 과정에서 관찰되는 최종 결과는 네트워크에서 최초의 한 지점에서의 문제나 고장이 빠르게 전체 영역으로 퍼지는 연쇄적 고장이다. 이런 종류의 연쇄적 고장은 대규모 전력 정전의 주요 원인이다.[1]

16장에서는 전염 과정의 행동을 이해하고 예측하는 다양한 방법 및 모형과, 그 것들을 다양한 종류의 네트워크에서 일반화하는 것을 기술할 것이다.

16.1   감염 전파 모형

개별 구성원(역학 용어로는 '숙주^{host}')이 전염병에 걸렸을 때 나타나는 생물학적 과정은 매우 복잡하다. 그 전염병의 원인인 병원균은 면역 체계가 해당 병원균을 퇴치하려고 시도하는 동안 보통 신체 안에서 증식하고, 이 과정에서 종종 증상이 발현된다. 종국에는 대개 신체나 병원균 중 하나가 살아남는데, 최종 상태는 사람이 질병에서 회복한 상태이거나 사망, 또는 영원한 감염 상태인 만성 질병 상태다(비록 가끔은 둘 중 어떤 것도 살아남지 못하지만 말이다). 이론적으로는 만일 사람에게 질병이 어떻게 퍼지는지를 완전히 이해하고 싶다면 이 모든 생물학을 고려해야 한다. 그러나 실질적으로 이는 기가 죽을 만큼 큰 작업이고, 없지는 않지만 거의 시도한 적이 없다. 다행히도, 단순화한 질병 확산 모형을 기반으로 한 더 다루기 쉬운 접근법이 있다. 이 모형들은 많은 경우에 전염병 거동을 이해하는 데 좋은 길잡이를 주었고, 이 장에서는 그러한 모형들을 집중적으로 다룰 것이다.

---

1 그러나 현실 세계에서 전력망 고장의 원인과 메커니즘은 기본적인 전기적 원리뿐만 아니라 운용자의 행동, 정교하지만 언제나 이상적으로 작동하지도 않고 예측하기도 쉽지는 않은 조작 소프트웨어가 결합된 효과를 수반하여, 보통은 꽤 복잡하다는 점을 언급할 필요가 있다.

16.1.1 SI 모형

전염병 확산을 나타내는 전형적인 수학적 표현법에서는 숙주 내에서 일어나는 질병 동역학을 몇 개의 기본 질병 상태 사이의 변화로 간소화한다. 이러한 상태를 때때로 구획compartment이라 부르고, 구획을 사용하는 수학 모형을 구획 모형compartmental model이라고 한다. 가장 간단한 경우에는 감염될 수 있는 구획susceptible compartment과 감염된 구획infected compartment 두 가지만 있다. 감염될 수 있는 상태에 있는 사람은 그 질병에 아직까지 감염된 적은 없으나 만일 감염된 사람과 접촉한다면 그 감염병에 걸릴 수 있는 사람이다. 감염된 상태에 있는 사람은 그 질병에 걸렸으며, 감염될 수 있는 사람과 접촉하면 그 질병을 잠재적으로 전파할 수 있는 사람이다.[2] 비록 이 두 상태로 분류하는 것은 아주 많은 생물학적 세부 사항을 구렁이 담 넘어가듯이 생략하지만, 이 방법은 질병 동역학의 더 폭넓은 특징을 잡아내고, 개개인의 신체 내에서 무슨 일이 발생하는지보다 네트워크와 인구 수준에서 무슨 일이 발생하는지에 더 집중하고자 하는 현재 상황에서는 유용한 단순화 작업이다.

전염병의 수학적 모형화는 네트워크 연구 이전부터 아주 오랜 기간 진행됐는데, 최소한 20세기 초 이 분야에 기여한 의사이자 아마추어 수학자였던 앤더슨 맥켄드릭Anderson McKendrick의 선구자적 업적까지 거슬러 올라간다. 그와 다른 이들이 발전시킨 이 이론은 매우 방대하게 많이 연구된 분야인 전통적인 수학적 역학 모형화의 중요한 핵심을 이룬다. 이 주제를 소개하는 고전적인 문헌으로는 1975년 베일리Bailey가 쓴 아주 이론적인 책[36]과 더 최근에 나온 실용적인 관점으로 작성한 앤더슨Anderson과 메이May의 책[21]이 있다. 헤트코테Hethcote[232]의 리뷰 역시 좋은 자료다.

이 고전적인 접근법에서는 모든 개별 구성원이 단위 시간당 같은 확률로 다른 모든 이들과 접촉한다고 가정하는 완전히 뒤섞임fully mixed 또는 질량-작용 근사mass-action approximation를 이용하므로, 접촉 네트워크를 전혀 다루지 않는다. 이 근사에서는 사람들이 뒤섞여 돌아다녀서 완전히 무작위로 다른 사람들을 만난다. 물론 이

---

2 역학 문헌에서는 감염된 상태를 감염된(infected), 감염시킬 수 있는(infectious), 감염성 있는(infective) 상태라고 다양하게 언급하는 경우가 있다. 대부분의 경우 이 용어들은 차이가 없는 동의어다. 그러나 한 가지는 주의해야 한다. 이 장의 후반부에 논의하겠지만, 정교한 감염병 모형에서는 질병에 감염됐지만 그 질병을 옮기는 감염 상태에 아직 도달하지 않았다고 보는 상태와 질병을 옮길 수 있는 상태를 구분한다. 후자는 '감염시킬 수 있는' 또는 '감염성 있는' 상태이고, 전자는 '감염된' 상태로, 혼선을 피하고자 종종 '노출된' 상태라고 부르기도 한다. 그러나 현재 간단한 두 상태 모형에서는 감염된, 감염시킬 수 있는, 감염성 있는 상태는 차이점이 없다. 세 용어 모두 질병에 걸렸고 이를 옮길 수 있는 같은 상태를 의미한다.

것은 세상을 기술하는 현실적인 표현 방법은 아니다. 사람은 현실에서 전체 인구 중 매우 적은 비율의 사람하고만 접촉하며 그 비율이 무작위도 아니다. 정확히 이것이 바로 질병이나 다른 많은 확산에서 네트워크가 중요한 역할을 하는 이유다. 그럼에도 불구하고 익숙한 전통적인 접근법은 네트워크 역학 연구에 유용할 것이므로, 이러한 기본 원리를 좀 더 알아보고 가자.

개별 구성원들로 이뤄진 집단에서의 질병 확산을 생각해보자. $S(t)$는 시간 t에서 감염될 수 있는 구성원의 수, $X(t)$는 감염된 구성원의 수라고 하자.[3] 엄밀하게는 질병-확산 과정이 무작위한 과정이기 때문에 이런 수들은 유일하게 결정되지 않는다. 만약 질병이 같은 집단에서 두 번 이상 퍼지면, 아무리 매우 비슷한 조건이라 하더라도 매시간 이 수들이 매우 달라질 수 있다. 이런 문제를 해결하고자, S와 X를 감염될 수 있는 사람과 감염된 사람의 평균값 또는 기댓값으로 더 신중하게 정의한다.[4] 즉, 동일한 조건에서 이 과정을 여러 번 수행하고 나서 결괏값을 평균 낸다면 얻는 값인 셈이다. 비록 감염될 수 있는 사람과 감염된 사람의 실제 수가 반드시 언제나 정수라 할지라도, 이러한 평균값들은 일반적으로 정수가 아닐 수 있음을 주목하자.

감염될 수 있는 사람이 감염된 사람에게서 질병과 접촉하면 감염된 사람의 수가 증가한다. 사람이 개인당 비율 β로 서로 무작위로 만나서 충분히 질병을 전파할 만큼 접촉했다고 하자. 이는 개개인이 평균적으로 단위 시간당 무작위로 고른 사람과 β번 접촉했다는 의미다.

감염된 사람이 감염될 수 있는 사람과 접촉할 때만 질병이 전파된다. 전체 인구가 n명이라면 무작위로 만난 사람이 감염될 수 있는 사람일 평균 확률은 S/n이고, 따라서 감염된 사람은 평균적으로 단위 시간당 감염될 수 있는 사람 $\beta S/n$명과 접촉한다. 인구 전체에서 감염된 사람은 평균 X명 있다. 이는 새 감염자가 발생할 전체적인 평균 비율은 $\beta SX/n$이라는 의미이고, X의 변화율을 나타내는 미분방정식을 다음과 같이 적을 수 있다.

$$\frac{\mathrm{d}X}{\mathrm{d}t} = \beta\frac{SX}{n} \tag{16.1}$$

이와 동시에, 감염될 수 있는 사람의 수도 같은 비율로 감소한다.

SI 모형에서 보이는 간단한 전이처럼, 상태들 사이에 허용되는 전이는 위와 같은 순서도(flow chart)로 표현할 수 있다.

---

3 감염된 구성원의 수는 $I(t)$를 사용하는 것이 더 논리적이고 많은 사람이 그렇게 하지만, 나중에 노드에 이름표를 붙일 때 사용하는 인덱스 i와 혼선을 피하고자 대신 X를 사용했다.

4 편의상, $S(t)$와 $X(t)$라고 쓰면 명확히 드러나는 t에 의존한다는 표현법을 보통 생략하고 여기서처럼 단순히 S와 X로 적을 것이다.

$$\frac{dS}{dt} = -\beta \frac{SX}{n} \tag{16.2}$$

질병 확산을 나타내는 이 간단한 수학적 모형을 완전히 뒤섞인 SI 모형$^{susceptible-infected\ model}$이라고 부른다.

감염될 수 있는 상태와 감염된 상태에 있는 사람의 비율을 나타내는 변수를 다음과 같이 정의하는 것이 편할 때가 종종 있다.

$$s = \frac{S}{n}, \qquad x = \frac{X}{n} \tag{16.3}$$

이 변수들로 식 (16.1)과 식 (16.2)를 다시 쓰면 다음과 같다.

$$\frac{ds}{dt} = -\beta s x \tag{16.4a}$$

$$\frac{dx}{dt} = \beta s x \tag{16.4b}$$

사실 모든 사람은 감염될 수 있는 상태이거나 감염된 상태여야 하므로, $S + X = n$ 또는 다시 말해 $s + x = 1$인 것이 언제나 참이기 때문에 이 두 식이 모두 진짜로 필요하지는 않다. 이 조건에서 식 (16.1)과 식 (16.2)가 실제로 같은 식임을 보이는 것은 쉽다. 그렇지 않으면 식 (16.4)에서 $s = 1 - x$로 적어서 s를 제거할 수 있고, 그러면

$$\frac{dx}{dt} = \beta(1 - x)x \tag{16.5}$$

가 된다. 생물학, 물리학, 또는 다른 분야의 많은 영역에서 보이는 이 식을 로지스틱 방정식$^{logistic\ equation}$이라고 부른다. 표준적인 방법을 이용해 이 방정식을 풀 수 있고, 그 결과는 다음과 같다.

$$x(t) = \frac{x_0 e^{\beta t}}{1 - x_0 + x_0 e^{\beta t}} \tag{16.6}$$

여기서 x_0는 $t = 0$에서 x의 값이다. 그림 16.1에 나타낸 것처럼, 일반적으로 이 해로 나타나는 감염된 사람의 비율은 S 모양의 '로지스틱 성장 곡선$^{logistic\ growth\ curve}$'이다. 이 곡선은 인구 대부분이 감염될 수 있는 상태인 질병의 초기 단계에 해당

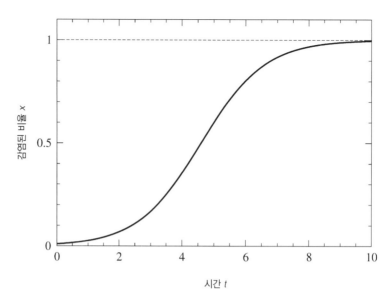

그림 16.1 SI 전염병 모형에서 고전적인 로지스틱 성장 곡선

작은 초깃값(이 예에서는 1%)에서 시작해서, SI 모형에서 감염된 사람의 수가 처음에는 지수함수로 성장한다. 그러나 감염될 수 있는 사람의 공급이 고갈되면서 결국 성장이 포화 상태가 되고, 곡선은 $x = 1$(점선)에서 유지된다.

하는 짧은 시간 동안 지수함수로 증가한다. 이후에 곡선이 수렴해서 감염될 수 있는 사람의 수가 줄어들고, 이 질병은 새로운 희생자를 찾기 점점 어려워진다.[5]

16.1.2 SIR 모형

SI 모형은 감염을 기술할 수 있는 가장 간단한 모형이다. 특정한 질병을 모사하고자 더 현실적이고 더 적절하게 이 모형을 확장할 수 있는 방법은 매우 많다. 한 가지 보편적인 확장 방법에서는 질병에서 회복하는 과정을 다룬다.

SI 모형에서, 모든 사람은 일단 감염되면 영원히 감염된(그리고 감염시킬 수 있는) 상태다. 그러나 실제 많은 질병에서는 사람의 면역 체계가 질병을 유발하는 인자와 싸우기 때문에, 일정 시간이 지나면 감염에서 회복된다. 더욱이 이러한 회복 이후에, 사람은 그 질병에 다시 걸리지 않고자 종종 그 질병에 대한 면역력을 획

---

5 이것처럼 전체 인구를 거의 다 감염시키는 질병은 많지 않다. 희생자를 죽이지 않는 대부분의 실제 질병은 결국 면역 체계로 인해 퇴치된다. 게다가, 많은 질병에서 어느 정도 비율의 인구는 감염될 수 있는 상태에서 예방되는 자연 면역을 지닌다(병원균에 노출됐을 때, 절대로 감염되지 않도록 면역 체계가 아주 빨리 병원균을 내쫓는다는 뜻이다). 그리고 어떤 질병은 매우 늦게 퍼져서, 많은 비율의 인구가 다른 원인으로 먼저 죽기 전까지 절대로 그 질병에 걸리지 않기도 한다. 이런 현상들은 이 모형으로 표현할 수 없다.

득하기도 한다. 모형에서 이런 경향을 표현하려면 새로운 세 번째 상태, 보통은 R로 나타내는 회복^{recovered} 상태가 필요하다. 이에 대응하는 세 가지 상태 모형을 종종 SIR 모형^{susceptible-infected-recovered model}이라 부른다.

어떤 질병에서는 사람이 회복되지 않고 죽기도 한다. 당사자의 관점에서는 죽음이 회복과는 완전히 정반대이긴 하지만, 역학 관점에서는 사람이 면역성이 있거나 죽는 것은 별 차이가 없이 본질적으로 같다. 어느 쪽이든 간에 그 질병의 잠재적 숙주 집단에서 실질적으로 제거되기 때문이다.[6] 이 모형에서는 회복과 죽음 둘 다 R 상태로 나타낸다. 사람이 언제는 회복되고 언제는 죽는 혼합된 결과를 주는 질병도 이런 방법으로 모형화할 수 있다. 수학적 관점에서는 R 상태인 사람이 회복됐는지 죽었는지 신경 쓰지 않는다. 이런 이유에서 두 가지 가능성을 모두 아우르고자 종종 R을 회복 상태가 아닌 제거^{removed} 상태라고 부르기도 하고, 해당 모형을 SIR 모형^{susceptible-infected-removed model}이라고 지칭한다.[7]

완전히 뒤섞인 SIR 모형의 동역학에는 두 단계가 있다. 첫 번째 단계에서, 감염될 수 있는 사람은 감염된 사람과 접촉하면 감염된다. 사람 사이의 접촉은 이전과 마찬가지로 사람당 평균 비율 β로 발생한다고 가정한다. 두 번째 단계에서, 감염된 사람은 어떤 상수인 평균 비율 γ로 회복된다(또는 죽는다).

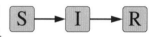

SIR 모형의 순서도

γ 값이 주어지면, 감염된 사람이 회복되기 전까지 감염된 상태를 유지하는 시간 τ의 길이를 계산할 수 있다. 어떤 시간 구간 $\delta\tau$에서 회복될 확률은 $\gamma\delta\tau$이고 회복되지 못할 확률은 $1 - \gamma\delta\tau$다. 따라서 전체 시간 τ 이후에도 그 사람이 계속 감염된 상태일 확률은

$$\lim_{\delta\tau \to 0} (1 - \gamma\,\delta\tau)^{\tau/\delta\tau} = e^{-\gamma\tau} \tag{16.7}$$

이고, 그 사람이 시간 τ 동안 감염된 상태를 유지하고 τ와 $\tau + d\tau$ 구간 사이에 회복될 확률 $p(\tau)d\tau$는 이 양에 $\gamma d\tau$를 곱한 것과 같다.

$$p(\tau)\,d\tau = \gamma e^{-\gamma\tau}\,d\tau \tag{16.8}$$

6　이는 근사적으로만 옳다. 만약 사람에게 정말로 단위 시간당 특정한 평균 접촉 횟수가 있고 이런 접촉이 살아있는 사람들 사이에서 이뤄진다고 가정하자. 그 인구 집단에 살아있는 회복된 사람이 존재하면, 감염된 사람과 감염될 수 있는 사람 사이의 접촉 횟수가 감소한다. 반면, 만약 사람이 그 질병에서 회복하지 못하고 죽는다면 오직 감염될 수 있는 사람과 감염된 사람만 살아남고, 따라서 그들 사이의 접촉 횟수는 더 클 것이다. 다시 말해 질병으로 사망하여 인구가 감소하면서, 살아남은 어떤 두 명이든 서로 접촉할 확률이 증가하는 것이다. 이 효과를 쉽게 모형에 반영할 수 있지만, 여기서는 그렇게 하지 않는다.

7　이전 문단에서 'R'은 'recovered'를, 이 문장에서는 'removed'의 약자로 사용했음을 잊지 말자. – 옮긴이

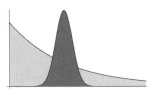

실제 질병에서 개인이 감염된 상태로 있는 시간의 분포는 어떤 평균값 주변에 최고점이 있는 전형적인 좁은 분포다. 이는 SIR 모형에서 가정하는 지수함수 분포와는 꽤 다르다.

이는 단순한 지수함수 분포다. 따라서 감염된 사람은 감염된 이후 즉시 회복할 가능성이 매우 높지만, 이론에서는 평균 감염 시간의 몇 배나 되는($1/\gamma$) 꽤 오랜 시간 동안 감염된 상태를 유지한다.

감염이나 회복 과정 그 어떤 것도 대부분의 실제 질병을 잘 모사할 만큼 현실적이지는 않다. 실제 질병에서 희생자 대부분은 한 주 또는 한 달처럼 같은 기간 동안 감염된 상태를 유지한다. 평균 기간보다 훨씬 길거나 짧은 기간 동안 감염된 상태에 머무르는 일은 거의 없다(왼쪽의 그림 참고). 그럼에도 이 모형이 수학적으로 간단하므로 당장은 이 모형을 계속 사용할 예정이다. 이것이 네트워크에서 감염병 전파 모형을 들여다볼 때 개선해야 할 한 가지 사항이다.

이렇게 주어진 가정에서, 세 가지 상태에 있는 구성원의 비율 s, x, r은 다음의 방정식을 따른다.

$$\frac{ds}{dt} = -\beta s x \tag{16.9a}$$

$$\frac{dx}{dt} = \beta s x - \gamma x \tag{16.9b}$$

$$\frac{dr}{dt} = \gamma x \tag{16.9c}$$

그리고 추가로 이 세 변수는 반드시 다음 식을 만족시켜야만 한다.

$$s + x + r = 1 \tag{16.10}$$

16.1.3 SIR 모형의 풀이

SIR 모형 식 (16.9)는 다음과 같이 풀 수 있다. 먼저, 식 (16.9a)와 식 (16.9c)에서 x를 제거하면

$$\frac{1}{s}\frac{ds}{dt} = -\frac{\beta}{\gamma}\frac{dr}{dt} \tag{16.11}$$

을 얻는다. 그러면 t에 대해 양변을 적분해서

$$s = s_0 e^{-\beta r/\gamma} \tag{16.12}$$

를 얻는다. 여기서 s_0는 $t = 0$에서 s의 값이고, $t = 0$에서 회복된 사람이 없도록 적분 상수를 고른다(다른 선택지도 가능하지만 지금은 이 선택지를 사용할 것이다).

이제 식 (16.9c)에 $x = 1 - s - r$을 대입하고 식 (16.12)를 이용하면 다음과 같다.

$$\frac{\mathrm{d}r}{\mathrm{d}t} = \gamma\left(1 - r - s_0\mathrm{e}^{-\beta r/\gamma}\right) \tag{16.13}$$

이 방정식을 r에 대해 풀 수 있으면, 식 (16.12)에서 s, 식 (16.10)에서 x를 찾을 수 있다.

원칙적으로는 다음과 같이 쉽게 해를 적을 수 있다.

$$t = \frac{1}{\gamma}\int_0^r \frac{\mathrm{d}u}{1 - u - s_0\mathrm{e}^{-\beta u/\gamma}} \tag{16.14}$$

안타깝게도, 실제로는 이 적분을 닫힌 형태로 계산할 수 없지만 수치적으로 계산할 수는 있다. 그림 16.2에 예가 있다.

이 그림에는 주목할 점들이 많다. 감염될 수 있는 사람이 감염된 상태로 바뀌면서, 감염될 수 있는 상태인 사람의 비율은 단조 증가하고 회복된 사람의 비율도 단조 증가한다. 그러나 감염된 사람의 비율은 사람들이 감염되는 초반부에는

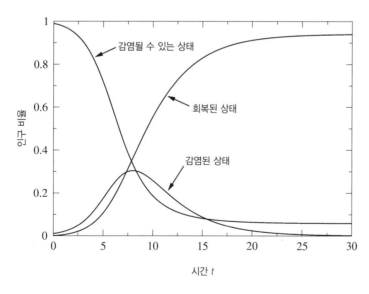

그림 16.2 시간에 따른 SIR 모형의 변화

SIR 모형 식 (16.9)의 수치적 해를 나타냈다. 세 곡선은 감염될 수 있는 상태, 감염된 상태, 회복된 상태인 인구의 비율을 시간의 함수로 보여준다. 매개변수는 $\beta = 1$, $\gamma = 0.4$, $s_0 = 0.99$, $x_0 = 0.01$, $r_0 = 0$이다.

증가하고 이후에 사람들이 회복하면서 다시 감소한 후, 결국 $t \to \infty$에서는 0이 된다.

그러나 감염될 수 있는 사람 수는 0이 되지 않는다는 점을 주목하자. $s(t)$ 곡선은 축의 약간 위에 있는 채로 멈춘다. 이는 $x \to 0$일 때 감염되지 않은 상태로 남은 사람들을 감염시킬 감염자가 없기 때문이다. 감염되지 않은 채로 충분히 늦게까지 살아남은 사람은 절대 그 질병에 걸리지 않을 것이다. 이들은 발병을 무사히 통과한 운 좋은 사람들이다. 마찬가지로, 회복된 사람의 비율도 $t \to \infty$에서 1에 도달하지 않는다.

r의 점근값은 중요하고 실용적인 해석을 할 수 있다. 이 값은 감염병 전파의 전체 과정 동안 질병에 걸렸던 적이 있는 사람의 전체 수, 즉 발병의 전체 크기다. 이는 식 (16.13)에서 $dr/dt = 0$일 때의 값으로 계산할 수 있고, 계산 결과는 $r = 1 - s_0 e^{-\beta r/\gamma}$이다.

이 모형의 초기 조건은 다양한 방법으로 선택할 수 있지만, 가장 일반적으로는 질병이 감염된 사람 한 명 또는 매우 적은 수인 c명의 감염된 사람과 나머지 사람은 감염될 수 있는 상태로 구성하여 질병 전파를 시작한다고 가정한다. 다시 말해, 변수의 초깃값은 $s_0 = 1 - c/n$, $x_0 = c/n$, $r_0 = 0$이다. 인구 수가 매우 큰 $n \to \infty$인 극한에서는 $s_0 \simeq 1$이라 적을 수 있고, r의 최종값은 다음을 만족시킨다.

$$r = 1 - e^{-\beta r/\gamma} \tag{16.15}$$

흥미롭게도, 만일 β/γ가 무작위 그래프에서 평균 링크수와 같다면 이는 11.5절에서 유도한 푸아송 무작위 그래프에서 거대 덩어리의 크기 S를 나타내는 식 (11.16)과 똑같다. 따라서 몇 가지 유용한 것들을 바로 대응시켜 이야기해볼 수 있다. 첫째, 매개변수 β와 γ의 함수로 감염병 전파의 규모가 어떻게 보여야 할지 안다. 수평축이 c가 아닌 β/γ라는 점만 제외하면 11장의 그림 11.2(b)에 나타나 있는 거대 덩어리 크기의 그래프처럼 보일 것이다. 둘째, 위에서 β/γ가 1에 접근하면서 감염병의 규모가 연속적으로 0으로 간다. 그리고 $\beta/\gamma \leq 1$ 또는 동등하게 $\beta \leq \gamma$이면 전염병 전파는 전혀 없다. 이 결과를 간단히 설명하자면, 만일 $\beta \leq \gamma$라면 감염될 수 있는 사람이 감염되는 것보다 감염된 사람이 더 빨리 회복돼서 질병이 그 인구 집단에서 발 붙일 수 없다. 감염된 사람 수가 적은 상태에서 시작하면 그 수는 커지는 섯이 아니라 작아지고, 질병이 퍼지는 대신 자취를 감춘다.

감염병 전파가 일어나는 영역과 일어나지 않는 영역 사이의 전이는 $\beta = \gamma$인 점에서 발생하고, 이를 **감염병 문턱값**^{epidemic threshold}이라고 부른다. 더 간단한 SI 모형에서는 감염병 문턱값이 없다는 점에 주목하자. 이 모형에서는 개인이 일단 감염되면 절대로 회복되지 못하므로 질병은 항상 퍼지기만 하고, 따라서 감염된 사람 수가 감소할 수 없다.

SI 모형은 SIR 모형에서 $\gamma = 0$이어서 β가 γ 미만일 수 없는 특별한 경우라고 생각할 수도 있다.

16.1.4 기초 감염 재생산 수

감염병 확산 연구에서 중요한 양인 **기초 감염 재생산 수**^{basic reproduction number}는 대개 R_0로 표기하고 다음과 같이 정의한다. 감염자가 매우 적고 남은 사람은 감염될 수 있는 상태일 때(이를 역학에서 **단순 개체군**^{naive population}이라 부른다), 막 확산되기 시작한 질병 전파를 고려해보자. 그리고 질병 발병의 초기 단계에서 감염될 수 있는 사람을 고려하자. 이 사람은 초기 단계에 감염될 것이다. 기초 감염 재생산 수는 감염된 사람이 회복되기 전에 그 질병을 옮겨서 추가된 감염자의 평균 수로 정의한다. 예를 들어, 그 질병에 걸린 각각의 사람이 평균적으로 두 명에게 질병을 옮긴다면 $R_0 = 2$다. 이 중 절반이 오직 한 사람에게만 질병을 옮기고 나머지 사람들에게는 전혀 옮기지 않는다면, $R_0 = \frac{1}{2}$이다.

만일 $R_0 = 2$여서 질병에 걸린 각 개인이 평균적으로 두 명을 감염시킨다고 하면, 추가로 감염된 사람 각각은 두 명 이상을 감염시킬 수도 있고, 그러면 새로 감염된 사람의 수가 매회 두 배가 돼서 지수함수 꼴로 증가한다. 반대로, $R_0 = \frac{1}{2}$이면 질병이 지수함수 꼴로 사라진다. $R_0 = 1$인 지점이 질병 전파가 성장할지 축소될지 여부를 분리하고, 따라서 이 점이 질병이 증폭될지 사라질지의 경계에 있는 감염병 문턱값이다.

SIR 모형에서는 R_0를 아주 간단하게 계산할 수 있다. 만약 사람이 시간 τ 동안 감염된 상태로 있다면, 그 시간 동안 접촉할 사람 수의 기댓값은 $\beta\tau$다. R_0는 특별히 단순 개체군에서 정의했다. 단순 개체군에서는 접촉할 수 있는 사람은 모두 감염될 수 있는 상태인 사람일 것이기 때문에, 이에 따라 $\beta\tau$는 감염된 사람이 감염시킬 수 있는 사람의 전체 수이기도 하다. 그러면 τ의 분포인 식 (16.8)에서 평균을 취해서 R_0의 평균값을 구할 수 있다.

$$R_0 = \beta\gamma \int_0^\infty \tau e^{-\gamma\tau} \, d\tau = \frac{\beta}{\gamma} \tag{16.16}$$

이로부터 다른 방법으로 SIR 모형에서 감염병 문턱값을 유도할 수 있다. 문턱값은 $R_0 = 1$, 즉 $\beta = \gamma$에 있고, 이는 16.1.3절에서 긴 시간 추세를 고려하여 얻은 결과와 같다.[8]

16.1.5 SIS 모형

SIS 모형의 순서도

SI 모형의 다른 확장에서는 재감염^{reinfection}을 허용한다. 즉, 회복 후에 질병의 희생자에게 면역 체계를 부여하지 않거나 아주 제한된 면역 체계만 부여해서 한 번 이상 감염될 수 있는 질병을 다룬다. 이러한 가장 간단한 모형이 SIS 모형으로, 감염될 수 있거나 감염된 두 가지 상태만 있고 감염된 사람은 회복되면 감염될 수 있는 상태로 되돌아간다. 이 모형의 미분방정식은

$$\frac{\mathrm{d}s}{\mathrm{d}t} = \gamma x - \beta s x \tag{16.17a}$$

$$\frac{\mathrm{d}x}{\mathrm{d}t} = \beta s x - \gamma x \tag{16.17b}$$

이고

$$s + x = 1 \tag{16.18}$$

이다. $s = 1 - x$를 식 (16.17b)에 대입하면

$$\frac{\mathrm{d}x}{\mathrm{d}t} = (\beta - \gamma - \beta x)x \tag{16.19}$$

이고, 그 해는 다음과 같다.

$$x(t) = (1 - \gamma/\beta)\frac{Ce^{(\beta-\gamma)t}}{1 + Ce^{(\beta-\gamma)t}} \tag{16.20}$$

여기서 적분 상수 C는 다음과 같이 x의 초깃값으로 정한다.

$$C = \frac{\beta x_0}{\beta - \gamma - \beta x_0} \tag{16.21}$$

큰 인구 집단에서 초기에 그 질병을 실어 나르는 운반자 수가 적을 때, x_0는 작고

---

8 SI 모형에서처럼, $\gamma = 0$이면 식 (16.16)은 $R_0 \to \infty$임을 뜻한다는 것에 주목하자. SI 모형에서 감염된 사람은 무기한으로 감염된 상태로 남아 있어서, 다른 사람을 임의의 수만큼 감염시킬 수 있으므로 형식상 R_0가 무한대이기 때문이다. 그러나 유한한 크기의 어떤 인구 집단에서 한 명이 감염시킬 수 있는 사람의 수는 유한하다.

C는 $\beta x_0 / (\beta - \gamma)$로 잘 근사돼서

$$x(t) = x_0 \frac{(\beta - \gamma)\mathrm{e}^{(\beta - \gamma)t}}{\beta - \gamma + \beta x_0 \mathrm{e}^{(\beta - \gamma)t}} \qquad (16.22)$$

을 얻는다.

만일 $\beta > \gamma$라면 로지스틱 성장 곡선이 나타나는데(그림 16.3 참고), 기본적인 SI 모형과 매우 유사하지만 한 가지 중요한 점에서 다르다. 그 질병에 감염된 사람 수가 절대로 전체 인구가 될 수 없다는 것이다. 긴 시간이 흐른 극한에서, 이 시스템은 개인이 감염되는 비율과 감염 후 회복되는 비율이 정확히 같고 전체 인구 중 (인구 전체는 아닌) 일정한 비율이 언제나 질병에 감염된 안정된 상태가 된다(그렇지만 누군가는 회복되고 다른 누군가는 감염되기 때문에, 누가 감염됐는지는 시간에 따라 변한다). 감염된 사람의 비율은 식 (16.22)에서 계산되고, 더 직접적으로는 식 (16.19)를 $\mathrm{d}x/\mathrm{d}t = 0$으로 설정해서 $x = (\beta - \gamma)/\beta$라고 얻을 수 있다. 이 정상 상태는 역학 용어로 **풍토병 상태**$^{\text{endemic disease state}}$라고 한다.

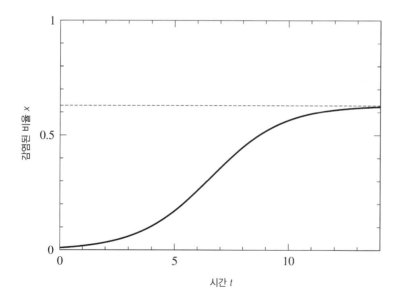

그림 16.3 SIS 모형에서 감염된 사람의 비율

SIS 모형에서 감염된 사람의 비율은 SI 모형처럼 시간을 따라 로지스틱 곡선으로 성장한다. 그러나 SI 모형과 다르게, 감염 비율은 절대로 1에 도달할 수 없고 대신 감염률과 회복률이 균형을 이루는 중간 값(파선)에 도달한다(SI 모형에서 본 그림 16.1과 이 그림을 비교해보자).

β가 γ에 접근하면 풍토병 상태일 때 감염된 사람의 비율은 0에 가까워지고, $\beta < \gamma$라면 식 (16.22)는 질병이 지수함수적으로 퇴치될 것이라고 예측한다는 점을 주목하자. 그러면 SIR 모형에서처럼, $\beta = \gamma$인 지점이 질병이 퍼지고 퇴치되는 상태 사이의 감염병 문턱값이다.[9] 이전과 마찬가지로 기초 감염 재생산 수 R_0를 계산할 수 있고, 그 값은 또다시 $R_0 = \beta/\gamma$로, 문턱값의 위치가 $R_0 = 1$이라는 다른 유도 방법을 알려준다.

16.1.6 SIRS 모형

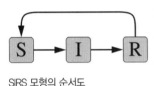

SIRS 모형의 순서도

간단히 다룰 다른 감염병 모형으로, 재감염을 활용하는 또 다른 모형인 SIRS 모형이 있다. 이 모형에서 개인은 감염 이후에 회복되고 SIR 모형에서처럼 면역 체계를 획득하지만, 그 면역이 잠시 동안만 유효하다. 특정 기간이 지나면 면역을 잃고 다시 감염될 수 있는 상태가 된다. 여기서는 개인이 면역을 잃을 평균 비율을 나타내는 새로운 매개변수 δ를 도입한다. 그러면 이 모형은

$$\frac{ds}{dt} = \delta r - \beta s x \tag{16.23a}$$

$$\frac{dx}{dt} = \beta s x - \gamma x \tag{16.23b}$$

$$\frac{dr}{dt} = \gamma x - \delta r \tag{16.23c}$$

이고

$$s + x + r = 1 \tag{16.24}$$

이다.

선형 안정성 분석과 비선형 동역학에서 쓰는 다른 요령을 이용해 다룰 수는 있다 하더라도, SIRS 모형은 해석적으로 풀 수 없다. 이 미분방정식을 수치적으로 풀 수 있고, SIRS 모형은 3개의 매개변수에 따라 풍성한 팔레트에 펼쳐진 것처럼

---

9 크기가 유한한 인구 집단에서는 감염병 문턱값보다 커서 질병이 퍼지는 영역에 있다고 하더라도 질병이 그저 우연히 퇴치될 확률은 0이 아니다. 질병 전파 과정에 무작위성이 있으므로, 유한한 집단에서 어떤 한 시각에 감염된 사람의 비율은 요동친다. 그리고 만약 우연히도 질병에 걸린 사람이 같은 시간에 회복해서 그 비율이 0 근처에서 계속 요동친다면 그 질병은 더 이상 존재하지 않는다. 이런 사건이 발생할 확률은 크기가 가장 작은 인구 집단에서는 극단적으로 작지만, 수학적으로 0이 아니다. 따라서 감염병 문턱값보다 높으면 질병이 언제나 퍼진다고 간단히 말하는 것은 엄격히 말해 사실이 아니다. 질병은 오랫동안 퍼지겠지만 결국 사라질 것이다(문턱값보다 아래에 있어서 질병이 즉시 퇴치되는 상황과는 상반된다).

다양한 행동이 나타난다는 사실을 밝혀냈다. 여기에는 풍토병 상태에서 질병이 유지되고, 질병이 퇴치되고, 발병과 회복되는 기간 사이를 오가는 행동이 포함된다. 이 장에서 SIRS 모형의 행동을 샅샅이 뒤지지는 않을 것이다. 관심 있는 독자는 참고문헌 [232]에서 더 자세한 내용을 볼 수 있다.

16.1.7 그 밖의 감염병 전파 모형

특정한 종류의 질병 전파를 구현하고자 다른 많은 감염병 모형이 제안됐다. 질병에 걸렸지만 다른 사람에게 옮길 만큼 감염 전파가 발달되지 않은 '노출된exposed' 상태와 같은 추가 상태를 도입할 수도 있다(이 결과 만들어지는 모형은 때때로 SEIR 모형이라고 부른다). 또 다른 가능성은 초기 면역 상태의 도입인데, 질병에 대한 면역이 일어나기 시작하고 면역을 잃어서 감염될 수 있는 상태가 돼서 감염의 표준 단계로 들어선다. MSIR 모형과 같은 이런 종류의 모형은 신생아에게 전달되는 모계 유전 면역maternally derived immunity을 표현할 때 사용하기도 한다(그래서 문자 'M'을 쓴다).

출생과 이동으로 인구가 증가하는 모형도 있고, 완전히 회복된 사람과 회복은 됐으나 다른 사람에게 옮길 수 있는 운반자 상태로 남아 있는 사람을 구분하는 모형, 그 외에도 많은 변형 모형이 있다. 참고문헌 [21, 232]에서 그러한 모형들을 포괄적으로 살펴볼 수 있을 것이다.

16.1.8 질병의 조합

지금까지 소개한 모든 모형은 단일한 질병의 전파를 기술하는 것이었다. 그러나 현실 세계에서는 동시에 많은 질병이 돌아다니고, 가끔은 같은 질병에서 많은 변종이 돌아다니기도 한다. 여러 질병이 상호작용해서 퍼지는 양상이 바뀔 가능성이 있다. 특히 두 경우, 교차 면역과 동시 감염이 공통 요소다.

앞서 논의했듯이 어떤 질병의 생존자는 그 질병의 추가 감염에 대한 면역력을 획득하기도 하는데, 이런 일은 많은 질병에서 나타난다. 어떤 질병은 다른 질병에 대한 면역력을 주기도 하는데, 이 현상을 교차 면역cross-immunity이라 한다. 즉, 한 사람이 질병 A에 걸린 이후에 다른 질병 B의 감염에 대한 면역력이 생긴다. 독감의 다른 두 변종처럼, 논의하고 있는 이 질병들이 서로 공통인 질병 과family의 변종일 때 흔히 나타난다. 교차 면역은 완전하거나(질병 A가 질병 B에 대한 완전한 면역력을 제공한다) 부분적일 수 있다(질병 A가 질병 B에 걸릴 가능성을 낮춰주지만 없애지는 않는다). 이는 또 일방적일 수도 있고(질병 A가 질병 B에 대한 면역력을 주지만 반대는 성립하지 않는다) 쌍방일 수도 있다(한 질병이 다른 질병에 대한 면역을 서로 제공한다).

그래서 예를 들면 두 질병 A와 B 사이에 교차 면역을 나타내는 SI 모형 형태를 만들 수 있고, 그러면 네 가지 상태가 가능하다. 감염될 수 있는 상태(한 사람이 어떤 질병에도 걸리지 않았다는 의미), 둘 중 한 질병에 걸린 상태, 두 질병에 모두 감염된 상태. 이 모형의 방정식은 다음과 같다.

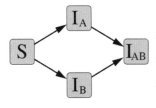

교차 면역 모형의 과정을 나타낸 순서도

$$\frac{ds}{dt} = -\beta_A s(x_A + x_{AB}) - \beta_B s(x_B + x_{AB}) \tag{16.25a}$$

$$\frac{dx_A}{dt} = \beta_A s(x_A + x_{AB}) - \gamma_A x_A(x_B + x_{AB}) \tag{16.25b}$$

$$\frac{dx_B}{dt} = \beta_B s(x_B + x_{AB}) - \gamma_B x_B(x_A + x_{AB}) \tag{16.25c}$$

$$\frac{dx_{AB}}{dt} = \gamma_A x_A(x_B + x_{AB}) + \gamma_B x_B(x_A + x_{AB}) \tag{16.25d}$$

매개변수 β_A와 β_B는 감염될 수 있는 사람이 각각 질병 A와 B에 걸릴 감염률을 측정하고, 반면 γ_A와 γ_B는 현재 질병 A 또는 B에 걸린 사람이 다른 질병에도 걸릴 감염률을 측정한다. 간단한 완전 교차 면역에서는 $\gamma_A = \gamma_B = 0$이고 $x_{AB} = 0$이어서 네 번째 방정식이 사라지지만, 더 일반적인 상황인 부분 면역에서는 γ_A와 γ_B가 0이 아니므로 네 방정식을 모두 활용한다. 질병에서 회복되는 상태를 이용하는 SIR 형태 모형으로 옮겨가면 더 복잡하다. 그 경우에는 앞서 살펴본 것처럼, 질병이 퍼지거나 퍼지지 않는 영역을 분리하는 감염병 문턱값이 있다. 따라서 교차 면역이 아니었다면 퍼졌을 질병이 교차 면역으로 인해 감염병 문턱값 아래로 떨어지고 퇴치될 수 있다. 예를 들어 질병 A에 걸렸고 이 때문에 질병 B에 면역력이 생긴 사람이 충분히 존재하면, 질병 B는 그 질병을 퍼뜨릴 대상인 감염될 수 있는 충분한 숙주를 더 이상 찾을 수 없다.

한 질병에 감염된 것이 다른 질병의 확산을 강화enhance할 수도 있는데, 이는 교차 면역과는 정반대다. 즉, 질병 A에 감염된 것이 더 쉽게 질병 A에 감염되도록 하거나, 경우에 따라서는 더 쉽게 질병 B에 감염되도록 한다. 한 가지 예로서, HIV에 먼저 감염된 사람이 있다고 하자. HIV 감염과 연관된 면역 결핍이 없었다면 발생하지 않았을 다른 질병에 동시 감염coinfection될 가능성이 높아질 수 있다. 이런 종류의 행동을 흉내 내는 SI 모형은 교차 면역 모형인 식 (16.25)와 똑같은 식을 따르지만 매개변수의 값이 다르다. 매개변수 β를 더 크게 하고 매개변수 γ를 작게(또는 0) 설정하는 대신, β_A와 γ_A는 크게 하고 β_B는 작게 설정한다(γ_B는 크거나 작게 한다).

교차 면역과 동시 감염 과정을 네트워크에서 일반화하면 다양하고 재미있는 양상이 나타날 수 있고, 이는 16.3.3절에서 살펴볼 것이다.

16.1.9 복잡한 전염과 정보 전파

이 장 도입부에서 언급한 것처럼, 질병 확산의 일반적인 아이디어는 정보, 뉴스, 소문, 유행 등 다른 것의 전파를 밝혀내는 데도 더 폭넓게 적용할 수 있다. 생물학적 감염에 사용하는 것과 정확히 같은 모형을 이런 다른 종류의 확산 과정에 직접 적용할 수도 있지만, 정보나 다른 '사회적 전염social contagion'이 퍼지는 방식의 고유한 특성을 살려서 만든 몇몇 재미있는 변이 모형도 있다.

정보 확산 모형의 고전적인 예시로서 투표자 모형voter model이 있다. 원래는 투표 행동에 또래 압력 효과를 간단하게 반영해서 제안한 모형이다. 이 모형에서는 투표자 집단이 몇몇의 선거 후보자들 중 누군가를 결정해달라는 요청을 받고 어떤 특정 순간에 투표자 개개인이 선호하는 후보자가 있는 상황을 가정한다. 선호하는 후보자들은 기존 모형에서 질병 상태와 같다고 생각할 수 있다. 초기 선호는 일반적으로 무작위로 할당하지만, 개인의 의견은 간단한 알고리듬을 따라 연이어 바뀔 수 있다. 한 쌍의 사람들이 무작위로 만나고 그중 한 명은 다른 사람이 선호하는 후보자를 자신의 의견으로 채택한다. 따라서 이 모형에서 사람의 의견은 다른 사람 의견에만 영향을 받는다. 현실에서는 뉴스 매체, 정치 캠페인, 원래의 고유한 선호도 등의 여러 요소가 중요한 역할을 하지만 이 모형에서는 이런 것을 무시한다.

투표자 모형은 표면적으로는 SI 모형과 유사한 종류다. 한 쌍의 사람이 만나고 그중 한 명이 다른 사람 의견에 '감염된다'. 그러나 더 깊이 들여다보면 두 모형은 매우 다르게 행동한다. 투표자가 후보자 두 명 중 한 명을 선택하는 가장 간단한 상황을 고려하자. 현재 아무리 많은 사람들이 1번 후보자를 선호하더라도, 이런 사람의 수가 증가하거나 감소할 확률이 동일하다. 정반대 의견을 지닌 사람을 만날 확률이 있고, 그렇게 만났을 때 둘 중 (무작위로 선택된) 한 명이 다른 사람을 감염시킨다. 이 때문에 1번 후보자의 지지자 구성원이 한 명 증가하거나 감소할 확률은 동일하다. 따라서 현재 다른 사람보다 더 인기 있는 후보자가 있다고 하더라도, 이 모형에서는 한 후보자에 관한 고유한 선호도가 존재하지 않는다. 따라서 이 모형의 동역학을 가장 잘 표현하는 것은 일종의 마구걷기나 무작위 요동이고, 의견 일치^{consensus}에 도달했을 때에만 모형의 동작이 중지된다. 이는 모든 사람이 같은 의견을 지녀서 의견 변화가 더 이상 일어날 수 없음을 뜻한다.

따라서 여기서 기술한 형태의 투표자 모형은 다소 자명하다. 그러나 이 모형을 네트워크 위에 올려서 사람들이 아무나가 아닌 그들의 이웃에게서만 '감염될' 수 있다면 모형은 더욱 흥미로워진다[434]. 의견 일치에 도달하는 시간이 네트워크 구조에 강하게 의존한다. 예를 들어 커뮤니티 구조가 있는 네트워크에서는 고립된 노드 그룹이 네트워크의 나머지 노드와는 반대의 의견을 형성할 수 있어서, 시스템이 의견 일치에 도달하는 것을 오랫동안 방해한다.

특히 흥미로운 정보 전파 과정의 또 다른 분류는 복잡한 전염$^{\text{complex contagion}}$으로, 감염이 두 사람 사이의 한 번의 접촉으로 이뤄지지 않고 다수의 접촉이나 특별한 접촉 패턴으로 이뤄지는 것이다[98, 222, 464]. 예를 들어, 특히 놀랍거나 기이한 사건 소식이 커뮤니티에서 퍼진다고 상상해보자. 친구나 동료로부터 그 소식을 처음 들었을 때는 너무 놀라서 아마도 정말로 믿지 않거나, 최소한 다른 누군가에게 이 소식을 전달할 확신이 충분히 들지 않을 것이다. 그러나 다른 사람에게 이 소식을 두 번째 들으면 이것이 진실임을 깨닫고, 그때 다른 사람에게 말하기 시작한다. 다시 말해, 두 번 감염돼야 다른 사람을 감염시킬 수 있는 상태가 되는 것이다.

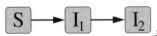

두 단계로 구성된 복잡한 전염 과정의 순서도

이런 종류의 복잡한 전염에 대응되는 SI 모형에는 세 가지 상태가 있다. 소문을 들은 적이 없는 감염될 수 있는 상태, 한 번 감염된 상태, 두 번 감염된 상태(그리고 비로소 감염시킬 수 있는 상태)다. 방정식은 다음과 같다.

$$\frac{ds}{dt} = -\beta s x_2 \tag{16.26a}$$

$$\frac{dx_1}{dt} = \beta s x_2 - \gamma x_1 x_2 \tag{16.26b}$$

$$\frac{dx_2}{dt} = \gamma x_1 x_2 \tag{16.26c}$$

모든 항이 x_2를 포함하는 것을 주목하자. 한 번 감염된 사람은 루머를 퍼뜨릴 수 없기 때문에 두 번 감염된 사람이 있어야만 감염될 수 있다.

감염시킬 수 있는 상태가 되기 전에 세 번 또는 그 이상 감염돼야만 하거나, 요구되는 감염 발생 수가 사람마다 다른 변형 모형도 만들어낼 수 있다. 예를 들어, 그 수를 어떤 특정 분포에서 무작위로 추출해서 사람마다 다르게 할당할 수 있다. 또한 회복된 상태도 고려한 SIR 유형의 모형이나, 기본적인 주제에서 다른 변형을 지닌 모형을 만들 수 있다.

16.2 네트워크에서의 감염병 모형

16.1.1절에서 논의했듯이 감염병 모형의 전통적인 접근법은 '완전 뒤섞인' 인구를 가정하고, 이는 어떤 누구라도 아무하고나 접촉하고 잠재적으로 질병을 전파할 수 있다는 뜻이다. 그러나 실제 세상에서 이것은 현실적인 가정이 아니다. 대부분의 사람은 친구와 가족, 이웃, 동료 등 정기적으로 만나는 지인이 있고, 그 외의 사람들은 별문제 없이 무시할 수 있다. 사람들의 정기적인 접촉 패턴을 네트워크로 표현할 수 있고 네트워크 구조는 질병이 퍼지는 방식에 큰 영향을 준다.

질병의 네트워크 모형은 이미 봤던 완전히 뒤섞인 모형과 기본적으로 같은 방법으로 작동하지만, 전체 인구와 접촉이 가능하다는 가정 대신 이 접촉 네트워크를 이용한다. 네트워크에서 전파율^transmission rate 또는 감염률^infection rate은 단위 시간당 감염될 수 있는 한 사람과 감염된 한 사람 사이에 감염이 전파될 질병 확산 확률로 정의하고, 두 사람은 적절한 네트워크에서 에지로 연결된다. 바꿔 말하면, 에지로 연결된 두 사람 사이에 질병이 퍼지기 충분할 정도로 접촉이 일어날 비율을 뜻한다. 전파율은 완전히 뒤섞인 모형에서 대응되는 양(16.1.1절 참고)에서 유추하여, 보통 β로 표기한다. 그리고 비록 완전히 뒤섞인 모형에서 β는 감염된 한 명과 나머지 모든 사람과 접촉할 비율을 나타내는 반면 네트워크에서는 단지 한 명하고 접촉할 확률을 나타내기 때문에 두 매개변수가 정확히 동등하지는 않다는 사실을 반드시 명심해야 하긴 하지만, 이 표기법을 채택할 것이다.

전파율은 다루는 질병의 성질이기도 하다. 어떤 질병은 다른 질병보다 전파되기 쉬워서 전파율이 더 높다. 그러나 전파율은 인구 집단의 사회 매개변수 또는 행동 매개변수의 성질이기도 하다. 예를 들어, 어떤 커뮤니티나 문화권에서는 다른 커뮤니티나 문화권보다 사람들이 지인과 면대면으로 더 자주 만나기도 한다. 어떤 커뮤니티는 다른 지역보다 지인 사이에 더 긴밀한 신체적 접촉을 선호하기도 한다. 이러한 차이가 전파율에 있어서 중요한 차이를 만들어낼 수 있다.

16.3 발병 크기와 스미기

전파율값이 주어지면 네트워크에서 전염병이 확산되는 모형을 정의할 수 있다. 이 장의 첫 부분에서 소개한 각 모형을 네트워크에서의 경우로 일반화할 수 있다. 예를 들어 SI 모형을 생각하자. 이 모형의 네트워크 버전에서 네트워크의 노드로 표현하는 n명의 사람이 있고, 시간 $t = 0$에서 대부분의 사람은 감염될 수 있는 상태이며, 감염된 상태인 사람은 아주 적은 비율인 x_0 또는 어쩌면 심지어 노드 하나일 수도 있다. 단위 시간당 확률 β로 감염된 노드가 감염될 수 있는 이웃에게 질병을 퍼뜨리고, 감염된 사람은 영원히 감염된 상태로 남아서, 질병은 시간이 지나면 네트워크 전체로 퍼진다.

일반적인 네트워크에서는 이 모형을 풀기가 어렵고, 많은 경우에 할 수 있는 최선은 컴퓨터로 시뮬레이션을 하는 것이다. 그러나 쉽게 계산할 수 있는 중요한 한 가지 양이 있는데, 바로 질병 발병의 최종 크기다. 이 모형에서 아주 오랜 시간이 흐르면 질병에 감염될 수 있는 모든 사람이 감염된다. 감염된 사람은 영원히 감염된 상태이므로, 전파율이 0이 아닌 한 얼마나 작든 간에 감염자들의 이웃 중 감염될 수 있는 사람은 종국에는 언제나 감염될 것이다. 따라서 어떤 노드가 감염될 수 있는 유일한 조건은 초기에 감염된 사람 중 누군가와 그 노드가 연결되는 통로가 네트워크에 최소한 하나 있어야 한다는 것이다. 이는 매우 오랜 시간이 지나면, 초기의 각 질병 운반자가 속한 덩어리에 있는 모든 노드가 감염돼서 질병이 퍼진다는 의미다. 가장 간단한 경우, 감염된 운반자 한 명이 질병을 퍼뜨리기 시작하면 한 덩어리[10]만 감염될 것이다.

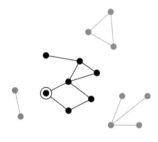

하나의 (동그라미로 표시한) 감염된 사람에게서 시작된 발병은 결국 네트워크에서 같은 덩어리에 있는 모든 노드에 영향을 미치지만, 다른 덩어리들은 전혀 건드리지 않는다.

하지만 지금까지 살펴봤듯이, 일반적으로 대부분의 네트워크는 상당한 비율의 노드가 포함된 하나의 큰 덩어리와 더 작은 크기의 덩어리들로 구성된다. 이런 구조를 지닌 네트워크를 생각하면, 재미있는 양상이 나타난다. 전염이 감염된 한 명에서 시작하고 그 한 명이 하필 큰 덩어리에 속한다면, 질병은 큰 덩어리를 감염시키고 큰 발병이 일어날 것이다. 하지만 만약 그 한 명이 작은 덩어리들 중 하나에 속한다면, 질병은 그 작은 덩어리에 있는 몇 명만 감염시킬 수 있고 결국 퇴치될 것이다. 만일 질병의 초기 운반자를 네트워크에서 무작위로 균일하게 고르면, 질병 운반자가 큰 덩어리에 있어서 큰 규모의 발병을 관찰할 확률은 큰 덩어리가 네트워크에서 차지하는 비율 S와 동일하고, 네트워크에서 나타나는 발병 규모 비

---

10 당연히 그 운반자가 포함된 그 하나의 덩어리 - 옮긴이

율도 역시 S일 것이다. 반대로 $1 - S$의 확률로 초기 운반자가 작은 덩어리들에 있으면, 발병 규모도 작을 것이고 그 규모는 작은 덩어리의 크기로 주어진다.

이는 완전히 뒤섞인 모형에서 볼 수 없던 새로운 유형의 행동으로 볼 수 있다. 완전히 뒤섞인 모형에서 가능한 패턴은 인구 집단의 많은 비율에 영향을 미치는 폭주하는 전염병이거나 몇 명에게만 영향을 미치고 결국 퇴치되는 전염병 발발 중 하나다. 그러나 이 중 어떤 결과를 선택할 것인가는 모형과 모형 매개변수를 선택함으로써 유일하게 결정된다. 모형과 매개변숫값이 주어지면 질병은 항상 둘 중 하나로만 행동했다. 그러나 네트워크 모형에서 질병의 행동은 네트워크 구조와 네트워크에서 첫 감염자의 위치에 따라 달라진다. 따라서 이 과정에는 모형 매개변수와 네트워크가 동일해도 질병이 어떤 때는 정착하고 어떤 때는 퇴치된다는 새로운 확률적인 요소가 있다.

16.3.1 SIR 모형에서 발병 규모

SIR 모형을 살펴보면 상황이 더 흥미롭다. SIR 모형에서 사람은 유한한 시간 동안만 감염된 상태로 남아 있고 이후에는 회복된다. 그러므로 (SI 모형에서 그랬던 것처럼) 감염된 사람의 감염될 수 있는 이웃이 종국에 언제나 감염될 것이란 점은 일반적으로 더 이상 사실이 아니다. 운이 좋다면 이런 이웃은 더 이상 질병에 걸리지 않는다. 이런 일이 일어날 확률, 즉 질병이 전파되지 않을 확률은 식 (16.7)의 계산 방법과 거의 유사하게 계산할 수 있고, 그 값은 $e^{-\beta\tau}$과 같다. 여기서도 β는 전파율이고, τ는 감염된 사람이 감염된 상태로 남아 있을 시간이다. 따라서 질병이 전파될 확률은 다음과 같다.

$$\phi = 1 - e^{-\beta\tau} \tag{16.27}$$

이 양을 전파 확률$^{transmission\ probability}$이라 부를 것이다.

간단히 하고자, 감염된 모든 개인이 같은 시간 동안 감염된 상태로 있다고 가정하자. 이는 τ가 지수함수 형태로 분포한(식 (16.8) 참고) SIR 모형의 완전히 뒤섞인 버전과는 다르지만, 많은 경우 이 가정이 더 현실적이다. 16.1.2절에서 언급했듯이 많은 질병에 대해 관찰한 τ 값은 평균값 부근에 좁게 집중됐고, 그 분포는 지수함수와는 거리가 멀다.

이 가정에서 전파 확률 ϕ는 네트워크 전체에서 똑같다. 감염될 수 있는 모든 사람은 감염된 이웃에게 질병을 얻을 확률이 동등하다(비록 감염된 이웃이 두 명 이상이라면 전체 확률은 더 높지만 말이다). 만일 전파 확률이 1이라면 감염될 수 있는 모든 노드가 감염돼서, SI 모형으로 되돌아간다는 점에 주목하자. 따라서 SI 모형은 SIR 모형에서 $\phi = 1$인 특별한 경우라고 고려할 수 있다.

이제 몰리슨^{Mollison}[336]과 그라스버거^{Grassberger}[215]가 도입한 유용한 기법을 쓸 것이다. 고려하는 네트워크에서 각 에지를 확률 ϕ로 '메우거나'나 '차지하고', 확률 $1 - \phi$로 그러지 않는 경우를 생각하자. 이는 정확히 15.1절에서 소개한 결합선 스미기 과정으로, 비율 ϕ만큼의 에지를 무작위로 고르게 채운다. 채운 에지는, 만일 질병이 그 에지 양 끝에 있는 두 노드 중 하나에 도달한다면 이 선을 따라 질병이 전파될 수 있다는 것을 나타낸다. 즉, 채운 에지는 질병이 퍼질 만큼의 충분한 접촉을 나타내지만, 반드시 실제 질병 전파가 발생한다는 뜻은 아니다. 만일 질병이 에지 양 끝 어디든 도달하지 않는다면, 질병은 그 에지를 따라 전파되지 않을 것이다.

이 점을 염두에 두고, 이제 무작위로 선택한 노드에서 출발하여 질병이 전파되는 것을 고려해보자. 정확히 초기 노드에서 채워진 에지를 따라 형성된 경로로 도달할 수 있는 노드의 집합이 결국 질병이 퍼질 노드 집합임을 바로 알 수 있다. 이 질병은 도달할 수 있는 모든 노드가 감염될 때까지, 채워진 에지를 가로질러 한 노드에서 다른 노드로 쉽게 전달된다. 그 결과, 질병은 초기 질병 운반자가 속한 결합선 스미기 클러스터에 있는 모든 구성원을 감염시킨다.

이전 절에서 SI 모형의 네트워크 버전을 다룰 때와 마찬가지로, 이 과정이 질병 발병의 시간 변화에 관한 어떠한 정보도 주지 않는다는 점을 이해하는 것이 중요하다. 개별 감염 사건은 확률적이고, 시간의 함수로 감염 곡선을 계산하는 것은 이 무작위성을 고려하는 더 복잡한 분석을 요구한다. 그러나 만일 긴 시간이 흐른 뒤 질병에 감염된 사람의 종합적인 전체 수만 알고 싶다면, 적절한 스미기 클러스터에 있는 노드 수만 세면 된다.

결합선 스미기는 많은 측면에서 이미 15장에서 공부한 격자점 스미기$^{site\ percolation}$ 과정과 유사하다. 그림 16.4를 보자. 에지 채움 확률이 낮을 때(그림 16.4(a)) 오직 몇 개의 결합선만 채워져서 다른 클러스터와는 끊긴 작은 클러스터들을 형성한다. 그러나 ϕ가 증가하면, 끊긴 클러스터가 서로 합쳐질 만큼 충분히 성장하고 거대 덩어리를 형성하는 스미기 전이가 발생한다. 비록, 거대 덩어리에 속하지 못한 다른 작은 클러스터들이 심심찮게 있지만 말이다(그림 16.4(b)). ϕ가 더 증가하면, 거대 덩어리가 성장해서 $\phi = 1$일 때 최대 크기에 도달한다(그림 16.4(c)). 그러나

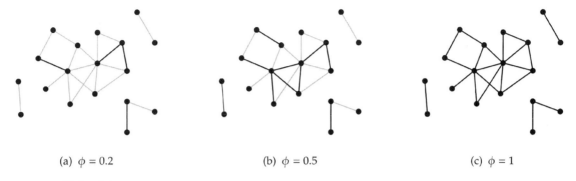

(a) $\phi = 0.2$　　　　　(b) $\phi = 0.5$　　　　　(c) $\phi = 1$

그림 16.4 결합선 스미기

결합선 스미기에서는 네트워크에서 비율 ϕ만큼의 결합선을 무작위로 메우거나 '채워서' 연결된 노드 클러스터를 형성한다. (a) 채움 확률 ϕ가 작을 때 클러스터는 작다. (b) 스미기 문턱값보다 크면, 비록 여전히 몇몇의 작은 클러스터가 존재하는 것이 보통이지만, 큰 클러스터가 형성된다. (c) $\phi = 1$이면 모든 에지를 채우지만 큰 클러스터는 여전히 전체 네트워크를 다 포함하지 않을지도 모른다. $\phi = 1$일 때 가장 큰 클러스터는 네트워크에서 가장 큰 덩어리에 대응되고, 이것은 보통 전체 네트워크의 부분집합이다.

일반적으로 이 최대 크기가 네트워크 전체 크기와 같지는 않다는 점에 주목하자. 심지어 네트워크에서 모든 에지가 채워졌을 때도, 가장 큰 클러스터의 크기는 여전히 네트워크에서 가장 큰 덩어리의 크기로 제한되고, 이 크기는 대개 전체 네트워크보다 작다.

　　이 아이디어를 역학의 언어로 번역하면, ϕ 값이 작을 때 모든 클러스터가 작기 때문에 초기 질병 운반자가 속한 클러스터는 작을 것이 분명하다. 따라서 이 영역에서는 작은 규모의 질병 발병만 나타나고 인구 집단의 구성원 대부분은 감염되지 않은 상태에 있을 것이다. 그러나 일단 스미기 전이에 도달하면 거대 덩어리가 형성돼서, 비록 보장할 수는 없지만 큰 규모의 질병 발병(감염병 전파)이 가능하다. 만일 스미기 과정의 거대 덩어리가 전체 네트워크에서 비율 S만큼을 채웠다면, 무작위로 선택한 초기 운반자는 S의 확률로 이 덩어리 안에 있을 것이다. 만일 그렇다면 질병이 퍼져서 거대 덩어리 전체를 감염시킬 것이며, 인구 집단 중 S와 동일한 비율만큼의 감염병 확산을 만들어낸다. 반면, $1 - S$의 확률로 초기 운반자는 작은 클러스터 중 하나에 있을 것이고 그러면 규모가 작은 질병 발발만이 나타난다. ϕ가 증가하면 S도 증가하고 이에 따라 감염병 전파의 확률과 규모가 ϕ와 함께 증가한다.

　　따라서 네트워크에서의 결합선 스미기에서 스미기 문턱값은 같은 네트워크에서 SIR 유형인 질병의 감염병 문턱값에 정확히 대응된다. 에지 채움 확률은 질병의 전파 확률 ϕ와 동일하며 식 (16.27)에서 전파율 β와 회복 시간 τ로 주어졌고,

발병 규모는 결합선 스미기 클러스터의 크기로 주어진다. 스미기와 감염병 전파의 이러한 대응은 질병 확산에서 네트워크 구조의 효과를 이해하게 하는 매우 강한 대응 관계다.

심지어 ϕ 값이 감염병 문턱값보다 클 때도 감염병 확산이 일어난다고 보장할 수 없음을 인지하는 것이 중요하다. 이는 네트워크상의 더 간단한 SI 모형에서 봤던 상황과 유사하지만, 감염병 문턱값을 넘으면 감염병 전파가 언제나 발생하던 16.1.2절의 완전 뒤섞인 (네트워크가 아닌) SIR 모형 상황과는 다르다. 많은 측면에서, 네트워크 모형에서의 행동이 완전히 뒤섞인 모형에서의 행동보다 더 현실적이다. 현실에서는 실제로 항상 감염병 발병이 나타나지는 않는다. 첫 번째 희생자가 다른 사람에게 질병을 옮기지 않는 일이 우연히 발생해서 전염병이 퇴치될 수 있다. 이러한 이론이 알려주는 것은 이런 일이 일어날 확률이 $1 - S$라는 것이다. 여기서 S는 네트워크 위 결합선 스미기에서 거대 덩어리 크기이고, 이는 만일 첫 번째 감염자가 질병을 옮겼다면 나타났을 감염병 전파의 규모이기도 하다. ϕ 값이 감염병 문턱값보다 매우 크면 $1 - S$의 값이 대개 작은 편이지만, 만일 ϕ 값이 문턱값보다 아주 조금 더 크다면 $1 - S$의 값이 꽤 클 수 있고 이것은 이 영역에서는 질병이 퇴치될 확률이 클 수도 있다는 뜻이다.

스미기가 확률적 과정이라는 점을 유념하는 것도 중요하다. 질병을 전파하는 접촉이 무작위하다는 특성을 표현하고자 네트워크에서 무작위로 에지를 채운다. 같은 네트워크, 같은 조건에서 두 종류의 발병이 나타날 때 반드시 같은 에지를 따라 퍼지지는 않을 것이고, 스미기 클러스터 모양이 꼭 같지도 않을 것이다. 따라서 한 번 발생할 때 거대 덩어리에 속했던 노드가 또 다른 발생에서도 거대 덩어리에 속하지 않을 수도 있고, 이 이론은 언제 무슨 일이 발생할지 정확히 예측할 수 없다. 할 수 있는 최선은 확률이나 평균 행동을 계산하는 것이다. 예를 들어, 발병에 영향을 받은 사람 수의 기댓값을 계산할 수 있다. 그러나 어떤 주어진 네트워크에서 그 정확한 수를 예측할 수는 없다.

16.3.2 SIR 모형과 구조 모형

15.2.1절에서는 구조 모형 네트워크에서 격자점 스미기의 평균 행동을 정확하게 계산할 수 있음을 살펴봤다. 아주 약간만 수정하면 결합선 스미기에 같은 접근법을 사용할 수 있고 이에 따라 구조 모형 네트워크에서 감염병 전파의 규모 분포와

감염병 문턱값 위치를 계산할 수 있다.

링크수 분포가 p_k인 구조 모형 네트워크에서 발생하는, 이전 절에서 다룬 SIR 종류의 전파를 고려하자. 그리고 이에 상응하는, 에지 채움 확률 ϕ가 식 (16.27)로 주어지는 결합선 스미기 과정을 생각하자. u는 어떤 노드가 거대 덩어리의 에지 중 특정한 에지 하나와 연결되지 않을 평균 확률이다. 이 사건은 두 가지 방법으로 발생할 수 있다. 문제의 그 에지가 (확률 $1 - \phi$로) 안 채워졌거나, (확률 ϕ로) 채워 졌지만 그 에지의 다른 끝에 있는 노드가 거대 덩어리의 구성원이 아닐 수 있다. 후자는 그 노드의 어떤 다른 링크도 거대 덩어리에 연결되지 않았을 때에만 발생 하고, 이렇게 남은 에지가 k개라면 이는 u^k의 확률로 발생한다. 따라서 어떤 노드 가 거대 덩어리에 속하지 않을 전체 확률은 $1 - \phi + \phi u^k$으로 쓸 수 있다.

이 k 값은 남은 링크수 분포(식 (12.16) 참고)인

$$q_k = \frac{(k+1)p_{k+1}}{\langle k \rangle} \tag{16.28}$$

를 따라 분포하고, k에 대해 평균을 취하면 다음과 같이 u에 관한 자기부합적^{self-}
consistent 표현을 얻는다.

$$u = \sum_{k=0}^{\infty} q_k \left(1 - \phi + \phi u^k \right) = 1 - \phi + \phi \sum_{k=0}^{\infty} q_k u^k = 1 - \phi + \phi g_1(u) \quad (16.29)$$

여기서 g_1은 식 (12.97)에서 정의한 남은 링크수 분포의 확률 생성 함수다. 식 (16.29)는 격자점 스미기 경우의 식 (15.4)에 정확히 대응되고, 해도 같다.

이제 전체 링크수가 k인 노드가 거대 덩어리에 속하지 않을 확률은 단순히 u^k 이고, 네트워크 전체에 걸쳐서 노드가 거대 덩어리에 속하지 않을 평균 확률인 $1 - S$는 링크수 분포인 p_k에 대해 u^k을 평균 내서 다음처럼 계산할 수 있다.

$$S = 1 - \sum_{k=0}^{\infty} p_k u^k = 1 - g_0(u) \tag{16.30}$$

여기서 g_0는 식 (12.96)에서 본 링크수 분포의 생성 함수다. 식 (16.30)은 ϕ가 전체 인자로 등장하는 격자점 스미기 경우인 식 (15.2)와 다르지만, 그 외에는 모두 같 다. 따라서 ϕ의 함수인 S의 곡선 모양은 격자점 스미기의 곡선과는 다를 테지만, 식 (16.29)의 해가 좌우하는 스미기 문턱값 ϕ_c의 위치는 같을 것이다. 식 (16.29)

의 해는 그림 15.2에 그래프로 나타낸 바 있고, 식 (15.7)로 계산한 전이 위치는 다음과 같다.

$$\phi_c = \frac{1}{g_1'(1)} = \frac{\langle k \rangle}{\langle k^2 \rangle - \langle k \rangle} \tag{16.31}$$

따라서 이 방정식은 전파 확률 ϕ의 관점에서는 감염병 문턱값의 위치이기도 하다. 만일 더 근본적인 매개변수 β와 τ로 표현하는 것을 선호한다면, 식 (16.27)을 다시 정리하여

$$\beta\tau = -\ln(1 - \phi_c) = \ln \frac{\langle k^2 \rangle - \langle k \rangle}{\langle k^2 \rangle - 2\langle k \rangle} \tag{16.32}$$

를 얻을 수 있다. 만일 $\beta\tau$가 이 값을 초과하면 감염병이 전파될 가능성이 있다. 초기 질병 운반자(들)가 우연히 거대 덩어리 밖에 있을 수도 있기 때문에 확실하지는 않지만 말이다. 만일 $\beta\tau$가 이 값보다 작다면 초기 운반자가 어디에 있든 간에 감염병 전파는 불가능하다. 만약 감염병 전파가 가능하다면, 그 확률은 식 (16.30)의 S로 주어지고 이것은 전파가 발생할 때의 감염병 규모이기도 하다.

이 모형의 감염병 전파 양상은 매개변수의 조합인 $\beta\tau$로 조절된다. 그러므로 연구하는 특정한 질병의 성질인 감염 시간 τ가 증가하거나, 질병과 집단 구성원의 행동 모두의 특성인 전파율 β가 증가하면 감염병 전이가 유도될 수 있다. 동시에, 어떤 감염병의 규모 및 발생할 확률과 더불어 이 변수들로 표현한 정확한 전이 위치는 링크수 분포의 모멘트인 $\langle k \rangle$와 $\langle k^2 \rangle$으로 기술되는 네트워크 구조에 강하게 의존한다. 이는 네트워크 효과를 전혀 포함하지 않았던, 16.1.2절에서 본 완전히 뒤섞인 모형과는 대조된다.

격자점 스미기와 결합선 스미기 문제 사이의 긴밀한 유사성 때문에, 15장의 결과를 감염병 용어로 쉽게 가져올 수 있다. 예를 들어 평균이 c인 푸아송 링크수 분포인 무작위 그래프의 생성 함수는 $g_0(z) = g_1(z) = e^{c(z-1)}$이고, 문턱값은 $\phi_c = 1/c$ (식 (15.11))로 주어진다. 즉,

$$\beta\tau = \ln \frac{c}{c-1} \tag{16.33}$$

이고, 나음 두 식의 해가 감염병 전파가 있을 때의 전파 규모다.

$$u = 1 - \phi + \phi e^{c(u-1)} \qquad (16.34)$$

$$S = 1 - e^{c(u-1)} \qquad (16.35)$$

첫 번째 식을 정리해서 $1 - u = \phi(1 - e^{c(u-1)}) = \phi S$로 나타낼 수 있고, 이것을 두 번째 식에 대입하면

$$S = 1 - e^{-\phi c S} \qquad (16.36)$$

을 얻는다. 닫힌 형태로 된 간단한 해는 없지만,[11] 초기에 해를 어림짐작하고($S = \frac{1}{2}$ 이 잘 작동하는 것 같다) 이 방정식이 수렴하도록 반복해서 수치적으로 쉽게 풀 수 있다. 그림 16.5가 $c = 3$일 때의 결과를 보여준다. 이 곡선은 감염병 규모를 ϕ의 함수로 보여주는 것이다. 그래프의 왼쪽은 감염병이 전파되기에는 ϕ가 너무 낮은

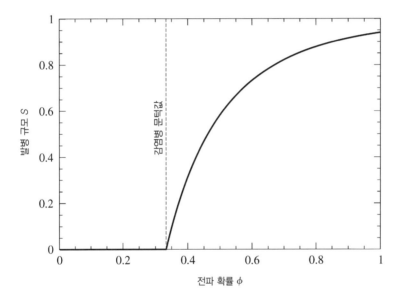

그림 16.5 푸아송 무작위 그래프로 나타낸 감염병 규모

평균 링크수 $c = 3$인 푸아송 무작위 그래프로 나타낸 SIR 유형 질병의 감염병 발병 규모로, 식 (16.36)의 해를 수치적으로 구했다. 수직 파선은 $\phi_c = 1/c$에서 감염병 문턱값의 위치를 가리킨다.

---

11 방정식 $W(z)e^{W(z)} = z$의 해로 정의한 **람베르트 W 함수**를 이용해 해를 닫힌 형태로 적을 수 있다. 이 함수로 표현하면 감염병 규모는 다음과 같다.

$$S = 1 + \frac{W(-\phi c e^{-\phi c})}{\phi c}$$

대안으로, 식 (16.36)을 재배열해서 다음과 같이 S의 함수로 ϕ를 얻을 수도 있다.

$$\phi = -\frac{\ln(1 - S)}{cS}$$

이 식은 S에 대해 그래프를 그릴 때 유용하다.

영역이어서 감염병 규모 0에서 시작하고, 이후에 일단 감염병 문턱값을 지나면 연속적으로 커진다.

식 (16.36)은 완전히 뒤섞인 모형의 식 (16.15)와 유사한 형태이지만 매개변수가 다르다는 점에 주목하자. 이 유사성은 우연의 일치가 아니다. 완전히 뒤섞인 모형에서는 감염된 사람이 집단에서 무작위로 균일하게 선택한 다른 사람을 감염시키고, 푸아송 무작위 그래프에서는 어떤 사람의 네트워크 이웃을 무작위로 균일하게 선택한다. 전통적인 완전히 뒤섞인 모형과 무작위 그래프 네트워크 모형 사이에 직접적인 대응 관계가 있음을 보일 수 있다[44].[12]

또 다른 중요한 경우는 거듭제곱 링크수 분포를 보이는 척도 없는 네트워크다. 15.2.1절에서 봤듯이, 이러한 네트워크에서 거듭제곱의 지수 α가 대개 $2 < \alpha < 3$인 영역에 위치한다면 $\langle k \rangle$는 상수이지만 $\langle k^2 \rangle$은 발산해서 식 (16.31)이 0이 되므로 $\phi_c = 0$이다. 따라서 이 거듭제곱 분포에서는 적어도 네트워크 크기가 무한히 커진다면 질병의 전파 확률이 얼마나 작든 감염병은 항상 발생한다(유한한 네트워크에서는 $\langle k^2 \rangle$이 무한하지는 않지만 매우 크고, 따라서 ϕ_c는 매우 작지만 정확히 0은 아니다).

그러나 이러한 표현에는 약간 오해의 소지가 있는데, 15.2.1절 마지막에 논의한 것처럼 척도 없는 네트워크에서 거대 덩어리 크기는 $\phi = 0$으로 다가갈수록 매우 작아지기 때문이다. 일반적으로 이 크기는 ϕ에 대해 선형으로 감소하는 것보다 더 빨리 감소한다. 따라서 비록 수학적으로는 양수인 모든 ϕ에서 감염병이 발생할 수 있지만, 현실적으로는 감염병 규모가 아주 작아서 전체 인구의 가장 작은 비율에만 영향을 미칠 수도 있다(반면에, S가 매우 작더라도 감염병이 나타나는 것과 나타나지 않는 것의 차이는 재감염 과정을 포함하는 SIS 모형 같은 경우에 매우 중요하다. 이런 모형에서는 감염병 문턱값은 질병이 유지되거나 질병이 사라진 영역을 분리하고, 이것은 감염된 사람 수가 적을지라도 매우 중요한 차이다).

16.3.3 공존하는 질병

SIR 모형과 스미기 사이의 관계를 확장해서 다른 더 복잡한 질병 과정을 밝히기도 한다. 한 가지 예로 16.1.8절에서 논의한, 같은 인구 집단에 퍼지는 2개의 SIR 유형 질병을 고려하자. 한 질병의 생존자는 다른 질병에 대한 (교차) 면역력을 획

---

12 질병 확산 과정을 약간 다르게 고려하기 때문에(각 개인이 감염 상태를 유지하는 시간이 같으므로, 완전히 뒤섞인 모델에서 사용한 지수함수 분포가 아니다) 매개변수에서 차이가 생긴다. 또한 네트워크 모형에서 β가 전체 네트워크에서 전파율이 아닌 에지당 전파 확률이기 때문에 식 (16.36)의 지수에 c라는 인자가 있다.

득한다. 단순화하고자, 질병 1이 인구 전체에 다 퍼지고 질병 2가 퍼지기 시작하기 전에 퇴치됐다고 가정한다. 이때 질병 1은 이전 절에서 논의했듯이 결합선 스미기를 이용해 모사할 수 있는 보통의 SIR 모형의 과정으로 퍼진다. 이 과정을 진행한 결과, 네트워크에서 일부 비율의 노드가 질병 1에 감염된 후 회복하여 질병 1뿐 아니라 질병 2에 대한 면역력도 얻는다. 이때 교차 면역이 완벽해서 질병 1의 생존자는 질병 2에 완전한 면역력을 갖추었다고 가정할 것이다.

따라서 질병 1이 휩쓸고 간 네트워크에서 질병 2가 확산하기 시작하려는 스미기 클러스터 내의 모든 노드는 효과적으로 예방접종이 된 상태다. 질병 2에 관한 한, 이제 이 예방접종된 노드는 고려하지 않는다(그림 16.6 참고). 두 번째 질병은 이제 남아 있는 노드와 그 에지로 구성된 네트워크에서 펼쳐지는 또 다른 스미기 과정으로 모형화할 수 있다.

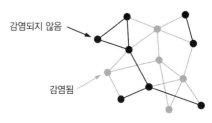

감염되지 않음

감염됨

그림 16.6 네트워크에서의 교차 감염
어떤 질병이 감염시킨 노드에게 교차 면역을 형성할 때 그 노드는 네트워크에서 실질적으로는 제거된다(회색 노드). 감염 안 된 채로 남은 노드가 거대 덩어리를 형성할 때만 그 이후의 발병이 퍼진다.

예를 들어, 구조 모형을 다시 고려하자. 일반적으로 두 질병은 전파 확률이 다를 수 있고 이를 ϕ_1과 ϕ_2라고 표기할 것이다. 질병 1의 전파 확률 ϕ_1이 감염병 문턱값 위에 있을 만큼 충분히 크고, 게다가 초기 질병 운반자가 거대 덩어리 내에 있어서 실제로 감염병 전파가 일어난다고 하자. 그러면 첫 번째 질병은 거대 덩어리에 있는 모든 노드에게 두 번째 질병에 대한 면역을 제공해서 실질적으로 네트워크에서 이 노드들을 제거한다. 네트워크에 남아 있는 노드는 여전히 구조 모형 네트워크를 형성해서, 이 중 어떤 두 노드가 에지로 연결될 확률은 언제나 그랬듯이 정확히 같다. 그러나 이것이 꽤 중요한 부분인데, 링크수가 큰 노드가 질병 1에 감염될 확률이 높아서 제거되기 때문에 이 '남은 네트워크'의 링크수 분포는 처음 시작했던 원래 네트워크와 같지 않다. 그래서 남은 네트워크는 링크수가 적은 노드가 우세하고, 질병 2의 전파를 정확히 계산하려면 이 사실을 반드시 고려해야 한다. 참고문헌 [358]에서 이 계산을 처음 했고, 지금부터 그것을 소개할 것이다.

어떤 노드가 남은 네트워크에 존재하도록, 첫 번째 질병에 걸리지 않은 노드의 원래 링크수가 k이고 남은 네트워크 내에서는 링크수가 m일 확률을 $P(\text{uninf}, m/k)$라고 하자. 그러면 정의상, 질병 1에 걸리지 않은 다른 노드와 연결된 이 노드의 에지는 (채워졌을 수도 있고 아닐 수도 있는) m개이고, 나머지 $k - m$개의 에지는 질병 1에 걸린 노드와 연결됐다. 그러나 후자는 절대로 채워져서는 안 된다(채워진 에지가 하나라도 있다면 이 노드는 질병 1에 걸릴 것이기 때문이다). 16.3.2절에서 사용한 기호로 쓰자면, 어떤 에지의 다른 끝에 있는 노드가 감염되지 않았을 확률은 u^k이고, 남은 링크수 k에 대해 평균을 취하고 나면 $\sum_k q_k u^k = g_1(u)$이다. 한편, 어떤 에지가 채워지지 않고 질병 1에 감염된 노드에 연결될 확률은

$$(1 - \phi_1)\big[1 - g_1(u)\big] = 1 - \phi_1 - g_1(u) + \phi_1 g_1(u) = u - g_1(u) \tag{16.37}$$

이며, 유도 과정에서 식 (16.29)를 이용했다. 이 확률들을 함께 고려하면[13]

$$P(\text{uninf}, m|k) = \binom{k}{m}\big[g_1(u)\big]^m \big[u - g_1(u)\big]^{k-m} \tag{16.38}$$

를 얻을 수 있고, 여기서 $\binom{k}{m}$이라는 인자는 k개의 가능성 중 m개의 에지를 선택하는 각기 다른 방법의 수를 뜻한다.

이제 이 확률에 어떤 노드의 링크수가 k일 확률 p_k를 곱하고, 그 노드가 처음에 감염되지 않은 상태일 확률 $P(\text{uninf})$(이것을 16.3.2절의 표기법으로 쓰면 간단하게 $1 - S = g_0(u)$가 된다)로 나눈다. 그러면 베이즈 규칙$^{\text{Bayes' rule}}$을 적용해서

$$P(m, k|\text{uninf}) = \frac{p_k}{P(\text{uninf})}P(\text{uninf}, m|k) = \frac{p_k}{g_0(u)}\binom{k}{m}\big[g_1(u)\big]^m\big[u - g_1(u)\big]^{k-m} \tag{16.39}$$

을 얻는다. 이 확률을 m보다 크거나 같은 모든 k에 대해 더하면(반드시 $k \geq m$이기 때문에), 감염되지 않은 노드로 구성한 남은 네트워크의 링크수 분포를 얻을 수 있고 이는 다음과 같다.

$$P(m|\text{uninf}) = \frac{1}{g_0(u)}\sum_{k=m}^{\infty} p_k \binom{k}{m}\big[g_1(u)\big]^m\big[u - g_1(u)\big]^{k-m} \tag{16.40}$$

이 링크수 분포의 생성 함수는 다음과 같다.

$$f_0(z) = \sum_{m=0}^{\infty}P(m|\text{uninf})z^m = \frac{1}{g_0(u)}\sum_{m=0}^{\infty}\sum_{k=m}^{\infty}p_k\binom{k}{m}\big[g_1(u)\big]^m\big[u - g_1(u)\big]^{k-m}z^m$$

$$= \frac{1}{g_0(u)}\sum_{k=0}^{\infty}p_k\sum_{m=0}^{k}\binom{k}{m}\big[g_1(u)\big]^m\big[u - g_1(u)\big]^{k-m}z^m$$

---

13 즉, 여기서 각 에지를 통해 감염되지 않을 수 있는 방법이 두 가지인데, 감염되지 않은 노드와 연결됐거나(이때는 에지가 채워지든 안 채워지든 상관없음) 감염된 노드와 연결됐더라도 그 연결이 채워지지 않으면 된다. 전자에 해당되는 에지가 m개, 후자에 해당되는 에지가 $k - m$개이고 확률이 모두 독립적이라고 가정하면 전자는 $[g_1(u)]^m$, 후자는 $[u - g_1(u)]^{k-m}$이라고 쓸 수 있다. 또한 원래의 링크수 k 중 m개를 고르는 모든 경우의 수마다 이 확률이 있으므로 그만큼 곱해야 한다. – 옮긴이

$$= \frac{1}{g_0(u)} \sum_{k=0}^{\infty} p_k \big[u + (z-1)g_1(u) \big]^k = \frac{g_0(u + (z-1)g_1(u))}{g_0(u)} \qquad (16.41)$$

일단 이 생성함수를 얻으면, 식 (12.33)을 이용해서 이에 대응되는 남은 링크수 분포의 생성 함수 $f_1(z)$도 계산할 수 있다.

$$f_1(z) = \frac{f_0'(z)}{f_0'(1)} = \frac{g_1(u + (z-1)g_1(u))}{g_1(u)} \qquad (16.42)$$

이 두 생성 함수를 써서, 이제 두 번째 질병 전파의 다양한 특성을 계산할 수 있다. 예를 들어, 식 (16.29)와 식 (16.30)에서 유추하면 남은 네트워크에서 두 번째 질병이 발병해 감염된 비율 C는 다음과 같다.

$$C = 1 - f_0(v), \qquad v = 1 - \phi_2 + \phi_2 f_1(v) \qquad (16.43)$$

또 두 번째 질병의 감염병 문턱값 위치도 계산할 수 있고 이는 식 (16.31)과 동일한 형태로

$$\phi_2 = \frac{1}{f_1'(1)} = \frac{1}{g_1'(u)} \qquad (16.44)$$

이고, 여기서 두 번째 등식을 유도할 때 식 (16.42)를 이용했다.

그런데 이제 흥미로운 관찰을 할 수 있다. $g_1'(u)$ 값이 1보다 작다면, 식 (16.44)에 의하면 질병 2가 퍼지려면 ϕ_2가 1보다 커야 한다는 뜻인데, ϕ_2는 확률이므로 이것은 불가능하다. 그러므로 이 영역에서는 두 번째 질병이 절대로 퍼지지 않는다. 다시 말하자면 이 영역에서는 첫 번째 질병이 너무 많은 노드를 감염시켜서, 그 결과 남은 네트워크가 거대 덩어리를 전혀 형성하지 못하기 때문에 두 번째 질병이 당연히 퍼지지 못한다. 이것을 확인하려면 12.6.2절에서 $g_1'(1) > 1$일 때 네트워크에 거대 덩어리가 형성됐다는 것을 떠올려보자(식 (12.42) 참고). 남은 네트워크에서 이와 동일한 표현은, 만일 $f_1'(1) > 1$ 또는 동일하게 $g_1'(1) > 1$이면 거대 덩어리가 생기고 따라서 $g_1'(u) < 1$이면 거대 덩어리가 생기지 않는다는 것이다.[14]

이제 네트워크에서 ϕ_2 값은 고정시킨 채로 ϕ_1을 0에서 서서히 증가시킬 때 두

---

14 이 둘의 경계에 있는 $g_1'(u) = 1$인 상황은, 엄밀하게는 거대 덩어리가 없지만 가장 큰 덩어리가 노드 수 n의 거듭제곱 꼴이 되는 상황이다.

질병이 어떻게 행동하는지 살펴보자. 초기에는 첫 번째 질병의 전파 확률이 너무 낮아서 이 질병이 퍼지지 못할 것이다. 그러나 ϕ_2가 충분히 크다면 질병 2는 퍼질 것이다. ϕ_1이 증가하면서 결국 이 값이 식 (16.31)로 주어지는 감염병 문턱값에 도달할 것이고, 결국 질병 1이 퍼질 것이다. 이렇게 될 때, 질병 1은 감염된 노드에게 면역을 형성해줄 것이고, 따라서 질병 2에 감염될 수 있는 노드 수를 줄일 것이다. 이 지점에서 질병 2의 발병 규모가 감소하기 시작하는 것을 볼 수 있다.

ϕ_1이 더 증가하면 질병 2의 발병 규모는 여전히 계속해서 감소한다. 그리고 질병 1이 수많은 노드에게 면역을 제공해서, 남은 노드가 더 이상 거대 덩어리를 형성하지 못하고 질병 2가 더 이상 퍼지지 못하는 지점에서 질병 2의 발병 규모는 결국 0에 도달한다. 따라서 통상적인 감염병 문턱값 외에도, ϕ_1의 함수로 두 번째 문턱값이 존재하고 이를 종종 공존 문턱값^{coexistence threshold}이라고 부른다. 이 공존 문턱값은 질병 1이 너무 많은 노드를 감염시켜서 질병 2가 더 이상 퍼지지 못하고 이에 따라 두 질병이 같은 인구 집단에 공존할 수 없는 지점이다. u 값에 대한 조건 $g_1'(u) = 1$을 풀고 이에 대응되는 ϕ_1을 얻고자 식 (16.29)를 재정렬하면 공존 문턱값의 위치를 계산할 수 있다.

$$\phi_1 = \frac{1 - u}{1 - g_1(u)} \tag{16.45}$$

예를 들어, 링크수 분포가 평균이 c인 푸아송 분포인 네트워크를 다시 생각하자. 그러면 16.3.2절에서 본 것처럼 $g_0(z) = g_1(z) = e^{c(z-1)}$이다. 거기에서 보였던 것처럼, 첫 번째 질병의 감염병 문턱값은 $\phi_1 = 1/c$이다. 방정식 $g_1'(u) = 1$은 $ce^{c(u-1)} = 1$인 꼴이고, 이것을 $1 - u = (1/c)\ln c$나 $g_1(u) = 1/c$라고 쓸 수 있다. 이 형태를 식 (16.43)에 대입하면 공존 문턱값의 위치가 나온다.

$$\phi_1 = \frac{\ln c}{c - 1} \tag{16.46}$$

그림 16.7은 $c = 3$이고 $\phi_2 = 1$일 때, ϕ_1의 함수로 두 질병의 발병 규모를 보여준다. 그 모양은 우리가 예상한 바와 정확히 같다. 그림의 왼쪽부터 오른쪽까지 보면, 질병 1은 퍼지지만 질병 2는 퍼지지 않는 영역에서 시작하고, 두 질병이 모두 퍼지는 (음영으로 표시한) 공존 영역에 들어서고, 그리고 나서 질병 1만 퍼지는 영역에 도달한다. ϕ_2의 가능한 최댓값을 $\phi_2 = 1$로 선택했기 때문에, 질병 2는 공존 문턱값까지만 지속된다. 만약 더 작은 값을 선택했다면 질병 2는 더 이른 지점

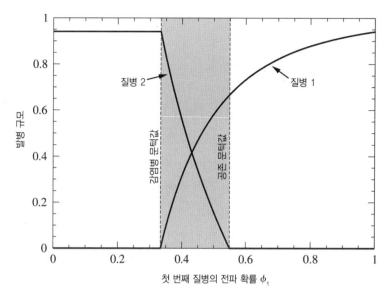

그림 16.7 교차 면역에서 두 질병의 발병 규모

두 곡선은 경쟁하는 두 질병의 발병 규모를 전체 네트워크에서의 감염 비율로 보여준다. 평균 링크수가 $c = 3$인 푸아송 링크수 분포를 보이는 무작위 그래프에서 얻은 결과다. 식 (16.36)과 식 (16.43)에서 계산한 곡선이고, 감염병 문턱값과 공존 문턱값 위치를 나타내는 수직 파선은 식 (15.11)과 식 (16.46)으로 계산했다. 출처: Newman[358]

에서 퇴치됐을 것이다. 따라서 공존 문턱값은 질병 2의 전파 확률이 얼마였든 간에 질병 2가 퍼지지 못하는 영역 너머인 지점이어서, 반드시 그 점에서 질병 2가 실제로 퇴치될 필요는 없다.

16.3.4 동시 감염

16.1.8절에서 기술했듯이, 한 집단에서 퍼지는 두 질병은 서로가 퍼지는 것을 반드시 억제하지는 않는다. 어떤 경우에는 하나의 질병이 다른 질병을 더 잘 퍼지게 할 수도 있다. 이런 상황 역시 여기에서 설명한 스미기 기술로 모형화할 수 있지만, 이전 절에서 공부한 교차 면역보다 계산이 훨씬 더 복잡하다. 가장 간단한 경우로서, 16.3.3절에서 본 것과 유사한 예를 생각해보자. 두 질병이 차례로 인구 집단에 퍼지는데, 이미 첫 번째 질병에 감염된 사람만이 두 번째 질병에 걸릴 수 있는 예시[15]다. 따라서 첫 번째 질병이 실질적으로 두 번째 질병이 퍼질 네트워크의

---

15 이전 절에서 소개한 교차 면역의 경우에는 첫 번째 질병에 감염되지 않아야 두 번째 질병에 걸릴 수 있는 것이었기 때문에 조건이 정확히 반대다. – 옮긴이

부분집합을 골라내는 것이라고 할 수 있다. 두 번째 질병의 전파 확률이 충분히 높으면 그 질병은 이 부분네트워크에서 퍼지고, 이것이 한 질병이 다른 질병의 전파를 돕는 '동시 감염' 상황인 것이다.

예를 들어, 구조 모형 네트워크에서 이 과정의 형태를 풀 수 있다. 그렇지만 이 계산이 어려운 이유는 두 번째 질병이 퍼질 부분네트워크가 구조 모형이 아니라는 점에 있다. 그럴 수밖에 없는 것이, 문제의 부분네트워크는 정의상 원래 네트워크의 스미기 클러스터여서 다 연결됐기 때문이다(즉, 덩어리가 오직 하나뿐이다). 구조 모형 네트워크는 일반적으로 여러 덩어리로 구성되므로, 이 새로운 부분네트워크는 무엇인가 다를 것이 분명하다.

그럼에도 불구하고 계산을 할 수는 있지만, 계산 과정이 지루하게 길어서 여기서 그 복잡한 모든 과정을 다루진 않을 것이다. 관심 있는 독자는 [363]을 참고하라. 그림 16.8은 역시 평균 링크수가 $c = 3$인 푸아송 링크수 분포에서 얻은 계산 결과를 보여준다. 이 그림은 두 질병의 발병 규모를 보여주고, 두 번째 질병의 전파 확률 ϕ_2를 고정했을 때 첫 번째 질병의 전파 확률 ϕ_1의 함수로 나타냈다. ϕ_1 값

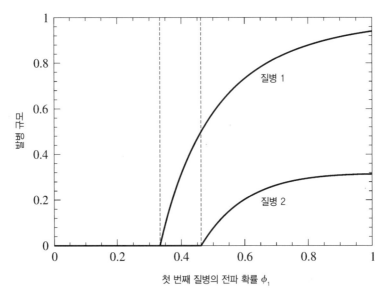

그림 16.8 두 질병에서 동시 감염의 발병 규모

이 계산에서 질병 2는 이전에 질병 1에 감염된 노드 사이에서만 퍼진다. 두 곡선은 그 결과 초래된 발병 규모를 나타내고, 평균 링크수가 $c = 3$인 푸아송 링크수 분포를 따르는 무작위 그래프 전체에서 차지하는 비율로 표현했다. 질병 2의 전파 확률은 $\phi_2 = 0.4$로 고정했고, ϕ_1은 0부터 1까지 변화시켰다. 수직 파선은 각 질병이 퍼지는 문턱값의 위치를 의미한다. 출처: Newman and Ferrario[363]

이 작으면(그림의 왼쪽 부분) 질병 1이 감염병 문턱값보다 낮아서 질병 1은 퍼지지 않고 질병 2도 퍼지지 않는다(질병 2가 퍼질 노드가 없기 때문이다). ϕ_1이 증가하면 결국 감염병 문턱값을 넘어서고 질병 1이 퍼지기 시작한다. 일단 질병 1에 감염된 사람이 충분하면 질병 2도 퍼지기 시작해서, 실질적으로 2개의 감염병 문턱값이 나타나고 그림에서 이를 수직 파선들로 표기했다.

16.3.5 복잡한 감염

16.1.19절에서 논의했던 것처럼, 네트워크에서 정보의 확산을 전염과 같은 과정으로 모형화할 수 있다. 소위 말해서 복잡한 전염^{complex contagion}을 고려해야 하는데, 이것은 노드가 2개 이상의 노드에게 감염된 이후에만 감염될 수 있는 전염이다. 한 명에게서만 감염되는 것으로는 충분하지 않다.

박스터^{Baxter} 등[50]이 보인 것처럼, 복잡한 전염은 이전 절에서 다룬 전염과 유사하게 스미기 기법을 사용해 다룰 수 있다. SIR 유형의 복잡한 전염 모형을 고려하자. 감염된 사람이 그 전염병을 전파 확률 ϕ로 이웃에게 퍼뜨리지만, 어떤 노드가 감염되려면 q명의 다른 사람에게서 그 감염병을 얻어야만 한다.[16] 이 과정에서 알아야 하는 중요한 점은 감염병 발병이 더 이상 노드 하나에서 시작하지 않을 수 있다는 것이다. 일단 어떤 노드가 2개 이상의 노드에게 질병을 전달받아야 감염병이 퍼지기 때문에, 만일 한 노드에서만 시작하면 감염병은 절대로 퍼지지 못할 것이다. 네트워크 크기가 커질수록 2개 이상의 초기 운반자가 같은 노드에 연결됐을 가능성은 사라진다. 그래서 큰 네트워크에서는 고정된 수의 초기 운반자로 질병 전파를 시작하는 것이 확실히 부적절하다. 그러므로 복잡한 전파에서 눈에 띠

복잡한 전염은 물리학 문헌에서는 **부트스트랩 스미기**(bootstrap percolation)라고도 부른다([7, 50, 99, 210] 참고).

---

16 복잡한 전염은 7.2.2절에서 공부한 k-중심과 유사점이 몇 개 있다. 네트워크에서 k-중심은 적어도 k명의 이웃과 연결된 노드의 집합이라는 것을 떠올리자. 복잡한 전염 시나리오에서 감염된 노드도 이는 마찬가지인데(k를 q라고 쓰면), 두 과정이 똑같지는 않다. 복잡한 전염은 확률 ϕ로만 퍼져서, 주어진 노드가 감염되지 않을 가능성이 언제나 존재하기 때문이다. 그러나 만일 $\phi = 1$로 설정하면 차이점이 있을 수 있다. 복잡한 전염에서 $\phi = 1$로 감염된 사람은 어쩌면 q-중심을 구성할 수도 있지만, 더 일반적으로 이런 사람은 q-중심의 부분집합일 뿐이다. 왜냐하면 초기 질병 운반자에서 출발한 감염병이 점진적으로 퍼지기 때문이다.

아래에 나타낸 네트워크를 고려하자. $q = 2$이며 동그라미 친 두 노드에서 감염이 시작됐고, 전파 확률 $\phi = 1$로 퍼진다고 가정한다. 감염은 속이 찬 원으로 표현한 노드로 퍼지겠지만, 오른쪽에 있는 속이 빈 원으로 표현한 4개의 노드에는 퍼지지 않을 것이다. A라고 이름표를 붙인 노드에게 두 명의 감염된 이웃이 없기 때문이다. 그렇지만 모든 노드는 적어도 두 명의 다른 노드와 연결됐으므로 전체 네트워크는 하나의 2-중심이다. 그래서 이 예에서 감염된 노드는 완전한 2-중심이 아닌 그것의 부분집합만을 이룬다.

는 발병을 관찰하려면 전체 노드 중 적지 않은 비율 ρ로 감염을 시작해야만 한다. 이런 초기 운반자를 무작위로 고르게 선택하여 모든 노드가 발병 초기에 감염됐을 확률이 ρ로 같다고 하자.

초기 운반자가 누구인지 안다면, 어떤 노드가 감염될지를 간단한 반복 과정으로 계산할 수 있다. 먼저, 초기 운반자가 확률 ϕ로 이웃들에게 질병을 퍼뜨리고 만일 그 이웃들이 감염병을 최소한 q번 전해 받았다면 이들은 감염된다. 그러면 새로 감염된 노드가 감염병을 그들의 이웃에게 퍼뜨리고, 그 이웃이 이 새로 감염된 노드와 원래 운반자를 포함해서 최소한 q번 감염병을 전달받는다면 그 이웃 역시 감염된다. 그리고 노드가 더 이상 감염되지 않을 때까지 여러 번 이 과정을 반복한다.

이 과정이 정확히 누가 감염될 것이고 감염되지 않을 것인지 알려준다 할지라도, 감염의 정확한 시간 변화나 실제 발병에서 노드가 감염될 순서를 알려주지는 않는다는 점을 이해하는 것이 중요하다. 일반적으로 위에 기술한 전염 순서는 실제 시간에 대응되지 않는다. 예를 들어, 3회째에 감염된 노드가 2회째에 감염된 노드보다 실제로는 더 먼저 감염됐을 수도 있다. 그렇다고 하더라도 이 반복 과정으로 전체 발병 규모를 정확하게 계산하여 이 과정을 스미기 유형의 해석적 이론으로 발전시킬 수 있다. 다른 감염 과정을 다룬 이전 절에서 발전시켰던 것처럼 말이다. 가장 간단하게 $q = 2$에서 출발해서 구조 모형을 다시 예로 들어 이 계산을 어떻게 하는지 살펴보자.

어떤 노드가 r회째 또는 그 이전 감염 과정에서, 자신의 에지 중 특정한 한 선을 따라 감염병을 전달받지 않을 평균 확률을 u_r이라는 기호로 나타내자. 일반적인 r에 대해, 감염병이 어떤 특정한 에지로 전달되지 못하는 방법은 두 가지다. 첫째, 그 에지가 채워지지 않을 수 있고 이것은 $1 - \phi$의 확률로 발생한다. 둘째, 그 에지가 채워졌지만(확률 ϕ) 그 끝에 있는 다른 노드가 감염되지 않았을 수 있다. 여기서 끝에 있는 그 노드가 감염되지 않는 것은 둘 중 하나의 방법으로 일어날 수 있다. (1) 그 노드가 초기 운반자가 아니고 자신의 다른 어떤 에지로도 감염병을 아예 전달받지 못했거나(즉, 그 노드에 도달하려고 따라간 그 에지만 제외하고 나머지 에지 중 어떤 것을 통해서도 말이다), (2) 그 노드가 초기 운반자가 아니고 오로지 하나의 에지로만 감염병을 전달받았을(한 번으로는 감염되기에 충분하지 않으므로) 수 있다. 전자는 확률 $(1 - \rho)u_{r-1}^k$로 발생하고, 이때 k는 노드의 남은 링크수다. 반면 후자는 확률 $(1 - \rho)ku_{r-1}^{k-1}(1 - u_{r-1})$로 발생한다. 편의상 $u_0 = 1$이라고 쓰면, 이 표현은 $r = 1$

을 포함한 모든 r 값에 적용된다.

이 결과를 모두 합하면, 그 질병이 문제의 에지로 전달되지 않을 전체 확률 $1 - \phi + \phi(1 - \rho)u_r^k + \phi(1 - \rho)ku_{r-1}^{k-1}(1 - u_{r-1})$을 얻을 수 있다. 남은 링크수 k의 분포 q_k에 대해 평균을 취하면, u_r에 관한 다음 방정식에 도달한다.

$$u_r = 1 - \phi + \phi(1 - \rho)\sum_{k=0}^{\infty} q_k u_{r-1}^k + \phi(1 - \rho)(1 - u_{r-1})\sum_{k=0}^{\infty} q_k k u_{r-1}^{k-1}$$
$$= 1 - \phi + \phi(1 - \rho)g_1(u_{r-1}) + \phi(1 - \rho)(1 - u_{r-1})g_1'(u_{r-1}) \qquad (16.47)$$

이전과 마찬가지로 g_1은 식 (12.97)에서 본 남은 링크수 분포의 생성 함수이고, g_1'은 이 생성 함수를 한 번 미분한 것이다.

많은 횟수를 거듭하면 감염병은 결국 모든 감염될 노드에게 도달할 것이고, 그러면 u_r이 더 이상 변하지 않아서 $r \rightarrow \infty$에서 $u_r = u_{r-1}$이 된다. 기호를 간단히 하고자 이 u_r의 극한값을 u라고 하자. 이는 감염병이 어떤 시간에서든 에지를 따라 절대 전달되지 않을 평균 확률을 나타낸다. $u_r = u$와 $u_{r-1} = u$를 식 (16.47)에 대입하면

$$u = 1 - \phi + \phi(1 - \rho)g_1(u) + \phi(1 - \rho)(1 - u)g_1'(u) \qquad (16.48)$$

을 얻는다. 이 방정식을 u에 대해 풀면, 오랜 시간이 흘렀을 때 링크수가 k인 어떤 특정한 노드가 감염되지 않을 확률은 이 노드가 초기 운반자가 아니며 k개의 에지 중 1개 이하로만 감염병을 전달받을 확률과 같다. 이 확률은 $(1 - \rho)u^k + (1 - \rho)(1 - u)u^{k-1}$이다. 그러면 노드가 감염될 확률은 1에서 식을 뺀 것이고, 링크수 분포 p_k에 대해 평균을 취하면 네트워크 전체에 걸친 평균 감염 확률 S(S는 오랜 시간이 지났을 때 네트워크에서 감염된 노드의 비율이기도 하다)는 다음과 같다.

$$S = 1 - (1 - \rho)\sum_{k=0}^{\infty} p_k u^k - (1 - \rho)(1 - u)\sum_{k=0}^{\infty} p_k k u^{k-1}$$
$$= 1 - (1 - \rho)g_0(u) - (1 - \rho)(1 - u)g_0'(u) \qquad (16.49)$$

같은 방식으로, 일반적인 q에 대해 복잡한 전염에서

$$u = 1 - \phi + \phi(1 - \rho)\sum_{m=0}^{q-1} \frac{(1 - u)^m}{m!} \frac{\mathrm{d}^m g_1}{\mathrm{d}u^m} \qquad (16.50)$$

그리고

$$S = 1 - (1 - \rho) \sum_{m=0}^{q-1} \frac{(1-u)^m}{m!} \frac{\mathrm{d}^m g_0}{\mathrm{d}u^m} \tag{16.51}$$

임을 쉽게 보일 수 있다. 식 (16.50)과 식 (16.51)로 발병 규모 S의 해를 얻을 수 있다. 만일 $q = 1$로 설정[17]하고 $\rho \to 0$인 극한[18]을 취하면, 이 식들이 기존의 (복잡하지 않은) 전염에 해당하는 식 (16.29)와 식 (16.30)으로 되돌아간다는 것에 주목하자.

한 예로서, 다시 한번 평균이 c인 푸아송 링크수 분포를 따르는 네트워크를 고려하자. 이 경우 생성 함수와 그 미분은 $g_0(z) = g_1(z) = e^{c(z-1)}$과 $g_1'(z) = ce^{c(z-1)}$이다. $q = 2$일 때를 조사해보자. 이때 식 (16.48)은

$$u = 1 - \phi + \phi(1 - \rho)[1 + c(1 - u)]e^{c(u-1)} \tag{16.52}$$

라는 것을 알려준다. 일반적인 전염에 대한 식 (16.34)와 마찬가지로, 이 방정식은 닫힌 형태의 간단한 해를 주지는 않지만 그래프를 이용하는 방법으로 그 행동을 이해할 수 있을 것이라는 좋은 예감이 든다. 그림 16.9는 위 수식의 우변에 대한 그래프를 나타내고, 각 그림에서 곡선이 파선으로 나타낸 대각선($y = u$)과 교차하는 점(들)이 u의 해를 나타낸다.

해당 그림이 보여주듯이, 시스템이 보일 수 있는 행동에는 매개변숫값에 따라 세 가지 유형이 있다. 패널 (a)는 네트워크의 평균 링크수가 $c = 3$이고 감염병의 초기 운반자 밀도가 $\rho = 0.05$인 상황을 보여준다. 0이 아닌 초기 운반자 밀도는 감염된 노드의 비율 S가 언제나 0은 아님을 뜻한다. 어떤 경우에도, 적어도 비율 ρ만큼의 노드가 감염됐다(이전 절에서 다룬 감염병 확산에서는 감염병 문턱값 아래일 때 S가 0이었는데, 이와 대조된다).

그림에서 패널 (a)에 있는 세 곡선은 $\phi = 0.5, 0.75, 1$일 때 식 (16.52)의 우변을 나타낸다. 여기서 볼 수 있듯이 각 곡선에서 u의 해는 오직 1개로, 그림의 상단 오른쪽 모서리에 점으로 표현했다. 해를 알면 식 (16.51)에서 발병 규모 S를 계산할 수 있고 푸아송 네트워크에서는 그 해가

---

17 한 번만 전달돼도 전염되는, 이전에 다룬 간단한 전염에 해당하는 경우 – 옮긴이

18 실제 초기 운반자가 아예 없으면 전염병 전파가 아예 일어나지 않으므로, 이 극한은 초기 운반자의 수가 (적은) 고정된 숫자일 경우 노드의 개수가 무한대로 가는 극한에서 초기 운반자의 비율이 0에 수렴한다고 이해하면 된다. – 옮긴이

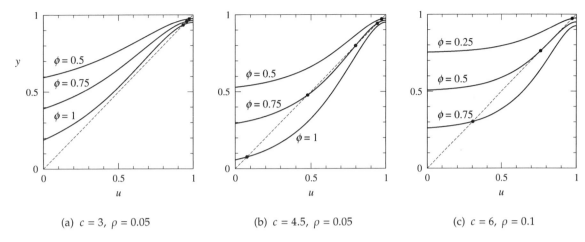

(a) $c = 3$, $\rho = 0.05$ (b) $c = 4.5$, $\rho = 0.05$ (c) $c = 6$, $\rho = 0.1$

그림 16.9 그래프를 이용한 식 (16.52)의 해

각 그림에서 곡선은 $y = 1 - \phi + \phi(1 - \rho)[1 + c(1 - u)]e^{c(u-1)}$의 값을 u의 함수로, 즉 식 (16.52)의 우변을 나타낸다. 반면 파선으로 나타낸 대각선은 $y = u$다. 곡선과 대각선이 교차하는 지점에서 u의 값(점으로 표기했다)이 식 (16.52)의 해다.

$$S = 1 - (1 - \rho)[1 + c(1 - u)]e^{c(u-1)} \qquad (16.53)$$

의 형태를 취한다. 이 매개변숫값들에서는 엄청나게 재미있는 일이 발생하지는 않는다. 예를 들어, 감염병 문턱값도 없고 어떤 종류의 급격한 행동이나 전이도 없다. 그림 16.10은 ϕ의 함수로 발병 규모 S의 곡선 전체를 보여주고(그림에서 맨 아래 곡선), 그 곡선은 ϕ의 전 범위에 걸쳐서 부드러운 모양이고 발병 규모는 초기 운반자 밀도로 정한 기준값 0.05보다 살짝 큰 작은 값을 유지한다.

그림 16.9(b)는 매개변숫값이 $c = 4.5$, $\rho = 0.05$일 때 상황을 보여주고 세 곡선은 또 다시 $\phi = 0.5, 0.75, 1$일 때를 나타낸다. 그러나 이제 무언가 다른 일이 발생한다. $\phi = 0.5$일 때는 여전히 u의 해가 하나이지만, $\phi = 0.75$이면 해가 3개다. 각기 다른 세 점에서 곡선과 대각선이 반복해서 교차한다. 3개의 해 중 어떤 것이 이 모형의 진짜 행동을 보여줄까? 이 질문에 답을 하고자, 반복적인^{iterative} 식 (16.47)을 다시 참고하고 $u_0 = 1$이라는 것도 떠올리자. 이 값에서 출발해서 반복하면, u가 그림 16.9의 세 해 중 가장 높은 값으로 수렴한다는 사실을 알 수 있다.

더 높은 ϕ 값에서, 그리고 구체적으로 그림에서는 $\phi = 1$일 때 이제 재미있는 일이 발생한다. 세 값 중 가장 큰 두 해가 사라지고 가장 낮은 해 하나만 남는다. 큰 두 해가 사라지는 점에서 u의 값은 가장 큰 해에서 가장 낮은 해로 불연속적으로 뛴다. 이 지점에서 시스템은 불연속 상전이$^{discontinuous\ phase\ transition}$를 보이고 감염

불연속 상전이는 종종 **1차**(first-order) 상전이라고도 부른다.

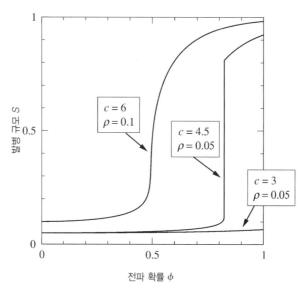

그림 16.10 복잡한 전염에서의 발병 규모

세 곡선은 푸아송 링크수 분포를 따르는 구조 모형 네트워크에서 $q = 2$일 때 복잡한 전염의 발병 규모를 보여주고, 그림 16.9의 세 패널에서 사용한 것과 같은 매개변숫값들을 선택했다. $c = 3$이고 $\rho = 0.05$일 때(아래 곡선) 모든 ϕ 값에서 발병 규모는 작지만, $c = 4.5$이고 $\rho = 0.05$일 때(중간 곡선) 사태가 일어나고 ϕ가 충분히 크면 발병 규모가 불연속적으로 더 높은 값으로 뛴다. $c = 6$이고 $\rho = 0.1$이면(위 곡선) 사태는 없지만 ϕ가 증가하면서 발병 규모는 여전히 급격히(그러나 부드럽게) 증가한다.

된 노드 비율은 상대적으로 낮은 값에서 더 높은 값으로 갑자기 뛴다. 그림 16.10에서 이 행동이 분명히 보이고, 이는 ϕ의 함수로 S의 전체 곡선(그림에서 중간 곡선)이 $\phi = 0.82$ 근방에서 불연속성을 보이는 것으로 확인할 수 있다.

이 불연속 상전이는 복잡한 전염 모델에서 일종의 감염병 문턱값과 유사하다. 상전이가 일어나지 않을 때는 많은 점에서 작은 규모의 발병이 시작된다. 여기저기서 두 질병 운반자가 충분히 가까워서 세 번째 노드를 함께 감염시킬 수 있지만, 이 작은 발병을 유지시키기에는 전파 확률 ϕ가 너무 낮아서 진정한 감염병 전파가 일어나기 전에 점차 사라진다. 불연속성은 ϕ가 충분히 커서 발병이 더 이상 사라지지 않는 지점을 나타낸다. 이 점을 넘어서면 복잡한 전염 과정마다 새로운 노드가 충분히 많이 감염되고, 그 이상의 노드가 다음 회차에도 감염됨을 보장할 수 있어서, 이 과정이 지속된다. 네트워크가 더 커지면 이 과정이 무한정 계속된다. 이렇게 제어가 안 되는 감염을 종종 사태^{avalanch}라고 부른다. 이는 걷잡을 수 없는 바위나 눈사태의 동역학에서 따온 표현으로, 초기의 작은 요동이 자발적으로 지속되는 산사태를 만들어내는 현상이다.

그림 16.9(c)는 세 번째 상황으로, $c = 6$이고 초기 운반자 밀도가 더 높은 $\rho = 0.1$일 때를 나타낸다. 이 그림에서 세 곡선은 각각 $\rho = 0.25,\ 0.5,\ 0.7$일 때의 해를 나타낸다. 이 매개변숫값에서는 S에 불연속성이 없다. 여기서는 곡선과 직선이 두 번 이상 교차하는 ϕ 값이 없어서, S는 ϕ에 대해 부드러운 함수다(그림 16.10에서 가장 위에 있는 곡선). 그러나 $\phi = 0.5$ 부근에서는 S 값이 낮은 값에서 높은 값으로 꽤 급격히 변한다. 마치 시스템이 사태를 경험하는 경계에 있는 것처럼 보이지만, 결국 사태에 도달하지는 않는다.

16.4 네트워크에서 일어나는 전염병 확산의 시간에 의존하는 성질

이전 절에서 사용한 기법으로는 네트워크에서 일어나는 감염의 후기$^{late-time}$ 성질을 알 수 있다. 가령, 얼마나 많은 사람이 궁극적으로 어떤 질병 발병에 영향을 받는가 하는 것 말이다. 그렇지만 이 기법은 시간이 흐르면서 발병이 세세하게 어떤 과정을 거치는지를 알려주지는 않는다. 만일 감염의 시간 변화를 알고 싶다면 다른 접근법이 필요하다. 더욱이 지금까지 사용한 기법은 16.1.5절과 16.1.6절에서 다룬 SIS와 SIRS 모형처럼 재감염이 있는 모형의 후기 행동을 알려주지는 못한다. 이런 모형에서는 이전 절에서 사용했던 감염병 확산과 스미기 사이의 등가 관계가 유효하지 않고, 모형의 행동(장기적인 행동을 포함해서)을 이해하려면 감염병 확산 동역학을 본격적으로 다룰 필요가 있다.

네트워크에서 감염병 동역학을 계산하는 접근법은 아주 많다. 특정한 네트워크가 주어지면 언제나 컴퓨터 시뮬레이션을 수행하여 전형적인 질병 발병에 대한 수치적 답을 얻을 수 있다. 반면 해석적 접근은 더 많은 통찰력을 제공하지만, 대개는 무작위 그래프나 일반화된 무작위 그래프와 같이 특정한 모형 네트워크로 적용 범위가 한정된다. 이어지는 절에서는 간단한 SI 모형을 시작으로, 이후에 더 복잡한(그리고 흥미로운) 모형으로 나아가서, 네트워크에서의 감염 동역학을 가장 쉽게 이해할 수 있는 일반적인 접근법 몇 가지를 살펴볼 것이다.

16.5 SI 모형에서 시간에 의존하는 성질

감염병 모형에서 시간에 의존하는 성질을 해석적으로 접근할 때는 노드가 특정 시간에 특정 질병 상태에 있을 확률에 초점을 맞춘다. 같은 네트워크에서 같은 질병이 반복해서 발병하는 상황을 상상해보자. 예를 들면, 같은 초기 조건에서 출발하여 노드 i가 시간 t에서 감염될 수 있는 상태이거나 감염된 상태일 평균 확률 $s_i(t)$과 $x_i(t)$를 계산한다. 어떤 네트워크의 인접 행렬이 주어지면, 16.1절의 완전히 뒤섞인 모델에서 했던 것과 유사하게 그러한 양들이 시간에 대해 어떻게 변하는지를 나타내는 미분방정식을 적을 수 있다. 예를 들어 SI 모형을 생각하자.

이전에 살펴봤듯이, 무작위로 선택한 노드 하나에서 출발한 SI 모형의 발병은 결국 그 노드를 포함하는 덩어리 내에 있는 모든 구성원에게 퍼진다. 그러므로 여기서 주요 관심사는 그 네트워크의 거대 덩어리에서 감염병 확산이 일어나는가 하는 것이다. 다른 모든 발병은 작은 덩어리에만 영향을 미쳐서 결국 사라질 것이기 때문이다. 그러니 거대 덩어리에 초점을 맞춰보자.

주어진 노드 i를 생각하자. 이 노드가 거대 덩어리의 구성원이 아니라면, 가정상 이 노드는 모든 시간에서 $s_i = 1$이다. 즉, 이 노드는 감염병이 거대 덩어리에서 발생한다고 가정했기 때문에 항상 감염될 수 있는 상태다. 만일 i가 거대 덩어리 안에 있으면, i가 시간 t와 $t + dt$ 사이에서 감염될 확률을 고려해서 s_i에 관한 미분방정식을 적을 수 있다. 어떤 노드가 감염되려면 인접한 노드 j 때문에 질병에 걸려야만 하고, 이는 j가 확률 $x_j = 1 - s_j$로 이미 감염됐다는 의미다. 그리고 그 노드가 주어진 시간 간격 동안 질병을 전파해야만 하고 이것은 $\beta\, dt$ 확률로 발생한다. 게다가 i는 처음에 감염될 수 있는 상태여야 하고, 이것은 확률 s_i로 일어난다. 이 확률을 모두 곱하고 i의 모든 이웃에 대해 합하면 i가 감염될 전체 확률은 $\beta s_i\, dt \sum_j A_{ij} x_j$이고, 여기서 A_{ij}는 인접 행렬의 요소다. 따라서 s_i는 다음 미분방정식을 따른다.

$$\frac{ds_i}{dt} = -\beta s_i \sum_j A_{ij} x_j = -\beta s_i \sum_j A_{ij}(1 - s_j) \tag{16.54}$$

우변에 있는 가장 앞의 음수 부호에 주목하자. 이는 노드들이 감염될수록 노드 i가 감염될 수 있는 상태^{susceptible}로 존재할 확률이 감소한다는 의미다.

x_i의 방정식도 유사하게 적을 수 있다.

$$\frac{dx_i}{dt} = \beta s_i \sum_j A_{ij} x_j = \beta(1 - x_i) \sum_j A_{ij} x_j \qquad (16.55)$$

물론 식 (16.54)와 식 (16.55)는 실제로는 $s_i + x_i = 1$이라는 관계이므로, 정확히 같은 방정식이다.

여기서는 완전히 뒤섞인 모형에서 사용한 것과 똑같은 초기 조건을 사용할 것이다. 질병이 한 명 또는 적은 수인 c명의 감염된 노드를 무작위로 고르게 선택해서 시작한다는 가정을 적용하면, 모든 노드 i에 대해 $x_i = c/n$과 $s_i = 1 - c/n$이라고 쓸 수 있다. 이때 시스템의 크기 n이 무한히 커지면 $x_i = 0$과 $s_i = 1$이 된다. 지금부터 유도할 어떤 표현식들을 단순화할 때는 n이 매우 큰 극한을 적용할 것이다.[19]

식 (16.54)는 일반적인 A_{ij}에 대해 닫힌 형태로 풀 수 없지만 적절한 극한을 고려해서 그 행동의 몇 가지 특징을 계산할 수는 있다. 예를 들어, 이른 시간에서 시스템의 행동을 고려해보자. 큰 n일 때 위에 언급한 초기 조건($x_i = 0$)을 가정하면, x_i는 이 영역(이른 시간)에서 작다. 식 (16.55)에서 작은 양인 2차 항을 무시하면

$$\frac{dx_i}{dt} = \beta \sum_j A_{ij} x_j \qquad (16.56)$$

를 얻고, 행렬 형태로 나타내면 다음과 같다.

$$\frac{d\mathbf{x}}{dt} = \beta \mathbf{A} \mathbf{x} \qquad (16.57)$$

여기서 $\mathbf{x}$는 요소가 x_i인 벡터다.

이제 $\mathbf{x}$를 인접 행렬의 고유 벡터로 구성된 선형 결합$^{\text{linear combination}}$으로 표현하자. 그러면

$$\mathbf{x}(t) = \sum_{r=1}^{n} a_r(t) \mathbf{v}_r \qquad (16.58)$$

여기서 $\mathbf{v}_r$은 고윳값이 κ_r인 고유벡터이고, $a_r(t)$는 시간에 의존하는 계수다. 그러면

---

19 만일 이 질병의 초기 운반자를 전체 네트워크에서 이 방법으로 고르게 선택하면, 이 운반자들이 거대 덩어리 바깥에 위치할 가능성이 있다. 이전에 논의했듯이, 발병이 거대 덩어리에서만 발생한다는 확신이 필요하다면 초기 운반자를 거대 덩어리 내에 있는 노드 중에서만 무작위로 고를 수 있다. 그러면 위 표현에서 전체 노드 수 n이 거대 덩어리의 크기로 대체될 것이다.

$$\sum_{r=1}^{n} \frac{da_r}{dt} \mathbf{v}_r = \frac{d\mathbf{x}}{dt} = \beta \mathbf{A}\mathbf{x} = \beta \mathbf{A} \sum_{r=1}^{n} a_r(t)\mathbf{v}_r = \beta \sum_{r=1}^{n} \kappa_r a_r(t)\mathbf{v}_r \qquad (16.59)$$

따라서 $\mathbf{v}_r$ 항을 비교해보면

$$\frac{da_r}{dt} = \beta \kappa_r a_r \qquad (16.60)$$

임을 알 수 있고, 이 미분방정식의 해는 다음과 같다.

$$a_r(t) = a_r(0)\, e^{\beta \kappa_r t} \qquad (16.61)$$

이 식을 다시 식 (16.58)에 대입하면 감염병의 초기 행동을 보여주는 해를 얻는다.

$$\mathbf{x}(t) = \sum_{r=1}^{n} a_r(0)\, e^{\beta \kappa_r t}\, \mathbf{v}_r \qquad (16.62)$$

이 표현식에서 가장 빨리 증가하는 항은 가장 큰 고윳값 κ_1인 항이다. 이 항이 다른 모든 항보다 압도적으로 크다고 가정하면

$$\mathbf{x}(t) \sim e^{\beta \kappa_1 t}\mathbf{v}_1 \qquad (16.63)$$

라고 쓸 수 있다. 그러므로 SI 모형의 완전 뒤섞인 모형 버전에서 그러했듯이, 초기에는 감염된 사람의 수가 지수함수적으로 성장하리라 예상할 수 있다. 그러나 지수에 등장하는 상수가 이제는 β뿐만 아니라 인접 행렬의 가장 큰 고윳값에도 의존한다. 게다가, 이 초반부에서 감염 확률은 노드마다 다르고 이는 선행 고유벡터 $\mathbf{v}_1$의 그 노드에 해당하는 요소와 관련이 있다. 인접 행렬의 선행 고유벡터를 구성하는 요소는 다른 상황에서 고유벡터 중심도eigenvector centrality라고 불렀던 양과 똑같은 양이다(7.1.2절 참고). 따라서 고유벡터 중심도는 SI 모형에서는 초기 감염 확률을 어림한 추정치다.

SI 모형에서 오랜 시간이 지나면, 거대 덩어리에 있는 어떤 노드든 감염 확률은 1이 된다(이번에도 감염병은 거대 덩어리에서 발생한다고 가정한다). 따라서 전반적으로 SI 모형이 완전히 뒤섞인 버전에서 본 것과 유사한 형태가 되리라고 예상할 수 있다. 그림 16.1과 정성적으로 유사한 곡선이 만들어지지만, 고유벡터 중심도가 더 높은 노드는 더 낮은 노드보다 더욱 빨리 감염된다.

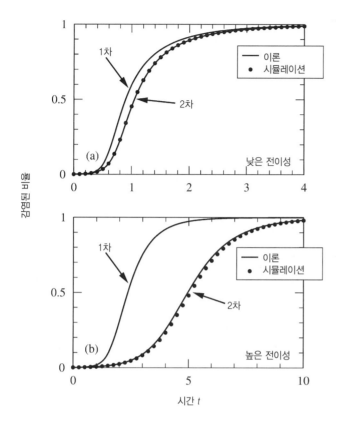

그림 16.11 두 네트워크에서 SI 모형의 이론과 시뮬레이션 비교

(a) 전이성이 낮은(즉, 뭉침 계수가 낮은) 네트워크의 거대 덩어리에서 감염된 사람 비율의 시간에 따른 변화. 미분방정식의 수치적 해는 1차와 2차 모멘트 끝맺음 방법으로 이론 곡선을 계산했고, 직접 시뮬레이션하여 시뮬레이션 곡선을 계산했다. (b) 전이성이 높은 네트워크에서 수행한 동일한 비교. 모든 경우에서 네트워크 노드의 수는 백만 개이고, 전이율 $\beta = 1$이다. 시뮬레이션 결과는 500번의 시행에 대해 평균낸 것이다.

식 (16.54)와 식 (16.55), 그리고 이를 유도하는 과정이 합리적으로 보이겠지만, 이 방정식을 수치적으로 풀어보면 알 수 있듯이 사실 정확하게 맞지는 않다. 그림 16.11(a)는 구조 모형 네트워크에서 수치적 해의 결과('1차'라는 이름표가 붙은 곡선)를 보여준다. 같은 네트워크에서 같은 β로 직접 시뮬레이션을 한 감염병 규모의 평균(원형의 점들)과 비교했다. 그림이 보여주듯이, 두 결과는 잘 일치하는 편이지만 절대 완벽하게 같지는 않다.

두 곡선이 불일치하는 이유가 흥미롭다. 식 (16.54)는 완전히 뒤섞인 SI 모형과 관련이 있는 식 (16.4)를 손쉽게 일반화한 것처럼 보이지만, 몇 가지 미묘한 점이 존재한다. 이 식의 오른쪽 변은 두 평균값인 s_i와 x_j를 포함하고, 이 두 양을 곱할 때 평균의 곱이 곱의 평균과 같다는 것을 암묵적으로 가정했다. 완전히 뒤섞인 모형에서는 말 그대로 뒤섞여 있기 때문에 이 가정이 참이지만(n이 클 때), 현재 상황에서는 두 확률이 독립적이지 않으므로 일반적으로는 참이 아니다. s_i는 노드가 감염될 상태일 확률을 측정하고, x_j는 그 노드의 이웃이 감염됐을 확률을 측정한다. 일반적으로 이웃한 노드 사이에서 이 양들이 서로 상관관계가 있다는 건 전혀 놀라운 일이 아니다. 이런 유형의 상관관계는 최소한 근사적으로 계산에 반영할 수 있는데, 이전 절에서 서술한 것처럼 소위 말해서 쌍 근사$^{pair\ approximation}$나 모멘트 끝맺음$^{moment\ closure}$ 방법을 이용한다.

16.5.1 쌍 근사

다른 노드의 질병 상태 간의 상관관계를 다룰 수 있는 방법은 두 질병 상태의 조합을 지닌 노드 쌍의 결합 확률$^{joint\ probability}$을 고려하여 이론을 보충하는 것이다. 이러한 결합 확률을 다루려면, 기호를 좀 더 섬세하게 사용해야 한다. $\langle s_i \rangle$는 노드 i가 감염될 수 있는 상태일 평균 확률을 나타낸다고 하자. 이전에 s_i라고 부른 양과 같은 양이고, 잠시 후 확인하겠지만 꺾쇠 괄호 $\langle ... \rangle$로 평균을 명확하게 나타내는 것이 유용하다. 이제 $s_i(t)$를 i가 시간 t에서 감염될 수 있는 상태이면 값이 1이고 아니라면 0인 변수라고 하자. $\langle s_i \rangle$는 같은 네트워크에서 발생하는 각기 다른 여러 발병 규모에 대해 $s_i(t)$를 평균 낸 것이다. 이와 유사하게 $\langle s_i x_j \rangle$는 i는 감염될 수 있는 상태, 그리고 동시에 j는 감염된 상태일 평균 확률을 나타낸다.

이 표기법을 쓰면 손쉽게 실제 정확한 버전의 식 (16.54)를 적을 수 있다. 바로

$$\frac{d\langle s_i \rangle}{dt} = -\beta \sum_j A_{ij} \langle s_i x_j \rangle \tag{16.64}$$

이다. 식 (16.54)는 $\langle s_i x_j \rangle \simeq \langle s_i \rangle \langle x_j \rangle$를 가정해서 이 진짜 방정식을 근사한 것이다.

식 (16.64)에서 어려운 점은 이를 바로 풀 수 없다는 것인데, 왜냐하면 이 방정식은 우변에 알려지지 않은 양인 $\langle s_i x_j \rangle$를 포함하기 때문이다. 이 양을 이해하려면 $\langle s_i x_j \rangle$에 대한 또 다른 방정식이 필요하고 이는 다음과 같이 추론할 수 있다.

SI 모형에서 i가 감염될 수 있는 상태이고 j가 감염된 상태인 상황이 되려면, i와 j 모두 감염될 수 있는 상태로 시작한 후 j가 감염돼야만 한다. 비록 i와 j가 이웃이라 할지라도 i가 감염되지 않았기 때문에 j는 i에게서 질병을 얻을 수 없다. 따라서 j는 다른 이웃한 노드인 k에게서 질병을 얻어야 하고, k 자신도 감염된 상태여야 한다. 위에서 소개한 새로운 표기법으로 쓰자면, i와 j가 감염될 수 있는 상태이고 k가 감염된 상태일 조합의 확률은 $\langle s_i s_j x_k \rangle$이다. 만일 이런 조합이라면, 질병은 k에서 j에게로 감염률 β로 전파될 것이다. i를 제외한 모든 이웃 k에 대해 합하면 j가 감염됐을 총 감염률은 $\beta \sum_{k(\neq i)} A_{jk} \langle s_i s_j x_k \rangle$이다.

불행히도 이것이 끝이 아닌데, $\langle s_i x_j \rangle$ 역시 감소할 수 있기 때문이다. 만일 i가 감염된다면 감소한다. 이것은 두 가지 다른 방법으로 일어날 수 있다. i가 자신의 감염된 이웃 j에게서 질병을 얻거나($\beta\langle s_i x_j \rangle$의 감염률로 발생한다) 또 다른 감염된 노드 $l \neq j$에게서 질병을 얻거나($\beta\langle x_l s_i x_j \rangle$의 감염률로 발생한다) 둘 중 하나다. j를 제외한 모든 노드 l에 대해 후자의 표현식을 더하면, 전체 감염률은 $\beta \sum_{l(\neq j)} A_{il}\langle x_l s_i x_j \rangle$가 된다. 확률이 감소하는 것을 나타내는 음수 부호를 고려한 채 이 모든 항을 고려하면, $\langle s_i x_j \rangle$에 관한 방정식을 다음과 같이 얻는다.

$$\frac{\mathrm{d}\langle s_i x_j \rangle}{\mathrm{d}t} = \beta \sum_{k(\neq i)} A_{jk}\langle s_i s_j x_k \rangle - \beta \sum_{l(\neq j)} A_{il}\langle x_l s_i x_j \rangle - \beta\langle s_i x_j \rangle \quad (16.65)$$

이론상으로는 이제 이 방정식으로 $\langle s_i x_j \rangle$를 계산할 수 있다. 하지만 실질적으로 이 방정식은 우변에 무엇인지 모르는 항을 더 포함하며 이 항은 세 변수의 평균인 $\langle s_i s_j x_k \rangle$와 $\langle x_l s_i x_j \rangle$이다. 이 평균에 대한 방정식을 더 써나갈 수 있지만, 짐작할 수 있듯이 그 방정식은 여전히 더 고차인 (네 변수) 항을 포함할 것이고, 이 일이 계속 반복될 것이다. 이 방정식은 고차 항을 포함하는 과정이 영원히 끝나지 않을 것이며(수학 용어로 말하자면, 이 방정식은 닫히지 않는다), 그래서 이 방정식은 그다지 유용해 보이지 않는다.[20]

하지만 사실 이 세 변수 평균값을 한 변수나 두 변수 평균값의 적절한 조합으로 근사해서 계산을 더 진행할 수 있다. 이러한 근사법으로 방정식을 닫을 수 있고 정말로 풀 수 있는 식들을 얻는 것이다. 이러한 유형의 접근법을 모멘트 끝맺음 방법 moment closure method이라 부른다. 여기서 논의하고자 하는 두 변수 평균값 수준에서의 모멘트 끝맺음 방법을 쌍 근사pair approximation라고도 부른다.

사실, 네트워크에서 SI 모형의 방정식을 적으려는 첫 시도를 했던 식 (16.54)가 간단한 모멘트 끝맺음 방법이었다. 진짜 방정식인 식 (16.64)를 $\langle s_i x_j \rangle \simeq \langle s_i \rangle \langle x_j \rangle$로 적어서 근사를 했고, 한 변수 평균값 수준에서 방정식을 닫은 것이었다. 한 단계 더 나아가서 두 변수 평균 수준에서 닫으면 방정식이 좀 더 정확해진다. 그리고 이후에 살펴보겠지만, 사실 이 '2차' 모멘트 끝맺음은 어떤 네트워크에서는 정확하다. 다른 네트워크에서는 그저 근사일 수 있지만 말이다. 하지만 후자라고 하라도 이 방법은 상당히 좋은 근사다. 3차로 확장하면 이 근사는 더 좋아지겠지만 방

---

20 노드 n개인 유한한 네트워크에서 n개 변수의 조합까지만 가면 이 방정식이 사실 닫히기는 한다. 그러나 그 조합까지 가기도 전에, 다루기 힘들 만큼 방정식이 많고 복잡해지기 때문에 실질적으로 그런 극한은 유용하지 않다.

정식이 급격히 복잡해진다. 그래서 2차, 그러니까 쌍 근사 수준을 넘는 모멘트 끝맺음 방법을 사용하는 일은 매우 드물다.

그렇지만 이 쌍 근사는 상대적으로 매우 수월하다. 식 (16.65)에서 출발하면, 이제 목표는 오른쪽 변에 있는 세 변수 평균을 낮은 차수의 평균으로 근사하는 것이다. 이 근사를 하고자, 먼저

$$\langle s_i s_j x_k \rangle = P(i, j \in S, k \in I) = P(i, j \in S)P(k \in I | i, j \in S) \tag{16.66}$$

라고 쓰자. 여기서 $P(i \in S)$는 노드 i가 감염될 수 있는 노드의 집합인 S에 있을 확률이다. i와 j가 네트워크에서 서로 이웃이고, j와 k가 이웃임을 알고 있다. 이 근사는 k의 질병 상태가 i의 질병 상태에 의존하지 않는다는 가정을 포함한다. 만일 i에서 k로 가는 네트워크상 경로가 j를 통하는 것뿐이라면, 이 방법은 사실상 근사가 아니라고 할 수 있을 정도로 좋은 근사다. 이때 j가 감염될 수 있는 상태임을 안다면, i의 질병 상태가 k의 질병 상태에 영향을 미칠 수 있는 방법이 없다. 왜냐하면 질병이 i에서 k로 퍼질 방법이 없기 때문이다. 반면, 만일 노드 j를 피해서 i에서 k로 가는 다른 경로가 있다면 질병은 그 경로를 통해 퍼질 수 있고, i와 k 사이에 상관관계가 생길 것이다. i가 감염됐다면 k도 감염될 가능성이 커진다는 뜻이다. 이때는 (비록 이 방법이 좋은 근사임을 확인하겠지만) 이 근사가 정말로 그저 근사일 뿐이다.

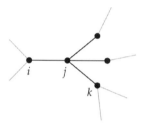

쌍 근사는 두 노드 i와 k 사이의 연결이 오로지 노드 j를 통할 때만 정확하다.

k의 상태가 i의 상태와 독립적이라는 가정을 하면

$$P(k \in I | i, j \in S) = P(k \in I | j \in S) = \frac{P(j \in S, k \in I)}{P(j \in S)} = \frac{\langle s_j x_k \rangle}{\langle s_j \rangle} \tag{16.67}$$

이다. 식 (16.66)과 식 (16.67)을 조합하면 다음과 같은 식을 얻는다.

$$\langle s_i s_j x_k \rangle = \frac{\langle s_i s_j \rangle \langle s_j x_k \rangle}{\langle s_j \rangle} \tag{16.68}$$

식 (16.65)에 있는 다른 세 변수 평균에 대해 이와 유사한 형태로 적을 수 있고,

$$\langle x_l s_i x_j \rangle = \frac{\langle x_l s_i \rangle \langle s_i x_j \rangle}{\langle s_i \rangle} \tag{16.69}$$

이다. 위의 두 식을 식 (16.65)에 대입하면 다음과 같은 쌍 근사 식을 얻는다.

$$\frac{d\langle s_i x_j \rangle}{dt} = \beta \frac{\langle s_i s_j \rangle}{\langle s_j \rangle} \sum_{k(\neq i)} A_{jk} \langle s_j x_k \rangle - \beta \frac{\langle s_i x_j \rangle}{\langle s_i \rangle} \sum_{l(\neq j)} A_{il} \langle s_i x_l \rangle - \beta \langle s_i x_j \rangle \quad (16.70)$$

이 방정식은 이제 어떤 시간에서 두 변수에 대한 평균만 포함한다. 이전에 본 적이 없는 새로운 평균인 $\langle s_i s_j \rangle$도 포함하긴 하지만, 이는 $\langle s_i s_j \rangle = \langle s_i(1 - x_j) \rangle = \langle s_i \rangle - \langle s_i x_j \rangle$와 같이 쉽게 다시 적을 수 있고, 따라서 이 방정식은 다음과 같이 된다.

$$\frac{d\langle s_i x_j \rangle}{dt} = \beta \frac{\langle s_i \rangle - \langle s_i x_j \rangle}{\langle s_j \rangle} \sum_{k(\neq i)} A_{jk} \langle s_j x_k \rangle - \beta \frac{\langle s_i x_j \rangle}{\langle s_i \rangle} \sum_{l(\neq j)} A_{il} \langle s_i x_l \rangle - \beta \langle s_i x_j \rangle$$
$$(16.71)$$

이 방정식은 식 (16.54)보다 더 복잡하지만 다음과 같이 다시 적어서 더 간단하게 만들 수 있다. 노드 i가 감염되지 않았을 때 j가 감염됐을 조건부 확률을 p_{ij}라고 하자.

$$p_{ij} = P(j \in I | i \in S) = \frac{P(i \in S, j \in I)}{P(i \in S)} = \frac{\langle s_i x_j \rangle}{\langle s_i \rangle} \qquad (16.72)$$

그러면 p_{ij}의 시간 변화는 다음과 같이 주어진다.

$$\begin{aligned}
\frac{dp_{ij}}{dt} &= \frac{d}{dt}\left(\frac{\langle s_i x_j \rangle}{\langle s_i \rangle}\right) \\
&= \frac{1}{\langle s_i \rangle} \frac{d\langle s_i x_j \rangle}{dt} - \frac{\langle s_i x_j \rangle}{\langle s_i \rangle^2} \frac{d\langle s_i \rangle}{dt} \\
&= \beta\left(1 - \frac{\langle s_i x_j \rangle}{\langle s_i \rangle}\right) \sum_{k(\neq i)} A_{jk} \frac{\langle s_j x_k \rangle}{\langle s_j \rangle} - \beta \frac{\langle s_i x_j \rangle}{\langle s_i \rangle} \sum_{l(\neq j)} A_{il} \frac{\langle s_i x_l \rangle}{\langle s_i \rangle} \\
&\quad - \beta \frac{\langle s_i x_j \rangle}{\langle s_i \rangle} + \beta \frac{\langle s_i x_j \rangle}{\langle s_i \rangle} \sum_{l} A_{il} \frac{\langle s_i x_l \rangle}{\langle s_i \rangle} \\
&= \beta(1 - p_{ij}) \sum_{k(\neq i)} A_{jk} p_{jk} - \beta p_{ij} \sum_{l(\neq j)} A_{il} p_{il} - \beta p_{ij} + \beta p_{ij} \sum_{l} A_{il} p_{il} \quad (16.73)
\end{aligned}$$

위의 세 번째 줄에서는 식 (16.64)와 식 (16.71)을 이용했다. l에 대한 두 합 중 항 하나를 제외한 나머지는 모두 상쇄되고, 이것은 다음과 같이 상대적으로 간단한 방정식으로 바뀐다.

$$\frac{dp_{ij}}{dt} = \beta(1 - p_{ij})\left[-p_{ij} + \sum_{k(\neq i)} A_{jk}p_{jk}\right] \tag{16.74}$$

여기서는 $A_{ij} = 1$(i와 j가 이웃이므로)이라는 사실을 이용했다. 식 (16.64)도 p_{ij}로 다시 적을 수 있고,

$$\frac{d\langle s_i \rangle}{dt} = -\beta \langle s_i \rangle \sum_j A_{ij}p_{ij} \tag{16.75}$$

이 식의 해는 다음과 같다.

$$\langle s_i(t) \rangle = \langle s_i(0) \rangle \exp\left(-\beta \sum_j A_{ij} \int_0^t p_{ij}(t')\, dt'\right) \tag{16.76}$$

만일 식 (16.74)도 p_{ij}에 대해 풀 수 있다면, 그 결과를 식 (16.76)에 대입해서 감염병 확산의 시간 변화를 나타내는 해를 얻을 수 있다. p_{ij}가 i와 j에 대해 대칭적이지 않기 때문에, 식 (16.74)와 같은 방정식이 네트워크의 각 에지에 대해 2개가 있다는 것에 주목하자.

이번에도 구조 모형에서 얻은 이 방정식의 수치적 해('2차'라고 표기된 곡선)를 그림 16.11(a)에 나타냈다. 그림에서 볼 수 있듯이, 이 계산 결과는 그림에서 점으로 나타낸 시뮬레이션 결과와 이제 아주 잘 일치한다. 인접한 노드 사이의 상관관계를 고려해서, 더 정확한 이론을 만든 것이다.

그렇지만 이렇게 거의 완벽하게 일치하는 것은 아주 특별한 경우다. 구조 모형 네트워크는 국소적으로 트리 구조와 비슷하고 이것은 짧은 고리가 없다는 뜻이다 (12.4절 참고). 그리고 이전에 논의한 것처럼, 2차 모멘트 끝맺음 근사는 인접하지 않은 두 노드 i와 k 사이의 경로가 어떤 중간 노드 j를 통하는 하나의 경로만 있을 때 정확하다. 네트워크에 짧은 고리가 없으면, 경로에 대한 이 조건이 근사적으로 거의 옳다. 이러한 네트워크에서 i에서 k로 가는 다른 방법은 긴 경로를 따라 이동하는 것뿐이고, 고리의 길이가 매우 길면 i와 k의 상태 사이에서 발생할 수 있는 어떠한 상관관계도 희석되어 종종 그 상관관계를 무시할 수 있다. 그림 16.11(a)의 시뮬레이션에서 사용한 네트워크는 충분히 크고(백만 개의 노드) 그 결과 만들어지는 고리가 충분히 길어서 이때는 쌍 근사 방정식이 훌륭한 근사이고, 이것이 그림에서 결과가 아주 잘 일치하는 이유다.

불행히도 (7.3절에서 살펴본 것처럼) 실제 사회연결망 대부분에는 짧은 고리가 아주 많고, 그렇다면 쌍 근사와 같은 방법이 이러한 네트워크에서도 잘 작동할 것인가 하는 의문이 생길 수 있다. 그림 16.11(b)에서는 짧은 고리가 많은 네트워크에서 미분방정식과 직접 한 시뮬레이션이 예측한 결과를 비교했다.[21] 여기서 미분방정식은 식 (16.54)의 간단한 1차 모멘트 끝맺음 방법과 더 정교한 2차 모멘트 끝맺음 방법 둘 다로 근사했다. 그래프가 보여주듯이 1차 계산은 시뮬레이션과 형편없이 일치하지 않고, 이 상황에서는 1차 계산의 예측이 별 쓸모가 없을 정도로 부정확하다. 그러나 2차 근사식은 여전히 눈에 띄게 잘 일치한다. 2차 근사식의 예측이 시뮬레이션 결과와 완벽히 일치하지는 않지만 비슷하다.

따라서 쌍 근사 방법은 짧은 고리가 있고 없는 두 가지 모든 네트워크에서 현저한 개선을 보여준다. 전자에서는 꽤 쓸모 있게 정확한 근사를 제공하고 후자에서는 실제로 정확하다.

16.5.2 SI 모형에서 링크수 기반의 근사

이전 절에서 한 분석은 짧은 고리가 없는 네트워크에서 SI 모형 동역학을 점근적으로 정확하게 기술하는 방정식과 그 밖의 상황(짧은 고리가 있더라도)에 적용할 수 있는 훌륭한 근사 방법을 알려준다. 불행히도, 구조 모형으로 만든 간단한 네트워크에서조차도 일반적으로 이 방정식을 해석적으로 풀 수 없다(그림 16.11에 있는 결과는 방정식을 수치적으로 적분하여 구한 것이다).

이 절에서는 완벽하지는 않지만 실용적으로 좋은 결과를 주는 대안적인 근사 방법을 소개하고, 해석적으로 풀 수 있는 방정식을 만들어볼 것이다. 더욱이 (앞으로 보겠지만) 이 방법은 SIR 모형과 같은 다른 감염병 모형으로 일반화할 수 있다. 이 방법은 메이[May]와 공동 연구자들[306, 325]의 초창기 연구가 선구자 격이기는 하지만, 파스토어-자토라스[Pastor-Satorras]와 공동 연구자들이 개척했다고 할 수 있다[47, 48, 382, 383]. 이 방법은 구조 모형으로 만든 네트워크에 적용할 때 가장 간단한 형태이며, 따라서 원칙적으로 이 방법이 다른 네트워크로 확장될 수 있다 하더라도 여기서는 이 구조 모형에 집중할 것이다.

12장에서 논의한 것처럼, 주어진 링크수 분포 p_k가 주어진 상황에서의 무작위 그래프인 구조 모형 네트워크 위에서 퍼져나가는 질병을 생각하자. 이전과 마찬

---

21 네트워크는 참고문헌 [353]의 뭉쳐진 네트워크 모형을 이용해 만들었다.

가지로 네트워크의 거대 덩어리 내에서 발생하는 발병에 주목한다. 작은 덩어리에서 나타나는 발병은 정의상 아주 빨리 사라지고 감염병을 일으키지 않으므로, 거대 덩어리에서 발생하는 것이 현재 가장 큰 관심사다.

주목해야 하는 중요한 점은 구조 모형 네트워크에서 거대 덩어리에 속한 노드의 링크수 분포는 네트워크에 있는 전체 노드의 링크수 분포와 똑같지 않다는 것이다. 노드가 거대 덩어리에 속할 확률은 링크수에 따라 증가하는데, 에지가 더 많다는 것은 거대 덩어리에 연결될 가능성이 더 많다는 뜻이기 때문이다(12.6절 참고). 이는 곧 거대 덩어리의 링크수 분포가 높은 링크수 쪽으로 치우쳐 있다는 뜻이다(우선, 거대 덩어리 내에는 링크수가 0인 노드가 당연히 없다는 것을 기억하자. 정의상 이러한 노드는 어떤 다른 노드와도 붙지 않기 때문이다). 이 절에서는 이전과 마찬가지로 계산에서 사용할 링크수 분포와 남은 링크수 분포를 p_k와 q_k로 각각 표기하겠지만, 이 기호는 거대 덩어리 내에 있는 노드의 링크수 분포이므로 네트워크 전체에서의 분포와는 똑같지 않다는 점을 염두에 두자.

파스토어-자토라스와 공동 연구자들이 소개한 근사법에서는 링크수가 같은 모든 노드가 어떤 주어진 시간에 감염될 확률이 같다는 가정을 한다. 이것은 당연히 근사다. 말하자면, 네트워크의 조밀한 중심부의 중간에 위치했으며 링크수가 다섯인 어떤 노드가 감염될 확률은 주변부에 위치했으며 링크수가 다섯인 다른 노드보다 감염될 가능성이 더 높다. 그럼에도 불구하고 주어진 링크수를 지닌 노드가 감염될 확률 분포는 상대적으로 좁은 형태여서, 이런 노드가 감염될 확률이 같다고 설정하는 것은 좋은 근사가 될 수 있다. 그리고 전에 이야기했듯이 이 근사는 실질적으로도 잘 작동하는 것으로 보인다.

식을 간단히 하고자 이전에 취했던 표기법 형태로 돌아가서, 시간 t에서 링크수 k인 노드가 감염될 수 있거나 감염된 상태일 확률을 각각 $s_k(t)$와 $x_k(t)$라고 하자. 이제 감염될 수 있는 노드 i를 생각하자. i가 감염되려면 네트워크 이웃 중 한 명에게 감염돼야 한다. 특정한 이웃 j가 감염됐을 확률은 그 이웃의 링크수에 의존하지만, 여기서 신중해야 할 것이 있다. 노드 i가 감염되지 않았다고 가정했기 때문에 j는 i로부터 감염될 수 없다. 만일 j가 감염됐다면 i가 아닌 다른 나머지 이웃 중 한 명으로부터 감염돼야만 한다. 이는 j의 링크수를 하나 줄이는 효과를 준다. j가 감염될 확률은 같은 시간에 링크수가 하나 더 적은 노드가 감염될 확률과 같다. 바꿔 말하면, j가 감염될 확률은 j의 남은 링크수에 의존하고, 이는 i에서 출발하여 j로 도달한 에지 하나를 제외한 나머지 에지 수다. 따라서 노드 j가 감염될 확률은 x_k이지만, 여기서 k는 전체 링크수가 아닌 남은 링크수를 뜻한다.

이제 링크수 기반 접근법의 장점이 명확해진다. 이 접근법에서 j가 감염될 확률은 j의 남은 링크수에만 의존하고 i의 링크수와는 무관하다. 이와 대조적으로, 16.5.1절에서 사용한 쌍 근사에서 등장하는 조건부 확률 p_{ij}는 방정식을 더욱 복잡하게 만드는 인수가 2개인 함수다.

링크수 기반 근사에서 사용할 방정식을 유도하고자 노드 i가 시간 t와 $t + dt$ 사이에 감염될 확률을 고려해보자. 감염되려면 반드시 그 이웃 중 한 명 때문에 질병에 걸려야 하고, 이는 그 이웃이 반드시 감염됐다는 뜻이기도 하다. 어떤 이웃이 감염될 확률은 그 이웃의 남은 링크수가 k라면 x_k다. 그리고 남은 링크수는 식 (12.16)의 분포 q_k로 주어지며, 이것은 그 이웃이 감염될 평균 확률이

$$v(t) = \sum_{k=0}^{\infty} q_k x_k(t) \qquad (16.77)$$

라는 뜻이다. 만일 그 이웃이 감염됐다면, 주어진 시간 간격 동안 이 질병이 노드 i에게 전파될 확률은 $\beta\,dt$다. 그러면 이 시간 간격 동안 이웃 하나가 전파할 전체 확률은 $\beta v(t)\,dt$이고, 어떤 이웃이라도 전파할 확률은 i의 전체 링크수 k로 표현하면 $\beta k v(t)\,dt$다. 추가로, i 자체가 감염될 수 있는 상태여야 하고 그 확률은 $s_k(t)$다. 따라서 i가 감염될 수 있는 최종 확률은 $\beta k v s_k\,dt$가 된다. 즉, s_k가 변화하는 정도는

$$\frac{ds_k}{dt} = -\beta k v s_k \qquad (16.78)$$

라는 식으로 주어진다. 이 방정식은 정확하게 풀 수 있다. 규칙에 따라 적분하면

$$s_k(t) = s_0 \exp\left(-\beta k \int_0^t v(t')\,dt'\right) \qquad (16.79)$$

이고, $t = 0$일 때 모든 노드가 감염될 수 있는 확률이 s_0가 되도록 적분 상수를 결정했다.

비록 함수 $v(t)$의 형태를 아직 모르지만 식 (16.79)는 s_k가 k에 의존한다는 점을 알려주는데, k와 무관하고 어떤 보편적인 함수 $u(t)$의 단순한 거듭제곱 꼴이다.

$$s_k(t) = s_0 \big[u(t) \big]^k \qquad (16.80)$$

여기서

$$u(t) = \exp\!\left(-\beta \int_0^t v(t')\, dt' \right) \qquad (16.81)$$

이다. 이 적분을 명시적으로 계산하는 것보다, 다음과 같이 미분해서 $u(t)$를 계산하는 편이 더 쉽다.

$$\frac{du}{dt} = -\beta u v \qquad (16.82)$$

그리고 $x_k = 1 - s_k$를 식 (16.77)의 $v(t)$에 대입하여 계산하면

$$v(t) = \sum_{k=0}^{\infty} q_k(1 - s_k) = \sum_{k=0}^{\infty} q_k(1 - s_0 u^k) = 1 - s_0 g_1(u) \qquad (16.83)$$

을 얻고, 여기서 $g_1(u)$는 q_k의 생성 함수이며 식 (16.80)과 $\sum_k q_k = 1$(확률의 합 $= 1$)이라는 사실을 활용했다. 이 표현식을 식 (16.82)에 대입하면

$$\frac{du}{dt} = -\beta u \big[1 - s_0 g_1(u) \big] \qquad (16.84)$$

이 된다. 이 u에 관한 아주 간단한 선형 미분방정식은 링크수 분포가 주어지면 초기 조건인 $t = 0$일 때 $u = 1$임을 이용해 직접 적분해서 풀 수 있다(이 초기 조건은 식 (16.81)에서 $t = 0$으로 설정하면 나온다).

일단 $u(t)$를 얻으면, 식 (16.80)에서 s_k를 계산할 수 있다. 그러면 네트워크에 감염된 사람의 전체 비율 $x(t)$는 k에 대해 평균을 취해서 다음과 같이 계산한다.

$$x(t) = \sum_{k=1}^{\infty} p_k x_k(t) = \sum_{k=1}^{\infty} p_k\big(1 - s_0 u^k \big) = 1 - s_0 g_0(u) \qquad (16.85)$$

거대 덩어리 내에는 링크수 0인 노드가 없기 때문에, 여기에서 합은 $k = 1$에서 시작한다는 점에 주목하라.

식 (16.84)와 식 (16.85)로부터, 어떤 링크수 분포로 만든 구조 모형 네트워크의 거대 덩어리 위에서 SI 모형에 관한 근사 해를 얻는다.

이 접근이 원칙적으로는 우아하게 보이더라도, 대부분 실제 상황에서는 식 (16.84)를 닫힌 형태로 풀 수 없다. 그러나 해를 찾지 못하더라도 해가 갖춰야 할 기본 형태는 알 수 있다. 우선, 앞서 언급했듯이 식 (16.81)에서 $t = 0$일 때 $u = 1$ 이어야 한다. 그리고 $v(t)$가 이웃이 감염될 평균 확률을 나타내므로, 정의상 $v(t)$ 는 양수여야 하고 시간에 대해 감소하지 않아야 한다. 이것은 식 (16.81)에서 $u(t)$ 가 언제나 감소하고 $t \to \infty$일 때 0으로 접근한다는 것을 뜻하기도 한다. 이는 오랜 시간이 흘렀을 때 식 (16.84)가

$$\frac{du}{dt} = -\beta u \left[1 - s_0 g_1(0) \right] = -\beta u (1 - s_0 p_1 / \langle k \rangle) \qquad (16.86)$$

가 된다는 뜻이고, 여기서 u^2 차수와 더 작은 항들은 무시했다. 따라서 $u(t)$는 $t \to \infty$일 때 $e^{-\beta(1-s_0 p_1/\langle k\rangle)t}$과 같이 지수함수적으로 감소한다. 감염이 한 사람 또는 많지 않은 수의 사람에서 시작된다고 가정해서 어떤 상수 c에 대해 $s_0 = 1 - c/n$이면, n이 큰 극한에서는 $s_0 \to 1$이 되고

$$u(t) \sim e^{-\beta(1-p_1/\langle k\rangle)t} \qquad (16.87)$$

이다. 긴 시간이 흐른 후의 경향이 전체 링크수가 1인 노드의 비율 p_1에 의존한다는 점에 주목하자. 이는 이 노드들이 마지막에 감염되기 때문이다. 결국에는 감염된다는 게 확실하더라도, 링크가 하나뿐인 노드는 감염에서 가장 잘 보호된다. 비율 p_1이 0이거나 매우 작은 네트워크에서는 $u(t) \sim e^{-\beta t}$이고 오랜 시간이 지난 후함수 형태는 오직 감염률에만 의존하며 네트워크 구조와는 무관하다.

짧은 시간에서는 $u = 1 - \epsilon$으로 적을 수 있고, 선행 차수까지 고려하면 식 (16.84)는

$$\frac{d\epsilon}{dt} = \beta \left[x_0 + g_1'(1)\epsilon \right] \qquad (16.88)$$

이 된다. 여기서 $x_0 = 1 - s_0$는 x의 초깃값이다.[22] 이 식의 해는

$$\epsilon(t) = \frac{x_0}{g_1'(1)} \left[e^{\beta g_1'(1)t} - 1 \right] \qquad (16.89)$$

---

22 이전처럼 x_0가 매우 작다고 가정하고 ϵ과 x_0 모두에 대해 선행 차수인 항까지만 취한다. 즉, $x_0\epsilon$ 이상의 항은 제외한다.

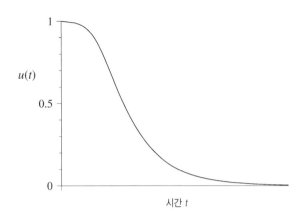

그림 16.12 SI 모형의 해 안에 있는 함수 $u(t)$

일반적으로 $u(t)$는 여기에 나타낸 형태일 것이라 예상한다. 초깃값 1에서 단조 감소하며 시간이 오래 지나면 지수함수 꼬리 형태다.

이고, 초기 조건 $\epsilon = 0$을 이용했다. 이것과 동치인 아래 식으로 쓸 수도 있다.

$$u(t) = 1 - \epsilon = 1 - \frac{x_0}{g_1'(1)}\left[e^{\beta g_1'(1)t} - 1\right] \qquad (16.90)$$

초기와 후기 시간에서의 행동과 $u(t)$가 단조 감소한다는 사실을 알고 있으면, 이제 $u(t)$가 그림 16.12와 같은 형태가 되리라고 추측할 수 있다. 그러면 g_0가 인자에 대해 단조 증가하는 함수이기 때문에 식 (16.85)의 $x(t)$가 이와 유사한 모양이 되기는 하지만 위아래가 뒤집힌 형태다. 이 모양은 그림 16.1에서 본 SI 모형의 완전히 뒤섞인 버전의 곡선과 정량적으로는 다를 수 있어도 정성적으로는 유사해 보인다.

$x(t)$의 초기 성장은 식 (16.85)에 $u = 1 - \epsilon$을 대입해서 $g_0(1-\epsilon) \simeq 1 - g_0'(1)\epsilon$을 얻으면 계산할 수 있고, 그 결과는

$$x(t) = 1 - s_0 + s_0 g_0'(1)\epsilon = x_0\left[1 + \frac{g_0'(1)}{g_1'(1)}\left(e^{\beta g_1'(1)t} - 1\right)\right] \qquad (16.91)$$

이며, 다시 한번 $s_0 = 1$로 설정했다. 따라서 예상할 수 있듯이, 감염병은 초기에 대략 지수함수 꼴로 증가한다.

식 (16.91)에서 지수함수 속에 $g_1'(1)$이 등장하는 것에 주목하자. 12장의 식 (12.110)에서 봤듯이, $g_1'(1)$은 어떤 노드의 이웃의 평균 이웃수와 평균 이웃수의 비율인 c_2/c_1과 같다. 따라서 $g_1'(1)$은 어떤 노드에서 멀어져 갈 때 네트워크가 가지를 얼마나 빨리 뻗는지를 측정한다. 그러므로 같은 양이 전파율 β와 함께 SI 모형에서 질병이 퍼져나가는 비율을 조절한다는 것은 놀라운 일이 아니다.

이 모형의 또 다른 재미있는 특징은 주어진 링크수를 지닌 노드가 감염될 수 있는 상태일 확률을 측정하는 양 $s_k(t)$의 거동이다. 이 양은 모두 $u(t)$의 거듭제곱에 비례하기 때문에(식 (16.80) 참고), 그림 16.13에서 보이는 곡선의 모임을 이룬다.[23] 따라서 예상할 수 있듯이, 링크수가 가장 많은 노드는 평균적으로 처음에 감염되

---

23 $u(t)$가 1보다 작은 감소 함수이므로 거듭제곱하는 횟수 k가 늘어날수록 더 빨리 줄어든다. – 옮긴이

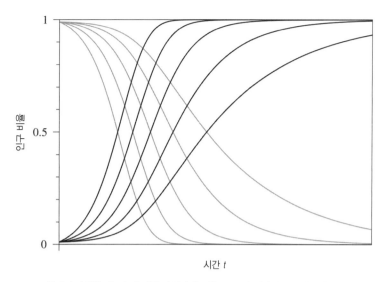

그림 16.13 SI 모형에서 다양한 링크수에 대한 감염될 수 있는 노드와 감염된 노드의 비율

다양한 곡선은 링크수 $k = 1, 2, 4, 8, 16$인 감염될 수 있는 노드(회색: 감소하는 곡선)와 감염된 노드(검정색: 증가하는 곡선)의 비율을 시간의 함수로 보여준다. 가장 큰 k 값은 가장 빠르게 변하는 곡선(가장 왼쪽)에 해당하고, 가장 작은 k 값은 가장 느린 변화 곡선에 해당한다. 평균 링크수가 4인 푸아송 링크수 분포에서, $\beta = 1$일 때 식 (16.84)를 수치 적분하여 얻은 곡선들이다.

는 반면 링크수가 적은 노드는 감염되지 않고 더 오랜 시간을 버틴다.

16.6 SIR 모형에서 시간에 의존하는 성질

이전 절에서 쓴 기법을 더 복잡한(그리고 재미있는) SIR 모형으로 확장하는 것은 상대적으로 아주 쉽다. 네트워크의 거대 덩어리에서 발생하는 발병에 다시 집중하고, 시간 t에서 노드 i가 감염될 수 있거나, 감염됐거나, 회복됐을 확률을 각각 $s_i(t), x_i(t), r_i(t)$라고 정의한다. 모든 확률이 독립적이라고 가정한 1차 모멘트 끝맺음 근사였던 식 (16.54) 및 식 (16.55)와 동등한 식을 간단하게 적을 수 있다. s_i의 시간 변화는 (근사적으로) 이전과 같은 다음의 방정식을 따른다.

$$\frac{ds_i}{dt} = -\beta s_i \sum_j A_{ij} x_j \tag{16.92}$$

여기서 x_i와 r_i는

$$\frac{dx_i}{dt} = \beta s_i \sum_j A_{ij} x_j - \gamma x_i \qquad (16.93)$$

$$\frac{dr_i}{dt} = \gamma x_i \qquad (16.94)$$

를 따르고, 이전과 마찬가지로 γ는 회복률로 단위 시간당 감염된 노드가 회복될 확률이다.[24]

초기 조건을 다양한 방법으로 선택할 수 있지만, SI 모형에서 했던 것과 같은 가정을 하기로 한다. $t = 0$일 때 적은 수 c만큼의 노드만 감염됐으며 나머지 모든 사람은 감염될 수 있는 상태이고, 따라서 $s_i(0) = 1 - c/n$, $x_i(0) = c/n$이고 $r_i(0) = 0$이다.

식 (16.92)부터 식 (16.94)까지 정확히 풀 수는 없지만 초기 시간에서 이 양들의 행동을 조사해서 몇 가지 유용한 결과를 도출할 수 있다. $t \to 0$인 극한에서 x_i는 매우 작고 $s_i = 1 - c/n$이어서 n이 커지면 s_i는 1이 되므로, 식 (16.93)을 다음과 같이 근사할 수 있다.

$$\frac{dx_i}{dt} = \beta \sum_j A_{ij} x_j - \gamma x_i = \sum_j (\beta A_{ij} - \gamma \delta_{ij}) x_j \qquad (16.95)$$

여기서 δ_{ij}는 크로네커 델타다. 위 식을 벡터 형태로는 다음과 같이 적을 수 있고

$$\frac{d\mathbf{x}}{dt} = \beta \mathbf{M} \mathbf{x} \qquad (16.96)$$

여기서 $\mathbf{M}$은 다음과 같은 $n \times n$ 대칭 행렬이다.

$$\mathbf{M} = \mathbf{A} - \frac{\gamma}{\beta} \mathbf{I} \qquad (16.97)$$

이전과 마찬가지로, $\mathbf{x}$를 (SI 모형에서와는 달리 인접 행렬이 아닌 $\mathbf{M}$의 고유벡터이긴 하지만) 고유벡터의 선형 결합으로 적을 수 있다. 그러나 여기서 유용한 게 하나 있는데, $\mathbf{M}$은 인접 행렬에서 단위 행렬의 몇 배를 빼준 것만큼의 차이만 있기 때문에 인접 행렬과 고유벡터가 똑같다는 것이다.

---

24 이는 16.3.1절에서 모든 노드가 같은 시간 동안 감염된 채로 있다가 회복된다고 했던 접근법과는 대조된다. 따라서 이 절에서 공부하는 모형은 16.3.1절과 완전히 똑같지는 않고 16.1.2절에서 다룬 전통적인 SIR 모형과 더 유사하다. 이 차이가 만드는 부차적인 결과를 곧 살펴볼 것이다.

$$\mathbf{M}\mathbf{v}_r = \mathbf{A}\mathbf{v}_r - \frac{\gamma}{\beta}\mathbf{I}\mathbf{v}_r = \left(\kappa_r - \frac{\gamma}{\beta}\right)\mathbf{v}_r \tag{16.98}$$

고윳값은 인접 행렬에서 계산한 것에 비해 γ/β만큼씩만 더 작다. 따라서 이제 식 (16.62)와 동등하게

$$\mathbf{x}(t) = \sum_{r=1}^{n} a_r(0)\mathbf{v}_r e^{(\beta\kappa_r - \gamma)t} \tag{16.99}$$

이 된다. 지수함수 속에 있는 상수가 이제 $\beta\kappa_r - \gamma$에 의존하고, 따라서 예상했던 것처럼 이 상수가 인접 행렬과 감염률뿐만 아니라 회복률의 함수임을 주목하자. 사람들이 감염에서 더 빨리 회복될수록 질병은 더 천천히 퍼질 것이다.

식 (16.99)에서 가장 빨리 성장하는 항은 이번에도 인접 행렬의 가장 큰 양수의 고윳값인 κ_1에 상응하는 항이며 이에 대응되는 고유벡터가 고유벡터 중심도를 부여하고, 따라서 어떤 사람이 초기에 감염될 확률은 고유벡터 중심도에 비례한다. 그러나 만일 γ가 충분히 크면, 이제 지수함수 속의 상수에서 선행 항이 음수가 될 수 있어서 이 항이 증가가 아니라 감소할 수 있다는 점에 주목하라. 더욱이, 만일 선행 항이 감소하면 다른 모든 항이 필연적으로 감소하고, 따라서 감염된 노드의 전체 수가 시간에 따라 감소하고 그 질병은 감염병 전파를 야기하지 못한 채 퇴치된다.

이런 차이가 발생하는 지점이 이 모형에서 감염병 문턱값이고, 이는 $\beta\kappa_1 - \gamma = 0$일 때 또는 다시 쓰자면

$$\frac{\beta}{\gamma} = \frac{1}{\kappa_1} \tag{16.100}$$

에서 일어난다. 따라서 감염병 문턱값의 위치는 인접 행렬의 선행 고윳값에 의존한다. 만일 이 선행 고윳값이 작으면, 그 질병이 퍼지는 데 감염 확률 β가 크거나 감염률 γ가 작다. 다시 말해 κ_1 값이 작으면 질병이 퍼지기 어렵고, κ_1 값이 크면 퍼지기 더 쉽다. κ_1 값이 큰 것은 더 조밀한 인접 행렬에 대응되고 κ_1 값이 작은 것은 인접 행렬이 성긴 것에 대응되기 때문에 직관적으로 이해할 수 있다.

SI 모형에서처럼 식 (16.92)~(16.94)는 인접한 노드의 상태 사이의 상관관계를 무시하기 때문에 근사된 식일 뿐이다. 이전과 마찬가지로 쌍 근사를 이용해 이 상

관관계를 허용할 수도 있지만 여기서는 다른 접근법을 취하고, 대신 16.5.2절의 링크수 기반 방법의 SIR 모형에 대응되는 것을 고려한다.[25]

16.6.1 SIR 모형에서 링크수 기반의 근사

16.5.2절에서 SI 모형에 대해 했던 것처럼, 링크수가 같은 모든 노드가 똑같은 행동을 한다[342]고 가정하여 SIR 모형의 행동에 대한 근사적 해를 발전시킬 수 있다. 구조 모형의 예를 다시 고려하고 이 네트워크의 거대 덩어리에서 발생하는 발병에 집중해보자. $s_k(t)$, $x_k(t)$, $r_k(t)$는 링크수가 k인 노드가 시간 t에서 각각 감염될 수 있거나, 감염됐거나, 회복된 확률이라고 정의하자. 감염될 수 있는 노드 i가 감염되려면 이 노드는 감염된 이웃 j에게서 질병을 얻어야 하고, j가 감염되려면 i를 제외한 이웃 중 한 명에게서 질병을 얻어야 한다(i는 감염되지 않은 상태이기 때문이다). 이전에 다룬 것처럼 노드 j가 감염될 확률은 x_k로 주어지는데, k는 j의 남은 링크수로 전체 링크수보다 하나 적다. 그러면 (16.5.2절에서 소개한 논의에 따라) 감염될 수 있는 상태의 확률이 감소하는 정도는 다음과 같이 이전 식 (16.78)과 같다.

$$\frac{ds_k}{dt} = -\beta k v s_k \tag{16.101}$$

여기서 v는 이웃이 감염됐을 평균 확률로, 다음과 같다.

$$v(t) = \sum_{k=0}^{\infty} q_k x_k(t) \tag{16.102}$$

그리고 x_k와 r_k의 방정식은 다음과 같다.

$$\frac{dx_k}{dt} = \beta k v s_k - \gamma x_k \tag{16.103}$$

$$\frac{dr_k}{dt} = \gamma x_k \tag{16.104}$$

이 방정식은 16.1.2절과 16.5.2절에 있는 방법을 조합하면 정확하게 풀 수 있다.

---

25 이 절에서 소개한 접근법은, 아주 성긴 네트워크에서는 식 (16.100)의 행동 때문에 정확하게 맞을 수가 없음을 알 수 있다. 에지가 아주 적은 수만 남아 있고 거대 덩어리가 없는, 사실상 성노로 성긴 네트워크에서는 κ_1이 0은 아니라고 하더라도 매우 작다. 이러한 네트워크에서 식 (16.100)은 그럼에도 불구하고 β가 매우 크거나 γ가 매우 작다면 감염병이 생길 수 있음을 의미한다. 거대 덩어리가 없는 네트워크에서는 감염병이 발생할 수 없으므로 이것은 절대 말이 안 된다. 따라서 이 식은 정확하게 맞을 수가 없다.

먼저, i의 이웃인 j가 회복될 확률이 j가 이전에 감염됐을 확률에만 의존한다는 사실을 관찰할 수 있다. 이 노드가 감염됐을 확률이 x_k이기 때문에(여기서 k는 남은 링크수다), 링크수가 같은 모든 노드는 같은 방법으로 행동한다는 가정을 따르면 회복될 확률은 r_k다. 그러면 어느 이웃이 회복될 평균 확률은 다음과 같다.

$$w(t) = \sum_{k=0}^{\infty} q_k r_k(t) \tag{16.105}$$

식 (16.102)와 식 (16.104)를 이용하면, 이제

$$\frac{\mathrm{d}w}{\mathrm{d}t} = \sum_{k=0}^{\infty} q_k \frac{\mathrm{d}r_k}{\mathrm{d}t} = \gamma \sum_{k=0}^{\infty} q_k x_k = \gamma v \tag{16.106}$$

임을 알 수 있고, 이것을 식 (16.101)에서 v를 제거하는 데 사용하면

$$\frac{\mathrm{d}s_k}{\mathrm{d}t} = -\frac{\beta}{\gamma} k \frac{\mathrm{d}w}{\mathrm{d}t} s_k \tag{16.107}$$

를 얻는다. 이 방정식을 적분하면

$$s_k = s_0 \exp\left(-\frac{\beta}{\gamma} kw\right) \tag{16.108}$$

을 얻는다. 여기서 $t = 0$일 때 모든 노드가 같은 확률 s_0로 감염될 수 있는 상태이고 회복된 노드는 없도록($w = 0$) 적분 상수를 고정했다.

식 (16.108)은 s_k가 k와 무관한 보편적인 함수 $u(t)$의 거듭제곱에 비례한다는 것을 뜻한다.

$$s_k(t) = s_0 \left[u(t)\right]^k \tag{16.109}$$

여기서

$$u(t) = \mathrm{e}^{-\beta w/\gamma} \tag{16.110}$$

이제 $s_k + x_k + r_k = 1$이라는 것을 이용하면

$$v(t) = \sum_k q_k x_k = \sum_k q_k (1 - r_k - s_k) = 1 - w(t) - s_0 \sum_k q_k u^k$$
$$= 1 + \frac{\gamma}{\beta} \ln u - s_0 g_1(u) \tag{16.111}$$

이 되고, 여기서 $w(t)$의 값은 식 (16.110)을 재배치해서 얻으며, g_1은 항상 그렇듯이 남은 링크수 분포에 대한 생성 함수다.

식 (16.111)을 식 (16.106)에 대입하고 식 (16.110)에서 w 값을 다시 이용하면,

$$\frac{\mathrm{d}u}{\mathrm{d}t} = -\beta u \left[1 + \frac{\gamma}{\beta} \ln u - s_0 g_1(u) \right] \tag{16.112}$$

를 얻는다. 이는 식 (16.84)와 동등한 SIR 모형에서의 식이고 우변에 $\ln u$에 대한 새로운 항이 있다는 차이만 있다.

식 (16.84)에서처럼, 식 (16.112)는 u에 관한 1차 선형 미분방정식이다. 그러므로 최소한 원칙적으로는 $t = 0$일 때 $u = 1$인 초기 조건(이 조건은 식 (16.110)과 $t = 0$에서 $w = 0$이라는 사실(식 (16.105) 참고)에서 왔다)으로부터 직접 적분해서 풀 수 있다. 일단 $u(t)$를 얻고 나면 어떤 노드가 감염될 수 있는 상태일 확률 s_k는 식 (16.109)로 주어지고, 즉 감염될 수 있는 노드의 전체 비율은 다음과 같다.

$$s(t) = \sum_k p_k s_k = s_0 \sum_k p_k u^k = s_0 g_0(u) \tag{16.113}$$

x_k와 r_k를 풀려면 좀 더 많은 작업이 필요하지만 약간 인내심을 갖고 하면 해를 얻을 수 있다.[26] 몇 가지 링크수를 지닌 노드에 대해 그림 16.13에 나타낸 것과 같은 양을 그림 16.14에 나타냈다. 그림에서 알 수 있듯이 그 해는 예상했던 형태로, 시스템이 최종 상태로 향하는 동안 감염된 노드 수가 증가하고 최고조에 달하고 난 후 떨어진다. 시스템의 최종 상태에서는 인구 중 일부 비율은 질병에서 회

---

26 다음 식을 관찰할 수 있다.

$$\frac{\mathrm{d}}{\mathrm{d}t}\left(e^{\gamma t} x_k\right) = e^{\gamma t}\left(\frac{\mathrm{d}x_k}{\mathrm{d}t} + \gamma x_k\right) = e^{\gamma t} \beta k v s_k$$

이때 두 번째 등호에서는 식 (16.103)을 이용했다. 이것을 t에 대해 적분하고 식 (16.102)와 식 (16.109)를 이용하면

$$x_k(t) = e^{-\gamma t}\left[x_0 + \beta k s_0 \int_0^t e^{\gamma t'}[u(t')]^k \left[1 + \frac{\gamma}{\beta} \ln u(t') - s_0 g_1(u(t'))\right] \mathrm{d}t'\right]$$

을 얻을 수 있고 $r_k = 1 - s_k - x_k$이다.

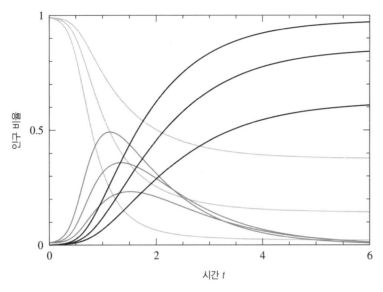

그림 16.14 SIR 모형에서 링크수가 다양한 감염될 수 있는 노드, 감염된 노드, 회복된 노드의 비율

$a = 0.8$인 $p_k = Ca^k$이라는 지수함수 링크수 분포로 만든 네트워크에서 $\beta = \gamma = 1$, 링크수는 $k = 1, 2, 4$일 때, 링크수 k인 노드가 감염될 수 있는 상태(연한 회색: 감소 함수), 감염된 상태(진한 회색: 증가 후 감소 함수), 회복된 상태(검정색: 증가 함수)의 비율을 시간의 함수로 나타냈다. 가장 큰 k 값은 감염됐거나 회복된 노드 수가 가장 빨리 성장하는 모습을 보여주고, 가장 작은 k 값은 가장 느린 성장 곡선에 해당한다.

복됐고 일부 비율은 질병에 절대 걸리지 않았(고 절대 걸리지 않을 것이)다. 링크수가 다른 노드들 중에서는 (예상할 수 있듯이) 감염자 수가 링크수에 따라 급격히 증가한다.

링크수 분포(따라서 $g_1(u)$의 형태)에 의존하기 때문에 식 (16.112)를 닫힌 형태로 푸는 것은 불가능하다. 그렇지만 그것이 불가능한 상황에서도 이 방정식으로 여전히 감염병의 특징을 밝혀낼 수 있다. 예를 들어, 장기적인 추세를 고려하자. 긴 시간이 흐른 극한에서, 감염된 사람의 수는 0이 되며 남은 사람들 중 일부는 회복되고 다른 일부는 질병에 전혀 걸리지 않은 상태일 것이라고 예상할 수 있다. $t = \infty$에서 회복된 사람의 전체 비율 $r(t)$는 질병에 걸렸던 적이 있는 사람의 비율인 전체 발병 크기와 같고, 이는

$$r(\infty) = 1 - s(\infty) = 1 - g_0(u(\infty)) \tag{16.114}$$

로 주어진다. 여기서도 시스템이 크고 초기에 감염된 사람의 수가 작다는 가정에 따라 이전처럼 $s_0 = 1$로 설정했다.

식 (16.112)에서 $du/dt = 0$으로 설정해서 u에 대한 극한값을 찾을 수 있고, 그 때 다음과 같은 식이 성립한다.

$$1 + \frac{\gamma}{\beta} \ln u - g_1(u) = 0 \tag{16.115}$$

발병 크기가 작은 특별한 경우, u의 최종값은 1에 가까워서 $\ln u = \ln[1 + (u - 1)]$ $\simeq u - 1$과 같이 전개할 수 있고 식 (16.115)는

$$u \simeq 1 - \frac{\beta}{\gamma} + \frac{\beta}{\gamma} g_1(u) \tag{16.116}$$

이 된다. 식 (16.114)와 식 (16.116)은 스미기 이론을 이용해 다룬 SIR 모형에서 최종 발병 규모를 알려줬던 식 (16.29) 및 식 (16.30)과 형태가 유사하다. 지금 이 경우에 식 (16.30)은 정확한 식이었지만 식 (16.116)은 근사식인 이유는 이 절에서 다루는 모형이 이전에 다룬 모형과 다르기 때문이다. (이전에 논의한 것처럼) 단위 시간당 일정한 확률 γ로 각각 감염된 사람이 질병에서 회복되고, 이는 감염 상태인 시간이 고정됐던 것(730쪽의 23번 각주 참고)과는 대조된다.

발병의 초기 행동 또한 조사할 수 있다. $t = 0$에서 $u = 1$이어서 초기에 u의 값이 1에 가까울 것(그리고 u는 확률이고 1보다 클 수 없기 때문에 1보다 아주 조금 작다)이란 점을 떠올리자. 식 (16.112)에서 $u = 1 - \epsilon$으로 설정하고 ϵ과 x_0에 대한 선행 차수까지만 유지하면

$$\frac{d\epsilon}{dt} = \beta x_0 + \left[\beta g_1'(1) - \gamma\right]\epsilon \tag{16.117}$$

을 얻고, 이는

$$u(t) = 1 - \epsilon(t) = 1 - \frac{\beta x_0}{\beta g_1'(1) - \gamma}\left[e^{(\beta g_1'(1) - \gamma)t} - 1\right] \tag{16.118}$$

를 의미한다. 이 식은 γ를 포함한다는 점만 제외하면 SI 모형에서 본 식 (16.90)과 유사하다. 링크수가 k인 감염될 수 있는 노드의 초기 비율은

$$s_k(t) = u^k = (1 - \epsilon)^k \simeq 1 - k\epsilon \tag{16.119}$$

이고, 발병한 사람(감염됐거나 회복된 사람)의 수는 $1 - s_k$에 비례해서 $ke^{(\beta g_1'(1) - \gamma)t}$처럼

지수함수적으로 증가한다.

이 모형에서 감염병 문턱값은 발병의 수가 초기에 감소하는 상황과 초기에 증가하는 상황을 분리하는 선이고, 여기서는 식 (16.118)에서 지수함수 속의 상수가 0과 같은 지점으로 다음과 같다.

$$\frac{\beta}{\gamma} = \frac{1}{g_1'(1)} \tag{16.120}$$

이 결과는 일반적인 네트워크에서 감염병 문턱값이었던 식 (16.100)과 유사한 형태이지만,[27] 인접 행렬의 선행 고윳값 κ_1이 $g_1'(1)$로 대체됐다. 이는 또한 결합선 스미기에서 스미기 문턱값인 식 (16.13)과도 유사해 보이지만, 속아서는 안 된다. 사실, 스미기로 다룰 때 이 감염병 문턱값에 가장 근접하게 대응되는 결과는 식 (16.32)다. 이전에 다룬 감염되는 시간 τ의 역수와 회복률 γ를 동일하게 두면, β가 작거나 γ가 큰 상태인 감염병 문턱값이 낮은 상황에서는 이 두 양이 어느 정도 동등하다. 만일 문턱값이 크면 두 모형은 더욱 일치하지 않을 것이며, 이것은 두 모형을 약간 다른 방식으로 정의했다는 사실 때문이다.

16.7 SIS 모형에서 시간에 의존하는 성질

지금까지 이 장에서는 네트워크에서 SIS 모형 또는 재감염을 포함하는 다른 모형을 잘 다루지 않았다. 16.4절에서 언급했듯이, 재감염을 포함한다면 SIR 모형을 분석할 때 사용한 스미기 과정을 동등하게 적용할 수 없기 때문이다. 반면, 이전 절에서 본 미분방정식 방법을 더욱 쉬운 방법으로 SIS 모형에 확장할 수는 있다. 식 (16.92)부터 식 (16.94)까지를 통해 추론하면, SIS 모형을 나타내는 다음 식을 얻는다.

$$\frac{\mathrm{d}s_i}{\mathrm{d}t} = -\beta s_i \sum_j A_{ij} x_j + \gamma x_i \tag{16.121a}$$

$$\frac{\mathrm{d}x_i}{\mathrm{d}t} = \beta s_i \sum_j A_{ij} x_j - \gamma x_i \tag{16.121b}$$

---

27 그리고 식 (16.100)과 똑같은 이유로, 이 식은 성긴 네트워크에서는 명백히 틀린 것이기도 하다. 732쪽의 24번 각주 참고

이전 모형들과 마찬가지로 주의해야 하는 점은 이 방정식에서는 인접한 노드의 상태 사이의 상관관계를 무시했고 그러므로 근사식일 뿐이라는 것이다.

$s_i + x_i = 1$이기 때문에 식 (16.121a)와 식 (16.121b)는 독립적인 식이 아니고, 따라서 둘 중 하나의 해만 구하면 된다. 두 번째 식을 선택해서 s_i를 제거하면

$$\frac{\mathrm{d}x_i}{\mathrm{d}t} = \beta(1 - x_i)\sum_j A_{ij}x_j - \gamma x_i \qquad (16.122)$$

를 얻을 수 있다. 초기에는 이전처럼 모든 i와 상수 c에 대해 $x_i(0) = x_0 = c/n$이라 가정하면 크기가 작은 2차 항은 제거할 수 있고, 다음 식을 얻는다.

$$\frac{\mathrm{d}x_i}{\mathrm{d}t} = \beta\sum_j A_{ij}x_j - \gamma x_i \qquad (16.123)$$

이 식은 SIR 모형의 초기 행동인 식 (16.95)와 동일하다. 따라서 이 모형의 초기 행동이 (이 근사 내에서는) SIR 모형의 초기 행동과 똑같다는 결론을 바로 내릴 수 있다. 즉, 초기에 지수함수적으로 증가하고 감염병 문턱값은 다음과 같이 나타난다(식 (16.100) 참고).

$$\frac{\beta}{\gamma} = \frac{1}{\kappa_1} \qquad (16.124)$$

또한 SIR 모형에서처럼 초기에 어떤 특정 노드가 감염될 확률은 그 노드의 고유벡터 중심도에 비례한다.

후기에는 감염 확률이 일정한 풍토병 수준으로 정착되리라 예상할 수 있고, 식 (16.122)에서 $\mathrm{d}x_i/\mathrm{d}t = 0$으로 설정하고 식을 재배열하면 다음과 같이 계산할 수 있다.

$$x_i = \frac{\sum_j A_{ij}x_j}{\gamma/\beta + \sum_j A_{ij}x_j} \qquad (16.125)$$

일반적으로 이 표현식에서 x_i에 관해 닫힌 형태의 해를 유도할 수 없는 상황이지만, 처음에 무작위로 추측한 것에서 출발하여 수치적으로 반복해서 해를 얻을 수 있다. 극한 상황을 고려할 때 그 해의 일반적인 형태도 볼 수 있다. 만일 β/γ가 커서 식 (16.124)에 있는 감염병 문턱값보다 충분히 큰 곳에 있다면, 분모에 있는

γ/β 항을 무시할 수 있고 따라서 모든 i에 대해 $x_i \simeq 1$이다. 이는 곧, 결국 모든 시간에 모든 노드가 감염될 것이라는 의미다. 만일 β/γ가 크다면 감염률은 매우 높은 반면 회복률은 낮기 때문에, 이 결과는 꽤 타당하다.

반대로, 만일 β/γ가 식 (16.124)로 설정된 감염병 문턱값 수준보다 아주 약간만 크다면 x_i가 아주 작아서 감염병은 그럭저럭 살아있기만 할 것이다. 그리고 식 (16.125)에서 분모에 있는 합 항은 무시할 수 있고

$$x_i \simeq \frac{\beta}{\gamma} \sum_j A_{ij} x_j \tag{16.126}$$

또는

$$\kappa_1 x_i \simeq \sum_j A_{ij} x_j \tag{16.127}$$

가 되며, 여기서는 식 (16.124)를 사용했다. 위의 식은 x_i가 인접 행렬의 선행 고유 벡터에 비례하거나 혹은 동등하게는 고유벡터 중심도에 비례한다는 것을 뜻한다 (이것은 후기에서 나타나는 양상으로, 초기 x_i가 고유벡터 중심도에 비례한다는 결과와는 다르다는 점에 주목하자).

따라서 장기적인 SIS 모형의 풍토병 추세는, 어떤 노드가 감염될 확률이 고유벡터 중심도에 비례하는 상황인 감염병 문턱값보다 조금 큰 영역에서 본질적으로 모든 노드가 계속 감염된 상황인 문턱값보다 아주 큰 영역까지 다양하게 나타난다.

16.7.1 SIS 모형에서 링크수 기반의 근사

SIS 모형에서 시간 변화를 근사하는 방정식을 적을 수 있고, 16.5.2절 및 16.6.1절과 마찬가지로 링크수가 같은 모든 노드가 감염될 확률은 같다고 가정한다. 다시 한번 구조 모형 네트워크를 이용하면 식 (16.101)과 식 (16.103)에 대응되는 식은

$$\frac{ds_k}{dt} = -\beta k v s_k + \gamma x_k \tag{16.128a}$$

$$\frac{dx_k}{dt} = \beta k v s_k - \gamma x_k \tag{16.128b}$$

이고, 변수 s_k와 x_k는 이전과 같으며 v는 이웃이 감염될 평균 확률이다.

$$v(t) = \sum_{k=0}^{\infty} q_k x_k(t) \tag{16.129}$$

이전과 마찬가지로 식 (16.128a)와 식 (16.128b)는 독립적이지 않기 때문에 하나의 해만 구하면 된다. 두 번째 방정식을 골라서 $s_k = 1 - x_k$임을 이용해 다시 적으면

$$\frac{\mathrm{d}x_k}{\mathrm{d}t} = \beta k v(1 - x_k) - \gamma x_k \tag{16.130}$$

을 얻는다. 불행히도, 이 방정식에 대한 완전한 해는 알 수 없지만 다시 한번 초기와 후기의 행동을 알아낼 수는 있다.

이전처럼 전염병이 오직 한 명 또는 아주 적은 수의 사람으로 출발한다고 가정하면, 초기에 감염될 확률 x_k는 c/n이고 c는 상수다. 그러면 이 값은 n이 큰 극한에서 작아진다. 작은 2차 항을 제거하면 다음의 선형화된 방정식을 얻을 수 있다.

$$\frac{\mathrm{d}x_k}{\mathrm{d}t} = \beta k v - \gamma x_k \tag{16.131}$$

적분 인자를 이용해 이 식을 다시 적으면

$$\frac{\mathrm{d}}{\mathrm{d}t}\left(\mathrm{e}^{\gamma t} x_k\right) = \mathrm{e}^{\gamma t}\frac{\mathrm{d}x_k}{\mathrm{d}t} + \gamma \mathrm{e}^{\gamma t} x_k = \beta k \mathrm{e}^{\gamma t} v \tag{16.132}$$

이고, 이를 적분하면

$$x_k(t) = \beta k \int_0^t \mathrm{e}^{\gamma(t'-t)} v(t')\,\mathrm{d}t' \tag{16.133}$$

이다. 그러면 아주 짧은 시간에서 $x_k(t)$는

$$x_k = k u(t) \tag{16.134}$$

의 형태가 되고, 여기서 $u(t)$는 k와 관계없는 보편적인 함수다. 이것을 식 (16.129)와 식 (16.131)에 대입하면

$$v(t) = u(t) \sum_{k=0} k q_k = g_1'(1) u(t) \tag{16.135}$$

그리고

$$\frac{\mathrm{d}u}{\mathrm{d}t} = \left[\beta g_1'(1) - \gamma\right]u(t) \tag{16.136}$$

을 얻는다. 따라서 초기에는 감염병이 기하급수적으로 증가하거나 감소하는데, 감염병 문턱값에서 이 두 경향이 나눠지고 문턱값은 $\beta g_1'(1) - \gamma = 0$, 즉

$$\frac{\beta}{\gamma} = \frac{1}{g_1'(1)} \tag{16.137}$$

인 지점이며 이것은 SIR 모형에서와 같다(식 (16.120) 참고).

후기에는 이 질병이 감염된 사람의 비율이 일정한 풍토병 상태로 정착된다. 식 (16.130)에서 모든 k에 대해 $\mathrm{d}x_k/\mathrm{d}t = 0$이라고 설정해서 이 상태를 풀 수 있고

$$x_k = \frac{kv}{kv + \gamma/\beta} \tag{16.138}$$

가 된다. 이 표현식을 식 (16.129)에 대입하면

$$\sum_{k=0}^{\infty} \frac{kq_k}{kv + \gamma/\beta} = 1 \tag{16.139}$$

이라는 결과를 얻을 수 있다. 만일 이 방정식을 v에 대해 풀 수 있으면, 식 (16.138)에서 x_k를 얻을 수 있다.

불행히도, 비록 주어진 어떤 q_k에 대해 식 (16.139)를 수치적으로 푸는 것은 가능할지라도 일반적으로 닫힌 형태의 해가 없다. 여기서 할 수 있는 이야기는 링크 수 분포가 주어졌을 때 후반부에서 v는 β/γ(또는 선호에 따라 γ/β)만의 함수이며 따라서 x_k는 β/γ와 k만의 함수라는 것이다. 더욱이, 식 (16.139)를 만족시키려면 v가 반드시 β/γ의 증가 함수여야 한다. β가 더 커지거나 γ가 더 작아지면, 식에서 합이 1과 같도록 유지해야 하므로 v는 반드시 증가해야 한다. 이것은 x_k 역시 β/γ의 증가 함수라는 뜻이다(식 (16.138)에 따르면 이것은 k에 대해서도 증가 함수임을 뜻한다). 따라서 비록 정량적인 세부 사항을 알려면 수치적 해가 필요하지만, 이 방정식은 SIS 모형이 어떻게 행동하는지에 대한 정성적인 그림을 알려준다.

이 장에서는 네트워크에서 감염병 전파를 모형화할 때 가능한 내용의 가장 기

본적인 것들만 알아봤다. 링크수 상관관계, 전이성이 있는 네트워크, 커뮤니티 구조가 있는 네트워크, 심지어는 실증적으로 관찰된 네트워크에서의 감염병 전파 등, 더 복잡한 네트워크 구조로 확장해서 계산할 수 있다. 더 복잡한 감염 확산 모형도 가능하다. 예를 들면 16.1.6절에서 언급한 SIRS 모형뿐만 아니라 탄생, 죽음, 사람의 지리적 움직임[21, 232]을 이용하는 모형도 있다. 최근 몇 년 동안 연구자들은 인구 집단의 행동 경향을 복잡하게 시뮬레이션해서, 극도로 정교화된 질병 확산의 컴퓨터 모형을 발전시켰다. 전체 도시부터 개인, 차, 건물의 수준까지 내려간 모형[165], 국제 항공사의 비행 패턴과 시간에 관한 자세한 데이터를 활용한 질병의 국제적 확산 모형[118] 등이 그러한 예시다.

연습문제

16.1 16.3.1절에서 다룬 감염병의 결합선 스미기 모형을 생각하고, ϕ가 특정한 값일 때 거대 덩어리가 네트워크의 비율 S만큼을 차지한다고 하자. 만일 전체 네트워크에서 균일하고 독립적이며 무작위로 고른 c개의 각기 다른 노드에서 감염병이 자발적으로 시작됐다면, 감염병이 발병할 확률은 얼마인가? c가 커질수록 이 확률이 지수함수적으로 1이 된다는 것에 주목하자. 많은 지점에서 질병이 자발적으로 시작된다면, 감염병을 피할 가능성은 희박하다.

16.2 679쪽의 6번 각주에서는 사람이 회복되기보다 사망하는 SIR 모형의 변형을 다뤘다. 통상적인 모형에서처럼 한 사람이 단위 시간당 β의 비율로 다른 사람과 접촉하지만 이 접촉은 살아있는 사람과만 이뤄진다고 가정할 때, SIR 방정식 (16.9)를 수정한 버전을 적어서 이 변형된 모형을 표현해보라.

16.3 SIR 감염병 발병을 생각하자(즉, 이에 대응되는 스미기 과정의 거대 덩어리 내에서 발병이 시작된다). 구조 모형 네트워크 위에서 이뤄지고, $a < 1$인 지수함수 링크수 분포 $p_k = (1 - a)a^k$을 따른다. 네트워크가 크다고 가정해도 좋다.

    a) 15.2.1절의 결과를 이용해, 식 (16.29)에서 나타나는 확률 u에 대한 식을 ϕ 와 a로 표현해보라.

    b) 이로부터 어떤 노드의 링크수가 k일 때 이 노드가 그 질병에 감염될 확률의 식을 구하라.

c) $k = 0, 1, 10$일 때 $a = 0.4$이고 $\phi = 0.9$인 경우에 이 확률을 계산하라.

16.4 (무작위 4-정규 그래프라고도 알려진) 모든 노드의 링크수가 4인 구조 모형 네트워크에서 SIR 모형을 생각하자.

a) 감염병 문턱값에서 전파 확률의 문턱값 ϕ_c는 얼마인가?

b) 전파 확률이 $\phi = \frac{1}{2}$일 때 감염병이 발생했다면, 감염된 노드의 비율 S가 다음과 같음을 보여라.

$$S = \frac{3\sqrt{5} - 5}{2}$$

16.5 여러분이 원하는 프로그래밍 언어를 이용해, 네트워크에서 SIR 유형의 질병이 확산되는 컴퓨터 시뮬레이션을 만들어보라. 구성한 프로그램은 반드시 다음 단계를 수행해야 한다.

a) $n = 10{,}000$개의 노드와 $m = 25{,}000$개의 에지로 구성한 푸아송 무작위 그래프 $G(n, m)$을 생성하고, 하나의 초기 질병 운반자로서 노드 하나를 무작위로 선택한다.

b) 매 시간 단계에서, 현재 감염된 모든 노드는 독립적인 확률 $\phi = 0.4$로 현재 감염될 수 있는 상태인 그들의 이웃 각자에게 질병을 퍼뜨린다. 그리고 바로 질병에서 회복되고, 이 이후에는 무기한으로 회복된 상태를 유지한다(노드가 정확히 매 시간 단계 동안 감염시킬 수 있는 상태인 이 SIR 모형의 변형을 리드-프로스트$^{Reed\text{-}Frost}$ 모형이라 부른다).

네트워크에 감염된 사람이 없을 때까지 많은 시간 단계 동안 프로그램을 실행하고, 감염될 수 있는 사람, 감염된 사람, 회복된 사람의 그래프를 같은 축에 시간의 함수로 그려보라(좋은 예를 발견하려면 프로그램을 몇 번 실행해야 할 수도 있다. 때로는 아주 소수의 사람만 감염돼서 감염병 전파가 발생하지 않고 질병이 퇴치되는 상황을 발견할 것이다).

16.6 구조 모형 네트워크에서 SIR 유형의 질병 확산을 생각하자. 일부 노드는 이 질병에 대해 예방접종이 된 상태다. 비율 ϕ_s만큼의 노드가 채워졌고(예방접종을 안 한 상태를 나타낸다), 비율 ϕ_b의 에지가 채워진 형태로(이 에지를 따라 접촉이 발생한다), 격자점/결합선 스미기 모형을 합쳐서 이 상황을 모형화할 수 있다.

a) 오랜 시간이 흐른 극한에서 감염된 사람의 비율 S가 다음 방정식의 해임을 보여라.

$$S = \phi_s[1 - g_0(u)], \qquad u = 1 - \phi_s\phi_b + \phi_s\phi_b g_1(u)$$

항상 그렇듯, g_0와 g_1은 링크수 분포와 남은 링크수 분포에 대한 생성 함수다.

b) 접촉 확률 ϕ_b가 주어졌을 때, 질병을 예방하기 위해 접종할 필요가 있는 사람의 비율이 $1 - 1/[\phi_b g_1'(1)]$임을 보여라.

16.7 이 장에서는 감염병 발병에 주로 관심을 두었고, 이것은 어떤 네트워크에서 전체 중 유한한 비율만큼의 인구에 영향을 미치는 발병을 뜻한다. 이와 대조적으로 16.3.1절의 결합선 스미기 접근법에서 거대 스미기 클러스터가 아닌 작은 클러스터 하나에 대응되는 발병인, 작은 SIR 발병을 생각해보자. 링크수 분포가 p_k인 구조 모형 네트워크에서 일어난다고 가정한다.

a) 전체 네트워크에서 무작위로 균일하게 선택한 노드 하나에서 질병이 시작했다면 발병이 일어날 확률은 얼마인가?(그 노드가 거대 덩어리 내에 있을 때와 바깥에 있을 때를 모두 고려한다.)

b) 만일 에지를 따라 전파될 확률이 ϕ라면, 발병 크기가 s일 확률 π_s의 생성 함수 $h_0(z)$가 다음과 같음을 보여라.

$$h_0(z) = z g_0(h_1(z)), \qquad h_1(z) = 1 - \phi + \phi z g_1(h_1(z))$$

여기서 $g_0(z)$와 $g_1(z)$는 각각 링크수 분포와 남은 링크수 분포에 대한 생성 함수다.

c) 이러한 발병의 평균 크기는 얼마인가?

16.8 k-정규 무작위 그래프의 거대 덩어리에서 SI 유형의 감염병 확산을 생각하자. 이 그래프는 모든 노드가 같은 링크수 k인 구조 모형 네트워크다. 무작위로 선택한 어떤 c개의 노드가 $t = 0$일 때 감염됐다고 하자.

a) 16.5절의 결과를 이용해 모든 노드가 감염될 확률이 단기간에는 $e^{\beta k t}$으로 증가함을 보여라.

b) 식 (16.55)의 1차 모멘트 끝맺음 근사의 범위 내에서 모든 노드가 감염될 평균 확률 x가 똑같다는 것을 보이고, 그것을 만족시키는 미분방정식을 구하라.

c) 따라서

$$x(t) = \frac{c e^{\beta k t}}{n - c + c e^{\beta k t}}$$

임을 보여라.

d) 감염병의 '변곡점$^{inflection\ point}$'이 나타나는 시간을 구하라. 이 점은 새로운 질병 환자가 발생하는 비율이 증가하는 것을 멈추고 감소하기 시작하는 지점이다.

16.9 링크수가 1, 2, 3만 있는 노드로 구성된 구조 모형 네트워크를 생각하자. 거대 덩어리 내에 각 링크수를 지닌 노드가 있을 비율은 $p_1 = 0.3$, $p_2 = 0.3$, $p_3 = 0.4$다.

a) 남은 링크수 분포의 생성 함수 $g_1(z)$에 대한 표현식을 구하라.

b) 이에 따라, 식 (16.84)를 풀어서 이 네트워크의 거대 덩어리 위에서 확산하는 SI 감염병의 경우 t에 관한 표현식을 u의 함수로 구하라. $s_0 \simeq 1$이라고 가정하고 초기 조건은 작은 ϵ에 대해 $u(0) = 1 - \epsilon$으로 주어진다.

c) 오랜 시간이 흐른 극한에서 감염될 수 있는 사람의 수가 $e^{-21\beta t/2}$에 비례하여 감소하는 것을 보여라.

16.10 어떤 링크수 분포로 구성한 구조 모형 네트워크를 생각하자.

a) 식 (16.100)과 식 (16.120)을 비교하고 생성 함수 g_1의 정의를 이용해, 구조 모형 네트워크 인접 행렬의 가장 큰 고윳값 κ_1의 표현식을 네트워크에서 평균 링크수와 제곱 평균 링크수에 대해 적어라.

b) 17.4절에서는 어떤 네트워크라도 인접 행렬의 가장 큰 고윳값은 $\kappa_1 \geq \sqrt{\langle k^2 \rangle}$을 만족시킨다는 것을 보일 것이다(식 (17.89) 참고). 푸아송 링크수 분포로 구성한 네트워크에서 κ_1이 이 부등식을 위반한다는 것을 보여라. 이 결과를 어떻게 해석할 수 있는가?

CHAPTER

17

네트워크 동역학 시스템

네트워크 동역학 시스템과 그 분석 방법

16장에서 다룬 감염병 모형은 더 일반적인 개념인 네트워크 동역학 시스템의 한 예시다. 동역학 시스템은 주어진 규칙이나 방정식에 따라 어떤 변수의 집합으로 표현되는 상태가 시간이 지나며 변하는 시스템이다. 동역학 시스템은 연속 시간과 불연속 시간을 다루는 다양한 종류가 있고 결정론적deterministic이거나 확률적stochastic일 수 있다. 예를 들어, 감염병 확산에서 봤던 미분방정식 기반의 모형은 연속 시간에 대한 동역학 시스템이다. 그러한 방정식은 변수의 연속적인 시간에 대한 변화를 묘사하기 때문이다. 또한 모든 시간에 대해 모든 변수의 값을 정확하게 결정하기 때문에 이 시스템은 결정론적이기도 하다. 이 방정식에는 사전에 모르는 무작위 요소나 외부 요소가 전혀 없다. 반면, 네트워크에서 SI 감염병 확산에 대한 컴퓨터 시뮬레이션은 확률적인 동역학 시스템일 것이고 아마 연속 시간이나 불연속 시간 중 하나를 사용할 것이다. 이 경우에서 확률 요소는 감염될 수 있는 노드가 감염된 노드에게서 무작위로 감염되는 부분이다. 그리고 시간은 아마도 하루와 같은 불연속 시간 단계로 표현될 수도 있고 연속적일 수도 있는데, 이는 연구자의 결정에 따라 달라진다.

현실 세계에서 나타나는 수많은 다른 과정(또는 이런 과정의 모형)을 네트워크의 동역학 시스템으로 생각할 수 있다. 뉴스나 친구 사이의 정보 확산, 경제에서 돈의 이동, 도로 위의 교통 흐름, 인터넷에서 퍼지는 데이터, 전력망의 전기, 생태계에서 집단의 진화, 세포에서 대사 산물 농도의 변화, 그리고 과학적으로 관심이 있는 대상인 다른 많은 시스템이 적절한 네트워크에서 진화하는 여러 종류의 동역학 시스템으로 표현될 수 있다.

네트워크가 아닌 맥락에서 다룬 동역학 시스템 이론은 수학과 물리학의 한 분야로 잘 발전했다(예를 들어, 스트로가츠^{Strogatz}가 쓴 책[441]을 참고하라). 17장에서는 그 이론 중 일부를 자세히 알아보고 그것이 네트워크의 동역학 시스템에 어떻게 적용되는지 보일 것이다. 여기서 다루는 것은 이야기할 수 있는 것 중 아주 작은 부분에 해당한다. 동역학 시스템은 그 자체만으로도 책 한 권을 쓸 수 있는 주제다 [45, 390, 441]. 하지만 여기에서 다루는 내용은 할 수 있는 종류의 계산을 맛보는 정도다.

17.1 동역학 시스템

이 장에서 다룰 논의에서는 주로 연속적인 실수 변수가 연속 시간 t에 따라 바뀌는 결정론적 동역학 시스템에 집중한다. 네트워크가 아닌 맥락에서 사용하는 몇 가지 기본적인 아이디어를 소개하는 것으로 시작하여, 이를 네트워크로 확장할 것이다.

연속적인 동역학 시스템의 간단한 (네트워크가 아닌) 예시는 1차 미분방정식으로, 시간에 따라 변화하는 하나의 실수 $x(t)$로 기술되는 시스템이다.

$$\frac{dx}{dt} = f(x) \tag{17.1}$$

여기서 $f(x)$는 x로 명시한 어떤 함수다. 보통은 어떤 초기 시간 t_0에서 x의 값 x_0로 초기 조건을 명시할 것이다.

16.1.1절의 완전히 뒤섞인 SI 모형은 이런 종류의 동역학 시스템의 한 예시다. 시간 t에서, 시스템에서 감염된 사람의 비율을 하나의 변수 $x(t)$로 나타내면 이 모형이 따르는 방정식은 다음과 같다(식 (16.5) 참고).

$$\frac{dx}{dt} = \beta x(1 - x) \tag{17.2}$$

따라서 이 경우에 $f(x) = \beta x(1 - x)$다.

다음과 같이 2개의 변수로 이뤄진 동역학 시스템도 있다.

$$\frac{dx}{dt} = f(x, y), \qquad \frac{dy}{dt} = g(x, y) \tag{17.3}$$

그리고 이 접근법은 더 많은 변수로도 확장할 수 있다. 네트워크에서 시스템을 고려하게 되면, 변수들을 네트워크의 각 노드로 분리할 것이다.

사용할 방정식의 우변을 시간 t에 명백히 의존하는 함수(양함수)로 만드는 것도 생각해볼 수 있다.

$$\frac{\mathrm{d}x}{\mathrm{d}t} = f(x, t) \tag{17.4}$$

그러나 이것을 단순히 식 (17.3)의 특별한 경우로 간주할 수도 있다. 만일 초기 조건 $y(0) = 0$으로 둔 방정식

$$\frac{\mathrm{d}x}{\mathrm{d}t} = f(x, y), \qquad \frac{\mathrm{d}y}{\mathrm{d}t} = 1 \tag{17.5}$$

을 써보면, 모든 시간에서 $y = t$이고 $\mathrm{d}x/\mathrm{d}t = f(x, t)$인 것 같은 시스템을 표현할 수 있다. 이 기술로, 시간 t에 명백하게 의존하는 방정식을 시간 t에 명백히 의존하지 않지만 하나의 변수를 더 추가한 방정식으로 언제든 바꿀 수가 있다. 이런 이유로 이 절에서는 시간 t에 명백히 의존하지 않는 상태만을 다룰 것이다.

가능한 또 다른 일반화는 2차 미분이나 함수의 미분을 포함하는 고차 미분을 포함하는 방정식을 따르는 시스템을 생각하는 것이다. 그러나 이 경우 역시 추가 변수를 도입해서 더 간단하게 줄일 수 있다. 예를 들어, 다음 방정식

$$\frac{\mathrm{d}^2 x}{\mathrm{d}t^2} + \left(\frac{\mathrm{d}x}{\mathrm{d}t}\right)^2 - \frac{\mathrm{d}x}{\mathrm{d}t} = f(x) \tag{17.6}$$

를 새로운 변수 $y = \mathrm{d}x/\mathrm{d}t$를 도입해서 다음과 같이 변환할 수 있고,

$$\frac{\mathrm{d}x}{\mathrm{d}t} = y, \qquad \frac{\mathrm{d}y}{\mathrm{d}t} = f(x) - y^2 + y \tag{17.7}$$

이것 역시 식 (17.3)의 특별한 경우다.

식 (17.1), 식 (17.3)과 같은 방정식을 따르는 시스템을 연구하여, 과학적으로 관심이 있는 광범위한 상황을 다룰 수 있다. 이러한 방정식을 분석하는 데 사용하는 몇 가지 기법을 살펴보자.

17.1.1 고정점과 선형화

1개의 변수 x만을 포함하는 식 (17.1)은 최소한 원칙적으로는 다시 정리하고 적분해서 언제나 풀 수 있고 그 형태는 다음과 같다.

$$\int_{x_0}^{x} \frac{\mathrm{d}x'}{f(x')} = t - t_0 \tag{17.8}$$

비록 실질적으로는 닫힌 형태로 이 적분 결과를 알지 못할지라도 말이다. 2개 이상의 변수가 있을 때는 해를 찾는 것이 일반적으로 불가능하다. 그리고 곧 공부할 네트워크에서의 예시에서는 보통 변수가 아주 많고, 만일 운이 없다면 (이전 절의 몇 가지 감염학 모형에서 봤듯이) 완전한 해석적 해가 나타나지 않을 수도 있다.

한 가지 대안은 컴퓨터를 이용해 수치적으로 방정식을 푸는 것이고, 이는 종종 유용한 통찰력을 제공하지만, 아직 해석적 접근을 포기하지는 말자. 사실 이 방정식을 먼저 정확히 풀지 않고 동역학적 시스템이 어떻게 작동하는지 이해할 수 있는, 잘 발전된 기법들의 모음이 있다. 이런 기법 대부분은 고정점의 성질에 집중한다.

고정점$^{\text{fixed point}}$은 시스템의 정상 상태$^{\text{steady state}}$다. 정상 상태란, 시스템의 변수 하나 또는 여러 개의 어떤 값이 고정돼서 시간에 따라 변하지 않는 상태다. 예를 들어, 일변수 시스템인 식 (17.1)에서 고정점은 다음과 같이 방정식의 우변에 있는 함수가 0이 되는 어떤 점 $x = x^*$이다.

$$f(x^*) = 0 \tag{17.9}$$

그러면 $\mathrm{d}x/\mathrm{d}t = 0$이고, 따라서 이 점에서는 x가 변하지 않는다. 시스템이 시간에 따라 변할 때, 만일 x가 고정점에 도달한다면 영원히 그 고정점에 머문다. 일변수 시스템에서 고정점은 x에 대해 $f(x) = 0$을 풀어서 간단히 얻을 수 있다.

식 (17.3)과 같은 이변수 시스템에서 두 변수가 이 점에서 움직이지 않으려면 $\mathrm{d}x/\mathrm{d}t = \mathrm{d}y/\mathrm{d}t = 0$이어야 하고, 따라서 고정점은 $f(x^*, y^*) = 0$과 $g(x^*, y^*) = 0$인 (x^*, y^*) 값의 쌍이다. 일반적으로 n변수 시스템에서 고정점은 n개의 연립 방정식을 풀어서 찾는다.

한 가지 예로, 식 (17.2)의 SI 모형을 생각하자. 이 모형에서 $f(x) = 0$으로 두면 $\beta x(1 - x) = 0$을 얻고, 이 식의 해인 고정점은 $x = 1$과 $x = 0$이다. 이 고정점이 역학의 관점에서 어떤 의미인지는 바로 알 수 있다. 먼저 $x = 1$은 시스템에 있는 모든 사람이 감염된 정상 상태를 나타낸다. 당연히 모든 사람이 일단 감염되면 시스템은 더 이상 변하지 않는다. 감염될 수 있는 사람이 아무도 없고 SI 모형에서는 누구도 회복하지 않기 때문이다. 두 번째 고정점 $x = 0$은 아무도 감염되지 않은 시스템 상태에 대응된다. 이 상태에서는 누구도 질병에 걸리지 않기 때문에 아무도 감염되지 않을 것이고, 그래서 역시 정상 상태에 도달한다.

동역학 시스템 연구에서 고정점이 중요한 이유는 고정점의 두 가지 주요 특징 때문이다. 첫째, 상대적으로 찾기가 쉽다. 둘째, 시스템이 정확하게 고정점에 있지는 않지만 고정점에 다가갈 때 시스템의 동역학을 결정하기가 수월하다. 고정점 부근에서의 동역학은 지금부터 소개할 방식을 따라, 고정점 부근에서 전개해서 찾으면 된다.

먼저 식 (17.1)을 따르는 간단한 일변수 시스템을 생각하자. 고정점 x^* 근처에 있는 x의 값을 $x = x^* + \epsilon$으로 적어서 표현한다. 여기서 ϵ은 고정점에서 떨어진 거리를 나타내는 작은 값이다. 그러면

$$\frac{\mathrm{d}x}{\mathrm{d}t} = \frac{\mathrm{d}\epsilon}{\mathrm{d}t} = f(x^* + \epsilon) \qquad (17.10)$$

이제 우변을 고정점 $x = x^*$ 부근에서 테일러 전개$^{\text{Taylor expansion}}$하면

$$\frac{\mathrm{d}\epsilon}{\mathrm{d}t} = f(x^*) + \epsilon f'(x^*) + \mathrm{O}(\epsilon^2) \qquad (17.11)$$

이고, 여기서 f'은 f를 인수로 미분한 것을 나타낸다. ϵ^2차 항과 더 작은 항을 무시하고 정의상 $f(x^*) = 0$임을 이용하면,

$$\frac{\mathrm{d}\epsilon}{\mathrm{d}t} = \epsilon f'(x^*) \qquad (17.12)$$

을 얻을 수 있다. 이것은 선형 1차 미분방정식이며, 해는 다음과 같다.

$$\epsilon(t) = \epsilon(0)\, \mathrm{e}^{\lambda t} \qquad (17.13)$$

여기서

$$\lambda = f'(x^*) \qquad (17.14)$$

이 λ라는 양을 랴푸노프 지수$^{\text{Lyapunov exponent}}$라고 부른다. 이 지수는 단순한 수이고,

만일 고정점 x^*의 위치와 함수 $f(x)$를 안다면 계산할 수 있다. λ의 부호에 따라 식 (17.13)은 시간이 지나며 고정점에서 거리 ϵ이 지수함수적으로 증가하거나 감소한다는 것을 알려준다. 따라서 이 분석으로 고정점을 두 유형으로 분류할 수 있다. 끌어당기는 고정점$^{\text{attracting fixed point}}$은 $\lambda < 0$인 고정점으로, 이 근처에 있는 점들은 고정점으로 끌어당겨져서 결국 이 고정점으로 흘러 들어온다. 밀어내는 고정점 $^{\text{repelling fixed point}}$은 $\lambda > 0$인 고정점이고, 이 부근에 있는 점들은 고정점에서 멀어진다. 이 두 유형 사이에 특별한 경우가 있는데, 정확히 $\lambda = 0$일 때다. $\lambda = 0$인 고정점도 대개 끌어당기거나 밀어내지만,[1] 여기에서 소개한 분석만으로는 둘 중 어떤 것일지 알 수 없다. 무슨 일이 발생하는지 결정하려면 식 (17.11)에서 빠뜨렸던 고차 항들을 더 포함해야 한다.

식 (17.12)로 표현한 종류의 분석은 선형 안정성 분석$^{\text{linear stability analysis}}$이라고 알려졌다. 이는 2개 이상의 변수로 구성한 시스템에도 적용할 수 있다. 예를 들어, 식 (17.3) 형태인 방정식을 따르는 동역학 시스템을 생각하자. 여기서 고정점이 (x^*, y^*)이면

$$f(x^*, y^*) = 0, \qquad g(x^*, y^*) = 0 \tag{17.15}$$

이 된다는 뜻이다. 2차원 x, y 공간에서 고정점 부근에 있는 점을 $x = x^* + \epsilon_x$와 $y = y^* + \epsilon_y$라 하고, 여기서 ϵ_x와 ϵ_y는 둘 다 작다고 가정한다. 이전처럼 고정점 부근에서 식을 전개하고, 이제 이중^{double} 테일러 전개를 하면 다음과 같다.

$$\begin{aligned}
\frac{\mathrm{d}x}{\mathrm{d}t} = \frac{\mathrm{d}\epsilon_x}{\mathrm{d}t} &= f(x^* + \epsilon_x, y^* + \epsilon_y) \\
&= f(x^*, y^*) + \epsilon_x f^{(x)}(x^*, y^*) + \epsilon_y f^{(y)}(x^*, y^*) + \ldots
\end{aligned} \tag{17.16}$$

여기서 $f^{(x)}$와 $f^{(y)}$는 x와 y로 f를 미분한 것을 뜻한다. 식 (17.15)를 이용하고 이 전개에서 고차 항을 모두 무시하면, 식을 다음과 같이 간단히 할 수 있고

$$\frac{\mathrm{d}\epsilon_x}{\mathrm{d}t} = \epsilon_x f^{(x)}(x^*, y^*) + \epsilon_y f^{(y)}(x^*, y^*) \tag{17.17}$$

마찬가지로,

---

1 몇 가지 더 희박한 가능성도 있다. $\lambda = 0$인 고정점은 끌어당기지도 밀어내지도 않는 **중립**(neutral)일 수도 있다. 예를 들어, 모든 x에서 $f(x) = 0$이면 모든 x 값이 중립 고정점이다. 거의 나타나지 않는 또 다른 가능성은 **혼합된**(mixed) 유형으로, 한쪽으로는 끌어당기고 다른 쪽에서는 밀어내는 것이다. 하나의 예시는 $f(x) = x^2$으로, $x = 0$이 고정점이며 $x < 0$이면 끌어당기고 $x > 0$이면 밀어낸다.

$$\frac{d\epsilon_y}{dt} = \epsilon_x g^{(x)}(x^*, y^*) + \epsilon_y g^{(y)}(x^*, y^*) \tag{17.18}$$

이라고 쓸 수 있다. 이 두 방정식을 조합해서 행렬 형태로 적으면 다음과 같다.

$$\frac{d\epsilon}{dt} = \mathbf{J}\epsilon \tag{17.19}$$

여기서 ϵ은 성분 2개로 구성된 벡터인 (ϵ_x, ϵ_y)이고, $\mathbf{J}$는 다음과 같은 야코비 행렬 Jacobian matrix이다.

$$\mathbf{J} = \begin{pmatrix} \dfrac{\partial f}{\partial x} & \dfrac{\partial f}{\partial y} \\ \dfrac{\partial g}{\partial x} & \dfrac{\partial g}{\partial y} \end{pmatrix} \tag{17.20}$$

여기서의 미분은 모두 고정점에서 계산한 것이다. 3개 이상의 변수로 구성된 시스템에서도 똑같은 접근법을 활용할 수 있고 다시 식 (17.19)와 같은 결과를 얻는다. 다만, 식에 변수 개수만큼의 행과 열로 구성된 더 큰 행렬과 벡터가 들어간다.

식 (17.19)는 또다시 선형 1차 미분방정식이지만 이 해는 일변수일 때보다 더 복잡하다. 가장 간단한 경우는 야코비 행렬이 대각 행렬일 때로, 방정식을 다음과 같이 쓸 수 있다.

$$\begin{pmatrix} \dfrac{d\epsilon_x}{dt} \\ \dfrac{d\epsilon_y}{dt} \end{pmatrix} = \begin{pmatrix} \lambda_1 & 0 \\ 0 & \lambda_2 \end{pmatrix} \begin{pmatrix} \epsilon_x \\ \epsilon_y \end{pmatrix} \tag{17.21}$$

여기서 λ_1과 λ_2는 실수다. 그러면 변수 ϵ_x와 ϵ_y를 다음과 같이 서로 분리할 수 있고

$$\frac{d\epsilon_x}{dt} = \lambda_1 \epsilon_x, \qquad \frac{d\epsilon_y}{dt} = \lambda_2 \epsilon_y \tag{17.22}$$

각 변수의 해를 별도로 얻을 수 있다.

$$\epsilon_x(t) = \epsilon_x(0)\, e^{\lambda_1 t}, \qquad \epsilon_y(t) = \epsilon_y(0)\, e^{\lambda_2 t} \tag{17.23}$$

또는 다시 쓰자면

$$x(t) = x^* + \epsilon_x(0)\,e^{\lambda_1 t}, \qquad y(t) = y^* + \epsilon_y(0)\,e^{\lambda_2 t} \tag{17.24}$$

이다. 따라서 x와 y는 시간이 지나면서 각자 독립적으로 고정점으로 다가가거나 고정점에서 멀어지고, 이것은 다음 두 양의 부호가 결정한다.

$$\lambda_1 = \left(\frac{\partial f}{\partial x}\right)_{\substack{x=x^* \\ y=y^*}}, \qquad \lambda_2 = \left(\frac{\partial g}{\partial y}\right)_{\substack{x=x^* \\ y=y^*}} \tag{17.25}$$

그림 17.1에 나타낸 것처럼, 이 결과는 고정점 근처에서 시스템이 보일 수 있는 행동의 다양성을 일으킨다. 예를 들어 λ_1과 λ_2가 모두 음수이면 고정점은 끌어당 길 것이고, 둘 다 양수이면 고정점은 밀어낼 것이다. 만일 둘의 부호가 반대라면 이는 안장점$^{\text{saddle point}}$[2]이라고 부르는 새로운 유형의 고정점이다. 어떤 관점에서 이 안장점은 밀어내는 고정점의 형태로 생각하는 것이 가장 좋을 수도 있는데, 안장 점 부근에서 출발하는 시스템은 이 근처에서 불안정한 방향으로 멀어지는 동역학 을 따르며 안장점 근처에 머물지 않기 때문이다.

하지만 매우 운이 좋은 게 아니라면, 야코비 행렬이 대각 행렬일 가능성은 별 로 없다. 일반적인 상황에서는 대각 요소뿐만 아니라 비대각 요소도 있고 위에서 살펴본 해를 찾는 방법이 작동하지 않을 것이다. 그렇지만 조금만 더 노력하면 이 경우에도 계산을 진행할 수 있다. 그 기술은 바로, 위에서는 x와 y 각각에 대해 했 던 것처럼, 독립적으로 움직이는 변수 x와 y의 조합을 찾는 것이다.

다음과 같은 변수들의 선형 결합을 생각해보자.

$$\xi_1 = a\epsilon_x + b\epsilon_y, \qquad \xi_2 = c\epsilon_x + d\epsilon_y \tag{17.26}$$

이것은 행렬 형태로 다음과 같이 적을 수 있고

$$\begin{pmatrix} \xi_1 \\ \xi_2 \end{pmatrix} = \begin{pmatrix} a & b \\ c & d \end{pmatrix} \begin{pmatrix} \epsilon_x \\ \epsilon_y \end{pmatrix} \tag{17.27}$$

혹은 간단히

$$\xi = \mathbf{Q}\epsilon \tag{17.28}$$

---

2 'saddle'은 (말이나 자전거의) 안장이라는 뜻이다. 두 라푸노프 지수의 부호가 반대일 때 고정점 부근에서 시스템의 개형을 그리면 마치 안장처럼 생겼기 때문에 붙은 이름이다. 프링글스(Pringles) 과자의 모양을 생각해도 된다. — 옮 긴이

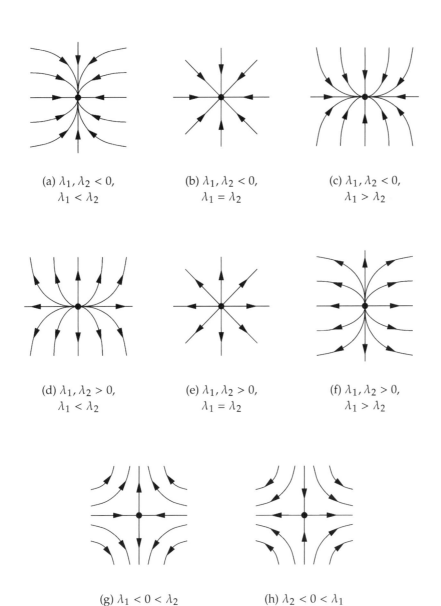

(a) $\lambda_1, \lambda_2 < 0$,
$\lambda_1 < \lambda_2$

(b) $\lambda_1, \lambda_2 < 0$,
$\lambda_1 = \lambda_2$

(c) $\lambda_1, \lambda_2 < 0$,
$\lambda_1 > \lambda_2$

(d) $\lambda_1, \lambda_2 > 0$,
$\lambda_1 < \lambda_2$

(e) $\lambda_1, \lambda_2 > 0$,
$\lambda_1 = \lambda_2$

(f) $\lambda_1, \lambda_2 > 0$,
$\lambda_1 > \lambda_2$

(g) $\lambda_1 < 0 < \lambda_2$

(h) $\lambda_2 < 0 < \lambda_1$

그림 17.1 다른 유형의 고정점 부근에서의 흐름

대각 야코비 행렬인 이변수 동역학 시스템 고정점 근처에서의 흐름은 본문에서 기술했듯이 형태가 다양할 수 있다. (a), (b), (c)는 모두 끌어당기는 고정점이고, (d), (e), (f)는 밀어내는 고정점, (g), (h)는 안장점이다.

로 쓸 수 있다. 여기서 $\mathbf{Q}$는 계수 a, b, c, d로 구성한 행렬이다.

고정점 부근에서 $\boldsymbol{\xi}$의 시간 변화는

$$\frac{d\boldsymbol{\xi}}{dt} = \mathbf{Q}\frac{d\boldsymbol{\epsilon}}{dt} = \mathbf{Q}\mathbf{J}\boldsymbol{\epsilon} = \mathbf{Q}\mathbf{J}\mathbf{Q}^{-1}\boldsymbol{\xi} \tag{17.29}$$

이고, 여기서는 식 (17.19)와 식 (17.28)을 사용했다. 만일 ξ_1과 ξ_2가 시간에 따라 독립적으로 변하면, 마치 앞의 간단한 경우에서 $\mathbf{J}$ 자체가 대각 행렬이었던 것처럼 행렬 $\mathbf{Q}\mathbf{J}\mathbf{Q}^{-1}$은 대각 행렬이어야 한다. 선형대수$^{\text{linear algebra}}$에 의하면 $\mathbf{Q}$는 반드시 $\mathbf{J}$의 고유벡터로 이뤄진 행렬이라야 한다. 구체적으로, $\mathbf{J}$는 일반적으로 비대칭이기 때문에 $\mathbf{Q}$의 행은 $\mathbf{J}$의 왼쪽 고유벡터이고 역행렬 $\mathbf{Q}^{-1}$의 열은 $\mathbf{J}$의 오른쪽 고유벡터다(행렬의 왼쪽과 오른쪽 고유벡터는 서로 직교한다). 그러면 식 (17.28)(또는 동등하게 식 (17.26))은 ξ_1과 ξ_2의 결합이 고정점 부근에서 서로 독립적으로 움직인다는 사실을 알려준다.

이 조합은 다음 방정식을 만족시킨다.

$$\frac{d\xi_1}{dt} = \lambda_1\xi_1, \qquad \frac{d\xi_2}{dt} = \lambda_2\xi_2 \tag{17.30}$$

여기서 λ_1과 λ_2는 대각 행렬의 요소이며, $\mathbf{J}$에 대한 두 고유벡터에 대응하는 고윳값이기도 하다. 식 (17.30)의 해는 당연히 다음과 같다.

$$\xi_1(t) = \xi_1(0)\,e^{\lambda_1 t}, \qquad \xi_2(t) = \xi_2(0)\,e^{\lambda_2 t} \tag{17.31}$$

$\xi_1 = 0$과 $\xi_2 = 0$인 선은 그림 17.1에서의 축 역할을 하는데, 고정점으로부터 바로 멀어지거나 바로 가까워지는 쪽으로 움직일 때 따르는 선이다. 그리고 식 (17.31)에 의하면 두 고윳값의 부호는, 이 선 위에서 고정점에서의 거리가 지수함수적으로 커지거나 감소하는지를 결정한다. 비대칭 행렬의 고유벡터들끼리는 일반적으로 서로 직교하지 않기 때문에, 일반적으로 이 선들은 직교하지 않고, 고정점 부근에서 흐름이 그림 17.1과 비슷해 보이기는 하지만 그림 17.2에 보이는 것처럼 찌그러져 있다. 그럼에도 그림에 나타낸 것처럼 여전히 고정점을 끌어당기거나, 밀어내거나, 안장점으로 분류할 수 있다. 변수가 더 많은 시스템에서도 유사한 분석을 수행할 수 있고 기본 결과도 같다. 야코비 행렬의 고정점을 찾아서 독립적으로 움직이는 변수의 결합을 결정하고 이에 따라 고정점 부근에서 시스템의 시간에 대한 변화를 구하는 것이다.

| (a) 끌어당기는 고정점 | (b) 밀어내는 고정점 | (c) 안장점 |

그림 17.2 일반적인 고정점 부근에서 흐름의 예시

야코비 행렬이 대각 행렬이 아니라면, 고정점 부근에서 흐름은 그림 17.1에서 본 흐름이 찌그러지거나 늘어난 형태다.

그러나 2개 이상의 변수로 구성한 시스템에서는 일변수 시스템에서는 발견되지 않는 미묘한 점이 있다. 비대칭 행렬의 고윳값이 실수일 필요가 없다. 행렬 자체의 요소가 실수라고 하더라도, 고윳값은 허수이거나 복소수일 수 있다. 유도 과정에서 야코비 행렬의 고윳값이 복소수라는 것은 어떤 의미일까? 이러한 고윳값을 식 (17.31)에 넣으면 고정점 부근에서 단순히 거리가 멀어지거나 감소하기보다 진동하는 해를 얻는다. 확실히, 대입하면 실제로 ξ_1과 ξ_2 값 자체가 복소수이고 좌표계가 실수라고 가정하기 때문에 복소수라는 것은 문제인 것처럼 보일 수 있다. 그렇지만 이 방정식이 선형이기 때문에 그 해의 실수 부분 또한 해다.

예를 들어, 만일 실수인 α와 ω에 대해 $\lambda_1 = \alpha + i\omega$라면 ξ_1에 대한 일반적인 실수 해는 다음과 같다.

$$\xi_1(t) = \mathrm{Re}\left[C\, e^{(\alpha + i\omega)t} \right] = e^{\alpha t}(A\cos\omega t + B\sin\omega t) \qquad (17.32)$$

> 허수 부분 또한 해이고, 실수와 허수 부분의 어떤 조합도 해가 된다.

여기서 A, B는 실수인 상수이고 C는 복소수인 상수다. 따라서 이 해는 진동하는 부분과 지수함수적으로 증가 또는 감소하는 부분의 곱이다. 이변수일 때 고윳값은 항상 둘 다 실수이거나 둘 다 복소수이고, 만일 둘 다 복소수라면 하나는 다른 하나의 켤레복소수^{complex conjugate}다.[3] 후자에서 이제 ξ_1과 ξ_2는 둘 다 지수함수적인 성장이나 감소가 진동과 결합된 행동을 보이고, 진동수가 ω로 같으며 성장률 또는 감소율도 같다. 따라서 최종 결과는 고정점 부근에서 나선형으로 기술되는 궤

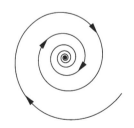

> 야코비 행렬이 복소수일 때 고정점 부근에서의 흐름은 나선(spiral) 형태다.

---

3 기초 수학에서 계수가 모두 실수인 2차 방정식의 두 해가 복소수라도 두 해의 합과 곱은 실수인 것과 정확히 같은 원리다. 고윳값을 찾는 공식이 정확히 그러한 2차 방정식으로 주어지기 때문이다. – 옮긴이

적이다. α가 양수인가 음수인가에 따라 나선은 고정점에서 멀어지거나 들어가는 형태다. 만일 $\alpha < 0$이어서 고정점으로 들어가면 고정점은 안정한 점이고, 그렇지 않아서 $\alpha > 0$이라면 불안정한 점이다. 이 경우 안정성은 오직 고윳값의 실수 부분으로만 결정된다($\alpha = 0$인 특별한 경우에는 이전에 살펴본 것처럼 고정점의 본질을 결정하려면 고정점 부근에서 고차 항을 전개해서 봐야만 한다).

변수가 3개 이상이면 고윳값은 실수이거나 켤레복소수 쌍으로 등장한다. 따라서 그 경우에도 단순히 증가하거나 감소하는 고유방향^{eigendirection}, 또는 들어가거나 나가는 나선을 그리는 고유방향을 얻는다.

그러나 아직 끝나지 않았다. 2개 이상의 변수로 구성된 시스템에서 등장하는 더 재미있는 행동이 있는데, 네트워크로 연결된 시스템을 공부하게 될 때 중요하다. 고정점 외에도 어떤 시스템에서는 극한 주기 궤도^{limit cycle}를 발견할 수 있다. 극한 주기 궤도는 시스템이 변수가 같은 값 집합 내에서 반복하여 순환하는 동역학을 보일 때 그 동역학에서의 닫힌 고리다. 극한 주기 궤도는 고정점보다 더 다양한 방법으로 다룰 수 있다. 작은 변위 좌표에서 전개해서 극한 주기 궤도 근처에서 동역학을 공부할 수도 있다. 고정점과 마찬가지로, 극한 주기 궤도는 끌어당기거나 밀어낼 수 있다. 이는 근처에 있는 점이 극한 주기 궤도 쪽으로 가까워지거나 그 궤도에서 멀어지는 방향으로 움직인다는 뜻이다.

물리적으로 극한 주기 궤도는 시스템에서 안정적으로 진동하는 행동을 나타낸다. 16.1.6절에서 SIRS 감염병 확산 모형을 논의할 때 이런 행동을 언급했다. 특정한 매개변수 영역에서 SIRS 모형이 감염의 '파동^{wave}'을 보일 수 있는데, 이는 질병이 많은 비율의 인구를 감염시킬 수 있는 상황에서 진동하는 행동이다. 인구 집단은 회복해서 면역을 획득하고 이것이 질병에 걸릴 희생자 수를 감소시켜서 확진자 수를 줄인다. 이런 개인이 이후에 면역을 잃으면 감염될 수 있는 상태로 되돌아가서 다시 감염될 수 있고, 또 다른 파동이 시작된다. 동역학 시스템에서 진동의 또 다른 예는, 두 종으로 구성된 생태계에서 포식자와 피식자 수의 진동을 표현하는 로트카–볼테라^{Lotka-Volterra} 방정식이다[441]. 이러한 진동은 19세기 동안 캐나다의 허드슨 베이 컴퍼니^{Hudson Bay Company}가 기록한 토끼와 스라소니 집단의 기이한 주기적 변동에서 나타났던 것으로 유명하다.

17.2 네트워크 동역학

이제 이전 절에서 공부한 아이디어를 네트워크의 동역학 시스템에 적용해보자. 먼저, 말하고자 하는 시스템의 유형을 정의할 필요가 있다. 네트워크에서 각 노드 i에 $x_i, y_i, \ldots$처럼 하나 이상의 동역학적 변수가 있고, 네트워크에서 에지를 통해서만 변수들이 결합되는 시스템을 고려할 것이다. 즉, 변수 x_i의 시간 변화를 기술하는 방정식을 적을 때, 각 방정식에서 등장하는 각 항에는 오직 x_i 자체와 노드 i에 부여된 다른 변수, 그리고/또는 네트워크에서 i와 인접한 노드에 부여된 하나 이상의 변수만 등장한다. 인접하지 않은 노드에 부여한 변수를 포함하는 항은 없고, 둘 이상의 인접한 노드들에 부여한 변수를 포함하는 항도 없다[4] (하지만 다른 항은 다른 인접한 노드에 부여된 변수를 포함할 수 있다).

이런 유형의 동역학 시스템 예가 바로 식 (16.55)로, SI 감염병 모형에서 어떤 노드가 감염될 확률을 네트워크 버전으로 적은 식이다.

$$\frac{dx_i}{dt} = \beta(1 - x_i) \sum_j A_{ij} x_j \tag{17.33}$$

이 방정식에는 A_{ij}가 0이 아닌, 즉 에지로 연결된 변수의 쌍을 포함하는 항만 있다.

각 노드에 하나의 변수 x_i가 있는 네트워크 동역학 시스템에서 x_i에 대한 이 방정식의 일반적인 형태는

$$\frac{dx_i}{dt} = f_i(x_i) + \sum_j A_{ij} g_{ij}(x_i, x_j) \tag{17.34}$$

으로, 여기서는 인접한 노드에 부여한 변수를 포함하는 항과 그렇지 않은 항을 분리했다. $f_i(x_i)$는 어떤 노드의 고유한 동역학을 명시하는 것으로 생각할 수 있다. 이 식은 노드들 사이에 연결이 전혀 없을 때, 즉 만일 모든 i, j에 대해 $A_{ij} = 0$이라면 변수 x_i가 시간에 따라 어떻게 바뀌는지를 알려준다. 반대로 $g_{ij}(x_i, x_j)$는 다른 노드에 부여된 변수들 사이의 결합을 나타내므로, 그 연결이 기여하는 정도를 기술한다.

여기서 각 노드와 노드 쌍에 대해 다른 함수 f_i와 g_{ij}를 명시했기 때문에 각 노드

---

4 이렇게 (노드 자기 자신까지 포함하면) 3개 이상의 노드가 가진 성질을 한꺼번에 고려하려면 일반적인 네트워크가 아닌 고차 상호작용(higher-order interaction)을 표현하는 하이퍼그래프(hypergraph)와 같은 구조가 필요하다. — 옮긴이

가 따르는 동역학이 다를 수 있음에 주목하자. 그렇지만 많은 경우, 각 노드가 같은 대상(감염병 모형의 예에서는 사람)을 나타낼 때 각 노드의 동역학은 똑같거나 최소한 차이가 있더라도 충분히 무시할 수 있을 만큼 비슷할 것이다. 이런 상황에서 식 (17.34)에 있는 함수들을 모든 노드에 대해 똑같이 쓸 수 있고 방정식은 다음 형태가 된다.

$$\frac{dx_i}{dt} = f(x_i) + \sum_j A_{ij} g(x_i, x_j) \tag{17.35}$$

이 장에서 다루는 예에서는 위의 상황을 가정할 것이다. 또한 네트워크에 방향이 없어서 A_{ij}가 대칭인 것, 그러니까 만일 x_i가 x_j에게 영향을 받는다면 x_j도 유사하게 x_i에게 영향을 받는다고 가정한다(그렇지만 함수 g가 각 인수의 순서에 대해 대칭이라고 가정하지는 않는다. 일반적으로 $g(u, v) \neq g(v, u)$이다). 식 (17.33)의 SI 모형은 역시 이런 종류의 시스템의 한 예이고, 그 경우에 $f(x) = 0$이며 $g(x_i, x_j) = \beta(1 - x_i)x_j$다.

17.2.1 선형 안정성 분석

앞서 배운 선형 안정성 분석 도구를 식 (17.35)에 적용해보자. 모든 i에 대해 다음 연립 방정식을 풀어서 식 (17.35)의 고정점 $\{x_i^*\}$를 찾을 수 있다고 가정한다.

$$f(x_i^*) + \sum_j A_{ij} g(x_i^*, x_j^*) = 0 \tag{17.36}$$

이 상황에서 고정점을 찾는 것은 모든 개별 노드 i에 대해 $x_i = x_i^*$ 값을 찾는다는 의미이고, 고정점은 $\{x_i^*\}$라는 변수들의 전체 집합이다. 일반적으로 고정점의 위치는 네트워크에서 발생하는 동역학 과정(함수 f와 g를 통해)과 네트워크의 구조(인접 행렬을 통해) 둘 다에 의존한다. 어느 하나가 바뀌어도 고정점의 위치가 바뀔 수 있다.

이제 $x_i = x_i^* + \epsilon_i$로 써서 이 고정점 부근에서 선형화를 할 수 있다. 모든 변수에서 동시에 다중 테일러 전개를 진행하고 작은 양인 2차 항과 더 고차 항을 제거하면,

$$\frac{dx_i}{dt} = \frac{d\epsilon_i}{dt} = f(x_i^* + \epsilon_i) + \sum_j A_{ij} g(x_i^* + \epsilon_i, x_j^* + \epsilon_j)$$

$$= f(x_i^*) + \epsilon_i \frac{df}{dx}\bigg|_{x=x_i^*} + \sum_j A_{ij} g(x_i^*, x_j^*)$$

$$+ \epsilon_i \sum_j A_{ij} \frac{\partial g(u,v)}{\partial u}\bigg|_{u=x_i^*, v=x_j^*} + \sum_j A_{ij} \epsilon_j \frac{\partial g(u,v)}{\partial v}\bigg|_{u=x_i^*, v=x_j^*} + \ldots$$

$$= \epsilon_i \frac{\mathrm{d}f}{\mathrm{d}x}\bigg|_{x=x_i^*} + \epsilon_i \sum_j A_{ij} \frac{\partial g(u,v)}{\partial u}\bigg|_{u=x_i^*, v=x_j^*} + \sum_j A_{ij} \epsilon_j \frac{\partial g(u,v)}{\partial v}\bigg|_{u=x_i^*, v=x_j^*} + \ldots$$

$$(17.37)$$

을 얻을 수 있고, 마지막 줄에서는 식 (17.36)을 사용했다.

만일 고정점의 위치를 안다면, 위 표현식에 등장하는 미분값들은 그냥 숫자들이다. 간단히 쓰고자, 다음과 같이 적자.

$$\alpha_i = \frac{\partial f}{\partial x}\bigg|_{x=x_i^*} \tag{17.38a}$$

$$\beta_{ij} = \frac{\partial g(u,v)}{\partial u}\bigg|_{u=x_i^*, v=x_j^*} \tag{17.38b}$$

$$\gamma_{ij} = \frac{\partial g(u,v)}{\partial v}\bigg|_{u=x_i^*, v=x_j^*} \tag{17.38c}$$

그러면 식 (17.37)은

$$\frac{\mathrm{d}\epsilon_i}{\mathrm{d}t} = \left[\alpha_i + \sum_j \beta_{ij} A_{ij} \right] \epsilon_i + \sum_j \gamma_{ij} A_{ij} \epsilon_j \tag{17.39}$$

가 되고, 이를 다음과 같이 행렬 형태로 적을 수 있다.

$$\frac{\mathrm{d}\boldsymbol{\epsilon}}{\mathrm{d}t} = \mathbf{M}\boldsymbol{\epsilon} \tag{17.40}$$

여기서 $\mathbf{M}$은 다음과 같은 요소로 구성된 행렬로,

$$M_{ij} = \delta_{ij} \left[\alpha_i + \sum_k \beta_{ik} A_{ik} \right] + \gamma_{ij} A_{ij} \tag{17.41}$$

이때 δ_{ij}는 크로네커 델타다.

식 (17.40)은 $\boldsymbol{\epsilon}$을 다음과 같이 $\mathbf{M}$의 고유벡터의 선형 결합으로 적어서 풀 수 있다. 구체적으로는 오른쪽 고유벡터인데, 일반적으로 $\mathbf{M}$이 대칭 행렬이 아니기 때문이다.

$$\epsilon(t) = \sum_r c_r(t)\mathbf{v}_r \tag{17.42}$$

이면 식 (17.40)은

$$\sum_r \frac{\mathrm{d}c_r}{\mathrm{d}t}\mathbf{v}_r = \mathbf{M}\sum_r c_r(t)\mathbf{v}_r = \sum_r \mu_r c_r(t)\mathbf{v}_r \tag{17.43}$$

이 되고, 여기서 μ_r은 고유벡터 $\mathbf{v}_r$에 해당하는 고윳값이다. 고유벡터 항을 비교하면

$$\frac{\mathrm{d}c_r}{\mathrm{d}t} = \mu_r c_r(t) \tag{17.44}$$

임을 알 수 있고, 이것은

$$c_r(t) = c_r(0)\,\mathrm{e}^{\mu_r t} \tag{17.45}$$

라는 뜻이다.

모든 고윳값 μ_r의 실수부가 음수이면, $c_r(t)$와 그에 따라 ϵ이 모든 r에 대해 시간에 따라 감소하며 이 고정점 $\{x_i^*\}$가 끌어당기는 고정점임을 바로 알 수 있다. 만일 실수부가 모두 양수이면 고정점에서 밀려날 것이다. 그리고 만일 어떤 것은 양수이고 어떤 것은 음수라면, 이전에 본 것처럼 비록 밀어내는 고정점 같은 형태로 보는 것이 가장 좋지만 안장점이라고 할 수 있다. 전에 논의했듯이 안장점 근처에서 최소한 한 방향으로는 멀어지는 흐름이 있고, 이것은 이러한 안장점 부근에서 출발하는 시스템은 다른 방향이 끌어당기는 방향이든 아니든 상관없이 일반적으로 그 점 부근에 머물지 못한다는 것을 의미한다.

17.2.2 특별한 경우

17.2.1절에서 본 일반적인 형태에서 몇 가지 특별한 경우를 살펴보자. 특히 간단한 예는 고정점이 대칭적일 때로, 모든 개별 i에 대해 x_i^*의 값이 모두 같아서 $x_i^* = x^*$로 표현할 수 있는 어떤 x^*가 있는 상태다. 예를 들면 SI 모형에서 이런 경우가 나타나는데, 모든 i에 대해 고정점이 $x_i^* = 0$인 고정점이 있거나 $x_i^* = 1$인 고정점이 있다.

대칭적인 고정점에서, 고정점에 대한 방정식인 식 (17.36)은

$$f(x^*) + \sum_j A_{ij} g(x^*, x^*) = f(x^*) + k_i g(x^*, x^*) = 0 \qquad (17.46)$$

이 되고, 여기서 k_i는 노드 i의 링크수이며 $k_i = \sum_j A_{ij}$를 활용했다(식 (6.12) 참고). 이 방정식이 모든 i에 대해 만족되는 방법은 두 가지뿐이다. 모든 노드의 링크수가 같거나[5] $g(x^*, x^*) = 0$인 것이다. 우리가 관심 있는 네트워크의 모든 링크수가 똑같은 일은 거의 없으므로 전자는 실제로 현실적이지 않고, 후자에 집중하여 다음을 가정해보자.

$$g(x^*, x^*) = 0 \qquad (17.47)$$

다시, SI 모형은 이런 유형인 행동의 예시를 제공한다. 결합 함수 g는 $\beta(1 - x)x$의 형태이며, $x = 0, 1$인 두 고정점에서 0이다.

식 (17.46)과 식 (17.47)에 의하면 $f(x^*) = 0$이기도 하며, 이에 따라 고정점 x^*는 어떤 노드의 '고유한' 동역학에 대한 고정점과 똑같다. 모든 노드 사이에 아무런 연결이 없을 때의 고정점과 똑같은 곳에 x^*가 있다. 이 경우 이 고정점의 위치는 네트워크 구조와 독립적이기도 한데, 이것이 곧 중요해질 것이다.

대칭적인 고정점에서 식 (17.38)의 세 양 $\alpha_i, \beta_{ij}, \gamma_{ij}$는 다음과 같다.

$$\alpha_i = \alpha = \left. \frac{\partial f}{\partial x} \right|_{x=x^*} \qquad (17.48\text{a})$$

$$\beta_{ij} = \beta = \left. \frac{\partial g(u, v)}{\partial u} \right|_{u,v=x^*} \qquad (17.48\text{b})$$

$$\gamma_{ij} = \gamma = \left. \frac{\partial g(u, v)}{\partial v} \right|_{u,v=x^*} \qquad (17.48\text{c})$$

그러면 식 (17.39)는

$$\frac{\mathrm{d}\epsilon_i}{\mathrm{d}t} = (\alpha + \beta k_i)\epsilon_i + \gamma \sum_j A_{ij} \epsilon_j \qquad (17.49)$$

가 된다.

만일 결합 함수 $g(x_i, x_j)$가 x_i가 아닌 오직 x_j에만 의존해서, x_i가 $\mathrm{d}x_i/\mathrm{d}t = f(x_i) + \sum_j A_{ij} g(x_j)$ 형태의 방정식을 따른다면 이 상황이 더 간단해진다. 그러면 $\beta = 0$이고

---

5 그런 흔치 않은 경우라면 그 링크수를 k라 할 때 $f(x^*) + kg(x^*, x^*) = 0$이라는 방정식을 풀면 된다. – 옮긴이

$$\frac{d\epsilon_i}{dt} = \alpha\epsilon_i + \gamma \sum_j A_{ij}\epsilon_j \qquad (17.50)$$

이며, 이것을 행렬 형태로 다음과 같이 적을 수 있다.

$$\frac{d\epsilon}{dt} = (\alpha\mathbf{I} + \gamma\mathbf{A})\epsilon \qquad (17.51)$$

일반적인 경우에서처럼, 고정점은 행렬 $\alpha\mathbf{I} + \gamma\mathbf{A}$의 모든 고윳값이 음수일 때만 안정적이다(대칭 행렬이어서 고윳값은 모두 실수다). 고윳값이 κ_r인 인접 행렬의 고유벡터를 $\mathbf{v}_r$이라고 하자. 그러면

$$(\alpha\mathbf{I} + \gamma\mathbf{A})\mathbf{v}_r = \alpha\mathbf{I}\mathbf{v}_r + \gamma\mathbf{A}\mathbf{v}_r = \alpha\mathbf{v}_r + \gamma\kappa_r\mathbf{v}_r = (\alpha + \gamma\kappa_r)\mathbf{v}_r \qquad (17.52)$$

이에 따라, $\mathbf{v}_r$은 $\alpha\mathbf{I} + \gamma\mathbf{A}$의 고유벡터이기도 하다. 다만 이 경우 해당 고윳값은 $\alpha + \gamma\kappa_r$이다. 만일 모든 고윳값이 음수이려면 모든 r에 대해

$$\alpha + \gamma\kappa_r < 0 \qquad (17.53)$$

여야 하고, 이것으로부터 많은 것을 추론할 수 있다. 우선 이 조건은 모든 r에 대해 $\alpha < -\gamma\kappa_r$이라는 의미다. 인접 행렬의 고윳값은 언제나 양수와 음수가 모두 있는데(17.4절에서 증명할 것이다), 모든 r에 대해 이 부등식이 만족되려면 $\alpha < 0$이어야만 한다는 뜻이다(γ가 양수이든 음수이든 상관없이). 만일 $\alpha > 0$이면 고정점은 절대 안정적이지 않다.

두 번째로, 식 (17.53)을 재배열하면 모든 r에 대해

$$\kappa_r < -\alpha/\gamma \qquad \gamma > 0 \text{인 경우} \qquad (17.54a)$$

$$\kappa_r > -\alpha/\gamma \qquad \gamma < 0 \text{인 경우} \qquad (17.54b)$$

을 얻는다. 그렇지만 만일 인접 행렬에서 가장 큰 양수의 고윳값 κ_1이 식 (17.54a)를 만족시킨다면, 다른 고윳값 역시 이를 만족시켜야만 한다는 것에 주목하자. 이와 유사하게, 가장 (음수 쪽으로) 크기가 큰 음수 고윳값 κ_n이 식 (17.54b)를 만족시킨다면 다른 모든 고윳값도 이 부등식을 만족시킨다. 따라서 이 시스템은

$$\kappa_1 < -\alpha/\gamma \qquad \gamma > 0 \text{인 경우} \qquad (17.55a)$$

$$\kappa_n > -\alpha/\gamma \qquad \gamma < 0 \text{인 경우} \qquad (17.55b)$$

일 때 안정하다. 이 조건에 역수를 취해서 이것을 식 하나로 합쳐서 표현할 수 있다.

$$\frac{1}{\kappa_n} < -\frac{\gamma}{\alpha} < \frac{1}{\kappa_1} \qquad (17.56)$$

두 양 α와 γ가 어떤 값이든 이 표현식을 만족시키는 것이 시스템이 안정하기 위한 필요충분조건이다. 원한다면, 식 (17.48)에서 α와 γ의 값을 명확하게 채워서 다음과 같이 쓸 수도 있다.

$$\frac{1}{\kappa_n} < -\left[\frac{\mathrm{d}g}{\mathrm{d}x} \middle/ \frac{\mathrm{d}f}{\mathrm{d}x}\right]_{x=x^*} < \frac{1}{\kappa_1} \qquad (17.57)$$

여기서 g를 일변수 함수로 적었는데, 이 경우에는 이 함수가 하나의 인자에만 의존한다고 가정하기 때문이다.

식 (17.57)은 때때로 으뜸 안정성 조건$^{master\ stability\ condition}$이라고 부른다. 이 조건은 특별한 형태인데, f와 g의 도함수는 네트워크 구조가 아닌 동역학의 본질에만 의존하는 반면, κ_1과 κ_n은 오직 네트워크 구조에만 의존하고 동역학에 의존하는 요소는 어떤 것도 없다는 점에 주목하자. 식 (17.57)은 실질적으로 어떤 유형의 동역학이 주어진 네트워크에서 안정적이려면 그 동역학이 만족시켜야만 하는 하나의 조건을 알려준다. 혹은 반대로, 인접 행렬의 가장 큰 고윳값과 가장 작은 고윳값을 통해 주어진 유형의 동역학에서 고정점의 안정성을 보장하게 하는 네트워크 구조의 조건을 주는 것이기도 하다.

으뜸 안정성 조건을 유도할 수 있는 또 다른 상황으로는 결합 함수 g가 $g(x_i, x_j) = g(x_i) - g(x_j)$의 형태로 두 인수에 의존하는 경우가 있다. 물리학자는 이를 '용수철 같은' 상호작용이라고 생각할 수 있다. 만일 $g(x)$가 그 인자에 대한 간단한 선형 함수라면, x_i와 x_j는 그들의 위치 차이에 의존하는 힘이 작용하는 용수철로 연결된 두 질량과 같이 서로에게 영향을 줄 수 있다.[6] 좀 더 일반적으로, $g(x)$는 비선형 함수이기 때문에 비선형 용수철에 대응된다.

결합을 이렇게 선택하고 여전히 대칭적인 고정점이라고 가정하면, 이전처럼 $g(x^*, x^*) = 0$이고 이에 따라 (식 (17.46)에 의해) $f(x^*) = 0$이기도 해서[7] 식 (17.38)에서 정의한 양들은 다음과 같다.

---

6 물리학자의 입장에서, 실제 용수철 시스템에서는 힘이 위치의 시간 변화, 즉 속도가 아니라 속도에 대한 시간 변화를 결정하기 때문에(뉴턴의 제2법칙) 약간 다르다고 첨언해야겠다. – 옮긴이

7 저자는 생략했지만 이전과 같이 네트워크의 모든 링크수가 같지는 않다는 조건도 추가된다. – 옮긴이

$$\alpha_i = \alpha = \frac{\mathrm{d}f}{\mathrm{d}x}\bigg|_{x=x^*} \tag{17.58a}$$

$$\beta_{ij} = \beta = \frac{\mathrm{d}g}{\mathrm{d}x}\bigg|_{x=x^*} \tag{17.58b}$$

$$\gamma_{ij} = -\beta \tag{17.58c}$$

그러면 식 (17.39)는

$$\frac{\mathrm{d}\epsilon_i}{\mathrm{d}t} = (\alpha + \beta k_i)\epsilon_i - \beta \sum_j A_{ij}\epsilon_j = \alpha\epsilon_i + \beta \sum_j (k_i \delta_{ij} - A_{ij})\epsilon_j \tag{17.59}$$

가 되며, 행렬 형태로 쓰면

$$\frac{\mathrm{d}\epsilon}{\mathrm{d}t} = (\alpha\mathbf{I} + \beta\mathbf{L})\epsilon \tag{17.60}$$

이라고 쓸 수 있다. 여기서 $\mathbf{L}$은 그래프 라플라시안 행렬이고, 행렬의 요소는 다음과 같다.

$$L_{ij} = k_i \delta_{ij} - A_{ij} \tag{17.61}$$

이전에 6.14절(식 (6.28) 참고)과 14.7.4절에서 그래프 라플라시안을 소개한 적이 있다.

식 (17.60)은 인접 행렬을 라플라시안으로 대체했다는 점만 제외하면 식 (17.51)과 똑같은 형태다. 따라서 식 (17.53)을 이끌어냈던 논의와 똑같이 따라가면, 고정점은 라플라시안의 고윳값 λ_r이 모든 r에 대해

$$\alpha + \beta\lambda_r < 0 \tag{17.62}$$

을 만족시킬 때가 시스템이 안정적이 될 필요충분조건임을 알 수 있다.

6.14.5절에서 본 것처럼 라플라시안 행렬의 가장 작은 고윳값은 언제나 0이고, 따라서 가장 작은 고윳값에 적용해보면 시스템이 안정하려면 식 (17.62)는 다시 한번 $\alpha < 0$, 즉

$$\frac{\mathrm{d}f}{\mathrm{d}x}\bigg|_{x=x^*} < 0 \tag{17.63}$$

임을 뜻한다. 이 조건을 만족시킨다고 가정하면, 라플라시안의 모든 고윳값은 음수가 아니므로 β의 부호와 상관없이 시스템이 안정하려면 $1/\lambda_r > -\beta/\alpha$여야 한다. 더욱이, 통상적으로 λ_n이라고 표기하는 가장 큰 고윳값에서 이 조건이 참이라면 더 작은 모든 고윳값에서도 이 조건이 참이다. 따라서 안정성에 대한 요구 조건을 하나의 조건인 $1/\lambda_n > -\beta/\alpha$ 또는 다시 쓰자면(식 (17.63)으로 주어진 구속 조건도 포함해서)

$$\frac{1}{\lambda_n} > -\left[\frac{dg}{dx} \bigg/ \frac{df}{dx}\right]_{x=x^*} \tag{17.64}$$

로 간략하게 쓸 수 있다.

식 (17.64)는 으뜸 안정성 조건의 또 다른 예시이고, 다시 한번 이 조건은 다루는 네트워크 구조와 다루는 동역학을 깔끔하게 분리한다. 그래프 라플라시안의 가장 큰 고윳값으로 표현되는 구조는 오직 부등식의 왼쪽에만 등장하고, 함수 f와 g의 도함수로 표현되는 동역학은 오른쪽에만 등장한다.

고정점의 안정성 요구 조건을 정립하는 것 외에도, 시스템의 매개변수가 변하면서 고정점이 안정성을 잃어가는 상황인 분기^{bifurcation} 연구에서도 으뜸 안정성 조건은 흥미로운 내용이다. 예를 들어, 함수 f와 g를 바꾼다면 초기에 식 (17.64)와 같은 조건을 만족시켰던 고정점이 이를 만족시키지 않고 불안정해질 수 있다. 실질적으로, 이것은 $1/\lambda_n > -\beta/\alpha$인 지점을 지나면서 시스템이 갑자기 행동을 바꾼다는 것을 의미한다. 어느 순간 아무 데도 가지 않고 안정적인 고정점에 행복하게 앉아 있다가, 이후에는 이 고정점이 불안정해지면서 지수함수적으로 속도를 내며 움직이기 시작하고, 다른 안정 고정점이나 극한 주기 궤도의 끌림 영역에 빠져서 처음 시작했던 위치와 멀리 떨어진 완전히 다른 상태에 놓일 가능성이 꽤 있다. 이런 종류의 행동을 나타내는 몇 가지 예를 곧 살펴볼 것이다.

17.2.3 예시

한 가지 예로, 이어서 볼 간단한 '가십^{gossip}' 모형, 즉 사회연결망에서 아이디어나 유행의 확산을 보자. 어떤 새로운 아이디어가 어떤 커뮤니티에서 유포되고, x_i는 사람 i가 이 아이디어에 대해 이야기하는 정도를 나타낸다. x_i 값은 식 (17.35) 형태의 식을 따르고, 편의상 여기에 다시 쓰면 다음과 같다.

$$\frac{dx_i}{dt} = f(x_i) + \sum_j A_{ij} g(x_i, x_j) \tag{17.65}$$

다음과 같이 $\alpha > 0$인 식을 f로 사용하면

$$f(x) = a(1 - x) \tag{17.66}$$

이것은 단일 노드의 고유한 동역학에 대한 안정 고정점이 $x^* = 1$이라는 의미다. 각 개인이 자신의 친구가 최신 대유행에 관련한 이야기를 듣고 싶어 하든 아니든 상관없이, 이에 대해 많이 이야기하려는 고유한 경향이 있다는 뜻이다. 상호작용 항은 사람이 친구의 행동을 따라 하거나 친구와 다른 행동을 하려는 경향이 있음을 가정한다. 매개변수에 따라, 사람들은 친구들이 어떤 것에 대해 본인보다 더 많이 이야기하면 시간이 지날수록 스스로 더 많이 이야기하거나 더 적게 이야기한다는 뜻이다. 이것을 17.2.2절에서 했던 것처럼 $g(x_i, x_j) = g(x_i) - g(x_j)$로 표현할 것이다. 여기서 g는 다음과 같다.

$$g(x) = \frac{bx}{1 + x} \tag{17.67}$$

$b < 0$이면 $x_j > x_i$일 때 $g(x_i, x_j) > 0$이어서 사람들은 친구의 행동을 따라 하려는 경향이 있다. $b > 0$이면 $g(x_i, x_j) < 0$이고 사람들은 친구들과 달라지려고 한다. 그렇지만 $x \gg 1$이면 이 함수가 포화 상태여서, 어떤 점을 넘으면 친구가 아무리 크게 소리질러도 영향을 받지 않는다.[8]

이제 이전 절에서 개발한 일반적인 공식들을 적용할 수 있다. 이 모형에서 대칭적인 고정점은 모든 i에 대해 $x_i = 1$이다. 이 점에서 모든 사람은 아주 인기 있는 이 주제에 대해 같은 정도로 열광하며 이야기한다. 그렇지만 이 고정점은 식 (17.63)과 식 (17.64)를 만족시킬 때만 안정하다. 식 (17.63)은 $a > 0$이면 항상 만족된다. 식 (17.64)는 시스템이 안정하려면 다음 조건을 만족시켜야 한다는 뜻이다.

$$\frac{1}{\lambda_n} > \frac{b}{4a} \tag{17.68}$$

λ_n이 음수일 수 없기 때문에 이 조건은 $b < 0$이면 항상 만족되고, 따라서 사람이 친구를 따라 할 때 이 고정점은 언제나 안정하다. 그렇지만 반대로 사람이 친구와

---

8 x가 무한대로 가는 극한에서 $g(x_i, x_j) = b - b = 0$이 된다. — 옮긴이

다르게 행동하려고 한다면, $b > 0$이고 고정점은 $b > 4a/\lambda_n$일 때에 불안정해진다.

고정점이 불안정해지면 무슨 일이 발생할까? $f(x) = 0$인 다른 x 값이 없기 때문에(이것은 대칭적인 고정점의 경우 성립하는 조건이다), 이 특정한 시스템에서는 다른 대칭적인 고정점이 없다. 그래서 이 시스템은 또 다른 대칭적인 고정점으로 옮겨갈수 없다. 한 가지 가능성은 변수가 $\pm\infty$로 발산하는 것인데, 그렇게 되는 시스템도 있지만 이 시스템에서는 $f(x)$의 형태가 그러한 발산을 막아서 이런 일이 일어나지 않는다. 또 다른 가능성은 시스템이 진동하기 시작하거나, 심지어 영원히 거의 무작위로 두서없이 돌아다니는 혼돈 상태 영역chaotic regime에 들어서는 것이다. 하지만 이 상황에서는 더 단순하게 행동한다. 시스템이 변수 x_i의 고정점 값이 모두 같지는 않은 비대칭적인 고정점으로 움직인다. 다시 말해 네트워크에서 이웃한 노드 사이의 영향력이 강하고 반대 방향이라 사람들이 자기 이웃과 정말로 다르기를 원한다면 결국 자기 방식대로 행동하기 시작할 텐데, 이것은 상호작용이 충분히 강할 때에 나타난다. 사람들이 개성을 발달시키지는 않으면서, 약한 추세로 나타나는 부조화를 참고 견딜 것이다.

17.3 한 노드에 둘 이상의 변수가 있을 때의 동역학

지금까지 다뤘던 내용에서는 네트워크의 각 노드 i에 오직 하나의 변수 x_i만 있었다. 그렇지만 한 노드에 둘 이상의 변수가 있는 시스템이 더 많다. 예를 들어, 16장의 감염학적 예시에서는 2개 혹은 그 이상인 s, x, r 등의 더 많은 변수가 있다.

각 노드 i의 변수가 $x_1^i, x_2^i, \ldots$로 임의의 개수만큼 있는 시스템을 생각하자. 그렇지만 모든 개별 노드에 같은 개수의 변수가 있고 이전과 마찬가지로 똑같은 형태의 방정식을 따른다고 가정하자. 편의상 단일 노드의 변수 집합을 벡터 $\mathbf{x}^i = (x_1^i, x_2^i, \ldots)$로 적으면, 변수들의 시간 변화를 기술하는 방정식을 다음과 같이 적을 수있다.

$$\frac{d\mathbf{x}^i}{dt} = \mathbf{f}(\mathbf{x}^i) + \sum_j A_{ij}\mathbf{g}(\mathbf{x}^i, \mathbf{x}^j) \tag{17.69}$$

그러면 이제 고유한 동역학과 노드 간의 결합을 나타내는 함수 f와 g는 이제 ($\mathbf{x}$와 같은 요소 수를 가진) 벡터 인수를 가진 벡터 함수vector function $\mathbf{f}$와 $\mathbf{g}$다.

이전에 소개한 논리와 같은 선상에서, $\mathbf{x}^i = \mathbf{x}^* + \boldsymbol{\epsilon}^i$로 적고 테일러 전개를 해서 $\mathbf{x}^i = \mathbf{x}^*$ 부근에서의 안정성을 살펴볼 수 있다. 그 결과, $\boldsymbol{\epsilon}^i$의 μ번째 성분의 시간 변화를 기술하는 선형화된 방정식은 다음과 같다.

$$
\begin{aligned}
\frac{d\epsilon_\mu^i}{dt} &= \left[\epsilon_1^i \frac{\partial f_\mu(\mathbf{x})}{\partial x_1} + \epsilon_2^i \frac{\partial f_\mu(\mathbf{x})}{\partial x_2} + \ldots \right]_{\mathbf{x}=\mathbf{x}^*} \\
&\quad + \sum_j A_{ij} \left[\epsilon_1^i \frac{\partial g_\mu(\mathbf{u},\mathbf{v})}{\partial u_1} + \epsilon_2^i \frac{\partial g_\mu(\mathbf{u},\mathbf{v})}{\partial u_2} + \ldots + \epsilon_1^j \frac{\partial g_\mu(\mathbf{u},\mathbf{v})}{\partial v_1} + \epsilon_2^j \frac{\partial g_\mu(\mathbf{u},\mathbf{v})}{\partial v_2} + \ldots \right]_{\mathbf{u},\mathbf{v}=\mathbf{x}^*} \\
&= \sum_\nu \left[\epsilon_\nu^i \frac{\partial f_\mu(\mathbf{x})}{\partial x_\nu}\bigg|_{\mathbf{x}=\mathbf{x}^*} + k_i \epsilon_\nu^i \frac{\partial g_\mu(\mathbf{u},\mathbf{v})}{\partial u_\nu}\bigg|_{\mathbf{u},\mathbf{v}=\mathbf{x}^*} + \sum_j A_{ij} \epsilon_\nu^j \frac{\partial g_\mu(\mathbf{u},\mathbf{v})}{\partial v_\nu}\bigg|_{\mathbf{u},\mathbf{v}=\mathbf{x}^*} \right]
\end{aligned} \tag{17.70}
$$

여기서 f_μ와 g_μ는 $\mathbf{f}$와 $\mathbf{g}$의 μ번째 성분이다.

이전과 마찬가지로 이 표현식에서 각종 도함수들은 상수일 뿐이고, 편의상 다음과 같이 정의하면

$$
\alpha_{\mu\nu} = \frac{\partial f_\mu(\mathbf{x})}{\partial x_\nu}\bigg|_{\mathbf{x}=\mathbf{x}^*} \tag{17.71a}
$$

$$
\beta_{\mu\nu} = \frac{\partial g_\mu(\mathbf{u},\mathbf{v})}{\partial u_\nu}\bigg|_{\mathbf{u},\mathbf{v}=\mathbf{x}^*} \tag{17.71b}
$$

$$
\gamma_{\mu\nu} = \frac{\partial g_\mu(\mathbf{u},\mathbf{v})}{\partial v_\nu}\bigg|_{\mathbf{u},\mathbf{v}=\mathbf{x}^*} \tag{17.71c}
$$

원래 식을 다음과 같이 쓸 수 있다.

$$
\begin{aligned}
\frac{d\epsilon_\mu^i}{dt} &= \sum_\nu \left[(\alpha_{\mu\nu} + k_i \beta_{\mu\nu}) \epsilon_\nu^i + \sum_j A_{ij} \gamma_{\mu\nu} \epsilon_\nu^j \right] \\
&= \sum_{j\nu} \left[\delta_{ij} (\alpha_{\mu\nu} + k_i \beta_{\mu\nu}) + A_{ij} \gamma_{\mu\nu} \right] \epsilon_\nu^j
\end{aligned} \tag{17.72}
$$

여기서도 δ_{ij}는 크로네커 델타다.

이 방정식을 다음과 같이 행렬 형태로 적을 수도 있다.

$$
\frac{d\boldsymbol{\epsilon}}{dt} = \mathbf{M}\boldsymbol{\epsilon} \tag{17.73}
$$

여기서 $\mathbf{M}$은 열(과 행)이 인덱스(i, μ)의 이중 쌍으로 이름표가 붙은 행렬이다. 이

행렬의 요소는 다음과 같다.

$$M_{i\mu,jv} = \delta_{ij}(\alpha_{\mu v} + k_i \beta_{\mu v}) + A_{ij} \gamma_{\mu v} \qquad (17.74)$$

원칙적으로, 이제는 이 새로운 행렬의 고윳값을 조사해서 고정점이 안정한지 아닌지 결정할 수 있다. 고윳값의 실수 부분이 모두 음수라면 고정점은 안정하고, 그렇지 않다면 안정하지 않다. 실제로 이를 조사하는 것은 일반적으로는 어렵지만, 이전처럼 계산을 단순화해서 으뜸 안정성 조건을 이끌어낼 수 있는 특별한 몇 가지 경우가 있다.

17.3.1 특별한 경우

이전처럼 $\mathbf{g}(\mathbf{x}^i, \mathbf{x}^j)$이 첫 번째 인수에는 의존하지 않고 오직 두 번째 인수에만 의존하는 상황을 생각하자. 이때 모든 μ와 v에 대해 $\beta_{\mu v} = 0$이고, 식 (17.72)는

$$\frac{d\epsilon_\mu^i}{dt} = \sum_{jv}\left[\delta_{ij}\alpha_{\mu v} + A_{ij}\gamma_{\mu v}\right]\epsilon_v^j \qquad (17.75)$$

이 된다. 이제 v_r^i을 인접 행렬의 고유벡터 $\mathbf{v}_r$(이에 대응하는 고윳값은 κ_r)의 i번째 성분이라고 하자. 다음과 같이 쓰면,

$$\epsilon_\mu^i(t) = \sum_r c_\mu^r(t) v_r^i \qquad (17.76)$$

이 방정식은 늘 하듯이 요소가 ϵ_μ^i인 벡터를 고유벡터의 선형 결합으로 표현한 것인데, 다만 각 동역학 변수 μ와 관련 있는 계수 c_μ^r을 별도의 집합으로 나타낸 것이다. 이를 식 (17.75)에 대입하면 다음과 같다.

$$\begin{aligned}
\sum_r \frac{dc_\mu^r}{dt} v_r^i &= \sum_r \sum_{jv}\left[\delta_{ij}\alpha_{\mu v} + A_{ij}\gamma_{\mu v}\right]c_v^r(t)v_r^j \\
&= \sum_{rv}\left[\alpha_{\mu v} + \kappa_r \gamma_{\mu v}\right]c_v^r(t)v_r^i \qquad (17.77)
\end{aligned}$$

방정식의 양변에서 각 고유벡터에 해당하는 항을 같다고 두면, 다음과 같은 결론을 얻을 수 있다.

$$\frac{dc_\mu^r}{dt} = \sum_\nu \left[\alpha_{\mu\nu} + \kappa_r \gamma_{\mu\nu} \right] c_\nu^r(t) \tag{17.78}$$

따라서 이것을 다음과 같은 벡터 $\mathbf{c}^r = (c_1^r, c_2^r, \ldots)$에 대한 방정식으로 생각할 수 있다.

$$\frac{d\mathbf{c}^r}{dt} = [\boldsymbol{\alpha} + \kappa_r \boldsymbol{\gamma}] \mathbf{c}^r(t) \tag{17.79}$$

여기서 $\boldsymbol{\alpha}$와 $\boldsymbol{\gamma}$는 각각 $\alpha_{\mu\nu}$와 $\gamma_{\mu\nu}$인 요소로 구성된 행렬이다. 이 방정식은 고정점 부근에 있는 시스템의 동역학을 인접 행렬의 각 고윳값 κ_r에 해당하는 개별 시스템으로 이뤄진 n개의 시스템 집합으로 분리해서 표현하는 것이다. 시스템 전체에서 고정점이 안정적이려면 개별 시스템들이 모두 안정적이어야 하고, 이는 각 시스템의 모든 고윳값이 음수이거나 더 간단하게는 $\boldsymbol{\alpha} + \kappa_r \boldsymbol{\gamma}$의 (양수 쪽으로) 가장 큰 고윳값이 모든 r에 대해 음수일 필요가 있다는 뜻이다.

함수 $\sigma(\kappa)$가 행렬 $\boldsymbol{\alpha} + \kappa \boldsymbol{\gamma}$의 가장 큰 고윳값과 같다고 정의하자. 고윳값이 복소수라면 실수부가 양수 쪽으로 가장 큰 고윳값을 뜻한다. 일반적으로 이는 수치적으로 계산하기 쉬운 함수다. $\boldsymbol{\alpha} + \kappa \boldsymbol{\gamma}$가 네트워크의 각 노드에 부여된 변수 개수만큼의 행과 열로 구성됐다는 점을 떠올려보자. 예를 들어, 각 노드에 변수 3개가 있다면 이 행렬의 크기는 3×3이어서 쉽게 대각화된다.

이 함수 $\sigma(\kappa)$를 으뜸 안정성 함수^{master stability function}라고 부른다. 시스템이 안정적이려면, 고윳값 κ_r에 대해 계산한 으뜸 안정성 함수는 모든 r에 대해 반드시 음수여야 한다.

$$\sigma(\kappa_r) < 0 \tag{17.80}$$

으뜸 안정성 함수의 가능한 한 가지 형태를 그림 17.3에 나타냈다. 그림에서 표현한 함수 개형의 경우 충분히 작거나 충분히 큰 κ에서는 큰 양수이지만, 중간 영역인 $\kappa_{min} < \kappa < \kappa_{max}$에서는 음수다. 이 경우, 만일 인접 행렬의 모든 고윳값 κ_r이 이 영역 내에 들어간다면 시스템은 안정하다. 다시 한번, 여기서 네트워크 구조와 동역학을 분리하는 으뜸 안정성 조건

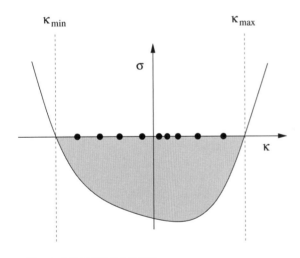

그림 17.3 으뜸 안정성 함수의 개형

으뜸 안정성 함수 $\sigma(\kappa)$의 가능한 한 가지 형태를 나타냈다(실선). 이 함수는 크거나 작은 κ에서는 양수이지만 κ_{min}과 κ_{max} 사이 중간 영역에서는 음수다. 만일 인접 행렬의 (점으로 표현한) 모든 고윳값이 이 중간 영역에 있다면 시스템은 안정하다.

이 나타난다. 고윳값 κ_r은 인접 행렬만으로 유도되기 때문에 오직 구조만의 성질인 반면, 두 극한 $\kappa_{\min}$과 $\kappa_{\max}$는 함수 f와 g의 도함수로 결정되는 행렬 $\boldsymbol{\alpha}$와 $\boldsymbol{\gamma}$로 유도되는 동역학만의 성질이다.

다른 특별한 경우에서도 유사한 분석을 수행할 수 있다. 예를 들어, 식 (17.58)을 노드 하나에 많은 변수가 있는 (17.60)으로 자연스레 일반화할 수 있었다. 만일 두 노드 사이의 상호작용이 $\mathbf{g}(\mathbf{x}^i, \mathbf{x}^j) = \mathbf{g}(\mathbf{x}^i) - \mathbf{g}(\mathbf{x}^j)$과 같은 형태를 취한다면, 식 (17.71)에서 $\gamma_{\mu\nu} = -\beta_{\mu\nu}$이고

$$\frac{d\epsilon^i_\mu}{dt} = \sum_{j\nu} \left[\delta_{ij}\alpha_{\mu\nu} + L_{ij}\beta_{\mu\nu} \right] \epsilon^j_\nu \tag{17.81}$$

이며, 여기서 $L_{ij} = k_i\delta_{ij} - A_{ij}$는 그래프 라플라시안의 요소다. 그러면 식 (17.79)와 같은 식은

$$\frac{d\mathbf{c}^r}{dt} = [\boldsymbol{\alpha} + \lambda_r\boldsymbol{\beta}]\mathbf{c}^r(t) \tag{17.82}$$

이고, 여기서 λ_r은 라플라시안의 고윳값이며 $\boldsymbol{\beta}$는 요소가 $\beta_{\mu\nu}$인 행렬이다. 다시 한 번, $\boldsymbol{\alpha} + \lambda\boldsymbol{\beta}$의 양수 방향으로 가장 큰 고윳값(또는 복소수 고윳값의 양수 방향으로 가장 큰 실수 부분)과 같은 으뜸 안정성 함수 $\sigma(\lambda)$를 정의할 수 있다. 그리고 시스템이 전반적으로 안정하려면 이 함수가 모든 r에 대해 λ_r에서 음수여야 한다.

$$\sigma(\lambda_r) < 0 \tag{17.83}$$

이 으뜸 안정성 함수가 적합한 형태라면, 구조와 동역학을 분리하는 안정성 조건을 다시 한번 이끌어낼 수 있다.

17.4 네트워크의 스펙트럼

이전 절에서 다룬 방식은 네트워크에서 동역학 시스템의 안정성에 관한 질문을 인접 행렬 또는 그래프 라플라시안과 같은 행렬의 고윳값 스펙트럼에 관한 질문으로 변환한다. 각 노드에 하나의 동역학 변수만 있는 시스템이라면 식 (17.57)과 식 (17.64) 같은 으뜸 안정성 조건이 적절한 행렬의 가장 크거나(양수) 가장 작은(음수) 고윳값의 관점에서 시스템이 안정한지를 알려준다. 한 노드에 둘 이상의 변

수가 있는 시스템에서 으뜸 안정성 함수를 계산하면 그 시스템의 안정성은 각 고 윳값에서 그 함수를 계산했을 때 함숫값이 음수인지에 의존한다. 으뜸 안정성 함 수가 그림 17.3에 그린 것처럼 상대적으로 간단한 형태를 지녀서, 시스템이 안정 하려면 고윳값이 어떤 특정 범위 내에 위치한다는 조건만 필요하다고 하자. 이런 경우 안정성을 보장하려면 그 행렬의 가장 작은 고윳값과 가장 큰 고윳값만 알면 충분하다. 만일 가장 작은 고윳값과 가장 큰 고윳값이 요구하는 범위 내에 위치한 다면, 다른 모든 값도 반드시 그 범위 내에 있기 때문이다.

네트워크의 스펙트럼, 특히 안정성에 대한 꽤 일반적인 이론적 서술을 가능케 하는 가장 작은 고윳값과 가장 큰 고윳값에 대해 많은 결과가 잘 알려져 있다. 예 를 들어, 다음과 같이 인접 행렬에서 가장 큰 고윳값의 가능한 범위를 유도할 수 있다.

방향성 없는 네트워크를 생각해보자. 그리고 n개의 요소로 구성된 임의의 실수 벡터를 $\mathbf{x}$라 하고, 그것을 다음과 같이 인접 행렬 $\mathbf{A}$의 고유벡터 $\mathbf{v}_r$의 선형 결합으 로 쓸 것이다.

$$\mathbf{x} = \sum_r c_r \mathbf{v}_r \tag{17.84}$$

그러면

$$\frac{\mathbf{x}^T \mathbf{A} \mathbf{x}}{\mathbf{x}^T \mathbf{x}} = \frac{\sum_s c_s \mathbf{v}_s^T \mathbf{A} \sum_r c_r \mathbf{v}_r}{\sum_s c_s \mathbf{v}_s^T \sum_r c_r \mathbf{v}_r} = \frac{\sum_{rs} c_s c_r \kappa_r \mathbf{v}_s^T \mathbf{v}_r}{\sum_{rs} c_s c_r \mathbf{v}_s^T \mathbf{v}_r} = \frac{\sum_r c_r^2 \kappa_r}{\sum_r c_r^2} \leq \frac{\sum_r c_r^2 \kappa_1}{\sum_r c_r^2} = \kappa_1 \tag{17.85}$$

이고, 여기서도 이전처럼 κ_1은 가장 큰 고윳값이고 $\mathbf{v}_s^T \mathbf{v}_r = \delta_{rs}$라는 사실[9]을 이용 했다.

이 부등식은 어떤 $\mathbf{x}$를 선택해도 참이다. 따라서 예를 들어 $\mathbf{x} = \mathbf{1} = (1, 1, 1, \ldots)$ 이라면

$$\kappa_1 \geq \frac{\mathbf{1}^T \mathbf{A} \mathbf{1}}{\mathbf{1}^T \mathbf{1}} = \frac{2m}{n} = \langle k \rangle \tag{17.86}$$

이다. 따라서 이 인접 행렬의 가장 큰 고윳값은 네트워크의 평균 링크수보다 더

---

9 방향성 없는 네트워크의 인접 행렬은 대칭이기 때문에 고유벡터들끼리 서로 직교(orthogonal)한다는 성질에 해당한 다. - 옮긴이

작을 수 없다. 이는 잘 알려져 있으며 매우 널리 쓰이는 결과이지만, 좀 더 분석해 보면 더 나은 하한을 찾을 수 있다.

고윳값 κ_r에 대응하는 고유벡터가 $\mathbf{v}_r$이라면 $\mathbf{A}^2\mathbf{v}_r = \kappa_r^2\mathbf{v}_r$이 성립한다. 다시 말해, $\mathbf{A}^2$의 고윳값은 $\mathbf{A}$의 고윳값의 제곱이다. 더욱이 인접 행렬의 고윳값들 중 크기(절 댓값)가 가장 큰 것은 언제나 양수이기 때문에 그것이 가장 작은 음수 고윳값 κ_n이 아닌 가장 큰 양수 고윳값 κ_1이라는 뜻이다(이것은 페론-프로베니우스$^{\text{Perron-Frobenius}}$ 정 리의 결과다. 188쪽의 각주 2번을 참고하라). 따라서 $\mathbf{A}^2$의 가장 큰 고윳값은 κ_1^2이고,[10] 행 렬 $\mathbf{A}^2$에서 식 (17.85)와 대응되는 식은 다음과 같다.

$$\frac{\mathbf{x}^T \mathbf{A}^2 \mathbf{x}}{\mathbf{x}^T \mathbf{x}} \leq \kappa_1^2 \tag{17.87}$$

이번에도 $\mathbf{x} = \mathbf{1} = (1, 1, 1, \ldots)$을 대입해보면

$$\kappa_1^2 \geq \frac{\sum_i k_i^2}{n} = \langle k^2 \rangle \tag{17.88}$$

을 얻을 수 있고 이에 따라

$$\kappa_1 \geq \sqrt{\langle k^2 \rangle} \tag{17.89}$$

이고, 식 (17.86)과는 다른 형식의 κ_1에 대한 하한을 얻는다.

링크수 분포의 분산 $\sigma^2 = \langle k^2 \rangle - \langle k \rangle^2$이 음수일 수 없으므로 언제나 $\langle k^2 \rangle \geq \langle k \rangle^2$이 거나 또는 다르게 쓰자면 $\sqrt{\langle k^2 \rangle} \geq \langle k \rangle$이다. 이에 따라 식 (17.89)는 식 (17.86)보 다 언제나 더 좋은(혹은 최소한 더 나쁠 수는 없는) 하한이다. 특히, 오른쪽으로 비스 듬한 링크수 분포를 지닌 보통의 네트워크에서(10.4절 참고) 분산 σ^2은 매우 커서 $\langle k^2 \rangle \gg \langle k \rangle^2$이 성립하고, 식 (17.89)는 선행하는(가장 큰) 고윳값에 식 (17.86)보다 훨씬 더 엄격한 하한을 부여한다. 실제로 지수가 $\alpha \leq 3$인 거듭제곱 링크수 분포 를 가진 네트워크에서 (앞서 10.4.2절에서 본 것처럼) $\langle k^2 \rangle$ 값은 공식적으로 발산해서 κ_1 역시 발산할 것이라 예상할 수 있다.

선행하는 고윳값의 다른 하한을 다음과 같이 유도할 수 있다. 노드 v가 네트워 크에서 가장 큰 링크수인 $k_{\max}$를 지닌 노드라고 가정하고, $\mathbf{x}$의 요소를 다음과 같이

---

10 $\mathbf{A}$의 고윳값들을 제곱한 것이 $\mathbf{A}^2$의 고윳값들이기 때문에, $\mathbf{A}$의 음수 고윳값의 제곱도 $\mathbf{A}^2$에 대해서는 양수 고윳값이 된다. 하지만 앞서 언급한, 절댓값이 가장 큰 것이 원래 $\mathbf{A}$의 양수 고윳값이라는 사실 때문에 이렇다는 사실을 알 수 있다. – 옮긴이

선택한 다음

$$x_i = \begin{cases} \sqrt{k_{\max}} & i = v \text{인 경우} \\ 1 & A_{iv} = 1 \text{인 경우} \\ 0 & \text{그 외} \end{cases} \quad (17.90)$$

식 (17.85)를 다시 한번 적용하면 다음과 같다.

$$\sum_j A_{ij} x_j \geq \left. \begin{cases} k_{\max} & i = v \text{인 경우} \\ \sqrt{k_{\max}} & A_{iv} = 1 \text{인 경우} \\ 0 & \text{그 외} \end{cases} \right\} = \sqrt{k_{\max}}\, x_i \quad (17.91)$$

(이 결과는 자명하지 않으며, 세 가지 각 경우에서 이것이 정말 옳다는 사실을 확신하려면 유도해보는 것이 도움이 된다.)

식 (17.91)의 양변에 x_i를 곱하고 i에 대해 모두 합하면 이제 $\mathbf{x}^T \mathbf{A} \mathbf{x} \geq \sqrt{k_{\max}}\,\mathbf{x}^T \mathbf{x}$를 얻고, 이것을 식 (17.85)를 이용해

$$\kappa_1 \geq \frac{\mathbf{x}^T \mathbf{A} \mathbf{x}}{\mathbf{x}^T \mathbf{x}} \geq \sqrt{k_{\max}} \quad (17.92)$$

라고 쓸 수 있다. 따라서 인접 행렬의 가장 큰 고윳값은 가장 큰 링크수의 제곱근보다 절대 작을 수 없다.

식 (17.89)와 식 (17.92)는 모두 유용한 하한이다. 어떤 것이 더 좋은 하한인가는 링크수 분포의 세부 사항에 의존한다. 그러나 둘 다, 어떤 네트워크에서 일부 또는 전체 노드의 링크수가 증가하면 최대 고윳값 역시 증가할 수 있다는 점을 내포한다. 그림 17.3에 묘사된 것 같은 으뜸 안정성 함수를 지닌 시스템에서는 그렇게 노드의 링크수가 증가하면 결국 시스템이 불안정해질 것이다.

불행히도, 인접 행렬의 가장 작은(절댓값이 가장 큰 음수인) 고윳값 κ_n에 대해서는 이에 대응하는 명백한 결과가 없다. 식 (17.85)를 어떤 실수 벡터 $\mathbf{x}$에 대해 다음과 같이 쉽게 일반화할 수 있는 건 사실이다.

$$\frac{\mathbf{x}^T \mathbf{A} \mathbf{x}}{\mathbf{x}^T \mathbf{x}} = \frac{\sum_r c_r^2 \kappa_r}{\sum_r c_r^2} \geq \frac{\sum_r c_r^2 \kappa_n}{\sum_r c_r^2} = \kappa_n \quad (17.93)$$

그러나 고윳값에 대해 유용하고 일반적인 한계치를 알려주는 $\mathbf{x}$를 단순하게 고르는 방법은 더 이상 없다.

하지만 자기 연결이 없는 네트워크라면 인접 행렬의 대각 요소가 모두 0이므로 행렬의 대각합^{trace} 또한 0이고, 따라서 고윳값의 합도 0임을 알 수 있다. 따라서 네트워크에 에지가 전혀 없어서 모든 고윳값이 0인 것이 아니라면, 인접 행렬은 양수와 음수인 고윳값을 모두 갖고 있어야만 한다(17.2.2절에서 이 결과를 사용했다). 더욱이, 음수인 고윳값의 절댓값의 합은 양수 고윳값의 합과 같아야만 한다. 그러나 얼마나 많은 고윳값이 각 부호를 지니는지에 대해 알지 못하면 이러한 관찰에서 κ_n에 대해 유용한 극한을 구할 수는 없다.

특정한 모형의 네트워크에서 인접 행렬의 고윳값과 관련한 다른 결과를 유도할 수 있다. 예를 들어, 청^{Chung} 등[104]은 구조 모형의 경우 네트워크 크기가 매우 큰 극한에서 가장 큰 고윳값의 기댓값이

$$\kappa_1 = \frac{\langle k^2 \rangle}{\langle k \rangle} \tag{17.94}$$

임을 보였다. 많은 경우 이 κ_1 값은 식 (17.89)와 식 (17.92)로 설정된 한곗값보다 상당히 더 크다.

라플라시안의 고윳값 결과도 유도할 수 있다. 라플라시안의 가장 작은 고윳값은 간단한데, 언제나 0이다. 큰 네트워크에서 가장 큰 고윳값 λ_n은 다음과 같은 범위에 있다는 것을 보일 수 있고[22],

$$k_{\max} \leq \lambda_n \leq 2k_{\max} \tag{17.95}$$

여기서 $k_{\max}$는 다시 네트워크의 가장 큰 링크수다. 식 (17.95)가 설정하는 범위는 상대적으로 큰 것처럼 보이지만 사실 이 결과는 많은 것을 알려준다. 만일 네트워크에서 가장 큰 링크수가 충분히 커진다면, 가장 큰 고윳값이 증가한다고 보장할 수 있음을 다시 한번 확신시켜준다.

17.5 동기화

네트워크에서의 동역학 안정성과 밀접하게 관련이 있는 주제가 바로 동기화^{synchronization}다. 과학에서 관심을 두는 많은 시스템은 다양한 종류의 진동자로 생각할 수 있다. 그리고 이 여러 진동자가 네트워크에 함께 연결됐을 때 다양하고 재

미있는 현상이 나타난다. 사람의 심장 박동, 많은 관중의 동기화된 박수, 시계의 똑딱거림, 반딧불이의 발광, 또는 간질 발작이 일어나는 동안 뇌세포의 병리학적으로 동기화된 발화 모두 진동자가 동기화돼서 이들이 동시에 다른 진동자와 함께 진동하는 방식으로 결합된 진동자의 네트워크로 모형화할 수 있다.

동역학 시스템의 용어로, 동기화된 진동자는 시스템의 변수가 주기적으로 움직이는, 전체적으로 동역학의 극한 주기 궤도에 해당한다(17.1.1절 참고). 고정점과 마찬가지로 극한 주기 궤도는 안정하거나 불안정할 수 있어서 끌어당기거나 밀어내는데, 이는 주기적 행동에서 벗어난 약간의 섭동^{perturbation}이 시간에 따라 증가하거나 감소하는지에 의존한다. 안정한 극한 주기 궤도만이 현실 세계의 동기화로 이어지는데, 정의상 불안정한 상태는 지속될 수 없고 곧 다른 행동으로 대체되기 때문이다.

동기화 상태가 안정한가의 여부를 나타내는 수학은 고정점의 안정성을 기술하는 수학과 유사하다. 식 (17.69)처럼 고정점 연구에서 이전에 사용했던 것과 같은 종류의 방정식을 이용해 진동하는 시스템을 다룰 수 있고, 편의상 여기에 반복해서 적자면 다음과 같다.

$$\frac{\mathrm{d}\mathbf{x}^i}{\mathrm{d}t} = \mathbf{f}(\mathbf{x}^i) + \sum_j A_{ij}\mathbf{g}(\mathbf{x}^i, \mathbf{x}^j) \tag{17.96}$$

중요한 조건은 이제 네트워크의 각 노드에 적어도 2개의 변수가 있다는 점이고, 이는 $\mathbf{x}^i$에 반드시 2개 이상의 요소가 있다는 뜻이다. 단일 변수로만 개별 노드의 진동하는 행동을 기술하는 것은 불가능하다. 1차 미분방정식인 $\mathrm{d}x/\mathrm{d}t = f(x)$는 $f(x)$가 어떤 형태이든 간에 진동하는 해를 주지 않는다. 반면 1차 방정식의 쌍인

$$\frac{\mathrm{d}x}{\mathrm{d}t} = y, \qquad \frac{\mathrm{d}y}{\mathrm{d}t} = -x \tag{17.97}$$

는 진동하는 해를 주는데, 첫 번째 방정식을 미분하고 이를 두 번째 방정식에 대입하면 다음 식을 얻을 수 있고

$$\frac{\mathrm{d}^2x}{\mathrm{d}t^2} = -x \tag{17.98}$$

이는 표준적인 단순 조화 진동자$^{simple\ harmonic\ oscillator}$다.[11]

따라서 각 노드에 최소한 변수 2개가 있는 식 (17.96) 형태의 동역학 시스템을 본다고 가정하자. 먼저 노드 사이에 상호작용이 없는, 그러니까 네트워크에 에지가 없어서 모든 i, j에 대해 $A_{ij} = 0$인 상황을 생각하자. 그러면 식 (17.96)은 간단히

$$\frac{d\mathbf{x}^i}{dt} = \mathbf{f}(\mathbf{x}^i) \qquad (17.99)$$

가 된다. 이 방정식의 해가 진동하는 해 $\mathbf{s}(t)$, 즉

$$\frac{d\mathbf{s}}{dt} = \mathbf{f}(\mathbf{s}) \qquad (17.100)$$

인 극한 주기 궤도라고 가정하자. 여기서 $\mathbf{s}(t)$는 어떤 주기 τ가 있는 주기 함수여서 모든 t에 대해 $\mathbf{s}(t + \tau) = \mathbf{s}(t)$다.

식 (17.99)의 해가 $\mathbf{s}(t)$라고 하면, 어떤 값 ϕ에 대해서도 $\mathbf{s}(t + \phi)$ 역시 해가 된다. 이것은 다른 노드들은 똑같이 이렇게 움직일 필요가 없다는 뜻이다. 다음과 같은 해를 얻을 수 있다.

$$\mathbf{x}^i = \mathbf{s}(t + \phi_i) \qquad (17.101)$$

여기서 모든 개별 노드 i에서 ϕ_i는 (잠재적으로) 다른 값이다. 다시 말해 모든 노드가 기본적으로 같은 동역학을 따르지만, $\mathbf{s}(t)$로 정의한 사이클 주변의 각기 다른 점에서 각자 자기만의 시간으로 움직인다. 반딧불이는 모두 같은 속도로 빛을 내지만, 동시에 내지는 않는다. 청중들이 모두 같은 속력으로 박수를 치지만 서로 동기화되지는 않는다.

이제 네트워크와 이 위에 있는 노드 사이의 상호작용을 다시 도입하자. 밝혀지겠지만 이 상호작용은 노드가 다른 노드와 충분히 동기화되게 한다. 여기서 집중할 가장 간단한 상황은 상호작용 함수 $\mathbf{g}$가 $\mathbf{g}(\mathbf{x}, \mathbf{y}) = \mathbf{g}(\mathbf{x}) - \mathbf{g}(\mathbf{y})$의 형태를 취할 때다. 그러면 이 방정식에는 모든 i와 모든 t에서 $\mathbf{x}^i = \mathbf{s}(t)$와 같은 형태인 해가 존

---

11 하나의 1차 방정식을 따르는 진동자를 표현할 수 있는 대체 방안은 진동자 자체가 아닌 진동자의 위상 $\theta(t)$를 모형화하는 것이다. 즉, 변수를 $x = \sin\theta$나 이와 유사하게 정의하면 $d\theta/dt = \omega$(여기서 ω는 상수)처럼 θ에 관한 미분방정식을 적을 수 있다. 이 방정식의 해는 명백하게 $\theta = \omega t + \phi$이고 여기서 ϕ는 적분 상수다. 그러면 $x = \sin(\omega t + \phi)$이고 각진동수 ω로 진동하는 움직임을 표현한다. 그러면 이때 네트워크의 다른 노드 i, j에 놓인 진동자 사이의 결합은 그들의 위상 θ_i와 θ_j의 결합으로 적힌다. 이 접근법은 동역학에 몇 가지 제한을 둔다. 진동하는 함수 모두를 어떤 θ에 대해 $\sin\theta$로 적을 수 있는 것은 아니고, 모든 상호작용을 위상의 관점으로 적을 수 있는 것도 아니다. 그렇지만 이렇게 하면 방정식이 더 간단하다. 이런 종류의 모형에 대한 고전적인 예시가 쿠라모토(Kuramoto) 동기화 모형이다. 이에 관한 논의는 스트로가츠(Strogatz)의 문헌[441]을 참고하라.

재한다. 이 형태를 식 (17.96)에 대입하면 식 (17.100)으로 되돌아간다는 것으로 부터 보일 수 있다. 따라서 만일 어떤 시간 t에서 모두 $\mathbf{x}^i = \mathbf{s}(t)$라고 설정하면, 그 뒤에는 영원히 같은 상태를 유지한다. 이것이 동기화 상태의 의미다. 모든 노드가 같은 동역학을 따르고 이제 서로 완벽하게 시간이 일치한다. 각 노드는 모든 순간 에 극한 궤도 주기 주변의 같은 점에 있다. 모든 반딧불이가 동시에 빛을 내고, 모 든 청중이 함께 박수를 친다. 반면에, 식 (17.101) 형태의 상태가 식 (17.96)의 해 라는 것은 이제 일반적으로 더 이상 참이 아니다. 따라서 노드 사이의 상호작용을 도입하여 동기화된 해가 아닌 비동기화된 해는 제거한 것이다.

이제 이전 절에서 고정점의 안정성을 공부했던 방법과 유사한 방식으로 동기화 상태의 안정성을 공부할 수 있다. 만일 동기화된 상태 부근에서 작은 섭동을 만들 어내면(말하자면, 한 관중이 어긋난 시간에 박수를 친다면) 그 섭동은 시간이 지나며 없 어질 것인가 더 커질 것인가? 17.3절에서의 논의와 유사한 논의를 거쳐, 매우 작 은 양 $\boldsymbol{\epsilon}^i(t)$를 도입한 $\mathbf{x}^i(t) = \mathbf{s}(t) + \boldsymbol{\epsilon}^i(t)$로 적는다. 식 (17.96)에 대입하고 테일러 전개를 수행하면 식 (17.81)과 동등한 형태로 쓸 수 있다.

$$\frac{\mathrm{d}\epsilon_\mu^i}{\mathrm{d}t} = \sum_{jv} \left[\delta_{ij} \alpha_{\mu v}(t) + L_{ij} \beta_{\mu v}(t) \right] \epsilon_v^j \tag{17.102}$$

여기서 $L_{ij} = k_i \delta_{ij} - A_{ij}$는 그래프 라플라시안의 요소이고

$$\alpha_{\mu v}(t) = \left. \frac{\partial f_\mu}{\partial x_v} \right|_{\mathbf{x} = \mathbf{s}(t)}, \qquad \beta_{\mu v}(t) = \left. \frac{\partial g_\mu}{\partial x_v} \right|_{\mathbf{x} = \mathbf{s}(t)} \tag{17.103}$$

이며, 이전처럼 f_μ와 g_μ는 $\mathbf{f}$와 $\mathbf{g}$의 μ번째 성분을 나타낸다. $\alpha_{\mu v}$와 $\beta_{\mu v}$는 $\mathbf{s}(t)$에서 계 산한 도함수이고 $\mathbf{s}(t)$ 자체가 시간에 의존하기 때문에 이제 두 양이 시간에 의존 한다는 점에 주목하자. 게다가 그 두 양도 $\mathbf{s}(t)$와 같은 주기로 된 주기성을 보인다.

이제 하나의 특정한 μ와 모든 i에 대한 n개의 ϵ_μ^i 값을 생각하고, 이를 n개의 요 소로 된 벡터 $\boldsymbol{\epsilon}_\mu$의 형태에 함께 넣어보자. 식 (17.102)는 이 벡터 표현법을 따라

$$\frac{\mathrm{d}\boldsymbol{\epsilon}_\mu}{\mathrm{d}t} = \sum_v \left[\alpha_{\mu v}(t) \mathbf{I} + \beta_{\mu v}(t) \mathbf{L} \right] \boldsymbol{\epsilon}_v \tag{17.104}$$

로 적을 수 있다. 이제 라플라시안의 고유벡터 $\mathbf{v}_r$의 선형 결합으로 $\boldsymbol{\epsilon}_\mu$를 적어보면

$$\epsilon_\mu(t) = \sum_r c_\mu^r(t)\mathbf{v}_r \tag{17.105}$$

이고, 이때 식 (17.104)는

$$\sum_r \frac{\mathrm{d}c_\mu^r}{\mathrm{d}t}\mathbf{v}_r = \sum_\nu \big[\alpha_{\mu\nu}(t)\,\mathbf{I} + \beta_{\mu\nu}(t)\,\mathbf{L}\big] \sum_r c_r(t)\mathbf{v}_r$$
$$= \sum_{\nu r} \big[\alpha_{\mu\nu}(t) + \lambda_r\beta_{\mu\nu}(t)\big]c_\nu^r(t)\mathbf{v}_r \tag{17.106}$$

이 되며, 여기서 λ_r은 이전처럼 라플라시안의 r번째 고윳값이다. 각 $\mathbf{v}_r$ 항들을 비교하면

$$\frac{\mathrm{d}c_\mu^r}{\mathrm{d}t} = \sum_\nu \big[\alpha_{\mu\nu}(t) + \lambda_r\beta_{\mu\nu}(t)\big]c_\nu^r(t) \tag{17.107}$$

을 얻을 수 있다. 또는 이를 벡터 $\mathbf{c}^r = (c_1^r, c_2^r, \ldots)$에 대한 행렬 방정식으로 생각할 수 있고 그 형태는 다음과 같다.

$$\frac{\mathrm{d}\mathbf{c}^r}{\mathrm{d}t} = \big[\boldsymbol{\alpha}(t) + \lambda_r\boldsymbol{\beta}(t)\big]\mathbf{c}^r(t) \tag{17.108}$$

고정점에서 이 식은 행렬 $\boldsymbol{\alpha}$와 $\boldsymbol{\beta}$가 이제 시간에 의존하기 때문에 식 (17.82)와는 다르다. 하지만 이것만으로도 해를 찾기가 훨씬 더 어려워진다. 더 이상 식 (17.45)에서 한 것처럼 간단한 지수함수 형태의 해를 적을 수 없다. 완전한 해를 얻을 수는 있지만, 계산이 복잡해서 대개 수치적으로만 얻을 수 있다[441]. 여기서는 더 간단한 접근법을 택해보자. 완전한 해를 찾기보다 단순히 안정성에 대한 충분조건을 유도할 것이다.

어떤 시간 t에서 시스템의 상태를 관찰하고 그 시간에서 $\boldsymbol{\alpha}(t)$와 $\boldsymbol{\beta}(t)$를 그때의 값으로 동결시켰다고 가정하자. 그러면 이 양이 이제 상수이므로, 17.2.2절에서 고정점에 사용했던 것과 똑같은 논의를 적용할 수 있고, $\boldsymbol{\alpha}(t) + \lambda\boldsymbol{\beta}(t)$의 가장 절댓값이 큰 양수 고윳값(또는 복소수 고윳값인 경우 절댓값이 가장 큰 양수 실수부)과 같은 으뜸 안정성 함수 $\sigma_t(\lambda)$를 정의할 수 있다. 그러면 만일 모든 r에 대해 $\sigma(\lambda_r) < 0$이면 시스템은 안정해서 섭동 ϵ_μ^i는 없어질 것이다.

이제, 사실 $\boldsymbol{\alpha}(t)$와 $\boldsymbol{\beta}(t)$ 값은 상수가 아니고 지금까지 봤듯이 시간에 따라 변한

다. 따라서 이 계산은 어떤 특정한 시간에 일시적으로만 적용할 수 있다. $\alpha(t)$와 $\beta(t)$를 동결할 때 이에 대응하는 안정성 계산은 그 섭동이 그 순간에 없어질 것인지 아닌지를 알려준다. 다른 순간에는 섭동이 다시 커질 수 있다. 그러나 만일 섭동이 모든 순간에 사라져서 전혀 커지지 않는다면 시스템은 반드시 안정할 것이다. 다시 말해, 만일 모든 r과 모든 t에서 $\sigma_t(\lambda_r) < 0$이라면 시스템은 안정하다. 그렇지만 $\alpha(t)$와 $\beta(t)$가 $\mathbf{s}(t)$와 같은 주기 τ로 주기성을 보이기 때문에 $\sigma_t(\lambda)$도 같은 주기성을 보인다는 점에 주목하자. 따라서 한 주기에 걸친 t 값, 말하자면 $t = 0$에서 $t = \tau$까지 $\sigma_t(\lambda_r) < 0$인지만 체크하면 된다. 만일 이 조건을 만족하면 시스템은 언제나 안정하다.

따라서 새로운 으뜸 안정성 함수를 다음과 같이 정의하자.

$$\sigma(\lambda) = \max_{t \in [0, \tau]} \sigma_t(\lambda) \tag{17.109}$$

즉, 이 함수는 시간 0에서 시간 τ 사이에서 $\sigma_t(\lambda)$의 최댓값과 같다. 이 함수가 모든 r에 대해 $\sigma(\lambda_r) < 0$을 만족하면 모두 $\sigma_t(\lambda_r) < 0$을 따르고 시스템은 안정하다.

따라서 여기서도 시스템이 안정한지 아닌지 알려주는 으뜸 안정성 함수를 정의할 수 있다. 이 경우 안정성은 동기화 상태에서 작은 섭동이 없어지고 시스템이 동기화 상태를 유지한다는 것을 의미한다. 마찬가지로, 으뜸 안정성 함수는 네트워크의 성질과 동역학의 성질을 분리한다. 이 함수는 식 (17.103)인 동역학으로 정의되는 행렬들인 $\alpha(t)$와 $\beta(t)$에만 의존하는 반면, 고윳값 λ_r은 네트워크 구조에만 의존한다. 그러므로 주어진 동역학에서 안정하려면 네트워크가 어떤 성질을 지녀야만 하는지, 혹은 반대로 주어진 네트워크에서 안정하려면 동역학이 어떤 성질을 지녀야만 하는지 이야기할 수 있다.

이 방법의 단점은 안정성에 관한 충분조건만 제공하고 필요조건은 제공하지 않는다는 점이다. 구체적으로는 여기서 가정했던 것처럼 시스템이 모든 개별 순간에 즉각 안정적이어야 한다는 점이, 전체적인 안정성에서 반드시 필요하진 않다. 만일 섭동이 다른 시간에 충분히 빨리 사라져서, 결국은 섭동이 시간이 지나며 작아진다면 동기화 상태 부근에서 섭동이 어떤 시간에 커질 가능성도 있다. 따라서 모든 r에 대해 조건 $\sigma(\lambda_r) < 0$이 만족된다면 그 동기화 상태는 안정하지만, 이 조건이 만족되지 않는다고 해서 이것이 반드시 동기화 상태가 불안정하다는 뜻은 아니나. 이런 관점에서 여기서 얻은 결과는 고정점의 안정성 분석에서 얻은 결과보다는 더 약하다.

비록 실질적으로 해야 하는 계산이 종종 도전적이라 할지라도, 완전한 필요충분조건을 유도할 수 있다. 짤막하게 설명하자면, 시간 t에서 시스템의 상태를 인수로 취하는 함수 또는 사상을 정의할 수 있다. 그 상태는 모든 노드 i의 변수 $\{x^i(t)\}$에 대한 완전한 집합으로 표현된다. 그리고 τ를 다시 한번 동기화 상태의 진동 주기라고 하면 그 함수 또는 사상은 시간 τ 후에 상태 $\{x^i(t+\tau)\}$로 되돌아간다. $s(t+\tau) = s(t)$이므로, 그 주기적인 동기화된 해 $s(t)$는 필연적으로 이 함수의 고정점이다. 그리고 이를 고정점 부근에서 선형화하면, 여기서도 작은 섭동이 사라질지 커질지 결정할 수 있다. 안정성 조건이 선형화된 함수의 고윳값 항으로 나타난다[441].

문제점은 실제 상황에서 이 함수를 t에서 $t+\tau$까지 정확하게 계산할 가능성이 매우 희박하다는 것이다. 이렇게 계산하는 것은 시스템의 동역학을 기술하는 미분방정식 (17.96)을 풀어야 한다는 것을 뜻하기 때문이다. 그리고 만일 이를 계산할 수 있었다면 처음부터 고정점 기술이 필요 없었을 것이다. 그러므로 대부분의 상황에서 할 수 있는 최선은 수치적 근사다. 플로케 이론Floquet theory이란 이름의 방대한 연구가 있는데, 이는 계산을 단순화하는 방법을 제공하고 계산을 더 견고하게 하며 일반적으로 만들어준다. 그렇지만 궁극적으로, 결국에는 여전히 수치해석에 의지해야만 하는데 이것이 이 접근법의 유용성에 걸림돌이 된다.

네트워크에서의 동기화 과정과 다른 특별한 경우의 다른 많은 세부 사항이 연구된 바 있다. 조사할 만한 또 다른 재미있는 영역은, 만일 개별 노드에 있는 진동자가 동일하지 않다면 시스템이 동기화될 것인가 하는 질문에 초점을 맞추는 것이다. 예를 들어, 진동자의 진동 주기가 약간 다르다면 무슨 일이 발생하는가? 보통은 다른 속도로 돌기 때문에 동기화되지 않을 거라 예상하겠지만, 만일 이들 사이의 상호작용이 충분히 강하다면 이 진동자들은 동기화될 수 있다는 사실이 밝혀졌다. 상호작용의 강도를 바꿀 때, 약하게 연결된 비동기화된 상태와 강하게 연결된 동기화된 상태 사이의 동기화 상전이synchronization phase transition가 있다. 이것과 다양한 다른 재미있는 현상에 관한 포괄적 논의에 관심 있는 독자는 아레나스Arenas 등이 쓴 총설 논문[30]을 찾아보기를 권장한다.

연습문제

17.1 k-정규 그래프(모든 노드의 링크수가 k로 같은 네트워크)에서 다음을 만족시키는 동역학 시스템을 생각하자.

$$\frac{\mathrm{d}x_i}{\mathrm{d}t} = f(x_i) + \sum_j A_{ij} g(x_i, x_j)$$

초기 조건은 모든 노드에 대해 균일해서, 모든 i에 대해 $x_i(0) = x_0$이다.

  a) 모든 i에 대해 $x_i(t) = x(t)$임을 보여라. 여기서

$$\frac{\mathrm{d}x}{\mathrm{d}t} = f(x) + kg(x, x)$$

  이고, 따라서 동역학을 풀려면 방정식 하나만 풀면 된다.

  b) 모든 i에 대해 $x_i = x^*$인 고정점 부근에서 안정하려면

$$\frac{1}{k} > -\frac{1}{f'(x^*)}\left[\left(\frac{\partial}{\partial u} + \frac{\partial}{\partial v}\right)g(u,v)\right]_{u=v=x^*}$$

  이어야 함을 보여라.

17.2 방향성 없는 네트워크에서의 동역학 시스템을 고려하자. 노드당 변수 하나가 있고, 이 변수는 17.2.2절에서 소개한

$$\frac{\mathrm{d}x_i}{\mathrm{d}t} = f(x_i) + \sum_j A_{ij}[g(x_i) - g(x_j)]$$

을 따른다. 시스템의 대칭적인 고정점이 모든 i에 대해 $x_i = x^*$로 주어진다고 가정하자.

  a) 이 장에서 얻은 결과를 이용해, 만일 $f'(x^*) < 0$이고 네트워크에서 가장 큰 링크수 $k_{\max}$가 다음 조건을 만족시킨다면 고정점이 언제나 안정함을 보여라.

$$\frac{1}{k_{\max}} > -2\left[\frac{\mathrm{d}g}{\mathrm{d}x} \middle/ \frac{\mathrm{d}f}{\mathrm{d}x}\right]_{x=x^*}$$

  b) $f(x) = rx(1-x)$, $g(x) = ax^2$이고 여기서 r과 a는 양의 상수라고 가정하자. 이 시스템에는 2개의 대칭적인 고정점이 존재하지만, 둘 중 하나는 언제나 불안정함을 보여라.

c) 다른 고정점의 안정성을 보장하려면 네트워크의 최대 링크수에 대해 어떤 조건이 필요한지 찾아라.

17.3 이 장에서 다룬 동역학 시스템은 모두 방향성 없는 네트워크에서 다뤘지만 방향성 네트워크에 시스템이 있을 가능성도 있다. 방향성 네트워크의 동역학 시스템을 고려하자. 어떤 에지에 붙어 있는 노드에 작용하는 상호작용의 부호가 그 에지의 방향에 의존하는데, 들어오는 에지는 양의 부호, 나가는 에지는 음의 부호를 지닌다. 이러한 시스템의 한 가지 예는 포식자-피식자 상호작용인 먹이 그물이다. 들어오는 에지는 피식자에게서 포식자로 들어오는 에너지 흐름을 나타내고, 나가는 에지는 피식자에서 포식자로 나가는 에너지 흐름을 나타낸다. 이러한 시스템은 다음 형태의 동역학으로 나타낼 수 있다.

$$\frac{\mathrm{d}x_i}{\mathrm{d}t} = f(x_i) + \sum_j (A_{ij} - A_{ji})g(x_i, x_j)$$

여기서 g는 $g(u, v) = g(v, u)$와 같이 인수에 대해 대칭적인 함수다.

a) 모든 노드의 나가는 링크수와 들어오는 링크수가 똑같은 상수 k로 동일한 형태의 이러한 시스템을 생각하자. 이 시스템은 $f(x^*) = 0$을 만족시키는 모든 i에 대해 $x_i^* = x^*$인 대칭적인 고정점이 있음을 보여라.

b) $x_i = x^* + \epsilon_i$로 써서 고정점 부근에서의 선형화를 통해, 고정점 부근에서 벡터 $\boldsymbol{\epsilon} = (\epsilon_1, \epsilon_2, \ldots)$이 다음 식을 만족시킴을 보여라.

$$\frac{\mathrm{d}\boldsymbol{\epsilon}}{\mathrm{d}t} = (\alpha\mathbf{I} + \beta\mathbf{M})\boldsymbol{\epsilon}$$

여기서 $\mathbf{M} = \mathbf{A} - \mathbf{A}^T$이다. 상수 α와 β의 값을 결정해보라.

c) 행렬 $\mathbf{M}$은 $\mathbf{M}^T = -\mathbf{M}$이라는 성질이 있음을 보여라. 이러한 성질을 지닌 행렬을 반대칭^skew-symmetric 행렬이라 부른다.

d) 만일 $\mathbf{v}$가 반대칭 행렬 $\mathbf{M}$의 오른쪽 고유벡터이고 고윳값이 μ라면, $\mathbf{v}^T$는 고윳값이 $-\mu$인 왼쪽 고유벡터임을 보여라. 이에 따라 다음 등식

$$\mu = \frac{\mathbf{v}^\dagger \mu \mathbf{v}}{\mathbf{v}^\dagger \mathbf{v}} = \frac{\mathbf{v}^\dagger \mathbf{M} \mathbf{v}}{\mathbf{v}^\dagger \mathbf{v}}$$

을 고려하여(여기서 $\mathbf{v}^\dagger$는 $\mathbf{v}$의 에르미트 켤레^Hermitian conjugate다), 고윳값의 켤레복소수가 $\mu^* = -\mu$임을 보이고 따라서 반대칭 행렬의 모든 고윳값은 허수임을

보여라.

e) 만일 행렬 $\mathbf{M}$의 모든 고윳값 μ_r에 대해 $\text{Re}(\alpha + \beta\mu_r) < 0$이라면 이 동역학 시스템이 안정함을 보여라. 따라서 안정성 조건은 간단히 $\alpha < 0$임을 보여라.

마지막 결과는 이 결합된 동역학 시스템에서, 개별 노드가 다른 노드와의 상호작용이 없을 때 안정하다는 것이 대칭적인 고정점에서 안정하다는 것과 필요충분조건이라는 뜻이다.

17.4 k-정규 그래프, 평균 링크수가 c인 푸아송 무작위 그래프, 노드가 n개인 별 모양 네트워크의 인접 행렬에서 양수 방향으로 가장 큰 고윳값 κ_1은 각각 k, $c + 1$, $\sqrt{n-1}$이다. 각 고윳값이 식 (17.86)과 식 (17.89)로 주어진 부등식 $\kappa_1 \geq \langle k \rangle$와 $\kappa_1 \geq \sqrt{\langle k^2 \rangle}$를 만족시킨다는 사실을 확인하라.

17.5 17.2.2절의 논의에 따르면, 네트워크에서 특정한 동역학 시스템의 고정점 안정성은 인접 행렬의 고윳값 스펙트럼에 의존한다. $L \times L$ 정사각 격자 형태를 지닌 네트워크를 가정하자. 각 노드에는 자신의 위치 벡터 $\mathbf{r} = (i, j)$로 된 이름표가 붙어 있고, $i, j = 1, \dots, L$은 해당 노드의 행과 열 인덱스다. 그리고 이 시스템에는 가장자리를 따라 주기적인 (토로이드 형태^{toroidal}의) 경계 조건이 있어서 $(i, 1)$ 위치에 있는 노드는 (i, L)에 있는 노드에 인접하고, $(1, j)$에 있는 노드는 (L, j)에 있는 노드와 인접하다.

a) 각 노드마다 요소가 하나씩 있는, 어떤 벡터 $\mathbf{k}$에 대해 $v_\mathbf{r} = \exp(i\mathbf{k}^T\mathbf{r})$을 만족시키는 벡터 $\mathbf{v}$를 생각하자. 만일

$$\mathbf{k} = \frac{2\pi}{L}\begin{pmatrix} n_1 \\ n_2 \end{pmatrix}$$

로 주어지면(여기서 n_1과 n_2는 정수다), $\mathbf{v}$가 인접 행렬의 고유벡터임을 보여라.

b) 정수 n_1과 n_2가 가질 수 있는 수의 범위는 무엇인가? 그것에 따라 인접 행렬의 가장 큰 고윳값과 가장 작은 고윳값을 구하라.

17.6 모든 노드에 진동자가 하나씩 있는 네트워크를 생각하자. 노드 i에 있는 진동자의 상태는 위상각 θ_i로 표현되고 이 시스템은 다음 형태의 동역학 방정식을 따른다.

$$\frac{\mathrm{d}\theta_i}{\mathrm{d}t} = \omega + \sum_j \Lambda_{ij} g(\theta_i - \theta_j)$$

여기서 ω는 상수이고, 함수 $g(x)$는 모든 x에 대해 $g(0) = 0$이며 $g(x + 2\pi) = g(x)$다.

a) 모든 i에 대해 동기화된 상태 $\theta_i = \theta^* = \omega t$가 이 동역학의 해임을 보여라.

b) 동기화 상태에서 작은 섭동 $\theta_i = \theta^* + \epsilon_i$를 고려하고, $\epsilon = (\epsilon_1, \epsilon_2, \dots)$ 벡터가 다음 식을 만족시킴을 보여라.

$$\frac{\mathrm{d}\epsilon}{\mathrm{d}t} = g'(0)\, \mathbf{L}\epsilon$$

여기서 $\mathbf{L}$은 그래프 라플라시안이다.

c) 이에 따라 $g'(0) < 0$인 경우에만 동기화된 상태가 작은 섭동에 대해 안정함을 보여라.

네트워크 검색

특정한 노드나 아이템을 찾고자 네트워크를 검색하는 방법, 웹 검색과 P2P 네트워크에서 중요한 과정, 사회연결망이 작동하는 방법의 이해

3장에서 노드에 정보가 저장된 네트워크의 많은 예시를 봤다. 월드와이드웹, 인용 네트워크, P2P[Peer-To-Peer][1] 네트워크 등이다. 이런 네트워크는 많은 양의 데이터를 저장하지만, 특정한 아이템을 찾는 검색 방법이 없다면 이 데이터는 여전히 사실 상 쓸모없는 데이터일 것이다. 그래서 빠르고 정확한 검색을 수행하는 것이 중요해서, 가장 유명한 검색 서비스를 제공하는 회사는 이제 각자의 산업에서 가장 큰 회사로 자리 잡았고 자산가치가 수십억 달러인 국제적인 기업이 됐다. 구글, 톰슨 로이터[Thomson Reuters], 렉시스넥시스[LexisNexis] 등의 회사들 말이다. 18장에서는 효율 적인 검색과 네트워크의 구조 및 행동을 검색하는 아이디어의 몇 가지 의미를 포함한 네트워크에서의 관심사를 조사할 것이다.

18.1 웹 검색

이미 3.1절과 7.1.4절에서 웹 검색 엔진이 어떻게 작동하는지 몇 가지 관점에서 논의한 바가 있다. 이번 절에서는 이 내용을 더 자세하게 논의하겠다.

전통적인, 즉 오프라인 웹 검색은 다단계 과정이다. 먼저 웹 페이지를 찾고자 웹을 '크롤링[crawling][2]'한다. 그리고 이 콘텐츠에 주석이 달린 색인[annotated index]을 생성하며 내용물을 기록하는데, 단어 목록과 여러 기준에 기반하여 페이지의 중요

---

1 사용자 간 정보 교환을 뜻한다. – 옮긴이
2 'crawl'의 사전적 의미는 '기어 다니다'로, 여기서는 웹 공간을 돌아다니며 정보를 수집한다는 의미로 사용한다. – 옮긴이

도를 평가한 결과를 포함한다. 그러면 이 검색 과정 자체에서 사용자는 문자 쿼리 query를 검색 엔진에 제출하고 이 검색 엔진은 그 검색 목록에서 일치하는 쿼리가 있는 페이지 목록을 추출한다.

웹 페이지를 발견해서 웹 크롤링을 하는 과정은 그 자체로 흥미롭고 웹의 네트워크 구조를 직접 이용한다. 크롤러는 웹 페이지 사이에 있는 하이퍼링크를 따라가는데 그 방법이 8.5절에서 본 너비 우선 탐색 알고리듬과 유사하다. 그 기본 과정은 3.1절에 기술한 바 있다. 큰 검색 기업에서 사용하는 웹 크롤러는 현실적으로 다음 과정들을 포함하여 많은 정교한 방법을 사용한다.

- 다른 많은 컴퓨터를 동시에 이용해 웹에 있는 많은 위치를 병렬로 검색하기
- 전 세계에 분산된 장소에 컴퓨터를 배치해서 다른 장소에서 오는 페이지에 접근하는 시간을 단축하기
- 같은 웹 페이지를 며칠 또는 몇 주의 간격으로 반복적으로 크롤링해서 페이지 콘텐츠에 변화가 있는지 확인하거나 생기거나 사라진 페이지가 있는지 확인하기
- 만일 어떤 페이지 콘텐츠가 과거에 자주 바뀌었던 이력이 있다면 그 페이지를 더 자주 확인하기
- 만일 어떤 페이지가 검색 엔진을 이용하는 사용자에게 인기가 있다면 그 페이지를 더 자주 확인하기
- 크롤러가 페이지의 무한 고리나 무한 트리에 빠져서 시간을 낭비할 수 있는, 동적으로 생성된 페이지를 찾아내는 휴리스틱heuristic
- 네트워크에서 더 전도유망한 경로를 먼저 탐색하는 표적targeted 크롤링
- 서버의 부하를 줄이고자 특정한 크롤러만 특정 사이트의 페이지를 탐색하도록 허용하거나, 크롤러가 특정 페이지만 탐색하도록 허용하는 등, 해당 사이트 소유자의 요청으로 동작을 변경하기

가공되지 않은 크롤러의 출력을 처리하는 과정에는 네트워크와 관련된 재미있는 요소도 있다. 초기 검색 엔진은 단순히 웹 페이지에 등장하는 단어나 문구의 색인을 엮었고, 따라서 어떤 단어를 검색해서 그 단어를 포함하는 페이지 목록을 얻었다. 특정한 단어 조합을 포함하는 페이지는 각 개별 단어를 포함하는 페이지 집합을 취하고 이런 집합의 교집합을 구성해서 발견할 수도 있다. 예를 들어, 어떤 단어가 어떤 페이지에 얼마나 자주 등장하는지나 이 단어가 페이지 제목과 절

표제에 등장하는지 여부를 나타내는 주석을 추가해서 색인을 확장할 수 있다. 이러한 주석은 검색 엔진이 주어진 쿼리와 가장 관련 있는 페이지가 무엇인지 선택할 수 있게 한다. 그렇지만 색인과 이런 종류의 문자 기준에만 기반한 검색 엔진은 아주 좋은 결과를 돌려주지 않아서, 더 정교한 기술로 대체됐다.

현대 검색 엔진은 검색 과정에서 여전히 색인을 사용하기는 하지만 오직 초기 단계로만 사용한다. 전형적인 현대 검색 엔진은 입력된 쿼리와 관련 있을 것 같은 후보 페이지 집합을 찾을 때 색인을 사용한다. 그리고 네트워크에 기반할 수도 있는 어떤 다른 기준을 이용해 이 집합을 좁힌다. 초기 집합은 대개 의도적으로 꽤 넓게 선택했다. 일반적으로 그 쿼리의 단어가 등장하는 페이지를 포함하지만, 그 단어가 등장하지 않으나 쿼리 단어를 포함하는 페이지를 연결하거나 연결된 페이지도 포함한다. 최종 결과는 아마도 쿼리를 제출한 사용자에게 흥미로울 수도 있는 페이지 대부분을 포함하는 페이지의 집합인데, 다른 관련 없는 페이지도 많이 포함한다. 검색 엔진의 강점은 유용한 결과를 생산하는 능력에 있고, 따라서 이 강점은 주로 이 넓은 집합에서 검색을 좁히는 능력에 달려 있다.

웹 검색을 좁히는 데 사용되는 기준의 고전적인 예시는 구글 검색 엔진에서 왔다. 7.1.4절에서 논의한 것처럼 페이지랭크^{PageRank}라고 알려진 고유벡터 중심도 측정을 사용한다. 만일 페이지가 다른 많은 페이지에게 하이퍼링크를 받는다면, 페이지랭크는 그 페이지에 높은 점수를 부여한다. 그렇지만 링크 자체가 높은 순위에 있는 페이지에서 왔다면 이 링크로 받는 점수가 더 높아지는 방식으로 높은 점수를 부여한다. 그러나 페이지랭크는 구글이 웹 페이지 순위를 매기는 데 사용하는 공식에 들어가는 수많은 요소 중 하나일 뿐이다. 다른 요소에는 전통적인 측정량이 포함됐다. 페이지 본문에 있는 쿼리 단어의 등장 횟수와 등장 위치(상단 또는 하단에 가까운지, 제목과 표제에 있는지 등)뿐만 아니라, '앵커 텍스트$^{anchor\ text}$'(참조하는 페이지 내에 하이퍼링크를 나타내는 강조된 텍스트) 내에 쿼리 단어가 등장하는지와 어떤 특정 페이지에 대한 사용자의 관심(같은 문자열 쿼리나 유사한 쿼리가 들어왔을 때, 사람들이 검색 결과 목록에서 이 페이지를 선택했는지 여부) 같은 것을 측정한다.

구글은 초기 집합에 있는 각 웹 페이지에 이 요소들과 다른 요소들의 가중치 조합으로 점수를 부여한다. 여기서 사용하는 특정한 공식은 극비사항이다. 이 공식은 결과를 향상하려는 목적 외에도 웹 페이지 작성자의 노력에 대항하고자 끊임없이 바뀌기도 한다. 이런 작성자는 구글의 공식에서 높은 가중치를 지닌 특정 요소가 무엇인지 계산하여 자신의 페이지에서 이 요소를 이용해 페이지 순위를 높

이러고 시도한다.

중요하게 인지할 점은 페이지가 받는 이 점수의 일부가 사용자가 입력한 특정 검색 쿼리(예: 쿼리 단어의 등장 빈도)에 의존하지만 페이지랭크 같은 요소는 이 쿼리에 의존하지 않는다는 점이다. 이는 구글 컴퓨터(또는 다른 검색 회사에 있는 컴퓨터)가 후자를 '오프라인'으로 계산할 수 있도록 한다. 쿼리가 들어온 순간 계산하는 것이 아니라 쿼리보다 미리 계산해놓는다. 이는 몇몇 이점이 있다. 예를 들어, 페이지랭크는 계산하는 데 자원이 많이 들어가는데 한 번만 계산해도 된다면 많은 시간을 절약할 수 있다. 그러나 단점도 있다. 페이지랭크는 사람들이 주어진 웹 페이지에 연결하는 정도를 측정하는데, 사람들은 아마 여러 가지 이유로 페이지를 연결할 것이다. 따라서 현재 검색 쿼리와 상관없는 이유로 어떤 페이지의 페이지 랭크가 높을지도 모른다. 둘 이상의 다른 주제를 언급하는 문서가 있는 페이지는 아마도 한 주제에 대해서는 중대한 권위가 있을지는 모르지만 다른 주제와는 무관할 수 있고(실제로 그런 경우가 많다), 페이지랭크는 이 두 주제를 구분할 수 없다.

그러면 각 개별 쿼리에 특화된 페이지랭크 버전을 상상할 수도 있다. 쿼리에 일치하는 색인 내에서 초기에 선택된 페이지 집합으로 형성한 부분네트워크 내에서만 페이지랭크 점수를 계산할 수도 있다. 그렇지만 이렇게 하려면 아주 많은 계산이 필요하고 이는 구글이 하는 방식이 아니다. 그 결과, 어떤 페이지가 검색 주제와 무관하다는 사실을 얼핏 봐도 바로 눈치챌 수 있음에도 불구하고 그 페이지가 특정 검색에서는 상위권에 있는 상황이 드물지 않다. 사실 검색 엔진이 되돌려주는 많은 비율의 '나쁜' 검색 결과가 그런 범주에 속한다. 어떤 맥락에서는 중요한 페이지이지만 검색한 특정 맥락에서는 중요하지 않은 것이다.

따라서 구글 검색과 유사한 거대 검색 엔진에 숨은 전반적인 과정은 다음과 같다[82]. 먼저 웹 페이지를 찾고자 웹을 크롤링한다. 주석이 있는 색인을 만들고자 이런 웹 페이지의 문서를 처리한다. 그리고 웹 페이지 사이의 하이퍼링크의 링크 구조로 중심도 점수나 각 페이지의 점수를 계산한다. 구글의 경우에는 페이지랭크이고, 다른 검색 엔진에서는 (아마도) 이와 유사한 다른 측정량일 것이다. 사용자가 쿼리를 입력할 때 검색 엔진은 색인에서 일치하는 페이지를 고의로 넓은 집합으로 추출한다. 쿼리 단어 등장 빈도와 같은 여러 가지 해당 쿼리에 특화된 측정량으로 페이지에 점수를 부여한다. 그러면 그 집합에서 각 페이지의 전반적인 점수를 부여하고자, 미리 계산한 중심도 측정량과 미리 계산한 다른 가능한 양을 조합한다. 그러면 페이지가 점수로 정렬되고 점수가 높은 페이지를 사용자에게 전달한다. 일반적으로 오직 점수가 높은 적은 수의 페이지만을 사용자에게 전달한다(말하자면 상위 10개). 그렇지만 필요하다면 점수가 더 낮은 페이지를 볼 수 있는 선택권도 있다.

위에서 언급한 제약 조건에도 불구하고, 이 시스템은 현실적으로 잘 작동하고 텍스트 콘텐츠만 이용한 초기 검색 엔진들보다 훨씬 더 좋다. 그리고 매일 수백만 명의 컴퓨터 사용자에게 유용한 검색 결과를 제공한다.

18.2 분산된 데이터베이스 검색

어떤 정보 네트워크는 분산된 데이터베이스 형태를 지닌다. 전형적인 예가 P2P 파일 공유 네트워크로, 각 네트워크에 있는 개별 컴퓨터들이 전체 네트워크에 저장된 데이터의 부분집합을 저장한다. P2P 네트워크의 형태와 기능은 3.3.1절에 기술했다.

P2P 네트워크에서 네트워크는 가상의 네트워크로, 개별 컴퓨터가 다른 컴퓨터의 일부와 연결되기는 하지만 데이터 전송을 하려고 물리적으로 직접 연결할 필요는 없다. 이 관점에서 P2P 네트워크는 월드와이드웹과 다소 유사하다. 월드와이드웹에서도 웹사이트 간의 하이퍼링크는 페이지 제작자가 선택한 가상 링크이며, 그 구조는 기저에 있는 물리적 인터넷 구조와 관계있을 필요가 없다. 실제로 어떤 의미에서 월드와이드웹은 분산된 데이터베이스 그 자체로서, 각 노드의 페이지에 정보를 저장한다. 그러나 웹 검색은 다른 분산된 데이터베이스에서 검색하는 것과 근본적으로 다른 방법으로 작동하므로, 이 둘을 분리해서 다룬다.

검색이란 P2P 네트워크와 그 밖의 분산된 데이터에서는 근본적인 문제다. 네트워크의 많은 노드에 저장된 데이터베이스 내에서 특정한 항목을 찾아내는 방법이 없다면, 그 시스템은 본질적으로 쓸모가 없다. 한 가지 해결책은 18.1절에서 소개한 웹 검색 접근법을 따라 해서 모든 항목의 중요 색인을 구성한 후 관심 있는 항목의 색인을 검색하는 것이다. 그렇지만 3.3.1절에서 논의한 것처럼, 대부분의 P2P 네트워크는 이런 과정을 따르지 않고 대신 분산된 검색 기법을 이용한다. 이 기법에서는 네트워크에 있는 컴퓨터가 네트워크 에지를 통해 전달되는 메시지를 이용해 검색 작업을 공유한다. 실제로 처음에 네트워크에서 노드를 연결하는 주된 이유가 이런 분산된 검색을 수행하려는 것이다. 그리고 네트워크의 구조와 검색을 수행할 수 있는 효율성 사이에 흥미로운 연결 관계가 있다.

n개의 개별 컴퓨터로 구성된 P2P 네트워크가 있고 각 컴퓨터가 가상으로 다른 컴퓨터와 연결됐다고 가정하자. 여기 맥락에서 '연결됐다'는 것은 단순히 어떤 컴퓨터가 검색을 수행하는 과정 동안 직접 의사소통하기로 동의했음을 뜻한다. 원칙적으로 만일 어떤 컴퓨터가 원한다면 다른 모든 컴퓨터와 의사소통하지 못할 이유는 없지만, 실질적으로 모두와 연결하는 것은 보통 매우 힘들며, 컴퓨터의 네트워크 이웃의 수를 제한해야 작업을 추적하기가 수월하다.

분산 검색의 가장 간단한 형태는 8.5절에서 설명한 너비 우선 탐색 알고리듬(네트워크의 연결된 덩어리와 최단 경로를 발견할 때 사용되는 방법)으로 초창기 일부 P2P 네트워크에서 사용한 방법이다. 이 접근법에서 사용자는 컴퓨터에 컴퓨터 파일의 이름과 같은 검색 용어를 입력하고, 컴퓨터는 P2P 네트워크에 있는 각 이웃에게 문제의 파일이 있는지를 물어보는 쿼리를 전달한다. 이웃에게 파일이 있으면 그 파일을 물어본 컴퓨터에게 보내고 검색을 종료한다. 만일 그 이웃들에게 파일이 없다면, 그들은 그들 자신의 이웃에게 해당 파일이 있는지 물어보는 다음 쿼리를 보낸다. 처음에 이 쿼리를 보낸 컴퓨터와 같이 이전에 이 쿼리를 본 적 있는 이웃은 이 요청을 무시한다. 다른 모든 컴퓨터는 자신에게 요청한 파일이 있는지 여부를 보며 확인하고, 만일 가지고 있으면 요청을 시작한 컴퓨터에게 파일을 보낸다. 그 이웃들에게도 파일이 없다면 그들은 그 쿼리를 다시 그들 자신의 이웃에게 전달하고, 이 과정을 반복한다.

좁은 세상 효과에 대한 논의는 10.2절을 참고하라.

이 간단한 전략은 확실히 작동하고 몇 가지 장점이 있다. 예를 들어, 네트워크가 좁은 세상 효과를 보인다고 가정하면 네트워크가 크다 하더라도 너비 우선 탐색에서 거쳐야 하는 단계의 수는 아주 적다(일반적으로 n에 대해 로그함수로만 증가한다. 11.7절 참고). 이는 원하는 파일을 찾으려는 대부분의 검색에 아주 적은 시간만 걸릴 것이라는 뜻이다.

그러나 이 접근법은 심각한 단점도 있다. 먼저, 위에서 기술한 방식에서는 목표 파일을 찾아도 실제로 검색을 중단하지 않는다. 그 파일을 발견했고 더 이상 다른 컴퓨터에게 쿼리를 전달할 필요가 없다는 사실을 컴퓨터에게 알리는 메커니즘이 없다. 그러나 이 문제는 상대적으로 쉽게 고칠 수 있는데, 예를 들어 쿼리를 수신하는 각 컴퓨터가 다른 작업을 수행하기 전에 쿼리를 최초로 보낸 컴퓨터에게 그 파일을 찾았는지 확인하라고 요청하는 것이다.

더 심각한 문제는 네트워크를 가로질러 쿼리를 퍼뜨리는 과정에서 전달되는 메시지가 순식간에 어마어마하게 많은 양의 데이터가 되어 처리하는 컴퓨터가 지닌 성능을 가볍게 압도해버릴 수 있다는 점이다. 네트워크에서 오직 하나의 컴퓨터에만 요청하는 파일이 존재한다는 최악의 시나리오를 가정하면, 그 파일을 찾기 전까지 평균적으로 모든 컴퓨터의 절반에 쿼리를 전달해야만 한다. 이는 한 쿼리 과정에서 보낸 메시지 수가 $O(n)$이라는 뜻이다. 만일 평균 사용자가 단위 시간당 어떤 정해진 비율 r로 쿼리를 보낸다면, 모든 n명의 사용자가 보내는 전반적인 쿼리 전송률은 $rn = O(n)$이다. 따라서 단위 시간당 전송되는 전체 메시지의 수는 $O(n) \times O(n) = O(n^2)$이고, 단위 시간당 단위 컴퓨터가 전달하는 메시지의 수는 평균적으로 $O(n^2)/n = O(n)$으로 네트워크 크기에 대해 선형으로 증가한다. 이는 컴퓨터가 데이터를 송수신해야 하는 대역폭이 얼마든 상관없이, 네트워크가 충분히 커진다면 결국은 항상 꽉 찰 것이라는 의미다. 그리고 P2P 네트워크는 엄청나게 클 수 있다. 가장 큰 어떤 네트워크들에는 수백만 명의 사용자가 있다.

다행히도 그런 최악의 시나리오는 보통 일어나지 않는다. 사실, 어떤 네트워크에서 오직 한 컴퓨터에만 관심 있는 항목이 존재하는 경우는 드물다. 전형적인 P2P 네트워크에서 대부분의 항목은 많은 장소에 존재한다. 실제로 어떤 비율의 사용자 집단이 각 항목을 좋아하거나 필요로 한다고 가정하면, 어떤 주어진 항목이 그 네트워크의 어떤 고정된 비율 c만큼의 노드에 있다고 가정하는 것이 더 합리적이다. 그러면 네트워크 크기가 증가하면서 이 복사본의 전체 수 cn이 같이 증가한다. 만일 이런 경우라면, 그리고 c의 값이 모든 항목에서 같다고 가정하면, 그 항목의 사본을 찾기 전에 평균적으로 $1/c$개의 노드만 검색하면 될 것이다. 이는 단위 시간당 네트워크 전체에서 보내는 쿼리 메시지의 전체 수가 $O(n/c)$이고 단위 시간당 단위 컴퓨터가 보내는 수는 $O(1/c)$임을 뜻한다. $O(1/c)$는 상수일 뿐이고 네트워크 크기가 증가해도 같이 증가하지 않는다.

더 현실적인 계산을 하면 어떤 항목이 다른 항목들보다 더 인기 있다는 사실을 반영할 수 있다. 인기도에 비례하는 요소 c의 분포가 $p(c)$여서 c와 $c + dc$ 구간 내에 있을 확률이 $p(c)\,dc$라고 가정하자. 그리고 모든 항목이 동일한 빈도로 발견되는 것은 아니라는 점을 중요하게 기억하자. 사실 더 합리적인 가정은 항목이 자신의 인기도에 비례하는 비율로 발견된다는 것이다. 이는 인기도가 c인 항목을 물어볼 확률은 c에 비례하고 c와 인기도가 $c + dc$ 구간 내에 있는 항목 중 어떤 하나를 요청할 확률은 $cp(c)\,dc$에 비례한다는 뜻이다. 모든 c 값에 대해 확률이 반드시 1로 정규화돼야 한다는 점을 떠올리면 이 비례 상수를 계산할 수 있다. 따라서

올바르게 정규화된 분포는

$$\frac{cp(c)\,\mathrm{d}c}{\int cp(c)\,\mathrm{d}c} = \frac{cp(c)\,\mathrm{d}c}{\langle c \rangle} \tag{18.1}$$

이어야 하고, 여기서 $\langle c \rangle = \int cp(c)\,\mathrm{d}c$는 c의 평균값이다.

그러면 일반적인 쿼리에 해당하는 항목을 찾기 전에 조사해야 하는 평균 노드의 수는 다음과 같다.

$$\int_0^1 \frac{1}{c} \frac{cp(c)\,\mathrm{d}c}{\langle c \rangle} = \frac{1}{\langle c \rangle} \tag{18.2}$$

여기서 $\int p(c)\,\mathrm{d}c = 1$이라는 정규화 조건을 이용했다. 이에 따라 단위 시간당 단위 컴퓨터가 송수신하는 쿼리 메시지의 수는 $O(1/\langle c \rangle)$이고, 이는 네트워크 규모가 커져도 상수라는 점을 다시 한번 기억하자.

그러므로 원칙적으로, 만일 어떤 노드가 식 (18.2)인 속도로 메시지를 처리할 수 있다면 그 네트워크는 규모가 커져도 제대로 작동해야 한다. 그렇지만 실질적으로는 여전히 문제가 있다. 주된 어려움은 네트워크에 있는 노드의 처리 가능한 대역폭이 천차만별이란 것이다. 대부분의 노드는 네트워크와 상대적으로 천천히 교신하는 반면(즉, 낮은 대역폭), 소수의 노드는 더 높은 대역폭 연결로 더 나은 교신을 한다. 이것은 노드당 대역폭 요구사항이 위와 같은 상수로 줄어든다고 해도, 네트워크가 다수의 느린 노드가 좌우하는 속력으로 운영될 것임을 뜻한다. 그러면 쿼리 요청이 더디어지고 어떤 노드의 대역폭을 압도할 가능성도 있다.

이 문제를 해결하려고 현대 P2P 네트워크 대부분이 슈퍼노드supernode(또는 슈퍼피어superpeer라고 부른다)를 이용한다. 슈퍼노드는 대역폭이 높은 노드다. 네트워크의 더 큰 집단에서 선택되고, 다른 슈퍼노드들과 연결되어 검색을 더 빠르게 수행할 수 있는 슈퍼노드 네트워크를 형성한다(그림 18.1 참고).

슈퍼노드는 마치 전화 네트워크에서의 지역 교환원처럼 행동한다(2.2절 참고). 네트워크에서 각 일반 사용자 혹은 클라이언트client는 (하나 또는 가끔은 2개 이상의) 슈퍼노드에 붙어 있고 이 슈퍼노드는 네트워크의 나머지 부분에 대한 링크 역할을 한다. 각 슈퍼노드에는 이러한 클라이언트들이 있고 클라이언트는 슈퍼노드에게 자신이 소유한 파일이나 다른 데이터 항목 목록을 알려서, 슈퍼노드가 이들을 대신하여 검색 쿼리에 적합하게 응답할 수 있도록 한다. 그러면 검색을 수행하길 원

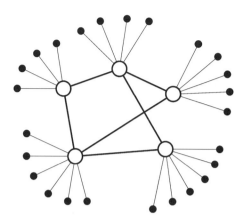

그림 18.1 슈퍼노드들이 있는 P2P 네트워크의 구조

클라이언트 노드(속이 찬 작은 원)가 슈퍼노드(속이 빈 큰 원) 네트워크에 연결됐다. 슈퍼노드들은 대역폭이 네트워크의 평균보다 더 크며, 따라서 검색을 더 빨리 수행할 수 있다.

하는 개별 클라이언트는 각 지역의 슈퍼노드에게 검색 쿼리를 보내고, 원하는 항목을 찾고자 슈퍼노드 네트워크에서 너비 우선 탐색을 시작한다. 슈퍼노드에게는 의뢰자가 소유한 모든 항목의 기록이 있기 때문에, 슈퍼노드 네트워크에서만 전반적인 검색을 수행하고 클라이언트의 자원은 전혀 사용하지 않는다. 그리고 슈퍼노드는 네트워크 연결을 빠르게 하고자 신중하게 선택했기 때문에, 네트워크에서 가장 빠른 노드의 속도로 검색이 이뤄진다.

수백만 명의 사용자로 구성된 P2P 네트워크에서 널리 사용될 만큼, 실제로 이런 체계는 꽤 잘 작동한다. 이론상 더 잘 작동하는 더 정교한 계획이 고안됐는데, 예를 들면 슈토이카^{Stoica} 등[438]이 제안한 '코드^{Chord}' 시스템이 있다. 그렇지만 이러한 시스템을 아직 널리 채택하지는 않았는데, 더 전통적인 슈퍼노드 접근법이 실용적인 목적에서는 충분히 잘 작동하는 것으로 보이기 때문이다.

18.3 메시지 송신

분산 검색 문제의 다른 변형은 네트워크의 특정 노드에게 메시지를 전달하는 문제다. 이 문제의 고전적인 예시가 4.6절에서 기술한 스탠리 밀그램$^{\text{Stanley Milgram}}$의 '좁은 세상' 실험이다. 이 실험에서는 사회연결망을 이용해 지인에서 지인으로 메시지를 전달하여 특정한 목표 인물에게 메시지가 도달하도록 참가자에게 부탁했다. 밀그램이 메시지가 오직 약 여섯 단계 만에 목표 인물에게 도착했다는 사실을 발견한 것은 유명한 일이고, 이것이 그 유명한 '여섯 단계 분리' 개념의 기원이다. 그렇지만 4.6절에서 언급한 것처럼, 이 실험에는 어쩌면 더 놀라운 의미가 담겨 있다. 최단 경로가 네트워크에 존재하는 것뿐만이 아니라 사람들이 최단 경로를 찾는 데 탁월하다는 것이고, 이는 클라인버그^{Kleinberg}가 처음 지적했다[266]. 물론 전체 네트워크 구조를 안다면, 예를 들어 8.5.5절에서 본 너비 우선 탐색 방법을 직접 이용해 최단 경로를 찾을 수 있다. 그러나 밀그램 실험의 참가자는 전체 네트워크를 몰랐고 아마도 전체 중 아주 작은 부분만 알았을 것이다. 그렇지만 원하는 목표 인물에게 메시지를 빠르게 전달할 수 있었다.

이러한 관찰은 수많은 흥미로운 질문을 이끌어냈다. 사람들이 실제로 어떻게 목표에 도달하려는 이러한 최단 경로를 발견한 것일까? 이 작업을 효율적으로 수행하는 알고리듬을 생각해낼 수 있을까? 알고리듬의 성능은 네트워크 구조에 의존할까? 이어지는 절에서 이 질문을 다루는 메시지 전달 과정$^{message passing process}$의 두 가지 모형을 다룰 것이다. 곧 살펴보겠지만, 이 모형은 만일 사회(또는 다른) 네트워크에 관한 전역적 지식 없이 쉽게 최단 경로를 발견할 수 있다면 이 네트워크의 구조가 반드시 매우 특정한 형태여야 한다는 사실을 알려준다.

18.3.1 클라인버그 모형

밀그램 실험에서 참가자에게 지시한 사항은 메시지(실제로는 우편으로 발송한 작은 책자나 '여권')를 받는다면 자신보다 목표 인물에 더 가까워 보이는 지인에게 이를 전달하라는 것이었다. 그렇지만 '더 가깝다'의 정의가 모호해서, 만일 이 실험의 메커니즘을 모형화하고 싶다면 가장 먼저 해야 하는 일은 실용적인 정의를 결정하는 것이다.

클라인버그가 밀그램 실험의 모형화를 이해하려는 획기적인 시도를 했고[266, 267], 그림 18.2에서 볼 수 있듯이 12.11.8절에서 살펴본 좁은 세상 모형의 변형을 채택했다. 표준적인 좁은 세상 모형에서처럼, 에지 주변에 노드가 고리 모양으로 배열됐고 고리 주변의 무작위 위치에 있는 노드 쌍을 연결하는 '지름길^{shortcut}' 에지를 여러 개 추가한다. 클라인버그 모형에서 모든 노드는 고리 주변에 있는 2개의 인접한 이웃과 연결된다(12.11.8절의 표기법으로는 $c = 2$). 그리고 클라인버그는 고리에서 링크를 이용해 메시지 전달 실험의 목적에 부합하도록 노드의 '근접

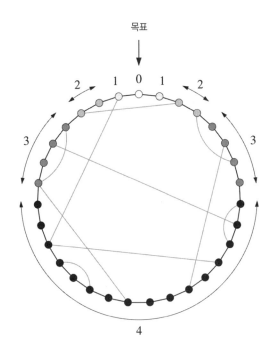

목표

그림 18.2 메시지 전달을 모형화하고자 사용한 좁은 세상 모형의 변형

고리 주변에 노드를 연결했고, 보통의 좁은 세상 모형처럼 노드 사이에 지름길을 추가했다. 그러나 여기서 지름길은 멀리 떨어진 노드보다 근처에 있는 노드를 더 많이 연결하도록 편향됐다. 편향의 정도는 매개변수 α로 조절한다. 본문에 있는 증명에서 노드는 번호를 붙인 범주로 나눌 수 있다. 범주 0 은 목표 노드만으로 구성하고 번호가 더 큰 범주는 목표 노드에서 뻗어 나오는 노드로 구성하는데, 다음에 이어지는 범주는 각 이전 범주보다 두 배 더 많은 노드를 포함한다.

도$^{\text{closeness'}}$를 정의했다. 네트워크에서 노드로 표현하는 개인은 고리 주변에 있는 다른 개인과의 거리를 인지하고, 이에 따라 그러한 의미에서 지인 한 명이 자신보다 목표 노드에 더 가까우면 그렇다고 할 수 있다고 제안했다. 예를 들어 고리가 지리적 공간을 표현하고, 이 공간에서 거리는 어떤 노드가 목표물에 얼마나 지리적으로 가까운지를 측정한다고 상상할 수 있다.

이 계산을 할 때 클라인버그는 메시지 전달에서 탐욕 알고리듬$^{\text{greedy algorithm}}$을 고려했다. 이는 메시지를 수신하는 각 개인이 위의 관점에서 목표와 가장 가까운 이웃 한 명에게 메시지를 전달하는 것이다. 이 알고리듬은 언제나 메시지가 결국 목표에 도달하는 것을 보장한다. 클라인버그의 관점에서, 모든 개인에게는 자신보다 목표에 가까운 이웃이 최소한 한 명은 있다. 즉, 고리 주변의 이웃이 목표물을 향해 있다. 따라서 메시지 전달 과정의 각 단계에서 메시지는 적어도 목표물에 한 단계 더 가까이 도달하고 이에 따라 결국 반드시 목표에 도착한다. 최악의 경우, 목적지에 도착할 때까지 단순하게 고리를 빙 돌며 메시지를 전달한다. 그러나 일반적으로 지름길 덕분에 이것보다 더 낫게 전달할 수 있다는 것을 예상할 수 있다. 문제는 얼마나 더 나은가 하는 것이다. 클라인버그는 탐욕 알고리듬이 $O(\log^2 n)$ 단계 안에 목표 노드를 발견할 수 있다는 사실을 밝혔지만, 지름길을 특정한 방법으로 배치할 때에만 가능하다.

클라인버그는 지름길을 다르게 배치하는 것을 허용하여 표준적인 좁은 세상 모형을 일반화한 단일 매개변수를 가진 모형의 모임을 고려했다.[3] 지름길을 균일하게 무작위로 배치한다고 가정하는 대신, 멀리 떨어져 있는 사람보다 (위에서 정의한 방식에서) 가까이 있는 사람 사이에 지인이 더 많다고 (충분히 합리적으로) 가정한다. 표준적인 좁은 세상 모형에서 유추하여, 지름길의 총수가 고리 자체에 있는 에지 수(이 경우에는 그냥 n이다)에 p를 곱한 것과 같다고 두자. 각 지름길에는 양쪽에 2개의 끝이 있기 때문에, 각 노드에 붙은 지름길의 평균 개수는 $2p$가 될 것이다(그리고 실제로 그 숫자는 평균이 $2p$인 푸아송 분포를 따를 것이다). 표준적인 좁은 세상 모형과 다른 것은 지름길의 길이다. 여전히 고리 위에 무작위로 지름길을 배치했지만, r만큼의 거리를 가로지르는 특정한 지름길이 있을 확률은 $Kr^{-\alpha}$이고, 여기서 α는 음이 아닌 상수, K는 확률 분포 정규화를 위한 상수다. 즉, 각 지름길은 이 분포에서 길이 r을 먼저 고른 후에, 정확히 거리 r만큼의 지름길을 고리 위에서 균일하게 무작위로 선택한 위치에 배치한다. 만일 $\alpha = 0$이면 12.11.8절의 표준적인 좁은 세상 모형으로 되돌아가지만 더 일반적으로 $\alpha > 0$이면 멀리 있는 노드보다 가까이 있는 노드 사이의 연결을 더 선호하는 모형이 된다.

여기서 특정한 지름길이 거리 r만큼 떨어진 특정한 노드 쌍을 연결할 확률은 $Kr^{-\alpha}/n$임을 알 수 있다. 이 확률은 지름길이 길이가 r일 확률 $Kr^{-\alpha}$에 고리 위에서 가능한 n개의 위치 중 문제의 두 노드 쌍을 연결하는 위치에 있을 확률 $1/n$을 곱한 것이다. 전체 네트워크에 np개의 지름길이 있다면, 이는 주어진 노드 쌍에 대해 지름길이 있을 확률이 $np \times Kr^{-\alpha}/n = pKr^{-\alpha}$라는 뜻이다(더 정확히는 이러한 지름길 개수의 기댓값이지만, 이 숫자가 작은 한 확률에 대한 매우 좋은 근사치로 해석할 수 있다).

정규화 상수 K는 모든 개별 지름길에 어떤 길이가 부여돼야 한다는 조건과 모든 길이는 1과 $\frac{1}{2}(n-1)$ 사이에 있어야 한다는 조건으로 정한다.[4] 그 조건들에 의하면

---

3 이 모형은 클라인버그 모형의 다소 단순화된 버전이다. 그의 모형에서는 네트워크의 기반 구조로서 1차원 고리 대신 2차원 격자를 사용했다. 둘 중 어떤 구조이든 계산 방법은 똑같이 작동하지만 말이다. 클라인버그는 각 노드에 붙은 지름길의 수를 상수로 고정했고 기존의 방향성이 없는 것 대신 방향성이 있도록 만들었는데, 여기 모형에서는 각 지름길 양 끝을 무작위로 배치한다.

4 지름길의 최대 길이는 n이 홀수라면 $\frac{1}{2}(n-1)$이고 n이 짝수라면 $\frac{1}{2}n$이다. 여기서는 n이 홀수라고 가정하여 유도 과정에서 약간의 귀찮음을 피할 것이다.

$$K \sum_{r=1}^{\frac{1}{2}(n-1)} r^{-\alpha} = 1 \qquad (18.3)$$

이다. 이 합을 식 (13.103)의 사다리꼴 공식을 이용해 적분으로 바꿀 수 있다.

$$\sum_{r=1}^{\frac{1}{2}(n-1)} r^{-\alpha} \simeq \int_{1}^{\frac{1}{2}(n-1)} r^{-\alpha} \, \mathrm{d}r + \frac{1}{2} + \frac{1}{2} \left[\frac{1}{2}(n-1) \right]^{-\alpha}$$

$$= \frac{\left[\frac{1}{2}(n-1) \right]^{1-\alpha} - 1}{1-\alpha} + \frac{1}{2} + \frac{1}{2} \left[\frac{1}{2}(n-1) \right]^{-\alpha} \qquad (18.4)$$

이라고 쓸 수 있고, 이 식은 n이 커지면

$$K \simeq \begin{cases} (1-\alpha)(\frac{1}{2}n)^{\alpha-1} & \alpha < 1 \text{인 경우} \\ 1/\ln \frac{1}{2}n & \alpha = 1 \text{인 경우} \\ 2(\alpha-1)/(\alpha+1) & \alpha > 1 \text{인 경우} \end{cases} \qquad (18.5)$$

이 된다.[5]

　이제 α를 적절히 선택하면 이 네트워크에서 탐욕 알고리듬으로 주어진 목표 노드를 정말 빠르게 찾을 수 있다는 걸 보일 수 있다. 증명은 다음과 같다. 그림 18.2에 묘사한 것처럼, 목표 노드가 고리의 맨 위에 있다고 가정하자(이는 일반적인 가정[6]이다). 그리고 남은 노드들을 목표에서 떨어진 거리를 기준으로 분류한다. 범주 0은 목표 노드 자체로만 구성된다. 범주 1은 고리 주위에서 목표 노드와의 거리가 $d = 1$인 모든 노드로 구성한다. 범주 2는 $2 \le d < 4$ 범위 내에 있는 거리인 노드, 범주 3은 $4 \le d < 8$인 노드 등이다. 각 범주의 크기는 이전 범주 크기의 두 배다. 일반적으로, 범주 k는 $2^{k-1} \le d < 2^k$인 거리만큼 떨어진 노드로 구성하고 $n_k = 2^k$개의 노드를 포함하는 것이다(단순화하고자 전체 노드 수 n이 2의 거듭제곱에서 1을 뺀 것[7]이어서 모든 과정이 깔끔하게 처리된다고 가정하자).

　이제 탐욕 알고리듬으로 네트워크를 통해 전달되는 메시지를 고려하고, 특정 처리 단계에서 메시지가 범주 k인 노드에 있다고 가정하자. 메시지가 범주 k를 떠

5　식 (18.4)의 분자와 분모 둘 다 $\alpha = 1$일 때 사라져서, 이 극한값을 추출하려면 로피탈 정리(l'Hopital's rule)를 이용해야만 한다. 식 (18.9)에서도 상황은 같다.

6　원형 네트워크이므로, 원래의 네트워크에서 네트워크 구조의 변화 없이 목표 노드를 맨 위로 올린 모습으로 언제든지 회전을 시킬 수 있기 때문에 일반적인 상황이다. – 옮긴이

7　이렇게 되면 앞서 가정한 n이 홀수라는 가정과도 합치된다. – 옮긴이

나서 하위 범주[8]로 가려면 얼마나 많은 단계가 더 필요할까? 하위 범주에 있는 전체 노드 수는 다음과 같다.

$$\sum_{m=0}^{k-1} n_m = \sum_{m=0}^{k-1} 2^m = 2^k - 1 > 2^{k-1} \tag{18.6}$$

현재 메시지를 갖고 있는 범주 k에 있는 노드와 이 모든 노드가 떨어진 거리는 기껏해야 $3 \times 2^{k-1} - 2 < 2^{k+1}$이라는 것을 그림 18.2에서 알 수 있다. 따라서 메시지를 지닌 노드와 하위 범주에 있는 특정한 노드 사이에 지름길이 있을 확률은 최소한 $pK2^{-(k+1)\alpha}$이고, 이들 중 어떤 노드에게 지름길이 있을 확률은 적어도 $pK2^{k-1-(k+1)\alpha}$이다.

만일 범주 k 밖으로 메시지를 내보낼 지름길이 없다면, 최악의 경우 그저 지름길이나 고리 주변을 돌면서 범주 k에 있는 노드 중 목표 노드에 더 가까운 또 다른 노드에게 메시지를 전달한다. 위의 확률을 이용하면, 범주 k에서 밖으로 뻗어나가는 지름길을 발견하기 전에 해야 하는 이러한 움직임의 예상 횟수는 기껏해야 다음과 같다.

$$\frac{1}{pK\,2^{k-1-(k+1)\alpha}} = \frac{1}{pK}2^{\alpha+1}2^{(\alpha-1)k} \tag{18.7}$$

최종적으로 다시 최악의 상황에서 메시지는 목표에 도달하기 전에 각 범주를 통과할 것이다. 목표 노드 자체를 제외하면, 이런 범주는 $k = 1$에서 $\log_2(n+1) - 1$까지 있고 그것에 대해 더하면 다음과 같이 목표에 도달하기까지 필요한 단계 수 ℓ의 기댓값의 상한을 찾을 수 있다.

$$\begin{aligned}
\ell &\leq \frac{1}{pK}2^{\alpha+1}\sum_{k=1}^{\log_2(n+1)-1} 2^{(\alpha-1)k} = \frac{1}{pK}2^{\alpha+1}\frac{2^{(\alpha-1)\log_2(n+1)} - 2^{\alpha-1}}{2^{\alpha-1} - 1} \\
&= \frac{1}{pK}2^{\alpha+1}\frac{(n+1)^{\alpha-1} - 2^{\alpha-1}}{2^{\alpha-1} - 1}
\end{aligned} \tag{18.8}$$

상수 K에 대해 식 (18.5)를 이용하고 매우 큰 n이라는 극한을 취하면 점근적으로

---

8 숫자가 낮은 하위 범주로 갈수록 목표에 더 가깝다는 의미임을 상기하자. – 옮긴이

$$\ell \leq \begin{cases} A\,n^{1-\alpha} & \alpha < 1\text{인 경우} \\ B\log^2 n & \alpha = 1\text{인 경우} \\ C\,n^{\alpha-1} & \alpha > 1\text{인 경우} \end{cases} \qquad (18.9)$$

임을 얻고, 여기서 A, B, C는 α와 p에는 의존하지만 n에는 의존하지 않는 상수다. 이 값 자체는 다소 복잡한데, 원한다면 식 (18.5)와 식 (18.8)을 이용해서 알 수 있다.

식 (18.9)가 ℓ의 상한값을 주기 때문에, 이 결과는 $\alpha = 1$인 특정 상황에서 네트워크 크기에 따라 최대 $\log^2 n$으로 증가하는 시간 내에서 목표 노드를 발견할 수 있다는 점을 보장한다. 이는 일반적인 네트워크에서 최단 경로의 실제 길이인 $\log n$만큼 좋지는 않다. 그렇지만 여전히 n에 대해 천천히 증가하는 함수이고 좁은 세상 실험은 $\alpha = 1$인 네트워크라면 최단 경로를 찾는 데 성공할 것이라고 주장할 수 있다. 따라서 만일 네트워크의 구조가 적절하다면, 어떤 노드가 인접한 네트워크 이웃의 정보만을 이용하는 탐욕 알고리듬처럼 간단한 전략으로 밀그램이 실험에서 관찰했던 결과와 유사한 결과를 얻을 수 있다.

반면 $\alpha \neq 1$이라면 식 (18.9)는 n의 거듭제곱으로 증가하고, 이러한 네트워크에서는 목표 노드를 찾기까지 더 긴 시간이 소요된다는 뜻이다. 특히, 12.11.8절에서 다룬 원래의 좁은 세상 모형은 $\alpha = 0$에 해당해서, 식 (18.9)가 n에 선형으로 증가하고 이는 밀그램 실험으로 수백만 명의 사회연결망에서 목표 인물을 찾으려면 수백만 단계를 거쳐야 할 수도 있다는 뜻이다. 식 (18.9)는 소요 시간의 상한일 뿐이어서, 만일 운이 좋다면 목표물을 더 빨리 찾을 수도 있다. 예를 들어, 목표 노드와 지름길로 직접 연결된 어떤 노드에서 메시지가 출발한다면 한 단계 만에 목표물을 찾을 수 있다. 그러나 클라인버그[267]는 $\alpha = 1$인 특별한 경우를 제외하면 목표물을 찾는 데 걸리는 '평균' 시간이 최소한 n의 거듭제곱만큼 빠르게 증가한다는 사실을 증명했다. 따라서 일반적으로 $\alpha \neq 1$일 때엔 탐욕 알고리듬이 잘 작동하지 않을 것이다.[9]

이 결과는 두 가지를 알려준다. 첫 번째는 참가자가 전체 네트워크의 세부 사항을 모른다 할지라도 좁은 세상 실험이 관찰한 대로 작동할 가능성이 정말로 있다는 점이다. 그러나 두 번째로 알려주는 것은, 적어도 여기서 사용한 아주 비현실

---

9 사실 클라인버그는 좁은 세상 모형의 2차원 버전을 연구했기 때문에, 그 경우에는 해당 기준이 $\alpha = 1$이 아닌 $\alpha = 2$일 때라는 결과를 얻었다. 일반적으로 d차원 격자에서 구성한 좁은 세상 연결망 위에서는 $\alpha = d$일 때에만 $O(\log^2 n)$인 시간 안에 탐욕 알고리듬으로 목표를 찾는 데 성공한다. 다른 모든 α 값에서는 걸리는 시간이 최소 n의 거듭제곱으로 증가한다.

적(이라는 것은 인정해야겠지만)인 모형의 맥락 내에서는 이 실험이 네트워크 매개변수의 특정한 값에서만 효과가 있다는 점이다. 따라서 밀그램의 실험이 성공한 것은 밀그램이 결론을 내린 것처럼 사회연결망에서 최단 경로가 있음을 뜻할 뿐만 아니라, 그 네트워크에 경로를 발견하는 것을 가능하게 만드는 특정한 구조가 있다는 점도 시사한다.

18.3.2 메시지의 계층 모형

흥미롭기는 하지만 이전 절에서 다룬 모형이 완전히 비현실적이기 때문에 그 결과가 그렇게 설득력이 있는 건 아니다. 사람들은 고리 위에서 다른 사람과 몇 개의 지름길로만 연결된 채 살지 않고, 사람들은 다른 사람들이 고리의 어느 부분에 사는지 알기 때문에 이러한 메시지 전달은 작동하지 않는다.

따라서 더 현실적인 네트워크 모형과 유사한 결과를 유도할 수 있을까? 이 질문에 답하고자 먼저 메시지 전달이 실제로 어떻게 작동하는지에 대해 질문을 해보자. 4.6절에서 논의한 킬워스Killworth와 버나드Bernard의 '거꾸로 된 좁은 세상reverse small-world' 실험[57, 260]에서 힌트를 얻을 수 있다. 이 실험에서 연구자들이 피험자에게 자신이 밀그램의 좁은 세상 실험에 참석한다고 상상해보라고 질문하고, 자신의 메시지를 전달할 사람을 결정하려면 목표 노드에 대해 어떤 정보를 알고 싶은지 질문했다는 것을 떠올려보자. 킬워스와 버나드는 피험자 대부분이 다른 무엇보다도 세 종류의 정보를 더 자주 찾았다는 사실을 발견했다. 이는 목표 인물의 이름, 직업, 지리적 위치다.

좁은 세상 실험에서 목표 인물을 찾을 때는 그 사람이 누구인지 인지해야 하기 때문에, 목표 인물의 이름은 분명히 필요하다. 그렇지만 그 외에는(이름으로 개인의 지리적 위치나 사회적 위치 단서를 식별할 수 있는 문화권을 제외하면) 이름은 메시지를 전달할 때 많은 역할을 하지 않는다. 반면에 직업과 지리적 정보는 메시지를 어떻게 전달할지 결정할 때 굉장히 유용하다. 그리고 이 두 정보가 실험 참가자가 사용하는 주요 정보인 것으로 보인다.

한 예로서 지리적 위치를 이용해보자. 메시지를 전송하려면 지리 정보를 어떻게 활용해야 할까? 아마도, 자신보다 목표 인물에 지리적으로 더 가까운 사람에게 메시지를 전달하려 시도할 것이다. 예를 들어, 밀그램이 했던 것처럼 목표 인물이 미국 매사추세츠주의 보스턴 교외에 산다고 가정하자. 이 목표 인물에게 메시지를 보내려 시도하는 영국에 사는 참가자는 아마도 자신이 아는 미국에 사는 사람, 말하자면 뉴욕에 사는 사람에게 메시지를 전달할지 모른다. 이번에는 이 사람이 매사추세츠주에 있는 아는 사람에게 메시지를 전달하고, 그 사람은 보스턴에 있는 사람에게 전달하고, 그 사람은 목표 인물이 사는 특정한 교외에 있는 사람에게 전달할 것이다. 참가자는 지역 내에서 운만 좋으면 목표 인물을 바로 아는 사람이 있을 정도로 작은 지역에 이를 때까지 이 과정의 매 단계에서 검색 범위를 더 좁은 지리적 영역으로 좁혀나간다.

어떤 의미에서는 이것이 클라인버그 모형에서 발생하는 일이다. 18.3.1절에서 목표 노드에 더 가까이 있을수록 더 작아지도록 클라인버그의 원을 여러 영역이나 범주로 나누었다. 그리고 한 범주에서 그다음 작은 범주로 이어지는 연결을 찾아서 메시지 전달 과정을 수행할 때 상황이 잘 맞아떨어지면 적은 단계만 거치면 됐다. 범주의 수가 네트워크 규모의 로그함수로 증가하기 때문에, 이는 목표에 도달하려면 전반적으로 적은 단계만 거치면 된다는 뜻이다. 클라인버그의 네트워크 구조는 비현실적이지만 이 영역을 점차 좁힌다는 기본 아이디어는 좋은 아이디어다. 그리고 같은 종류의 논의를 적용할 수 있는 더 현실적인 네트워크 구조를 찾고자 한다.

이런 모형은 와츠[Watts] 등[465]이 제안한 계층 모형으로, 사회적 구조와 지역적 혹은 다른 차원의 상호 영향을 참가자들을 점점 더 작은 그룹으로 조금씩 나눈 트리 구조나 계통도로 표현한다.[10] 예를 들어 지리적 맥락에서 세계를 나라로 나누고, 나라는 지역으로, 지역은 도시와 마을로 나누는 것이다. 이 분할은 모든 사람이 다른 모든 사람을 알고 있다고 합리적으로 가정할 수 있을 정도로 아주 작은 단위(예: 한 가족)에 도달할 때 끝난다.

그림 18.3에 이 분류를 표현했다. 이때 트리는 이진 트리다. 각 가지는 2개로 쪼개지고 각각이 다시 2개로 쪼개지기를 반복한다. 현실 세상에서 가지는 두 부분보다 더 많은 부분으로 쪼개질 것이다. 어쨌든 세상에는 3개 이상의 국가가 있다. 그렇지만 이진 트리는 연구하기에 가장 간단한 경우이고(그리고 이것이 와츠 등이 연구한 것이기도 하다), 이진 트리에서 얻은 분석을 다른 경우로 쉽게 일반화할 수 있다.

트리의 가장 바닥에 있는 그룹의 크기가 g로 모두 같다고 가정하자. 이것 역시 단순화했지만, 결과에 큰 영향을 미치지 않는 유용한 가정이다. 네트워크에 있는 사

---

10 클라인버그가 비슷한 모형을 따로 제안한 바가 있다[268].

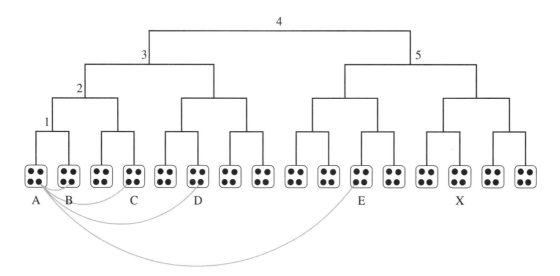

그림 18.3 와츠 등이 제안한 계층 모형

개인으로 구성한 작은 그룹(상자)은 이진 트리로 표현하는 계층 구조로 나뉜다. 예를 들면 지리적 공간에서 나라, 지역, 마을 등의 계층 구조가 이에 해당한다. 계층 구조는 어떤 (곡선으로 표시한) 사회적 연결이 가장 가능성이 높은지를 나타낸다. 예를 들어, 그룹 A에 있는 노드는 트리(B, C)에 가까이 있는 사람과 연결될 가능성이 높고, 더 멀리 떨어진 트리(D, T)에 있는 사람과 연결될 가능성이 낮다.

람의 전체 수가 n이라면 그룹의 수는 n/g이고, 트리에서 레벨의 수는 $\log_2(n/g)$다.

이 모형에서는 두 가지 중요한 가정을 한다. 첫 번째는 사람이 목표 인물까지의 거리를 트리에서 측정한다는 가정이다. 더 구체적으로는 목표 인물과 공유하는 트리에서, 가장 아래에서 만나는 공통 조상의 관점에서 측정한다. 즉, 누군가가 자신과 같은 국가나 지역, 마을에 살고 있다면 알 수 있다. 그러나 그 이상의 다른 자세한 정보는 얻지 못한다. 이것은 클라인버그 모형에서 했던 가정보다 더 보수적인 가정이다. 클라인버그 모형에서는 목표 인물이 세상 어디에 살든 상관없이, 사람이 목표 인물까지의 정확한 지리적 거리를 안다고 가정했다. 이 모형에서 사람들은 그들이 목표와 얼마나 가까운지에 대해 덜 정확한 인상을 받는다.

와츠 등의 모형에서 두 번째 가정은 사회연결망 자체가 계층적 트리 구조와 상관관계가 있어서, 더 낮은 공통 조상을 공유한다는 의미로 트리 내에 가까이 함께 있는 사람들이 서로 알고 지낼 가능성이 더 크다고 본다(이 모형은 이 관점에서 14.7.2 절에서 논의한 계층적 무작위 그래프와 유사하다). 따라서 사람은 다른 나라가 아닌 자신의 나라에 있는 다른 사람을 알고 지낼 가능성이 더 크고, 다른 마을이 아닌 자신의 마을에 있는 사람을 알고 지낼 가능성이 더 크다. 그림 하단에 있는 곡선으로 몇 개의 지인 관계 샘플을 표현했다.

따라서 이 모형에는 실제로 2개의 네트워크가 있다. 곡선으로 표현한 실제 지인 관계를 나타내는 '실제' 네트워크와 계층 트리인 '그림자' 네트워크다. 그림자 네트워크는 지인 관계 네트워크는 아니지만 지인 관계 네트워크에 영향을 미치고, 이 트리에서 자신이 다른 사람과 얼마나 가까운지 안다는 점에서 이 네트워크에 있는 사람들은 서로를 어느 정도 인지한다.

이 모형에서 주목해야 하는 중요한 점은 비록 이 트리에서 멀리 떨어져 있는 사람이 서로 알 가능성이 낮다 하더라도, 가까이 있는 사람보다 이렇게 멀리 있는 사람이 더 많아서 두 효과가 어느 정도 상쇄되고 이에 따라 어떤 개인이 멀리 있는 사람과 가까운 사람 둘 다를 알 수도 있다는 점이다. 예를 들어 나와 같은 거리에 사는 사람은 가까이 있기 때문에 내가 그 사람을 알 가능성이 있지만, 그런 사람의 수 자체가 적기도 하다. 이와 반대로 다른 나라들은 나와 멀리 떨어져 있지만 그 나라들에는 많은 사람이 있다. 따라서 특정한 주민을 알 가능성이 아주 낮다 하더라도, 전체 인구 중에서 최소한 한 명을 알 가능성은 꽤 있다. 이 경향은 메시지 전달 실험이 작동하도록 하는 아주 중대한 요소다.

그림 18.3의 그룹 A에 있는 어떤 사람을 생각해보자. 위에서 기술한 효과 때문에, 이 사람이 트리 구조의 모든 '거리'에 적어도 지인 한 명이 있다. 즉, 공통 조상을 공유하는 계층의 모든 하위 트리에 지인이 한 명 있는 것이다. 즉, 이들은 그룹 B에 있는 사람을 알고 이 그룹은 조상 1을 공유한다. 그리고 또 조상 2를 공유하는 두 그룹 중 한 그룹, 말하자면 그룹 C에 있는 사람도 안다. 그리고 그룹 D와 그룹 E에서도 이런 방식으로 아는 사람이 있다. 그리고 네트워크의 다른 모든 사람의 지인 관계 유형도 이와 유사하다고 가정하자. 그러면 모든 사람은 적어도 공통 조상을 공유하는 모든 하위 트리에 있는 사람을 적어도 한 명 안다.

이제, 이 네트워크에서 메시지 전달을 하는 탐욕 알고리듬을 생각하자. 메시지가 그룹 A에 있는 노드에서 출발한다고 가정하자. 이전처럼, 매 단계에서 메시지를 가진 사람은 자신보다 목표물에 더 가까이 있는 지인에게 메시지를 전달한다. 이제 여기에서 거리는 위에서 기술한 것처럼 계층 트리의 관점에서 측정한다. 예를 들어, 목표 노드가 그룹 X에 있다고 가정하자. 그룹 A와는 가장 높고 많은 것들을 포함하는 레벨인 4에서만 공통 조상을 공유한다. 가정에 의해, 메시지를 지닌 사람은 이 사실을 알아서 이 메시지를 목표 노드에 더 가까운 사람에게 전달하려면 이 메시지를 정반대 하위 트리에 있는 사람에게 전달해야만 한다는 점을 안다. 다행히도 위에서 한 가정에 따라 사람들에게는 언제나 이런 지인(이 경우에는 그룹 E에 있는)이 있다. 그래서 메시지를 그룹 E에 있는 친구에게 전달할 수 있다. 이제 이 친구는 목표 그룹 X가 5로 표기한 공통 조상을 공유하는 하위 트리에 있다는 점을 눈치챈다. 이에 따라 자신이 목표에 더 가까이 있는 하위 트리 내의 이웃에게 메시지를 전달해야만 한다는 점을 깨닫는다. 그래서 이것을 수행한다. 각 단계마다 전체 네트워크에서 더 작은 하위 트리로 검색 범위를 좁혀간다. 이는 공통 조상을 중심으로 해서 계층 구조 내에서 더 낮은 레벨로 이동하는 것과 동등한 과정이다. 그러나 계층 내의 전체 레벨 수가 $\log_2(n/g)$이므로, 이것이 이 과정으로 목표에 도달할 때까지 걸리는 단계의 최대 수다. 그러므로 이 모형에서는 언제나 로그 단계 안에 목표 노드에 도달한다.

그렇지만 네트워크에 있는 각각의 사람이 각 거리에 있는 사람을 적어도 한 명 안다는 가정은 비현실적이다. 와츠 등은 더 현실적인 확률 모형을 생각했는데, 이 모형에는 두 사람의 가장 낮은 공통 조상이 트리에서 레벨 m에 있을 때 이들이 서로를 알 확률 p_m을 도입했다. 그림 18.3에 있는 A와 B처럼 바로 인접한 그룹에서는 $m = 1$이 되도록 레벨에 번호를 매긴다. 그리고 각 레벨이 하나씩 높아지면서 번호도 하나씩 증가하고, 트리의 최상단에서는 최댓값인 $m = \log_2(n/g)$가 된다.

와츠 등은 구체적으로

$$p_m = C\, 2^{-\beta m} \tag{18.10}$$

으로 선택했고, 여기서 C와 β는 상수다.[11] β가 양수인 한, 이렇게 선택하면 원하던 대로 더 멀리 떨어진 사람과 지인일 확률이 더 낮고 정확한 변동률은 β 값으로 조절한다. 매개변수 C는 각 개인이 아는 지인의 전반적인 수를 조절한다.

어떤 주어진 노드가 레벨 m에서 조상을 공유하는 노드의 수는 $2^{m-1}g$이고, 따라서 이런 노드와 연결될 기댓값은 다음과 같다.

$$2^{m-1}g p_m = \tfrac{1}{2}Cg\, 2^{(1-\beta)m} \tag{18.11}$$

이것을 모든 레벨에 대해 더하면, 어떤 개인이 아는 사람 수의 전체 기댓값, 즉 네트워크에서의 평균 링크수는

---

11 와츠 등은 실제로 $Ce^{-\beta m}$으로 표현해서 적었지만 그러면 β의 값이 다를 뿐이고 식 (18.10)의 정의가 더 간편하다는 사실을 알게 될 것이다.

$$\langle k \rangle = \tfrac{1}{2} C g \sum_{m=1}^{\log_2(n/g)} 2^{(1-\beta)m} = \tfrac{1}{2} C g \frac{2^{(1-\beta)\log_2(n/g)} - 1}{1 - 2^{\beta-1}} = \tfrac{1}{2} C g \frac{(n/g)^{1-\beta} - 1}{1 - 2^{\beta-1}}$$

(18.12)

임을 알 수 있다. 따라서 상수 C는 다음과 같이 주어진다.

$$C = \frac{2\langle k \rangle}{g} \frac{1 - 2^{\beta-1}}{(n/g)^{1-\beta} - 1}$$

(18.13)

n이 큰 극한에서 이것은 다음과 같이 단순화할 수 있다.

$$C = \begin{cases} (2\langle k \rangle/g)(1 - 2^{\beta-1})(n/g)^{\beta-1} & \beta < 1\text{인 경우} \\ (2\langle k \rangle/g)/\log_2(n/g) & \beta = 1\text{인 경우} \\ (2\langle k \rangle/g)(2^{\beta-1} - 1) & \beta > 1\text{인 경우} \end{cases}$$

(18.14)

만일 어떤 특정 노드가 메시지를 받고 레벨 m에 있는 반대편의 하위 트리로 전달하고 싶다면, 그 하위 트리에 지인이 있을 때 그렇게 할 수 있다. 그러나 식 (18.11)이 작다면 그렇지 않을 가능성이 높다. 이때 메시지를 전달할 수 있는 최선의 방법은 이미 자신이 있는 하위 트리에 있는 다른 사람에게 전달하여 과정을 반복하는 것이다. 메시지가 정반대 하위 트리에 있는 이웃을 찾기 전에 이런 일이 발생할 횟수의 기댓값은 식 (18.11)의 역수로 $(2/Cg)2^{(\beta-1)m}$이다. 이를 모든 레벨에 대해 더하면 목표에 도달하기까지 걸리는 단계의 전체 기댓값을 구할 수 있다.

$$\ell = \frac{2}{Cg} \sum_{m=1}^{\log_2(n/g)} 2^{(\beta-1)m} = \frac{2}{Cg} \frac{2^{(\beta-1)\log_2(n/g)} - 1}{1 - 2^{1-\beta}} = \frac{2}{Cg} \frac{(n/g)^{\beta-1} - 1}{1 - 2^{1-\beta}}$$

(18.15)

메시지를 갖고 있는 노드에게 반대쪽 하부 트리와 자기가 있는 하부 트리 어디에도 이웃이 없을 가능성이 있다. 만일 이런 일이 발생한다면 그 노드는 목표 노드와 가까운 이웃이 없고 멀리 떨어진 이웃만 있는 것이다. 이 경우에 밀그램 실험은 실패한다. 참가자가 목표 인물과 더 가까운 사람에게 메시지를 전달하도록 부탁받았다는 것을 떠올리자. 물론 이렇게 실패하는 것이 이것이 반드시 비현실적이지는 않다. 와츠 등이 지적한 것처럼, 아마도 이런 일은 실제 실험에서 종종 발생할 것이다. 게다가 많은 메시지(실제로 과반수가)이 손실돼서 목표 인물에 전혀 도달하지 못했다는 것이 잘 문서화되어 있다. 그러나 메시지가 잘 전달됐다면, 식 (18.15)가 이 모형 내에서 도달할 때까지 걸린 단계의 추정치를 제공한다.

식 (18.15)는 클라인버그 모형에서 대응되는 표현식 (18.8)과 다소 유사하다. 이는 우연이 아닌데, 두 모형에서 메시지 전달 과정을 진행하는 메커니즘이 유사하기 때문이다. n이 큰 극한을 적용하며 식 (18.14)를 이용하면

$$\ell = \begin{cases} D(n/g)^{1-\beta} & \beta < 1\text{인 경우} \\ E\log^2(n/g) & \beta = 1\text{인 경우} \\ F(n/g)^{\beta-1} & \beta > 1\text{인 경우} \end{cases} \tag{18.16}$$

을 찾을 수 있고 여기서 D, E, F는 상수다.

이 결과는 클라인버그 모형의 식 (18.9)의 형태와 함수 꼴이 똑같다. 그리고 밀그램의 실험이 이런 유형의 네트워크에서 정말 성공할 가능성이 있다는 것을 알려주지만, 그것은 $\beta = 1$인 특별한 매개변숫값에서만 가능하다. 다른 모든 값에서는 목표에 도착할 때까지 걸리는 단계의 수 ℓ이 n의 거듭제곱으로 증가한다. $\beta = 1$에서 식 (18.11)이 m과 무관해지기 때문에, $\beta = 1$인 지점은 정확하게 모든 거리에서 지인 수의 기댓값이 똑같은 지점이다. 다시 말해, 특정한 사람을 알고 있을 확률이 거리에 따라 감소하는 것이 알 수도 있는 사람의 수가 증가하는 것과 정확하게 상쇄될 때에만 밀그램의 실험이 성공할 수 있다.

와츠 등이 제안한 모형은 클라인버그의 결과를 더 현실적인 네트워크의 맥락에서 확인했다. 그러나 이 결과는 어떤 면에서는 다소 모호하다. 밀그램의 실험이 성공하려면 네트워크가 특별한 지점에 맞춰져야 한다는 아이디어는 놀라운 부분이다. 현실 세계의 사회연결망에서 밀그램의 실험을 수행했을 때 이 실험은 성공하는 것처럼 보인다. 그러나 현실 세계의 네트워크가 이 특별한 지점에 있어야만 하는 명확한 이유는 없다. 세상이 지금과 조금 다르다면 이 실험이 실패할지도 모른다는 것이 정말 사실일까? 이 부분은 아직 완전히 이해하지 못했다. 현실 세계 네트워크 구조의 중요한 몇 가지 특징을 이 모형들에서 놓쳤을 가능성이 있다. 메시지 전달이 더 견고히 수행되고 네트워크를 세심하게 조절하는 것에는 덜 의존하게 하는 특징 말이다. 혹은 어쩌면 메시지를 전달할 때 여기서 사용한 탐욕 알고리듬보다 다른 계획을 사용하는 편이 훨씬 더 나을 수도 있다. 예를 들어, 만일 누군가가 자신보다 목표 인물에 더 가까운 사람을 모른다면 그 메시지를 자신의 하부 트리에 있는 누군가에게 무작위로 전달할 수 있다. 그렇지만 실제 사람은 더 똑똑한 알고리듬을 사용하리라 가정하는 것이 합리적이다. 만일 특정 나라에 있는 누군가에게 전달해야 하는 메시지가 있지만 그 나라에 있는 누구인지 알지 못

한다면, 아마도 전략적으로 그 나라에 연락할 수 있는 지인에게 메시지를 전달할 것이다. 이러한 전략은 메시지가 도달할 때 걸리는 단계 수를 상당히 감소시킨다.

그러나 이 모형은 기본적으로 정확하지만 사실 세상이 특별한 점 $\beta = 1$과 약간 비슷하게 맞춰졌을 수도 있다. β가 1에 가까우면 식 (18.15)에서 n의 거듭제곱은 작아지고 따라서 ℓ은 여전히 꽤 천천히 증가한다. 실제, 일반적으로 지수가 작은 거듭제곱과 로그함수는 실험적으로 구분하기가 매우 어려워서, 대략 $\beta = 1$ 근처에 있는 어떤 β 값도 메시지 전달 실험에서 눈으로 보기에는 꽤 좋은 성능을 보일 수도 있다.

연습문제

18.1 웹 크롤러를 사용해 웹의 일부를 크롤링한다고 가정하자. 들어오는 큰 덩어리 내의 어딘가에서 무작위로 선택한 웹 페이지에서 시작한다. 주어진 노드에서 출발하여 r번의 '파동' 동안 검색을 진행하는 너비 우선 탐색으로 크롤링을 모형화해보자. 즉, 시작 점에서 r단계 떨어진 위치에 있는 노드에 도달할 때까지 진행한다. S_i는 들어오는 큰 덩어리의 크기다.

a) 주어진 웹 페이지를 이 알고리듬에서 '0번째' 파동에서 크롤링할 확률, 즉 시작 페이지 하나만 크롤링할 확률은 얼마인가?

b) 어떤 페이지가 r번째 파동에 최초로 도달할 확률 p_i가 근사적으로 $\mathbf{p}(r) = \mathbf{A}\mathbf{p}(r-1)$임을 보여라. 여기서 $\mathbf{p} = (p_1, p_2, \dots)$이다. 이 관계식이 왜 일반적으로 근사식일 뿐인가?

c) 이에 따라, 작은 크롤링에서 어떤 페이지를 발견할 확률이 대략 그 페이지의 고유벡터 중심도에 비례한다는 것을 논하라. 강하게 연결된 덩어리에도 속하지 않는(7.1.2절 참고) 들어오는 덩어리 내에 있는 노드는 고유벡터 중심도가 0임을 떠올려보라. 현재 맥락에서 이것이 왜 말이 되는지 설명하라.

18.2 다음 알고리듬에 따라 P2P 네트워크에서 검색을 수행한다고 가정하자. 이 네트워크 위에 있는 각 노드는 자신의 각 이웃이 보유한 항목 기록을 유지한다. 검색을 시작하는 노드는 무작위로 선택한 자신의 이웃 한 명에게 원하는 항목이 있는지 요청한다. 그리고 이 이웃은 자신이나 자신의 이웃에게 이 항목이 있다고

응답하고 검색을 종료하거나 항목이 없다고 응답한다. 항목이 없다면, 이웃한 노드는 역시 무작위로 선택한 자신의 이웃 한 명에게 쿼리를 전달하고 항목을 발견할 때까지 이 과정을 만족한다. 그러므로 실질적으로 이 검색 쿼리는 네트워크에서 마구걷기를 하는 것이다.

a) 걸음 수가 큰 극한에서 이 쿼리가 어떤 특정 단계에서 노드 i를 만날 확률이 $k_i/2m$이라는 것을 논의하라. 여기서 k_i는 늘 그렇듯이 링크수이고, m은 네트워크에서 전체 에지의 수다.

b) 링크수가 k인 노드에 도달하면, 이 검색은 (많아야) 그 노드의 k명의 이웃 모두, 쿼리가 온 노드를 제외하면 전체 $k-1$명의 노드가 보유한 항목을 학습한다. 매 단계에서 평균적으로 이 검색을 통해 대략 $\langle k^2 \rangle/\langle k \rangle - 1$개의 노드가 보유한 항목을 학습한다는 것을 보여라. 따라서 네트워크에서 비율 c만큼의 노드에서 발견할 수 있는 목표 항목이 있을 때, 주어진 단계에서 발견한 이 항목의 복사본 개수의 기댓값은 $c(\langle k^2 \rangle/\langle k \rangle - 1)$임을 보여라.

c) 어떤 특정 단계에서 목표 항목을 발견하지 못할 확률이 대략 $q = \exp[c(1 - \langle k^2 \rangle/\langle k \rangle)]$임을 보여라. 그리고 이 항목의 복사본을 발견하기까지 걸리는 평균 단계가 $1/(1-q)$임을 보여라.

d) 지수가 3보다 작은 거듭제곱 링크수 분포를 보이는 네트워크에서는 $\langle k^2 \rangle \rightarrow \infty$인데, 그렇다면 이 네트워크에서 방금 살펴본 결과로는 네트워크 크기가 커지면 검색을 한 단계만 해도 끝난다는 것을 뜻한다. 이것이 정말 사실일까? 만약 아니라면, 왜 아닌지 설명하라.

마구걷기가 실제 네트워크 검색에서 비현실적인 모형이라 할지라도 이는 유용하다. 아마도 더 똑똑한 검색 전략을 이용하면 아무 생각 없이 마구걷기를 할 때보다 더 빨리 결과를 찾을 수 있을 것이다. 이에 따라 마구걷기는 어떤 항목을 찾을 때 필요한 검색 단계 길이의 상한을 제공한다. 특히 위의 예시에서처럼 마구걷기가 잘 작동한다면, 이보다 더 똑똑한 형태의 검색도 잘 작동할 것임을 시사한다.

18.3 18.3.1절에서 서술한 클라인버그의 네트워크 탐색 모형은 원래 2차원 모형이었지만 해당 절에서는 1차원 버전이었다. 클라인버그의 원래 버전에서는 2차원 정사각 격자에서 이 모형을 구축했다. 노드는 $r^{-\alpha}$에 비례하는 확률로 지름길을 연결했다. r은 두 노드 사이의 '맨해튼^Manhattan' 거리로, (유클리드 거리가 아닌) 통과한 에지 수로 나타낸 네트워크에서의 거리다. 18.3.1절의 개요를 따라, 이 변형된 모

형에서 목표 노드를 $O(\log^2 n)$단계 내에서 발견할 수 있음($\alpha = 2$일 때만 그렇다)을 보이기 위한 논의를 간단하게 해보라.

[1]   Abello, J., Buchsbaum, A., and Westbrook, J., A functional approach to external graph algorithms, in *Proceedings of the 6th European Symposium on Algorithms*, Springer, Berlin (1998).

[2]   Abramowitz, M. and Stegun, I. A., eds., *Handbook of Mathematical Functions*, Dover Publishing, New York (1974).

[3]   Achlioptas, D., Clauset, A., Kempe, D., and Moore, C., On the bias of traceroute sampling, in *Proceedings of the 37th ACM Symposium on Theory of Computing*, Association of Computing Machinery, New York (2005).

[4]   Adamic, L. A. and Glance, N., The political blogosphere and the 2004 US election, in *Proceedings of the WWW-2005 Workshop on the Weblogging Ecosystem*, Association of Computing Machinery, New York (2005).

[5]   Adamic, L. A. and Huberman, B. A., The nature of markets in the World Wide Web, *Quarterly Journal of Electronic Commerce* **1**, 512 (2000).

[6]   Adamic, L. A., Lukose, R. M., Puniyani, A. R., and Huberman, B. A., Search in power-law networks, *Phys. Rev. E* **64**, 046135 (2001).

[7]   Adler, J., Bootstrap percolation, *Physica A* **171**, 453–470 (1991).

[8]   Ahn, Y.-Y., Bagrow, J. P., and Lehmann, S., Link communities reveal multiscale complexity in networks, *Nature* **466**, 761–764 (2010).

[9]   Ahuja, R. K., Magnanti, T. L., and Orlin, J. B., *Network Flows: Theory, Algorithms, and Applications*, Prentice Hall, Upper Saddle River, NJ (1993).

[10]   Aiello, W., Chung, F., and Lu, L., A random graph model for massive graphs, in *Proceedings of the 32nd Annual ACM Symposium on Theory of Computing*, pp. 171–180, Association of Computing Machinery, New York (2000).

[11]   Aiello, W., Chung, F., and Lu, L., Random evolution of massive graphs, in J. Abello, P. M. Pardalos, and M. G. C. Resende, eds., *Handbook of Massive Data Sets*, pp. 97–122, Kluwer, Dordrecht (2002).

[12]   Airoldi, E. M., Blei, D. M., Fienberg, S. E., and Xing, E. P., Mixed membership stochastic blockmodels, *J. Mach. Learn. Res.* **9**, 1981–2014 (2008).

[13]   Albert, R., Albert, I., and Nakarado, G. L., Structural vulnerability of the North American power grid, *Phys. Rev. E* **69**, 025103 (2004).

[14]   Albert, R. and Barabási, A.-L., Topology of evolving networks: Local events and universality, *Phys. Rev. Lett.* **85**, 5234–5237 (2000).

[15]   Albert, R. and Barabási, A.-L., Statistical mechanics of complex networks, *Rev. Mod. Phys.* **74**, 47–97 (2002).

[16]   Albert, R., Jeong, H., and Barabási, A.-L., Diameter of the world-wide web, *Nature* **401**, 130–131 (1999).

[17]   Albert, R., Jeong, H., and Barabási, A.-L., Attack and error tolerance of complex networks, *Nature* **406**, 378–382 (2000).

[18]   Aldous, D. J., Spatial transportation networks with transfer costs: Asymptotic optimality of hub-and-spoke models, Math. *Proc. Camb. Phil. Soc.* **145**, 471–487 (2008).

[19]   Ali, I., Cook, W. D., and Kress, M., On the minimum violations ranking of a tournament, *Manag. Sci.* **32**, 660–672 (1986).

[20]   Amaral, L. A. N., Scala, A., Barthélemy, M., and Stanley, H. E., Classes of small-world networks, *Proc. Natl. Acad. Sci. USA* **97**, 11149–11152 (2000).

[21] Anderson, R. M. and May, R. M., *Infectious Diseases of Humans*, Oxford University Press, Oxford (1991).

[22] Anderson, W. N. and Morley, T. D., Eigenvalues of the Laplacian of a graph, *Linear and Multilinear Algebra* **18**, 141–145 (1985).

[23] Anthonisse, J. M., The rush in a directed graph, Technical Report BN 9/71, Stichting Mathematisch Centrum, Amsterdam (1971).

[24] Appel, K. and Haken,W., Every planar map is four colorable. II: Reducibility, *Illinois J. Math.* **21**, 491–567 (1977).

[25] Appel, K. and Haken,W., The solution of the fourcolor map problem, *Sci. Am.* **237**, 108–121 (1977).

[26] Appel, K., Haken, W., and Koch, J., Every planar mapis four colorable. I: Discharging, *Illinois J. Math.* **21**, 429–490 (1977).

[27] Appleby, M. C., Social rank and food access in red deer stags, *Behaviour* **74**, 294–309 (1980).

[28] Aral, S. and Walker, D., Identifying influential and susceptible members of social networks, *Science* **337**, 337–341 (2012).

[29] Aref, S. and Wilson, M. C., Measuring partial balance in signed networks, preprint arxiv: 1509.04037 (2015).

[30] Arenas, A., Díaz-Guilera, A., Kurths, J., Moreno, Y., and Zhou, C., Synchronization in complex networks, *Phys. Rep.* **469**, 93–153 (2008).

[31] Arianos, S., Bompard, E., Carbone, A., and Xue, F., Power grid vulnerability: A complex network approach, *Chaos* **19**, 013119 (2009).

[32] Auerbach, F., Das Gesetz der Bevölkerungs-konzentration, *Petermanns Geographische Mitteilungen* **59**, 74–76 (1913).

[33] Axelrod, R. and Bennett, D. S., A landscape theory of aggregation, *Br. J. Polit. Sci.* **23**, 211–233 (1993).

[34] Bagler, G., Analysis of the airport network of India as a complex weighted network, *Physica A* **387**, 2972–2980 (2008).

[35] Bagler, G. and Sinha, S., Network properties of protein structures, *Physica A* **346**, 27–33 (2005).

[36] Bailey, N. T. J., *The Mathematical Theory of Infectious Diseases and Its Applications*, Hafner Press, New York (1975).

[37] Ball, B., Karrer, B., and Newman, M. E. J., An efficient and principled method for detecting communities in networks, *Phys. Rev. E* **84**, 036103 (2011).

[38] Ball, B. andNewman, M. E. J., Friendship networks and social status, *Netw. Sci.* **1**, 16–30 (2013).

[39] Banavar, J. R., Maritan, A., and Rinaldo, A., Size and form in efficient transportation networks, *Nature* **399**, 130–132 (1999).

[40] Barabási, A.-L. and Albert, R., Emergence of scaling in random networks, *Science* **286**, 509–512 (1999).

[41] Barabási, A.-L., Albert, R., and Jeong, H., Scale-free characteristics of random networks: The topology of theWorld Wide Web, *Physica A* **281**, 69–77 (2000).

[42] Barabási, A.-L., Gulbahce,N., and Loscalzo, J., Network medicine: A network-based approach to human disease, *Nat. Rev. Genet.* **12**, 57–68 (2011).

[43] Barabási, A.-L., Jeong, H., Ravasz, E., Néda, Z., Schuberts, A., and Vicsek, T., Evolution of the social network of scientific collaborations, *Physica A* **311**, 590–614 (2002).

[44] Barbour, A. and Mollison, D., Epidemics and random graphs, in J. P. Gabriel, C. Lefevre, and P. Picard, eds., *Stochastic Processes in Epidemic Theory*, pp. 86–89, Springer, New York (1990).

[45] Barrat, A., Barthélemy, M., and Vespignani, A., *Dynamical Processes on Complex Networks*, Cambridge University Press, Cambridge (2008).

[46] Barthélemy, M., Spatial networks, *Phys. Rep.* **499**, 1–101 (2011).

[47] Barthélemy, M., Barrat, A., Pastor-Satorras, R., and Vespignani, A., Velocity and hierarchical spread of epidemic outbreaks in scale-free networks, *Phys. Rev. Lett.* **92**, 178701 (2004).

[48] Barthélemy, M., Barrat, A., Pastor-Satorras,

R., and Vespignani, A., Dynamical patterns of epidemic outbreaks in complex heterogeneous networks, *J. Theor. Bio.* **235**, 275 − 288 (2005).

[49] Batson, J., Spielman, D.A., Srivastava, N., and Teng, S.-H., Spectral sparsification of graphs: Theory and algorithms, *Commun. ACM* **56**, 87 − 94 (2013).

[50] Baxter, G. J., Dorogovtsev, S. N., Goltsev, A. V., and Mendes, J. F. F., Bootstrap percolation on complex networks, *Phys. Rev. E* **82**, 011103 (2010).

[51] Bearman, P., Moody, J., and Faris, R., Networks and history, Complexity **8**, 61 − 71 (2003).

[52] Bearman, P. S., Moody, J., and Stovel, K., Chains of affection: The structure of adolescent romantic and sexual networks, *Am. J. Sociol.* **110**, 44 − 91 (2004).

[53] Berger, S. I. and Iyengar, R., Network analyses in systems pharmacology, *Bioinformatics* **25**, 2466 − 2472 (2009).

[54] Bernard, H. R., Johnsen, E. C., Killworth, P. D., and Robinson, S., Estimating the size of an average personal network and of an event population, in M. Kochen, ed., *The Small World*, pp. 159 − 175, Ablex Publishing, Norwood, NJ (1989).

[55] Bernard, H. R., Johnsen, E. C., Killworth, P. D., and Robinson, S., Estimating the size of an average personal network and of an event population: Some empirical results, *Social Sci. Res.* **20**, 109 − 121 (1991).

[56] Bernard, H. R. and Killworth, P. D., Informant accuracy in social network data II, *Human Communications Res.* **4**, 3 − 18 (1977).

[57] Bernard, H. R., Killworth, P. D., Evans, M. J., McCarty, C., and Shelley, G. A., Studying social relations cross-culturally, *Ethnology* **2**, 155 − 179 (1988).

[58] Bernard, H. R., Killworth, P. D., and Sailer, L., Informant accuracy in social network data IV: A comparison of clique-level structure in behavioral and cognitive network data, *Soc. Networks* **2**, 191 − 218 (1980).

[59] Bernard, H. R., Killworth, P. D., and Sailer, L., Informant accuracy in social network data V: An experimental attempt to predict actual communication from recall data, *Social Sci. Res.* **11**, 30 − 66 (1982).

[60] Bianconi, G., *Multilayer Networks: Structure and Function*, Oxford University Press, Oxford (2018).

[61] Bianconi, G. and Capocci, A., Number of loops of size h in growing scale-free networks, *Phys. Rev. Lett.* **90**, 078701 (2003).

[62] Bickel, P. J. and Chen, A., A nonparametric view of network models and Newman-Girvan and other modularities, *Proc. Natl. Acad. Sci. USA* **106**, 21068 − 21073 (2009).

[63] Blei, D. M., Ng, A. Y., and Jordan, M. I., Latent Dirichlet allocation, *J. Mach. Learn. Res.* **3**, 993 − 1022 (2003).

[64] Blondel, V. D., Decuyper, A., and Krings, G., A survey of results of mobile phone datasets analysis, *EPJ Data Sci.* **4**, 10 (2015).

[65] Blondel, V. D., Gajardo, A., Heymans, M., Senellart, P., and Dooren, P. V., A measure of similarity between graph vertices: Applications to synonym extraction and web searching, *SIAM Rev.* **46**, 647 − 666 (2004).

[66] Blondel, V. D., Guillaume, J.-L., Lambiotte, R., and Lefebvre, E., Fast unfolding of communities in large networks, *J. Stat. Mech.* **2008**, P10008 (2008).

[67] Boccaletti, S., Bianconi, G., Criado, R., del Genio, C. I., Gomez-Gardenes, J., Romance, M., Sendina-Nadal, I., Wang, Z., and Zanin, M., The structure and dynamics of multilayer networks, *Phys. Rep.* **544**, 1 − 122 (2014).

[68] Boccaletti, S., Latora, V., Moreno, Y., Chavez, M., and Hwang, D.-U., Complex networks: Structure and dynamics, *Phys. Rep.* **424**, 175 − 308 (2006).

[69] Bollobás, B., A probabilistic proof of an asymptotic formula for the number of labelled regular graphs, *Eur. J. Combinatorics* **1**, 311 − 316 (1980).

[70] Bollobás, B., *Random Graphs*, 2nd edn., Academic Press, New York (2001).

[71] Bollobás, B. and Riordan, O., Sparse graphs: Metrics and random models, *Random Struct. Alg.* **39**, 1–38 (2010).

[72] Bollobás, B., Riordan, O., Spencer, J., and Tusnády, G., The degree sequence of a scale-free random graph process, *Random Struct. Alg.* **18**, 279–290 (2001).

[73] Bonacich, P. F., Power and centrality: A family of measures, *Am. J. Sociol.* **92**, 1170–1182 (1987).

[74] Bond, R. M., Fariss, C. J., Jones, J. J., Kramer, A. D. I., Marlow, C., Settle, J. E., and Fowler, J. H., A 61-million-person experiment in social influence and political mobilization, *Nature* **489**, 295–298 (2012).

[75] Borgatti, S. P., Structural holes: Unpacking Burt's redundancy measures, *Connections* **20**(1), 35–38 (1997).

[76] Borgatti, S. P., Centrality and network flow, *Soc. Networks* **27**, 55–71 (2005).

[77] Borgatti, S. P., Carley, K. M., and Krackhardt, D., On the robustness of centrality measures under conditions of imperfect data, *Soc. Networks* **28**, 124–136 (2006).

[78] Borgatti, S. P. and Everett, M. G., Models of core/periphery structures, *Soc. Networks* **21**, 375–395 (1999).

[79] Borgatti, S. P., Mehra, A., Brass, D. J., and Labianca, G., Network analysis in the social sciences, *Science* **323**, 892–895 (2009).

[80] Borodin, A., Roberts, G. O., Rosenthal, J. S., and Tsaparas, P., Finding authorities and hubs from link structures on the World Wide Web, in V. Y. Shen, N. Saito, M. R. Lyu, and M. E. Zurko, eds., *Proceedings of the 10th International World Wide Web Conference*, pp. 415–429, Association of Computing Machinery, New York (2001).

[81] Brandes, U., Delling, D., Gaertler, M., Görke, R., Hoefer, M., Nikoloski, Z., and Wagner, D., On finding graph clusterings with maximum modularity, in *Proceedings of the 33rd International Workshop on Graph-Theoretic Concepts in Computer Science*, no. 4769 in Lecture Notes in Computer Science, Springer, Berlin (2007).

[82] Brin, S. and Page, L., The anatomy of a large-scale hypertextual Web search engine, *Comput. Netw.* **30**, 107–117 (1998).

[83] Brinda, K. V. and Vishveshwara, S., A network representation of protein structures: Implications for protein stability, *Biophys. J.* **89**, 4159–4170 (2005).

[84] Broder, A., Kumar, R., Maghoul, F., Raghavan, P., Rajagopalan, S., Stata, R., Tomkins, A., and Wiener, J., Graph structure in the web, *Comput. Netw.* **33**, 309–320 (2000).

[85] Broido, A. and Claffy, K. C., Internet topology: Connectivity of IP graphs, in S. Fahmy and K. Park, eds., *Scalability and Traffic Control in IP Networks*, no. 4526 in Proc. SPIE, pp. 172–187, International Society for Optical Engineering, Bellingham, WA (2001).

[86] Bullmore, E. T. and Bassett, D. S., Brain graphs: Graphical models of the human brain connectome, *Annu. Rev. Clin. Psychol.* **7**, 113–140 (2011).

[87] Burlando, B., The fractal dimension of taxonomic systems, *J. Theor. Bio.* **146**, 99–114 (1990).

[88] Burt, R. S., Network items and the General Social Survey, *Soc. Networks* **6**, 293–339 (1984).

[89] Burt, R. S., *Structural Holes: The Social Structure of Competition*, Harvard University Press, Cambridge, MA (1992).

[90] Butts, C. T., Network inference, error, and informant (in)accuracy: A Bayesian approach, *Soc. Networks* **25**, 103–140 (2003).

[91] Calabrese, F., Smoreda, Z., Blondel, V. D., and Ratti, C., Interplay between telecommunications and face-to-face interactions: A study using mobile phone data, *PLOS One* **6**, e20814 (2011).

[92] Caldarelli, G., Pastor-Satorras, R., and Vespignani, A., Structure of cycles and local ordering in complex networks, *Eur. Phys. J. B* 38, 183–186 (2004).

[93] Callaway, D. S., Newman, M. E. J., Strogatz, S. H., and Watts, D. J., Network robustness and fragility: Percolation on random graphs, *Phys. Rev. Lett.* **85**, 5468–5471 (2000).

[94] Cano, P., Celma, O., Koppenberger, M., and

Buldú, J. M., Topology of music recommendation networks, *Chaos* **16**, 013107 (2006).

[95] Cardillo, A., Scellato, S., Latora, V., and Porta, S., Structural properties of planar graphs of urban street patterns, *Phys. Rev. E* **73**, 066107 (2006).

[96] Carvalho, R., Buzna, L., Bono, F., Gutierrez, E., Just, W., and Arrowsmith, D., Robustness of trans-European gas networks, *Phys. Rev. E* **80**, 016106 (2009).

[97] Catania, J. A., Coates, T. J., Kegels, S., and Fullilove, M. T., The population-based AMEN (AIDS in Multi-Ethnic Neighborhoods) study, *Am. J. Public Health* **82**, 284–287 (1992).

[98] Centola, D. and Macy, M., Complex contagions and the weakness of long ties, *Am. J. Sociology* **113**, 702–734 (2007).

[99] Chalupa, J., Leath, P. L., and Reich, G. R., Bootstrap percolation on a Bethe lattice, *J. Phys. C* **12**, L31–35 (1979).

[100] Chapelle, O., Schölkopf, B., and Zien, A., eds., *Semi-Supervised Learning*, MIT Press, Cambridge, MA (2006).

[101] Chen, P. and Redner, S., Community structure of the Physical Review citation network, *J. Informetr.* **4**, 278–290 (2010).

[102] Chen, Q., Chang, H., Govindan, R., Jamin, S., henker, S. J., and Willinger, W., The origin of power laws in Internet topologies revisited, in *Proceedings of the 21st Annual Joint Conference of the IEEE Computer and Communications Societies*, IEEE Computer Society, New York (2002).

[103] Chung, F. and Lu, L., The average distances in random graphs with given expected degrees, *Proc. Natl. Acad. Sci. USA* **99**, 15879–15882 (2002).

[104] Chung, F., Lu, L., and Vu, V., Spectra of random graphs with given expected degrees, *Proc. Natl. Acad. Sci. USA* **100**, 6313–6318 (2003).

[105] Chung, K. and Deisseroth, K., CLARITY for mapping the nervous system, *Nat. Methods* **10**, 508–513 (2013).

[106] Clarkson, G. and DeKorte, D., The problem of patent thickets in convergent technologies, in W.

S. Bainbridge and M. C. Roco, eds., *Progress in Convergence: Technologies for Human Wellbeing*, no. 1093 in Annals of the New York Academy of Science, pp. 180–200, New York Academy of Sciences, New York (2006).

[107] Clauset, A., Arbesman, S., and Larremore, D. B., Systematic inequality and hierarchy in faculty hiring networks, *Sci. Adv.* **1**, e1400005 (2015).

[108] Clauset, A. and Moore, C., Accuracy and scaling phenomena in Internet mapping, *Phys. Rev. Lett.* **94**, 018701 (2005).

[109] Clauset, A., Moore, C., and Newman, M. E. J., Hierarchical structure and the prediction of missing links in networks, *Nature* **453**, 98–101 (2008).

[110] Clauset, A., Newman, M. E. J., and Moore, C., Finding community structure in very large networks, *Phys. Rev. E* **70**, 066111 (2004).

[111] Clauset, A., Shalizi, C. R., and Newman, M. E. J., Power-law distributions in empirical data, *SIAM Rev.* **51**, 661–703 (2009).

[112] Cohen, J. E., *Ecologists' Co-operative Web Bank, Version 1.0: Machine-Readable Data Base of Food Webs*, Rockefeller University, New York (1989).

[113] Cohen, R., Erez, K., ben-Avraham, D., and Havlin, S., Resilience of the Internet to random breakdowns, *Phys. Rev. Lett.* **85**, 4626–4628 (2000).

[114] Cohen, R. and Havlin, S., Scale-free networks are ultrasmall, *Phys. Rev. Lett.* **90**, 058701 (2003).

[115] Cohen, R., Havlin, S., and ben-Avraham, D., Efficient immunization strategies for computer networks and populations, *Phys. Rev. Lett.* **91**, 247901 (2003).

[116] Cole, B. J., Dominance hierarchies in Leptothorax ants, *Science* **212**, 83–84 (1981).

[117] Coleman, J. S., Katz, E., and Menzel, H., The diffusion of an innovation among physicians, *Sociometry* **20**, 253–270 (1957).

[118] Colizza, V., Barrat, A., Barthélemy, M., and Vespignani, A., The role of the airline transportation network in the prediction and predictability of global epidemics, *Proc. Natl.*

Acad. Sci. USA **103**, 2015 – 2020 (2006).

[119] Côme, E. and Latouche, P., Model selection and clustering in stochastic block models based on the exact integrated complete data likelihood, *Stat. Model.* **15**, 564 – 589 (2015).

[120] Condon, A. and Karp, R. M., Algorithms for graph partitioning on the planted partition model, *Random Struct. Alg.* **18**, 116 – 140 (2001).

[121] Connor, R. C., Heithaus, M. R., and Barre, L. M., Superalliance of bottlenose dolphins, *Nature* **397**, 571 – 572 (1999).

[122] Cormen, T. H., Leiserson, C. E., Rivest, R. L., and Stein, C., *Introduction to Algorithms*, 2nd edn., MIT Press, Cambridge, MA (2001).

[123] Cox, R. A. K., Felton, J. M., and Chung, K. C., The concentration of commercial success in popular music: An analysis of the distribution of gold records, *J. Cult. Econ.* **19**, 333 – 340 (1995).

[124] Crovella, M. E. and Bestavros, A., Self-similarity in World Wide Web traffic: Evidence and possible causes, in B. E. Gaither and D. A. Reed, eds., *Proceedings of the 1996 ACM SIGMETRICS Conference on Measurement and Modeling of Computer Systems*, pp. 148 – 159, Association of Computing Machinery, New York (1996).

[125] Crucitti, P., Latora, V., and Marchiori, M., A topological analysis of the Italian electric power grid, *Physica A* **338**, 92 – 97 (2004).

[126] Csermely, P., London, A., Wu, L.-Y., and Uzzi, B., Structure and dynamics of core/periphery networks, *J. Complex Netw.* **1**, 93 – 123 (2013).

[127] D'Angelo, C. A., Giuffrida, C., and Abramo, G., A heuristic approach to author name disambiguation in bibliometrics databases for large-scale research assessments, *J. Assoc. Inf. Sci. Technol.* **62**, 257 – 269 (2011).

[128] Danon, L., Duch, J., Diaz-Guilera, A., and Arenas, A., Comparing community structure identification, *J. Stat. Mech.* **2005**, P09008 (2005).

[129] Davis, A., Gardner, B. B., and Gardner, M. R., *Deep South*, University of Chicago Press, Chicago (1941).

[130] Davis, G. F. and Greve, H. R., Corporate elite networks and governance changes in the 1980s, *Am. J. Sociol.* **103**, 1 – 37 (1997).

[131] Davis, G. F., Yoo, M., and Baker, W. E., The small world of the American corporate elite, 1982 – 2001, *Strateg. Organ.* **1**, 301 – 326 (2003).

[132] Davis, J. A., Clustering and structural balance in graphs, *Human Relations* **20**, 181 – 187 (1967).

[133] de Castro, R. and Grossman, J. W., Famous trails to Paul Erdös, *Math. Intelligencer* **21**, 51 – 63 (1999).

[134] De Domenico, M., Granell, C., Porter, M. A., and Arenas, A., The physics of multilayer networks, *Nat. Phys.* **12**, 901 – 906 (2016).

[135] De Domenico, M., Solé-Ribalta, A., Gómez, S., and Arenas, A., Navigability of interconnected networks under random failures, *Proc. Natl. Acad. Sci. USA* **111**, 8351 – 8356 (2014).

[136] De Vries, H., Finding a dominance order most consistent with a linear hierarchy: A new procedure and review, *Animal Behav.* **55**, 827 – 843 (1998).

[137] De Vries, H., Stevens, J. M. G., and Vervaecke, H., Measuring and testing the steepness of dominance hierarchies, *Animal Behav.* **55**, 585 – 592 (2006).

[138] Decelle, A., Krzakala, F., Moore, C., and Zdeborová, L., Asymptotic analysis of the stochastic block model for modular networks and its algorithmic applications, *Phys. Rev. E* **84**, 066106 (2011).

[139] Decelle, A., Krzakala, F., Moore, C., and Zdeborová, L., Inference and phase transitions in the detection of modules in sparse networks, *Phys. Rev. Lett.* **107**, 065701 (2011).

[140] Dobson, I., Carreras, B. A., Lynch, V. E., and Newman, D. E., Complex systems analysis of series of blackouts: Cascading failure, critical points, and self-organization, *Chaos* **17**, 026103 (2007).

[141] Dodds, P. S., Harris, K. D., Kloumann, I. M., Bliss, C. A., and Danforth, C. M., Temporal patterns of happiness and information in a global social network: Hedonometrics and Twitter, *PLOS One* **6**, e26752 (2011).

[142] Dodds, P. S., Muhamad, R., and Watts, D. J., An experimental study of search in global social networks, *Science* **301**, 827–829 (2003).

[143] Dodds, P. S. and Rothman, D. H., Geometry of river networks, *Phys. Rev. E* **63**, 016115, 016116, & 016117 (2001).

[144] Dorogovtsev, S. N., Goltsev, A. V., and Mendes, J. F. F., Ising model on networks with an arbitrary distribution of connections, *Phys. Rev. E* **66**, 016104 (2002).

[145] Dorogovtsev, S. N. and Mendes, J. F. F., Scaling behaviour of developing and decaying networks, *Europhys. Lett.* **52**, 33–39 (2000).

[146] Dorogovtsev, S. N. and Mendes, J. F. F., Language as an evolving word web, *Proc. R. Soc. London B* **268**, 2603–2606 (2001).

[147] Dorogovtsev, S. N. and Mendes, J. F. F., Evolution of networks, *Adv. Phys.* **51**, 1079–1187 (2002).

[148] Dorogovtsev, S. N., Mendes, J. F. F., and Samukhin, A. N., Structure of growing networks with preferential linking, *Phys. Rev. Lett.* **85**, 4633–4636 (2000).

[149] Dorogovtsev, S. N., Mendes, J. F. F., and Samukhin, A. N., Giant strongly connected component of directed networks, *Phys. Rev. E* **64**, 025101 (2001).

[150] Drews, C., The concept and definition of dominance in animal behaviour, *Behaviour* **125**, 283–313 (1993).

[151] Duch, J. and Arenas, A., Community detection in complex networks using extremal optimization, *Phys. Rev. E* **72**, 027104 (2005).

[152] Dunne, J. A., Labandeira, C. C., and Williams, R. J., Highly resolved early Eocene food webs show development of modern trophic structure after the end-Cretaceous extinction, *Proc. R. Soc. London B* **281**, 20133280 (2014).

[153] Dunne, J. A., Williams, R. J., and Martinez, N. D., Food-web structure and network theory: The role of connectance and size, *Proc. Natl. Acad. Sci. USA* **99**, 12917–12922 (2002).

[154] Eagle, N. and Pentland, A., Reality mining: Sensing complex social systems, *J. Pers. Ubiquitous Comput.* **10**, 255–268 (2006).

[155] Eagle, N., Pentland, A., and Lazer, D., Inferring friendship network structure by using mobile phone data, *Proc. Natl. Acad. Sci. USA* **106**, 15274–15278 (2009).

[156] Ebel, H., Mielsch, L.-I., and Bornholdt, S., Scale free-topology of e-mail networks, *Phys. Rev. E* **66**, 035103 (2002).

[157] Eckmann, J.-P. and Moses, E., Curvature of co-links uncovers hidden thematic layers in the World Wide Web, *Proc. Natl. Acad. Sci. USA* **99**, 5825–5829 (2002).

[158] Erdös, P. and Rényi, A., On random graphs, *Publ. Math.* **6**, 290–297 (1959).

[159] Erdös, P. and Rényi, A., On the evolution of random graphs, *Publications of the Mathematical Institute of the Hungarian Academy of Sciences* **5**, 17–61 (1960).

[160] Erdös, P. and Rényi, A., On the strength of connectedness of a random graph, *Acta Math. Sci. Hungary* **12**, 261–267 (1961).

[161] Érdi, P., Makovi, K., Somogyvári, Z., Strandburg, K., Tobochnik, J., Volf, P., and Zalányi, L., Prediction of emerging technologies based on analysis of the US patent citation network, *Scientometrics* **95**, 225–242 (2013).

[162] Erickson, B., Some problems of inference from chain data, in K. F. Schuessler, ed., *Sociological Methodology 1979*, pp. 276–302, Jossey-Bass, San Francisco (1978).

[163] Erman, N. and Todorovski, L., The effects of measurement error in case of scientific network analysis, *Scientometrics* **104**, 453–473 (2015).

[164] Estoup, J. B., *Gammes Stenographiques*, Institut Stenographique de France, Paris (1916).

[165] Eubank, S., Guclu, H., Kumar, V. S. A., Marathe, M. V., Srinivasan, A., Toroczkai, Z., and Wang, N., Modelling disease outbreaks in realistic urban social networks, *Nature* **429**, 180–184 (2004).

[166] Evans, T. S. and Lambiotte, R., Line graphs, link partitions, and overlapping communities, *Phys. Rev. E* **80**, 016105 (2009).

[167] Facchetti, G., Iacono, G., and Altafini, C.,

Computing global structural balance in large-scale signed social networks, *Proc. Natl. Acad. Sci. USA* **108**, 20953–20958 (2011).

[168] Faloutsos, M., Faloutsos, P., and Faloutsos, C., On power-law relationships of the internet topology, *Comput. Commun. Rev.* **29**, 251–262 (1999).

[169] Fararo, T. J. and Sunshine, M., *A Study of a Biased Friendship Network*, Syracuse University Press, Syracuse (1964).

[170] Feld, S., Why your friends have more friends than you do, *Am. J. Sociol.* **96**, 1464–1477 (1991).

[171] Feld, S. L. and Carter, W. C., Detecting measurement bias in respondent reports of personal networks, *Soc. Networks* **24**, 365–383 (2002).

[172] Fernholz, D. and Ramachandran, V., The diameter of sparse random graphs, *Random Struct. Alg.* **31**, 482–516 (2007).

[173] Ferreira, A. A., Goncalves, M. A., and Laender, A. H. F., A brief survey of automatic methods for author name disambiguation, *SIGMOD Record* **41**, 15–26 (2012).

[174] Ferrer i Cancho, R., Janssen, C., and Solé, R. V., Topology of technology graphs: Small world patterns in electronic circuits, *Phys. Rev. E* **64**, 046119 (2001).

[175] Ferrer i Cancho, R. and Solé, R. V., The small world of human language, *Proc. R. Soc. London B* **268**, 2261–2265 (2001).

[176] Ferrer i Cancho, R. and Solé, R. V., Optimization in complex networks, in R. Pastor-Satorras, J. Rubi, and A. Díaz-Guilera, eds., *Statistical Mechanics of Complex Networks*, no. 625 in Lecture Notes in Physics, pp. 114–125, Springer, Berlin (2003).

[177] Fiedler, M., Algebraic connectivity of graphs, *Czech. Math. J.* **23**, 298–305 (1973).

[178] Fields, S. and Song, O., A novel genetic system to detect protein-protein interactions, *Nature* **340**, 245–246 (1989).

[179] Fisher, M. E. and Essam, J. W., Some cluster size and percolation problems, *J. Math. Phys.* **2**, 609–619 (1961).

[180] Flack, J. C., Girvan, M., de Waal, F. B. M., and Krakauer, D. C., Policing stabilizes construction of social niches in primates, *Nature* **439**, 426–429 (2006).

[181] Flake, G. W., Lawrence, S. R., Giles, C. L., and Coetzee, F. M., Self-organization and identification of Web communities, *IEEE Computer* **35**, 66–71 (2002).

[182] Flory, P. J., Molecular size distribution in three dimensional polymers. I: Gelation, *J. Am. Chem. Soc.* **63**, 3083–3090 (1941).

[183] Fortunato, S., Community detection in graphs, *Phys. Rep.* **486**, 75–174 (2010).

[184] Fortunato, S. and Barthélemy, M., Resolution limit in community detection, *Proc. Natl. Acad. Sci. USA* **104**, 36–41 (2007).

[185] Fortunato, S. and Hric, D., Community detection in networks: A user guide, *Phys. Rep.* **659**, 1–44 (2016).

[186] Fowler, J. H. and Jeon, S., The authority of Supreme Court precedent, *Soc. Networks* **30**, 16–30 (2008).

[187] Fowler, J. H., Johnson, T. R., Spriggs II, J. F., Jeon, S., and Wahlbeck, P. J., Network analysis and the law: Measuring the legal importance of Supreme Court precedents, *Political Anal.* **15**, 324–346 (2007).

[188] Frank, O., Estimation of population totals by use of snowball samples, in P. W. Holland and S. Lein-hardt, eds., *Perspectives on Social Network Research*, pp. 319–348, Academic Press, New York (1979).

[189] Freeman, L. C., A set of measures of centrality based upon betweenness, *Sociometry* **40**, 35–41 (1977).

[190] Freeman, L. C., Finding social groups: A meta-analysis of the southern women data, in R. Breiger, K. Carley, and P. Pattison, eds., *Dynamic Social Network Modeling and Analysis*, pp. 39–77, National Academies Press, Washington, DC (2003).

[191] Freeman, L. C., *The Development of Social Network Analysis*, Empirical Press, Vancouver

(2004).

[192] Freeman, L. C., Borgatti, S. P., and White, D. R., Centrality in valued graphs: A measure of betweenness based on network flow, *Soc. Networks* **13**, 141 – 154 (1991).

[193] Freeman, L. C., Freeman, S. C., and Michaelson, A. G., On human social intelligence, *J. Social Biol. Struct.* **11**, 415 – 425 (1988).

[194] Freeman, L. C., Freeman, S. C., and Michaelson, A. G., How humans see social groups: A test of the Sailer-Gaulin models, *J. Quant. Anthropol.* **1**, 229 – 238 (1989).

[195] Fronczak, A., Hołyst, J. A., Jedynak, M., and Sienkiewicz, J., Higher order clustering coefficients in Barabási-Albert networks, *Physica A* **316**, 688 – 694 (2002).

[196] Fu, T. Z. J., Song, Q., and Chiu, D. M., The academic social networks, *Scientometrics* **101**, 203 – 239 (2014).

[197] Galaskiewicz, J., *Social Organization of an Urban Grants Economy*, Academic Press, New York (1985).

[198] Gallotti, R. and Barthelemy, M., The multilayer temporal network of public transport in Great Britain, *Sci. Data* **2**, 140056 (2015).

[199] Gao, Y., Zheng, Z., and Qin, F., Analysis of Linux kernel as a complex network, *Chaos, Solitons & Fractals* **69**, 246 – 252 (2014).

[200] Garfield, E., Citation indexes for science, *Science* **122**, 108 – 111 (1955).

[201] Gastner, M. T., Spatial distributions: Density-equalizing map projections, facility location, and two-dimensional networks, Ph.D. thesis, University of Michigan (2005).

[202] Gastner, M. T. and Newman, M. E. J., Optimal design of spatial distribution networks, *Phys. Rev. E* **74**, 016117 (2006).

[203] Gastner, M. T. and Newman, M. E. J., The spatial structure of networks, *Eur. Phys. J. B* **49**, 247 – 252 (2006).

[204] Girvan, M. and Newman, M. E. J., Community structure in social and biological networks, *Proc. Natl. Acad. Sci. USA* **99**, 7821 – 7826 (2002).

[205] Gleich, D. F., Pagerank beyond the web, *SIAM Rev.* **57**, 321 – 363 (2015).

[206] Gleiser, P. and Danon, L., Community structure in jazz, *Adv. Complex Syst.* **6**, 565 – 573 (2003).

[207] Gleiss, P. M., Stadler, P. F., Wagner, A., and Fell, D. A., Relevant cycles in chemical reaction networks, *Adv. Complex Syst.* **4**, 207 – 226 (2001).

[208] Golbeck, J., Grimes, J. M., and Rogers, A., Twitter use by the US Congress, *J. Am. Soc. Inform. Sci. Technol.* **61**, 1612 – 1621 (2010).

[209] Goldstein, M. L., Morris, S.A., and Yen, G. G., Problems with fitting to the power-lawdistribution, *Eur. Phys. J. B* **41**, 255 – 258 (2004).

[210] Goltsev, A. V., Dorogovtsev, S. N., and Mendes, J. F. F., K-core (bootstrap) percolation on complex networks: Critical phenomena and nonlocal effects, *Phys. Rev. E* **73**, 056101 (2006).

[211] Goltsev, A. V., Dorogovtsev, S. N., and Mendes, J. F. F., Percolation on correlated networks, *Phys. Rev. E* **78**, 051105 (2008).

[212] Goncalves, B., Perra, N., and Vespignani, A., Modeling users' activity on Twitter networks: Validation of Dunbar's number, *PLOS One* **6**, e22656 (2011).

[213] Good, B. H., de Montjoye, Y.-A., and Clauset, A., Performance of modularity maximization in practical contexts, *Phys. Rev. E* **81**, 046106 (2010).

[214] Grant, T. R., Dominance and association among members of a captive and a free-ranging group of grey kangaroos (Macropus giganthus), *Animal Behav.* **21**, 449 – 456 (1973).

[215] Grassberger, P., On the critical behavior of the general epidemic process and dynamical percolation, *Math. Biosci.* **63**, 157 – 172 (1983).

[216] Gress, B., Properties of the USPTO patent citation network: 1963 – 2002, *World Patent Inform.* **32**, 3 – 21 (2010).

[217] Grindrod, P. and Higham, D. J., Evolving graphs: Dynamical models, inverse problems and propagation, *Proc. R. Soc. London A* **466**, 753 – 770 (2010).

[218] Grossman, J. W., The evolution of the mathema-

tical research collaboration graph, *Congr. Numer.* **158**, 202 – 212 (2002).

[219] Grossman, J. W. and Ion, P. D. F., On a portion of the well-known collaboration graph, *Congr. Numer.* **108**, 129 – 131 (1995).

[220] Grujić, J., Movies recommendation networks as bipartite graphs, in M. Bubak, G. D. Albada, J. Dongarra, and P. M. A. Sloot, eds., *Proceedings of the 8th International Conference on Computational Science*, no. 5102 in Lecture Notes in Computer Science, pp. 576 – 583, Springer, Berlin (2008).

[221] Guare, J., *Six Degrees of Separation: A Play*, Vintage, New York (1990).

[222] Guilbeault, D., Becker, J., and Centola, D., Complex contagions: A decade in review, in S. Lehmann and Y. Ahn, eds., *Spreading Dynamics in Social Systems*, Springer Nature, Berlin (2018).

[223] Guimerà, R., Danon, L., Díaz-Guilera, A., Giralt, F., and Arenas, A., Self-similar community structure in a network of human interactions, *Phys. Rev. E* **68**, 065103 (2003).

[224] Guimerà, R., Mossa, S., Turtschi, A., and Amaral, L. A. N., The worldwide air transportation network: Anomalous centrality, community structure, and cities' global roles, *PNAS* **102**, 7794 – 7799 (2005).

[225] Guimerà, R. and Sales-Pardo, M., Missing and spurious interactions and the reconstruction of complex networks, *Proc. Natl. Acad. Sci. USA* **106**, 22073 – 22078 (2009).

[226] Guimerà, R. and Sales-Pardo, M., A network inference method for large-scale unsupervised identification of novel drug-drug interactions, *PLOS Comput. Biol.* **9**, e1003374 (2013).

[227] Guimerà, R., Sales-Pardo, M., and Amaral, L. A. N., Modularity from fluctuations in random graphs and complex networks, *Phys. Rev. E* **70**, 025101 (2004).

[228] Gutenberg, B. and Richter, R. F., Frequency of earthquakes in California, *Bulletin of the Seismological Society of America* **34**, 185 – 188 (1944).

[229] Harary, F., On the notion of balance of a signed graph, *Michigan Math. J.* **2**, 143 – 146 (1953).

[230] Harary, F., *Graph Theory*, Perseus, Cambridge, MA (1995).

[231] Helmstaedter, M., Cellular-resolution connectomics: Challenges of dense neural circuit reconstruction, *Nat. Methods* **10**, 501 – 507 (2013).

[232] Hethcote, H.W., The mathematics of infectious diseases, *SIAM Rev.* **42**, 599 – 653 (2000).

[233] Hidalgo, C. A. and Rodriguez-Sickert, C., The dynamics of a mobile phone network, *Physica A* **387**, 3017 – 3024 (2008).

[234] Hines, P., Cotilla-Sanchez, E., and Blumsack, S., Do topological models provide good information about electricity infrastructure vulnerability?, *Chaos* **20**, 033122 (2010).

[235] Hoff, P. D., Raftery, A. E., and Handcock, M. S., Latent space approaches to social network analysis, *J. Amer. Stat. Assoc.* **97**, 1090 – 1098 (2002).

[236] Hofmann, T., Unsupervised learning by probabilistic latent semantic analysis, *Mach. Learn.* **42**, 177 – 196 (2001).

[237] Holme, P., Core-periphery organization of complex networks, *Phys. Rev. E* **72**, 046111 (2005).

[238] Holme, P., Edling, C. R., and Liljeros, F., Structure and time-evolution of an Internet dating community, *Soc. Networks* **26**, 155 – 174 (2004).

[239] Holme, P. and Saramäki, J., Temporal networks, *Phys. Rep.* **519**, 97 – 125 (2012).

[240] Hopkins, A. L., Network pharmacology: The next paradigm in drug discovery, *Nat. Chem. Biol.* **4**, 682 – 690 (2008).

[241] Hou, H., Kretschmer, H., and Liu, Z., The structure of scientific collaboration networks in Scientometrics, *Scientometrics* **75**, 189 – 202 (2008).

[242] Hric, D., Kaski, K., and Kivelä, M., Stochastic block model reveals the map of citation patterns and their evolution in time, preprint arxiv:1705.00018 (2017).

[243] Hua, Y. and Zhu, D., Empirical analysis of the

worldwide maritime transportation network, *Physica A* **388**, 2061–2071 (2009).

[244] Huberman, B. A., *The Laws of the Web*, MIT Press, Cambridge, MA (2001).

[245] Huxham, M., Beaney, S., and Raffaelli, D., Do parasites reduce the chances of triangulation in a real food web?, *Oikos* **76**, 284–300 (1996).

[246] Jacobs, A. Z., Way, S. F., Ugander, J., and Clauset, A., Assembling thefacebook: Using heterogeneity to understand online social network assembly, in *Proceedings of the 7th Annual ACM Web Science Conference*, p. 18, Association of Computing Machinery, New York (2015).

[247] Jaffe, A. and Trajtenberg, M., *Patents, Citations and Innovations: A Window on the Knowledge Economy*, MIT Press, Cambridge, MA (2002).

[248] Jeh, G. and Widom, J., SimRank: A measure of structural-context similarity, in *Proceedings of the 8th ACMSIGKDD International Conference on Knowledge Discovery and Data Mining*, pp. 538–543, Association of Computing Machinery, New York (2002).

[249] Jenks, S. M. and Ginsburg, B. E., Socio-sexual dynamics in a captivewolf pack, in H. Frank, ed., *Man and Wolf*, pp. 375–399, Junk Publishers, Dordrecht (1987).

[250] Jeong, H., Mason, S., Barabási, A.-L., and Oltvai, Z. N., Lethality and centrality in protein networks, *Nature* **411**, 41–42 (2001).

[251] Jeong, H., Néda, Z., and Barabási, A.-L., Measuring preferential attachment in evolving networks, *Europhys. Lett.* **61**, 567–572 (2003).

[252] Jeong, H., Tombor, B., Albert, R., Oltvai, Z. N., and Barabási, A.-L., The large-scale organization of metabolic networks, *Nature* **407**, 651–654 (2000).

[253] Jones, J. H. and Handcock, M. S., Sexual contacts and epidemic thresholds, Nature **423**, 605–606 (2003).

[254] Kansky, K. J., *Structure of Transportation Networks: Relationships Between Network Geometry and Regional Characteristics*, University of Chicago, Chicago (1963).

[255] Karrer, B. and Newman, M. E. J., Random graph models for directed acyclic networks, *Phys. Rev. E* **80**, 046110 (2009).

[256] Karrer, B. and Newman, M. E. J., Random graphs containing arbitrary distributions of subgraphs, *Phys. Rev. E* **82**, 066118 (2010).

[257] Karrer, B. and Newman, M. E. J., Stochastic blockmodels nd community structure in networks, *Phys. Rev. E* **83**, 016107 (2011).

[258] Katz, L., A new status index derived from sociometric analysis, *Psychometrika* **18**, 39–43 (1953).

[259] Killworth, P. D. and Bernard, H. R., Informant accuracy in social network data, *Hum. Organ.* **35**, 269–286 (1976).

[260] Killworth, P. D. and Bernard, H. R., The reverse small world experiment, *Soc. Networks* **1**, 159–192 (1978).

[261] Killworth, P. D., Johnsen, E. C., Bernard, H. R., Shelley, G. A., and McCarty, C., Estimating the size of personal networks, *Soc. Networks* **12**, 289–312 (1990).

[262] Kim, J., Krapivsky, P. L., Kahng, B., and Redner, S., Infinite-order percolation and giant fluctuations in a protein interaction network, *Phys. Rev. E* **66**, 055101 (2002).

[263] Kinney, R., Crucitti, P., Albert, R., and Latora, V., Modeling cascading failures in the North American power grid, *Eur. Phys. J. B* **46**, 101–107 (2004).

[264] Kivelä, M., Arenas, A., Barthelemy, M., Gleeson, J. P., Moreno, Y., and Porter, M. A., Multilayer networks, *J. Complex Netw.* **2**, 203–271 (2014).

[265] Kleinberg, J. M., Authoritative sources in a hyperlinked environment, *J. ACM* **46**, 604–632 (1999).

[266] Kleinberg, J. M., Navigation in a small world, *Nature* **406**, 845 (2000).

[267] Kleinberg, J. M., The small-world phenomenon: An algorithmic perspective, in *Proceedings of the 32nd Annual ACM Symposium on Theory of Computing*, pp. 163–170, Association of Computing Machinery, New York (2000).

[268] Kleinberg, J. M., Small world phenomena and the dynamics of information, in T. G. Dietterich, S. Becker, and Z. Ghahramani, eds., *Proceedings of the 2001 Neural Information Processing Systems Conference*, MIT Press, Cambridge, MA (2002).

[269] Kleinberg, J. M., Kumar, S. R., Raghavan, P., Rajagopalan, S., and Tomkins,A., The Web as a graph: Measurements, models and methods, in T. Asano, H. Imai, D. T. Lee, S.-I. Nakano, and T. Tokuyama, eds., *Proceedings of the 5th Annual International Conference on Combinatorics and Computing*, no. 1627 in Lecture Notes in Computer Science, pp. 1–18, Springer, Berlin (1999).

[270] Klovdahl, A. S., Urban social networks: Some methodological problems and possibilities, in M. Kochen, ed., *The Small World*, Ablex Publishing, Norwood, NJ (1989).

[271] Klovdahl, A. S., Potterat, J. J., Woodhouse, D. E., Muth, J. B., Muth, S. Q., and Darrow, W. W., Social networks and infectious disease: The Colorado Springs study, *Soc. Sci. Med.* **38**, 79–88 (1994).

[272] Knuth, D. E., *The Stanford GraphBase: A Platform for Combinatorial Computing*, Addison-Wesley, Reading, MA (1993).

[273] Kohli, R. and Sah, R., Some empirical regularities in market shares, *Management Science* **52**, 1792–1798 (2006).

[274] Koren, Y., Drawing graphs by eigenvectors: Theory and practice, *Comput. Math. Appl.* **49**, 1867–1888 (2005).

[275] Korte, C. and Milgram, S., Acquaintance links between racial groups: Application of the smallworld method, *J. Pers. Soc. Psychol.* **15**, 101–108 (1970).

[276] Kossinets, G., Effects of missing data in social networks, *Soc. Networks* **28**, 247–268 (2006).

[277] Kossinets, G. and Watts, D. J., Empirical analysis of an evolving social network, *Science* **311**, 88–90 (2006).

[278] Kramer, A. D. I., Guillory, J. E., and Hancock, J. T., Experimental evidence of massive-scale emotional contagion through social networks, *Proc. Natl. Acad. Sci. USA* **111**, 8788–8790 (2014).

[279] Krapivsky, P. L. and Redner, S., Organization of growing random networks, *Phys. Rev. E* **63**, 066123 (2001).

[280] Krapivsky, P. L., Redner, S., and Leyvraz, F., Connectivity of growing random networks, *Phys. Rev. Lett.* **85**, 4629–4632 (2000).

[281] Krapivsky, P. L., Rodgers, G. J., and Redner, S., Degree distributions of growing networks, *Phys. Rev. Lett.* **86**, 5401–5404 (2001).

[282] Krebs, V. E., Mapping networks of terrorist cells, *Connections* **24**, 43–52 (2002).

[283] Krogan, N. J., Cagney, G., Yu, H., Zhong, G., Guo, X., Ignatchenko, A., Li, J., Pu, S., Datta, N., Tikuisis, A. P., Punna, T., Peregrín-Alvarez, J. M., Shales, M., Zhang, X., Davey, M., Robinson, M. D., Paccanaro, A., Bray, J. E., Sheung,A., Beattie, B., Richards, D. P., Canadien, V., Lalev, A., Mena, F., Wong, P., Starostine, A., Canete, M. M., Vlasblom, J., Wu, S., Orsi, C., Collins, S. R., Chandran, S., Haw, R., Rilstone, J. J., Gandi, K., Thompson, N. J., Musso, G., Onge, P. S., Ghanny, S., Lam, M. H. Y., Butland, G., Altaf-Ul, A. M., Kanaya, S., Shilatifard, A., O'Shea, E., Weissman, J. S., Ingles, C. J., Hughes, T. R., Parkinson, J., Gerstein, M., Wodak, S. J., Emili, A., and Greenblatt, J. F., Global landscape of protein complexes in the yeast Saccharomyces cerevisiae, *Nature* **440**, 637–643 (2006).

[284] Lakhina, A., Byers, J., Crovella, M., and Xie, P., Sampling biases in IP topology measurements, in *Proceedings of the 22nd Annual Joint Conference of the IEEE Computer and Communications Societies*, Institute of Electrical and Electronics Engineers, New York (2003).

[285] Lambiotte, R., Geographical dispersal of mobile communication networks, *Physica A* **387**, 5317–5325 (2008).

[286] Lancichinetti, A. and Fortunato, S., Community detection algorithms: A comparative analysis, *Phys. Rev. E* **80**, 056117 (2009).

[287] Lancichinetti, A., Fortunato, S., and Radicchi, F., Benchmark graphs for testing community

detection algorithms, *Phys. Rev. E* **78**, 046110 (2008).

[288] Landauer, T. K., Foltz, P. W., and Laham, D., An introduction to latent semantic analysis, *Discourse Process.* **25**, 259–284 (1998).

[289] Langville, A. N. and Meyer, C. D., *Who's #1? The Science of Rating and Ranking*, Princeton University Press, Princeton, NJ (2013).

[290] Latora, V. and Marchiori, M., Is the Boston subway a small-world network?, *Physica A* **314**, 109–113 (2002).

[291] Lee, D. D. and Seung, H. S., Learning the parts of objects by nonnegative matrix factorization, *Nature* **401**, 788–791 (1999).

[292] Lee, D. D. and Seung, H. S., Algorithms for nonnegative matrix factorization, in *Proceedings of the 2000 Neural Information Processing Systems Conference*, pp. 556–562, MIT Press, Cambridge, MA (2001).

[293] Lee, K., Jung, W.-S., Park, J. S., and Choi, M. Y., Statistical analysis of the Metropolitan Seoul Subway system: Network structure and passenger flows, *Physica A* **387**, 6231–6234 (2008).

[294] Lehmann, S., Lautrup, B., and Jackson, A. D., Citation networks in high energy physics, *Phys. Rev. E* **68**, 026113 (2003).

[295] Leicht, E. A., Clarkson, G., Shedden, K., and Newman, M. E. J., Large-scale structure of time evolving citation networks, *Eur. Phys. J. B* **59**, 75–83 (2007).

[296] Leicht, E. A., Holme, P., and Newman, M. E. J., Vertex similarity in networks, *Phys. Rev. E* **73**, 026120 (2006).

[297] Lewis, K., The limits of racial prejudice, *Proc. Natl. Acad. Sci. USA* **110**, 18814–18819 (2013).

[298] Lewis, K., Kaufman, J., Gonzalez, M., Wimmer, A., and Christakis, N., Tastes, ties, and time: A new social network dataset using Facebook.com, *Soc. Networks* **30**, 330–342 (2008).

[299] Li, S., Chen, Y., Du, H., and Feldman, M. W., A genetic algorithm with local search strategy for improved detection of community structure, *Complexity* **15**(4), 53–60 (2010).

[300] Liben-Nowell, D., Geographic routing in social networks, *Proc. Natl. Acad. Sci. USA* **102**, 11623–11628 (2005).

[301] Liben-Nowell, D. and Kleinberg, J., The link-prediction problem for social networks, *J. Assoc. Inf. Sci. Technol.* **58**, 1019–1031 (2007).

[302] Lichtman, J. W., Livet, J., and Sanes, J. R., A technicolour approach to the connectome, *Nat. Rev. Neurosci.* **9**, 417–422 (2008).

[303] Liggett, T. M., *Interacting Particle Systems*, Springer, New York (1985).

[304] Liljeros, F., Edling, C. R., and Amaral, L. A. N., Sexual networks: Implication for the transmission of sexually transmitted infection, *Microbes Infect.* **5**, 189–196 (2003).

[305] Liljeros, F., Edling, C. R., Amaral, L. A. N., Stanley, H. E., and Åberg, Y., The web of human sexual contacts, *Nature* **411**, 907–908 (2001).

[306] Lloyd, A. L. and May, R. M., How viruses spread among computers and people, *Science* **292**, 1316–1317 (2001).

[307] Lloyd, J. R., Orbanz, P., Ghahramani, Z. and Roy, D. M., Random function priors for exchangeable arrays with applications to graphs and relational data, in *Proceedings of the 2012 Neural Information Processing Systems Conference*, pp. 1–9, MIT Press, Cambridge, MA (2012).

[308] Lorenz, M. O., Methods of measuring the concentration of wealth, *Publ. Am. Stat. Assoc.* **9**, 209–219 (1905).

[309] Lotka, A. J., The frequency distribution of scientific production, *J. Wash. Acad. Sci.* **16**, 317–323 (1926).

[310] Lott, D. F., Dominance relations and breeding rate in mature male American bison, *Z. Tierpsychol.* **49**, 418–432 (1979).

[311] Lowry, O. H., Rosebrough, N. J., Farr, A. L., and Randall, R. J., Protein measurement with the Folin phenol reagent, *J. Biol. Chem.* **193**, 265–275 (1951).

[312] Lu, E. T. and Hamilton, R. J., Avalanches of the distribution of solar flares, *Astrophys. J.* **380**, 89–92 (1991).

[313] Lueg, C. and Fisher, D., eds., *From Usenet to CoWebs: Interacting with Social Information Spaces*, Springer, New York (2003).

[314] Lupu, Y. and Voeten, E., Precedent in international courts: A network analysis of case citations by the European Court of Human Rights, *Br. J. Polit. Sci.* **42**, 413–439 (2012).

[315] Lusseau, D., The emergent properties of a dolphin social network, *Proc. R. Soc. London B (suppl.)* **270**, S186–S188 (2003).

[316] Lusseau, D., Schneider, K., Boisseau, O. J., Haase, P., Slooten, E., and Dawson, S. M., The bottlenose dolphin community of Doubtful Sound features a large proportion of long-lasting associations. Can geographic isolation explain this unique trait?, *Behav. Ecol. Sociobiol.* **54**, 396–405 (2003).

[317] MacKinnon, I. and Warren, R., Age and geographic inferences of the LiveJournal social network, in E. Airoldi, D. M. Blei, S. E. Fienberg, A. Goldenberg, E. P. Xing, and A. X. Zheng, eds., *Statistical Network Analysis: Models, Issues, andNew Directions, vol. 4503 of Lecture Notes in Computer Science*, pp. 176–178, Springer-Verlag, Berlin (2007).

[318] Mariolis, P., Interlocking directorates and control of corporations: The theory of bank control, *Soc. Sci. Q.* **56**, 425–439 (1975).

[319] Maritan, A., Rinaldo, A., Rigon, R., Giacometti, A., and Rodríguez-Iturbe, I., Scaling laws for river networks, *Phys. Rev. E* **53**, 1510–1515 (1996).

[320] Marsden, P. V., Network data and measurement, *Annu. Rev. Sociol.* **16**, 435–463 (1990).

[321] Martinez, N. D., Artifacts or attributes? Effects of resolution on the Little Rock Lake food web, *Ecol. Monographs* **61**, 367–392 (1991).

[322] Martinez, N. D., Constant connectance in community food webs, *Am. Natur.* **139**, 1208–1218 (1992).

[323] Maslov, S., Sneppen, K., and Zaliznyak, A., Detection of topological patterns in complex networks: Correlation profile of the internet, *Physica A* **333**, 529–540 (2004).

[324] Masucci, A. P., Smith, D., Crooks, A., and Batty, M., Random planar graphs and the London street network, *Eur. Phys. J. B* **71**, 259–271 (2009).

[325] May, R. M. and Anderson, R. M., The transmission dynamics of human immunodeficiency virus (HIV), *Philos. Trans. R. Soc. London B* **321**, 565–607 (1988).

[326] McCarty, C., Killworth, P. D., Bernard, H. R., Johnsen, E. C., and Shelley, G. A., Comparing two methods for estimating network size, *Hum. Organ.* **60**, 28–39 (2001).

[327] McDaid, A. F., Greene, D., and Hurley, N., Normalized mutual information to evaluate overlapping community finding algorithms, preprint arxiv:1110.2515 (2011).

[328] McMahan, C. A. and Morris, M. D., Application of maximum likelihood paired comparison ranking to estimation of a linear dominance hierarchy in animal societies, *Animal Behav.* **32**, 374–378 (1984).

[329] Medus, A., Acuña, G., and Dorso, C. O., Detection of community structures in networks via global optimization, *Physica A* **358**, 593–604 (2005).

[330] Menger, K., Zur allgemeinen Kurventheorie, *Fundamenta Mathematicae* **10**, 96–115 (1927).

[331] Meyer, C. D., *Matrix Analysis and Applied Linear Algebra*, Society for Industrial and Applied Mathematics, Philadelphia (2000).

[332] Mézard, M. and Montanari, A., *Information, Physics, and Computation*, Oxford University Press, Oxford (2009).

[333] Milgram, S., The small world problem, *Psychol. Today* **2**, 60–67 (1967).

[334] Milo, R., Shen-Orr, S., Itzkovitz, S., Kashtan, N., Chklovskii, D., and Alon, U., Network motifs: Simple building blocks of complex networks, *Science* **298**, 824–827 (2002).

[335] Mitzenmacher, M., A brief history of generative models for power lawand lognormal distributions, *Internet Math.* **1**, 226–251 (2004).

[336] Mollison, D., Spatial contact models for ecological and epidemic spread, *J. R. Stat. Soc. B* **39**, 283–326 (1977).

[337] Molloy, M. and Reed, B.,Acritical point for

random graphs with a given degree sequence, *Random Struct. Alg.* **6**, 161–179 (1995).

[338] Moody, J., Race, school integration, and friendship segregation in America, *Am. J. Sociol.* **107**, 679–716 (2001).

[339] Moore, C., Ghoshal, G., and Newman, M. E. J., Exact solutions for models of evolving networks with addition and deletion of nodes, *Phys. Rev. E* **74**, 036121 (2006).

[340] Moore, C. and Mertens, S., *The Nature of Computation*, Oxford University Press, Oxford (2011).

[341] Moreno, J. L., *Who Shall Survive?*, Beacon House, Beacon, NY (1934).

[342] Moreno, Y., Pastor-Satorras, R., and Vespignani, A., Epidemic outbreaks in complex heterogeneous networks, *Eur. Phys. J. B* **26**, 521–529 (2002).

[343] Myers, C. R., Software systems as complex networks: Structure, function, and evolvability of software collaboration graphs, *Phys. Rev. E* **68**, 046116 (2003).

[344] Neukum, G. and Ivanov, B. A., Crater size distributions and impact probabilities on Earth from lunar, terrestrial-planet, and asteroid cratering data, in T. Gehrels, ed., *Hazards Due to Comets and Asteroids*, pp. 359–416, University of Arizona Press, Tucson, AZ (1994).

[345] Newman, E. I., A method of estimating the total length of root in a sample, *J. Appl. Ecol.* **3**, 139–145 (1966).

[346] Newman, M. E. J., Clustering and preferential attachment in growing networks, *Phys. Rev. E* **64**, 025102 (2001).

[347] Newman, M. E. J., Scientific collaboration networks: I. Network construction and fundamental results, *Phys. Rev. E* **64**, 016131 (2001).

[348] Newman, M. E. J., Scientific collaboration networks: II. Shortest paths, weighted networks, and centrality, *Phys. Rev. E* **64**, 016132 (2001).

[349] Newman, M. E. J., The structure of scientific collaboration networks, *Proc. Natl. Acad. Sci. USA* **98**, 404–409 (2001).

[350] Newman, M. E. J., Assortative mixing in networks, *Phys. Rev. Lett.* **89**, 208701 (2002).

[351] Newman, M. E. J., Ego-centered networks and the ripple effect, *Soc. Networks* **25**, 83–95 (2003).

[352] Newman, M. E. J., Mixing patterns in networks, *Phys. Rev. E* **67**, 026126 (2003).

[353] Newman, M. E. J., Properties of highly clustered networks, *Phys. Rev. E* **68**, 026121 (2003).

[354] Newman, M. E. J., The structure and function of complex networks, *SIAM Rev.* **45**, 167–256 (2003).

[355] Newman, M. E. J., Analysis of weighted networks, *Phys. Rev. E* **70**, 056131 (2004).

[356] Newman, M. E. J., A measure of betweenness centrality based on random walks, *Soc. Networks* **27**, 39–54 (2005).

[357] Newman, M. E. J., Power laws, Pareto distributions and Zipf's law, *Contemp. Phys.* **46**, 323–351 (2005).

[358] Newman, M. E. J., Threshold effects for two pathogens spreading on a network, *Phys. Rev. Lett.* **95**, 108701 (2005).

[359] Newman, M. E. J., Modularity and community structure in networks, *Proc. Natl. Acad. Sci. USA* **103**, 8577–8582 (2006).

[360] Newman, M. E. J., Random graphs with clustering, *Phys. Rev. Lett.* **103**, 058701 (2009).

[361] Newman, M. E. J., Network reconstruction and error estimation with noisy network data, preprint arxiv:1803.02427 (2018).

[362] Newman, M. E. J., Network structure from rich but noisy data, *Nat. Phys.* **14**, 542–545 (2018).

[363] Newman, M. E. J. and Ferrario, C. R., Interacting epidemics and coinfection on contact networks, *PLOS One* **8**, e71321 (2013).

[364] Newman, M. E. J., Forrest, S., and Balthrop, J., Email networks and the spread of computer viruses, *Phys. Rev. E* **66**, 035101 (2002).

[365] Newman, M. E. J. and Girvan, M., Mixing patterns and community structure in networks, in R. Pastor-Satorras, J. Rubi, and A. Díaz-Guilera, eds., *Statistical Mechanics of ComplexNetworks*,

no. 625 in Lecture Notes in Physics, pp. 66–87, Springer, Berlin (2003).

[366] Newman, M. E. J. and Girvan, M., Finding and evaluating community structure in networks, *Phys. Rev. E* **69**, 026113 (2004).

[367] Newman, M. E. J. and Park, J., Why social networks are different from other types of networks, *Phys. Rev. E* **68**, 036122 (2003).

[368] Newman, M. E. J. and Peixoto, T. P., Generalized communities in networks, *Phys. Rev. Lett.* **115**, 088701 (2015).

[369] Newman, M. E. J., Strogatz, S. H., and Watts, D. J., Random graphs with arbitrary degree distributions and their applications, *Phys. Rev. E* **64**, 026118 (2001).

[370] Newman, M. E. J. and Watts, D. J., Scaling and percolation in the small-world network model, *Phys. Rev. E* **60**, 7332–7342 (1999).

[371] Newman, M. E. J. and Ziff, R. M., Fast Monte Carlo algorithm for site or bond percolation, *Phys. Rev. E* **64**, 016706 (2001).

[372] Ng, A. Y., Zheng, A. X., and Jordan, M. I., Stable algorithms for link analysis, in D. H. Kraft, W. B. Croft, D. J. Harper, and J. Zobel, eds., *Proceedings of the 24th Annual International ACM SIGIR Conference on Research and Development in Information Retrieval*, pp. 258–266, Association of Computing Machinery, New York (2001).

[373] Ogielski, A. T., Integer optimization and zero-temperature fixed point in Ising random-field systems, *Phys. Rev. Lett.* **57**, 1251–1254 (1986).

[374] Onnela, J.-P., Arbesman, S., González M. C., Barabási, A.-L., and Christakis, N. A., Geographic constraints on social network groups, *PLOS One* **6**, e16939 (2011).

[375] Onnela, J.-P., Saramäki, J., Hyvönen, J., Szabó, G., Lazer, D., Kaski, K., Kertész, J., and Barabási, A.-L., Structure and tie strengths in mobile communication networks, *Proc. Natl. Acad. Sci. USA* **104**, 7332–7336 (2007).

[376] Orman, G. K., Labatut, V., and Cherifi, H., Qualitative comparison of community detection algorithms, *Commun. Computer Inform. Sci.* **167**, 265–279 (2011).

[377] Padgett, J. F. and Ansell, C. K., Robust action and the rise of the Medici, 1400–1434, *Am. J. Sociol.* **98**, 1259–1319 (1993).

[378] Pagani, G. A. and Aiello, M., The power grid as a complex network: A survey, *Physica A* **392**, 2688–2700 (2013).

[379] [379] Palla, G., Derényi, I., Farkas, I., and Vicsek, T., Uncovering the overlapping community structure of complex networks in nature and society, *Nature* **435**, 814–818 (2005).

[380] Park, J., Diagrammatic perturbation methods in networks and sports ranking combinatorics, *J. Stat. Mech.* **2010**, P04006 (2010).

[381] Pastor-Satorras, R., Vázquez, A., and Vespignani, A., Dynamical and correlation properties of the Internet, *Phys. Rev. Lett.* **87**, 258701 (2001).

[382] Pastor-Satorras, R. and Vespignani, A., Epidemic dynamics and endemic states in complex networks, *Phys. Rev. E* **63**, 066117 (2001).

[383] Pastor-Satorras, R. and Vespignani, A., Epidemic spreading in scale-free networks, *Phys. Rev. Lett.* **86**, 3200–3203 (2001).

[384] Pastor-Satorras, R. and Vespignani, A., *Evolution and Structure of the Internet*, Cambridge University Press, Cambridge (2004).

[385] Peixoto, T. P., Hierarchical block structures and high-resolution model selection in large networks, *Phys. Rev. X* **4**, 011047 (2014).

[386] Pelletier, J. D., Self-organization and scaling relationships of evolving river networks, *J. Geophys. Res.* **104**, 7359–7375 (1999).

[387] Pitts, F. R., A graph theoretic approach to historical geography, *The Professional Geographer* **17**, 15–20 (1965).

[388] Plischke, M. and Bergersen, B., *Equilibrium Statistical Physics*, 3rd edn., World Scientific, Singapore (2006).

[389] Pool, I. de S. and Kochen, M., Contacts and influence, *Soc. Networks* **1**, 1–48 (1978).

[390] Porter, M. A. and Gleeson, J., *Dynamical Systems on Networks: A Tutorial*, Springer, Berlin (2016).

[391] Pothen, A., Simon, H., and Liou, K.-P., Partitioning sparse matrices with eigenvectors of graphs, *SIAM J. Matrix Anal. Appl.* **11**, 430–452 (1990).

[392] Potterat, J. J., Phillips-Plummer, L., Muth, S. Q., Rothenberg, R. B., Woodhouse, D. E., Maldonado-Long, T. S., Zimmerman, H. P., and Muth, J. B., Risk network structure in the early epidemic phase of HIV transmission in Colorado Springs, *Sex. Transm. Infect.* **78**, i159–i163 (2002).

[393] Price, D. J. de S., Networks of scientific papers, *Science* **149**, 510–515 (1965).

[394] Price, D. J. de S., A general theory of bibliometric and other cumulative advantage processes, *J. Amer. Soc. Inform. Sci.* **27**, 292–306 (1976).

[395] Radicchi, F., Castellano, C., Cecconi, F., Loreto, V., and Parisi, D., Defining and identifying communities in networks, *Proc. Natl. Acad. Sci. USA* **101**, 2658–2663 (2004).

[396] Radicchi, F., Fortunato, S., and Castellano, C., Universality of citation distributions: Towards an objective measure of scientific impact, *Proc. Natl. Acad. Sci. USA* **105**, 17268–17272 (2008).

[397] Radicchi, F., Fortunato, S., Markines, B., and Vespignani, A., Diffusion of scientific credits and the ranking of scientists, *Phys. Rev. E* **80**, 056103 (2009).

[398] Radicchi, F., Fortunato, S., and Vespignani, A., Citation networks, in A. Scharnhorst, K. Börner, and P. van den Besselaar, eds., *Models of Science Dynamics: Encounters Between Complexity Theory and Information Sciences*, pp. 233–257, Springer, New York (2012).

[399] Rand, W. M., Objective criteria for the evaluations of clustering methods, *J. Am. Stat. Assoc.* **66**, 846–850 (1971).

[400] Rapoport, A. and Horvath, W. J., A study of a large sociogram, *Behav. Sci.* **6**, 279–291 (1961).

[401] Ratti, C., Sobolevsky, S., Calabrese, F., Andris, C., Reades, J., Martino, M., Claxton, R., and Strogatz, S. H., Redrawing the map of Great Britain from a network of human interactions, *PLOS One* **5**, e14248 (2010).

[402] Ravasz, E. and Barabási, A.-L., Hierarchical organization in complex networks, *Phys. Rev. E* **67**, 026112 (2003).

[403] Rea, L. M. and Parker, R. A., *Designing and Conducting Survey Research: A Comprehensive Guide*, 3rd edn., Jossey-Bass, San Francisco, CA (2005).

[404] Redner, S., How popular is your paper? An empirical study of the citation distribution, *Eur. Phys. J. B* **4**, 131–134 (1998).

[405] Redner, S., Citation statistics from 110 years of Physical Review, *Physics Today* **58**, 49–54 (2005).

[406] Ricci, F., Rokach, L., and Shapira, B., eds., *Recommender Systems Handbook*, 2nd edn., Springer, Berlin (2015).

[407] Rinaldo, A., Banavar, J. R., and Maritan, A., Trees, networks, and hydrology, *Water Resour. Res.* **42**, W06D07 (2006).

[408] Riolo, M. A., Cantwell, G. T., Reinert, G., and Newman, M. E. J., Efficient method for estimating the number of communities in a network, *Phys. Rev. E* **96**, 032310 (2017).

[409] Ripeanu, M., Foster, I., and Iamnitchi, A., Mapping the Gnutella network: Properties of largescale peer-to-peer systems and implications for system design, *IEEE Internet Comput.* **6**, 50–57 (2002).

[410] Roberts, D. C. and Turcotte, D. L., Fractality and self-organized criticality ofwars, *Fractals* **6**, 351–357 (1998).

[411] Rocha, L. E. C., Liljeros, F., and Holme, P., Information dynamics shape the sexual networks of Internet-mediated prostitution, *Proc. Natl. Acad. Sci. USA* **107**, 5706–5711 (2010).

[412] Rodríguez-Iturbe, I. and Rinaldo, A., *Fractal River Basins: Chance and Self-Organization*, Cambridge University Press, Cambridge (1997).

[413] Rohe, K., Network driven sampling: A critical threshold for design effects, preprint arxiv:1505.05461 (2016).

[414] Rombach, M. P., Porter, M. A., Fowler, J. H., and Mucha, P. J., Core-periphery structure in networks, *SIAM J. Appl. Math.* **74**, 167–190

(2014).

[415] Rosas-Casals, M., Valverde, S., and Solé, R. V., Topological vulnerability of the European power grid under errors and attacks, *Int. J. Bifurcation Chaos* **17**, 2465–2475 (2007).

[416] Rosvall, M. and Bergstrom, C. T., Maps of random walks on complex networks reveal community structure, *Proc. Natl. Acad. Sci. USA* **105**, 1118–1123 (2008).

[417] Rothenberg, R., Baldwin, J., Trotter, R., and Muth, S., The risk environment for HIV transmission: Results from the Atlanta and Flagstaff network studies, *J. Urban Health* **78**, 419–431 (2001).

[418] Sade, D. S., Sociometrics of Macaca mulatta: I. Linkages and cliques in grooming matrices, *Folia Primatol.* **18**, 196–223 (1972).

[419] Sailer, L. D. and Gaulin, S. J. C., Proximity, sociality and observation: The definition of social groups, *Am. Anthropol.* **86**, 91–98 (1984).

[420] Salganik, M. J., Dodds, P. S., and Watts, D. J., Experimental study of inequality and unpredictability in an artificial cultural market, *Science* **311**, 854–856 (2006).

[421] Salganik, M. J. and Heckathorn, D. D., Sampling and estimation in hidden populations using respondent-driven sampling, *Sociol. Methodol.* **34**, 193–239 (2004).

[422] Salton, G., *Automatic Text Processing: The Transformation, Analysis, and Retrieval of Information by Computer*, Addison-Wesley, Reading, MA (1989).

[423] Schank, T. and Wagner, D., Approximating clustering coefficient and transitivity, *J. Graph Algorithms Appl.* **9**, 265–275 (2005).

[424] Scott, J., *Social Network Analysis: A Handbook*, 2nd edn., Sage, London (2000).

[425] Sen, P., Dasgupta, S., Chatterjee, A., Sreeram, P. A., Mukherjee, G., and Manna, S. S., Small-world properties of the Indian railway network, *Phys. Rev. E* **67**, 036106 (2003).

[426] Sienkiewicz, J. and Holyst, J. A., Statistical analysis of 22 public transport networks in Poland, *Phys. Rev. E* **72**, 046127 (2005).

[427] Simkin, M. V. and Roychowdhury, V. P., Read before you cite, *Complex Syst.* **14**, 269–274 (2003).

[428] Simkin, M. V. and Roychowdhury, V. P., Stochastic modeling of citation slips, *Scientometrics* **62**, 367–384 (2005).

[429] Simon, H. A., On a class of skew distribution functions, *Biometrika* **42**, 425–440 (1955).

[430] Smalheiser, N. R. and Torvik, V. I., Author name disambiguation, *Annu. Rev. Inform. Sci. Technol.* **43**, 287–313 (2009).

[431] Smith, M., Invisible crowds in cyberspace: Measuring and mapping the social structure of USENET, in M. Smith and P. Kollock, eds., *Communities in Cyberspace*, Routledge Press, London (1999).

[432] Solé, R. V., Pastor-Satorras, R., Smith, E., and Kepler, T. B., A model of large-scale proteome evolution, *Adv. Complex Syst.* **5**, 43–54 (2002).

[433] Solomonoff, R. and Rapoport, A., Connectivity of random nets, *Bull. Math. Biophys.* **13**, 107–117 (1951).

[434] Sood, V. and Redner, S., Voter model on heterogeneous graphs, *Phys. Rev. Lett.* **94**, 178701 (2005).

[435] Spielman, D. A. and Teng, S.-H., Spectral sparsification of graphs, *SIAM J. Comput.* **40**, 981–1025 (2011).

[436] Sporns, O., *Networks of the Brain*, MIT Press, Cambridge, MA (2010).

[437] Stauffer, D. and Aharony, A., *Introduction to Percolation Theory*, 2nd edn., Taylor and Francis, London (1992).

[438] Stoica, I., Morris, R., Karger, D., Kaashoek, M. F., and Balakrishnan, H., Chord: A scalable peer-topeer lookup service for Internet applications, in *Proceedings of the 2001 ACM Conference on Applications, Technologies, Architectures, and Protocols for Computer Communications (SIGCOMM)*, pp. 149–160, Association of Computing Machinery, New York (2001).

[439] Stopczynski, A., Sekara, V., Sapiezynski, P., Cuttone, A., Madsen, M. M., Larsen, J. E., and

Lehmann, S., Measuring large-scale social networks with high resolution, *PLOS One* **9**, e95978 (2014).

[440] Strang, G., *Introduction to Linear Algebra*, Wellesley Cambridge Press, Wellesley, MA (2009).

[441] Strogatz, S. H., *Nonlinear Dynamics and Chaos*, 2nd edn.,Westview Press, Boulder (2014).

[442] Stutzbach, D. and Rejaie, R., Characterizing today's Gnutella topology, Technical Report CIS-TR-04-02, Department of Computer Science, University of Oregon (2004).

[443] Szabó, G., Alava, M., and Kertész, J., Structural transitions in scale-free networks, *Phys. Rev. E* **67**, 056102 (2003).

[444] Tang, J., Fong, A. C. M., Wang, B., and Zhang, J., A unified probabilistic framework for name disambiguation in digital library, *IEEE Trans. Knowl. Data Eng.* **24**, 975 – 987 (2012).

[445] Thompson, S. K. and Frank, O., Model-based estimation with link-tracing sampling designs, *Surv. Methodol.* **26**, 87 – 98 (2000).

[446] Traud, A. L., Mucha, P. J., and Porter, M. A., Social structure of Facebook networks, *Physica A* **391**, 4165 – 4180 (2012).

[447] Travers, J. and Milgram, S., An experimental study of the small world problem, *Sociometry* **32**, 425 – 443 (1969).

[448] Tsourakakis, C. E., Fast counting of triangles in large real networks without counting: Algorithms and laws, in *Proceedings of the 2008 Eighth IEEE International Conference on Data Mining*, pp. 608 – 617, Institute of Electrical and Electronics Engineers, New York (2008).

[449] Turner, T. C., Smith, M. A., Fisher, D., and Welser, H. T., Picturing Usenet: Mapping computermediated collective action, *J. Comput.-Mediat. Commun.* **10**(4), 7 (2005).

[450] Tyler, J. R., Wilkinson, D. M., and Huberman, B. A., Email as spectroscopy: Automated discovery of community structure within organizations, in M. Huysman, E. Wenger, and V. Wulf, eds., *Proceedings of the First International Conference on Communities and Technologies*, Kluwer, Dordrecht (2003).

[451] Udry, J. R., Bearman, P. S., and Harris, K. M., National Longitudinal Study of Adolescent Health (1997). This research uses data from Add Health, a program project directed by Kathleen Mullan Harris and designed by J. Richard Udry, Peter S. Bearman, and Kathleen Mullan Harris at the University of North Carolina at Chapel Hill, and funded by grant P01-HD31921 from the Eunice Kennedy Shriver National Institute of Child Health and Human Development, with cooperative funding from 23 other federal agencies and foundations. Special acknowledgment is due Ronald R. Rindfuss and Barbara Entwisle for assistance in the original design. Information on how to obtain the Add Health data files is available on the Add Health website (http://www.cpc.unc.edu/addhealth). No direct support was received from grant P01-HD31921 for this analysis.

[452] Ugander, J., Karrer, B., Backstrom, L., and Marlow, C., The anatomy of the Facebook social graph, preprint arxiv:1111.4503 (2011).

[453] Valverde, S., Cancho, R. F., and Solé, R. V., Scale-free networks from optimal design, *Europhys. Lett.* **60**, 512 – 517 (2002).

[454] van den Heuvel, M. P. and Hulshoff Pol, H. E., Exploring the brain network: A review on resting-state fMRI functional connectivity, *Eur. Neuropsychopharmacol.* **20**, 519 – 534 (2010).

[455] van Hooff, J. A. R. A. M. and Wensing, J. A. B., Dominance and its behavioral measures in a captive wolf pack, in H. Frank, ed., *Man and Wolf*, pp. 219 – 252, Junk Publishers, Dordrecht (1987).

[456] Vázquez, A., Flammini, A., Maritan, A., and Vespignani, A., Modeling of protein interaction networks, *Complexus* **1**, 38 – 44 (2003).

[457] Vázquez, A. and Moreno, Y., Resilience to damage of graphs with degree correlations, *Phys. Rev. E* **67**, 015101 (2003).

[458] Vázquez, A., Pastor-Satorras, R., and Vespignani, A., Large-scale topological and dynamical properties of the Internet, *Phys. Rev. E* **65**, 066130

(2002).

[459] von Mering, C., Jensen, L. J., Snel, B., Hooper, S. D., Krupp, M., Foglierini, M., Jouffre, N., Huynen, M. A., and Bork, P., STRING: Known and predicted protein-protein associations, integrated and transferred across organisms, *Nucleic Acids Res.* **33**, D433–D437 (2005).

[460] Wagner, C. S. and Leydesdorff, L., Network structure, self-organization, and the growth of international collaboration in science, *Res. Policy* **34**, 1608–1618 (2005).

[461] Wang, D. J., Shi, X., McFarland, D.A., and Leskovec, J., Measurement error in network data: A reclassification, *Soc. Networks* **34**, 396–409 (2012).

[462] Wasserman, S. and Faust, K., *Social Network Analysis*, CambridgeUniversity Press, Cambridge (1994).

[463] Watts, D. J., *Small Worlds*, Princeton University Press, Princeton (1999).

[464] Watts, D. J., A simple model of global cascades on random networks, *Proc. Natl. Acad. Sci. USA* **99**, 5766–5771 (2002).

[465] Watts, D. J., Dodds, P. S., and Newman, M. E. J., Identity and search in social networks, *Science* **296**, 1302–1305 (2002).

[466] Watts, D. J. and Strogatz, S. H., Collective dynamics of 'small-world' networks, *Nature* **393**, 440–442 (1998).

[467] West, D. B., *Introduction to Graph Theory*, Prentice Hall, Upper Saddle River, NJ (1996).

[468] West, G. B., Brown, J. H., and Enquist, B. J., A general model for the origin of allometric scaling laws in biology, *Science* **276**, 122–126 (1997).

[469] West, G. B., Brown, J. H., and Enquist, B. J., A general model for the structure and allometry of plant vascular systems, *Nature* **400**, 664–667 (1999).

[470] White, J. G., Southgate, E., Thompson, J. N., and Brenner, S., The structure of the nervous system of the nematode Caenorhabditis elegans, *Phil. Trans. R. Soc. London B* **314**, 1–340 (1986).

[471] Wilf, H., *Generatingfunctionology*, 2nd edn., Academic Press, London (1994).

[472] Willis, J. C. and Yule, G. U., Some statistics of evolution and geographical distribution in plants and animals, and their significance, *Nature* **109**, 177–179 (1922).

[473] Wodak, S. J., Pu, S., Vlasblom, J., and Séraphin, B., Challenges and rewards of interaction proteomics, *Mol. Cell. Proteomics* **8**, 3–18 (2009).

[474] Wuellner, D. R., Roy, S., and D'Souza, R. M., Resilience and rewiring of the passenger airline networks in the United States, *Phys. Rev. E* **82**, 056101 (2010).

[475] Yan, X., Bayesian model selection of stochastic block models, in *Proceedings of the 2016 IEEE/ACM International Conference on Advances in Social Networks Analysis and Mining*, pp. 323–328, Institute of Electrical and Electronics Engineers, New York (2016).

[476] Yang, Z., Algesheimer, R., and Tessone, C. J., A comparative analysis of the community detection algorithms on artificial networks, *Sci. Rep.* **6**, 30750 (2016).

[477] Yook, S. H., Jeong, H., and Barabási, A.-L., Modeling the Internet's large-scale topology, *Proc. Natl. Acad. Sci. USA* **99**, 13382–13386 (2001).

[478] Yule, G. U., A mathematical theory of evolution based on the conclusions of Dr. J. C. Willis, *Philos. Trans. R. Soc. London B* **213**, 21–87 (1925).

[479] Zachary, W. W., An information flow model for conflict and fission in small groups, *J. Anthropol. Res.* **33**, 452–473 (1977).

[480] Zanette, D. H. and Manrubia, S. C., Vertical transmission of culture and the distribution of family names, *Physica A* **295**, 1–8 (2001).

[481] Zhang, P. and Moore, C., Scalable detection of statistically significant communities and hierarchies, using message passing for modularity, *Proc. Natl. Acad. Sci. USA* **111**, 18144–18149 (2014).

[482] Zhang, X., Martin, T., and Newman, M. E. J., Identification of core-periphery structure in

networks, *Phys. Rev. E* **91**, 032803 (2015).

[483] Zhang, X., Moore, C., and Newman, M. E. J., Random graph models for dynamic networks, *Eur. Phys. J. B* **90**, 200 (2017).

[484] Zhang, X. and Newman, M. E. J., Multiway spectral community detection in networks, *Phys. Rev. E* **92**, 052808 (2015).

[485] Zheng, X., Zeng, D., Li, H., and Wang, F., Analyzing open-source software systems as complex networks, *Physica A* **387**, 6190–6200 (2008).

[486] Zipf, G. K., *Human Behaviour and the Principle of Least Effort*, Addison-Wesley, Reading, MA (1949).

찾아보기

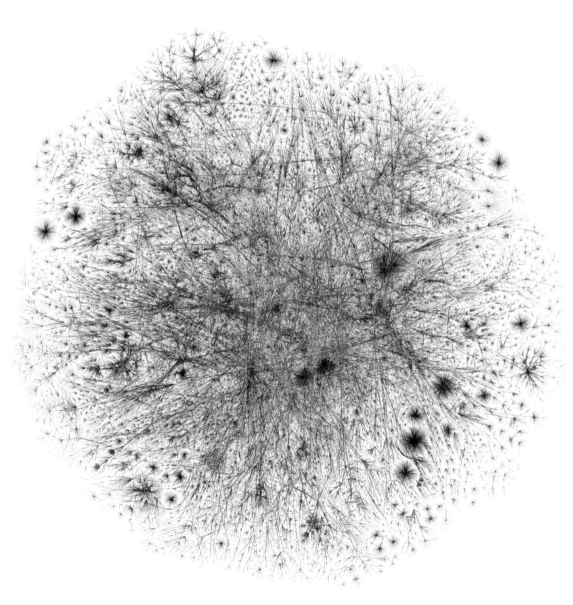

그림 1.1 인터넷의 네트워크 구조(본문 25페이지 참고)

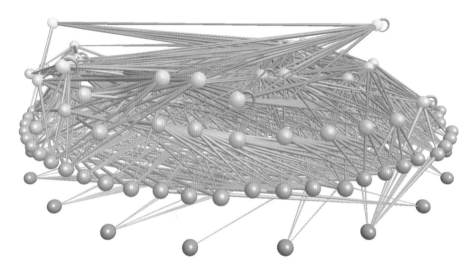

그림 1.3 위스콘신 리틀록 호수(Little Rock Lake)의 먹이 그물(본문 28페이지 참고)

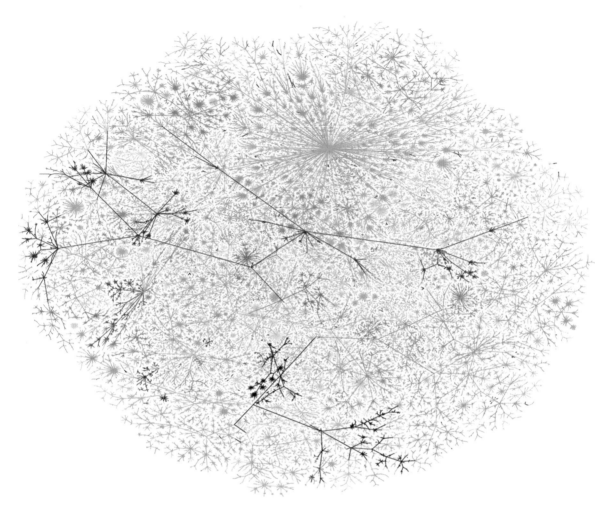

그림 2.3 자율 시스템 수준에서의 인터넷 구조(본문 46페이지 참고)

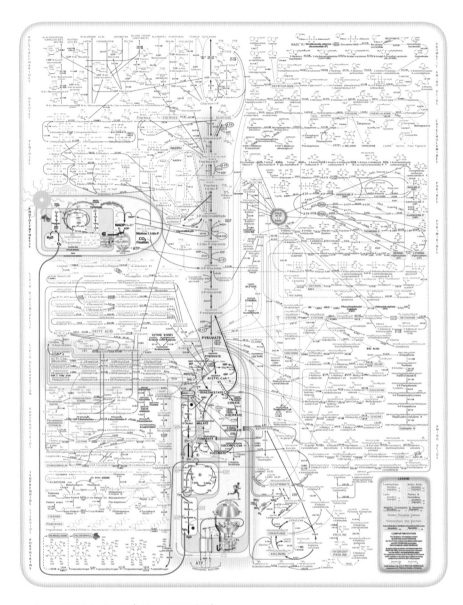

그림 5.2 물질대사 네트워크(본문 99페이지 참고)

네트워크 2/e

발 행 | 2023년 1월 3일

옮긴이 | 김 희 태 · 손 승 우 · 윤 진 혁 · 조 항 현 · 이 은 · 이 상 훈 · 이 미 진
지은이 | 마크 뉴만

펴낸이 | 권 성 준
편집장 | 황 영 주
편 집 | 김 다 예
디자인 | 윤 서 빈

에이콘출판주식회사
서울특별시 양천구 국회대로 287 (목동)
전화 02-2653-7600, 팩스 02-2653-0433
www.acornpub.co.kr / editor@acornpub.co.kr

한국어판 ⓒ 에이콘출판주식회사, 2023, Printed in Korea.
ISBN 979-11-6175-711-7
http://www.acornpub.co.kr/book/networks-2e

책값은 뒤표지에 있습니다.